Leonie Senne
Monika Fuchs

# Kanada-Osten

IWANOWSKI'S REISEBUCHVERLAG

Im Internet:

**www.iwanowski.de**

Hier finden Sie aktuelle Infos zu allen Titeln, interessante Links – und vieles mehr!

**Einfach anklicken!**

Schreiben Sie uns, wenn sich etwas verändert hat. Wir sind bei der Aktualisierung unserer Bücher auf Ihre Mithilfe angewiesen: **info@iwanowski.de**

**Kanada-Osten**
**13. Auflage 2020**


Salm-Reifferscheidt-Allee 37 • 41540 Dormagen
Telefon 0 21 33/26 03 11 • Fax 0 21 33/26 03 34
info@iwanowski.de
www.iwanowski.de

Titelfoto: Boar's Head Lighthouse, Nova Scotia
© Stephan Pietzko / AdobeStock

Alle anderen Farbabbildungen: s. Abbildungsverzeichnis S. 608
Layout: Monika Golombek, Köln
Lektorat: Gudrun Raether-Klünker, Würselen
Karten: Klaus-Peter-Lawall, Unterensingen
Titelgestaltung: Point of Media, www.pom-online.de
Redaktionelles Copyright, Konzeption und deren ständige Überarbeitung: Michael Iwanowski



Gesamtherstellung: Himmer GmbH, Augsburg
Printed in Germany

**ISBN: 978-3-86197-234-1**

**Alle Karten zum Gratis-Download**
So funktioniert's: In diesem Reisehandbuch sind alle Detailpläne mit **QR-Codes** versehen, die per Smartphone oder Tablet-PC gescannt und bei einer bestehenden Internet-Verbindung auf das eigene Gerät geladen werden können. Alle Karten sind im **PDF-Format** angelegt, das nahezu jedes Gerät darstellen kann. Für den Stadtbummel oder die Besichtigung unterwegs hat man so die Karte mit besuchenswerten Zielen und Restaurants auf dem Telefon, Tablet-PC, Reader oder als praktischen DIN-A-4-Ausdruck dabei. Mit anderen Worten – der „gewichtige" Reiseführer kann im Auto oder im Hotel bleiben und die Basis-Infos sind immer und überall ohne Roaming-Gebühren abrufbar. Sollten wider Erwarten Probleme beim Karten-Download auftreten, wenden Sie sich bitte direkt an den Verlag. Unter info@iwanowski.de erhalten Sie die entsprechende Linkliste zum Herunterladen der Karten.

EINLEITUNG 10

1. KANADA – LAND UND LEUTE 13

Allgemeiner Überblick 14
Historischer Überblick 18
Frühgeschichte 18
Europäische „Entdeckung" und Besiedlung Nordamerikas 18
Die englische Kolonialzeit (1763–1867) 20
Das Dominion of Canada (1867–1914) 21
Kanada im 20. Jahrhundert 22
Kanada im 21. Jahrhundert 24
Verfassung und Verwaltung Kanadas 25
Geografischer Überblick 25
Geologisch-morphologische Gliederung 26
Ozeane, Flüsse und Seen 27
Klima und Reisezeit 28
Pflanzen- und Tierwelt 31
Die Pflanzenwelt 31
Die Tierwelt 33
Natur- und Umweltschutz 36
Wirtschaftlicher Überblick 36
Land- und Forstwirtschaft 37
Fischerei 38
Bergbau und Energie 38
Industrie und Neue Technologien 39
Tourismus 39
Gesellschaftlicher Überblick 40
Bevölkerung 40
Bevölkerungsgruppen 41 • Kanadische Ureinwohner 42
Kanadisches Mosaik 44
Sprachen 44 • Religionsgemeinschaften 45 • Kunst und Kultur 45
Lobster, Quilts und Kanufahrten 46
Immer einen Besuch wert: die National- und Provinzparks 46
Nationalparks 46 • Provinzparks 50 • Aktivitäten in den National- und Provinzparks 50
Überall gegenwärtig: das Erbe der Pionierzeit 52
Kanada aktiv: Outdoor-Aktivitäten und Sportvergnügen 54
Aus Küche und Keller 55
Mahlzeiten im Restaurant 57 • Dinner 58 • Getränke 58


Reiserouten

## 2. KANADA ALS REISEZIEL 59

**Allgemeine Reisetipps A–Z** 60

**Das kostet Sie das Reisen in Kanadas Osten** 90

## 3. REISEN IM OSTEN KANADAS 95

**Routenvorschläge** 95

**Route 1: Die Höhepunkte Ostkanadas** 95
**Route 2: Kultur und Natur – Kontrastreiches Kanada** 96
**Route 3: Der weite Westen Ontarios** 97
**Route 4: Die Maritimes** 98

## 4. VON TORONTO ÜBER KINGSTON NACH MONTRÉAL 99

**Toronto** 100

**Überblick** 100
**Geschichtlicher Überblick** 102
**Orientierung in Toronto** 102
**Sehenswertes in Toronto** 102
Rund um den CN Tower 103 • Im Zentrum der Stadt 106 • Universitätsviertel 110
Yorkville und The Annex 111 • Kensington Market, Chinatown und Little Italy 112
Old Town, St. Lawrence und Distillery Historic District 114 • Toronto Islands Park 115
**Kulturstadt Toronto** 116
Weitere Museen in Toronto 117 • Übersicht über Theater und Konzerthallen 117
**Sehenswertes in der Umgebung von Toronto** 118

**Von Toronto über Kingston nach Montréal** 129

**Von Toronto am Nordufer des Lake Ontario entlang nach Kingston** 129
Pickering 129 • Oshawa 129 • Port Hope 130 • Cobourg 130 • Brighton 131
• Trenton 131 • Picton 134 • Sehenswertes auf der Halbinsel Prince Edward 136
Glenora 136
**Von Toronto über Peterborough nach Kingston** 137
Peterborough 137 • Sehenswertes in der Umgebung von Peterborough 140
**Kingston** 141
Geschichtlicher Überblick 142 • Sehenswertes in Kingston 143
**Sehenswertes in der Umgebung von Kingston** 149
Wolfe Island 149 • Thousand Islands 150 • Frontenac Provincial Park 152
**Von Kingston am Rideau Canal entlang nach Ottawa** 153
Rideau Lake und Rideau Canal 153 • Sehenswertes an dieser Strecke 154
Merrickville 155 • Kemptville 156
**Von Kingston nach Montréal** 157
Gananoque 157 • Ivy Lea 159 • Rockport 160 • Mallorytown Landing 160
• Brockville 161 • Prescott 163 • Morrisburg 163 • Upper Canada Village 163
• Cornwall 165

## 5. MONTRÉAL, QUÉBEC CITY UND DIE PROVINZ QUÉBEC 168

**Montréal** 169

**Überblick** 169
**Geschichtlicher Überblick** 171
**Orientierung** 172
**Stadtviertel von Montréal** 172
**Sehenswertes** 173
Vieux-Montréal – die Altstadt von Montréal 175 • Ville-Marie – die Innenstadt von
Montréal 180 • Weitere Sehenswürdigkeiten in Montréal 183
**Île Sainte-Hélène und Île Notre-Dame** 186
**Kulturstadt Montréal** 187

**Sehenswertes in der Umgebung von Montréal** 196
Lachine 196 • Laurentides 198 • Eastern Townships 198
**Von Montréal am Südufer des St.-Lorenz-Stroms entlang nach Québec City** 200
**Québec City** 202
**Überblick** 202
**Geschichtlicher Überblick** 203
**Orientierung** 205
**Sehenswertes** 205
Vieux-Québec – die Oberstadt 205 • Vieux-Québec – die Unterstadt 211
**Weitere Sehenswürdigkeiten in der Stadt und in der näheren Umgebung** 213
Die Île d'Orléans 214
**Rundreisen durch die Provinz Québec** 222
**Routenvorschlag 1: von Québec nach Tadoussac, zum Saguenay Fjord, zum Parc Laurentides und zur Côte Nord** 223
Von Québec nach Tadoussac 223 • Tadoussac 230 • Von Tadoussac durch den Saguenay Park zum Lac Saint-Jean 232 • Von Tadoussac zur Côte-Nord 237
**Routenvorschlag 2: zur Halbinsel Gaspésie** 241
Sehenswürdigkeiten an dieser Strecke 241
**Routenvorschlag 3: zum Archipel Îles-de-la-Madeleine** 256
**Nationalparks, Provinzparks und Resorthotels in Québec** 257
Nationalparks 258
**Provinzparks (National Parks)** 259
**Feriengebiete zwischen Montréal und Ottawa** 260

**6. VON QUÉBEC NACH OTTAWA** 262
**Von Québec über Trois-Rivières nach Montréal** 263
**Sehenswürdigkeiten zwischen Québec und Montréal** 263
Trois-Rivières 264
**Von Montréal über Hull/Gatineau nach Ottawa** 266
**Sehenswürdigkeiten an dieser Strecke** 267
Montebello 267 • Hull/Gatineau 268 • Gatineau Park 270 • Wakefield 272
**Ottawa** 273
Geschichtlicher Überblick 274 • Orientierung in Ottawa 274 • Sehenswertes im Zentrum 275 • Die Innenstadt 280 • Byward Market und Sussex Drive 282 • Museen in Ottawa 284 • Theater in Ottawa 285 • Sehenswertes in der Umgebung von Ottawa 285

**7. DER NORDEN ONTARIOS** 292
**Von Ottawa über Pembroke zum Algonquin Provincial Park** 293
Arnprior 293 • Renfrew 294 • Pembroke 295 • Barry's Bay 297
**Algonquin Provincial Park** 298
Tierwelt/Tierbeobachtungen 303
**Vom Algonquin Provincial Park in die Muskoka-Region** 303
Huntsville 304 • Port Carling 305 • Bracebridge 306 • Gravenhurst 306 Orillia 307
**Vom Algonquin Provincial Park über North Bay nach Cochrane und zur James Bay** 309
**Sehenswertes an der Strecke nach North Bay** 309
Magnetawan 309 • North Bay 310
**Von North Bay nach Cochrane** 313
Cobalt 314 • Kirkland Lake 315 • Iroquois Falls 316 • Cochrane 316
**Von Cochrane mit der Bahn zur James Bay** 319
Moosonee 320 • Moose Factory Island 321

**Von Cochrane über Timmins nach Sudbury** 323

**Timmins** 323

**Greater Sudbury** 324

## 8. DER WESTEN ONTARIOS 328

**Von Sudbury in den Westen Ontarios** 329

**Zwischen Sudbury und Sault Ste. Marie** 329
Blind River 330

**Sault Ste. Marie** 330
Sehenswürdigkeiten der Stadt 331 • Sehenswürdigkeiten auf der amerikanischen Seite 333

**Von Sault Ste. Marie nach Thunder Bay** 336
Lake Superior Provincial Park 337 • Wawa 337 • Marathon 338 • Pukaskwa National Park 339 • Algoman Hills 340 • Terrace Bay 340 • Schreiber 341 • Rossport 341 • Nipigon 342 • Red Rock 343 • Dorion 343

**Thunder Bay und Umgebung** 344
Sehenswürdigkeiten der Stadt 345 • Ausflugsziele in der Umgebung von Thunder Bay 346

**Von Thunder Bay nach Kenora** 348
Streckenalternative 1 348 • Streckenalternative 2 350

**Kenora und Umgebung** 354
Sehenswürdigkeiten des Ortes und der näheren Umgebung 354

## 9. DER SÜDWESTEN ONTARIOS 356

**Von Sudbury nach Kitchener** 357

**Von Sudbury über Manitoulin Island an der Westküste der Georgian Bay entlang nach Kitchener** 358
Manitoulin Island 358

**Von Manitoulin Island zur Bruce Peninsula und nach Owen Sound** 362
Bruce Peninsula 362 • Owen Sound 367

**Von Owen Sound nach Kitchener** 368
Goderich 369

**Von Sudbury über Parry Sound an der Ostküste der Georgian Bay entlang nach Kitchener** 370
Killarney und der Killarney Provincial Park 370 • French River 372 • Parry Sound 373

**Von Parry Sound nach Midland** 375
Georgian Bay Islands National Park 375 • Midland 376 • Sainte-Marie among the Hurons 377 • Penetanguishene 379

**Von Midland an der Nottawasaga Bay entlang nach Kitchener** 380
Collingwood 381

**Kitchener/Waterloo und der Südwesten Ontarios** 382
Sehenswürdigkeiten in Kitchener 383 • Sehenswürdigkeiten in Waterloo 384 • Sehenswertes in der Umgebung von Kitchener und Waterloo 386 • Elora und Elmira 388

**Von Kitchener durch den Südwesten Ontarios nach Niagara Falls** 389
Stratford 389 • London 391 • Windsor 393 • Amherstburg 395 • Kingsville 395 • Leamington 396 • Point Pelee National Park 396 • Port Colborne 397

**Niagara Falls** 398

**Geschichtlicher Überblick** 400
Zur Entstehungsgeschichte der Niagara Falls 400

**Sehenswertes in Niagara Falls** 401
Orientierung in Niagara Falls 401 • Sehenswertes auf der kanadischen Seite der Niagara-Fälle 402 • Sehenswertes auf der amerikanischen Seite der Niagara-Fälle 411

**Umgebung von Niagara Falls** 416
Niagara-on-the-Lake 416 • Niagara-Wein-Route 418 • Sehenswertes auf dem Weg nach Toronto 418


Reiserouten

## 10. RUNDREISE DURCH DIE ATLANTIKPROVINZEN 421

**Allgemeiner Überblick** 422

**Rundreisevorschläge** 422
Baustein Nova Scotia 423 • Baustein New Brunswick 423 • Baustein Prince Edward Island 424 • Baustein Newfoundland 424

**Nova Scotia** 426

**Halifax/Dartmouth** 426
Geschichtlicher Überblick 426 • Orientierung in Halifax 429 • Sehenswertes in Halifax 429 • Sehenswertes in der Umgebung von Halifax 438 • Rundfahrt von Halifax 440

**Von Halifax die Südküste entlang nach Liverpool** 444
Peggy's Cove 445 • Chester 446 • Oak Island 447 • Mahone Bay 448 • Lunenburg 449 • Liverpool 452

**Die Lighthouse-Route – von Liverpool nach Yarmouth** 454
Shelburne 455 • Birchtown 456 • Weiter entlang der Lighthouse-Route 456 • Yarmouth 457

**Von Yarmouth nach Digby** 458

**Von Liverpool über Annapolis Royal und Digby nach Saint John/NB** 459
Kejimkujik National Park 460 • Annapolis Valley und Annapolis Royal 461 • Digby und Umgebung 465 • Digby Neck Brier Island 467

**New Brunswick** 468

**Von Saint John nach Fredericton** 468
Saint John/New Brunswick 469 • Orte und Sehenswürdigkeiten an der Bay of Fundy 473

**Fredericton und Umgebung** 476
Fredericton 476 • Sehenswertes in der Umgebung von Fredericton 481

**Von Fredericton nach Edmundston und Rivière-du Loup/QC** 482
Edmundston 483

**Von Fredericton nach Caraquet** 485
Miramichi 485 • Chatham 486 • Bathurst 486 • Caraquet 487

**Von Caraquet nach Moncton** 489
Kouchibouguac National Park 489 • Bouctouche 490 • Shediac 491 • Moncton 492 • Hillsborough 494 • Hopewell Cape 494 • Riverside-Albert, Cape Enrage und Alma 496 • Fundy National Park 497

**Von Moncton nach Prince Edward Island** 499
Memramcook 500 • Sackville 500 • Parrsboro 501

**Prince Edward Island** 502

**Geschichtlicher Überblick** 504

**Charlottetown** 505

**Rundfahrten auf Prince Edward Island** 509
Der Westteil der Insel 509 • Der Mittelteil der Insel 515 • Der Ostteil der Insel 521

**Von Prince Edward Island nach Cape Breton Island** 529
Wood Islands 529 • Pictou 530 • New Glasgow 531 • Antigonish 532

**Cape Breton Island** 533

**Sehenswertes am Ceilidh Trail** 535

**Sehenswertes am Cabot Trail** 537
Cape Breton Highlands National Park of Canada 544 • Von Chéticamp nach Sydney 546

**Sydney, Louisbourg und der Marconi Trail** 551

**Sehenswertes am Fleur-de-Lis Trail** 558

**Sehenswertes am Bras d'Or Lakes Scenic Drive** 560

**Von Cape Breton Island zurück nach Halifax** 562

**Newfoundland & Labrador** 564

**Geschichtlicher Überblick** 566

**Reiseplanung** **567**
**Von Port-aux-Basques über Corner Brook zum Gros Morne National Park mit einem Abstecher nach L'Anse aux Meadows** **569**
Port-aux-Basques 569 • Von Port-aux Basques nach Corner Brook 570 • Corner Brook 570 • Deer Lake 571 • Von Deer Lake zum Gros Morne National Park 571 Gros Morne National Park 572 • Rocky Harbour 574
**Vom Gros Morne NP nach L'Anse aux Meadows** **575**
L'Anse aux Meadows National Historic Site 576
**Vom Gros Morne National Park nach Gander** **578**
Grand Falls-Windsor 579 • Lewisporte 580 • Twillingate 580 • Gander 582
**Von Gander nach St. John's** **583**
Terra Nova National Park 583 • Bonavista-Halbinsel 584 • Abstecher nach Brigus und Cupids 585
**St. John's** **586**
Geschichtlicher Überblick 586 • Sehenswertes in St. John's 587 • Sehenswertes in der Umgebung von St. John's 593
**Weitere Sehenswürdigkeiten in der Provinz Newfoundland & Labrador** **596**

**11. ANHANG** **598**
**Literaturverzeichnis** **598**
**Stichwortverzeichnis** **599**

info

Interessantes

Außerdem weiterführende Informationen:

Die Natur im Farbenrausch – der Indian Summer 32
Die Küche von Québec 56
Ohne ihn geht nichts – Ahornsirup 57
Die Maler der Group of Seven 119
Der Trent-Severn Waterway 132
Der „Loyalist Parkway" von Trenton nach Kingston 133
Das Rideau-Canal-System 153
Der St.-Lorenz-Strom und der St.-Lorenz-Seeweg 165
Walbeobachtung (in Anlehnung an Informationen der WDCS) 229
Kanufahren im „Nahen Norden" 313
Eine Fahrt mit dem „Polar Bear Express" 319
Terry Fox 344
Die Mennoniten 387
„Maid of the Mist" 412
Das Segelschiff „Bluenose" 450
Samuel de Champlains „Ordre du Bon-Temps" 464
Scallops 466
Die Reversing Falls Rapids 470
Dulse – Seegemüse als Spezialität in New Brunswick 476
Die Bay of Fundy 498
Exportschlager „Anne of Green Gables" 517
„Island Blue"-Muscheln 525
John Cabot 538
Alexander Graham Bell 539
Wer war Guglielmo Marconi? 554
Die Schotten in Nova Scotia 560
Eisberge 582
John Guy – Siedler, Pelzhändler und Gouverneur 585

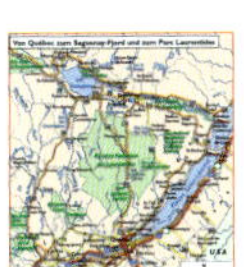

## Karten und Grafiken


Algonquin Provincial Park 299
Bay of Fundy 498
Bruce Peninsula 363
Cape Breton Island 534
Fredericton 477
Gaspésie-Halbinsel 242/243
Greater Sudbury 325
Halifax 428/429
Îles de la Madeleine 257
Kingston 142
Manitoulin Island 358/359
Montréal: Innenstadt 176/177
Montréal: Vieux–Montréal 173
Moosonee und Moose Factory Island 320
Niagara Falls 404
Ottawa 276
Prince Edward Island 503
Provinzen 15
Québec-City: Vieux–Québec 204
Québec – Saguenay-Fjord – Parc Laurentides 224
Saint John NB 469
Sault-Ste. Marie 331
St. John's 587
St.-Lorenz-Seeweg 166

Toronto hintere Umschlagklappe
Übersicht vordere Umschlagklappe

# EINLEITUNG

Eine Reise durch die östlichen Provinzen Kanadas führt nicht nur in die größten Metropolen des Landes, sondern verspricht auch Naturerlebnisse, die spektakulärer kaum sein könnten. Zudem wandelt man überall auf geschichtlichen Spuren, denn just hier begann die Entdeckung und Erschließung Nordamerikas durch europäische Siedler. Man erfährt viel über den Kampf der ehemaligen Kolonialmächte um die Kontrolle über den Osten Kanadas. Heute leben hier die Nachfahren der Ureinwohner wie der Kolonisten. Gemeinsam haben sie dieses Land geformt und zu dem gemacht, was es heute ist: eines der beliebtesten Reiseländer der Welt.

Urbanes Leben und unberührte Natur liegen in Ostkanada nah beieinander. Oft trifft man nur wenige Kilometer von den Metropolen entfernt auf unberührte Wildnis. Hochmoderne Architektur, geschaffen von internationalen Stararchitekten, Kulturveranstaltungen der Spitzenklasse, Shoppingmeilen, die ihresgleichen suchen, und ein buntes Völkergemisch, das sich seiner Wurzeln sehr wohl bewusst ist und sie einbringt ins kulturelle Geschehen, kennzeichnen das Leben in den Städten. Genießen Sie in den Restaurants sowohl die internationale als auch die traditionelle kanadische Küche, besuchen Sie Museen von Weltrang, und fiebern Sie mit den Kanadiern, wenn Sportereignisse das öffentliche Leben bestimmen.

Die Natur wiederum verspricht fantastische Erlebnisse und tierische Begegnungen. Beobachten Sie Wale und Bären, halten Sie nach Elchen Ausschau, oder schauen Sie dem Fischadler zu, wie er seine Beute aus der Luft taxiert. Erleben Sie das Schauspiel des Indian Summer, wenn die Wälder Ostkanadas ein atemberaubendes Finale hinlegen – mit einer spektakulären Laubfärbung, bevor sie sich unter dem Schnee und Eis des Winters verstecken. Halten Sie vor den Küsten Newfoundlands Ausschau nach vorbeidriftenden Eisbergen, wenn sie sich im Frühjahr von den Eismassen im Norden lösen und nach Süden treiben. Lauschen Sie der Stille der Wildnis, die Sie bei einer Kanutour durch die großen Seenlandschaften ebenso erfahren können wie bei einer Reise in den hohen Norden des Landes. Und vor allem: Erleben Sie die Gastfreundschaft, die Aufgeschlossenheit und Hilfsbereitschaft der Kanadier, die eine Reise durch dieses Land unvergesslich machen.

Im Osten Kanadas finden Sie nicht nur das wirtschaftliche, politische und kulturelle Zentrum Kanadas, sondern auch ein perfektes Reiseziel, das jedem etwas zu bieten hat. Abenteurer und Outdoor-Fans können sich in den weiten Wald- und Seenlandschaften austoben. Ob Trekking, Wandern, Kanutouren, Angelausflüge oder Schwimmen – in den zahlreichen National- und Provinzparks und an den mehr als 250.000 Seen des Landes ist all das möglich. Highlights wie die Niagarafälle oder der Algonquin-Provinzpark, die Städte Toronto, Montréal, Québec und Ottawa sind ebenso eine Reise wert wie die Bay of Fundy, das Mennonitenland um Kitchener oder die sehenswerten Freilichtmuseen, in denen Sie tief eintauchen können in die Geschichte der jeweiligen Region.

Als beste Reisezeit gelten die Monate Juni bis September. Im zweitgrößten Land der Erde sind die Klimaverhältnisse jedoch auch dann sehr unterschiedlich. An der Hudson Bay im Norden herrscht subarktisches Klima mit kalten Wintern und kühlen Sommern, während im Süden die sommerlichen Temperaturen auf über 30° C ansteigen können. Eine ganz besondere Zeit ist der Indian Summer, wenn sich die Laubwälder Ostkanadas färben und die warmen Herbsttage hinauslocken in die Natur.

Erleben Sie die Provinzen Ostkanadas mit ihrer Fülle an Sehenswürdigkeiten und Outdoor-Möglichkeiten, und lassen Sie sich ein auf ein Land und eine Bevölkerung, die Sie mit ihrer Freundlichkeit und ihren Naturschönheiten willkommen heißen.

Die praktischen Hinweise und Routenbeschreibungen sind aktuell recherchiert, jedoch sind bei der Fülle der Informationen und der Schnelllebigkeit touristischer Angebote kurzfristige Änderungen nicht auszuschließen.

Bevor ich Sie einlade, den Osten Kanadas zu entdecken, möchte ich mich bedanken bei allen, die zum Entstehen dieses Reisehandbuchs Kanada-Osten beigetragen haben. An erster Stelle natürlich meiner Co-Autorin Leonie Senne, von der ich diesen Reiseführer übernommen habe. Weiter gilt mein Dank Marita Bromberg und Dirk Kruse-Etzbach für deren Genehmigung, einige Abschnitte mit ihrem Iwanowski-Reisehandbuch „USA-Große Seen/Chicago" abgleichen zu dürfen. Außerdem bedanke ich mich bei Barbara Ackermann von Destination Canada und den Tourismusbehörden der ostkanadischen Provinzen für die Unterstützung bei der Recherche in diesen Regionen.

Gute Reise!

Monika Fuchs

# IWANOWSKI'S

## KANADA-OSTEN – Autorentipps

Die Freude am Reisen führte **Leonie Senne** in viele Regionen der Welt, wobei ihr besonderes Interesse dem Osten Nordamerikas und den Ländern Südeuropas gilt. Die auf den Reisen gewonnenen Eindrücke, Erlebnisse und Erfahrungen verarbeitet sie in zahlreichen Veröffentlichungen, Vorträgen und Fotodokumentationen. Für Iwanowski's Reisebuchverlag verfasste die Autorin u.a. das Reisehandbuch Madeira.

**Monika Fuchs** betrachtet Kanada nach zahllosen Reisen fast als ihre zweite Heimat. Regelmäßig zieht es die Reiseleiterin, Reisejournalistin und -bloggerin zu Rechercheresien und Festivals in die Atlantikprovinzen.

### Unsere Autorinnen geben Ihnen **nützliche Tipps** und individuelle Empfehlungen:

**1. TIPP**

Der **Parc National Forillon** an der nordöstlichen Spitze der Gaspésie-Halbinsel ist ein ideales Ziel für Naturliebhaber, Camper, Wanderer und Walbeobachter. Eindrucksvoll sind die Kalksteinklippen, die sich fast 200 Meter über den Atlantischen Ozean erheben. **S. 251**

**2. TIPP**

**Toronto** zählt weltweit zu den besten Shopping-Städten. Nach einem ausgiebigen Einkaufsbummel kann man zudem in einem der attraktiven Restaurants die große kulinarische Vielfalt der multikulturellen Stadt auskosten. **S. 100**

**TOP-TIPP**

Kanada ist ein Paradies für **Outdoor-Aktivitäten**. Ein- und mehrtägige Kanutouren über die Seen und Flüsse sind eine ideale Gelegenheit, die Ruhe zu genießen und Elche zu beobachten, zum Beispiel im Algonquin Provincial Park. **S. 298**

# IWANOWSKI'S REISEBUCHVERLAG

# REISEFÜHRER AUF EINEN BLICK

## REISEHANDBÜCHER

**Afrika**
Äthiopien *
Botswana *
Kapstadt & Garden Route *
Kenia/Nordtansania *
Madagaskar *
Mauritius mit Rodrigues *
Namibia *
Réunion *
Ruanda *
Seychellen
Südafrika *
Uganda *

**Amerika**
Bahamas
Barbados, St. Lucia & Grenada
Costa Rica *
Chile mit Osterinsel *
Florida *
Guadeloupe
Hawaii *
Kalifornien *
Kanada/Osten *
Kanada/Westen *
Karibik/Kleine Antillen *
New York *
USA/Große Seen|Chicago *
USA/Nordosten *
USA/Nordwesten *
USA/Ostküste *
USA/Süden *
USA/Südwesten *
USA/Texas & Mittl. Westen *
USA/Westen *

**Asien**
Oman *
Rajasthan mit Delhi & Agra *
Shanghai *
Singapur *
Sri Lanka *
Thailand *
Tokio mit Kyoto *

**Australien / Neuseeland**
Australien *
Neuseeland *

**Europa**
Berlin *
Dänemark *
Finnland *
Irland *
Island *
Lissabon *
Madeira mit Porto Santo *
Malta, Gozo & Comino *
Norwegen *
Paris und Umgebung *
Piemont & Aostatal *
Rom *
Schottland *
Schweden *
Tal der Loire mit Chartres *

**101...-Serie: Geheimtipps und Top-Ziele**
101 Berlin *
101 Bodensee
101 China
101 Deutsche Ostseeküste
101 Florida
101 Hamburg *
101 Indien
101 Inseln
101 Kanada/Westen
101 Kopenhagen *
101 Lissabon *
101 London *
101 Mallorca
101 Namibia
101 Nepal
101 Reisen für die Seele – Relaxen & Genießen in aller Welt
101 Reisen mit der Eisenbahn – Die schönsten Strecken weltweit
101 Safaris
101 Skandinavien
101 Stockholm *
101 Südafrika
101 Südengland
101 Tansania
101 Wien *

## REISEGAST

**in ...**
Ägypten
China
England
Indien
Japan
Korea
Polen
Russland
Südafrika
Thailand

Reise-Blog ...
IWANOWSKI.DE/BLOG

**Legende:**
* mit Extra-Reisekarte
auch als ebook (epub)
Karten gratis downloaden

**Das komplette Verlagsprogramm finden Sie unter www.iwanowski.de**

**Iwanowski's Reisebuchverlag GmbH**
Salm-Reifferscheidt-Allee 37 | D-41540 Dormagen
Tel: +49 (0) 21 33/26 03-0 | Fax: -34
E-Mail: info@iwanowski.de

# I. KANADA – LAND UND LEUTE

# Allgemeiner Überblick

| | |
|---|---|
| **Fläche** | 9.984.670 km² (davon 891.163 km² Binnengewässer) |
| **Bevölkerung** | ca. 37.797.000 Einwohner (2019) |
| **Bevölkerungs-dichte** | 3,92 Einwohner/km² (2019) |
| **Bevölkerungs-wachstum** | 1,4 % pro Jahr (Schätzung 2017) |
| **Sprachen** | Amtssprachen sind Englisch und Französisch |
| **Hauptstadt** | Ottawa, 934.243; Einwohner Großraum Ottawa-Gatineau 1.378.151 Einwohner (2019) |
| **Staats- und Regierungsform** | Staatsform ist die parlamentarische Monarchie im britischen Commonwealth mit Königin Elizabeth II. als Staatsoberhaupt; Regierungssystem ist die parlamentarische Demokratie, Sitz des Bundesparlaments in Ottawa/Ontario. Bundesstaat, bestehend aus zehn Provinzen und drei Territorien. |
| **Flagge** | in den Farben Rot und Weiß, mit einem roten Ahornblatt auf weißem Grund |
| **Feiertage** | Victoria Day am Montag vor dem 25. Mai, Canada Day am 1. Juli (Nationalfeiertag), Labour Day (Tag der Arbeit) am 1. Montag im September, Thanksgiving Day (Erntedankfest) am 2. Montag im Oktober |
| **Religion** | 67 % Christen, 3,2 % Muslime, 1 % Juden, 1,5 % Hindus, 1,1 % Buddhisten, 1,4 % Sikhs, 24% ohne Bekenntnis |
| **Städte** | 70 % der Bevölkerung leben in den Ballungsgebieten der Städte Toronto, Montréal, Ottawa, Calgary und Vancouver. (Einwohnerzahlen innerhalb der Stadtgrenzen; in Klammern: Einwohner im Großraum/Metropolitan Area – Quelle: Census 2016)<br>› Toronto 2,73 Mio. (Großraum 5,9 Mio. Einwohner)<br>› Montréal 1,7 Mio. (Großraum 4,1 Mio. Einwohner)<br>› Vancouver 631.000 (Großraum 2,46 Mio. Einwohner)<br>› Calgary 1,24 Mio. (Großraum 1,39 Mio. Einwohner)<br>› Ottawa 934.000 (Großraum 1,32 Mio. Einwohner)<br>› Québec 532.000 (Großraum 800.000 Einwohner) |
| **Außenhandel** | Handelspartner: Europäische Union (v. a. Deutschland, Italien, Frankreich, Niederlande), Vereinigtes Königreich, USA, China, Mexiko, Commonwealth, Japan, Südkorea und Hongkong |
| **Bodenschätze** | Kanada besitzt reiche und sehr ergiebige Roh- und Brennstoffvorkommen wie Uran- und Zinkerze, Nickel, Blei, Gold, Silber und Kupfer sowie Kohle, Erdöl und Erdgas |
| **Landwirtschaft** | Die Landwirtschaft ist sehr leistungsfähig und besonders ertragreich in den Prärieprovinzen, wo 80 % der Landfläche landwirtschaftlich genutzt werden, Anbau von Weizen, Mais, Obst, Kartoffeln, Tabak |
| **Arbeitslosigkeit** | 6,18 % (2018) |
| **Inflation** | 2,15 % (2018) |
| **Klima** | Kanada liegt in den gemäßigten bis arktischen Breiten; im größten Teil des Landes herrscht typisches Kontinentalklima mit trockenen, heißen Sommern und langen, sehr kalten und schneereichen Wintern |

## Kanada auf einen Blick

Kanada gliedert sich in zehn Provinzen und drei Territorien mit jeweils eigener Provinzhauptstadt. Dies sind von Osten nach Westen:

- **Newfoundland/Labrador** (NL) mit der Hauptstadt St. John's
- **New Brunswick** (NB) mit der Hauptstadt Fredericton
- **Prince Edward Island** (PE) mit der Hauptstadt Charlottetown
- **Nova Scotia** (NS) mit der Hauptstadt Halifax
- **Québec** (QC) mit der Hauptstadt Québec City
- **Ontario** (ON) mit der Hauptstadt Toronto
- **Manitoba** (MB) mit der Hauptstadt Winnipeg
- **Saskatchewan** (SK) mit der Hauptstadt Regina
- **Alberta** (AB) mit der Hauptstadt Edmonton
- **British Columbia** (BC) mit der Hauptstadt Victoria und die drei Territorien:
- **Nunavut** (NU) mit der Hauptstadt Iqaluit
- **Northwest Territories** (NT) mit der Hauptstadt Yellowknife
- **Yukon Territory** (YT) mit der Hauptstadt Whitehorse.

Die Hauptstadt Kanadas ist **Ottawa**.

Innerhalb Kanadas gibt es, wie die Faltkarte zeigt, sechs verschiedene **Zeitzonen**; für die Provinzen im Osten Kanadas gilt

- in **Ontario** und **Québec** die Eastern Standard Time (EST = MEZ -6 Stunden),
- in den Atlantikprovinzen **Nova Scotia**, **New Brunswick** und **Prince Edward Island** die Atlantic Standard Time (AST = MEZ -5 Stunden),
- in **Newfoundland** die Newfoundland Standard Time (NST = MEZ -4,5 Stunden).

In Kanada gilt vom zweiten Sonntag im März (03:00 Uhr) bis zum ersten Sonntag im November (02:00 Uhr) die **Sommerzeit**.

In diesem Reisehandbuch werden die östlichen Provinzen Ontario und Québec sowie die Atlantikprovinzen Nova Scotia, New Brunswick, Prince Edward Island und Newfoundland & Labrador beschrieben.

## Ontario

| **Größe** 1.076.395 km$^2$ | **Einwohner** 14,37 Mio. (Schätzung 2018) |
|---|---|

Ontario ist die wirtschaftlich und politisch wichtigste Provinz im Osten des Landes. Hier liegt die kanadische Hauptstadt Ottawa, in der die Regierungsgeschäfte getätigt werden, wo aber auch Museen von internationalem Rang locken. Die Lage am Rideau-Kanal und dem Ottawa River macht die Stadt besonders attraktiv.

Toronto ist Ontarios größte Metropole und die Hauptstadt der Provinz. Hier konzentriert sich das Wirtschaftsleben Ostkanadas. Eine ständig wachsende Zahl von Wolkenkratzern und der CN Tower markieren die Skyline der Stadt, die nur knapp zwei Autostunden von den Niagarafällen entfernt liegt.

Ontario ist stolz auf seine besondere Rolle in der historischen Entwicklung des Landes, was in verschiedenen Museumsdörfern, in denen die Epochen der Siedlungsgeschichte anschaulich präsentiert werden, seinen Ausdruck findet. Entfernt man sich von der Megacity Toronto und ihren Nachbarstädten, gelangt man rasch in Naturregionen mit Bächen, Flüssen und Seen. Viele Waldgebiete in der nördlichen Provinz sind nur mit dem Kanu, Kajak oder Wildwasserfloß zu durchqueren, während man die Seen in der Muskoka-Region oder den Rideau-Kanal gut mit dem Hausboot erkunden kann. Wer Erlebnisse in der Wildnis sucht, wird in den Wäldern des Nordens fündig.

## Québec

| **Größe** 1.542.056 km$^2$ | **Einwohner** 8,45 Mio. (Schätzung 2018) |
|---|---|

Die größte Provinz Kanadas ist Québec. Hier ist Französisch die offizielle Landessprache, das Savoir-vivre bis heute spürbar. Das zeigt sich besonders gut in den Altstädten der beiden größten Städte, Montréal und Québec, aber auch in den kleinen Dörfern entlang des St.-Lorenz-Stroms. Theater, regionale Küche und das Nachtleben in Montréal und Québec zeugen davon.

Verlässt man die Großstädte, gelangt man in eine Region, die mit charmanten Kleinstädten aufwartet. Im Charlevoix haben sich viele Künstler angesiedelt, die sich von den Landschaften am St.-Lorenz-Strom inspirieren lassen. Auf der Halbinsel Gaspésie reihen sich Fischerdörfer am Ufer des Stroms auf. Der St.-Lorenz-Strom ist ein Wasserweg, auf dem große Containerschiffe bis zu den Großen Seen vorstoßen. Gleichzeitig existiert darin eine Tierwelt, von der die Wale nur der offensichtlichste Teil sind. Die Vogelfelsen vor Percé, die farbigen Ahornwälder im Indian Summer und die Skigebiete auf der Gaspé bieten weitere interessante Möglichkeiten, die Natur der Provinz zu erleben. Im Norden Québecs warten teils noch unerforschte Gebiete auf Abenteurer.

## Nova Scotia

| **Größe** 52.942 km² | **Einwohner** 958.000 (Schätzung 2018) |
|---|---|

Auch wenn die Provinz Nova Scotia nach den Schotten benannt ist, die sie ab dem 18. Jh. besiedelten, so waren es doch zuerst die Franzosen, die das Gebiet eroberten. Die Hauptstadt Halifax ist die wichtigste Hafenstadt in den Atlantikprovinzen, die maßgeblich vom Meer geprägt sind. Während sich im Süden Fischerdörfer in geschützte Buchten schmiegen, sind es im Norden Nova Scotias vor allem landwirtschaftliche Regionen, die das Bild prägen. Die Bay of Fundy mit den höchsten Gezeitenunterschieden der Welt bestimmt das Leben an diesen Ufern. Im Zentrum der Provinz prägen vor allem Hochmoore die Landschaft.

Eine der schönsten Panoramastraßen Kanadas umrundet die Insel Cape Breton: der Cabot Trail. Schotten und Akadier drücken mit ihren Festen und ihrer speziellen Lebensart den Dörfern entlang der Inselküsten ihren besonderen Stempel auf. Für Urlauber bietet die Insel zahlreiche Sportmöglichkeiten: vom Golfspielen über Angeln und Wandern bis zum Segeln, Rudern oder Mountainbiken.

## New Brunswick

| **Größe** 72.907 km² | **Einwohner** 761.000 (Schätzung 2018) |
|---|---|

Die einzig wirklich zweisprachige Provinz Kanadas ist New Brunswick mit seiner Hauptstadt Fredericton. Während der Südwesten und Süden der Provinz vor allem englischsprachig ist, spricht die Bevölkerung im Osten und Norden fast nur Französisch. Das Leben in New Brunswick bestimmt im Süden der Gezeitenwechsel an der Bay of Fundy. Zweimal pro Tag zieht sich das Wasser der Bucht komplett zurück. Entlang der Atlantikküste und im Landesinneren bestimmen in erster Linie die Akadier den Lebensstil.

Verstreute Inseln prägen den Südwesten New Brunswicks. Das Landesinnere weist fruchtbares Bauernland und tiefe Wälder auf, in deren Bächen sich Lachse tummeln. An der Atlantikküste laden endlose Sandstrände ein zu Strandspaziergängen und zum Muscheln- und Krebsesammeln.

Im Winter bietet New Brunswick optimale Voraussetzungen zum Skilaufen, Schneewandern, zum Eisfischen und Eisklettern, zu Fahrten mit dem Hundeschlitten oder dem Schneemobil.

## Prince Edward Island

| **Größe** 5.660 km² km² | **Einwohner** 153.000 (Schätzung 2018) |
|---|---|

In Kanadas kleinster Provinz, Prince Edward Island (P.E.I., Hauptstadt Charlottetown), fällt die rote Erde auf, besonders gut zu sehen an den Klippen, die die Inselküsten säumen. In malerischen Dörfern lebt die Inselbevölkerung hauptsächlich vom Fischfang und Ackerbau. P.E.I. ist für die Qualität seiner Kartoffeln und Austern bekannt.

Prince Edward Island eignet sich perfekt für einen Familienurlaub, nicht zuletzt, weil die Wassertemperaturen durch den Einfluss des Golfstroms im Sommer sehr ange-

nehm sind. Es gibt zudem sehr gute Golfplätze, und im Sommer finden hoch dotierte Pferderennen statt. Der Höhepunkt des Jahres ist die Hummersaison, wenn in zahlreichen Inselorten Hummerfeste veranstaltet werden.

### Newfoundland & Labrador

| **Größe** 405.212 km$^2$ | **Einwohner** 525.000 (Schätzung 2018) |
|---|---|

Newfoundland (Hauptstadt St. John's) gilt als Eldorado für Naturliebhaber und Wanderer. Am besten lernt man die Insel kennen, wenn man ihrem Küstenverlauf folgt. Vom Trans-Canada Highway, der einzigen Straße, die die gesamte Insel durchquert, zweigen Nebenstrecken ab, die zu versteckt gelegenen Fischerdörfern an der Küste führen. Das Inselinnere ist größtenteils noch immer eine menschenleere Landschaft, in der sich Schwarzbären, Elche und Karibus wohlfühlen. In den Gewässern gibt es Wale, Thunfische, Kabeljau, Forellen und Lachse. Besonders spektakulär ist die Küste in der Zeit von Mitte Mai bis Ende Juni. Dann treiben Eisberge aus der Arktis an der Küste vorbei.

Als erste Europäer kamen die Wikinger schon um das Jahr 1000 nach Newfoundland, wie die Siedlung L'Anse aux Meadows bezeugt.

# Historischer Überblick

## Frühgeschichte

*Aus Asien eingewandert*

Archäologische Funde weisen darauf hin, dass die Ureinwohner Amerikas, die Vorfahren der Inuit und Indianer, ursprünglich aus Asien stammen. Die urzeitlichen Menschen zogen in mehreren Einwanderungswellen vor ca. 20.000 bis 12.000 Jahren als Jäger und Sammler über die damals noch bestehende Landbrücke zwischen Sibirien und Alaska nach Nordamerika.

Etwa um 6000 v. Chr. breiteten sich mongolide Nomaden über die Arktis bis nach Grönland aus. Sie lebten von der Jagd auf Seehunde, Walrosse und Wale. Ab 500 v. Chr. entwickelte sich die durch zahlreiche Funde belegte **Dorset-Kultur**.

## Europäische „Entdeckung" und Besiedlung Nordamerikas

**Um 875 n. Chr.** • Irische Mönche erreichen den St.-Lorenz-Golf (noch nicht gesicherte Annahme).
**Um 1000** • Wikinger unter Leif Erikson segeln nach Labrador und Newfoundland, erste Siedlungsversuche in L'Anse-aux-Meadows.
**Um 1400** • Portugiesische, baskische, normannische, englische und bretonische Fischer entdecken die reichen Fischgründe vor Newfoundland.
**1497** • Giovanni Caboto (John Cabot) segelt im Auftrag englischer Kaufleute nach Newfoundland und Cape Breton Island, um die Westpassage oder Gold zu entdecken. Er beansprucht das Land für den englischen König Heinrich VIII. Bei seiner Rückkehr nach England kann er seine Auftraggeber nicht zufriedenstellen, denn er kann „nur" auf den großen Fischreichtum dieser Region hinweisen.

**1534** • Der Seefahrer Jacques Cartier erkundet den St.-Lorenz-Strom, erreicht das Irokesendorf Hochelaga (an der Stelle des heutigen Montréal), hisst die französische Flagge und macht damit den Besitzanspruch Frankreichs deutlich; Cartier sowie französische Kolonisten und Pelztierjäger suchen einen Weg ins Landesinnere. In den Berichten Cartiers wird zum ersten Mal das Wort „Canada“ benutzt; wahrscheinlich hat er dabei das indianische Wort „kanata“ verwendet, das „Siedlung“ oder „Dorfgemeinschaft“ bedeutet.

**1576** • Auf der Suche nach der Nordwestpassage erforscht Martin Frobisher die arktischen Gewässer zwischen Grönland und Nordamerika und beansprucht das Gebiet für die englische Krone.

**1583** • Die Engländer gründen eine Siedlung in Cupids auf Newfoundland.

**1604** • Samuel de Champlain erforscht den St.-Lorenz-Strom und gründet mit Pierre de Monts die erste dauerhafte französische Siedlung in Port Royal in der Bay of Fundy.

**1605** • Die Franzosen nehmen unter Sieur de Monts Akadien in Besitz.

*Jacques Cartier*

**1608** • Champlain gründet die Siedlung Québec und baut ein weites Netz von Handelsrouten für den ertragreichen Pelzhandel aus.

**1610** • Auf der Suche nach der Nordwestpassage stößt der englische Seefahrer Henry Hudson auf das große Binnenmeer im Nordosten Kanadas, die später nach ihm benannte Hudson Bay.

**1615** • Champlain dringt bis zu den Großen Seen vor. Der Ottawa River wird zur wichtigen Pelzhandelsstraße.

**1625** • Jesuiten kommen nach Québec und beginnen mit der Missionierung der Indianer.

**1642** • Französische Katholiken gründen Montréal und errichten Missionsstationen, Schulen und Krankenhäuser. Sie werden aber durch die heftigen Indianerkämpfe gefährdet, in denen sich Irokesen auf der einen Seite und Huronen und Algonquin auf der anderen Seite gegenüberstehen.

**1663** • Ludwig XIV. von Frankreich erklärt auf Anraten seines Finanzministers Colbert Neufrankreich zu einer „königlichen Kolonie“, zu deren Schutz er Truppen nach Nordamerika schickt.

*Henry Hudson*

**Um 1650** • Der Pelzhandel weitet sich aus; die Waldläufer, die Coureurs de Bois, suchen neue Pelzregionen und dehnen die Grenzen der französischen Kolonie nach Westen und Süden aus.

**1672** • Nach der Gründung der privaten Handelsgesellschaft „Hudson's Bay Company" in London überträgt der englische König Charles II. der Gesellschaft das Pelzhandelsmonopol für alle Ländereien, deren Flüsse in die Hudson Bay fließen; außerdem wird ihr das Recht zugestanden, Männer zum Schutz ihrer Interessen auszubilden.
**1689** • In der Folgezeit kommt es zu erbitterten Auseinandersetzungen zwischen England und Frankreich, denn die Franzosen wollen ihre Pelzhandelsgewinne nicht mit der Hudson's Bay Company teilen. Die Handelsposten geraten abwechselnd in französischen oder englischen Besitz.
**17. Jh.** • Die Franzosen gründen zahlreiche Siedlungen am St.-Lorenz-Strom und in Akadien, das jedoch immer wieder unter die wechselnde Herrschaft von Franzosen und Engländern gerät.
**1690–1713** • Die Kriege zwischen England und Frankreich dehnen sich von Europa auch auf die Kolonien aus.
**1713** • Im Frieden von Utrecht wird den Engländern der größte Teil von Nova Scotia zugesprochen, Cape Breton Island, New Brunswick und Prince Edward Island gehören weiterhin zu Frankreich.
**1713–1745** • In dieser friedlichen Zeit wächst der Wohlstand des Landes durch den Pelzhandel, den Schiffbau und das Handwerk.
**1745–1748** • Erneuter Ausbruch der Kriegshandlungen zwischen England und Frankreich, die um ihre Besitztümer in Nordamerika kämpfen; die Engländer nehmen die Festung Louisbourg ein.
**1749** • Halifax wird als Marinestützpunkt gegründet und zieht viele englische Einwanderer an.
**1755** • Fast 10.000 Akadier, die ihrem Heimatland Frankreich treu ergeben sind und sich weigern, den Treueeid auf England abzulegen, werden von den Engländern von ihrem Land vertrieben und in weit entfernte englische Kolonien verschleppt.

*Kriegerische Konflikte*

**1756–1763** • Der Siebenjährige Krieg zwischen England und Frankreich entscheidet über die Herrschaft in ganz Nordamerika. Nach der Eroberung der Städte Québec und Montréal durch die Engländer werden im Frieden von Paris alle französischen Besitzungen in Nordamerika England zugesprochen; Frankreich behält nur die Inseln St.-Pierre und Miquelon vor Newfoundland.

## Die englische Kolonialzeit (1763–1867)

**1764** • Nach dem Friedensschluss leben 60.000 französische, aber nur 3.000 englische Siedler im Gebiet des heutigen Kanada.
**1774** • Um Konflikte in den ehemaligen französischen Gebieten zu vermeiden, garantiert England den Québecern im „Québec Act" u. a. das Recht auf die französische Sprache, die französische Zivilgesetzgebung und das Recht auf die freie Ausübung der katholischen Religion.
**1775–1783** • Im Amerikanischen Unabhängigkeitskrieg, in dessen Verlauf sich 13 rebellierende Kolonien vom englischen Mutterland lösen und die Vereinigten Staaten von Amerika bilden, bleibt Kanada neutral. Am Ende des Kriegs verlassen mehr als 60.000 Menschen, die England die Treue halten, die USA und siedeln sich in Nova Scotia, New Brunswick und in Südontario an; Kanada wird dadurch ein überwiegend englischsprachiges Land.
**1783** • Im 2. Frieden von Paris wird die Grenze zwischen Kanada und den USA festgelegt.

*Appell im Fort Louisbourg auf Cape Breton Island*

**1791** • Die britische Regierung teilt im „Constitutional Act“ die Kolonie am Ottawa River auf in Upper Canada (das heutige Ontario) und Lower Canada (das heutige Québec) mit jeweils eigenem Gouverneur und einer gewählten Volksvertretung mit beschränktem Selbstverwaltungsrecht.
**1793** • Eine Expedition unter der Führung von Alexander Mackenzie durchquert erstmals den Kontinent und erreicht den Pazifischen Ozean.
**1808** • Simon Fraser gelangt über die Rocky Mountains zu dem nach ihm benannten Fraser River, dem er bis zu dessen Mündung in den Pazifik folgt.
**1812–1814** • Unstimmigkeiten über den Grenzverlauf und verstärkte Einflussnahme der USA in Kanada führen zu Kriegen zwischen den USA und England. Die USA nehmen York, das heutige Toronto, ein und brennen es nieder; im Gegenzug zerstören die Briten Washington.
**1815** • Der Krieg wird durch den Friedensvertrag von Gent beendet.
**1818** • England und die USA einigen sich darauf, zwischen den Großen Seen und den Rocky Mountains den 49. Breitengrad als Grenze festzulegen.
**1830–1850** • In dieser Zeit wandern, so lauten die Schätzungen, etwa 800.000 Menschen nach Kanada ein; darunter vor allem Iren, Schotten und Deutsche, die Arbeit im Schiffsbau, in der Landwirtschaft und in der Holzindustrie finden.
**1841** • Ober- und Unterkanada werden zu der britischen Kolonie Kanada vereinigt; die Regierung besteht aus dem Gouverneur, dem Gesetzgebenden Rat und einem vom Volk gewählten Unterhaus, in dem die beiden früheren Provinzen gleich stark vertreten sind.

*Britische Kolonie Kanada*

**1846** • Der 49. Breitengrad wird als Grenze von Ontario bis zur Pazifikküste bestimmt.
**1848** • Nova Scotia erhält als erstes Besitztum die politische Selbstverwaltung.
**1858** • British Columbia wird zur Kronkolonie erklärt.
**1867** • Durch den „British North America Act“ werden die Provinzen Nova Scotia, New Brunswick, Ontario und Québec zum autonomen „Dominion of Canada“ vereinigt.

## Das Dominion of Canada (1867–1914)

**1867** • Die Regierung der neuen parlamentarischen Monarchie setzt sich zusammen aus dem „Senate“, zu dem die Vertreter der Provinzen gehören, dem „House of Commons“, in dem die gewählten Volksvertreter sitzen, und dem Generalgouverneur, dem Vertreter des britischen Königshauses. Ottawa wird zur Hauptstadt Kanadas erklärt.
**1869** • Die Hudson’s Bay Company tritt ihr riesiges Land an Kanada ab, das dadurch sein Staatsgebiet verdreifacht und wertvolles Siedlungsland dazugewinnt.

**1869** • Unter der Führung des Louis Riel rebellieren im Westen des Landes die französisch-indianischen Métis gegen die kanadische Regierung, weil sie durch die von der Regierung angestrebte Neubesiedlung des Westens um ihre nicht festgelegten Landrechte und um ihre kulturelle Eigenständigkeit fürchten; der Aufstand wird niedergeschlagen.
**1870** • Bei der Entstehung der Provinz Manitoba werden die Forderungen der Métis berücksichtigt.
**1871** • British Columbia schließt sich dem kanadischen Bundesstaat unter den Bedingungen an, dass finanzielle Erleichterungen geschaffen werden und vor allem, dass innerhalb von zehn Jahren eine Eisenbahnlinie von Ostkanada nach British Columbia gebaut wird.
**1873** • Prince Edward Island tritt als 7. Provinz dem Bundesstaat bei.
**1885** • Der Eisenbahnbau der „Canadian Pacific Railway Company" wird fertiggestellt. Die von weißen Siedlern von ihren Besitzungen vertriebenen Métis verbünden sich unter Louis Riel mit den Prärie-Indianern zu einem weiteren Aufstand gegen die Regierung. Diese benutzt die neue Eisenbahn, schickt Truppen gegen die Aufständischen und lässt Riel hinrichten.
**1890** • In dem riesigen Land von den Rocky Mountains bis zur Westgrenze Ontarios leben nur ca. 200.000 Menschen.
*Goldrausch*
**1896** • Am Klondike/Yukon wird Gold gefunden und versetzt das Land in einen Goldrausch. Yukon, das bis dahin zu den Northwest Territories gehört, wird zur eigenständigen Provinz.
**1899–1902** • 7.000 freiwillige kanadische Soldaten kämpfen für die Briten im Burenkrieg.

## Kanada im 20. Jahrhundert

**1901** • Marconi empfängt auf dem Signal Hill bei St. John's auf Newfoundland den ersten transatlantischen Funkspruch.
**1905** • Alberta und Saskatchewan treten dem Bundesstaat bei.
**1914** • Großbritannien erkennt das Recht Kanadas auf selbstständige Unterzeichnung des Versailler Friedensvertrages und auf eine eigene Vertretung im Völkerbund an.
**1914–1918** • Kanada nimmt an der Seite Englands mit 600.000 Mann am Ersten Weltkrieg teil. Wirtschaftlich setzt durch den Anstieg der landwirtschaftlichen Produktion, die Entdeckung neuer Rohstofflager und den Bau von Industriebetrieben ein großer Aufschwung ein.
**1919–1925** • Nach dem Krieg kommt es zu erbittert geführten Streiks der Arbeiter, die soziale Gerechtigkeit fordern.
**1920** • Die kanadischen Forscher Banting und Best entdecken das Insulin.
**1921** • William Lyon Mackenzie King übernimmt das Amt des Premierministers.
**1929** • Die Weltwirtschaftskrise erfasst auch Kanada; 1933 liegt die Arbeitslosenrate bei 20 %.
*Kanada wird ein eigenständiger Staat*
**1931** • Im „Statut von Westminster" wird die staatliche Unabhängigkeit des Dominions von England gesetzlich anerkannt; Kanada ist ein eigenständiger Staat im British Commonwealth of Nations.
**1939–1945** • Kanada erklärt Deutschland den Krieg und nimmt mit 1 Mio. Soldaten am Kriegsgeschehen teil; bei der Verteidigung des Nordatlantiks arbeitet Kanada eng mit den USA zusammen. Der Rüstungsbedarf führt zur Stärkung der kanadischen Industrie.
**1942** • Der Trans-Canada Highway wird fertiggestellt.

**1945** • Kanada unterstützt die Gründung der Vereinten Nationen und erklärt seinen Beitritt.

**1949** • Newfoundland schließt sich als letzte Provinz dem kanadischen Bundesstaat an. Kanada wird Mitglied des Nordatlantikpakts (NATO). *NATO-Beitritt*

**1959** • Durch die Fertigstellung des St.-Lorenz-Seeweges, eines großen kanadisch-amerikanischen Projekts, wird eine Verbindung zwischen dem Atlantischen Ozean und den Großen Seen geschaffen.

**1960** • Das Parlament gesteht den Indianern und Inuit in der „Bill of Rights" das Recht zu, an Bundeswahlen teilzunehmen.

**1963** • In der Provinz Québec zeigen sich verstärkt Spannungen zwischen Anglo- und Frankokanadiern; die nationalistischen Bestrebungen wachsen weiter.

**1965** • Kanada erhält eine eigene Nationalfahne: die Flagge mit dem roten Ahornblatt auf weißem Grund.

**1967** • In ganz Kanada wird das hundertjährige Bestehen gefeiert. In Montréal findet die Weltausstellung EXPO '67 statt; der französische Staatspräsident de Gaulle ruft vom Balkon des Rathauses „Vive le Québec libre!" (Es lebe das freie Québec) und löst damit hitzige Diskussionen aus.

**1968** • Pierre Trudeau wird Premierminister; René Lévesque gründet die „Parti Québecois", deren Ziel die Gründung eines unabhängigen, frankophonen Staates ist.

**1969** • Der „Official Languages Act", der Englisch und Französisch als offizielle Landessprachen anerkennt, tritt in Kraft.

**1970** • Ausschreitungen, Bombenanschläge, die Entführung des britischen Trade Commissioners und die Ermordung des Arbeitsministers von Québec durch Extremisten der FLQ (Front de Libération du Québec) sind Ausdruck der Québec-Krise. Trudeau reagiert auf die Attentate mit der Verhängung des Kriegsrechts.

**1976** • In Montréal finden die XXI. Olympischen Sommerspiele statt.

**1980** • In einer von René Lévesque und seiner Partei geforderten Volksabstimmung entscheiden sich etwa 60 % der Bevölkerung von Québec für den Verbleib in der kanadischen Konföderation.

**1982** • Durch den „Canada Act" tritt London das Recht an die Regierung in Ottawa ab, Änderungen der kanadischen Verfassung vorzunehmen. Damit sind die letzten Vollmachten des britischen Parlaments aufgehoben. Kanada nimmt die „Canadian Charter of Rights and Freedoms" an und garantiert darin die Menschenrechte.

**1986** • In Vancouver findet die Internationale Weltausstellung EXPO '86 statt.

**1987** • Québec stimmt als letzte Provinz der neuen kanadischen Verfassung zu.

**1988** • Die Bundesregierung sichert den Vertretern der Indianer und Métis Landrechte in den Northwest Territories und eine 500-Mio.-Dollar-Abfindung zu. Der Multikulturalismus wird im Gesetz verankert. Kanada und die USA ratifizieren ein Freihandelsabkommen. In Calgary finden die Olympischen Winterspiele statt.

**1990** • Kanada erkennt die deutsche Einheit an.

**1993** • Rücktritt Mulroneys; Kim Campbell wird seine Nachfolgerin. Nach den Wahlen im Oktober 1993 wird Jean Chrétien neuer Premierminister.

**1994** • Das Handelsabkommen NAFTA (North American Free Trade Association) zwischen den USA, Kanada und Mexiko tritt in Kraft.

**1995** • Am 30. Oktober 1995 werden die Bürger Québecs aufgerufen, in einem Referendum zu entscheiden, ob die Provinz Québec bei Kanada bleiben oder unabhängig werden sollte. Bei einer Wahlbeteiligung von 93 % entscheiden sich 50,6 % der knapp 5 Mio. Wähler gegen die Unabhängigkeit; 49,4 % stimmen dafür. Nur etwa 53.000 Stimmen sind dafür ausschlaggebend, dass die französischsprachige Provinz bei Kanada bleibt. *Votum gegen Unabhängigkeit*

**1997** • Bei den Parlamentswahlen behauptet sich die seit 1993 regierende Liberale Partei mit einer knappen absoluten Mehrheit. Jean Chrétien bleibt damit weiterhin Premierminister.

*Nunavut* **1999** • Der östliche Teil der North West Territories wird zu einem eigenständigen Verwaltungsgebiet mit Namen „Nunavut" („Unser Land") erklärt; der Westteil heißt weiterhin „Northwest Territories". Damit wird die seit vielen Jahren geplante Aufteilung der Nordwest-Territorien offiziell vollzogen, die in den 1960er-Jahren mit Landansprüchen der dort lebenden Urbevölkerung begonnen hatte.

**1999** • Adrienne Clarkson wird zur neuen Generalgouverneurin ernannt. Sie ist Kanadas erstes Staatsoberhaupt, das zur Bevölkerungsgruppe der Einwanderer gehört.

## Kanada im 21. Jahrhundert

**2003** • Nach gut zehn Jahren im Amt übergibt Premierminister Jean Chrétien nach einem parteiinternen Machtkampf die Amtsgeschäfte an seinen parteiinternen Rivalen Paul Martin.

**2005** • Den etwa 5.000 Ureinwohnern der Provinz Newfoundland & Labrador wird im nördlichen Teil der Provinz Land zugesprochen, das sie nun selber verwalten und wirtschaftlich nutzen können. Damit ist der 1977 begonnene Übergabeprozess abgeschlossen.

**2005** • Michaelle Jean wird zur neuen Generalgouverneurin von Kanada ernannt.

**2006** • Bei der Parlamentswahl setzt sich die Konservative Partei erstmals nach 1993 als stärkste Partei durch. Stephen Harper wird als 22. Premierminister Kanadas vereidigt. 2008 und 2011 wird Harper von den Wählern im Amt bestätigt.

**2006** • Der tibetische Dalai Lama wird zum Ehrenbürger Kanadas ernannt.

**2007** • Die neue Volkszählung zeigt, dass jeder fünfte Kanadier im Ausland geboren ist. Erstmals kommt die Mehrzahl der Einwanderer nicht mehr aus Europa, sondern aus asiatischen Ländern und dem Nahen Osten.

**2009** • Auf Prince Edward Island wird mit 55 Turbinen der größte Windpark in den Atlantikprovinzen eröffnet, der rund 25.000 Haushalte mit Energie versorgen wird.

*Olympische Winterspiele* **2010** • Die XXI. Olympischen Winterspiele werden im Februar in Vancouver und im Wintersportort Whistler ausgetragen.

**2010** • Kanada richtet in Huntsville/Ontario den 36. G-8-Wirtschaftsgipfel aus, dem das G-20-Treffen der führenden Industrie- und Schwellenländer in Toronto folgt.

**2010** • David Johnston ist neuer Generalgouverneur Kanadas.

**2013** • Die kanadische Schriftstellerin Alice Munro erhält den Nobelpreis für Literatur.

**2014** • Die Liberale Partei Québec (PLQ), die sich gegen die Unabhängigkeit der frankophonen Provinz und für einen Verbleib in der Kanadischen Föderation einsetzt, gewinnt die Parlamentswahl in Québec mit 41,5 %.

**2015** • Bei der Parlamentswahl im Oktober gelingt der Liberalen Partei ein Erdrutschsieg, ihr Vorsitzender Justin Trudeau, Sohn des früheren Regierungschefs Pierre Trudeau, wird im November neuer Premierminister.

**2016** • Die kanadische Eishockey-Nationalmannschaft der Herren verteidigt bei den Weltmeisterschaften in Russland ihren Titel.

**2017** • Kanada feiert seinen 150. Geburtstag mit zahlreichen Veranstaltungen.

**2017** • Julie Payette ist die neue Generalgouverneurin Kanadas.

**2018** • Der 44. G7-Gipfel findet in La Malbaie in Québec statt.

**2018** • Kanada genehmigt den Verkauf von Cannabis unter staatlicher Kontrolle, um den illegalen Drogenhandel zu bekämpfen.
**2018** • Größter Diamant Nordamerikas in Kanada entdeckt (552 Karat).
**2018** • Nach mehr als hundert Jahren wird nach einem Senatsbeschluss der Text der kanadischen Nationalhymne „Oh Canada" geändert. Die englische Version ist nun geschlechtsneutral.
**2019** • Das Handelsabkommen CETA zwischen der EU und Kanada tritt in Kraft.
**2019** • Nach mehreren Skandalen verlieren die Liberalen bei der Wahl im Oktober ihre Parlamentsmehrheit. Premierminister Trudeau führt seit November eine Minderheitsregierung.

*Minderheitsregierung*

## Verfassung und Verwaltung Kanadas

*Parlamentarische Monarchie*

Kanada ist als unabhängiger Bundesstaat im British Commonwealth of Nations eine parlamentarische Monarchie. Königin Elizabeth II. von England ist das nominelle Staatsoberhaupt, das durch den Generalgouverneur vertreten wird. Seit 1980 hat Kanada eine eigene Nationalhymne und seit 1982 auch eine eigene Verfassung; der „Canadian Act of 1982" löste den aus dem Jahre 1867 stammenden „British North America Act" ab und beendete die Zuständigkeit des britischen Parlamentes für kanadische Verfassungsfragen.

Zum Bundesstaat Kanada gehören zehn Provinzen und drei Territorien. Das kanadische Parlament besteht aus dem „House of Commons" (Unterhaus) und dem „Senate" (Oberhaus). Im Unterhaus sitzen 282 Abgeordnete, die alle fünf Jahre nach einfachem Mehrheitswahlrecht gewählt werden. Das Oberhaus setzt sich aus 104 Senatoren zusammen, die die Interessen der Provinzen vertreten und auf Vorschlag des Premierministers vom Generalgouverneur ernannt werden.

Zum Premierminister wird der Vorsitzende der Mehrheitspartei im Unterhaus ernannt; er bildet sein Kabinett aus Mitgliedern des Unterhauses.

Die Bundesregierung besitzt die Finanzhoheit und ist zuständig für Außenpolitik, Verteidigung, Handel, Transport und Verkehr sowie das Strafrecht.

Jede der zehn Provinzen besitzt eine eigene Verfassung und ein eigenes Parlament. Zum Kompetenzbereich der Provinzen gehören die Erhebung der Provinzsteuern, die Gesetzgebung in Bürgerrechtsfragen und zur Gemeindeverwaltung, die Erziehung, das Gesundheitswesen und die Nutzung der Bodenschätze.

Die drei Territorien unterstehen der Bundesregierung und werden von einem Commissioner verwaltet; die Territorien erhalten jedoch zunehmend größere Eigenständigkeit und streben den „Provinzstatus" an.

# Geografischer Überblick

Zuerst ein paar knapp gefasste Fakten: Kanada ist mit einer Fläche von 9.984.670 km² das zweitgrößte Land der Erde; davon sind 891.163 km² Binnengewässer, die wiederum ein Drittel aller Süßwasservorräte der Welt ausmachen! Die natürlichen Grenzen des Landes werden durch den Atlantischen Ozean im Osten, den Pazifischen Ozean im Westen und das Nordpolarmeer im Norden gebildet. Im Süden grenzt Kanada an den Nachbarstaat USA.

Für Europäer schwer vorstellbar ist die Ausdehnung des Landes: die größte Entfernung in Nord-Süd-Richtung beträgt 4.634 km, die Ost-West-Ausdehnung beträgt 5.514 km. Das bedeutet, dass die Entfernung zwischen dem östlichsten und westlichsten Punkt Kanadas weiter ist als von Europa zur Ostküste Kanadas!

**Ostkanada** umfasst geografisch das dicht bevölkerte Tiefland des St.-Lorenz-Stroms mit seinen Nebenflüssen, den Bereich zwischen den Großen Seen bis zur Hudson Bay sowie das Land an der Atlantikküste. Verwaltungsmäßig sind dies die Provinzen Ontario und Québec sowie die Atlantikprovinzen New Brunswick, Nova Scotia, Prince Edward Island und Newfoundland & Labrador.

## Geologisch-morphologische Gliederung

Der geologische Aufbau des kanadischen Raumes ist durch drei Regionen bestimmt:

- den Kanadischen Schild
- Tiefländer und Plateaus
- Gebirge mit eingeschlossenen Hochplateaus

Der geologisch älteste Teil des nordamerikanischen Kontinents ist der Kanadische Schild, der im Umkreis der Hudson Bay liegt und aus uralten Gesteinen besteht, die bis ins Archaikum zurückreichen. Der Kanadische Schild ist von einem Kranz von Tiefländern und Plateaus umgeben; dazu gehören das arktische Tiefland im Norden, die Inneren Ebenen im Westen und das St.-Lorenz-Tiefland im Süden. Um diesen Kranz zieht sich ein zweiter Ring, der durch Gebirgszüge mit eingeschlossenen Hochplateaus gebildet wird; dies sind die Appalachen im Südosten, die Kordilleren im Westen und die Innuitians im Norden.

Neben der geologischen Struktur haben Eiszeiten das Land geprägt. Mehr als 95 % Kanadas waren in vier Eiszeiten von Eisdecken überzogen, die die Oberfläche des Landes mitgestalteten. Die jüngste Eiszeit war die Wisconsin-Vereisung, die vor 72.000 Jahren begann. Eiszeitliche Landschaftsformen sind die Eisstauseen, zu denen auch die Großen Seen gehören, weit verzweigte Flusssysteme mit Stromschnellen und Wasserfällen, Drumlin-Felder und Oser.

*Riesige Wälder und Erzvorkommen*

Der **Kanadische Schild** umfasst eine Fläche von 5 Mio. km$^2$ und ist mit einem Flächenanteil von 43 % die größte Region des Landes, die für die landwirtschaftliche Nutzung wenig geeignet ist. Ihre wirtschaftliche Bedeutung verdankt sie den riesigen Wäldern, den zahlreichen, ganzjährig Wasser führenden Flüssen und den reichen Erzvorkommen. Bis heute ist der Kanadische Schild ein unberührter Naturraum, der vom Menschen nur an wenigen Stellen erschlossen ist.

Die Inneren Ebenen grenzen sich deutlich vom Kanadischen Schild ab. Im Westen nehmen sie ca. 15 % der Gesamtfläche Kanadas ein. Ihren geologischen Untergrund bilden mächtige, auf dem Felsuntergrund des Kanadischen Schildes abgelagerte Sedimente. Die südlichen Bereiche der kanadischen Ebenen werden morphologisch als „weit gespannte Schichtstufenlandschaft" bezeichnet und bestehen aus drei Flächen (Schichttafeln), die durch zwei Stufen voneinander getrennt sind.

Das Tiefland des St.-Lorenz-Stroms grenzt an den Kanadischen Schild im Norden und das Hügelland der Appalachen im Süden. Zusammen mit Südontario macht es nur 3 %

der Staatsfläche aus. Auch in dieser Region haben sich Sedimente auf dem Untergrund des Kanadischen Schildes abgelagert.

In **Südontario** bildeten sich widerstandsfähige Kalkablagerungen des Silur zu Stufen, die deutlich zu erkennen sind. Ein Beispiel dafür ist die Niagara-Böschung, die vom amerikanischen Bundesstaat New York bis zur Spitze von Manitoulin Island reicht.

*Erdöl und -gas*

Die **wirtschaftliche Bedeutung** verdankt die Region kleineren Erdöl- und Erdgasvorkommen, intensiver Landwirtschaft und vor allem ihrer günstigen Verkehrslage. Der über 3.000 km lange St.-Lorenz-Strom verbindet das Landesinnere mit dem Atlantischen Ozean und ist das Herzstück einer Region, von der die Erschließung und Entwicklung des ganzen Landes ausging.

Die **Appalachenregion**, die sich an das St.-Lorenz-Tal anschließt, nimmt den östlichsten Raum Kanadas ein und zieht sich über die Gaspésie-Halbinsel bis zu den Atlantikprovinzen. Sie macht mit 500.000 km² 5 % der Gesamtfläche Kanadas aus.

Die nördlichen Appalachen sind ein Rumpfgebirge aus gefalteten paläozoischen Gesteinen. Es ist ein Mittelgebirgsland, in dem härtere Gesteine lang gestreckte Bergzüge bilden, während in den weicheren Gesteinen breite Längstäler ausgeräumt wurden, die durch Quertäler verbunden sind. Die Gebirgsketten, deren höchste auf der Gaspésie-Halbinsel 1.268 m erreicht, werden nach Südosten, zum Atlantischen Ozean hin, niedriger. In den Atlantikprovinzen, z. B. auf Newfoundland oder auf Cape Breton Island, liegt das Hochland zwischen 300 und 800 m hoch. An die Highlands schließen sich flachwellige Plateaus an, die sogenannten Uplands, die eine Höhenlage von 150–300 m erreichen und von Flüssen stark gegliedert sind. Die unter 150 m gelegenen Bereiche sind die Lowlands, zu denen u. a. die Gebiete von New Brunswick, Nova Scotia und Prince Edward Island am St.-Lorenz-Golf gehören.

Die wirtschaftliche Bedeutung der Appalachenregion liegt in der Nutzung der Wälder, die 70 % der Fläche bedecken, in der intensiv bewirtschafteten Region an der Fundy Bay und auf Prince Edward Island, in den Fischereihäfen der Atlantikprovinzen, in den Kohlevorkommen bei Sydney und in der Nutzung der weltweit höchsten Gezeitenunterschiede in der Bay of Fundy.

## Ozeane, Flüsse und Seen

Wasser ist ein beherrschendes Element in Kanada. Zwischen dem Atlantischen Ozean im Osten und dem Pazifischen Ozean im Westen liegen unzählige Flüsse und Seen. Die Wasserflächen machen etwa 7 % der Staatsfläche aus. Die Zahl der Seen schätzt man allein in Ontario auf über 250.000; im gesamten Bereich des Kanadischen Schildes kommen Hunderttausende hinzu. Die Süßwasserfläche in Québec ist so groß wie die Staatsflächen von Frankreich und Großbritannien.

*Mächtiger St.-Lorenz-Strom*

Der **St.-Lorenz-Strom**, einer der größten Ströme der Welt, fließt durch den Osten Kanadas. Zusammen mit dem St.-Lorenz-Seeweg verbindet er als wichtige Wasserverkehrsstraße den Atlantischen Ozean mit den Großen Seen. Die Großen Seen, von denen Lake Huron, Lake Ontario, Lake Erie und Lake Superior zur Hälfte zu Kanada gehören, sind die wichtigsten Binnengewässer des Landes und zugleich mit einer Fläche von 246.000 km² die größte zusammenhängende Süßwasserfläche der Erde. Auch in den Atlantikprovinzen gibt es zahlreiche Flüsse und Seen, von denen der St. John River die größte Bedeutung hat.

# Klima und Reisezeit

Drei Faktoren bestimmen das Klima Kanadas:
- die nördliche Lage in den gemäßigten bis arktischen Breiten
- die Temperatur- und Strömungsverhältnisse der Ozeane an den Grenzen
- die kontinentale Landmasse und die Oberflächengestaltung des Landes

*Kontinentales Klima*

Im Osten Kanadas herrscht ein überwiegend kontinentales Klima mit einem kurzen, trockenen und heißen Sommer und einem langen, sehr kalten Winter. Dabei werden von Süden nach Norden die Sommer kürzer und die Winter länger. Die in Nord-Süd-Richtung verlaufenden Gebirge und Bergketten bestimmen das Klima: Im Winter können arktische Kaltluftmassen aus dem Norden bis weit nach Süden vordringen und sogar Frosteinbrüche bis nach Florida bringen. Im Sommer können feuchte Heißluftmassen ungehindert von Süden bis hoch in den Norden ziehen. Der Labradorstrom bringt an der Küste kaltes Wasser weit in den Süden und beeinflusst die Temperaturen negativ. Daher sind die Temperaturen deutlich niedriger als in gleichen Breitengraden Europas.

Im Gebiet der **Großen Seen** und des **St.-Lorenz-Stroms** mildert der Einfluss der Großen Seen das kontinentale Klima mit seinen winterkalten und sommerwarmen Temperaturen ab. Die Niederschläge sind gleichmäßig über das ganze Jahr verteilt.

*Schlittschuhläufer auf dem Rideau Canal beim Winterlude Festival in Ottawa*

Im Jahreszeitenrhythmus zeigt sich, dass sich das Land im März/April rasch erwärmt. Im Sommer gibt es längere Schönwetterperioden, die die durchschnittlichen Juli-Temperaturen bis über 22 °C ansteigen lassen. Dabei kommt es vor allem im Bereich der Großstädte gelegentlich zu hoher Luftfeuchtigkeit, die eine schwüle Hitze bewirkt.

Wenn im September der „Indian Summer“ beginnt, sind die Tagestemperaturen angenehm mild. Die Nächte bringen dann erste Nachtfröste. In den Wintermonaten wechseln sich heftige Schneefälle mit sonnigen Hochdrucklagen ab; die Schneedecke liegt im Schnitt mehr als 2 m hoch. Gelegentlich kommt es zu plötzlichen arktischen Lufteinbrüchen; diese „Blizzards“ bringen mitunter Schneestürme mit Windstärken von mehr als 40 km/h mit sich.

Auf den **Inseln des St.-Lorenz-Stroms** und auf der **Halbinsel Gaspésie** bestimmen atlantische Einflüsse das Klima. Die Sommer dauern nicht länger als zwei Monate, die Winter sind sehr rau und lang. In Montréal gibt es 12–14 Wochen Schnee, in Québec-Stadt 16–18 Wochen und am Nordufer des St.-Lorenz-Stroms sogar bis zu 24 Wochen.

In den **Atlantikprovinzen** beeinflusst das Meer das Klima an den Küsten, während im Landesinneren Kontinentalklima vorherrscht. Die Temperaturen im Landesinneren sind durch starke Gegensätze mit sommerlichen Werten zwischen 20 und 30 °C

und winterlichen Durchschnittswerten unter -10 °C gekennzeichnet. Das Klima in den Küstenregionen ist gemäßigter, jedoch durch häufige Einbrüche feuchter Meeresluft wechselhaft und niederschlagsreich. Das Frühjahr beginnt in den Atlantikprovinzen erst im April, in Newfoundland sogar erst in der zweiten Maihälfte. Dabei treten im Frühjahr und im Frühsommer an den Küsten von Newfoundland und Nova Scotia häufig Nebel auf, die sich aber im Laufe des Vormittags meist auflösen.

Der Sommer ist relativ kurz; auch in den beiden wärmsten Monaten Juli und August liegen die Durchschnittstemperaturen unter 20 °C, jedoch kann es örtlich durchaus zu Temperaturen um 30 °C kommen. Während des Sommers sind die Niederschläge gering, allerdings können nach Norden ziehende Hurrikane heftige Regengüsse mitbringen. Im Herbst gibt es auch in den Atlantikprovinzen längere Perioden mit sonnigem Wetter und prächtiger Laubfärbung; durch die ausgleichende Wirkung des Meeres kann sich der Herbst bis in den November hinziehen. Der Winter beginnt mit Regen und Stürmen und setzt sich mit lang andauernden Schneefällen und Minustemperaturen fort. Die Schneedecke von weit über 2 m bleibt oft bis in den April liegen.

Kanadas Osten ist ein **Ferienland für alle Jahreszeiten**:

- Im **Frühjahr** bieten sich vor allem Rundfahrten, Städtereisen und Wandertouren durch die allmählich erwachende Natur an. In vielen Ortschaften werden „Springtime Festivals“ gefeiert, und Kanadas Hauptstadt Ottawa verwandelt sich im Mai in ein Tulpenblütenmeer.
- Der **Sommer** ist ebenfalls eine gute Zeit für Rundreisen. In den Städten, den Vergnügungsparks und den Museumsdörfern herrscht reges Leben; auf dem Land werden in vielen Dörfern Volksfeste gefeiert, die das Brauchtum der ersten Einwanderer lebendig halten und leicht Kontakt mit der einheimischen Bevölkerung ermöglichen. Der Sommer ist die perfekte Reisezeit für Wassersportler und Naturliebhaber. Tausende von Seen und Flüssen laden dann zum Kanufahren, Surfen und Segeln ein, und die kilometerlangen Sandstrände an der Atlantikküste sowie das warme Meerwasser locken Badefreunde an. In den National- und Provinzparks kann man auf Wanderungen Rehe, Hirsche, Biber,

**St. John's/NL**

| Monat | Lufttemperatur (°C) Mittleres Minimum | Lufttemperatur (°C) Mittleres Maximum | Niederschlag (mm) Mittlere Monatsmenge |
|---|---|---|---|
| Januar | -7.0 | -0.6 | 145 |
| Februar | -7.6 | -0.8 | 156 |
| März | -5.5 | 0,6 | 133 |
| April | -2.2 | 4.4 | 114 |
| Mai | 1.1 | 9.9 | 99 |
| Juni | 5.5 | 15.3 | 89 |
| Juli | 10.4 | 20.1 | 83 |
| August | 11.3 | 19.6 | 113 |
| September | 7.9 | 15.9 | 112 |
| Oktober | 3.6 | 10.7 | 139 |
| November | 0.4 | 6.5 | 169 |
| Dezember | -4.3 | 1.7 | 167 |

**Halifax/NS**

| Monat | Lufttemperatur (°C) Mittleres Minimum | Lufttemperatur (°C) Mittleres Maximum | Niederschlag (mm) Mittlere Monatsmenge |
|---|---|---|---|
| Januar | -7.8 | -0.2 | 147 |
| Februar | -8.3 | -0.1 | 129 |
| März | -4.6 | 3.1 | 112 |
| April | -0.1 | 8.1 | 105 |
| Mai | 4.4 | 13.6 | 110 |
| Juni | 9.1 | 18.3 | 85 |
| Juli | 13.1 | 21.9 | 92 |
| August | 13.6 | 22.0 | 94 |
| September | 10.5 | 18.9 | 94 |
| Oktober | 5.9 | 13.9 | 113 |
| November | 1.6 | 8.4 | 152 |
| Dezember | -4.8 | 2.5 | 148 |

Elche, Seeadler und vielleicht auch Bären sehen, an den Küsten Robben, Seehunde und Wale beobachten.

› Der **Herbst** ist die Zeit des „Indian Summer". In den Wäldern färbt sich das Laub; vor allem die Blätter der Ahornbäume glühen in Gelb-, Gold- und Rottönen und verwandeln das Land in ein Farbenmeer. Auf dem Land wird das Erntedankfest gefeiert, und in Kitchener, im südlichen Ontario, findet das zweitgrößte Oktoberfest der Welt statt.

| **Québec/QC** | | | |
|---|---|---|---|
| | **Lufttemperatur (°C)** | | **Niederschlag (mm)** |
| **Monat** | Mittleres Minimum | Mittleres Maximum | Mittlere Monatsmenge |
| Januar | -16.2 | -7.1 | 86 |
| Februar | -15.6 | -5.7 | 77 |
| März | -8.9 | 0.2 | 69 |
| April | -1.6 | 8.1 | 75 |
| Mai | 4.6 | 16.6 | 81 |
| Juni | 10.2 | 22.3 | 102 |
| Juli | 13.3 | 25.1 | 108 |
| August | 12.0 | 23.5 | 103 |
| September | 2.6 | 18.5 | 106 |
| Oktober | 5.9 | 11.8 | 82 |
| November | -3.1 | 3.6 | 100 |
| Dezember | -12.4 | -4.7 | 101 |

| **Toronto/ON** | | | |
|---|---|---|---|
| | **Lufttemperatur (°C)** | | **Niederschlag (mm)** |
| **Monat** | Mittleres Minimum | Mittleres Maximum | Mittlere Monatsmenge |
| Januar | -7.7 | -1.1 | 63 |
| Februar | -7.3 | -0.3 | 57 |
| März | -2.9 | 4.2 | 66 |
| April | 3.2 | 11.9 | 67 |
| Mai | 8.4 | 17.9 | 73 |
| Juni | 14.1 | 24.2 | 63 |
| Juli | 16.8 | 26.8 | 81 |
| August | 16.2 | 25.9 | 67 |
| September | 12.3 | 21.6 | 61 |
| Oktober | 7.1 | 15.3 | 62 |
| November | 1.8 | 7.8 | 67 |
| Dezember | -4.8 | 1.2 | 64 |

| **Montréal/QC** | | | |
|---|---|---|---|
| | **Lufttemperatur (°C)** | | **Niederschlag (mm)** |
| **Monat** | Mittleres Minimum | Mittleres Maximum | Mittlere Monatsmenge |
| Januar | -12.6 | -5.2 | 80 |
| Februar | -11.3 | 3.8 | 71 |
| März | -4.9 | 2.1 | 75 |
| April | 2.4 | 10.9 | 77 |
| Mai | 8.9 | 18.2 | 75 |
| Juni | 14.5 | 23.6 | 87 |
| Juli | 17.2 | 26.0 | 93 |
| August | 16.1 | 24.7 | 92 |
| September | 11.6 | 20.1 | 87 |
| Oktober | 6.3 | 13.9 | 79 |
| November | 0.1 | 5.7 | 93 |
| Dezember | -8.9 | -2.6 | 91 |

| **Ottawa/ON** | | | |
|---|---|---|---|
| | **Lufttemperatur (°C)** | | **Niederschlag (mm)** |
| **Monat** | Mittleres Minimum | Mittleres Maximum | Mittlere Monatsmenge |
| Januar | -15.6 | -6.4 | 60 |
| Februar | -14.4 | -4.7 | 57 |
| März | -7.5 | 1.3 | 61 |
| April | 0.3 | 10.9 | 68 |
| Mai | 6.5 | 18.3 | 70 |
| Juni | 12.3 | 24.0 | 73 |
| Juli | 14.8 | 26.4 | 81 |
| August | 13.5 | 25.1 | 82 |
| September | 9.1 | 20.1 | 79 |
| Oktober | 3.6 | 13.8 | 66 |
| November | -2.4 | 5.1 | 79 |
| Dezember | -11.6 | -3.7 | 77 |

*Für den Sommer haben manche Kanadier ihre eigene Insel*

› Der **Winter** ist die Jahreszeit der Wintersportler, die in Kanada optimale Schneeverhältnisse vorfinden und lange Warteschlangen an den Liften nicht zu fürchten brauchen. Die meisten Skizentren sind von den größeren Städten aus mit dem Auto schnell zu erreichen; in den Wintersportorten gibt es zahlreiche Pauschalangebote, Ski- und Snowboard-Verleih sowie Unterricht für Anfänger und Fortgeschrittene. Einen Besuch wert sind auch die Winterfeste wie das Winterlude in Ottawa oder der Winter Carnival in Québec.

Bei der Reiseplanung ist zu bedenken, dass nur während der Sommermonate alle touristischen Einrichtungen geöffnet sind. Noch im Mai und wieder ab Mitte September sind kleinere Museumsdörfer oder Museen zeitweise geschlossen, und Bootsausflüge, geführte Wanderungen und Naturveranstaltungen werden häufig nur an Wochenenden durchgeführt.

# Pflanzen- und Tierwelt

## Die Pflanzenwelt

*Verschiedene Klimazonen*

Der Breitenlage entsprechend ändert sich die Vegetation in den Klimazonen. Der südliche Landstreifen in der St.-Lorenz-Tiefebene wird für den Anbau von Obst und Wein genutzt. Nach Norden schließt sich eine Mischwaldzone an, in der Birken, Buchen, Ulmen, Eichen, Eschen und Ahorn zusammen mit Hemlocktannen und Kiefern wachsen. Vor allem im Süden der Provinz Québec gedeiht auch der Zuckerahorn; sein Blatt, das „maple leaf“, ist das kanadische Staatssymbol. Aus seinem Saft wird der Ahornsirup hergestellt.

Reist man weiter nach Norden, werden Birken, Espen und Ahornbäume immer seltener, bis der Mischwald allmählich in den borealen Nadelwald übergeht. Typisch für diese Zone sind Weiß- und Schwarztannen, Fichten und Kiefern. Nördlich des 51. Breitengrades, wo

der Boden auch im Sommer nur an der Oberfläche auftaut, sieht man nur noch vereinzelte Bäume, das Knieholz dominiert. Der hohe Norden wird überwiegend von der Tundra eingenommen; hier überziehen Moose und Flechten die Gesteinsmassen.

Die Atlantikprovinzen sind reich bewaldet; wie in den Provinzen Ontario und Québec ist „Indian Summer" in diesem Bereich besonders intensiv.

info

## Die Natur im Farbenrausch – der Indian Summer

Jedes Jahr im Herbst bezaubert der „Indian Summer" die Menschen mit seiner Farbenpracht. Der Indian Summer, die Zeit der intensiven Laubfärbung der Bäume, beginnt nach den ersten Frösten im Osten Kanadas und breitet sich von Norden nach Süden aus. Die Algonquin-Indianer erklärten die alljährliche Laubfärbung mythologisch: Sie glaubten, dass das Rot der Bäume vom Großen Bären stamme, den der himmlische Jäger im Herbst erlegt habe und dessen Blut nun auf die Erde herabtropfe.

In der modernen Biochemie sieht man die Laubfärbung nüchterner: Danach ist diese durch die Pigmentierung durch gelbe Karotine und Anthocyane (rötliche Schattierungen) begründet. Die Karotine, denen z. B. auch die Mohrrüben ihre Farbe verdanken, sind bereits im Sommer in den Blättern enthalten. Doch erst im Herbst, wenn kein grünes Chlorophyll produziert wird, kommen die gelben Karotin-Pigmente zum Vorschein. Anthocyane, die z. B. die Eichen- und Ahornblätter leuchtend rot werden lassen, entstehen aus überschüssigem Zucker, der in eiskalten Nächten nicht mehr zum Stamm zurücktransportiert wird.

*Herrliches Naturschauspiel: der Indian Summer am Lake Muskoka*

Der Osten Kanadas bietet perfekte Bedingungen für den Altweibersommer. Während die Tage noch warm und sonnenklar sind, bringen Nord- und Nordwestwinde schon sehr kalte und trockene Luft heran, sodass die Abende und Nächte sehr kühl werden. Gerade dieser Gegensatz von sonnigen Tagen und kühlen Nächten bewirkt die lebhafte Laubfärbung.

Die ungewöhnlich eindrucksvolle Farbenpracht und -vielfalt ist vor allem für Europäer überraschend, die aus ihrer mitteleuropäischen Heimat vergleichbare klimatische Bedingungen und verwandte Baumarten kennen.

Während aber in Europa aufgrund der ungünstigeren topografischen Verhältnisse im Verlauf der letzten Eiszeit viele Baumarten ausgestorben sind, konnten in Nordamerika die meisten Baumarten nach dem Rückgang des Eises ihre frühere Heimat wieder besiedeln.

info

Dieser Artenreichtum der Laubwälder (etwa 20 Ahornarten und neun Eichenarten) sorgt für das prächtige Farbenspiel; jedoch entsteht die eindrucksvolle und fast überwältigende Laubfärbung nicht nur aus der Leuchtkraft der einzelnen Farben, die Wirkung wird noch verstärkt durch die Weite der riesigen Waldbestände und durch den Kontrast zum strahlendblauen Himmel.

Um den Indian Summer in vollen Zügen genießen zu können, ziehen in jedem Jahr viele Besucher mit der Foliage mit. An den Highways sind Hinweisschilder mit aktuellen Informationen zur Laubfärbung aufgestellt; über Telefon, Rundfunk und Fernsehen erfährt man, wie weit und wo sich die Farbenpracht im Land ausbreitet.

## Die Tierwelt

Die vielfältigen Landschaftsformen Kanadas bieten Lebensraum für 578 **Vogelarten**; 426 Arten haben ihren Brutplatz in Kanada. Vogelkundler und -liebhaber machen die besten Beobachtungen während der Brutzeit von Ende Mai bis Juli und im September, wenn sich die Zugvögel sammeln. Der **Point Pelee National Park** in Südontario liegt genau an der Kreuzung von zwei Zugvogelrouten. Er gilt als einer der besten Vogelbeobachtungsplätze in ganz Nordamerika.

Im Mai und Ende September/Anfang Oktober sammeln sich auf **Cap Tourmente** die Schneegänse – ihre Zahl wird auf über 200.000 geschätzt! Von April bis Juni und im September kann man auf der **Gaspésie-Halbinsel** riesige Vogelkolonien beobachten, u. a. Basstölpel, die hier die zweitgrößte Kolonie der Welt bilden. Von Mitte Juni bis Mitte August leben Seevögel, wie z. B. der Basstölpel oder die Dreizehenmöwe, in Kolonien in **Cape St. Mary's** auf Newfoundland.

*Vogelschutzgebiete*

Auch **Cape Breton** ist ein Vogelparadies. Sturmvögel, Alken, Papageitaucher und viele andere Vögel leben auf den Klippen und an den Steilküsten, während Adler auf dem Hochland in den Lüften kreisen. **Tintamarre National Wildlife Area** in New Brunswick ist der ideale Lebensraum für alle Arten von Wasser- und Watvögeln. Besonders häufig ist hier der „Loon" zu beobachten, der zum Nationalvogel Kanadas wurde.

*Der Loon*

**Haubentaucher**: Der „Loon" gehört zu den Lieblingstieren der Kanadier und zur Familie der Seetaucher. Er ist auf vielen Gewässern Kanadas heimisch und durch sein schwarzes Federkleid mit der unverwechselbaren weißen Zeichnung sehr auffällig. Am Ende des Winters kehren die Haubentaucher von der Atlantik- oder Pazifikküste zu den Nistplätzen an den kanadischen Seen zurück und bauen im Frühjahr ihre Nester in Bodenvertiefungen dicht am Uferrand. Nach 28-tägiger Brutzeit schlüpfen meist zwei Junge. Sie schwimmen schon wenige Stunden später hinter ihren Eltern her, können aber erst nach elf Wochen fliegen. Der Loon ist ein hervorragender Schwimmer und Taucher, wie er bei der schnellen Unterwasserjagd nach Fischen und anderen Wassertieren beweist. Das Lachen des Loon stimmt die Kanadier auf den Sommer ein, auf das Leben in der Natur, auf die Ruhe beim Kanufahren und Angeln. Der Loon braucht für die Aufzucht seiner Jungen fischreiche, saubere Gewässer, deshalb ist seine Anwesenheit den Kanadiern ein Zeichen für die Sauberkeit des Wassers.

In den kanadischen **Waldgebieten** gibt es eine vielfältige Tierwelt, zu der u. a. Hasen, kleine Nagetiere, Rotfüchse, Marder, Biber, Schwarzbären, Rehe, Hirsche und

*Eine Elchkuh am Cabot Trail im Cape Breton Highlands National Park*

Elche gehören. **Moskitos** und **Stechmücken** sind die Plagegeister der Sommermonate. Sie treten in Massen auf und finden an feuchten Stellen und an Wassertümpeln geeignete Lebensbedingungen vor.

**Elche** sind die größten der heute noch lebenden Hirsche. Sie werden etwa pferdegroß, wiegen bis zu 800 kg und tragen ein Geweih, das mehr als 20 kg wiegen kann. Elche ernähren sich von saftigen Ästen, Sumpf- und Wasserpflanzen, Gräsern, Moor- und Heidekräutern. Das Lebensalter der Elche beträgt 20–25 Jahre. Sie sind sehr gute Schwimmer und ziehen in ihrem Territorium unregelmäßig herum. Dabei machen sie, vor allem in der Brunftzeit, oft Wanderungen von mehreren Hundert Kilometern. Die beste Jahreszeit, um Elche zu sehen, sind die Monate Mai und Anfang Juni. Dann halten sie sich sogar ganz in der Nähe von Straßen auf, wo sie das leicht salzige Wasser in den Gräben am Straßenrand suchen. Etwa bis Ende Juni sind sie dann äsend auf Lichtungen, an seichten Plätzen oder kleinen Weihern zu beobachten, während sie sich im Hochsommer in die Wälder zurückziehen. Ende September/Anfang Oktober beginnt die Brunftzeit der Elche, die dann weite Strecken auf der Suche nach einer Elchkuh zurücklegen und wieder häufiger beobachtet werden können.

**Biber** zählen zu den größten Nagetieren. Auf dem Lande wirken sie unbeholfen, im Wasser dagegen entpuppen sie sich als ausgezeichnete Schwimmer und Taucher. Sie leben an dicht bewachsenen Ufern von Bächen, Flüssen und Seen, wo sie ihre Burgen bauen. Diese haben mindestens zwei, oft mehr Eingänge, die immer unter Wasser liegen und für Feinde nicht zugänglich sind. Biber sind Pflanzenfresser, die sich im Sommer von Schilf, Uferstauden, jungen Trieben von Pappeln und Weiden und im Winter von der Rinde selbst gefällter Bäume ernähren. Zum Schutz ihrer Bauten bauen sie Dämme; dazu stecken sie Zweige und Stämme senkrecht in den Grund des Wassers und beschweren sie mit Steinen, Schlamm und Schilf. Für den Bau eines 10 m langen Dammes braucht eine Biberfamilie etwa eine Woche. Große Dammbauten werden von mehreren Bibergenerationen instandgehalten. Erst wenn in der Umgebung ihrer Burg nicht mehr ausreichend Nahrung vorhanden ist, verlassen die Biber diese Gegend. Im Sommer sind Biber vor allem in den Abendstunden zu beobachten, während sie im Herbst auch tagsüber zu sehen sind, wenn sie ihre Dämme bauen und reparieren.

**Bären**: Obwohl etwa 2.000 Schwarzbären im Gebiet des Algonquin Provincial Park leben, sind sie nur noch selten zu sehen. Der kanadische Schwarzbär ist etwa 1,50–1,80 m groß und erreicht ein Gewicht von bis zu 150 kg. Im Frühjahr halten die Bären sich an Flüssen und Seen auf, im Sommer leben sie in den Wäldern, und im Winter ziehen sie sich zum Winterschlaf in ihr Lager zurück. Bären ernähren sich von Pflanzen, Blättern und Beeren, sie fressen aber auch Reh- und Elchkälber, wenn sie sie erbeu-

ten können. Bären sind ständig auf Nahrungssuche und lassen sich dabei von ihrem Geruchssinn leiten. Wenn Menschen Nahrungsmittel nicht richtig aufbewahren oder Abfälle nicht ordnungsgemäß vernichten, locken sie damit die Bären an. Diese lernen nur allzu schnell, dass in der Nähe der Menschen Nahrung zu finden ist.

*Achtung: Bären!*

Bei einem Aufenthalt in der Wildnis müssen diese Verhaltensregeln unbedingt befolgt werden:

- Bären dürfen niemals gefüttert werden!
- Alle Nahrungsmittel sind gesichert aufzubewahren!
- Alle Zeltplätze müssen sauber gehalten werden!

Überall im Algonquin Provincial Park stehen bärensichere Abfalleimer auf den Zelt- und Picknickplätzen und am Anfang der Trails.

In der **Tundra** sind zahlreiche **Pelztierarten** anzutreffen; hier ist die Heimat von Luchsen, Mardern, Nerzen, Hermelinen, Bibern, Bisamratten und Wölfen, aber auch Schneehasen und Karibus.

Die **Gewässer** Ostkanadas sind für ihren **Fischreichtum** bekannt. In den Flüssen und Seen leben mehr als hundert verschiedene Süßwasserfische, unter denen der Lachs besonders interessant ist.

**Lachse**: Der Atlantische Lachs kommt in einer Region vor, die sich von Europa über Island, den Südzipfel Grönlands und über Newfoundland bis Cape Cod in den USA erstreckt. Lachse sind Wanderfische, die ihre Jugendjahre in den Oberläufen großer Flüsse verbringen. Dann wandern sie ins Meer, wo sie heranwachsen, um dann als erwachsene Fische zum Laichen wieder in die Flüsse aufzusteigen. In der Zeit von November bis Januar ziehen die Lachse zur Laichablage in die Bachregionen der Flüsse. Im April oder Mai des darauffolgenden Jahres schlüpfen die Larven. Nachdem die Jungfische ein bis vier Jahre im Süßwasser gelebt und eine Länge von 10–20 cm erreicht haben, beginnen sie ihre große Wanderschaft. Sie schwimmen dem Meer zu, halten sich aber zunächst einige Zeit in den Flussmündungen auf, um sich allmählich an das Salzwasser zu gewöhnen. Dann beginnt die Verwandlung vom Süßwasser- zum Salzwasserfisch.

Etwa im 6. Lebensjahr brechen die Lachse zu ihrer „Hochzeitsreise" und zum Laichen auf. Die Laichplätze liegen direkt im Quellgebiet der Flüsse, wo die Wassertiefe gering und das Wasser sauber und sauerstoffreich ist. Durch die Anstrengungen während der Laichwanderung und beim „Hochzeitsfest" verlieren die Lachse 30–40 % ihres Gewichtes. Die meisten Lachse überstehen die Strapazen nicht und sterben; nur etwa 6 % überleben. Es gehört zu den eindrucksvollen Erlebnissen in Kanada, die Wanderungen der Lachse zu beobachten, wenn sie in den Flüssen aufsteigen.

Der Nahrungsreichtum an der Atlantikküste zieht nicht nur riesige Fischschwärme an, sondern bietet auch Walen und Hundsrobben ideale Lebensbedingungen. Außerdem existieren im gesamten Mündungsbereich des St.-Lorenz-Stroms und im St.-Lorenz-Golf Wale und große Robbenkolonien.

*Whale Watching*

**Wale**: Vor allem Québec und die Atlantikprovinzen bieten von Juni bis September beste Voraussetzungen zur Walbeobachtung. So tummeln sich z. B. im St.-Lorenz-Strom zehn verschiedene Walarten, darunter Buckel- und Blauwale und die seltenen Belugas. Unter allen Säugetieren haben sich die Wale in ihrer Lebensweise am deutlichsten von der Ursprungsform entfernt und sich in Gestalt, Atmung, Wärmehaushalt, Fortbewegung, Ernährung und Fortpflanzung soweit an das Leben im Wasser angepasst,

Ein Wal taucht ab in die Gewässer vor Newfoundland

dass sie an Land nicht mehr lebensfähig sind. Besonders schwierig war dabei sicherlich die Anpassung der Atmung, denn anders als die kiemenatmenden Fische sind die Wale gezwungen, zum Luftholen an die Wasseroberfläche zu kommen. Dabei stößt der Wal zuerst die feuchte Luft aus den Lungen mit großem Druck aus. Die Form dieser Dampfwolke ist bei den einzelnen Walarten verschieden, sodass der Beobachter daraus auf die jeweilige Walart schließen kann.

Der Mensch hat schon frühzeitig begonnen, Wale aus wirtschaftlichen Motiven zu jagen. Die starke Verfolgung der Tiere führte zur drastischen Abnahme des Walbestandes, sodass 1936 ein erstes Walfangabkommen geschlossen wurde. 2019 waren 88 Staaten in der internationalen Walfangkommission vertreten, die zahlreiche Einschränkungen des Walfanges und Schutzbestimmungen verfügt hat, z. B. genau begrenzte Fangzeiten, Mindestkörpergrößen, Fangverbot für Weibchen mit Kälbern und Festlegung einer Gesamtfangquote.

## Natur- und Umweltschutz

Schon in den 1960er-Jahren hat man in Kanada erkannt, dass Maßnahmen zum Schutz der Natur allein nicht ausreichen, sondern durch einen allgemeinen Umweltschutz erweitert werden müssen. Die Zerstörung des natürlichen Gleichgewichts, Bodenerosion, die Wasser- und Luftverschmutzung, die Überfischung in den kanadischen Gewässern, die Ausweitung des Robbenfangs, übermäßiger Holzeinschlag in den Wäldern und zu große Ausbeutung der Bodenschätze sind die zentralen Probleme. Aber auch die steigende Umweltbelastung durch private Nutzer muss erwähnt werden – vor allem durch die immer beliebter werdenden SUV und Vans sowie die motorisierten Sportgeräte (Boote, Motorschlitten etc.).

# Wirtschaftlicher Überblick

Kanada gehört mit seinem Reichtum an Bodenschätzen und Energievorkommen, mit riesigen Waldbeständen, einer leistungsfähigen Landwirtschaft, einer wachsenden Industrie mit modernen Betrieben und qualifizierten Arbeitskräften zu den wirtschaftlich hoch entwickelten Ländern. Die Stärke der kanadischen Wirtschaft ist wesentlich abhängig von den Handelsbeziehungen zu anderen Ländern. Das am 1. Januar 1994 zwischen Kanada, den USA und Mexiko abgeschlossene Freihandelsabkommen (NAFTA) ermöglichte den Abbau der gegenseitigen Handelsbeschränkungen und weiteres Wachstum.

Unter US-Präsident Trump geriet dieses Abkommen 2018 unter Beschuss. Das wirtschaftliche Herz Kanadas schlägt in Ontario und Québec, wo über 60 % des Bruttoinlandsprodukts erwirtschaftet werden.

*Einkommenszuwächse*

Die Zahl der Beschäftigten ist in Kanada über mehrere Jahre in Folge gestiegen. Die Zunahme neuer Arbeitsplätze, höhere Löhne sowie Steuersenkungen werden nach den aktuellen Einschätzungen dafür sorgen, dass das verfügbare Einkommen der Kanadier weiter steigt.

Die Atlantikprovinzen und die arktischen Gebiete liegen wirtschaftlich hinter den anderen Provinzen zurück. Nach dem Einbruch traditioneller Erwerbsquellen, wie z. B. des Fischfangs, werden die Ausbeutung von Rohstoffen, z. B. Erdöl vor Newfoundland, und Investitionen in den Fremdenverkehr vorangetrieben. Die vier Atlantikprovinzen (Newfoundland & Labrador, New Brunswick, Prince Edward Island und Nova Scotia) tragen seit Jahrzehnten etwa 6 % des Pro-Kopf-Einkommens zu Kanadas Wirtschaft bei. Geändert hat sich allerdings die Zusammensetzung dieser Zahl. War Newfoundland & Labrador einst die wirtschaftlich schwächste Atlantikprovinz, hat sie sich dank ihrer Mineralien, der Wasserkraft und den Erdölvorkommen vor der Küste zum Zugpferd gemausert. Die Häfen von Halifax, Saint John in New Brunswick und St. John's in Newfoundland sind ebenfalls Wachstumsbringer.

## Land- und Forstwirtschaft

Die Landwirtschaft ist ein wichtiger Sektor der kanadischen Wirtschaft, denn Kanada ist weltweit einer der größten Nahrungsmittelproduzenten. Die **Landwirtschaft** ist aufgrund des hohen Mechanisierungsgrades, der Spezialisierung und der besonderen Dünge- und Mastverfahren sehr leistungsfähig. Die Farmen werden fast ausschließlich als Familienbetriebe geführt.

*Glückliche Kühe – auf einer Farm in Nova Scotia*

Die Betriebe in Südontario und Québec sind auf Obst-, Gemüse- und Weinanbau sowie Geflügelzucht spezialisiert. Dabei kommt der Tiefebene des St.-Lorenz-Stroms, die wegen des fruchtbaren Bodens und der günstigen klimatischen Bedingungen reiche Erträge an Milch, Butter, Käse, Fleisch, Kartoffeln, Gemüse, Obst, Tabak und Zuckerrüben ermöglicht, besondere Bedeutung zu.

In den Atlantikprovinzen ist intensive Landwirtschaft nur in geringerem Maße möglich; z. B. in Nova Scotia oder auf Prince Edward Island, wo auf sehr fruchtbarem Boden vor allem Kartoffeln angebaut werden.

Nördlich des St.-Lorenz-Stroms dehnen sich riesige Waldgebiete aus, die einen Teil von Kanadas schier unerschöpflichem Holzreichtum ausmachen. Die **Forstwirtschaft** war

allerdings in den letzten Jahren zunehmender Kritik, vor allem im Ausland, ausgesetzt; beanstandet wurden der in Kanada im Gegensatz zu Europa übliche Kahlschlag der Wälder und die unzureichende Aufforstung durch Fichten-Monokulturen.

## Fischerei

*Ein typisches Fischerdorf in den Atlantikprovinzen*

Zu den Voraussetzungen für eine Fischwirtschaft zählen in Kanada die mehr als 20.000 km lange, stark gegliederte Küste, die Grand Banks (Newfoundlandbank) und die zahllosen sauberen Bäche, Flüsse und Seen im Binnenland.

Trotz dieser Voraussetzungen hat die Fischerei an der kanadischen Gesamtwirtschaft nur einen geringen Anteil. Das ist vor allem darin begründet, dass die Fischerei nicht modern organisiert ist und von der Politik in Ottawa kaum beachtet wird. Vor allem in den Atlantikprovinzen liegt die Fischerei in den Händen einzelner Fischer, die nach herkömmlicher Weise mit ihrem Boot in den frühen Morgenstunden ausfahren, am Nachmittag zurückkehren und gleich am Hafen ihren Fang verkaufen. Hinzu kommt, dass vor 25 Jahren die Fischgründe vor Kanadas Küsten durch Überfischung durch hochtechnisierte internationale Hochseefischer starke Rückgänge in den Fischvorkommen zu verzeichnen hatten. Die Kabeljaupopulation im Nordatlantik sank um bis zu 95 %.

Während sich in Ländern wie Island oder Skandinavien die Kabeljaubestände inzwischen erholt haben, sieht es in Kanada anders aus. Bis heute sind keine Limits festgelegt worden, über denen die Kabeljaupopulation gehalten werden muss, damit sie keinen Schaden nimmt.

## Bergbau und Energie

*Reiche Bodenschätze*

Kanada verfügt über außerordentlich reiche und ergiebige Bodenschätze, die maßgeblich seine wirtschaftliche Entwicklung bestimmt haben und zum Reichtum des Landes beitragen. Kanada steht hinter den USA und Russland an dritter Stelle in der Rangliste der Förderländer. Dabei ist die Vielfalt der Bodenschätze von besonderer Bedeutung, denn Kanada deckt die ganze Palette der Bodenschätze ab. Es besitzt:

- reiche Metallerzvorkommen wie Kupfer, Eisen, Gold, Zink, Nickel, Uran, Silber, Blei und Molybdän
- Nichtmetalle wie Kalisalz, Schwefel und Asbest
- Brennstoffe wie Erdöl, Erdgas und Kohle
- Steine und Erden

In Labrador liegt das größte Eisenerzlager Kanadas, das im Tagebau abgebaut werden kann; in Newfoundland wird ebenfalls Eisenerz gewonnen; in New Brunswick finden sich vor allem Metallerze, z. B. Zinn bei Fredericton; in Nova Scotia gibt es Braunkohle und Eisenerzlager; in der Provinz Québec werden Titanoxyd, Feldspat und Magnesiumdolomit gefördert; in Ontario liegen bei Sudbury die größten Nickellager der Welt.

Die Energieerzeugung erwirtschaftet fast 7 % des Bruttonationalproduktes; der Energiesektor ist nach der verarbeitenden Industrie Kanadas zweitwichtigster Industriebereich.

Kanada gehört im internationalen Vergleich zu den Ländern mit dem höchsten **Energieverbrauch**; Ursachen dafür sind:

*Hoher Energiebedarf*

- das Klima mit langen, strengen Wintern und entsprechend langen Heizperioden
- die großen Transportwege, die durch die Größe des Landes bedingt sind
- die hoch entwickelte Landwirtschaft und Industrie
- der hohe Lebensstandard der Bevölkerung mit allen Annehmlichkeiten der Zivilisation.

Gleichzeitig verfügt Kanada aber über **fossile Energieträger**, sodass die Versorgung der Bevölkerung und der Wirtschaft aus eigenen Quellen gesichert ist. Die Nutzung dieser fossilen Energieträger erleichtert die Umstellung von – zu importierendem – Erdöl auf Erdgas und Kohle, beides ist ausreichend vorhanden.

**Erneuerbare Energien** spielen vor allem in Ontario, Quebec und an der Bay of Fundy eine Rolle. Das Green Energy Programm in Ontario nutzt Sonne, Biomasse und Geothermie zur Energiegewinnung. Windenergie wird am Sankt-Lorenz-Strom gewonnen. An der Bay of Fundy dient der Gezeitenunterschied zur Energiegewinnung in Gezeitenkraftwerken.

Ein großer Vorteil Kanadas liegt im Vorhandensein vieler Flüsse, die für die Gewinnung von Wasserkraft genutzt werden können; besonders günstige Voraussetzungen finden sich im Bereich des Kanadischen Schildes.

## Industrie und Neue Technologien

Die verarbeitende Industrie ist gegenwärtig der wichtigste Wirtschaftszweig Kanadas mit den großen Zentren in Ontario, Québec und British Columbia und hat am stärksten zum Wachstum beigetragen. Experten rechnen damit, dass in den nächsten Jahren der Wirtschaftsbereich der Informationstechnologien für Kanada ebenso bedeutend wird wie der Sektor der Naturressourcen.

Ottawa-Hull, die Region um die kanadische Hauptstadt, verdankt der schnellen Entwicklung auf dem Hochtechnologiesektor ihre führende Stellung unter allen vergleichbaren städtischen Regionen Kanadas.

## Tourismus

Der Tourismus ist einer der wachsenden Wirtschaftszweige Kanadas. Von den ausländischen Besuchern kamen mehr als 68 % aus den USA, es folgen China, Großbritannien, Frankreich, Mexiko, Deutschland, Australien, Indien, Japan und Südkorea (2018).

Für Mitteleuropäer erweist Kanada sich aufgrund der guten Flugverbindungen, der vergleichsweise günstigen Reisekosten, der sehr guten touristischen Infrastruktur, der niedrigen Kriminalitätsrate, des hohen Lebensstandards und der ausgezeichneten individuellen Gestaltungsmöglichkeiten zunehmend als ein interessantes Reiseziel. Dabei gehören die Provinzen British Columbia, **Ontario** und **Québec** zu den beliebtesten Zielgebieten, aber auch die **Atlantikprovinzen** wurden in den letzten Jahren in stärkerem Maße von europäischen Reisenden besucht.

# Gesellschaftlicher Überblick

## Bevölkerung

Seit vielen Jahren gehört Kanada nach Einschätzung der UNO zu den Ländern mit der besten **Lebensqualität**, die durch die Kriterien Lebenserwartung, Schulbesuch, Pro-Kopf-Einkommen und Bildungsstand der erwachsenen Bevölkerung definiert wird.

Für das Jahr 2019 wird die Bevölkerungszahl Kanadas auf knapp 37.800.000 Einwohner geschätzt. Kanada, das flächenmäßig zweitgrößte Land der Erde, liegt im allgemeinen Vergleich nach der Bevölkerungszahl weltweit erst auf dem 38. Platz. Die für das ganze Land mit 3,92 Einwohner/km$^2$ angegebene Bevölkerungsdichte sagt jedoch nur wenig aus, denn die Bevölkerungsverteilung ist höchst unterschiedlich, was sich am extremsten im Vergleich des fast menschenleeren Nordens mit den Ballungsgebieten von Toronto, Montréal und Vancouver zeigt.

In Alberta, Yukon, Nunavut und Northwest Territories leben 12 % der Bevölkerung, in Ontario und Québec 67 %.

In dem schmalen Streifen entlang des St.-Lorenz-Stroms und nördlich des Lake Erie und des Lake Ontario liegt die Bevölkerungsdichte bei 60 Einwohnern/km$^2$; das ist die höchste Bevölkerungskonzentration in Kanada – zum Vergleich: In Deutschland liegt der Durchschnittswert bei 232 Einwohnern/km$^2$!

Ursachen für die dichte Besiedlung dieser kanadischen Region sind die außergewöhnlich günstige Verkehrslage, der ertragreiche Boden und das milde Klima, das schon die ersten europäischen Siedler zu schätzen wussten. Sie siedelten sich im fruchtbaren Tiefland des St.-Lorenz-Stroms und an den Großen Seen an.

*Schottisches Erbe: Dudelsack pfeifende Kanadier in Halifax*

Kanada ist ein klassisches Einwanderungsland; vor dem Ersten Weltkrieg und in den 1920er-Jahren war es das Ziel ganzer Einwanderungsströme, und seit dem Zweiten

Weltkrieg wanderten mehr als 5 Mio. Menschen nach Kanada ein. Dabei war die kanadische Einwanderungspolitik vielen Veränderungen unterworfen; Restriktionen und Kontingentierungen richteten sich immer auch nach wirtschaftlichen und gesellschaftlichen Bedürfnissen. Die Bestimmungen wurden in der Regel aber sehr liberal gehandhabt und durch zahlreiche Ausnahmeregelungen ergänzt. Noch bis in die 1960er-Jahre wurden Einwanderer aus England, Irland, Frankreich und den USA bevorzugt aufgenommen; danach waren vor allem beruflich qualifizierte West- und Nordeuropäer erwünscht, während zeitweise Beschränkungen für Afrikaner und Asiaten galten.

*Einwanderungspolitik*

Diese Beschränkungen wurden zurückgenommen; im Jahr 2001 trat ein neues Einwanderungsgesetz in Kraft, aufgrund dessen die ethnische Vielfalt der Einwanderer deutlich zunahm. 2009 stammte erstmals die Mehrzahl der Einwanderer nicht mehr aus Europa, sondern aus asiatischen Ländern und dem Nahen Osten. Bevölkerungsprognosen gehen davon aus, dass der Anteil der Immigranten aus Asien, Afrika, Lateinamerika und der Karibik weiter zunehmen wird, während weniger Menschen aus den europäischen Ländern nach Kanada einwandern werden. In jüngster Zeit stiegen zudem die Flüchtlingszahlen deutlich an, vor allem aus Syrien.

## Bevölkerungsgruppen

Unter der Zielsetzung der multikulturellen Gesellschaft wird immer wieder die Frage nach der Identität der Kanadier gestellt. Ist es möglich, alle Gruppen mit ihren verschiedenen Traditionen, Kulturen und Sprachen zu vereinigen? Ist gerade die Vielfalt das eigentlich typisch Kanadische?

Bereits 1971 wurde der Multikulturalismus zur offiziellen Regierungspolitik erklärt. In einer Regierungserklärung aus dem Jahr 1978 heißt es dann: „Gerade die Ablehnung der Uniformität, die Weigerung, sich selbst und ihre Nation als homogen zu betrachten, prägt die Kanadier. Im Laufe der kanadischen Geschichte haben die Kanadier von jeher diese persönlichen, gesellschaftlichen, örtlichen, regionalen, kulturellen und sprachlichen Unterschiede gefühls- und verstandesmäßig bejaht und beibehalten. Das ist die kanadische Lösung der Frage nach Identität".

Im Juli 1988 trug die kanadische Regierung durch die Verabschiedung des kanadischen Multikulturalismus-Gesetzes dem Wandel der kanadischen Gesellschaft Rechnung. Das Gesetz garantiert, dass jedem kanadischen Bürger, ungeachtet seiner Herkunft, die gleichen Möglichkeiten eingeräumt werden, uneingeschränkt am gesellschaftlichen Leben des Landes teilzunehmen. Das ethnische Profil Kanadas findet seine Entsprechung in der Geschichte des Landes. Die Ureinwohner und Menschen aus den beiden Gründernationen Frankreich und England machten zunächst einen Anteil von über 80 % aus; es folgten die deutschen Einwanderer in großem Abstand mit 5 %, dann Italiener und Chinesen mit je 2 %. In den letzten Jahrzehnten wuchs die Vielfalt der Herkunftsländer; die meisten kleineren Gruppen nahmen zahlenmäßig zu, während sich der Anteil der Anglo- und Frankokanadier verringerte.

*Multikulturalismus als Staatsziel*

Das ethnische Mosaik ist zu einem bestimmenden Merkmal des Landes und seiner Bevölkerung geworden; als Ziel wird eine multikulturelle Gesellschaft angestrebt, in der Menschen jeglicher Herkunft ihre Verwirklichung erfahren können.

Damit grenzt sich die kanadische Konzeption deutlich von der amerikanischen Ideologie des „Schmelztiegels" ab; nicht die Gleichheit, sondern die Vielfalt wird in Kanada angestrebt.

Die Menschen sollen die Bindungen an ihre Heimatländer behalten, ihre traditionellen Sitten und Gebräuche pflegen, ihre Feste nach altem Brauch feiern und die verschiedenen Muttersprachen bewahren; sie sollen unter Beibehaltung ihrer kulturellen Wurzeln in die kanadische Gesellschaft integriert werden.

## Kanadische Ureinwohner

Der amerikanische Kontinent wurde vor mehr als 30.000 Jahren erstmals besiedelt. Die Menschen kamen wahrscheinlich von Asien über die damals bestehende Landbrücke der Beringstraße und drangen über Alaska nach Süden und Osten vor. Als die ersten Europäer die Region erforschten, zählte die Urbevölkerung der Inuit und Indianer im Gebiet des heutigen Kanada ca. 220.000 Menschen. Durch Kriege, Vertreibungen und Krankheiten, die aus Europa eingeschleppt wurden, verringerte sich die Zahl der Indianer sehr deutlich; erst in den vergangenen Jahrzehnten stieg die Zahl wieder an, wobei sich die Verbesserung der Gesundheitsfürsorge und der wirtschaftlichen Lebensverhältnisse positiv auf die Geburtenrate auswirkten.

Etwa 4,9 % der kanadischen Gesamtbevölkerung zählen zur Bevölkerungsgruppe der Ureinwohner, das sind:

- ca. 977.000 Angehörige der First Nations, wie die indianischen Ureinwohner genannt werden
- ca. 588.000 Métis, die Nachkommen von indianischen Frauen und europäischen Pelzhändlern
- ca. 65.000 Inuit
- etwa 22.670 Indigene, auf die keine eindeutige ethnische Zuordnung zutrifft

Schon seit einiger Zeit gibt es Bestrebungen, die politische und wirtschaftliche Benachteiligung der Ureinwohner zu beenden. So wurden die Rechte der Indianer als erste Besitzer des Kontinents in der kanadischen Verfassung 1982 offiziell anerkannt, Kompensationszahlungen geleistet und weitgehende Autonomie in den Reservaten eingeräumt. Das wachsende Selbstbewusstsein der Indianer und Inuit zeigt sich in einer stärkeren Politisierung und in der verstärkten Hinwendung zu ihrer eigenen Kultur und den alten Traditionen.

### Die Indianer

*Indianerreservate*

Heute leben etwa 330.000 Indianer in 3.100 Reservaten; die meisten von ihnen gehören zu einer der mehr als 600 „bands", den traditionellen Stammesgruppen mit gemeinsamem Besitz, gleicher Sprache und überlieferten Lebensformen. Es gibt mehr als 60 Indianersprachen und -dialekte, von denen allerdings einige durch die weite, zunehmende Verbreitung der englischen Sprache, vor allem durch das Fernsehen, vom Aussterben bedroht sind. Erst in jüngster Zeit findet eine Rückbesinnung auf die eigene Kultur, verbunden mit einer höheren Wertschätzung, statt, die auch die Bewahrung der Sprache einbezieht.

Die wirtschaftliche Situation der indianischen Bevölkerung ist schwierig. Da die ihnen zugewiesenen Reservate oft nur sehr klein, nur begrenzt wirtschaftlich nutzbar und meistens sehr abgelegen sind, bieten sie keine ausreichenden Erwerbsmöglichkeiten, sodass ca. 70 % der Indianer von staatlicher Unterstützung abhängig sind. Problematisch ist die hohe Arbeitslosenrate, die dreimal höher als der kanadische Durchschnitt ist. Sehr viel günstiger ist die Situation in jenen Reservaten, die über Bodenschätze, Holzreichtum

oder touristische Anziehungspunkte verfügen und deren Besitz in Eigenverantwortung verwaltet wird.

Besonders schwierig sind die Lebensbedingungen für die nicht registrierten Indianer, deren Zahl auf 213.900 geschätzt wird. Sie leben nicht in den Reservaten, sondern wandern auf der Suche nach Arbeit und besserem Verdienst zumeist in die Großstädte ab. Einige sind dabei erfolgreich, die Mehrheit aber bleibt arbeitslos und gerät in einen sozialen Teufelskreis. Die Interessen und Rechte der Indianer werden zunehmend stärker ins Blickfeld der Bevölkerung gerückt. 1991 wurde den Indianern Recht gegeben, als sie Einspruch dagegen erhoben, dass von ihnen als heilig betrachtetes Land in einen Golfplatz umgestaltet werden sollte; in den Territorien, wo Indianer und Inuit die Mehrheit der Bevölkerung ausmachen, sollen ihre Forderungen nach weitreichender Selbstverwaltung stärkere Berücksichtigung finden.

## Die Inuit

Die Zahl der in den arktischen Gebieten Grönland, Alaska, Russland und Kanada lebenden „Eskimos" wird auf etwa 60.000 geschätzt. Für diese Volksgruppe wird inzwischen überwiegend die Bezeichnung „Inuit" verwendet. Das bedeutet in ihrer eigenen Sprache „Mensch" und beinhaltet aus der Sicht der Inuit keine Diskriminierung – im Gegensatz zum Wort „Eskimo", das mit „Rohfleischesser" aus der Indianersprache übersetzt werden kann.

Um 1920 lebten etwa 6.000 Inuit auf kanadischem Gebiet, ihre heutige Zahl liegt bei ca. 65.000 Menschen. Sie sind in acht Gruppen gegliedert und leben vorwiegend in den Northwest Territories, in Labrador, am Rande der Hudson Bay in der Provinz Québec und in Nunavut. Ihre Sprache ist das „Inuktitut", das in sechs Dialekten gesprochen wird. Im Verlaufe des 20. Jh. haben sich die Lebensbedingungen der Inuit drastisch verändert; sie leben nicht länger als nomadisierende Fischer und Jäger, die mit den Karibuherden ziehen und den Robben zu ihren Plätzen folgen, sondern wurden sesshaft in kleinen, verstreut liegenden Siedlungen von 25–500 Einwohnern. Sie wohnen nicht mehr in selbst gebauten Iglus, sondern in gut isolierten Fertighäusern, die mit elektrischen Haushaltsgeräten und Fernsehern ausgestattet sind, mit denen sie über Satellit mehrere Fernsehprogramme empfangen können, von denen einige in ihrer eigenen Sprache ausgestrahlt werden.

Aufgrund der allgemeinen Beschulung und durch intensive Trainingsprogramme sind die meisten Inuit des Lesens und Schreibens kundig. In den größeren Siedlungen gibt es Krankenstationen, in Notfällen stehen Ambulanzflugzeuge bereit, sodass die medizinische Versorgung der Inuit gesichert ist.

*Soziale Lage*

Trotz dieser offensichtlichen „Verbesserungen" der Zivilisation gibt es große Probleme, die sich vor allem aus der veränderten Lebensweise ergeben. Die Situation vieler Inuit und besonders vieler Jugendlicher ist gekennzeichnet durch Arbeitslosigkeit, Langeweile und Mangel an Perspektiven; durch erhöhten Alkoholkonsum versuchen viele Inuit dieser Trostlosigkeit zu entgehen. Deshalb fordern Anführer der Inuit von der Regierung in Ottawa erhöhte Investitionen zur Schaffung von Arbeitsplätzen in den Bergwerken und den Ölförderstätten.

Am 1. April 1999 wurde der östliche Teil der „North West Territories" zu einem eigenständigen Verwaltungsgebiet mit Namen „**Nunavut**" („Unser Land") erklärt. Damit wurde die seit vielen Jahren geplante Aufteilung des Territoriums offiziell vollzogen, die

in den 1960er-Jahren mit Landansprüchen der dort lebenden Urbevölkerung begonnen hatte und 1993 mit der Unterzeichnung des „Nunavut Land Claims Agreement" den Inuit das Recht auf Selbstverwaltung zugestand.

Nunavut erstreckt sich nördlich des 60. Breitengrads über den Ostteil der kanadischen Arktis; auf einer Fläche von 2,09 Mio. $km^2$ leben knapp 39.000 Menschen (2019), 84 % davon sind Inuit (2016). Die Hauptstadt ist Iqaluit, das frühere Frobisher Bay, mit ca. 8.000 Einwohnern; die Amtssprachen sind Inuktitut, Englisch und Französisch.

Der Tourismus stellt eine neue Erwerbsquelle für die Inuit dar; hier bietet sich bei vorsichtiger Förderung die Chance, an Traditionen und Fertigkeiten anzuknüpfen und wirtschaftliche Erfolge damit zu verbinden.

*Tourismus*

Die touristische Erschließung von Nunavut hat schon begonnen. Zu den besonderen Erlebnissen für Touristen gehören organisierte Fahrten mit Hundeschlitten, Walbeobachtungen an der zerklüfteten Küste von Baffin Island und die Beobachtungen der Sterne und des Nordlichts; besonders sehenswert sind der Auyuittuq National Park auf Baffin Island sowie der Qaummaarviit Territorial Park und der Kekerten Territorial Park. Als beste Reisezeiten für Besucher gelten die wenigen Sommerwochen von Juli bis Mitte August.

Ein weiteres Beispiel für die Erschließung neuer Erwerbsquellen ist die „Inuit-Kunst", die nicht nur Arbeiten von hohem künstlerischem Wert umfasst, sondern auch handwerkliche Produkte aus Speckstein oder Granit, die in Inuit-Kooperativen hergestellt werden.

# Kanadisches Mosaik

## Sprachen

*Zweisprachigkeit*

Gegenwärtig leben in Kanada über 200 ethnische Gruppen mit mehr als 200 verschiedenen Sprachen, wobei die englische und französische Sprache mit über 80 % beteiligt sind. Seit dem „Official Language Act" aus dem Jahr 1969 ist Kanada offiziell ein zweisprachiges Land. Im öffentlichen Leben und in der Politik werden Englisch und Französisch als Amtssprachen gleichberechtigt nebeneinander benutzt. In der regionalen Verbreitung der Sprachen zeigen sich jedoch Unterschiede, wobei im Osten Kanadas der Sprachendualismus besonders deutlich wird. In den Atlantikprovinzen **Newfoundland**, **Prince Edward Island** und **Nova Scotia** ist der Anteil der englischsprachigen Bevölkerung mit über 90 % außergewöhnlich hoch. In **New Brunswick** verwendet etwa ein Drittel der Bevölkerung Französisch als Muttersprache; diese Bevölkerungsgruppe lebt überwiegend im nördlichen Grenzbereich zu Québec und zählt zu den Nachfahren der französischen Akadier. **Québec** ist die Heimat der meisten frankophonen Kanadier, die hier einen Anteil von über 79 % haben. In **Ontario** wird die englische Sprache bevorzugt; nur in den Grenzregionen zu Québec wird auch Französisch gesprochen.

Es hat sich in den letzten Jahren zunehmend gezeigt, dass Neu-Einwanderer eher die englische als die französische Sprache übernehmen; des Weiteren zeigt sich, dass Englisch als Muttersprache wachsende Anteile aufweist, während die französische Sprache prozentual zurückgeht. Bei einer repräsentativen Umfrage erwiesen sich vier von fünf Kanadiern als zweisprachig und befürworteten die Zweisprachigkeit des Landes.

## Religionsgemeinschaften

Rund 67,3 % der Kanadier sind Christen; davon sind 39 % römisch-katholisch, 24,1 % gehören den unterschiedlichen protestantischen Glaubensgemeinschaften an, wie z. B. der United Church of Canada, in der sich Methodisten, Kongregationalisten und ein Teil der Presbyterianer zusammengeschlossen haben, und der Anglican Church of Canada, die zusammen ca. 3,6 Mio. Mitglieder haben. Daneben gibt es eine Vielfalt von religiösen Gruppierungen und Sekten, die nach eigenen, überlieferten Glaubensregeln leben. Zu ihnen gehören u.a. auch die Mennoniten, Mährischen Brüder und Hutterer, die auf der Suche nach Religionsfreiheit im 19. Jahrhundert von Europa nach Nordamerika auswanderten, wo sie bis heute streng religiös nach den Geboten des Glaubens leben und die moderne Zivilisation ablehnen.

*Eine der zahlreichen Dorfkirchen*

Unter den Einwanderern waren auch griechisch-orthodoxe und russisch-orthodoxe Christen und Juden; aus den asiatischen Herkunftsländern brachten Buddhisten, Muslime, Hindus u. a. ihre Glaubensvorstellungen mit.

Die Zugehörigkeit zu den verschiedenen Religionsgemeinschaften ist in den einzelnen Provinzen sehr unterschiedlich und im Zusammenhang mit der ethnischen Gliederung zu sehen. So leben die meisten Katholiken in den von Franzosen besiedelten Provinzen Québec und New Brunswick, während in den anderen Provinzen die protestantischen Kirchen dominieren; Juden leben vorwiegend in den Großstädten von Ontario und Québec, wo sie knapp 2 % der Bevölkerung ausmachen; japanische Buddhisten leben vornehmlich im Westen Kanadas, während südostasiatische Buddhisten sich verstärkt in Toronto finden.

Die Zahl der Konfessionslosen stieg in den letzten Jahren deutlich an; gleichzeitig nahm auch die Mitgliederzahl der nichtchristlichen Vereinigungen und Sekten zu.

## Kunst und Kultur

Wesentliche Elemente der kanadischen Kultur sind die Sitten und Gebräuche der Urbevölkerung und der Einwanderer aus vielen verschiedenen Ländern, unter denen die von den ersten europäischen Siedlern mitgebrachten englischen und französischen

Traditionen besonders prägend waren. Die kanadische Kunst ist das Spiegelbild der multikulturellen Gesellschaft und hat drei wesentliche Wurzeln: die Kunst der Inuit mit ihren unverwechselbaren Schnitzereien und Skulpturen, die Kunst der Indianer, deren Einfluss in der frühen Geschichte des Landes besonders wirksam war, und die Kunst der europäischen Einwanderer.

*Gegenwartskunst*

Obwohl die bewusste Suche nach einer eigenständigen kanadischen Kultur erst nach dem Zweiten Weltkrieg begann, gibt es in der Gegenwart eine Vielzahl an künstlerischen Ausdrucksformen:

- Weltweit bekannte **Theaterfestivals**, wie z. B. das Stratford Festival und das Shaw Festival in Niagara-on-the-Lake – sowie interessante Aufführungen der avantgardistischen Stücke junger kanadischer Künstler
- **Malereien** der „**Montreal School**", Performances und fotografische Installationen
- International anerkannte **Filme**, in denen die soziale Problematik des Menschen dargestellt wird, der im Spannungsfeld zwischen modernem Industriestaat und weltabgeschiedener Wildnis lebt
- Die Veröffentlichungen frankokanadischer und anglophoner **Schriftsteller** wie Margaret Atwood und Alice Munro, der Literaturnobelpreisträgerin
- Die ausgezeichneten **Orchester und Ballettensembles** der großen Städte, die Weltruhm erworben haben
- Die herausragenden Meisterleistungen der **Architekten** Moshe Safdie, Douglas Cardinal, Jones & Kirkland u.a., die z.B. die Kulturbauten in Ottawa oder Québec entworfen haben
- Die **Folk-Musik**, die historische Themen und Musik aus der Pionierzeit mit modernen Techniken verbindet
- Die zahlreichen **folkloristischen Festlichkeiten**, die die Kulturformen der Einwanderergruppen bewahren und den kanadischen Multikulturalismus fördern

# Lobster, Quilts und Kanufahrten

## Immer einen Besuch wert: die National- und Provinzparks

### Nationalparks

*Naturschutz seit über 130 Jahren*

Am 23. Juni 1887 wurde in Westkanada ein 26 km² großes Gebiet erstmals unter staatlichen Naturschutz gestellt – „zum Wohle, Vorteil und Vergnügen der Bevölkerung Kanadas", wie es im „Rocky Mountains Park Act" hieß. Der Begriff „Park" ist dabei für Mitteleuropäer wohl etwas irreführend, denn es handelt sich bei den kanadischen Parks nicht um gepflegte Rasenflächen mit schön angelegten Blumenbeeten und Wasserspielen, sondern um große Naturschutzgebiete und „wilderness areas", die nur am Rande touristisch erschlossen sind.

Inzwischen gibt es in Kanada 47 Nationalparks mit einer Fläche von zusammen ca. 328.000 km²; sie werden vorbildlich von der Behörde **Parks Canada** (*www.pc.gc.ca*) verwaltet, die dem kanadischen Umweltministerium unterstellt ist. Mit der Einrichtung der Nationalparks ist die Idee verbunden, jede typische Landschaft Kanadas in einer ausgewählten Region unter Schutz zu stellen, einzigartige Ökosysteme und die Tier-

und Pflanzenwelt vor menschlichen Eingriffen zu bewahren und für nachfolgende Generationen unversehrt zu erhalten. Zur Rettung gefährdeter Pflanzen- und Tierarten hat Parks Canada besondere Schutzprogramme für sechs Nationalparks entwickelt, von denen allein vier in Ontario und New Brunswick gelegen sind.

*Ranger-Touren*

Alle Parks verfügen über Picknickplätze sowie meist auch über Campingplätze. In den Besucherzentren erhält man alle notwendigen Informationen, gutes Kartenmaterial für Wanderungen und Kanutouren, Angellizenzen und Veranstaltungshinweise. Oft gibt es auch ein kleines Museum zur Naturgeschichte der Region; in den Sommermonaten stehen „Ranger" als sachkundige Ansprechpartner zur Verfügung und bieten geführte Wanderungen an.

## Verhaltensregeln

Zum Schutz vor wilden Tieren sollte man folgende Regeln beachten:

- Alle Lebensmittel müssen gut verpackt und in sicherer Entfernung vom Zelt aufbewahrt werden
- Jeglicher Abfall muss zuverlässig beseitigt werden
- Um Gerüche zu vermeiden, sollte das Geschirr sofort nach den Mahlzeiten, möglichst in einiger Entfernung vom Zeltplatz, abgespült werden
- Wildlebende Tiere sollen auf keinen Fall gefüttert werden!

## Übersicht über die Nationalparks im Osten Kanadas

| **Ontario** |
|---|
| **Bruce Peninsula National Park** (Fläche: 154 km²) |
| Der Park ist Teil des Niagara Escarpment und weist sehr unterschiedliche Landschaftsformen auf, wie z. B. Klippen, Höhlen, Buchten, Dünen, Marsche und kilometerlange Strände. Es gibt Wander- und Reitwege und im Winter gute Voraussetzungen zum Langlauf. Besondere Aufmerksamkeit verdienen die seltenen Orchideenarten, die man auf den Wanderungen entdecken kann. |
| **Fathom Five National Marine Park** (Fläche: 112 km²) |
| In Kanadas erstem „Marine Park" kann man beim Tauchen im besonders klaren Wasser der Georgian Bay oder bei einer Fahrt mit dem Glasbodenboot über 20 versunkene Schiffe und ungewöhnliche geologische Formationen entdecken sowie kleine Inseln mit hoch aufragenden Kalksteinfelsen besuchen. |
| **Georgian Bay Island National Park** |
| Der Park umfasst 59 waldreiche Inseln mit zerklüfteten Küsten und schönen Badebuchten am südöstlichen Rand der Georgian Bay; dort leben Waschbären, Biber und Rotwild. Der Zugang ist nur mit Boot oder Wassertaxi möglich. Das Besucherzentrum ist auf Cedar Spring. |
| **Point Pelee National Park** (Fläche: 15 km²) |
| Der Nationalpark ist eine etwa 20 km lange Sandbank im Südwesten Ontarios, die in den Lake Erie hineinragt. Strände, Marschen und Laubwälder sind die Merkmale des Parks, in dem sich im Mai und September Zehntausende von Zugvögeln sammeln; im sumpfigen Gelände sind viele Vogel- und Reptilienarten und Falter heimisch. Im Sommer lädt der Park zum Schwimmern, Wandern, Kanu- und Radfahren ein. |

| **Pukaskwa National Park** (Fläche: 1.878 km²) |
|---|
| Der Nationalpark ist ein Paradies für wildniserfahrene Kanuten und Wanderer. Ein 68 km langer Wanderweg führt vielfach am Wasser entlang, außerdem gibt es mehrere Naturlehrpfade. Besonders beeindruckend ist die felsige, zerklüftete Küste. Auch im Sommer steigen die Temperaturen selten über 15 °C an. |
| **Thousand Islands National Park** |
| Den Park bilden 21 verstreut liegende Inseln aller Größen im oberen Lauf des St.-Lorenz-Stroms zwischen Kingston, Brockville und Mallorytown Landing. Den Park kann man am besten mit dem Boot erkunden; auch Wassertaxis fahren zu den Inseln. |
| **Rouge National Urban Park** (79 km²) |
| Kanadas erster National Urban Park (2015) befindet sich in der Region Toronto. Im Herzen von Kanadas größter Metropole, soll er einer der größten und am besten geschützten Stadtparks der Welt werden. Er erstreckt sich über die Städte Toronto, Markham, Pickering und Uxbridge und wird 23 Mal so groß sein wie der Central Park in New York. |
| **Québec** |
| **Parc National Forillon (Forillon National Park)** (Fläche: 244 km²) |
| Der Park liegt an der Nordspitze der Halbinsel Gaspésie; von den Klippen lassen sich besonders gut Wale, Robben und viele Seevögel beobachten. Im fichtenbestandenen Parkinneren leben Elche, Schwarzbären, Kojoten und Luchse. Das Besucherzentrum liegt am Hwy. 132. |
| **Parc National de La Mauricie (La Mauricie National Park)** (Fläche: 536 km²) |
| Der Park mit dichten Wäldern, Seenketten und Stränden ist noch vergleichsweise wenig besucht und lohnt sich wegen der Artenvielfalt vor allem für Vogelliebhaber; aber auch Elche, Schwarzbären, Kojoten und Luchse sind hier heimisch. |
| **Réserve de Parc National de l'Archipel-de-Mingan (Mingan Archipelago National Park Reserve)** |
| Der Park umfasst eine Gruppe von etwa 40 Inseln (ca. 150 km²); an Land finden sich viele seltene Pflanzen, das Wasser ist der Lebensraum von Seehunden, Walen und Papageientauchern. Das Besucherzentrum liegt auf dem Festland; der Park ist gut geeignet zum Kajak- und Kanufahren, Tauchen und Fischen. |
| **In den Atlantikprovinzen** |
| **New Brunswick** |
| **Fundy National Park (Fläche: 206 km²)** |
| Der Fundy National Park liegt am Nordufer der Bay of Fundy, die wegen ihrer extremen Gezeitenunterschiede, die bis zu 21 m betragen können, bekannt ist. Zerklüftete Küsten und Klippen fallen steil zum Meer ab, in den dichten Laubwäldern leben noch Elche, Rehe und Wildkatzen. 80 km Wanderwege führen durch Wälder und Schluchten und zu Wasserfällen. |

| **Kouchibouguac National Park** |
|---|
| Der Park bietet ein ausgezeichnetes Wanderwegenetz, viele Kanustrecken und ein 60 km langes Fahrradwegnetz, das zu den schönsten in den Atlantikprovinzen zählt. Es gibt viele Gelegenheiten zur Tierbeobachtung. |
| **Nova Scotia** |
| **Cape Breton Highlands National Park** (Fläche: 950 $km^2$) |
| Karges Hochland, Seen und Sümpfe, kleine Fischerdörfer und einsame Strände sind die Merkmale von Cape Breton Island; von der Küste aus kann man den im Meer vorbeiziehenden Walen zuschauen oder die Adler beobachten, die in den Lüften kreisen. Ein besonderes Erlebnis ist die Farbenpracht im Indian Summer. Der Cabot Trail gilt als eine der schönsten Küsten-Panorama-Straßen Nordamerikas. |
| **Kejimkujik National Park** (Fläche: 403 $km^2$) |
| Wenn man zu Fuß oder mit Kanu die unberührte Landschaft mit Flüssen, Seen, Inseln, Sümpfen und Wäldern erkundet, kann man Füchse, Elche, Damwild, Vögel, vielleicht Bären und Biber beobachten. |
| **Sable Island National Park** |
| Kanadas neuester Nationalpark liegt etwa 290 km südöstlich von Halifax. Es ist eine 42 km lange, halbmondförmige Sandbank, die an ihrer breitesten Stelle nur 1,5 km breit ist. Die Insel, geprägt von Sanddünen und Teichen, ist der Lebensraum zahlreicher Zug- und Brutvögel und Heimat von mehr als 400 Wildpferden, die von Pferden abstammen, die schon im 18. Jh. auf die Insel gebracht worden waren. |
| **Prince Edward Island** |
| **Prince Edward Island National Park** (Fläche: 27 $km^2$) |
| Der Park bietet lange Sandstrände mit einer schönen Dünenlandschaft, Süßwasserteichen und Salzwassermarschen und beeindruckt vor allem durch die roten Sandsteinklippen und die artenreiche Tierwelt, zu der auch der „Blue Heron" gehört. |
| **Newfoundland & Labrador** |
| **Gros Morne National Park** (Fläche: 1.805 $km^2$) |
| Im Gros Morne National Park erlebt man tief eingeschnittene Süß- und Salzwasser-Fjorde, Seen und Strände, bis zu 450 m hohe Klippen sowie Steinwüsten ohne jede Vegetation. |
| **Terra Nova National Park** (Fläche: 400 $km^2$) |
| Hier wartet eine wilde Landschaft mit tiefen Fjorden, massigen Eisbergen und reichem Tierleben in den Wäldern und vor der Küste; man kann Wale, Elche und Adler beobachten und wird gelegentlich vielleicht auf Luchse, Bären, Biber und Otter stoßen. Der Trans-Canada Highway führt durch den Nationalpark hindurch. |
| **Torngat Mountains National Park** (Fläche: 9.700 $km^2$) |
| Der 2005 gegründete Park ist geprägt durch die Gebirgslandschaft Nord-Labradors mit nur geringem Baumbestand von Schwarzfichten. Hier sind u. a. Karibus, Wölfe, Eis- und Schwarzbären, Polarfüchse und Polarhasen beheimatet. In den Fjorden leben Seehunde, verschiedene Robbenarten, Zwerg-, Finn- und Buckelwale. |

| **Mealy Mountains National Park Reserve** (Fläche: 10.700 km²) |
| --- |
| Als 46. Nationalpark Kanadas (2015) wird dieser Park in Newfoundland-Labrador gerade entwickelt. Die Mealy Mountains stehen im Zentrum des National Parks. Aktuell sind Programme und Serviceeinrichtungen nur beschränkt vorhanden. Genaue Reiseplanung unerlässlich. Infrastruktur und Ausstattung im Park sind minimal. Der Park ist per Hubschrauber/Wasserflugzeug ab Happy Valley – Goose Bay zu erreichen. |

## Provinzparks

Neben den Nationalparks wurden von den Provinzregierungen **Provincial Parks** eingerichtet, die ebenfalls unter Naturschutz stehen, aber in stärkerem Maße für Besucher erschlossen sind und vielfältige Erholungsmöglichkeiten mit Sport- und Freizeitaktivitäten bieten. Besucherzentren informieren über die Besonderheiten des jeweiligen Parks. 2018 feierte die Provinz Ontario den 125. Geburtstag des „Provincial Park System"; denn bereits 1893 wurde der Algonquin Park zum Provincial Park erklärt. Gegenwärtig gibt es allein in Ontario 335 Provincial Parks, die eine Fläche von fast 8 Mio. ha einnehmen.

## Aktivitäten in den National- und Provinzparks

Im Folgenden werden einige Aktivitäten aufgezählt, die den Reiz eines Aufenthaltes in den National- und Provinzparks ausmachen und zum „Naturerlebnis Kanada" gehören:

› **Veranstaltungen**: Fast jeder National- und Provinzpark bietet ein Veranstaltungsprogramm, das im Besucherzentrum und in den ausgelegten Veröffentlichungen angezeigt wird. Die lehrreichen Veranstaltungen werden von Rangern durchgeführt und

*Die National- und Provinzparks bieten vielfältige Erholungsmöglichkeiten*

umfassen Kurse, Exkursionen, Wanderungen, Filme, Diavorführungen und Diskussionen. Für Kinder werden oftmals spezielle Programme angeboten. In jedem Fall ist es empfehlenswert, sich zu Beginn des Parkbesuchs im Visitor Center über die Angebote der Region zu informieren.

Unterwegs auf dem Cabot Trail in Nova Scotia

> **Wandern**: Die Parks laden zum Wandern ein, wobei die Möglichkeiten vom kurzen Spaziergang über Lehrpfade bis hin zu mehrtägigen Expeditionen reichen. In den Besucherzentren erhält man detailliertes Kartenmaterial und nützliche Tipps. Längere Wanderungen in die Wildnis sollte man aus Sicherheitsgründen im Besucherzentrum anmelden. Jeder Park verfügt über ein ausgedehntes Netz markierter Wanderwege. Häufig wurden für Lehrpfade interessante Informationsschriften erstellt, die in „Informationskästen" am Anfang des Pfades ausliegen. Dort kann sich jeder Besucher ein Exemplar herausnehmen, das er dann am Ende des Weges wieder in den dort aufgestellten Kasten zurücklegt.

> **Zelten**: Vor dem Aufbruch zu mehrtägigen Wanderungen muss man sich im Besucherzentrum für einen Zeltplatz anmelden. Die Plätze sind in der Regel an besonders schönen Stellen angelegt, sind gepflegt und bieten viel Raum; die Zeltplätze im Hinterland sind meist sehr einfach. Man sollte sich von den Park-Rangern unbedingt über richtiges Verhalten in der Natur und bei Begegnungen mit wilden Tieren beraten lassen und natürlich ausreichend Lebensmittel und Wasser mitnehmen. In Parks, in denen noch Bären leben, darf man die Lebensmittel nicht im Zelt aufbewahren, sondern muss sie in einem luftdichten Beutel an einem Baumast in einiger Entfernung aufhängen. Das Gelände ist immer so sauber zu hinterlassen, wie man es vorgefunden hat.

> **Tierbeobachtung**: In den Parks sind nicht nur die Landschaften geschützt, sondern auch alle darin lebenden Tiere. In den Besucherzentren erhält man Informationsmaterial über die vorkommenden Tierarten, die besten Standorte und günstigsten Zeiten zur Beobachtung. Teleobjektiv und Fernglas sind dabei nützliche Helfer. Bitte nie vergessen, dass das Füttern der Tiere verboten ist!

> **Angeln**: In zahlreichen Seen und Flüssen vieler Parks gibt es gute Angelmöglichkeiten. Die erforderliche Lizenz (*fishing license*) erhält man in der Regel bei der Parkverwaltung. Dort wird man auch über Schonzeiten, Fanggrößen, Angelmaterial etc. informiert.

> **Boot- und Kanufahren**: Viele der Seen und Flüsse in den Parks können mit Kanus befahren werden. Es gibt in der Umgebung der meisten Parks Bootsverleihstationen; dort werden häufig geführte ein- und mehrtägige Touren angeboten. In den Besucherzentren oder von den Park-Rangern bekommt man Informationen über die befahrbaren Gewässer.

> **Wintersport**: Viele Parks bieten Wintersportmöglichkeiten. Es gibt abgesteckte Loipen und Pisten unterschiedlicher Längen und Schwierigkeitsgrade. In den nächst-

gelegenen Ortschaften haben sich Wintersportzentren mit Übernachtungsmöglichkeiten, Ausrüstern und Restaurants entwickelt.

Neben den National- und Provinzparks gibt es noch die **National Historic Sites Parks**; dies sind wichtige Stätten der kanadischen Geschichte, historische Gebäude, Wasserstraßen, Schleusen, Festungsanlagen, Handelsposten, Bauern- und Bürgerhäuser, die sorgfältig restauriert oder rekonstruiert wurden. Dazu gehören auch ehemalige Routen der Tierjäger, Pelzhändler, Goldgräber und Holzfäller, die zugänglich gemacht wurden. Meist ist ein Besucherzentrum angeschlossen, in dem man sich über die Bedeutung des jeweiligen Ortes informieren kann.

**Tipps**

- Am Eingang mancher Parks sind Hinweisschilder aufgestellt: „**Carry in – carry out**" – d. h. alle Besucher müssen ihre Abfälle wieder mitnehmen.
- Wenn man auf einem Campingplatz in einem der National- oder Provinzparks übernachten will, sollte man sich in der **Hauptreisezeit** schon ab 14 Uhr nach einem Platz umschauen, denn die Nachfrage ist groß.
- Seit 2018 ist der Gebrauch von Cannabis in Kanada legal. In Provinzparks ist die **Nutzung von Cannabis** auf den eigenen Stellplatz **beschränkt**, an öffentlichen Plätzen dagegen **verboten**.

## Überall gegenwärtig: das Erbe der Pionierzeit

Die Kanadier sind stolz auf ihr historisches Erbe und bemüht, die Vergangenheit lebendig zu erhalten. Sitten und Gebräuche der Vorfahren werden ebenso gepflegt wie die historischen Stätten, die an die ersten Siedler auf dem Kontinent erinnern. Im kanadischen Osten wird man selbst in den kleinsten Ortschaften auf alte, als Museum genutzte Häuser stoßen, in denen Dokumente, alte Möbel und alter Hausrat, Bilder und Zeichnungen aus dem Besitz vieler Familien zusammengetragen wurden, um etwas von der regionalen Geschichte oder einer Persönlichkeit dieser Gegend zu vermitteln.

*Reisen in die Vergangenheit*

Zu den großen Attraktionen gehören die **Museumsdörfer**, die nach sorgfältiger Restaurierung oder detailgetreuer Rekonstruktion dem Besucher einen Einblick in die Geschichte geben. Diese Art von „Geschichtsunterricht" kann man an vielen historischen Orten und Plätzen erleben, an denen die Konzeption der „living history" umgesetzt wird. Die liebevoll gestalteten Museumsdörfer bieten den Besuchern ein anschauliches Bild vom Leben der Menschen zu früheren Zeiten. Die „Dorfbewohner", meist Studenten und ehrenamtliche Helfer, schlüpfen in die Tracht und Rolle ihrer Vorfahren und erzählen in der Sprache jener Zeit mit großer Begeisterung und Sachkenntnis vom Leben und Treiben vergangener Epochen – und zeigen anschaulich die Verrichtung der alltäglichen Arbeiten.

- In **L'Anse aux Meadows/NL** kann man rekonstruierte Grassoden-Häuser besuchen, die in der Nähe eines Wikingerdorfs aus der Zeit um 1000 n. Chr. liegen.
- In der **Habitation Port Royal/NS** trifft man auf Handwerker, Soldaten, einen Priester, Schmied und Bäcker, auf Händler und Reisende.
- In der Missionsstation **St. Mary among the Hurons/ON** leben Indianer und Weiße zusammen. Sie arbeiten in der Gemeinschaftsküche, im Gemüse- und Kräuter-

garten, in den Ställen oder auf einer Krankenpflegestation. Man sieht den Zimmerer, Schmied, Steinmetz und Schneider bei der Arbeit, während Indianer ihre Wigwams richten.

- In der **Festung Louisbourg/NS** paradieren die Soldaten, Fischer laden ihren Fang aus, Seeleute bessern Boote aus, Händler preisen ihre Waren an, Dienstboten und Mägde führen Besorgungen aus, während der Bäcker kräftige Kommissbrote backt, der Schmied das Feuer schürt und ein Gendarm einen Betrunkenen abführt.
- In **Highland Village/NS** zeigen „Schotten", wie ihre Hütten im Herkunftsland aussahen. Frauen spinnen Wolle, arbeiten auf Gemüsebeeten und in der Schule. Der Schmied stellt Löffel und Nägel her.

*Zeitreise in die Vergangenheit – Upper Canada Village*

- Im Dorf **Upper Canada Village/ON** putzen, kochen und handarbeiten Frauen in ihren Häusern, versorgen Kinder und füttern Hühner, Kühe oder Schweine. Die Männer bestellen die Felder, der Schmied beschlägt ein Pferd, der Arzt berät Patienten, der Müller schleppt Getreidesäcke, der Lehrer unterrichtet die Schüler, der Händler im General Store bedient Kunden, und der Wirt versorgt seine Gäste.
- In **Kings Landing/NB** am St. John River erlebt man im britischen Loyalistendorf des 19. Jh., wie die Männer die Ochsen vor die Pflüge spannen, die Frauen an den Webstühlen arbeiten und im Wirtshaus herzhafte Speisen nach Art der Pioniere zubereitet werden.
- Im **Village Historique Acadien/NB** zeigen Akadier, wie sie es von einem versteckten Leben in den Wäldern von New Brunswick nach der Großen Vertreibung zu einem Leben in Wohlstand brachten.
- Im **Old Fort William/ON** lernt man eine Pelzhandelsstation vom Beginn des 19. Jh. kennen, wo die von den Pelztierjägern aufgekauften Pelze und Felle zu Ballen gepresst und von den „Voyageurs" in Frachtkanus bis nach Montréal verschifft wurden.

## Chronologische Folge der Museumsdörfer

- um 1000 **L'Anse aux Meadows** in Newfoundland
- 1605 **Habitation Port Royal** bei Annapolis
- 1639 **St. Mary among the Hurons** bei Midland
- 1744 **Festung Louisbourg**
- 1750–1930 **Highland Village** in Iona, NS
- 1770–1949 **Acadian Historical Village** bei Caraquet
- 1780–1910 **Kings Landing Historical Settlement** bei Fredericton
- um 1800 **Old Fort William** bei Thunder Bay
- 1820–1850 **La Citadelle** in Québec City
- 1826–1832 **Old Fort Henry** in Kingston
- um 1850 **Black Creek Pioneer Village** bei Toronto
- 1866 **Upper Canada Village** bei Morrisburg

# Kanada aktiv: Outdoor-Aktivitäten und Sportvergnügen

Schon sehr bald werden dem Erstbesucher auf seiner Fahrt durch den kanadischen Osten nicht nur die gut angelegten Rast- und Picknickplätze an den Fernstraßen und in den Parks auffallen, sondern auch die mit Kühlboxen bepackten kanadischen Familien, die es bei schönem Wetter ins Grüne zieht. Das „picknicking" erfreut sich bei Alt und Jung großer Beliebtheit; man fährt hinaus an einen der Seen oder in einen der Parks, grillt dort an einem der auf nahezu jedem Rastplatz eingerichteten Grillplätze und erholt sich beim Schwimmen, Angeln, Wandern, Rad- oder Kanufahren und genießt die Natur.

*Freizeitaktivitäten in der Natur*

Tageszeitungen und Illustrierte informieren regelmäßig über Kanutouren, Wanderungen in der Wildnis, Tierbeobachtungen und andere Freizeitaktivitäten in der Natur. Im ganzen Land gibt es Spezialgeschäfte mit guter Fachberatung für die „Outdoor Activities" und die dafür benötigten Ausrüstungen, Buchhandlungen mit Fachliteratur, die vom einfachen Wanderführer bis zu Kochbüchern für das Lagerfeuer reicht, und Spezialveranstalter, die Abenteuerreisen, Wildnistouren und Überlebenskurse anbieten.

**Sport** genießt in Kanada einen hohen Stellenwert, das Land bietet zu jeder Jahreszeit eine Fülle von Sportmöglichkeiten.

**Kanufahren** ist in Kanada *der* Wassersport schlechthin. Es hat eine lange Tradition, denn in der Wildnis der Wälder waren die Flüsse und Seen oft die einzigen Verkehrswege, und Indianer, Trapper und Waldläufer schätzten das Kanu als das geeignete Fortbewegungsmittel. Nicht zu zählen sind die Seen und Flüsse, die heute mit dem Kanu zu befahren sind; dabei kann man wählen zwischen einer kurzen Paddeltour auf einem ruhigen See, wo man vielleicht den Ruf des Eistauchers vernimmt, einem mehrstündigen Ausflug zum Angeln bis hin zu einer mehrtägigen oder mehrwöchigen Fahrt in die Wildnis, um Elche, Hirsche, Biber, Wildgänse oder Seeadler zu beobachten. Besonders beliebt, und auch für Anfänger geeignet, sind die Seen in den National- und Provinzparks und besonders im Algonquin Provincial Park.

**Wildwasser-Rafting** ist ein Sport für Abenteuerlustige, den unter Anleitung eines Bootsführers auch Anfänger wagen können. In großen Schlauchbooten durchqueren die Teilnehmer die tosenden Wasser der Flüsse. Für das Rafting besonders geeignet sind der Ottawa River und der Madawaska River in Ontario.

**Angeln** ist für Kanadier fast eine Selbstverständlichkeit. Besucher können sich für jede Provinz eine Angellizenz besorgen und damit in den Seen, Bächen und Flüssen Lachse, Hechte oder Forellen fischen. In den Atlantikprovinzen kann man zum Hochseefischen rausfahren und im Winter beim Eisfischen sein Glück versuchen.

**Golfspielen** auf Plätzen, die zu den besten der Welt zählen – das ist in Kanada möglich. Von den mehr als 2.300 kanadischen Golfplätzen liegen viele im Osten des Landes; die meisten sind öffentlich, die Greenfee beträgt zwischen 20 und 30 Dollar. Trainerstunden ermöglichen auch dem Anfänger den Einstieg in diese Sportart.

**Wintersport** in Kanada ist für den Anfänger genauso attraktiv wie für den erfahrenen Skifahrer oder Eisläufer. Zwischen Ende November und April sind die Schnee-

verhältnisse ideal; ob man zum Skilanglauf aufbricht, sich als Anfänger auf gut präparierten Abfahrten übt oder als Alpinskifahrer Weltcup- oder Olympiapisten hinunterrast, auf zugefrorenen Seen und Flüssen eisläuft oder aufregende Fahrten mit dem Snowmobile unternimmt, im Tiefschnee Heli-Skiing versucht oder mit einem Hundegespann durch verschneite Wälder und über zugefrorene Seen zieht – die Auswahl ist unbegrenzt.

**Eisfischen** erfreut sich besonderer Beliebtheit. Wenn im Winter die Flüsse und Seen zufrieren, werden auf dem Eis kleine Hütten aus Brettern errichtet. In einer Aussparung innerhalb der Hütte oder auch vor dem Häuschen werden in das meterdicke Eis mühevoll die Löcher zum Eisfischen gehackt; der Fang wird dann sofort in den Hütten, wo kleine Öfchen bullern, gebraten und an Ort und Stelle verspeist oder zum Einfrieren vor die Tür gelegt.

Daneben sind **Ballsportarten** wie Baseball, Basketball und Eishockey beliebt, und Ligaspiele mit den Profiteams der Toronto Maple Leafs oder der Montréal Canadiens ziehen viele Zuschauer an. Ein besonderes Erlebnis ist der Besuch einer großen Sportveranstaltung mit vielseitigem Rahmenprogramm, die mit ihrer besonderen Atmosphäre auch Nicht-Kanadier begeistern kann.

## Aus Küche und Keller

Ein so vielseitiges Land wie Kanada hat auch eine abwechslungsreiche Küche zu bieten. Die Frage nach „typisch kanadischen Speisen" ist schwer zu beantworten, denn ***das* kanadische Nationalgericht** gibt es nicht, vielmehr ist gerade die Vielfalt der Speisen typisch für die kanadische Küche. Die ersten Europäer, Franzosen und Engländer, brachten die Gerichte ihrer Heimat mit in die neue Welt, wandelten sie ab, weil manche Zutaten nicht vorhanden waren, ergänzten sie durch einheimische Früchte und Gemüse und verwendeten statt Zucker den vitaminreichen, süßen Ahornsirup. Genauso machten es die späteren Einwanderer, die aus allen Teilen der Welt nach Kanada kamen, sodass ein Streifzug durch die kanadische Küche heute eine kleine Reise um die Welt ist.

*Regionale Küche*

Der kanadische Osten ist für seine gute Küche bekannt. Außer den Fast-Food-Läden, Coffee Shops und Kettenrestaurants gibt es in den Großstädten ethnische Restaurants, Restaurants mit erstklassiger französischer Küche und Gasthäuser, die deftige Gerichte kredenzen, deren Rezepte aus der Zeit der ersten Siedler stammen. Vor allem in den ländlichen Gegenden finden sich häufig Restaurants mit dem Hinweis „homecooking", und in den Atlantikprovinzen lernt man schnell die kleinen, meist sehr guten Fischrestaurants zu schätzen.

In **Ontario** ist es vor allem die Vielfalt der ethnischen Restaurants, die nicht nur in den Weltstädten, sondern auch in vielen kleineren Orten zu finden ist. In den **Atlantikprovinzen** gehören Meeresfrüchte, Hummer, Muscheln und frische Fische zum alltäglichen Speiseplan. Typisch sind „Chowders", cremige Fischsuppen mit Muschel- und Hummereinlagen. Höhepunkte des kulinarischen Kalenders sind die „Lobster Suppers", wie sie z. B. auf Prince Edward Island im Sommer in Kirchsälen und Gemeindehäusern gefeiert werden. In **Québec** dominiert die französische Küche mit Wildgerichten, Pasteten, Käse und gutem Wein.

info

## Die Küche von Québec

Feinschmecker zählen die Küche von Québec, die das Typische der französischen Küche an die Lebensgewohnheiten in der Neuen Welt anpasst, zu den besten regionalen Küchen Nordamerikas. Obwohl auch Weine und Käse, Espresso und Croissants auf jeder Speisekarte zu finden sind, besteht ein typisches Québecer Gericht aus herzhaften, traditionellen Zutaten. Diese energiereichen Speisen, die ursprünglich die Menschen während der langen Wintermonate kräftigen sollten, bestehen überwiegend aus den einheimischen Zutaten Mais, Kartoffeln, Schweinefleisch, Kabeljau, Lachs von der Halbinsel Gaspésie, Blaubeeren und Ahornsirup.

Bei besonderen Festlichkeiten wird in vielen frankokanadischen Familien noch heute „sixpâtes" serviert, eine mit Rebhuhn, Wachtel, Hase, Schinken und Kartoffel gefüllte und mit Nelken gewürzte Pastete. Andere Spezialitäten sind z. B. „tourtière", eine Fleischpastete, „soupe aux pois à la canadienne", eine Suppe aus getrockneten gelben Erbsen, „fèves au lard", gebackene Bohnen, oder „tarte au sucre", ein Pie mit Ahornsirup.

Québec hat aber auch im Bereich der Fast-Food-Gerichte einen guten Namen, wie die „steamé", Würstchen in Brotteig, oder die „poutine" zeigen; Letzteres ist eine Schüssel mit Pommes frites und Cheddar-Käsestückchen, die mit brauner Bratensauce übergossen werden.

## Spezialitäten der ostkanadischen Provinzen

- **Bannock**: Indianer, Pelzhändler und Trapper bereiteten einen Teig aus Mehl, Salz, Fett und Wasser, formten ihn zu einer Rolle, steckten diese auf einen Holzspieß und backten den „Brotersatz" über dem Lagerfeuer
- **Caribou**: Süßer Rotwein und Whisky sind die Zutaten zu diesem Getränk, mit dem sich die Leute in der Provinz Québec während der langen Wintermonate aufwärmen
- **Cod's Tongues**: Vom fangfrischen Dorsch werden auf Newfoundland vor allem die gebackenen oder frittierten „Zungen" als Leckerbissen genossen
- **Digby Scallops**: Weltweit bekannt sind die Jakobsmuscheln aus der Bay of Fundy in Nova Scotia
- **Dulse**: In der Bay of Fundy und auf Prince Edward Island wird der rötlich-schwarze Seetang nach der Ernte getrocknet und dann als kleine Knabberei verzehrt
- **Lobster**: Atlantikhummer sind im Geschmack unverwechselbar; an der Atlantikküste sind sie in fast jedem Restaurant und in vielen Imbissläden zu bekommen
- **Malpeque Oysters**: Im Norden von Prince Edward Island wachsen die Austern in der Malpeque Bay
- **Smoked Meat Sandwiches**: Eine Montréaler Spezialität sind die dick mit herzhaft gewürztem Rauchfleisch belegten Brote
- **Solomon Gundy**: In Nova Scotia werden Heringe nach schottischem Rezept mariniert
- **Submarine Sandwiches**: So nennt man mit Käse, Fleisch und anderen beliebigen Zutaten belegte Baguettebrote
- **Tarte aux bleuets**: In Québec geschätzter Kuchen mit Heidelbeeren
- **Tourtière**: Im ganzen frankokanadischen Raum bekannte Pastete, die ursprünglich mit Wildbret gefüllt wurde, inzwischen aber auch mit Rindfleisch zubereitet wird

info

## Ohne ihn geht nichts – Ahornsirup

Die reichliche Verwendung von **Maple Syrup** ist etwas typisch Kanadisches! Der süße Saft der Ahornbäume wird nur in Ontario, Québec und in den Neuenglandstaaten der USA gewonnen, denn nur in diesen Landschaften liegen die nötigen klimatischen Voraussetzungen vor. Im späten, noch verschneiten Winter herrscht tagsüber strahlender Sonnenschein, während die Nächte frostreich und klirrend kalt sind. Bei solchen Wetterverhältnissen fließt der Saft einiger Ahornarten besonders reichlich.

Zum Sammeln des Safts wird die Baumrinde eingeschnitten, damit er in kleine, am Baumstamm befestigte Behälter fließen kann. Manchmal werden statt des Behälters auch Plastikschläuche an den Bäumen angebracht, durch die der Saft von mehreren Bäumen in einen Sammelbehälter fließt. Anschließend wird der Saft durch Erhitzen zu Sirup eingedickt.

Der Arbeitsaufwand ist insgesamt sehr hoch, entsprechend ist der Preis.
Ahornsirup wird bei der Zubereitung vieler Gerichte verwendet und ist besonders beim Kuchenbacken und als Sauce bei Pfannkuchen beliebt. Da der Bedarf groß ist, wird inzwischen ersatzweise Sirup aus Mais hergestellt; dieser ist preiswerter und wird in vielen Familien und einfacheren Restaurants zu den traditionellen Pfannkuchen gereicht.

---

Bekannte kanadische Produkte sind auch der mindestens vierzigprozentige **Whisky** der bekannten Marken „Seagram's" und „Canadian Club" und die **Biere** der großen Brauereien „Molson", „Labatt's", „Carling O'Keefe" und „Moosehead".

Die kanadischen **Weine** haben in den letzten Jahren kontinuierlich größere internationale Anerkennung gefunden. Die Anbaugebiete im Osten Kanadas liegen in Ontario, Québec und Nova Scotia, etwa auf dem Breitengrad von Mailand. Probieren sollte man auch einmal typisch kanadische Weine wie den L'Acadie Blanc oder Obstweine. Eine Besonderheit sind die Eisweine, die weltweit Spitzenplätze belegen. Von der hohen Qualität der Weine kann man sich am besten auf den ausgeschilderten „wine routes" selbst überzeugen.

*Lohnende „wine routes"*

# Mahlzeiten im Restaurant

## Frühstück

Zuerst ist auffällig, dass die Tische in Coffee Shops und Restaurants (auch Fast Food) schon zum Frühstück gut besetzt sind. Berufstätige, Familien mit Kindern, Geschäftsleute und Reisende nehmen dort häufig das Frühstück ein. Man kann beim Frühstück zwischen dem bescheidenen **Continental Breakfast** (mit Toast oder Croissant, Marmelade oder Honig) und dem üppigen **American Breakfast** (mit Eiern, Schinken oder Speck, Kartoffeln, Toast, Marmelade u.v.m.) wählen. Der **Kaffee** ist weniger geröstet als bei uns, daher weniger aromatisch, wird aber kostenlos nachgeschenkt.

## Lunch

Das Mittagessen wird meistens nur als kleine Zwischenmahlzeit in einem Coffee Shop, einem Fast-Food-Restaurant oder einer Cafeteria eingenommen. Dazu gehören

Hamburger, Pommes frites, Sandwiches oder „poutine", aber auch frische Salate. Will man auf das Mittagessen nicht verzichten, kann man in vielen Restaurants schon die „daily specials" bestellen, die häufig zum Lunch preiswerter als zum Abendessen angeboten werden.

## Dinner

*Hauptmahlzeit*

Das Abendessen ist die Hauptmahlzeit der Kanadier und wird zwischen 18 und 21 Uhr eingenommen. Es besteht mindestens aus Vorspeise, Hauptgericht, Dessert und Kaffee oder Tee. Oft sind die Portionen auch in guten Restaurants sehr groß; es ist durchaus üblich, ein Menü mit zwei Gedecken zu bestellen. Sehr gut sind in der Regel die reichhaltigen Salatbüfetts. Vor der eigentlichen Dinnerzeit werden häufig die sogenannten **early bird dinners** zu einem deutlich niedrigeren Preis angeboten; dies ist eine gute Möglichkeit, mit Kindern frühzeitig zu Abend zu essen.

## Getränke

Die Kanadier trinken die meisten Erfrischungsgetränke eiskalt; deshalb werden die Softdrinks (Limonaden, Obst- und Gemüsesäfte) auch mit reichlich Eiswürfeln serviert. Anders als der Name es vermuten lässt, handelt es sich beim beliebten „root beer" nicht um ein Bier, sondern um ein sehr süßes, alkoholfreies Getränk aus kohlensäurehaltigem Wasser, Maiszucker, Zitronensäure, Birkenöl u. v. m. Da **Bier** in Kanada sehr beliebt ist, gibt es zahlreiche Brauereien, in denen u. a. auch alkoholarmes Bier gebraut wird. In Bars wird Bier oft vom Fass gezapft. **Alkoholische Getränke** werden nur in ausgewählten Restaurants mit einer entsprechenden Lizenz ausgeschenkt.

# 2. KANADA ALS REISEZIEL

# Allgemeine Reisetipps A–Z

## Hinweis

In den **Allgemeinen Reisetipps** finden sich – alphabetisch geordnet – reisepraktische Hinweise für die Reisevorbereitung und für den Aufenthalt im Osten Kanadas. Die folgenden **Grünen Seiten** (ab S. 90) geben Auskunft über Beförderungskosten und Aufenthaltskosten im Reisegebiet. **Regionale Reisetipps** – Infostellen, Sehenswürdigkeiten, Adressen und Öffnungszeiten, Unterkünfte, Restaurants, Verkehrsmittel, Einkaufs- und Sportmöglichkeiten etc. – sind in den Kapiteln 4–10 bei den jeweiligen Orten und Routenbeschreibungen platziert. Alle Angaben über Preise, Telefonnummern, Websites, Öffnungszeiten etc. waren zum Zeitpunkt der Drucklegung gültig, sind aber konstant Änderungen unterworfen.


| | |
|---|---|
| Abkürzungen | 61 |
| An- & Einreise | 61 |
| Auskunft | 63 |
| Autofahren | 63 |
| Barrierefreies Reisen | 66 |
| Botschaften/Konsulate | 67 |
| Einkaufen | 68 |
| Essen & Trinken | 68 |
| Feiertage & Festivals | 69 |
| Flüge | 71 |
| Geldangelegenheiten | 71 |
| Gesundheit | 72 |
| Kartenmaterial | 72 |
| Kinder | 73 |
| Kleidung & Reiseutensilien | 73 |
| Kriminalität & Vorsichtsmaßnahmen | 73 |
| Maßeinheiten | 73 |
| Medien | 74 |
| National- & Provinzparks | 74 |
| Notruf | 74 |
| Öffnungszeiten | 74 |
| Post | 75 |
| Preise, Mehrwertsteuer & Preisermäßigungen | 75 |
| Reisezeit | 75 |
| Souvenirs | 76 |
| Sport & Outdoor-Aktivitäten | 76 |
| Sprache | 80 |
| Strom | 81 |
| Telefonieren | 81 |
| Trinkgeld | 83 |
| Unterkunft | 83 |
| Verkehrsmittel | 87 |
| Versicherungen | 88 |
| Zeit | 89 |
| Zoll | 89 |

## Abkürzungen

Häufige Abkürzungen, die in Kanada auf Landkarten, Informationsbroschüren, Straßenschildern u. Ä. verwendet werden, sind:

| | | | |
|---|---|---|---|
| a.m. | ante meridiem (vormittags) | NP | National Park |
| Ave. | Avenue | Pk. | Peak (Gipfel) |
| Bldg. | Building | Pkwy. | Parkway |
| Blvd. | Boulevard | Pl. | Place |
| CVB | Convention & Visitors Bureau | p.m. | post meridiem (nachmittags) |
| Dept. | Department | PP. | Provincial Park |
| Dr. | Drive | Q.E.W. | Queen Elizabeth Way |
| E. | East | Rd. | Road |
| Frwy. | Freeway | Rte. | Route |
| Hwy | Highway | Res. | Reservoir (Stausee) |
| I. | Interstate (Autobahn) | RR | Rural Road |
| Ind. Res. | Indian Reservat | RV | Recreational Vehicle (Wohnmobil) |
| Ln. | Lane | S. | South |
| Mi | mile (Meile) 1,6 km | SP | State Park |
| Mt. | Mount | Sq. | Square |
| Mtn. | Mountain | SR | State Road |
| N. | North | St. | Street |
| Nat'l For. | National Forest | VC | Visitor Center (Besucherinformation) |
| NHS | National Historic Site | W. | West |
| NM | National Monument | | |

## An- & Einreise

Knotenpunkte des internationalen Flugverkehrs im Osten Kanadas sind die Flughäfen von Toronto, Montréal und Halifax, zu denen täglich direkte **Linienflugverbindungen** von Europa aus bestehen, z. B. mit Lufthansa, KLM, British Airways, Air France und Swiss von Frankfurt/M., Zürich, Amsterdam, Paris und London aus.

Die größte kanadische Fluggesellschaft **Air Canada** (www.aircanada.com) gehört zur Star Alliance und bietet ebenfalls regelmäßige Direktverbindungen von und nach Europa an. In Zusammenarbeit mit Lufthansa werden ganzjährig jede Woche ca. 50 Nonstop-Flüge zwischen Deutschland und Kanada durchgeführt.

Von Mai bis Oktober gibt es auch **Nonstop-Charterflüge**, z. B. mit **Condor** von Frankfurt/M. nach Toronto, nach Halifax und weiter nach St. John´s/Newfoundland, oder mit der kanadischen Chartergesellschaft **Air Transat** ab Amsterdam nach Toronto, Montréal, Calgary, Vancouver, und ab Brüssel, Basel oder Prag nach Montréal.

### Einreise

Ähnlich wie die USA hat Kanada ein elektronisches Einreiseverfahren eingeführt, das kostenpflichtig ist. Das System heißt **Electronic Travel Authorization** (eTA) und muss von allen Flugreisenden genutzt werden, die nicht visapflichtig sind. Die Einreisegenehmigung kostet $ 7 (ca. 5 €). Kanada-Reisende können sich online registrieren. Angeben müssen sie laut Ministerium nur wesentliche persönliche Daten, die auch bisher schon schriftlich bei der Einreise erhoben wurden. Die eTA-Genehmigung wird binnen weniger Minuten erteilt und ist fünf Jahre lang gültig. Informationen und Registrierung unter: http://www.cic.gc.ca/english/visit/eta.asp. Reist man per **Auto, Zug, Bus** oder **Boot** ein, ist kein kein eTA nötig.

Für Aufenthalte bis zu sechs Monaten ist **kein Einreisevisum** erforderlich. Deutsche, Österreicher und Schweizer benötigen für die Einreise einen noch sechs Monate gültigen **Reisepass**; auch jedes Kind muss ein eigenes Ausweisdokument mit Foto haben, Kindereinträge im Reisepass der Eltern sind nicht mehr gültig. Aktuelle Einreisebestimmungen finden sich hier: https://www.canada.ca/en/immigration-refugees-citizenship/services/visit-canada.html.

Kanada-Reisende müssen im Besitz eines Rückflug- oder Weiterreise-Tickets sein, bei der Einreise wird das genaue Rückreisedatum in den Reisepass gestempelt. **Impfungen** sind nicht vorgeschrieben.

 **Hinweis**

Bei Kindern unter 18 Jahren, die allein oder nur mit einem Elternteil oder einer anderen Person nach Kanada reisen, müssen ein Nachweis über das Sorgerecht und eine schriftliche Einverständniserklärung der Sorgeberechtigten mit deren Daten und Erreichbarkeiten bereitgehalten werden.

Für **Haustiere** muss ein amtstierärztliches Gesundheitszeugnis mit Eintrag der Tollwutschutzimpfung vorliegen; diese muss mindestens einen Monat und darf höchstens ein Jahr alt sein (aktuelle Bestimmungen: http://www.inspection.gc.ca/animals/terrestrial-animals/imports/policies/live-animals/pets/dogs/eng/1331876172009/1331876307796).

Zum Schutz vor terroristischen Anschlägen wurden die **allgemeinen Sicherheitsmaßnahmen** verschärft. Bei der Einreise nach Kanada sowie auf innerkanadischen Flügen ist vermehrt mit zeitaufwendigen Kontrollen zu rechnen.

Die **Customs Declaration Card** wird im Flugzeug verteilt und ausgefüllt und im Flughafengebäude dem Beamten von „Immigration Canada" zusammen mit dem Pass vorgelegt. Dann folgt ein längeres Gespräch mit dem Beamten, der nach dem Grund der Reise, der Dauer des Aufenthaltes und dem genauen Aufenthaltsort fragt. Es empfiehlt sich, die Anschrift der ersten Unterkunft mit Postleitzahl bereitzuhalten. Am Ende des Gesprächs bekommt man den Einreisestempel in den Reisepass, auch die Zollkarte wird gestempelt und dem Reisenden wieder ausgehändigt. Beim Verlassen der Abfertigungshalle muss man dem Zollbeamten die Karte abgeben.

Bitte beachten:

- Familien mit maximal fünf Mitgliedern, die alle dieselbe Anschrift haben, müssen nur eine Karte ausfüllen.
- Unter „Part B" muss die geplante Aufenthaltsdauer in Kanada angegeben werden.
- Jedes Geschenk mit einem Wert über $ 60 muss einzeln aufgeführt und gegebenenfalls auch verzollt werden.

- Für Besucher, die in Kanada studieren wollen, gibt es ein eigenes Feld.
- Die Einfuhr von Pflanzen, Fleisch- und Wurstwaren oder anderer landwirtschaftlicher Produkte ist nicht erlaubt.

## Auskunft (s. auch Botschaften/Konsulate S. 67)

**Destination Canada**
Destination Canada, 800-1045 Howe St., Vancouver, BC, V6Z 2A9, info@destinationcanada.com, https://de-keepexploring.canada.travel
**Büro Deutschland: The Destination Office**, Lindener Str. 128, 44879 Bochum, ☎ 0234-324-980-74, barbara@destination-office.de, www.destination-office.com

**Fremdenverkehrsämter der kanadischen Provinzen**
**Ontario**: www.ontariotravel.net/ger/home
**Québec**: www.quebecregion.com/en
**New Brunswick**: www.tourismnewbrunswick.ca
**Newfoundland & Labrador**: www.newfoundlandlabrador.com
**Nova Scotia**: www.novascotia.com/de
**Prince Edward Island**: www.tourismpei.com

**Vertretungen der kanadischen Provinzen in Deutschland**
**Ontario Tourismus**, Bavariaring 38, 80336 München, ☎ 089-689063837, info@lieb-management.de, www.ontariotravel.net/ger/home
**Québec Original**, Tourisme Québec, c/o Global Communication Experts GmbH, Hanauer Landstr. 184, 60314 Frankfurt, ☎ 069-175371-060, quebec.original@gce-agency.com, www.quebecoriginal.com/en
**Nova Scotia Tourismus Information**, c/o Travel Marketing Romberg, Schwarzbachstr. 32, 40822 Mettmann, ☎ 02104-797454, www.novascotia.com/deutsch/willkommen-in-nova-scotia

Weitere Informationen finden sich bei den jeweiligen Ortsbeschreibungen in den einzelnen Reisekapiteln.

## Autofahren

Im Allgemeinen fährt man entspannter, langsamer, weniger hektisch und Fußgängern gegenüber rücksichtsvoller als in Europa. Die **Verkehrsvorschriften** in Kanada entsprechen im Wesentlichen den europäischen. Es wird rechts gefahren; es besteht Anschnallpflicht; alle Entfernungen sind in Kilometern angegeben; das Fahren unter Alkoholeinfluss ist grundsätzlich strafbar. In allen kanadischen Provinzen ist eine **Haftpflichtversicherung** gegen Schäden bei Dritten zwingend vorgeschrieben.

Bitte beachten:

- Die **Alkoholgrenze** liegt je nach Provinz bei 0–0,8 Promille, meist bei 0,5 Promille. Für Fahranfänger und Fahrer bis 21 Jahren gelten allerdings generell 0,0 Promille. Alkoholische Getränke, die nicht mehr original verpackt sind, müssen im Kofferraum transportiert werden.
- Es ist nicht üblich, die Fahrspur häufig zu wechseln. Jeder **Spurwechsel** muss deutlich angezeigt werden.
- An unübersichtlichen Stellen, Kreuzungen, Bahnübergängen, Kurven und Kuppen besteht generelles Überholverbot.

- Auf den Autobahnen beträgt die **Höchstgeschwindigkeit** meist 110 km/h, teilweise 100 km/h, auf Landstraßen 80 km/h, in Ortschaften 50 km/h. Alle Geschwindigkeitsbeschränkungen sind deutlich markiert und werden in der Regel eingehalten.
- Im Bereich von Verkehrsampeln, 15 m vor und hinter Bahnübergängen und vor Hydranten herrscht **absolutes Halteverbot**.
- An **haltenden Schulbussen** mit eingeschaltetem roten Warnblinklicht darf in keiner Richtung vorbeigefahren werden.
- Auf mehrspurigen Autobahnen wird die rechte Fahrspur oft, gelegentlich sogar recht unvermittelt, zur **Rechtsabbiegespur** ausgewiesen mit den Worten „this lane must turn right".

Außerdem ist zu beachten:

- Die **Ampeln** an den Kreuzungen sind jeweils **hinter der Kreuzung** und meist relativ hoch über der Mitte der Fahrbahn angebracht; das Licht wechselt direkt von Rot auf Grün.
- In einigen Provinzen ist auch bei **rotem Lichtsignal** das Rechtsabbiegen erlaubt, sofern die Straße frei ist.
- Wenn nicht anders ausgeschildert oder an Stoppschildern mit der Ergänzung „4 ways" gilt an vielen Kreuzungen **„wer zuerst kommt, fährt zuerst"** („first in – first out"), abweichend von unserer bekannten Rechtsvorfahrt.
- Die Geschwindigkeitsbeschränkung (speed limit) wird zweimal angekündigt und gilt erst ab dem Hinweis „speed limit begins"; dabei unterscheidet sich das Hinweisschild für Geschwindigkeitsbegrenzungen von dem deutschen Schild.

Zur besseren Orientierung hier eine kurze Übersicht über die gebräuchlichsten französischsprachigen Verkehrsschilder in Québec:

| | | | |
|---|---|---|---|
| Arrêt | Halt | Fin | Ende |
| Arrêt Interdit | Halten verboten | Lentement | langsam |
| Cul-de-sac | Sackgasse | Stationnement | Parkzone |
| Demi-tour Interdit | kein Wenden in Gegenrichtung | Stationnement Interdit | Parkverbot |
| Déviation | Umleitung | Vitesse | Geschwindigkeit |

### Automobilclubs

Größter kanadischer Automobilclub ist die CAA (Canadian Automobile Association, www.caa.ca). Für ADAC-Mitglieder oder vergleichbare assoziierte europäische Automobilclubs stellt der CAA sein umfangreiches Informations- und Kartenmaterial kostenlos zur Verfügung.

Zweigstellen des CAA finden sich in allen größeren Städten des Ostens:
**CAA North & East Ontario**, Ottawa, P.O. Box 8350 STN T CSC, K1G 3T2, ☏ 613-820-1890 oder 1-800-267-8713, www.caaneo.on.ca
**CAA South Central Ontario**, Thornhill, 60 Commerce Valley Dr. E., L3T 7P9, ☏ 905-771-3000 oder 1-866-988-8878, www.caasco.com
**CAA Niagara**, Thorold, 3271 Schmon Pkwy., L2V 4Y6, ☏ 1-800-263-7272, www.caaniagara.ca
**CAA Québec**, Québec, 444 Bouvier St., G2J 1E3, ☏ 1-800-686-9243, www.caaquebec.com/en
**CAA Atlantic**, Saint John, 378 Westmorland Rd., ☏ 1-800-561-8807, www.atlantic.caa.ca

Der **ADAC** hat in den Sommermonaten eine deutschsprachige Notrufstation in Orlando/Florida eingerichtet, die aus Kanada und den USA unter der kostenlosen Telefonnummer 1-888-222-1373 erreichbar ist.

### Autovermietung

Die großen internationalen Firmen wie Avis, Nationalcar, Hertz oder Budget haben Niederlassungen in fast jeder Stadt und immer in der Nähe der internationalen Flughäfen. Daneben gibt es eine Anzahl lokaler Vermieter, die meist etwas preisgünstiger sind, jedoch im Schadensfall hinter den Leistungen der großen Firmen zurückstehen. Die Anschriften der Mietwagenfirmen finden sich auf den Gelben Seiten des Telefonbuches unter „car rental" oder „automobile rentals".

Die Preise sind abhängig von der Größe des Fahrzeugs, der Mietdauer und besonderen Vereinbarungen (Kilometerbeschränkung, Einwegmieten u. Ä.). Die Fahrzeugflotten der großen Mietwagenfirmen haben eine breitgefächerte und neuwertige Angebotspalette:

| | | |
|---|---|---|
| **Economy** | **(A)** | Kleinwagen |
| **Compact** | **(B)** | untere Mittelklasse |
| **Intermediate/Mid Size** | **(C)** | obere Mittelklasse |
| **Full Size** | **(D)** | Oberklasse |
| **Station Wagon** | **(F)** | Kombi / SUV |
| **Minivan** | **(V)** | Kleinbus mit 7 Sitzplätzen |

Alle Mietwagen sind mit Automatik, Radio, meistens auch mit Klimaanlage, Tempomat und elektrischen Fensterhebern ausgestattet. Es ist meist preisgünstiger, den Wagen schon im Heimatland zu buchen, am besten zusammen mit dem Flug oder der Unterkunft. Dabei kommen günstigere Tarife zur Anwendung; außerdem kann man sicher sein, dass das Auto direkt am Flughafen bereitsteht.

Rufnummern (in Kanada) einiger internationaler Mietwagenfirmen
**Avis (Assistance)**: ☏ 1-800-272-5871
**Budget**: ☏ 800-268-8900
**Hertz**: ☏ 1-800-654-3131

Bitte erkundigen:
- ob der Wagen eine **unbegrenzte Kilometerleistung** hat
- welche **Steuern** im Preis enthalten oder noch zusätzlich zu entrichten sind; die staatlichen Steuern sind obligatorisch
- welche **Versicherungen** im Preis enthalten oder noch zu zahlen sind
- welche **Kosten für Einwegmieten** oder Rückführungen anfallen
- welche **Kosten bei verspäteter Abgabe** entstehen

Für die Bezahlung und die erforderliche Kaution werden in der Regel ausschließlich Kreditkarten (Visa, American Express, Mastercard/Eurocard, Diners) akzeptiert. Bei einem Preisvergleich ist besonders auf den Endpreis zu achten, denn die eingeschlossenen Leistungen sind sehr unterschiedlich.

### Führerschein

Zwischen Deutschland und Kanada wurde eine Vereinbarung zur Anerkennung des deutschen Pkw-Führerscheins getroffen, sodass bis zu einer Aufenthaltsdauer von drei Monaten mit dem deutschen Führerschein gefahren werden kann. Die meisten Mietwagenfirmen verlangen den nationalen Führerschein bei einem Mindestalter von 21 Jahren, bei Wohnmobilen von 25 Jahren, vorsorglich sollte man auch einen internationalen Führerschein mitnehmen. Der internationale Führerschein hat in Verbindung mit dem nationalen Führerschein drei Jahre Gültigkeit.

### Straßenverkehr

Das kanadische Straßennetz ist sehr gut ausgebaut. Die wichtigsten Städte des Landes sind durch Highways miteinander verbunden. Alle Highways sind nummeriert und ausgeschildert. Anders als in Deutschland werden auf den Hinweisschildern meist keine Ortsnamen, sondern nur die Highway-Nummern genannt; das Gleiche gilt für die Ausfahrten, die ebenfalls nummeriert sind. Zusätzlich wird neben der Nummerierung noch die Himmelsrichtung North, South, East oder West angegeben, in der der Highway auf seiner Gesamtstrecke verläuft. Es empfiehlt sich deshalb, sich bei der Reiseplanung die genauen Nummerierungen einzuprägen, vielleicht sogar aufzuschreiben.

Die Highways sind klassifiziert:

- **Expressways** sind mehrspurige, deutschen Autobahnen vergleichbare Hauptverkehrsstraßen in den Ballungsgebieten. Sie sind sehr gut ausgebaut, meist in sehr gutem Zustand und die schnellsten Verkehrswege innerhalb einer Region.
- Die **King's Highways** sind Fernverkehrsstraßen zwischen den Großstädten. Sie sind in der Regel ebenfalls mehrspurig und kreuzungsfrei ausgebaut; in geringer besiedelten ländlichen Gegenden sind sie meist nur noch zweispurige Fernverkehrsstraßen.
- Die anderen Fernverkehrsstraßen **Secondary Highways** und **Tertiary Roads** sind ebenfalls in der Regel zweispurige Verbindungsstraßen, die etwa unseren Landstraßen entsprechen.
- Das nur sehr schwach besiedelte Landesinnere und der hohe Norden sind teilweise durch **Gravel Highways**, geschotterte Pisten, erschlossen, bei denen eine vorsichtige Fahrweise unbedingt anzuraten ist.

Die vorgegebenen **Geschwindigkeitsbegrenzungen** werden auf den Highways häufig kontrolliert. Bei der Reiseplanung muss stets bedacht werden, dass aufgrund der generellen Geschwindigkeitsbegrenzung die Tagesetappen viel kürzer anzusetzen sind, als dies in Europa der Fall wäre.

**Hinweis**

Auf der Express Toll Route 407 von Toronto nach Niagara Falls erfolgt die Mautbezahlung per Erfassung des Kennzeichens über die Toll Bridges. Die Mietwagenfirma belastet den Fahrer, zusätzlich fallen jedoch Verwaltungskosten der Verleihfirma an.

### Tankstellen

In den Vororten der Großstädte in Ontario und Québec, an den großen Einkaufsmalls und vor allem entlang der Highways gibt es viele Tankstellen; auch in den ländlichen Gebieten im Süden von Ontario und Québec sowie in den Atlantikprovinzen ist das Tankstellennetz ausreichend ausgebaut. Bei Fahrten ins weite, schwach besiedelte Landesinnere und in den Norden empfiehlt es sich, an jeder Tankstelle vollzutanken oder unbedingt ausreichend Benzinvorräte mitzunehmen. Als Kraftstoffe werden in Kanada Diesel und bleifreies Benzin (unleaded) getankt, das nach der Höhe der Oktanzahl unterschieden wird: Regular 87 Oktan, Mid Grade 89 Oktan, Premium 91 Oktan.

## Barrierefreies Reisen

Reisenden mit Behinderung (handicapped persons) begegnen die Kanadier freundlich und hilfsbereit. Das kostenlose Bereitstellen von Rollstühlen auf Flughäfen und in Vergnügungsparks,

abgesenkte Bordsteinkanten an Kreuzungen, spezielle Parkplätze und Telefonzellen, Toiletten und Eingänge sowie rollstuhlgerechte Wege in Nationalparks sind weitverbreitet Im Internet finden sich **detaillierte Infos** unter www.accesstotravel.gc.ca auf Englisch.

## Botschaften/Konsulate

### Deutsche Vertretungen in Kanada

**Deutsche Botschaft**, 1 Waverley St., Ottawa, ON, K2P 0T8, ☏ 613-232-1101, www.kanada.diplo.de
**Deutsches Generalkonsulat**, 2 Bloor St. E., 25. Etage, Toronto, ON, M4W 1A8, ☏ 416-925-2813, www.toronto.diplo.de
**Deutsches Generalkonsulat**, 1250, blvd. René Lévesque, Montréal, QC, H3B 4W8, ☏ 514-931-2277, www.montreal.diplo.de
**Deutsches Honorarkonsulat**, 2 Winter Place, St. John's, NL, A1B 1J6, ☏ 709-739-9727
**Deutsches Honorarkonsulat**, 1100 Purdy's Wharf Tower One, 1959 Upper Water St., Halifax, NS, B3L 3E5, ☏ 902-420-1599

### Österreichische Vertretungen in Kanada

**Österreichische Botschaft**, 445 Wilbrod St., Ottawa, ON, K1N 6M7, ☏ 613-789-1444, www.bmeia.gv.at/oeb-ottawa
**Österreichisches Honorargeneralkonsulat**, 30 St. Clair Ave. W., Suite 1402, Toronto, ON, M4V 3A1, ☏ 416-967-4867, www.bmeia.gv.at/oeb-ottawa/oesterreich-in-kanada
**Österreichisches Konsulat**, 1096 Marginal Rd., Suite 140, Halifax, NS, B3H4N4, w 902-444-3891, www.bmeia.gv.at
**Österreichisches Honorargeneralkonsulat**, 630, blvd. René-Lévesque Ouest, Suite 2800, H3B 1S6 Montréal, QC, H3A 2R7, ☏ 514-849-3708, www.bmeia.gv.at

### Vertretungen der Schweiz in Kanada

**Schweizerische Botschaft**, 5 Marlborough Ave., Ottawa, ON, K1N 8E6, ☏ 613-235-1837, www.eda.admin.ch/ottawa
**Schweizerisches Konsulat Toronto**, 175 Bloor St. E., North Tower, Suite 901, Toronto, ON, M4W 3R8, Zentrale, ☏ 647-295-2563, www.eda.admin.ch/montreal. In Toronto gibt es eine Honorarvertretung, die zum Schweizer Konsularbezirk gehört, dessen Sitz Montréal ist. Nur dort werden Visa und Pässe ausgestellt.
**Schweizerisches Generalkonsulat**, 1572 Ave. Dr. Penfield, Montréal, QC, H3G 1C4, ☏ 514-932-7181, www.eda.admin.ch/montreal
**Schweizerisches Konsulat**, 101 Research Dr., Dartmouth, NS, B2Y 4T6, ☏ 902-717-5745, www.eda.admin.ch/canada
**Schweizerisches Konsulat**, 7545 Ave. Grignon, Québec, QC, G1H 6V7, ☏ 418-803-5717, www.eda.admin.ch/canada

### Kanadische Vertretungen in Deutschland

**Kanadische Botschaft**, Leipziger Platz 17, 10117 Berlin, ☏ 030-203120, www.canadainternational.gc.ca/germany-allemagne
**Konsulat von Kanada**, Benrather Str. 8, 40213 Düsseldorf, ☏ 0211-172170
**Konsulat von Kanada**, Tal 29, 80331 München, ☏ 089-2199-570
**Honorarkonsul von Kanada**, Leitzstr. 45, 70174 Stuttgart, ☏ 0711-2239678

### Kanadische Vertretung in Österreich

**Kanadische Botschaft**, Laurenzer Berg 2, A-1010 Wien, ☏ 01531-383000, www.canadainternational.gc.ca/austria-autriche

**Kanadische Vertretung in der Schweiz**
**Kanadische Botschaft**, Kirchenfeldstr. 88, CH-3005 Bern, ☏ 031-3573200, www.canadainternational.gc.ca/switzerland-suisse

## Einkaufen

In puncto Warenangebot, Öffnungszeiten und Service ist das Einkaufen in kanadischen Städten überaus angenehm. Große Einkaufszentren, moderne Kaufhäuser und Boutiquen findet man in allen größeren Orten. In den großen Malls, z. B. im Eaton Centre in Toronto und den unterirdischen Einkaufspassagen von Montréal, ist das Einkaufen in Hunderten von großen und kleinen Geschäften auch noch in den kalten Wintermonaten möglich. Kleine, originelle Läden findet man in alten, inzwischen renovierten Stadt- oder Hafenvierteln wie Queens Quay in Toronto oder in den Historic Properties in Halifax.

Es gibt **keine einheitlichen Öffnungszeiten**. In der Regel sind Supermärkte Mo–Sa bis 22 Uhr geöffnet, in den Großstädten auch manchmal 24 Stunden an jedem Tag des Jahres. Kleinere Geschäfte sind meist Mo–Sa von 9.30–18 Uhr geöffnet, Do/Fr manchmal bis 21 Uhr. In den Malls haben die Geschäfte häufig auch So bis 18 oder 20 Uhr geöffnet.

Anders sieht es in den abgeschiedenen ländlichen Regionen aus, wo ein einzelner „Store" alles anbietet, was im alltäglichen Leben gebraucht wird, nicht nur Lebensmittel, sondern auch Kleidung, Werkzeug, Holz oder Benzin. Vor einer Fahrt ins weite Hinterland oder in den hohen Norden ist es deshalb ganz wichtig, die eigenen Vorräte bei jeder sich bietenden Gelegenheit aufzufüllen.

## Essen & Trinken

**Alkoholische Getränke**
Alkoholische Getränke werden nur in staatlich kontrollierten „Liquor Stores" verkauft, und zwar an Personen, die mindestens 18 (in den Provinzen Alberta, Manitoba und Québec) bzw. 19 Jahre (in anderen Provinzen) Jahre alt sind (jüngere Menschen dürfen Alkohol auch nicht konsumieren); das gilt auch für Bier. In Supermärkten gibt es nur alkoholfreies Bier oder „Light Beer". Die „Liquor Stores" sind im Allgemeinen Mo–Fr von 10–18, Sa von 9–12 Uhr geöffnet. Eine Ausnahme ist die Provinz Québec, wo man Alkohol auch in einigen Lebensmittelgeschäften kaufen kann.

In der Öffentlichkeit ist das Konsumieren alkoholischer Getränke generell verboten. Da auch Coffee-Shop- und Fast-Food-Ketten an den Highways und in den Malls keine Lizenz haben, dürfen nur Restaurants, die durch den Hinweis „fully licensed" gekennzeichnet sind, alkoholische Getränke ausschenken.

**Restaurantbesuche** (s. auch „Aus Küche und Keller", S. 55)
Fast-Food-Ketten, Restaurantketten, Hotelrestaurants, Landgasthäuser, Diner – die Auswahl an Restaurants ist riesig, genauso wie die Vielfalt der Küchen, die häufig von den Herkunftsländern der Restaurantbesitzer geprägt ist.

Einige Besonderheiten, die es beim Restaurantbesuch zu beachten gilt:

- Zunächst ist es üblich, außer in den Fast-Food-Restaurants, auf die **Zuweisung eines Tisches** zu warten, wie die Hinweise „please, wait to be seated" anzeigen.

- Die Portionen sind häufig sehr groß, deshalb ist es nicht ungewöhnlich, ein **Gericht für zwei Personen** zu bestellen oder die Reste im „doggy bag" mitzunehmen.
- Nachmittags zwischen 16 und 18 Uhr werden häufig **Early Bird Dinner** zum ermäßigten Preis angeboten.
- Es ist nicht üblich, sich nach dem Essen noch lange im Restaurant aufzuhalten. Meist wird gleich nach dem Abräumen die **Rechnung** gebracht, und es wird erwartet, dass der Gast seinen Platz schnell verlässt. Nach dem Essen geht der Kanadier lieber noch in eine Bar, um sich dort in Ruhe zu entspannen
- Es wird allgemein erwartet, dass der Gast ein **Trinkgeld von 15–20 %** gibt, da das Trinkgeld eine wichtige Ergänzung des sehr niedrigen Lohnes der Angestellten ist. Der Steuerzuschlag kann für die Berechnung des Trinkgelds vom Gesamtbetrag abgezogen werden. (Vorschlag eines Lesers). Die Rechnung wird häufig an einer Kasse am Ausgang bezahlt; das Trinkgeld (tip) wird für den Kellner auf den Tisch gelegt.
- Auch aufgrund des Steuerzuschlags von 13–15 % je nach Region (s. auch „Preise", S. 75) ist der Besuch namentlich von etwas „gehobeneren" Restaurants z. T. spürbar teurer als hierzulande.

Rauchen ist in Restaurants generell nicht erlaubt.

## Feiertage & Festivals

Neben den kirchlichen Festen gibt es eine Reihe jährlich wiederkehrender Feste; einige dieser Feste haben kein festes Datum, sondern liegen jeweils auf einem bestimmten Montag, wodurch den freizeitbewussten Kanadiern mehrere verlängerte Wochenenden möglich sind. Darüber hinaus gibt es zusätzliche Feiertage in den einzelnen Provinzen.

**Feiertage**

| | |
|---|---|
| Neujahr | 1. Januar |
| Karfreitag | (nicht in Québec, wechselnde Daten) |
| Ostermontag | (wechselnde Daten) |
| Victoria Day | letzter Montag vor dem 25. Mai |
| Canada Day | 1. Juli (Nationalfeiertag) |
| Labour Day | 1. Montag im September |
| Thanksgiving | 2. Montag im Oktober |
| Remembrance Day | 11. November |
| Weihnachten | 25. Dezember |
| Boxing Day | 26. Dezember (nicht in Québec) |

An allen gesetzlichen Feiertagen sind Banken, Geschäfte und Behörden geschlossen.

**Festivals**

In allen Provinzen wird gerne und häufig gefeiert; nahezu jeder kleine Ort begeht seine eigenen Festtage. Zu den großen Veranstaltungen und Festivals zählen:

| Ontario | |
|---|---|
| **Januar** | **Winter-Festivals** in Toronto |
| **Februar** | **Winterlude Festival** in Ottawa mit Wintersport und Eisskulpturen-Wettbewerb |
| | **Bon Soo Winter Carnival** in Sault-Ste-Marie mit Schlittenhunderennen |

| | |
|---|---|
| **April** | **Ahornsirupfestival** in Elmira mit Pferdekutschfahrten und Vorführungen zur Herstellung von Ahornsirup |
| | **Stratford Festival** in Stratford, bekannte Theateraufführungen von Ende April bis Oktober |
| **Mai** | **Canadian Tulip Festival** in Ottawa |
| | **Shaw-Festival** in Niagara-on-the-Lake, von Ende Mai bis Dezember |
| **Juni** | **CHIN Picnic** in Toronto, das den Multikulturalismus und die italienische Kultur Torontos feiert |
| **Juli** | **Cambridge Scottish Festival** in Cambridge |
| | **Grand River Champion of Champions Pow Wow** in Chiefswood Park, Ohsweken, Ontario |
| **August** | **Wikwemikong Indian Pow Wow** auf Manitoulin Island |
| | **Caribana** in Toronto |
| | **Canadian National Exhibition** in Toronto |
| **September** | **Toronto International Film Festival** in Toronto |
| | **Cavalcade of Fall Colours** in Sudbury |
| **Oktober** | **Oktoberfest** in Kitchener-Waterloo |
| **November** | **The Royal Agricultural Winter Fair** in Toronto |
| **Dezember** | **Santa Claus Parade** in Ottawa |
| **Québec** | |
| **Januar** | **International Curling Tournament** in Québec |
| **Februar** | **Winter Carnival** in Québec |
| **April** | **Ahornsirupfest** in Plessisville bei Québec |
| **Juni** | **Jazz Festival** in Montréal |
| | **Internationaler Feuerwerkerwettbewerb** (**L'International de Feux Loto-Québec**) in Montréal bis Ende Juli |
| **Juli** | Jahrmarkt **Expo** in Trois-Rivières |
| | **Festival d'été** in Québec |
| | **Schwimmfestival** am Lac Saint-Jean |
| **August** | **Internationales Filmfestival** in Montréal |
| **September** | **Kanurennen** bei Trois-Rivières |
| **Oktober** | **Erntedankfeste** in der ganzen Provinz |
| **Dezember** | **Santa Claus Festival** in Québec |
| **Atlantikprovinzen** | |
| **März** | **Ahornsirupfeste** in Nova Scotia |
| **Mai** | **Apfelblütenfest** im Annapolis Valley/NS |
| | **Scotia Festival of Music** in Halifax/NS |
| **Juni** | **Royal Nova Scotia Tattoo** in Halifax/NS |
| | **Charlottetown Festival** auf Prince Edward Island |
| **Juli** | **Highland Games** in Antigonish/NS |
| | **Signal Hill Tattoo** in St. John's/NL |
| **August** | **Highland Village Day** in Iona/NS |
| | **Royal St. John's Regatta** in St. John's/NL |
| **Oktober** | Erntedankfeste |
| **Dezember** | **Grand Parade** am 31. Dezember in Halifax/NS |

## Flüge (s. auch Anreise S. 61)

Der **internationale Flugverkehr** im Osten Kanadas wird in erster Linie über die Flughäfen von Toronto, Montréal und Halifax abgewickelt. Von diesen Zentren aus gibt es Flugverbindungen zu allen anderen Landesteilen und zu den amerikanischen Metropolen, z. B. Chicago, Boston und New York.

Der wichtigste Flughafen ist der **Toronto Pearson International Airport**, die größte kanadische Fluggesellschaft mit einem dichten Flugnetz ist Air Canada (www.aircanada.com). Daneben gibt es weitere nationale Airlines wie Westjet (www.westjet.com), Porter Airlines (www.flyporter.com) und in den einzelnen Provinzen oder Regionen mehrere kleinere regionale Fluggesellschaften, zu deren Leistungsangebot auch Flüge mit kleinen Maschinen und Wasserflugzeugen gehören. Diese sind für den kanadischen Alltag sehr wichtig, da sie in den dünn besiedelten, durch keine Straßen erschlossenen Gebieten des Nordens oftmals die einzige Verbindung zur Außenwelt bieten.

Für den **innerkanadischen Flugverkehr** gibt es für Touristen, besonders für Jugendliche und Studenten, preisgünstige **Sondertarife**, die schon zusammen mit dem Transatlantikflug gebucht werden müssen. Auch für innerkanadische Flüge wurden zum Schutz vor terroristischen Anschlägen die allgemeinen **Sicherheitsmaßnahmen** verschärft. Auf den Flughäfen muss man deshalb verstärkt mit Kontrollen rechnen.

## Geldangelegenheiten

**Wechselkurs** (Stand Januar 2020)
1 kanadischer $ (CAD) = 0,69 €, 1 € = 1,45 CAD
1 kanadischer Dollar (CAD) = 0,74 CHF, 1 CHF = 1,35 CAD

**Währung**
1 kanadischer Dollar hat 100 Cent.
Im Umlauf sind Münzen zu 1, 5, 10, 25, 50 Cent, $ 1 und $ 2 sowie Banknoten zu $ 5, $ 10, $ 20, $ 50 und $ 100, aber in vielen Geschäften werden Banknoten nur bis 50 $ angenommen. Die $-1.000-Note ist seit 2000 nicht mehr im Umlauf, aber nach wie vor gültig. Die Münzen haben eigene Namen: der Cent (1 c), der Nickel (5 c), der Dime (10 c), der Quarter (25 c), der Half Dollar (50 c), der Loonie (1 $) und der Toonie (2 $).

**Geldumtausch**
Auf der Vorderseite aller Münzen ist das kanadische Staatsoberhaupt, Queen Elizabeth II., abgebildet. **Europäische Währungen** werden in Banken, Wechselstuben und großen Hotels umgetauscht, wobei der **Geldumtausch** in der Regel schwierig und zeitaufwendig ist.

**Travellerschecks**
Seit 2015 werden keine Reiseschecks mehr herausgegeben. American Express war der letzte Anbieter, der am 31. Dezember 2015 den Verkauf eingestellt hat. Wer noch Reiseschecks besitzt, kann diese bei der Bank in Deutschland zurücktauschen. Als Ergänzung für die Reisekasse sind sie jedoch nicht mehr zu empfehlen.

**Ein- und Ausfuhr** von kanadischen Dollars und fremden Währungen sind nicht beschränkt.

**Banken**
Die kanadischen Banken sind normalerweise von Mo–Fr zwischen 10 und 15 Uhr geöffnet; in den Großstädten gelten häufig längere Öffnungszeiten.

### Kreditkarten
Sie sind das gebräuchlichste Zahlungsmittel, das viel häufiger als in europäischen Ländern benutzt und auch bei kleinsten Beträgen in Geschäften, Restaurants oder an der Tankstelle eingesetzt wird. Hotel- oder Mietwagenreservierungen sind nur mit Kreditkarten möglich, von denen Mastercard und Visa, American Express und Diners Club am weitesten verbreitet sind. Inzwischen kann man auch mit einer Maestro-fähigen BankCard (der ehemaligen EC-Karte) und der entsprechenden PIN an den meisten Geldautomaten (ATM, Automated Teller Machines) Bargeld abheben.

### Kreditkartenverlust
Bei Verlust oder Diebstahl der Kredit- oder Bankkarte gibt es in Deutschland eine einheitliche Sperrnummer: ☏ **0049-116 116**, weitere Infos im Internet unter www.sperr-notruf.de. Es ist empfehlenswert, vor der Abreise eine Kopie von Vorder- und Rückseite der Kreditkarte zu machen und sich die Service- und Notfallnummer der ausstellenden Bank zu notieren.

## Gesundheit

### Apotheke
Medikamente, auch rezeptpflichtige, erhält man in den „pharmacies", die meistens in Drugstores, großen Kaufhäusern und Malls zu finden sind, wo außer Medikamenten auch Toiletten- und Kosmetikartikel verkauft werden. Reisende, die auf die Einnahme eines bestimmten Medikamentes angewiesen sind, sollten dieses sowie eine Rezeptkopie oder eine ärztliche Verordnung in englischer Sprache mit nach Kanada nehmen, damit ein Arzt im Bedarfsfall das Rezept erneuern kann. In Notfällen stehen die Ambulanzkliniken (emergency clinics, ambulances) zur Verfügung.

### Insektenschutz
Ab Juni ist es empfehlenswert, wegen der vielen örtlich auftretenden Mücken und Moskitos Insektenschutzmittel (insect repellent) zu kaufen. Die Mitnahme von Stiften oder Sprays nach Kanada lohnt sich nicht, da viele Mücken resistent gegenüber den europäischen Mitteln sind.

### Medizinische Versorgung
Kanada mit dem staatlichen Gesundheitssystem Medicare hat flächendeckend eine sehr gute medizinische Versorgung. Jedoch sind Arzt-, Behandlungs- und Krankenhausaufenthaltskosten sehr hoch, sodass der Abschluss einer Auslandskrankenversicherung mit Rücktransport auf jeden Fall empfehlenswert ist. In einem akuten Notfall ruft man die Ambulanz (**Notruf 911**), sucht eine „Walk-in-clinic" oder die Notaufnahme (emergency room) eines Krankenhauses auf. Die Behandlungen müssen vor Ort bezahlt werden. Hat man eine Auslandskrankenversicherung abgeschlossen, werden die Kosten erstattet. Nicht so von der gesetzlichen deutschen Krankenkasse.

## Kartenmaterial

Neben der diesem Buch beigefügten Karte im Maßstab 1:4.000.000 bekommt man bei den Fremdenverkehrsämtern der einzelnen Provinzen und in den Touristenbüros der Städte gutes Informations- und Kartenmaterial meist kostenlos. Sehr empfehlenswert sind auch die Karten des CAA. In den kanadischen Buchhandlungen ist das Angebot an guten regionalen Karten groß; die Karten sind meist preiswerter als in Europa. Dort findet man auch Spezialkarten für Back-Road-Touren, besonders detaillierte Karten, Wanderwege und mehr.

## Kinder

Kanada ist ein sehr kinderfreundliches Land; viele touristische Einrichtungen sind auf die Bedürfnisse von Kindern eingerichtet, z. B. mit Wickeltischen, Kinderstühlen, Kindermenüs und Spielplätzen. In den National- und Provinzparks und in vielen Museen werden spezielle Veranstaltungen für Kinder und didaktisch ausgezeichnet aufbereitete Ausstellungen angeboten.

## Kleidung & Reiseutensilien

Im Allgemeinen ist die Kleidung angebracht, die man zur selben Jahreszeit auch in Mitteleuropa trägt. Geeignet ist bequeme, lockere Freizeitkleidung; für die oft auch im Sommer recht kühlen Abende sind Pullover und Windjacken zu empfehlen. In den Atlantikprovinzen braucht man auch im Sommer gelegentlich einen Regenschutz. Im Norden und in den ausgedehnten Wäldern ist wetterfeste Outdoor-Kleidung praktisch, auch die dicken, weit geschnittenen „Holzfällerhemden“ und Fleecepullover und -jacken haben sich bewährt, die gleichzeitig einen guten Schutz gegen Moskitos bieten. In den Großstädten, vor allem in Toronto und Montréal, ist für Theater- und Konzertbesuche, für elegante Restaurants und Hotels (vor allem abends) formelle Kleidung angebracht.

## Kriminalität & Vorsichtsmaßnahmen

Kanada gilt im internationalen Vergleich als sicheres Reiseland. Nach der aktuellen Veröffentlichung von „Statistics Canadas“ verzeichnet die Kriminalitätsrate einen leichten Anstieg um 2 %, der hauptsächlich Betrug, Diebstahl und sexuelle Übergriffe umfasst. Wie überall, so sind auch in Kanada Umsicht und Vorsicht angebracht:

- Vor der Reise Kopien der wichtigsten Reisedokumente wie Pass, Flugtickets und Kreditkarten anfertigen und diese separat im Koffer aufbewahren oder an die von überall abrufbare eigene E-Mail-Adresse senden
- Ausweispapiere, Zahlungsmittel, Wertsachen, Notebooks, Flugtickets und den Pass mit Einreisestempel im Hotel- oder Zimmersafe deponieren und nur Kopien der Ausweispapiere mitnehmen
- Bei Ausflügen nur so viel Bargeld mitnehmen, wie man am Tag voraussichtlich benötigt
- Geld, Kreditkarten, Ausweise möglichst am Körper in Gürteltaschen oder Brustbeuteln tragen
- Keine Wertgegenstände sichtbar im Auto liegen lassen und alle wichtigen Papiere beim Verlassen des Autos mitnehmen
- Keinen teuren Schmuck mit auf die Reise nehmen

## Maßeinheiten

Bei Maßen und Gewichten gilt das metrische System, sodass es für Europäer keine Schwierigkeiten gibt. Gelegentlich trifft man jedoch noch auf Temperaturangaben in Grad Fahrenheit statt in Celsius, beim Tanken auf „gallons“ statt auf Liter, bei Rezeptangaben auf „ounces“ statt auf Gramm. Auf jeden Fall aber muss man bei einem Abstecher in die USA beachten, dass dort die Entfernungen in Meilen, nicht in Kilometern angegeben sind. Bitte beachten: 1 mi (mile, Meile) = 1,6 km.

## Medien

**Rundfunk und Fernsehen**

In Kanada gibt es eine Vielzahl von Rundfunk- und Fernsehstationen, die das Publikum mit qualitativ höchst unterschiedlichen Programmen rund um die Uhr versorgt. Dazu gehören u. a. die beliebten, täglich wiederkehrenden Unterhaltungs-, Quiz- und Spielsendungen, Übertragungen von Sportveranstaltungen, Parlamentsdebatten, Nachrichten und Spielfilme, aber auch ein ganztägiger Wetterdienst (auf dem „weather channel"), sehr gut aufbereitete Naturfilme, anspruchsvolle kulturelle Sendungen in englischer und französischer Sprache sowie Kauf- und Verkaufsangebote von Immobilien bis zum Schmuck. Fernsehapparate mit großer Programmauswahl gehören zur Standardausrüstung der meisten Hotels; außerdem werden in vielen Hotels „Pay-TV-Filme" angeboten.

**Zeitungen**

Zu den wichtigsten ostkanadischen **Zeitungen** gehören: „Toronto Star", „The Chronicle Herald", „Montreal Gazette", „The Western Star" und „The Globe and Mail" (landesweit). **Deutsche Zeitungen und Magazine** kann man nur in den großen Städten wie Toronto und Montréal an ausgewählten Kiosken (Newsstands) in der City oder am Airport kaufen. Meist sind sie nicht mehr druckfrisch. Es ist also sinnvoller, sein Notebook mitzunehmen und die aktuellen Onlineausgaben deutscher Blätter zu lesen.

## National- & Provinzparks (s. auch S. 46)

Informationen über die Nationalparks Kanadas erhält man durch **Parks Canada**, 30 Victoria St., Gatineau, Quebec, Canada, J8X 0B3, ☏ 1-888-773-8888, www.pc.gc.ca. Zudem unterhalten die Parks natürlich eigene Informationsstellen (s. die entsprechenden Abschnitte im Reiseteil).

## Notruf

Die **gemeinsame Notrufnummer** von Polizei, Feuerwehr und Krankenwagen ist 911. Außerdem verbindet in Notfällen der **Telefon-Operator**, der von allen Telefonapparaten unter der gebührenfreien Nummer „0" erreichbar ist, auch mit der Polizei, der Feuerwehr oder dem Notarzt. Bei Autopannen und Unfällen hilft die Canadian Automobile Association CAA unter der Notrufnummer 800-CAA-HELP (1-800-222-4357).

**ADAC Auslandsnotruf**: ☏ +49 89 22 22 22. Dieser hilft bei Diebstahl oder Verlust von Reisepapieren oder Geld oder bei einem Unfall. Bei Autopannen setzt man sich zuerst mit dem Autovermieter in Verbindung.

## Öffnungszeiten

**Banken**: im Allgemeinen Mo–Fr 10–15 Uhr.
**Postämter**: im Allgemeinen Mo–Fr 9–17 Uhr, größere Postämter auch Sa vormittags.
**Geschäfte**: Es gibt keine offiziell festgelegten Öffnungszeiten. Kernzeiten sind Mo–Sa von 9.30–18 Uhr, Supermärkte sind Mo–Sa bis 22 Uhr geöffnet, in den Großstädten auch manchmal 24 Stunden an jedem Tag des Jahres.

## Post

Die **Postämter** (post offices) sind im Allgemeinen Mo–Fr von 9–17 Uhr geöffnet, die Hauptpostämter in den Großstädten auch Sa vormittags. Auch in den kleinsten Ortschaften gibt es Postämter, die oft in Läden untergebracht und nur wenige Stunden täglich geöffnet sind.

An öffentlichen Plätzen, Autobusstationen und Flughäfen sind häufig **Wertzeichenautomaten** aufgestellt. Ein Brief oder eine Postkarte (Höchstgewicht 20 g) nach Europa kostet z.Zt. $ 2,65 und ist per Luftpost (Air Mail) meist 5–6 Tage unterwegs. Postlagernde Sendungen werden in den Postämtern 15 Tage aufbewahrt und müssen folgendermaßen adressiert sein: Name des Empfängers, c/o General Delivery, Main Post Office, Stadt, Provinz und Postleitzahl.

Ein Brief (Höchstgewicht 30 g) innerhalb Kanadas kostet $ 0,90 in einem Heft oder $ 1,05 als einzelne Briefmarke. Bei der postalischen Anschrift innerhalb Kanadas ist die Reihenfolge der Angaben zu beachten: Name, Straße und Hausnummer, Wohnort, Kürzel für die Provinz Postleitzahl (zip code) am Schluss

## Preise, Mehrwertsteuer & Preisermäßigungen

In Kanada sind die angezeigten Preise meist Nettopreise, sodass der zu zahlende Endpreis in der Regel höher als der ausgezeichnete Preis ist. Auf den Nettopreis wird noch eine Steuer aufgeschlagen, die sich aus der allgemeinen Mehrwertsteuer (GST – Goods and Services Tax) von 5 % und einer Provinzsteuer (PST – Provincial Tax) zusammensetzt; diese variiert in den einzelnen Provinzen. In Québec ergibt GST 5 % zzgl. PST 9,9 % gesamt 14,9 %. In Ontario und den Atlantikprovinzen ersetzt die HST (Harmonized Sales Tax) die GST und PST; sie beträgt:

- in Ontario 13 %
- in New Brunswick, Newfoundland, Nova Scotia und auf Prince Edward Island 15 %

Für Kinder, Schüler und Studenten mit gültigem Ausweis, Senioren und Menschen mit Behinderung gelten bei Eintritten, Fahrkosten u. Ä. in der Regel ermäßigte Preise. In Zeitschriften, Zeitungen, Werbeprospekten und touristischen Broschüren sind oft Coupons für einen Preisnachlass enthalten, z. B. für den Eintritt in Vergnügungsparks, für Hotel- und Restaurantketten, Tankfüllungen u.v.m.

## Reisezeit

Dank der ausgezeichneten Wintersportbedingungen wird Kanada auch für Europäer immer mehr zu einem ganzjährigen Reiseziel. Wenn man aber vor allem Land und Leute kennenlernen will, sind die Monate Mai bis Oktober die beste Zeit, um den Osten Kanadas zu bereisen. Die Kanadier orientieren sich in puncto Saisonbeginn bzw. -ende an ihren Feiertagen: Die Saison beginnt spätestens am Victoria Day, der am Montag vor dem 25. Mai gefeiert wird, und reicht bis etwa zum Thanksgiving Day, dem 2. Montag im Oktober. In dieser Zeit sind alle touristischen Einrichtungen sowie die National- und Provinzparks geöffnet. In den Museen, Museumsdörfern und Parks gibt es zahlreiche Führungen, Veranstaltungen und verlängerte Öffnungszeiten; für alle Outdoor-Aktivitäten existiert ein großes Angebot. Mit einigen Einschränkungen im Veranstaltungsprogramm muss man aber schon ab Labour Day, dem 1. Montag im September, rechnen; dann sind z. B. in manchen Museumsdörfern die kostümierten „Dorfbewohner" ebenso wie Kanuvermieter in den Parks nur noch an den Wochenenden anzutreffen. Reist man außerhalb der Hochsaison, ist es ratsam, sich telefonisch nach Öffnungszeiten zu erkundigen.

Das Klima der Ostprovinzen wird als kontinental beschrieben mit Temperaturen, die jenen in Mitteleuropa im Allgemeinen vergleichbar sind. Angenehme Tagestemperaturen gibt es in den Monaten Mai, Juni und September, jedoch sind die Abende und Nächte kühl. Die **Sommermonate** sind durch eine stabile Schönwetterlage gekennzeichnet mit Temperaturen um 25 °C; in den Großstädten wird es im Hochsommer oft heiß und schwül. Da viele Kanadier deshalb die Städte verlassen, können die großstadtnahen Feriengebiete in dieser Zeit voll werden, rechtzeitige Hotelreservierungen sind empfehlenswert. Eine Hauptreisezeit, in der auf jeden Fall rechtzeitige Übernachtungsreservierungen erforderlich sind, ist die Zeit des **Indian Summer** mit seiner prächtigen Laubfärbung der Wälder ab Mitte September/Anfang Oktober. Ende Oktober setzt schon der Winter mit Nachtfrösten und Schneefällen ein. Die **Wintermonate** gelten als schneesicher und bieten gute Voraussetzungen zum Skilaufen und Snowmobilfahren; während Ontario und die Atlantikprovinzen sich eher für den Langlauf anbieten, gibt es in der Provinz Québec einige Bergregionen, die auch für anspruchsvolle Abfahrtsläufer geeignet sind. Aber auch in den Städten kann man winterlichen Vergnügungen nachgehen, z. B. die hervorragend gestalteten Museen und Galerien mit ihren wertvollen Sammlungen in Ruhe besuchen oder in einem der attraktiven, unterirdischen Einkaufsparadiese einen Einkaufsbummel unternehmen.

In Ottawa wird im Februar an drei Wochenenden das Winterlude mit einem Wettbewerb für die schönsten Schnee- und Eisskulpturen gefeiert, und der Rideau Canal wird zu einer 8 km langen Eisbahn für Schlittschuhläufer. Québec steht zu dieser Zeit im Zeichen des Winter-Karnevals mit einem Schneeskulpturen-Wettbewerb, Hundeschlittenrennen, nächtlichen Paraden, Bällen und einem Feuerwerk.

## Souvenirs

Als landestypische Souvenirs besonders beliebt sind kunstgewerbliche Arbeiten der Inuit, wie z. B. Grafiken und Skulpturen aus Speckstein. Die Preise sind, je nach Bekanntheitsgrad des Künstlers, recht hoch. Preiswerte Arbeiten sind häufig Imitationen aus Fernost. Auch indianische Handarbeiten sind als Souvenirs beliebt, z. B. handgefertigte Mokassins, Brustbeutel und Perlenstickereien. Als Mitbringsel aus den Atlantikprovinzen werden gerne die dicken, handgestrickten Pullover gewählt. Landestypisch sind auch die vielen Produkte aus Ahornsaft, besonders der hoch geschätzte Ahornsirup, sowie kanadischer Wein oder Whisky.

## Sport & Outdoor-Aktivitäten

Kanada ist ein ideales Reiseland für Sportbegeisterte aller Art. Volkssportarten sind Baseball, Football, Eishockey, Tennis und Golf. In vielen Orten gibt es gut gewartete öffentliche Sportplätze, deren Benutzung entweder kostenlos oder sehr preiswert ist. Wassersport jeder Art kann an den Seen und an der Atlantikküste betrieben werden; für Wanderungen und Wildnistouren sind die National- und Provinzparks besonders geeignet.

### Golf

Golf gehört in Kanada zu den Volkssportarten, entsprechend groß ist die Zahl der Golfplätze; allein in Ontario gibt es weit über 500. Die Plätze sind in der Regel sehr schön der Landschaft angepasst; einige liegen sogar mitten in den Provinzparks. Gastspieler sind auf vielen Plätzen zugelassen, oft sind auch Trainerstunden möglich. Genauere Informationen erhält man bei den regionalen Golfverbänden (Golf Associations), wie z. B.:

**Golf Canada**, 1333 Dorval Dr., Oakville, ON, L6M 4X7, ☏ 905-849-9700, www.golfcanada.ca
**Golf Association of Ontario**, 96 Elgin Park Dr., Uxbridge, ON, L9P 0C2, ☏ 905-852-1101, www.gao.ca
**Golf Québec**, 4545 Pierre-De Coubertin, Montréal, QC, H1V 0B2, ☏ 514-252-3345, www.golfquebec.org

### Jagd
Das Jagen wird durch Bundes- und Provinzgesetze geregelt. Für Nicht-Kanadier werden in jeder Provinz Jagdlizenzen ausgestellt. In den Nationalparks und in vielen Provinzparks und Wildschutzgebieten sind das Jagen und das Mitführen von Waffen verboten. Genauere Informationen über Jagd- und Angellizenzen geben die folgenden Stellen:
**Parks Canada National Office**, 30 Victoria St., Gatineau, Quebec, J8X 0B3
**Department of Environment and Natural Resources**, www.canada.ca/environment naturalresources
**Ontario**: **Ministry of Natural Resources and Forestry**, Natural Resources Information and Support Centre (NRISC), 300 Water St., Peterborough, ON, K9J 8M5, ☏ 1-800-667-1940, www.ontario.ca/page/hunting
**Québec**: **Ministère des Forêts**, de la Faune et des Parcs, 5700, 4e Av. Ouest, A 409, QC, G1H 6R1, ☏ 1-844-523-6738, www.mffp.gouv.qc.ca
**Nova Scotia**: **Department of Natural Resources**, 1701 Hollis Str., P.O. Box 698, Halifax, NS, B3J 3M8, ☏ 902-424-5935, www.novascotia.ca/natr/hunt
**New Brunswick**: **Energy and Resource Development Department**, Hugh John Flemming Forestry Centre, 1350 Regent St., P.O. Box 6000, Fredericton, NB, E3B 2G6, ☏ 506-453-3826, www.fishandhuntnewbrunswick.ca
**Prince Edward Island**: **Forests, Fish and Wildlive Division**, J. Gaudet Tree Nursery, 183 Upton Rd., Box 2000, Charlottetown, PE C1A 7N8, ☏ 902-368-6450 oder 1-800-565-1633
**Newfoundland and Labrador**: **Department of Environment and Conservation**, Wildlife Division, Conservation Services, P.O. Box 2007, 117 Riverside Dr., Corner Brook, NL A2H 7S1, ☏ 709-637-2006, www.flr.gov.nl.ca/wildlife/hunting/index.html

### Kanu-, Kajak- und Schlauchbootfahrten (Rafting)
Hunderttausende von Seen, zahllose Flüsse und Bäche bieten optimale Möglichkeiten zum **Kanufahren**. In vielen Orten und Provinzparks können Kanus bei den „Outfitters" gemietet werden, die auch Tipps für die richtige Ausrüstung und Routenplanung geben.

Das Kanu ist besonders geeignet, um sich das Land zu erschließen und in vom Menschen noch unberührte Räume vorzudringen. Für mehrtägige Kanufahrten muss die Ausrüstung sehr sorgfältig zusammengestellt werden; am besten lässt man sich von Ausrüstern oder Park-Rangern in den Provinz- und Nationalparks beraten! Auf jeden Fall gehören zur Ausrüstung u. a. Schwimmwesten, Gummistiefel, Ersatzkleidung, wasserdichte Säcke zum Verstauen von Kleidung und Lebensmitteln, ein Zelt, gutes Kartenmaterial, Sonnen- und Insektenschutzmittel.

Weniger beschaulich als das Kanuwandern ist das **Rafting**, das mit großen Schlauchbooten auf reißenden Flüssen unter Anleitung erfahrener, ortskundiger Guide durchgeführt wird. In den Sommermonaten muss man die Wildwasserfahrt frühzeitig bei den Veranstaltern reservieren; für die Tagesausflüge werden Schwimmwesten, Neoprenanzüge und Verpflegung bereitgestellt. Mehrtägige Touren mit und ohne Begleitung sind eher für erfahrene Kanufahrer geeignet.

*Abenteuer auf dem Wasser*

### Outfitter

Outdoor-Ausrüster findet man in den Großstädten, in der Nähe der Provinz- und Nationalparks und an den Zugängen zu Wildnisgebieten. Sie führen alle denkbaren Artikel, die man für einen Aufenthalt in der Wildnis oder für einen Abenteuerurlaub benötigt, verfügen im Allgemeinen über ausgezeichnete Ortskenntnisse und können beste Beratung leisten. Manche Ausrüster bieten sich auch als Guides durch die Wildnis an, bringen Reisende mit Kanus zu abgelegenen Seen oder transportieren Passagiere mit Privatmaschinen, Wasserflugzeugen oder Hubschraubern zu den „Fly-in-Camps" in der Wildnis.

Ganz gleich, wie lange der Aufenthalt in der Wildnis angesetzt ist, sollte man auf jeden Fall eine Überlebensausrüstung mitnehmen, bestehend u. a. aus: Rettungsdecke mit Alufolie, Angelhaken mit Nylonschnur, Kerzen, Signalspiegel, Trillerpfeife, Schnur, Draht, Bouillonwürfel, Keks, Tee, Salz, Schokolade.

### Radfahren

Radfahren und Mountainbiking werden in Kanada immer beliebter. In National- und Provinzparks gibt es sowohl ausgeschilderte Radwege als auch für Radfahrer zugelassene Wanderwege; in manchen Städten, wie z. B. Ottawa, findet man ausgeschilderte Radrundwege. Berühmt unter Fahrradfreunden ist der Cabot Trail auf Cape Breton Island, der zwar hohe körperliche Anforderungen stellt, aber auch ein unvergessliches Erlebnis ist. Leichter zu fahren ist der 435 km lange Confederation Trail, der die ganze Provinz Prince Edward Island durchquert. Die „**Route verte**" ist ein für den Fahrradtourismus konzipiertes Wegenetz mit Routen, die durch die schönsten Regionen der Provinz Québec führen (www.routeverte.com/e).
**Ontario Cycling Association**, 2-2015 Pan Am Boulevard, Milton, Toronto/ON, L9E 0K7, ☏ 416-855-1717, www.ontariocycling.org
**Vélo-Québec**, 1251 Rachel St. E., Montréal, QC, H2J 2J9, ☏ 514-521-8356, www.velo.qc.ca

### Wandern

Ausgezeichnete Wandermöglichkeiten auf markierten Wegen gibt es in den National- und Provinzparks. In den Besucherzentren, wo man sich ausführlich über Strecken, Dauer und Schwierigkeitsgrade beraten lassen kann, steht in der Regel gutes Kartenmaterial zur Verfügung. **Backpacking** (Wandern mit dem Rucksack) und **Trekking** (mehrtägige Touren) werden zunehmend beliebter, setzen aber sorgfältige Planung und Vorbereitung sowie gute körperliche Kondition voraus. In manchen Parks ist für mehrtägige Wanderungen ein „backcountry permit" erforderlich, das man in den Besucherzentren erhält.

Das Wandern in Kanada ist nicht mit einer Wanderung z. B. in Deutschland vergleichbar, denn selbst in den National- und Provinzparks führt der Weg durch urwüchsige, menschenleere Landschaften, die ebenso wie die Wildnis bestimmte Sicherheitsvorkehrungen und Verhaltensweisen erfordern:

- Die Route muss gründlich geplant werden.
- Die eigene Leistungsfähigkeit darf nicht zu hoch eingeschätzt werden.
- Neben vernünftiger Kleidung gehören auch ein Insektenschutzmittel, eine Erste-Hilfe-Ausrüstung bzw. eine Überlebensausrüstung zur Grundausstattung.
- Vor dem Start sollte man unbedingt jemanden über die geplante Route und die voraussichtliche Rückkehr informieren.
- Auf der festgelegten Route bleiben.
- Alle Vorräte sind vorschriftsmäßig aufzubewahren und dürfen nicht zu früh verbraucht werden.
- Stets sorgfältig mit dem Lagerfeuer umgehen.
- Rechtzeitig das Lager aufschlagen.
- Keine Abfälle zurücklassen.

### Wintersport

Die bergigen Regionen Ostkanadas bieten sehr gute Wintersportmöglichkeiten und gelten in der Zeit von Ende November bis April als „schneesicher". In vielen Skigebieten werden günstige „Skiwochen" mit Unterkunft, Verpflegung, Skikurs und Freizeitspaß angeboten. Auch wenn einige der Skigebiete in der Nähe von Großstädten liegen und von den Kanadiern gerne auch zum Wochenende aufgesucht werden, sind diese Gebiete längst nicht so überlaufen wie die mitteleuropäischen Skizentren. Langlaufmöglichkeiten gibt es in fast allen National- und Provinzparks sowie in den Naherholungsgebieten.

*Im Winter perfekt zum Skilaufen: der Gatineau Park in Ottawa*

**Auswahl bekannter Skigebiete**
**in Ontario**

- **Collingwood**: Kanadas größte Liftanlagen
- **Muskoka Region**: ausgezeichnete Langlauf- und Snowmobile-Möglichkeiten
- **Thunder Bay**: ideales Wintersportzentrum für Abfahrts- und Langläufer, Trainingsgebiet für Skispringer

**in Québec**

- **Laurentides**: Pisten unterschiedlicher Schwierigkeitsgrade
- **Estrie**: beliebtes Skigebiet für Lang- und Abfahrtslauf
- **Gatineau Park**: sehr gute Langlaufmöglichkeiten

## Sprache

Der „Official Language Act" erklärte die englische und französische Sprache offiziell zu gleichberechtigten Amts- und Umgangssprachen. Für mehr als 60 % der kanadischen Bevölkerung ist Englisch die Muttersprache, für etwa 25 % Französisch. Die frankophonen Kanadier leben zu 85 % in der Provinz Québec; in New Brunswick sind aufgrund der Bevölkerungszusammensetzung beide Sprachen gleichmäßig vertreten. Immerhin gut 400.000 Menschen in Kanada haben als Muttersprache übrigens Deutsch. Als Tourist kommt man auch in Québec und New Brunswick in der Regel mit englischen Sprachkenntnissen zurecht.

Als **kleine französische Sprachhilfe** soll die folgende Zusammenstellung französischer Wörter dienen, die einem vielleicht auf der Reise durch die Provinzen Québec und New Brunswick begegnen, sei es auf Landkarten, Speisekarten, auf Schildern in der Stadt oder Wegweisern in der Natur.

| | | | |
|---|---|---|---|
| **Amuse-gueule** | Vorspeise | **Nord** | Norden |
| **Arrêt** | Stopp | **Ouest** | Westen |
| **Auberge** | Landgasthaus | **Parc** | Park |
| **Autoroute** | Schnellstraße | **Pâté chinois** | französisch-kanadische Version einer schottischen Pastete |
| **Baie** | Bucht | **Patriotes** | französische Kanadier, die um 1830 gegen die britische Krone rebellierten |
| **Bière** | Bier | **Pic** | Gipfel, Spitze |
| **Bleuet** | Spitzname für Menschen am Saguenay-Fluss und am See Saint-Jean | **Piste cyclable** | Fahrradweg |
| **Calèche** | Pferdekutsche | **Pont** | Brücke |
| **Chemin** | Weg, Straße | **Potage** | Suppe |
| **Coureur des bois** | Waldläufer | **Pourvoyeur** | Angel- und Jagdausstatter |
| **Déjeuner** | Frühstück | **Poutine** | Pommes frites mit Käse in einer Barbecue-Sauce |
| **Dépanneur** | Tabakgeschäft, das bis spät in die Nacht und an Wochenenden geöffnet hat | **Québécois** | Leute aus Québec City oder der Provinz Québec |
| **Est** | Osten | **Rangs** | schmale Streifen Bauernland |
| **Fleuve** | großer Fluss, Strom | **Réserve faunique** | Tierschutzgebiet |
| **Frites** | Pommes frites | **Rivière** | Fluss |
| **Garçon** | Kellner | **Rue** | Straße |
| **Gîte du passant** | Pension mit Übernachtung und Frühstück | **Salle à manger** | Speiseraum |
| **Joie de vivre** | Lebensfreude | **Salut** | Hallo |
| **Lac** | See | **Séminaire** | Seminar |
| **Librairie** | Buchhandlung | **Skidoo** | Snowmobile |

| Météo | Wetterbericht | Souper | Abendessen |
|---|---|---|---|
| Métro | Untergrundbahn | Sud | Süden |
| Mont o. Montagne | Berg | Table d'hôte | Tagesgerichte auf einer Speisekarte |
| Moulin | Mühle | Tourtière | Fleischpastete |
| Musée | Museum | Traversier | Fähre |

## Strom

In Kanada gibt es Wechselstrom 110/120 V, 60 Hz. Für die Steckdosen benötigt man einen **Zwischenstecker** (Amerika-Stecker); für nicht auf 110 V umschaltbare Elektrogeräte (Rasierapparat, Föhn, Bügeleisen) bekommt man im Elektrofachgeschäft einen **Transformator**.

## Telefonieren

**Internationale Vorwahl von Europa nach Kanada**: 001
**Internationale Vorwahl von Kanada nach Europa**:
nach Deutschland 01149 + Ortsvorwahl (ohne 0) + Teilnehmernummer
nach Österreich 01143 + Ortsvorwahl (ohne 0) + Teilnehmernummer
in die Schweiz 01141 + Ortsvorwahl (ohne 0) + Teilnehmernummer

Die kanadischen Telefonnummern bestehen aus der 3-stelligen Ortsvorwahl (area code) und der 7-stelligen Teilnehmernummer. Bei Ferngesprächen innerhalb Kanadas wird immer eine „1" vorangestellt.

Telefonapparate, die schwarz-silbernen „pay-phones", findet man in allen Malls, Supermärkten, Hotels, Restaurants und auf den Straßen. Für **Ortsgespräche** (local calls) wirft man 50 Cent ein und wählt die (einschließlich der Vorwahl) 10-stellige Rufnummer. Anleitungen für **Ferngespräche** (long-distance calls) finden sich auf den Telefonapparaten oder in Hotels auf beigefügten Informationsblättern. Der **Operator** ist unter der Rufnummer „0" erreichbar; er gibt Auskünfte und vermittelt **Auslands-Ferngespräche** (overseas calls). Über den Operator kann man auch **R-Gespräche** (collect calls) anmelden und **person-to-person-calls**.

Weitverbreitet bei Hotelketten, Autovermietungen, Fährgesellschaften, Touristeninformationen u.a. sind die **gebührenfreien Telefonnummern** (Toll free) **1-800**, **1-877**, **1-866** oder **1-888**, über die man Reservierungen vornehmen lassen kann.

**Telefonkosten**

- **Ortsgespräche** (= 1 Einheit), an den meisten Münztelefonen zahlt man 50 Cent (abhängig von der Telefongesellschaft)
- In bar bezahlte **Ferngespräche** von Telefonzellen kosten wesentlich mehr als Telefonate von Privatanschlüssen oder per Telefonkarte. Bezahlt werden müssen mindestens drei Minuten. Wer nach Deutschland von einem öffentlichen Telefon anruft, braucht mehrere Rollen an 25-Cent-Münzen. Es schaltet sich immer ein Operator ein, was bei solchen Telefonaten auch bei guten Englischkenntnissen zu Verständigungsschwierigkeiten führen kann.

Wesentlich preisgünstiger ist das Telefonieren mit **Telefonkarten** (calling card), die es von vielen Anbietern gibt, z.B. AT&T, MCI, Sprint. Erhältlich sind diese in Supermärkten, Hotels,

Zeitungskiosks oder an Tankstellen. Mit einer solchen Karte kann man von jedem Apparat, auch von Telefonzellen aus, telefonieren, die Abrechnung erfolgt über die Kreditkarte oder, bei einer Prepaid-calling-card, durch das im Voraus bezahlte Telefonguthaben. Mit der Telefonkarte wählt man zunächst eine kostenfreie 1-800-Nummer, gibt dann die eigene PIN-Nummer und dann die gewünschte Teilnehmernummer ein.

Viele Hotelketten, Mietwagenfirmen und öffentliche Einrichtungen können nicht nur über Ziffern, sondern auch über Buchstaben angewählt werden, z. B. Metro Montréal – A.U.T.O.B.U.S. oder der Automobilclub CAA – 800-CAA-HELP.

### Mobil telefonieren

Obwohl es recht gut ausgebaute GSM-Mobilfunknetze gibt, werden weiterhin in erster Linie nur die großen Ballungsgebiete und einige wichtige Highways abgedeckt, oftmals gibt es in ländlichen Regionen und im Hinterland Funklöcher, wo man kein Netz bekommt.

Bitte beachten: Die „Toll-Free“-Nummern mit Vorwahlen wie 1-800 oder 1-888 sind nur vom Festnetz aus kostenlos zu erreichen.

Bei einem längeren Aufenthalt lohnt sich der Kauf einer kanadischen SIM-Karte, um die teuren Roaminggebühren zu vermeiden. Mit diesen Karten kann man ohne Vertragsbindung und Roaminggebühren zu Inlandspreisen telefonieren. Da die nordamerikanischen GSM-Netze in den Frequenzbereichen 850 und 1900 MHz funken, benötigt man entweder ein Handy (cell phone), das diese Bereiche abdeckt, oder ein Triband- oder Quattroband-Handy. Standard-, Micro- oder Nano-SIM-Karten kann man bereits in Deutschland bestellen, muss dabei allerdings sicherstellen, dass man mit dem eigenen Handy eine andere SIM-Karte nutzen kann. Anbieter sind z. B. beachSIM.com (https://www.beachsim.com/shop/prepaid-sim-karte-kaufen/kanada-prepaid-sim-karte), Prepaid Global (https://www.prepaid-global.de/kanada-prepaid-daten-telefonie-sim-karte.html) oder simlystore (http://www.simlystore.com/de/prepaid-sim-karten-kaufen/kanada-prepaid-daten-sim-karte.html).

Sollte das eigene Handy nicht mit den kanadischen Standards kompatibel sein, kann man sich in Kanada ein preiswertes Handy kaufen.

Dabei gilt zu beachten, dass es keinen landesweiten Telefon-Anbieter gibt. Die wichtigsten sind: Bell Mobility (Quebec/Ontario), Rogers/Fido-Microcell (Quebec/Ontario), Telus Mobility (Quebec/Ontario/British Columbia/Alberta), Virgin Mobile (Ontario), Aliant (Newfoundland & Labrador/New Brunswick/Nova Scotia).

Auch der **SMS-Empfang** wird von einigen amerikanischen Netzbetreibern berechnet. Das Gleiche gilt für nicht zustande gekommene Gespräche, für die Dauer des Rufaufbaus und Freizeichens.

### Internetnutzung

Ob man mit seinem Handy auch ins Internet gehen möchte, sollte man sich gut überlegen. Nutzt man dies wie gewohnt mit einem europäischen Handyvertrag, sind die Kosten dafür deutlich höher. Zwar sperren Provider den Netzzugang, sobald die Rechnung 60 € überschreitet, doch dazu kommt es meist rasch. Will man das Internet danach weiter nutzen, muss der Provider die Nutzung freischalten.

### Deutsche Auslandstarife in Kanada

Will man keine kanadische SIM-Karte verwenden, besteht die Möglichkeit, einen Auslandstarif seines Providers zu nutzen. Diesen kann man zu dem eigenen Tarif hinzubuchen und so die sonst sehr teuren Roaminggebühren sparen. Manche Anbieter haben außerdem Tarife, in denen eine bestimmte Anzahl von Auslandseinheiten inklusive ist.

### WLAN als Alternative

Wenn man nicht ständig im Internet aktiv sein will oder muss, geht es auch ohne Tariferweiterung. Überall, wo kostenloses WLAN vorhanden ist, kann man sich ohne Zusatzkosten ins Internet einwählen. Dies geht häufig in Hotels, Restaurants, an Tankstellen oder öffentlichen Plätzen. Will man diese Form des Internetzugangs nutzen, muss man aber unbedingt daran denken, das mobile Internet während der Reise vollständig auszuschalten. Sonst kommen einen die Datenströme, die im Hintergrund ablaufen, teuer zu stehen.

### Telefonieren über das Internet

Nutzt man WLAN für den Internetzugang, kann man darüber auch nach Deutschland telefonieren. Je nach Anbieter und Anrufart ist dies sogar kostenlos möglich. Ruft man z. B. über Skype einen anderen Skype-Nutzer an, fallen dafür keine Kosten an, wenn man dafür kostenlosen Internetzugang nutzt. Man muss dazu lediglich einen Termin für das Telefonat vereinbaren. Andere Anbieter sind WhatsApp Call, Line oder Google Hangouts. Über einige dieser Dienste sind auch Videochats möglich, wenn das eigene Smartphone das ermöglicht.

## Trinkgeld

Ein Trinkgeld (tip, gratuity) wird in Kanada für fast alle Dienstleistungen gegeben. Da Bedienungsgelder in der Regel nicht im Preis inbegriffen sind, ist es üblich, in Hotels und Restaurants 15–20 % des Rechnungsbetrages als Trinkgeld zu geben, zumal die Löhne im Hotel- und Gaststättengewerbe sehr niedrig sind. Für das Tragen eines Gepäckstückes ist im Allgemeinen $ 1 angemessen; Zimmermädchen erwarten bei mehrtägigem Aufenthalt ca. $ 5.

## Unterkunft

Die Fremdenverkehrsämter der Provinzen geben alljährlich detaillierte Hotel- und Unterkunftsverzeichnisse sowie eine Übersicht über Campingplätze heraus. Darin findet man notwendige Details wie Adressen, Ausstattung, Preise etc. Alle Übernachtungsmöglichkeiten sind klassifiziert und bieten insgesamt einen hohen Standard.

Die Mehrzahl der **Motels** liegt an den großen Fernverkehrsstraßen und an Stadtein- und Stadtausfahrten. Daneben gibt es viele kleinere Hotels in Privatbesitz, zu denen gemütliche **Landgasthäuser** und alte, traditionsreiche Häuser gehören. Zunehmend beliebter werden die **Bed&Breakfast**-Angebote, die häufig in stilvollen, viktorianischen Häusern eingerichtet wurden. Die kanadischen **Campingplätze** sind beispielhaft sauber, gut ausgestattet und in der Regel sehr schön mit weit auseinander liegenden Stellplätzen angelegt. In der Regel sind die Zimmer aller Unterkünfte sauber, relativ groß und zweckmäßig eingerichtet. In den Preisen ist nur im Ausnahmefall das Frühstück inbegriffen, meist als „complimentary breakfast" im hoteleigenen Coffee Shop. Reservierungen kann man über die aus dem Festnetz kostenlosen 1-800-Telefonnummern vornehmen; das Zimmer wird, nachdem man seine Kreditkartennummer genannt hat, bis spätestens 18 Uhr reserviert.

Eine kleine Hilfe ist bei der Bettenwahl angezeigt, denn Bett ist nicht gleich Bett! Hier sind die Erklärungen:

- King Size = ein Bett mit einer Länge und Breite von 2 m
- Queen Size = Bettenbreite zwischen 1,40 und 1,60 m, die Länge beträgt i. d. R. 2 m
- Twin Bed = zwei voneinander getrennte Einzelbetten
- Double Bed = wird wahlweise für ein großes Bett oder zwei Einzelbetten verwendet
- Wall Bed = Klappbett

Bettbezüge, wie sie in Deutschland benutzt werden, sind nicht üblich. Stattdessen werden Wolldecken in Leinentücher, die „Sheets", eingeschlagen. Steppdecken werden „Comforter" genannt, „Down Comforter" sind Daunendecken für den Winter.

Wenn man in mehreren Hotels oder Motels derselben Kette übernachten will, kann man Reservierungen an der Rezeption vornehmen lassen. Da die Nachfrage in der Hochsaison sehr groß ist, sollte man, falls man nicht reserviert hat, möglichst bis 15 Uhr am Zielort ankommen und sich nach einer Übernachtungsmöglichkeit umsehen. Dabei sind die Touristenbüros behilflich.

### Hotels

Hotels liegen häufig im Innenstadtbereich oder in der Nähe des Flughafens und sind in Kategorien eingeteilt. Zur Standardeinrichtung gehören zwei „King-Size-Betten", Dusche/WC, Fernsehen, Radio, Telefon und Klimaanlage; die besseren Hotels verfügen außerdem über Swimmingpool, Sauna, Restaurant, Bar, eventuell auch Sporteinrichtungen. Der Preis wird nicht pro Person, sondern pro Zimmer angegeben. Oft bieten die Hotels Spezialtarife an, z. B. an den Wochenenden in Großstädten.

### Motels

Motels befinden sich an den großen Schnellstraßen und in den Vororten und Vorstädten. Große Reklameschilder an den Highways weisen auf die Motels, oft auch auf deren Ausstattung hin. Die Standardausstattung der Motels unterscheidet sich nicht sehr von der eines Hotels, die wesentlichen Unterschiede sind, dass die Motels nicht im Stadtzentrum liegen und im Allgemeinen das Auto direkt vor dem Zimmer geparkt werden kann.

**Tipp**

Die Wahl der Unterkunftsart richtet sich am besten nach den sonstigen Plänen und Aktivitäten. Für Stadtbesichtigungen oder mehrtägige Großstadtaufenthalte ist es günstiger, ein zentral gelegenes Hotel auszusuchen; so ist man nicht auf das Auto angewiesen und kann bei Bedarf die öffentlichen Verkehrsmittel benutzen. Sucht man nur eine bequeme Übernachtungsmöglichkeit, ist das Motel gut geeignet.

### Bed & Breakfast

Übernachtungen in Bed-&-Breakfast-Häusern sind in Kanada sehr beliebt. Zum Angebot gehören auch preiswerte Unterkünfte, die nicht immer über ein eigenes Bad verfügen, meist aber sind es Übernachtungsmöglichkeiten in sehr gepflegten Wohnhäusern, häufig auch in sorgfältig restaurierten und liebevoll eingerichteten historischen Gebäuden.

Die meisten Gastgeber geben sich viel Mühe, den Aufenthalt für ihre Gäste erholsam und interessant zu gestalten; dazu gehört auch die Zubereitung eines meist reichhaltigen, abwechslungsreichen Frühstücks. Übernachtungen in Bed-&-Breakfast-Häusern eignen sich besonders für Individualreisende, die eine persönliche Atmosphäre schätzen und den Kontakt zu Kanadiern suchen.

Eine gute Übersicht über B&B-Angebote finden sich online unter www.bbcanada.com.

Wie bei Hotels und Motels kann auch bei den B&B-Häusern der offiziell angegebene Zimmerpreis nur eine Richtlinie sein; eine genaue Nachfrage ist immer empfehlenswert. Die Preise der meisten Häuser liegen zwischen $ 100 und $ 165.

*Wohlfühlfaktor garantiert – in solch stilvollen Unterkünften*

### Inns, Lodges und Resort-Hotels

Bei Inns handelt es sich meistens um gepflegte Landgasthäuser mit gutem Restaurant; eine Lodge, häufig rustikal eingerichtet, liegt abseits der Städte, umgeben von freier Natur. Resort-Hotels bieten wie in einer Ferienanlage ein breites Sportangebot wie Golf, Tennis, Reiten, Segeln und Bootsfahrten.

### Campingplätze

Kanada verfügt in allen Ostprovinzen über eine große Anzahl von Campingplätzen (campgrounds), die zumeist sehr sauber sind. Die Preise sind abhängig von der Ausstattung; Grillstelle und ein Picknicktisch mit Bänken gehören fast immer dazu. Besonders zu empfehlen sind die Zelt- und Stellplätze (campsites) in den National- und Provinzparks (www.pc.gc.ca oder https://reservation.pc.gc.ca), da diese immer in landschaftlich schönen Gegenden liegen und in der Regel sehr viel Raum bieten. Nicht in allen Parks kann man vorab einen Platz reservieren. Dann gilt: Wer zuerst kommt, mahlt zuerst … Vor allem in der Hochsaison ist es folglich ratsam, so früh wie möglich vor Ort zu sein, um sich den gewünschten Platz zu sichern. In den National- und Provinzparks ist das Campen nur auf den ausgewiesenen Plätzen erlaubt. **Wildes Campen** in der Natur ist in der Regel unzulässig. Aber: In manchen Parks kann man im Besucherzentrum ein „permit" erwerben, das das Übernachten auf einem „wilderness campground" erlaubt.

**Private Campingplätze** sind teurer, häufig aber auch komfortabler, da sie über bessere sanitäre Einrichtungen, Einkaufsmöglichkeiten, Restaurant, Aufenthaltsräume mit Fernsehen und PC verfügen.

Eine gute Zusammenstellung der Campingplätze in Ontario, Québec und den Atlantikprovinzen bieten die **CAA Camp Books**, die man in den Zweigstellen des CAA erhält oder bei dem Unternehmen **KOA** (Kampgrounds of America, www.koa.com), das in Kanada knapp 50 gut ausgestattete Campingplätze betreibt, die meist in der Nähe touristischer Sehenswürdigkeiten liegen.

Auch entlang der Highways gibt es einige „Rest Areas", auf denen das Übernachten erlaubt ist – entsprechende Schilder sind aufgestellt.

### Camperverleih

Kanada ist aufgrund seines guten Straßennetzes und der ausgezeichneten Campingplätze für Camperferien sehr geeignet. Die Kosten für ein Reisemobil liegen in der Hauptsaison je nach Größe zwischen $ 100 und $ 200 pro Tag. Dabei wird unterschieden zwischen **Camper (vans)** und **Motorhomes**. Da die Nachfrage in den Sommermonaten sehr groß ist, ist eine frühzeitige Reservierung über ein heimisches Reisebüro empfehlenswert.

Bei der Anmiete eines Reisemobils ist u. a. Folgendes wichtig:

- Bei der Routenplanung ist zu beachten, dass zu lange Fahrstrecken pro Tag nicht sinnvoll sind.
- Den Wagen je nach Personenzahl nicht zu klein wählen.
- Den Ankunftstag sollte man noch nicht als Reisetag einplanen. Man braucht die Zeit für organisatorische Dinge, Einkäufe und um sich mit dem Wohnmobil vertraut zu machen.
- Bei der Übernahme muss man für das Ausrüstungspaket (convenience kit) eine Gebühr ab ca. $ 50 p. P. bezahlen; dieses enthält Schlafsack, Kopfkissen, Bettlaken, Handtücher und die Küchenausstattung.
- Bei der Fahrzeugübergabe genau informieren lassen, vor allem über die Systeme der Abwasser- und Wassertanks, Heizung, Warmwasserzubereitung, Kühlschrank, Klimaanlage und Gasversorgung.
- Den vereinbarten Rückgabetermin (meist Mo–Sa zwischen 9 und 11 Uhr) sollte man definitiv einhalten, denn bei verspäteter Rückgabe wird eine Gebühr von mindestens $ 25 pro Stunde erhoben.
- Das Mindestalter für den Fahrer ist 25 Jahre (u. U. auch 21 Jahre); Fahrten in die USA, z. B. nach Niagara Falls, sind erlaubt, nicht jedoch nach New York City.

### Jugendherbergen und Studentenwohnheime

Jugendherbergen und Studentenwohnheime bieten preiswerte Unterkünfte ab $ 25 für ein Mehrbettzimmer in den Häusern des YMCA und YWCA und während der Semesterferien in Studentenwohnheimen der großen Universitäten. Aktuelle Informationen über die 80 Jugendherbergen in Kanada geben:

**YMCA Canada**, 1867 Yonge St., Suite 601, Toronto, ON, M4S 1Y5, ☏ 416-967-9622, www.ymca.ca

**Canadian Hostelling Association (CHA) National Office**, 75 Nicholas St., Ottawa, ON, K1N 7B9, Ontario / Quebec ☏ 1-866-754-1015, Atlantikregion ☏ 902-422-3863, www.hihostels.ca

Preiskategorien Unterkunft (für ein Doppelzimmer)

| | |
|---|---|
| $ | bis $ 60 |
| $$ | $ 60–120 |
| $$$ | $ 120–170 |
| $$$$ | $ 170–250 |
| $$$$$ | $ 250 und mehr |

Bei der Auswahl einer Unterkunft sind auch folgende Zusammenstellungen sehr hilfreich: **Tour Books**, vom CAA, der Canadian Automobile Association, herausgegebene Führer, die über Übernachtungsmöglichkeiten, Restaurants und Sehenswürdigkeiten in allen Provinzen Kanadas informieren. Die **CAA Camp Books** geben eine Übersicht über die Campingplätze in Ontario, Québec und in den Atlantikprovinzen. Für Mitglieder eines deutschen Automobilclubs gibt es dieses Informationsmaterial in englischer Sprache kostenlos in allen Geschäftsstellen des CAA.

Zum Schluss einige nützliche Vokabeln:

| | |
|---|---|
| bell captain (boy) | Gepäckträger, Gepäckaufsicht |
| check-in, check-out | An- und Abmeldung |
| elevator | Aufzug |
| front desk/reception desk | Rezeption |
| incidentals | Nebenkosten |
| kingsize bed | großes Doppelbett |
| vacancy | frei, nicht ausgebucht |
| no vacancy | besetzt, ausgebucht |
| room service | Zimmerbedienung |
| single room | Einzelzimmer |

**Hausboote**

Ideale Regionen für Ferien auf dem Hausboot sind u. a. der Trent-Severn Waterway, das Rideau-Kanalsystem und der Lake of the Woods. Die Hausboote können von Mai bis September für mindestens drei Tage gemietet werden, mehrwöchige Fahrten sind möglich. Vor dem Start erfolgt eine Einführung in die Handhabung; ein Bootsführerschein ist nicht erforderlich.

## Verkehrsmittel

**Bahn**

Die beiden großen kanadischen Bahngesellschaften „Canadian National" und „Canadian Pacific" haben sich für den Personenverkehr unter dem Namen **VIA-Rail** zusammengeschlossen. Das Bahnnetz ist im Osten besonders dicht und wird vor allem von der VIA-Rail und der amerikanischen Gesellschaft Amtrak bedient:

- Auf der Korridorstrecke von Windsor über Toronto, Kingston, Montréal nach Québec City verkehren die Züge mehrmals täglich
- Ottawa ist mit Toronto und Montréal verbunden
- Die Atlantikprovinzen sind ebenfalls an das Netz angeschlossen
- Auf der Nordland-Strecke von North Bay über Cochrane nach Moosonee an der Hudson Bay verkehren Züge der Ontario-Northland-Gesellschaft
- Von Toronto verkehrt einmal täglich ein Zug nach New York; nach Boston gibt es keine Direktverbindung, nur den „Umweg" über New York
- Zwischen Toronto und Chicago bestehen ebenfalls Zugverbindungen

Ein besonderes Erlebnis ist die Fahrt mit dem berühmten **The Canadian**, der die 4.466 km lange Transkontinentalstrecke Toronto–Vancouver in vier Tagen zurücklegt. Man reist komfortabel im Schlaf- oder Liegewagenabteil, mit Speisewagen, Aufenthaltsräumen und zwei „Domecars" mit gläsernen Kuppeln, die zum Genießen der Landschaft einladen. Für die Hauptreisezeit von Juni bis September sind rechtzeitige Reservierungen erforderlich.

Eindrucksvoll ist auch die 21-stündige Fahrt mit dem Zug **The Ocean**, die von Montréal am St.-Lorenz-Strom entlang durch die Provinz Québec führt und weiter durch New Brunswick bis nach Halifax/Nova Scotia. Auch dieser Zug bietet Schlafsessel oder bequeme Schlafabteile, einen Speisewagen und einen Panoramawagen.

**Anschriften**
**VIA-Rail Canada Inc.**, P.O. Box 8116, SUCC Centre-Ville, Montréal, QC, H3C 3N3, ☏ 1-888-842-9503 oder 514-871-6000, www.viarail.ca
**Ontario Northland Transportation Commission**, 555 Oak St. E., North Bay, ON, P1B 1C1, ☏ 1-705-472-4500 oder 1-800-363-7512 ext. 0, www.ontarionorthland.ca
**Algoma Central Railway**, P.O. Box 7000, 129 Bay St., Sault Ste. Marie, ON, P6A 1W7, ☏ 1-855-768-4171, www.agawacanyontourtrain.com
**Amtrak National Railroad Passenger Corporation**, 1 Massachusetts Ave., NW, Washington, DC 20001, USA, ☏ 215-856-7924, 1-800-872-7245, www.amtrak.com

### Busreisen/Busverbindungen

Ein dichtes Autobusliniennetz verbindet die kanadischen Ortschaften und Städte miteinander. Die Überlandbusse sind in der Regel gut ausgestattet; ein „Bus Pass" ermöglicht preisgünstige Fahrten. Informationen erhält man in den örtlichen Touristeninformationen. Zu den wichtigsten Autobusunternehmen im Osten Kanadas zählen:
**Greyhound Canada**, 610 Bay Street, 2nd floor, Toronto, ON M5G 1M5, 1-800-661-8747, www.greyhound.ca
**Ontario Northland Transportation Commission**, 555 Oak St. E., North Bay, ON, P1B 1C1, ☏ 1-705-472-4500 oder 1-800-363-7512 ext. 0, www.ontarionorthland.ca
**VIA Rail Canada Inc.** (**Motor Coach Service**), P.O. Box 8116, SUCC Centre-Ville, Montréal, QC, H3C 3N3, ☏ 1-888-842-7245, www.viarail.ca
**Orleans Express**, Suite 1000, 740 Notre-Dame St. W., Montréal, QC, H3C 3X6, ☏ 450-640-1477 oder 1-833-449-6444, www.orleansexpress.com

### Fähren

Die **wichtigsten Fährverbindungen** sind:
Tobermory/ON–South Baymouth/Manitoulin Island/ON
Digby/NS–Saint John/NB
Yarmouth/NS–Portland/Maine, USA
Wood Island/PE–Caribou/NS
Sydney/NS–Port aux Basques/NL
Sydney/NS–Argentia/NL

Außerdem gibt es mehrere Fährverbindungen über den St.-Lorenz-Strom und zu den Inseln im St.-Lorenz-Golf. Genauere Angaben finden sich bei der Beschreibung der einzelnen Fährhäfen.

### Taxi

Die Taxigebühren variieren von Provinz zu Provinz, sind aber im Allgemeinen etwas höher als in Mitteleuropa.

## Versicherungen

Empfehlenswert ist der Abschluss einer **Auslandskranken- und Unfallversicherung**, die den gesamten Zeitraum des Aufenthaltes in Kanada abdeckt und auch eine Rücktransportversicherung einschließt, denn im Falle eines Falles können die Behandlungskosten sehr hoch sein. Entsprechende Policen bekommt man bei fast jeder Versicherung; außerdem werden Versicherungspakete angeboten, die neben der Reisekrankenversicherung auch Haftpflicht, Reisegepäck oder Rechtsbeistand umfassen. Bei Buchung einer Pauschalreise ist der Abschluss einer Reiserücktrittsversicherung empfehlenswert.

## Zeit

In Kanada gibt es sechs verschiedene Zeitzonen; die Abweichung zur mitteleuropäischen Zeit (MEZ) beträgt im Osten Kanadas:

Newfoundland Time: MEZ -4,5 Stunden
Atlantic Time: MEZ -5 Stunden
Eastern Time: MEZ -6 Stunden

Da die Stunden in Kanada nicht von 0 bis 24 Uhr durchgezählt werden, tragen die Stunden zwischen 0 und 12 Uhr immer den Zusatz a. m. (ante meridiem); die Stunden nach 12 Uhr werden mit 0 bis 12 Uhr p. m. (post meridiem) bezeichnet.

In Kanada beginnt jeweils am letzten Sonntag im April die Sommerzeit (daylight saving time), die bis zum letzten Sonntag im Oktober dauert.

## Zoll

Touristen können Gegenstände des persönlichen Bedarfs zoll- und gebührenfrei einführen; dazu zählen auch Sportausrüstung, Fahrrad, Foto- und Videokameras etc. Landwirtschaftliche Produkte dürfen nicht eingeführt werden. Angelsport- und Jagdwaffen sind bei der Einreise gesondert anzugeben.

Zollfrei sind folgende Waren:

- 200 Zigaretten oder 50 Zigarren oder 200 g Tabak für Personen ab 19 Jahre, 1,5 l Wein, 1,1 l Spirituosen oder 8 l Bier
- Geschenkartikel außer Tabak, alkoholische Getränken und Werbematerial im Wert von bis zu $ 60

Zahlungsmittel im Wert von über $ 10.000 müssen deklariert werden.

Vor der Rückreise bitte nach den Einfuhrbestimmungen des Heimatlandes erkundigen!

# DAS KOSTET SIE DAS REISEN IN KANADAS OSTEN

(Stand Januar 2020)

Die „Grünen Seiten" geben Ihnen Preisbeispiele für Ihren Urlaub im Osten Kanadas, damit Sie sich ein ungefähres Bild von den Kosten einer Reise und eines Aufenthaltes machen können. Die angegebenen Preise sind jedoch nur als Orientierungshilfe zu verstehen, da die saisonalen Schwankungen z. B. bei den Unterkünften oder touristischen Angeboten beträchtlich sein können.

## Beförderungskosten

**Flüge**

Das Angebot an Transatlantikflügen und innerkanadischen Flügen im Osten Kanadas ist groß. Von Mitteleuropa aus bestehen gute Flugverbindungen nach Toronto, Montréal und Halifax mit täglichen Flügen z. B. von Air Canada, Lufthansa, Austrian Airlines, Swiss, British Airways oder KLM. Von April bis Oktober werden zusätzlich verschiedene Ziele von Charterfluggesellschaften angeflogen, wie z. B. von Air Transat und Condor. Die Flugpreise nach Toronto, Montréal oder Halifax variieren je nach Saison, Abflug- und Zielflughafen und Buchungskategorie; außerhalb der Hochsaison gibt es preisgünstige, allerdings meistens kontingentierte Sondertarife.

**Linienflüge (Economy Class) in der Hochsaison**

| | |
|---|---|
| Frankfurt–Toronto | ca. 600–1.500 € |
| Frankfurt–Montréal | ca. 750–1.500 € |
| Frankfurt–Halifax | ca. 550–1.600 € |

**Charterflüge je nach Saison**

| | |
|---|---|
| Frankfurt–Toronto | ab 799 € |
| Frankfurt–Montréal | ab 625 € |
| Frankfurt–Halifax | ab 600 € |

In der Nebensaison sind die Preise um 200–300 € niedriger.

Zusätzliche Flugkosten: Zollgebühren, Abflugsteuern, Einreiseabfertigungsgebühren, Sicherheitsgebühren.

Empfehlenswert ist oftmals eine kombinierte Buchung von Flug und Mietwagen. Der Flugpreis kann dabei etwas höher sein, wird aber durch den günstigeren Mietwagenpreis („Paket") wieder ausgeglichen. Bei Preisvergleichen sollten besonders die Zusatzleistungen beachtet werden.

**Inlandsflüge**

Kurzfristig gebuchte Inlandsflüge sind relativ teuer, während besondere Ferientickets zu günstigeren Preisen erhältlich sind. Beispiele:

| | |
|---|---|
| Toronto–Montréal | ab ca. $ 230 |
| Toronto–Halifax | ab ca. $ 320 |
| Toronto–St. John's/NL | ab ca. $ 435 |

Innerkanadische Flüge bietet auch die preiswerte Fluggesellschaft Westjet, ☏ 1-888-937-8538, www.westjet.com, mit Flügen ab u. a. Halifax, London, Moncton, Montréal, Ottawa, St. John's, Thunder Bay, Toronto und Windsor. Porter Airlines, ☏ 416-619-8622 oder 1-888-619-8622, www.flyporter.com, fliegt vom Toronto City Centre Airport u. a. nach Montréal, Ottawa, Québec, Halifax, St. John's/NL, Thunder Bay und New York.

### Mietwagen

Alle größeren internationalen Mietwagenfirmen haben etwa das gleiche Preis- und Versicherungsniveau. Das „Versicherungspaket" schließt dabei eine Vollkasko-Versicherung (CDW/LDW) und alle Steuern und Gebühren ein; außerdem werden weitere Zusatzversicherungen angeboten, deren Notwendigkeit von den individuellen Wünschen abhängig ist.

**Tipp**

Achten Sie bei Preisvergleichen darauf, ob zu den in Deutschland berechneten Mietwagenpreisen noch vor Ort zu bezahlende Versicherungskosten hinzukommen.

In der Regel sind Fahrzeuge der Gruppe 1 zu klein für mehrere Reisende für einen mehrwöchigen Urlaub mit dem entsprechenden Gepäck. Empfehlenswert ist eher ein Wagen der Kategorie C – Midsize, ein viertüriger Mittelklassewagen, der ausreichend Platz und Fahrkomfort bietet.

### Preisbeispiele für 7 Tage ab Toronto/Flughafen

**Kategorie Compact** (z. B. Mazda 2, einschließlich Versicherung) in der Hochsaison ab ca. 200 €

**Kategorie Midzise** (z. B. Toyota Corolla, einschließlich Versicherung) in der Hochsaison ab ca. 215 €

### Preisbeispiele für 7 Tage ab Halifax/Flughafen

**Kategorie Compact** (z. B. Mazda 2, einschließlich Versicherung) in der Hochsaison ab ca. 200 €

**Kategorie Midzise** (z. B. Toyota Corolla, einschließlich Versicherung) in der Hochsaison ab ca. 220 €

**Minivan** (z. B. Dodge Grand Caravan, einschließlich Versicherung) in der Hochsaison ab ca. 320 €

Achten Sie darauf, dass hohe Rückführungsgebühren anfallen können, wenn Sie den Wagen nicht an der Ausgangsstation, sondern an einem anderen Ort zurückgeben. Entscheidend für die Höhe der Rückführgebühr, die zwischen $ 50 und 500 liegt, ist die Entfernung zwischen Anmiet- und Abgabestation. Bei einzelnen Anbietern und Mietstationen gibt es jedoch auch kostenlose Einwegmieten, z. B. zwischen Toronto und Montréal.

### Wohnmobile/Camper

Auch bei der Anmietung eines Wohnmobils ist die frühzeitige Vorausbuchung zu empfehlen. Die Preise sind stark saisonabhängig. So kostet ein Camper der kleinsten Klasse in der Nebensaison ab ca. 350 € pro Woche, während dasselbe Fahrzeug in der Hochsaison mehr als das Doppelte kosten wird. Zur Grundgebühr werden noch Bereitstellungsgebühren, Kosten für die Endreinigung, ggf. Zuschläge, Kaution und Kosten für die gefahrenen Kilometer berechnet.

Bei Campern sind im Allgemeinen keine Freikilometer im Preis inbegriffen. 1 km kostet ca. $ 0,35/km, alternativ kann man auch „km-Packages" kaufen, z. B. 100 km $ 20 bzw. 500 km

$ 120. Bedenken Sie bei der Kostenberechnung, dass die Entfernungen groß sind, der Treibstoffverbrauch hoch ist und dass noch Kosten für die Campingplätze anfallen. So kostet z. B. der Stellplatz in einem Provincial Park für ein Wohnmobil inklusive 2 Personen ab ca. $ 25.

### Benzin

Bleifreies Normalbenzin kostet ca. $ 1,30–1,50 pro Liter; je weiter man nach Norden fährt, desto teurer wird es.

### Taxifahrten

Die Taxigebühren variieren von Provinz zu Provinz und sind auch in den einzelnen Städten unterschiedlich hoch.

**Preisbeispiele**
Toronto: Startgebühr $ 4,25, $ 1,75 per km, Trinkgeld ca. 15 % der Gesamtsumme
Montréal: Startgebühr $ 3,50, $ 1,70 per km, Trinkgeld ca. 15 % der Gesamtsumme
Halifax: Startgebühr $ 3,25, $ 1,70 per km, Trinkgeld ca. 15 % der Gesamtsumme

### Busfahrten

Das Busstreckennetz im Osten Kanadas ist sehr gut ausgebaut. Neben Greyhound gibt es viele regionale Busgesellschaften, die auch abgelegene Gegenden bedienen. Der beliebte „Greyhound Discovery Pass", der auf allen Strecken in Kanada und den USA gültig war, wurde abgeschafft. Man kauft jetzt Einzelfahrkarten, die immer eine Sitzplatzreservierung einschließen; einen kleinen Rabatt bekommt man bei einer Online-Buchung.

Preisbeispiele für den kanadischen Osten für eine einfache Fahrt/Erwachsener/Sitzplatz/Hochsaison (die Preise schwanken z. T. innerhalb weniger Tage und zwischen verschiedenen Busgesellschaften sehr stark):
Toronto–Montréal ab $ 29
Toronto–Niagara Falls ab $ 15
Halifax–Fredericton ab $ 50
Montréal–Québec ab $ 40

### Bahnfahrten

Preisbeispiele für den kanadischen Osten für eine einfache Fahrt/Erwachsener/Sitzplatz/Hochsaison (Achtung: Die Preise schwanken z. T. spürbar):

| | |
|---|---|
| Toronto–Montréal | ab $ 69 inkl. Steuern |
| Montréal–Halifax | ab $ 143 inkl. Steuern |
| Montréal–Québec | ab $ 30 inkl. Steuern |
| Toronto–Niagara Falls | ab $ 26 inkl. Steuern |

Wenn Sie Ihre Fahrkarte 5–7 Tage im Voraus kaufen, gewährt VIA Rail eine Preisermäßigung von 25–40 %. Zu bestimmten Saisonzeiten, auf bestimmten Streckenabschnitten oder innerhalb einer vorgegebenen Zeitdauer gibt es besondere Preisnachlässe und „Bahnpässe" bei VIA Rail (www.viarail.ca), z. B.:

**BizPak**, 10 one-way-Fahrten zwischen 2 vorher festgelegten Orten (Economy Class), 1 Jahr gültig: z. B. Ottawa-Montréal $ 713; Commuter ePass, 20 one-way-Fahrten (oder 10 Hin- und Rückfahrten) zwischen 2 vorher festgelegten Orten im Korridor Québec City–Windsor/ON, 30 Tage gültig, z. B. Strecke Toronto–Cobourg $ 325; besonders interessant ist der **Canrailpass**, der in diversen Varianten flexibles Bahnreisen ermöglicht. Nähere Infos und weitere Pässe unter: https://www.viarail.ca/en/fares-and-packages/rail-passes.

## Aufenthaltskosten

### Übernachtung

**Hotels/Motels/Lodges**
Genaue Preise anzugeben ist schwer, da Angebot und Nachfrage, Reisezeit, Rabatte und die Lage den Preis bestimmen. Während in den Großstädten einige Hotels an den Wochenenden preisgünstigere Übernachtungen anbieten, werden in ländlichen Gebieten gerade an den Wochenenden Zuschläge erhoben. Hotels und Motels, die an den Einfahrtsstraßen der Städte dicht beieinander liegen, werben mit „special rates" um die Gäste.

Als unterste Grenze müssen $ 65 pro Nacht für ein Doppelzimmer angesetzt werden, die Durchschnittspreise in einfachen Motels liegen eher bei $ 70–75. Mittelklasse-Hotels (private oder z. B. Holiday Inns und Best Western) verlangen $ 80–130 für ein Doppelzimmer. In sehr guten Hotels (z. B. Radisson, Sheraton) und in Resorthotels mit Sportangeboten kostet die Übernachtung ca. $ 120–250 und mehr.

In den Großstädten, vor allem in Toronto, Montréal und Niagara Falls, liegen die Hotelpreise deutlich über den genannten Preisen.

**Bed&Breakfast**
Das Angebot an Bed-&-Breakfast-Unterkünften ist groß und wird auch von den Kanadiern als interessante Alternative zum Hotel sehr geschätzt.

Je nach Ausstattung und Service variieren die mittleren Preise zwischen $ 85 und 130/DZ, wobei in diesem Preis ein reichhaltiges Frühstück inbegriffen ist.

**Lebensmittelpreise**
Die Lebensmittelpreise sind mit denen in Deutschland vergleichbar, etwa beim Brot, Obst und Gemüse. Milchprodukte sind geringfügig teurer, Fleisch ist preiswerter als in Deutschland, Fisch und Meeresfrüchte sind vor allem in den Atlantikprovinzen deutlich preiswerter.

**Telefonkosten**
**Ortsgespräche** (= 1 Einheit) in den meisten Regionen 50 Cent
Preise an öffentlichen Telefonzellen für überregionale Telefongespräche variieren je nach Anbieter und Distanz

Wesentlich preisgünstiger ist das Telefonieren mit Telefonkarten, die man in vielen Geschäften und Kaufhäusern kaufen kann.

Hotels berechnen meist nur niedrige Gebühren für ein Ortsgespräch, haben dagegen aber oft teurere Ferngesprächstarife. Am bequemsten telefonieren Sie mit einer internationalen Telefonkarte, z. B. der AT&T Calling Card oder der MCI Calling Card.

**Flughafen-Transfers**
**Toronto**: Lester B. Pearson International Airport nach Downtown: Taxi ca. $ 50, Union Pearson Express $ 12,35 (one way), $ 24,70 (return), öffentliche Verkehrsmittel $ 3
**Montréal**: Flughafen Trudeau: Taxi ca. $ 40, 747 Express Bus $ 10, öffentliche Verkehrsmittel $ 3,25 (genauer Betrag in bar wird verlangt)
**Ottawa**: International Airport: Taxi ca. $ 30, öffentliche Verkehrsmittel $ 3,30
**Halifax**: International Airport: Taxi ca. $ 63, Flughafenbus $ 22, Hin- und Rückfahrt $ 40 (Mai–Okt., vom 1. Nov. bis 30. April bietet Maritime Bus Coach eine eingeschränkte

Busverbindung zwischen dem Flughafen und dem Westin Nova Scotian Hotel an der Terminal Rd.), öffentliche Verkehrsmittel $ 3,50.

**Eintrittspreise und Parkgebühren**

Die Ausgaben für den Besuch von Museen, Museumsdörfern, Provinz-, National- und Vergnügungsparks können ein großes Loch in die Reisekasse reißen. Achten Sie deshalb auf Ermäßigungen, die Kindern, Schülern, Studenten, Senioren und Gehandicapten eingeräumt werden. Oft gibt es auch reduzierte Eintrittspreise für Familien.

**Preisbeispiele**

- Royal Ontario Museum in Toronto: Eintritt Erwachsene $ 20, Senioren $ 17, Studenten und Jugendliche 15–19 J. $ 18, Kinder 4–14 J. $ 14
- Upper Canada Village: Eintritt Erwachsene und Senioren $ 22, Jugendliche 13–18 J. $ 16, Kinder 5–12 J. $ 13
- Canadian Museum of History in Hull/Ottawa: Eintritt Erwachsene $ 20, Senioren $ 18, Studenten $ 16, Kinder 3–12 J. $ 12, Familienkarte $ 50
- Green Gables House in Cavendish, PEI, Eintritt Erwachsene $ 7,80, Senioren $ 6,55, Schüler frei, Gruppen- und Familienpreis (bis zu 7 Pers. in einem einzelnen Fahrzeug) $ 6,55/Pers.

Bei den kleineren Museen liegen die Eintrittspreise meist zwischen $ 2 und $ 5; manchmal wird auch nur um eine Spende gebeten.

In den National- und Provinzparks liegen die Tagespreise bei $ 3–$ 10.

# 3. REISEN IM OSTEN KANADAS

## Routenvorschläge

Der Osten Kanadas umfasst ein riesiges Gebiet, das Naturschönheiten, Sehenswürdigkeiten und Erholungsmöglichkeiten für mehr als eine Reise bereithält. Die Weite des Landes und die Entfernungen werden immer wieder unterschätzt. Es ist deshalb sinnvoll, bei der Reiseplanung den Zeitfaktor im Auge zu behalten und davon die Entscheidung abhängig zu machen, ob man die Rundreise mit Pkw oder Wohnmobil macht, ob eine Pkw- und Flugreise sinnvoll ist oder ob man sich auf eine Region beschränkt.

Im Folgenden werden vier Routen vorgestellt, die sich individuell verkürzen oder verlängern oder miteinander kombinieren lassen. Ausgangspunkt ist Toronto. Natürlich kann man die Rundreisen auch in Montréal beginnen. Für eine Erkundung der Atlantikprovinzen bietet sich Halifax als Startpunkt an. Genauere Angaben und Übernachtungsvorschläge finden sich in den reisepraktischen Kapiteln.

## Route 1: Die Höhepunkte Ostkanadas

Routenvorschlag für eine **2- bis 3-wöchige Rundreise** zu den großen Städten und Naturparks in Ontario und Québec (*Routenverlauf s. vordere Klappenkarte und in der Faltkarte*)

Der Besuch von Städten wie **Toronto**, **Montréal**, **Québec** und **Ottawa** macht mit dem modernen, von ethnischer Vielfalt geprägten Kanada bekannt, das im künstlerischen und kulturellen Leben seinen Ausdruck findet. Obwohl alle diese Städte moderne Wolkenkratzer besitzen, unterscheiden sie sich in ihrem Charakter deutlich voneinander. Toronto und Montréal sind zwei Megacities, in denen hipper Lebensstil dominiert. Toronto ist dabei die ethnisch vielfältigste Stadt Kanadas, während Montréal vor allem durch englische und französische Einflüsse geprägt ist. In Québec ist der französische Lebensstil noch am lebendigsten, während das Leben in Ottawa maßgeblich vom Regierungsgeschehen beherrscht wird. Obwohl dies der am dichtesten besiedelte Teil Ostkanadas ist, erstrecken sich auch rund um die Metropolen herrliche Naturlandschaften. Deren beeindruckendstes Beispiel sind sicher die **Niagara Falls**.

### Highlights

#### Ontario

- Besuch der Städte **Toronto**, **Kingston** und **Ottawa**
- **Naturerlebnis** im **Algonquin Provincial Park** und in der **Muskoka-Region**
- Besuch der Museumsdörfer **Upper Canada Village** und **Sainte-Marie among the Hurons**
- Bootsfahrt zu den **Thousand Islands** im St.-Lorenz-Strom
- Flug mit dem Wasserflugzeug über die 30.000 Inseln in der **Georgian Bay**

- Fahrt durchs Mennonitenland bei **Kitchener** und **Waterloo**
- Besichtigung der **Niagara Falls** und der Weinregion um **Niagara-on-the-Lake**
- Besuch des **Canadian Museum of History** und der **National Gallery of Art in Ottawa**

### Québec

- **Pferdekutschfahrten** durch die Altstädte von Montréal und Québec
- Fahrt zu den **Chutes Montmorency** und auf die **Île d'Orléans**

## Route 2: Kultur und Natur – Kontrastreiches Kanada

Routenvorschlag für eine **3- bis 4-wöchige Rundreise** zu den großen Städten und Naturparks in Ontario und Québec (*Routenverlauf s. vordere Klappenkarte und in der Faltkarte*)

Wie Rundreise 1 führt auch diese Route in die Großstädte **Toronto**, **Montréal**, **Ottawa**, **Québec** und **Niagara Falls**, wird dann aber nach Osten erweitert um die Fahrt zum **Saguenay Fjord** bei Tadoussac und zur Halbinsel **Gaspésie** und nach Westen um die Fahrt nach North Bay, zur Georgian Bay mit der Inselwelt der 30.000 Inseln.

Auf dieser Route lässt sich das urbane Treiben in den Metropolen mit dem ruhigen und beschaulichen Leben auf dem Land kombinieren. Man kann in den „Living-History"-Museen der Region auf Zeitreise gehen, die Natur und Wildnis auf Wanderungen oder Kanutouren erleben und nach wilden Tieren Ausschau halten.

### Highlights

### Provinz Ontario

- Besuch der Städte **Toronto**, **Ottawa** und der **Niagara Falls**
- **Kanutouren** im Algonquin Provincial Park

*Boote bringen Besucher zu einsamen Stellen im Gros Morne National Park, Newfoundland*

- Die Museumsdörfer **Upper Canada Village** und **Sainte-Marie among the Hurons**
- Bootsfahrt durch die Inselwelt der „**Thousand Islands**" bei Kingston oder Rundflug mit dem Wasserflugzeug über die „**30.000 Islands**" bei Parry Sound
- Besichtigung der **Niagara Falls** und der Weinregion um **Niagara-on-the-Lake**
- Besuch des **Canadian Museum of History** und der **National Gallery of Art in Ottawa**

### Provinz Québec

- **Pferdekutschfahrten** durch die Altstädte von Montréal und Québec
- Fahrt zu den **Chutes Montmorency** und auf die **Île d'Orléans**
- **Bootsfahrt** durch den **Saguenay Fjord**
- **Walbeobachtungen** im St.-Lorenz-Strom und an der Mündung des Saguenay River
- Rundfahrt über die Halbinsel **Gaspésie** mit Ausflügen nach Percé, zur Vogelinsel **Bonaventure** und zum Forillon National Park

## Route 3: Der weite Westen Ontarios

Routenvorschlag für eine **3- bis 4-wöchige Rundreise** in den Westen Ontarios (*Routenverlauf s. vordere Klappenkarte und in der Faltkarte*)

Diese Route führt von **Toronto** in den Norden und Westen Ontarios. Wälder, Seen und unendliche Weiten machen diese Tour zum Erlebnis. Highlights sind **Sudbury**, **Sault Ste. Marie**, **Thunder Bay**, **Kenora** und die Seenregion am „**Lake of the Woods**".

Für diese Route gibt es drei Ergänzungsvorschläge:

- Ontarios hohen Norden kann man bei einer Fahrt mit dem „**Polar Bear Express**" nach Moosonee erkunden, Zeit nehmen sollte man sich für einen Besuch der **James Bay**. Über Timmins und Wawa geht es zurück zur Hauptstrecke nach Thunder Bay.
- Es bietet sich an, die Reise nach Kenora und an den Lake of the Woods mit einer Weiterreise in die USA zu verknüpfen. Über Duluth, Minneapolis, Milwaukee und Chicago kann man zurück nach Toronto fahren. Für diese Tour sollte man etwa 4 Wochen einplanen.
- Alternativ zur Rückfahrt von Kenora nach Toronto kann man ab Winnipeg nach Toronto oder direkt nach Europa fliegen. Kenora liegt nur 42 km von der Grenze zu Manitoba entfernt. Von dort sind es noch einmal etwa 110 km bis nach Winnipeg.

### Highlights

- **Toronto** mit seinen Sehenswürdigkeiten
- Die **Bruce Peninsula** und der **Fathom Five National Marine Park**
- Wandern im **Killarney Provincial Park**
- **Sudbury** mit dem Science North und Dynamic Earth Center Museum
- Eisenbahnfahrt mit dem **Polar Bear Express** an die James Bay
- **Sault Ste. Marie** mit den riesigen Schleusen „Soo Locks"
- Eisenbahnfahrt durch den **Agawa Canyon**
- Wanderungen, Kanufahrten und Tierbeobachtungen im **Lake Superior Provincial Park** und im **Pukaskwa National Park**
- **Thunder Bay** und ein Besuch im Museumsdorf **Fort William Historical Park**
- Besichtigung der **Amethyst- und Achatminen** in der Umgebung von Thunder Bay
- **Kenora** und die Seen- und Inselwelt des **Lake of the Woods**

# Route 4: Die Maritimes

Routenvorschlag für eine **3- bis 4-wöchige Rundreise** durch die Atlantikprovinzen (*Routenverlauf s. vordere Klappenkarte und in der Faltkarte*)
Jede der vier Atlantikprovinzen hat ihren ganz eigenen Charakter. „So much to see": **Nova Scotia** bestätigt mit vielfältigen Sehenswürdigkeiten diesen Slogan. **New Brunswick** bietet eindrucksvolle Naturschauspiele. **Prince Edward Island** lockt mit langen Sandstränden und Golfplätzen, und die Provinz **Newfoundland und Labrador** ist ein Naturparadies mit Fjorden und Berglandschaften.

## Highlights

### Nova Scotia

- **Halifax** und Umgebung
- Fahrt entlang der **Leuchtturmroute** an der Südküste Nova Scotias
- Besuch des **Village Historique Acadien** in West Pubnico
- Fahrt über den **Cabot Trail** auf Cape Breton Island
- Besuch der rekonstruierten **Festung Louisbourg** und des **Nova Scotia Highland Village Museum** in Iona
- Teilnahme an einem „**Lobster Dinner**"

### New Brunswick

- Die Provinzhauptstadt **Fredericton**
- Besuch des **Fundy National Park** und der **Hopewell Rocks**
- Besuch des **Acadian Historical Village** in Caraquet
- Fahrt nach **Miscou Island**
- Besuch der **Dune de Bouctouche**
- Abstecher zu den **Bären von Acadieville**
- Fahrt über den „**Magnetic Hill**" bei Moncton
- Besuch des Museumsdorfs **Kings Landing**

### Prince Edward Island

- Die Inselhauptstadt **Charlottetown**
- **Strandwanderungen** im Prince Edward Island National Park
- Fahrt entlang dem **Points East Coastal Drive**
- **Golfspielen** auf ausgezeichneten Golfplätzen
- Besuch der Ausflugsziele von „**Anne of Green Gables**"

### Newfoundland & Labrador

- Die Inselhauptstadt **St. John's**
- Besuch von **Cape Spear**
- Besuch der **L'Anse aux Meadows Historic Site** und von **Norstead Village**
- Bootsfahrt im **Gros Morne National Park**
- Beobachtung von **Eisbergen** vom Boot oder von der Steilküste aus
- Besuch von **Twillingate**, **Trinity**, **Cupids** und **Brigus**
- **Walbeobachtungsfahrten**
- **Wild-** und **Vogelbeobachtungen**

# 4. VON TORONTO ÜBER KINGSTON NACH MONTRÉAL

# Toronto

## Redaktionstipps

- Fahren Sie auf den **CN Tower** und kombinieren Sie das mit einem Abendessen am späten Nachmittag (S. 103). Auf Wagemutige wartet in 350 m Höhe der **EdgeWalk** (S. 104).
- Besuchen Sie die Dinosaurier im **Royal Ontario Museum** (S. 110) und bewundern Sie coole Keramikkunst im **Gardiner Museum**.
- Shopping im **Eaton Centre** (S. 109), **Kensington Market** (S. 112) und **Chinatown** (S. 112) und in „**Underground Toronto**" (S. 107).
- Bootsfahrt zu den **Toronto Islands** (S. 115).
- Lernen Sie die **Food-Szene Torontos** (S. 114) kennen.
- Tauchen Sie ein in die Geschichte der Schuhe im **Bata Shoe Museum** (S. 111).

## Überblick

Toronto ist eine multikulturelle Stadt. Menschen aus aller Welt haben hier eine zweite Heimat gefunden, darunter Chinesen, Italiener, Inder, Griechen, Koreaner, Jamaikaner und Portugiesen. Entsprechend vielfältig ist das Sprachengemisch, das auf Torontos Straßen zu vernehmen ist. Dieser Völkervielfalt verdankt sich ein buntes und facettenreiches Kulturleben.

Toronto, die Hauptstadt der Provinz Ontario, liegt am Nordufer des Lake Ontario. 1953 schloss sich die City of Toronto mit zwölf Orten unter einer gemeinsamen Verwaltung zusammen. Damals entstand der erste städtische Großraum dieser Art in Nordamerika. Am 1. Januar 1998 schlossen sich North York, York, East York, Etobicoke und Scarborough an. Damit umfasst die heutige „Megacity" ca. 6,4 Mio. Einwohner. Sie ist die größte Stadt Kanadas und die fünftgrößte Nordamerikas nach New York, Chicago, Los Angeles und Mexiko City. Toronto selbst hat ca. 3 Mio. Einwohner.

*Toronto – die Megacity*

Toronto und sein Großraum sind Kanadas bedeutendstes Industrie-, Handels- und Wirtschaftszentrum. Hier befindet sich die viertgrößte Börse Nordamerikas und ein wichtiges Banken- und Versicherungsviertel. Die Fertigstellung des St.-Lorenz-Seewegs im Jahr 1959 war einer der Faktoren, die zur Prosperität der Stadt beitrugen. In der Industriestadt dominieren der Maschinen- und Fahrzeugbau, Elektronik, Druck und Papier sowie die Lebensmittelproduktion. Die Industrie konzentriert sich in Hafennähe und um die Flughäfen.

Von Toronto über Kingston nach Montréal

Nach dem Zweiten Weltkrieg entwickelte sich Toronto außerdem zum Kulturzentrum. Zwei Universitäten, mehrere Hochschulen, Museen und Galerien von Weltrang, Orchester und Theater sorgen für ein abwechslungsreiches Kulturleben.

*Landmark zwischen all den futuristischen Bauten: das Alte Rathaus*

Torontos multikulturelle Einwohnerschaft sorgt zugleich für eine vielfältige Gastronomie. Hier kann man sich durch die Küchen der Welt probieren. Spannend sind Besuche in den Lebensmittelgeschäften oder auf den Märkten der Stadt. Dabei entdeckt man oft Unbekanntes und Erstaunliches.

Touristen fühlen sich wohl in Toronto. Hier finden sich interessante Sehenswürdigkeiten, beeindruckende Architektur, Hotels für jeden Geldbeutel sowie eine Vielzahl an Restaurants und Einkaufsmöglichkeiten. Die öffentlichen Verkehrsmittel sind gut und preiswert. Damit erreicht man alle wichtigen Einrichtungen, die für Besucher interessant sind. Für eine Stadt dieser Größe ist Toronto sehr sauber – und die Kriminalitätsrate gering.

*Shoppingparadies*

In Toronto sollte man unbedingt Zeit zum Einkaufen einplanen. Im **Eaton Centre**, in **Yorkville** oder im **First Canadian Place Centre** laden zahlreiche Geschäfte zum Stöbern ein. Souvenirs findet man hier auf jeden Fall.

Mit dem Streetcar 506 vom High Park im Westen fährt man bis zur Main Street im Osten. Dabei durchquert man die verschiedenen Stadtviertel, bummelt durch **Chinatown** und bestaunt die exotischen Auslagen der Lebensmittelläden. Lohnend ist auch der **Kensington Market** mit seinen ethnischen Restaurants. Italienische Lebensart lernt man in **Little Italy** an der College Street kennen, und entlang der Danforth Avenue liegt **Greektown** – verschiedene „Tavernen" bieten hier griechisches Essen.

Vielleicht findet, während man hier ist, gerade eines der Festivals statt, für die Toronto bekannt ist. Das „Toronto International Film Festival" etwa, zu dem alljährlich die besten Hollywoodstars pilgern. Oder das Craft Beer Festival, bei dem speziell gebraute Biere oder Cider Besucher anlocken. Im August findet das Caribana Festival statt, bei dem sich die karibische Bevölkerung der Stadt feiert. Besonders beeindruckend ist die Grand Parade mit ihren prächtigen Farben, den extravaganten Kostümen, der Musik und den Tänzen.

Man sollte sich auch die Zeit nehmen, in den Parks und Grünflächen der Stadt zu entspannen. Wie viele Torontonians kann man seinen Lunch auf dem Platz vor dem Rathaus genießen. Im Hochsommer kühlen sich die Kinder hier gern in den Springbrunnen ab, im Winter kann man den Schlittschuhläufern zusehen.

## Geschichtlicher Überblick

- **1615** erreicht der französische Forscher Etienne Brulé als erster Europäer das Land der Huronen.
- **1749** gründen französische Pelzhändler das Fort Rouillé.
- **1763** wird Französisch-Kanada durch den Vertrag von Paris zum englischen Territorium erklärt. Nach der Unabhängigkeitserklärung der USA von England kommen viele „Loyalisten", Anhänger der britischen Krone, an das Nordufer des Ontariosees.
- **1793** lässt der englische Gouverneur Simcoe an der Stelle eines Indianersammelplatzes eine Siedlung nach europäischem Vorbild anlegen, der er zu Ehren des Herzogs von York den Namen York gibt.
- **1813** wird die Siedlung in die Auseinandersetzungen zwischen England und den USA einbezogen.
- **1834** erhält York die Stadtrechte; die ca. 9.000 Einwohner wählen William Mackenzie zum ersten Bürgermeister der Stadt, die nun den indianischen Namen Toronto übernimmt. Die verkehrsgünstige Lage der Stadt und der Bau der Eisenbahn begünstigen Handel und Wirtschaft; der Hafen wird ausgebaut; Handwerksbetriebe siedeln sich an.
- **1879** findet die erste Industriemesse statt.
- Um **1900** leben etwa 200.000 Menschen in der Stadt, 20 Jahre später zählt die Stadt bereits eine halbe Million Einwohner.

Die beiden Weltkriege regen das Wirtschaftswachstum weiter an; nach dem Zweiten Weltkrieg suchen mehr als 400.000 Menschen aus Europa in Toronto eine neue Heimat. 1953 und noch einmal 1998 schließt sich Toronto mit mehreren Vorstädten zum Metropolitan Toronto zusammen; dieser Großraum zählt jetzt etwa 6,4 Mio. Einwohner.

## Orientierung in Toronto

Das Zentrum der Stadt, der Central Business District, erstreckt sich von der Bloor Street im Norden bis zur Waterfront im Süden und von der Spadina Avenue im Westen bis zur Parliament Street im Osten. Die Straßen verlaufen gerade in Nord-Süd- bzw. West-Ost-Richtung. Die beiden von Norden nach Süden verlaufenden Hauptverkehrsstraßen Yonge Street und University Avenue führen auf den Bahnhof, die Union Station, und den Hafen zu. Zwischen dem Bahnhof und der neu gestalteten Waterfront verläuft der mehrspurige Gardiner Expressway.

Tipp

Für kulturinteressierte Besucher lohnt sich der Erwerb eines „Toronto City Pass" (s. S. 116, Toronto als Kulturstadt).

## Sehenswertes in Toronto

Die beste Aussicht auf die **Skyline von Toronto** hat man von den Toronto Islands. Schon bei der Fährfahrt auf eine der Inseln bietet sich ein herrlicher Blick auf die

Waterfront mit ihren Luxushotels, Wolkenkratzern, den Einkaufszentren, Theatern und Restaurants. Der 553 m hohe CN Tower, der bis 2009 das höchste Gebäude der Welt war, überragt sie alle. Gut zu erkennen ist außerdem die Kuppel des Rogers Centre.

## Rund um den CN Tower

Am besten beginnt man die **Stadtbesichtigung** mit dem Besuch des CN Tower; von der 447 m hoch gelegenen Plattform genießt man einen großartigen Blick auf die Stadt und kann sich zugleich einen sehr guten Überblick über die Stadtanlage verschaffen. Aus der Vogelperspektive erkennt man:

- die **Toronto Islands** und die **Hafenfront Harbourfront Park**,
- die Hochhäuser des **Central Business District**, Verwaltungs- und Geschäftszentrum der Stadt,
- die beiden in Nord-Süd-Richtung verlaufenden Verkehrsachsen **Yonge Street** und **University Avenue**,
- das **Rogers Centre** und das **Convention Centre** zu Füßen des **CN Tower**.

*553 m hoch und ein perfekter Aussichtspunkt: der CN Tower*

Der zwischen 1972 und 1976 gebaute **CN Tower (1)** war mit 553,35 m lange Zeit das höchste freistehende Gebäude der Welt. Erst als 2010 in Dubai der Wolkenkratzer Burj Khalifa eröffnet wurde, verlor er diesen Status. 1.537 Menschen arbeiteten am Bau des CN Tower, der am 26. Juni 1976 feierlich eröffnet wurde. 1.760 Stufen führen im Treppenhaus nach oben. Bequemer bringt ein gläserner Aufzug die Besucher in 58 Sekunden hinauf zum **Glass Floor Level**, wo man über eine gläserne Plattform geht – und den ultimativen Blick auf die sich 342 m unter einem erstreckende Stadt genießt. Auch von der luftigen **Outdoor Sky Terrace** bietet sich eine großartige Sicht auf Toronto.

Noch ein Stockwerk höher auf 346 m liegt das **Look Out Level** mit einer Außen- und einer Innenaussichtsplattform, einem neuen Glasboden über dem ursprünglichen Glasboden ein Stockwerk tiefer, einer Ausstellung zur Baugeschichte des Turms und dem „360 The Restaurant", dem größten und höchsten Drehrestaurant der Welt. Hier kann man in 90 Minuten das Stadtpanorama an sich vorbeiziehen lassen.

 Tipp

Am besten reserviert man einen Tisch für ein frühes Abendessen. Damit umgeht man die Warteschlangen, die sich häufig vor dem normalen Besucheraufzug sammeln. Vorbei an den Kassen, gelangt man direkt zur Rezeption des Restaurants. Von dort wird man mit einem speziellen Aufzug ins Restaurant gebracht. Wenn man sich kurz vor Sonnenuntergang einfindet, kann man während des Essens die Aussicht gleich bei Tag und bei Nacht genießen. Eine frühzeitige Reservierung ist erforderlich (☏ 416-362-5411).

*„Mutprobe" am CN Tower*

In 350 m Höhe wartet dann Torontos spektakulärste Attraktion: der **EdgeWalk**! Jeweils sechs Wagemutige werden nach einer kurzen Einführung durch ein Klettergeschirr, das an einem Seil bei der Umrundung mitläuft, gesichert. Dann beginnt der „Spaziergang an der Kante", der auf einem nur 1,50 m schmalen Steg ohne Geländer um den Turm herumführt. Etwa 30 Minuten dauert der höchste Panorama-Spaziergang der Welt – „Mutprobe" und Nervenkitzel pur! Buchungen für den EdgeWalk sind erforderlich, $ 195.

Von der Innenplattform fährt ein weiterer Aufzug zum 447 m hohen **Sky Pod**. Von hier aus kann man sich ebenfalls einen Überblick über die 6-Mio.-Stadt am Lake Ontario verschaffen. Bei klarem Wetter reicht die Sicht sogar bis zu den Niagara-Fällen im Süden und bis zum Lake Simcoe im Norden.

Im unteren Teil des CN Tower gibt es Geschäfte, Restaurants, einen „Marktplatz", Kinos und eine Spielhalle mit Raumfahrt-Simulatoren sowie Laser- und Computerspielen. An einer neuen Wetterwand kann man die Wetterverhältnisse an der Turmspitze ablesen oder die „Spaziergänger" auf dem EdgeWalk beobachten.
**CN Tower**, *301 Front St. W., ☏ 416-868-6937, www.cntower.ca, ganzjährig von 9–22 Uhr, Eintritt Aufzug zu den Aussichtsdecks Erwachsene $ 38, Senioren $ 34, Kinder von 4–12 J. $ 28, für den Sky Pod zusätzlich $ 15; für Restaurantbesucher ist der Aufzug kostenlos.*

*Riesige Sportarena*

Am Fuße des CN Tower wurde 1989 der **SkyDome** eingeweiht, der seit 2005 den Namen **Rogers Centre (2)** trägt. Die Sportarena bietet bis zu 69.000 Zuschauern Platz. Auf fünf Ebenen befinden sich 161 Logen, Restaurants, Cafés, Fitnessräume, Medientrakte und ein Luxushotel. Eine besondere Attraktion ist das bewegliche, 32.000 m² große Kuppeldach, das bei gutem Wetter innerhalb von 20 Minuten geöffnet werden kann. So können Sportveranstaltungen, Konzerte und Events unter freiem Himmel stattfinden. Mehrmals täglich gibt es einstündige Führungen, die mit einem Film beginnen und den Blick in Bereiche ermöglichen, die sonst nicht für die Öffentlichkeit zugänglich sind.

Das Rogers Centre ist das Heimatstadion des Footballteams der „Argonauts" und der Baseballmannschaft der „Blue Jays". Die „Blue Jays" sind sehr populär und haben mit mehr als 3 Mio. Zuschauern pro Jahr viele Fans. Alle Heimspiele, die oft schon lange im Voraus ausverkauft sind, werden im Rogers Centre ausgetragen.
**Rogers Centre Tour Experience**, *1 Blue Jays Way, am CN Tower, ☏ 416-341-2770, Führungen tgl. 11–15 Uhr, Eintritt Erwachsene $ 17, Senioren und Jugendliche von 12–17 J. $ 13, Kinder von 3–11 J. $ 10.*

Ebenfalls am Fuße des CN Tower wurde 2013 das **Ripley's Aquarium of Canada** eröffnet mit mehr als 16.000 Meerestieren aus 450 verschiedenen Arten. Zu den beson-

deren Attraktionen gehören ein Becken mit der Unterwasserwelt der Großen Seen, des Atlantiks und Pazifiks, Fühlbecken mit Bambushaien und ein 96 m langer gläserner Tunnel mit einem beweglichen Pfad, der durch die Welt der Haie, Rochen, Meeresschildkröten, Hummer und Quallen führt.
**Ripley's Aquarium of Canada**, *288 Bremner Blvd., ☎ 647-351-3474, www.ripleyaquariums.com, tgl. 9–20, im Sommer bis 23 Uhr, manchmal eingeschränkte Öffnungszeiten wegen Privatveranstaltungen. Bitte die Öffnungszeiten vor dem Besuch überprüfen! Eintritt Erwachsene $ 32, Senioren und Jugendliche von 6–13 J. $ 22, Kinder von 3–5 J. $ 10.*

Ein „Skywalk" verbindet den CN Tower mit Torontos Hauptbahnhof, der **Union Station (3)**, 65 Front St. W. Diese liegt zwischen Bay und York Street und ist einen Besuch wert. Mit der Planung des Gebäudes wurde 1907 begonnen, 1927 weihte der Prince of Wales, der spätere Kurzzeit-Monarch Edward VIII., das Gebäude mit seiner auf 22 Pfeilern errichteten Halle ein. Seit 1975 ist es ein „National Historic Site". In den 1970er-Jahren und erneut 2010 wurden umfassende Renovierungs- und Umbaumaßnahmen durchgeführt. Die Union Station ist auch Knotenpunkt für den öffentlichen Nahverkehr.

Östlich der Union Station informiert die **Hockey Hall of Fame & Museum (4)** rund um das Thema Eishockey.
**Hockey Hall of Fame & Museum**, *Front St./Yonge St., ☎ 416-360-7765, www.hhof.com, Mo–Fr 10–17, Sa 9.30–18, So 10.30–17, im Sommer Mo–Sa 9.30–18, So 10–18 Uhr, Eintritt Erwachsene $ 20, Senioren $ 16, Kinder von 4–13 J. $ 14.*

Zwischen Union Station und CN Tower entstand auf dem ehemaligen Gelände der Eisenbahngesellschaft Canadian National das **Metro Toronto Convention Centre (5)**, Kanadas größtes Kongresszentrum mit Platz für bis zu 40.000 Menschen.
**Metro Toronto Convention Centre**, *255 Bremner Blvd., ☎ 416-585-8000, www.mtccc.com.*

Zwei Straßenblocks vom CN Tower entfernt liegt die **Roy Thomson Hall (6)**. Diese Konzerthalle wurde 1982 nach Plänen des Architekten Arthur Erickson errichtet. Sie ist für ihre kreisrunde Form ebenso berühmt wie für ihre ansprechende Akustik. Künstler und Orchester von internationalem Ruf sind häufig zu Gast.
**Roy Thomson Hall**, *60 Simcoe St./King St. W., ☎ 416-872-4255, www.roythomson.com.*

**Tipp**

Musikliebhaber finden im The Roy Thomson Hall Music Store eine große Auswahl an CDs mit Aufnahmen klassischer Musik und von Orchesterproben.

*Hafen in neuem Glanz*

Am **Queens Quay** erstreckt sich die Waterfront von Toronto. Der CN Tower und das Rogers Centre zählen dabei zu den bekanntesten Projekten, die im Rahmen der Neugestaltung der **Harbourfront (7)** entstanden sind. Im Laufe der Jahre wurden alte Schuppen und Lagerhäuser durch Sport- und Parkanlagen, Theater und Hochhäuser ersetzt. Heute präsentiert sich Torontos **Harbour Square Park** mit schicken Luxushotels, Apartmenthäusern, Boutiquen, Kunstgalerien, Theatern, Restaurants und Cafés sowie einem Jachthafen. Parkanlagen für Spaziergänge und der Toronto Music Garden, 475 Queens Quay, wo man in der Hektik der Stadt ein wenig Ruhe finden kann, komplettieren das Hafenensemble. Östlich des Harbour Square Park befindet sich die Abfahrtsstelle der Boote zu den Toronto Islands.

*Blick auf die weitgehend neu gestaltete Harbourfront*

Das **Harbourfront Centre** ist mit seinen Kunstgalerien und Theatern ein Ort für Konzerte, Ausstellungen, Festivals und Unterhaltung jeder Art. Auf den Terrassen der Restaurants und Cafés kann man den Ausblick auf den Lake Ontario und die Toronto Islands oder auf den Jachthafen genießen.
**Harbourfront Centre**, *235 Queens Quay W., ☏ 416-973-4000, www.harbourfrontcentre.com.*

Nordwestlich des Harbourfront Centre liegt **Historic Fort York (8)**, die älteste Verteidigungsanlage Kanadas, die 1793 von Gouverneur Simcoe errichtet wurde. 1813 wurde das Fort von amerikanischen Truppen zerstört, aber schon bald wiederaufgebaut. Das The Fort York Visitor Centre informiert über die Militärgeschichte von Upper Canada. In den Sommermonaten paradieren Soldaten in historischen Uniformen des 8. Königlichen Regiments.
**Historic Fort York**, *250 Fort York Blvd., ☏ 416-392-6907, www.toronto.ca/fortyork, Juni–Aug. tgl. 10–17, sonst Mo–Fr 10–16, Sa/So 10–17 Uhr, Eintritt Erwachsene $ 14, Senioren $ 10, Jugendliche 13–18 J. $ 8, Kinder 6–12 J. $ 6.*

Vergnügungspark im Lake Ontario

An den Harbourfront Park schließt sich nach Westen das Messegelände, **Exhibition Place (9)**, an. Hier findet seit 1879 alljährlich eine der größten Industriemessen der Welt statt. Dem Messegelände ist der Vergnügungspark **Ontario Place (10)** vorgelagert, der 1971 auf drei künstlichen Inseln im Lake Ontario gebaut wurde.
*Der Park, www.ontarioplace.com, ist tgl. von 5–24 Uhr geöffnet.*

## Im Zentrum der Stadt

Das Herz der Stadt liegt in dem Viereck zwischen der Yonge Street im Osten und der Spadina Avenue im Westen, zwischen der College Street im Norden und der Front Street im Süden. In diesem Bereich wurden 1793 die ersten Häuser errichtet. Heute

dominieren moderne Wolkenkratzer das Stadtbild, manche haben 28, die höchsten 76 Stockwerke. Dazu gehören z.B. das **Toronto Dominion Centre**, King St./Ecke Wellington St., ein Komplex mit mehreren Wolkenkratzern, der nach Plänen u.a. von Mies van der Rohe entstand, und der **First Canadian Place**, King St./Ecke Bay Sts., mit der 72 Stockwerke hohen Bank of Montréal. Im **Stock Market Place**, 130 King Street W., hat die Börse von Toronto ihren Sitz. Informative Ausstellungen und interaktive Spiele führen ein in die Welt der Finanzen. Am östlichen Ende des Finanzdistrikts fällt das 1891 aus roten Backsteinen gebaute Gooderham Building auf, das wegen seiner Form auch „Flatiron Building" (Bügeleisen-Haus) genannt wird.

*Shoppen im Untergrund*

Hier, wo in den Hochhäusern des **Financial District** überwiegend Versicherungen, Banken, Börsen, Verwaltungen, Behörden und Hotels konzentriert sind, spielt sich das Leben auf drei Ebenen ab. Während die oberen Stockwerke von Handels-, Finanz- und Dienstleistungsunternehmen genutzt werden, haben sich in den unteren Geschossen Geschäfte aller Art, Banken, Arztpraxen, Cafés und Restaurants angesiedelt; unter der Erde liegen nicht nur die U-Bahn-Stationen und Parkhäuser, sondern auch ein großes Geschäftsviertel mit Läden, Boutiquen und großen Kaufhäusern. Dieses 28 km lange Tunnelsystem, **PATH** genannt, durchzieht die Innenstadt und verbindet die Bürokomplexe miteinander, sodass die Menschen auch bei schlechtem Wetter oder in den kalten Wintermonaten in den rund 1.200 Geschäften bequem ihre Einkäufe erledigen, Ämter, Ärzte oder Banken aufsuchen, in den Restaurants essen oder sich in einem der Kinos und Theater unterhalten lassen können. Eine Erweiterung des Tunnelsystems auf 60 km ist geplant.

**Tipp**

In der Touristeninformation ist eine Orientierungskarte erhältlich, zu finden auch auf der Website www.torontopath.com. Der Orientierung dienen die überall angebrachten Buchstaben, die auf die Himmelsrichtung hinweisen, in die der jeweilige Weg führt: T (blau) = Norden, P (rot) = Süden, A (orange) = Westen, H (gelb) = Osten.

*Wichtigste Nord-Süd-Achse*

Zu ebener Erde zeigen die Straßen ihr anderes Gesicht. Die bedeutendste Nord-Süd-Achse ist die **Yonge Street**, die für eine Zeit als „längste Straße der Welt" galt. Auf dem 3 km langen Abschnitt zwischen der Bloor Street im Norden und der Hafenfront im Süden herrscht bei Tag und Nacht reges Treiben. An der Yonge Street treffen sich die wichtigsten Linien der öffentlichen Verkehrsmittel; hier bieten Einkaufszentren ebenso wie kleine Geschäfte und Straßenhändler ihre Waren an; hier finden sich Kinos, Restaurants, Bars, Diskotheken und Spielsalons, aber auch kleine Parkanlagen, Hotels, Kirchen, Rundfunksender und Zeitungsverlage. Am Nordausgang des Eaton Centre, wo Yonge Street und Dundas Street aufeinandertreffen, liegt der Yonge-Dundas Square, ein Platz mit Fußgängerzone, Springbrunnen, Geschäften, Restaurants und Kinos.

Ganz anders präsentiert sich die **Queen Street** in ihrem westlichen Abschnitt zwischen der Universität und der Spadina Street mit ihren Antiquitätenläden, Antiquariaten, Buchhandlungen, Boutiquen und Galerien, aber auch Restaurants, Bars und Clubs.

An dem Straßenblock Queen Street/Bay Street zieht am Nathan Philips Square vor den Gebäuden der Stadtverwaltung die Bronzeskulptur „Der Bogenschütze" von Henry Moore die Blicke auf sich. Die **Old City Hall (11)**, 60 Queen St. W., stammt aus dem

*Im Herzen der Stadt liegt der Yonge-Dundas Square*

*Altes und neues Rathaus*

Jahr 1891 und ist mit ihren Giebeln und Türmchen gut zu erkennen. Daneben erhebt sich seit 1965 die **New City Hall (12)**. Dieses bemerkenswerte Bauwerk entstand nach den Plänen des berühmten finnischen Architekten Viljo Revell: Zwischen zwei halbrunden Hochhäusern mit 20 und 27 Stockwerken liegt ein flacher Kuppelbau, in dem das Parlament der Stadt und des Großraums Toronto tagt. Im Sommer wird der große Vorplatz zu einem beliebten Treffpunkt, wo man mitten in der Stadt die Ruhe genießt oder ein Sonnenbad nimmt. Im Winter lädt der Platz mit einer großen Eisfläche zum Schlittschuhlaufen mit musikalischer Umrahmung ein.
**New City Hall**, *Nathan Philips Square, ☏ 416-392-5561, Mo–Fr 8.30–16 Uhr, Eintritt frei.*

Das **Textilmuseum (13)** liegt recht versteckt. Hier gibt es eine mehr als 12.000 Ausstellungsstücke umfassende Sammlung einzigartiger Textilien, Gewänder, Tapeten und Wandbehänge aus aller Welt aus mehr als zwei Jahrtausenden. Besonders schön sind die Ausstellungsstücke aus Tibet und Indonesien.
**Textile Museum of Canada**, *55 Centre Ave., ☏ 416-599-5321, www.textilemuseum.ca, tgl. 11–17, Mi bis 20 Uhr, Führungen So um 14 Uhr, Eintritt Erwachsene $ 15, Senioren $ 10, Studenten und Kinder 6–18 J. $ 6, Familienkarte $ 30.*

Ganz in der Nähe des Rathauses stehen zwei schmucke Häuser aus der Anfangszeit der Stadt. Westlich der City Hall liegt der ehemalige Sitz des Obersten Gerichtshofes, **Osgoode Hall**, inmitten eines schönen, alten Parks.
In der Queen Street W. steht das **Campbell House**, in dem von 1825–1829 Sir William Campbell lebte, der in jener Zeit Oberster Richter von Upper Canada war. Das Haus ist mit schönem Mobiliar des 19. Jh. ausgestattet; hier werden wochentags Führungen angeboten. Nicht weit entfernt ist die Art Gallery of Ontario.
**Campbell House Museum**, *160 Queen St. West, ☏ 416-597-0227, www.campbellhousemuseum.ca, Mai–Sept. Di–Fr 9.30–16.30, Sa/So 12–16.30 Uhr, Okt.–April So geschl. Im Jan. finden keine Touren statt. Gruppenbesuche sind auf Anfrage möglich, und Besucher können öffentliche Veranstaltungen besuchen. Eintritt Erwachsene $ 10, Senioren und Jugendliche 13–18 J. $ 6, Kinder 5–12 J. $ 3.*

Die **Art Gallery of Ontario (14)** ist eine der wichtigsten Kunstsammlungen Kanadas mit über 17.000 Ausstellungsstücken. Neben Wechselausstellungen gibt es hervorragende Sammlungen europäischer Meister vom 15. Jh. bis zur Gegenwart, eine Ausstellung früher und zeitgenössischer kanadischer Malerei mit Werken der „Group of Seven" sowie eine Kollektion von Wandteppichen, Grafiken und Skulpturen der Inuit. Besondere Beachtung gilt dem Trakt, der den Skulpturen, Lithografien und Skizzen Henry Moores vorbehalten ist. Dem Museum neu angefügt wurden die „George Weston Hall" und das gläserne „Sculpture Atrium".

*Ein beliebter Treffpunkt: die Anlagen vor der New City Hall*

**Art Gallery of Ontario**, *317 Dundas St. W., ☏ 416-979-6648, www.ago.net, Di u. Do 10.30–17, Mi u. Fr 10.30–21, Sa/So 10.30–17.30 Uhr, Eintritt $ 25, unter 25 J. frei, Mi 18–21 Uhr freier Eintritt; im Eintrittspreis ist der Besuch von „The Grange" bereits enthalten.*

Gleich neben dem Museum liegt das restaurierte ehemalige Galeriegebäude **The Grange (15)** aus dem Jahr 1817. Es ist das älteste Ziegelsteingebäude Torontos. 1913 wurde hier die „Gallery of Ontario" eingeweiht. Führungen durch das alte Herrenhaus vermitteln einen Eindruck vom Alltagsleben im Jahr 1830. In diesem Gebäude befindet sich die Norma Ridley's Members Lounge, ein Café, in dem Kunst präsentiert wird. Dieses Café steht ausschließlich Mitgliedern der Art Gallery of Ontario offen. The Grange liegt am Südende der Art Gallery of Ontario, Zugang durch das Joey und Toby Tanenbaum Sculpture Atrium.

*Vermittelt Einblicke in das beginnende 20. Jh.: The Grange*

Bevor man zur Yonge Street zurückkehrt, sollte man unbedingt einen Bummel durch das Einkaufszentrum **Toronto Eaton Centre (16)** machen! In dem Straßenviereck zwischen Yonge Street, Queen Street, Bay Street und Dundas Street dehnt sich über und unter der Erde eine Einkaufslandschaft aus, zu der die beiden großen kanadischen Warenhausketten The Bay und Sears und mehrere Hundert Einzelhandelsgeschäfte gehören. Der ganze Komplex liegt unter einer großen Glaskuppel. Die hellen Ladenstraßen sind mit Blumenbeeten, Baumgruppen, Springbrunnen, Wasserspielen, Sitzgruppen und Kinderspielplätzen freundlich ausgestaltet. Cafés und Restaurants laden zum Ausruhen ein, und zur Entspannung gibt es 17 Kinos mit unterschiedlichen Anfangszeiten, Diskotheken und ein Luxushotel, das sich für einen längeren Aufenthalt anbietet.

## Universitätsviertel

Nördlich des Central Business District liegen **Queen's Park**, **Universität** und **Royal Ontario Museum**.

Am Nordrand der Innenstadt erstreckt sich am Ende der University Avenue der Queen's Park mit dem Regierungssitz der Provinz Ontario und den Regierungsgebäuden. Das **Parliament Building (17)** wurde zwischen 1885 und 1892 im neugotischen Stil erbaut und kann wochentags (im Sommer tgl.) bei Führungen besichtigt werden (☏ *416-325-0061, www.ola.org/en/visit-learn/tour-options*).

Westlich des Queen's Park wurde 1827 die **University of Toronto (18)** eröffnet, an der zurzeit gut 60.000 Studenten eingeschrieben sind. Die Colleges sind in mehr als 170 Gebäuden untergebracht, von denen die ältesten im viktorianischen Stil erbaut wurden. Da die Universität sich in den letzten Jahren ständig vergrößerte, wurden in den beiden Vororten Scarborough und Mississauga zwei weitere Einrichtungen geschaffen. Die „U of T" hat international einen hervorragenden Ruf; an dieser Forschungsstätte entdeckten 1921 Frederick Banting und Charles Best den Wirkstoff Insulin, hier wurde der erste Herzschrittmacher gebaut.
**U of T, Nona Macdonald Visitor Centre**, *25 King's College Circle, ☏ 416-978-5000, http://future.utoronto.ca/visit/campus-tours?qt-university_life_housing=1#qt-university_life_housing, Führungen Mo–Fr 11 und 14, Sa 11 Uhr.*

Nur wenige Schritte weiter liegt das **Royal Ontario Museum (19)**, eines der interessantesten Museen Kanadas mit archäologischen, geologischen, mineralogischen und paläontologischen Ausstellungen. Aufsehen erregt der von Daniel Libeskind entworfene neue Eingangsbereich, eine kristallähnliche Konstruktion, die nur durch Fußgängerbrücken mit dem alten Museumsbau verbunden ist.

*Eines der größten Museen der Welt*

Mehr als 6 Mio. Exponate besitzt das Museum, das damit eines der größten Museen der Welt ist. Besondere Beachtung verdient die größte Sammlung an chinesischen und koreanischen Kunstwerken aus vier Jahrtausenden außerhalb Asiens; sehenswert sind auch die Ausstellungen altägyptischer und nubischer Kunst, die Musikinstrumenten- und Edelsteinsammlungen sowie der Bereich zur Vor- und Frühgeschichte Ontarios. Großes Interesse findet die Ausstellung über die Geschichte des Lebens auf der Erde; in Dioramen sind verschiedene Lebensräume nachgebildet und Saurierskelette zusammengesetzt. Für Kinder gibt es viel zu tun und zu entdecken, z. B. in der „Discovery Gallery", wo Kids ab sieben Jahren Museumsobjekte selbst untersuchen und erforschen können, in der „Dinosaurier Galerie" oder in der originalgetreuen Nachbildung einer Fledermaushöhle. Interessant ist außerdem die Ausstellung zu den Indianerkulturen Kanadas.
**Royal Ontario Museum**, *100 Queen's Park, Bloor St./Ecke Avenue Rd., ☏ 416-586-8000, www.rom.on.ca, tgl. 10–17.30, im Sommer Fr 10–20.30 Uhr, Eintritt Erwachsene $ 20, Senioren $ 17, Studenten und Jugendliche $ 16,50, Kinder 4–14 J. $ 14, bei Sonderausstellungen andere Preise.*

Zum Museumskomplex gehört auch das **Gardiner Museum (20)**. Es ist das einzige Museum dieser Art in Nordamerika, mit guten Sammlungen europäischer Keramikkunst des 15.–18. Jh. Außerdem gibt es eine interessante Ausstellung präkolumbianischer Kunst. Im Museumsshop findet man kanadische Keramik; originell sind die verschiedenen Teekannen.

**Gardiner Museum**, *111 Queen's Park, ☏ 416-586-8080, www.gardinermuseum.on.ca, Mo, Di u. Do 10–18, Mi u. Fr 10–21, Sa/So 10–17 Uhr, Eintritt Erwachsene $ 15, Senioren $ 11, Studenten $ 9, Kinder und Jugendliche unter 18 J. frei.*

Schön ist ein Spaziergang auf dem **Philosopher's Walk**, einem Flanierweg im Grünen, der das Royal Ontario Museum mit dem Universitätsgelände verbindet.

Nur fünf Gehminuten entfernt ist das **Bata Shoe Museum (21)**, das anhand von über 10.000 Schuhen die Geschichte und Herstellung der Fußbekleidungen von den Anfängen bis zur Gegenwart erklärt; zu sehen sind u.a. Schuhe von Elvis Presley, Elton John, Schuhwerk aus dem 17. Jh., Socken von Napoleon und Schuhe der Apollo-Astronauten. *Napoleons Socken*
**Bata Shoe Museum**, *327 Bloor St. W., ☏ 416-979-7799, www.batashoemuseum.ca, Mo–Sa 10–17, Do 10–20, So 12–17 Uhr, Eintritt Erwachsene $ 14, Senioren $ 12, Studenten $ 8, Kinder 5–17 J. $ 5, Familienkarte $ 24 bzw. $ 35.*

**Hinweis**

Um in das sehenswerte Viertel Yorkville zu kommen, braucht man nur die hinter dem ROM verlaufende Bloor Street zu überqueren.

## Yorkville und The Annex

Yorkville ist eines der teuersten Einkaufsviertel Torontos; in den viktorianischen Häusern dieses Stadtteils finden sich vor allem exklusive Boutiquen, Pelzgeschäfte, Juweliere, Antiquitätenläden und Galerien, aber auch die angesehenen Ladenkomplexe Hazelton Lanes und Cumberland Court. Hübsch anzusehen sind außerdem die Innenhöfe und Gärten. Straßencafés bieten sich an für erholsame Pausen.

Im Osten wird Yorkville durch die **Yonge Street** begrenzt, wo an der Kreuzung mit der Bloor Street das große Kaufhaus The Bay liegt; im Westen Yorkvilles verläuft die Spadina Avenue, an der in einem gepflegten Park die viel besuchte Sehenswürdigkeit Casa Loma liegt.

**Casa Loma (25)** ist eine Kuriosität, 900 m nördlich der Bloor Street, die sich der kanadische Finanzier und Multimillionär Sir Henry Pellatt zwischen 1911 und 1914 für $ 3 Mio. nach dem Vorbild einer mittelalterlichen Burg bauen ließ. Nach der Fertigstellung hatte das Schloss nicht nur Türme, Zinnen und unterirdische Gänge, sondern auch 98 mit kostbaren Möbeln und Kunstgegenständen eingerichtete Zimmer, prachtvolle Ballsäle, 30 Badezimmer mit vergoldeten Wasserhähnen, 25 offene Kamine, einen Swimmingpool, eine Orgel und den angeblich größten Weinkeller Nordamerikas. Sir Pellatt lebte nur wenige Jahre in seiner Burg. Da er 1920 aufgrund der Weltwirtschaftskrise Teile seines Vermögens verlor, konnte er die hohen Grundsteuern für die Casa Loma nicht mehr bezahlen und musste den Besitz an die Stadt Toronto abtreten. Das Schloss wurde für kurze Zeit als Hotel geführt; heute ist es nicht nur eine Touristenattraktion, sondern wird von den Einheimischen und besonders von Brautpaaren gerne als Ort für private Festlichkeiten gemietet.
**Casa Loma**, *1 Austin Terrace, an den Spadina und Davenport Rds., ☏ 416-923-1171, www.casaloma.org, tgl. 9.30–17 Uhr, Eintritt Erwachsene $ 30, Senioren u. Jugendliche 14–17 J. $ 25, Kinder 4–13 J. $ 20.*

Nur ein paar Schritte entfernt liegt ein herrschaftliches Anwesen aus dem Jahr 1866, das **Spadina Historic House and Gardens (26)**. Das restaurierte Haus ist mit antikem Mobiliar eingerichtet und kann ebenso wie sein Garten besichtigt werden; besonders einladend ist die Küche im edwardianischen Stil. Dort werden manchmal Gerichte nach Rezepten jener Zeit gekocht.
**Spadina Historic House and Gardens**, *285 Spadina Rd., ☎ 416-392-6910, www.toronto.ca/explore-enjoy/history-art-culture/museums/spadina-museum, April–Aug. Di–So 12–17, sonst Di–Fr 12–16, Sa/So 12–17 Uhr, Eintritt Erwachsene $ 10, Senioren u. Jugendliche 13–18 J. $ 8, Kinder 6–12 J. $ 6.*

Zu beiden Seiten der Spadina Road liegt zwischen Bathurst Street und Avenue Road der Stadtteil **The Annex** mit altem Baumbestand und Häusern aus der Zeit des ausgehenden 19. Jh., in denen sich originelle Geschäfte und Boutiquen, Secondhandläden, Antiquariate und kleine Restaurants befinden.

 Tipp

Wenn man nach den vielen kulturellen Besichtigungen eine Pause braucht, schaut man sich die interessanten Stadtviertel an, z. B. Kensington Market, Chinatown oder Little Italy; in den kleinen Geschäften stöbern oder nach dem ureigenen Traumhaus Ausschau halten kann man in **Rosedale**, nördlich der Bloor St. und östlich der Yonge St. Einen Einblick in den multikulturellen Charakter der Stadt vermittelt ein Spaziergang vom Kensington Market durch die College St. über die Bathurst St. und die Queen St. nach Chinatown. Unterwegs begegnen einem tibetische, jamaikanische, mexikanische, portugiesische, italienische und äthiopische Restaurants. In der Bathurst St. steht eine orthodoxe Kirche nur wenige Schritte entfernt von einem buddhistischen Tempel. Besonders exotisch wird es schließlich in Chinatown mit seinen exotischen Aromen, Restaurants und Läden.

## Kensington Market, Chinatown und Little Italy

Westlich der Spadina Avenue, zwischen Queen Street W. und College Street, liegen der Kensington Market und Torontos Chinatown.

*Babylonisches Sprachengewirr*

Im **Kensington Market (22)** trifft man Menschen aller Hautfarben und Nationalitäten, die in nahezu allen Sprachen der Welt Waren aller Art kaufen und verkaufen. Das Angebot reicht von tibetischen Gebetsfahnen über mexikanisches Essen bis hin zu Computerzubehör. In der Anfangszeit ließen sich an diesem Ort vornehmlich europäische Juden und Einwanderer aus Süd- und Südosteuropa nieder, denen weitere Migranten aus zahlreichen anderen Ländern folgten. Alle brachten ihre Sitten, Lebens- und Glaubensformen mit und versuchten, diese in der neuen Heimat zu bewahren. So sind es vor allem jüdische, italienische, portugiesische und aus der Karibik stammende Händler, die dem täglich stattfindenden Markt vor den alten Häusern und in den Gassen sein lautes, buntes und sehr geschäftiges Gepräge geben. Zwischen den Waren, den Fischhändlern und Metzgern, den Blumenständen und Schallplattenläden gibt es Cafés und Snackbars, und am Abend laden urige Kneipen zur Livemusik ein. Der Markt ist gewöhnlich sieben Tage pro Woche geöffnet (Ausnahme: Weihnachten und Neujahr). Die beste Zeit für den Besuch ist zwischen 11 und 19 Uhr. Viele der

*Die Market Bakery am Kensington Market*

Lebensmittelläden öffnen jedoch früher. Bars, Restaurants und Kneipen indes haben abends länger auf.

Südlich vom Kensington Market, nur durch die Dundas Street W. getrennt, breitet sich in den kleinen Straßen zwischen Beverley Street und Bathurst Street Torontos **Chinatown (23)** aus. Während in der ersten Hälfte des letzten Jahrhunderts nur etwa 4.000 Chinesen in Toronto lebten, wuchs die Zahl nach dem Zweiten Weltkrieg rasch an. Heute leben hier über 100.000 Chinesen; hinzukommen Einwanderer aus anderen Ländern Südostasiens, darunter viele Vietnamesen, die alle auf engem Raum zusammenleben. Einen Hauch von Fernost vermitteln die vielen Menschen, die bunten Reklameschilder mit den chinesischen Schriftzeichen, die zweisprachig abgefassten Straßenschilder, die aus den Häusern nach außen dringende fremdartige Musik und die exotischen Gerüche, die aus den vielen Garküchen und Restaurants strömen.

*Asiatisches auf Schritt und Tritt*

Mittelpunkt ist das **Chinatown Centre**, ein chinesisches Einkaufszentrum in der Spadina Avenue; daneben gibt es Lebensmittelgeschäfte mit asiatischen Obst- und Gemüsesorten, Kräutern, Fischen und Meeresfrüchten sowie fertig zubereiteten Delikatessen, und winzige Läden mit fernöstlichen Alltagsgegenständen: Koch- und Essgeschirr, Essstäbchen, Bambuskörbe, Rattanmöbel, aber auch Geschäfte mit kostbarem Porzellan, Elfenbeinschnitzereien, Jadeschmuck und bestickter Seidenkleidung.

Westlich der Bathurst Avenue erstreckt sich **Little Italy** rund um die College Street. Aber wo früher viele italienische Geschäfte und Pizzerien existierten, gibt es heute nur noch wenige echte italienische Restaurants, stattdessen hat sich Little Italy zu einem beliebten Ausgehviertel mit Kneipen und Restaurants vor allem für junge Leute gemausert. Die meisten Bewohner mit italienischen Wurzeln sind in andere Stadtteile, z.B. nach **Corso Italia**, St. Clair Avenue W., oder in die Vorstädte gezogen.

## Tipps für Foodies

Die faszinierende Food-Szene in der multikulturellsten Stadt Kanadas erkundet man am besten bei einem Besuch im Kensington Market mit seinen internationalen Spezialitäten. Das Angebot im St. Lawrence Market besitzt internationales Renommee. Eine gute Möglichkeit, die Food-Szene Torontos kennenzulernen, bietet die Teilnahme an einer Food Tour (www.tofoodtours.com). Oder man macht es wie die Einheimischen und probiert trendige Speisen wie Pulled Pork, Poutine oder vegane Spezialitäten von Food Trucks. Die angesagtesten und neuesten Trucks finden sich auf dieser Website: https://torontofoodtrucks.ca.

Unbedingt probieren sollte man:
**Peameal Bacon Sandwich** – von der Carousel Bakery im St. Lawrence Market.
**Indianisches Bannock-Brot** – das gibt's im Hudson's Bay Store an der Queen St./Ecke Yonge St.
**Fiddleheadfarne** – Saison ist im Mai. Dann gibt es sie auf Bauernmärkten zu kaufen, und dann stehen sie auch auf den Speisekarten von Restaurants.
**Lake Erie Pickerel** – diesen Fisch servieren Restaurants in Toronto und in der Niagara-Region.
**Red Fife Wheat** – dieser Weizen ist beliebt wegen seines Nussgeschmacks. Man findet ihn auf Bauernmärkten oder im St. Lawrence Market.
**Maple Water** – das mit Ahornsirup angereicherte Wasser wird in Bioläden oder in Restaurants wie Café Belong (550 Bayview Ave.) angeboten.
**Niagara Icewine** – sollte man kosten, selbst wenn man keinen Dessertwein mag. Am besten natürlich beim Besuch eines Weinguts in der Niagara-Weinregion.
**Butter Tarts** – klebrig-süße Törtchen, z.B. in der Toffee-Version in Mabel's Bakery (mehrere Filialen, z.B. 1156 Queen St. W).
**Birch Syrup** – die hellere Sirup-Version Kanadas schmeckt nach Karamell, Honig und Lakritze. Erhältlich ist er z. B. bei Forbes Wild Foods (2 Matilda St.).

## Old Town, St. Lawrence und Distillery Historic District

*Ein Hingucker: das Bügeleisengebäude*

Östlich der Yonge Street zwischen Queen Street E. im Norden und King Street E. im Süden liegt die **Old Town** mit Gebäuden aus dem 19. Jh. wie z.B. **Toronto´s First Post Office**, 260 Adelaide Street. Dieses ist Philatelisten bis heute einen Besuch wert. Sehenswert ist außerdem das **Flat Iron Building**, 49 Wellington Street, das 1892 errichtet wurde. Nicht umsonst heißt es übersetzt das „Bügeleisen-Gebäude".

Rund um den **St. Lawrence Market**, 93 Front Street E., schlug die Geburtsstunde der Stadt Toronto, als dem Lake Ontario Land abgerungen wurde. Der älteste Markt, der erstmals 1803 stattfand, besteht aus drei Gebäuden: im „North Market" bieten Bauern aus der Umgebung auf dem Farmers' Market (Sa 5–15 Uhr) ihre frischen Produkte an. Im ersten Rathaus der Stadt befindet sich heute der „South Market". Dort gibt es (Di–Do 8–18, Fr 8–19, Sa 5–17 Uhr) Delikatessen, Fleisch, Fisch, Käse, Brot, Tees, Blumen und Pflanzen und die Arbeiten von Künstlern, Galeristen und Kunsthandwerkern. Im 2. Stock von South Market findet sich die „Market Gallery" mit wechselnden Ausstellungen zur Stadtgeschichte. Die elegante St. Lawrence Hall nutzt man für Tagungen, Konferenzen und festliche Anlässe.

Östlich von St. Lawrence Market, zwischen Parliament, Mill Street und Cherry Street, liegt der **Distillery Historic District**, ein ehemaliges Brauereiviertel mit der im 19. Jh. größten Destillerie der Welt. Das Gelände mit Kopfsteinpflasterstraßen und 44 denkmalgeschützten Backsteinhäusern aus viktorianischer Zeit wurde aufwendig restauriert. Es ist heute ein beliebtes Vergnügungsviertel mit Cafés, Restaurants, Musikkneipen, Boutiquen und Läden zum Stöbern, aber auch mit Galerien, Ateliers, einem Kulturprogramm mit Theateraufführungen und Jazzkonzerten im Sommer und einem Weihnachtsmarkt im Winter. Wegen seiner besonderen Atmosphäre wurde der Distillery District schon häufig als Filmkulisse genutzt. In den Sommermonaten werden Führungen und Segway-Touren angeboten.

*Beliebte Filmkulisse*

## Parks, Wanderwege und Spaziergänge

Besonders beliebt ist der **High Park** im Westen der Stadt an der Bloor Street W. und Parkside Drive, den man mit der U-Bahn erreicht (Haltestellen Dundas West oder High Park). Im größten Park der Stadt mit den Hillside Gardens, dem Grenadier Pond und der Colborne Lodge warten Rad- und Wanderwege, schön angelegte Beete und Naturpfade, ein Streichelzoo, Ententeiche und Pferdekoppeln, ein Bootsverleih, Picknickplätze, ein Restaurant – und in den Sommermonaten kann man den Konzertveranstaltungen lauschen.

In den **Kew Gardens**, die zwischen Queen Street E. und Harbourfront liegen, finden in den Sommermonaten Festivals, Konzerte und Ausstellungen statt, im Juli z. B. Kanadas größtes Jazz-Festival, das Beaches International Jazz Festival.

Der **Toronto Music Garden** liegt sehr schön am Marina Quay West mit Blick auf den Lake Ontario. Die insgesamt sechs Gärten wurden in Anlehnung an die Cello-Suite Nr. 1 von Johann Sebastian Bach gestaltet. Bei gutem Wetter finden von Juli bis Mitte September donnerstags um 19 Uhr und sonntags um 16 Uhr Konzerte statt. Im Sommer werden Gartenführungen angeboten, die die Geschichte und Anlage des Gartens zum Thema haben, Dauer: 45 Minuten. Die kostenlosen Touren beginnen am Westende der Prelude Sektion des Gartens und finden außer bei starkem Regen, Gewitter oder extremer Hitze vom 5. Juni bis zum 25. September mittwochs um 11 Uhr, vom 27. Juni bis zum 22. August zusätzlich donnerstags um 17.30 Uhr statt.
**Toronto Music Garden**, *479 Queen´s Quay W., ☏ 416-973-4000, Erklärungen zur Musik und zur Gartengestaltung gibt es im Marina Quay West Information Centre, 235 Queen´s Quay W., Kopfhörer $ 6.*

Bei Spaziergängern, Radfahrern und Joggern besonders beliebt sind der **Martin Goodman Trail**, der sich über 22 km an der Hafenfront entlangzieht, der 16 km lange **Humber River Trail** im Westen der Stadt und der 18 km lange, gelegentlich ansteigende **Don Valley Trail** im Osten. Schön sind auch die Wege im **Taylor Creek Park**, die am Bach entlangführen, oder im **E. T. Seton Park**.

Im Stadtgebiet von Toronto werden **Discovery Walks** angeboten. Diese durch Hinweisschilder gekennzeichneten Spaziergänge, die auch für Familien mit Kindern geeignet sind, führen durch besonders interessante Viertel, zu schönen Grünanlagen und Strandabschnitten am Lake Ontario oder zu historischen Sehenswürdigkeiten.

*Wege für Entdecker*

# Toronto Islands Park

Nur 3 km vom Hafen entfernt liegen die Toronto Islands im Lake Ontario. Sie sind ein beliebtestes Ausflugsziel von Einheimischen und Besuchern gleichermaßen. Bevor man

*Blick von den Toronto Islands auf die Skyline der Metropole*

mit der Fähre hinüberfährt, sollte man sich Zeit nehmen, um sich im **Queen's Quay Terminal (24)** mit über hundert Geschäften und Boutiquen, Cafés, Restaurants, Wasserspielen, Marktbuden und einem Tanztheater umzuschauen oder an der Promenade das bunte Treiben zu genießen.

Vom **Queen's Quay Island Ferries Terminal**, am Beginn der Bay Street, fahren die Fähren in nur zehn Minuten hinüber zu den drei größeren Inseln Ward's Island, Centre Island und Hanlan's Point. Zum Archipel gehören noch kleinere, teilweise bewohnte Inseln, die durch Brücken miteinander verbunden sind. Die Inseln sind für die Großstädter mit Schwimmbädern, Wasserrädern, Stränden, Dünen, Lagunen, Spiel-, Sport- und Picknickplätzen, Wander- und Fahrradwegen, Kanu- und Bootsverleih ein beliebtes Erholungsgebiet. Im Sommer locken Folk-, Jazz- und Reggae-Festivals Besucher an, die bei Sonnenuntergang den prächtigen Blick auf die Skyline von Toronto genießen. Höhepunkt des Jahres ist die Anfang August stattfindende „Caribana" mit Musik, Tänzen und Paraden aus der Karibik.

**Fähren**

*Die Abfahrtsstelle der Fähren liegt hinter dem „Westin Harbour Castle Hotel", Fahrtdauer nach Wards Island Dock 10 Min.* **Informationen**: *www.torontoisland.com/ferry.php.*

## Kulturstadt Toronto

**Hinweis**

Mit dem „**Toronto City Pass**" kann man fünf der bekanntesten Sehenswürdigkeiten zum ermäßigten Eintrittspreis kennenlernen: den CN Tower, die Casa Loma, das Royal Ontario Museum, das Ripley's Aquarium of Canada, den Toronto Zoo oder das Ontario Science Centre. Das Gutscheinheft ist für neun Tage gültig und erspart lange Warteschlangen an den Kassen. Der Pass kostet für Erwachsene ca. $ 100, für Kinder von 4–12 Jahren ca. $ 68 (online günstiger). Weitere Informationen unter ☏ 208-787-4300, http://de.citypass.com/toronto.

## Weitere Museen in Toronto

- **The Redpath Sugar Museum**, hier erfährt man alles Wissenswerte über Herstellung, Verpackung, Versand und Gebrauch von Zucker sowie über gesunde Ernährung; *95 Queens Quay E., ☏ 416-366-3561, redpathsugar.com, telefonische Voranmeldung erwünscht unter ☏ 416-933-8341.*
- **Toronto Police Museum and Discovery Centre**, der Besucher lernt hier Arbeitsgeräte, Uniformen, Arbeitsmethoden und interessante Fälle der Polizeiarbeit kennen. Eine telefonische Voranmeldung ist erforderlich; *40 College St., ☏ 416-808-7020, www.torontopolice.on.ca/museum.*
- **Toronto's First Post Office**, das schon 1833 eröffnete Postamt wird noch heute als Postamt genutzt und zeigt im angeschlossenen Museum das Postwesen in früherer Zeit. Philatelisten freuen sich über einen Stempel mit der Aufschrift „York Toronto 1833"; *260 Adelaide St. E., ☏ 416-865-1833, www.townofyork.com, Mo–Fr 9–17.30, Sa 10–16, So 12–16 Uhr.*

## Übersicht über Theater und Konzerthallen

- **Sony Centre for the Performing Arts**, das Kulturzentrum ist mit 3.220 Plätzen Torontos größtes Theater. Es stammt aus dem Jahr 1960 und ist für seine modernen Shows und Broadway-Musicals bekannt; *1 Front St. E., ☏ 1-855-872-7669, www.sonycentre.ca.*
- **Four Seasons Centre For the Performing Arts**, Torontos großes Opernhaus mit Vorstellungen des „National Ballet of Canada" und der „Canadian Opera Company"; *145 Queen St. W., ☏ 416-363-8231, 1-800-250-4653, www.coc.ca.*
- **Royal Alexandra Theatre**, das Theater wurde 2016/2017 restauriert und erinnert mit seinen Plüschsitzen, dem barocken Dekor, den Logen und Rängen an die großen europäischen Theater. Im Theater werden Musicals und moderne Shows aufgeführt; *260 King St. W., ☏ 416-872-1212, 1-800-461-3333, www.mirvish.com.*
- **Elgin & Winter Garden Theatres**, es lohnt sich, an der einstündigen Führung teilzunehmen, denn das Besondere dieses Theatergebäudes ist, dass zur optimalen Nutzung des Geländes 2 Theater übereinander gebaut wurden; *189 Yonge St., ☏ 416-314-3718, www.heritagetrust.on.ca, einstündige Führungen jeweils Mo 17, Sa 10 Uhr, Erwachsene $ 12, Senioren und Studenten $ 10, Bargeld.*

  *Zwei Theater übereinander*
- **Ed Mirvish Theatre**, eines der schönsten Theater von Toronto, schon in den 1920er-Jahren erbaut, dann als Kino benutzt und 1989 mit der sehr erfolgreichen Aufführung des „Phantom of the Opera" wiedereröffnet; *244 Victoria St., ☏ 416-872-1212, 1-800-461-3333, www.mirvish.com.*
- **Princess of Wales Theatre**, das Theater wurde 1993 für Aufführungen des Musicals „Miss Saigon" gebaut und bietet 2.000 Zuschauern Platz; *300 King St. W., ☏ 416-872-1212, 1-800-461-3333, www.mirvish.com.*
- **Massey Hall**, die Konzerthalle aus dem Jahr 1894 bietet 2.757 Zuschauern Platz und wird wegen ihrer guten Akustik geschätzt; wie in der Vergangenheit treten hier große, international bekannte Künstler und Orchester auf. **Hinweis**: Massey Hall ist voraussichtlich bis zum Herbst 2020 wegen Renovierung geschlossen; *178 Victoria St., ☏ 416-872-4255, www.masseyhall.com.*
- **Roy Thomson Hall**, das „Toronto Symphony Orchestra" ist in der modernen Konzerthalle aus dem Jahr 1982 ebenso zu Hause wie der „Toronto Mendelssohn Chor"; neben klassischen Konzerten mit erstklassigen Solisten findet alljährlich im Juni das „Toronto Jazz Festival" statt; *60 Simcoe St., ☏ 416-872-4255, www.roythomson.com.*

 Tipps

**Ticketmaster**, ☏ 1-855-985-4357, www.ticketmaster.ca, ist Kanadas größter Anbieter für Eintrittskarten für Theater-, Musik-, Tanz- und Sportveranstaltungen.
**Ein besonderer Tipp**: Eintrittskarten für denselben Tag und bis zu 30 Tagen vor der Show gibt es online unter: www.todaytix.com/x/toronto/shows. Preisreduzierungen bis zu 50 % sind möglich.

## Sehenswertes in der Umgebung von Toronto

Der Botanische Garten von Toronto liegt südlich des Hwy. 401. Schöne Wege führen durch das Gelände mit Blumenrabatten, Felsengärten, Wasserfällen. Besonders reizvoll ist ein Spaziergang entlang dem Don River.
**Edwards Gardens**, *755 Lawrence Ave. E., ☏ 416-392-8188, http://torontobotanicalgarden.ca, der Garten ist ganzjährig bis zum Einbruch der Dämmerung geöffnet, die Gebäude mit Shop, Café und Bücherei Mo–Fr 9–17, Sa/So 10–17 Uhr, Eintritt frei. Kostenlose Touren werden angeboten, Spenden werden erwartet.*

*Naturwissenschaftliches Museum*

Im Nordosten der Stadt liegt das **Ontario Science Centre**. Das Museum wurde 1969 zur Erinnerung an die 100-jährige Geschichte Kanadas gebaut und zeigt Interessantes aus allen Bereichen der Naturwissenschaften; an interaktiven Installationen können Besucher selbst zu Forschern und Entdeckern werden. Eine Attraktion ist das **OMNIMAX Theatre** mit seiner 24 m hohen Leinwand.
**Ontario Science Centre**, *770 Don Mills Rd., ☏ 416-696-1000, www.ontarioscience centre.ca, Mo–Fr 10–16, Sa 10–19, So 10–17 Uhr, Eintritt Erwachsene $ 22, Senioren und Jugendliche von 13–17 J. $ 16, Kinder von 3–12 J. $ 13, Parkgebühr $ 10.*
**OMNIMAX Theatre**, *Erwachsene $ 13, Senioren, Jugendliche und Kinder $ 9; das Kombiticket kostet Erwachsene $ 28, Senioren und Jugendliche von 13–17 J. $ 22, Kinder von 3–12 J. $ 19.*

In Scarborough, etwa 40 km nordöstlich des Stadtzentrums, dehnt sich auf einer Fläche von 283 ha der **Toronto Zoo** aus. Der Park wurde nach Erdteilen und Klimazonen gegliedert, sodass die über 5.000 Tiere der über 500 Tierarten in einer natürlich wirkenden Umgebung leben. Besonders interessant sind der nordamerikanische Lebensraum mit Grizzlybären und Bisons, die acht tropischen Pavillons, die vier „Entdeckerpfade" und die Fahrt durch den Zoo mit dem Zoomobile oder der Monorail. Eine besondere Attraktion sind seit 2013 das Panda Interpretive Centre und zwei Pandabären.
**Toronto Zoo**, *Meadowvale Rd., Hwy. 401, Exit 389, ☏ 416-392-5929, www.toronto zoo.com, im Sommer tgl. von 9–19.30, im Winter Mo–Fr 9.30–16.30, Sa/So 9.30–18 Uhr, Eintritt Erwachsene (Sommer/Winter) $ 29/23, Senioren $ 24/18, Kinder von 3–12 J. $ 19/14, Parkgebühr $ 12.*

*Lebendige Vergangenheit*

Etwa 30 km nordwestlich der Innenstadt liegt das Freilichtmuseum **Black Creek Pioneer Village**, die Rekonstruktion eines Dorfes aus der Zeit von 1790–1860. In Wohnhäusern, Handwerksbetrieben, einer Mühle und einer Schmiede zeigen originalgetreu gekleidete „Pioniere" Szenen aus dem Alltag und erwecken so die Vergangenheit zum Leben.

**Black Creek Pioneer Village**, *1000 Murray Ross Pkwy., ☏ 416-736-1733, www.blackcreek.ca, Mai/Juni tgl. 10–16, Juli/Aug. 10–17, Sept.–23. Dez. 10–16, an Wochenenden Mai–Aug. 11–17, Sept.–23. Dez. 11–16.30 Uhr, Eintritt Erwachsene $ 15, Studenten und Senioren $ 12, Kinder von 5–14 J. $ 11, Parkgebühr $ 7.*

## Die Maler der Group of Seven

info

Zur „Group of Seven" zählen jene kanadischen Maler, die die erste rein kanadische Kunstrichtung schufen. Ausgedehnte Aufenthalte im Algonquin Provincial Park und im Norden Ontarios hatten den Maler Tom Thomson derart beeindruckt, dass er die Landschaft zum Gegenstand seines künstlerischen Schaffens machte. Die Maler Lawren Harris, A.Y. Jackson, J.E.H. MacDonald, Franklin Carmichael und gelegentlich auch Frederick Varley begleiteten ihn auf seinen Ausflügen in die Wildnis und entwickelten ihren eigenen Stil in der Darstellung der rauen kanadischen Landschaft.

Nach dem Tode Thomsons schlossen sich die Künstler mit Arthur Lismer und Frank Johnston zur „Group of Seven" zusammen und stellten erstmals 1920 gemeinsam in Toronto aus. Diese Ausstellung löste heftige Kritik aus. Kanadische Künstler hatten sich bis dahin dem Stil europäischer Malerei verhaftet gesehen; die Maler der „Group of Seven" aber stellten die raue Wildnis Kanadas dar, geleitet von einer Idee, die Jackson so formulierte: „Nur durch die Pflege einer eigenständigen kanadischen Kunst können wir uns zu einem Volk entwickeln." Die Arbeiten der „Group of Seven" wurden in Toronto, Montréal und in Städten der USA mit wechselndem Erfolg ausgestellt; seit 1932 sind sie als Vertreter einer der „größten Schulen der Landschaftsmalerei" anerkannt.

Etwa 40 km nordwestlich vom Stadtzentrum liegt der Ort **Kleinburg** mit der sehenswerten **McMichael Canadian Art Collection**. Es ist eine Stiftung von Robert und Signe McMichael, die 1952 das Land in der Hügellandschaft des Humber Valley kauften. Sie bauten ein Haus aus Holz und Stein und sammelten Landschaftsbilder kanadischer Künstler. Ihre Sammlung wurde so bekannt, dass sie sich 1965 entschlossen, Haus und Gemäldesammlung der Provinz von Ontario zu schenken. Die einzigartige Sammlung kanadischer Kunstwerke, die inzwischen auf über 5.000 Werke angewachsen ist, umfasst Arbeiten der kanadischen Maler Tom Thomson, David Milne, Emily Carr, der „Group of Seven" und zeitgenössischer Künstler sowie Skulpturen, Schnitzarbeiten und Lithografien von Indianern und Inuit und wird durch Sonderausstellungen ergänzt.

*Über 5.000 Kunstwerke*

**McMichael Canadian Art Collection**, *10365 Islington Ave., westlich vom Hwy. 400, ☏ 905-893-1121, www.mcmichael.com, Mai–Okt. tgl. 10–17, sonst Di–So 10–16 Uhr, Eintritt Erwachsene $ 18, Senioren und Studenten $ 15, Kinder unter 5 J. frei, Familienkarte $ 36, Di günstiger, Parkgebühr $ 7.*

### Tipp

Man sollte sich Zeit nehmen für einen Spaziergang auf dem wunderschönen Parkgelände, für ein Picknick oder für ein Essen in dem vorzüglichen Restaurant des Museums.

## Reisepraktische Informationen Toronto

Stadtplan siehe hintere Umschlagklappe

### Information

**Tourism Toronto,** *207 Queen's Quay W., ☏ 416-203-2500, 1-800-499-2514, www.seetorontonow.com, Mo–Fr 8.30–17 Uhr.*
**Tourist Information Centre Union Station,** *65 Front St.W., ☏ 416-392-9300, www.ontariotravel.net, tgl. 10–18 Uhr, die Touristeninformation befindet sich im Bahnhofsgebäude zwischen der Panorama Lounge und der UP Express Station im Skywalk.*

*In beiden Zentren gibt es ausführliches, kostenloses Informationsmaterial zu allen Sehenswürdigkeiten, Stadt- und Fahrpläne. Außerdem: Hotelreservierungen in Toronto und Ontario.*

### Telefon-Hinweis

Es gibt **drei** Vorwahlnummern für die Stadt: Central Toronto hat die Vorwahl 416, die Vororte haben die Vorwahl 905, und neue Anschlüsse die Vorwahl 647. Auch bei Ortsgesprächen muss immer die Vorwahlnummer mitgewählt werden, sodass alle Rufnummern zehnstellig sind.

#### Wichtige Anschriften und Telefonnummern

**Polizei, Feuer, Medizinischer Notdienst:** *☏ 911*
**Behinderten-Notruf:** *☏ 416-338-0338*
**Canadian Automobile Association CAA:** *☏ 416-221-4300, 1-800-268-3750, www.caa.ca*
**Wetterbericht:** *☏ 416-661-0123*

### Unterkunft

*Für die Hauptreisezeiten im Sommer und Herbst sowie während der Messen empfiehlt sich eine rechtzeitige Zimmerreservierung.*
*Gleich am Flughafen kann man sich an einer Schautafel über die freien Hotelkapazitäten informieren und eine telefonische Reservierung vornehmen.*
*Infos und Reservierungen auch bei* **Toronto Convention & Visitors Association,** *207 Queen's Quay W., ☏ 416-203-2500, 1-800-499-2514, www.seetorontonow.com, Mo–Fr 8.30–17 Uhr.*
*Viele der großen Hotels in der Innenstadt bieten bei vorheriger Reservierung reduzierte Wochenendpreise an.*

#### Hotels in Flughafennähe

$$$–$$$$ **Best Western Plus Toronto Airport Hotel,** *5825 Dixie Rd., Mississauga, ☏ 905-670-8180 oder 1-800-260-3333, www.bestwesterntorontoairportwest.com, gut geführtes Hotel mit 164 geräumigen Zimmern, Pool, Sauna, Restaurant und kostenlosem Zubringerdienst zum Flughafen.*
**$$$$$ Embassy Suites by Hilton,** *262 Carlingview Dr., Etobicoke, 1,5 km entfernt, ☏ 416-674-8442, https://embassysuites3.hilton.com, Mittelklassehotel mit gut ausgestatteten Zimmern, Fitnesscenter, Restaurant und kostenlosem Flughafenshuttle.*
**$$$$$ Hilton Toronto Airport Hotel & Suites,** *5875 Airport Rd., Mississauga, ☏ 905-677-9900, http://hiltonhonors3.hilton.com, ca. 2 km entfernt liegendes Hotel mit 419 geräumigen, ansprechend eingerichteten Zimmern. Zum Angebot gehören außerdem ein italienisches Restaurant, Pool, Sauna, Fitnesscenter und Flughafentransfer.*

**$$$$$ Sheraton Gateway Hotel**, *am Terminal 3, ☏ 905-672-7000, 1-800-325-3535, www.sheraton.com/torontoairport, dieses Hotel ist das einzige im Flughafengebäude mit direktem Zugang zu den Terminals, mit 474 komfortablen, ruhigen Zimmern, Pool, Sauna und Restaurant.*

**Hotels im Zentrum**

**$$$$ The Beverly Hotel (2)**, *335 Queen St. W., ☏ 416-493-2786, www.thebeverlyhotel.ca, Boutiquehotel mit einfachem Dekor in fußläufiger Lage zum Stadtzentrum. Restaurants gibt es in der Umgebung.*

**$$$$–$$$$$ Bond Place Hotel (14)**, *65 Dundas St. E., ☏ 416-362-6061, www.bondplace.ca, angenehmes Haus mit modern eingerichteten Zimmern und Restaurant ganz in der Nähe des Eaton Centre.*

**$$$$–$$$$$ Holiday Inn Toronto Downtown Centre (10)**, *30 Carlton St., ☏ 416-977-6655, 1-800-181-6068, www.holidayinn.com, in der Nähe der Yonge St. gelegenes Hotel mit 536 Zimmern, Pool, Sauna und Restaurant.*

**$$$$$ Cambridge Suites Hotel (17)**, *15 Richmond St. E., ☏ 416-368-1990, www.cambridgesuitestoronto.com, die schönen 2-Raum-Suiten mit allem Komfort liegen sehr günstig zum Zentrum; im Haus gibt es eine Sauna, ein Fitnesscenter und einen Whirlpool.*

**$$$$$ Chelsea Hotel Toronto (9)**, *33 Gerrard St. W., ☏ 416-595-1975, 1-800-243-5732, www.chelseatoronto.com, unweit des Eaton Centre, große Zimmer, zur Innenstadt geht man 15 Min. zu Fuß.*

**$$$$$ Holiday Inn Express Toronto Downtown (18)**, *111 Lombard St., ☏ 416-367-5555, www.hiexpress.com, renoviertes, verkehrsgünstig gelegenes Hotel mit Frühstück.*

**$$$$$ Hotel Victoria (21)**, *56 Yonge St., ☏ 416-363-1666, 1-800-363-8228, www.hotelvictoria-toronto.com, kleines, zentral in der Innenstadt gelegenes, schon 1909 eröffnetes Hotel mit 56 ordentlichen, aber sehr kleinen Zimmern.*

**$$$$$ Kimpton Saint George Hotel (5)**, *280 Bloor St. W., ☏ 416-968-0010, 1-800-181-6068, www.ihg.com, renoviertes, verkehrsgünstig gelegenes Hotel mit Frühstück.*

**$$$$$ Marriott Downtown at CF Toronto Eaton Centre (15)**, *525 Bay St., ☏ 416-597-9200, 1-800-905-0667, www.marriott.com/hotels/travel/yyzec-toronto-marriott-downtown-eaton-centre-hotel, sehr komfortables Hotel, das mit dem Eaton Centre verbunden ist, Innen-Swimmingpool und Fitness-Club, Bistro.*

**$$$$$ Park Hyatt Toronto (6)**, *4 Avenue Rd., ☏ 416-925-1234, www.parkhyatttoronto.com, sehr gutes Hotel gegenüber dem Royal Ontario Museum in Yorkville, von der Bar auf der Dachterrasse bietet sich ein sehr schöner Blick auf die Skyline von Toronto. Das Hotel wird gerade renoviert und 2020 wiedereröffnet.*

**$$$$$ Radisson Admiral Hotel Toronto-Harbourfront (26)**, *249 Queen's Quay W., ☏ 416-203-3333, 1-800-967-9033, www.radissonhotels.com, das elegante Hotel, das zukünftig unter dem Namen* **Radisson Blu Toronto Downtown** *firmiert, bietet rund 160 Zimmer an der Harbourfront sowie eine Dachterrasse mit schönem Blick auf den Lake Ontario.*

**$$$$$ Sheraton Centre Toronto Hotel (16)**, *123 Queen St. W., ☏ 416-361-1000, 1-888-236-2427, www.sheratontoronto.com, Luxushotel in zentraler Lage gegenüber der City Hall mit Garten und Wasserfall im Innenhof, Restaurant mit Panoramablick im 43. Stockwerk.*

**$$$$$ The Strathcona Hotel (23)**, *60 York St., ☏ 416-363-3321, www.thestrathconahotel.com, einfaches Hotel in zentraler Lage, nur 5 Gehminuten von CN Tower und Rogers Centre entfernt.*

**$$$$$ The Anndore House (7)**, *15 Charles St. E., ☏ 416-924-1222, 1-833-745-8370, https://theanndorehouse.com, kleines, freundliches Hotel mit persönlichem Service, günstige Lage zu den Geschäften der Bloor St.*

**$$$$$ The Fairmont Royal York (22)**, *100 Front St. W., ☏ 416-368-2511, 1-866-540-4489, http://thefairmontroyalyork.com, großes, elegantes und traditionsreiches Hotel der Canadian Pacific, 1929 gegenüber dem Hauptbahnhof erbaut. Das Wert auf Nachhaltigkeit legende Hotel hat im Juni 2014 auf der Dachterrasse ein „Bienen-Hotel" eröffnet; die begrünte Terrasse ist schon seit Jahren Heimat mehrerer Bienenstämme.*

**$$$$$ The Omni King Edward Hotel (20)**, *37 King St. E., ☏ 416-863-9700, www.omnihotels.com/hotels/toronto-king-edward, traditionsreiches, 1903 gebautes Hotel, mit Marmorsäulen und einer Glaskuppel, luxuriös ausgestattete Räume.*

**$$$$$ The Ritz-Carlton Toronto (12)**, *181 Wellington St. W., ☏ 416-585-2500, www.ritzcarlton.com/de/hotels/canada/toronto, ein elegantes Hotel in der Nähe des CN-Tower. Von den Zimmern, die dem Lake Ontario zugewandt sind, hat man einen atemberaubenden Ausblick auf den Turm und das Rogers Center. Käsekeller, Spa, exquisite Restaurants und exklusive Annehmlichkeiten im The Ritz-Carlton Club® Level.*

**$$$$$ The Westin Harbour Castle (25)**, *1 Harbour Sq., ☏ 416-869-1600, 1-888-627-8559, www.westinharbourcastletoronto.com, Luxushotel mit knapp 1.000 Zimmern in Zwillingstürmen, von denen sich ein herrlicher Blick über den Hafen und den Lake Ontario bietet, dazu alle Annehmlichkeiten, Sportanlagen, ausgezeichnete Restaurants.*

**$$$$$ Toronto Marriott Bloor Yorkville Hotel (3)**, *90 Bloor St. E., ☏ 416-961-8000, 1-800-859-7180, www.marriott.com/hotels/travel/yyzmc-toronto-marriott-bloor-yorkville-hotel, empfehlenswertes Hotel mit freundlichem Service, 256 geräumigen und gut ausgestatteten Zimmern in sehr verkehrsgünstiger Lage. Das Hotel ist in den Gebäudekomplex des Hudson Bay Shopping Centre integriert, hat eine Tiefgarage und direkten Zugang zur U-Bahnstation. Zu Fuß sind es nur wenige Minuten zum Eaton Centre, nach Yorkville und zum Royal Ontario Museum.*

**$$$$$ Toronto Marriott City Centre Hotel (24)**, *1 Blue Jays Way, ☏ 416-341-7100, 1-800-237-1512, www.marriott.com/hotels/travel/yyzbr-renaissance-toronto-downtown-hotel, elegantes Hotel im Rogers Centre, viele Sportmöglichkeiten.*

*Außerdem gibt es zahlreiche Hotels und Motels aller Preiskategorien* **im Nordosten der Stadt**, *die am Hwy. 401 ausgeschildert sind.*

### Bed & Breakfast

*Informationen über private Unterkünfte in Toronto und Umgebung erhält man bei* **Toronto Bed & Breakfast**, *☏ 512-322-2710, www.bedandbreakfast.com/toronto-ontario.html.*

**$$ Feathers Bed & Breakfast (1)**, *132 Wells St., ☏ 416-534-1923, www.bbcanada.com/1115.html. Elegantes, viktorianisches Haus in zentraler Lage mit hilfsbereiten Gastgebern.*

**$$–$$$ Toronto Garden Inn (11)**, *142 Seaton St., ☏ 647-346-4719, 1-866-945-1999, www.torontogardeninn.ca. Viktorianisches Haus ca. 1 km vom Dundas Square mit offenem Frühstücksbuffet.*

**$$$ Madison Manor Boutique Hotel (4)**, *20 Madison Ave., ☏ 416-922-5579, http://madisonmanorboutiquehotel.com, das kleine viktorianische Hotel mit 23 stilvoll eingerichteten Zimmern liegt in einer ruhigen Seitenstraße in der Nähe der U-Bahnstation Spadina.*

### Jugendherbergen

**$–$$ The Hostelling International Toronto Hostel (19)**, *76 Church St., ☏ 416-971-4440, 1-877-848-8737, www.hostellingtoronto.com, Jugendherberge und Familienunterkunft mit 182 Betten in Mehrbett- und Doppelzimmern, Gemeinschaftsraum, Küche und WLAN.*

**$$ Neill Wycik Hotel (13)**, *96 Gerrard St. E., ☏ 416-977-2320, 1-800-268-4358, www.neill-wycik.com, http://torontobackpackershotel.com, preiswerte, einfache Unterkünfte von Mitte Mai–Ende Aug. in einem Studentenwohnheim.*

**$$ Die Victoria University** (8), *140 Charles St.W., ☎ 416-585-4524, www.vicu.utoronto.ca, bietet während der Semesterferien einfache Unterkünfte in den Studentenwohnheimen an, Frühstück und die Benutzung der Sporteinrichtungen sind im Preis enthalten. Von Sept. bis April bietet das Burwash B&B 4 Doppelzimmer inkl. Frühstück an. Victoria University, 73 Queen's Park Crescent.*

### Campgrounds

**Glen Rouge Campground**, *7450 Kingston Rd., ☎ 1-855-811-0111, trca.ca/parks/glen-rouge-campground, einziger Campground innerhalb der Stadtgrenzen von Toronto, am Hwy. 2 östlich der Kreuzung Sheppard Ave./Port Union Rd. 125 Stellplätze (87 für RVs, 27 ohne Service, 5 für Backpacker).*

### Essen und Trinken

*Mehr als 20 Seiten des Branchenverzeichnisses umfasst die Übersicht über die Restaurants der Stadt, die die große ethnische Vielfalt widerspiegelt. Bei einem Bummel durch die Innenstadt oder durch die verschiedenen Wohnviertel fällt es nicht schwer, genau das Passende zu finden; das Angebot reicht von der kleinen Hamburger-Bude bis zur internationalen Spitzengastronomie.*

**Alo** (2), *163 Spadina Ave., ☎ 647-260-2222, http://alorestaurant.com, gehobenes Restaurant mit asiatischer Fusion Cuisine. Di–Sa 17.15–22 Uhr.*

**Barberian's** (4), *7 Elm St., ☎ 416-597-0335, www.barberians.com, eines der besten Steakrestaurants Torontos wurde in einem viktorianischen Haus eingerichtet. Mo–Fr 12–14 u. 17–24, Sa/So 16.30–24 Uhr.*

**Canoe** (10), *66 Wellington St. W., im Toronto Dominion Tower, ☎ 416-364-0054, www.canoerestaurant.com, das Canoe ist gleichermaßen bekannt für seine köstlichen, regionalen kanadischen Spezialitäten und für den schönen Blick, der sich vom 54. Stockwerk auf den Lake Ontario und die Toronto Islands bietet. Ab $ 13 für eine Vorspeise. Mo–Fr 11.45–14.30, ab 17 Uhr geöffnet.*

**George Restaurant** (5), *111C Queen St., ☎ 647-496-8275, https://georgeonqueen.com, gehobenes Restaurant mit guter Küche. Hochpreisig. Lunch Mo–Fr 12–14, Dinner Di–Sa 17.30–21.30 Uhr.*

**Mengrai Thai** (9), *82 Ontario St., ☎ 416-840-2759, https://mengraithai.ca, authentische, gut zubereitete thailändische Küche. Di 16–21.30, Mi 12–14 u. 16–21.30, Do 11.45–14 u. 16–21.30, Fr 11.45–14 u. 16–22.30, Sa 16–22.30, So 16–21.30 Uhr.*

**Rodney's Oyster House** (7), *469 King St. W., ☎ 416-363-8105, https://rodneysoysterhouse.com/toronto, das beliebte Restaurant ist bekannt für die Vielfalt der Saucen, die zu den Muschel- und Fischgerichten angeboten wird; erstklassig ist auch das „Lobster Chowder". Mittleres Preisniveau zwischen $ 12 und $ 30. Mo 11.30–22, Di 11.30–22.30, Mi/Do 11.30–23, Fr/Sa 11.30–24 Uhr.*

**Scaramouche** (1), *1 Benvenuto Pl., ☎ 416-961-8011, www.scaramoucherestaurant.com, exklusives Restaurant in Yorkville mit spektakulärem Blick auf das Zentrum Torontos. Preise zwischen ca. $ 20 und $ 50. Mo–Sa nur für Dinner geöffnet.*

**Taste of China** (8), *338 Spadina Ave., ☎ 416-348-8828, http://tasteofchinarestaurant.ca, gutes chinesisches Restaurant, das vorwiegend von chinesischen Familien besucht wird. Mo–Do 11.30–16, Fr/Sa 11.30–17, So 11.30–16 Uhr.*

**The Real Jerk** (3), *842 Gerrard St. E., ☎ 416-463-6055, www.therealjerk.com, preiswertes Restaurant mit Gerichten aus Jamaica und Reggae-Musik in einer farbenfrohen Umgebung. Mo/Di 11.30–22, Mi 11.30–23, Do 11.30–24.30, Fr 11.30–1, Sa 12–1, So 14–22 Uhr.*

**Rosalinda** (6), *133 Richmond St. W., ☎ 416-907-0650, www.rosalindarestaurant.com, lichtdurchflutetes, veganes Restaurant im Diner-Stil mit viel Grün; farbenfrohe und fri-*

*sche mexikanische Küche mit enchiladas, moles, Burgern und reichhaltigen Desserts; auch Brunch; Bar. So–Do 11–22, Fr/Sa 11–23 Uhr.*

**Kleine Köstlichkeiten für zwischendurch und fürs Picknick**
*Auf dem* **Yonge Street Strip***, dem Abschnitt der Yonge Street zwischen Dundas Street und College Street, gibt es Fast-Food-Restaurants aller Art. In der* **Underground City PATH** *findet man viele Lebensmittelmärkte; ein sehr guter asiatischer Lebensmittelmarkt ist im Tiefgeschoss von* **Dragon City** *in Chinatown, 280 Spadina Ave., angesiedelt. Eine reiche Auswahl frischer Lebensmittel für ein Picknick bieten* **St. Lawrence Market** *(Front St. und Jarvis St.) und* **Kensington Market** *(bei der Spadina und Dundas St.). Im* **Eaton Centre** *befinden sich in der Urban Eatery die verschiedenartigsten Imbiss-Stände, von Burgen, Thai Cuisine und Steakhouse ist für jeden Geschmack etwas dabei.*

## Pubs und Bars

**Allen's**, *143 Danforth Ave., ☏ 416-463-3086, www.allens.to, beliebte Bar im New Yorker Stil mit außergewöhnlicher Weinkarte und schönem Garten unter alten Weiden. Mo–Mi 11.30–24, Do/Fr 11.30–1, Sa 10.30–1, So 10.30–24 Uhr.*
**C'est What**, *67 Front St. E., ☏ 416-867-9499, www.cestwhat.com, in einem historischen Warenhaus, 40 lokale und importierte Biere vom Fass, regionale Weine, gelegentlich Livemusik. So/Mo 11.30–1, Di–Sa 11.30–2 Uhr.*
**Library Bar**, *100 Front St. W., ☏ 416-368-2511, www.fairmont.com/royal-york-toronto/dining/librarybar, Lounge mit ruhiger, entspannter Atmosphäre im Royal York Hotel. Man sitzt in bequemen Armsesseln in einer Bibliothek. Mo–Fr 11.30–1, Sa/So 17–1 Uhr.*
**Madison Avenue Pub**, *14 Madison Ave., ☏ 416-927-1722, www.madisonavenuepub.com, der Pub ist in 3 alten viktorianischen Häusern im britischen Stil eingerichtet, es gibt eine Pianobar, Billardtische, Tanzflächen und eine schöne Dachterrasse. Mo–Sa 11–2, So 11–24 Uhr.*
**The One Eighty**, *55 Bloor St. W., ☏ 416-967-0000, www.the51stfloor.com, im Manulife Centre, ein Express-Aufzug führt direkt hinauf ins 51. Stockwerk, wo man bei einem Cocktail, einem Kaffee oder einem ausgezeichneten Essen den schönen Blick auf die Skyline von Toronto, die Toronto Islands und einen herrlichen Weitblick genießt. Das Restaurant ist Mo–Do 17–24, Fr/Sa 17–2, So 11–24 Uhr geöffnet, abends sollte man einen Tisch reservieren.*
**Wayne Gretzky's**, *99 Blue Jays Way, ☏ 647-697-6468, www.gretzkys.com, Sportbar, die dem beliebten kanadischen Hockeystar Wayne Gretzky gehört. Mo–Do 11.30–1, Fr/Sa 11.30–2, So 11.30–24 Uhr.*

## Einkaufen

*Toronto zählt zu den besten Einkaufsstädten der Welt. Nicht nur das Superkaufhaus The Eaton Centre lädt zum Shopping ein, sondern auch Chinatown Centre mit fernöstlichen Kuriositäten, einige große Einkaufszentren und zahlreiche originelle und exquisite Geschäfte, Galerien und Boutiquen. An Wochenenden bieten große Kaufhäuser, wie z.B. The Bay oder Sears, gelegentlich* **„Surprise Sales“** *an; dabei werden an den Kassen Gutscheine verteilt, die für alle Waren gültig sind und eine Ersparnis von 10–50 % ausmachen können.*

**Einige der interessantesten Einkaufsgegenden im Überblick**
**Bloor Street**, *westlich der Yonge St., exklusive, teure Einkaufsstraße, auch Kanadas „Fifth Avenue“ genannt. Hier gibt es Designer-Geschäfte wie Holt Renfrew, Birk's, Chanel oder Tiffany's.*
*Torontos* **Chinatown** *wächst von Jahr zu Jahr und zieht sich an der Dundas St. und Spadina Ave. entlang. Hier kann man Fernöstliches aller Art erstehen, auch am Sonntag.*
**Front Street**, *in der Nähe des St. Lawrence Market, lebendige, aufstrebende Gegend mit interessanten und ausgefallenen Geschäften.*

**Harbourfront**, *am Queen's Quay, renovierte Handelshäuser mit interessanten Verkaufsständen, Geschäften und Boutiquen.*
**Toronto Antiques on King**, *284 King St. W., ☏ 416-260-9057, 1-855-260-9057, mit mehr als 30 Händlern, die Möbel, Porzellan, Bücher und Schmuck anbieten.*
**Hazelton Lanes**, *Avenue Rd./Yorkville Ave., wahrscheinlich Torontos exklusivste und teuerste Einkaufsgegend.*
**Manulife Centre**, *55 Bloor St.W., mit eleganten Geschäften, einer Bank, einem Foodcourt, Rolltreppen und Aufzügen. Ein Express-Aufzug führt direkt hinauf ins Restaurant Panorama im 51. Stock.*
**Mirvish Village/Markham Street**, *in der Nähe von Bloor St. und Bathurst St., in den eleganten viktorianischen Häusern warten kleine Kunstgalerien, Buchhandlungen und Boutiquen.*
**Queen Street West**, *zwischen University Ave. und Bathurst St., Gegend mit künstlerischem, avantgardistischem Anstrich wie New Yorks Greenwich Village. Hier finden sich gebrauchte Bücher, topmodische Kleidung und Galerien.*
**Suburban Shopping Malls**: *Auch in Torontos Vorstädten gibt es einige sehr gute Einkaufsgegenden. Zu den besten gehören:* **Square One** *mit 350 Geschäften in Mississauga, westlich von Toronto am Hwy. 10 und Burnhamthorpe Rd., und* **Woodbine Centre**, *ein großes Einkaufszentrum am Hwy. 27 in der Nähe des Flughafens mit Vergnügungspark im Inneren und Riesenrad.*

Für Besucher ein Erlebnis: das Einkaufsparadies Eaton Centre

**The Beaches**, *Queen St., östlich der Woodbine Ave., mit vielen ungewöhnlichen Geschäften, Eisdielen, Cafés und Pubs.*
**The Eaton Centre**, *Yonge St./Dundas St., wöchentlich besuchen über 1 Mio. Menschen dieses riesige, aufwendig mit Glas, Pflanzen und Wasserspielen gestaltete Einkaufszentrum mit mehr als 300 Geschäften. Auch nachdem die Kaufhäuser u. a. von Sears aufgekauft wurden, werden sie weiterhin unter dem Namen Eaton's geführt. Das Eaton Centre ist durch eine verglaste Fußgängerpassage mit dem* **The Bay-Kaufhaus** *verbunden.*
**Yorkville**, *in der Nähe von Bloor St. und Avenue Rd., ultraschicke, teure Einkaufsgegend mit Designer-Boutiquen, Juweliergeschäften und privaten Kunstgalerien; in den kleinen Seitenstraßen kann man manche Rarität entdecken.*

**Interessante Geschäfte**

**Craft Ontario**, *1106 Queen St., ☏ 416-921-1721, gutes kanadisches Kunsthandwerk und Kunst der Inuit und Indianer.*
**Mountain Equipment Co-op MEC**, *300 Queen St.W., ☏ 416-340-2667, ausgezeichnetes Geschäft für Wanderer und Camper.*
**Soma Chocolatemaker**, *443 King St. W., ☏ 416-599-7662, gleich an zwei Orten gibt es selbst hergestellte köstliche Schokolade, Pralinen und Trüffel: im Laden an der King Street und im kleinen Café im Distillery District, 32 Tank House Lane, ☏ 416-815-7662, mit seiner guten Kaffee-, Tee- und Schokoladen-Auswahl. Das Café ist Mo 11–19, Di–Sa 10–20, So 11–18 Uhr geöffnet.*
**Tilley Endurables**, *900 Don Mills Rd., ☏ 647-351-3511, bekanntes Geschäft mit Reise- und Abenteuerausstattungen von guter Qualität.*
**St. Lawrence Market, 93 Front St. E.**, *der Farmers' Market findet Sa ab 5 Uhr statt; South Market Di–Do 8–18, Fr 8–19, Sa 5–17 Uhr.*

## Rundfahrten/Touren/Besichtigungen/Führungen

**City Sightseeing Toronto**, *249 Queen's Quay W., ☏ 416-410-0536, www.citysightseeingtoronto.com, es werden „Hop-on-Hop-off"-Rundfahrten in roten Doppeldeckerbussen angeboten, mit 20 Haltestellen in der Nähe der wichtigsten Sehenswürdigkeiten; das Ticket ist für 2 aufeinanderfolgende Tage gültig und kostet mit beliebig vielen Fahrten für Erwachsene $ 38,05, Senioren und Studenten $ 34,51, für Kinder $ 20,35. Die Busse verkehren von Juni–Aug. tgl. von 9–17 Uhr im 15-Min.-Takt, in der übrigen Zeit von 9–15 Uhr in größeren Zeitabständen. Von Mai–Okt. ist eine Hafenrundfahrt eingeschlossen.*

**Harbour Star**, *☏ 416-410-0536, www.citysightseeingtoronto.com, Hafenrundfahrt zu den Inseln, Mai–Okt. Abfahrten am Harbourfront Centre, Dauer: 45 Min. Im Sommer fährt das erste Boot um 10.30 Uhr ab. Im Frühjahr und Herbst um 11.30 Uhr, wenn das Wetter es zulässt. Fahrpreis: Erwachsene $ 13,27, Senioren, Studenten und Kinder $ 10,62.*

**Toronto Harbour Tours**, *☏ 416-203-6994, www.harbourtourstoronto.ca, einstündige Hafenrundfahrten, Abfahrtsstelle Pier 6, 145 Queens Quay W./Ecke York St., April/Mai/Okt. tgl. alle 30 Min. von 11–16 Uhr, im Juni/Sept. 11–17, im Juni am Wochenende ab 12, Juli/Aug. 10–17, ab 22. Juni–Aug. 18–21 Uhr, im Frühjahr u. Herbst bis 16 Uhr, Winter geschl.*

**Mariposa Cruises**, *☏ 416-203-0178, www.mariposacruises.com, u. a. 45-Min.-Rundfahrten durch den Hafen und zu den Toronto Islands mit einem Flussdampfer, Erwachsene $ 29, Kinder 4–12 J. $ 22,50, Abfahrten am Queen's Quay Terminal Mai Sa/So, Juni–Sept. stdl. zwischen 12 u. 16 Uhr.*

**The Tall Ship Kajama**, *235 Queens Quay W., ☏ 416-203-2322, www.tallshipcruisestoronto.com, 2-stündige Fahrten entlang der Hafenfront auf einem Schoner für 72 Passagiere, Abfahrten am Queen's Quay Terminal alle 2 Std. Mai Sa/So 11.30–15.30, Juni Mo–Fr 13.30–19.30, Sa/So 11.30–21.30, Juli tgl. 11.30–21.30, Aug.–Mitte Sept. 11.30–19.30, Ende Sept. Do/Fr 13.30–19.30, Sa/So 11.30–19.30 Uhr. Erwachsene $31, Senioren $ 27,50, Jugendliche und Kinder ab 5 J. $ 17, Kinder bis 4 J. $ 3.*

### Spaziergänge

**Genova Tours**, *☏ 416-367-0380, www.genovatours.com, Führungen mit unterschiedlichen Themenstellungen für Einzelreisende und kleine Gruppen.*

**Heritage Toronto**, *157 King St. E., Historic St. Lawrence Hall, ☏ 416-338-1338, www.heritagetoronto.org, Mai–Okt. verschiedene geführte Spaziergänge durch Toronto.*

**Muddy York Walking Tours**, *☏ 416-487-9017, www.muddyyorktours.com, interessante Führung durch das historische Toronto.*

**TAP in TO!** *Toronto Greeters, ☏ 416-338-2786, www.toronto.ca/tapto, Spaziergänge mit Einheimischen durch die verschiedenen ethnisch geprägten Stadtviertel Torontos.*

## Verkehrsmittel

### Flughafen

*Torontos wichtigster Flughafen ist der* **Toronto Lester B. Pearson International Airport**, *☏ 416-247-7678, 1-866-207-1690, www.torontopearson.com, der ca. 27 km nordwestlich vom Stadtzentrum entfernt liegt. Der Flughafen hat 2 Terminals, die durch den* **LINK-Train** *miteinander verbunden sind; in allen Terminals gibt es Informationsstellen, Banken, Restaurants und Läden.*

**Flughafeninformationen** *erhält man unter ☏ 416-247-7678. Zurzeit werden alle internationalen Flüge in den Terminals 1 und 3 abgefertigt:*
*In* Terminal 1 *u. a. Air Canada, Lufthansa; in* Terminal 3 *u. a. British Airways, Condor, Air France und andere europäische Fluggesellschaften*

**Tipp**

Das Terminal 3 ist wegen seiner modernen Architektur und der aufwendigen Innengestaltung mit Glas und Stahl schon einen eigenen Besuch wert. Umschauen lohnt sich!

**Air Canada:** ☏ *1-888-247-2262*
**Lufthansa:** ☏ *1-800-563-5954*
**British Airways:** ☏ *1-800-247-9297*
**Air Transat:** ☏ *1-877-872-6728*

*Für die Fahrt vom Flughafen ins Zentrum und in Gegenrichtung gibt es:*
**Union Pearson Express (UP Express)**, *www.upexpress.com; UP Express bietet seit 2015 eine direkte Verbindung zwischen Flughafen (Terminal 1) und Union Station/Bloor Street im Stadtzentrum. Die schnellen, bequemen Züge fahren im 15-Min.-Takt, Fahrzeit ca. 25 Min., Fahrpreis: $ 12,35, Senioren und Jugendliche 13–19 J. $ 6,20. Für die Weiterfahrt zum Hotel kann man dann vom Bahnhof aus ein Taxi nehmen.*
**Taxis und Kleinbusse (limousine service)**, *Fahrzeit ca. 30–45 Min., Fahrpreis ins Zentrum ca. $ 50–60 pro Strecke.*
**Schnellbusse der TTC** *fahren vom Flughafen direkt zur U-Bahn-Station Kipling, von dort kann man in die U-Bahn zum Zentrum umsteigen, Fahrzeiten: Mo–Sa 5.30–2, So 8.15–14.15 Uhr, Fahrpreis: Erwachsene $ 3,25, Senioren (65+) und Studenten (13–19) $ 2,20, Kinder unter 12 J. frei.*
*Außerdem gibt es am Flughafen* **direkte Busverbindungen** *zu anderen Städten Ontarios, z.B. Kingston und Niagara Falls.*

### Öffentliche Verkehrsmittel

*Das öffentliche Verkehrssystem in Toronto (*Toronto Transit Commission TTC*) ist sehr gut organisiert. Dazu gehören 3 U-Bahn-Linien in Nord-Süd- bzw. West-Ost-Richtung mit sauberen, sicheren, pünktlichen und leistungsfähigen U-Bahnen, die in kurzen Zeitabständen fahren.* Wichtige Umsteigebahnhöfe *sind Bloor/Yonge Street, St. George und Spadina. Neben dem U-Bahn-System gibt es ein weites Netz von* Bussen, Trolley-Bussen *und* Straßenbahnen. *Die Buslinien versorgen den Großraum Toronto und haben Anschluss an die U-Bahn-Stationen. Die U-Bahnen verkehren Mo–Sa von 6–1.30, So 8–1.30 Uhr.*

*Für eine Fahrt mit der U-Bahn muss man zuerst in der U-Bahn-Station am Automaten, am Schalter oder in einer der vielen Verkaufsstellen (z.B. Geschäfte, Supermärkte, Drogerien) Fahrscheinmünzen („Token"), Tickets oder Pässe kaufen und kann diese nur mit Bargeld bezahlen. Ein Token gilt für eine einfache Fahrt, die beliebig lang sein kann und einen, auch durch Umsteigen, in alle Winkel der Stadt bringt. Der Token wird am Eingang zu den Gleisen in ein Drehkreuz gegeben, danach hat man Zugang zur Haltestation.*
**Fahrpreise**: *Die Einzelfahrkarte kostet für Erwachsene $ 3,25, für Senioren und Studenten $ 2,20, Kinder unter 12 J. frei; Mehrfahrtenkarten („Token") sind preisgünstiger: 3 Token: $ 9,90 für Erwachsene, Senioren und Studenten, 5 Token: $ 10,75.*

*Ein* **Tagespass** *kostet $ 13, ist auf allen Strecken (außer Downtown Express Routen) gültig und gilt vom angezeigten Datum bis 5.30 Uhr am Folgetag.*
*Der Großraum Toronto wird durch Bahnen und Busse von „GO Transit" bedient; dieses Verkehrsnetz ist mit TTC an der Union Station verbunden.*
**Go Transit**, ☏ *416-869-3200, 1-888-438-6646, www.gotransit.com.*

*Informationen, wie man bestmöglich sein Ziel mit öffentlichen Verkehrsmitteln erreicht, erhält man bei* Toronto Transit Commission TTC, ☏ *416-393-4636, www.ttc.ca; telefonisch jederzeit erreichbar für automatische Informationen. Den persönlichen Kundendienst erreicht man zwischen 8 und 18 Uhr, außer an Feiertagen. Außerdem hat das TTC einen nützlichen „Ride Guide" veröffentlicht, der an vielen U-Bahn-Stationen erhältlich ist.*

### Bahn

*Torontos Hauptbahnhof ist die berühmte Union Station im Stadtzentrum an der Front St. zwischen Bay und York St., gegenüber dem Fairmont Royal York Hotel, wo auch der Flughafenbus hält. Von hier aus unterhalten die kanadische Eisenbahngesellschaft VIA Rail,* ☏ *1-888-842-7245, www.viarail.ca, Zugverbindungen zu allen Großstädten Kanadas und die amerikanische Eisenbahngesellschaft Amtrak,* ☏ *1-800-872-7245, www.amtrak.com, zu den Städten an der amerikanischen Ostküste.*

*Die ungefähren* Fahrzeiten *betragen von Toronto nach Ottawa 4 Std.; nach Niagara Falls 2 Std.; nach Montréal 4,5 Std.; nach New York City ca. 13 Std.*

### Überlandbusse

*Der* **Toronto Coach Terminal**, *der Busbahnhof der Linien* **Greyhound**, ☏ *1-800-661-8747, www.greyhound.ca, und* **Coach Canada**, ☏ *1-866-488-4452, www.coachcanada.com, befindet sich 610 Bay St.*

*Es gibt mehrmals täglich Verbindungen mit allen größeren kanadischen Städten und mit einigen Großstädten der USA. Die ungefähren* Fahrzeiten *betragen von Toronto nach Ottawa 5 Std.; nach Niagara Falls 1 Std. 45 Min.; nach Montréal 6 Std. 45 Min.; nach New York City ca. 13 Std.*

*Der* **Union Station Bus Terminal**, *141 Bay St., gegenüber dem Bahnhof, ist der Knotenpunkt des Bahn- und Bussystems von* **GO Transit**, ☏ *416-869-3200, 1-888-438-6646, www.gotransit.com, das den Südwesten Ontarios (z.B. Niagara Falls, Kitchener) versorgt.*

### Fähren

*Die Abfahrtsstelle der Fähren, Bay St.,* ☏ *416-392-8193, www.torontoisland.com/ferry.php, liegt hinter dem Westin Harbour Castle, Fahrtdauer nach Ward's Island Dock 10 Min. Fahrpreis: Hin- und Rückfahrt $ 7,87, Senioren und Jugendliche $ 5,16, Kinder bis 14 Jahren $ 3,80.*

### Mietwagen

*Alle großen Autovermietungen haben Stationen sowohl direkt am Flughafen als auch in der Innenstadt:* **Avis**, *80 Bloor St. E.,* ☏ *416-964-2051 oder 1-800-879-2847;* **National**, **2 Bloor St. E. Unit C60**, ☏ *416-413-0749 oder 1-844-307-8014;* **Budget**, *161 Bay St.,* ☏ *416-364-7104 oder 1-800-268-8900;* **Thrifty**, *191 Parliament St.,* ☏ *416-868-0350 oder 1-800-334-1705;* **Hertz**, *161 Bay St.,* ☏ *416-364-2080 oder 1-800-654-3001.*

### Konsulate

**Deutsches Generalkonsulat**, *2 Bloor St. E., 25. Etage, Toronto, ON, M4W 1A8,* ☏ *416-925-2813, www.toronto.diplo.de, Öffnungszeiten: Mo–Do 8.30–16.30, Fr 8.30–13.30 Uhr, Terminabsprache via https://canada.diplo.de/ca-en/consular-services/15-Terminbuchung?openAccordionId=item-1342706-1-panel,* **Notfalltelefon außerhalb der Dienstzeiten**: ☏ *416-953-3817.*

**Österreichisches Generalkonsulat**, *30 St. Clair Ave. W., Suite 607, Toronto, ON, M4V 3A1,* ☏ *416-967-4867, www.bmeia.gv.at/oeb-ottawa/oesterreich-in-kanada.*

**Schweizerisches Konsulat Toronto**, *175 Bloor St. E., North Tower, Suite 901, Toronto, ON, M4W 3R8, Zentrale* ☏ *647-295-2563, www.eda.admin.ch/montreal. Eine Honorarvertretung ohne Konsularautorität, die keine Visa oder Schweizer Pässe ausstellt.*

# Von Toronto über Kingston nach Montréal

 Streckenhinweis

Die schnellste Straßenverbindung zwischen Toronto und Kingston ist der **Hwy. 401**, der am Nordufer des Lake Ontario entlangführt; fast parallel dazu verläuft der **Hwy. 2** mit interessanten Sehenswürdigkeiten. Diese Strecke wird ab S. 129 beschrieben. Eine reizvolle Alternative ist die Fahrt durch das „**Getaway Country**" und nach **Peterborough** mit der größten Hydraulikschleuse der Welt und zum Petroglyphs Provincial Park. Für diese Strecke, die ab S. 137 beschrieben wird, sollte man mindestens drei Tage einplanen.
Toronto–Kingston: 256 km, Toronto–Peterborough–Kingston: 324 km.

## Von Toronto am Nordufer des Lake Ontario entlang nach Kingston

Westlich des Lake Ontario reiht sich eine Anzahl von Industrieorten aneinander, die zum Einzugsbereich von Toronto gehören. Diese Region nennt man den „Golden Horseshoe" (Goldenes Hufeisen). Zwischen Niagara Falls und Oshawa leben ca. 8,1 Mio. Menschen, das sind rund 65 % der Bevölkerung Ontarios und ein Viertel der gesamtkanadischen Einwohnerschaft.

### Pickering

Pickering gehört zum Einzugsbereich von Toronto. Für Touristen interessant ist ein Besuch im **Museumsdorf Pickering Museum Village** mit 14 historischen Häusern aus den Jahren 1890–1930; auf dem 7,5 km langen **Waterfront Trail** kann man die nähere Umgebung erkunden.

 **Information**

**Durham Region Tourism**, ☏ *905-668-7711 und 1-800-413-0017, www.durhamtourism.ca*

**Pickering Museum Village**, *2365 6th Concession Rd., Greenwood, ON, L0H 1H0, ☏ 905-683-8401, www.pickering.ca/en/discovering/pickering-museum-village.aspx, Juli–Mitte Sept. Mi–Sa 10–16.30, So 12–16.30 Uhr, Juni u. Sept. nur an den Wochenenden, Sa 10–16.30 Uhr (letzter Einlass 15.30 Uhr), So 12–16.30 Uhr (letzter Einlass 15.30 Uhr), Eintritt Erwachsene $ 10, Senioren und Studenten $ 9, Kinder 4–14 J. $ 7, Familienkarte $ 30.*

### Oshawa

Oshawa, ein Industriezentrum der Region, besitzt knapp 150.000 Einwohner. Hier ist mit General Motors ein Schwerpunkt der kanadischen Automobilindustrie angesiedelt.

**Information**

**Oshawa Tourist Information Centre**, *2 Bloor St. E., ☏ 905-725-4523, www.oshawa.ca, Mitte Mai–Mitte Okt. tgl. 9–18 Uhr.*

**The Greater Oshawa Chamber of Commerce**, *44 Richmond St. W., ☏ 905-728-1683, www.oshawachamber.com.*

Sehenswert sind:

- 19 **Wandmalereien** junger kanadischer Künstler an Häusern der Innenstadt mit Szenen aus der Geschichte der Stadt.
- Auto-museum — das **Canadian Automotive Museum**, Ausstellungen zur Geschichte der Automobilherstellung sowie eine Sammlung von mehr als 90 Autos, von denen eines aus dem Jahr 1890 stammt; *99 Simcoe St. S., ☏ 905-576-1222, www.canadianautomotivemuseum.com, Mo–Fr 10–16.30, Sa/So 10–16 Uhr (Nov–März So und feiertags geschl.), Eintritt Erwachsene $ 12, Senioren und Jugendliche $ 10, Kinder von 6–17 J. $ 6.*
- das **Oshawa Museum** mit 3 historischen Häusern aus den Jahren 1835–1849; *1450 Simcoe St., ☏ 905-436-7624, www.oshawamuseum.org, Juli/Aug. Mo–Fr 8–16, Sa/So 12–16 Uhr, sonst Mo geschl., Eintritt frei, Spende erwünscht (z.B. Erw. $ 5).*
- das Herrenhaus **Parkwood Estate** mit 55 Zimmern und einer schönen Gartenanlage, in dem R.S. McLaughlin, der „Mr. General Motors" von Kanada, lebte; *270 Simcoe St. N., ☏ 905-433-4311, www.parkwoodestate.com, Anfang Juni–Anfang Sept. tgl. 10.30–17, sonst Di–So 13.30–16 Uhr, Eintritt Erwachsene $ 15, Senioren $ 12, Jugendliche von 5–11 J. $ 12, Familienkarte $ 44.*
- **Courtice Flea Market**, in 6 Gebäuden und auf dem Außengelände werden u.a. regionale Produkte auf dem Farmer's Market, Kleidung, Geschenkartikel, Kunsthandwerk und Antiquitäten angeboten; *☏ 905-436-1024, www.courticefleamarket.com, 4 km östlich von Oshawa, der Weg vom Hwy. 401/Courtice Rd. ist ausgeschildert, Sa/So 9–16.30 Uhr.*

Ein beliebtes Naherholungsgebiet ist das **McLaughlin Bay Wildlife Reserve**, Col. Sam Drive, mit Rad- und Wanderwegen, Rastplätzen und Gelegenheit zur Vogelbeobachtung (*☏ 905-644-1689, www.mclaughlinbay.org*).

## Port Hope

Sehenswerter historischer Distrikt

Im Zentrum der Stadt lockt der historische Distrikt mit mehr als 250 restaurierten Häusern aus dem frühen 19. Jh. In den alten Häusern mit gepflegten Gärten sind heute Galerien, Antiquitäten- und Kunstgewerbegeschäfte untergebracht. Bekannt sind das **Canadian Firefighters Museum** (das Museum ist aktuell wegen Umzug geschlossen) und das **Capitol Theater**, in dem in den Sommermonaten Komödien aufgeführt werden. **Canadian Firefighters Museum**, *95 Mill St. S., ☏ 905-885-8985, www.firemuseumcanada.com, Mai/Juni/Sept./Okt. Do–Mo und Juli/Aug. Do–Di 10–16 Uhr, Eintritt: Spende. Derzeit bis auf Weiteres wegen Umzugs geschl.*

### Information

**Port Hope Tourism Office & Visitor's Information Centre**, *20 Queen St., im Cameco Capitol Arts Centre, ☏ 905-885-2004 oder 1-888-767-8467, www.visitporthope.ca, ganzjährig Mo–Fr 10–18, Sa/So 12–16 Uhr; außer Informationen, Broschüren und Souvenirs erhält man hier auch einen Tagespass zum kostenlosen Parken in der Innenstadt.*

## Cobourg

Auch in der 1798 gegründeten Stadt Cobourg, die seit 1819 den Namen zu Ehren des Prinzen Leopold von Sachsen-Coburg trägt, sind noch einige Häuser aus der Mitte des 19. Jh. erhalten. Dazu gehört die Victoria Hall aus dem Jahre 1856, in der heute das Rathaus und eine Kunstgalerie untergebracht sind. Anziehungspunkte der Stadt sind Galerien, Antiquitätengeschäfte und nette Cafés, die Seepromenade, der Victoria Park mit sommerlichen Abendkonzerten und lange Strände.

## Brighton

Der Ort mit knapp 11.000 Einwohnern ist umgeben von Obstplantagen. Von Mai bis Oktober verkaufen die Farmer am Samstag auf dem „Farmers' Market" ihre Produkte; jedes Jahr im September feiert man rund um die Main Street das Apple Fest mit Musik, Aktionen und vielen Grill- und Verkaufsständen.

Brighton ist der Ausgangsort für eine Fahrt zum **Presqu'ile Provincial Park**. Der ca. 800 ha große Park erstreckt sich auf einer Halbinsel, die in den Lake Ontario ragt. Eine Fahrstraße sowie Wander- und Radwege führen durch den Park mit schönen Badebuchten, Campingplätzen, einem alten Leuchtturm und einem Museum. Vor allem im Frühjahr und im Herbst ist der Park hervorragend geeignet zur Vogelbeobachtung. In der Zeit um den Labour Day lassen sich Monarch-Schmetterlinge auf ihrem Weg nach Mexiko und im März und Oktober große Schwärme von Kanadagänsen beobachten.

*Paradies für Ornithologen*

Freunde alter Eisenbahnen können sich im stillgelegten Bahnhof von Brighton eine alte Dampflok, mehrere Waggons und das **Brighton Memory Junction Railway Museum** (*60 Maplewood St.*) anschauen.
**Presqu'ile Provincial Park**, *328 Presqu'ile Parkway, ca. 3 km südlich von Brighton, ☏ 613-475-4324, www.ontarioparks.com/park/presquile, Mai–Anfang Okt. tgl. 8–22, sonst 8–16.30 Uhr, Eintritt $ 12,25 pro Fahrzeug, Fußgänger $ 2.*

### Unterkunft

$$ **Burken Bed & Breakfast**, *14257 County Rd. # 2, ☏ 613-475-5267, zu buchen über www.booking.com, stilvoll eingerichtetes Haus mit 2 Zimmern und ansprechendem Frühstückszimmer, von einem schönen Garten umgeben, nicht weit vom Presqu'ile Provincial Park entfernt.*
*Campground im* **Presqu'ile Provincial Park**, *es gibt 8 Campground-Areale mit Stellplätzen mit und ohne Strom.*

## Trenton

Am Westende des Loyalist Parkway liegt Trenton, ein Städtchen mit ca. 22.000 Einwohnern. Es bietet nicht nur gute Wasser- und Wintersportmöglichkeiten, sondern besitzt außerdem das **National Air Force Museum of Canada**. Das Museum wurde 1984 anlässlich des 60-jährigen Bestehens der kanadischen Luftwaffe eröffnet und zeigt Ausstellungsstücke und Bilddokumentationen zur Geschichte der Luftfahrt und der kanadischen Luftwaffe.

*Luftfahrtmuseum*

**National Air Force Museum of Canada**, *220 RCAF Rd., Astra, ☏ 613-965-7223, 1-866-701-7223, www.airforcemuseum.ca, Mai–Sept. tgl. 10–17, sonst Mi–So 10–17 Uhr, Erwachsene $ 10, Senioren und Jugendliche 13–17 J. $ 8, Kinder 6–12 J. $ 5, Familienkarte $ 5.*

In Trenton beginnt das Trent-Severn-Kanalsystem, das über 386 km von Trenton am Lake Ontario bis nach Port Severn an der Georgian Bay führt.

### Bootstouren

**Ontario Waterway Cruises Inc.**, *Box 6 Orillia, ON, ☏ 1-800-561-5767, www.ontariowaterwaycruises.com, 5- bis 7-tägige Fahrten auf dem Trent-Severn Waterway und auf dem Rideau Canal mit der „Kawartha Voyager" auf folgenden Strecken: von* **Peterborough nach Kingston** *und zurück, von* **Big Chute nach Peterborough** *und zurück sowie von* **Kingston nach Ottawa** *und zurück.*

info

## Der Trent-Severn Waterway

Als der französische Forscher Samuel de Champlain 1615 das Land zwischen Lake Ontario und Georgian Bay bereiste, folgte er einer alten indianischen Wasserstraße. Die Reisenden trugen ihre Kanus zwischen den Seen und Flüssen über Land auf sog. Portagen. Da die rasch wachsende Wirtschaft Ontarios im 19. Jh. schnelle Verkehrs- und Transportwege benötigte, baute man ein Kanalsystem zwischen dem Lake Ontario und der Georgian Bay. Als die Arbeiten nach 87-jähriger Bauzeit fertig waren, waren jedoch längst schnellere Transportwege gefunden worden.

Das Trent-Severn-Waterway-System ist heute eine Touristenattraktion. Das Kanalsystem verbindet die Seen der Region miteinander, wie z. B. den Rice Lake, den Stony Lake, den Pigeon Lake, den Balsam Lake und den Lake Simcoe.

Mit dem Ausflugsschiff, einem Motorboot oder per Kanu oder Hausboot kann man durch das Land der „Kawarthas" fahren. Dabei passiert man insgesamt 44 Schleusen, darunter die beiden Hydraulikschleusen bei Peterborough und Kirkfield, die zu den größten der Welt zählen. Am historischen Kirkfield Lift Lock, der Schleuse Nr. 36, werden die Boote in wenigen Minuten um 15 m abgesenkt oder gehoben.

Technisch besonders interessant, für den Anfänger in der Praxis auch aufregend, ist die „Wassertreppe" bei Campbellford, die durch sieben nahe beieinander liegende Schleusen einen Höhenunterschied von 24 m überwindet.

*Geruhsam mit dem Hausboot unterwegs*

## Streckenhinweis

Die schnellste Verbindung von Trenton nach Kingston bieten die Hwys. 401 oder 2. Auf dem „Loyalist Parkway" (Hwy. 33) jedoch erlebt man die Region intensiver. Der Parkway verläuft über die Halbinsel Prince Edward mit den Ortschaften Wellington, Bloomfield, Picton und Bath und endet in Kingston. Es lohnt sich, für diese Strecke ein paar Tage Zeit einzuplanen, denn hier erfährt man nicht nur viel über das Leben der Pioniere, sondern schlendert durch gepflegte Orte mit viktorianischen Häuern, stöbert in Antiquitätenläden und Galerien, besucht Farmen und Weingüter, genießt die vorzügliche Küche der Region und erholt sich in stilvollen Bed-&-Breakfast-Häusern.

## Der „Loyalist Parkway" von Trenton nach Kingston

info

Wer auf dem „Loyalist Parkway" unterwegs ist, folgt den Spuren der Loyalisten, die während und nach der amerikanischen Revolution die Kolonien im Süden verließen. Sie zogen es vor, das Land nördlich davon, das unter britischer Kontrolle stand, zu besiedeln. Man nannte sie Loyalisten, weil sie der britischen Krone treu blieben. An der 94 km langen Strecke zwischen Trenton und Kingston liegen reizvolle Ortschaften mit historischen Gebäuden, Kirchen und Museen, mit Geschäften und Handwerksbetrieben inmitten fruchtbaren Farmlandes. Etwa auf der Hälfte der Strecke verlässt man in Glenora die Halbinsel Prince Edward und fahren in 15 Minuten kostenlos mit der Fähre hinüber nach Adolphustown. Von dort geht es über Bath, Millhaven und Amherstview nach Kingston.

Der Loyalist Parkway durchquert die buchtenreiche Halbinsel Prince Edward mit ihren reizvollen Ortschaften, Provinzparks und Ausflugszielen. Die ersten Siedler waren Bauern, die am Lake Ontario Felder und Obstgärten anlegten, ihnen folgten Handwerker und Kaufleute, die zum Wohlstand der Region beitrugen. Heute kann man im hügeligen Bauernland neben Farmen auch Weingüter besichtigen und nicht nur frisches Obst, sondern auch Rot- und Weißweine probieren und kaufen.

Kurz vor Trenton verlässt man den Hwy. 401 oder 2 und fährt nach Süden zum Hwy. 33. Dabei überquert man den Trent-Severn Waterway auf einer Drehbrücke, die zu bestimmten Zeiten für den Schiffsverkehr geöffnet wird.

*Dünen und Sandstrände*

Im Südwesten der Halbinsel erstreckt sich eine Dünenlandschaft mit langen Sandstränden. Als Teil der Großen Seen gehört der Lake Ontario zum größten Süßwasser-Reservoir der Erde; seine Dünen, von denen einige bis zu 80 m hoch sind, bilden das größte Süßwasser-Dünensystem der Welt.

In den Provinzparks von Prince Edward laden Badeseen und Sandstrände zu erholsamen Ferientagen ein:

- **Lake on the Mountain**, R.R.1, Picton, der kleine See liegt 61 m über dem Lake Ontario und ist ein beliebtes Ausflugsziel. Oberhalb des Sees gibt es Picknickplätze und Bootsanlegestellen, jedoch keine Übernachtungsmöglichkeiten.
  **Lake on the Mountain**, ☎ *613-393-3319, www.ontarioparks.com/park/lakeonthe mountain, Mitte Mai–Mitte Okt.*

*Sonnenbaden im Sandbanks Provincial Park*

- **North Beach**, R.R.3, Consecon, kleiner Park mit Picknickplätzen, Badestrand, nahe gelegenem Bootsverleih, aber ohne Übernachtungsmöglichkeiten.
  **North Beach**, ☏ *613-393-3319 (Sept.–Juni) und 613-399-2030 (3. Woche Juni bis Labour Day), www.ontarioparks.com/park/northbeach, Mitte Juni–Mitte Sept.*
- **Sandbanks Provincial Park**, 3004 County Rd. 12 RR#1, Picton, Park mit guten Bade- und Surfmöglichkeiten; im Informationszentrum kann man die Funde einer archäologischen Grabung anschauen, die belegen, dass hier schon vor 6.000 Jahren Fischfang betrieben wurde. Es gibt einen **Campingplatz** und schöne Wanderwege.
  **Sandbanks Provincial Park**, ☏ *613-393-3319, www.ontarioparks.com/park/sandbanks, Ende April–Mitte Okt., Zeltplätze können unter ☏ 1-888-ONT-Park (1-888-668-7275) oder 1-519-826-5290 (von außerhalb Nordamerikas) reserviert werden.*

*Künstlerort* **Bloomfield**, ein malerischer Ort mit viktorianischen Häusern, hat viele Künstler angezogen, die ihre Studios und Galerien für den Besucher öffnen. An der Hauptstraße finden sich Antiquitätengeschäfte, Läden und Ateliers mit kunstgewerblichen Arbeiten.

## Picton

Der Ort mit knapp 5.000 Einwohnern wurde schon 1786 nach der Ankunft der ersten Loyalisten gegründet und nach einem General der Napoleonischen Kriege benannt. Heute ist Picton Verwaltungssitz des Prince Edward County und wegen seines sicheren Hafens und der Radwanderwege bei Sportbootfahrern und Radfahrern gleichermaßen beliebt.

Zum **Macaulay Heritage Park** zwischen Union Street und Church Street gehört die St. Mary Magdalene Kirche. Darin befindet sich das Prince Edward County Museum. Außerdem zählen der alte Friedhof und das 1830 gebaute Macaulay-Haus, das Wohnhaus des ersten Kirchenvorstehers, ein Kutscherhaus und schöne, alte Gartenanlagen zu diesem Museumspark. Das Museum zeigt heimatkundliche und historische Ausstellungen; im Sommer finden auch handwerkliche Vorführungen statt.

**Macaulay Heritage Park**, *35 Church St., www.thecounty.ca/county-government/departments/museums, Mitte Mai–Aug. Mi–So 9.30–16.30, Sept. an Wochenenden 9.30–16.30 Uhr, im Winter geschl., Eintritt Erwachsene $ 5, Senioren und Studenten $ 4, Kinder 5–12 J. $ 3, Familienkarte $ 14.*

## Reisepraktische Informationen Picton und Umgebung

### Information

**Prince Edward County Chamber of Tourism and Commerce**, *231 Main St., Picton, ☏ 613-476-2421, www.pecchamber.com. Mo–Fr 9–16.30 Uhr.*

### Unterkunft

**$$$ The Waring House**, *395 Sandy Hook Rd., Picton, 1,5 km westlich von Picton, ☏ 613-476-7492, 1-800-621-4956, www.waringhouse.com, das alte Landhaus wurde 1860 gebaut und verfügt über 16 antik eingerichtete Zimmer, ein ausgezeichnetes Restaurant und 49 komfortable Zimmer in 2 neu errichteten Gebäuden.*

**$$$–$$$$ Isaiah Tubbs Resort & Conference Centre**, *1642 County Rd. 12 R.R. # 1, ☏ 613-393-2090, 1-800-724-2393, https://isaiahtubbs.com, Ferienanlage am West Lake mit 14 Cottages und 74 Wohneinheiten, Wassersportangebot, Tennis, Golf.*

**$$$–$$$$ The Picton Harbour Inn**, *33 Bridge St., ☏ 613-476-2186, 1-800-678-7906, www.pictonharbourinn.com, Motel-Anlage mit freundlich eingerichteten Zimmern am Picton Harbour, gutes Frühstück im Lighthouse Restaurant.*

**$$$$ West Lake Willows Resort**, *2028 County Rd. 12 RR #1, ☏ 613-393-3213, www.westlakewillows.com, familienfreundliche Anlage mit Cottages am West Lake. 2020 wegen Renovierungsarbeiten nur vom 8. Mai bis 9. Sept. geöffnet.*

**$$$$$ Merrill House**, *343 Main St. E., ☏ 613-476-7451, 1-866-567-5969, www.merrill-house.com, das restaurierte viktorianische Haus im Zentrum von Picton bietet 14 stilvoll eingerichtete Zimmer mit Kamin oder Whirlpool und ein bekanntes Restaurant mit vorzüglichem Weinkeller.*

#### Bed & Breakfast

**$$$–$$$$ Our Space The Perfect Place B&B**, *964 County Rd. 11, Picton, ☏ 613-393-1816 oder ☏ 416-569 5991, ourspacetpp.com, schönes Haus mit altem Garten und 3 liebevoll eingerichteten Zimmern.*

**$$$$–$$$$$ Jackson's Falls Country Inn**, *1768 County Rd. 17 R.R. # 2, Milford, ☏ 613-476-8576, www.jacksonsfalls.com, das kleine alte Schulhaus mit neuem Restaurant liegt ganz ruhig in ländlicher Umgebung; im Anbau kann man sich in schönen, mit Antiquitäten eingerichteten Zimmern wohlfühlen.*

#### Campground

**$–$$ Sandbanks River Country Campground**, *1854 County Rd. 18, Picton, ☏ 613-393-5645, sandbanksrcc.com, familienfreundlicher Campingplatz zwischen dem Outlet River und dem Sandbanks Provincial Park nahe den Dünen.*

### Essen und Trinken

**Slickers**, *271 Main St., Bloomfield, oder 232 Main St., Picton, ☏ 613-393-5433, www.slickersicecream.com, das Eis wird hier selbst gemacht mit frischem Obst der Umgebung. Beide Mo–Mi 12–17, Do–So 12–19 Uhr.*

**The Bean Counter**, *172 Main St., ☏ 613-476-1718, www.beancountercafe.com, hier bekommt man verschiedene Kaffeesorten, leckeres Eis und frische Sandwiches. Mo–Sa 7–17, So 8–16 Uhr.*

**The Black River Cheese Co.**, *913 County Rd. 13, R.R. # 2, Milford, ☏ 613-476-2575, 1-888-252-5787, www.blackrivercheese.com, ca. 12 km südlich von Picton, Käsefreunde sollten einen Abstecher zu dieser ausgezeichneten Käserei machen, die auch kleine Snacks anbietet.*
**The Waring House Restaurant and Inn**, *Hwy. 33, 1,5 km westlich von Picton, ☏ 613-476-7492, im alten Landhaus aus dem Jahre 1860 kann man in stilvoller Umgebung die feine Küche genießen (***Amelia's Garden Dining Room***, Reservierungen ☏ 613-476-7492, 1-800-621-4956, www.waringhouse.com/seasonal-dining). Im Barley Room Pub gibt es eine große Auswahl an Bieren vom Fass, gute Weine und alten Scotch, aber auch Apfelmost aus der Region.*

### Weingüter

**Casa-Dea Winery & Banquet Hall**, *1186 Greer Rd., Wellington, ☏ 1-866-578-3445, www.casadeaestates.com, inmitten von Weinfeldern liegt die Weinkellerei Casa-Dea. Hier kann man die hauseigenen Weine verkosten. Restaurant Fr–Mo, Tasting Bar Mo–Fr 9–16, Sa 10–18, So 11–17 Uhr.*
**Huff Estates Winery & Inn**, *2274 Prince Edward County Rd. 1, Bloomfield, ☏ 613-393-1414 oder 866-484-4667, https://huffestates.com, Weingut mit Restaurant (Pizza, Salate, Sandwiches, Quiche). Restaurant Di, Mi, Do, So 11–16, Fr/Sa 11–18 Uhr. Weinproben April–Juni 10–18 Uhr. 2 $ pro Wein, 5 $ für 3 Weine. Tgl. Touren ($ 3 oder $ 8 inkl. Weinprobe) um 11 Uhr. Im Inn kann man übernachten.*

## Sehenswertes auf der Halbinsel Prince Edward

› das **Ameliasburgh Heritage Village** in Ameliasburgh ist ein kleines Museumsdorf mit einer Kirche aus dem Jahre 1868, in der jetzt das Museum eingerichtet ist, einer Schmiedewerkstatt, Webstuben und alten landwirtschaftlichen Geräten.
**Ameliasburgh Heritage Village**, *517 County Rd. 19, ☏ 613-476-2148 (April–Sept. Ext. 2522, Okt.–April Ext. 258), www.ameliasburgh.com/pioneer-village, Mai–Sept. Mi–So 9.30–16.30 Uhr, Sept. nur an Wochenenden, Eintritt Erwachsene $ 5, Senioren und Studenten $ 4, Kinder 5–12 J. $ 3, Familienkarte $ 14.*
› das **Mariners Park Museum**, South Bay, südlich von Milford, 1966 gegründetes Museum mit einer sehr umfangreichen Ausstellung zur Seefahrt und Handelsschifffahrt dieser Region – mit Ankern, Schiffsmotoren, Schiffsmodellen, Karten und alten Fotografien.
**Mariners Park Museum**, *2065 Country Rd., ☏ 613-476-2148, http://prince-edward-county.com/item/mariners-park-museum, Mai–Sept. Mi–So 9.30–16.30 Uhr, Eintritt frei.*

## Glenora

Von Glenora kann man mit der Glenora Ferry nach Adolphustown zurück aufs Festland fahren; die Fahrt dauert etwa 15 Minuten und ist kostenlos; von Adolphustown folgt man dem Hwy. 33 nach Kingston. Der Glenora Ferry Service verkehrt ganzjährig zwischen 6 Uhr und Mitternacht im 30-Minuten-Takt, Mitte Mai bis Mitte September alle 15 Minuten. Die Fähre legt in Glenora jeweils zur vollen Stunde ab, in Adolphustown jeweils 15 Minuten vor und nach der vollen Stunde.

Der **Finkle's Shore Park** ist ein Picknickplatz am Ufer des Lake Ontario. Im W.K. Hineman Pavilion lässt sich mit schönem Blick auf den Sonnenuntergang am See picknicken. An diesem Ort errichtete Henry Finkle, ein Loyalist, 1786 die erste Taverne zwischen Kingston und York (dem heutigen Toronto). Finkle gründete übrigens auch die erste Brauerei in Upper Canada und eine der ersten Schulen.

Auf dem Hwy. 33 nach Kingston erreicht man den Ort **Millhaven**, von dem eine Fähre hinübergeht nach **Amherst Island**, einer kleinen, ruhigen Insel, die sich für einen Tagesausflug mit schönen Spaziergängen, Radtouren oder zum Baden eignet.

# Von Toronto über Peterborough nach Kingston

Von Toronto folgt man zunächst dem Hwy. 401, wechselt dann hinter Port Darlington auf den Hwy. 35/115 und folgt dem Hwy. 115 bis nach Peterborough. „Getaway Country" wird diese Region genannt, die von den Ausläufern der Metropole Toronto in fruchtbares Farmland übergeht und mit einigen reizvollen Provinzparks und Sehenswürdigkeiten lockt.

## Peterborough

Peterborough liegt im Feriengebiet der Kawartha Lakes an beiden Ufern des Otonabee River und am Trent-Kanal, der den Lake Ontario mit dem Lake Huron verbindet. Es ist eine freundliche und geschäftige Stadt mit ca. 75.000 Einwohnern, die wegen der Sehenswürdigkeiten in der näheren Umgebung, ihrer Parkanlagen und der Erholungsmöglichkeiten als Ferienort beliebt ist.

*Beliebter Ferienort*

Die Anfänge der Stadt gehen auf die Zeit um 1808 zurück, als am Otonabee River ein Sägewerk gebaut wurde; im Zentrum sind einige der Häuser aus dem 19. Jh. erhalten geblieben. Lange vor Ankunft der Europäer war diese Region Siedlungsgebiet der Irokesen. Heute ist Peterborough das wirtschaftliche Zentrum der Region. Die Stadt ist gut geeignet als Ausgangsort für Boots- und Kreuzfahrten auf den Kawartha Lakes oder auf dem Trent-Severn Waterway. Alternativ folgt man den Spuren der Pelzhändler auf einer Paddeltour entlang einer der Routen der Voyageure.

*Einen Höhenunterschied von 20 m überwinden die Schiffe in der großen Schleuse in Peterborough*

Bedeutendes Schiffshebewerk

Die großen Schleusen am Trent-Severn Waterway sind die wohl bekannteste Sehenswürdigkeit von Petersborough. Das **Lift Lock Visitor Centre** am Trent-Severn Waterway informiert über das Schleusensystem, hier kann man sich einen Film und die Arbeitsweise am Modell des 1905 gebauten hydraulischen Schiffshebewerks anschauen. Eindrucksvoller ist es natürlich, direkt an der Schleuse zu stehen und zu beobachten, wie die Schiffe in die mit Wasser gefüllten Tröge einfahren und mit diesen gehoben oder abgesenkt werden und dabei einen Höhenunterschied von 20 m überwinden. Die Schleuse, von deren Typ auf der ganzen Welt nur acht gebaut wurden, ist Teil des Trent-Severn Waterway und von Mai bis Oktober in Betrieb. Auf 2-stündigen Bootsfahrten kann man den Schleusenvorgang ganz aus der Nähe miterleben.
**Lift Lock Visitor Centre**, *353 Hunter St. E., ☏ 705-750-4950, Mitte Mai–Ende Juni Mo–Do 10–15.30, Fr–So 9–18.30, Ende Juni–Anfang Sept. Mo–Do 9–17.30, Fr–So 9–18.30, Sept.–Mitte Okt. Mo–Fr 10–15.30, Sa/So 9–16.30 Uhr;* **Bootsfahrten**, *☏ 705-742-9912 oder 1-888-535-4670, www.liftlockcruises.com, 2-stündige Ausflugsfahrten von Mitte Mai–Juni, 10.30 u. 13, Juli/Aug. 10.30, 13, 15, Sept.–Mitte Okt. Mo–Fr 12.30, Sa/So 10.30 und 13 Uhr, Reservierungen sind empfehlenswert, Abfahrten am Dock neben dem Holiday Inn Hotel, Erwachsene $ 29,75, Senioren und Studenten $ 27,50, Kinder von 5–12 J. $ 15,50, Kinder unter 4 J. $ 3,50.*

**Hutchison House Museum**, das Haus wurde 1836/37 für den damaligen Arzt Dr. John Hutchison gebaut. Es ist im Stil dieser Zeit eingerichtet und zeigt medizinische Instrumente, Bücher, Haushaltsgeräte und einen historischen Kräutergarten. Kostümierte Guides erzählen vom Leben jener Zeit. Gelegentlich gibt es Koch- und Backvorführungen und im Juli/August wird täglich „Scottish Tea" serviert.
**Hutchison House Museum**, *270 Brock St., ☏ 705-743-9710, www.hutchisonhouse.ca, Mitte Juni–Sept. Di–Fr 10–16, Sa/So 11–16, Sept.–Mai Mo–Fr 10–16 Uhr, Eintritt Erwachsene $ 5, Studenten und Kinder 6–18 J. $ 2, Kinder unter 5 J. frei, Scottish Tea $ 10 für Erwachsene und Jugendliche, $ 5 für Kinder unter 10 J.*

Das **Canadian Canoe Museum** zeigt eine Ausstellung alter Kanus und Kajaks, die deren Bedeutung für die Erschließung Ontarios deutlich macht; im Sommer kann man Handwerkern beim traditionellen Bootsbau zuschauen.
**Canadian Canoe Museum**, *910 Monaghan Rd., ☏ 705-748-9153, www.canoemuseum.ca, Mo–Sa 10–17, Do 10–20 (freier Eintritt ab 17 Uhr), So 12–17 Uhr, Eintritt Erwachsene $ 12, Senioren und Kinder von 5–17 J. $ 9,50, Familienkarte $ 30.*

Das **Peterborough Centennial Museum and Archives** liegt auf dem Armour Hill und zeigt eine große Sammlung von Möbeln, Keramik, Textilien und Arbeitsgeräten, die die Geschichte und Kultur der hier ansässigen Indianer und ersten Siedler veranschaulicht.
**Peterborough Centennial Museum and Archives**, *300 Hunter St. E., ☏ 705-743, www.peterborough.ca/en/explore-and-play/museum-and-archives.aspx, Mo–Fr 9–17, Sa/So 12–17 Uhr, Eintritt frei, Spende erwünscht.*

Die **Art Gallery of Peterborough**, 250 Crescent St., ☏ 705-743-9179, 1-855-738-3755, https://agp.on.ca, bietet wechselnde Ausstellungen zeitgenössischer und traditioneller Kunst.

Der **Riverview Park** ist ein beliebtes Ausflugsziel mit einem kleinen Zoo, einer Miniatureisenbahn, einem alten Siedlerhaus und schönen Picknickplätzen.
**Riverview Park**, *1300 Water St. N., ☏ 705-748-9301, 8.30 Uhr bis zur Dämmerung, Eintritt frei.*

In der Zeit vom 1. Mai bis zum 31. Oktober zieht jeden Samstag von 7–13 Uhr der **Farmers' Market** am Morrow Park, Lansdowne St., viele Käufer und Besucher an. In den Wintermonaten wird der Markt in der Halle veranstaltet (☏ *705-742-3276, www.peterboroughfarmersmarket.com*). Ebenfalls nahe dem Morrow Park findet jeden Sonntag von 9–16 Uhr der **Flohmarkt Lakefield Fairgrounds** mit Antiquitäten, Kunsthandwerk und Sammlerstücken statt.

Seit gut 30 Jahren wird im Hochsommer das **Peterborough Musicfest** mit Konzerten im Del Crary Park am Little Lake gefeiert (*Infos unter www.ptbomusicfest.ca, Ende Juni–Mitte Aug. Mi und Sa abends, Eintritt frei*).

## Reisepraktische Informationen Peterborough

### Information

**Peterborough and Kawartha Tourism,** *Venture North 270 George St. N. Suite 101,* ☏ *1-800-461-6424, https://thekawarthas.ca, Sommer Mo–Fr 9–17, Sa/So 10–16 Uhr.*

### Unterkunft

**$$–$$$ The Moffat House B&B**, *597 Weller St.,* ☏ *705-743-7228, 1-877-415-1646, www.moffathouse.ca, das 1905 gebaute Haus bietet 5 stilvoll eingerichtete Zimmer und einen großen, gepflegten Garten, die freundlichen Besitzer bemühen sich sehr um das Wohl ihrer Gäste.*

**$$$ Comfort Inn**, *1209 Landsdowne St. W.,* ☏ *705-740-7000, www.comfortinn.com, ordentliches Hotel mit geräumigen Zimmern, Swimmingpool und Restaurant; das Frühstück ist im Preis inbegriffen.*

**$$$–$$$$ Best Western Plus Otonabee Inn**, *84 Landsdowne St. E.,* ☏ *705-742-3454, 1-800-780-7234, www.bestwestern.com, das Hotel mit gepflegten Zimmern und 5 Cottages liegt 2,5 km außerhalb am Fluss in einer schönen Gartenanlage, Swimmingpool und Bootsanlegestelle.*

**$$$–$$$$ Holiday Inn Peterborough Waterfront**, *150 George St.,* ☏ *705-743-1144, www.holidayinn.com/hotels/gb/en/reservation, Hotel im Zentrum direkt am Little Lake, viele der 155 ansprechend eingerichteten Zimmer haben Balkons mit einem schönen Blick auf den Fluss, Swimmingpool, Bootsanlegestelle.*

**$$$$$ Elmhirt's Resort**, *1045 Settlers Line, Keene,* ☏ *705-295-4591, elmhirst.ca, in diesem ruhig am Rice Lake gelegenen Resort (ca. 30 Min. mit dem Auto von Peterborough) übernachtet man in etwas in die Jahre gekommenen Cottages mit eigenem Bootssteg und voll eingerichteter Küche. Die Besitzer sind sehr um ihre Gäste bemüht.*

### Essen und Trinken

**The Favourite Greek**, *360 George St. N.,* ☏ *705-536-3046, http://favouritegreek.com, gern besuchtes Restaurant mit authentischer griechischer Küche, Tischreservierung empfehlenswert.*

**The Food Forest**, *135 Hunter St. West,* ☏ *705-874-1888, www.foodforestcafe.com, Restaurant mit guter vegetarischer und veganer Küche und einladender Saftbar sowie vielen verschiedenen Tee- und Kaffeesorten. Mo–Do 10–21, Fr/Sa 10–22 Uhr.*

### Einkaufen

**Portage Place Shopping Centre**, *1154 Chemong Rd.,* ☏ *705-749-0212, großes, architektonisch ansprechendes Einkaufszentrum mit über 50 Fachgeschäften und mehreren großen Supermärkten.*

**Whetung Ojibwa Crafts and Art Gallery**, *Curve Lake Indian Reservation, ☎ 705-657-3661, www.whetung.com, etwa 20 Fahrminuten nördlich von Peterborough finden sich kunsthandwerkliche Arbeiten, die in diesem Reservat angefertigt werden, aber auch Bücher, Schmuck und Bilder.*

**Wanderwege**

*Am Trent River entlang wurde ein schöner Wanderweg angelegt: Der 4 km lange* **Jackson Creek Kiwanis Trail**, *der dem Lauf des Jackson Creek folgt, ist Teil des Trans-Canada-Trails und führt vom Jackson Park in Peterborough zur Ackinson Rd.*

**Flughafen**

*Der* **Peterborough Municipal Airport**, *925 Airport Rd., R.R. #5, ☎ 705-743-6708, www.peterboroughairport.com, liegt südwestlich der Stadt.*

## Sehenswertes in der Umgebung von Peterborough

**i Wegbeschreibung**

55 km nordöstlich von Peterborough, nach Norden über den Hwy. 28 bis Northey's Bay Road, dann noch etwa 11 km über den Hwy. 6 bis zum Parkeingang.

*Frühe Kommunikationsformen: Felszeichnungen der Algonquin-Indianer*

Vor 500 bis 1.000 Jahren schufen die Algonquin-Indianerin die aufschlussreichen Felsritzereien, 1954 wurden sie entdeckt. Erst gut 20 Jahre später, 1976, wurde zum Schutz der Kunstwerke der Petroglyphs Provincial Park eingerichtet. Über der Hauptfundstelle hat man 1984 ein Schutzhaus errichtet, sodass die Besucher auf einem Rundgang die Ritzereien aus der Nähe betrachten können. Die etwa 900 Felszeichnungen, die Menschen, Vögel, Schlangen und Schildkröten zeigen, haben auch heute noch spirituelle Bedeutung für die Ojibwa-Anishinabe-Indianer. Für sie ist dieses Gebiet eine heilige Stätte.

Auch landschaftlich ist der Park mit seiner Pflanzenvielfalt und dem Tierreichtum sehr reizvoll; gut beschilderte Rundwanderwege führen durch Wälder, Feuchtgebiete und über felsige Hügelketten. Picknickplätze am McGinnis Lake und Minnow Lake laden zur Rast ein.

**Petroglyphs Provincial Park**, *2249 Northey's Bay Rd., Woodview, ☎ 705-877-2552, www.ontarioparks.com/park/petroglyphs, Anfang Mai–Mitte Okt., im Sommer tgl. 10–17 Uhr, im Frühjahr und Herbst Mo/Di geschl., Tagespass pro Pkw $ 12,25–21, Senioren $ 9,75–16,75, Fußgänger $ 2.*

### Hinweise

- Im Besucherzentrum erhält man einen Faltplan mit Übersichtskarte.
- In den Sommermonaten muss man verstärkt mit Mücken rechnen; man sollte deshalb ein Schutzmittel mitnehmen.
- Schwimmen ist in den Seen nicht erlaubt.

*Lohnende Ausflugsziele*

**Lang Pioneer Village Museum** ist ein rekonstruiertes Dorf der ersten Siedler und liegt am Indian River. Es besteht aus 20 Gebäuden, z.B. einem Gemischtwarenladen, einer Druckerei, einer Schmiede, zwei Mühlen und einer Schule. Kostümierte „Dorfbewohner" stellen das Leben jener Zeit nach; manchmal kann man auch beim Scheren der Schafe oder bei militärischen Übungen zuschauen.

**Lang Pioneer Village Museum**, *104 Lang Rd., Keene, ON, K0L 2G0 (Anfahrt von Peterborough: 10 km nach Osten auf dem Hwy. 7, dann 6 km nach Süden auf der Country Rd. 34, Heritage Line, Hinweisschilder beachten), ☏ 705-295-6694, 1-866-289-5264, www.langpioneervillage.ca, Ende Mai–Mitte Juni Mo–Fr 10–15, Mitte Juni–Anfang Sept. tgl. 10–16, letzter Einlass 15 Uhr, Sept.–Mai geschl., Eintritt Erwachsene $ 10, Senioren und Studenten $ 8, Jugendliche von 5–14 J. $ 5, Kinder unter 5 J. kostenlos, Familienkarte $ 30.*

Die **Warsaw Caves** sind eine in vorgeschichtlicher Zeit vom Indian River geschaffene Höhlenwelt mit Gletschertöpfen, Tunnel, einem Wasserfall und fossilen Abdrücken von Fischen, Pflanzen, Schnecken und einer großen Libelle. Im Sommer trocknet der 4 m hohe Wasserfall aus, und das letzte Rinnsal sucht sich unterirdisch seinen Weg. Eine starke Taschenlampe und festes Schuhwerk sind hilfreich. Das Gebiet rund um die Warsaw Caves wird von einem Wegenetz durchzogen und eignet sich gut zum Wandern, Kanufahren und Schwimmen.

**Warsaw Caves**, *289 Caves Rd., Warsaw, ON, 18 km östlich von Peterborough, ☏ 705-652-3161, 1-877-816-7604, www.otonabeeconservation.com/outdoor-recreation/conservation-areas/warsaw-caves, Mitte Mai–Mitte Okt. (Höhlen: April–Nov.), Eintritt Erwachsene $ 7, Kinder $ 4, Pkw $ 17.*

**Millbrook**, der Ort südlich von Peterborough, ist als Künstlerdorf bekannt. Hier finden in den Sommermonaten häufig Freilichtaufführungen statt.

### Streckenhinweis

**1. Alternative**: Von Peterborough fährt man nach Süden auf den Hwy. 28, dem man bis Port Hope folgt. Dort trifft man auf die Hwys. 2 und 401 in Richtung Kingston.
**2. Alternative**: Von Peterborough führt der Hwy. 7 direkt nach Ottawa.

## Kingston

Kingston, auf halbem Wege zwischen Toronto und Montréal und auch von Ottawa weniger als zwei Autostunden entfernt gelegen, ist eine reizvolle Stadt, die zu einem längeren Aufenthalt einlädt.

## Redaktionstipps

- Bummeln Sie durch die Innenstadt mit **Rathaus** und **Hafen** (S. 143).
- Unternehmen Sie eine **Thousand-Islands-Kreuzfahrt** (S. 149).
- Besichtigen Sie **Fort Henry** (S. 145).
- Besuchen Sie das **Bellevue House National Historic Site** (S. 144).
- Machen Sie eine Kanufahrt im **Frontenac Provincial Park** (S. 153).

Angenehm ist ein Spaziergang durch die Altstadt mit ihren viktorianischen Häusern. In der Umgebung laden Seen und Provinzparks zum Wandern, Schwimmen und Kanufahren ein. Hauptattraktion ist eine Bootsfahrt durch das Gebiet der Thousand Islands, für die Kingston ein geeigneter Ausgangsort ist. Rund um die Stadt liegen über 200 Schiffswracks, darunter Kriegsschiffe, Schoner, Barken und Dampfschiffe, deren älteste aus dem 18. Jh. stammen. Dank der vielen Zebramuscheln ist die Sicht unter Wasser besonders gut. Das wissen Taucher zu schätzen. Daher ist Kingston neben Tobermory das beste Gebiet zum Wracktauchen in Ontario.

## Geschichtlicher Überblick

Die Geschichte Kingstons beginnt im Jahr 1673. In dem Gebiet, das die Indianer Cataraqui nennen, gründen die Franzosen eine Pelzhandelsstation, die durch das

Fort Frontenac geschützt wird. 1758 wird das Fort von den Briten unter Colonel Bradstreet erobert. 1784 kommen die ersten Loyalists. Um ihre Treue zu George III. zu demonstrieren, nennen sie den Ort King's Town. Daraus leitet sich seit 1788 der offizielle Name Kingston her. In der Zeit britisch-amerikanischer Kriege entsteht 1812 Fort Henry. Es dient dem Schutz der Handelsschifffahrt auf dem St.-Lorenz-Strom und dem Rideau Canal, der 1832 zwischen Ottawa und Kingston fertiggestellt wurde.

*Sie verschlang beim Bau Unsummen: die Kingston City Hall*

Um die Mitte des 19. Jh. beginnt die Blütezeit der Stadt. Kingston ist in den Jahren 1841–1844 Hauptstadt der „Vereinigten Provinzen Kanadas"; in dieser Zeit entstehen viele der viktorianischen Häuser, die den Charme der Stadt ausmachen. 1841 wird der Grundstein für eine der besten Universitäten des Landes gelegt: Durch ein königliches Dekret wird das „Queen's College at Kingston" gegründet, das seit 1912 als Queen's University bekannt ist. Heute leben etwa 120.000 Einwohner in Kingston, zu deren Haupterwerbsquelle der Fremdenverkehr zählt.

## Sehenswertes in Kingston

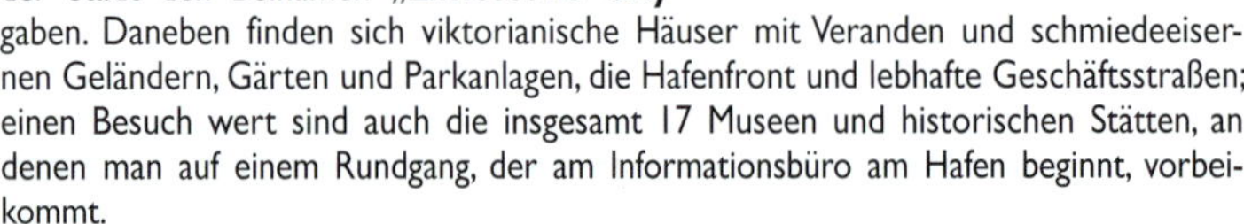

In Kingston fallen die Kalksteinhäuser auf, die der Stadt den Beinamen „**Limestone City**" gaben. Daneben finden sich viktorianische Häuser mit Veranden und schmiedeeisernen Geländern, Gärten und Parkanlagen, die Hafenfront und lebhafte Geschäftsstraßen; einen Besuch wert sind auch die insgesamt 17 Museen und historischen Stätten, an denen man auf einem Rundgang, der am Informationsbüro am Hafen beginnt, vorbeikommt.

Mittelpunkt des Ortes ist die **City Hall (1)**, gebaut in den Jahren 1841/43 nach den Plänen des Architekten George Brown, als Kingston die Hauptstadt der „Vereinigten Provinzen von Upper and Lower Canada" war. Die Kosten für den Bau waren immens. Entsprechend groß die Enttäuschung, als bald nach der Fertigstellung die Regierung nach Montréal zog.
**City Hall**, *216 Ontario St., ☏ 613-546-4291 (ext. 1389), www.cityofkingston.ca/explore/culture-history/history/city-hall, Mo–Fr 8.30–16.30 Uhr, Führungen von Ende Mai–Ende Aug. Mo–Sa, von Sept.–Mitte Okt. Mo–Do, Eintritt frei.*

Vor der City Hall liegen der **Confederation Park** mit der „Springbrunnen-Brücke" und die **Marina** mit den Ausflugsschiffen zu den Thousand Islands. Im Park hat auch die Touristeninformation ihren Sitz – leicht zu erkennen an der alten Lok der Canadian Pacific Railways. Vor der Touristeninformation ist die Abfahrtsstelle der „Confederation Tour Trolleys".

Hinter der City Hall befinden sich der **Market Square** mit dem 3 x wöchentlich stattfindenden Markt (*Di, Do, Sa, April–Nov.*) und das kleine **Graham's Pharmacy**

**Apothecary Museum** (*328 King St.*) mit seiner alten Apothekeneinrichtung und einer Sammlung historischer Gerätschaften.

Das **Marine Museum of the Great Lakes (2)** zeigt die Geschichte der Schifffahrt auf den Großen Seen seit 1678 in Wechselausstellungen durch Schiffsmodelle, nautische Geräte und Informationen zum Schiffsbau. Besonders sehenswert ist der 3.000 t große Eisbrecher „Alexander Henry".
**Marine Museum of the Great Lakes**, *53 Yonge St., ☏ 613-542-2261, www.marmuseum.ca, Mo–Fr 10–16 Uhr, Eintritt frei.*

In der Pumpstation **Pump House Steam Museum (3)** aus dem Jahr 1849 sind Pumpen und Dampfmaschinen ausgestellt. Außerdem gibt es eine Modell-Eisenbahnanlage mit 20 Zügen aus aller Welt.
**Pump House Steam Museum**, *23 Ontario St., ☏ 613-544-786, www.kingstonpumphouse.ca, Mai–Sept. Di–Sa 10–19, Do 10–20, So 12–18, Sept.–Nov. Do und Fr 12–16, Sa 10–17 Uhr, Eintritt Erwachsene ca. $ 6,15, Senioren und Studenten $ 5,20, Kinder $ 2,10, Familienkarte $ 14,75.*

*Historischer Verteidigungsturm*

Nur wenige Schritte weiter steht in der King St./Ecke Johnson St. das Kalksandsteingebäude der **Anglican Cathedral of St. George** mit ihren Tiffany-Glasfenstern. Folgt man dem Straßenverlauf weiter, kommt man zur Queen's University und zum **Murney Tower (4)** aus dem Jahr 1846, einem der besterhaltenen Verteidigungstürme Nordamerikas. Seit 1925 dient er als militär- und kulturgeschichtliches Museum, und seit 2007 ist er Teil der „Rideau Canal and Kingston Fortification World Heritage Site" – der einzigen in Ontario.
**Murney Tower**, *King St./Barrie St., ☏ 613-507-5181, www.kingstonhistoricalsociety.ca/the-murney-tower, Mitte Mai–Anfang Sept. tgl. 9–17 Uhr, Eintritt $ 5, Senioren und Studenten $ 4, Familienkarte $ 12.*

An der Marina am Confederation Park beginnt der 8 km lange „Waterfront Pathway – Rideau Trail", der am St.-Lorenz-Strom entlangführt.

**Bellevue House National Historic Site (5)** erinnert an die Architektur Italiens. In diesem Gebäude toskanischer Bauart lebte 1848/49 der erste Premierminister Kanadas, Sir John A. Macdonald, mit seiner Familie. Es ist eingerichtet im Stil des 19. Jh. In den Sommermonaten geben kostümierte Angestellte Auskunft über Leben und Arbeit jener Zeit. Im Besucherzentrum informiert man in Bild und Ton über die Geschichte des Hauses und das Leben Macdonalds.
**Bellevue House National Historic Site**, *35 Centre St., ☏ 613-545-8666, www.pc.gc.ca/eng/lhn-nhs/on/bellevue/visit.aspx, Ende Mai–Anfang Okt. Do–Mo 10–17, Juli/Aug. tgl. 10–17 Uhr, Eintritt Erwachsene $ 3,90, Senioren $ 3,40, Kinder frei. Hinweis: Das Bellevue House ist derzeit wegen Renovierung geschlossen. Die Gärten (inkl. kostümierter Gärtner), das Besucherzentrum und der Museumsladen sind jedoch geöffnet. Ausstellungen im Besucherzentrum und Führungen werden angeboten. Während der Renovierungsarbeiten werden keine regulären Eintrittspreise erhoben.*

*Geschichte des Strafvollzugs*

Auf dem Weg zum Marine Museum erzählt das **Penitentiary Museum (6)** in der King St. W. die Geschichte von Häftlingen und Strafmaßnahmen vergangener Zeiten. Das Gefängnis-Museum ist in einem Verwaltungsgebäude inmitten einer Gartenanlage untergebracht und zeigt über 500 Gegenstände aus kanadischen Gefängnissen.
**Penitentiary Museum**, *555 King St. W., ☏ 613-530-3122, www.penitentiarymuseum.ca, Mai/Juni u. Sept.–Nov. 9–17, Juli/Aug. 9–18 Uhr, Eintritt kostenlos, Spende erwünscht.*

Beim **Portsmouth Olympic Harbour** wurden 1976 die olympischen Segelwettbewerbe ausgetragen. An den Hafen schließt sich der Lake Ontario Park mit hübschen Plätzen für ein Picknick an.
**Portsmouth Olympic Harbour**, *53 Yonge St., ☎ 613-546-4291 (ext. 1827).*

Das **Agnes Etherington Art Centre at Queen's (7)** befindet sich im Haus der Kunstmäzenin Agnes Etherington aus dem 19. Jh. Außerdem sind sieben Galerien angeschlossen. Es gilt als eines der besten Kunstmuseen Kanadas und zeigt kanadische, europäische, afrikanische und Inuit-Kunst.

*Tempel der Kunst*

**Agnes Etherington Art Centre at Queen's**, *Queen's University, 36 University Ave., ☎ 613-533-2190, www.agnes.queensu.ca, Di–Fr 10–16.30, Do 10–21, Sa/So 13–17 Uhr, Eintritt frei, Spende erwünscht.*

Das **Miller Museum of Geology and Mineralogy** liegt auf dem Universitätsgelände und zeigt neben Mineralien und Fossilien ein Labor des 19. Jh. und eine seismografische Station.
**Miller Museum of Geology and Mineralogy**, *36 Union St., ☎ 613-533-6767, www.queensu.ca/millermuseumofgeology, Mo–Fr 8.30–16.30 Uhr, Eintritt frei.*

**Frontenac County Schools Museum**, das liebevoll eingerichtete Museum in der alten Kingston Public School von 1853 dokumentiert das Schulleben des 19. Jh.
**Frontenac County Schools Museum**, *414 Regent St., Barriefield, ☎ 613-544-9113, www.fcsmuseum.com, Juli/Aug. Di–Sa 10–15, sonst Mo, Di und Mi 10–15 Uhr, Jan. geschl., Eintritt frei, Spende erwünscht.*

Die größte Sehenswürdigkeit von Kingston ist **Fort Henry (8)**. Das Fort aus dem Jahr 1812 war damals die mächtigste Befestigungsanlage in Britisch-Kanada und dient heute als Museum mit Ausstellungen zur britisch-kanadischen Militärgeschichte. Kingston ist mit seinen Militärschulen noch heute Ausbildungsstätte für das kanadische Militär. Daher wirken Kadetten in historischen Uniformen bei den täglichen Vorführungen mit. Exerzierübungen, Wachablösungen, Salutschüsse aus den alten Kanonen und Militärparaden sind beim Publikum besonders beliebt.

*Mächtige Befestigungsanlage*

**Fort Henry**, *1 Fort Henry Dr., ☎ 613-542-7388 oder 1-800-437-2233, www.forthenry.com. Das Fort liegt gegenüber von Kingston, zu erreichen vom Zentrum aus über den Lasalle Causeway, dann der Ausschilderung zum Fort folgen. Parkplätze sind ausreichend vorhanden. Mitte Mai–Okt. tgl. 9.45–17 Uhr; um 15 Uhr findet die halbstündige „Garrison-Parade" statt; Eintritt ab 19 J. $ 20, Studenten u. Jugendliche 13–18 J. $ 16, Kinder 5–12 J. $ 13, unter 5 J. frei.*

## Reisepraktische Informationen Kingston

### Information

**Visitor Information Office**, *209 Ontario St., in der alten Bahnstation am Hafen, gegenüber der City Hall, ☎ 613-548-4415 oder 1-888-855-4555, www.tourism.kingstoncanada.com, Juli/Aug. So–Mi 9.30–20, Do–Sa 9.30–19, Mai/Juni/Sept. So–Mi 9.30–18, Do–Sa 9.30–19, Okt.–Dez. So–Do 10–16, Fr/Sa 10–17 Uhr, 24. Dez. und Silvester 9.30–13 Uhr, Weihnachten und Neujahr geschl., Jan.–April So–Do 10–16, Fr/Sa 10–17 Uhr.*

### Wichtige Anschriften und Telefonnummern

**Polizei, Feuerwehr, Medizinischer Notdienst**: *911*
**Canadian Automobile Association CAA**: *613-546-2596*
**Wetterauskunft**: *613-545-8550*

### Unterkunft

**$$$ Ambassador Hotel & Conference Centre (2)**, *1550 Princess St., ☏ 613-548-3605, 1-800-267-7880, www.ambassadorhotel.com, gut ausgestattetes, zentral gelegenes Hotel mit Sportangebot, Swimmingpool und Innenwasserrutsche.*

**$$$ Thriftlodge Kingston (3)**, *1187 Princess St., ☏ 613-546-4411, 1-800-706-0698, www.thriftlodgekingston.com, Hotel mit 74 geräumigen, freundlichen Zimmern.*

**$$$–$$$$ Donald Gordon Conference Centre (9)**, *421 Union St., ☏ 613-533-2221, 1-886-455-2655, www.donaldgordoncentre.com, 80 ordentlich ausgestattete Zimmer im Konferenzzentrum der Queen's University, Frühstück und Parken im Preis inbegriffen.*

**$$$$ Best Western Fireside Inn (1)**, *1217 Princess St., ☏ 613-549-2211, 1-800-567-8800, www.bestwesternkingston.ca, geräumige Zimmer, Swimmingpool und vier „Fantasie-Suiten", die einem Thema entsprechend eingerichtet sind, z.B. orientalische Suite, Mondsuite.*

**$$$$ Holiday Inn Express & Suites (4)**, *11 Benson St., ☏ 613-546-3662, www.ihg.com, modernes, freundliches Hotel mit Pool und Frühstück.*

**$$$$ Holiday Inn Kingston Waterfront (6)**, *2 Princess St., ☏ 613-549-8400, www.hikingstonwaterfront.com, direkt am Hafen gelegenes, schon älteres Hotel mit 197 geräumigen Zimmern und schönem Blick, Dachgartenrestaurant, Swimmingpools.*

**$$$$–$$$$$ Delta Kingston Waterfront Hotel (7)**, *1 Johnson St., ☏ 613-549-8100, 800-185-4422 (gratis aus DE), www.marriott.de, empfehlenswertes Hotel mit 127 gut möblierten Zimmern und schönem Blick auf den Lake Ontario, Swimmingpool.*

**Bed & Breakfast**

**$$ De Haan's B&B (10)**, *1107 King St.W., ☏ 613-766-9900, www.bbcanada.com/12680.html, gepflegtes Haus gegenüber einer Parkanlage mit 3 freundlich eingerichteten Zimmern; ca. 3 km vom Zentrum entfernt, die hilfsbereiten Gastgeber sprechen auch Deutsch.*

**$$$–$$$$ Secret Garden Inn (5)**, *73 Sydenham St. S., ☏ 613-531-9884, 1-877-723-1888, www.thesecretgardeninn.com, 1888 erbautes Haus mit antik eingerichteten Zimmern und schönem Innenhof, nur wenige Gehminuten zur Innenstadt.*

**$$$$–$$$$$ Frontenac Club Inn (8)**, *225 King St. E., ☏ 613-547-6167, www.frontenacclub.com, das historische Gebäude aus dem Jahre 1845 mit 15 komfortablen Zimmern liegt in der Innenstadt, günstig zu allen Sehenswürdigkeiten, freies Parken.*

### Essen und Trinken

*Für die Besucher, die alljährlich nach Kingston kommen, bietet die Stadt ein breites Spektrum an Restaurants und Cafés. Preiswerte Restaurants und die bekannten Kettenrestaurants liegen vor allem an der Division St., südlich des Hwy. 401, und an der Bath Rd. im Westen.*

**Amadeus Café Restaurant (1)**, *170 Princess St., ☏ 613-546-7468, http://amadeuscafe.ca, Restaurant mit Biergarten und österreichischen und deutschen Gerichten, z. B. verschiedene Schnitzel, Rouladen, dazu spielt im Hintergrund leise klassische Musik. Mo–Do 11–21, Fr/Sa 11–22 Uhr.*

**Aqua Terra (8)**, *1 Johnson St,. ☏ 613-549-6243, www.aquaterrakingston.com, zeitgenössische kanadische und internationale Küche. Das Restaurant befindet sich im Delta Kingston Waterfront Hotel und bietet schöne Ausblicke auf den Hafen. Mo–Fr 6.30–15 u. 17–22, Sa/So ab 7 Uhr.*

**Curry Original (3)**, *253 A Ontario St., ☏ 613-531-9376, www.curryoriginal.ca, beliebtes und sehr gelobtes indisches Spezialitätenrestaurant. Di–Sa Lunch 11.30–14 und Dinner ab 17 Uhr, So nur Dinner.*

**Lone Star Texas Grill (4)**, *251 Ontario St., ☏ 613-548-8888, www.lonestartexasgrill.com, beliebtes texanisch-mexikanisches Familienrestaurant mit origineller Einrichtung und Außenterrasse. Mo–Mi 11–23, Do–Sa 11–24, So 11–23 Uhr.*

**River Mill Restaurant**, *2 Cataraqui St., ☏ 613-549-5759, www.rivermill.ca, vom Restaurant in der historischen Mühle hat man einen herrlichen Blick auf den Hafen, während man die frischen Fisch- oder Lammgerichte genießt. Mo–Fr 11.30–14.30 u. 17–21, Sa 17–21 Uhr.*
**The General Wolfe Hotel**, *1237 County Rd. 96, auf Wolfe Island, ☏ 613-385-2611, www.generalwolfehotel.com, die Überfahrt nach Wolfe Island lohnt sich für ein Abendessen in einem der besten Restaurants der Region, Gourmet Dinner, Reservierung empfehlenswert. Tgl. ab 11 Uhr. Mo–Do in der Inside Lounge. Fr, Sa, So ist der Waterside Patio ab 11 und die Inner Lounge ab 15 Uhr geöffnet. Im Juni ist der Patio tgl. ab 11 geöffnet (wetterabhängig).*

**Kleine Köstlichkeiten für zwischendurch und fürs Picknick**
**Great Chow Express**, *689 A Princess St., ☏ 613-547-1133, www.greatchow.ca, chinesische Gerichte, „Picnic plan" mit Hinweisen zu nahe gelegenen Picknickplätzen.*
**Morrison's Restaurant (5)**, *318 King St. E., ☏ 613-542-9483, einfaches Traditionsrestaurant gegenüber dem Marktplatz, in dem an Markttagen ein herzhaftes Frühstück serviert wird.*
**White Mountain Ice Cream**, *176 Ontario St., ☏ 613-545-3474, www.facebook.com/WMICECREAM, sehr gutes, selbst gemachtes Eis.*

## Pubs und Bars

**Chez Piggy (2)**, *68 Princess St., ☏ 613-549-7673, www.chezpiggy.com, die Bar wurde im Stall eines restaurierten, aus dem Jahr 1810 stammenden Backsteinhauses eingerichtet, Sommergarten. Mo–Do 11.30–21, Fr/Sa 11.30–22, So 10–21 Uhr.*
**The Kingston Brewing Company Pub (6)**, *34 Clarence St., ☏ 613-542-4978, www.kingstonbrewing.ca, hier wird das Dragon's Breath Ale an Ort und Stelle gebraut, großer Innenhof hinter dem Gebäude aus dem 19. Jh. Mo–Sa 11.30–14, Sa ab 11 Uhr.*
**The Pilot House (9)**, *265 King St. E., ☏ 613-542-0222, www.pilothousekingston.ca, freundlicher Pub mit importierten Bieren vom Fass, beliebt wegen seiner Fish 'n' Chips nach britischer Art. Tgl. 11–2, Mi u. So bis 24 Uhr.*
**Tir Nan Og (10)**, *200 Ontario St., ☏ 613-544-7474, www.facebook.com/kingston.tirnanog, authentischer irischer Pub mit keltischer Livemusik. So–Di 11–1, Mi–Sa 11–2 Uhr.*

## Einkaufen

*Es gibt drei große Einkaufszentren:* **Cataraqui Town Centre** *mit mehr als 140 Geschäften, 945 Gardiners Rd./Hwy. 2,* **Frontenac Mall** *mit Fachgeschäften und Restaurants, 1300 Bath Rd.,* **Kingston Centre** *mit 80 Geschäften, Macdonald Blvd./Bath Rd. In der Innenstadt, rund um Ontario St., Princess St. und deren Nebenstraßen, findet man viele kleine, originelle Läden und Boutiquen.*

**Cooke's Fine Foods and Coffee**, *61 Brock St., ☏ 613-548-7721, www.cookesfinefoods.com, Geschäft mit europäischen Spezialitäten, das mit dem Originalmobiliar der viktorianischen Zeit eingerichtet ist.*
**Cornerstone**, *255 Ontario St., ☏ 613-546-7967, www.cornerstonecanadianart.com, lokales Kunsthandwerk und Töpfereiwaren.*
**Roots**, *229 Princess St., ☏ 613-546-7668, www.roots.com, in Kanada gefertigte, hochwertige Kleidung, Schuhe und Sportartikel.*
**Trailhead**, *262 Princess St., ☏ 613-546-4757, www.trailheadkingston.ca, ausgezeichnetes Geschäft für Wanderer und Camper, komplette Ausrüstungen vom Schlafsack bis zum Zelt werden vermietet.*

## Feste und Veranstaltungen

**Farmers' Market**, *seit 1801 findet der Markt am Rathaus statt. Von April–Nov. werden hier jeden Di, Do und Sa von 9–18 Uhr alle landwirtschaftlichen Produkte der jewei-*

*ligen Saison angeboten; außerdem findet man hier ein großes Sortiment handwerklicher Erzeugnisse (www.kingstonpublicmarket.ca).*

*Während der Sommermonate gibt es in der Stadt zahlreiche Veranstaltungen. Das* **Buskers Rendezvous**, *das viertägige Festival mit Straßenkünstlern – Zauberern, Musikanten, Jongleuren, Tänzern und Schauspielern – findet Mitte Juli statt;* **Kingston Summer Festival**, *den ganzen Sommer über gibt es Theatervorführungen, Konzerte, Kunstausstellungen, Märkte;* **Music in the Park**, *jeden Di, Do und Sa werden Konzerte im Confederation Park veranstaltet, Infos unter: www.downtownkingston.ca/events/2019/music-in-the-park;* **Olympic Training Regatta Kingston**, *wie die Kieler Woche zieht im August auch die Segelregatta von Kingston Segler und Sportbegeisterte aus aller Welt an.*

## Verkehrsmittel

### Flüge

*Der Flughafen von Kingston, Norman Rogers Airport, liegt etwa 10 km außerhalb der Stadt, 1114 Len Birchall Way, ☏ 613-389-6404, tgl. 5 Flüge nach Toronto von* **Air Canada**, *☏ 1-888-247-2262.*

### Öffentliche Verkehrsmittel

**Bus/Stadtverkehr**

**Kingston Transit,** *☏ 613-546-0000, www.cityofkingston.ca/residents/transit, gut ausgebautes Bussystem, Fahrpreise: einfache Fahrt Erwachsene $ 3, Jugend/Senioren $ 3, Mehrfahrtenkarte (6) Erwachsene $ 15, Jugend/Senioren $ 12, Tagespass mit beliebig vielen Fahrten $ 8.*

**Überlandbusse**

**Kingston Bus Terminal**, *1175 John Counter Blvd., ☏ 613-547-4916, tgl. Verbindungen von Kingston nach Toronto, Ottawa und Montréal mit den Unternehmen Mega Bus (https://ca.megabus.com) und Greyhound (www.greyhound.ca) mit zusätzlichen Verbindungen in die USA.*

| | |
|---|---|
| *Kingston–Ottawa* | *1 x tgl., Fahrzeit ca. 3 Std.* |
| *Kingston–Montréal* | *10 x tgl., Fahrzeit ca. 3 Std. 15 Min.* |
| *Kingston–Toronto* | *10 x tgl., Fahrzeit ca. 3 Std.* |

### Bahn

*Der* **VIA-Rail-Bahnhof**, *1800 John Counter Blvd., ☏ 1-888-842-7245, liegt an der wichtigen VIA-Rail-Bahnstrecke zwischen Toronto und Montreal.*

| | |
|---|---|
| *Kingston–Ottawa* | *9 x tgl., Fahrzeit ca. 2 Std.* |
| *Kingston–Montréal* | *5 x tgl., Fahrzeit ca. 2 Std. 45 Min.* |
| *Kingston–Toronto* | *17 x tgl., Fahrzeit ca. 2,5 Std.* |

### Mietwagen

**Avis**, *1412 Princess St., ☏ 613-531-3311, oder Flughafen ☏ 613-389-2228*
**Budget**, *1412 Princess St., ☏ 613-546-3231*

### Fähre und Ausflugsfahrten mit dem Schiff oder Bus

**Wolfe Island Ferry**, s. S. 150.

**Kingston Trolley Tours**, *☏ 613-549-5544, 1-800-848-0011, www.kingstontrolley.ca, die etwa 75-minütige Fahrt mit dem roten Trolley führt an der Hafenfront und dem Universitätsgelände entlang zu den Museen der Stadt und bietet einen Blick auf Fort Henry und Fort Frontenac. Die Fahrten beginnen am Confederation Park gegenüber dem Rathaus (209 Ontario St.), an allen Sehenswürdigkeiten kann man beliebig oft aus- und später wieder zusteigen. Abfahrt Ende Mai–Sept. alle 45 Min. zw. 10 und 17 Uhr, 24-Std.-Pass Erwachsene $ 32, Kinder $ 21, 48-Std.-Pass $ 44/28,50, 72-Std.-Pass $ 56/36. Tickets sind bei Waterfront Gifts & Apparel, 248 Ontario St., am Ticket Booth, 1 Brock St., gegenüber vom Rathaus, und online erhältlich.*

**1000-Island-Kreuzfahrt**, *1 Brock St., ☎ 613-549-5544, 1-844-449-4513, www.1000 islandscruises.ca, 1,5- bis 3-stündige Fahrten zur Inselwelt des St.-Lorenz-Stroms mit den Schiffen Island Queen, Island Star und Island Belle, Abfahrt April (wetterabhängig) bis Okt., je nach Tour und Monat mehrfach die Woche bzw. (z. T. mehrmals) tgl. (genaue Termine s. Website). Fahrkarten 248 Ontario St. Von Besuchern, die nicht die kanadische oder US-amerikanische Staatsbürgerschaft haben, wird die Vorlage des Reisepasses verlangt.*

**Fahrpreise**
**Heart of the Islands Cruise***: 3-stündig, Erwachsene $ 45, Kinder (3–15 J.) $ 29, Kleinkind (0–2 J.) $2,50*
**Discovery Cruise***: 1,5-stündig, Erwachsene $ 35, Kinder (3–15 J.) $ 22,50, Kleinkind (0–2 J.) $ 2,50*
**Heart of the Island Lunch Cruise***: 3-stündig, Erwachsene $ 72, Kinder (3–15 J.) $ 54,50, Kleinkind (0–2 J.) $ 5, April–Okt. Genaue Termine s. Website.*
**Island Star Lunch Cruise***: 3-stündig, Erwachsene $ 72, Kinder (3–15 J.) $ 54,50, Premium $ 87*
**Island Queen Lunch Cruise***: 3-stündig, Erwachsene $ 72, Kinder (3–15 J.) $ 54,50, Kleinkind (0–2 J.) $ 5*
**Sunset Soirée Cruise***: 2-stündig, Erwachsene (19+ J.) $ 79*
**Island Star Sunset Dinner Cruise***: 3-stündig, Erwachsene (16+ J.) $ 88, Kinder (3–15 J.) $ 88, Kleinkind (0–2 J.) $ 10, Premium $ 113/35/35, April–Okt. Genaue Termine s. Website.*

# Sehenswertes in der Umgebung von Kingston

## Wolfe Island

*Größte der Thousand Islands*

Am östlichen Ende des Lake Ontario, dort wo sich der St.-Lorenz-Strom seinen Weg zum Atlantischen Ozean bahnt, liegt Wolfe Island, nur 20 Fährminuten von Kingston entfernt. Mit insgesamt 124 km² (36 km in der Länge und 12 km in der Breite) ist sie die größte Insel unter den „Thousand Islands“. Nicht nur Angler und Fischer zieht es hierher, auch Tagesbesucher lädt das Eiland zu erholsamen Ausflügen ein. Auf der Insel leben ca. 1.400 Menschen, von denen viele schottischen, irischen oder holländischen Ursprungs sind. Sie leben von der Landwirtschaft und vom Fremdenverkehr, vermieten Ferienhäuschen, Motor- und Fischerboote oder Fahrräder und fühlen sich als „Wolfe Islanders“. Der Hauptort ist Marysville mit öffentlichen Einrichtungen, Geschäften und Restaurants, der Wolfe Island Town Hall und dem ältesten Haus der Insel, dem Old House Museum, das in den Sommermonaten geöffnet ist.

## Reisepraktische Informationen Wolfe Island

### Information
**Wolfe Island Business & Tourism Association**, *☎ 613-385-2332, www.wolfe island.com.*

### Unterkunft/Essen und Trinken
**$$–$$$$ The General Wolfe Hotel**, *1237 County Rd. 96, in der Nähe der Schiffsanlegestelle, ☎ 613-385-2611, www.generalwolfehotel.com, das bereits 1860 gebaute Hotel verfügt über 9 geräumige Zimmer mit schönem Blick auf den St.-Lorenz-*

*Strom und ein sehr gutes Restaurant, das mehrfach ausgezeichnet wurde. Tischreservierung empfehlenswert.*

**Fähren**

**Wolfe Island Ferry**, *☏ 613-548-7227, www.wolfeisland.com/ferry.php, kostenlose Fahrt, ca. 20 Min., zwischen Kingston und Wolfe Island ca. stdl. (6–24 Uhr), im Sommer häufiger und länger.*

**Cape Vincent Ferry**, *☏ 613-385-2402, www.hferry.com, von Wolfe Island kann man in den Sommermonaten nach Cape Vincent im US-amerikanischen Bundesstaat New York übersetzen. Die Fähren zwischen Wolfe Island und Cape Vincent/USA verkehren von Mai–Okt. etwa stdl. zwischen 8 und 19.30 Uhr, Dauer der Überfahrt ca. 10 Min. Gebühr Auto/Fahrer $ 18, Passagiere $ 2, Fahrrad $ 3. Bei der Einreise in die USA wird bei jedem Passagier eine gründliche Passkontrolle durchgeführt.*

## Mac Lachlan Woodworking Museum

*Bedeutung des Holzes*

Das Museum wurde unter dem Motto „Holz im Dienste des Menschen" in einem Blockhaus eingerichtet. Die Ausstellung zeigt, wie vielfältig Holz in der Pionierzeit genutzt wurde. In einem neuen Haus kann man sich über Wachstum, Bedeutung und Nutzung des Waldes informieren. Eine schöne Gelegenheit zum Rasten und Schwimmen bietet sich am Ufer des St.-Lorenz-Stroms.

**Mac Lachlan Woodworking Museum**, *Grass Creek Park, 2993 Hwy. 2 E., 16 km östlich von Kingston am Hwy. 2, im Grass Creek Park in Pittsburgh Township, ☏ 613-542-0543, www.woodworkingmuseum.ca, Mai–Aug. Di–So 10–17 Uhr, Eintritt frei.*

# Thousand Islands

**Hinweis**

Einige Ausflugsboote legen einen Stopp auf Heart Island ein, wo man Schloss Boldt besichtigen kann. Heart Island gehört zu den USA, deshalb müssen Besucher, die nicht kanadische oder US-amerikanische Staatsbürger sind, die für die Einreise von Kanada in die USA notwendigen Formalitäten erfüllen. Aufgrund möglicher Änderungen sollte man sich hierzu besser kurzfristig informieren: www.cbp.gov/travel/international-visitors/visa-waiver-program.

Die „Tausend Inseln" liegen im Ausfluss des Lake Ontario und im Oberlauf des St.-Lorenz-Stroms. Zu ihrer Entstehungsgeschichte gibt es zwei Erklärungen:

- Geologen weisen darauf hin, dass sich vor mehr als 900 Mio. Jahren große Gebirge an der Stelle des heutigen St.-Lorenz-Stroms befanden, deren Spitzen von Gletschern und Wassermassen geglättet wurden, bis nur die Inseln und Sandbänke zurückblieben.
- Die Geschichte der Indianer lautet anders. Demnach war das ganze Gebiet einst eine große Wasserfläche, an deren Ufer der Große Geist einen Garten geschaffen hatte. In diesem Paradiesgarten sollten alle verfeindeten Stämme in Frieden miteinander leben. Als die Menschen aber weiterkämpften, bündelte der Große Geist den Garten in eine große Decke und flog zurück in den Himmel. Aber die Decke riss, das Paradies brach in tausend Stücke und stürzte in das große Wasser!

*Einst für seine geliebte Frau erbaut, doch nie vollendet: Boldt Castle*

Mitten durch die Inselwelt der Thousand Islands verläuft die **Grenze zwischen Kanada und den USA**, besonders gut zu erkennen an der kleinen Insel, auf der das Wohnhaus auf amerikanischer Seite steht, der Fahnenmast des Hauses aber schon zu Kanada gehört. Die „Tausend Inseln" sind eines der beliebtesten Feriengebiete Kanadas mit vielfältigem Angebot zum Bootfahren, Wandern, Fischen, Wassersport und zu Naturbeobachtungen.

*Mehr als „Tausend Inseln"*

Der heutige Name „Thousand Islands" stammt von den ersten französischen Einwanderern – die Zahl der Inseln wird heute mit 1.753 angegeben, von denen etwa zwei Drittel zu Kanada gehören. Inseln aller Größen zählen dazu, und unter der Wasseroberfläche liegen nochmals Hunderte als Sandbänke oder Riffe verborgen. Die Inseln, von denen viele bewohnt sind, sind mit Pinien, Fichten, Birken und Zedern bewachsen. Während der Kreuzfahrt passiert man Inseln mit unterschiedlichen Häusern: Holzhäuschen, Blockhütten, Wohnhäusern, eleganten Villen und sogar mit einem Schloss.

**Boldt Castle** liegt auf Heart Island und kann besichtigt werden. Es erinnert mit seinen Giebeln, den Rundtürmen und der Festungsmauer an die Burgen am Rhein. Bauherr dieses Schlosses war George C. Boldt, der in Deutschland aufwuchs, mittellos nach Amerika auswanderte und dort erfolgreicher Besitzer berühmter Hotels wurde, wie z. B. des Waldorf Astoria in New York. Er ließ es als Zeichen seiner Liebe für seine Frau errichten. Diese verstarb jedoch, bevor das Haus bezugsfertig war. Boldt ließ daraufhin alle Bauarbeiten einstellen, verließ die Insel für immer und ließ das Schloss unbewohnt auf Heart Island zurück. 1977 erwarb die „Thousand Islands Bridge Authority" das Grundstück und restaurierte das Schloss und andere Gebäude auf Heart Island.

Mit einer kleinen Fähre kann man zum Boldt Yacht House auf Wellesley Island übersetzen, wo eine Sammlung alter Holzboote besichtigt werden kann.

**Boldt Castle,** *☏ 315-482-9724 in der Saison, ☏ 315-482-2501 in der Nachsaison, www.boldtcastle.com, Mai–Juni und Sept. 10–18.30 Juli/Aug. 10–19.30, Okt. 11–17 Uhr, Eintritt Erwachsene 13+ J. US$ 10, Kinder 5–12 J. US$ 7.*

## Frontenac Provincial Park

Der Frontenac Provincial Park bietet trotz seiner Nähe zu Kingston ein Stück Wildnis, das man zu Fuß oder mit dem Kanu erkunden kann. Der rund 5.200 ha große Park hat 22 Seen und ein Wanderwegenetz von mehr als 250 km Länge.

### Streckenhinweis

Von der Princess Street in Kingston biegt man auf die Sydenham Road (Hwy. 9) in Richtung Elginburg ab und folgt dann der Ausschilderung nach Sydenham und zum Frontenac Provincial Park über die Landstraßen 10 oder 19. Fahrzeit ab Kingston ca. 45 Min.

## Reisepraktische Informationen Frontenac Provincial Park

### Information

*Das* **Informationsbüro** *(Trail Centre), 6700 Salmon Lake Rd., ☏ 613-376-3489, www.frontenacpark.ca, liegt am Otter Lake, tgl. 8–20 Uhr, ab dem 1. Montag im Sept. (Labor Day): Fr–Sa 8–19, So–Do 8–16.30 Uhr. Ab Ende Okt. ist Selbstbedienung möglich (inkl. Camping Permit). Hier erhält man topografische Karten, Veranstaltungshinweise und Camping-Genehmigungen. Tagesbesuch: regulär $ 14,50, Senioren $ 11,50, Behinderte $ 7,25.*

### Unterkunft

**$$–$$$$ Desert Lake Family Resort,** *2466 Desert Lake Rd., Harlington, ☏ 613-374-2196 oder 613-374-1969, www.desertlakeresort.on.ca, einfache Unterkünfte und Campingplatz 5 km vom Frontenac Park entfernt, Bootsverleih. Unterkünfte werden im Juli/Aug. nur für einen einwöchigen Aufenthalt vermietet (Cabin Sa–Sa, Squirrels Nest und Beaver Lodge So–So).*

**$$$–$$$$ Michaels Olde Frontenac Landing,** *2163 Devil Lake Rd., Westport, ☏ 613-273-5294, www.michaelsoldefrontenaclanding.com, Camping- und Trailerplatz, 5 Cottages am Devil Lake.*

*Im Frontenac Park gibt es* **13 Campingplätze,** *die ganzjährig geöffnet sind. Die Zufahrtswege sind ausgeschildert. Die Anmeldung erfolgt im Informationszentrum, Reservierungen können telefonisch (☏ 1-888-668-7275) erfolgen. Wenn das Trail Centre geschlossen ist, kann man sich an der Self-Service-Registration eintragen. Autos, Wohnmobile und Wohnwagen sind im Park verboten. Die Aufenthaltsgenehmigung gilt für jeweils zwei aufeinanderfolgende Nächte.*

### Autofahren

*Am Eingang des Provinzparks gibt es ausreichend Parkplätze. Vom 1. April–31. Okt. ist die einzige Straße des Parks geöffnet; sie führt vom Otter Lake zum Big Salmon Lake. Die Permits für Autos gibt es im Trail Centre.*

### Wandern

*Es existieren 10 ausgeschilderte Wanderwege unterschiedlicher Länge und Schwierigkeitsgrade, darunter* **Arab Lake Gorge** *(1,5 km, 40 Min.),* **Big Salmon Lake** *(19 km, 5–7 Std.),* **Doe Lake** *(3 km, 1–2 Std.) oder* **Little Salmon Lake***: 15 km, 3–5 Std.*
**Informationsmaterial** *gibt es im Trail Centre.*

**Kanufahren**

*Die Seen des Frontenac Provincial Park bieten ausgezeichnete Möglichkeiten zum Kanufahren für Anfänger und Fortgeschrittene. Die Portagen sind zwischen 200 und 1.625 m lang; im Trail Centre sind Übersichtspläne erhältlich. Bootsverleih, Kanu-, Kajak- und Camping-Ausstattung bei* **Frontenac Outfitters**, *6674 Bedford Rd., Sydenham, ☎ 613-376-6220, www.frontenac-outfitters.com.*

# Von Kingston am Rideau Canal entlang nach Ottawa

Man kann mit dem eigenen oder einem gemieteten Boot von Kingston über den Rideau Canal nach Ottawa fahren.

## Rideau Lake und Rideau Canal

### Das Rideau-Canal-System

info

Das Rideau-Canal-System umfasst eine Reihe von Flüssen, Seen und Kanälen, die Kingston mit Ottawa auf einer Länge von 202 km verbindet. Es ist eine der neun historischen Wasserstraßen Kanadas, wird vom Canadian Park Service betreut und gehört zum Weltnaturerbe.

Die Planung des Rideau Canal geht auf die Zeit des kanadisch-amerikanischen Krieges von 1812 zurück, als sich die englische Kolonie von den Amerikanern bedroht fühlte und der St.-Lorenz-Strom als die wichtigste Verkehrsader für den Handel und die Versorgung der Bevölkerung und der Truppen nicht ausreichend gesichert schien. Deshalb wurde der Rideau Canal aus strategischen Gründen von 1826 bis 1832 erbaut. Die schwierigen und aufwendigen Arbeiten gehören zu den technischen Meisterleistungen des 19. Jh. Der Rideau Canal wurde zu einer wichtigen Handelsstraße, deren Bedeutung erst durch den Bau der Eisenbahnstrecken schwand. Heute dient der Rideau Canal in erster Linie dem Freizeitvergnügen der vielen Bootsfahrer, die in aller Ruhe die reizvollen, häufig wechselnden Landschaften an den Ufern des Kanals an sich vorbeiziehen lassen. Die beschauliche Fahrt wird durch 45 Schleusen entlang der Strecke unterbrochen.

*Der Rideau Canal in Ottawa*

info

Von Kingston am Lake Ontario aus steigt der Kanal von See zu See stetig an und erreicht seinen höchsten Punkt im Upper Rideau Lake. Auf diesem Streckenabschnitt überwinden 14 Schleusen einen Höhenunterschied von 50 m. Danach senkt sich der Kanal langsam durch die Rideau-Seen und den Rideau River zum Ottawa River hin, den die Schiffe und Boote durch weitere 31 Schleusen erreichen. Weitere Informationen unter www.rideautrail.org.

**Lesetipp**

Das **Rideau Trail Guidebook** mit ausführlichen Beschreibungen und Hinweisen erhält man in den örtlichen Buchhandlungen oder bei der Rideau Trail Association, Box 15, Kingston, Ontario, K7L4V6, ☏ 613-545-0823, www.rideautrail.org. Karten finden sich hier: www.rideautrail.org/discover-the-trail/maps.

Auch diejenigen, die nicht als Freizeitkapitäne mit einem Boot auf den Kanälen, Seen oder Flüssen unterwegs sein wollen, können von der Straße aus einen Eindruck vom Rideau-Canal-System gewinnen und das ländliche Ontario mit seinen Ortschaften, Farmen, Pferde- und Hundezuchten, Bootshäfen und Schleusen kennenlernen. Dabei kann man beim Besuch der Schleusen den Park-Rangern zuschauen, die die Schleusen noch von Hand bedienen.

**Streckenhinweis**

In Kingston fährt man zunächst auf dem Hwy. 401 nach Osten und biegt hinter Barriefield auf den Hwy. 15 ab, der nach Smiths Falls führt. Von dort folgt man dem Hwy. 43 und biegt hinter Kemptville auf den Hwy. 416 ab, auf dem man bis Ottawa bleibt. Die Entfernung beträgt 180 km. Die genaue Beschreibung von Ottawa und die reisepraktischen Informationen finden sich ab S. 273.

## Sehenswertes an dieser Strecke

### Kingston Mills Blockhouse

4 km nördlich von Kingston befindet sich diese Schleusenstation, die den Eingang zum Rideau-Canal-System bildet. Das Blockhaus ist nicht zugänglich (*www.rideau-info.com/canal/locks/46-49-kingstonmills.html*).

### Smiths Falls

Etwa auf der halben Strecke zwischen Kingston und Ottawa liegt Smiths Falls, ein Handelszentrum der Region mit knapp 10.000 Einwohnern. Hier befindet sich die **Rideau Canal Verwaltung** im historischen Gebäude einer Mühle des 19. Jh.
**Rideau Canal Verwaltung**, *34 Beckwith St. S.,* ☏ *613-283-5170, www.pc.gc.ca. Sie ist nur nach Absprache zugänglich.*

Das **Heritage House Museum** wurde nahe am Rideau River in einem Haus aus dem Jahr 1860 eingerichtet. In sieben Räumen werden die Lebensumstände einer wohlhabenden Familie aus der Zeit zwischen 1860 und 1890 dokumentiert.

**Heritage House Museum**, *11 Old Sly's Rd., ☏ 613-283-6311, Mai, am Wochenende 10–17, Juni–Okt. Mi, Fr, So 10–17, Do 12–20, Nov. Wochenende 10–16 Uhr, Eintritt Erwachsene $ 5, Senioren/Studenten $ 4,50, Kinder und Jugendliche von 6–18 J. $ 4.*

Außerdem kann man noch in der ehemaligen Bahnstation von 1914 das **Eisenbahnmuseum** mit alten Lokomotiven und Waggons besichtigen. Von Mai bis Oktober verkehren an den Wochenenden historische Züge.

*Historische Eisenbahnen*

**Railway Museum of Eastern Ontario**, *90 William St. W., ☏ 613-283-5696, www.rmeo.org, Mitte Mai–Okt. tgl. 10–17 Uhr, Eintritt Erwachsene $ 7, Senioren/Studenten $ 6, Kinder 5–12 J. $ 5, Familienkarte $ 20. Draisinenfahrt: $ 5.*

## Reisepraktische Informationen Smith Falls

### Information

**Smiths Falls and District Chamber of Commerce**, *77 Beckwith St. N., ☏ 613-283-4124, www.smithsfalls.ca.*

### Unterkunft

**$$$–$$$$ Best Western Smiths Falls Hotel**, *88 Lombard St., ☏ 613-284-0001 oder 1-866-918-9555, www.smithsfallshotel.com, modernes Hotel mit 40 ansprechend eingerichteten Zimmern und Swimmingpool am Hwy. 15.*

## Merrickville

Merrickville ist einer der reizvollsten Orte am Rideau Canal und wurde als „schönstes Dorf Kanadas" ausgezeichnet. „Juwel am Rideau" nennen die Einheimischen ihre Stadt mit schattigen Alleen und historischen Gebäuden des 19. Jh., in denen sich Restaurants, Boutiquen, Galerien und Antiquitätengeschäfte befinden. Der „Towne Crier", der in der Tracht des 19. Jh. durch die Straßen läuft, heißt Besucher willkommen. Im Blockhouse Museum an der Schleuse St. Lawrence Street kann man sich von Mitte Mai bis Mitte Oktober über die frühe Geschichte der Region informieren und dem lebhaften Bootsverkehr an der Schleuse zuschauen. Oder man mietet ein Kanu oder ein Kajak und bricht zur Vogelbeobachtung im Naturschutzgebiet am Rideau River auf.

*Schönstes Dorf Kanadas*

## Reisepraktische Informationen Merrickville

### Information

**Merrickville Chamber of Commerce**, *Merrickville, ☏ 613-269-2229, http://merrickvillechamber.ca.*

### Unterkunft

**$$$ 1840 Guest House**, *223 Main St. W., ☏ 613-269-3025, www.1840guesthouse.ca, das Haus aus dem Jahr 1840 liegt im historischen Viertel, nur wenige Minuten vom Rideau Canal entfernt und verfügt über 4 geräumige, luftige Zimmer, teilweise mit Kanalblick.*

**$$$$ The Gallery Loft**, *147 St. Lawrence St. Unit 1, ☏ 613-269-4445, www.angelinawrona.ca/loft. Apartment mit voll ausgestatteter Küche und kostenlosem WLAN.*

## Perth

Perth, das nach dem gleichnamigen Ort in Schottland benannt wurde, entstand aus einer militärischen Siedlung und entwickelte sich zu einer reizvollen kleinen Stadt mit ansprechend renovierten Häusern aus dem 19. Jh. und vielen kleinen Geschäften, die zum Bummeln einladen.

Das **Perth Museum/Matheson House**, das in einem 1840 erbauten Herrenhaus eingerichtet wurde, zeigt eine Ausstellung über die Lebensweise einer wohlhabenden Familie um die Mitte des 19. Jh., Gebrauchsgegenstände der Indianer, die an den Rideau Lakes siedelten, und informiert über die Herstellung des kanadischen Whiskys.
**Perth Museum**, *11 Gore St. E., ☏ 613-267-3311, März–Dez. tgl. 10–18, sonst 10–17 Uhr, Eintritt frei, Spende erwünscht.*

*Köstlicher Sirup*

Perth ist landesweit bekannt für die hervorragende Qualität des hier produzierten **Ahornsirups**; im März und April wird der Saft der Ahornbäume abgezapft und in den „Sugar Camps" zu Sirup eingekocht. Alljährlicher Höhepunkt ist dann Ende April das „Festival of the Maples".

### Reisepraktische Informationen Perth

**Information**
**Visitor Information Centre**, *11 Gore St. E., ☏ 613-267-1947, www.perth.ca oder www.beautifulperth.com. Jan.–März 10–17, April–Dez. 10–18 Uhr.*

**Unterkunft**
**$$–$$$ Perth Manor Boutique Hotel**, *23 Drummond St. W., ☏ 613-264-0050, www.perthmanor.com, das Haus aus dem Jahr 1878 verfügt über 6 komfortable, geräumige Zimmer; frisch zubereitetes, reichhaltiges Frühstück.*

## Kemptville

Der um 1800 gegründete Ort ist bekannt durch sein „College of Agricultural Technology", wo man ebenso wie in der „G. Howard Ferguson Forest Station" alles über Land- und Forstwirtschaft erfahren kann. Wander- und Fahrradwege sowie Picknickplätze laden zur Erholung ein.

**Wandern**

*Paradies für Wanderer*

*Der **Rideau Trail** (www.rideautrail.org) ist ein fast 400 km langer Wanderweg zwischen Kingston und Ottawa, der sorgfältig mit orangefarbenen Dreiecken markiert ist; Seitenwege sind durch blaue Dreiecke gekennzeichnet. Der Trail führt über kleine Straßen und Wege vom Lake Ontario durch Marschen, Wälder und Felder bis zu den Chaudière-Wasserfällen in Ottawa. Wechselnde Landschaften, schöne Ausblicke und historische Sehenswürdigkeiten machen den Reiz dieses Wanderwegenetzes aus, das sowohl abschnittweise für eintägige als auch für mehrtägige Wanderungen genutzt werden kann.*

**Hinweis**

Vor allem im Frühsommer muss man bei Wanderungen durch die Feuchtgebiete entlang des Weges mit Moskitos rechnen.

# Von Kingston nach Montréal

## Wegstrecke

309 km. Die schnellste Verbindung zwischen Kingston und Montréal ist der Hwy. 401, der an der Provinzgrenze zu Québec in den Hwy. 20 übergeht; parallel zum St.-Lorenz-Strom verläuft der Hwy. 2, der einen in reizvolle kleine Ortschaften und beliebte Ferienorte bringt.

## Gananoque

Am Ufer des St.-Lorenz-Stroms, dort, wo es zu den Thousand Islands geht, liegt der hübsche Ferienort Gananoque mit dem Feriengebiet von „Gannon-ock-way". Der historische Ort am Ufer des Lake Ontario lädt zum Shoppen ein, z.B. an der Uferstraße, wo man in viktorianischen Häusern die kleinen historischen „Thousand-Islands-Geschäfte" findet, in denen Geschenkartikel, Souvenirs, aber auch Bücher, Kleidung und sehr gutes selbst gemachtes Eis verkauft wird.

*Tor zu den Thousand Islands*

Gananoque ist ein geeigneter Ausgangspunkt für den Besuch der **Thousand Islands.** Die Boote legen für 1-, 3- und 5-stündige Fahrten an der Swing Bridge/Custom Dock ab. Für die mehrstündigen Fahrten muss man seinen Pass mitnehmen, da die US-amerikanische Grenze überquert wird.

Im ehemaligen Gananoque Historic Museum am Confederation Park aus dem Jahr 1863 wurde das Gananoque Visitor Services Centre eingerichtet. Hier gibt es Informationen zu den **„Historic Walking Tours"**, die zu den schön restaurierten Häusern des 19. Jh. führen.

Im **Arthur Child Heritage Museum of the 1000 Islands** gibt es Sehenswertes zur Geschichte und Natur der Inselwelt.
**Arthur Child Heritage Museum of the 1000 Islands**, *125 Water St.,* ☏ *613-382-2535, 1-877-217-7391, http://1000islandsheritagemuseum.com, Jan.–April Di–Sa 10–15, Mai–Aug. tgl. 10–17, Sept.–Mitte Nov. 11–16, Mitte Nov.–Dez. Mi–Sa 10–15 Uhr, kein Eintritt, aber Spende erwünscht.*

## Reisepraktische Informationen Gananoque

### Information

**Touristeninformation**, *10 King St. E.,* ☏ *613-382-8044 oder 1-844-382-8044, Juli/Aug. tgl. 8–20, Mitte Mai/Juni und Sept. tgl. 9–17, Okt.–Mitte Mai Di–Sa 10–16 Uhr.*

### Unterkunft

*Die Häuser der bekannten Motelketten liegen am Ortsrand, in der Ortsmitte gibt es einige hübsche, individuelle Übernachtungsmöglichkeiten.*

**$$ Ramada by Wyndham Gananoque Provincial Inn**, *846 King St.,* ☏ *613-382-2038, www.wyndhamhotels.com, das Hotel verfügt über 77 ansprechend eingerichtete Zimmer, Tennisplatz, Swimmingpool und Restaurant.*

**$$$ Seaway Manor Bed & Breakfast**, *465 Stone St. S.,* ☏ *613-463-9538, www.seawaymanor.com, restauriertes viktorianisches Haus mit schönen Zimmern, ein gutes Frühstück ist im Preis inbegriffen, das Haus liegt nur wenige Gehminuten von den Sehenswürdigkeiten entfernt.*

**$$$–$$$$ Country Squire Resort**, *715 King St. E., ☏ 613-382-3511, http://1000islandscountrysquireresort.com, ruhige Anlage mit 68 gut ausgestatteten Zimmern im Haupthaus und in Cottages, mit Restaurant, zwei Swimmingpools, Spa-Angebot und großem Garten.*

**Tipp**

Eine andere Übernachtungsmöglichkeit bietet **Houseboat Holidays Ltd.**, ☏ 613-382-2842, http://houseboatholidays.ca, wo man tage- oder wochenweise eines der 22 Hausboote mieten kann.

**$$$–$$$$ Trinity House Inn**, *90 Stone St. S., ☏ 613-382-8383 oder 1-800-265-4871, www.trinityinn.com, im Jahr 1859 gebautes Haus mit eleganter Einrichtung, schönem Garten und gepflegtem Restaurant.*

### Essen und Trinken

**The Old English Pub**, *124 King St. E., ☏ 613-382-8008, www.theoldenglishpub.ca, angenehmer Pub im britischen Stil mit guten Fleischpasteten, Fish 'n' Chips und Burgern.*
**Trinity House Inn**, *90 Stone St. S., ☏ 613-382-8383, gutes Speiserestaurant in eleganter Umgebung.*

### Einkaufen

*An der Hauptstraße, der King St., gibt es einige kleine, interessante Geschäfte, z. B.*
**Woodchuck Gallery**, *99 King St. E., ☏ 613-382-4693, mit kanadischen Geschenkartikeln, Souvenirs und Kunstdrucken.*
*An der Uferstraße finden sich die kleinen historischen „Thousand-Islands-Geschäfte", in denen Geschenkartikel, Souvenirs, aber auch Bücher und Kleidung verkauft werden.*

### Bootstouren

**Gananoque Boat Line**, *☏ 1-888-717-4837, www.ganboatline.com. Ausländische Fahrgäste, auch Kinder, die weder die kanadische noch die US-amerikanische Staatsangehörigkeit haben, benötigen einen Reisepass und ein gültiges Visum, um auf Heart Island (Boldt Castle) an Land gehen zu können. Fahrpreise: einstündige Fahrten Erwachsene $ 23,48, Kinder $ 14,09, Senioren $ 19,96, 2,5-stündige Touren $ 35,39/30,08/21,23, 5-stündige Fahrten mit 2 Std. Aufenthalt auf Boldt Island $ 45,93/39,04/27,56 plus Eintritt Boldt Castle.*

### Fahrräder

*Im Informationsbüro gibt es Tipps zu Fahrradvermietung und -wegen.*

6 km östlich von Gananoque liegt **Landon Bay Centre**, ein großes Naturreservat mit reicher Flora und Fauna, wo abwechslungsreiche Spazier- und Wanderwege durch Felder, Marschland und Wälder führen. Während der Sommermonate werden naturkundliche Wanderungen angeboten. Der Weg zum von schönen Gärten umgebenen „Rosette Pavillion" ist auch für Rollstuhlfahrer geeignet, der kurze Riverview Trail bietet herrliche Ausblicke auf den St.-Lorenz-Strom und die Welt der 1000 Inseln.

*Gottesdienst auf dem Wasser*

In der **Half Moon Bay**, am südöstlichen Ende von Bostwick Island, 3 km südwestlich von Gananoque, werden im Sommer an Sonntagnachmittagen ungewöhnliche Gottesdienste abgehalten: Der Priester predigt von einer Felsenkanzel aus, während die Besucher der Predigt von ihren Booten aus zuhören. Die aktuellen Termine erfährt man bei der 1000 Islands Gananoque Chamber of Commerce.

Zwischen Gananoque und Mallorytown verläuft der **Thousand Islands Parkway**, eine kleine Straße, die am St.-Lorenz-Strom entlangführt. Immer wieder bieten sich von der Uferstraße und dem parallel verlaufenden Fahrradweg, dem **Thousand Islands Bikeway**, schöne Ausblicke auf die Inseln im Strom. Der Fahrradweg ist von Gananoque nach Brockville 37 km lang und lädt mit mehreren Plätzen zum Rasten ein (*www.1000islandstourism.com/outdoor/hiking-cycling*).

## Ivy Lea

Nur wenige Kilometer ostwärts liegt die kleine Ortschaft Ivy Lea, in deren Nähe die „International Bridge" die kanadische Provinz Ontario mit dem amerikanischen Bundesstaat New York verbindet.

*Brücke in die USA*

Wer die Thousand Islands aus der Höhe betrachten will, kann zum **1000 Islands Tower** fahren, der auf Hill Island zwischen den Tragseilen der Brücke steht. Ein Aufzug bringt einen auf das 122 m hohe Aussichtsdeck, wo man einen großartigen Blick über die Welt der 1.000 Inseln genießen kann.
**1000 Islands Tower**, *716 Hwy. 137, Lansdowne, ☏ 613-659-2335, www.1000islandstower.com, Juni–Sept. tgl. 9–18, Okt. 10–17 Uhr, Eintritt Erwachsene $ 11,95, Kinder 6–12 J. $ 7.*

### Bootstouren

*Eine Reihe von Unternehmen, z.B.* **Gilbert Marine Ltd.** *(☏ 1-800-906-9290, www.gilbertmarine.on.ca), vermietet Boote, mit denen man die Inselwelt ganz individuell erkunden kann. Weitere Anbieter unter: www.1000islandstourism.com/outdoor/boating.*

### Unterkunft

**$$$–$$$$ Glen House Resort**, *Thousand Islands Parkway, ☏ 613-659-2204 oder 1-800-268-4536, www.glenhouseresort.com, schönes Resorthotel am St.-Lorenz-Strom mit Strand und Innen- sowie Außenpools.*

*Der St.-Lorenz-Strom ist ein Paradies für Kanufahrer*

## Rockport

Der kleine Ort, dessen Bewohner sich früher als Holzfäller oder Bootsbauer verdingten, hat sich mit Restaurants, Geschäften, Bootsanlegestellen, Marinas und Ausflugsbooten auf die Besucher eingestellt, die von hier aus Ausflüge durch die Inselwelt des St.-Lorenz-Stroms unternehmen. Im Ort steht die 1892 errichtete katholische **Kirche St. Brendan's**, die den Strom überblickt.

### Reisepraktische Informationen Rockport

#### Unterkunft

**$$$–$$$$ Boathouse County Inn**, *19 Front St., ☏ 613-659-2348, www.boathousecountryinn.com, das Haus verfügt über zwei Zimmer und eine Suite im historischen Haus und über 8 Nichtraucherzimmer im angeschlossenen Motel, schöner Blick auf den St.-Lorenz-Strom, Restaurant.*

#### Essen und Trinken

*Besonders beliebt sind die an der Wasserfront liegenden Restaurants, wie z. B.:*
**Boathouse Restaurant**, *☏ 613-659-2348, Terrassen und Speiseraum mit Blick auf den Fluss, Tagesgerichte, kleine Speisen und hausgemachte Pies. Ende Juni–Aug. geöffnet.*
**Cornwall's Pub and Eatery**, *☏ 613-659-2348, www.cornwallspub.com, gute Pub-Küche in gemütlicher Atmosphäre. Auch bei den Einheimischen beliebt.*

#### Bootsfahrten

**Thousand Islands Cruises Rockport**, *20 Front St., ☏ 613-659-3402, 1-800-563-8687, www.rockportcruises.com, von Mai–Ende Okt. werden tgl. von 9–17 Uhr ein- und mehrstündige Ausflugsfahrten zu den Thousand Islands angeboten, die auch an Boldt Castle vorbeiführen, je nach Fahrtdauer dort auch halten. Erwachsene ab $ 26, Senioren ab $ 22, Kinder von 5–12 J. ab $ 14.*

## Mallorytown Landing

*Kanadas kleinster Nationalpark*

In Mallorytown Landing lockt Kanadas kleinster Nationalpark, der **Thousand Islands National Park**, der vor allem bei Bootsurlaubern sehr beliebt und nur von Mallorytown Landing aus mit dem Auto zu erreichen ist. Der Park besteht aus einem kleinen Gebiet am Nordufer des St.-Lorenz-Stroms, aus 21 teilweise dicht bewaldeten Inseln und 80 kleinen Felsinseln. Der Park lädt zum Schwimmen, Fischen und zum Picknicken ein, aber auch zu Wanderungen durch die ausgesprochen artenfältige Natur mit mehr als 800 Pflanzenarten sowie 65 Vogel-, 35 Fisch- und 28 Reptilienarten.

Auf dem Festlandsteil des Parks gibt es ein Informationszentrum mit Wissenswertem zu der Inselwelt. Auf fast allen Inseln finden sich Wanderwege, beaufsichtigte Badestrände, Picknick- und Kinderspielplätze, Bootsverleih und Campingplätze; Bootsfahrern stehen zahllose Kanurouten zur Verfügung. Der Parkeingang liegt in Mallorytown Landing.
**Thousand Islands National Park**, *☏ 613-923-5261, www.pc.gc.ca/en/pn-np/on/1000, die Wanderwege auf dem Festland sind ganzjährig zugänglich, die Inseln nur von Mitte Mai–Mitte Okt.;* **Mallorytown Landing Visitor Centre**, *1121 Thousand Islands Parkway, Mitte Mai–Juni tgl. 9–16, Juli/Aug. 9–18 Uhr.*

## Brockville

Der amerikanische Loyalist William Buell gründete 1784 Brockville. An ihn erinnerte der ursprüngliche Name „Buell's Bay". 1812 hat man den rasch wachsenden Ort nach dem General Isaac Brock umbenannt. An den von Bäumen gesäumten Straßen erfreuen einige schöne alte Häuser wie das **Carriage House Hotel** (1820), die **Victoria School** (1855) oder die **Orange Lodge** (1825). Erst vor einigen Jahren hat man die Straße vom Courthouse Green zur King Street mit Kopfsteinen gepflastert, um das ursprüngliche Stadtbild wieder herzustellen.

Wichtiger Anziehungspunkt von Brockville sind **Bootstouren** (1- und 2,5-stündige Fahrten) durch den Archipel der Thousand Islands, die auf Blockhouse Island beginnen; das Gebiet um Brockville gilt zudem als ein gutes Tauchrevier, wo Taucher 18 alte Schiffswracks erforschen können, die aus dem Krieg von 1812 stammen.

*Wracktauchen*

An der Nordseite des schon 1809 mit Wasserspielen angelegten **Stadtparks** steht das **Rathaus**, das in der 1862 gebauten „Victoria Hall" eingerichtet wurde.

Südlich des Rathauses liegt der Eingang zu Kanadas ältestem **Eisenbahntunnel**, der unter der Stadt herführt und zwischen 1854 und 1860 gebaut wurde. 1954 durchfuhr die letzte Dampflokomotive den 527 m langen Tunnel, der zunächst stillgelegt wurde, jetzt aber in den Sommermonaten den Besuchern offensteht. Auf den ersten 279 m informieren Schautafeln über die Geschichte des Brockville-Tunnels.

**Brockville Museum**, in dem 1824 gebauten, 1840 erweiterten Haus gibt es Ausstellungen zur Entwicklung und Geschichte der Stadt zu sehen.
**Brockville Museum**, *5 Henry St., ☏ 613-342-4397, www.brockvillemuseum.com, Mo–Sa 10–17 Uhr, in den Wintermonaten Sa geschl., Eintritt frei, Spende erwünscht.*

**Fulford Place**: Die Besichtigung dieses edwardianischen Herrenhauses vermittelt einen Eindruck vom großzügigen und luxuriösen Lebensstil einer reichen Familie zu Beginn des 20. Jh.
**Fulford Place**, *287 King St. E., ☏ 613-498 3003, www.heritagetrust.on.ca/en/index.php/properties/fulford-place, Juni–Aug. 10–17 Uhr, stündliche Führungen, Eintritt Erwachsene $ 6, Senioren und Jugendliche von 12–18 J. $ 5, Familienkarte $ 15.*

**The Aquatarium**: In diesem Museum kann man sich über Schiffswracks und Tauchtanks informieren. Es gibt ein Aquarium mit einem Otter-Habitat.
**The Aquatarium**, *6 Broad St., ☏ 613-342 6789, https://aquatarium.ca, Mitte Mai–Anfang Sept. tgl. 10–17, sonst Mi–So 10–17 Uhr, Eintritt Erwachsene $ 19,99, Senioren und Jugendliche von 13–18 J. $ 14,99, Kinder von 4–12 J. $ 9,99, Familienkarte $ 55,95.*

## Reisepraktische Informationen Brockville

### Information

**Tourism Department**, *City of Brockville, 10 Market St., ☏ 613-342-4357, 1-888-251-7676, www.brockvilletourism.com.*
*In den Sommermonaten gibt es außerdem eine* **Filiale an der Waterfront** *am Blockhouse Island Parkway direkt neben dem Hafen und dem 1000 Islands & Seaway Cruise Office.*
*Ende Mai–Mitte Juni Mo–Sa 8–17, So 9–17 Uhr (nur das Market Street Büro); Mitte Juni–Anfang Sept. Mo–Fr 8–18, Sa 8–17, So 9–17 Uhr (beide Filialen), Herbst u. Winter Mo–Fr 10–16.30 Uhr.*

### Unterkunft

$$–$$$ **Misty Pines B&B**, *1389 County Rd. 2 W., ☏ 613-342-4325, www.bbcanada.com/1704.html, schönes Steinhaus mit vier freundlichen Zimmern, schönem Garten, Patio und einem reichhaltigen Frühstück.*

$$$ **Comfort Inn**, *7777 Kent Blvd., ☏ 613-345-0042, www.comfortinn.com/hotel-brockville-canada-CN258, angenehmes Hotel mit geräumigen, gut ausgestatteten Zimmern in der Nähe der 1000 Island Mall, mit Pool.*

$$$ **Holiday Inn Express & Suites**, *7815 Kent Blvd., ☏ 613-342-1883, 1-800-182-4008, www.ihg.com, am Hwy. 401 gelegenes Hotel mit 80 geräumigen Zimmern, Pool und Fitnessraum, gutes Frühstück.*

$$$$ **Denaut Mansion Country Inn**, *5 Matthew St. Delta, ☏ 613-928-2588, www.denautmansion.com, mehrfach ausgezeichnetes Landgasthaus mit vier individuell eingerichteten Zimmern und einem Apartment in einem 150 Jahre alten Haus.*

### Einkaufen

*An der Kings St. finden sich in den schönen Häusern der historischen Hauptstraße viele kleine Geschäfte.*

### Kreatives

**1000 Islands Summer School of the Arts**, *am St. Lawrence College, von Ende Juni–Ende Juli finden ein- und mehrwöchige Zeichen-, Mal-, Töpfer- und Handwerkskurse statt, die sich großer Beliebtheit erfreuen. Informationen gibt es beim St. Lawrence College, 2288 Parkedale Ave., Brockville, ☏ 613-345-0660, 1-866-276-6601, www.sl.on.ca.*

*Gemalte Geschichte in Athens*

### Ausflüge zum Charleston Lake und nach Athens

*Ein lohnender Tagesausflug führt zum 900 ha großen* **Charleston Lake Provincial Park**, *wo man wandern, schwimmen, picknicken oder ein Kanu mieten kann, und weiter nach Athens. Die Attraktion des kleinen Ortes, der seit 1890 den Namen Athens trägt, sind die Malereien an den Häusern. Seit 1986 wurden von bekannten kanadischen Künstlern zwölf Häuserfassaden großflächig mit Motiven aus der Vergangenheit des kleinen Ortes eindrucksvoll gestaltet.*

### Bootsfahrten/Tauchen/Hausboote

**1000 Islands & Seaway Cruises**, *☏ 613-345-7333, 1-800-353-3157, www.1000islandscruises.com, Fahrten Mai–Okt., Fahrpreise: 1- bis 3-stündige Fahrten, Preise 1,5-stündige Fahrt: Erwachsene $ 28, Senioren und Jugendliche $ 25, Kinder von 4–12 J. $ 14, Familienkarte $ 77.*

**Dive Brockville**, *12 Water St. E., ☏ 613-345-2800, www.divebrockville.com, Verleih von Taucherausrüstungen, Kajaks und Fahrrädern.*

### Markt

**Farmers' Market**, *von Mai–Dez. findet jeden Do und Sa von 7–13 Uhr der traditionelle Markt mit Gemüse, Obst, Blumen, Backwerk und Handwerk in der Market St. statt. Infos: www.brockvillefarmersmarket.ca.*

## Prescott

Aus dem 19. Jh. stammen die historischen Häuser an der Hauptstraße des Städtchens wie z. B. das **Ephraim-Jones-Haus**; wesentlich jünger ist die „Internationale Brücke", die Prescott mit Ogdensburg im amerikanischen Bundesstaat New York verbindet.

Ganz in der Nähe von Prescott liegt am St.-Lorenz-Strom **Fort Wellington National Historic Site**. Nachdem das erste Fort im Krieg von 1812 zerstört worden war, wurde das Blockhaus um 1830 als Militärposten wiederaufgebaut und beherbergt heute im Erdgeschoss ein kleines Museum. Jeweils im Juli finden Paraden in den historischen Uniformen kanadischer, französischer und amerikanischer Regimenter statt. Von Mitte Mai bis Mitte Oktober beleben zeitgenössisch gekleidete Guides das Blockhaus und die Offiziersquartiere.

*Historische Paraden*

**Fort Wellington National Historic Site**, *direkt am Hwy. 2, ☏ 613-925-2896, www.prescott.ca und www.pc.gc.ca/en/lhn-nhs/on/wellington, Mitte Mai–Juni und Sept.–Nov. Do–Mo, Juli/Aug. tgl. 10–17 Uhr, Eintritt Erwachsene $ 3,90, Senioren und Studenten $ 3,40.*

### Reisepraktische Informationen Prescott

**Information**

**Prescott Chamber of Commerce**, *360 Dibble St. W., ☏ 613-925-2812, www.prescott.ca.*

**Unterkunft**

$$–$$$ **Dewar's Inn on the River**, *1649 County Rd. 2, ☏ 613-925-3228, 1-877-433-9277, www.dewarsinn.com, in diesem Gasthaus, das wie die 6 gut ausgestatteten Cottages sehr schön am Fluss liegt, gibt es gemütliche, ruhige Zimmer; im Preis ist ein kleines Frühstück inbegriffen, nicht geeignet für Kinder unter 12 J.*

## Morrisburg

Das Land um Morrisburg zählt zu den ältesten Siedlungsgebieten Kanadas. Jahrhundertelang war der St.-Lorenz-Strom die wichtigste Handelsstraße Kanadas, doch seine gefährlichen Stromschnellen erschwerten die Fahrt mit Booten oder Schiffen. 1954 begann man mit dem Bau des St.-Lorenz-Seeweges. Seine Fertigstellung erleichterte den Schiffsverkehr erheblich.Allerdings mussten wegen des Baus der Wasserstraße acht Ortschaften geflutet werden. Da diese Dörfer bereits gegen Ende des 18. Jh. von den ersten Siedlern gebaut worden waren, rettete man einige Gebäude dadurch, dass sie zunächst vorsichtig abgebaut und später auf sicherem Grund wiederaufgebaut wurden – so entstand Upper Canada Village.

## Upper Canada Village

Der Name Upper Canada Village bezieht sich auf die Bezeichnung der zwei Provinzen Kanadas im 19. Jh. „Lower Canada" wurde das Land am unteren St.-Lorenz-Strom genannt, das der heutigen Provinz Quebéc entspricht; „Upper Canada", das am oberen St.-Lorenz-Strom lag, wird heute Ontario genannt.

**Upper Canada Village**, das in den 1960er-Jahren entstand und aus 35 Wohnhäusern und mehreren öffentlichen Gebäuden besteht, ist das interessanteste Freilichtmuseum

„Dorfbewohner" im Upper Canada Village bei der Arbeit

Ost-Ontarios – und ein sehr gutes Beispiel für die Umsetzung des Konzepts der „Lebendigen Geschichte". Die detailgetreue Rekonstruktion einer Siedlung aus der Zeit zwischen 1780 und 1867 ist hier besonders gut gelungen.

**Upper Canada Village**, *13740 County Rd. 2, ☏ 613-543-4328, 1-800-437-2233, www.uppercanadavillage.com, Anfang Mai–Mitte Sept. tgl. 9.30–17 Uhr, Sept. Mo/Di geschl., Eintritt Erwachsene und Senioren $ 22, Studenten $ 16, Kinder von 5–12 J. $ 13.*

**Tipp**

Für den Besuch des Museumsdorfes sollte man sich 2–4 Std., vielleicht sogar einen Tag Zeit nehmen und dabei nicht auf eine Kutschfahrt durch den Ort verzichten. Auf dem Gelände gibt es mehrere schöne Picknickplätze.

In den Sommermonaten herrscht reges Leben im Dorf, wenn die „Dorfbewohner" in zeitgemäßer Kleidung den Alltag früherer Zeiten darstellen. Sie vermitteln einen Eindruck von den Arbeiten und Pflichten der Bewohner: Die Frauen backen Brot in Holzbacköfen, stellen Butter und Käse her, spinnen, weben und nähen; die Männer bestellen die Felder, beschlagen die Pferde, arbeiten in der Mühle oder in der Druckerei. Eine Pferdekutsche fährt durch die holprigen Straßen, in der Schule werden die Dorfkinder unterrichtet, und der Arzt behandelt seine Patienten.

Auch an den Festen, die stets die Höhepunkte des Jahres waren, können die Besucher teilnehmen: Im Mai feiert man den Geburtstag von Königin Victoria, im Juli und August tritt eine Gauklertruppe auf, und im September findet der traditionelle Jahrmarkt statt.

## Reisepraktische Informationen Upper Canada Village

### Unterkunft

$$–$$$ **McIntosh Country Inn**, *12495 Hwy. 2 E., ☏ 613-543-3788, 1-888-229-2850, www.mcintoshcountryinn.com, Mittelklasse-Hotel mit 59 Zimmern in verschiedenen Größen, Swimmingpool, Sauna, Tennisplätzen und zwei beliebten Restaurants.*

### Ausflüge

**Upper Canada Migratory Bird Sanctuary**, *als Vogelschutzgebiet ein wichtiger Rastplatz für nordamerikanische Zugvögel; es bietet sehr gute Möglichkeiten zur Vogelbeobachtung, u.a. der Kanadagänse. Geeignete Monate sind März und Ende Sept.–Anfang Nov. 11 km östlich von Morrisburg auf Hwy. 2, ☏ 613-537-2024, www.stlawrenceparks.com/bird-sanctuary; die Wanderwege sind immer zugänglich, Eintritt frei.*

**Prehistoric World**, *vor allem bei Kindern beliebter Park mit 50 lebensgroßen Dinosaurier-Nachbildungen; in einer großen Sandgrube können die Kinder nach Saurierzähnen, -knochen und -eiern graben. 7 km östlich der Upper Canada Rd., am Hwy. 401 Exit 758, ☏ 613-543-2503, Ende Mai–Anfang Sept. tgl. 10–16 Uhr, Eintritt Erwachsene $ 10, Senioren, $ 8, Kinder von 4–15 J. $ 6.*

*Zwischen Morrisburg und Cornwall liegt ein Abschnitt des insgesamt 75 km langen* **St. Lawrence Recreational Path**, *☏ 613-938-4748, www.ontariotrails.on.ca/trails/view/st-lawrence-recreational-path, der nach Osten noch bis zur Grenze von Québec ausgebaut werden soll. Es ist ein gut ausgeschilderter Wander- und Radweg, der zu schönen Parks, Rastplätzen, Tierbeobachtungsstellen und historischen Stätten am Ufer des St.-Lorenz-Stroms entlangführt. An der Straße gibt es ausreichend Parkplätze.*

## Cornwall

Das Städtchen, das nach der gleichnamigen englischen Grafschaft benannt wurde, war im 19. Jh. ein Zentrum der Baumwollverarbeitung. Eine der „Baumwollmühlen" war die erste Fabrik, die von Thomas Edison mit elektrischem Licht ausgestattet wurde. Heute zählt Cornwall ca. 47.000 Einwohner, von denen ein großer Teil Französisch als Muttersprache spricht. Cornwall ist der Verwaltungssitz des „St.-Lorenz-Seeweges". Beim Bummel durch den Ort fallen nicht nur einige reizvolle Häuser, nette Geschäfte und Restaurants ins Auge, sondern auch zwölf Wandmalereien an den Häuserfassaden, die von verschiedenen Künstlern gestaltet wurden und an besondere Ereignisse der Stadtgeschichte erinnern.

*Zentrum der Baumwollverarbeitung*

Im **Cornwall and the Counties Tourism Centre** (*100 Water St. E., ☏ 613-933-0074, www.cornwalltourism.com*) bekommt man eine Broschüre mit einer Karte, in der die Wandmalereien gekennzeichnet sind. Außerdem gibt es ein **Seasonal Visitor Information Centre** von Ende Mai–Ende Aug., tgl. 8.30–16.30 Uhr in 160 Water St. W., ☏ 613-936-0842.

Eine weitere Sehenswürdigkeit ist die **Seaway International Bridge**, die Kanada und die USA verbindet.

### Der St.-Lorenz-Strom und der St.-Lorenz-Seeweg

info

Der 3.000 km lange St.-Lorenz-Strom ist der Abfluss der großen nordamerikanischen Seen. Er erschließt die rohstoffreichsten Gebiete des Landes und ist die Hauptverkehrsachse Kanadas. An seinen Ufern liegt das älteste kanadische Siedlungsgebiet, in dem heute ca. 60 % aller Kanadier leben. Vom Lake Ontario bis nach Montréal bildet der Strom die Grenze zwischen Kanada und den USA.

Unterhalb des Austritts aus dem Lake Ontario erweitert er sich zum von vielen kleinen Inseln durchsetzten „Lake of the Thousand Islands". Bei Québec beginnt der lange Mündungstrichter. Obwohl der St.-Lorenz-Strom in den Wintermonaten von dicken Eisschichten bedeckt ist und nur von April bis Dezember befahren werden kann, ist er eine der verkehrsreichsten Binnenwasserstraßen der Welt.

Dazu trägt ganz wesentlich der St. Lawrence Seaway bei. 1951 initiierte Kanada den „St. Lawrence Seaway Authority Act", obwohl es zu der Zeit in den Vereinigten Staaten noch eine starke Opposition gegen das Projekt gab. 1954 wurde

info

auch in Washington der entsprechende „St. Lawrence Seaway Act" erlassen, und wenig später begann man mit dem Bau.

Problembereiche des Projekts waren vor allem die großen Höhenunterschiede, die z. B. an den Niagara Falls und bei Sault Ste.-Marie überwunden werden mussten. Zu den erforderlichen Maßnahmen gehörten die Anlage von Seitenkanälen und leistungsfähigen Schleusen sowie der Straßen- und Brückenbau; zu den begleitenden Maßnahmen zählten der Ausbau von Häfen und Industrieanlagen und die Energiegewinnung durch Wasserkraftwerke, die neu errichtet wurden oder deren Leistungen erhöht werden sollten. Schwierigkeiten ergaben sich im Zuge der Arbeiten an vielen Orten durch die Überschwemmungen, die das Kulturland zerstörten. Mehrere Dörfer mussten aufgegeben und rund 6.500 Menschen umgesiedelt werden.

Der St.-Lorenz-Seeweg wurde 1959 fertiggestellt und offiziell von Königin Elizabeth II. von England und dem amerikanischen Präsidenten Dwight D. Eisenhower eingeweiht. Es ist ein ausgebautes Kanalsystem mit einer Fahrwassertiefe von 8,23 m und einer Fahrwasserbreite von 61 m zwischen den Großen Seen und Montréal.

Auf dem rund 300 km langen Streckenabschnitt zwischen Montréal und dem Lake Ontario entstanden sieben große Schleusen anstelle der bisherigen 22 kleineren Durchgänge, da auf 70 km ein Gefälle von 70 m ausgeglichen werden musste; auf der 43 km langen Strecke zwischen dem Lake Ontario und dem Lake Erie wird durch acht Schleusen eine Höhendifferenz von 100 m überwunden.

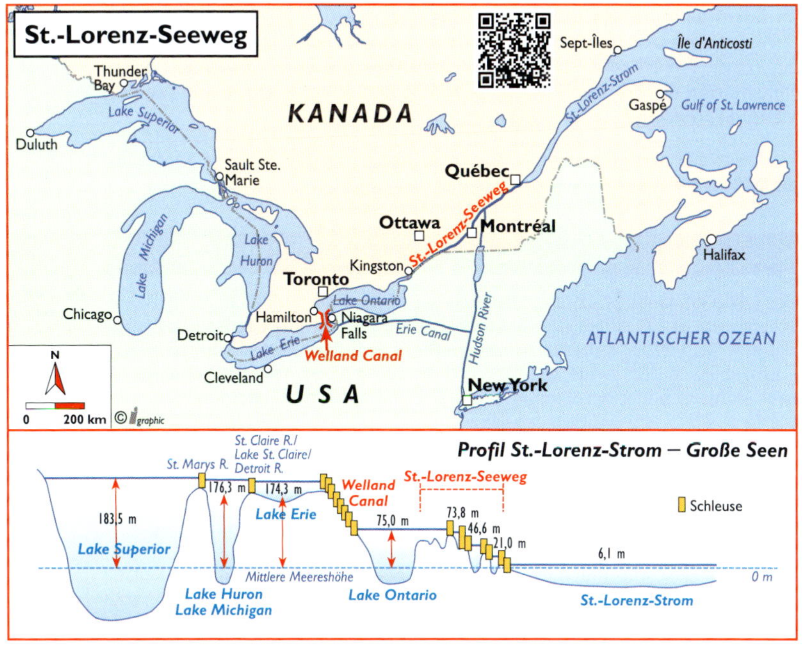

Der Seeweg ermöglicht auch großen Schiffen bis 15.000 t die Einfahrt in die Großen Seen; dadurch erübrigt sich das bis dahin notwendige Umladen der Fracht auf kleinere Schiffe, sodass ein durchgehender Verkehr vom Atlantik über 3.650 km bis zum Westende des Lake Superior möglich ist. Viele dieser Schiffe sind speziell für die Befahrung des Sankt-Lorenz-Seewegs und die effektive Nutzung der Schleusen gebaut. Viele Häfen und Industriegebiete entlang dem Seeweg verzeichneten nach der Fertigstellung einen großen Aufschwung. Seine allgemeine wirtschaftliche Bedeutung liegt in der direkten Verschiffbarkeit der Güter, zu denen vor allem Weizen, Eisenerze, Eisen und Stahl gehören.

info

## Reisepraktische Informationen Cornwall

### Information

**Cornwall and the Counties Tourism Centre**, *100 Water St. E., ☎ 613-933-0074, www.cornwalltourism.com.*
*Außerdem gibt es ein* **Seasonal Visitor Information Centre** *in 160 Water St. W., ☎ 613-936-0842, von Ende Mai–Ende Aug., tgl. 8.30–16.30 Uhr.*

### Unterkunft

**$$ First Canada Inns**, *1618 Vincent Massey Dr., ☎ 613-936-0400, 1-800-545-3689, www.firstcanadainns.ca, kleines Motel mit 19 geräumigen, ansprechend eingerichteten Zimmern.*
**$$$ Comfort Inn**, *1625 Vincent Massey Dr., ☎ 613-937-0111, www.choicehotels.com/ontario/cornwall/comfort-inn-hotels/cn581, modernes Hotel mit 115 Zimmern, ein kleines Frühstück ist im Preis enthalten.*
**$$$–$$$$ Best Western Parkway Inn**, *1515 Vincent Massey Dr., ☎ 613-932-0451, 1-800-780-7234, www.bestwestern.com, gut ausgestattetes Hotel mit 91 Zimmern, von denen einige einen elektrischen Kamin haben, dazu beheizter Swimmingpool, Sauna, Whirlpool, Fitnessraum, 1,5 km von der International Bridge entfernt.*
**$$$–$$$$ Ramada by Wyndham Cornwall**, *805 Brookdale Ave., ☎ 613-933-8000, 1-888-900-5762, www.cornwallramada.com, modernes Hotel mit 116 Zimmern, kleines Frühstück, Swimmingpool, Sauna, Whirlpool, Fitnessraum, am Fuße der International Bridge.*

# 5. MONTRÉAL, QUÉBEC CITY UND DIE PROVINZ QUÉBEC

# Montréal

## Überblick

Montréal liegt auf der gleichnamigen Insel im St.-Lorenz-Strom, ist die zweitgrößte Stadt Kanadas und nach Paris die zweitgrößte französischsprachige Stadt der Welt. Bis heute ist das französische Erbe hier allgegenwärtig. Es gibt keine andere Stadt in Kanada, wo sich französisches Flair, europäische Kultur und amerikanisches Großstadtleben so miteinander verbinden.

Im Großraum Montréal leben mehr als 4 Mio. Menschen, von denen etwa 70 % Französisch sprechen. Obwohl der französische Einfluss in fast allen Lebensbereichen spürbar ist, ist Montréal eine zweisprachige Stadt. Verständigungsprobleme haben Touristen nicht, denn auch die Frankokanadier antworten Fremden bereitwillig in englischer Sprache.

Montréal ist eine wichtige Industrie- und Handelsstadt; große Bedeutung hat der Hafen, der Binnen- und Seehafen zugleich ist, obwohl Montréal 1.600 km vom Atlantischen Ozean entfernt liegt. Zu den Produktionszweigen, wie dem Eisenbahn- und Flugzeugbau, der petrochemischen Industrie, der Nahrungs- und

### Redaktionstipps

- Kutschfahrt durch **Vieux-Montréal** (S. 175) und Besichtigung der wichtigsten Sehenswürdigkeiten
- Fahrt auf den **Olympischen Turm** (S. 184) und **Besuch des Olympiaparks** (S. 184) sowie des **Botanischen Gartens** (S. 185)
- Visite im „lebendigen" Museum **Biodôme** (S. 185)
- Besichtigung der **Insel Sainte-Hélène** mitsamt dem **Vergnügungspark La Ronde** (S. 186)
- Besuch einer der zahlreichen **Theateraufführungen** (S. 187) oder einer **Sportveranstaltung** (S. 193)
- Bootsfahrt mit den „Lachine Rapids Tours" durch die **Stromschnellen des St.-Lorenz-Stroms** (S. 196)
- Einkaufsbummel durch „**Montréals Untergrundstadt**" (S. 193)
- Spaziergang durch eines der reizvollen **Stadtviertel**, z. B. **Westmount** (S. 172) oder **Outremont** (S. 172)
- Besuchen Sie den **Marché Jean Talon** (S. 184) oder den **Atwater Market** (S. 184) und lernen Sie regionale Delikatessen kennen.
- Probieren Sie in einem der Restaurants der Unterstadt **Spezialitäten der Provinz** Québec (S. 190).

Montréal, Québec City und die Provinz Québec

Genussmittelindustrie und dem Textilgewerbe, gesellen sich Hightech-Firmen, die führend in der technologischen Entwicklung sind.

Montréal ist das Banken- und Wirtschaftszentrum der Provinz Québec, Verwaltungssitz der Eisenbahngesellschaft Canadian Pacific Railways, Heimathafen der Fluglinie Air Canada und Zentrale der „International Air Transport Association" (IATA) und „International Civil Aviation Organisation" (ICAO).

*Kulturelles Zentrum*

Montréal ist aber auch ein Kulturzentrum mit Museen und Galerien von Weltrang, Theatern mit erstklassigen Opern-, Konzert- und Ballettaufführungen, mit Jazz- und Filmfestivals und vier Universitäten, von denen jeweils zwei französisch- und zwei englischsprachig sind. Montréal als Kulturstadt fördert sowohl die frankokanadische als auch die anglokanadische Kultur.

Auch als Sportstadt hat Montréal einen guten Ruf. Sportstätten und Sportmannschaften ziehen Profisportler und Zuschauer an. Besonders begeistern sich die Montréaler für die Spiele ihrer Mannschaften; das sind vor allem die Hockeyspiele der „Montréal Canadiens". Im Laufe des Jahres finden internationale Turniere statt wie das Formel-1-Autorennen „Grand Prix Montréal", das Tennisturnier „Rogers Cup" sowie Golfturniere, Pferderennen und Laufwettbewerbe.

Das Klima Montréals ist von starken Gegensätzen geprägt. Die Stadt liegt wie Mailand auf dem 45. Breitengrad, die Sommermonate sind warm, teilweise sogar heiß bei hoher Luftfeuchtigkeit. In den Wintermonaten sind die Temperaturen mit Durchschnittswerten von -10 °C im Januar sehr niedrig, da die Stadt nach Norden und Süden ungeschützt ist. Während die Straßen der Innenstadt häufig schneefrei gehalten werden können, sind die Außenbezirke tief verschneit. Der St.-Lorenz-Strom friert von Dezember bis Anfang März zu und ist nicht befahrbar.

*Die „caleche" steht zur Fahrt bereit*

# Geschichtlicher Überblick

Im Jahr **1535** gelangte der französische Forscher und Seefahrer **Jacques Cartier** bei seiner zweiten Entdeckungsfahrt als erster Europäer mit seiner Mannschaft in das von Indianern besiedelte Gebiet. Den Berg in der Nähe der Irokesen-Siedlung Hochelaga, in der etwa 1.000 Menschen lebten, nannte Cartier zu Ehren des französischen Königs „Mont Réal" oder „Mont Royal" und errichtete ein Kreuz auf der Spitze des Berges. 75 Jahre später, im Jahr **1609**, erreichte **Samuel de Champlain** die Stelle des inzwischen verlassenen Indianerdorfs. Er erkannte sofort die günstige Lage der Insel am Zusammenfluss des Ottawa River mit dem St.-Lorenz-Strom und ließ einen befestigten Handelsposten errichten. **1642** gründeten Paul de Chomedey, Sieur de Maisonneuve und die Nonne Jeanne Mance zusammen mit 53 Kolonisten die Siedlung und Missionsstation „Ville Marie de Mont-Réal".

*Stadtgründung*

In der Folgezeit kam es zu häufigen **Kämpfen mit den Irokesen**, die sich über fünf Jahrzehnte hinzogen; erst nach dem Abschluss eines Friedensvertrages mit den Indianern im Jahre 1701 konnte der **Pelzhandel** aufgebaut werden und der Ort sich zu einem bedeutenden Pelzhandelszentrum entwickeln. Die Zeit um die Jahrhundertmitte war durch die Auseinandersetzungen zwischen England und Frankreich in Europa bestimmt, die sich auch auf dem amerikanischen Kontinent auswirkten. 1759 begannen die Engländer mit der Eroberung von „Neufrankreich", 1760 nahmen britische Truppen Montréal kampflos ein. 1774 wurde allen französischsprachigen Bewohnern durch den „**Québec Act**" das Recht auf ihre Sprache und Religion zugesprochen.

Nach der Amerikanischen Revolution im Jahre 1776 ließen sich königstreue britische Loyalisten in Montréal und am St.-Lorenz-Strom nieder; sie wandten sich verstärkt dem Pelzhandel zu, gründeten 1784 die „Northwest Trading Company", die zunächst erfolgreich mit der „Hudson Bay Company" konkurrierte, und machten Montréal zu einem wichtigen Handelsplatz. Nach harten Konkurrenzkämpfen zwischen den beiden Gesellschaften schlossen diese sich im Jahre 1821 nach schwierigen Verhandlungen zusammen; die „Northwest Trading Company" und damit auch Montréal verloren ihre beherrschende Stellung im Pelzhandel. Stattdessen entwickelten sich **Holzindustrie** und **Schiffsbau** zu den wichtigsten Erwerbszweigen.

*Bedeutender Handelsplatz*

Gegen Ende des Jahrhunderts begann Montréal mit dem Ausbau der **Schifffahrt auf dem St.-Lorenz-Strom**. Nachdem 1809 der Canal de Lachine fertiggestellt war, verkehrten **die ersten Dampfschiffe** zwischen Montréal und Québec; 1836 begann man mit dem **Bau der Eisenbahn**. Dadurch nahm Montréals Bedeutung als großer Warenumschlagplatz noch weiter zu.

Die Bevölkerung wuchs rasch und stieg im Jahre 1844 auf 44.000 Einwohner an. Gleichzeitig veränderte sich die Zusammensetzung der Bevölkerung durch **mehrere Einwanderungswellen**. Nach der Immigration von Iren und Schotten war Montréal um 1830 zur Hälfte englischsprachig geworden; erst ab 1860 nahm die Zahl der französisch sprechenden Bewohner wieder zu, die dann ab 1867 die Mehrheit der Bevölkerung ausmachten. Ab 1900 wanderten Süd- und Osteuropäer ein, sodass die Einwohnerzahl 1922 auf 470.000 Einwohner anstieg.

Auf die Zeit der Hochkonjunktur nach dem Ersten Weltkrieg folgten **Depression und Wirtschaftskrisen**; erst nach dem Zweiten Weltkrieg setzte der Aufschwung

ein, der Montréal zu einem der wichtigsten Wirtschafts-, Handels- und Bankenzentren Kanadas machte. Große Projekte wie der Bau des St.-Lorenz-Seeweges, der Bau der Untergrundbahn und der Untergrundstadt sowie die Ansiedlung neuer Unternehmen gaben der Wirtschaft bedeutende Impulse; die günstige Lage machte die Stadt zum **Verkehrsknotenpunkt** für die Schifffahrt, den Bahn- und Straßenverkehr sowie die Fluglinien.

## Orientierung

Am St.-Lorenz-Strom und am Alten Hafen beginnt die Altstadt **Vieux-Montréal**. An den alten Siedlungskern auf der Île de Montréal schließt sich das **moderne Stadtzentrum** mit den Hochhäusern der Banken, Verwaltungen und Versicherungen, mit großen Geschäftsstraßen und der unterirdischen Einkaufsstadt an. Dahinter beginnen die Wohnviertel, deren dichte Bebauung immer wieder von Grünanlagen unterbrochen ist. Die beiden größten Parks sind der **Parc Mont Royal**, ein beliebtes Ausflugsziel für Familien, und der **Parc Maisonneuve** mit dem Botanischen Garten und dem Olympiagelände, von dessen Turm man sich einen guten Überblick über die Stadt verschaffen kann.

 Hinweis

Alle Straßenschilder in Montréal sind in französischer Sprache beschriftet, deshalb bezieht sich auch der folgende Text auf die französischen Straßenbezeichnungen. Englischsprachige Stadtbeschreibungen, wie die Broschüre des Touristenbüros, verwenden die englischen Straßennamen. Beispiel: rue Sherbrooke = Sherbrooke Street.

## Stadtviertel von Montréal

Franzosen und Engländer prägten das Bild der Stadt, bevor Einwanderer aus allen Ländern der Welt nach Montréal kamen. Bis heute leben sie, nach Herkunftsländern „getrennt", in verschiedenen Stadtbezirken zusammen und bewahren ihre Traditionen.

**Westmount** (südöstlich vom Parc du Mont-Royal, Métro-Station Atwater) ist innerhalb Montréals eine kleine Stadt für sich. Hier leben traditionsgemäß die englischsprachigen Bürger der Stadt, die schon recht wohlhabend sein müssen, um die Grundstücks- und Mietpreise dieses Stadtteiles bezahlen zu können. Man schlendert über die hügeligen, auf- und abwärtsführenden, baumbestandenen Straßen, betrachtet die modernen Hochhäuser am Westmount Square, die u. a. vom Architekten Mies van der Rohe entworfen und 1966 fertiggestellt wurden, und wirft einen Blick auf die viktorianischen Häuser und herrschaftlichen Villen, die vor allem in dem Straßenviereck von Ste. Catherine und Edgehill, Avenue Greene und Avenue Victoria stehen.

**Outremont** ist das französischsprachige Gegenstück zu Westmount, das vornehme Wohnviertel der frankokanadischen Gesellschaft am Nordosthang des Parc du Mont-

Royal. Es entstand etwa um 1875, als wohlhabende Bürger sich hier auf eigenem Farmland niederließen. Inzwischen wurden viele dieser Besitzungen in kleinere Baugrundstücke aufgeteilt, aber die ursprünglichen Häuser stehen noch zwischen neuen, herrschaftlichen Bauten, großen Villen und gepflegten Gartenanlagen. Besonders schöne Häuser finden sich an der Côte Ste. Catherine und der Parallelstraße Avenue Maplewood; in der Avenue Laurier kann man sich in originellen Boutiquen umsehen oder sich in einem der Cafés ausruhen.

Entlang der Rue de la Gauchetière erstreckt sich das **Chinesenviertel** von Montréal, das schon in der Mitte des 19. Jh. entstand, als viele chinesische Arbeiter in die Stadt kamen. Hier finden sich zahlreiche Geschäfte und authentische Restaurants.

## Sehenswertes

Um die Stadt und ihr besonderes Flair kennenzulernen, sollten nicht nur die klassischen Sehenswürdigkeiten auf dem Programm stehen. Bei einem Bummel durch die verschiedenen Stadtviertel, von denen jedes ganz unverwechselbar und typisch für seine Bewohner ist, bei einem Spaziergang durch die Parkanlagen oder einer Rast in einem der Straßencafés taucht man ein in das authentische Montréal. Man schaut

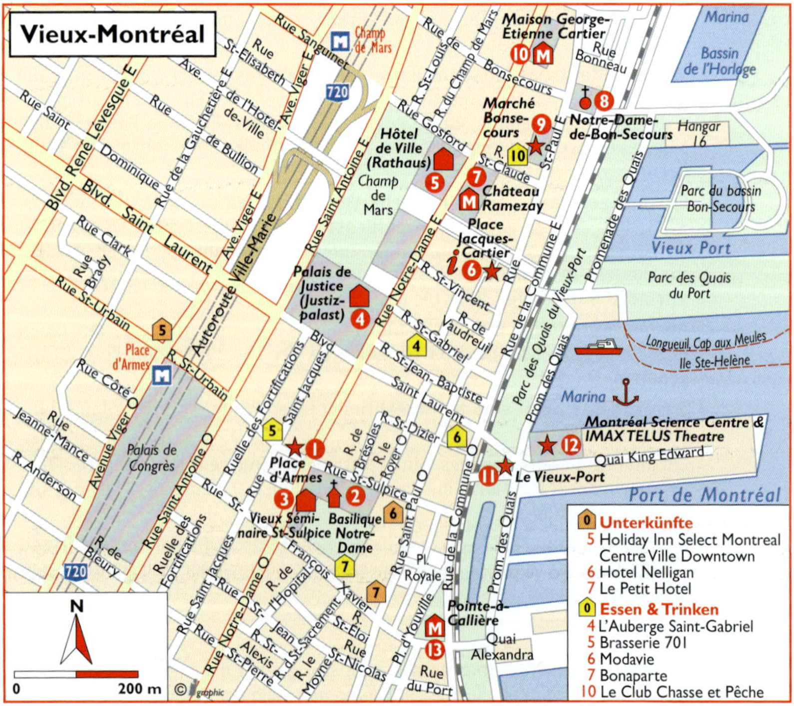

**Vieux-Montréal**

1 Place d'Armes
2 Basilique Notre-Dame
3 Vieux Séminaire St-Sulpice
4 Palais de Justice (Justizpalast)
5 Hôtel de Ville (Rathaus)
6 Place Jacques-Cartier
7 Château Ramezay
8 Notre-Dame-de-Bon-Secours
9 Marché Bonsecours
10 Maison George-Étienne Cartier
11 Le Vieux-Port
12 Montréal Science Centre & IMAX TELUS Theatre
13 Pointe-à-Callière

**Unterkünfte**
5 Holiday Inn Select Montreal Centre Ville Downtown
6 Hotel Nelligan
7 Le Petit Hotel

**Essen & Trinken**
4 L'Auberge Saint-Gabriel
5 Brasserie 701
6 Modavie
7 Bonaparte
10 Le Club Chasse et Pêche

0 200 m

sich die Bilder der Straßenmaler an, fährt mit der Kutsche durch die Altstadt, macht einen Einkaufsbummel auf der Rue Ste. Catherine, besucht einen der Märkte, genießt den Blick auf die Stadt von einer der Aussichtsplattformen oder stattet Montréals Untergrundstadt einen Besuch ab!

*Aussichtstürme*

Um einen Gesamteindruck von der Stadt zu bekommen, bietet sich der Aufstieg zu einem der Aussichtstürme an. Besonders lohnend ist der Ausblick

- vom **Tour du Parc olympique**, 4141, ave. Pierre-De-Coubertin, U-Bahn-Station: Viau. Mit einer Seilbahn geht es in 2 Min. hinauf zur 165 m hohen Spitze des höchsten geneigten Turms der Welt. Von hier hat man einen Panorama-Blick auf die Stadt und kann bei gutem Wetter ca. 80 km weit sehen (s. S. 184).
- von der **Aussichtsterrasse am Chalet du Mont Royal**, im Mont Royal Park, U-Bahn-Station: Mont Royal. Schöner Blick auf das Stadtzentrum, den Hafen und den St.-Lorenz-Strom.

### Tipp

Hier kann man Montréal kostenlos oder zu reduzierten Preisen erleben:

Schön ist ein Spaziergang auf der **Old-Port-of-Montréal-Promenade** mit Ausblicken auf den St.-Lorenz-Strom, die moderne Architektur von Moshe Safdie im Habitat 67 und die Biosphere.

Die beste Aussicht auf Downtown Montréal genießt man vom **Park auf dem Mont Royal** (s. S. 183).

Mit dem **Montréal Museum Pass**, dem „**MTL-Passeport**", erlebt man die wichtigsten Sehenswürdigkeiten der Stadt zum ermäßigten Eintrittspreis, z. B. das Kunstmuseum Musée des Beaux-Arts, den Olympia Park mit dem Montréal Tower und dem Biodôme, das Casino oder Bootsfahrten im Vieux Port.

Der **3-Tages-Pass** ohne öffentliche Verkehrsmittel kostet für Erwachsene $ 75, der 3-Tages-Pass inkl. öffentlicher Verkehrsmittel $ 80. Der Pass ist erhältlich in einigen Museen, online unter museesmontreal.org/en/passes/the-passes, in den Touristenzentralen (Adressen s. S. 188) und bei La Vitrine, 2, rue Sainte-Cathérine Est.

Ab Juni werden oft **Live-Unterhaltung**, Karaoke und Konzerte mit Essen und Trinken in den **Jardins Gamelin** an der U-Bahn-Station Berri-UQAM geboten.

Das **Fête des neiges de Montréal** findet jeden Winter von Mitte Januar bis Mitte Februar statt.

Ein anderes herausragendes Winterfestival ist **Montréal en Lumière** (Mitte Februar bis Anfang März) mit Lichtinstallationen, Livemusik, Theater- und Zirkusvorstellungen.

Beim **Merry Montréal** feiert die Altstadt von Montréal die Vorweihnachtszeit am Place Jacques-Cartier mit offenem Feuer, kostenloser Unterhaltung und heißer Schokolade.

Die meisten Sehenswürdigkeiten der Stadt sind gut mit der U-Bahn oder dem Bus zu erreichen, sodass man für Besichtigungen innerhalb der Stadt kein Auto braucht.

Außerdem sind die U-Bahn-Stationen selbst interessant, denn jede der 65 Stationen wurde anders gestaltet und dekoriert, so z. B. **Berri-UQAM** mit Glasmalereien oder **Place d'Armes** mit einer kleinen Sammlung archäologischer Funde.

## Vieux-Montréal – die Altstadt von Montréal

Vieux-Montréal, die Altstadt, liegt zwischen dem St.-Lorenz-Strom und der modernen Innenstadt und lädt mit verwinkelten, kopfsteingepflasterten Gassen, alten Häusern aus dem 17., 18. und 19. Jh., Wirtshaus- und Ladenschildern, Straßencafés und vielen Restaurants zum Verweilen ein. Die Altstadt ist der Bezirk zwischen dem Fluss und den Straßen McGill, Notre-Dame und Berri.

Die **Place d'Armes (1)**, der ehemalige Exerzierplatz, ist auch das alte Bankenviertel der Stadt. Hier sieht man ein Standbild von Paul de Chomedey, **Sieur de Maisonneuve**, dem Gründer der Missionsstation Ville-Marie de Montréal im Jahr 1642, und Montréals ersten Wolkenkratzer, das New-York-Life-Gebäude aus dem Jahr 1887.

*Beeindruckende Kirche*

Die **Basilique Notre-Dame (2)** wurde 1829 im neugotischen Stil erbaut. Sie ist eine der größten und schönsten Kirchen Nordamerikas und die zugleich älteste katholische Stadtpfarrkirche. Der Innenraum beeindruckt mit dem großen Hauptaltar und meisterhaften Holzschnitzereien. Die blau leuchtenden Glasfenster wurden von Victor Bourgeau mit Szenen aus der Stadtgeschichte gestaltet. So ist z. B. auf einem Glasfenster zu erkennen, wie der Stadtgründer Maisonneuve ein Kreuz auf den Berg Mont Royal hinaufträgt. Dem Hochaltar gegenüber befindet sich seit den 1890er-Jahren die große Orgel mit 6.500 Pfeifen, die als weltweit erste Orgel elektrisch bespielt wurde.

Sehenswert ist auch der Altar in der Kapelle Sacré-Coeur, der aus 32 Bronzetafeln zusammengefügt wurde. Die kleine Kapelle ist bei jungen Leuten beliebt, nicht wenige lassen sich hier trauen. In der Kirche werden ganzjährig Konzerte veranstaltet. In einem kleinen Museum sind kirchliche Gerätschaften und Bilder ausgestellt.
**Basilique Notre-Dame**, *110, rue Notre-Dame ouest, ☏ 514-842-2925, www.basiliquenotredame.ca, Mo–Fr 8–16.30, Sa 8–16, So 12.30–16 Uhr, Eintritt mit oder ohne geführte Tour (20 Min.): Erwachsene $ 8, Kinder und Jugendliche bis 17 J. $ 5.*

Neben der Kirche liegt das **Vieux Séminaire Saint-Sulpice (3)**, das 1685 gegründet wurde. Es ist einer der ältesten Steinbauten der Stadt, der im Besitz der Ordensgemeinschaft der Sulpizianer ist. Zum Haus, das nicht öffentlich zugänglich ist, gehört ein schöner Uhrenturm aus dem Jahr 1710, den man durch das schmiedeeiserne Tor sehen kann.

Das Museum **Pointe-à-Callière (13)** vermittelt mit einer Multimediashow einen Eindruck von der Geschichte Montréals. Ausgestellt sind archäologische Funde, z. B. die Restmauer der alten Stadt und die archäologische Fundstätte eines Friedhofs. Mit dem Aufzug kann man zum Museumsrestaurant und zur Aussichtsterrasse des Turmes fahren, von wo sich ein schöner Blick auf den Hafen bietet.
**Pointe-à-Callière**, *350, Place Royale, ☏ 514-872-9150, www.pacmusee.qc.ca, Juni–Aug. Mo–Fr 10–18, Sa/So 11–17, sonst Di–So 10–17 Uhr, Eintritt Erwachsene $ 22, Senioren $ 20, Jugendliche 13–17 J. $ 15, Kinder von 5–12 J. $ 8, Familienkarte $ 45.*

Montréal Innenstadt
Unterkünfte
1 Hôtel de l'ITHQ
2 Auberge le Jardin d'Antoine
3 Delta Montréal
4 Le Square Phillips Hotel
5 Holiday Inn Select Montreal Centre Ville Downtown
6 Hotel Nelligan
7 Le Petit Hotel
8 Omni Mont-Royal
9 Manoir Ambrose
10 Ritz-Carlton
11 Fairmont The Queen Elizabeth
12 Hotel Bonaventure Montréal
13 Montréal Marriott Château Champlain
14 Le Centre Sheraton Montréal Hotel
15 Loews Hôtel Vogue
16 Château Versailles
17 L'Auberge de Jeunesse HI-Montréal
Essen & Trinken
1 Schwartz's Delicatessen
2 Place Deschamps
3 La Maison Kim Fung
4 L'Auberge Saint-Gabriel
5 Brasserie 701
6 Modavie
7 Bonaparte
8 Café Lola Rosa
9 Gibby's
10 Le Club Chasse et Pêche
11 Toqué
12 Monsieur Restaurant+Bar
Croix
Stade Molson
Hôpital Royal-Victoria
Parc du Mont-Royal
Parc Rutherford
Université McGill
Musée McCord
Centre Eaton
Place Ville-Marie
Place des Arts
Place-des-Arts
McGill
Peel
Square Dorchester
Cathédrale Marie-Reine-du-Monde
Place du Canada
Musée des Beaux-Arts
Guy-Concordia
Lucien-L'Allier
Gare Windsor/ Bell Centre
Avenue du Parc
Rue Jeanne-Mance
Rue Sainte Famille
Rue Milton
Rue Sherbrooke
Rue Clark
Rue Saint-Urbain
Ave. des Pins
Rue University
Rue Aylmer
Rue Prince-Arthur
Rue Durocher
Rue Hutchinson
Ave. Lorne
R. Jeanne-Mance
Ave. du Prés.-Kennedy
Rue de Bleury
R. de la Concorde
Avenue du Président-Kennedy
Blvd. de Maisonneuve
Rue City Councillors
Rue St-Alexandre
R. Sainte-Catherine
Pl. Philipps
Ave. Union
Avenue des Pins
Rue McTavish
Rue Peel
Avenue Docteur-Penfield
Avenue McGill College
Rue Mansfield
Rue Metcalfe
Rue Cathcart
Blvd. René Levesque
Rue Stanley
Rue Drummond
Rue de la Montagne
Rue Crescent
Rue Bishop
Rue MacKay
Rue Sainte-Catherine
Rue Guy
Rue Pierce
Ave. Overdale
Rue Lucien l'Allier
Rue Saint Antoine
Rue de la Gauchetière
R. de la Cathédrale
R. St-Jacques
Rue Murray
720

Vieux Port
Port de Montréal
VIEUX MONTRÉAL
QUARTIER CHINOIS
Hôtel de Ville
Champ de Mars
Palais de Justice
Palais de Congrès
Place d'Armes
Complexe Desjardins
Centre de Commerce Mondial de Montréal
Square Victoria
Gare Centrale
Place Bonaventure
Bassin King-Edward
Bassin Alexandra
Bassin de l'Horloge
Parc du bassin Bon-Secours
Parc des Quais du Port
Quai King Edward
Quai Alexandra
Marina
Longueuil, Cap aux Meules
Ile Ste-Helène
Autoroute Ville-Marie
Autoroute Bonaventure
Blvd. Saint-Laurent
Blvd. René Levesque
Rue Saint-Antoine
Rue Notre-Dame
Rue Saint-Jacques
Rue de la Commune
Promende des Quais
Rue Sherbrooke
Rue McGill
Rue University
Rue Peel
siehe auch Ausschnitt Vieux-Montréal Seite 173
N
0
200 m
© graphic

*Ein beliebter Treffpunkt der Montréaler: der Place Jacques-Cartier*

Nördlich davon liegen das neue Gerichtsgebäude, der alte, klassizistische **Palais du Justice** (Justizpalast) **(4)** aus dem Jahr 1856 und das Rathaus **Hôtel de Ville (5)**, das zwischen 1872 und 1878 erbaut und nach einem Brand 1926 wiederhergestellt wurde. Das Rathaus ist derzeit wegen Renovierung geschlossen. Alle öffentlichen Dienstleistungen finden während dieser Zeit im Lucien-Saulnier Gebäude in Vieux Montreal statt (155, rue Notre-Dame Est, an der Champ-de-Mars Metro Station). Dieses historische Gebäude ist für die Öffentlichkeit zugänglich. Im Sommer werden von Montag bis Freitag Führungen angeboten.

*Treffpunkt* Der **Place Jacques-Cartier (6)** ist einer der beliebtesten Treffpunkte der Stadt, ein Platz zum Sehen und Gesehenwerden, mit Straßencafés und Restaurants, von denen aus man den Straßenmalern und Musikanten zuschauen kann. Ehemals lag an dieser Stelle der Garten des Marquis de Vaudreuil, der im Jahr 1804 zum Marktplatz umgestaltet wurde. Hier, wo 1809 ein Denkmal von Lord Nelson zur Erinnerung an seinen Sieg bei Trafalgar errichtet worden ist, findet jetzt täglich ein Blumenmarkt statt.

Das Museum **Château Ramezay (7)** wurde von dem Gouverneur Claude de Ramezay 1705 gebaut und bis 1724 bewohnt, später auch als Universität und Justizpalast genutzt. Im Museum sind Möbel, Gemälde und Kleidungsstücke des 18. und 19. Jh. sowie eine Sammlung indianischer Kunst zu sehen. Der Garten lädt mit einer Caféterrasse zu einer Pause ein.
**Château Ramezay**, *280, rue Notre-Dame Est, ☏ 514-861-3708, www.chateauramezay.qc.ca, Juni–Okt. tgl. 9.30–18, Nov.–Mai Di–So 10–16.30 Uhr, Eintritt Erwachsene $ 11, Senioren $ 10, Studenten $ 8,75, Kinder von 5–17 J. $ 5,75, Familienkarte $ 26,50.*

**Notre-Dame-de-Bon-Secours (8)** ist die älteste Kirche Montréals. 1657 errichtete die erste Lehrerin Montréals, **Marguerite Bourgeoys**, am Übergang von der Altstadt zum Hafen ein kleines Gotteshaus, das dreimal einem Brand zum Opfer fiel. 1982 wurde sie heiliggesprochen. 1771 entstand der heutige Bau auf den Resten der alten Kirche. In dem Gotteshaus befand sich eine wundertätige Marienfigur aus dem Jahr 1672, die alle Brände der Kapelle heil überstanden hat. Heute ist sie durch eine Nachbildung ersetzt. Auf der Kirchenkuppel befindet sich eine 9 m hohe Marienstatue, die auf den Hafen blickt; im Kircheninneren sieht man Schiffsmodelle als Votivgaben, die von Seeleuten gestiftet wurden. Neben der Kirche liegt ein kleines Museum, in dem das Leben der Kirchengründerin dokumentiert wird.

**Notre-Dame-de-Bon-Secours**, *400, rue St. Paul Est, www.marguerite-bourgeoys.com, Mai–Okt. tgl. 10–18, sonst Di–So 11–16 Uhr, Mitte Jan.–Ende Feb. geschl., Eintritt ins Museum (Kirchenbesuch ist kostenlos): Erwachsene $ 12, Senioren und Studenten $ 9, Kinder 6–12 J. $ 7, Familienkarte $ 30.*

**Marché Bonsecours (9)**, 330, rue St. Paul Est, erbaut zwischen 1845 und 1852 nach Plänen des Architekten William Fortner, diente im Laufe der Zeit als Rathaus, Parlamentssitz, Konzertsaal und von 1878–1964 als Markthalle. Heute lockt der Marché Bonsecours mit Boutiquen, Cafés, Restaurants und Gesellschaftsräumen, aber auch mit Ausstellungen und Aufführungen.

Im **Maison George-Étienne Cartier (10)**, das aus zwei Steinhäusern besteht, lebte Cartier, einer der „Väter der Konföderation", von 1841–1871. Im östlichen Gebäudeteil wird das Leben und Wirken Cartiers dargestellt, während der westliche Teil so restauriert wurde, dass der Besucher einen Eindruck vom bürgerlichen Leben im Zeitalter Königin Victorias erhält. Kostümierte Guides übernehmen die Rollen von Cartiers Freunden und seinem Dienstpersonal und lassen die Zuschauer am Alltagsleben teilnehmen.
**Maison George-Étienne Cartier**, *458, rue Notre-Dame Est, ☏ 514-283-2282, www.pc.gc.ca/en/lhn-nhs/qc/etiennecartier, Ende Juni–Aug. Mi–So und feiertags 10–17, Sept.–Dez. Fr–So und feiertags 10–17, Dez. Sa/So 10–17 Uhr, Eintritt Erwachsene $ 3,90, Senioren $ 3,40.*

Die ausgedienten Hafenanlagen am Alten Hafen **Le Vieux-Port (11)** wurden zu einem beliebten Treffpunkt von Einheimischen und Besuchern umgestaltet.

*Unterhaltung im Hafen*

Auf 2 km Länge bietet der **Vieux-Port** vielfältige Unterhaltung: Im Informationszentrum **Lockkeeper's Hut**, Ecke rues McGill/de la Commune, kann man sich über den Bau der Schleusen am Canal de Lachine informieren. Lohnend sind auch ein Bummel über den **Flohmarkt**, eine Aufführung in einem der **Theater-Cafés** und die Darbietungen der vielen **Straßenkünstler**. Alternativ sucht man sich einen Weg durch das 2 km lange „S.O.S. Labyrinthe", mietet ein Fahrrad, macht eine Kutschfahrt oder einen Schiffsausflug – oder man ruht sich einfach in einem der Straßencafés aus und beobachtet das Treiben im Jachthafen. Am Ostende des Vieux-Port steht der 51 m hohe **Uhrenturm** (Tour de l'Horloge) aus dem Jahr 1922, dessen Spitze über 192 Stufen erreichbar ist. Von oben bietet sich ein Blick über die Stadt, den Hafen und den St.-Lorenz-Strom.
**Le Vieux-Port**, *☏ 514-496-7678, 1-800-971-7678, www.oldportofmontreal.com*, der Park ist ganzjährig zugänglich. Aktivitäten und Geschäfte sind zu bestimmten Zeiten geöffnet. Details finden sich auf der Website.

Eine weitere Attraktion in Vieux Montréal ist das **Montréal Science Centre (12)** mit interaktiven Ausstellungen zu den verschiedensten Wissensgebieten und dem IMAX-TELUS-Theater.
**Montréal Science Centre**, *quai King Edward, ☏ 514-496-4724, www.montrealsciencecentre.com, Museum Mo–Fr 9–16, Sa/So 10–17 Uhr, Eintritt Erwachsene $ 20, Jugendliche 13–17 J. $ 15, Kinder 3–12 J. $ 10, Imax Theater ganzjährig Mo 10–16, Di–So 10–20.30 Uhr, Eintritt nur Museum / nur IMAX Erwachsene $ 22/12, Jugendliche 13–17 J. $ 17/10,50, Kinder 3–12 J. $ 11/8,50, Senioren 60+ $ 20/10, Familienkarte $ 55 bzw. $ 37, Museum und IMAX Theater Erwachsene $ 32, Senioren (60+) $ 28, Jugendliche 13–17 J. $ 24, Kinder 3–12 J. $ 16, Familienkarte $ 79.*

# Ville-Marie – die Innenstadt von Montréal

## Métro-Stationen Bonaventure oder McGill

Die moderne Innenstadt, die sich zwischen dem Mont Royal und der Altstadt ausbreitet, lässt sich am besten von den U-Bahn-Stationen Bonaventure und McGill aus erreichen. Zwischen diesen beiden Stationen liegt der Place Ville-Marie, das Zentrum der Stadt. Hier begann 1962 mit dem Bau des **Place Ville-Marie (1)** ein neuer Abschnitt der kanadischen Stadtarchitektur. Erstmals hat man bei diesem kreuzförmigen Gebäudekomplex, der aus vier 223 m hohen Hochhäusern mit je 49 Stockwerken besteht, den unterirdischen Raum mit in die Planung einbezogen. Während sich in den oberen Etagen Büros, Verwaltungen und Praxisräume befinden, entstand im Erdgeschoss und in den unterirdischen Gängen ein Geschäftszentrum. Außerdem hat man ein Hotel in den Gebäudekomplex integriert.

Als diesem Bauwerk weitere folgten und dann, rechtzeitig zur Weltausstellung 1967, die Untergrundbahn fertiggestellt wurde, war der entscheidende Schritt zur Entstehung der **größten „Untergrundstadt" der Welt** getan. In den Folgejahren hat man die großen Gebäudekomplexe und alle wichtigen Plätze der Stadt unterirdisch durch ein weit verzweigtes Wegenetz und durch U-Bahn-Stationen, Bahnhöfe und Busbahnhöfe miteinander verbunden.

*„Underground"-Einkauf*

In den Tunnels, Passagen und Malls der Untergrundstadt, die den offiziellen Namen **„RESO"** (d. h. Netzwerk) trägt, entstand auf einer Gesamtfläche von 288.000 m$^2$ ein Einkaufsparadies mit Hunderten von Geschäften, mehr als 180 Restaurants und Cafés, mit Hotels, Banken, Kinos, Konzertsälen und Theatern. Gläserne Aufzüge, Springbrunnen, Wasserspiele, Blumenbeete und Pflanzenarrangements schaffen eine freundliche Atmosphäre. Besonders geschätzt wird die Untergrundstadt bei Schnee und Eiseskälte im Winter. Kommt man vom U-Bahnhof, können alle Besorgungen im unterirdischen Bereich erledigt werden. Wenn auch noch der Arbeitsplatz in einem der Bürohochhäuser liegt, ist man von den Außentemperaturen völlig unabhängig.

**Tipp**

Bei der Touristeninformation bekommt man einen Plan der Untergrundstadt, in dem alle unterirdischen Fußwege, die „pedestrian corridors", eingezeichnet sind.

Das Stadtbild prägen die Plätze **Place du Canada** und **Place Dorchester** mit dem ehemaligen, im viktorianischen Stil gebauten Hotel Windsor, mit modernen Hochhäusern und einer Plastik von Henry Moore, die **Cathédrale Marie-Reine-du-Monde (2)**, die 1894 als kleinere Version dem Petersdom in Rom nachgebaut wurde, die anglikanische Kirche **Saint George** aus dem Jahr 1870, die anglikanische Bischofskirche **Cathédrale Christ Church** und das **Maison des Coopérants**, in dessen moderner Glasfassade sich die Türme der Christ Church spiegeln.

Als beste Einkaufsstraßen gelten die **Rue Sainte-Catherine** mit Kaufhäusern, Geschäften und Restaurants und die **Rue Sherbrooke** mit Galerien, Boutiquen und Antiquitätenläden. Am **Place des Arts (3)** liegt das Kulturzentrum der Stadt mit

dem **Théâtre Maisonneuve** (1.450 Plätze), dem Théâtre Jean-Duceppe (755 Plätze) und dem riesigen Konzertsaal **Salle Wilfrid-Pelletier** (3.000 Plätze).

Der **Boulevard Saint-Laurent**, eine wichtige Ost-West-Achse der Stadt, bildete früher die Trennlinie zwischen dem englischsprachigen und dem französischsprachigen Teil der Stadt. Heute ist hier das bunte Völkergemisch am besten zu beobachten. Den jüdischen Einwanderern in der ersten Hälfte des vorigen Jahrhunderts folgten Griechen, Portugiesen, Italiener, Lateinamerikaner, Chinesen und Menschen aus vielen anderen Ländern. Sie alle brachten ihre eigenen Sitten und Gebräuche mit in die neue Heimat.

Rund um die Kreuzung von Rue Ste. Cathérine und Boulevard Saint-Laurent breitet sich das „**Quartier des Spectacles**" aus mit öffentlichen Plätzen, Fußgängerzonen und Parkanlagen, vor allem aber mit Theatern, Kinos, Musikbühnen, Restaurants und Geschäften – 40 Festivals feiert man hier im Jahresverlauf, darunter auch das international angesehene Jazzfestival.

Gleich neben dem „Place des Festivals" steht das auffällige Gebäude des **Museums für Zeitgenössische Kunst** mit Werken kanadischer und internationaler Künstler; im Skulpturengarten befindet sich eine Skulptur von Henri Moore.
**Musée d´Art Contemporaire de Montréal**, *185 Sainte-Cathérine Ouest, ☏ 514-847-6226, www.macm.org/en, Di 11–18, Mi–Fr 11–21, Sa/So 10–18 Uhr, Eintritt Erwachsene $ 15, Senioren $ 10, Studenten $ 7, Jugendliche 13–17 J. $ 6, Familienkarte $ 34, Mi von 17–21 Uhr halber Preis.*

An der Rue Sainte-Cathérine E. und zwischen Rue Amherst und Rue Champlain liegt „**Le Village**". Das Viertel wurde in den 1990er-Jahren vor allem von Schwulen und Lesben bewohnt und zählt heute zu den touristischen Attraktionen der Stadt. In den Sommermonaten sind die Straßen für den Autoverkehr gesperrt, die mit pinkfarbenen Ballons geschmückten „Fußgängerzonen" laden mit Boutiquen und Restaurants zum Stadtbummel ein.

*Das „Quartier Latin" Montréals*

Die Rue Saint-Denis, die Rue Prince Arthur und die Avenue Duluth liegen im **Universitätsviertel** der Stadt und erinnern mit ihren ethnischen Restaurants, Straßencafés, Studentenkneipen, Bier- und Jazzlokalen, mit der Bibliothek, den Buchhändlern, Straßenkünstlern, und Musikanten an Paris und werden gerne als das „Quartier Latin de Montréal" bezeichnet.

## Bedeutende Museen in der Innenstadt

Kanadas ältestes Kunstmuseum, das 1860 gegründete **Musée des Beaux-Arts (4)**, zeigt in 65 Räumen Gemälde, Zeichnungen, Radierungen und Skulpturen aus allen Epochen. Bemerkenswert sind die Ausstellungen mit Gemälden des 19. Jh. und die gute Sammlung kanadischer Kunstwerke, ebenso wie die hervorragenden Wechselausstellungen. 2016 wurde als fünftes Gebäude im Museumskomplex der „Michal and Renata Hornstein Pavillon for Peace" mit internationalen Kunstwerken eröffnet. Außerdem gibt es eine Cafeteria, ein Restaurant und einen Museumsshop.

**Musée des Beaux-Arts**, *1380, rue Sherbrooke ouest, Métro Peel oder Guy-Concordia, ☏ 514-285-2000, www.mmfa.qc.ca, Di–So 10–17, Mi 10–21 Uhr, Eintritt Erwachsene und Senioren ab 31 J. $ 24, 21–30 J. $ 16, Kinder und Jugendliche bis 20 J. frei, Mi 17–21 Uhr $ 12.*

Das **Musée McCord (5)** präsentiert sich als ethnografisches und historisches Museum der Stadt mit einem Dokumentationszentrum, Leseräumen, einem Atrium, einem Teesalon und umfangreichen sozialgeschichtlichen Sammlungen und Dokumentationen zur Geschichte der Stadt und der Ureinwohner des Landes. Als einziges Museum Kanadas bietet es eine Dauerausstellung historischer Kostüme.
**Musée McCord**, *690, rue Sherbrooke ouest, Métro McGill, ☏ 514-398-7100, www.mccord-museum.qc.ca, Di–Fr 10–18, Mi 10–21, Sa/So 10–17 Uhr, im Sommer auch Mo geöffnet, Eintritt Erwachsene $ 19, Senioren $ 17, Studenten $ 14, Kinder frei, Familienkarte $ 38. Mittwochs ab 17 Uhr kostenlos (Eintritt von $ 9,50 für größere Ausstellungen kann anfallen)*

*Virtuelle Zeitreise*

**Le Centre d'Histoire de Montréal**: In dem schönen Gebäude aus dem späten 19. Jh. wird mit Videoanimationen und mehr als 300 Ausstellungsstücken das Alltagsleben der Menschen in Montréal von der Zeit der ersten Siedler bis zur Gegenwart dargestellt.
**Le Centre d'Histoire de Montréal**, *335, Place d'Youville, ☏ 514-872-3207, www.museesmontreal.org, Mi–So 10–17 Uhr, Eintritt Erwachsene $ 7,50, Senioren, Kinder und Jugendliche von 6–17 J. $ 5, Familienkarte $ 16.*

Die **McGill University (6)** ist die angesehene englischsprachige Universität Montréals mit ca. 30.000 Studenten. Das McGill College wurde 1821 gegründet und geht auf die Stiftung des Pelzhändlers und Politikers James McGill zurück. Auf dem Universitätsgelände lohnt der Besuch des naturgeschichtlichen **Redpath Museum**, des **Arboretums** mit Wanderwegen, des ökologischen **Ecomuseum** und des **Versuchsbauernhofs**.
**McGill University**, *845, rue Sherbrooke, Métro-Station McGill.*

## Übersicht über weitere Museen in Montréal und Umgebung

- **Centre Canadien d'Architecture**, umfangreiche Sammlung und Ausstellung zur Architekturgeschichte; *1920, rue Baile, ☏ 514-939-7026, www.cca.qc.ca, Mi–So 11–18, Do 11–21 Uhr, Eintritt Erwachsene $ 10, Senioren $ 7, Studenten und Kinder frei, Do freier Eintritt nach 17.30 Uhr.*
- **Bank of Montréal Museum**, Nachbildung des ersten Bankbüros, Ausstellung von Banknoten, Münzen, Raritäten; *129, rue Saint-Jacques ouest, ☏ 514 877-6810, Mo–Fr 9–17 Uhr, Eintritt frei.*
- **Musée du Cinéma**, Ausstellung zur Geschichte des kanadischen Films; *335, blvd. de Maisonneuve Est, ☏ 514-842-9763, www.cinematheque.qc.ca, Mo–Fr 10–21, Sa/So 14–21 Uhr.*
- **La Caverne de Saint-Léonard** (**Cave Exploration**), 500 Mio. Jahre alte Felsformationen, Diashow, Höhlengänge; *5200, blvd. Lavoisier, ☏ 514-252-3006, Mitte Mai–Mitte Aug., Führungen (ca. 1 Std. 45 Min.) Mo–Do 9.45, 12.30, 14.30, Fr–So 9.45, 12.30, 16.30 Uhr, Reservierung erforderlich. Eintritt Erwachsene $ 15, Senioren/Kinder/Jugendliche 6–17 J. $ 11.*
- **Exporail – Musée ferroviaire canadien** (**Canadian Railway Museum**), in diesem Museum wird die Geschichte der kanadischen Eisenbahnen mit Dampflokomotiven und Straßenbahnen dargestellt; *110, rue St.-Pierre in St.-Constant, ☏ 514-632-2410, www.exporail.org, 26 km südlich von Montréal, Mitte Mai–Ende Juni tgl. 10–17, Juli/Aug. 10–18, Sept./Okt. Mi–So 9–17, Nov.–Mitte Mai Fr–So 9–17 Uhr, Erwachsene $ 23,92, Senioren $ 20,37, Studenten $ 14,38, Kinder von 3–12 J. $ 11,96, Familienkarte $ 62,220.*

 Tipp

Unter anderem bei den Informationsstellen **Infotouriste** und **La Vitrine** (s. S. 188) sowie online (museesmontreal.org/en/passes/the-passes) kann man den **Montréal Museums Pass** kaufen, der für drei aufeinanderfolgende Tage gültig ist und zum Besuch von zahlreichen lokalen Museen berechtigt. Preis: $ 75 oder $ 80 (inkl. öffentlicher Verkehrsmittel).

## Weitere Sehenswürdigkeiten in Montréal

**Parc du Mont Royal (7)**: Der Berg, von dem sich der Name der Stadt ableitet, erhebt sich 232 m über Montréal und ist für die Montréaler ein beliebtes Ausflugziel. Der amerikanische Gartenarchitekt Frederic Law Olmsted, der auch den Central Park in New York entwarf, plante und gestaltete den 200 ha großen Park. Viele Spazierwege durchziehen die Anlage, führen zu Teichen, zum Bibersee, zu alten Friedhöfen, zu Denkmälern berühmter Persönlichkeiten und zu idyllischen Picknickplätzen. Geruhsam holpern Pferdekutschen über die Wege, wo im Sommer Jogger und im Winter die Skiläufer ihre Bahnen ziehen. Im **Besucherzentrum** gibt es Informationen über Flora und Fauna des Parks und Hinweise auf interessante Veranstaltungen. Auf der Höhe des Berges erhebt sich ein über 30 m hohes, in der Dunkelheit beleuchtetes **Kreuz (8)**, das an ein Versprechen von Maisonneuve erinnert: Als die Stadt im Jahr 1642 von einer großen Flut bedroht wurde, gelobte Maisonneuve ein Kreuz zu errichten, wenn die Stadt verschont bliebe.

Unterhalb des Kreuzes befindet sich ein **Aussichtspunkt**, von dem aus sich ein Panoramablick über die Stadt und den St.-Lorenz-Strom eröffnet.

*Panoramablick*

**Parc du Mont-Royal**, *Métro-Station Mont Royal, tgl. bis zum Einbruch der Dämmerung.*
**Besucherzentrum**, *☏ 514-843-8240, www.lemontroyal.qc.ca.*

Westlich vom Parc du Mont-Royal liegt auf halber Höhe die große, berühmte Wallfahrtskirche **Oratoire Saint-Joseph**, zu der eine lange Treppe hinaufführt. Es handelt sich um eine mächtige Kuppelbasilika, die 1924 anstelle einer kleinen Kapelle erbaut wurde, in der dem Mönch André vom Orden des Heiligen Kreuzes viele Wunderheilungen gelungen sein sollen. Das Grab des 1982 seliggesprochenen Bruders André befindet sich in der stillen Kapelle.

Das **Museum** beherbergt eine Sammlung religiöser Kunst; von Ende November bis Anfang Februar gibt es alljährlich eine Weihnachtsausstellung mit mehr als 200 Krippen aus 60 Ländern. Das aus 56 Glocken bestehende Glockenspiel ertönt in der Mittagszeit.

**Oratoire Saint-Joseph**, *3800, chemin Queen Mary, Métro Côte des Neiges, ☏ 514-733-8211, www.saint-joseph.org, tgl. 6–21 Uhr (Krypta u. Votivkapelle), Shuttle Bus 6.15–21 Uhr, Information 7–20.30 Uhr, Basilika (Ausstellung zu Bruder André) 7–20.30 Uhr, ursprüngliche Kapelle 7.30–20.30 Uhr, Oratory Museum ganzjährig. tgl. 10–16.30, Juli/Aug. Sa/So bis 17.30 Uhr, Garden of the Way of the Cross Mai–Anf. Juni 7.30–19.30, Anfang Juni–Mitte Okt. 7.30–21 Uhr, Rest des Jahres geschl., Coffee Shop tgl. 8.30–16, So bis 17 Uhr, Eintritt frei; auf der Website werden die aktuellen Zeiten für das Glockenspiel bekanntgegeben. 90-minütige Führungen in Englisch und Französisch. Andere Sprachen auf Anfrage.*

*Blick vom Botanischen Garten auf den Olympia-Turm*

An den Parc du Mont Royal schließt sich das Gelände der **Université de Montréal** an. Dies ist außerhalb von Paris die größte französischsprachige Universität mit 13 Fakultäten, einer Wirtschaftshochschule und einer Technischen Hochschule, an der zurzeit 66.768 Studenten eingeschrieben sind.

Eine gute Gelegenheit, die Wohnviertel Montréals kennenzulernen, bietet ein Besuch auf einem der Märkte der Stadt. Besonders sehenswert sind der **Marché Jean Talon** (*7070 Henri Julien Ave.*) und der **Atwater Market** (*138 Atwater Ave.*). In jedem kann man die regionalen Produkte der Farmer aus der Umgebung Montréals probieren.

Der **Parc Maisonneuve** liegt ca. 8 km vom Stadtzentrum entfernt und umfasst das Gelände des Olympiaparks und des sehenswerten Botanischen Gartens und ist darüber hinaus ein beliebter Freizeitpark mit einem Golfplatz, einer Rollschuhbahn, Wander- und Fahrradwegen, gebahnten Loipen im Winter und zahlreichen Picknickplätzen.
**Parc Maisonneuve**, *Métro-Station Pie IX oder Viau.*

Der Olympiapark, **Parc Olympique**, war der Austragungsort der Olympischen Sommerspiele von 1976. Zur Anlage gehören Sportstätten wie das Schwimmstadion, Tennisplätze und die Sportanlagen für Leichtathletik; die Wohnbauten des ehemaligen „Olympischen Dorfs" werden heute als Wohnungen genutzt. In den Sommermonaten kann man an einer 30-minütigen Fahrt durch das Parkgelände teilnehmen. Das **Schwimmstadion** mit sechs großen Becken ist ganzjährig geöffnet.
**Parc Olympique**, *4141, ave. Pierre-De-Coubertin, Metro Pie IX, ☏ 514-252-4141, 1-877-997-0919, http://parcolympique.qc.ca.*

*Per Seilbahn auf den Olympiaturm*

Besonders interessant ist das große **Stade Olympique** (**Olympiastadion**), in dem bis zu 75.000 Zuschauer den Baseballspielen zuschauen oder an Messen und Shows teilnehmen können. Das Äußere erinnert an die Form einer Muschel, in deren Innerem sechs übereinanderliegende Ebenen die Wettkampfarena umschließen. Ein bewegliches Dach, das je nach Witterung geöffnet oder geschlossen werden kann, wird von dem 165 m hohen **Tour Montréal** gehalten, der 1987 als „Olympiaturm" errichtet worden ist. Eine Seilbahn fährt auf die Plattform an der Spitze des Turmes hinauf, von wo man den Panoramablick auf die Stadt und die Umgebung genießen kann.

**Stade Olympique**, *4141, ave. Pierre-de-Coubertin, Metro Viau, ☏ 514-252-4141, 1-877-997-0919, http://parcolympique.qc.ca,* **Aussichtsturm***: Mitte Juni–Mitte Sept. Di–So 9–19, Mo 13–19, Mitte Sept.–Mitte Okt. Di–So 9–17, Mo 13–17, Mitte Okt.–23. Dez. Di–So 9–17 Uhr, Mo geschl., Eintritt Erwachsene $ 23,75, Senioren $ 21,50, Studenten $ 19, Kinder bis 17 J. $ 11,75, Familienkarte $ 59,25.*
**Führungen durchs Olympiastadion***: Mitte Juni–Mitte Sept. Di–So stdl. von 10.30–17.30, Mo stdl. von 13.30–17.30, Mitte Sept.–Mitte Okt. Di–So 10.30, 11.30, 13, 14.30, 16, Mo 13, 14.30, 16, Mitte Okt.–23.Dez. Di–So 10.30, 11.30, 13, 14.30, 16 Uhr, Mo geschl., Erwachsene $ 14,75, Senioren (65+) $ 13,25, Studenten $ 11,75, Kinder $ 7,50, Familienkarte $ 37.*
**Kombinationstickets** *Turm/Olympiastadion werden angeboten. Ebenso Kombitickets Turm u. Botanischer Garten, Turm u. Rio Tinto Alcan Planetarium, Turm u. Botanischer Garten u. Rio Tinto Alcan Planetarium, Turm u. Château Defresne.*

Der **Biodôme** liegt ebenfalls im Olympischen Park und ist ein „lebendiges" Museum, das die Abhängigkeiten und Wechselbeziehungen von Mensch und Natur in vier Lebensbereichen des nord- und südamerikanischen Kontinents verdeutlicht.

 Tipp

In puncto Kleidung sollte man sich auf die sehr unterschiedlichen Temperaturen in den vier Zonen einstellen.

Über einen 500 m langen Informationspfad erreicht man die verschiedenen Ökosysteme:

*Verschiedene Ökosysteme*

- Im **tropischen Regenwald** lernt man die große Vielfalt der Pflanzen- und Tierwelt kennen.
- Im Bereich des **Laurentinischen Waldes**, dessen Lebenswelt durch große jahreszeitliche Unterschiede gekennzeichnet ist, kann man Tiere und Pflanzen an einem Biberdamm beobachten.
- Das **Ökosystem im Golf des St.-Lorenz-Stroms** wird mit seinen charakteristischen Landschaftsformen, wie z. B. tiefen Buchten, Klippen, Marschen und den hier vorkommenden Wasserpflanzen und Tieren lebendig.
- **Arktis und Antarktis** sind mit ihren Lebensformen in Flora und Fauna erlebbar.
  **Biodôme**, *4777, ave. Pierre-De-Coubertin, ☏ 514-868-3000, http://espacepourlavie.ca/biodome, Mitte Juni–Anfang Sept. tgl. 9–18, sonst Di–So 9–17 Uhr, Eintritt Erwachsene $ 20,50, Senioren $ 18,75, Studenten $ 15, Kinder und Jugendliche von 5–17 J. $ 10,25, Familienkarte $ 56,75, Parkgebühr $ 12.*

 Tipp

Es gibt einen kostenlosen Shuttlebus zwischen dem Olympiapark, dem Botanischen Garten und der Métro-Station Viau.

Der **Jardin Botanique de Montréal** ist einer der bedeutendsten Botanischen Gärten in Nordamerika und der zweitgrößte der Welt. Er wurde 1931 von Bruder Marie Victorin angelegt und zeigt auf einer Fläche von rund 73 ha in zehn Gewächshäusern und über 30 Außenanlagen mehr als 21.000 Pflanzenarten, darunter allein 10.000 Rosensträucher. Man kann mit einer Bahn durch das Parkgelände fahren,

um sich einen ersten Überblick zu verschaffen. Themenbezogene Gärten wechseln ab mit weiten Parklandschaften; in Gewächshäusern und auf Zuchtbeeten lernt man Neuzüchtungen kennen und sammelt bei den Wechselausstellungen nützliche Informationen.

Besondere Anziehungspunkte sind der 2,5 ha große **Chinesische Garten** im Stil der Ming-Dynastie mit einem Wasserfall, einem Teich und Pavillons sowie der gleich große **Japanische Garten** mit Teichen, Bachläufen und Brücken, einem Hof mit Bonsai-Pflanzen und einem Teehaus. Im August 2001 wurde der **First Nations Garden** eröffnet: In einer modernen, von Birken- und Ahornwäldern umgebenen Außenanlage lernen die Besucher das Alltagsleben der Ureinwohner, ihre Naturkenntnisse und -verbundenheit sowie die Traditionen der Indianer und Inuit kennen. Das **Insektarium** zeigt Sammlungen von Schmetterlingen und anderen Insekten aus mehr als 100 Ländern.

*Alltag und Traditionen der Ureinwohner*

**Jardin Botanique de Montréal**, *4101, rue Sherbrooke Est, ☏ 514-872-1400, Métro-Station Pie IX, www.ville.montreal.qc.ca/jardin, im Sommer Di–So 9–21, Fr/Sa 9–22 Uhr, Mo geschl., im Winter 9–17 Uhr außer Mo bei besonderen Veranstaltungen – im Hochsommer auch länger. Das Insektarium bleibt bis Sommer 2021 wegen Renovierung geschl. Eintritt für den Botanischen Garten und die Gewächshäuser Erwachsene $ 20,50, Senioren $ 18,75, Studenten $ 15, Kinder von 5–17 J. $ 10,25, Familienkarte $ 56,75.*

Das **Planétarium Rio Tinto Alcan** bietet in einer Dauerausstellung mit audiovisuellen Präsentationen und zwei lohnenden, thematisch wechselnden Shows eine Einführung in die Astronomie.

**Planétarium Rio Tinto Alcan**, *4801, ave. Pierre-De Coubertin, Métro Viau, ☏ 514-868-3000, http://espacepourlavie.ca/planetarium, Sommer So, Di/Mi 10.30–18, Do/Fr 10.30–21, Sa 9–21, So 9–18 Uhr, Mo geschl., Winter Di–So 9–17.30, Do–Sa 9–20.30 Uhr, Erwachsene $ 20,50, Senioren $ 18,75, Studenten $ 15, Kinder von 5–17 J. $ 10,25, Familienkarte $ 56,75, Shows in Englisch und Französisch ab 9.30 Uhr im Wechsel alle 15–30 Min.*

**Port de Montréal**, der Hafen von Montréal, ist ein international wichtiger Handelshafen und Kanadas größter Containerhafen.

Der **St. Lawrence Seaway**, der 1959 vom amerikanischen Präsidenten Eisenhower und der englischen Königin Elizabeth II. eingeweiht wurde, beginnt in Montréal und führt über eine Gesamtlänge von 3.650 km bis zu den Großen Seen. Der 10 m hohe Aussichtsturm am Südende der Victoria-Brücke, der **St. Lawrence Seaway Lookout**, vermittelt einen guten Überblick.

Mit dem Fahrrad kann man eine Tour von den Schleusen am Seeweg entlang bis zur Insel Notre-Dame machen.

## Île Sainte-Hélène und Île Notre-Dame

Im St.-Lorenz-Strom liegen im Parc Jean-Drapeau die Inseln Ste. Hélène und Notre-Dame.

Auf diesen beiden Inseln fand 1967 die Weltausstellung „EXPO 67" statt, zu deren Eröffnung die 22 m hohe und 60 t schwere Skulptur „L'homme" von Alexander Calder geschaffen wurde. Von weither sichtbar ist die Kuppel des **Biosphère**; ursprünglich der Pavillon der USA bei der EXPO 67, fungiert das Gebäude seit 1995 als Wasser- und Umweltmuseum mit interaktiven Ausstellungen zum Naturschutz und der

*Umwelt-museum*

eindrucksvollen Show „Design the Future". Vom Aussichtspunkt im 3. Stock lohnt der Blick über den St-Lorenz-Strom hinüber nach Montréal.
**Biosphère**, *160, chemin Tour-de-l'Isle, Île Ste-Hélène, ☏ 514-283-5000, www.canada.ca/en/environment-climate-change/services/biosphere.html, von Juni–Nov. tgl. 10–17, Dez.–Mai Mi–So 10–17 Uhr, Eintritt Erwachsene $ 15, Senioren $ 12, Studenten $ 10.*

Die Insel **Sainte-Hélène** ist heute ein großer, beliebter Freizeitpark mit Schwimmbädern, Picknickplätzen, einem Aqua-Park mit 20 langen Wasserrutschen und dem großen Vergnügungspark **La Ronde**, der mit über 30 Karussells, Achterbahnen, Autoscootern, Wildwasserrutschen, Wildwestshows, Zaubershows u. Ä., einem nachgebildeten frankokanadischen Dorf des 19. Jh., Restaurants, Snackbars und Musikveranstaltungen besonders viele Besucher anzieht. Die Insel ist auch jedes Jahr der Austragungsort des Formel-1-Grand-Prix-Rennens und der an den Wochenenden von Ende Juni bis Ende Juli stattfindenden „Montréal International Fireworks Competition", bei der die weltbesten Feuerwerkstechniker ihre Künste zeigen.
**La Ronde/Île Sainte-Hélène**, *☏ 514-397-2000, www.laronde.com, Mitte Mai–Anfang Sept. tgl. 10–21, im Sept./Okt. Sa 11–20, So 11–21 Uhr, Eintritt $ 57, am Wochenende $ 62.*

Sehenswert ist das **alte Fort** (**Le Vieux Fort**), das 1822 auf Befehl des Duke of Wellington errichtet wurde, um Montréal und den St.-Lorenz-Strom vor amerikanischen Angriffen zu schützen. Im Fort, wo in den Sommermonaten Paraden und Tanzvorführungen stattfinden, thematisiert das **Musée Stewart** den Einfluss Europas auf die Entwicklung Nordamerikas. Vom gläsernen Turm bietet sich ein schöner Blick über das Fort und die Stadt.
**Musée Stewart**, *20, chemin du Tour-de-l'Isle, ☏ 514-861-6701, www.stewart-museum.org, Mi–So von 10–17 Uhr, im Sommer auch Di, Eintritt Erwachsene $ 15, Senioren $ 13, Jugendliche und Studenten von 13–30 J. $ 12, Familienkarte $ 30.*

*Künstliche Insel*

Die künstlich aufgeschüttete Insel Notre-Dame lockt ebenfalls viele Besucher an. Sommerattraktionen sind die schönen Parkanlagen, der Badestrand und Aktivitäten wie Segeln, Surfen, Wandern oder Kanufahren; im Winter sind Skilanglauf und Schlittschuhfahren besonders beliebt. Abendunterhaltung bietet das **Casino de Montréal**. Im Februar findet auf der Insel das **Schneefestival** statt, zu dem auch Hundeschlittenrennen sowie Wettbewerbe im Schneeburgenbauen und Skifahren gehören.
**Casino de Montréal**, *1 rue du Casino, ☏ 514-392-2746, 1-800-665-2274, https://casinos.lotoquebec.com/en/montreal/home, tgl. 24 Std. geöffnet.*

## Kulturstadt Montréal

Montréal hat sich durch seine guten Theater, internationalen Gastspiele und alljährlich stattfindenden Festivals einen ausgezeichneten Ruf als Kulturstadt erworben, die besonders von der lebendigen Auseinandersetzung zwischen englischer und französischer Kultur lebt.

### Theater und Kinos in Montréal

Karten für Theater-, Konzert- und Kinoveranstaltungen gibt es am Kiosk im La Baie-Kaufhaus, Rue Sainte-Catherine.

- **Place des Arts**, Konzerte, Opern, Ausstellungen, *175, rue Ste.-Catherine, ☏ 514-842-2112*

- **Centaur Theatre**, überwiegend englischsprachige Aufführungen, *453, rue St.-Francois-Xavier, ☏ 514-288-3161*
- **Théâtre du Nouveau Monde**, moderne und klassische französische Aufführungen, *84, rue Ste.-Catherine ouest, ☏ 514-866-8668*
- **Salle Claude Champagne**, klassische Konzerte, Volksmusik, ethnische Musikgruppen, *220, ave. Vincent d'Indy, ☏ 514-343-6427*
- **Maison-Théâtre**, Kindertheater, *245, rue Ontario Est, ☏ 514-288-7211*
- **Segal Centre**, jüdisches Theater, Kunstausstellungen, *5170, chemin de la Côte-Sainte-Catherine, ☏ 514-739-2301*
- **Cirque du Soleil**, international bekannter, äußerst erfolgreicher Zirkus, *8400, 2e ave., Montréal, w 514-722-2324*
- **IMAX Cinéma**, exklusive Filme auf einer sieben Stockwerke hohen Leinwand, *Blvd. Saint Laurent/Rue de la Commune, ☏ 514-496-4629*

## Reisepraktische Informationen Montréal

### Information

**Montréal Infotouriste Centre**, *1255, rue Peel, ☏ 514-844-5400, 1-877-266-5687, www.quebecoriginal.com, Mitte Juni–Anfang Okt. tgl. 9–18, sonst 9–17 Uhr.*
**Infotouriste** *in Vieux-Montréal, 174, rue Notre Dame/Ecke Place Jacques-Cartier, www.tourisme-montreal.org, Juni–Anfang Sept. tgl. 9–19, sonst 9–18 Uhr.*
**La Vitrine**, *2, rue Sainte-Cathérine Est, ☏ 514-285-4545, 1-866-924-5538, www.lavitrine.com, hier erhält man alle Informationen über das kulturelle Leben der Stadt, Eintrittskarten für Theater und Shows und den Museums Pass (s. o.), So–Mi 10–18, Do–Sa 10–19 Uhr.*

#### Wichtige Anschriften und Telefonnummern

**Polizei, Feuer, Medizinischer Notdienst**: *☏ 911*
**Canadian Automobile Association Québec**: *1180, rue Drummond, ☏ 514-861-5111 für Informationen, ☏ 514-861-1313 oder bei Notfällen 1-800-222-4357, Mo–Mi 8.30–18, Do/Fr 8.30–19, Sa 10–16 Uhr.*
**Wetterbericht**: *☏ 514-283-3010*

### Unterkunft

*Montréal bietet Übernachtungsmöglichkeiten von der einfachen Jugendherberge und bescheidenen Pension bis hin zum international renommierten Luxushotel. Messen und Tagungen finden ganzjährig in Montréal statt; je nach Belegung und Nachfrage werden von vielen Hotels an den Wochenenden besonders günstige Preisangebote gemacht, sodass es sich immer lohnt, nach Sondertarifen zu fragen.*

#### Hotels in Flughafennähe

**$$$ Holiday Inn Express Montréal Airport**, *10888 Côte-de-Liesse, ☏ 514-422-8080, www.ihg.com/holidayinnexpress/hotels/us/en/montreal/yulff/hoteldetail, Hotel mit Innenpool, Whirlpool, Sauna, Restaurant, nur 10 Min. vom Flughafen entfernt.*
**$$$$–$$$$$ Hilton Garden Inn Montréal Airport**, *7880 Côte-de-Liesse, ☏ 514-788-5120, 1-800-446-6677, https://hiltongardeninn3.hilton.com, komfortable Zimmer, nur wenige Minuten vom Flughafen entfernt.*

#### Hotels in der Innenstadt

**$$–$$$ Manoir Ambrose (9)**, *3422, rue Stanley, ☏ 514-288-6922, www.hotelambrose.ca, 22 ansprechend eingerichtete Zimmer in einem viktorianischen Haus aus dem Jahr 1910 in zentraler Lage, reichhaltiges Frühstück inkl.*

**$$$$ Château Versailles (16)**, *1659, rue Sherbrooke ouest, ☏ 514-933-3611, 1-888-933-8111, www.chateauversaillesmontreal.com, elegant eingerichtete Räume in einem guten, historischen Stadthotel.*

**$$$$–$$$$$ Delta Montréal (3)**, *475, ave. du Président-Kennedy, ☏ 514-286-1986, 1-888-860-3753, www.marriott.com/hotels/travel/yuldb-delta-hotels-montreal, gut ausgestattete Zimmer in guter Lage, Innen- und Außenswimmingpools, beaufsichtigtes Kinderspielzimmer.*

**$$$$–$$$$$ Holiday Inn Select Montreal Centre Ville Downtown (5)**, *999, rue Saint-Urbain, ☏ 514-878-9888, www.ihg.com/holidayinn/hotels/de/de/montreal/yulca/hoteldetail, auffällig ist die Fassade des Hotels, das am Rande von Chinatown liegt, mit ihren Pagodentürmchen, 235 gut möblierte Zimmer, Swimmingpool, Fitnessraum und gutes chinesisches Restaurant.*

**$$$$–$$$$$ Montréal Marriott Château Champlain (13)**, *1050, rue de la Gauchetiere ouest, ☏ 514-878-9000, 1-800-200-5909, www.marriott.com/hotels/travel/yulcc-montreal-marriott-chateau-champlain, die gut eingerichteten Zimmer des 36-stöckigen Hotels bieten großartige Ausblicke auf die Stadt, mit Swimmingpool und Fitnessraum.*

**$$$$–$$$$$ Omni Mont-Royal (8)**, *1050, rue Sherbrooke ouest, ☏ 514-284-1110, www.omnihotels.com/hotels/montreal-mont-royal, sehr schön ausgestattete Räume, Swimmingpool, Fitnesszentrum und eine Bar in der Eingangshalle.*

**$$$$$ Fairmont The Queen Elizabeth (11)**, *900, blvd. René-Lévesque ouest, ☏ 514-861-3511, 1-866-540-4483, www.fairmont.com/queen-elizabeth-montreal, das größte Hotel der Stadt mit über 1.000 Zimmern und gutem Service, in günstiger Lage direkt über dem Hauptbahnhof und mit Zugang zur Métro-Station.*

**$$$$$ Hotel Bonaventure Montreal (12)**, *900, rue de la Gauchtière ouest, ☏ 878-2332, 1-800-267-2575, http://hotelbonaventure.com, erstklassiges Hotel im oberen Teil eines Handelsgebäudes, ganzjährig beheizter Swimmingpool auf der Dachterrasse, sehr schön gestalteter Dachgarten.*

**$$$$$ Hotel Nelligan (6)**, *106, rue St.-Paul ouest, ☏ 514-788-2040, 1-877-788-2040, www.hotelnelligan.com, empfehlenswertes Hotel in zentraler Lage in einem historischen Gebäude mit geräumigen, sehr gut ausgestatteten Zimmern.*

**$$$$$ Le Centre Sheraton Montréal Hotel (14)**, *1201, blvd. René-Lévesque ouest, ☏ 514-878-2000, 1-888-627-7102, www.sheratoncentremontreal.com, modernes Luxushotel mit Swimmingpool, Fitnessraum und sehr schönem Atrium mit einer Pianobar, gute, zentrale Lage.*

**$$$$$ Le Petit Hotel (7)**, *168, rue Saint-Paul ouest, ☏ 514-940-0360, 1-877-530-0360, http://petithotelmontreal.com, gepflegtes Hotel in guter Lage in Vieux Montréal, gutes Frühstück, freundlicher Service.*

**$$$$$ Le Square Phillips Hotel (4)**, *1193, pl. Phillips, ☏ 514-393-1193, 1-866-393-1193, www.squarephillips.com, historisches Haus mit 100 geräumigen, komfortabel eingerichteten Zimmern und Studios im Stadtzentrum, Dachterrasse mit Pool und schöner Aussicht, Frühstück im Preis enthalten.*

**$$$$$ Loews Hôtel Vogue (15)**, *1425, rue de la Montagne, ☏ 514-285-5555, 1-855-327-2219, www.loewshotels.com/montreal-hotel, neueres Hotel mit gut eingerichteten Zimmern, sehr hilfsbereites Personal.*

**$$$$$ Ritz-Carlton (10)**, *1228, rue Sherbrooke ouest, ☏ 514-842-4212, www.ritzcarlton.com/en/hotels/canada/montreal, traditionsreiches, elegantes Hotel mit prominenten Gästen, sehr guten Restaurants und hübschem Gartencafé.*

### Hotels nördlich von Ville-Marie

**$$–$$$ Accueil Chez François B&B**, *4031, ave. Papineau, ☏ 514-239-4638, www.chezfrancois.ca, schönes, altes Haus mit fünf wohnlich eingerichteten Zimmern und einladender Terrasse nicht weit von der Innenstadt und dem Quartier Latin entfernt.*

**$$$–$$$$ Auberge le Jardin d'Antoine (2)**, *2024, rue St.-Denis, ☏ 514-843-4506, 1-800-361-4506, www.aubergelejardindantoine.com, kleines Hotel mit einfachen Zimmern im quirligen Quartier Latin, nur 5 Min. zur Metro-Station und ca. 20 Gehminuten ins Zentrum.*

**$$$–$$$$ Gouverneur Hôtel**, *1415, rue St.-Hubert, ☏ 1-888-398-4016, https://montreal.gouverneur.com, freundlich eingerichtete Zimmer, Innenpool und Fitnessraum, in der Nähe der Restaurants und Nachtlokale in der rue St. Denis.*

**$$$$ Fairfield by Marriott Montréal Downtown**, *1199, rue Berri, ☏ 514-845-9236, www.marriott.com/hotels/travel/yulfd-fairfield-inn-and-suites-montreal-downtown, älteres Mittelklassehotel im Quartier Latin, stadtnahe Lage.*

**$$$$–$$$$$ Hôtel de l'ITHQ (1)**, *3535, rue St.-Denis, ☏ 514-282-5120, 1-855-229-8189, www.ithq.qc.ca/en/hotel, das Hotel mit geräumigen, modern eingerichteten Zimmern mit Balkon gehört zur Hotelfachschule und befindet sich auf 2 Etagen des Gebäudes, gutes Restaurant im Haus, freundlicher, sehr bemühter Service, ca. 15 Min. Fußweg nach Vieux Montréal, U-Bahn-Station in der Nähe.*

### Bed&Breakfast

**$$–$$$ Gingerbread Manor Bed & Breakfast**, *3445, ave. Laval, ☏ 514-597-2804, www.gingerbreadmanor.com, das viktorianische Haus aus dem Jahr 1885 verfügt über 5 Nichtraucher-Zimmer, teilweise mit eigenem Bad, gutes Frühstück, nahe zur U-Bahn gelegen.*

**$$$$ La Loggia Bed & Breakfast**, *1637, rue Amherst, ☏ 514-524-2493, 1-866-520-2493, www.laloggia.ca, zentral gelegenes Haus mit 5 ansprechend eingerichteten Zimmern, teils mit eigenem Bad. Das mit Zutaten aus der Region frisch zubereitete Frühstück wird bei schönem Wetter auch im kleinen Garten serviert. Im Sommer (bis Okt.) 3 Nächte Mindestaufenthalt.*

### Jugendherberge

**$–$$$ L'Auberge de Jeunesse HI-Montréal (17)**, *1030, rue Mackay, ☏ 514-843-3317, 1-866-843-3317, www.hostellingmontreal.com, die Jugendherberge von Montréal verfügt auch über einige Doppel- und Familienzimmer, Küchenbenutzung ist möglich.*

### Campingplatz

**Camping Alouette**, *3449 de l'Industrie, St.-Mathieu-de-Beloeil, ☏ 450-464-1661, 1-888-464-7829, www.parkbridge.com/en-ca/rv-cottages/camping-alouette, 150 Pull-Through Stellplätze, 15/30/50 AMP Strom, Wasser, Abwasser, Feuerstellen, Picknicktische, WLAN gegen Aufpreis. April–Okt., Juni–Sept: $ 37 für Zeltplatz, $ 42 für Stellplatz mit Teil-Service, $ 53 für Full-Service-Stellplatz (30 Amp), $ 58 Full-Service-Stellplatz (50 AMP), $ 67 Full-Service-Premium; sonstige Zeit: $ 34 für Zeltplatz, $ 37 Stellplatz mit Teil-Service, $ 44 Full-Service-Stellplatz (30 AMP), $ 47 Full-Service-Stellplatz (50 AMP), $ 60 Full-Service-Premium. Mindestaufenthalt am Wochenende 2 Nächte, an Feiertagswochenenden 3 Nächte. Reservierung gegen Kreditkarte.*

## Essen und Trinken

*Mit Hunderten von Cafés, Bistros, Pubs und Restaurants ist Montréal eine der besten, möglicherweise die beste Stadt, um die Vielseitigkeit der kanadischen Küche kennenzulernen. Alle Preiskategorien, vom einfachen Fast-Food-Laden bis zum 5-Sterne-Gourmet-Restaurant sind vorhanden. Außerdem gibt es eine große Vielfalt ethnischer Küchen. In einigen Straßen reihen sich die Restaurants aneinander, wie z. B. in der Rue Crescent, Rue St. Denis, in der Altstadt oder in der Rue Prince Arthur, wo es erlaubt ist, den eigenen Wein mitzubringen, den man zuvor in einem nahe gelegenen „Dépanneur" oder in einem „Liquor store" gekauft hat.*

**Bonaparte (7)**, *443, rue St.-François-Xavier, ☏ 514-844-4368, www.restaurantbonaparte.com, das kleine Restaurant im Pariser Stil liegt versteckt in der Altstadt, gute französische*

*Küche, Hauptgerichte zwischen $ 40 und $ 50. Mo–Fr Mittag- und Abendessen, Sa/So nur Abendessen.*

**Café Lola Rosa (8)**, *545, rue Milton, ☏ 514-287-9337, https://lolarosa.ca, beliebtes, preiswertes Restaurant mit mexikanischen Spezialitäten in der Altstadt. Mi–Do 11.30–21.30, Fr/Sa 11.30–22, So 11.30–21.30 Uhr.*

**Gibby's (9)**, *298, place d'Youville, ☏ 514-282-1837, www.gibbys.com/montreal.php, berühmtes Steak- und Seafoodhaus in einem 200 Jahre alten restaurierten Stall in der Altstadt, Spezialität ist der selbst geräucherte Lachs, köstlich sind die Desserts, mit schöner Terrasse, Hauptgerichte ab $ 40. Nur für Dinner geöffnet.*

**La Maison Kim Fung (3)**, *1111, rue St.-Urbain, ☏ 514-878-2888, zur Mittagszeit wird „Dim-Sum" auf dem Servierwagen angeboten. Tgl. 7–15 und 16.30–22 Uhr.*

**L'Auberge Saint-Gabriel (4)**, *426, rue St.-Gabriel, ☏ 514-878-3561, http://aubergesaint-gabriel.com, in alten Gemäuern werden herzhafte Québecer Gerichte, internationale Speisen und ausgezeichnete Weine serviert, in der Altstadt, nahe dem Place Jacques-Cartier, gehobenes Preisniveau. Di/Mi 18–22, Do–Sa 6–2.30 Uhr.*

**Le Club Chasse et Pêche (10)**, *423, rue Saint-Claude, ☏ 514-861-1112, www.leclub chasseetpeche.com, Restaurant mit Dinner-Club-Atmosphäre mit herausragender Küche, die sich auf Wild und Seafood spezialisiert. Di–Sa 18–22.30 Uhr.*

**Modavie (6)**, *1, St.-Paul ouest, ☏ 514-287-9582, beliebtes Restaurant in der Altstadt mit guter Weinkarte und tgl. Livemusik am Abend. Mo–Do 11.30–22.30, Fr/Sa 11.30–23, So 11.30–22.30 Uhr.*

**Monsieur Restaurant+Bar (12)**, *1102, rue de Bleury, ☏ 514-861-0000, www.restobarmonsieur.com, beliebtes Hipster-Restaurant, das Salate, Seafood, Geflügel und Steaks serviert. Mo 10–15, Di–Do 10–22, Fr 10–23, Sa 17–23 Uhr.*

**Place Deschamps (2)**, *175, rue Sainte-Cathérine, ☏ 514-564-3155, www.placedeschamps.com, angenehmes Restaurant mit vielseitiger Küche und beliebter Bar im Complex Desjardins, in der Nähe des Place des Arts. Mo–Fr 11.30–14, Di–Sa 16–23.30 Uhr. Mo und So nachts, abhängig von den Shows, die im Place des Arts gezeigt werden.*

**Schwartz's Delicatessen (1)**, *3895, blvd. St.-Laurent, ☏ 514-842-4813, https://schwartzsdeli.com, seit 1928 besteht das viel besuchte jüdische Restaurant, das vor allem wegen seines guten, traditionell hergestellten Rauchfleischs bekannt ist; Sandwiches mit Rauchfleisch werden auch im Laden verkauft, preisgünstig und gut. So–Do 8–24.30, Fr 8–1.30, Sa 8–2.30 Uhr.*

**Brasserie 701 (5)**, *701, Côte de la Place d'Armes, ☏ 514-904-1201, www.brasserie701.com, zentral gelegenes Restaurant, in dem man zu jeder Tageszeit in schöner Atmosphäre Gerichte der traditionellen Québecer und der modernen französischen Küche oder einen Drink genießen kann. Frühstück Mo–Fr 6.30–10.30, Sa/So 6.30–11, Brunch Sa/So 11–15, Lunch Mo–Fr 11–15, Snacks tgl. 15–17, Dinner So–Do 17–23, Fr/Sa 17–24 Uhr.*

**Toqué (11)**, *900, pl. Jean-Paul-Riopelle, ☏ 514-499-2084, www.restaurant-toque.com, Avantgarde-Restaurant, das sich auf saisonale und regionale Produkte spezialisiert hat.*

### Kleine Köstlichkeiten für zwischendurch

*Kleinigkeiten gibt es in den vielen verschiedenen Fast-Food-Läden in der Rue Ste.-Catherine und in den großen Supermärkten (Food Courts) der Untergrundstadt, z. B. im Eaton Centre, Place Montréal Trust oder Promenades de la Cathédrale.*

**Ben & Jerry's**, *1316, blvd. de Maisonneuve ouest, ☏ 514-507-8668, großes Eiscremesortiment mit vielen ausgefallenen Geschmacksrichtungen. Weitere Filialen: McGill College, 1200 McGill College, ☏ 514-392-1226, oder Old Montreal, 433, Place Jacques Cartier, ☏ 438-402-8366.*

**Brûlerie St.-Denis**, *3967, rue St.-Denis, ☏ 514-286-9158, und 1389, rue Laurier Est, ☏ 514-508-9159, große Auswahl an frisch gemahlenen und frisch aufgebrühten Kaffeesorten. Mo–Do 8–20, Fr/Sa 8–21, So 9–20 Uhr.*
**Duc de Lorraine**, *5002, chemin de la Côte-des-Neiges, ☏ 514-731-4128, eine der besten Konditoreien mit köstlichen Kuchen, Torten und Desserts, aber auch herzhaften Sandwiches, Quiches und Croissants. Tgl. 6.30–22.30 Uhr.*
**La Binerie Mont-Royal**, *367, ave. du Mont-Royal Est, ☏ 514-285-9078, www.labineriemontroyal.com, in diesem einfachen und winzigen Restaurant wird seit mehr als 50 Jahren die Québecer Spezialität „fèves au lard" (ein hausgemachtes Bohnengericht) serviert. Di/Mi 6–14, Do/Fr 6–14 u. 17–21, Sa 7.30–15 u. 17–21, So 7.30–15 Uhr.*
**St. Viateur Bagel**, *263, rue St.-Viateur ouest, ☏ 514-276-8044, www.stviateurbagel.com, Leute aus allen Teilen der Stadt kommen hierher, um frische Bagels aus dem holzgefeuerten Backofen zu kaufen, tgl. 24 Std. geöffnet.*

## Pubs und Bars

*Das Nachtleben von Montréal mit zahllosen beliebten und originellen Pubs, Diskotheken und Bars gehört zu den lebendigsten der Welt. Die meisten Lokale, von denen viele bis 3 Uhr nachts, manche sogar noch länger geöffnet sind, finden sich an der Rue Ste.-Catherine, im Studentenviertel an der Rue St.-Denis, am Boulevard St.-Laurent, an den Straßen Crescent und Bishop sowie in Vieux-Montréal. Außerdem haben die meisten Hotels der Innenstadt ruhige Piano-Bars in der Lobby.*
**Les Deux Pierrots**, *104, rue St.-Paul Est, ☏ 514-861-1270, https://2pierrots.com, beliebtes, recht geräuschvolles Lokal in Vieux-Montréal mit Auftritten junger Québecer Künstler.*
**House of Jazz**, *2060, rue Aylmer, ☏ 514-842-8656, www.houseofjazz.ca/montreal, stadtbekannter Jazzclub mit wechselnden Bands.*
**Hurley's Irish Pub**, *1225, rue Crescent, ☏ 514-861-4111, www.hurleysirishpub.com, lebhafter irischer Pub mit verschiedenen Bieren vom Fass und keltischer Livemusik am Abend.*
**Sir Winston Churchill Pub**, *1455, rue Crescent, ☏ 514-288-3814, www.swcpc.com/SirWinston, Pub nach britischer Art, der vor allem von anglophonen Montréalern besucht wird.*

## Einkaufen

*Montréal ist eine verführerische Einkaufsstadt mit vielen unter- und überirdischen Geschäften, die zu jeder Jahreszeit für jedes Auge und jeden Geldbeutel etwas Passendes anbieten. In allen Stadtvierteln gibt es beliebte Einkaufsstraßen, die zum ausgiebigen Einkaufsbummel, zum Schauen, Vergleichen und Einkaufen einladen:*
**Chabanel**, *im nördlichen Stadtgebiet, westlich vom Boulevard St. Laurent, samstags morgens bieten hier viele Kleiderfabrikanten ihre Waren den Käufern direkt zu günstigen Preisen an.*
**Chinatown**, *Blvd. St.-Laurent/Rue de la Gauchetière, hier gibt es Chinesisches aller Art.*
**Crescent**, *zwischen Boulevard de Maisonneuve und Sherbrooke, ist bekannt für gute Juweliergeschäfte, exklusive Schuhmode und Modeboutiquen.*
**Greene**, *im vornehmen Wohnviertel Westmount warten interessante Kunstgewerbeläden, Galerien und Boutiquen in kleinen Stadthäusern.*
**Laurier** *ouest, vom Boulevard St.-Laurent zur Côte Sainte-Catherine, elegante Geschäfte und Boutiquen im französischsprachigen, sehr renommierten Viertel Outremont.*
**Notre-Dame** *ouest, zwischen rue Guy und avenue Atwater, hier finden sich zahlreiche winzige Läden mit Antiquitäten und Kuriositäten.*
**Sherbrooke**, *zwischen Rue de la Montagne und Rue Guy, in der Nähe des Kunstmuseums gibt es einige hervorragende private Kunstgalerien.*
**St. Denis**, *nördlich der Rue Sherbrooke, eine der Hauptgeschäftsstraßen mit sehr guten Geschäften und Boutiquen.*

**St. Laurent**, von der Rue Rachel zur Rue St.-Viateur, interessante Mischung von avantgardistischen Modegeschäften, Lederwarengeschäften und kleinen Läden mit Waren aus einem besonderen Herkunftsland.
**St. Paul** in Vieux Montréal, viele interessante Geschäfte mit Kunst und Kunsthandwerk, moderne Boutiquen und Souvenirshops.
**Sainte Catherine**, zwischen Rue Peel und Boulevard St.-Laurent eine der wichtigsten Einkaufsstraßen in der Innenstadt mit Hunderten von Geschäften aller Art und den großen, bekannten Warenhäusern La Baie, Simons und Ogilvy.

Ein richtiges Shopping-Paradies ist die **Untergrundstadt**. Ein ganzes Netzwerk von Tunneln verbindet Einkaufszentren, öffentliche Gebäude und Métro-Stationen in der Innenstadt miteinander. Hier kann man, unabhängig noch vom schlechtesten Wetter, völlig ungestört einkaufen gehen.

Nur wenige Minuten mit der U-Bahn von der Innenstadt entfernt liegen zwei Einkaufszentren:
**Complexe Desjardins**, Rue Ste.-Catherine ouest/Rue Jeanne-Mance, schönes Einkaufszentrum auf mehreren Ebenen, U-Bahn-Station Place des Arts.
**Square Westmount Shopping Centre**, Rue Ste.-Catherine/Rue Greene, viele elegante Geschäfte und Boutiquen, U-Bahn-Station Atwater.

Weitere beliebte Warenhäuser sind:
**Holt Renfrew**, 1300, rue Sherbrooke ouest, ☏ 514-842-5111, heute bekommt man Mode der „Haute Couture" in dem Geschäft, das schon 1837 die britische Königsfamilie mit Pelzen belieferte.
**La Baie**, 585, rue Ste.-Catherine ouest, ☏ 514-281-4422, diese Warenhauskette besteht seit 1843. Ein Tipp ist der Supermarkt im Tiefgeschoss.
**Ogilvy**, 1307, rue Ste.-Catherine ouest, ☏ 514-842-7711, elegantes Kaufhaus mit vielen bekannten Designer-Boutiquen.

Zuletzt noch einige empfehlenswerte und interessante Geschäfte:
**Birks**, 620, rue Ste.-Catherine, gegenüber vom Kaufhaus La Baie, ☏ 514-397-2511, elegantes Geschäft mit viktorianischer Inneneinrichtung, das z. B. edlen Schmuck, Chinaporzellan, kostbares Glas und ausgefallene Geschenke verkauft.
**Canadian Guild of Crafts**, 1356, rue Sherbrooke ouest, ☏ 514-849-6091, große Auswahl an gutem kanadischem Kunsthandwerk.
**Galerie de Bellefeuille**, 1367, ave. Greene, ☏ 514-933-4406, sehr bekannte Kunstgalerie mit Arbeiten kanadischer und international angesehener Künstler.
**Images Boreales**, 4, rue Saint-Paul Est, ☏ 514-439-1987, und Galerie le Chariot, 446, pl. Jacques-Cartier, ☏ 514-875-4994, die beiden großen Galerien in Vieux Montréal präsentieren Werke der Inuit-Kunst.
**La Boutique du Musée**, 185, rue Ste.-Catherine ouest, ☏ 514-847-6904, ausgezeichnetes Angebot an Kunstbänden, Drucken, Karten und Geschenkartikeln im Kunstmuseum Musée D'Art Contemporain.
**Paragraphe**, 2220, ave. McGill College, ☏ 514-845-5811, schöne Buchhandlung mit Café.

Unübersehbar sind auch die vielen **Straßenverkäufe**, die v. a. am Phillips Square, gegenüber dem La Baie-Kaufhaus, an der Rue Ste. Catherine und der Rue Union und natürlich auch in der Gegend am Alten Hafen alles nur irgend Vorstellbare anbieten.

### Veranstaltungen

Eine Stadt wie Montréal bietet vielseitige, gute und abwechslungsreiche Unterhaltung für jeden Geschmack. Vom Montréal Infotouriste Centre und anderen Fremdenverkehrs-

*büros werden monatlich aktualisierte Broschüren mit den aktuellen Veranstaltungshinweisen herausgegeben. Vielleicht ergibt sich die Gelegenheit,*

- *ein Konzert des* **Montréal Symphony Orchestra** *zu besuchen,*
- *während des* **Jazz-Festivals**, *das von Ende Juni bis zur zweiten Juliwoche stattfindet, den Künstlern in der Rue Ste.-Catherine zuzuhören,*
- *während der internationalen* **Tennisturniere** *im August den großen Stars dieses Sports zuzuschauen,*
- *im Juni das Formel-1-Rennen* **„Grand Prix Montréal"** *mitzuerleben,*
- *im Juni und Juli beim „International Fireworks Competition" eindrucksvolle Feuerwerke zu erleben oder*
- *sich von einem der Spiele der Hockeymannschaft* **Montréal Canadiens** *mitreißen zu lassen.*

### Rundfahrten/Touren/Besichtigungen

**Gray Line**, *1255, rue Peel, ☏ 514-389-9769, www.grayline.com, 2- bis 3-stündige und ganztägige Stadtrundfahrten, 2-stündige Spaziergänge durch die Untergrundstadt, Treffpunkt am Dorchester Square und bei den großen Stadthotels.*
**Calèche Tours**, *☏ 514-589-8625, sehr beliebte Kutschfahrten durch Alt-Montréal, Abfahrtsstellen am Place d'Armes, Dorchester Square und Place Jacques-Cartier.*

### Bootsfahrten

**Montréal Harbour Cruises**, *Grand Quay Pier, ☏ 1-866-856-6668, www.croisieres aml.com, 1- bis 4-stündige Bootsfahrten durch den Hafen, vom Mai–Okt.*
**Bateau-Mouche-Cruises**, *Jacques-Cartier-Pier, ☏ 514-849-9952, www.bateaumouche.ca, 1- bis 1,5-stündige Fahrten, tgl. Abfahrten von Mitte Mai–Ende Okt., Mittags- und Abendfahrten.*
**Saute-Moutons**, *Clock-Tower-Pier, ☏ 514-284-9607, www.jetboatingmontreal.com, Fahrt in einem „Jetboat" über die Stromschnellen bei Lachine.*

### Verkehrsmittel

#### Flüge

*Der* **Montréal – Pierre Elliott Trudeau International Airport**, *☏ 514-633-3333, 1-800-465-1213, www.admtl.com, liegt ca. 22 km westlich des Stadtzentrums; hier starten und landen alle Maschinen der größeren internationalen Fluggesellschaften.*

*Für die Fahrt vom Flughafen ins Zentrum und in Gegenrichtung gibt es* **Taxis und Kleinbusse** *(limousine service), Fahrzeit ca. 20–30 Min., ca. $ 40 pro Strecke.*
*Zudem gibt es den* **Flughafen-Shuttlebus Aérobus 747**, *☏ 514-786-4636, die Busse fahren 24 Std. tgl. vom Flughafen über 11 Haltestellen in der Nähe der großen Hotels zum zentralen Busbahnhof* **Berry-UQAM**, *Fahrzeit ca. 45–70 Min., Fahrpreis ab $ 10 pro Fahrt. Tickets sind an 4 Verkaufsmaschinen in der internationalen Ankunftshalle erhältlich. Akzeptiert werden Bargeld im Bus, Debit Card, VISA oder MasterCard. Die Abfahrtsstelle der Busse in Richtung Flughafen liegt in der 777, rue de la Gauchetière ouest, in der Nähe des Hauptbahnhofs. Schneller ist die Verbindung zum* **Terminus Lionel-Groulx**. *Ein Stop, Fahrtzeit ca. 25–35 Min. Dort kann man umsteigen an der Lionel-Groulx-Métro-Station, einer Métro-Station mit Aufzug. So erreicht man sein Hotel schneller, da der Straßenverkehr sich oft staut.*

**Air Canada**: *☏ 1-888-247-2262, www.aircanada.com;* **Lufthansa**: *☏ 1-800-563-5954, www.lufthansa.com;* **Air Transat**: *☏ 1-877-872-6728, www.airtransat.ca.*

#### Öffentliche Verkehrsmittel

*Das öffentliche Verkehrssystem ist sehr gut ausgebaut; die meisten Sehenswürdigkeiten der Stadt sind mit U-Bahn und/oder Bus zu erreichen. Das U-Bahnnetz erstreckt sich über 64 km*

*mit 4 farbig gekennzeichneten Hauptlinien und 65 Stationen. Die Bahnen fahren in der Zeit von 5.30–1 Uhr im Abstand von 3–7 Min.*
**Métro und Bus – Société de transport de Montréal** (Stm), ☏ *514-786-4636, www.stm.info.*

**Fahrscheine** *kann man am Métro-Automaten oder beim Busfahrer kaufen; zum Umsteigen braucht man ein „Transfer Ticket", das für Bus und Metro 2 Std. gültig ist. Für alle Fahrstrecken gilt ein einheitlicher Tarif: Erwachsene $ 3,50, Senioren und Kinder von 5–13 J. $ 2,50, Tageskarten für $ 10, 3-Tage-Pass $ 19,50 und Mehrfahrtenkarten mit 10 Tickets zu $ 29. Informationen über Stationen, Verbindungen und Fahrzeiten gibt es an den wichtigen Metro-Stationen und Mo–Fr von 8–18 Uhr:*
*für die Metro:* ☏ *514-786-4636 + 8 + 4,*
*für den Bus:* ☏ *514-288-6287.*

### Bahnverbindungen

*Montréals Hauptbahnhof* **Central Station**, ☏ *514 871-0925, liegt an der 895, rue de la Gauchetière ouest, neben dem Fairmont The Queen Elizabeth Hotel. Der Bahnhof ist unterirdisch mit der Bonaventure-Métro-Station verbunden.*
*Vom Hauptbahnhof aus fahren Züge der kanadischen Gesellschaft* **VIARail** *zu allen größeren kanadischen Städten; Züge der amerikanischen Eisenbahngesellschaft* **Amtrak** *verbinden Montréal mit den amerikanischen Städten an der Ostküste.*
*Die ungefähren* Fahrzeiten *sind von Montréal nach Toronto 4,5 Std.; nach Québec 2 Std. 45 Min.; nach Ottawa 2 Std.; nach New York City 9,5 Std.*
**VIARail**, ☏ *1-888-842-7245, www.viarail.com*
**Amtrak**, ☏ *1-800-872-7245, www.amtrak.com*

### Überlandbusse

*Die Busgesellschaft* **Orleans Express Motorcoaches**, ☏ *1-833-449-6444, 450-640-1477, www.orleansexpress.com, verbindet Montréal mit allen größeren Orten in den Provinzen Ontario und Québec. Außerdem gibt es innerkanadische Busverbindungen der amerikanischen Busgesellschaft* Greyhound, ☏ *1-800-661-8747, www.greyhound.ca, die auch zwischen Montréal und New York City verkehrt.*

*Die ungefähren Fahrzeiten sind von Montréal nach Toronto 6 Std.; nach Québec 3 Std.; nach Ottawa 2,5 Std.; nach New York City 8,5 Std.*
**Abfahrtstelle** *für die Busse beider Gesellschaften ist die Montréal Bus Central Station, 505, blvd. de Maisonneuve Est, Métro Berri-UQAM.*

### Mietwagen

**Avis**: *1225, rue Metcalfe,* ☏ *514-866-2847*
**Budget**: *895, rue de la Gauchetière ouest,* ☏ *514-866-7675*
**Hertz**: *1475, rue Aylmer,* ☏ *514-842-8537*
**Thrifty**: *975, blvd. Roméo-Vachon N.,* ☏ *1-877-283-0898*

### Fahrradverleih

**Bixi** – *bei dem* **öffentlichen Radleihsystem Bixi**, *das über 5.000 Räder verfügt, können Räder von April–Nov. tageweise ausgeliehen werden. Ein Bike für eine halbe Stunde in eine Richtung kostet $ 2,95. Ein Bike für 1 Tag mit unbegrenzten 30 Min. Fahrten in 24 Std. kostet $ 5,25, 10 One-Way-Bike-Mieten für je 30 Min. kosten $ 25.*
Bixi, ☏ *514-789-2494, 1-877-820-2453, www.montreal.bixi.com*

*Schon in den 1970er-Jahren wurde mit dem Ausbau eines* **Radwegenetzes** *begonnen, das inzwischen 240 km lang ist. Es gibt in den Informationszentren Kartenmaterial über die*

*beliebtesten Strecken, wie z. B. am Canale de Lachine entlang (ca. 11 km), von der Schleuse Saint-Lambert nach Sainte-Catherine oder durch den Parc Angrignon. Die Fahrräder können im hinteren Wagen der Métro mitgenommen werden; März–Mitte Dez. geöffnet, Mai–Aug. 9–20 Uhr. Die Öffnungszeiten ändern sich monatlich. Aktuelle Informationen unter: https://caroulemontreal.com/en/contact-us.*

**Montreal on Wheels**, *22, de la Commune St. E., ☏ 514-866-0633, 1-877-866-0633, www.caroulemontreal.com, Vermietung von Fahrrädern, Scootern und Rollerblades.*

**Konsulate**

**Deutsches Generalkonsulat**, *1250, blvd. René Lévesque ouest, Montréal, QC, H3B 4W8, ☏ 514-931-2277, www.montreal.diplo.de*

**Österreichisches Generalkonsulat**, *630, blvd. René-Lévesque, Suite 2800, Montréal, QC, H3A 1S6, ☏ 514-849-3708, www.bmeia.gv.at*

**Schweizerisches Generalkonsulat**, *1572, ave. Dr. Penfield, Montréal, QC, H3G 1C4, ☏ 514-932-7181, www.eda.admin.ch/canada*

# Sehenswertes in der Umgebung von Montréal

## Redaktionstipps

- Machen Sie einen Ausflug zu den **Stromschnellen** (S. 196) und zur **Lachine National Historic Site** (S. 197).
- Besuchen Sie die 50 m tiefe Schlucht am **Coaticook River** und wagen Sie sich über die mit 169 m längste Fußgänger-Hängebrücke der Welt (S. 199).
- Lassen Sie sich Mitte Juli in **Sherbrooke** vom Feuerwerk-Wettbewerb verzaubern (S. 198).
- Genießen Sie im August/September beim Herbstfest in **Magog** (S. 199) die vorzüglichen Weine und die ausgezeichnete Küche Québecs.
- Besuchen Sie im Juni/Juli die Lavendelfarm **Bleu Lavande Estate** (S. 199) in Stanstead. Dann blühen dort die Lavendelfelder.

Ein Aufenthalt in der Stadt Montréal lässt sich gut mit einem Ausflug ins Hinterland verbinden. Nur eine knappe Autostunde von Montréal entfernt kann man in den Laurentinischen Bergen bereits eintauchen in die kanadische Wildnis, unberührte Natur erleben oder in den Eastern Townships Naturschutzgebiete und alte Ortschaften besuchen. Diese Ausflüge sind zu allen Jahreszeiten reizvoll:

- In den Sommermonaten kann man wandern, schwimmen, Kanu fahren oder fischen.
- Im Herbst zieht die Waldfärbung des „Indian Summer“ Besucher an.
- Im Winter findet man ein Wintersportgebiet mit idealen Skibedingungen vor.

## Lachine

**Hinweis**

Die Bootstouren beginnen in Montréal (s. o).

**Bootsfahrten**

**Saute-Moutons**, *☏ 514-284-9607, www.jetboatingmontreal.com, Métro-Station Champs-de-Mars, einstündige aufregende Bootsfahrt durch die Stromschnellen des St.-Lorenz-Stroms, Abfahrten am Südende der Rue Berri am Clock Tower Basin, von Mai–Ende Sept. tgl. 10, 12, 14, 15, 16 und 18 Uhr, Fahrpreise Erwachsene $ 62, Jugendliche 6–17 J. $ 52, Kinder können nicht mitfahren, Voranmeldung erwünscht.*

**Le Bateau-Mouche**, *☏ 514-849-9952, 1-800-361-9952, www.bateau-mouche.com, ein- oder mehrstündige Fahrten im Glasdachboot mit englisch- und französischsprachigen*

*Informationen, Abfahrten am Jacques-Cartier-Pier im Alten Hafen Mitte Juni–Anfang Sept. tgl. 11, 14.30, 16 Uhr, in der Nebensaison nur 1–2 Fahrten tgl., Fahrpreise Erwachsene ab $ 26, Senioren und Studenten ab $ 24, Kinder von 6–14 J. ab $ 13.*

## Hinweis

Obwohl Regenmäntel, wasserdichte Hüte und Schuhe bereitgestellt werden, muss man damit rechnen, ganz durchnässt zu werden und sich anschließend umziehen zu müssen.

Über die Bedeutung der Stadt als wichtiges Pelzhandelszentrum im 18. und 19. Jh. informiert **The Fur Trade At Lachine National Historic Site**. In diesem alten Gebäude, das 1803 gebaut und als Pelzlager benutzt wurde, wird die Geschichte des Pelzhandels und das Leben der Pelzjäger und Pelzhändler dokumentiert.
**The Fur Trade At Lachine National Historic Site**, *1255, blvd. St.-Joseph, ☏ 514-637-7433, www.pc.gc.ca/eng/lhn-nhs/qc/lachine/index.aspx, Mitte Juni–Anfang Sept. tgl. 10–17 Uhr, Eintritt Erwachsene $ 3,90, Senioren $ 3,40, Kinder und Jugendliche frei.*

*Am Alten Hafen starten die Bootstouren zu den Stromschnellen von Lachine*

Der **Canal de Lachine** führt vom Alten Hafen in Montréal über 13,4 km nach Lachine. Die Idee, die Stromschnellen des St.-Lorenz-Stroms zu umgehen, die die Durchfahrt und den Transport behinderten, entwickelte der Vorsteher des Sulpizianer-Seminars, Dollier de Caisson, schon im Jahr 1680. 1689 wurde mit dem Bau des Kanals begonnen, doch der Tod De Caissons beendete die Bauarbeiten. Erst 1825 wurde der Kanal mit sieben Schleusen zur Überwindung eines Höhenunterschieds von 14,3 m fertiggestellt. Er war bis zum Jahr **1969** in Betrieb und verlor erst durch den Bau des St.-Lorenz-Seewegs an Bedeutung. Heute ist der Kanal ein beliebtes Ausflugsziel mit Spazierwegen, einem 11 km langen Fahrradweg und Picknickplätzen. Die Bootsfahrt durch die Stromschnellen von Lachine ist ein aufregendes Erlebnis.

Das **Lachine Museum** verteilt sich über mehrere historische Gebäude und zeigt Möbel, Kleidungsstücke, Zeichnungen und Wechselausstellungen zeitgenössischer Künstler. Dazu gehört auch die alte Handelsstation aus den Jahren 1670–85, eines der ältesten Häuser der Region.
**Lachine Museum**, *1, chemin du Musée, ☏ 514-634-3478, Mai–Ende Nov. Mi–So 12–17, Juli–Sept. Di–So 12–17 Uhr, Eintritt frei.*

## Reisepraktische Informationen Lachine

### Information

**Sherbrooke Tourism Office**, *785, rue King Ouest, Sherbrooke, ☏ 819-821-1919, 1-800-561-8331, www.destinationsherbrooke.com/en/visitors, Mitte Juni–Anfang Sept. tgl. 9–19, Anfang Sept.–Mitte Juni Mo–Sa 9–17, So 9–15 Uhr.*

### Unterkunft

**$$$ Hôtellerie Jardins de Ville**, *4235, blvd. Bourque, Sherbrooke, ☏ 819-566-6464, 1-800-265-7119, www.jardinsdeville.com, ruhiges, angenehmes Hotel mit ansprechend eingerichteten Nichtraucher-Zimmern.*

**$$$ Studiotel Bromont**, *229, blvd. de Bromont, Bromont, ☏ 450-534-9999, 1-877-534-9990, www.studiotelbromont.com, ruhig gelegenes Motel mit 12 freundlich eingerichteten Nichtraucher-Zimmern, teilweise mit Küchenzeile.*

## Laurentides

*Ganzjährig lohnendes Ausflugsziel*

Nördlich von Montréal, nur eine Autostunde entfernt, liegt das Gebiet der **Laurentides**, der **Laurentinischen Berge** (s. auch S. 260, Feriengebiete zwischen Montréal und Ottawa). Es ist Naherholungsgebiet der Montréaler Bevölkerung und eines der beliebtesten Reisegebiete Kanadas, eine Berglandschaft mit Wäldern, Seen und Wasserfällen, mit 30 Golfplätzen, mehr als 20 Wintersportzentren und Reitschulen. In die Landschaft eingebettet liegen Ortschaften wie Knowlton, St.-Sauveur und Ste.-Agathe-des-Monts, in denen man vorzüglich übernachtet und speist, und einige exklusive Resort-Hotels.

## Eastern Townships

Südöstlich von Montréal erstreckt sich die Region der Eastern Townships, auch unter dem Namen **Estrie** bekannt, die mehr als andere Gegenden Kanadas das englische und französische Erbe harmonisch in sich vereint. Auch diese hügelige Farmlandschaft, die schon im 18. Jh. besiedelt wurde, ist ein Naherholungsgebiet, gut geeignet zum Wandern, Reiten, Schwimmen, Kanu- und Skifahren. Sommerkonzerte und Handwerkermärkte laden ebenso wie gemütliche Hotels und Landgasthäuser zum Aufenthalt ein. Die beste Reisezeit für die Eastern Townships ist der Herbst, wenn sich die Mischwälder im Indian Summer in ihrer schönsten Farbenpracht zeigen.

Die Townships liegen an den nördlichen Ausläufern des Appalachengebirges und waren zuerst von den Abenaki-Indianern bewohnt. Nach den „Loyalisten“, die nach der amerikanischen Unabhängigkeitserklärung aus den USA in dieses Gebiet kamen, und den Iren, die sich im frühen 19. Jh. ansiedelten, ließen sich in der zweiten Hälfte des 19. Jh. französische Waldarbeiter hier nieder. Heute sind die Eastern Townships überwiegend frankophones Gebiet.

Zentrum der Estrie ist die Stadt **Sherbrooke** mit etwa 150.000 Einwohnern, die bereits 1796 am Zusammenfluss des Magog mit dem St. Francis River gegründet wurde. Jedes Jahr im Juli findet hier das „Molson Great Canadian Fireworks Festival“ statt; dabei zeigen die besten Feuerwerker der Welt an sechs Abenden pyrotechnische Glanzlichter mit Begleitmusik.

Im **Parc de la Gorge de Coaticook**, 135, rue Michaud/400, rue St-Marc, kann man die Schlucht des Coaticook River auf der mit 169 m längsten Fußgänger-Hängebrücke in Nordamerika überqueren; außerdem gibt es im Park Wanderwege, Wasserfälle, Höhlen, zwei Aussichtstürme und ein nachgebautes Dorf der Abenaki-Indianer.

In **Magog** wird im August/Anfang September das **Magog-Orford Wine Harvest Festival** gefeiert: Ganz in der Nähe des Lac Memphrémagog werden große Zelte aufgebaut, in denen die traditionellen Gerichte, frisch gebackenes Brot, würzige Käsesorten und die Weine der Region probiert und genossen werden können.

Von Juni bis August lohnt ein Besuch der **Lavendelfarm Bleu Lavande Estate**, *(891, Narrow Rd. (Route 247), Stanstead Canton (Fitch bay), ☏ 1-888-876-5851, https://bleulavande.com)*. Dann blühen die Lavendelfelder.
**Lavendelfarm Bleu Lavande Estate**, *Führungen: Ende Juni–Aug. tgl., im Sept./Okt. an Wochenenden 10.15, 11.15, 12.45, 13.45, 14.45, 15.45 Uhr; Erwachsene $ 10, Senioren (65+) $ 7, Jugendliche 12–17 J. $ 5, Familienkarte $ 20. Weitere Details s. Website.*

Wer **Weine und Apfelmost aus den Eastern Townships** kosten und mehr darüber erfahren möchte, ist richtig auf den Weingütern **Vignoble de l'Orpailleur** *(1086, rue Bruce, Dunham, ☏ 450-295-2763, orpailleur.ca, Okt.–Mai tgl. 10–16.30, Juni–Okt. 10–17 Uhr)* oder im **Vignoble Gagliano** *(1046, rue Bruce, Dunham, ☏ 450-295-3503, vignoblegagliano.com, Nov.–März Do, Fr, Sa, So 11–16, April–Mai 10–16, Juni–Okt. 10–18 Uhr)*. Apfelmost probieren kann man bei **Union Libre** *(1047, rue Bruce, Dunham, ☏ 450-295-2223, www.unionlibre.com, Mitte Juni–Ende Okt. 11–17, Nov.–Mitte Juni Sa/So 11–16.30 Uhr)*.

Sehenswert ist die **Abbaye de Saint-Benoît-du-Lac** *(1, rue Principale, Saint-Benoît-du-Lac, ☏ 819-843-4080, www.abbaye.ca, Mai–Okt 9–18, sonst 9–17 Uhr)*. Die Klostergebäude liegen auf einer Halbinsel am Lac Memphrémagog, umgeben von Obstgärten *(Führungen: Ende Juni–Aug. tgl. 10, 13, 15 Uhr, Dauer 60 Min. Erwachsener $ 12, Kinder 7–14 J. $ 8, Familienkarte $ 30)*.

Der Reiz dieser Region erschließt sich am besten bei einer Fahrt über die Nebenstraßen, die durch eine ländlich idyllische Landschaft führen. In den Dörfern findet man zu jeder Jahreszeit schöne Unterkünfte in Schlosshotels, Landgasthäusern oder in Bed-&-Breakfast-Häusern.

## Reisepraktische Informationen Umgebung von Montréal

### Unterkunft

**$$–$$$ Auberge du Château**, *95, rue de Montmorency,* **Bromont**, *☏ 450-543-3433, 1-888-276-6668, www.chateaubromont.com, in eine sanfte Hügellandschaft eingebettet, liegt das Hotel mit seinen 40 Zimmern, einer bekannt guten Küche, einem 18-Loch-Golfplatz, Tennisplatz und Swimmingpool. Wanderwege und Loipen im Winter sind ganz in der Nähe.*
**$$$ Hôtel Cheribourg**, *2603, chemin du Parc,* **Magog-Orford**, *☏ 819-843-3308, 1-877-845-5344, www.hotelsvillegia.com/en/hotel-cheribourg, weitläufige Anlage in schöner Umgebung mit gemütlich eingerichteten Zimmern, ausgezeichneter Küche, Innen- und Außenswimmingpools, Tennisplätzen, Wander- und Skimöglichkeiten.*
**$$$$ Estrimont Suites & Spa**, *44, ave. de l'Auberge,* **Magog-Orford**, *☏ 819-843-1616, 1-800-567-7320, www.estrimont.ca, das schön gelegene Hotel bietet in gut ausgestatteten Suiten mit Balkon und Kamin allen Komfort, Feinschmecker-Restaurant, Sportmöglichkeiten.*

**$$$$ Le Château Bromont Hôtel-Spa**, *90, rue de Stanstead,* **Bromont**, *☏ 450-534-3433, 1-888-276-6668, www.chateaubromont.com, das herrlich gelegene Schlosshotel verfügt über elegante Räume; zum Sportangebot gehören Tennis- und Squashplätze, Innen- und Außenswimmingpools sowie Massage- und Kuranwendungen; ein Wasserpark und ein Reitzentrum sind leicht erreichbar.*
**$$$$–$$$$$ Ripplecove Hotel & Spa**, *700, Ripplecove,* **Ayer's Cliff**, *☏ 819-838-4296, 1-800-668-4296, www.ripplecove.com, mehrfach ausgezeichnetes Landgasthaus mit 24 Zimmern, umgeben von einem schön angelegten englischen Garten und großen, alten Bäumen.*
**$$$$$ Manoir Hovey**, *575, rue Hovey,* **North Hatley**, *☏ 819-842-2421, 1-800-661-2421, www.manoirhovey.com, das Hotel wurde in einem alten Herrenhaus sehr schön mit Antiquitäten eingerichtet; einige Zimmer verfügen über einen Kamin. Das Haus ist für seine ausgezeichnete französische Küche bekannt. Es bietet einen schönen Blick auf den See Massawippi und verfügt über Tennisplätze, einen beheizten Swimmingpool und einen Strand.*

### Hinweis

Weitere Hinweise zu diesen Feriengebieten finden sich ab S. 257: Nationalparks, Provinzparks und Resort-Hotels in Québec.

## Von Montréal am Südufer des St.-Lorenz-Stroms entlang nach Québec City

### Wegstrecke

Von Montréal aus kann man auf beiden Seiten des St.-Lorenz-Stroms nach Québec fahren. Entfernung ca. 230–260 km. Die Beschreibung der Nordroute erfolgt ab S. 263.

Am **Südufer** führen von Montréal aus der Hwy. 20 und der Hwy. 132 nach Québec: Der **Hwy. 20** ist die schnellste Verbindung zwischen Montréal und Québec und führt über St. Hyacinthe und Drummondville. Ebenfalls am Hwy. 20 liegt der kleine Ort **Saint-Louis-de-Blanford**, wo 1,5-stündige Planwagenfahrten durch die landesweit größten Cranberry-Plantagen angeboten werden, aber man kann die Plantagen auch zu Fuß erkunden.
**Centre d'interprétation de la canneberge**, *www.canneberge.qc.ca, Ende Sept.–Mitte Okt. Mo–So 9–15 Uhr Rundfahrten in Französisch, Sa/So um 13 Uhr werden englischsprachige Besuche angeboten, Interpretationsraum u. Laden 9–17 Uhr, Erwachsene $ 15, Senioren $ 13, Kinder $ 6, Familienkarte $ 35.*

Das 1815 gegründete **Drummondville** ist heute eine Industriestadt mit ca. 71.000 Einwohnern. Im Museumsdorf **Village Québécois d'Antan** (Pioneer Village) sieht man, wie die Menschen im 19. Jh. lebten und arbeiteten. In den 70 restaurierten Häusern wird die Vergangenheit durch die Vorführungen und Erzählungen der kostümierten „Dorfbewohner" wieder lebendig.

**Village Québécois d'Antan** (Pioneer Village), *1425, rue Montplaisir, ☏ 819-478-1441, 1-877-710-0267, https://villagequebecois.com, Juni tgl. 10–16, Mitte Juni–21. Aug. 10–17, Ende Aug. 10–16 Uhr, Eintritt Erwachsene $ 29,62, Jugendliche 13–17 J. $ 22,16, Kinder von 3–12 J. $ 17,41, Familienkarte $ 77,79.*

Der **Parc des Voltigeurs** zieht sich mit schönen Wanderwegen am St. Francois River entlang; im Informationszentrum **Domaine Trent** wurde ein Küchenmuseum eingerichtet, wo gelegentlich Wein- und Käseproben angeboten werden. Es gibt viele Campingplätze im Park.
**Parc des Voltigeurs**, *575, rue Montplaisir, ☏ 819-477-1360, geöffnet bis zum Einbruch der Dämmerung. Informationszentrum* **Domaine Trent**, *☏ 819-850-1327, Juli–Anfang Sept. So 10–17 Uhr, Eintritt frei.*

## Reisepraktische Informationen Drummondville

### Information
**Drummondville Tourism Bureau**, *1350, rue Michaud, ☏ 819-477-5529, 1-877-235-9569, www.tourisme-drummond.com, Mo–Fr 8.30–16.30, im Sommer Juni tgl. 8.30–16.30, Juli/Aug. 8.30–18, Ende Aug. 8.30–16.30 Uhr.*

### Unterkunft
**$$–$$$ Comfort Inn**, *1055, rue Hains, ☏ 819-477-4000, www.drummondvillecomfortinn.com, angenehmes Motel mit frisch gerichteten Zimmern; Einkaufszentren, Restaurants und das Museumsdorf sind in der Nähe.*
**$$–$$$ Hotel & Suites Le Dauphin**, *600, blvd. St.-Joseph, ☏ 819-478-4141, 1-800-567-0995, www.le-dauphin.com, ansprechendes Hotel mit freundlichen Zimmern, schönem Swimmingpool, neuem Fitnessraum und Innenpool.*
**$$$–$$$$ Best Western Hotel Universel**, *915, rue Hains, ☏ 819-478-4971, www.universel.com, gut geführtes Hotel mit 108 geräumigen Zimmern und 7 Suiten, Swimmingpool und Restaurant.*

Der **Hwy. 132** führt durch viele kleine, reizvolle Ortschaften am Südufer des St.-Lorenz-Stroms entlang, wie z. B.:

*Hübsche Orte am St.-Lorenz-Strom*

- **Sorel**, ein Werfthafen und Anlegestelle der Ausflugsschiffe, die zu den Inseln des St.-Lorenz-Stroms fahren. Es gibt zwei National Historic Sites im Ort: den Standort des früheren Fort Richelieu und das Château des Gouverneurs, das bis 1860 den Generalgouverneuren und Militärkommandanten als Sommerresidenz diente.
- **Odanak**, interessant ist das Museum, in dem über die Lebensweise der Indianer informiert wird *(Okt.–April Mo–Fr 10–17, Sa/So 11–17, Mai–Sept. tgl. 10–17 Uhr).*
- **Nicolet** mit mehreren kleinen Kirchen, einer Kathedrale und einem „Musée des Réligions", das von Mai bis Oktober geöffnet ist.
- **Bécancour**, ebenfalls eine Siedlung der Abenaki, in der ca. 10.500 Indianer leben.
- **Gentilly** mit dem einzigen Kernkraftwerk der Provinz Québec.
- **St.-Pierre-Les Becquets**, das hoch über dem St.-Lorenz-Strom liegt und schöne Ausblicke bietet.
- **Ste.-Croix** mit einem alten Herrenhaus aus dem Jahr 1840; hier finden von Juni–Sept. an jedem Sonntagmorgen klassische Konzerte statt.

# Québec City

## Überblick

### Redaktionstipps

- Fahren Sie zuerst hinauf zum **Observatoire de la Capitale** im Marie-Guyart-Gebäude (S. 209), wo Sie von der Höhe den besten Ausblick auf Québec und die Umgebung haben.
- Genießen Sie den Ausblick von der **Terrasse Dufferin** (S. 206) auf den St.-Lorenz-Strom und werfen Sie einen Blick in das prächtige Hotel **Château Frontenac** (S. 206).
- Rundfahrt mit einer „**calèche**" durch die **Straßen von Vieux-Québec** (S. 221) oder **Stadtrundgang** zu den wichtigsten Sehenswürdigkeiten (S. 221)
- Spaziergang vom **Château Frontenac** über die **Promenade des Gouverneurs** (S. 207) zur **Citadelle** (S. 207)
- Fahren Sie mit dem **Funiculaire** hinunter in die malerische Unterstadt mit dem **Place Royale** (S. 211) und der **Notre-Dame-des-Victoires** (S. 212).
- Genießen Sie auf der **Fähre** nach **Lévis** (S. 213) den herrlichen Blick auf die Stadt und auf den St.-Lorenz-Strom oder machen Sie eine 1,5-stündige **Bootsrundfahrt** ab Québec City (S. 221).
- Besuchen Sie den **Marché du Vieux-Port de Québec** (S. 213) oder machen Sie eine geführte **Food-Tour** (S. 211) durch die Stadt und lernen Sie die regionalen Spezialitäten Québecs kennen.

Ein Hauch von Romantik durchweht Québec, Erinnerungen an das alte Europa werden hier wach. Als einzige befestigte Stadt Nordamerikas nördlich von Mexiko steht Québec unter Denkmalschutz und in der Liste des Weltkulturerbes der UNESCO.

Vieles in Québec erinnert an Frankreich. 1608 wurde die Stadt von dem französischen Entdecker **Samuel de Champlain** am Steilufer des St.-Lorenz-Stroms als Palisadendorf gegründet und diente ihm als Ausgangspunkt für seine Forschungsreisen ins Landesinnere. Seine historische Vergangenheit bewahrt Québec bis heute; als eine der ältesten Städte Kanadas nennt man sie häufig die „Wiege der französischen Zivilisation in Nordamerika". Doch auch in der Gegenwart fungiert Québec als das Zentrum französischer Kultur in Nordamerika; 94 % der ca. 812.000 Einwohner im Großraum sprechen Französisch; französische Lebensart und Lebensfreude sind überall lebendig.

Québec ist die Hauptstadt der gleichnamigen Provinz. Um zwischen der Provinz und der Stadt zu unterscheiden, benutzen die englischsprachigen Kanadier die Bezeichnung Quebec City, wenn sie die Stadt meinen; die französischsprachigen Kanadier aber nennen ihre Stadt einfach Québec, so wird es auch in diesem Kapitel gehandhabt.

Zu den Höhepunkten des Jahres zählt in Québec seit 1888 der **Karneval**, der Ende Januar mit der Ankunft des „Bonhomme Carnaval", eines riesigen Schneemanns, beginnt und 14 Tage dauert. Mehr als 1 Mio. Menschen nehmen jedes Jahr an den Karnevalsveranstaltungen teil und schauen begeistert beim Hundeschlittenrennen, beim Eiskunstlauf oder beim Eisschnelllaufen zu. Viel Beachtung findet der Wettbewerb, bei dem es um die Gestaltung des schönsten oder originellsten Schneemanns geht – aber auch Konzerte, Theateraufführungen, Shows, Paraden und ein Feuerwerk gehören zum Programm. Beliebt ist auch das Kanurennen, bei dem die Teams ihre Kanus über den gefrorenen St.-Lorenz-Strom transportieren müssen. Ein Bad im eisigen Wasser ist dabei zum Vergnügen der Zuschauer nicht ausgeschlossen. Wer es lieber kulinarisch mag, der sollte am Flapjack Breakfast teilnehmen, bei dem Pancakes mit Würstchen serviert werden.

*Imposant: das Château Frontenac in Québec City*

## Geschichtlicher Überblick

Im Jahr **1535** landete der französische Seefahrer und Entdecker **Jacques Cartier** im Gebiet des heutigen Québec, in der Nähe des Huronendorfs Stadacona. **1608** erreichte **Samuel de Champlain** den St.-Lorenz-Strom und gründete am Zusammenfluss von St.-Lorenz-Strom und St. Charles River eine kleine befestigte Siedlung, die er nach dem indianischen Wort „Kebek", d. h. „Vereinigung der Wasser", Québec nannte. 1615 kamen Franziskaner nach Neufrankreich, um die Indianer zu christianisieren. Durch den Handel mit Pelzen, die Ausstattung der Forscher, die zu Expeditionen ins Landesinnere aufbrachen, und die ertragreiche Landwirtschaft gewann der Ort an Bedeutung und wurde zum Zentrum Neufrankreichs.

Den Scharmützeln mit den Indianern folgten bald erste Kämpfe mit den **Engländern**; deren Angriffe in den Jahren 1690 und 1711 konnten jedoch aufgrund der günstigen strategischen Lage und der starken Befestigungsanlagen abgewehrt werden.

Im Sommer 1759 griffen die Engländer die Stadt erneut an; auf den „Plaines d'Abraham" kam es zum Kampf zwischen den von General Wolfe geführten britischen Truppen und den französischen Soldaten unter General Montcalm. In dieser Entscheidungsschlacht, in der beide Generäle den Tod fanden, besiegten die Engländer die Franzosen. Im **Pariser Friedensvertrag** wurde Neufrankreich England zugesprochen; mit dem **„Québec Act"** aus dem Jahr **1774** behielt die französische Bevölkerung das Recht, ihre Kultur, Religion und Rechtsprechung auch unter britischer Herrschaft beizubehalten.

Im Jahr 1775, kurz nach dem Ausbruch des Amerikanischen Unabhängigkeitskriegs, belagerten amerikanische Truppen die Stadt. Sie konnten jedoch zurückgeschlagen werden. Aus Furcht vor weiteren Angriffen verstärkte die Stadt 1820 und 1850 die **Befestigungsanlagen** und die **Zitadelle**. Aber Québec spielte weder im britisch-amerikanischen Krieg von 1812 noch beim Aufstand von Oberkanada 1837 eine Rolle.

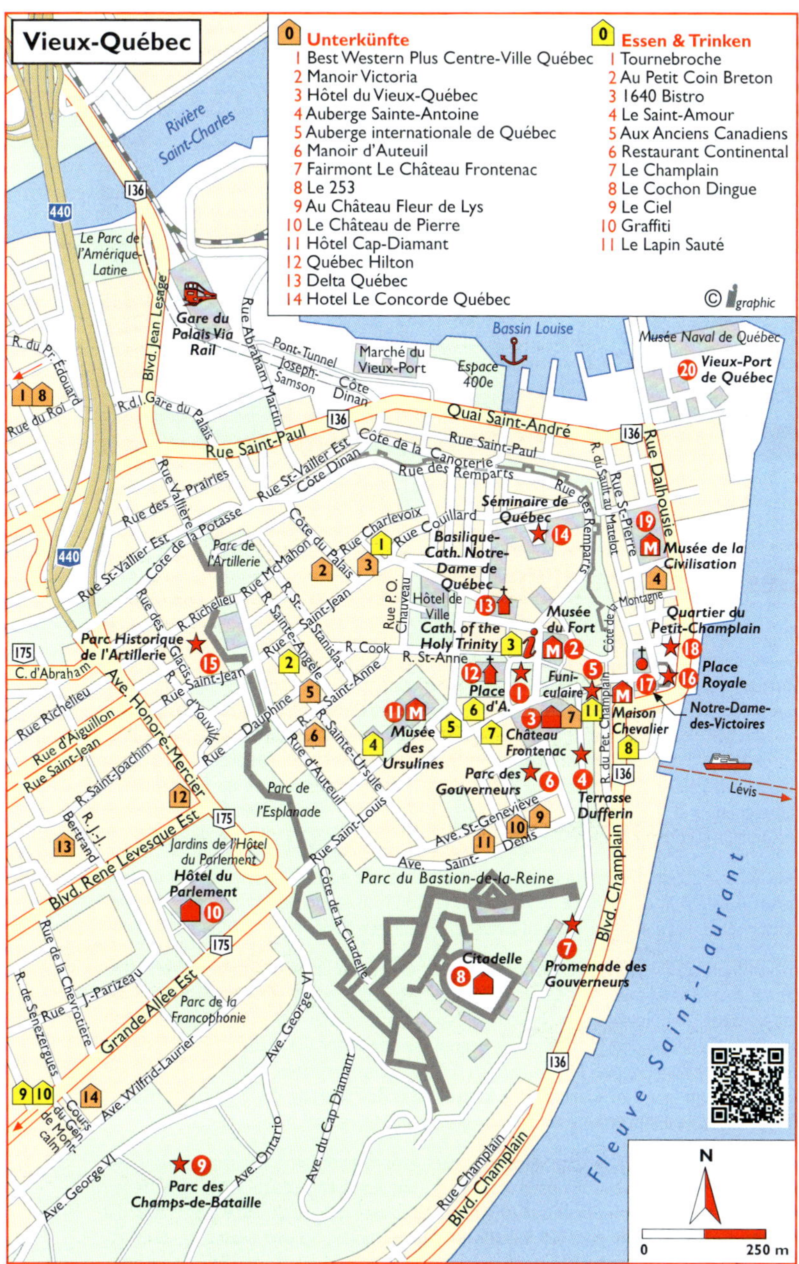
Vieux-Québec
Unterkünfte
1 Best Western Plus Centre-Ville Québec
2 Manoir Victoria
3 Hôtel du Vieux-Québec
4 Auberge Sainte-Antoine
5 Auberge internationale de Québec
6 Manoir d'Auteuil
7 Fairmont Le Château Frontenac
8 Le 253
9 Au Château Fleur de Lys
10 Le Château de Pierre
11 Hôtel Cap-Diamant
12 Québec Hilton
13 Delta Québec
14 Hotel Le Concorde Québec
Essen & Trinken
1 Tournebroche
2 Au Petit Coin Breton
3 1640 Bistro
4 Le Saint-Amour
5 Aux Anciens Canadiens
6 Restaurant Continental
7 Le Champlain
8 Le Cochon Dingue
9 Le Ciel
10 Graffiti
11 Le Lapin Sauté
© graphic
Rivière Saint-Charles
Le Parc de l'Amérique-Latine
Gare du Palais Via Rail
Bassin Louise
Musée Naval de Québec
Vieux-Port de Québec
Marché du Vieux-Port
Espace 400e
Quai Saint-André
Rue Saint-Paul
Séminaire de Québec
Basilique-Cath. Notre-Dame de Québec
Musée de la Civilisation
Quartier du Petit-Champlain
Place Royale
Notre-Dame-des-Victoires
Maison Chevalier
Parc Historique de l'Artillerie
Hôtel de Ville
Cath. of the Holy Trinity
Musée du Fort
Funi-culaire
Place d'A.
Musée des Ursulines
Château Frontenac
Parc des Gouverneurs
Terrasse Dufferin
Lévis
Parc de l'Esplanade
Parc du Bastion-de-la-Reine
Jardins de l'Hôtel du Parlement
Hôtel du Parlement
Citadelle
Promenade des Gouverneurs
Parc de la Francophonie
Parc des Champs-de-Bataille
Fleuve Saint-Laurent
Grande Allée Est
Blvd. René Lévesque Est
Ave. Honoré-Mercier
Blvd. Champlain
N
0 250 m

Das im Jahr 1635 von François de Montmorency-Laval gegründete Priester-Seminar wurde 1852 zur **Université Laval**, die noch heute zu den besten Hochschulen des Landes zählt.

Nach der Entstehung des „**Dominion of Canada**" im Jahr **1867** wurde Québec, die ehemalige Hauptstadt Neufrankreichs, Hauptstadt der französischsprachigen Provinz Québec.

Im 19. Jh. wuchs die wirtschaftliche Bedeutung der Stadt, deren wichtigste Wirtschaftszweige der Weizen- und Holzhandel sowie der Schiffsbau waren. Als England gegen Ende des 19. Jh. seine Garnisonen aus Québec abzog, verließen viele englischstämmige Bewohner die Stadt und zogen nach Montréal oder weiter nach Westen, sodass Québec wieder eine **rein frankokanadische Stadt** wurde. Als zu Beginn des 20. Jh. Holzschiffe nicht mehr gebaut wurden, mussten viele Werften schließen. Es begann eine Zeit wirtschaftlicher Stagnation, die erst in den 1960er-Jahren endete.

Heute ist Québec ein lebendiger **Verwaltungs- und Wirtschaftsstandort**, das **Zentrum der französischen Kultur** in Kanada und zugleich eine der schönsten Städte Nordamerikas.

## Orientierung

Québec gliedert sich in zwei Bereiche:

- die Altstadt **Vieux-Québec** mit der Unterstadt **Basse-Ville**, wo die erste Siedlung der Franzosen errichtet wurde, und der Oberstadt **Haute-Ville**, wo die meisten historischen Gebäude liegen. Innerhalb der alten Stadtmauern liegt die Altstadt mit der mächtigen Zitadelle, prächtigen Regierungsgebäuden, historischen, in den letzten Jahren aufwendig restaurierten Häusern, engen Gassen, kleinen Plätzen und dem prachtvollen Château Frontenac, dem Wahrzeichen der Stadt.
- die **moderne Stadt**, darunter Sillery und Sainte-Foy, in denen viele Hotels, Einkaufszentren, Gewerbebetriebe und die modernen Universitätsgebäude liegen. Vor den Stadtmauern dehnen sich die modernen Vororte mit Verwaltungsgebäuden, Wohnsiedlungen etc. immer weiter aus. Hier wirkt Québec wie jede andere kanadische Stadt, während man sich beim Bummel durch die malerische Altstadt in eine französische Kleinstadt versetzt fühlt.

**P** **Parken**
*Da die Sehenswürdigkeiten innerhalb Vieux-Québecs nicht weit auseinander liegen, ist ein Auto für die Besichtigung nicht erforderlich. Es gibt zwar Parkmöglichkeiten z. B. am Boulevard Sainte Anne, am Château Frontenac, an der Rue d'Auteuil und am Boulevard Champlain, aber freie Parkplätze sind nur schwer zu finden. Am besten sucht man sich ein Hotel nahe der Stadtmauer oder direkt in der Altstadt und besichtigt die Stadt zu Fuß.*

## Sehenswertes

### Vieux-Québec – die Oberstadt

Im Herzen der Altstadt liegt der **Place d'Armes (1)**. Hier hielt man früher Paraden ab und trug öffentliche Reden vor. Heute ist es ein gepflegter Platz, in dessen Mitte ein

Denkmal an die Ankunft der ersten Missionare im Jahr 1615 erinnert. In der näheren Umgebung dieses Platzes liegen die wichtigsten Sehenswürdigkeiten der Altstadt.

Das **Musée du Fort (2)** zeigt ein Modell der Stadt aus der Zeit um 1750. In einer Ton- und Lichtschau werden wichtige Ereignisse der Stadtgeschichte dramatisch dargestellt, darunter auch die Schlacht auf den Plaines d'Abraham.
**Musée du Fort**, *10, rue Sainte-Anne, ☏ 418-692-2175, www.museedufort.com, Mai–Okt. tgl. 10–17, Nov.–April 11–16 Uhr, Eintritt Erwachsene $ 8,50, Senioren $ 7,50, Studenten $ 6,50, Kinder unter 10 J. frei.*

*Wahrzeichen Schlosshotel*

Das **Château Frontenac (3)** ist das Wahrzeichen der Stadt, ein Schlosshotel, das 1892 im Auftrag der Canadian Pacific Railway errichtet wurde. Zuvor stand an dieser Stelle das Château Saint-Louis, die Residenz der Gouverneure von Neufrankreich. Dieses war durch Brände und feindliche Angriffe mehrfach beschädigt und 1834 vollständig zerstört worden.

Das Hotel wurde nach dem Comte de Frontenac benannt, einem der Gouverneure Québecs. Die gewaltige Anlage wurde 1925 durch den Bau des 17 Stockwerke hohen Mittelturmes fertiggestellt und beherrscht mit ihren Türmen seitdem das Stadtpanorama. Das Hotel verfügt über 500 Zimmer und mehrere Konferenzsäle, in denen 1943 und 1944 die historischen Konferenzen zwischen dem amerikanischen Präsidenten Franklin D. Roosevelt und dem britischen Premierminister Winston Churchill stattfanden. Viele berühmte Persönlichkeiten haben das Château Frontenac im Laufe der Jahre besucht, so z. B. Königin Elizabeth II., der amerikanische Flieger Charles Lindbergh und der Regisseur Alfred Hitchcock.

Man kann einfach einen Blick in die noble Eingangshalle werfen oder sich ein Essen in einem der erstklassigen Restaurants gönnen. Von der Bar im ersten Stock hat man einen schönen Blick auf den Sankt-Lorenz-Strom.

Vor dem Château Frontenac und 65 m über dem St.-Lorenz-Strom liegt die **Terrasse Dufferin (4)**, ein breiter Plankenweg, beliebter Treffpunkt und eine viel besuchte Promenade mit Aussichtspunkten, Pavillons, Straßenmusikanten und Gauklern sowie wundervollen Ausblicken auf den St.-Lorenz-Strom, den St.-Charles River, die Île d'Orléans und die Côte de Beaupré. In den Wintermonaten wird seit mehr als hundert Jahren am Westende der Terrasse eine hohe Rodelbahn aufgebaut, die zu Schlittenfahrten einlädt.

*Ein magischer Anziehungspunkt für Québecer und Besucher der Stadt: die Terrasse Dufferin*

Beim Spaziergang über die Promenade fallen gläserne Überdachungen auf, unter denen archäologische Funde zu sehen sind. Bei Ausgrabungen hat man die Überreste von Wohnhäusern britischer und französischer Gouverneure freigelegt, die zwischen 1620 und 1834 im „Fort Saint-Louis" amtierten.

Am Nordende der **Terrasse Dufferin** steht das **Samuel-de-Champlain-Denkmal**, das den Gründer der Stadt darstellt. Von der Terrasse Dufferin kann man mit der **Funiculaire du Vieux-Québec (5)**, einer Seilbahn, hinunterfahren zum Place Royale, dem Zentrum der alten Unterstadt. Die Bahn wurde 1879 gebaut und zuerst mit einer Dampfmaschine, später dann mit Strom betrieben; seit 1978 kann man den Blick durch große Panoramascheiben genießen.

*Fahrt mit der Seilbahn*

**Funiculaire du Vieux-Québec**, *16, rue du Petit-Champlain, ☏ 418-692-1132, www.funiculaire.ca, Fahrzeiten: tgl. 7.30–23 Uhr, Fahrpreis $ 3,50.*

Von der Terrasse Dufferin führt ein Treppenweg zum **Parc des Gouverneurs (6)**, in dem ein gemeinsames Denkmal an die beiden feindlichen Generäle Wolfe und Montcalm erinnert. Die beiden Befehlshaber standen sich mit ihren Truppen bei der Schlacht auf den Plains of Abraham gegenüber und fanden beide den Tod. Das Denkmal gedenkt der Toten, des Siegers und des Besiegten.

Die zunächst etwa 50 m lange Terrasse Dufferin wurde 1838 angelegt und 40 Jahre später auf 427 m verlängert. 1960 hat man sie an ihrem Westende mit der **Promenade des Gouverneurs (7)** verbunden, die unterhalb der mächtigen Festungsmauern verläuft, sodass nun eine Verbindung zwischen dem Château Frontenac und der Zitadelle besteht. Diesen Spaziergang sollte man nicht versäumen!

Die **Citadelle (8)** liegt auf dem Cap Diamant, einem Felsvorsprung etwa 110 m über dem St.-Lorenz-Strom; der Eingang zur Zitadelle befindet sich am Stadttor Porte St.-Louis, an der Côte de la Citadelle. Die Zitadelle wurde in den Jahren von 1820–1852 an der Stelle einer älteren Festung errichtet. Es handelt sich um eine der größten Festungsanlagen auf dem nordamerikanischen Kontinent, eine gut erhaltene, sternförmige Anlage, deren Bauten durch Festungsmauern, Wälle und Gräben geschützt sind.

*Sternförmige Anlage*

Eines der Gebäude dient als Sommerresidenz des Generalgouverneurs; in einem Pulverturm des 18. Jh. wurde ein Militärmuseum eingerichtet. Von dort kann man die gesamte Anlage gut überblicken. In der Zitadelle ist heute das 22. Königliche Regiment stationiert. *Von Mitte Juni–Anfang Sept. findet tgl. um 10 Uhr die zeremonielle* **Wachablösung** *statt; Sa kann man um 18 Uhr den Zapfenstreich erleben. Außerdem gibt es* **Führungen** *auf Englisch und Französisch, Mai–Okt. tgl. 9–17, sonst tgl. 9–16 Uhr, ☏ 418-694-2815, www.lacitadelle.qc.ca. Preise Erwachsene $ 16, Senioren, Studenten $ 14, Kinder und Jugendliche von 11–17 J. $ 6, Familienkarte $ 36, kostenlose Parkmöglichkeiten sind vorhanden.*

Westlich der Zitadelle liegt der ca. 80 ha große **Parc des Champs-de-Bataille (9)** mit den **Plaines d'Abraham**. Hier fand 1759 die Entscheidungsschlacht im Krieg zwischen England und Frankreich statt. Schautafeln informieren über den Schlachtverlauf. Der Kampf endete mit dem Sieg der britischen Truppen, der wesentlich zur Eroberung Neu-Frankreichs durch Großbritannien beitrug.

Im Sommer fährt ein Shuttlebus zu den Sehenswürdigkeiten auf dem Gelände; dazu gehören das **Wolfe Monument**, die mächtigen **Martello Towers**, die zur Abwehr feindlicher Angriffe gebaut wurden, und die **Grey-Terrasse**, die einen Ausblick über das Tal des St.-Lorenz-Stroms bietet. Der Park ist heute ein beliebter Ort zum Spazierengehen, Picknicken, Radfahren sowie Ski- und Eislaufen im Winter.

Im Parc des Champs-de-Bataille liegt auch das **Musée National des Beaux-Arts du Québec**, das Nationalmuseum von Québec, das über die Geschichte Québecs informiert und Werke von Künstlern aus der Provinz Québec, aber auch großartige

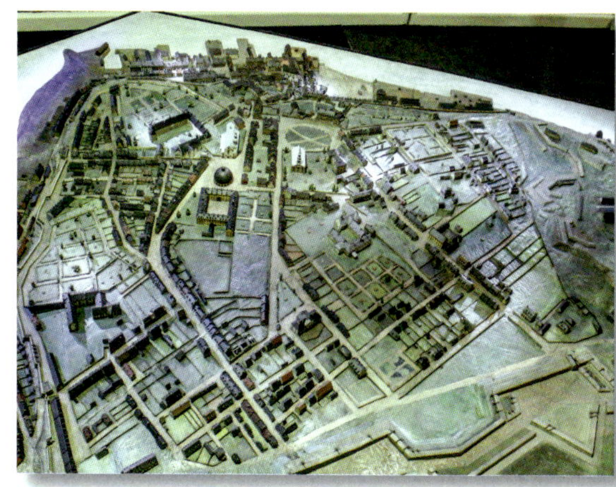

*Ein Modell der Festungsanlagen von Québec im Parc Historique de l'Artillerie*

Wechselausstellungen präsentiert. Das 1933 im klassizistischen Stil errichtete Museum wurde im Laufe der Jahre durch andere Bauten erweitert, zuletzt 2016 um einen Pavillon aus Beton und Glas. Sehenswert sind der Skulpturengarten und eine Ausstellung der Inuit-Kunst.

**Musée National des Beaux-Arts du Québec**, *179, Grande Allee Ouest, ☏ 418-643-2150, 1-866-220-2150, www.mnbaq.org, Di–So 10–17, Mi bis 21 Uhr, Juni–Aug. auch Mo geöffnet, Eintritt: Erwachsene $ 22, Senioren $ 20, Jugendliche 18–20 J. $ 12, 13–17 J. $ 7, Kinder unter 12 J. frei, Familienkarte $ 26 bzw. $ 48, Mi von 17–21 Uhr Tickets zum halben Preis.*

Zu den **Befestigungsanlagen** der Stadt, 100, rue St-Louis, gehören Bastionen, Türme, Tore, Mauern und Wälle. Der die Altstadt schützende 4,6 km lange Wall aus Sand und Granitsteinen wurde 1832 fertiggestellt und 1957 zum historischen Bauwerk erklärt. Im alten **Pulvermagazin** neben dem Stadttor Porte St.-Louis befindet sich ein Informationszentrum.

Nördlich davon liegt der **Parc Historique de l'Artillerie (15)** mit wichtigen Militärbauten des 17./18. Jh. Besichtigt werden können das Informationszentrum mit einer stadtgeschichtlichen Ausstellung und einem Modell der Stadt Québec aus der Zeit um 1808 und die Dauphine Redoute (1712–1748) mit mächtigen Mauern und Offizierswohnungen, in dem sich ein Informationszentrum für Kinder befindet.

**Parc Historique de l'Artillerie**, *2, rue D'Auteuil, ☏ 418-648-7016, www.pc.gc.ca/en/lhn-nhs/qc/fortifications, Mitte Mai–Okt. tgl. 10–17 Uhr, Eintritt frei. Führungen in englischer (Ende Mai–Ende Juni 10.30 und 15 Uhr) und französischer Sprache (9.30 und 1 Uhr), Ende Juni–Ende Aug. finden jeweils 3 Führungen in englischer und französischer Sprache statt: um 10.30, 13.30, 15.30, Eintritt: Erwachsene $ 9,80, Senioren (65+) $ 7,30, Kinder/Jugendliche unter 17 J. $ 3.*

*Québecs Prachtstraße*

Das große **Regierungsviertel** von Québec liegt westlich vom Stadttor Saint-Louis, auf dem Parlamentshügel außerhalb der alten Stadtmauern. Hier verläuft die Prachtstraße Québecs, die **Grande Allée Est**, die häufig mit den Champs-Elysées in Paris verglichen wird. In den schönen, oft im viktorianischen Stil gebauten Häusern haben Restaurants und Straßencafés Einzug gehalten. Hierher kommt man zum Sehen und Gesehenwerden!

Das Rathaus, das **Hôtel du Parlement (10)**, wurde zwischen 1877 und 1886 erbaut und ähnelt den französischen Schlössern des 16. Jh. Besucher sind im großen Sitzungssaal der Nationalversammlung und im Saal der Legislative zugelassen.

**Hôtel du Parlement**, *Ave. Honoré Mercier/Ecke Grande Allée Est,* ☏ *418-643-7239, 1-866-337-8837, www.assnat.qc.ca, halbstündige Führungen Ende Juni–Anfang Sept. Mo–Fr 8.30–16.30, Sa/So 9.30–16.30, sonst Mo–Fr 8–17, Sa/So 9.30–16.30 Uhr, Eintritt frei.*

In den umliegenden Regierungsgebäuden sind die Amtsräume der Provinzregierung von Québec und die städtischen Verwaltungen untergebracht. Das **Centre des Congrès** ist ein großer Gebäudekomplex mit Hotels, Geschäften, Verwaltungen und einem Kongresszentrum.

### Tipp: Blick auf Québec vom „Observatoire de la Capitale"

Bitte nicht versäumen, mit dem Aufzug auf die Höhe des höchsten Gebäudes von Québec City zu fahren. Im 31. Stockwerk des **Marie-Guyart-Gebäudes** hat man von der 221 m hoch gelegenen Aussichtsplattform „L'observatoire de la Capitale" einen Panoramablick über die Stadt und das Umland.
**Èdifice Marie-Guyart**, Blvd. René Lévesque/Ecke Rue de la Chevrotière, ☏ 418-644-9841 oder 1-888-497-4322, Führungen auf Englisch und Französisch tgl. 10–17 Uhr, Mitte Okt.–Ende Feb. Mo geschl., Eintritt Erwachsene $ 14,75, Senioren und Studenten $ 11,50, Kinder 6–12 J. $ 5, unter 6 J. frei.

Das Ursulinenkloster, **Musée des Ursulines (11)**, wurde 1639 gegründet und diente als Bildungsanstalt für junge Französinnen und Indianermädchen. Die schon im 17. Jh. als Heilige verehrte Marie de l'Incarnation stammte aus der französischen Stadt Tours und widmete sich in ihrer neuen Heimat besonders der Verständigung mit den Indianern vom Stamm der Algonquin und Irokesen. Zu diesem Zweck verfasste sie die ersten Wörterbücher der beiden Indianersprachen. Die kleine Kapelle, in der Marie de l'Incarnation beigesetzt ist, ist ein Wallfahrtsort. Sehenswert sind die aus dem 18. Jh. stammenden Altäre, Statuen und Elfenbeinkreuze, das Museum mit Informationen über das Leben im Kloster und der Schädel des französischen Generals Montcalm.
**Musée des Ursulines**, *12, rue Donnacona,* ☏ *418-694-0694, www.ursulines-uc.com, Kapelle Mai–Okt. Di–Sa 10–11.30 u. 13.30–16.30 Uhr; Museum Mai–Sept. Di–So 10–17, sonst Di–So 13–17 Uhr, vom 22. Dez.–5. Jan. geschl., Eintritt Erwachsene $ 10, Senioren und Studenten $ 8, Kinder und Jugendliche von 13–17 J. $ 5.*

Die anglikanische Kirche, **Cathedral of the Holy Trinity (12)**, 31, rue des Jardins (☏ *418-692-2193*), wurde 1800–1804 nach dem Vorbild der Londoner Kirche Saint-Martin-in-the-Fields gebaut. Es ist die erste anglikanische Kathedrale, die außerhalb Großbritanniens errichtet wurde. Sehr schön sind das aus Eiche gefertigte Chorgestühl und die Empore sowie die Silberkollektion. Seit 1830 werden die acht Glocken im 47 m hohen Glockenturm regelmäßig geläutet. Im Sommer finden Orgelkonzerte in der Kirche statt.

*Orgelkonzerte*

Die **Basilique-Cathédrale Notre-Dame de Québec (13)** ist hervorgegangen aus der alten, von Samuel de Champlain 1664 errichteten Kapelle. Sie feierte 2014 ihr 350-jähriges Bestehen. Die heutige, dreischiffige Kirche wurde in den 1920er-Jahren gebaut und steht seit 1966 unter Denkmalschutz. Sehenswert sind das reich geschmückte Kircheninnere mit schönen Glasfenstern, Malereien und die Orgel auf der Westempore.
**Basilique-Cathédrale Notre-Dame de Québec**, *16, rue Buade,* ☏ *418-692-2533, www.notre-dame-de-quebec.org, „Self guided tours": https://baladodecouverte.com/circuits/852/self-guided-tour-of-quebec-citys-notre-dame-cathedral, Museum Mi–Sa 13–16, So 13–15.30 Uhr, Eintritt $ 5.*

Das Jesuitenseminar **Séminaire de Québec (14)**, 2, côte de la Fabrique, wurde 1663 von Bischof Laval gegründet. Aus diesem Priesterseminar entwickelte sich die Universität Laval, die heute von 22.000 Studenten besucht wird. Die modernen **Universitätsgebäude** liegen im Vorort Sainte-Foy; in den alten Seminargebäuden befinden sich die mehr als 300.000 Bände umfassende Bibliothek und das Musée de l'Amérique francophone.

Das **Musée de l'Amérique francophone** zeigt in seinen Ausstellungsräumen Werke europäischer und kanadischer Künstler, alte Bücher- und Münzsammlungen, Gold- und Silberarbeiten sowie ethnologische Studien. Der Schwerpunkt der Ausstellungen liegt auf der Darstellung der Geschichte der Franzosen in Nordamerika. Ebenfalls zum Seminar gehört die **Briand-Kapelle**, die 1785 gebaut und mit Holzschnitzereien ausgeschmückt wurde.
**Musée de l'Amérique francophone**, *2, côte de la Fabrique, ☏ 418-643-2158, 1-866-710-8031, www.mcq.org/fr/informations/maf, Ende Juni–Ende Sept. tgl. 10–17, im Winter nur Sa/So 10–17 Uhr. Im Sommer finden Führungen statt, die an der 2, côte de la Fabrique, beginnen und das Jesuitenseminar einbeziehen. Eintritt Erwachsene $ 10, Studenten 18–30 J. $ 7, Kinder von 12–17 J. $ 4.*

Beim Stadtrundgang fällt direkt ins Auge, wie unterschiedlich einzelne Straßen sind:

- Die **Rue Sainte-Anne** ist eine lebhafte Straße mit vielen Geschäften, Boutiquen, kleinen Hotels und Restaurants.
- Die **Côte de la Fabrique** ist eine beliebte Einkaufsstraße mit schönen Boutiquen und vielseitigen Geschäften; ihren Reiz machen die historischen Häuser aus, die zu den ältesten von Québec zählen.
- Die **Rue Saint-Jean** ist ebenfalls eine geschäftige Einkaufsstraße mit vielen Geschäften und gern besuchten Restaurants; die **Avenue Cartier** lockt mit zahlreichen Boutiquen, Buchläden, Antiquitätengeschäften, Bistros und stadtbekannten Konditoreien. Am Abend trifft „man" sich in den Pubs in der Rue Cartier.
- Die **Rue du Trésor** liegt zwischen der Rue Sainte-Anne und der Rue Buade. Diese kleine Straße erinnert an das Pariser Künstlerviertel Montmartre, denn auch hier stellen Künstler ihre Arbeiten aus, fordern auf, sich porträtieren zu lassen, und führen lebhafte Gespräche mit den Passanten. Der Name stammt aus der Zeit, als hier die Kolonisten noch ihre Abgaben an die Staatskasse Frankreichs leisten mussten.

*Eine Domäne der Künstler: die Rue du Trésor*

### Tipp: Québec abseits der üblichen Touristenpfade

Es lohnt sich, an einem der geführten Spaziergänge durch die Stadt teilzunehmen. Neben den üblichen Stadtrundgängen und -rundfahrten gibt es Themenführungen, bei denen man hinter die Kulissen Québecs blickt:
**Auf den Spuren der Filles du Roi** (Töchter des Königs) durch Québec (☏ 418-265-7546, https://fillesduroy.com)
**News from the Château Frontenac** (☏ 418-977-8977, 1-855-977-8977, www.cicerone.ca)
**Québec für Foodies** (www.cicerone.ca)
**Geistertouren durch Québec** (☏ 855-692-9770, www.fantomesdequebec.com)
**Evening Gourmet Tour** (☏ 418-261-2253, https://hqst.ca)
Mit einem **berüchtigten Kriminellen aus der französischen Kolonialzeit durch Québec** (☏ 418-692-0624, http://promenadesfantomes.com)
Eine große Auswahl an Themenführungen bietet auch **Québec Top Tours** (☏ 418-687-5795 oder 418-264-5795, www.quebec-top-tours.com).
Stadtführungen wie diese gibt es für Einzelreisende und Gruppen.

## Vieux-Québec – die Unterstadt

### Tipp

Von der Oberstadt führen diese Wege in die Unterstadt:
- Ausgehend vom Place d'Armes geht man über die Rue du Fort in die Côte de la Montagne, passiert die Stadtmauer durch das Stadttor Porte Prescott und steigt über die steile Treppe „Escalier Casse-Cou" hinunter zur Unterstadt.
- In der Nähe des Champlain-Denkmals vor dem Château Frontenac führt eine Treppe hinunter zur Côte de la Montagne und zur Unterstadt.
- Die bequemste Art ist die Fahrt mit dem Funiculaire, der von der Terrasse Dufferin abfährt.

Wenn man aus den Vororten direkt in die Unterstadt will, kann man den Bus Linie 1 benutzen, der zur Unterstadt und zum Alten Hafen fährt.

Die Unterstadt, **Basse-Ville**, lockt viele Besucher an, die den Reiz der historischen Häuser und die lebendige Atmosphäre gleichermaßen genießen.

**Information**
**Centre Infotouriste de Québec**, *12, rue Ste.-Anne, ☏ 1-877-266-5687, www.quebecoriginal.com, Informationen über alle Veranstaltungen in der Unterstadt, Treffpunkt der geführten Wanderungen, Mitte Juni–Ende Aug. tgl. 9–18, sonst 9–17 Uhr.*

*Ausgangspunkt französischer Kolonisation*

Mittelpunkt der Unterstadt ist der **Place Royale (16)**; hier begann im Jahr 1608 die französische Kolonisation in Nordamerika. Mit dem Bau der „habitation", dem ersten Wohn- und Lagerhaus, gründete Samuel de Champlain die erste dauerhafte Siedlung in Neufrankreich, die schon bald um einen Pelzhandelsposten erweitert wurde. Der Handel blühte, der Ort wuchs, und der Platz entwickelte sich zu einem geschäftigen Marktplatz, an dem um die Mitte des Jahrhunderts wohlhabende Händler ihre Wohnhäuser erbauten. 1686 wurde eine Büste Ludwigs XIV., des Sonnenkönigs,

aufgestellt und der Platz ihm zu Ehren Place Royale genannt. In den letzten Jahren hat man viele der Häuser sorgfältig restauriert. Diese vermitteln jetzt einen guten Eindruck von einer französischen Stadt des 17. und 18. Jh.

*Wandmalerei*

Nur ein paar Schritte entfernt, in der Rue Notre Dame, steht das **Haus Soumande** mit der sehr lebendig wirkenden Wandmalerei „La Fresque des Québécois", die die Geschichte der Stadt und ihrer Bewohner erzählt. Hinter den gemalten Fenstern sind historische Figuren zu erkennen, z. B. Samuel de Champlain, aber auch Sehenswürdigkeiten wie die historischen Häuser der Unterstadt, die Stadtmauern oder die steilen Treppen zwischen Ober- und Unterstadt.

Anlässlich des 400-jährigen Stadtjubiläums entstanden zwischen 1999 und 2008 mehrere dieser großflächigen Wandmalereien, die zu touristischen Anziehungspunkten wurden und von kostümierten Stadtführern zur Einführung in die Stadtgeschichte genutzt werden.

## Sehenswerte Gebäude in der Unterstadt

Die kleine Kirche **Notre-Dame-des-Victoires (17)**, 1688 erbaut und trotz starker Zerstörung durch die Engländer im Jahr 1759 nach den Originalplänen wiederaufgebaut; sie wurde 1969 umfassend restauriert. Im Kircheninneren fällt der Altar auf, der wie eine Festung gestaltet ist.
**Notre-Dame-des-Victoires**, *Place Royale, ☏ 418-692-1650, www.notre-dame-de-quebec.org, Mi–Fr 12–19, Sa 12–18, So 9.30–18 Uhr, Eintritt frei.*

*„Halsbrechertreppe"*

Das **Quartier du Petit-Champlain (18)** liegt am Fuße des Treppenweges „Casse-Cou", der nicht ganz so gefährlich ist, wie der Name „Halsbrechertreppe" vermuten lässt. In den engen Gassen der Unterstadt drängen sich die Besucher, Straßenhändler bieten ihre Waren an, Musiker, Tänzer und Akrobaten führen ihre Künste vor. In den historischen Häusern befinden sich Geschäfte, Boutiquen, Galerien und Ateliers mit Kunsthandwerk, indianischen Lederwaren, Kunst der Inuit und Bildern junger Künstler. In Cafés und Restaurants kann man eine Pause einlegen und sich stärken.

Gut 200 m von der „Halsbrechertreppe" entfernt, an 102, rue du Petit-Champlain, ist die Wandmalerei „**Fresque du Petit-Champlain**" zu sehen, die die Geschichte des Cap-Blanc und das Leben der Hafenbewohner darstellt. Das **Maison Louis-Jolliet**, 26 rue Petit-Champlain, wurde 1683 für Louis Jolliet, der den Mississippi erforscht hatte, gebaut. Das Haus ist heute Abfahrtsstelle des Funiculaire, der die Unterstadt mit der Oberstadt verbindet. Im **Théâtre Petit-Champlain**, 68, rue du Petit-Champlain, finden im Sommer regelmäßig Konzerte statt.

Das **Musée de la Civilisation (19)** entstand 1988 und ist ein gelungenes Beispiel für die Verbindung zwischen einem modernen Hauptgebäude aus Beton, Stahl und Glas mit zwei historischen Häusern aus dem 18. und frühen 19. Jh. Das Museum zeigt in Dauer- und Wechselausstellungen Aspekte der Menschheitsgeschichte und im Besonderen der Geschichte und Kultur Québecs sowie moderne Erfindungen und technische Neuerungen und deren Auswirkungen auf das Leben der Menschen. Die Ausstellungen sind durchgängig auf Französisch beschriftet, es gibt aber an der Information auch englischsprachige Guides. Von der Dachterrasse bietet sich ein schöner Blick auf den St.-Lorenz-Strom.
**Musée de la Civilisation**, *85, rue Dalhousie, ☏ 418-643-2158, 1-866-710-8031, www.mcq.org, Mitte Juni–Ende Aug. tgl. 10–17, sonst Di–So 10–17 Uhr, Eintritt Erwachsene $ 17,*

*Studenten $ 11, Kinder von 12–17 J. $ 6, Familienkarte $ 38. Mit Zugang zu besonderen Ausstellungen: Erwachsene $ 22, Studenten $ 15, Kinder von 12–17 J. $ 7, Familienkarte $ 45.*

Der Alte Hafen erreichte in der ersten Hälfte des 19. Jh., in der Zeit der großen Segelschiffe, seine größte Bedeutung. Das Gelände am Bassin Louise war ein wichtiger Holzhandelsplatz und ein bedeutendes Schiffsbauzentrum. Die Anlagen wurden in den vergangenen Jahren gründlich erneuert und sind heute als **Vieux-Port de Québec (20)** ein beliebtes Ausflugsziel.

Zum Bereich des Alten Hafens gehören noch ein Jachthafen, ein Freilufttheater am St.-Lorenz-Strom, der **Marché du Vieux-Port**, 160, quai St.-André, wo Bauern Obst, Gemüse, Wein oder Ahornsirup verkaufen, und das **Imax Theatre**, 5401, blvd. des Galeries, mit einer Riesenleinwand. In Straßen wie der Rue Saint-Paul oder Quai Saint-André gibt es Boutiquen, Antiquitätenläden, Kunstgalerien und Cafés.

## Weitere Sehenswürdigkeiten in der Stadt und in der näheren Umgebung

Im Vorort Sainte-Foy liegt eines der größten Aquarien Kanadas in einer schönen Umgebung, das **Aquarium du Québec**. Die Gegend rund um das Aquarium lädt zum Wandern und zu einem Picknick ein und bietet Ausblicke auf den St.-Lorenz-Strom. Zweimal täglich findet eine Seehund-Schau statt.
**Aquarium du Québec**, *1675, ave. des Hôtels, ☏ 418-659-5264, 1-866-659-5264, www.sepaq.com/ct/paq, in den Sommermonaten Juni–Aug. tgl. 9–17, sonst 10–16 Uhr, Eintritt Erwachsene $ 20,50, Senioren $ 18,50, Kinder von 3–17 J. $ 10,25, Familienkarte $ 41 bzw. $ 61,50.*

Das **Lévis Forts National Historic Site** liegt am südlichen Ufer des St.-Lorenz-Stroms in Lévis. Es war in den Jahren 1865–1872 von den Briten zum Schutz der Stadt gebaut worden.
**Lévis Forts National Historic Site**, *☏ 418-835-5182, 1-888-773-8888, www.pc.gc.ca, Ende Juni–Aug. tgl. 13–17 Uhr, Eintritt Erwachsene $ 3,90, Senioren und Studenten $ 3,40, Führungen (60 Min.) tgl. 11, 13, 14, 15 Uhr.*

Die **Wasserfälle von Montmorency** liegen an der Stelle, wo die Flüsse Montmorency und St.-Lorenz zusammenfließen, in **Beauport**, etwa 12 km nordöstlich von Québec. Die Wasser des Montmorency-Flusses stürzen 83 m über einen Felsvorsprung in die Tiefe – das übertrifft sogar die Niagarafälle! Eine Gondel bringt einen hinauf zum Vorgebirge und bietet einen schönen Ausblick auf das Naturschauspiel. Rund um die Wasserfälle wurde ein Park mit Wanderwegen angelegt; hier lohnen ein altes Fort aus dem Jahr 1759 und das **Manoir Montmorency** (Kent House), das von 1791–1794 das Wohnhaus des Herzogs von Kent, des Vaters der Königin Victoria, war, einen Blick.

*Spektakulär: der Wasserfall von Montmorency*

**Parc de la Chute-Montmorency**, ☏ *418-663-3330, 1-844-522-4883, www.sepaq.com/ct/pcm, ganzjährig ohne Eintritt zugänglich, Ende April–Ende Mai Mo–Fr 9–17, Sa/So 9–17, Ende Mai–Ende Juni tgl. 9–18, Ende Juni–Ende Aug. tgl. 8.30–19.30, Ende Aug.–Mitte Sept. 8.30–18, Mitte Sept.–Ende Okt. 9–17 Uhr, Ende Okt.–Ende Dez. Einrichtungen geschl., Gelände offen, Ende Dez.–Anf. Jan. 10–16.30, Anfang Jan.–Anf. Feb. Einrichtungen geschl., Gelände offen. Anfang Feb.–Ende April 10–16.30 Uhr.* **Gondelfahrt**: *hin und zurück Erwachsene $ 14,57, Jugendliche 6–17 J. $ 7,18, Paar $ 35,88 (inkl. Parkgebühren), Familienkarte $ 35,88 bzw. $ 48,92 (Familientickets inkl. Parkgebühren).*

*Typisches Huronendorf*

Nördlich von Québec unweit des Flughafens liegt das Dorf **Wendake** der Huronen-Indianer. In 45-minütigen Führungen zeigen sie Besuchern, wie das Leben in einem traditionellen Huronendorf aussieht. Man besucht Schwitzhütten, Gemüsegärten und Langhäuser. Der Besucher erfährt Wissenswertes über Jagd und Fischfang und das Haltbarmachen der erlegten Beute. Im Restaurant kann man indianische Speisen probieren.
**Wendake**, *575, rue Stanislas-Kosca, Wendake,* ☏ *418-842-4308, 1-888-255-8857, www.huron-wendat.qc.ca, Führungen in englischer, französischer oder spanischer Sprache, Mitte Mai–Mitte Okt. tgl. 9–17, sonst 10–16 Uhr, Führungen Erwachsene $ 14,75, Jugendliche 13–17 J. $ 11,75, Kinder 7–12 J. $ 9,75.*

Die **Côte-de-Beaupré** zieht sich von Québec am Nordufer des St.-Lorenz-Stroms entlang bis zum Cap Tourmente. In diesem fruchtbaren Landstrich liegen die ältesten französischen Siedlungen; Bauernhäuser und Mühlen erinnern an die Zeit der frühen Siedler, gemütliche Landgasthäuser laden zum Verweilen ein.

Das **Centre d'interprétation de la Côte-de-Beaupré** wurde in einer Mühle aus dem Jahr 1695 eingerichtet. Fotos, Drucke, Landkarten und Videoaufzeichnungen stellen die soziale und historische Entwicklung der ersten Siedlungen in Québec dar.
**Centre d'interprétation de la Côte-de-Beaupré**, *7976, ave. Royale,* ☏ *418-824-3677, www.histoire-cotedebeaupre.org, Juni–Aug. tgl. 10–17, sonst 10–16 Uhr, Eintritt Erwachsene $ 6, Senioren $ 5, Studenten $ 4, Kinder unter 12 J. frei.*

## Die Île d'Orléans

### Information

**Tourist Information**, *490, côte du Pont, Saint-Pierre-de-Île d'Orléans,* ☏ *418-828-9411, 1-866-941-9411, www.tourisme.iledorleans.com.*

Die Île d'Orléans, eine 35 km lange und 9 km breite Insel im St.-Lorenz-Strom, ist über die Hwys. 440E oder 138 zu erreichen, von denen dann der Hwy. 368 abzweigt und über die bereits 1935 erbaute Brücke zur Insel führt. Jacques Cartier hatte der Insel ursprünglich den Namen Bacchusinsel gegeben; erst später wurde sie zu Ehren des Herzogs von Orléans umbenannt. 1608 besuchte Samuel de Champlain die Insel, und bald folgten die ersten Siedler. Eine knapp 70 km lange Rundfahrt führt zu sechs Inseldörfern mit alten Kirchen aus den Jahren 1718–1746, vorbei an Bauernhäusern, Mühlen und ansprechenden Übernachtungsmöglichkeiten und bietet immer wieder Ausblicke auf den St.-Lorenz-Strom und die Insel, die zunehmend von Künstlern und wohlhabenden Québecern als Wohnsitz gewählt wird. Auf Farmen kann man landwirtschaftliche Produkte der Insel verkosten.

Im kleinen Ort **Saint-Jean-de-Île d'Orléans** ist in den Sommermonaten das Manoir Mauvide-Genest zu besichtigen, das 1734 gebaut wurde und nach der Renovierung mit altem Mobiliar eingerichtet wurde.

**Manoir Mauvide-Genest**, *4818, chemin Royale, ☏ 418-829-2630, www.manoirmauvidegenest.com. Sommer (bis Anfang Sept.) tgl. 11–17 Uhr, Erwachsene $ 8,50, Studenten $ 6,50, mit Audioguide Erwachsene $ 9, Studenten $ 7, Führungen nur für Gruppen ab 20 Personen.*

### Unterkunft

*Am besten nimmt man sich Zeit und verbringt eine bis zwei Nächte auf der Île d'Orléans abseits des Trubels von Québec; empfehlenswert ist:*

**$$$$ Auberge La Goeliche**, *22, rue du Quai, Sainte-Pétronille, ☏ 418-828-2248, 1-888-511-2248, www.goeliche.ca, am Nordufer der Île d'Orléans gelegener Gasthof mit Blick auf Québec. Hervorragendes hauseigenes Restaurant. Individuell eingerichtete Zimmer. Reserviert man ein Zimmer mit Blick auf den St.-Lorenz-Strom, kann man von dort aus die Schiffe bei ihrer Fahrt auf dem Seeweg beobachten.*

Der Wallfahrtsort **Ste.-Anne-de-Beaupré**, ca. 40 km nordöstlich von Québec, wird alljährlich von mehr als 1 Mio. Pilger und Besucher aufgesucht. 1658 stifteten bretonische Seeleute der heiligen Anna aus Dankbarkeit für ihre Rettung eine Kapelle, mit der sich schon bald Geschichten von wundertätigen Heilungen verbanden. Nachdem die Kapelle durch Hochwasser beschädigt worden war, wurde 1661 eine neue Kapelle errichtet. Die 1872 gebaute Basilika wurde durch einen Brand zerstört; die heutige Kirche entstand 1923 und wurde mit Mosaiken, bunten Glasfenstern, Skulpturen und Bildern reich geschmückt. *Wallfahrtsort*

Im Mai und Oktober lohnt ein Ausflug zur **Cap Tourmente National Wildlife Area**. Dann machen Tausende von Schneegänsen auf ihrem Flug von oder zur Arktis Rast an den Ufern des Sankt-Lorenz-Stroms. Deshalb vorher beim **Interpretation Centre** anrufen, ob auch tatsächlich Gänse da sind: *☏ 418-827-4591 oder 1-800-668-6767, www.canada.ca/en/environment-climate-change/services/national-wildlife-areas/locations/cap-tourmente.html, Ende April–Ende Okt. tgl. 8.30–17, Ende Okt.–Ende Dez. wochentags 8.30–16 Uhr, Sa/So geschl., Anfang Jan.–Ende März tgl. 8.30–16, Ende März wochentags 8.30–16 Uhr, am Wochenende geschl., Erwachsene $ 6, Studenten $ 5, im Winter $ 4.*

### Fähre

*Von Ste.-Anne-de-Beaupré fahren Boote und Wassertaxis hinüber zur Insel* **Grosse Île** *mit der* **Irish Memorial National Historic Site**, *die zum* **Archipel de L'Îsle-aux-Grues** *gehört.*

Wenige Kilometer nördlich von Ste.-Anne-de-Beaupré liegen die Wasserfälle **Grand Canyon des Chutes Ste.-Anne** und **Sept-Chutes**. Die Wasser des Ste.-Anne-Flusses zwängen sich durch enge Schluchten und stürzen sich in Wasserfällen und Strudeln hinab zum St.-Lorenz-Strom. Ein Lehrpfad, Brücken und Aussichtsterrassen bieten schöne Ausblicke auf den Strom; Regenbogen schillern in allen Farben.

**Grand Canyon des Chutes Ste.-Anne**, *CP 2087, 206, Route 138 Est, Beaupré, ☏ 418-827-4057, www.canyonsa.qc.ca, Juli/Aug. 9–18, Mai/Juni und Sept./Okt. 9–17 Uhr, Eintritt Erwachsene $ 14, Jugendliche von 13–17 J. $ 11, Kinder von 6–12 J. $ 8.*

## Reisepraktische Informationen Québec

### Information

**Centre Infotouriste de Québec**, *12, rue Ste.-Anne, Place d'Armes, vor dem Château Frontenac, ☏ 1-877-266-5687, www.quebecregion.com, Mitte Juni–Ende Aug. tgl. 9–18, sonst tgl. 9–17 Uhr.*

*Außerdem gibt es im Bereich der Altstadt den* **Mobile Service**; *das sind junge Leute, die zu Fuß oder auf einem grünen Motorroller, der durch einen Wimpel mit Fragezeichen gekennzeichnet ist, durch die Altstadt fahren und Auskünfte erteilen.*

### Entfernungen

*Québec – Montréal 253 km*
*Québec – Toronto 802 km*
*Québec – Ottawa 456 km*
*Québec – Halifax 1.097 km*

### Wichtige Anschriften und Telefonnummern

**Polizei, Feuer, Medizinischer Notdienst**: *911*
**Canadian Automobile Association**: *444, rue Bouvier, ☏ 418-624-2424 oder 1-800-222-4357*
**Notdienst**: *☏ 1-800-222-4357*
**Wetterbericht**: *☏ 418-648-7766*

### Unterkunft

*Québec City ist eines der beliebtesten Reiseziele in Kanada mit Übernachtungsmöglichkeiten in jeder Preisklasse, von der Jugendherberge bis zum 5-Sterne-Hotel.*

*Wegen großer Nachfrage ist eine rechtzeitige Hotelreservierung immer zu empfehlen. Die Mehrzahl der modernen Mittelklassehotels und Motels liegt im Vorort Sainte-Foy, besonders am Boulevard Laurier und am Boulevard Wilfrid-Hamel, von wo Busverbindungen zur Altstadt bestehen. Die großen Luxushotels befinden sich außerhalb der Altstadtmauern; innerhalb der Stadtmauern gibt es eine große Zahl von kleinen, familiär geführten Gästehäusern, Pensionen und Bed-&-Breakfast-Häusern, die oftmals in historischen Gebäuden eingerichtet wurden und eine sehr reizvolle Atmosphäre haben.*

**$$ Le 253 (8)**, *253, rue de la Reine, Saint-Roch, ☏ 418-647-0590 oder 1-866-647-0590, www.le253.com, B&B mit angeschlossenem Café.*
**$$$ Le Château de Pierre (10)**, *17, ave. Sainte-Geneviève, ☏ 418-694-0429, 1-888-694-0429, www.chateaudepierre.com, 15 elegante Zimmer in einem früheren Herrenhaus mit Marmorkamin, gleich hinter dem Château Frontenac, sehr freundliche, hilfsbereite Eigentümer.*
**$$$–$$$$ Au Château Fleur de Lys (9)**, *15, ave. Sainte-Geneviève, ☏ 418-694-1884, 1-877-691-1884, www.chateaufleurdelys.com, 18 Zimmer unterschiedlicher Größe in einem 1876 gebauten, 2014 renovierten Haus in der Altstadt zwischen dem Zentrum und der Zitadelle.*
**$$$–$$$$ Delta Québec (13)**, *690, blvd. René-Lévesque E., ☏ 418-647-1717, 1-888-884-7777, www.marriott.com/hotels/travel/yqbdr-delta-hotels-quebec, modernes, erstklassiges Hotel in guter Lage.*
**$$$–$$$$ Hôtel Cap-Diamant (11)**, *39, ave. Sainte-Geneviève, ☏ 418-694-0313, 1-888-694-0313, www.hotelcapdiamant.com, kleines, gemütliches Haus im viktorianischen Stil mit 9 antik möblierten Zimmern und einem schönen Garten, in der Nähe von Plains of Abraham, das Frühstück ist im Preis inbegriffen.*
**$$$$–$$$$$ Best Western Plus Centre-Ville Québec (1)**, *330, rue de la Couronne, ☏ 418-649-1919, 1-888-780-7234, http://bestwesternquebec.com/hotels/best-western-plus-city-centre-centre-ville, zentral gelegenes Hotel mit geräumigen, freundlich eingerichteten Zimmern.*
**$$$$–$$$$$ Hotel Le Concorde Québec (14)**, *1225, Cours du Général-de Montcalm, ☏ 418-647-2222 oder 1-800-463-5256, www.hotelleconcordequebec.com, ele-*

*gantes Hotel mit großen, luxuriösen Zimmern, vom Dachrestaurant hat man großartige Ausblicke auf den St.-Lorenz-Strom, die Altstadt oder die Plains of Abraham, Swimmingpool.*
**$$$$$ Auberge Sainte-Antoine (4)**, *8, rue Saint-Antoine, ☏ 418-692-2211, 1-888-692-2211, www.saint-antoine.com, preisgekrönter luxuriöser Landgasthof mit sehr schönem Blick auf den St.-Lorenz-Strom. Elegant eingerichtete Zimmer, einige Suiten haben einen Whirlpool, ein reichhaltiges Frühstück ist im Preis inbegriffen, sehr freundliche Besitzer.*
**$$$$$ Fairmont Le Château Frontenac (7)**, *1, rue des Carrières, ☏ 418-692-1751, 1-866-540-4460, www.fairmont.de/frontenac-quebec, das 1893 im Renaissance-Stil erbaute Hotel ist das Wahrzeichen von Québec und Aufenthaltsort vieler Prominenter. Viele Zimmer bieten einen fantastischen Blick auf den St.-Lorenz-Strom. Die Eingangshalle und die öffentlichen Räume sind sehr eindrucksvoll.*
**$$$$$ Hôtel de Glace Quebec-Canada**, *1860, blvd. Valcartier, Valcartier, ☏ 418-844-2200, 1-888-384-5524, www.hoteldeglace-canada.com. Falls man im Winter in Québec ist, kann man Nordamerikas einzigartiges Eishotel erleben. In der Nähe von Québec City entsteht in jedem Winter neu ein* **Eishotel** *aus 4.500 t Schnee und 250 t Eis. Bis zur Schneeschmelze bleibt das Hotel geöffnet, um dann im nächsten Winter wieder neu erbaut zu werden. Im kostspieligen Übernachtungspreis sind Schlafsackmiete und ein warmes Frühstück enthalten.*
**$$$$$ Hôtel du Vieux-Québec (3)**, *1190, rue Saint-Jean, ☏ 418-692-1850, 1-800-361-7787, www.hvq.com, in der Altstadt gelegenes Hotel mit 45 komfortablen, gut ausgestatteten Zimmern, freundlicher Service.*
**$$$$$ Manoir d'Auteuil (6)**, *49, rue d'Auteuil, ☏ 418-694-1173, 1-866-662-6647, www.manoirdauteuil.com, schön restauriertes Gebäude aus dem Jahr 1835 mit 27 stilvoll eingerichteten Zimmern in Vieux-Québec.*
**$$$$$ Manoir Victoria (2)**, *44, Côte du Palais, ☏ 418-692-1030, 1-800-463-6283, www.manoir-victoria.com, sehr schön renoviertes Hotel in der Altstadt mit modern eingerichteten Zimmern, Swimmingpool, Fitnessraum.*
**$$$$$ Québec Hilton (12)**, *1100, blvd. René-Lévesque Est, ☏ 418-647-2411, www.hiltonquebec.com, großes, modernes Hotel mit schöner Aussicht, Swimmingpool, Fitnessraum.*

### Hotels in Ste. Foy

**$$ Résidences Université Laval**, *2255, rue de l'Université Québec, ☏ 418-656-5632, www.residences.ulaval.ca, preiswerte Übernachtungsmöglichkeiten von Mai–Ende Aug. in den Studentenwohnheimen der Universität.*
**$$$–$$$$ Hôtel Classique**, *2815, blvd. Laurier, ☏ 1-800-463-1885, www.hotelclassique.com, einige Hotelzimmer mit Küchenzeile, Swimmingpool mit Whirlpool, in der Nähe der großen Einkaufszentren.*
**$$$–$$$$ Travelodge Hotel & Convention Centre Quebec City**, *3125, blvd. Hochelaga, ☏ 418-653-4901, 1-800-463-5241, www.travelodgequebec.ca, gut ausgestattete, geräumige Zimmer in der Vorstadt, Innenswimmingpool, Fitnessraum und Shuttlebus ins Zentrum.*
**$$$$ Le Bonne Entente**, *3400, chemin Ste.-Foy, ☏ 418-653-5221, 1-800-463-4390, www.lebonneentente.com, sehr gutes, für Familien geeignetes Vorstadthotel mit geräumigen Zimmern auf einem großen Grundstück, Swimmingpool, Tennisplätze, Kinderspielplatz.*

### Bed & Breakfast

**$$–$$$ B&B Relais Charles-Alexandre**, *91, Grande Allée Est, ☏ 418-523-1220, www.relaischarlesalexandre.com, sehr gut restauriertes B&B mit persönlicher Atmosphäre, ein gutes, abwechslungsreiches Frühstück ist im Preis inbegriffen.*

### Jugendherbergen

**Auberge internationale de Québec (5)**, *19, rue Sainte-Ursule, ☏ 418-694-0755, 1-866-694-0950, www.aubergeinternationaledequebec.com, preiswerte Übernachtung.*
**YWCA**, *855, ave. Holland, ☏ 418-683-2155, www.ywcaquebec.qc.ca, das Haus ist nicht nur für Frauen und Mädchen geöffnet, sondern nimmt auch Männer und Paare auf.*

### Essen und Trinken

*Québec City bietet eine große Auswahl an Restaurants, unter denen sich neben traditionsreichen Lokalen mit bodenständiger Küche auch einige der besten kanadischen Feinschmeckerlokale befinden.*
**1640 Bistro (3)**, *20, rue Saint-Anne, ☏ 418-694-9063, 1-800-566-1876, www.bistro1640.com, elegantes Restaurant-Bistro, Hauptgerichte ab $ 25.*
**Au Petit Coin Breton (2)**, *1029, rue Saint-Jean, ☏ 418-694-0758, Pfannkuchen und Crêpes aller Art bringt die Bedienung in traditionellen Kostümen, im Sommer wird das Essen auch auf der Terrasse serviert, Hauptgerichte zwischen $ 10 und 20. Mo–Do 8.30–21, Fr/Sa 8.30–22, So 8.30–21 Uhr.*
**Aux Anciens Canadiens (5)**, *34, rue Saint-Louis, ☏ 418-692-1627, www.auxanciens canadiens.qc.ca, dieses berühmte Restaurant befindet sich im ältesten Haus von Québec aus dem Jahre 1675. Dies ist der beste Platz, um einige der traditionellen, herzhaften Québecer Spezialitäten zu probieren, wie z. B. „tourtière" (eine Fleischpastete) oder „fèves au lard" (Schweinefleisch mit Bohnen). Dazu passt ein „Caribou" (ein starkes Getränk mit Rotwein und Whisky) und als Dessert ein „Tarte au sucre" (ein Pie mit Ahornsirup). Gehobene Preiskategorie.*
**Graffiti (10)**, *1191, ave. Cartier, ☏ 418-529-4949, www.restaurantgraffiti.com, schickes Bistro mit kreativer Küche, Tagesgerichte zu günstigen Preisen, gute Auswahl an Weinen. So–Fr 11.30–14.30 u. 17–23 Uhr.*
**Le Ciel (9)**, *1225, pl. Montcalm, ☏ 418-640-5802, www.cielbistrobar.com, Drehrestaurant im 28. Stockwerk des Hotels Le Concorde Québec, sehr schöner Ausblick auf Québec und Umgebung, beliebter Ort für den Sonntags-Brunch, gehobenes Preisniveau. Mo–Fr 11.30–14, Sa/So 9–14, Abendessen So–Do 17–22, Fr/Sa 17–23 Uhr.*
**Le Champlain (7)**, *1, rue des Carrières, ☏ 418-692-3861, http://restaurantchamplain.com, elegantes, imposantes Restaurant im Château Frontenac, feine französische Küche bei dezenter Harfenmusik.*
**Le Cochon Dingue (8)**, *46, blvd. Champlain, ☏ 418-692-2013, www.cochondingue.com, beliebtes Café-Restaurant in der Unterstadt in der Nähe der Fähre, das Steaks, Muschelgerichte und sehr gute Desserts serviert, Hauptgerichte zwischen $ 10 und $ 25. Mo–Fr 7–22, Sa/So 8–22 Uhr.*
**Le Lapin Sauté (11)**, *52, rue du Petit Champlain, ☏ 418-692-5325, www.lapinsaute.com, kleines, gern besuchtes Restaurant in der historischen Gegend Petit Champlain. Mo–Do 11–22, Fr 11–22.30, Sa 9–22.30, So 9–22 Uhr.*
**Le Saint-Amour (4)**, *48, rue Sainte-Ursule, ☏ 418-694-0667, sehr gutes Restaurant mit schönem Wintergarten und erstklassiger französischer Küche; interessante, mehrgängige Menüvorschläge, gehobenes Preisniveau.*
**Restaurant Continental (6)**, *26, rue Saint-Louis, ☏ 418-694-9995, www.restaurantle continental.com, hier werden seit mehr als 30 Jahren klassische französische und Seafood-Gerichte zubereitet, angenehme Einrichtung, guter Weinkeller, gehobene Preiskategorie. Mo–Mi 11.30–22.30, Do/Fr 11.30–23, Sa 17–23, So 17–22.30 Uhr.*
**Tournebroche (1)**, *1190, rue Saint-Jean, ☏ 418-692-5524, renommiertes, elegantes Restaurant in der Nähe des Hôtel de Ville, mit ausgezeichneten Geflügelgerichten. Tgl. 11–23 Uhr.*

### Kleine Köstlichkeiten für zwischendurch

*Die üblichen Fast-Food-Kettenrestaurants finden sich vorwiegend in der Rue Saint-Jean und auf dem Boulevard Laurier im Vorort Sainte-Foy. Wer ein Picknick am Alten Hafen oder auf der Dufferin-Terrasse in der Nähe des Château Frontenac machen will, kann die Zutaten dafür z. B. im* **Marché du Vieux Port**, *160, rue Saint-André, kaufen, wo die Bauern des Umlandes ihre Produkte feilbieten. Oder man geht zum traditionsreichen Laden* **Epicerie J. A. Moisan**, *699, rue Saint-Jean, ☏ 418-522-0685, der schon seit 1871 täglich frisches Obst und Gemüse anbietet, Mo–Sa 8.30–19, So 10–19 Uhr. Für gute Snacks zwischen den Mahlzeiten sind bekannt:*

**Café Krieghoff**, *1089, rue Cartier, ☏ 418-522-3711, www.cafekrieghoff.qc.ca, angenehmes Café in einem alten Steinhaus, köstliche, selbst gemachte Desserts. Tgl. bis spät geöffnet.*

**Casse-Crêpe Breton**, *1136, rue Saint-Jean, ☏ 418-692-0438, www.cassecrepebreton.com, gute, frisch zubereitete Crêpes und Sandwiches.*

**Chez Temporel**, *25, rue Couillard, ☏ 418-694-1813, www.facebook.com/cheztemporel, freundliches und gemütliches, französisches Café mit guten Croissants, kleinen Snacks und Quiches. Mo–Do 11–17, Fr/Sa 11–20.30, So 11–19 Uhr.*

### Pubs und Bars

*Québec bietet fidele Ausgehmöglichkeiten. Im Sommer sind natürlich die Gartenlokale und kleinen Straßencafés besonders beliebt. Das Nachtleben spielt sich hauptsächlich in der Rue Saint-Jean, Grande Allée, Rue du Petit Champlain, Avenue Cartier und am Alten Hafen ab. Die meisten der Innenstadt-Hotels haben eine Lobby-Bar. Weitere Möglichkeiten für den Abend sind:*

**Jules et Jim**, *1060, ave. Cartier, ☏ 418-524-9570, ruhige, bequeme Bar mit altmodischer Einrichtung und freundlicher Bedienung.*

**Le Ciel**, *s. Essen und Trinken* **(9)**, *Dachterrassenbar des Hotels Le Concorde Québec mit großartigen Ausblicken auf die Stadt.*

**L'Emprise**, *57, rue Sainte-Anne, ☏ 418-692-2480, www.facebook.com/clarendon1870, Art-déco-Bar im Hotel Clarendon.*

**L'Inox**, *655, Grande Allée Est, ☏ 418-692-2877, www.brasserieinox.com, traditionelle Brauerei, hier wird noch an Ort und Stelle gebraut.*

**Pape-Georges**, *8, rue Cul-de-Sac, ☏ 418-692-1320, www.facebook.com/papegeorges, gemütliche Bar, Wein und Käse in der Atmosphäre einer mittelalterlichen Burg; gelegentlich gibt es Livemusik.*

### Einkaufen

*Québec hat sich mit seinem Warenangebot ganz auf die Wünsche der Touristen eingestellt. Die Auswahl an Geschenken und Souvenirs in den vielen kleinen Geschäften und Boutiquen ist riesengroß. Die meisten Läden konzentrieren sich an der Rue Saint-Jean, an der Côte de la Fabrique, an der Avenue Cartier und an der Rue Saint-Paul in der Gegend am Alten Hafen. Einige Empfehlungen:*

**Les Promenades du Vieux-Québec**, *43, rue De Buade, historisches, renoviertes Gebäude mit kleinen Boutiquen.*

**Quartier du Petit Champlain**, *altes, renoviertes Viertel in der Innenstadt; die kleinen Läden führen vor allem Schmuck, Kunsthandwerk, Lederwaren, Puppen u. Ä.*

**Rue du Trésor**, *kleine, enge Gasse mit Kunstgewerbegeschäften und Souvenirläden gegenüber vom Château Frontenac.*

**Galerie Art Inuit Brousseau**, *35, rue Saint-Louis, ☏ 418-694-1828, www.artinuitbrousseau.ca, authentische Skulpturen und Kunst der Inuit.*

**Erico**, *634, rue Saint-Jean, ☏ 418-524-2122, www.ericochocolatier.com, hier findet man köstliche Schokolade in allen Variationen und ein kleines Schokoladenmuseum.*
**La Dentellière**, *56, blvd. Champlain, ☏ 418-692-2807, Boutique mit handgearbeiteten Tischdecken, Vorhängen und Seidenmalereien.*
**La Fudgerie**, *La boutique, 16, rue du Cul-de-Sac, ☏ 418-622-9595, www.lafudgerie.com, in dem kleinen Geschäft im Quartier Petit Champlain gibt es Karamell-Konfekt in vielen Formen und Geschmacksrichtungen.*
**La Maison Simons**, *20, côte de la Fabrique, ☏ 418-692-3630, www.simons.ca, gutes, altes Kaufhaus von 1840.*
**Boutique métiers d´art du Québec**, *29, rue Notre Dame, ☏ 418-694-0267, Ausstellung mit Arbeiten von Künstlern und Kunsthandwerkern aus der Region.*

*Drei der besten Einkaufszentren in den Vororten sind:*
**Les Galeries de la Capitale**, *5401, blvd. des Galeries, ☏ 418-627-5800, 10 Min. von der Innenstadt entfernt, im Nordwesten der Stadt gelegener Gebäudekomplex mit 250 Geschäften, kleinem Vergnügungspark und IMAX-Theater, ☏ 418-624-4629.*
**Place Fleur de Lys**, *552, blvd. Wilfrid-Hamel, ☏ 418-529-0728, in Sainte-Foy, 15 Min. entfernt, große Auswahl in 250 Geschäften.*
**Laurier Québec**, *2700, blvd. Laurier, ☏ 418-651-5000, in Sainte-Foy, 15 Min. entfernt, 350 verschiedene Geschäfte, die Kaufhäuser „La Baie" und „Sears" und ein Food-Court. Ebenfalls in Sainte-Foy wird jeden Sonntag an der Rue Place-de-Ville ein* **Flohmarkt** *abgehalten.*

## Verkehrsmittel

### Flüge

*Der Flughafen* **Jean Lesage International Airport**, *500, rue Principale, ☏ 418-640-3300, 1-877-769-2700, www.aeroportdequebec.com, liegt etwa 22 km nordwestlich der Stadt im Vorort Sainte-Foy. Es bestehen Flugverbindungen u. a. mit Toronto, Montréal, Ottawa, Halifax und anderen kanadischen Städten.*
**Air Canada**: *☏ 1-888-247-2262, www.aircanada.com*
**Air Transat**: *☏ 00 800 87 26 72 83 oder 0031 20 655 1738, 1-877-872-6728, www.airtransat.com*

**Taxifahrten** *in die Innenstadt kosten ca. $ 35, in den Vorort Sainte-Foy ca. $ 15.*
*Die* **Buslinie Nr. 78**, *☏ 418-627-2511, verkehrt zwischen dem Flughafen und der Innenstadt Mo–Fr 2 x stdl., Einzelfahrt $ 3,50.*

### Busse

*Die Busse der* **„Résau de transport de la capitale"** (RTC) *verkehren tgl. zwischen 5.30 und 1 Uhr. Eine Fahrt kostet $ 3,05, passendes Fahrgeld bereithalten; preisgünstiger sind Mehrfahrtenkarten oder ein Tagespass für $ 8,60, Wochenendkarte $ 15,75. Auskünfte erhält man unter der Rufnummer w 418-627-2511 und online unter www.rtcquebec.ca.*
*Der* **Busbahnhof** *für die Linien der näheren Umgebung befindet sich 320, rue Abraham Martin, ☏ 418-525-3000.*
*Die Busse von* **Orléans Express** *verbinden Québec mit Montréal, Ottawa und anderen kanadischen und amerikanischen Städten; Haltestellen sind 320, rue Abraham Martin, ☏ 418-525-3043, chemin des Quatre Bourgeois, ☏ 418-650-0087 in Sainte-Foy.*

### Bahnverbindungen

*Québec hat drei Bahnhöfe, die alle unter der Rufnummer von VIA Rail ☏ 1-888-842-7245 oder unter www.viarail.ca zu erreichen sind. Informationen, Fahrplanauskünfte und Reservierungen tgl. 8–22 Uhr.*

*Die* **VIA-Rail**-*Züge verkehren zwischen Québec und Montréal über Trois-Rivières, Fahrzeit ca. 3 Std. 15 Min.; zwischen Québec und Montréal über Drummondville, Fahrzeit ca. 2 Std. 40 Min.; zwischen Québec und der Halbinsel Gaspésie, Fahrzeit ca. 16 Std.*
*Die Bahnhöfe sind* **Gare du Palais**, *450, rue de la Gare-du-Palais, der sehr schön renoviert wurde,* **Gare de Sainte-Foy**, *3255, chemin de la Gare, und* **Gare de Charny**, *2326, rue de la Gare, wo die Züge zu Städten der Atlantikprovinzen abfahren.*

**Mietwagen**
**Hertz**: u. a. *am Flughafen ☏ 418-871-1571, in Vieux-Québec ☏ 418-694-1224*
**Enterprise**: *am Flughafen ☏ 418-861-8820, in Québec u. a. Delta Hotel ☏ 418-523-6661*
**National**: *am Flughafen ☏ 418-877-9822*

## Rundfahrten/Touren/Besichtigungen

**mit dem Bus**
*Es werden „Hop-on-Hop-off"-Rundfahrten in roten Doppeldeckerbussen angeboten, die zu 12 Sehenswürdigkeiten der Stadt führen; das Ticket ist 24 Std. gültig und kostet mit beliebig vielen Fahrten für Erwachsene $ 37, für Kinder $ 23. Die Busse verkehren im April/Mai zwischen 9.30 und 16 Uhr im 30-45-Min.-Takt, Juni–Okt. zwischen 8.30 und 16 Uhr im 20-30-Min.-Takt. Außerdem gibt es 3-stündige kombinierte Bus-/Schiffsfahrten, 4,5-stündige Fahrten nach Sainte-Anne-de-Beaupré und zu den Montmorency-Wasserfällen sowie ganztägige Fahrten durch Québec und das Umland.*
**Tours du Vieux-Québec**, *☏ 418-664-0460, 1-800-267-8687, www.toursvieuxquebec.com, Fahrkarten gibt es in der Touristeninformation, 12, rue Ste-Anne, und am Château Frontenac.*

**mit dem Boot**
**Croisières AML**, *124, rue Saint-Pierre, ☏ 1-866 856-6668, www.croisieresaml.com, verschiedene Bootsfahrten werden angeboten. Sie dauern ca. 1,5 Std.; 3–4 Abfahrten tgl. am Chouinard-Pier, 10, rue Dalhousie. Erwachsene $ 35, Kinder 6–12 J. $ 20.*

**Tipp**

Wer nur einen kurzen Ausflug machen will, kann mit der Fähre nach Lévis fahren; die Fahrt (ca. 15 Min.) bietet einen schönen Blick auf die Stadt. **Québec City Ferry Terminal**, 10, rue des Traversiers, ☏ 418-643-2019, 1-877-787-7483, www.traversiers.com, Lévis Ferry Terminal, 6001, rue Laurier, ☏ 418-837-1812, Erwachsene $ 3,65, Senioren $ 3,05, Jugendliche 6–15 J. $ 2,45.

**zu Fuß**
**Les Tours Voir Québec**, *12, rue St. Anne, ☏ 418-694-2001, 1-866-694-2001, www.toursvoirquebec.com, die täglichen Spaziergänge durch das historische Québec beginnen an der 12, rue Ste.-Anne.*

**mit der Pferdekutsche**
*Besonders beliebt sind Fahrten mit den bunt geschmückten Pferdekutschen, die zum Hotel bestellt werden können (***Calèches du Vieux-Québec***, ☏ 418-683-9222, www.calechedu vieuxquebec.com), die aber auch feste Halteplätze haben, z. B. am* **Place d'Armes**, *in der Nähe von Château Frontenac. Es werden verschiedene Fahrten angeboten, z. B. „The Frontenac", Dauer: ca. 35 Min., $ 100.*

## Redaktionstipps

- Besuch der Städte **Montréal** (S. 169) und **Québec** (S. 202)
- Ausflug zu den **Stromschnellen von Lachine** (S. 196) und zur **Lachine National Historic Site** (S. 197).
- Inselrundfahrt auf der **Île d'Orléans** (S. 214)
- Ausflug zur **Île aux Coudres** (S. 226)
- **Walbeobachtungen** bei **Tadoussac** am Zusammenfluss von St.-Lorenz-Strom und Saguenay River (S. 230)
- Besuch des **Exploramer** in **Sainte-Anne-des-Monts** (S. 250)
- Spaziergang bei Ebbe zum **Rocher Percé** in Percé (S. 253)
- Fahrt zum Nationalpark **Île Bonaventure** (S. 253)
- Tierbeobachtungen im **Forillon National Park** (S. 258) oder im **La Mauricie National Park** (S. 258)

# Rundreisen durch die Provinz Québec

Die folgenden Routenvorschläge führen in die Provinz Québec, die mit 1,7 Mio. km² die größte aller kanadischen Provinzen ist und als Ferienlandschaft noch immer als Geheimtipp gilt. Eine große Vielfalt an Landschaften und Sehenswürdigkeiten prägt die Region: hügelige Flusslandschaften, Naturparks mit Wäldern und Seen, die zum Campen, Wandern, Kanufahren und zur Tierbeobachtung einladen, Flüsse, in denen sich Seehunde, Belugawale und Delfine tummeln, unerschlossene und schwer zugängliche Gebiete, in denen nur einige Jäger- und Anglerhütten stehen, und malerische Dörfer, deren Restaurants die Spezialitäten der Region servieren. Unterkunft finden man in komfortablen Hotels, gemütlichen Bed-&-Breakfast-Häusern oder in luxuriösen Resorthotels.

Zu den Höhepunkten einer Reise durch Québec zählen die Klippen der Halbinsel Gaspésie, der Saguenay Fjord und der Laurentides-Provinzpark; die einzelnen Rundreisen sind gut miteinander zu kombinieren.

Die Entfernungen in der Provinz sind riesig, sodass man für die Fahrten viel Zeit einplanen muss; dies bietet aber auch die Gelegenheit, die Vielfalt der Naturerlebnisse und das besondere Flair zu erleben, das Québec von anderen Reisegebieten Nordamerikas unterscheidet.

## Québec mit dem Fahrrad

*Schöne Radwege*

Québec lässt sich auch mit dem Fahrrad bereisen. Es gibt in der Provinz einige interessante Radrouten, auf denen man die Provinz kennenlernen kann:

- Die **Route Verte** verläuft durch einige der landschaftlich schönsten Regionen Québecs. Sie ist 5.300 km lang und durchquert 7 Nationalparks (*www.routeverte.com*).
- **Le P'tit Train du Nord Linear Park** ist ein Radweg, der auf einer alten Bahnlinie durch die Laurentiden verläuft. Im Winter wird er als Skilanglaufstrecke oder Snowmobilweg genutzt (*www.laurentides.com/en/linearpark*).
- Die **Véloroute des Bleuets** (der „Blaubeerenradweg") umrundet den Lac St. Jean. Es gibt Routen für sportliche Radfahrer, für Familien, Genussradler und Mountain und Fat Biker (*https://veloroutedesbleuets.com*).
- Der **Boucle des Cantons de L'Est** verläuft auf einer Länge von 154 km durch fruchtbare Regionen südlich von Montréal (*http://enroutelibre.ca/itineraires/boucle-des-cantons-de-lest*).

# Routenvorschlag 1: von Québec nach Tadoussac, zum Saguenay Fjord, zum Parc Laurentides und zur Côte Nord

**i Streckenhinweis**

**Québec City–Tadoussac–Saguenay Fjord–Chicoutimi–Lac Saint-Jean–Parc Laurentides–Québec City**
Länge und Dauer der Rundfahrt: ca. 800–875 km, mindestens 5 Tage

Die Rundfahrt führt von Québec City über den Hwy. 138 am St.-Lorenz-Strom entlang durch die Landschaft des **Charlevoix** zum Ort Tadoussac, der an der Mündung des Saguenay River in den St.-Lorenz-Strom liegt. An beiden Flussufern führen Straßen am Rivière Saguenay entlang bis Chicoutimi und weiter zum Feriengebiet am Lac Saint-Jean. Der zweite Teil der Rundfahrt führt über den Hwy. 155 oder die Hwys. 169 und 175 durch den Laurentides-Park mit Wäldern und Seen, die man auf Wanderungen und Kanufahrten erkunden kann. Die Rundfahrt endet wieder in Québec City.

**Unterkunft**
*Hinweise zu Übernachtungsmöglichkeiten an dieser Strecke finden sich bei den Ortschaften Pointe-au-Pic (s. S. 227), Tadoussac (s. S. 230), Île-aux-Coudres (s. S. 226), Petit-Saguenay (s. S. 236), Chicoutimi (s. S. 233), Alma (s. S. 235), Saint-Félicien (s. S. 234) und Roberval (s. S. 235).*

*Reizvolle Landschaft*

Die Region **Charlevoix**, die 1989 von der UNESCO zum Biosphärenreservat erklärt wurde, gehört mit ihren Felsküsten, Sandstränden, Ufern, Seen und Wäldern zu den schönsten Landschaften Québecs. Dominierend ist der St.-Lorenz-Strom, der sich wenige Kilometer hinter Québec City so verbreitert, dass sein gegenüberliegendes Ufer kaum mehr zu sehen ist. Am diesseitigen Ufer liegen kleine Dörfer und Weiler mit bunt gestrichenen Holzhäusern, die von Feldern und Wiesen umgeben sind. Gleich hinter den Dörfern steigen die Laurentides, die Laurentinischen Berge, bis auf 1.000 m Höhe an; in den Mischwäldern sind noch Schwarzbären, Elche und Karibus beheimatet.

Für einen kurzen Zwischenstopp mit dem Auto sind die ausgeschilderten „bellevues“ besonders geeignet, um die Ausblicke von der kurvenreichen Küstenstraße aus zu genießen.

## Von Québec nach Tadoussac

Nur etwa 30 Minuten von Québec entfernt liegt bei Sainte-Anne-de-Beaupré das Naturschutzgebiet **Réserve nationale de faune du cap Tourmente**, wo im Frühjahr und Herbst Tausende von Schneegänsen auf ihrem Weg nach Süden oder bei ihrer Rückkehr in den Norden eine Rast einlegen. Die Zahl der jährlich durchziehenden Vögel wird auf 325.000 geschätzt. Ein Netz von Wanderwegen durchzieht den Park und bietet ebenso wie der Aussichtsturm Gelegenheit zur Tierbeobachtung. Im Besucherzentrum kann man sich über die 250 hier brütenden oder durchziehenden Vogelarten und andere Tierarten informieren.

**Réserve nationale de faune du cap Tourmente** (**Cap Tourmente National Wildlife Area**), *570, chemin du Cap Tourmente, ☎ 418-827-4591, www.canada.ca/en/environment-climate-change/services/national-wildlife-areas/locations/cap-tourmente.html, Nov.–21. Dez., 21.–31. März am Wochenende geschl., Eintritt Erwachsene $ 6, Senioren, Studenten und Jugendliche von 12–18 J. $ 5.*

## Baie-Saint-Paul

Baie-Saint-Paul, das zu den ältesten Orten Québecs gehört, ist wegen seiner malerischen Lage ein Anziehungspunkt für Schriftsteller, Maler, Bildhauer und andere Künstler und

**Von Québec zum Saguenay-Fjord und zum Parc Laurentides**

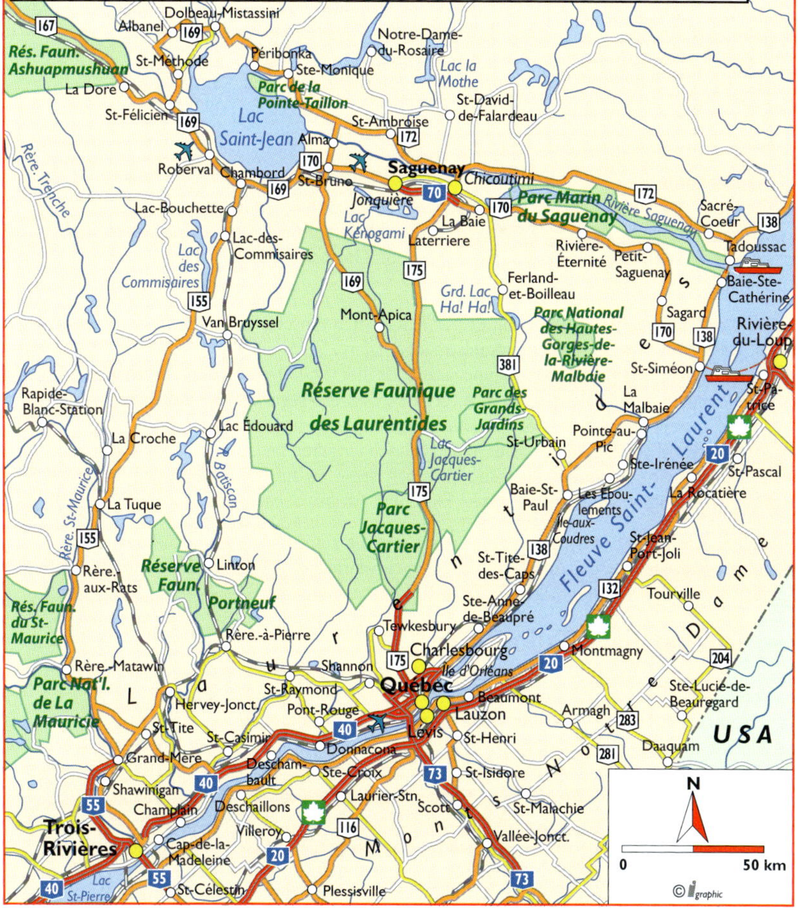

inzwischen auch ein beliebter Ferienort. Die Werke der Künstler des Charlevoix sind in zahlreichen Ateliers, Galerien und Museen ausgestellt; besonders interessant ist das **Musée d'art contemporain de Baie-Saint-Paul**. Bei einem Spaziergang durch den Ort sieht man in der Rue Saint-Joseph noch einige der alten Häuser, die mit den typischen Mansarden gebaut wurden; die Rue Sainte-Anne führt hinunter zum Hafen und zu einem schönen Sandstrand.

**Musée d'art contemporain de Baie-Saint-Paul**, *23, rue Ambroise-Fafard, ☎ 418-435-3681, www.macbsp.com, Mitte Juni–Aug. tgl. 10–17, sonst Di–So 11–17 Uhr, Eintritt Erwachsene $ 10, Senioren u. Studenten $ 7, Familienkarte $ 15.*

Das **Centre d'histoire naturelle de Charlevoix** gibt einen Überblick über die geologische Entwicklung, die Tier- und Pflanzenwelt, das Klima und die Geschichte des Charlevoix.

**Centre d'histoire naturelle de Charlevoix**, *44, blvd. Mgr-De Laval (route 138), ☎ 418-435-6275.*

### Tipp

Wer die Orte zwischen Baie-Saint-Paul und La Malbaie inkl. der Île-aux-Coudres besuchen will, sollte 2–3 Tage für die Strecke einplanen. Sie ist Teil der **Route des Saveurs** (Route der Genießer) und der **Route de Fleuve** (Fluss-Route). Entlang dieser Strecke kann man Produzenten der Québecer Spezialitäten besuchen, hinter die Kulissen schauen und die Angebote natürlich auch kosten. Welche Produzenten ihre Manufakturen, Käsereien, Weingüter und Fischlager öffnen, verrät folgende Website: http://routedesaveurs.com.

## Reisepraktische Informationen Baie-Saint-Paul

### Information

**Touristeninformation**, *444, blvd. Mgr-De Laval, ☎ 418-665-4454 oder 1-800-667-2276, Mitte Mai–Juni 9–17, Juli/Aug. 8.30–19, Sept. 8.30–17, Okt.–Mitte Mai 9–16 Uhr.*

### Unterkunft

**$$ Hotel Baie-Saint-Paul**, *8, chemin du Golf Baie-Saint-Paul, ☎ 418-435-3683 oder 1-800-650-3683, www.hotelbaiestpaul.com, Motor Inn mit 62 geräumigen und angenehmen Zimmern am Hwy. 138.*

**$$$ Domaine Belle Plage**, *192, rue Sainte-Anne, ☎ 418-435-3321 oder 1-888-463-6030, www.belleplage.ca, Anlage mit 3 Gebäuden am Ufer des St.-Lorenz-Stroms mit freundlich eingerichteten Nichtraucherzimmern und Restaurant.*

**$$$ La Maison Otis**, *23, rue Saint-Jean-Baptiste, ☎ 418-435-2255 oder 1-833-435-2255, www.maisonotis.com, gepflegtes Landhaus mit 30 geräumigen, in verschiedenen Stilen eingerichteten Zimmern in einem alten Steinhaus und zwei Anbauten; Restaurant mit ausgezeichneter regionaler und französischer Küche.*

**$$$–$$$$ Auberge La Muse**, *39, rue Saint-Jean-Baptiste, 1-800-841-6839, www.lamuse.com, gepflegter Gasthof mit gemütlichen, teils kleinen Zimmern; im hauseigenen Bistro kann man gut essen.*

Ein besonderes **Ausflugsziel** für Wanderer und Naturfreunde ist der **Parc National des Grands-Jardins** bei **Saint-Urbain**. Der 310 km² große Park wurde

1981 eingerichtet und ist geprägt durch Tundra-Vegetation mit Granitfelsen, Hochmooren und einsamen Seen; in den Schwarzkieferwäldern leben noch Schwarzbären, Luchse und Elche; seit einigen Jahren ziehen auch wieder Karibu-Herden durch. Gleich am Parkeingang beginnt ein 2,7 km langer Wanderweg, der auf den 980 m hohen Berg Lac des Cygnes hinaufführt. Im Château-Beaumont-Besucherzentrum kann man sich über Flora und Fauna des Parks informieren.

**Parc National des Grands-Jardins** *bei* **Sainte-Urbain**, *ca. 42 km von Baie-Saint-Paul entfernt, über den Hwy. 381 erreichbar, ☏ 418 439-1227, www.sepaq.com/pq/grj, Juli/Aug. tgl. 9–20, Sept. Mo–Do 9–17, Fr 8–20, Sa/So 8–18, Okt. tgl. 9–16, Ende Mai–Juni Mo–Do 9–17, Fr/Sa/So 8–17.30 Uhr, von Dez.–Mitte April ist der Park von Sa–Mi für Wintersportler geöffnet, Eintritt Erwachsene $ 8,75.*

**Mont-du-Lac-des-Cygne Visitors Centre**, *Via Ferrata, www.sepaq.com, hier gibt es Infos, einen Laden, Camperregistrierung für Pied-des-Monts und Étang-Malbaie, Anglerregistrierung für Pied-des-Monts, Lebensmittel (Sandwiches, Trockenwurst, Muffins), Holz und Eis, Öffnungszeiten s. Website.*

**Arthabaska Discover and Visitors Centre**, *Information, Laden, Camperregistrierung für La Roche und Arthabaska, Anglerregistrierung für Arthabaska, Outfitter, Holz und Eis. Ende Mai–Ende Aug. tgl. 9–20, Sept.–Mitte Okt. tgl. 9–17 Uhr.*

## Auf der Route de Fleuve von Baie St. Paul nach La Malbaie

Kurz vor der Abzweigung der Route du Port nach Les Éboulements und Saint-Joseph-de-la-Rive liegt versteckt die **Moulin Seigneural**, eine alte Mühle aus französischer Zeit. Die Mühle ist heute noch in Betrieb. Für eine geringe Eintrittsgebühr kann sie besichtigt werden.

Die Straße führt von der Route 362 über einen steilen Abhang nach **Saint-Joseph-de-la-Rive**, das seinen Wohlstand mehreren Schiffswerften verdankte. An die Vergangenheit erinnern die Werft und drei alte Schoner im **Musée Maritime de Charlevoix**. Die Guides erzählen anschaulich vom harten Leben der Seeleute auf dem Strom.

**Musée Maritime de Charlevoix**, *305, rue de l'Eglise, ☏ 418-635-1131, www.museemaritime.com, Mitte Mai–Mitte Okt. tgl. 10–18 Uhr, Eintritt Erwachsene $ 10, Studenten (mit Studiennachweis) $ 7,50, Kinder unter 5 J. frei, Familienkarte $ 25.*

*Papiermühle*

Nicht weit entfernt liegt die **Papeterie Saint-Gilles** mit einer Mühle, wo man zuschauen kann, wie Papier in einer Technik des 17. Jh. hergestellt wird. Besonders wertvolles Papier wird mit eingelegten Blättern und Blüten gedruckt. Im Laden gibt es die originellen Produkte auch zu kaufen.

**Papeterie Saint-Gilles**, *304, rue Félix-Antoine-Savard, ☏ 418-635-2430, 1-866-635-2430, www.papeteriesaintgilles.com, Eintritt frei, Führungen nach vorheriger Anmeldung gegen Gebühr.*

## Île-aux-Coudres

### Fähre

*Eine stündlich zwischen 6 und 23 Uhr verkehrende* **Fähre** *(Ende Juni-Aug. jede halbe Stunde zwischen 10 und 18 Uhr), ☏ 418-438-2743, www.traversiers.gouv.qc.ca, verbindet Saint-Joseph-de-la-Rive mit der Îsle-aux-Coudres, Fahrzeit ca. 20 Min. Die Fähre ist kostenlos.*

Von Saint-Joseph-de-la-Rive bringt die Autofähre einen kostenlos hinüber zur 11 km langen und 5 km breiten **Île-aux-Coudres**, in deren Bucht Jacques Cartier 1535 ankerte und ihr den Namen „Insel der Haselnüsse" gab. Die Fähre legt in Saint-

Bernard-sur-Mer an; dort werden Fahrräder vermietet, mit denen sich die Insel mit ihren drei Dörfern auf der 26 km langen Inselstraße erkunden lässt. Auf einer Rundfahrt kann man noch traditionelle Fischfangmethoden am St.-Lorenz-Strom sehen.

Zu den Sehenswürdigkeiten der Insel zählen das **Musée Les Voitures d'Eau**, 1922, chemin des Coudriers, mit einem Schoner und maritimen Ausstellungsstücken, das **Musée de L'Île-aux-Coudres**, 231, chemin des Coudriers, mit Ausstellungen zur Geschichte und Natur der Insel, und die beiden gut erhaltenen **Mühlen** aus dem 19. Jh.
**Les Moulins de Île-aux-Coudres**, *36, chemin du Moulin, Île-aux-Coudres, ☏ 418-760-1065, http://lesmoulinsdelisleauxcoudres.com, Mitte Mai–Mitte Okt. tgl. 10–17 Uhr, Eintritt Erwachsene $ 10,44, Jugendliche 6–15 J. $ 5,50, Familienkarte $ 22 (1 Erwachsener mit Kindern)–25 (2 Erwachsene mit Kindern).*

## Reisepraktische Informationen Île-aux-Coudres

### Unterkunft

*Auf der Insel gibt es einige Bed-&-Breakfast-Angebote und kleine Hotels; in den Restaurants mit guter französischer Küche kann man die Spezialitäten der Region probieren.*
**$$–$$$ Auberge La Coudrière**, *2891, chemin des Coudriers, Île-aux-Coudres, ☏ 418-438-2838, 1-888-438-2882, www.aubergelacoudriere.com, schönes, im traditionellen Stil gebautes Landgasthaus mit 50 stilvoll eingerichteten Zimmern mit Blick auf den St.-Lorenz-Strom oder einen See, in der Nähe des Hauses beginnt ein ca. einstündiger Wanderweg. Geöffnet Mai–Okt.*
**$$$$–$$$$$ Hôtel La Roche Pleureuse**, *2901, chemin des Coudriers, Île-aux-Coudres, ☏ 418-438-2734, 1-800-463-6855, www.rochepleureuse.com; das 1930 gebaute Hotel hat 87 gemütliche Zimmer, mit Antiquitäten eingerichtete Aufenthaltsräume, schöne Gartenanlagen und ein Restaurant; Tennisplatz, beheizter Außenswimmingpool, schöner Blick auf den St.-Lorenz-Strom. Im Winter geschl.*

## Sainte-Irénée

Nach der Rückkehr zum Festland führt die Küstenstraße nach Sainte-Irénée mit einem feinsandigen Strand und der **Domaine Forget**, einem ehemaligen Landsitz der Familie Forget. Hier findet jeden Sommer in der modernen Konzerthalle mit ausgezeichneter Akustik das „Domaine Forget International Festival" statt, bei dem international bekannte Klassik- und Jazz-Künstler auftreten.
**Domaine Forget**, *5, rang St.-Antoine, ☏ 418-452-8111, 1-888-336-7438, www.domaineforget.com, Tickets ab $ 22.*

## Pointe-au-Pic

Der Ort am Ufer des St.-Lorenz-Stroms gilt seit dem Ende des 19. Jh. als beliebtes Feriendomizil wohlhabender kanadischer und US-amerikanischer Familien. Eines der alten Luxushotels ist das Hotel **Fairmont Le Manoir Richelieu** ($$$$$ *181, rue Richelieu, La Malbaie, ☏ 418-665-3703, www.fairmont.de/richelieu-charlevoix*), das noch heute zu den besten Hotels im Osten Kanadas zählt. Es wurde 1899 als Holzbau errichtet, 1928 durch einen Brand zerstört, dann im Stil eines französischen Schlosses wiederaufgebaut und mit großem Aufwand restauriert. Die originalgetreu eingerichteten Zimmer und Aufenthaltsräume, die ausgezeichnete Küche, der hoteleigene Golfplatz und das Casino de Charlevoix bieten allen denkbaren Luxus. Das schön am St.-Lorenz- Spitzenhotel

Strom gelegene **Musée de Charlevoix** informiert über die Geschichte der Region und zeigt in Wechselausstellungen Kunstwerke kanadischer Künstler.

**Musée de Charlevoix**, *10, chemin du Hâvre, ☏ 418-665-4411, www.museedecharlevoix.qc.ca, Juni–Mitte Okt. tgl. 9–17, sonst Mo–Fr 10–17 und Sa/So 13–17 Uhr, Eintritt Erwachsene $ 8, Senioren, Kinder und Jugendliche von 11–18 J. $ 6, Familienkarte $ 20.*

## Reisepraktische Informationen Pointe-au-Pic

### Unterkunft

$$ **Auberge La Châtelaine**, *830, chemin des Falaises, ☏ 418-665-4064, www.aubergelachatelaine.com, gepflegtes Landgasthaus von 1892 in schöner, ruhiger Lage mit 6 geräumigen Zimmern und 2 Suiten, Restaurant und Frühstücksbuffet.*

$$–$$$ **Hôtel au Petit Berger**, 20, *rue Desbiens, ☏ 418-665-4428, 1-800-314-4428, http://hotelaupetitberger.com, freundliches Haus mit hell und freundlich eingerichteten Zimmern und Swimmingpool, schöner Blick auf den St.-Lorenz-Strom.*

$$$–$$$$ **Auberge des Falaises**, *250, chemin des Falaises, ☏ 418-665-3731, 1-800-386-3731, www.aubergedesfalaises.com, sehr schönes Landgasthaus mit bekannter, hervorragender Küche, großen, schön eingerichteten Räumen, z.T. mit Whirlpool, Kamin und Balkon; großartige Ausblicke auf den St.-Lorenz-Strom.*

## La Malbaie

La Malbaie ist das Verwaltungszentrum des Charlevoix und ein beliebter Ferienort mit dem zweitältesten Golfplatz Kanadas, einer Künstlerkolonie, mehreren Kunstgalerien und Kunstgewerbegeschäften. Ein schönes Ausflugsziel ist der **Parc des Hautes-Gorges-de-la-Rivière-Malbaie**, etwa 44 km von La Malbaie entfernt. Die enge und kurvenreiche Schotterstraße führt am Rivière Malbaie entlang, der seinen Weg durch eine bis zu 700 m hoch aufragende, teilweise bewaldete Bergwelt sucht, bis zu der Felslandschaft der Hautes-Gorges. Am Besucherzentrum beginnen verschiedene geführte Wanderungen sowie Fahrrad- und Bootstouren auf dem Rivière Malbaie (Informationen: *☏ 418-439-1227, www.sepaq.com/pq/hgo/information.dot*).

*Eindrucksvolle Felslandschaft*

### Unterkunft

$$$ **Auberge des Trois Canards**, *115 Côte Bellevue, ☏ 418-665-3761, www.auberge3canards.com, ansprechendes historisches Haus mit komfortablen Zimmern mit Blick auf den Strom; ausgezeichnetes Restaurant.*

$$$$ **Le Petit Manoir du Casino**, *75, rue des Villas, ☏ 418-665-0000, 1-800-618-2112, www.petitmanoirducasino.ca, großes Hotel mit großem Spa (2 Saunen, 6 Pools mit unterschiedlicher Wassertemperatur, einschließlich einem mit einem Wasserfall), Zimmern und Studios, mit Kamin und schönem Blick auf den St.-Lorenz-Strom, neu sind 48 Villas oben auf dem Kliff.*

In **Saint-Siméon** zweigt der Hwy. 170 landeinwärts ab, der nach **Chicoutimi** und zum Lac Saint-Jean führt. Eine Fähre verbindet Saint-Siméon mit Rivière-du-Loup am Südufer des St.-Lorenz-Stroms. Den Reiz des Orts machen drei sehr schöne Badebuchten und der kleine Fischerhafen aus, wo man den Fischern beim Auslaufen der Boote oder der Rückkehr vom Fang zuschauen kann.

### Fähre

**Travers/Ferry**, *199, rue Hayward, Rivière-du-Loup, ☏ 418-862-5094, https://traverserdl.com, 2–4 x tgl. verkehren Fähren zwischen Saint-Siméon und Rivière-du-Loup. Einfache Fahrt:*

*Erwachsene $ 19,80, Kinder 7–12 J. $ 13,20, Senioren (65+) $ 18. Hin und zurück (3 Std. für alle, die an Bord bleiben oder am selben Tag hin- und zurückfahren): Erwachsene: $ 24, Kinder 7–12 J. $ 16,30, Senioren (65+) $ 22. Auto (nicht größer als 6,5 m lang, 2,44 m breit) $ 47,10, Fahrer und Passagiere nicht inbegriffen.*

## Baie-Sainte-Cathérine

Baie-Sainte-Cathérine, das sich aus einem alten Holzfällerdorf entwickelt hat, liegt an der Mündung des Saguenay River in den St.-Lorenz-Strom und ist durch eine regelmäßig verkehrende **kostenlose Fähre** mit Tadoussac verbunden (*Sept.–Mai tagsüber alle 20 Min., nachts 1x pro Stunde, Mai–Sept. tagsüber alle 15 Min., Mitte Juli–Ende Aug. kann eine Wartezeit bis zu einer Stunde anfallen. Abfahrtszeiten finden sich hier unter www.traversiers.com/en/our-ferries/tadoussac-baie-sainte-catherine-ferry/schedule*). Während man in der Schlange wartet, kann man nach Walen Ausschau halten.

Besondere Attraktionen des Ortes sind die guten Möglichkeiten zur Walbeobachtung – zu Wasser und zu Land – und Bootsfahrten auf dem Saguenay Fjord. Die besten Beobachtungsmöglichkeiten bieten sich am **Pointe-Noire** am Hwy. 138, direkt am Zusammenfluss von Saguenay und St.-Lorenz-Strom. Das Besucherzentrum zeigt Filme über die Lebensgewohnheiten der verschiedenen Wale.

*Whale Watching*

**Centre d´Interpretation et d´Observation de Pointe-Noire**, *141, route 138, Baie-Saint-Catherine, ☏ 418-237-4383 oder 418-235-4703 (Nebensaison), www.pc.gc.ca/en/amnc-nmca/qc/saguenay/Pointe-Noire, Mitte Juni–Aug. tgl. 10–17, Sept./Okt. Fr–So 10–17 Uhr, Eintritt Erwachsene $ 5,80, Senioren $ 4,90, Familienkarte $ 11,75.*

### Übernachtung

**$$–$$$ Au gîte de la chute**, *389, Route de la Grande Alliance, Baie-Sainte-Cathérine, ☏ 418-454-1045, www.augitedelachute.com, sympathisches B&B mit 5 kleinen, gemütlichen Zimmern, teilweise mit Gemeinschaftsbad. Freundliche Gastgeber, sehr gutes Frühstück. Von Juni–Sept. sind mindestens 3 Nächte obligatorisch. Geöffnet vom 15. Mai–6. Okt.*

## Walbeobachtung (in Anlehnung an Informationen der WDCS)

info

Der St.-Lorenz-Strom ist der Lebensraum für mehrere Wal- und Delfinarten, darunter die zu den Bartenwalen zählenden Blauwale, Buckelwale, Finnwale und Zwergwale sowie die zur Gruppe der Zahnwale gehörenden Belugas (Weißwale), Entenwale, Schweinswale, Schwertwale, Weißseitendelfine etc. Die besten Voraussetzungen zur Walbeobachtung bieten sich im Mündungsbereich des Saguenay River in den St.-Lorenz-Strom, wo sich das Süßwasser aus dem Saguenay mit den bereits salzig gewordenen Fluten des St.-Lorenz-Stroms vermischt. Die Meeressäugetiere werden durch die reichen Vorkommen von Krill, Plankton und kleinen Fischen angezogen, die

Ein neugieriger Wal nähert sich

info

unter dem Einfluss der kalten, sauerstoffreichen Strömung des Labradorstroms besonders gut gedeihen.

Die beste Zeit zur Walbeobachtung sind die Monate Juni bis Oktober, wenn Delfine und Wale sich in der Mitte des Stroms tummeln. Am häufigsten werden dann die bis zu 20 m langen Finnwale, die etwas kleineren Minkwale und die bis zu 16 m messenden Buckelwale gesichtet, aber mit etwas Glück kann man auch die weißen Belugawale oder einen Blauwal entdecken, der eine Länge von über 30 m und ein Gewicht von 140 t erreichen kann.

Da die Walbeobachtungstouren in der Hauptsaison sehr schnell ausgebucht sind, sollte man mindestens einen Tag vorher Plätze reservieren. Für die Fahrt braucht man wetterfeste, auch warme Kleidung und ein möglichst starkes Fernglas.

## Tadoussac

Nur knapp zehn Minuten dauert die Überfahrt von Baie Sainte-Cathérine nach Tadoussac, dem Ort an der Mündung des Saguenay Fjord in den St-Lorenz-Strom.

Schon um 1600 kamen französische Fischer in diese Gegend. Ihnen folgten Händler, die Waren mit den Indianern tauschten. Pierre Chauvin gründete 1599 eine Handelsstation, Entdecker brachen von Tadoussac aus zu ihren Reisen auf. Der Walfang entwickelte sich zur wichtigsten Lebensgrundlage der Bevölkerung. Seit der Mitte des 19. Jh. zog die Walbeobachtung immer mehr Besucher an, die auf Kreuzfahrtschiffen den St.-Lorenz-Strom bereisten. Aus dem Jahr 1864 stammt das unverwechselbare Wahrzeichen der Stadt, das im Kolonialstil erbaute **Hôtel Tadoussac** mit seinem leuchtend roten Dach, das als Kulisse für den 1984 gedrehten Film „Hotel New Hampshire" nach der Romanvorlage von John Irving diente. Sehenswert ist auch die alte, 1747 gebaute Holzkirche **La Petite Chapelle**, 138, rue Bord de l'Eau, mit ihrem spitzen Kirchturm. Sie steht an der Stelle der ältesten indianischen Missionsstation. Die ursprüngliche Jesuitenkapelle war 1642 gebaut und bei einem Brand im Jahr 1665 zerstört worden.

*Cineasten wohlbekannt*

Nur wenige Schritte entfernt liegt die **Poste de Traite Chauvin**, eine Nachbildung der ersten Pelzhandelsstation. **Poste de Traite Chauvin**, *157, rue du Bord-de-l'Eau, ☏ 418-235-4657, Juni–Mitte Okt. So–Do von 10–11.30, 12.30–18 Uhr.*

*Das Hôtel Tadoussac wurde zur berühmten Filmlocation*

Aber die meisten Besucher kommen zur Walbeobachtung nach Tadoussac, denn der Ort gilt als einer der besten Walbeobachtungsplätze der Welt. Das Angebot an Bootstouren in den Saguenay Fjord ist groß; wahlweise kann man sich den Meeressäugern mit Zodiac-Booten oder auf Pas-

sagierschiffen nähern. Eine Besonderheit ist, dass man in der Umgebung Tadoussacs die Wale auch vom Ufer aus beobachten kann, dazu laden schöne Wanderwege mit Aussichtspunkten am Fjord ein.

Auch einen Besuch im **CIMM**, dem Informations- und Forschungszentrum für Meeressäugetiere, sollte man fest einplanen. Hier erfährt man interaktiv und sorgfältig aufbereitet alles Wissenswerte über die Wale; Mitarbeiter geben Hinweise zur Sichtung der großen Meeressäuger.

**Centre d'Interprétation des Mammifères Marins** (**CIMM**, **Marine Mammal Interpretation Centre**), *108, rue de la Cale-Sèche, ☏ 418-235-4701, https://gremm.org, Mitte Mai–Mitte Juni 12–17, Mitte Juni–Mitte Sept. 9–20, Mitte Sept.–Mitte Okt. 11–18 Uhr, Eintritt Erwachsene $ 14, Kinder frei.*

## Reisepraktische Informationen Tadoussac

### Information

**Maison du Tourisme de Tadoussac**, *197, rue des Pionniers, ☏ 418-235-4744, 1-866-235-4744, www.tadoussac.com.*

### Unterkunft

**$$ Gîte du Bouleau**, *102, rue des Bouleau, ☏ 418-235-4601, www.gitedubouleau.com, einfaches B&B mit 3 Zimmern, traditionelles Quebecer Frühstück.*

**$$$ Auberge Maison Gagné**, *139, rue du Bateau-Passeur, ☏ 418-235-4526 oder 1-877-235-4526, www.aubergemaisongagne.ca, angenehmes Haus in ruhiger Lage mit 11 komfortablen Nichtraucher-Zimmern mit eigenem Bad, Mitte Mai–Mitte Okt. geöffnet.*

**$$$ Le Béluga**, *191, rue des Pionniers, ☏ 418-235-4784, www.le-beluga.qc.ca, im Ortszentrum gelegenes Hotel mit stilvoll eingerichteten Zimmern und gutem Restaurant.*

**$$$–$$$$ Hôtel-Motel Georges**, *135, rue du Bateau-Passeur, ☏ 418-235-4393, www.hotelgeorges.com, in der Nähe der Fähre gelegenes Hotel am Ortseingang mit 30 einfach eingerichteten Zimmern und freundlichem Service, Badesee hinter dem Haus.*

**$$$$ Hôtel Tadoussac**, *165, rue du Bord-de-l'Eau, ☏ 418-235-4421 oder 1-800-561-0718, www.hoteltadoussac.com, schön gelegenes, historisches Hotel mit britischem Ambiente und großartiger Aussicht, mit 149 Zimmern, teilweise mit schon älterer Ausstattung. Günstiger Ausgangsort für Walbeobachtungsfahrten und Ausflüge zum Saguenay Fjord. Geöffnet Mai–Okt.*

#### Jugendherberge

**Auberge de Jeunesse de Tadoussac**, *158, rue du Bateau Passeur, ☏ 418-235-4372, www.ajtadou.com, ganzjährig geöffnetes Haus mit 65 Betten in Einzel- oder Familienzimmern und Gruppenräumen.*

### Fähre

*Die Fähren zwischen Tadoussac und Baie-Ste-Cathérine verkehren von Sept.–Mai tagsüber alle 20 Min., nachts 1 x pro Stunde. Abfahrtszeiten unter: www.traversiers.com/en/our-ferries/tadoussac-baie-sainte-catherine-ferry/schedule. Siehe auch unter Baie-Ste-Cathérine.*

### Bootstouren

*Das Angebot an Ausflugsfahrten zur Walbeobachtung und zur Fahrt auf dem Fjord ist in den Sommermonaten sehr groß. Die Schiffe können zwischen 12 und 400 Passagieren aufnehmen.*

**Otis Excursions**, *431, rue du Bateau-Passeur, ☏ 1-800-563-4643, www.otisexcursions.com, Zodiac-Boote für bis zu 36 Passagiere, 4 Abfahrten tgl., 2- bis 2,5-stündige Fahrten, Fahrpreis: Erwachsene $ 69,99 bzw. 79,99, Kinder $ 52,99 bzw. 59,99.*

**Croisières AML**, ☏ *1-866-856-6668, www.croisieresaml.com, von Mai–Okt. mehrere Abfahrten tgl. in Zodiac- oder Passagierbooten, Fahrtdauer: 2–3 Std.*

**Rundflüge**

**Aviation du Fjord**, *231, rue des Pionniers,* ☏ *1-877-692-1771, www.aviationdufjord.com, die Rundflüge über den St.-Lorenz-Strom, den Saguenay Fjord und weite Seen und Wälder werden von Juli–Mitte Okt. durchgeführt. Preise pro Person: 6 Min. Flug: $ 49,99 plus Steuer (2 Passagiere mind.), 15 Min. Flug: $ 99,99 (2 Passagiere mind.), Kinder (0–24 Monate) kostenlos auf dem Schoß der Eltern. Maximum Kapazität: 3 Passagiere.*

## Von Tadoussac durch den Saguenay Park zum Lac Saint-Jean

**i Streckenhinweis**

Von Tadoussac kann man zu einer Rundfahrt zum Lac Saint-Jean starten. Zunächst fährt man auf dem Hwy. 138 weiter nach Norden bis zur Kreuzung mit dem Hwy. 172; dieser führt am Nordufer des Saguenay entlang und stößt auf den Hwy. 169, der den See ganz umrundet. Für den Rückweg nimmt man entweder den Hwy. 170, der über Chicoutimi nach Saint-Siméon und Tadoussac zurückführt, oder man fährt durch den Parc Laurentides zurück nach Québec.

*Nationalpark am Saguenay River*

1998 wurde der **Parc marin du Saguenay-Saint-Laurent** (**Saguenay-St. Lawrence Marine Park**) als erster maritimer Nationalpark Québecs eröffnet. Mit einer Fläche von 1.246 km² zieht er sich am nördlichen St.-Lorenz-Strom und am Saguenay River entlang. Teil des Nationalparks ist der 300 km² große **Parc National du Fjord-du-Saguenay**, der sich an beiden Ufern des Flusses Saguenay mit Wanderwegen, Wäldern, felsgesäumten Buchten, steilen Kaps und großartigen Ausblicken ausdehnt. Es gibt Wanderwege zwischen 1 und 15 km Länge; darunter sind einige Rundwege, wie z. B. der 3 km lange Weg von Tadoussac zum Aussichtspunkt auf dem Hügel L´Anse de la Barque.

Im Saguenay Fjord Interpretation Centre in **Rivière-Éternité** informieren Ranger über die Tier- und Pflanzenwelt sowie über die Entstehung des Fjords.
**Baie-Éternité Information Kiosk**, ☏ *418-272-1556, Empfang und Information, Parkeintritt wird hier erhoben. Angel-Permits und Reservierungen, Mitte Mai–Mitte Juni Mo–Fr 9–16, Sa/So 8.30–16, Mitte Juni–Mitte Okt. tgl. 8–21, Mitte–Ende Okt. tgl. 9–16 Uhr, Nov.–Mitte Mai geschl.*
**Discovery and Visitors Centre**, *Empfang und Information, Laden, Lebensmittel und Reservierungen, Mitte Mai–Mitte Juni Mo–Fr 10–17, Sa/So 8.30–17.30, Mitte Juni–Ende Aug. tgl. 8–19.30, Sept.–Mitte Okt. tgl. 8.30–17.30, Mitte–Ende Okt. tgl. 9–16 Uhr, Nov.–Mitte Mai geschl.*

Der **Saguenay River**, der mit 170 km Länge größte Nebenfluss des St.-Lorenz-Stroms, entspringt im Lac Saint-Jean und fließt in südöstlicher Richtung zum St.-Lorenz-Strom, in den er bei Tadoussac mündet. Der Fluss sucht sich einen Weg durch steil abfallende Klippen, die am Kap Eternité und am Kap Trinité mehr als 480 m hoch sind. Er weitet sich vor der Mündung in den St.-Lorenz-Strom zu dem fast 100 km langen, 2 km breiten und bis zu 275 m tiefen **Saguenay Fjord**.

Ausflugsboote und Kreuzfahrtschiffe fahren tief in den Fjord hinein, der bis Chicoutimi schiffbar ist. An Bord bieten sich immer wieder Ausblicke auf die reizvollen Landschaften und auf kleine Dörfer, wie z. B. L'Anse-Saint-Jean und Sainte-Rose-du-Nord, die im Schutze des vorspringenden Felsengebirges liegen. Alternativ kann man Kajaks mieten und eine mehrtägige Tour durch den Fjord unternehmen. Unterwegs übernachtet man in Hütten oder im Zelt.

## Saguenay

2002 haben sich die Ortschaften am Saguenay Fjord zur Stadt Saguenay zusammengeschlossen. Der reizvoll am Ufer des Saguenay River liegende Stadtteil **Chicoutimi** entwickelte sich aus einem alten Handelsplatz der Indianer und ist mit ca. 67.000 Einwohnern das Verwaltungszentrum dieser Region. Arbeitsplätze bieten mehrere Zellstoff- und Papierfabriken sowie eine Aluminiumfabrik in Arvida, die von den Wasserkraftanlagen im Oberlauf des Saguenay River mit Strom versorgt werden.

Auf dem Gelände der **Pulperie de Chicoutimi lieu historique et musée** (**Pulpmill of Chicoutimi Historic Site and Museum**) kann man die ehemalige Papierfabrik besuchen, die zu Beginn des 20. Jh. einer der größten Industriekomplexe Québecs war und heute ein viel besuchtes Ausflugsziel ist.
**Pulperie de Chicoutimi lieu historique et musée**, *300, rue Dubuc, ☏ 418-698-3100, 1-877-998-3100, www.pulperie.com, Ende Juni–Anfang Sept. tgl. 9–18, sonst Mi–So 10–16 Uhr, das Gelände ist ohne Eintritt frei zugänglich; Museumseintritt Erwachsene $ 15, Senioren (65+) $ 12,50, Studenten $ 10,50, Kinder von 5–17 J. $ 7,50 Familienkarten ab $ 31.*

Höhepunkt des Jahres ist im Februar das „Carnaval Souvenir", das man mit Bällen, Kostüm- und Trapperfesten, deftigen Speisen und Süßigkeiten aus Ahornsirup feiert.

Von Chicoutimi aus gibt es kombinierte Bus- und Schiffsreisen. Auf dem Motorschiff „Marjolaine" erlebt man eine eindrucksvolle Fahrt auf dem Saguenay River bis in den Fjord und zum Cap Eternité und Cap Trinité. *Schiffstouren*

## Reisepraktische Informationen Chicoutimi

### Information

**Chicoutimi Tourisme Bureau**, *295, rue Racine Est, ☏ 418-698-3157, 1-800-463-6565, www.tourisme.saguenay.ca.*

### Unterkunft

**$$$ Comfort Inn**, *1595, blvd. Talbot, ☏ 418-693-8686, www.choicehotels.ca, Motel mit 81 Zimmern, in der Nähe eines Einkaufszentrums.*
**$$$ Le Montagnais Hôtel**, *1080 blvd. Talbot, ☏ 418-543-1521, 1-800-463-9160, http://lemontagnais.qc.ca, großes Hotel- und Kongresszentrum mit Zimmern unterschiedlicher Größe und Ausstattung.*

Folgt man dem Hwy. 172, so erreicht man nach ca. 55 km den **Lac Saint-Jean**. Wegen seiner Größe von 1.350 km² auch als Binnenmeer bezeichnet, hat er sich während der letzten Eiszeit gebildet. Der durchschnittlich ca. 20 m tiefe See ist von Tälern, Wäldern und Bergen umgeben. Der See lädt zum Schwimmen, Kanufahren, zu Bootsfahrten oder zu einer Tagesfahrt mit einem Katamaran oder Segelboot ein; Abfahrtshäfen sind Alma oder Roberval.

An der Rundfahrtstrecke liegen folgende Ortschaften:

- **Dolbeau-Mitassini**: Von Ende Juli bis Anfang August feiert man hier das große „Blaubeerenfest", *www.festivaldubleuet.com*.
- **Saint-Félicien**: In Saint Félicien sollte man einen Besuch des im Jahr 1960 gegründeten **Saint-Félicien Wild Animal Zoo** nicht versäumen, der weltweit als vorbildlich gilt. Auf dem 485 ha großen Gelände, das von einem Flusslauf durchzogen wird, leben 75 heimische Tierarten, u. a. Schwarzbären, Bisons, Präriehunde, Karibus, Büffel und Pumas in freier Wildbahn. Die Besucher fahren wie bei einer Safari auf sicheren Fahrzeugen durch den Park und beobachten die Tiere. Ein besonderes Erlebnis ist es, die Eisbären zu beobachten, die nur durch eine Glaswand vom Besucher getrennt sind. Auf einem 7 km langen Weg, der zu einem traditionellen Indianerdorf und einer Pioniersiedlung führt, lernt man zugleich die einheimische Tier- und Pflanzenwelt kennen. Im Besucherzentrum gibt es ein interessantes naturkundliches Museum und zwei Filmtheater.

  Safari durch den Zoo

  **Zoo Sauvage de Saint-Félicien**, *2230, blvd. du Jardin, ☏ 418-679-0543 oder 1-800-667-5687, http://zoosauvage.org, Juni–Mitte Juli tgl. 9–18, Mitte Juli–Mitte Aug. 9–19, Mitte–Ende Aug. 9–18, Sept.–Okt. 9–17 Uhr, Eintritt Erwachsene $ 48, Senioren und Studenten $ 41,50, Kinder von 6–14 J. $ 34,50, Kinder 3–5 Jahre $ 21, Familienkarte $ 105,25 bzw. $ 149,50, zusätzliches Kind +$ 17.*

## Reisepraktische Informationen Saint-Félicien

### Information

**Bureau d'information touristique de Saint-Félicien**, *1209, blvd. Sacré-Coeur, ☏ 418-679-2100, www.ville.stfelicien.qc.ca, Mo–Fr 8.30–12 u. 13.30–16.30, Mai–Aug. Mo–Do 8–12 u. 13.15–16.30, Fr 8.30–12 Uhr.*

### Unterkunft

**$$$$ Hotel du Jardin**, *1400, blvd. du Jardin, Saint Félicien, ☏ 418-679-8422, 1-800-463-4927, www.hoteldujardin.com, modernes Hotel mit 85 geräumigen Zimmern, 10 davon mit Whirlpool, nicht weit vom Zoo entfernt.*

Das **Indianerreservat Mashteuiatsh** (**Pointe-Bleue**) liegt ca. 6 km nordwestlich von Roberval: Es existiert seit 1856. Erste Kontakte der Indianer mit europäischen Walfängern, Trappern, Fischern und Pelzhändlern entwickelten sich im 16. Jh. Durch die Erschließung und Besiedelung des Landes durch die Europäer hat man die Montagnais aus ihrem Lebensraum verdrängt. Im Reservat führt man unter sachkundiger Leitung mehrtägige Ausflüge, Wanderungen, Kanufahrten und Tierbeobachtungen durch; in den Läden gibt es kunstgewerbliche Arbeiten zu kaufen, aber auch Schneeschuhe, Mokassins und Hüte.

Das **Musée Amérindien** informiert anhand von Ausgrabungsfunden, Filmen und Dias über die Kultur der Montagnais-Indianer. Diese durchzogen bereits vor 6.000 Jahren diese Region als Nomaden, wie Funde von 14 Ausgrabungsstätten belegen.

**Musée Amérindien**, *1787, rue Amishk, Mashteuiatsh, ☏ 418-275-4842 oder 1-888-875-4842, www.cultureilnu.ca/musee-amerindien-de-mashteuiatsh/presentation, Jan.–Mitte Mai und Mitte Okt.–Mitte Dez. Di–Sa 9–17, Mitte Mai–Mitte Okt. tgl. 9–17 Uhr, Eintritt Erwachsene $ 13, Senioren $ 12, Studenten $ 11, Kinder 6–12 J. $ 9, Familienkarte $ 40.*

In **Roberval** am Südwestufer des Sees findet alljährlich am letzten Sonntag im Juli der internationale Schwimmwettbewerb „Traversée internationale du lac Saint-Jean" statt, bei dem die Schwimmer den See von Roberval nach Péribonka durchqueren müssen.

### Unterkunft

**$$ Motel Roberval**, *256, blvd. Marcotte, ☎ 418-275-3957, 1-877-990-9903, www.motel-roberval.com, nettes Motel mit 54 zweckmäßig eingerichteten Zimmern und Outdoor-Pool, gut als Ausgangsort für Ausflüge in die Umgebung geeignet.*

*Ehemalige Fabriksiedlung*

**Val-Jalbert Historic Village**, die Fabriksiedlung von 1902 mit „modernen" Wohnhäusern, die über fließendes Wasser und elektrisches Licht verfügten, einer Kirche, Schule und Lebensmittelläden, wurde 1927 mit der Schließung der Zellstofffabrik, in der viele Arbeiter einen Job gefunden hatten, verlassen. Seit den 1990er-Jahren wurden 40 Häuser restauriert; heute informieren Ausstellungen in der ehemaligen Schule über das Leben der Menschen in der Stadt und in der früheren Papiermühle über die Herstellung von Zellstoff. Außerdem gibt es ein Restaurant mit einer herrlichen Aussicht auf die Wasserfälle, Übernachtungsmöglichkeiten und eine gläserne Aussichtsplattform, die man über 400 Stufen oder mit einer Kabinenbahn erreicht, mit großartiger Sicht auf den 72 m hohen Wasserfall Quiatchouan und den Lac Saint-Jean.
**Val-Jalbert Historic Village/Village historique**, *95, rue Saint-Georges, Chambord, ☎ 418-275-3132, 1-888-675-3132, www.valjalbert.com, Ende Mai–Mitte Okt. tgl. 10–17, Juli/Mitte Aug. 10–18 Uhr (Abendessen 18–22.30 Uhr), Eintritt Erwachsene $ 28,70, Kinder 6–16 J. $ 14,79, Familienkarte $ 47,84 bzw. $ 67,41.*

## Alma

Die Stadt mit ihren ca. 31.000 Einwohnern liegt am Saguenay River und ist ein beliebter Ferienort am Lac Saint-Jean. Ein besonderer Anziehungspunkt ist der **Parc thématique L'Odyssée des Bâtisseurs**, wo interaktive Ausstellungen und Lehrpfade die Bedeutung des Wassers für diese Region thematisieren.
**Parc thématique L'Odyssée des Bâtisseurs**, *1671, ave. du Pont Nord, ☎ 418-668-2606, 1-866-668-2606, www.odysseedesbatisseurs.com, Mitte Juni–Mitte Aug. tgl. 9–17.30, bis Ende Sept. 9–16.30 Uhr, Okt.–Mai nur Indoor-Aktivitäten Mo–Fr 9–12 und 13–16.30, Sa 9–16 Uhr, Eintritt Erwachsene $ 15, Senioren $ 14, Studenten $ 13, Kinder 6 bis 17 J. $ 7,75, Familienkarte $ 37,75 außerhalb der Hochsaison ermäßigte Preise ($ 8,75, 7,75, 6,75 und 4).*

Von Ende Mai bis Anfang Oktober fährt die Personenfähre „Le Maligneau", die auch Fahrräder transportiert, zur Insel Maligne mit Kiefern- und Zedernbeständen und schönen Rad- und Wanderwegen. Hier findet man auch das Pulvermagazin, das während der Errichtung der Wasserkraftanlagen zu Beginn des 20. Jh. in Gebrauch war. Die Wanderwege führen zum Ferienresort **Complexe touristique de la Dam-en-Terre**, 1385, chemin de la Marina, wo man sich an Sandstränden, bei Kajak- und Kanutouren oder einer Bootsfahrt auf dem See entspannen und erholen kann.

## Reisepraktische Informationen Alma

### Information

**Tourisme Alma Lac-Saint-Jean**, *1682, ave. du Pont Nord, ☎ 418-668-3611, 1-877-668-3611, http://tourismealma.com, Mitte Mai–Mitte Juni u. Sept.–Mitte Okt. Mo–Fr 8–12 u. 13–16, Sa/So 8–12 u. 13–17, Mitte Juni–Aug. tgl. 8–20, Mitte Okt.–Mitte Mai Mo–Fr 8–12 u. 13–16 Uhr.*

### Unterkunft

**$$ L'Almatoit Gîte**, *755, rue Price ouest, ☏ 418-668-4125, 1-888-668-4125, www.almatoit.com, gepflegtes, großes B&B aus dem Jahr 1905.*
**$$$ Comfort Inn Alma**, *870, ave. du Pont Sud, ☏ 418-668-9221, www.choicehotels.com, Motel mit freundlich eingerichteten Zimmern, wenige Minuten von Einkaufszentren und Wanderwegen entfernt.*
**$$$ Maison du Matelot**, *10, ave. du Quai, ☏ 418-662-0348, www.portdeplaisance.ca, gemütliches B&B mit schöner Lage am Wasser.*

### Fähre/Bootsfahrten/Outfitter

**Le Maligneau-Fähre**, *zur Insel Maligne, https://veloroutedesbleuets.com/navettes-maritimes,* **Fahrzeiten**: *Juni–Aug. tgl. 9–12 und 12.30–18, im Sept. Mo–Do 11–14, Fr–So 10–12 und 12.30–16 Uhr. Die Überfahrt dauert 5 Min. und ist kostenfrei.*
**Marina Dam-en-Terre**, *1385, chemin de la Marina, ☏ 418-668-3016, 1-888-289-3016, www.damenterre.qc.ca, von Juli–Sept. Di–Sa 2-stündige Fahrten an Bord der „La Tournée". Abfahrtszeiten 14 Uhr, zusätzliche Fahrten Juli und Aug. Erwachsene $ 37,95, Senioren $ 35,95, Kinder 6–14 J. $ 19,95. Außerdem werden Bootsfahrten mit Abendessen oder Theater angeboten.*
**Equinox Adventures**, *1385, chemin de la Marina, ☏ 418-668-7381, 1-888-668-7381, www.equinoxaventure.ca, im Ferienzentrum Dam-en-Terre werden Kajak- und Kanuausflüge mit erfahrenen Lehrern und Guides sowie geführte Radtouren angeboten.*

**La Baie**: Im Juli und August wird mit großem Aufwand das historische Stück „La fabuleuse histoire d'un Royaume" im Théâtre du Palais Municipal, 1831, 6e ave., aufgeführt (Informationen: *https://diffusion.saguenay.ca*).

Unterwegs bietet sich ein Stopp am **Kap Trinité** an. Dort gibt es einen sehr anspruchsvollen Wanderweg zu einer Marienstatue mit Ausblick auf den Saguenay Fjord.

**Petit-Saguenay**: Die Umgebung des Ortes lädt zum Wandern ein und bietet Ausblicke auf den Saguenay River. Ein 10 km langer Wanderweg führt zum Ferienort **L'Anse**

*Wald und Wasser so weit das Auge reicht*

**Saint-Jean** mit seiner „covered bridge", der eingebettet zwischen dem Fjord und den Bergen liegt. Der Ort bietet Wander- und Wintersportmöglichkeiten. Eine Besonderheit sind die Steinbacköfen, wo man frisch gebackenes Brot probieren kann.

Streckenhinweis

Von Petit-Saguenay kann man dem Hwy. 170 bis St.-Siméon folgen und von dort über den Hwy. 138 nach Tadoussac zurückfahren.

Zwischen dem Lac Saint-Jean und dem St.-Lorenz-Strom dehnt sich der Park **Réserve Faunique des Laurentides** mit Flusstälern, Bergen, landwirtschaftlich genutzten Hochflächen, Seen und Flüssen aus, der zu jeder Jahreszeit ein beliebtes Ferienziel ist. Die Hwys. 169 und 175 durchziehen den Park von Norden nach Süden. Informationen und Kartenmaterial gibt es in den Informationszentren am **Parc Jacques-Cartier** und am **Parc des Grands-Jardins**.

*Heimat von Schwarzbären*

Im Reservat, das bereits 1895 eingerichtet wurde, leben neben dem Kleinwild auch Karibus, Schwarzbären, Luchse, Wölfe und Hirsche. Das Jagen im Park ist verboten; Angeln ist in allen Flüssen und Seen erlaubt.

**Information**

**Tourism Laurentides**, *La Porte-du-Nord, Exit 51 von der Autoroute des Laurentides, ☏ 450-224-7007, 1-800-561-6673, www.laurentides.com.*

## Von Tadoussac zur Côte-Nord

*Einsame Landschaft der Côte-Nord*

Die Nordküste – die Côte-Nord – beginnt nordöstlich von Tadoussac. Nur die Route 138 führt an der Küste entlang durch die dünn besiedelte Region bis nach Blanc-Sablon an der Grenze zu Labrador. An dieser Strecke bieten sich immer wieder Ausblicke auf den St.-Lorenz-Strom, der sich nordwärts bis auf fast 100 km verbreitert. Im Landesinneren erstrecken sich Moore, Sümpfe und Wälder, die nur von Flüssen und Seen unterbrochen werden. Indianer und Inuit durchzogen dieses Gebiet, bevor sich die ersten baskischen Fischer und Walfänger, und später, im 19. Jh., Akadier und Neufundländer hier niederließen. Fischreichtum, Waldbestände, Eisenerzvorkommen und Wasserkraft machen den Reichtum der Region aus, der intensiv genutzt wird.

2002 einigten sich die Provinzregierung von Québec und Vertreter der Cree-Indianer darauf, im Norden der Provinz mit dem Bau eines seit Jahrzehnten umstrittenen Wasserkraftprojektes zu beginnen; die Fertigstellung durch Hydro Québec steht noch aus.

Der Fremdenverkehr ist nur wenig ausgeprägt. Zu den touristischen Höhepunkten gehören die Möglichkeiten zur Walbeobachtung, auch vom Land aus, zum Angeln, Kajakfahren und Wandern. In den kleinen Ortschaften gibt es einfache Übernachtungsmöglichkeiten.

**Grandes-Bergeronnes**: 6 km hinter dem Ort wurde das **Centre d'Interpretation et d'Observation du Cap-de-Bon-Desir** (**Cap de Bon-Désir Interpretation and Observation Centre**) eingerichtet. Vom Kap aus, zu dem ein Weg vom Besucherzentrum hinführt, kann man Wale, Robben und Vögel beobachten. Mitarbeiter des Zentrums stehen für Fragen zur Verfügung.

**Centre d'Interpretation et d'Observation du Cap-de-Bon-Desir**, *13, chemin de Cap de Bon Desir, ☏ 418-232-6751, 1-888-773-8888, www.pc.gc.ca, Mitte Juni/Aug. tgl. 9–18, Sept.–Mitte Okt. Mi–Mo 9–17 Uhr, Eintritt Erwachsene $ 7,80, Senioren $ 6,80, Familienkarte $ 15,70.*

Zwischen Tadoussac und **Baie-Comeau**, der mit ca. 23.000 Einwohnern größten Stadt der Côte-Nord, liegen ca. 175 km. Baie-Comeau ist ein Zentrum der Papier- und der Zeitungspapierherstellung. Die Staudämme und Wasserkraftwerke der staatlichen Elektrizitätsgesellschaft Hydro Québec sichern die Energieversorgung der Provinz und ermöglichen den Export von Strom. Von Baie-Comeau aus führt die für den Bau der Staudämme angelegte Straße 200 km ins Landesinnere zu den Staudämmen Manicouagan 2, 3 und 5; Manic 4 wurde nicht gebaut. Besucher können Manicouagan 2 und 5, zwei der größten Wasserkraftanlagen der Welt, besichtigen.

*Staudämme und Wasserkraftwerke*

**Manicouagan 2 Hydroelectric Dams and Installation** *liegt 22 km nördlich an der Route 389,* **Manicouagan 5** *liegt 214 km nördlich am Hwy. 389. Führungen finden von Ende Juni–Aug. auf Französisch um 9, 11, 13.30 und 15.30 Uhr statt (Führungen auf Englisch sind für Gruppen ab 10 Pers. möglich); Anmeldungen sind erforderlich, ☏ 1-866-526-2642, www.hydroquebec.com/visit. Das Besucherzentrum liegt an der Kreuzung der Hwys. 138 und 389 und informiert über die Energiegewinnung in der Provinz Québec.*

Im **Le Jardin des Glaciers** in Baie-Comeau erfährt man Wissenswertes über die Welt der Gletscher. In einer Multimedia-Visions-Show erlebt man, wie ein Gletscher funktioniert. Im Seashell Valley ist eine 10.000 Jahre alte geologische Besonderheit zu sehen: ein Muschelbett inmitten einer dichten Waldlandschaft. Die Muscheln sammelten sich auf dem Grund des Goldthwait-Meeres.

**Le Jardin des Glaciers**, *3, Denonville, Baie-Comeau, ☏ 418-296-0182, 1-877-296-0182, www.lejardindesglaciers.com. Mitte Juni–Aug. geöffnet.* **Multimedia Show im Jardin des Glaciers**: *Erwachsene $ 24,45, Studenten 16–22 J. $ 21,62, Kinder 6–15 J. $ 15,90, Familienkarte $ 83,81.* **Seashell Valley**: *Erwachsene $ 15,90, Studenten 16–22 J. $ 13,51, Kinder 6–15 J. $ 12,72, Familienkarte 2 Erwachsene, 3 Kinder $ 57,24. Kombinationstickets: Erwachsene $ 35,15, Studenten 16–22 J. $ 29,87, Kinder 6–15 J. $ 24,33, Familienkarte $ 119,89.*

## Reisepraktische Informationen Côte-Nord

### Information

**Tourisme Côte-Nord Manicouagan (TCNM)**, *369, blvd. Lasalle, Baie-Comeau, ☏ 418-294-2876, 1-888-463-5319, http://tourismecote-nord.com.*

### Fähren

*Zwischen* **Les Escoumins** *und* **Trois-Pistoles** *am gegenüberliegenden Ufer des St.-Lorenz-Stroms verkehrt von Juni–Okt. eine Fähre. Die Überfahrt dauert ca. 90 Min., für Pkw ist eine Reservierung erforderlich. Die Abfahrtszeiten finden sich unter* **Traverse Les Escoumins/Trois Pistoles**, *11, rue du Parc, Trois-Pistoles, ☏ 418-851-4676, 1-877-851-4677, www.traversiercnb.ca. Einfache Fahrt/Hin und zurück: Erwachsene 12–64 J. $ 22,25/28, Kinder 5–11 J. $ 14,50/22, Senioren (65+) $ 20,75/27.*

*Auch weiter nördlich zwischen* **Forestville** *und* **Rimouski** *verkehrt von Mai–Sept. 2–3 x tgl. eine Fähre. Die Überfahrt dauert eine knappe Stunde, für Pkw ist eine Reservierung erforderlich. Die genauen Abfahrtszeiten erfährt man unter* **CNM Évolution**, *☏ 418-725-2725 oder 1-800-973-2725, https://ssl.pqm.net/cnmevolution, Fahrpreise: einfache Fahrt Erwachsene*

*ab 12 J. $ 26, Senioren $ 25, Kinder 6–11 J. $ 17, Pkw $ 50, Hin- und Rückfahrt Erwachsene $ 30, Senioren $ 29, Kinder $ 20.*

*Von* **Baie-Comeau** *verkehren Fähren ganzjährig nach* **Matane/Gaspésie** *– Dauer der Überfahrt: 2 Std. 20 Min., Reservierungen sind empfehlenswert bei Reederei* **Société des Traversiers Québec**, *☏ 418-562-2500 oder 1-877-562-6560, www.traversiers.com, tgl. 9–17 Uhr. Fahrpreis Erwachsene $ 20, Senioren $ 16,95, Kinder 5–11 J. $ 12,30 (mit Rückfahrt $ 32, 27 und 20), Pkw $ 48,80.*

### Hinweis für Abenteurer und Entdecker

Der Trans-Labrador Highway (Hwy. 389) ermöglicht seit zehn Jahren eine Fahrt durch Labrador: Von Baie-Comeau folgt man dem Trans-Labrador Highway nach Norden bis Labrador City und fährt dann nach Osten über Goose Bay und Cartwright nach Blanc-Sablon, wo es eine Fährverbindung nach St. Barbe/Newfoundland gibt. Von dort aus kann man den Nationalpark L'Anse aux Meadows besuchen, dann an der Westküste von Newfoundland entlang nach Süden zum Gros Morne National Park und weiter über Corner Brook nach Port aux Basques fahren. In Port aux Basques legt die Fähre nach North Sydney/Nova Scotia ab. Die Gesamtstrecke ist ca. 2.650 km lang!

### Fähren

**Blanc Sablon – St. Barbe**

**Provincial Ferry Services**, *☏ 709-535-0811, 1-866-535-2567, lokale Information: ☏ 709-877-2222 (St. Barbe), ☏ 418-461-2889 (Blanc Sablon), www.tw.gov.nl.ca/ferryservices/index.html, Abfahrt 1 x tgl., Juli/Aug. 3 x tgl., Fahrzeit: knapp 2 Std., Fahrpreis: Pkw mit Fahrer $ 35,25, Erwachsene $ 11,75, Senioren $ 9,50, Kinder 5–12 J. $ 9,50.*

**North Sydney – Port aux Basques**

**Marine Atlantic Ferries**, *in North Sydney, Abfahrtsstelle der Fähren nach Newfoundland, ☏ 1-800-341-7981, www.marine-atlantic.ca, Abfahrten ganzjährig, Fahrzeit. ca. 6 Std., für die Tag- und Nachtfahrten kann man Kabinen buchen; Abfahrtszeiten Ende Juni–Mitte Sept. 2–3 x tgl., sonst 1–2 x tgl., Fahrpreis einfache Fahrt Erwachsene $ 35,65, Senioren $ 32,50, Kinder 5–12 J. $ 18, Pkw $ 101,05.*

## Godbout

Godbout, ein ehemaliger Pelzhandelsposten der Hudson Bay Company, ist heute ein kleiner Fischerort, der vor allem bei Lachsfischern sehr beliebt ist. Einen Besuch wert ist das **Musée Amérindian et Inuit de Godbout**, das Kunsthandwerk der Ureinwohner zeigt. Gelegentlich kann man den Künstlern und Handwerkern bei der Arbeit zuschauen.

*Kunst der Ureinwohner*

**Musée Amérindien et Inuit de Godbout**, *134, chemin Pascal-Comeau, ☏ 418-568-7306, http://municipalitegodbout.ca/attraits-touristiques/musee, geöffnet Mitte Juni–Mitte Okt.*

### Fähre

*Zwischen* **Godbout** *und* **Matane/Gaspésie** *ganzjähriger Fährverkehr 1–2 x tgl., Dauer der Überfahrt 2 Std. 10 Min., Reservierungen sind empfehlenswert bei Reederei Société des Traversiers Québec, ☏ 418-562-2500 oder 1-877-562-6560, www.traversiers.com, Fahrpreis einfache Fahrt: Erwachsene $ 20, Senioren $ 16,95, Kinder von 5–12 J. $ 12,30, Pkw $ 48,80.*

Die Region ist dünn besiedelt. Das Klima im Mündungsgebiet des St.-Lorenz-Stroms ist sehr rau und bringt den Menschen einen von Oktober bis April dauernden Winter mit Kälte und Frost bei Temperaturen von bis zu –30 °C. Für Besucher gibt es Übernachtungsmöglichkeiten in Privathäusern und Jagdcamps.

### Streckenhinweis

Die Weiterfahrt nach Sept-Îles und zum Parc National de L'Archipel-de-Mingan ist nur Anglern, Jägern und Reisenden zu empfehlen, die die Entfernungen nicht scheuen und die Abgeschiedenheit, Einsamkeit und Unberührtheit in der Natur suchen. Der Hwy. 138 führt am St.-Lorenz-Strom entlang über Baie-Trinité, Sept-Îles, Havre-St.-Pierre bis nach Natashquan. Die weiteren Ortschaften sind nur per Boot, Wasserflugzeug oder Hubschrauber zu erreichen.

An dieser Wegstrecke liegen:
**Baie-Trinité**, wo man beobachten kann, wie Lachse über eine Lachsleiter die Höhenunterschiede überwinden; es gibt einige schöne Sandstrände;
**Sept-Îles** ist die Verwaltungshauptstadt der Côte-Nord mit ca. 25.000 Einwohnern.

### Information

**Tourisme Sept-Îles**, *1401, blvd. Laure Ouest, ☏ 418-962-1238, 1-888-880-1238, www.tourismeseptiles.ca.*

Der Hafen, in dem das im Norden abgebaute Eisenerz verladen wird, ist mit einem Umschlag von mehr als 23 Mio. t Erz, Kohle und Aluminium einer der großen Industriehäfen Kanadas. Besucher halten sich gern am **Old Wharf Urban Park** auf, wo Händler entlang der Promenade frischen Fisch und Souvenirs anbieten.

Das **Musée regional de la Côte-Nord** widmet sich der Geschichte der Region.
**Musée regional de la Côte-Nord**, *500, blvd. Laure, ☏ 418-968-2070, www.mrcn.qc.ca, Ende Juni–Anfang Sept. tgl. 9–17, sonst Di–Do 10–12 und 13–17, Fr 10–17, Sa/So 13–17 Uhr, Eintritt Erwachsene $ 7, Senioren und Studenten $ 6, Kinder bis 12 J. frei.*

**Vieux Poste de Traite**, die Rekonstruktion eines französischen Handelspostens aus dem 17. Jh. informiert über archäologische Funde und die Fauna der Region.
**Vieux Poste de Traite**, *99, blvd. des Montagnais, ☏ 418-968-6237, http://vieuxposte.com, Juli/Aug. Mo 10–17, Di–So 10–18 Uhr, Eintritt Erwachsene $ 12, Senioren und Studenten $ 10.*

**Havre-St.-Pièrre** ist vor allem als Ausgangsort für Besuche des Mingan-Nationalparks und für Ausflüge zur Île d'Anticosti mit ihren Seevogelkolonien geeignet. Außerdem gibt es von Ende April bis Ende Januar eine wöchentliche Schiffsverbindung nach Blanc-Sablon, der Grenzstadt zu Labrador.

Der **Parc National de L'Archipel-de-Mingan** (Mingan Archipelago National Park Reserve) besteht aus einer Gruppe von mehr als 1.000 unbewohnten Inseln im St.-Lorenz-Strom, die sich über 150 km hinziehen. Der Nationalpark ist per Hubschrauber oder Flugzeug oder über den Hwy. 138 zu erreichen, der bis Havre-St. Pierre führt; von dort aus fährt man mit Wassertaxi oder Fähre weiter zu den Inseln.

Private Unternehmen bieten **Transporte zu den Inseln** an ab Rivière St-Jean, Longue-Pointe-de-Mingan und Havre-Saint-Pierre. Die meisten von ihnen fahren von Mitte Juni bis Anfang September. Einige bieten ihre Transfers vor und nach diesen Terminen an. Fahrzeiten und Fahrziele ändern sich zu Beginn und Ende der Saison. Alle Führungen finden in französischer Sprache statt. Einige sind auf Anfrage und nach Verfügbarkeit des Personals in Englisch möglich.

*Zeugen der Eiszeit*

Der Park ist eines der wichtigsten **Vogelschutzgebiete** im Nordosten Québecs und bietet ausgezeichnete Möglichkeiten zur Wal- und Seehundbeobachtung. Die Pflanzenwelt ist durch Nadelwälder, Farne und Moose geprägt. Hervorstechendes Merkmal des Parks sind die Kalksteinskulpturen, die die letzte Eiszeit aus dem Fels geschliffen hat.
**Informationen** *über den Park erhält man von* **Parcs Canada**, *1010, Promenade des Anciens, Havre-Saint-Pierre, ☏ 418-538-3285, 1-888-773-8888, www.pc.gc.ca/en/pn-np/qc/mingan, Eintritt Erwachsene $ 5,80, Senioren $ 4,90, Familienkarte $ 11,75.*

**Harrington-Harbour** liegt auf einer Felsinsel im St.-Lorenz-Golf. Die Einwohner von Harrington sind Nachfahren von Fischern, die vor mehr als hundert Jahren aus Newfoundland an die Küste Québecs kamen.

# Routenvorschlag 2: zur Halbinsel Gaspésie

**Streckenhinweis**

Québec City–Rivière-du-Loup–Halbinsel Gaspésie–Parc National de Forillon–Felsen von Percé–Vogelinsel Bonaventure–Québec City
Länge und Dauer der Rundfahrt: ca. 1.530 km, ab Rimouski ca. 830 km, 6 Tage

Diese Rundfahrt führt über den Hwy. 132 von Québec City am Südufer des St.-Lorenz-Stroms entlang nach Rivière-du-Loup, Rimouski und Sainte-Flavie bis zur Halbinsel Gaspésie mit dem Parc National de Forillon, dem Felsen von Percé und der Vogelinsel Bonaventure. Auf dieser Fahrt sollte man sich Zeit nehmen für die Bauerndörfer und Fischerhäfen, die langen Sandstrände, für Walbeobachtungsfahrten auf dem 10 km breiten St.-Lorenz-Strom, für Wanderungen durch die Naturparks und für Pausen in den Landgasthäusern mit ihrer guten Küche.

## Sehenswürdigkeiten an dieser Strecke

Im Ort **Beaumont** stehen noch Häuser aus dem 17., 18. und 19. Jh. Zu den schönsten gehört die **Moulin de Beaumont**, 2, route du Fleuve. Die 1821 gebaute Walkmühle wurde später um Mühlsteine und Sägen erweitert, um auch als Getreidemühle und Sägewerk genutzt zu werden. Heute kann man in dem Gebäude beim Backen zuschauen und frisches Brot und köstliche Muffins probieren. Am besten nimmt man sich Zeit für ein Picknick auf dem Rastplatz in der Nähe der Backstube oder geht zum St.-Lorenz-Strom, zu dem eine Treppe hinunterführt. Im Besucherzentrum informieren ein Videofilm und Ausgrabungsfunde über die Geschichte der Mühle und der nahen „Moulin Peán".

**Montmagny**, eine der frühen Siedlungen am St.-Lorenz-Strom, ist das Handelszentrum dieser Region. In der Innenstadt finden sich vor allem in der Rue Saint-Jean Baptiste und

**Gaspésie-Halbinsel**

der Rue Saint-Thomas kleine Geschäfte, Boutiquen, Kunstgewerbeläden und mehrere Cafés in historischen Häusern.

Im Küstenbereich sammeln sich alljährlich im Frühjahr und Herbst Hunderttausende von kanadischen Schneegänsen. Das Besucherzentrum informiert über die Wanderungen der Vögel. Im Oktober findet das „Snow Goose Festival" statt.

Von **Montmagny** und **Berthier-sur-Mer** starten Boote und Wassertaxis zu Fahrten in den **Archipel de L'Îsle-aux-Grues**, der aus 21 kleinen Inseln besteht. Die schon seit 1679 besiedelte **L'Îsle-aux-Grues** ist die größte der Inseln und ganzjährig bewohnt. Hier gibt es zwei Gasthäuser und einige private Übernachtungsmöglichkeiten, denn Île-aux-Grues ist ein beliebtes Ziel für Vogelkundler und ruhesuchende Urlaubsgäste.

## Reisepraktische Informationen Halbinsel Gaspésie

### Information

**Montmagny Tourism Information Bureau**, *45, ave. du Quai, ☏ 418-248-9196, 1-888-463-5643, https://montmagnyetlesiles.chaudiereappalaches.com, April–Mitte Mai u. Mitte–Ende Okt. Mo–Fr 9–12 u. 13–16, Mitte Mai–Juni u. Sept.–Mitte Okt. Mo–Fr 9–12 u. 13–16, Sa/So 10–16, Juli/Aug. tgl. 8–18, Nov.–Ende Dez. Mo–Fr 13–16 Uhr.*

### Unterkunft

**$$$ Hotel L'Oiseliere**, *105, chemin des Poirier, ☏ 418-248-1640, 1-800-540-1640, www.montmagny.oiseliere.com, 71 gemütliche Zimmer und Suites, Gourmet-Restaurant, Pools und Spa.*

## Fähre

Die Auto- und Personenfähre zur Île-aux-Grues verkehrt von April–Dez. tgl., ☏ 418-248-2379, Abfahrt am Montmagny Dock.

**Croisières AML**, *110, rue de la Marina, Berthier-sur-Mer, ☏ 418-259-2140, 1855-268-9090, www.croisieresaml.com, tgl. Abfahrten zu den Inseln* **Île-aux-Grues** *und* **Grosse-Île** *zwischen Juni und Sept./Mitte Okt. Fahrpreis zur Île-aux-Grues: Erwachsene und Jugendliche ab 13 J. $ 50, Kinder 6–12 J. $ 30, Familienkarte $ 140. Fahrpreis zur Grosse-Île: Erwachsene ab $ 69, zur Gross-Île $ 69, Senioren $ 67, Jugendliche 13–17 J. $ 56, Kinder 6–12 J. $ 30, Familienkarte $ 180 (englisch- und französischsprachige Inselführungen inkl.). Aufpreis für die Inselrundfahrt.*

Zum Archipel gehört ebenfalls die Insel **Grosse-Île**, die früher als Quarantäne-Insel bekannt war. Von 1832–1941 wanderten über 4 Mio. Menschen über Québec nach Kanada ein, Tausende von ihnen mussten aus gesundheitlichen Gründen zunächst in Quarantäne bleiben, um die Ausbreitung von Cholera und Typhus in der Neuen Welt zu verhindern. An der höchsten Stelle der Insel steht ein keltisches Kreuz zur Erinnerung an die irischen Einwanderer, von denen viele an Typhus erkrankten und auf der Insel begraben wurden. Es gibt mehr als hundert teilweise restaurierte historische Gebäude auf Grosse-Île, von denen einige bei einer Führung über die Insel besichtigt werden können.

*Einst Quarantäne-Station*

**Grosse-Île und Memorial-des-Irlandais** (**Irish Memorial National Historic Site**), *☏ 418-234-8841, 1-888-773-8888, www.pc.gc.ca/en/lhn-nhs/qc/grosseile, Führungen: die Drei Sektoren von Grosse Île (wichtigste Sehenswürdigkeiten) Mai/Juni (erste Maihälfte Mi, Do, Sa; Mitte Mai–Ende Juni: Mi, Do, Sa, So) und von Sept.–Mitte Okt., nur thematische Führungen (zusätzlich zu den wichtigsten Sehenswürdigkeiten) von Ende Juni–Aug. Die Boote verkehren von Mitte Juni–Ende Aug. tgl., sonst nur nach Voranmeldung. Eintritt auf Grosse Île: Erwachsene 18–64 J. $ 17,60, Senioren (65+) $ 14,95.*

### Tipp für den Besuch von Grosse Île

Auf der Insel gibt es kein Café oder Restaurant, also sollte man sich besser ein Picknick mitnehmen.

Auf **L'Islet-Sur-Mer** wird im **Bernier Musée Maritime** die Geschichte der Schifffahrt auf dem St.-Lorenz-Strom dargestellt; im Außenbereich sind ein Eisbrecher, Boote und Schiffe zu besichtigen.

**Bernier Musée Maritime**, *55, rue des Pionniers Est, ☏ 418-247-5001, 1-844-310-5001 www.mmq.qc.ca, März–Mai Mi–So 10–16, Juni tgl. 10–17, Juli/Aug. 9–18, Sept.–Nov. Di–So 10–16, Nov.-Dez. Mi–So 10–16 Uhr, Eintritt Erwachsene $ 14, Senioren $ 12, Studenten $ 11,25, Kinder 6–17 J. $ 8, Familienkarte $ 36.*

Holzschnitzkunst

Der 1721 gegründete Ort **Saint-Jean-Port-Joli** ist vor allem als Zentrum der Holzschnitzkunst bekannt. In mehreren Ateliers, Galerien und Studios kann man Holzschnitzern bei der Arbeit zuschauen und in zahlreichen Geschäften kunstgewerbliche Arbeiten kaufen.

Einen Besuch lohnen auch die Museen der Stadt, z. B. das **Musée de sculpture sur bois des Anciens Canadiens**, das über die Geschichte der Region informiert und Arbeiten der international bekannten Künstler André und Jean-Julien Bourgault besitzt. Im Ort gibt es einige ansprechende Restaurants und gute Übernachtungsmöglichkeiten
**Musée de sculpture sur bois des Anciens Canadiens**, *332, ave. de Gaspé ouest, ☏ 418-598-3392, www.museedesancienscanadiens.com, Mitte Mai–Juni tgl. 9–17.30, Juli/Aug. 8.30–20, Sept.–Mitte Okt. 8.30–17.30 Uhr, Eintritt Erwachsene $ 8, Senioren und Studenten $ 6, Kinder von 7–12 J. $ 3, Familienkarte $ 20.*

### Unterkunft

$$–$$$ **Studios Vacances Marchant de Bonne Heure**, *519, Nilus Leclerc, L'Islet, ☏ 418-247-7115, 1-877-247-7505, www.marchantdebonneheure.com, Studios mit Kabinendekor und komplett ausgestatteter Küchenzeile.*

## Rivière-du-Loup

Seehunde und Wale

Die Stadt wurde nach dem an dieser Stelle in den St.-Lorenz-Strom einmündenden Wolfsfluss benannt, der wiederum seinen Namen von den hier lebenden Seehunden (frz. loups marins) erhielt. Noch immer gibt es in diesem Gebiet reiche Bestände an Seehunden; von Juni bis Oktober ziehen ganze Walschulen vorbei, darunter weiße Belugawale ebenso wie Blauwale. Die Geschichte der Stadt beginnt bereits 1673, der wirtschaftliche Aufschwung aber setzte erst 1802 mit der Ankunft Alexander Frasers und dem Bau der ersten Sägemühle sowie der Eröffnung der Eisenbahnlinie im Jahr 1859 ein. Heute ist die Stadt mit ca. 20.000 Einwohnern ein wichtiges Handels- und Verwaltungszentrum, aber auch ein beliebter Ferienort mit viktorianischen Häusern, guten Übernachtungsmöglichkeiten, einer Marina, schönen Stränden und acht Wasserfällen in der Umgebung.

### Zu den Sehenswürdigkeiten der Stadt zählen:

- der **Parc des chutes** (Park der Wasserfälle), der über die Rue Frontenac und die rue de la Chute zu erreichen ist
- das am Abend beleuchtete **Kreuz** hoch über der Stadt mit einem Ausblick über den St.-Lorenz-Strom und die Stadt
- das **Musée de Bas-Saint-Laurent** (**Lower St. Lawrence Museum**),Ausstellung zur regionalen Geschichte und Werken zeitgenössischer Künstler
  **Musée de Bas-Saint-Laurent**, *300, rue St-Pierre, ☏ 418-862-7547, www.mbsl.qc.ca, Ende Juni–Aug. tgl. 9–17, sonst Di–So 13–17 Uhr, Eintritt Erwachsene $ 4, Studenten $ 3, Familienkarte $ 10.*
- und die private **Sammlung von Glockenspielen**, 393, rue Témiscouata, mit Glocken verschiedenster Größen, von denen die größte 1.000 kg wiegt

## Reisepraktische Informationen Rivière-du-Loup

### Information

**Rivière-du-Loup Tourism & Information Bureau**, *189, blvd. de l'Hôtel-de-Ville, ☏ 418-862-1981 oder 1-888-825-1981, www.tourismeriviereduloup.ca. Hier erhält man u. a. die Broschüre „Heritage Tour“, die zu den historischen Häusern der Stadt, den Kirchen und Parkanlagen führt oder die Radwanderkarte zum* **Parc linéaire interprovincial Petit Témis (Petit Témis Interprovincial Linear Park)**.

### Unterkunft

**$$$ Comfort Inn**, *85, blvd. Cartier, ☏ 418-867-4162, www.choicehotels.ca, Motel mit 66 freundlich eingerichteten Zimmern, in der Nähe des Hafens.*

**$$$–$$$$ Auberge de la Pointe**, *10, blvd. Cartier, ☏ 418-862-3514, 1-800-463-1222, www.aubergedelapointe.com, Hotel am Sankt-Lorenz-Strom ca. 10 Min. Gehweg zur Innenstadt. Restaurant, Spa.*

**$$$–$$$$ Best Western Plus Hotel Lévesque**, *171, rue Fraser, ☏ 418-862-6927, 1-800-463-1236, www.hotellevesque.com, ansprechendes Ferienhotel mit 117 schönen Zimmern, Gartenanlage, Swimmingpool, Minigolf, Fahrradverleih und Spielplatz, Golf- und Reitgelegenheit in der Nähe.*

### Fährverbindungen

*nach Saint-Siméon, ☏ 418-862-5094, Mitte April–Dez.*

**M.V. Trans-Saint-Laurent Ferry**, *☏ 418-862-5094, http://traverserdl.com, Fahrzeit: ca. 65 Min., Preis einfache Fahrt: Erwachsene $ 19,80, Senioren $ 18, Kinder 7–12 J. $ 13,20, Pkw $ 47,10.*

### Bootsfahrten

**Lower St. Lawrence Island Cruises**, *Société Duvetnor Ltée, ☏ 418-867-1660, 1-877-867-1660, www.duvetnor.com, zwischen Juni und Sept. tgl. ein- und mehrstündige Bootsfahrten zu den Inseln im St.-Lorenz-Strom, ganz- und mehrtägige Fahrten zur Île aux Lièvres mit Übernachtung im Leuchtturm. Platzreservierung empfehlenswert.*

**Whale Watching Cruises**, *3,5-stündige Fahrten zur Walbeobachtung am Zusammenfluss von St.-Lorenz-Strom/Saguenay River und zu den Inseln, von Anfang Juni–Mitte Sept. tgl. Abfahrten.*

**Croisières AML**, *Marina, ☏ 1-866-856-6668 (allgemein) oder 1-800-563-4643 (Rivière-du-Loup), www.croisieresaml.com.*

### Fahrradweg

*Eine Freude für Radfahrer ist der* **Parc linéaire interprovincial Petit Témis** *(Petit Témis Inter Provincial Linear Park), ein 130 km langer Fahrrad- und Wanderweg, der am Madawaska River entlangführt und Rivière-du-Loup mit Edmundston/NB verbindet. Auskünfte und eine Streckenkarte bekommt man in der Touristeninformation oder online auf www.petit-temis.ca.*

### Streckenhinweis

Von Rivière-du-Loup kann man über den Hwy. 185 nach Edmundston/New Brunswick fahren und eine Rundfahrt durch die Atlantikprovinzen machen.

**Cacouna** ist schon seit etwa 1840 ein beliebter Ferienort, der von den wohlhabenden Familien Québecs zur Erholung aufgesucht wurde. Einige der Herrenhäuser können auf

einem Stadtrundgang besichtigt werden, ebenso die 1845 gebaute Kirche Saint-Georges de Cacouna mit einem sehenswerten Altar des Holzschnitzers Louis-Thomas Berlinguet.

## Trois-Pistoles

Trois-Pistoles ist mit Sandstränden, mehreren Sprachschulen, Restaurants, Geschäften und einem beliebten Sommertheater ein ansprechender Ferienort. Interessant ist das **Musée Saint-Laurent** mit alten Autos, die für Filme und Fernsehsendungen eingesetzt waren.
**Musée Saint-Laurent**, *552, rue Notre-Dame ouest, ☏ 418-851-2345, www.museestlaurent.com, Mitte Juni–Mitte Sept. tgl. 9–17 Uhr, Eintritt Erwachsene $ 5, Kinder $ 2.*

Motorboote der Société Provancher fahren in 15 Minuten zur nur etwa 2 km langen Insel **Île aux Basques**, die seit 1929 ein bekanntes **Vogelschutzgebiet** ist. Aber auch historisch ist die Insel bedeutsam, die im Laufe der Jahrhunderte von indianischen Stämmen, baskischen Fischern und Walfängern, katholischen Missionaren und europäischen Einwanderern besiedelt wurde und zu den Stätten zählt, wo erste Kontakte zwischen Indianern und Europäern stattfanden. Im ausgehenden 16. Jh. kamen baskische Seeleute auf der Jagd nach Walen über Newfoundland und Labrador bis in diese Gegend.

*Archäologische Funde*

Archäologen entdeckten zwischen 1990 und 1993 bei ihren Ausgrabungen die Überreste großer Öfen, die zwischen 1584 und 1637 aus Schiefergestein errichtet worden waren und einen Außendurchmesser von fast 4 m hatten. In diesen Öfen hatten die baskischen Walfänger das wertvolle Walfett gekocht. Außerdem wurden Ziegel, Nägel, Töpferei- und Glasfragmente, Glasperlen und Feuersteine entdeckt. Die Ausgrabungen vermitteln einen Eindruck vom Alltagsleben der baskischen Seeleute.

## Reisepraktische Informationen Trois-Pistoles

### Information

**Ville de Trois-Pistoles**, *5, rue Notre-Dame Est, ☏ 418-851-1995, www.ville-trois-pistoles.ca. Mo–Fr 8.30–12 u. 13–16 Uhr.*

### Unterkunft

**$$ La Libertad**, *734, rue Notre-Dame Est, und* **La Marbella**, *94 rue Notre Dame Quest, ☏ 1-866-851-7839, https://lalibertad.ca, 2 Häuser unter derselben Verwaltung mit netten Zimmern.*
**$$–$$$ Motel Rivière Trois-Pistoles**, *141 Route 132 W., ☏ 418-851-4178, 1-866-751-4178, www.motelrivieretroispistoles.com, das inhabergeführte Motel liegt ca. 4 km außerhalb des Ortes und bietet zweckmäßig eingerichtete, saubere Zimmer.*

### Fähre

*Zwischen Trois-Pistoles und Les Escoumins am gegenüberliegenden Ufer des St.-Lorenz-Stroms verkehrt von Mitte Mai–Mitte Okt. eine Fähre. Die Überfahrt dauert ca. 90 Min., für Pkws ist eine Reservierung erforderlich. Die genauen Abfahrtszeiten und Preise erfährt man unter* **Traverse Les Escoumins/Trois Pistoles**, *11, rue du Parc, ☏ 418-851-4676, 1-877-851-4677, http://traversiercnb.ca.*

In **Saint-Fabien** starten von Ende Juni bis Anfang September Shuttle- und Trolleybusse zu etwa 2-stündigen Fahrten zum Gipfel des 350 m hohen Pic Champlain, wo sich

Ausblicke auf den St.-Lorenz-Strom und den Parc National du Bic bieten. Zeltplätze, ein Netz von Wander- und Fahrradwegen, Strände und Kajakrouten machen den Park zu einem Ausflugsziel.

An der Küste zwischen Trois-Pistoles und Rimouski liegt direkt an der Route 132 das etwa 33 km² große Naturschutzgebiet **Parc National du Bic**, das 1984 zum Schutz der Pflanzen- und Tierwelt eingerichtet wurde. Der Park ist ein Wandergebiet, wo man Meeresvögel wie Möwen, Kormorane und Kraniche und verschiedene Robbenarten beobachten kann. Information: ☏ *418-736-5035, www.sepaq.com/pq/bic.*

*Naturschutzgebiet*

## Rimouski

Rimouski, dessen Gebiet die Indianer noch „Land der Elche" nannten, ist heute ein Seehafen und Industriezentrum mit knapp 50.000 Einwohnern. Sehenswert sind einige historische Häuser, die den großen Brand von 1950 überstanden. Ein ausgeschilderter Fußweg, der **Circuit patrimonial de Rimouski**, führt zu den Sehenswürdigkeiten der Innenstadt. Interessantes über die lokale Geschichte erfährt man im **Musée régional de Rimouski**.

**Musée régional de Rimouski**, *35, rue St Germain ouest,* ☏ *418-724-2272, https://museerimouski.qc.ca, Mitte Juni–Anfang Sept. tgl. 10–17.30, Do 10–20, sonst Mi–So 10–17, Do 10–20 Uhr, Eintritt Erwachsene $ 7, Senioren und Kinder von 5–17 J. $ 5, Familienkarte $ 15 bzw. $ 20.*

Ein beliebtes Ausflugsziel ist der **Parc Beauséjour**, Boulevard de la Rivière, der sich mit schönen Wander- und Fahrradwegen am Ostufer des Flusses Rimouski entlangzieht.

## Reisepraktische Informationen Rimouski

### Information

**Office du Tourisme et des congrès**, *50, rue Saint-Germain ouest,* ☏ *418-723-2322, 1-800-746-6875, https://tourismerimouski.com, Mai–Mitte Juni Mo–Fr 9–16.30, Mitte Juni–Aug. tgl. 8.30–19.30, Sept. Mo–Fr 8.30–17.30 und Sa/So 11–16, Okt.–Mai Mo–Fr 9–12 und 13–16.30 Uhr.*

### Unterkunft

**$$-$$$ Gouverneur Hôtel Rimouski**, *155, blvd. René-Lepage Est,* ☏ *1-888-368-7115, https://rimouski.gouverneur.com, gut ausgestattetes Hotel mit ansprechend eingerichteten Zimmern, Swimmingpool und Restaurant.*

**$$$–$$$$ Le Navigateur**, *130, ave. Belzile,* ☏ *418-724-6944, 1-888-724-6944, https://chotels.ca/nos-hotels/c-hotels-le-navigateur, modernes Hotel mit Zimmern und Suiten in der Innenstadt mit Restaurant und Bar.*

**$$$$ Hôtel Rimouski**, *225, blvd. René-Lepage Est,* ☏ *418-725-5000, www.hotelrimouski.com, älteres Hotel mit 185 geräumigen Zimmern, von denen einige einen schönen Blick auf den Strom haben, Swimmingpool, Fahrradverleih.*

10 km nördlich von Rimouski liegt der Fischerort **Pointe-au-Père** mit der Site historique maritime. Im Empress of Ireland Museum ist der Untergang des gleichnamigen Passagierdampfers im Jahr 1914 ausführlich mit Fotos, Videofilmen und vor allem einer 20-minütigen Multimedia-Show dokumentiert. Bei diesem Unglück fanden 1.012 Menschen den Tod.

Eine der vielen kleinen Ortschaften auf Gaspésie

**Site historique maritime de la Pointe-au-Père**, *1000, rue du Phare, ☏ 418-724-6214, www.shmp.qc.ca, Anfang Juni–Mitte Okt. tgl. 9–18 Uhr, Eintritt (U-Boot, Museum, Leuchtturm) Erwachsene $ 25, Kinder von 8–17 J. $ 14,50, U-Boot u. Museum: Erwachsene $ 22, Kinder 8–17 J. $ 14,50; U-Boot u. Leuchtturm: Erwachsene $ 19, Kinder $ 10,50, Museum u. Leuchtturm: Erwachsene $ 13, Kinder $ 6,50. Nur U-Boot: Erwachsene $ 16, Kinder $ 10,50. Nur Museum: Erwachsene $ 10, Kinder $ 6,50. Nur Leuchtturm: Erwachsene $ 4, Kinder Eintritt frei.*

Von Rimouski führt der Hwy. 132 auf die Halbinsel **Gaspésie**. „Gaspé" bedeutet in der Sprache der hier lebenden Micmac-Indianer „Ende der Welt". Nachdem Jacques Cartier 1534 zum ersten Mal die Halbinsel umschifft und das Land für den französischen König in Besitz genommen hatte, wurde die Gaspésie zur Heimat für Akadier, Bretonen, Basken, Briten, Iren, Schotten und Franzosen. Die heutigen Bewohner bewahren die Traditionen und pflegen die Gebräuche ihrer Vorfahren, was sich in ihrer Sprache, ihrer Musik und den Tänzen ausdrückt. Auf der Rundreise kommt man durch akadische Dörfer, britisch oder französisch geprägte Ortschaften oder auch indianische Siedlungen.

*Das „Ende der Welt"*

Die 250 km lange Halbinsel Gaspésie ist im Inneren eine wilde, raue und unzugängliche Landschaft mit Hochplateaus, Felsen und Bergspitzen, die vom Hwy. 132 ganz umrundet und im Inneren nur von den Hwys. 299 und 198 durchquert wird. Die Nordküste ist steil und abweisend; die Hauptstraße windet sich in stetem Wechsel immer wieder zu Vorgebirgen hinauf, führt an schroff abfallenden Felswänden entlang oder senkt sich wieder zum St.-Lorenz-Strom herab. In malerischen Buchten liegen Fischerdörfer mit gemütlichen, einladenden Restaurants. Die Südküste dagegen ist weniger zerklüftet, das Klima ist milder und der Boden fruchtbarer.

### Essen und Trinken

*Die urigen Restaurants der kleinen Fischerdörfer bieten oft eine hervorragende Küche, die auf besten französischen Traditionen beruht. Besonders gut sind Fisch- und Hummergerichte und Meeresfrüchte, die fangfrisch und köstlich zubereitet werden, aber auch Wildgerichte.*

## Sainte-Flavie

**Sehenswert** ist die Kunstgalerie **Centre d'Art Marcel Gagnon**, deren Besonderheit ist, dass die 80 Skulpturen des Künstlers Marcel Gagnon den Gezeiten ausgesetzt sind und je nach Wasserstand auftauchen oder verschwinden. Angeschlossen ist ein Restaurant; außerdem werden Zimmer vermietet.

**Centre d'Art Marcel Gagnon**, *564, route de la Mer, ☏ 1-866-775-2829, www.centredart.net, Auberge Mai–Sept. geöffnet.*

Von **Grand-Métis** aus bietet sich ein Abstecher zu den **Jardins de Métis** an, einer Parkanlage mit mehr als 2.000 teilweise exotischen Pflanzenarten. Die Gärten zählen zu den schönsten Nordamerikas.
**Jardins de Métis**, *220, route 132, ☏ 418-775-2222, www.jardinsdemetis.com, Juni–Okt. tgl. 8.30–18, Juli/Aug. 8.30–20 Uhr, Eintritt Erwachsene $ 22, Studenten $ 19, Jugendliche 14–18 J. $ 11.*

## Matane

Matane liegt an der Mündung des gleichnamigen Flusses in den St.-Lorenz-Strom und ist das Verwaltungszentrum dieser Region; die Menschen finden Arbeit vor allem in der Forstwirtschaft, der Fisch- und Shrimpszucht sowie in den Zementfabriken. Von Ende Juni bis Anfang Juli findet in jedem Jahr das große „Festival de la Crevette" statt.

*Infos zum Lachs*

Gleich bei der modernen Matane City Hall liegt das **Centre d'observation du Saumon Atlantique**, wo Texte, Schautafeln und Videos über den Lebenszyklus der Lachse informieren. Vom Aussichtspunkt aus lässt sich beobachten, wie die Lachse über die Fischleiter den Damm überwinden, und an der Marie-Marsolais-Brücke kann man flussauf- und abwärts Fischern und Anglern zuschauen.
**Centre d'observation du Saumon Atlantique**, *260, ave. St.-Jérôme, ☏ 418-562-0000, www.zecsaumonmatane.com, Mitte Juni–Ende Sept. tgl. 8–17.45, Juli/Aug. 8–19.30 Uhr.*

## Reisepraktische Informationen Matane

### Information

**Tourisme Matane**, *968, ave. du Phare ouest, ☏ 418-562-1065, 1-877-762-8263, www.tourismematane.com, Juni und Mitte Aug.–Mitte Okt. tgl. 9–18, Juli–Mitte Aug. 8.30–19.30 Uhr.*

### Unterkunft

**$$–$$$ Auberge Bruine Océane**, *125, rue Druilette, ☏ 418-560-6836, 418-562-5766, www.bruineoceane.ca, das um 1900 gebaute Haus wurde liebevoll restauriert und komfortabel eingerichtet. Das Haus verfügt über 4 geräumige Zimmer mit Bad, die einen schönen Blick auf den St.-Lorenz-Strom bieten. Im Preis ist ein frisch zubereitetes, köstliches Frühstück inbegriffen.*
**$$$ Quality Inn & Suites Matane**, *1550, ave. du Phare ouest, ☏ 418-562-6433, 1-800-463-2466, www.qualityinnmatane.com, modernes Hotel mit geräumigen Zimmern, nicht weit vom Fähranleger entfernt.*
**$$$–$$$$ La Marina**, *1032, ave. du Phare ouest, ☏ 418-562-3234, 1-888-664-3234, www.motellamarina.com, einfaches Motel mit 40 Zimmern, teilweise mit Blick auf den St.-Lorenz-Strom, Restaurant und Swimmingpool. Geöffnet Mitte Juni–Sept.*
**$$$–$$$$ Riôtel Matane**, *250, ave. du Phare Est Matane, ☏ 418-566-2651, 1-888-427-7374, www.riotel.com, gutes, modernes Hotel mit 96 geräumigen Zimmern mit schönem Ausblick auf den Golf, nur wenige Schritte vom Ort und vom Hafen entfernt, breites Sportangebot sowie Kanu- und Fahrradverleih.*

### Fähre

*Die Fähren verkehren ganzjährig 1–2 x tgl. zum anderen Ufer des St.-Lorenz-Stroms nach Godbout und nach Baie-Comeau, wo die Besichtigung eines modernen Wasserkraftwerkes möglich ist, Reservierung für Pkw ist erforderlich bei* **Reederei Société des Traversiers Québec**, *☏ 418-643-2019, 1-877-562-6560, www.traversiers.com, Fahrpreis Erwachsene 16–64 J. ab $ 20, Senioren $ 16,95, Kinder 6–15 J. $ 12,30, Pkw $ 48,80.*

Etwas außerhalb von **Cap-Chat**, das seinen Namen dem an einen Katzenbuckel erinnernden Felsen verdankt, liegt **Le Nordais Windmill Park**, der mit 133 Windrädern weltweit zu den größten Anlagen gehört. Ein Besucherzentrum informiert über alternative Energiegewinnung und technische Angaben.

## Sainte-Anne-des-Monts und der Parc National de la Gaspésie

Die Lage am St.-Lorenz-Strom und die Nähe zum Parc National de la Gaspésie machen Sainte-Anne-des-Monts zu einem beliebten Reiseziel. Lohnenswert ist ein Besuch im **Exploramer**, wo man die Unterwasserwelt des St.-Lorenz-Stroms in 21 Becken beobachten und auf Bootsausflügen hautnah kennenlernen kann.

**Exploramer**, *1, rue du Quai, ☏ 418-763-2500, www.exploramer.qc.ca, Anfang Juni–Mitte Okt. tgl. 9–17 Uhr, Eintritt Erwachsene $ 18, Studenten $ 15, Kinder 6–17 J. $ 12, Familienkarte $ 45, Bootsfahrt Erwachsene $ 58, Studenten $ 48, Kinder 6–17 J. $ 34, Kinder bis 5 J. $ 25, Familienkarte $ 155. Kombitickets Aquarium, Museum und Bootsausflug: Erwachsene $ 66, Studenten $ 58, Kinder 6–17 J. $ 42, Kinder bis 5 J. $ 25, Familienkarte: $ 192.*

*Beeindruckende Bergwelt*

Sainte-Anne-des-Monts ist der geeignete Ausgangsort für einen Abstecher ins Landesinnere zum **Parc National de la Gaspésie**. Der 802 km² große Park wurde bereits 1937 zum Schutz der seltenen Pflanzen- und Tierwelt gegründet. Der Hwy. 299 führt auf steilen Bergstraßen in die eindrucksvolle Bergwelt. Ein sehr gut ausgebautes Wanderwegenetz durchzieht den Park; einige der gut ausgeschilderten Wanderwege beginnen gleich am Hwy. 299, führen an Seen vorbei, durch das weite Hochland und über kahle Bergrücken hinauf auf die Berggipfel und auch zum höchsten Berg der Provinz, dem 1.268 m hohen Mont Jacques-Cartier. Das Besucherzentrum informiert über Wanderwege, Flora und Fauna. Der Park ist ein ideales Feriengebiet für Botaniker und Angler; mit etwas Glück kann man Karibus und Elche beobachten.

*Der* **Parc National de la Gaspésie** *ist ganzjährig zugänglich.* **Besucherzentrum Mont Albert Sector**, *1981, route du Parc, ☏ 418-763-7494, www.sepaq.com/pq/gas/index.dot, Ende Juni–Anfang Sept. tgl. 8–20, Mai/Juni 9–16.30, Sept.–Mitte Okt. 8.30–19, Mitte–Ende Okt. 9–16 Uhr, Eintritt Erwachsene $ 8,75, Kinder unter 18 J. frei. Empfang und Information, Parkeintritt, Camperregistrierung, Laden, Eis, Feuerholz, Angler-Permit, Outfitter, Interpretation, Ausstellung, Picknickplatz, Duschen, Münzwaschmaschinen, Toiletten, Erste Hilfe. Mitte Feb.–Ende April tgl. 8.30–17, Mitte Mai–Ende Juni 9–16.30, Ende Juni–Aug. 8–20, Sept.–Mitte Okt. 8.30–19, Mitte–Ende Okt. 9–16 Uhr. Selbst-Registrierung: ganzjährig.*

**Registrierungszentrum Lac-Cascapédia**, *Empfang und Information, Parkeintritt, Camper-Registrierung, kleiner Lebensmittelladen, Kajak-, Kanu-, Stand-up-Paddle- und Ruderbootverleih, Toiletten, Erste Hilfe, erste Junihälfte tgl. 9–17, Ende Juni–Aug8.30–20 Uhr.*

**Registrierungszentrum Mont Jacques-Cartier**, *Empfang und Information, Parkeintritt, Camper-Registrierung, Laden, Lebensmittel und andere Produkte, Feuerholz, Kajak-, Kanu- und Ruderbootverleih, Toiletten, Erste Hilfe, Ende Juni–Aug. tgl. 9.30–18, Sept. 9.30–16 Uhr.*

## Reisepraktische Informationen Sainte-Anne-des-Monts und Parc National de la Gaspésie

### Unterkunft

*Übernachtungsmöglichkeiten gibt es in Sainte-Anne-des-Monts und am Mont Albert.*

**$$–$$$ Motel Beaurivage**, *245, 1re ave. ouest, am Hwy. 132, ☏ 418-763-2291, 1-888-763-2291, www.motelbeaurivage.com, Motel mit 47 geräumigen Zimmern und 9 Cottages in schöner Lage am Ufer des St.-Lorenz-Stroms.*

**\$\$\$–\$\$\$\$ Hotel Gite du Mont-Albert**, *2001, route du Parc, am Hwy. 299, ☏ 418-763-2288, www.sepaq.com/pq/gma, gepflegtes Landgasthaus mit ausgezeichneter Küche mitten im Nationalpark; es ist sehr gut geeignet als Ausgangsort für Wanderungen, Fahrradtouren und Langlauf im Park Gaspésie.*

### Wandern

*Die Möglichkeiten reichen von kurzen Spaziergängen bis hin zu mehrtägigen Wanderungen. Ein ca. 17 km langer, stellenweise beschwerlicher Rundweg beginnt am Hotel Gite du Mont-Albert und belohnt am Ende mit einem großartigen Rundblick über die ganze Halbinsel Gaspésie.*

Zwischen Sainte-Anne-des-Monts und Rivière-au-Renard liegt der schönste Küstenabschnitt der **Gaspésie**. Schon von der Straße aus bieten sich immer wieder Ausblicke auf den St.-Lorenz-Strom, auf die Fischerdörfer mit ihren Kirchenturmspitzen und auf die Steilküsten, die im Sommer bei Drachenfliegern beliebt sind.

Der 244 km² große **Parc National Forillon** an der nordöstlichen Spitze der Gaspésie-Halbinsel wurde 1974 eingerichtet. Er zählt zu den schönsten Parks Ostkanadas und bietet neben Naturerlebnissen auch Wander-, Radfahr- und Bademöglichkeiten. Die Wald-, Berg- und Küstenlandschaften dieses Parks sind typisch für das maritime Kanada. Auf Wanderungen durch das Hochland lassen sich Spuren von Elchen, Hirschen, Schwarzbären, Füchsen, Bibern, Nerzen und Koyoten entdecken. Sehr eindrucksvoll sind die Kalksteinklippen, die sich fast 200 m über dem Atlantischen Ozean erheben. Von Ende Mai bis Oktober kann man Wale und Seehunde beobachten, die von dem Fischreichtum angelockt werden und in Schwärmen um das Cap Gaspé ziehen, und Kolonien von Seevögeln, die in den Steilwänden und Felstürmen nisten.

*Tierspuren*

*Das Südufer des St. Lorenz-Stroms bei Ste.-Anne-des-Monts*

Parkeingänge und Informationsstellen, die von Mitte Juni bis Anfang September geöffnet sind, gibt es in der Nähe von Penouille und L'Anse-au-Griffon. Das Cap-des-Rosier **Interpretation Centre** liegt am Hwy. 132 bei **Cap-des-Rosiers**; hier informieren Schautafeln, Diavorführungen und Filme über die Geschichte der Region und über die Tier- und Pflanzenwelt. Außerdem sind hier Kajak- sowie Touren zur Walbeobachtung und Tauchgänge buchbar. Vom Besucherzentrum führt eine Straße zum **Cap-Bon-Ami** mit einem von hohen Felsen umgebenen Kieselstrand und zum ehemaligen Fischerdorf **Grand-Cave**, das nach 17 km erreicht ist. Die ursprüngliche Heimat der hier bis in die 1950er-Jahre lebenden Fischer und ihrer Familien waren die britischen Kanalinseln; inzwischen wurden die verlassenen Fischerhäuser restauriert. In Grand-Cave endet die asphaltierte Straße; nur ein Wanderweg führt an der Steilküste entlang bis zum Ort Gaspé.

**Parc National Forillon, Informationszentrum**, *am Hwy. 132, am Parkeingang nahe Cap-des-Rosiers, ☏ 418-368-5505, 1-888-773-8888, www.pc.gc.ca/en/pn-np/qc/forillon, Juni–Mitte Okt. tgl. 10–17 Uhr. Der Park ist ganzjährig zugänglich. Eintritt Erwachsene $ 7,80, Senioren $ 6,80, Familienkarte $ 15,70, Übernachtung ist auf Campingplätzen (nur im Sommer) möglich, eine rechtzeitige Anmeldung ist zu empfehlen.*

## Gaspé

Gaspé, ein ca. 15.000 Einwohner zählendes Städtchen, liegt an der Mündung des York River und ist das Handels- und Verwaltungszentrum der Gaspésie.

*Sechs Dolmen erinnern an die Ankunft Jacques Cartiers*

Etwa 2 km nördlich sieht man am Hwy. 132 das **Musée de la Gaspésie** und das **Jacques Cartier Monument**, das aus sechs bronzenen Stelen besteht, auf denen die Stationen der Landung Cartiers dargestellt sind. Das Denkmal erinnert an Jacques Cartier, der hier im Juli 1534 im Namen seines Königs das Land in Besitz nahm. Das **Musée de la Gaspésie** informiert über die Forschungsreisen Cartiers und anderer Entdecker, über die regionale Geschichte und die harten Lebensbedingungen der Bevölkerung. Zum Gelände gehören noch ein Amphitheater und ein historischer Lehrpfad.

**Musée de la Gaspésie**, *80, boul. Gaspé, ☏ 418-368-1534, https://museedelagaspesie.ca, Juni–Okt. tgl. 9–17, Mitte Juli–Mitte Aug. tgl. 9–19, Nov.–Mai Di–Fr 10–17, Sa/So 12.30–17 Uhr, Eintritt Erwachsene $ 15,25, Senioren und Studenten $ 13,25, Kinder 6–17 J. 9,25, Familienkarten zu $ 21,45, $ 29,50, $ 34,75 bzw. $ 42.*

## Reisepraktische Informationen Gaspé

### Information

**Gaspé Tourist Information Bureau**, *1-8, rue de la Marina, ☏ 418-368-8525, 418-368-6335, https://gaspepurplaisir.ca, Anfang Juni Mo–Fr 8.30–12 u. 13-16.30, Mitte–Ende Juni 8.30–17, Anfang–Mitte Juli 8.30–18, Mitte Juli–Mitte Aug. 8.30–19, Ende Aug. 8.30–18, Sept. 8.30–17, Anfang–Mitte Okt. Mo–Fr 8.30–17, Mitte Okt.–Mai Mo–Fr 8.30–12 u. 13–16.30 Uhr.*

### Unterkunft

**$$–$$$ Rodeway Inn**, *20, rue Adams, ☏ 418-368-2244, 1-800-463-4242, www.choicehotels.com, im Ort gelegenes Motel mit 97 einfachen Zimmern und Restaurant.*
**$$$ Auberge Sous les Arbres**, *146, rue de la Reine, ☏ 418-360-0060, http://aubergesouslesarbres.com, älteres Haus im Zentrum von Gaspé mit großen Zimmern, von denen einige Meer- oder Gartenblick haben.*

## Percé

Percé ist der größte und meistbesuchte, im Sommer sogar häufig überfüllte Ferienort der Gaspésie mit Cafés, Restaurants und Unterkünften, der seine Beliebtheit der reizvollen Lage an der Ostspitze der Halbinsel verdankt. Percé dient als Fischerhafen für Hummerfangboote und Schleppnetzfischerboote, früher wurde der Hafen für den Schiffsverkehr mit Europa genutzt. Der besondere Anziehungspunkt ist der **Rocher Percé**: ein 438 m langer, 88 m hoher, 5 Mio. t schwerer Kalksteinfelsen, der sich steil aus dem Meer erhebt. Wasser und Wind haben im Laufe von 350 Mio. Jahren einen 20 m hohen Torbogen in den Felsen genagt. Bei Ebbe kann man über eine Sandbank zum Felsen hinüberlaufen und die Fossilien im Felsen anschauen.

*Fossilien im Fels*

Das Museum **Le Chafaud** wurde in einem der ältesten Gebäude eingerichtet und veranschaulicht das kulturelle Erbe der Gaspésie-Halbinsel.
**Musée Le Chafaud**, *142, route 132, ☏ 418-782-5100, www.musee-chafaud.com, Mitte Juni–Ende Sept. tgl. 10–20 Uhr, Eintritt Erwachsene $ 5, Senioren und Studenten $ 3,50, Kinder unter 13 J. $ 2, Familienkarte $ 13.*

Ein Ausflug mit dem Auto oder auch zu Fuß führt auf den 320 m hohen Berg **Sainte-Anne**, wo sich ein Panoramablick auf den Ort und den Felsen Percé bis hinüber zur Île Bonaventure bietet. Percé ist auch bei Unterwassersportlern beliebt; es gibt eine Tauchschule, Schnorchel- und Tauchausflüge sowie einen Verleih von Ausrüstungen.

Ausflugsboote bringen Besucher von Mai bis September von Percé zum **Parc national de l'Île-Bonaventure-et-du-Rocher-Percé**. Auf der unbewohnten, knapp 4 km² großen **Insel Bonaventure** liegt die größte und gut zugängliche Brutkolonie von Seevögeln des nordamerikanischen Kontinents. In diesem Vogelschutzgebiet leben ca. 250.000 Seevögel, unter ihnen z. B. Kormorane, Papageientaucher, Dreizehenmöwen und Tord-Alken sowie eine Kolonie von ca. 60.000 Basstölpeln. Informationen über die nistenden Vogelarten erhält man auf einem Naturlehrpfad, der von der Bootsanlegestelle zu einem Aussichtspunkt führt.

*Größte Brutkolonie von Seevögeln*

**Parc national de l'Île-Bonaventure-et-du-Rocher-Percé**, *www.sepaq.com, Ende Mai–Mitte Okt. tgl. von 9–16, Juli/Aug. 9–17 Uhr, Eintritt Erwachsene $ 8,75, Kinder frei.*
**Informationszentrum** *in Le Chafaud, 4, rue du Quai, ☏ 418-782-2240.*

## Reisepraktische Informationen Percé

### Information

**Percé Tourist Information Bureau**, *142, route 132, ☏ 418-782-5448, 1-855-782-5448, www.perce.info, von Mai–Okt. tgl. von 9–17, Juli/Aug. 9–20 Uhr.*

### Unterkunft

**$$$–$$$$ Au Pic de l'Aurore**, *1, route 132, ☏ 1-866-882-2151, www.percechalet.com, am Ortseingang gelegene ältere Anlage mit einem Motel, Ferienhaus und einfach eingerichteten Studios, jeweils mit Küchenzeile, und großartigem Blick auf den Felsen. Geöffnet Juni–Okt.*
**$$$–$$$$ Hotel La Normandie**, *221, route 132, ☏ 418-782-2112, 1-800-463-0820, www.normandieperce.com, das Hotel hat 45 freundlich eingerichtete Zimmer, die meisten mit Balkon und Blick auf den Felsen. Es liegt in einem schönen Garten dicht am Meer und ist von Anfang Mai–Mitte Okt. geöffnet.*
**$$$–$$$$ Le Mirage**, *288, route 132, ☏ 418-782-5151, 1-800-463-9011, www.hotellemirageperce.com, das Hotel liegt oberhalb der Stadt, die 67 geschmackvoll eingerichteten Zimmer haben alle Balkon oder Terrasse und einen großartigen Blick auf den Felsen und die Insel Bonaventure, geöffnet von Anfang Mai–Ende Okt.*
**$$$–$$$$, Riôtel Percé**, *261, route 132, ☏ 418-782-2166, 1-800-463-4212, www.riotel.com/hotels/perce, das Hotel, das nur wenige Schritte vom Ortszentrum entfernt liegt, verfügt über 90 moderne Zimmer mit eindrucksvollem Blick auf den Felsen, Restaurant, Bar und Terrasse, geöffnet von Mitte Mai–Mitte Okt.*

### Bootsfahrten

**Les Bateliers de Percé**, *Percé, ☏ 418-782-2974, 1-877-782-2974, www.lesbateliersdeperce.com, von Ende Mai–Ende Okt. werden 2-stündige Bootsfahrten um die Insel durchgeführt. Voranmeldung ist erforderlich. Direkt zur Île Bonaventure: Erwachsene $ 25, Kinder 6–15 J. $ 16. Abfahrt um 8.45 Uhr. Walbeobachtung, Dauer 2 Std.: Erwachsene: $ 80, Kinder 6–15 J. $ 40.*

Der Hwy. 132 führt von Percé zur flacheren, weniger dramatischen Südküste mit kleinen Ortschaften und schönen Sandstränden. Die Südküste ist geprägt durch Hügelland, Felder und fischreiche Flüsse, unter denen der Matapédia-Fluss wegen seiner reichen Lachsvorkommen besonders bekannt ist.

*Geschichte der Akadier*

In **Bonaventure** gibt das historische und ethnologische **Musée Acadien du Québec** Einblick in die Geschichte der Akadier. Die heutigen Bewohner pflegen das akadische Erbe durch Veranstaltungen mit Musik, Tanz und vielen Geschichten, die im Sommer regelmäßig auf der Museumsterrasse stattfinden.
**Musée Acadien du Québec**, *95, ave. Port-Royal, ☏ 418-534-4000, www.museeacadien.com, ganzjährig geöffnet Anfang–Mitte Jan. Di–Fr 9–12 und 13–16, Mitte Jan.–Anfang Mai Mo–Fr 9–12 und 13–16, So 13–16.30, Mai–Mitte Juni Mo–Fr 9–12 und 13–16, Mitte Juni–Mitte Okt. tgl. 9–17, Okt.–Mitte Nov. Mo–Fr 9–12 und 13–16, So 13–16.30, Mitte–Ende Nov. Mo–Fr 9–12 und 13–16, bis 23. Dez. Mo–Mi u. Sa 9–17, Do/Fr 9–17.30, So 12–17 Uhr, Eintritt Erwachsene $ 13, Senioren $ 11, Studenten $ 9, Kinder bis 5 J. frei, Familienkarte $ 34.*

**New Richmond** bewahrt das britische Erbe im **Museumsdorf Pointe Duthie** (**Gaspesian British Heritage Village**), das die Zeit von 1800 bis 1900 widerspiegelt und inzwischen aus 24 historischen Gebäuden besteht. Interessant sind der General Store mit dem Besucherzentrum, das Schulhaus, die Sillersville-Kirche und der Duthy-Point-Leuchtturm, der die Baie des Chaleurs bewacht.

*Steil ragt der Felsen bei Percé aus dem Meer*

**Pointe Duthie** (**Gaspesian British Heritage Village**), *351, blvd. Perron ouest, ☏ 418-392-4487, www.duthiepoint.com und www.facebook.com/gaspesianvillagegaspesien, Sommer Mo–Fr 10–16 Uhr, das Gelände ist auch während der Schließungszeiten zugänglich. Im Winter ist die Anlage zugänglich für Fußgänger, Schneeschuh-Wanderer und Langläufer.*

## Carleton

Carleton hat sich wegen seiner Sandstrände zu einem Ferienort mit guten Übernachtungsmöglichkeiten entwickelt. Ein Ausflug führt über die Rue de la Montagne hinauf auf den Gipfel des Mont-Saint-Joseph, wo sich ein Ausblick über die Baie des Chaleurs bis nach New Brunswick bietet.

*Für Geologen und Paläontologen*

Die **Miguasha-Halbinsel** im Süden der Gaspésie ist vor allem für Geologen und Paläontologen interessant. Im **Parc National de Miguasha** *(231, route Miguasha ouest, www.sepaq.com/pq/mig)* haben sich in den Felsformationen Versteinerungen wie Tier- und Pflanzenfossilien erhalten.

Wegen dieser Funde ist der Miguasha-Park von der UNESCO in die Liste des Weltkulturerbes aufgenommen worden. In Miguasha wurden ca. 14.300 urzeitliche Fossilien von Amphibien registriert; die Hälfte davon wird im heimischen Park aufbewahrt. Die übrigen rund 7.000 Zeugen der Vorzeit wurden an Museen, Universitäten und Forschungsinstitute in neun Länder abgegeben. Miguashas berühmtestes, dreidimensionales Fundstück ist der „Eusthenopteron foordi", der erste Fisch, bei dem sich Anzeichen einer Anpassung an das Leben an Land nachweisen lassen.

*Basstölpel bei der Gefiederpflege*

Das **Musée d'histoire naturelle (Museum of Natural History)** im Forschungs- und Informationszentrum des Parks gibt eine Einführung in die Gesteinskunde; ein Lehrpfad führt hinunter zum Strand. **Musée d'histoire naturelle**, *im Miguasha-Nationalpark, ☏ 418-794-2475, Juni–Anfang Okt. tgl. 9–17, Mai/Okt. Mo–Fr 8.30–12 und 13–16.30 Uhr, Eintritt Erwachsene $ 10,85, Kinder bis 17 J. frei.*

**Unterkunft**

**$$$–$$$$ Hostellerie Baie Bleue**, *482, blvd. Perron, Carleton-sur-Mer, an der Route 132, ☏ 418-364-3355, 1-800-463-9099, www.baiebleue.com, große Hotelanlage auf beiden Seiten des Highways mit 95 schönen Zimmern, die teilweise Blick auf den Baie des Chaleurs haben, mit Swimmingpool, Strand und Tennisplatz.*

Von **Matapédia** folgt man dem Hwy. 132, der durch das Matapédia-Tal mit Wäldern, Flüssen, malerischen „covered bridges" und am Lac Matapédia entlang wieder zurück zur Nordküste bis Sainte-Flavie führt. Von dort kann man über Rivière-du-Loup und weiter über den Hwy. 20 zurück nach Québec fahren.

Von **Matapédia** kann man auch in die Nachbarprovinz New Brunswick hinüberfahren (s. S. 468).

## Routenvorschlag 3: zum Archipel Îles-de-la-Madeleine

Die Îles-de-la-Madeleine, die mitten im St.-Lorenz-Strom liegen, sind 215 km von der Küste der Halbinsel Gaspésie entfernt. Zum 96 km langen Archipel gehören ein Dutzend Inseln, von denen sechs durch Dünen miteinander verbunden sind, die einen 70 km langen Landweg bilden. Die Inseln Grosse-Île, Île-de-la-Grande-Entrée, Île-aux-Loups, Île-du-Havre-aux-Maisons, Île-du-Cap-aux-Meules und die Île-du-Havre-Aubert werden von ca. 12.500 Menschen bewohnt. Besucher sind meist überrascht von der Ferienregion mit grünen Wiesen, bunten Holzhäusern und roten Sandsteinklippen, die sich vom tiefblauen Atlantik abheben. Kilometerlange Sandstrände laden zum Baden, Faulenzen und zu Ausritten ein.

**Information**

**Tourisme Îles de la Madeleine**, *128, chemin Principal, Cap-aux-Meules, ☏ 418-986-2245, 1-877-624-4437, www.tourismeilesdelamadeleine.com, Jan.–Mai Mo–Fr 9–12 u. 13–17, Anfang–Mitte Juni Mo–Fr 9–12 u. 13–17, Sa/So 9–13, Mitte–Ende Juni tgl. 9–17 bzw. 8–20, Juli/Aug. 7/8–20, Anfang–Mitte Sept. 8–17, Mitte–Ende Sept. 9–17, Okt.–Dez. Mo–Fr 9–12 u. 13–17 Uhr.*

Das Inselinnere lässt sich auf Wanderungen oder Fahrradtouren erkunden; dabei bieten sich Ausblicke auf die Steilküste, die Sandstrände und die Klippen. Im Frühjahr und Herbst sind mehr als 50 Vogelarten auf ihrem Vogelzug zu beobachten; zur Vogelbeobachtung kann man mit Fischern zum Vogelschutzgebiet Rocher-aux-Oiseaux fahren.

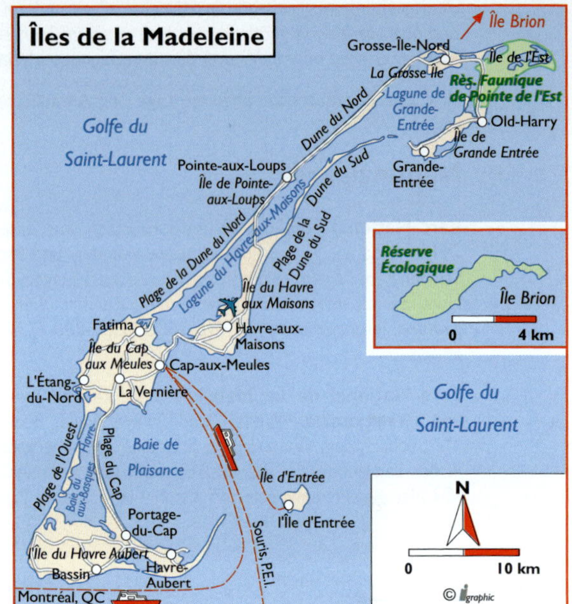

Ein besonderes Ereignis ist jedes Jahr Anfang März die Ankunft von Tausenden von Seehunden aus Grönland auf der **Île-de-la-Grande-Entrée**. Sie kommen, um auf den Eisschollen vor den Inseln ihre Jungen zur Welt zu bringen. Es werden geführte Touren zu den Eisbänken angeboten.

Hinweis

Die Inseln sind **per Boot** von Montréal aus und von Souris/PE (von Souris tgl. nach Île-du-Cap-aux-Meules) zu erreichen; **Flugverbindungen** bestehen während des Sommers täglich mit Montréal und Gaspé/QC.

**Île-du-Cap-aux-Meules** ist die größte Insel mit guter Infrastruktur und dem Fährhafen. Die Inselortschaften sind durch Straßen miteinander verbunden. Auf dem ganzen Archipel gibt es nette Restaurants, Bed-&-Breakfast-Häuser, kleine Hotels, Kunstgewerbeläden, Boutiquen und kleine Museen. Das Musée de la Mer auf der **Île-du-Havre-Aubert** informiert über die Geschichte, Geografie sowie die Tier- und Pflanzenwelt der Inseln. Die **Île Brión** ist seit 1970 unbewohnt. Mit einem Permit kann sie von Juni bis September bei einem Tagesausflug zur Tierbeobachtung besucht werden.

## Nationalparks, Provinzparks und Resorthotels in Québec

Die National- und Provinzparks in Québec bieten viele Freizeit- und Erholungsmöglichkeiten. Alle Parks sind während der Sommermonate geöffnet und bieten häufig

Übernachtungsmöglichkeiten in kleinen Lodges und auf Campingplätzen. Einige Parks sind auch ganzjährig geöffnet; hier kann man im Herbst die Farbenpracht des Indian Summer erleben oder im Winter die ausgezeichneten Wintersportmöglichkeiten nutzen.

Hier eine Kurzübersicht über die Lage und Ausstattung der größten und schönsten Parks:

## Nationalparks

**Parc National Forillon**, 20 km nordöstlich von Gaspé auf der Halbinsel Gaspésie, 244 km², Camping- und Picknickplätze, Wander- und Fahrradwege, Bootsanlegestellen, Schwimmen, Angeln, Wintersport, Tierbeobachtungen, Snackbar, Besucherzentrum am Hwy. 132 mit Informationsprogrammen, Zufahrt über den Hwy. 132; Juni–Mitte Okt. geöffnet. Informationen: ☏ *418-368-5505, 1-888-773-8888, www.pc.gc.ca/en/pn-np/qc/forillon.*

**Parc National de La Mauricie**, nördlich von Trois-Rivières, 536 km², Camping- und Picknickplätze, Wander- und Fahrradwege, Bootsverleih, Angeln, Schwimmen, Tierbeobachtung, Wintersport, Snackbar, Besucherzentrum. Der Nationalpark liegt in den Laurentinischen Bergen. Vogelliebhaber kommen hier voll auf ihre Kosten; von 193 hier gesehenen Vogelarten nisten 116 Arten im Park; außerdem leben hier Elche,

*Ruhe und Erholung findet man in den zahlreichen Parks*

Koyoten, Luchse und Bären. Zufahrt über den Hwy. 55; geöffnet Mitte Mai–Mitte Okt. und Ende Dez.–Ende März. Informationen: ☏ *819-538-3232, 1-888-773-8888, www.pc.gc.ca/fr/pn-np/qc/mauricie*.

**Réserve de Parc National de l'Archipel-de-Mingan**, 800 km nördlich von Québec, 150 km², Camping- und Picknickplätze, Wanderwege, Kanufahren, Angeln, Snackbar, Übernachtungsmöglichkeit, Besucherzentrum in Havre-Saint-Pierre. Der Nationalpark besteht aus einer Gruppe von 40 mit Kiefernwäldern bewachsenen Inseln im nördlichen St.-Lorenz-Strom; besonders sehenswert sind die Felsformationen, die vielen Wasservogelarten sowie Seehunde und Wale. Von Juni bis September ist der Park ein beliebtes Ziel für Angler, Taucher und Kanufahrer, die in die Wildnis vordringen wollen. Für das Zelten in der Wildnis ist eine Erlaubnis erforderlich, die man im Besucherzentrum bei der Anmeldung bekommt. Man kann den Park mit dem Hubschrauber oder mit dem Auto erreichen; die Anfahrt mit dem Auto über den Hwy. 138 führt bis nach Havre-Saint-Pierre, von dort fahren von Mitte Juni bis Anfang September Boote zu den Inseln; eine Voranmeldung ist erforderlich. Informationen: ☏ *418-538-3285, 418-949-2126, 1-888-773-8888, www.pc.gc.ca/en/pn-np/qc/mingan*.

*Ziel für Kanuten*

## Provinzparks (National Parks)

**Aiguebelle**, 43 nördlich von Rouyn-Noranda, 243 km², Camping- und Picknickplätze, Wander- und Radwege, Bootsverleih, Angeln, Wintersport, Besucherzentrum mit Informationsveranstaltungen.

**Bic**, südlich von Bic, Camping- und Picknickplätze, Wander- und Fahrradwege, Wintersport, Snackbar, Übernachtungsmöglichkeit, Zufahrt über den Hwy. 132.

**Frontenac**, 162 km südlich von Québec, 150 km², Camping- und Picknickplätze, Wander- und Radwege, Bootsverleih, Bootsanlegestellen, Angeln, Schwimmen, Snackbar, Übernachtungsmöglichkeit.

**Gaspésie**, 90 km westlich von Murdochville, 802 km², Camping- und Picknickplätze, Wander- und Radwege, Naturlehrpfade, Kanufahren, Bootsverleih, Angeln, Wintersport, Besucherzentrum, Snackbar, Übernachtungsmöglichkeit.

**Grands-Jardins**, 42 km nördlich von Baie-Saint-Paul, Camping- und Picknickplätze, Wanderwege, Bootsverleih, Angeln, Wintersport, Besucherzentrum, Snackbar, Übernachtungsmöglichkeit.

**Îles-de-Boucherville**, 10 km östlich von Montréal, Picknickplätze, Wander- und Radwege, Bootsverleih, Kanufahren, Angeln, Besucherzentrum mit Naturprogrammen, Snackbar.

**Jacques-Cartier**, 40 km nordwestlich von Québec, 670 km², Camping- und Picknickplätze, Wander- und Radwege, Angeln, Kanufahren, Wintersport, Besucherzentrum, Übernachtungsmöglichkeit. Von Anfang Dezember bis Anfang April werden auch Hundeschlittenfahrten angeboten; insgesamt 150 Huskies und Malamute-Hunde bilden 24 Teams, die zu ein- und mehrtägigen Fahrten aufbrechen.

**Mont-Orford**, südöstlich von Montréal, 39 km², Camping- und Picknickplätze, Wanderwege, Bootsverleih, Kanufahren, Golf, Angeln, Schwimmen, Wintersport, Besucherzentrum, Snackbar.

**Mont-Saint-Bruno**, 25 km nördlich von Montréal, Picknickplätze, Wanderwege, Wintersport, Besucherzentrum mit Informationsprogramm.

**Mont-Tremblant**, 1.248 km², Camping- und Picknickplätze, Wander- und Radwege, Reiterhof, Bootsanlegestellen, Bootsverleih, Angeln, Schwimmen, Wintersport, Besucherzentrum mit Informationsveranstaltungen, Snackbar, Übernachtungsmöglichkeit.

**Oka**, 1,5 km östlich von Oka, 16 km², Camping- und Picknickplätze, Wander- und Fahrradwege, Reiterhof, ein Kreuzweg aus dem 18. Jh., Bootsverleih, Bootsanlegestellen, Kanufahren, Angeln, Schwimmen, Wintersport, Eisfischen, Besucherzentrum mit Naturwanderungen, Snackbar.

**Parc National du Fjord-du-Saguenay**, bei Rivière-Éternité, 300 km², Camping- und Picknickplätze, Wander- und Radwege, Angeln, Wintersport, Snackbar.

**Pointe-Taillon**, südlich von Péribonka, Picknick- und Campingplätze, Wanderwege, Kanufahren, Bootsverleih, Schwimmen, Windsurfen, Snackbar.

**Yamaska**, 20 km nordöstlich von Granby, 13,7 km², Picknickplätze, Wanderwege, Kanufahren, Bootsverleih, Angeln, Schwimmen, Wintersport, Snackbar.

## Feriengebiete zwischen Montréal und Ottawa

Die Provinz Québec ist bekannt für ihre Landgasthäuser und Resort-Hotels, die in landschaftlich reizvollen Lagen höchsten Komfort und mit guten Sport- und Freizeitangeboten Abwechslung und Erholung bieten.

Rechtzeitige Zimmerreservierungen sind für jede Jahreszeit empfehlenswert, für die Hochsaison im Juli/August und im Februar/März auf jeden Fall aber nötig. Viele Hotels bieten „packages" zu einem günstigen Preis an, Pauschalarrangements mit einem bestimmten Schwerpunkt, Wochenendreisen, Golf- oder Reitertage, Feinschmeckertage u. Ä.

*Top-Ziel für Wintersportler*

Die **Laurentides** liegen im Nordwesten und sind nur etwa eine Autostunde von Montréal entfernt. Hier steigt der Kanadische Schild zu den knapp 1.000 m hohen Laurentides mit ihren bewaldeten Bergkuppen und den Gletscherseen an. Nirgends sonst im Osten Nordamerikas finden sich so viele Skigebiete mit erstklassigen Abfahrtspisten und ausgezeichneten Langlaufloipen. Im Sommer ziehen Golf- und Tennisplätze die Besucher ebenso an wie die Seen und Flüsse, wo jede Art von Wassersport möglich ist.

In den kleinen Orten gibt es Hotels, Restaurants, Geschäfte und Cafés in jeder Preisklasse; einige der besten Resort-Hotels Québecs findet man in den Laurentides.

In den Laurentides liegen die beliebten und ganzjährig besuchten Provinzparks **Mont-Tremblant Provincial Park** und **Oka Provincial Park**.

Eine Autostunde nördlich von Montréal stößt man am St.-Lorenz-Strom auf das Feriengebiet **Lanaudière** mit stillen Buchten und donnernden Wasserfällen. Auch hier sind im Sommer Schwimmen, Surfen, Segeln, Angeln, Golf, Tennis und Reiten beliebt, während der Winter für Ski- und Snowmobile-Fahrer keine Wünsche offenlässt. In den hübschen Dörfern gibt es gute Übernachtungsmöglichkeiten.

## Reisepraktische Informationen

### Unterkunft

$$ **Auberge le Voyageur B&B**, *900, rue Coupal, Mont Tremblant, ☏ 819-429-6277, 1-800-205-7173, www.bbvoyageur.com, die sympathische Herberge überzeugt mit 5 hübsch eingerichteten Zimmern, das gute Frühstück ist inklusive. Gemütliches Kaminzimmer, sehr freundliche Gastgeber.*

$$ **Motel Chantolac**, *156 rue Morin, Sainte-Adèle, ☏ 450-229-3593, 1-800-561-8875, www.motelchantolac.com, einfaches Motel im Ortszentrum mit 26 hellen Zimmern, nur ca. 150 m vom Lac Rond entfernt.*

$$–$$$ **Best Western Plus Hotel St. Jerome**, *420, blvd Msg.-Dubois, Saint-Jerôme, ☏ 450-438-1155, 1-800-718-7170, www.bwlaurentides.com, angenehmes Hotel mit geräumigen, ansprechend eingerichteten Zimmern, Swimmingpool und gutem Restaurant.*

$$$ **Le Chantecler**, *1474, chemin du Chantecler, Sainte-Adèle, ☏ 1-888-839-9681, www.lechantecler.com, bekanntes, traditionsreiches Hotel in schöner Umgebung mit eleganten Räumen und Suiten, Feinschmecker-Restaurant und Wintergarten; 18-Loch-Golfplatz, Privatstrand, Reitstall, Fitnesszentrum, Schwimmbäder, Segelboote und gute Wintersportmöglichkeiten.*

$$$ **Plumes et Glisse**, *17 chemin des Pentes Nord, Lac Supérieur, ☏ 1-819-688-3444, www.plumesetglisse.com, das kleine B&B bietet 3 gut ausgestattete Zimmer. Im Restaurant Wird auch ein leckeres Dinner serviert. Kinder erst ab 14 J. Mindestaufenthalt im Sommer: 2 Nächte.*

$$$$–$$$$$ **L'Auberge du Vieux Foyer**, *3167, 1er Rang Doncaster, Val-David, ☏ 819-322-2686, 1-800-567-8327, http://aubergeduvieuxfoyer.com, das Hotel ist bekannt für die herzliche Atmosphäre und exzellente Küche.*

$$$$–$$$$$ **Manoir St-Sauveur**, *246, chemin du Lac Millette, Saint-Sauveur, ☏ 450-227-1811, 1-800-361-0505, www.manoir-saint-sauveur.com, komfortables Hotel mit 250 Gästezimmern und großen Tagungsräumen, Swimmingpool, Sauna, Tennis- und Squashplätze sowie gute Wintersportmöglichkeiten.*

#### Unterkunft in Lanaudière

$$–$$$ **Auberge Le Louis-Philippe II**, *5650, rue Principale, Notre-Dame-de-Lourdes, ☏ 450-753-5019, 1-866-753-5019, www.lelouisphilippe2.com, ganzjährig geöffnetes, an einem kleinen See gelegenes stilvolles B&B mit 5 unterschiedlich eingerichteten Zimmern mit schöner Aussicht, ca. 10 Autominuten von Joliette entfernt.*

# 6. VON QUÉBEC NACH OTTAWA

# Von Québec über Trois-Rivières nach Montréal

**Streckenhinweis**

Am Nordufer des St.-Lorenz-Stroms führen zwei Straßen von Québec nach Montréal:

- Die schnellere Strecke ist der Hwy. 40 über Trois-Rivières nach Montréal.
- Der Hwy. 138 folgt weitgehend dem Lauf des St.-Lorenz-Stroms und führt nach Trois-Rivières und durch viele kleine Ortschaften.

**Redaktionstipps**

- Freunde des Motorsports erwartet in Berthierville das **Gilles-Villeneuve-Museum** (S. 264).
- In Trois-Rivières findet im September das **International Classic Canoe Race** auf dem St.-Maurice River statt (S. 266).
- Eine schöne, 45 km lange Rundfahrt führt durch den **Gatineau Park** bei Hull/Gatineau (S. 270).
- Wählen Sie die **King's Road** (Hwy. 138) für die Fahrt, die meist entlang des St.-Lorenz-Stroms und durch idyllische kleine Orte verläuft.

## Sehenswürdigkeiten zwischen Québec und Montréal

In vielen der kleinen Ortschaften am Hwy. 138 existieren historische Gebäude aus dem 17. bis 19. Jh. Wohnhäuser, Kirchen, Klöster und Pfarrhäuser sowie eine Mühle wurden sorgfältig restauriert und werden nun als kleine Heimatmuseen oder als Kunstgalerien genutzt. Beispiele sind:

- die in den Jahren 1754–1768 gebaute Kirche in **Cap-Santé**
- die Moulin de la Chevrotiere (historische Wassermühle) in **Deschambault-Grondines**
- das alte Pfarrhaus von 1816 mit einem kleinen regionalen Museum in **Batiscan**
- die Wallfahrtskirche Sanctuaire Notre-Dame-du-Cap in **Trois-Rivières**
- die 1765–1788 erbaute Mühle Tonnancour in **Pointe-du-Lac**

Von Québec über Montréal nach Ottawa

- die historischen Häuser von **Louiseville** mit kleinen Kunstgewerbeläden und einem Landwirtschaftsmuseum, das über die Herstellung von Produkten aus Ahornsirup informiert
- die älteste protestantische Kirche in Québec aus dem Jahr 1787 in **Berthierville** mit sehr schönen Holzschnitzereien im Kircheninneren
- die Moulin Grenier (Windmühle) in **Repentigny**

Aber es gibt nicht nur historische Sehenswürdigkeiten. In Berthierville können Freunde des Motorsports das **Gilles-Villeneuve-Museum** besuchen, das 1995 zu Ehren des Formel-1-Rennfahrers eingerichtet wurde und Besuchern die Möglichkeit gibt, ihre eigenen Fahrkünste in einem Simulator zu testen oder Filme bekannter Rennen anzuschauen.
**Musée Gilles-Villeneuve**, *960, ave. Gilles-Villeneuve, ☏ 450-836-2714, 1-800-639-0103, https://museegillesvilleneuve.com, tgl. 9–17 Uhr.*

## Trois-Rivières

Trois-Rivières wurde 1634 als befestigter Pelzhandelsposten an der dreiarmigen Mündung des Saint-Maurice-Flusses in den St.-Lorenz-Strom gegründet und ist die zweitälteste französische Stadtgründung in Québec. Zum wirtschaftlichen Aufschwung des Ortes trugen die für den Handel günstige Lage auf halber Strecke zwischen Montréal und Québec bei sowie die Nutzung der Wälder im Norden der Stadt. Der Holz- und Wasserreichtum ermöglichten seit 1820 den Aufbau einer Holz- und Papierindustrie, die auch heute noch das wirtschaftliche Fundament der Stadt bildet und den Beinamen „Papierhauptstadt der Welt" erklärt.

*„Papierhauptstadt der Welt"*

Zu den Sehenswürdigkeiten der Industriestadt zählt vor allem die schön restaurierte Altstadt am Fluss mit ihren Gassen und den Häusern aus dem 18. Jh.:

- **Manoir Boucher-de-Niverville**, das 1729 für den ersten Seigneur der Stadt erbaut wurde, heute die Touristeninformation beherbergt und eine Ausstellung frankokanadischer Möbel des 18. Jh. zeigt; *168, rue Bonaventure, ☏ 819-372-4531, www.manoirdeniverville.ca, in den Sommermonaten tgl. 10–18, Ende Mai und Aug. 10–19 Uhr, Erwachsene $ 4, Jugendliche 6–18 J. $ 3,50, Familienkarte $ 12.*
- **Manoir de Tonnancour**, das aus dem frühen 18. Jh. stammt und nach einem Brand 1974 nach alten Plänen rekonstruiert wurde; *864, rue des Ursulines, Di–Fr 10–12 und 13.30–17, Sa/So 13–17 Uhr, www.galeriedartduparc.qc.ca, Eintritt frei.*
- **Maison Hertel-de-la-Fresnière** von 1821, das gelegentlich Ausstellungen regionaler Künstler zeigt; *802, rue des Ursulines, unregelmäßige Öffnungszeiten, je nach Ausstellung.*

Das noch heute als Schule dienende Ursulinenkloster mit seiner markanten silbernen Kuppel stammt aus dem Jahre 1697; das Klostermuseum beherbergt Sammlungen von Textilien, Büchern, Silberarbeiten, Skulpturen und sakralen Gegenständen. Vom gegenüberliegenden Klostergarten bieten sich Ausblicke auf den St.-Lorenz-Strom.
**Ursulinenkloster, Couvent des Ursulines**, *734, rue des Ursulines, ☏ 819-375-7922, www.musee-ursulines.qc.ca, Mai–Nov. Di–So 10–17, März/April Mi–So 13–17, Juli/Aug. tgl. 10–17 Uhr, Eintritt Erwachsene $ 5, Senioren und Studenten $ 4.*

Das **Boréalis** (Centre d'Exposition sur l'Industrie des Pâtes et Papiers) präsentiert durch Modelle, Fotos, Dias, Videofilme und mittels Führungen alles Wissenswerte über die Zellstoff- und Papierindustrie.
**Boréalis**, *200, ave. des Draveurs, ☏ 819-372-4633, www.borealis3r.ca, Juni–Sept. tgl. 10–18, Sept.–Mai Di–So 10–17 Uhr, Eintritt Experience Tour (nur im Sommer): Erwachsene $ 14,*

*Senioren, Jugendliche und Kinder 6–18 J. $ 12, Kinder unter 6 J. frei, Familien $ 43. Eintritt Self-Guided Tour (60 Min.) oder Audioguide für Kinder (40 Min.): Erwachsene $ 10, Studenten, Jugendliche 6–18 J. und Senioren (65+) $ 8, Familienkarten $ 30.*

Das **Musée québécois de culture populaire** informiert in sechs Ausstellungen über Leben und Gesellschaft in der Region Mauricie; auf einer Führung lernt man nicht nur das ehemalige Gefängnis kennen, das von 1822 bis in die 1990er-Jahre genutzt wurde, sondern erfährt auch viel über das Alltagsleben und die Traditionen der hier ansässigen Bevölkerung.

*Führung durchs Gefängnis*

**Musée québécois de culture populaire**, *200, rue Laviolette, ☏ 819-372-0406, www.culturepop.qc.ca, Juli/Aug. tgl. 10–18, sonst Mi–Fr 10–16, Sa/So 10–17 Uhr, Eintritt nur Museum Erwachsene $ 15, Senioren $ 14, Studenten $ 11,50, Kinder von 5–17 J. $ 9, Familienkarten zu $ 18,50, 24, 32 oder 37, zusätzliches Kind + $ 7,50; Eintritt nur Gefängnis: Erwachsene $ 17, Senioren $ 16, Studenten $ 14, Kinder 11,50, Familienkarten zu $ 21, 28, 37 oder 41, zusätzliches Kind + $ 9. Kombinationstickets (Museum und Gefängnis): Erwachsene $ 24, Senioren $ 22, Studenten $ 18, Kinder $ 15, Familienkarte zu $ 28,50, 39, 47 oder 58, zusätzliches Kind + $ 10,50.*

Im **Musée Pierre-Boucher** werden Arbeiten regionaler Künstler sowie alte Möbel, Werkzeuge und Haushaltsgegenstände gezeigt.

**Pierre Boucher Museum**, *858, rue Laviolette, ☏ 819-376-4459, www.museepierre boucher.com, Sept.–Juni Di–Fr 10–12 und 13–16.30, Sa/So 13–16.30, sonst Di–Fr 9–12 und 13–16.30, Sa/So 11–16.30 Uhr, Eintritt frei.*

Außerhalb der Stadt, ca. 13 km nördlich, liegt das Freilichtmuseum **Lieu historique national des Forges du St-Maurice**. Hier wurde 1729 zum ersten Mal in Kanada Eisen geschmolzen. Die Anlage war bis 1883 in Betrieb; im Informationszentrum wird die Geschichte und Bedeutung der Eisenverhüttung seit ihren Anfängen im 18. Jh. durch Ausstellungen, Diavorführungen, Filme und 30-minütige Führungen deutlich gemacht.

**Lieu historique national des Forges du St-Maurice**, *10 000, blvd. des Forges, ☏ 819-378-5116, 514-283-2282 oder 1-888-773-8888, www.pc.gc.ca/en/lhn-nhs/qc/saint maurice, Mitte Juni–Anfang Sept. tgl. 10–17 Uhr, Eintritt Erwachsene $ 3,90, Senioren und Studenten $ 3,40.*

## Reisepraktische Informationen Trois-Rivières

### Information

**Tourism Trois-Rivières**, *1457, rue Notre-Dame Centre, ☏ 819-375-1122 oder 1-800-313-1123, www.tourismetroisrivieres.com, Okt.–Mitte Mai Mo–Fr 9–17, Mitte Mai–Mitte Juni Mo–Fr 9–17, Sa/So 10–16, Mitte Juni–Aug. tgl. 9–19, Sept.–Mitte Okt. Mo–Fr 9–17, Sa/So 10–16 Uhr. Für den Altstadt-Rundgang gibt es deutschsprachige Erläuterungen.*

### Unterkunft

**$$–$$$ Les Suites de Laviolette**, *7201, rue Notre Dame, ☏ 819-377-4747 oder 1-800-567-4747, www.suiteslaviolette.com, freundliches Hotel mit 88 gut eingerichteten Zimmern und Suiten, Swimmingpool und Tennisplatz.*

**$$$ Hôtels Gouverneur Trois-Rivières**, *975, rue Hart, ☏ 819-379-4550 oder 1-800-744-5982, https://trois-rivieres.gouverneur.com, Hotel mit 128 Zimmern in ruhiger Lage in der historischen Altstadt.*

**$$$–$$$$ Auberge Godefroy**, *17 575, blvd. Bécancour, Bécancour, ☏ 819-233-2200, 1-800-361-1620, www.aubergegodefroy.com, zehn Fahrminuten von Trois-Rivières entfernt,*

*ruhiges und gutes Ferienhotel mit gut ausgestatteten Zimmern, ausgezeichneter Küche, Pool, Sauna, Golf, Fitnessraum.*
**$$$–$$$$ Delta Trois Rivières**, *1620, rue Notre Dame, ☏ 819-376-1991, www.marriott.com, zentral gelegen, mit ansprechend eingerichteten Zimmern, Pool, Sauna, Fitnessraum.*

**Einkaufen**
*Einkaufsmöglichkeiten in den Malls* **Le Centre Commercial Les Rivières**, *4225, blvd. des Forges, und* **Le Carrefour Trois-Rivières-Ouest**, *4520, blvd. Récoletts.*

**Feste**
*Ende Juni:* **Trois-Rivières Festival**, *Volksfest mit Feuerwerk, Handwerkermärkten, Musik und Tanz*
*Anfang Juli:* **Country Fair**, *Kunst- und Kunsthandwerksmärkte, Straßenmusikanten, Konzerte (http://expotr.ca)*
*Anfang September:* **International Classic Canoe Race**, *Kanurennen, das an drei Tagen auf dem St.-Maurice River auf einer 193 km langen Strecke zwischen Trois-Rivières und La Tuque stattfindet. Zu den Schwierigkeiten dieses Rennens gehört, dass die Boote mehrmals über Hügel und an Wasserfällen vorbeigetragen werden müssen.*

# Von Montréal über Hull/Gatineau nach Ottawa

Zwischen Montréal und Ottawa dehnt sich an beiden Ufern des Ottawa River die **Landschaft L'Outaouais** aus. Als Samuel de Champlain im Jahr 1603 dieses Gebiet erstmals bereiste, erkannte er sogleich die Bedeutung des Ottawa River, der für die Indianerstämme der Huronen und Algonquin die Verbindung zwischen den Großen Seen im Westen und dem St.-Lorenz-Strom im Osten darstellte. In der Folgezeit nutzten die weißen Missionare und Forscher den Fluss, ebenso wie die Pelztierjäger, die mit ihren Kanus ins Landesinnere aufbrachen und im Herbst mit reicher Fellbeute zurückkehrten, und die Pelzhändler, die auf dem Fluss nach Westen vordrangen.

**Streckenhinweis**

Entfernung 198 km
Ein dichtes Straßennetz verbindet Montréal mit Ottawa; die zur Verfügung stehende Zeit entscheidet über den Weg:

- Der Hwy. 40, der ab der Grenze zu Ontario als Hwy. 417 weiterführt, ist die direkte und schnellste Verbindung zwischen den beiden Städten.
- Der Hwy. 17 führt, alternativ zum Hwy. 417, am Südufer des Ottawa River entlang.
- Der Hwy. 344/148 führt durch die Ortschaften am nördlichen Ufer des Ottawa River und über Hull nach Ottawa.

Zu Beginn des 19. Jh. gewann der Fluss vor allem für die Holzindustrie an Bedeutung. Im englischen Mutterland war der Bedarf an Holz für den Bau von Schiffen groß, und im Gebiet des Ottawa River war Holz im Überfluss vorhanden. 1806 wurde durch den Amerikaner Philemon Wright in Gatineau erstmals eine Holzlieferung auf Flößen über den Ottawa River zum St.-Lorenz-Strom geschickt.

Der Versuch gelang; in den nächsten Jahren wurden Holzgesellschaften gegründet, die Holzfäller, Flößer, Bauern und Händler aus England, Irland, Schottland und den Vereinigten Staaten anzogen. Frankokanadier, unter der Führung der Familie Papineau, gründeten Ortschaften wie Papineauville, Montebello, Notre-Dame-de-la-Paix oder Chénéville. Das fruchtbare Land wurde in lange, schmale Streifen unter den Bauern aufgeteilt, damit möglichst viele von ihnen einen direkten Zugang zum Fluss hatten, auf dem das Erntegut befördert wurde.

*Holzwirtschaft*

Die Bedeutung der Holzwirtschaft blieb für diese Region bis in die Gegenwart hinein erhalten.

**Fähren**

*Mehrere Ortschaften sind durch Fähren mit dem südlichen Ufer des Ottawa River verbunden:*

**Oka–Hudson**: ☏ *450-458-4732, http://traverseoka.ca, Abfahrten alle 15 Min. von beiden Ufern, Mitte–Ende Juni 6–22, Ende Juni–Ende Aug. 6–24, Sept.–Ende Nov. 6–22, So immer ab 7 Uhr, Fahrzeuge $ 11 (Passagiere inkl.), Fußgänger $ 2*

**Pointe-Fortune–Carillon**: ☏ *450-537-3412, http://traversierlepasseur.com, Anfang Juni 6–22, Juni–Aug. 6–24, Sept.–Ende Dez. 6–22 Uhr*

**Montebello/Fassett–Lefaivre**: ☏ *613-551-0679 und 613-679-4664, Sommer tgl. 6–22 Uhr, 5 Min., $ 9 (Auto und Passagiere)*

**Masson-Angers–Cumberland**: *www.traversiersbourbonnais.com, ganzjährig, Tag und Nacht, nur Barzahlung möglich, Auto inkl. Passagiere $ 10*

**Quyon–Fitzroy Harbour**: ☏ *343-883-7533, www.quyonferry.com, April–Dez. tgl. 5.30–22 Uhr*

# Sehenswürdigkeiten an dieser Strecke

Anstelle über den schnelleren Hwy. 50 von Montréal nach Ottawa zu fahren, bietet es sich an, ab Hull/Gatineau die etwas weiter südlich verlaufende Straße nahe am Ottawa River (Hwy. 148) zu nehmen. Der Highway ist die älteste Fahrstraße der Provinz Québec und trägt den Beinamen „Chemin du Roy" oder „King's Highway".

Das **Zisterzienserkloster im Ferienort Oka** ist eines der ältesten Klöster in Nordamerika; hier stellten die Trappistenmönche den bekannten Oka-Käse her, der noch heute wegen seiner guten Qualität geschätzt wird.

In **Saint-Placide** wurde Adolphe-Basile Routhier (1839–1920) geboren, der den französischen Text der kanadischen Nationalhymne verfasste.

Der heutige Industrieort **Grenville** wurde 1809 von englischen Siedlern gegründet und entwickelte sich zu einem wichtigen Handelsposten; in der Zeit von 1819–1833 wurde der Grenville-Kanal gebaut, nach dessen Fertigstellung die gefährlichen Stromschnellen des Long-Sault umschifft werden konnten.

## Montebello

Der Ort Montebello rückte 1981 ins allgemeine Interesse, als im Schlosshotel **Château Montebello** das Gipfeltreffen der Staats- und Regierungschefs der sieben wichtigsten westlichen Industrienationen stattfand.

Sehenswert ist das **Manoir Louis-Joseph-Papineau**, das sich der Abgeordnete der gesetzgebenden Versammlung von Unterkanada und spätere Anführer der „Patrioten"

Papineau nach achtjährigem Exil in den USA und Paris zwischen 1846 und 1850 hatte errichten lassen. Das Haus liegt in der Nähe des Château Montebello, am Hwy. 148. 20 Zimmer, die der damaligen Zeit entsprechend eingerichtet wurden, sind zum Besuch freigegeben.
**Manoir Louis-Joseph-Papineau**, *500, rue Notre-Dame, ☏ 819-423-6965, www.pc.gc.ca/en/lhn-nhs/qc/manoirpapineau/visit, Mitte Juni–Anfang Sept. tgl. 10–17, Mai–Ende Juni/Sept./Okt. Fr–So 10–17 Uhr, Eintritt Erwachsene $ 7,80, Senioren $ 6,55. Bis Mai 2020 wegen Restaurierungsarbeiten geschl. Zeiten und Preise werden sich wahrscheinlich ändern.*

*Bisons, Bären und Co.*

Lohnend ist auch ein Ausflug zum **Parc Oméga**, knapp 5 km nördlich von Montebello, wo Bisons, Schwarzbären, Füchse, Elche und Wölfe leben. Wer das Autoradio mit FM 90.1 einschaltet, erhält Infos über die Lebensbedingungen und Verhaltensweisen der Tiere. Zwei Naturlehrpfade bieten ebenfalls interessante Hinweise. Im Sommer ist ein Restaurant mit Panoramablick geöffnet.
**Parc Oméga**, *399 route 323 nord, ☏ 819-423-5487, http://parcomega.ca, Mitte Mai–Mitte Juni und Sept.–Mitte Okt. tgl. 10–18, Mitte Juni–Anfang Sept. 9–19, Mitte Okt.–Mitte Mai 10–17 Uhr (Park schließt je 1–2 Std. nach letztem Einlass), Mitte Juni–Anfang Sept. Erwachsene $ 35, Senioren $ 32, Kinder u. Jugendliche 6–15 J. $ 25, Kinder 2–5 J. $ 14. Niedrigere Preise während der Zwischen- und Nebensaison.*

Ein Abstecher führt nach **Plaisance** zum Plaisance Heritage Interpretation Centre, einem Gelände mit Wanderwegen, Picknickplätzen, Aussichtspunkten und Informationen über die drei Siedlungen dieser Region, die aus der Zeit der Algonquin-Indianer, der Holzfäller und der Siedler um 1900 stammen. Etwa 5 km nördlich von Plaîsance an der Rte. 148 befinden sich die Chutes de Plaîsance, sehenswerte Wasserfälle.
**Plaisance Heritage Interpretation Centre**, *276, rue Desjardins, ☏ 819-427-6400, www.chutesplaisance.ca. Das Plaisance Heritage Interpretation Centre ist bis auf Weiteres geschlossen.*

## Reisepraktische Informationen Montebello

### Information
**Outaouais Tourism**, *103 Laurier St., ☏ 819-778-2222 oder 1-800-265-7822, www.tourismeoutaouais.com, Mo–Fr 8.30–18, Sa/So 9–18 Uhr.*

### Unterkunft
$$$$$ **Fairmont Le Château Montebello**, *392, rue Notre Dame, ☏ 819-423-6341 und 1-800-0441-1414, www.fairmont.com/montebello, das ganz aus Zedern- und Pinienholz gebaute Schlosshotel verfügt über alle Annehmlichkeiten eines First-Class-Hotels und sehr gut ausgestattete Tagungsräume; dazu gehört auch ein ausgezeichnetes Sportprogramm: Golf, Tennis, Reiten und Wassersport im Sommer, Langlauf und Schlittenfahrten im Winter.*

## Hull/Gatineau

Ende 2002 schlossen sich die Gemeinden Hull, Aylmer, Gatineau, Masson-Angers und Buckingham zur neuen Stadt **Gatineau** zusammen. **Hull**, die 72.000 Einwohner zählende Schwesterstadt der kanadischen Hauptstadt, liegt am Nordufer des Ottawa River, der kanadischen Hauptstadt direkt gegenüber und ist durch Brücken mit ihr verbunden. Hull ist eine der ältesten Siedlungen dieser Region und wurde um 1800 von

Philemon Wright gegründet, der die Holzwirtschaft zu einem wichtigen Erwerbszweig machte. Hull ist bis heute ein Zentrum der Holz- und Forstwirtschaft sowie der Papier- und Zellstoffherstellung. Darüber hinaus ist Hull/Gatineau eine Wirtschaftsregion mit Hightech-Unternehmen und Forschungsinstituten sowie eine Verwaltungsstadt mit Dienststellen der Regierungsbehörden.

 Hinweis

Obwohl die Stadt jetzt offiziell den Name Gatineau trägt, wird sie im täglichen Gebrauch weiterhin häufig Hull genannt.

Gatineau ist auch ein **beliebter Fremdenverkehrsort**, wobei die Innenstadt voller Kontraste ist. Straßen wie die Rue Champlain mit alten Häusern aus der Zeit um 1900, moderne Bauten wie das Museum of History an der Rue Laurier, lebhafte Plätze wie die Promenade du Portage, Parks wie der Parc du Ruisseau-de-la-Brasserie oder der Parc des Portageurs mit Spazierwegen und Kunstwerken machen das deutlich.

Die Stadt hat zwei Anziehungspunkte, die jährlich von mehr als 1 Mio. Touristen besucht werden und einen Besuch lohnen: das **Canadian Museum of History** und den **Gatineau Park**.

## Canadian Museum of History

*Museums-highlight*

Das **Canadian Museum of History** (früher: Canadian Museum of Civilization) zählt zu den eindrucksvollsten Museen im Land. Das 1989 entstandene architektonische Meisterwerk von Douglas Cardinal liegt am Ufer des Ottawa River und soll nach den Aussagen des Architekten durch seine geschwungenen Formen an die von Wind, Wasser und Eis geprägte kanadische Landschaft erinnern. Das ursprüngliche Gebäude wurde durch einen Neubau ergänzt, der Cardinals Ideen noch einmal aufgreift. Ausstellungen, Sammlungen, Filme, Diavorführungen und Theateraufführungen dokumentieren das Leben der Ureinwohner und machen mit den vielen Kulturen der kanadischen Bevölkerung bekannt. Besonders eindrucksvoll ist die Grand Hall, die mit sechs Holzhäusern und Totempfählen den sechs Indianerstämmen an der Westküste Kanadas gewidmet ist. Anlässlich der 150-Jahr-Feier der Föderation am 1. Juli 2017 entstand die neue „Canadian History Hall", die die Geschichte Kanadas von ihren Anfängen vor fast 4.000 Jahren bis zur Gegenwart vorstellt.

*Ausstellung im Canadian Museum of History*

Außerdem gibt es Wechselausstellungen zeitgenössischer Kunst, Kunst der Indianer und Inuit sowie kunstgewerbliche Ausstellungen. Das Kindermuseum lädt zum Spielen und Entdecken ein. Vom japanischen Zen-Garten und von der Terrasse bietet sich ein schöner Blick auf das Parlament Kanadas am gegenüberliegenden Ufer des Ottawa-Flusses.
**Canadian Museum of History**, *100, rue Laurier, ☏ 819-776-7000, 1-800-555-5621, www.historymuseum.ca, Juli/Aug. Mo–Mi 9–18, Do 9–20, Fr–So 9–18, Sept.–April Mo–Mi 9.30–17, Do 9.30–20, Fr–So 9.30–17, Mai/Juni Mo–Mi 9–17, Do 9–20, Fr–So 9–17 Uhr, Eintritt Erwachsene $ 20, Senioren $ 18, Studenten $ 16, Kinder von 3–12 J. $ 12, Familienkarte $ 50, Do 17–20 Uhr Eintritt frei, Parkgarage im Haus.*

Eine besondere Attraktion im selben Gebäude ist das **IMAX-Theater** mit einer riesigen, sieben Stockwerke hohen Leinwand und einer Kuppel von 23 m Durchmesser. Im Theater fühlt man sich durch die Kombination einer Imax- und Omnimax-Leinwand direkt ins Filmgeschehen versetzt.
*Der Eintritt ins Kino ist im Museumseintritt inbegriffen.*

Neben dem Museum ist das **Casino du Lac-Leamy** eine große Attraktion von Gautineau. Die Architektur und Wasserspiele sollen Kanadier und Touristen einladen, an den 45 Baccarat-, Blackjack- und Roulettetischen sowie an den 1.250 Spielautomaten ihr Glück zu versuchen. In dem Gebäudekomplex gibt es außerdem Restaurants, Geschäfte und Konferenzräume.
**Casino du Lac-Leamy**, *1, blvd. du Casino, ☏ 819-772-2100, tgl. 24 Std., Mindestalter 18 J.*

## Gatineau Park

Über 40 Seen

Der Park dehnt sich über 35.600 ha nördlich des Ottawa River aus. Mehr als 40 Seen, von denen der Lac Philippe, der Lac des Fées und der Lac la Pêche die beliebtesten sind, laden im ehemaligen Jagdgebiet der Algonquin-Indianer zum Schwimmen, Bootfahren und Fischen ein. Der Gatineau Park liegt nur wenige Kilometer von Hull und Ottawa entfernt. Er ist zu erreichen über den **Boulevard Taché** in Hull, den **Hwy. 5**, Exit 12 nach Old Chelsea und die **Hwys. 105** und **366** nach Sainte-Cécile-de-Masham im Norden des Parks.

Man kann mit dem Wagen eine ca. 45 km lange Rundfahrt durch den Südteil des Gatineau Park machen, wenn man dem Gatineau Parkway, dem Fortune Lake Parkway und dem Champlain Parkway folgt. An den Parkstraßen gibt es Picknick- und Campingplätze; an landschaftlich besonders schönen Stellen wurden Aussichtsplätze angelegt, wo an Wochenenden Ranger Flora und Fauna des Parks erklären, z. B. am Champlain Lookout, Etienne Brûlé oder Huron.

## Reisepraktische Informationen Gatineau Park

### Information

*Das* **Gatineau Park Visitor Centre** *liegt in Chelsea, 33 Scott Rd., ☏ 819-827-2020 oder 1-866-456-3016, Mai–Okt. tgl. 9–17, Nov.–April Mo–Fr 9–16, Sa/So 9–17 Uhr, Eintritt frei. Von Mitte Juni–Anfang Sept. kostet die Zufahrt zu den Stränden an den Seen Meech, La Pêche und Philippe für Pkw $ 12.*

### Bootsfahrten

*Von Mai–Anfang Okt. werden 1,5-stündige Bootsfahrten auf dem Ottawa River mit Ausblicken auf die Parlamentsgebäude von Ottawa und das Canadian Museum of History angeboten.*

**Paul's Boat Lines Ltd.**, *Hull Marina, ☏ 819-246-3855, www.ottawaboatcruise.com/tour-destination/pauls-boat-line.*

**Lady Dive Amphibus**, *☏ 613-524-2221, www.ladydive.com, Ende Juni–Mitte Okt.*

**Tipp**

Die Angellizenz für die Provinz Québec bekommt man in den Sportgeschäften in Hull.

Im Sommer lädt der Park **Spaziergänger**, **Wanderer** und **Radfahrer** zu Ausflügen ein. Es gibt Wanderwege, z. B. den Larriault Trail (3 km) oder den Ridge Trail (6 km), und vor allem im südöstlichen Teil des Parks ein gutes Fahrradwegenetz von über 100 km Länge. Im Winter findet man im Gatineau Park ausgezeichnete Skipisten und Loipen vor. Eine 5 km lange **Wanderung auf dem Lusk Cave Trail**, südlich vom Philippe Lake, führt zu einer 150 m langen Höhle mit einem unterirdischen Fluss, der hier Teiche und einen kleinen Wasserfall bildet. Man sollte eine Taschenlampe mitnehmen, um die Stalagmiten und Stalaktiten anzuschauen, die sich in den Lusk Caverns vor über 12.500 Jahren gebildet haben.

Zu den Sehenswürdigkeiten des Parks zählen das Mackenzie King Estate und die historische Mühle von Wakefield.

Das **Mackenzie King Estate**, Moorside, war die Sommerresidenz des langjährigen kanadischen Premierministers William Lyon Mackenzie King. Audiovisuelle Präsentationen und Infotafeln geben einen Überblick über die kanadische Geschichte von

*„Moorside" – die Sommerresidenz von Mackenzie King*

1921–1948. Sehr schön ist auch der Garten, in dem Gärtner auf Wunsch Auskünfte über die Anlage und Pflege englischer Gärten erteilen. Für Besucher gibt es im ersten Stock des Hauses einen Teeraum und eine Snackbar.
**Mackenzie King Estate**, *Moorside, rue Barnes, ☏ 819-827-2020, ncc-ccn.gc.ca/places/mackenzie-king-estate, Gärten, Ruinen und Spazierwege sind ganzjährig offen. Die Residenz ist geöffnet Mitte Mai–Mitte Okt. Mo–Fr 10–17, Sa/So 11–18 Uhr, Di geschl., Eintritt und Parkgebühr (max. 8 Passagiere/Fahrzeug) $ 12.*

## Reisepraktische Informationen Hull/Gatineau

### Information

**La Maison du Tourisme**, *103, rue Laurier, ☏ 819-778-2222 oder 1-800-265-7822, www.tourismeoutaouais.com, Mo–Fr 8.30–18, Sa/So 9–18 Uhr, nur ca. 3 Gehminuten vom Museum entfernt.*

### Wichtige Anschriften und Telefonnummern

**Polizei**: *911, 819 779-6245*
**Medizinischer Notdienst**: *116, blvd. Lionel-Emond, ☏ 819-966-6333*
**Canadian Automobile Association CAA**: *960, blvd. Maloney Ouest, ☏ 819-778-2225*
**Wetterbericht**: *613-998-3439*

### Unterkunft

**$$$ Four Points by Sheraton Gatineau-Ottawa**, *35, rue Laurier, ☏ 819-778-6111, 1-888-627-8089, https://four-points.marriott.com, gegenüber vom Museum of History gelegenes Hotel mit ansprechend eingerichteten Zimmern, Pool, Sauna, die Zentren von Hull und Ottawa sind zu Fuß erreichbar.*
**$$$–$$$$ Best Western Plus Gatineau-Ottawa**, *131, rue Laurier, ☏ 819-770-8550, 1-800-265-8550, www.bestwesterngatineau.ca, Hotel mit 131 geräumigen Zimmern, teilweise mit Balkon und schöner Aussicht, Pool, Sauna, die Zentren von Hull und Ottawa sind zu Fuß erreichbar.*
**$$$–$$$$ Crowne Plaza Gatineau-Ottawa**, *2, rue Montcalm, ☏ 819-778-3880 oder 1-800-181-3885, www.ihg.com/crowneplaza/hotels/de/de/gatineau/yowcp/hoteldetail, modernes Hotel mit geräumigen Zimmern, von denen viele einen sehr schönen Ausblick auf die Parlamentsgebäude und den Ottawa River bieten, Innenswimmingpool, Sauna, Fitnessraum, sehr gutes Restaurant.*

## Wakefield

Am Rande des Gatineau Park liegt die Ortschaft Wakefield, 32 km nördlich von Hull, am Hwy. 105. Wakefield ist ein Ausflugsziel, das mit gemütlichen Restaurants und Bed-&-Breakfast-Häusern auf Besucher eingestellt ist. Die beiden Sehenswürdigkeiten stammen aus dem frühen 19. Jh.:
**MacLaren Mill und das Fairbairn House Heritage Centre**, *45 Wakefield Heights, ☏ 819-778-3382, www.fairbairn.ca, Ende Juni–Mitte Aug. tgl., Juni und Ende Aug.–Mitte Okt. Sa/So 9–17 Uhr. Das Gelände der MacLaren Mill ist kostenlos zugänglich. Im Fairbairn House wird eine Spende erwartet.*

Auf dem **MacLaren Cemetery** wurde Premierminister Lester B. Pearson (1897–1972) begraben.

**Unterkunft**

$$$–$$$$ **Les Trois Erables**, *801, chemin Riverside, ☏ 819-459-1118 oder 1-877-337-2253, www.lestroiserables.com, der elegante viktorianische Gasthof hat fünf komfortable Gästezimmer mit Bad, einen gemütlichen Aufenthaltsraum und einen schönen Garten.*

$$$–$$$$ **Moulin Wakefield Mill and Spa**, *60, chemin Mill, ☏ 819-459-1838, 1-888-567-1838, www.wakefieldmill.com, in der 1838 erbauten Steinmühle wurde ein sehr schönes Landgasthaus mit komfortablen Zimmern und einem guten Restaurant eingerichtet. Die Wakefield-Mühle liegt landschaftlich sehr reizvoll im Gatineau Park und ist in nur etwa 20 Fahrminuten von Ottawa aus zu erreichen.*

## Ottawa

Die charmante kanadische Hauptstadt beeindruckt nicht durch Wolkenkratzer und Geschäftsviertel, sondern eher durch die schöne landschaftliche Umgebung, in die sie eingebettet ist. Am Zusammenfluss des Ottawa und des Rideau River gelegen, wird Ottawa durchzogen vom Rideau Canal und ist umgeben von Wäldern und Seen, die vielfältige Erholungsmöglichkeiten bieten. Das alles macht die Stadt zu einer liebenswerten Metropole, und das zu jeder Jahreszeit.

Als Bundeshauptstadt Kanadas ist die Bevölkerung Ottawas zu 44 % britischer und zu 41 % französischer Abstammung. Die Stadt ist Sitz der Bundesregierung, des General-Gouverneurs der britischen Krone, des Obersten Gerichtshofes, der hohen Verwaltungsbehörden sowie der Botschaften und Handelsniederlassungen von 90 Nationen. Als fünftgrößte Stadt Kanadas besitzt Ottawa mehrere Universitäten, Hochschulen, Colleges und wissenschaftliche Institutionen; Ottawa ist Sitz eines katholischen Erzbistums und eines anglikanischen Bischofs.

Wahrzeichen der Stadt sind die Parlamentsgebäude auf dem Parliament Hill, das Château Laurier Hotel und der Rideau Canal, an dessen nördlichem Ende die Stadt liegt.

### Redaktionstipps

- Besichtigung der Parlamentsgebäude auf dem **Parliament Hill** (S. 277) und Zuschauen beim „**Changing of the Guard**" (S. 279)
- Besuch des **Museum of History** in Hull/Gatineau (S. 269)
- Bummel durch die **Sparks Street** (S. 280) und über den **Byward Market** (S. 282)
- Bootsfahrt auf dem **Ottawa River** (S. 280) und dem **Rideau Canal** (S. 280)
- Besuch der **National Gallery of Canada** (S. 281)
- Rundfahrt durch den **Gatineau Park** (S. 270)
- Fahrradtour am **Rideau Canal** und **Rideau River** entlang (S. 277)
- Spaziergang durch den **Rockcliffe Park** mit Sommerkonzert (S. 283)
- Besuch des **Winterlude Festivals** im Februar, des **Tulpenfests** im Mai oder des **Fests zum Nationalfeiertag** am 1. Juli (S. 285)

In den kalten Januar- und Februartagen wird der zugefrorene **Rideau Canal** zur längsten Schlittschuhbahn der Welt. Bekannt sind die Bilder von formell gekleideten Herren mit Aktentaschen, die auf Schlittschuhen zu ihren Arbeitsplätzen fahren und sich zwischendurch mit einem Becher Kaffee aufwärmen, der von zahlreichen Händlern am Kanal angeboten wird. Im Frühling, in der zweiten Mai-Hälfte, verwandelt sich die Stadt entlang dem Rideau Canal und auf dem Parliament Hill in ein Blütenmeer von Tausenden von Tulpen und Narzissen, die der Stadt von der niederländischen Königin Juliana als Dank für das ihr und ihrer Familie während des Zweiten Weltkriegs gewährte Asyl geschenkt wurden. Am 1. Juli beginnt in Ottawa alljährlich das Canada Festival; einen Monat lang wird mit Konzerten, Theateraufführungen, Paraden, Sportveranstaltungen, Kinderfesten und einem Feuerwerk die Einheit Kanadas gefeiert. Im Herbst lockt dann der Indian Summer

die Bevölkerung in die nahe gelegenen Wälder und Erholungsgebiete, wo sich die herrlich bunt gefärbten Bäume in den zahllosen Seen spiegeln.

## Geschichtlicher Überblick

Seit alters her war die Gegend am Zusammenfluss von Ottawa River und Rideau River ein **Treffpunkt für Pelzhändler**, **Holzfäller**, **Forscher**, **Entdecker** und **Abenteurer**. 1615 errichtete Samuel de Champlain an dieser Stelle ein **Basislager für Expeditionen von Québec zum Lake Huron**, denn der Ottawa River war damals der beste Weg, um ins Landesinnere vorzudringen. Die ersten Siedler waren der Puritaner Philemon Wright, der sich mit seiner Familie im Jahr 1796 hier niederließ, und Nicholas Spark, der 1800 eine Farm im heutigen Stadtgebiet von Ottawa errichtete. Veteranen aus dem Napoleonischen Krieg von 1812 und britische Loyalisten folgten. 1826 wurde der britische Offizier John By beauftragt, den Bau eines Wasserweges zwischen Montréal und dem Lake Ontario in die Wege zu leiten. Der **Rideau Canal**, zunächst gedacht als sicherer Weg für die britische Kriegsmarine, entwickelte sich schnell zu einer wichtigen Handelsstraße, an deren Ufer sich immer mehr Menschen ansiedelten. Eine Niederlassung trug den Namen Bytown, die 1857 nach dem Stamm der dort lebenden Outaouac-Indianer in Ottawa umbenannt und von Königin Victoria zur **Hauptstadt der Vereinigten Provinzen von Ontario und Québec** bestimmt wurde. Damit beendete Victoria den Wettstreit der Städte Montréal, Toronto und Kingston um die Anerkennung als Hauptstadt. Als Hauptstadt wurde Ottawa großzügig geplant und angelegt, wie die Parlamentsgebäude, die breiten, baumbestandenen Straßen und die zahlreichen innerstädtischen Parkanlagen beweisen.

## Orientierung in Ottawa

Ottawas Wahrzeichen, die Parlamentsgebäude und das Château Laurier Hotel, sind weithin sichtbar und helfen bei der Orientierung. Der Rideau Canal teilt die Innenstadt in zwei Hälften. Die Straßen der Innenstadt sind schachbrettartig angelegt; wichtige

*Am Rideau Canal liegt die Hauptstadt Kanadas*

Hauptverkehrsstraßen sind die Wellington Street, die sich am Ottawa River hinzieht, die O'Connor Street und die Kent Street, die als Einbahnstraßen auf die Wellington Street hinführen bzw. von ihr abzweigen.

Die **Macdonald-Cartier Bridge** und die **Alexandra Bridge** überspannen den Ottawa River und verbinden die beiden Städte Ottawa und Hull/Gatineau.

## Sehenswertes im Zentrum

Die interessantesten Sehenswürdigkeiten der Stadt lassen sich gut zu Fuß auf einem Stadtrundgang besichtigen, sodass man für die Innenstadt kein Auto benötigt. Als Ausgangspunkt für einen Stadtrundgang eignet sich der **Parliament Hill** besonders gut.

### Stadtrundgänge

In der **Touristeninformation**, 90 Wellington St., gegenüber dem Parlamentsgebäude erhält man Informationen über geführte Stadtrundgänge.
**Ottawa Walking Tours**, *100 Florence St., ☏ 613-799-1774, www.ottawawalkingtours.com, an der Ecke Wellington/Metcalfe Street beginnen ca. 2-stündige, geführte Spaziergänge zu historischen Sehenswürdigkeiten in Ottawa. Für die Führungen (in englischer und französischer Sprache) sind Anmeldungen erforderlich, Erwachsene $ 15, Kinder bis 10 J. frei, Familienkarte $ 45 (4 Pers.) $ 60 (5 Pers.). Von Mai–Aug. werden kostenlose Touren angeboten nach dem Prinzip „Zahlen Sie, was Sie wollen". Trinkgeld für den Guide wird erwartet ($ 10–20 pro Person).*
**The Haunted Walk of Ottawa**, *Ecke Sparks/Elgin St., ☏ 613-232-0344, http://hauntedwalk.com/ottawa-tours, tgl. verschiedene 75- bis 90-minütige, geführte „Geistertouren" durch Ottawas Geschichte, Führungen in englischer und französischer Sprache, Erwachsene $ 24, Jugendliche bis 17 J. $ 20.*

### Besichtigungstouren

#### › Mit dem Bus

Von April–Okt. gibt es „Hop-on-Hop-off"-Rundfahrten zu den wichtigsten Sehenswürdigkeiten der Stadt in englischen Doppeldeckerbussen. Diese Fahrten dauern ohne Ausstieg knapp zwei Stunden und werden in englischer und französischer Sprache kommentiert. Die Busse starten in der Sparks Street und Metcalfe und nehmen auch an größeren Hotels noch Fahrgäste auf. Fahrkarten sind am Confederation Square und in den Hotels erhältlich.
**Gray Line**, *☏ 1-800-472-9546, www.grayline.com/things-to-do/canada/ottawa, Fahrpreis für beliebig viele Unterbrechungen für einen Tag $ 29, für zwei Tage $ 44, für 1 Tag einschließlich einer Bootsfahrt $ 46–47. Hop-On-Hop-Off-Tour 24/48 Std. plus Bootsfahrt auf dem Fluss $ 47/60, Hop-On-Hop-Off-Tour 24/48 Std. plus Rideau Canal $ 48/62.*

#### › Mit dem Boot

**Rideau Canal Cruise**, *☏ 819-246-3855, www.ottawaboatcruise.com, ca. 1,5-stündige Fahrten auf dem Rideau-Kanal mit Aussteigemöglichkeiten am Dow's Lake und am Landsdowne Park, mehrmals tgl., Fahrpreis (exkl. Steuer): Erwachsene $ 29,95, Senioren $ 28,27, Kinder 5–15 J. $ 20,31, Familienkarten $ 64,44 bzw. $ 70,75.*
**Paul's Boat Lines**, *☏ 819-246-3855, www.croisieresoutaouais.com/tour/croisiere-du-capitaine-paul, führt 1,5-stündige Fahrten auf dem Ottawa River und dem Rideau Canal durch, bei denen man vom Wasser aus schöne Ausblicke auf die Sehenswürdigkeiten der Stadt hat. Abfahrtstelle ist die Ottawa-Schleuse hinter dem Hotel Château Laurier. Abfahrtszeiten:*

Ottawa
OTTAWA
GATINEAU-HULL
Québec
Ontario
Rivière des Outaouais
Ottawa River
Rideau River
Rideau Falls
Rideau Canal
Rideau Hall
Rockcliffe Park
Green Island
Ottawa Old City Hall
New Edinburgh Park
Porter Island
Pont Macdonald Cartier Bridge
Pont Alexandra Bridge
Pont du Portage Bridge
Autoroute de la Gatineau
Royal Canadian Mint
National Gallery of Canada
Notre-Dame Cathedral Basilica
Canadian Museum of History/ Musée Canadien de l'Histoire
Major's Hill Park
Bytown Museum
Parliament Hill
Château Laurier Hotel
Byward Market
Rideau Centre
National Arts Centre
Confederation Square
Supreme Court
The Bank of Canada Museum
Sparks Street Mall
Bank of Canada
National Library and Archives
Canadian War Museum
Garden of the Provinces
Victoria Island
Île de Hull
Nepean Pt.
University of Ottawa
Jack Purcell Park
St. Lukes Park
Dundonald Park
Bronson Park
Cathcart Sq. Park
Bingham Park
Anglesey Square
Queensway
N
0
400 m
© igraphic

**Unterkunft**
1 Avalon Bed and Breakfast
2 Courtyard by Marriott Ottawa
3 Swiss Hotel
4 Fairmont Château Laurier Hotel
5 The Westin Hotel
6 Les Suites Hotel
7 HI-Ottawa Jail
8 Auberge The King Edward
9 Marriott Ottawa
10 Sheraton Ottawa Hotel
11 Arc The Hotel
12 The Metcalfe Hotel
13 Lord Elgin Hotel
14 Cartier Place Suite Hotel
15 Delta Hotel Ottawa
16 Best Western Ottawa Downtown Suits
17 McGee's Inn

**Essen & Trinken**
1 Vineyards Wine Bar
2 Le Moulin de Provence
3 Highlander Pub
4 La Bottega
5 Canal Ritz
6 Le Café
7 Yangtze
8 The Manx Pub
9 Riviera Ottawa
10 Courtyard Restaurant

*10. Mai–Sept. tgl. 11, 12.30, 14, 16, 17.30* und 19.30* Uhr (* von 15.6.–5.9.), Fahrpreis: Erwachsene ab $ 27, Senioren $ 25, Kinder von 5–15 J. ab $ 19, Familienkarte ab $ 61,90 plus Steuer bzw. $ 66,33 plus Steuer.*

**Lady Dive Tours,** ☏ *613-223-6211, www.ladydive.com, Ticketschalter Elgin/Sparks St., Stadterkundung in einem Amphibienfahrzeug zu Wasser und zu Lande, Fahrpreis: Erwachsene $ 37, Senioren/Studenten $ 34, Kinder von 3–12 J. $ 25, Babys bis 2 J. $ 13, Familienkarte $ 101.*

### Mit dem Rad

Im Sommer werden Radtouren angeboten von:

**Rent a Bike Vélocation,** *2 Rideau St., seitlich vom Château Laurier-Hotel,* ☏ *613-241-4140, www.rentabike.ca, Mietgebühr: $ 10 pro Std., 4 Std. $ 25, einschließlich Helm und Kartenmaterial.*

**Escape Bicycle Tours and Rent,** *65, Sparks/O'Connor Sts.,* ☏ *613-608-7407, 1-888-667-2012, escapebicycletours.ca, von April–Okt. Fahrradverleih (auch E-Bikes) und geführte 2-stündige Touren jeweils 10 und 13.30 Uhr.*

## Tipp

Eine schöne, 22 km lange **Radtour** führt am **Rideau Canal** und **Rideau River** entlang bis zu den Sehenswürdigkeiten in der Innenstadt. Auf dieser Fahrt lernt man Ottawa bequem kennen.

**Parliament Hill (1)** wird der Hügel am Ufer des Ottawa River genannt, auf dem in der Mitte des 19. Jh. die Parlamentsgebäude nach englischem Vorbild erbaut wurden. Der große Gebäudekomplex, das Wahrzeichen der Stadt, besteht aus drei im neugotischen Stil mit grünen Kupferdächern errichteten Regierungsgebäuden.

## Tipp

**Englisch- und französischsprachige Führungen während der Renovierung des Parlamentsgebäudes**: Die Parlamentsgebäude aus dem 19. Jh. werden in einer Jahrzehnte dauernden Restaurierung modernen Anforderungen angepasst. Der Zentralteil des Parlaments ist aktuell geschlossen. Im Januar 2019 bezogen der Senat und das House of Commons neue Interims-Tagungsräume. Während dieser Bauperiode tagt der Senat im alten Bahnhofsgebäude der Union Station an der Ecke Rideau St. und Sussex Dr. Der Bau wird den Senat mindestens zehn Jahre lang beherbergen, so lange, bis der zentrale Teil des Parlaments restauriert ist. Das House of Commons tagt während der Bauzeit im bereits renovierten West Block des historischen Gebäudeensembles. Kostenlose Touren können online gebucht werden auf: https://visit.parl.ca.

*Auf dem zugefrorenen Rideau Canal, zwischen Parlament und Château Laurier, gleiten im Winter nicht wenige auf Schlittschuhen zur Arbeit*

Am Haupteingang, gleich vor den Regierungsgebäuden, wurde 1967 ein Brunnen errichtet, in dessen Mitte die ewige Flamme (**Centennial Flame**) zur Erinnerung an das 100-jährige Bestehen der Konföderation und als Symbol für Kanadas Einheit brennt.

*Arbeitszimmer ehemaliger Premiers*

Der **East Block**, der von 1859–1865 gebaut wurde, ist der älteste Gebäudeteil; hier liegen die Räume der kanadischen Regierung, das Arbeitszimmer des britischen Generalgouverneurs und die im Stil der Konföderationszeit eingerichteten Arbeitszimmer einiger ehemaliger Premierminister, z. B. von John Macdonald und Lord Dufferin. Während des Rundgangs sieht man die Arbeitszimmer des Generalgouverneurs und die der beiden „Väter der Konföderation", Sir John A. Macdonald und Sir George-Etienne Cartier, sowie das Kabinettszimmer.

Der **Centre Block** entstand um dieselbe Zeit, wurde aber bei einem Brand im Jahre 1916 stark zerstört. Von den Flammen verschont blieb nur die Bibliothek. 1927 wurde mit dem Wiederaufbau begonnen.

Zum Hauptgebäude gehören:

- der 92 m hohe Friedensturm (**Peace Tower**), der 1927 zu Ehren der im Ersten Weltkrieg gefallenen Soldaten errichtet wurde. Im Inneren wird das „Book of Remembrance" mit den Namen der Gefallenen aufbewahrt. Das Glockenspiel des Friedensturms besteht aus 53 Glocken und ertönt Sept.–Juni wochentags 12–12.15, Juli/Aug. 11–12 Uhr wochentags. In der Turmspitze brennt ein weißes Licht, wenn das Parlament tagt. Man kann den Turm besteigen und den Ausblick auf die Hauptstadt genießen.
- die Halle der Konföderation (**Confederation Hall**) und die Ehrenhalle (**Hall of Honour**)
- die Abgeordnetenkammer (**House of Commons**) für die Vertreter der Regierungs- und Oppositionsparteien
- der Senat (**Senate Chamber**) mit den Mitgliedern des Oberhauses

- der Sitz des Regierungssprechers (**Speaker's Chamber**)
- die Bibliothek (**Parliamentary Library**) und der Leseraum (**Reading Room**), die mit ihrer prächtigen Ausstattung besonders sehenswert sind.

Im West Block liegen die Arbeitszimmer der Abgeordneten und Senatoren sowie Sitzungsräume und Festsäle.

Die Parlamentsgebäude sind von Grünflächen umgeben; hier paradieren täglich die Wachsoldaten, die in ihrer Erscheinung an die Garde vor dem Buckingham-Palast erinnern. Der Wachwechsel, **Changing of the Guard**, ist eine der Attraktionen, die im Sommer jeden Tag viele Besucher anzieht. Beim Wachwechsel treten die Governor General's Foot Guards und die Canadian Grenadier Guards in ihren traditionellen rot-schwarzen Uniformen mit schwarzen Bärenfellmützen zu einer 30-minütigen Zeremonie mit Musikkapellen an.

*„Changing of the Guard"*

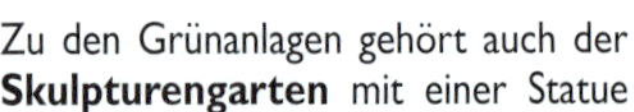

Zu den Grünanlagen gehört auch der **Skulpturengarten** mit einer Statue der Königin Victoria und den Statuen kanadischer Premierminister. Dort trifft man auf die Skulpturengruppe der „Famous Five", ein Denkmal zu Ehren der fünf Aktivistinnen, die 1927 für die Gleichberechtigung der Frauen kämpften.
**Changing of the Guard**: *von Ende Juni–Ende Aug. tgl. um 10 Uhr.*

*Sound & Light Show*

Am Abend finden auf dem Parliament Hill „**Northern Lights**" statt, Licht- und Tonspiele, die in englischer und französischer Sprache die Geschichte Kanadas lebendig werden lassen.
**Northern Lights**, *www.canada.ca/northern-lights, Anfang Juli–Anfang Sept. tgl., im Juli 22, Aug. 21.30, Sept. 21 Uhr, die Aufführungen dauern etwa 30 Min., Eintritt frei.*

Westlich der Regierungsgebäude, ebenfalls am Ufer des Ottawa River, liegen das 1875 erbaute Gebäude des **Obersten Gerichtshofes** (**2**, **Supreme Court of Canada**), die **Nationalbibliothek** (**3**, **Archives and National Library**) und der Garten der Provinzen (**Garden of the Provinces**). Dieser Park, in dem die Fahnen der zehn kanadischen Provinzen wehen, wurde als Sinnbild der kanadischen Einheit geschaffen und mit Blumenbeeten, Springbrunnen und Skulpturen ansprechend gestaltet.

Noch weiter westlich, etwa 15 Minuten Fußweg von der Nationalbibliothek entfernt, liegt das architektonisch interessante **Canadian War Museum (14)**, das eine Waffensammlung von der Indianerzeit bis zur Gegenwart besitzt und die kanadische Militärgeschichte seit der Kolonialzeit dokumentiert; außerdem wird der Beitrag Kanadas für die internationalen Friedensbemühungen dargestellt.
**Canadian War Museum**, *1 Vimy Pl., ☏ 613-776-7000, www.warmuseum.ca, April–Aug. Mo–Mi 9–17, Do 9–20, Fr–So 9–17, sonst ab 9.30 Uhr, Eintritt Erwachsene $ 17, Senioren $ 15, Jugendliche von 13–17 J. $ 13, Kinder von 3–12 J. $ 11, Familienkarte $ 43, freier Eintritt Do 17–20 Uhr und an den beiden Nationalfeiertagen am 1. Juli und 11. Nov.*

## Die Innenstadt

In der Nähe vom Parliament Hill liegt das **Canada's Capital Information Centre** (*90 Wellington St., ☏ 1-844-878-8333, www.ottawatourism.ca, tgl. 9–17 Uhr*).

Nur einen Straßenblock vom Parliament Hill entfernt, zwischen der Lyon Street und der Elgin Street, befindet sich die **Sparks Street Mall**, eine Fußgängerzone mit Geschäften, Straßencafés und Restaurants. Im Sommer finden sich hier Straßenkünstler und Musikanten ein.

Geschichte des Geldes

Lohnend ist der Besuch der zwölfstöckigen **Bank of Canada (4)**, 245 Sparks St., die im Innenbereich mit baumhohen Pflanzen, Springbrunnen und Kunstwerken gestaltet ist. Das **The Bank of Canada Museum (5)** zeigt eine komplette Sammlung aller kanadischen Münzen und Banknoten sowie eine Ausstellung zur Geschichte des Geldes, die von Perlen, Muschelgeld, Walzähnen und Münzen als Zahlungsmittel berichtet.
**The Bank of Canada Museum**, *30 Bank St., ☏ 613-782-8914, www.bankofcanadamuseum.ca, Mai–Okt. Mo–So 10–17, sonst Di–So 10–17 Uhr, Eintritt frei.*

Nun folgt man der Sparks Street nach Osten bis zum **Confederation Square (6)**, dem Hauptplatz der Stadt, wo das National War Memorial an die Gefallenen des Ersten Weltkriegs erinnert. An diesem Platz wurde 1969 das **National Arts Centre (7, NAC)** eingeweiht; im NAC, zu dem ein Opernhaus mit 2.300 Plätzen, ein Theater und eine Experimentierbühne gehören, finden regelmäßig Konzerte, Theater- und Ballettaufführungen sowie Ausstellungen und Vorträge mit international angesehenen Künstlern statt. Vor dem NAC erinnert eine Plastik an den kanadischen Jazz-Pianisten Oscar Peterson, der hier häufig aufgetreten ist.
**National Arts Centre**, *1 Elgin St., ☏ 613-947-7000, 1-866-850-ARTS, www.nac-cna.ca, tgl. 9–17 Uhr, Parkplätze in der Tiefgarage.*

Das **Government Conference Centre** wurde 1912 als Bahnhof gebaut. Wenn man den Platz überquert, kommt man zum **Rideau Canal**, der die Stadt durchzieht und sich im Winter in die „längste Schlittschuhbahn der Welt" verwandelt (s. auch S. 153, Informationen zum Rideau Canal). Der Rideau Canal zählt zum Weltkulturerbe der UNESCO. Durch acht Schleusen wird der Höhenunterschied von 24 m zum **Ottawa River** überwunden.

*Informiert u. a. über den Bau des Kanals: das Bytown Museum am Rideau Canal*

An den Schleusen des Rideau Canal liegt das **Bytown Museum (8)**, das in einem der ältesten Steinhäuser der Stadt (1827) untergebracht ist und die Anfänge von Bytown/Ottawa veranschaulicht; außerdem gibt es eine Ausstellung mit Informationen zum Bau des Kanals.
**Bytown Museum**, *1 Canal Ln., ☏ 613-234-4570, www.bytownmuseum.com, ganzjährig geöffnet, Mitte Mai–Mitte Okt. tgl. 10–17, Do bis 20 (Eintritt frei ab 17 Uhr), Juli/Aug. tgl. 10–19, Do bis 20 (Eintritt frei ab 17 Uhr), Okt.–Mitte Mai Do–Mo 11–16 Uhr, Eintritt $ 2.*

Ein Lehrpfad führt an den Schleusen entlang. Die Schleusen sind Ausgangsort für die Bootsfahrten auf dem Ottawa River und auf dem Rideau Canal; hier liegt außerdem die Abfahrtsstelle des Wassertaxis, das den Ottawa River überquert und so Ottawa und Gatineau verbindet.

 Tipp

Wenn man das **Canadian Museum of History** in Gatineau besuchen will, ist das **Wassertaxi** eine gute Wahl, das direkt unterhalb des Museums anlegt. Das Taxi kann täglich von beiden Anlegestellen aus angefordert werden, ☏ 819-329-2413, https://aquataxi.ca, Tickets gibt es an Bord, einfache Fahrt $ 7, Hin- und Rückfahrt $ 12. Die Fahrt dauert nur 10 Min., bietet aber wunderschöne Ausblicke auf Ottawa. Mitte–Ende Juni tgl. 9.30–18 Uhr, Do 9.30–20, 1. Juli 9.30–16.30, Ende Juni–Aug. tgl. 9.30–19, Do- 9.30–20, Sept.–Mitte Okt. tgl. 9.30–18, Do 9.30–19.30 Uhr.

*Schlosshotel*

Oberhalb der Schleusen liegt das **Château Laurier Hotel (9)**, ebenfalls ein Wahrzeichen der Stadt. Das Hotel wurde zwischen 1908 und 1912 gegenüber der Union Station im Stil eines französischen Schlosses gebaut und nach dem früheren kanadischen Premierminister Sir Wilfred Laurier (1841–1919) benannt. Das Château Laurier Hotel war das Prestigeobjekt der Canadian-National-Hotelkette, bis es an die Canadian Pacific verkauft wurde. Zu seinen Gästen zählen Könige, Politiker und andere Berühmtheiten.

Von der Terrasse des Hotels bietet sich ein schöner Blick auf den Rideau Canal und den **Major's Hill Park (10)**. Der zentral gelegene Park ist ein beliebter Treffpunkt, ein schöner Platz für kurze Mittagspausen und ein geeignetes Gelände für Spaziergänger und Jogger. Im Park steht die „12-Uhr-Kanone", eine alte Schiffskanone, die seit 1869 werktags um 12 Uhr, sonntags um 10 Uhr, abgefeuert wird.

Am Ende des Parks liegt der Aussichtspunkt **Nepean Point**; hier steht eine Statue von Samuel de Champlain, der das Gebiet des Ottawa River als erster Europäer erforscht hat. Im Astrolabe Theatre finden Theateraufführungen und Konzerte statt.

Die **National Gallery of Canada (11)**, 380 Sussex Dr., verfügt nicht nur über die größte Sammlung europäischer Kunstwerke in Kanada, sondern lohnt auch wegen ihrer ungewöhnlichen Architektur einen Besuch. Architekt dieses modernen gläsernen Bauwerkes ist Moshe Safdie, der zuvor zur Weltausstellung in Montréal das experimentelle Wohnungsbauprojekt „Habitat" entworfen hatte. Kennzeichen der National Gallery sind große Glasflächen, Lichtschächte und verglaste Türme. Das Museum verfügt mit über 40.000 Gemälden, Zeichnungen, Skulpturen und Drucken über eine umfassende Sammlung internationaler und kanadischer Kunst, die auf einer Fläche von mehr als 30.000 m² präsentiert wird.

*Sonnensegel in der National Gallery of Canada*

**Hinweis**

Im Tiefgeschoss des Museums gibt es zwei Parketagen. In der National Gallery erhält man einen „Wegweiser mit allgemeinen Informationen" auch in deutscher Sprache.

Die Ausstellung ist gegliedert in die „kanadischen Galerien", die „zeitgenössische Kunstsammlung", die „europäische Galerie", die „amerikanische Galerie", die „Inuit-Kunst" und eine „Foto-Galerie". Außerdem werden Film- und Videopräsentationen, Vorträge und Konzerte angeboten.
**National Gallery of Canada**, *380 Sussex Dr., ☏ 613-990-1985, www.gallery.ca, Mai–Sept. tgl. 10–18, Do 10–20, sonst Di–So 10–17, Do 10–20 Uhr, Führungen für Gruppen ab 10 Pers. (mögl. auch für weniger Teilnehmer, allerdings zum Preis für eine Gruppe von 10 Pers.) Juni–Sept. tgl. 14 Uhr, Eintritt Erwachsene $ 16, Senioren $ 14, Studenten und Kinder ab 12 J. $ 8, Familienkarte $ 32, bei besonderen Veranstaltungen gelten andere Preise.*

Sie können an dieser Stelle über die Mackenzie Avenue zum Ausgangspunkt zurückkehren oder den Rundgang über den Sussex Drive fortsetzen.

## Byward Market (12) und Sussex Drive

Zwischen George Street und York Street liegt der **Byward Market**, ein beliebtes und geschäftiges Viertel. Seit 1840 treffen sich hier die Bauern der Umgebung, um frisches Obst und Gemüse anzubieten. In der großen Markthalle und rund um die Markthalle herum werden auch heute noch Blumen und landwirtschaftliche Produkte verkauft, aber nach der sorgfältigen Restaurierung des Marktviertels finden sich hier auch kleine Boutiquen, Kunstgewerbeläden, Kaufhausfilialen, Straßencafés, Eisdielen und Restaurants. An warmen Sommerabenden drängen sich im Byward Market die Menschen und lassen sich von den Straßenkünstlern unterhalten.

**Tipp**

Am Sussex Drive, der vom Confederation Square am Ottawa River entlang bis zum Rockcliffe Park führt, liegt die **kanadische Münzprägeanstalt**, die einen Besuch wert ist. Wenn man anschließend den Rockcliffe Park besuchen möchte, empfiehlt es sich, die Strecke mit dem Auto oder mit dem Bus (Linie Nr. 3) zu fahren oder an einer Stadtrundfahrt teilzunehmen.

Ecke Sussex Dr./St. Patrick St. erhebt sich die **Basilika Notre-Dame (13)**. Mit dem Bau der römisch-katholischen Kirche wurde bereits 1846 begonnen, doch es dauerte fast 50 Jahre, bis die im neugotischen Stil gebaute und mit schönen Holzschnitzereien und Glasmalereien ausgestaltete Basilika fertiggestellt war. Viele der Künstler, die an den Parlamentsgebäuden mitarbeiteten, waren auch an der Gestaltung des Kircheninneren beteiligt. Die Kirche ist der Sitz des Erzbischofs von Ottawa.
**Basilika Notre-Dame**, *385 Sussex Dr., ☏ 613-241-7496, Nov.–April Mo 11.30–18, Di–Fr 10–18, Sa 14–18, So 8–20.30, Mai–Okt. Mo 11.30–18, Di–Sa 9–18, So 8–20.30 Uhr, Führungen im Juli/Aug., Eintritt frei.*

1992 wurde das **Peacekeeping Monument**, Sussex Dr., eingeweiht, das die Beteiligung Kanadas an den internationalen Friedensbemühungen und die 50.000 kanadischen Soldaten ehrt, die bisher dazu beigetragen haben, den Frieden zu wahren.

Die **Royal Canadian Mint (15)** ist die kanadische Münzprägeanstalt. Nach Voranmeldung kann man an einer Führung teilnehmen und bei der Prägung der Münzen zuschauen oder auch frisch geprägte Gold- und Silbermünzen kaufen.
**Royal Canadian Mint**, *320 Sussex Dr., ☏ 613-993-8990 oder 1-800-276-1871, www.mint.ca, Shop: von Mai–Aug. tgl. 9.30–17.30, Feb.–Mai Mo geschl., Führungen 10–16 Uhr abwechselnd in englischer und französischer Sprache (Reservierung empfohlen), Dauer 45 Min., Eintritt Mo–Fr Erwachsene $ 8, Senioren $ 7, Kinder von 5–17 J. $ 4,50, Familienkarte $ 20, Sa/So ermäßigter Eintritt.*

Auf Green Island liegt die **Ottawa Old City Hall (16)**, 111 Sussex Dr., das ehemalige Rathaus von Ottawa. An das 1958 errichtete Gebäude wurde 1992 vom Architekten **Moshe Safdie** ein bemerkenswerter Anbau angefügt. Seit dem Umzug der Verwaltung im Jahr 2000 wird die Old City Hall vor allem als Zweigstelle des Auswärtigen Amtes genutzt.
**Ottawa Old City Hall**, *111 Sussex Dr., geöffnet während der Bürozeiten.*

Gegenüber dem Rathaus erstreckt sich ein kleiner Park, von dem aus der **Rideau-Wasserfall (17)** gut zu sehen ist. Dieser wirkt dort, wo sich der Rideau River in den Ottawa River ergießt, wie ein „Vorhang aus Wasser", sodass die ersten Forscher dem Wasserfall den Namen „Rideau" (Vorhang) gaben.

*Sitz des britischen General-gouverneurs*

Weiterhin dem Sussex Drive folgend, erreicht man die **Rideau Hall (18)**, 1 Sussex Dr., den Wohnsitz des britischen Generalgouverneurs in Kanada. Das Haus stammt aus dem Jahr 1838 und wurde 1868 von der kanadischen Regierung für $ 82.000 mit dem dazugehörigen Grund und Boden erworben. Kanadier suchen sich gerne in den schattigen Wäldern oder auf den weiten Wiesen ein schönes Plätzchen für ein Picknick und genießen die an Sommerwochenenden dort stattfindenden Musikveranstaltungen. Von Ende Juni bis Ende August findet täglich von 9–17 Uhr die **Wachablösung der Gardesoldaten** vor dem Haus statt.
**Rideau Hall**, *1 Sussex Dr., der Park ist tgl. von 8 Uhr bis zum Einbruch der Dämmerung geöffnet. 45-minütige kostenlose Führungen durch die Residenz Anfang–Mitte Mai Sa/So, Mitte Mai–Okt. tgl. 10–16 Uhr, jeweils zur vollen Stunde, Reservierungen unter ☏ 613-991-4422 oder 1-866-842-4422, www.gg.ca.*

Gegenüber der Rideau Hall beginnt der **Rockcliffe Park (19)**, der sich am Ottawa River entlangzieht und ein beliebter Ort zum Spazierengehen, Ausruhen, Joggen und Picknicken ist. Fotografen schätzen die Ausblicke auf den Ottawa River und den Gatineau River.

Weiter östlich am Sussex Drive liegt **Rockcliffe Village**, ein vornehmes Wohnviertel mit Residenzen der Botschafter, herrschaftlichen Villen und Landhäusern, die von gepflegten Gartenanlagen umgeben sind.

**Tipp**

Von der Rideau Hall aus kann man mit dem Bus (Linie 3) ins Zentrum zurückfahren.

## Museen in Ottawa

 Tipp

Ein „**Museums-Passport**" bietet ermäßigten Eintritt in drei Museen an drei aufeinanderfolgenden Tagen. Teilnehmende Museen sind das **Canadian Museum of History**, das **Canada Aviation and Space Museum**, das **Canada Agriculture and Food Museum**, das **Canadian Museum of Nature**, das **Canadian War Museum**, die **National Gallery of Canada** und das **Canada Science and Technology Museum**. Der Pass ist in den sieben Museen und in der Touristeninformation, 90 Wellington St., erhältlich und kostet $ 35. Informationen unter ☏ 1-844-878-8333, www.museumspassport.ca.

- **Canada Aviation & Space Museum**: Die Ausstellung zeigt an über 115 Flugzeugen, an Modellen, in Videos und mit Flugsimulatoren die Entwicklung des Flugzeugs von der Pionierzeit bis zum modernen Starfighter; *11 Aviation Parkway, am Rockcliffe Airport, ☏ 613-993-2010, ingeniumcanada.org/casm, Mai–Anfang Sept. tgl. 9–17, Sept.–April tgl. außer Di 10–17 Uhr, Eintritt Erwachsene $ 15, Senioren und Studenten $ 13, Jugendliche bis 17 J. $ 10, Kinder unter 2 J. kostenlos, Familienkarte $ 38, freier Eintritt tgl. 16–17 Uhr.*
- Im **Canada Science and Technology Museum** werden Wissenschaft und Technik in ihrer Entwicklung in Vergangenheit, Gegenwart und Zukunft dokumentiert und demonstriert; viele Ausstellungen und technische Geräte fordern zum Experimentieren auf. Ein Besuch ist auch für Kinder sehr lohnend; *1867 St. Laurent Blvd., ☏ 613-991-3044, ingeniumcanada.org/cstm, Mai–Aug. tgl. 9–17, Sept.–April Di–So 9–17 Uhr, Eintritt Erwachsene $ 17, Senioren und Studenten $ 13, Kinder 3–17 J. $ 11, Familienkarte $ 43.*
- Das **Canadian Museum of Nature** zeigt in sechs Ausstellungen die Entwicklung des Lebens auf der Erde und macht die ökologische Verantwortung des Menschen deutlich. Themen: Dinosaurier und Fossilien, Kanadagänse in der Arktis, Wasser, Erde, Natur, Säugetiere, Vögel; *Ecke Metcalfe/240 McLeod St., ☏ 613-566-4700, www.nature.ca, Juni–Anfang. Sept. tgl. 9–18, Do bis 20, sonst Di–So 9–17, Do bis 20 Uhr, Eintritt Erwachsene $ 15, Senioren, Studenten und Jugendliche (13+) $ 13, Kinder $ 11, freier Eintritt Do 17–20 Uhr.*
- Die **National Gallery of Canada** s. S. 281.
- **Library and Archives of Canada**: Mehr als 100.000 Bücher, Schriften, Filme, Drucke, Zeichnungen, Fotos und Karten illustrieren die Geschichte Kanadas, das Archiv wird vielfach zur Ahnenforschung genutzt; *395 Wellington St., ☏ 613-996-5115, 1-866-578-7777, www.bac-lac.gc.ca, ganzjährig Mo–Fr 9–16 Uhr, Leseraum Mo–Fr 6–23, Sa/So 10–18 Uhr, Eintritt frei.*
- **Royal Canadian Mounted Police Stables** (R.C.M.P.): Nach der Besichtigung der Ställe kann man den Pferden und den Reitern der berühmten **Royal Canadian Mounted Police's Musical Ride** zuschauen; *1 Sandridge Rd./St. Laurent Blvd. N., ☏ 613-993-7521, www.rcmp-grc.gc.ca/en/ride-centre, Mai–Aug. tgl. 9–15.30, sonst Di/Do 10–13 Uhr, Eintritt frei. Bitte beachten: In den Sommermonaten gehen die RCMPs oft auf Tournee, die Ställe sind jedoch zu besichtigen.*

## Theater in Ottawa

Das **National Arts Centre NAC** ist das große Kulturzentrum der Region mit erstklassigen Opern- und Theaterinszenierungen, Konzerten und Ballettaufführungen sowie mit weltbekannten Solisten und Orchestern.

**National Arts Centre NAC**, *1 Elgin St., ☏ 613-947-7000, www.nac-cna.ca, Kartenschalter So und an Feiertagen geschl., außer bei Veranstaltungen. Dann öffnet der Ticketschalter 2 Std. vor der Veranstaltung bis 15 Min. nach Beginn der letzten Veranstaltung des Tages. Mo–Sa 10–21 Uhr.*

Neben dem National Arts Centre hat Ottawa mehrere kleinere Bühnen z. B. **Meridian Theatres @ Centrepointe** (*101 Centrepointe Dr., ☏ 613-580-2700*), **Great Canadian Theatre** (*300-1227 Wellington St. W., ☏ 613-236-5196*) und **Ottawa Little Theatre** (*400 King Edward Ave., ☏ 613-233-8948*), die das ganze Jahr über ein breites Spektrum an Theateraufführungen bieten. Im Sommertheater **Odyssey Theatre**, Strathcona Park, ☏ 613-232-8407, finden im Juli/August Aufführungen und Shows unter freiem Sternenhimmel am Ufer des Rideau River statt.

*Theater unterm Sternenhimmel*

### Tipps

**Eintrittskarten** für Theater, Konzerte und Sonderveranstaltungen kann man bei Ticketmaster unter www.ticketmaster.ca vorbestellen.

**Filmfreunde** sollten auf die Ankündigungen des **Bytowne-Cinema** (325 Rideau St., ☏ 613-789-3456) und des **Mayfair Theatre** (1074 Bank St., ☏ 613-730-3403) achten, wo vor allem Filmklassiker und internationale Erstaufführungen auf dem Programm stehen.

**Veranstaltungen in Ottawa**

**Anfang Februar**: **Winterlude**, das zehntägige Karnevalsfest, wird mit Eissportveranstaltungen, Wettbewerben und Feuerwerk am Rideau Canal gefeiert.

**Mitte Mai**: **Tulpenfest**, über 4 Mio. Tulpen blühen in der Stadt, die zehn Tage lang mit Märkten, Konzerten, geschmückten Booten und einem Feuerwerk feiert.

**3. Juniwoche**: **Franco-Ontarian Festival**, französische Kultur in Kanada wird lebendig durch Konzerte, Handwerkermärkte und Straßenmusikanten.

## Sehenswertes in der Umgebung von Ottawa

### Hinweis

Informationen zur Stadt Hull/Gatineau, zum dortigen bedeutenden Museum of History und zum Gatineau Park finden sich in Kapitel 6, S. 266, Von Montréal über Hull/Gatineau nach Ottawa.

Die 500 ha große **Central Experimental Farm** besteht schon seit 1886 und ist heute eine Forschungsanstalt des Canada Department of Agriculture. Zur Farm gehören vier Forschungsinstitute, Gartenanlagen, Musterbeete, tropische Gewächshäuser, ein Arboretum sowie Milchkühe, Rinder, Schweine, Schafe und Pferde.

**Central Experimental Farm**, *Driveway at Maple Dr., ☏ 613-759-1982, www.agr.gc.ca. Die Außenanlagen sind tgl. bis zum Einbruch der Dämmerung geöffnet, Ausstellungen im Canada Agriculture and Food Museum ganzjährig 9–17 Uhr, März–Ende Okt. tgl., Nov.–Feb. Mo/Di geschl., Eintritt Museum Erwachsene $ 12, Senioren und Studenten, Kinder von 3–17 J. $ 10, Familienkarte $ 33. Im Winter niedrigere Eintrittspreise.*

Die **Valleyview Little Animal Farm** in Nepean mit ihren Streicheltieren ist besonders bei Kindern beliebt. Zweimal täglich kann man beim Melken zuschauen, ein kleines Bauernmuseum, Spazierwege, Picknick- und Spielplätze sowie Planwagenfahrten laden zu längerem Aufenthalt ein.
**Valleyview Little Animal Farm**, *4750 Fallowfield Rd., Nepean, ☏ 613-591-1126, www.vvlittleanimalfarm.com, Di–So 9.30–16 Uhr, Mo geschl., Frühjahr/Herbst Di–Fr 9.30–15, Sa/So 9.30–16 Uhr, Eintritt $ 10 pro Pers., Kinder unter 2 J. frei.*

Das **Cumberland Heritage Village Museum** besteht aus ca. 20 Häusern und liegt etwa 20 Autominuten von Ottawa entfernt. Kostümierte Guides und besondere Veranstaltungen lassen das Leben im Ottawa Valley zu Beginn des 20. Jh. besonders anschaulich werden.
**Cumberland Heritage Village Museum**, *2940 Old Montreal Rd., ☏ 613-580-2988, ottawa.ca/en/liveculture/museums/cumberlandmuseum, Mitte Mai–Ende Okt. Mi–So 10–17 Uhr, Eintritt Erwachsene $ 7,75, Senioren und Studenten $ 5,50, Familienkarte $ 19,75.*

## Reisepraktische Informationen Ottawa

Karte s. S. 276

### Information

**Canada's Capital Information Centre**, *90 Wellington St., ☏ 1-844-878-8333, www.ottawatourism.ca, tgl. 9–17 Uhr, im neuen Gebäude direkt dem Parlamentsgebäude gegenüber gibt es Infomaterial und Auskünfte aller Art über die Region Ottawa. Außerdem gibt es eine Multimediashow und Wechselausstellungen.*

#### Entfernungen

*Ottawa – Kingston: 180 km*
*Ottawa – Toronto: 430 km*
*Ottawa – Montréal: 210 km*
*Ottawa – Québec: 465 km*

#### Wichtige Anschriften und Telefonnummern

**Polizei, Feuer, Medizinischer Notdienst**: *☏ 911*
**Canadian Automobile Association CAA**: *☏ 613-820-1890*
**Ärztliche Versorgung**: **Ottawa Civic**, *☏ 613-722-7000, und* **Ottawa General**, *☏ 613-722-7000*
**Wetterbericht**: *☏ 613-998-3439*
**Straßenzustandsbericht** (im Winter): *☏ 511, 1-866-268-4686, https://511on.ca*

### Unterkunft

#### Hotels im Stadtzentrum

**$$$–$$$$ Cartier Place Suite Hotel (14)**, *180 Cooper St., ☏ 613-236-5000 oder 1-800-236-8399, www.suitedreams.com, großes Haus mit Studios und 1- und 2-Zimmer-Apartments mit Küchenzeile, Swimmingpool, Sauna und Fitnessraum.*

**$$$–$$$$ The Metcalfe Hotel (12)**, *123 Metcalfe St., ☏ 613-231-6555, 1-844-871-6555, www.themetcalfehotel.com, ansprechendes Boutiquehotel in zentraler Lage mit modernen Zimmern, Hallenbad, Fitnessraum und Restaurant.*

**$$$$ Best Western Plus Ottawa Downtown Suites (16)**, *377 O'Connor St., ☏ 613-567-7275 oder 1-800-465-7275, www.bestwesternottawa.com, das Haus verfügt über 123 gut ausgestattete Suiten, etwa 20 Gehminuten vom Zentrum entfernt.*

**$$$$ Courtyard by Marriott Ottawa (2)**, *350 Dalhousie St., ☏ 613-241-1000 oder 1-800-321-2210, www.marriottcourtyardottawa.com. Das in der Nähe von Bayward Market und Rideau Centre gelegene Hotel verfügt über angenehme Zimmer sowie einen Swimmingpool.*

**$$$$ Lord Elgin Hotel (13)**, *100 Elgin St., ☏ 613-235-3333 oder 1-800-267-4298, www.lordelgin.ca, 1940 gebautes, sehr schön renoviertes Hotel gegenüber dem National Arts Centre, zentrale Lage, Garage.*

**$$$$ Marriott Ottawa (9)**, *100 Kent St., ☏ 613-238-1122 oder 1-800-853-8463, www.ottawamarriott.com, empfehlenswertes Hotel mit gut ausgestatteten Räumen, Pool, Sauna, Drehrestaurant, Parkhaus; alle innerstädtischen Sehenswürdigkeiten sind bequem zu Fuß erreichbar.*

**$$$$–$$$$$ Arc The Hotel (11)**, *140 Slater St., ☏ 613-238-2888, 1-800-699-2516, www.arcthehotel.com, Zimmer und Suiten, Fitnessraum, Spa, elegantes Restaurant.*

**$$$$–$$$$$ Delta Hotel Ottawa (15)**, *101 Lyon St., ☏ 613-237-3600, www.marriott.de/hotels/travel/yowdm-delta-hotels-ottawa-city-centre, angenehmes, gut geführtes Hotel mit modern eingerichteten Zimmern und freundlichem Service, alle Sehenswürdigkeiten sind gut zu Fuß zu erreichen.*

**$$$$–$$$$$ Fairmont Château Laurier Hotel (4)**, *1 Rideau St., ☏ 613-241-1414 oder 1-866-540-4410, www.fairmont.com/laurier-ottawa, im neugotischen Stil erbautes Hotel mit eindrucksvoller Architektur aus Granit, Marmor und Glas. Ein historisches Canadian Pacific Hotel, das mit der eleganten Lobby, sehr gut ausgestatteten Räumen und Suiten und der vorzüglichen Küche von* **Wilfrid's Restaurant** *zu den besten Ontarios zählt; ein weiterer Pluspunkt ist seine zentrale Lage mit Blick auf den Rideau Canal.*

**$$$$–$$$$$ Les Suites Hotel (6)**, *130 Besserer St., ☏ 613-233-2000, 1-866-682-0879, www.les-suites.com, in der Nähe des Rideau Shopping Centre, alle Suiten sind mit einer Küchenzeile ausgestattet, Swimmingpool, Fitness-Center.*

**$$$$–$$$$$ Sheraton Ottawa Hotel (10)**, *150 Albert St., ☏ 613-238-1500, www.sheratonottawa.com, elegantes, zu allen Sehenswürdigkeiten günstig gelegenes Hotel mit Swimmingpool und Fitnessraum.*

**$$$–$$$$$ The Westin Hotel (5)**, *11 Colonel By Dr., ☏ 613-560-7000, www.thewestinottawa.com, zentral gelegenes, erstklassiges Haus mit Restaurants, Pools, Sportmöglichkeiten und direktem Zugang zum Rideau Centre Complex.*

### ➤ B&B im Stadtzentrum

**$$–$$$ Avalon Bed & Breakfast (1)**, *539 Besserer St., www.avalonbedandbreakfast.com, und* **$$–$$$ Benner's Bed & Breakfast**, *541 Besserer St., ☏ 613-789-8320, www.bennersbnb.com, zwei zusammengehörende, benachbarte, stilvolle Gästehäuser mit bequemen Zimmern unterschiedlicher Größe und Einrichtung, in der Nähe von Byward Market, die innerstädtischen Sehenswürdigkeiten sind gut zu Fuß erreichbar. Reichhaltiges Frühstück, Mindestaufenthalt zwei Nächte zu bestimmen Zeiten.*

**$$$ Auberge King Edward (8)**, *525 King Edward Ave., ☏ 613-565-6700, www.kingedwardottawa.com, empfehlenswertes B&B in schönem viktorianisches Haus in guter Lage, leckeres Frühstück. Zu bestimmten Zeiten gilt ein Mindestaufenthalt von 2 Nächten.*

**$$$–$$$$ McGee's Inn (17)**, *185 Daly Ave., ☏ 613-237-6089, 1-800-262-4337, http://en.mcgeesinn.ca, Gästehaus mit historisch eingerichteten Zimmern, gutem Frühstück und ca. 10 Gehminuten von der Rideau Centre Mall entfernt.*

**$$$–$$$$ Swiss Hotel (3)**, *89 Daly Ave., ☏ 613-237-0335 oder 1-888-663-0000, www.swisshotel.ca, historisches Bed-&-Breakfast-Haus aus dem Jahr 1872 mit 22 Nichtraucher-Zimmern, dreigeschossiges Haus im Schweizer Stil, begrenzte Zahl an Parkplätzen. Das Hotel ist ausschließlich für Erwachsene.*

### Jugendherberge im Stadtzentrum

**$$ HI-Ottawa Jail (7)**, *75 Nicholas St., ☏ 613-235-2595 oder 1-866-299-1478, www.hihostels.ca/ottawa. Diese Jugendherberge ist etwas Besonderes: Sie wurde im ehemaligen Carleton-County-Gefängnis eingerichtet! Nach der Restaurierung können 160 Gäste preiswert (ab $ 40) in dem historischen Gebäude übernachten und die Atmosphäre der Zellen und Gefängnisgänge nachempfinden. Einstündige Führungen durch die Jugendherberge, die 1973 von Prinz Philip offiziell eröffnet wurde, finden für Gäste tgl. jeweils um 11 Uhr kostenlos statt. Alle anderen können das Gebäude mit dem Haunted Walk Ottawa besichtigen (https://hauntedwalk.com/ottawa-tours).*

*Wenn man nicht im Zentrum von Ottawa übernachten möchte, bieten sich als empfehlenswerte Alternativen an:*

### nur ca. 15 Minuten vom Stadtzentrum entfernt

**$–$$ Carleton University**, *1125 Colonel By Dr., ☏ 613-520-5609, https://conferenceservices.carleton.ca/accommodations/individuals, preiswerte Zimmer in den Studentenwohnheimen von Ende Mai–Ende Aug., die Benutzung der Sportanlagen ist im Preis inbegriffen, ca. 6 km vom Zentrum entfernt. Mitte Mai–Mitte Okt. verfügbar.*

**$$–$$$ Rideau Heights Inn**, *72 Rideau Heights Dr., ☏ 613-226-4152 oder 1-800-256-0825, www.rideauheightsinn.com, Motel mit 36 ordentlichen Zimmern.*

### Campingplatz

**Rideau Heights Campsite**, *38 Rideau Heights Dr., ☏ 613-226-4141, https://sites.google.com/site/rhottawa/home/english, Campingplatz mit Sanitäranlagen, Pool, Feuerstellen, Picknicktischen an jedem Stellplatz. Citybus-Haltestelle auf der anderen Straßenseite.*

**Wesley Clover Campground**, *411 Corkstown Rd., ☏ 613-828-6632, http://wesleycloverparks.com/campground, Mai–Mitte Okt., ca. 15 Min. zum Stadtzentrum, Campingplatz mit Sanitäranlagen, Feuerstellen, Picknicktischen. Glamping-Cabins mit Mini-Kühlschrank, Mikrowelle, Terrasse, Feuerstelle, Picknicktisch. Öffentliche Verkehrsmittel in der Nähe.*

### Essen und Trinken

*Die international zusammengesetzte Bevölkerung spiegelt sich im internationalen Restaurantangebot. Nach einem Einkaufsbummel durch* **Byward Market** *kann man eines der dortigen Cafés oder Restaurants aufsuchen oder an einem Stand frische „Beavertails" probieren. Diese Spezialität von Ottawa ist ein mit Zimt, Zucker, Marmelade oder auch mit Käse oder Schinken gefülltes Gebäckstück.*

*Ottawas kleine* **Chinatown** *zieht sich an der Somerset Street W. entlang, von der Kent Street zur Preston Street; italienische Restaurants sind besonders an der Preston Street zu finden.*

**Canal Ritz (5)**, *375 Queen Elizabeth Dr., ☏ 613-238-8998, www.canalritz.com, gute italienische Küche, schöne Terrasse am Rideau Canal, mittlere Preiskategorie. Mo–Sa 11.30–23.30, So 10.30–23 Uhr.*

**Courtyard Restaurant (10)**, *21 St. George St., ☏ 613-241-1516, www.courtyardrestaurant.com, saisonale, zeitgenössische Küche in historischem Ambiente. Im Sommer kann man im Freien essen. Reservierung wird empfohlen. Brunch Sa/So 11–14, Mittagessen Mo–Fr 11.30–14, Dinner Mo–So 17.30–21.30 Uhr.*

**Giovanni's**, *362 Preston St., ☏ 613-234-3156, www.giovannis-restaurant.com, beliebtes italienisches Restaurant mit guter Weinauswahl in Little Italy, preisgünstig. Mo–Do 11–22, Fr 11–23, Sa 17–23, So 17–22 Uhr.*
**Le Café (6)**, *im National Arts Centre, 1 Elgin St., ☏ 613-594-5127, https://nac-cna.ca/en/lecafe, beliebtes Café mit Blick auf den Rideau Canal, frische kanadische Küche mit Lachs- und Lammgerichten; ein Dessert-Tipp ist der Newfoundland-Kuchen. Von Juni–Ende Sept. Patio. Mittleres Preisniveau.*
**Riviera Ottawa (9)**, *62 Sparks St., ☏ 613-233-6262, www.dineriviera.com, Pasta, Seafood, Steaks und Geflügel, Hauptgerichte zum Abendessen zwischen $ 24 und $ 55. Dinner So/Sa 17 Uhr–Restaurantschluss, Mittagessen Mo–Fr 11.30–14.30 Uhr.*
**The Green Door**, *198 Main St., ☏ 613-234-9597, www.thegreendoor.ca, gut eingeführtes vegetarisches Restaurant mit abwechslungsreichem Buffet und guten Currys, gut und preisgünstig. 11–21 Uhr, im Sommer Do/Mo geschl.*
**Yangtze (7)**, *700 Somerset St., ☏ 613-236-0555, www.yangtze.ca, traditionelle chinesische Küche, täglich Dim Sum, preisgünstig. Mo–Do 11–23, Fr 11–24, Sa 10–24, So 10–23 Uhr.*

### Kleine Köstlichkeiten für zwischendurch und fürs Picknick

**Chip Trucks**, *O'Connor St., an diesen Ständen gibt es besonders gute „Poutine", die in Kanada beliebte Schale mit Pommes Frites, Käse und Bratensauce.*
**La Bottega (4)**, *64 St. George St., ☏ 613-789-7575, www.labottega.ca, gute und preiswerte italienische Gerichte, zur Mittagszeit werden „Lunch specials" angeboten. Mo–Mi u. Sa 9–18, Fr 9–20, So 10–17 Uhr.*
**Le Moulin de Provence (2)**, *55 Byward Market, ☏ 613-241-9152, nettes Café am Byward Market, in dem man bei schönem Wetter auch draußen sitzen kann, gute Sandwiches, Quiches, Salate und Kuchen.*
**Pasticceria Gelateria Italiano**, *200 Preston St., ☏ 613-233-2104, www.pasticceria.ca, sehr gutes Eis, köstlicher Cappuccino und italienische Kuchen und Torten.*

## Pubs und Bars

*Vor allem in der Gegend um Byward Market finden sich Dutzende von Pubs und Bars. In Ottawa schließen die Bars um 1 Uhr nachts, aber am gegenüberliegenden Ufer im französischen Hull/Gatineau bleiben Bars und Diskotheken an der Hauptstraße, der Promenade du Portage, bis 3 Uhr geöffnet.*
**Highlander Pub (3)**, *115 Rideau St., ☏ 613-562-5678, www.thehighlanderpub.com, schottischer Pub, oft Livemusik.*
**The Earl of Sussex**, *431 Sussex Dr., ☏ 613-562-5544, www.earlofsussex.ca, freundlicher Pub mit 30 verschiedenen Biersorten vom Fass, am Wochenende gibt es Livemusik.*
**The Manx Pub (8)**, *370 Elgin St., ☏ 613-231-2070, www.manxpub.com, zahlreiche Bier- und Scotch-Sorten, leckere Burger, So und Mo abends Livemusik.*
**Vineyards Wine Bar (1)**, *54 York St., ☏ 613-241-4270, http://vineyards.ca, gemütlicher Weinkeller gegenüber vom Market Square, große Auswahl an offenen Weinen und verschiedene Biersorten, sachkundige Bedienung.*
**Zoe's**, *1 Rideau St., ☏ 613-241-1414, www.zoesottawa.com, elegante Piano Bar im Hotel Chateau Laurier.*

## Einkaufen

*Ottawa bietet vielfältige Einkaufsmöglichkeiten:*
*Der **Byward Market** ist ein farbenprächtiger Einkaufsort, der auf das Jahr 1830 zurückgeht, als die Bauern der Umgebung Gemüse und Obst zum Verkauf in die Stadt brachten. Auch heute noch bieten Bauern, Fischer und Bäcker ihre frischen Waren an. Byward Market liegt zwischen York und George St. und ist auch am Sonntag geöffnet.*

*Die* **Sparks Street Mall** *liegt zwischen der Elgin St. und Lyon St.; in der autofreien Zone gibt es zahlreiche Straßencafés, Boutiquen, Galerien und Straßenkünstler.*

*Im* **Rideau Centre**, *im Stadtzentrum, gibt es 230 Geschäfte und Kaufhäuser, außerdem ein Hotel und mehrere Kinos.*
*In der* **Bank Street Promenade**, *von der Wellington St. bis zur Gladstone Ave., befinden sich 500 Geschäfte und kleinere Läden.*
*Entlang der* **Bank Street**, *von der 1. bis zur 5. Ave., gibt es im Stadtteil* **Glebe** *viele kleine, originelle Geschäfte und Boutiquen.*

*Neben ausgezeichneten Einkaufszentren gibt es gute Spezialgeschäfte und originelle Läden:*
**The Snow Goose Gallery**, *83 Sparks St., ☏ 613-232-2213, 1-866-348-4004, www.snowgoose.ca, schönes Geschäft mit kanadischem Kunsthandwerk, ausgezeichnete Auswahl an Arbeiten der Indianer und Inuit. Mo–Fr 9.30–17.30, Sa 9.30–17 Uhr.*
**Maple Leaf Souvenirs**, *59 Williams St., im Byward Market, ☏ 613-241-9505, viele verschiedene Produkte aus Ahornsirup.*
**Roots Canada**, *50 Rideau St., im Rideau Centre, ☏ 613-236-7760, der Laden für Kanadas bekannte und sehr beliebte Marke für Sport- und Freizeitkleidung bietet auch eine Auswahl an Lederwaren und Souvenirs. Mo–Sa 9.30–21, So 11–18 Uhr.*
**Octopus Books**, *116 Third Ave., ☏ 613-233-2589, und 251 Bank St., ☏ 613-688-0752, octopusbooks.ca, zwei gut sortierte Buchhandlungen mit fachkundigem Personal.*

## Verkehrsmittel

### Busse

*Der öffentliche Nahverkehr* **OC Transpo**, *☏ 613-741-4390, www.octranspo.com, ist preiswert und zuverlässig und wird von der Mehrheit der Bevölkerung für den Weg zur Arbeitsstelle genutzt. Auch während des Berufsverkehrs sind die Busse schneller als der Privatverkehr, da sie die eigens eingerichteten Express-Spuren benutzen können. Das Busnetz ist sehr weit ausgebaut, die Busse verkehren auf allen Linien zwischen 6 und 23 Uhr. Die OC-Transpo-Stadtbusse sind rot und weiß, während Québec-Busse an den weiß-blauen Farben zu erkennen sind.*

*Das Fahrgeld sollte abgezählt bereitgehalten werden. Der Grundpreis, der für die meisten Strecken gültig ist, beträgt als Einzelticket $ 3,45, Senioren 65+ $ 2,60, für Kinder von 6–12 J. $ 1,75.*

*Für $ 10,50 erhält man beim Busfahrer einen* **Tagespass**; *dafür braucht man exakt abgezähltes Fahrgeld. Der Pass berechtigt zu beliebig vielen Fahrten mit allen öffentlichen Verkehrsmitteln und auf allen Linien.*

**Informationen** *über das Streckennetz und Straßenkarten des OC Transpo sind in der 294 Albert St. erhältlich.* **Customer Service Centres**: *Rideau Centre: Öffnungszeiten Mo–Fr 8.30–21, Sa 9.30–21, So 11–18 Uhr. Lincoln Fields, Place d'Orléans und St. Laurent Mo–Fr 7–18 Uhr, Sa/So geschl.*
**Greyhound Canada** *unterhält den Linienbusverkehr zwischen Ottawa und Städten in Ontario und Québec.*
*Der* **Busbahnhof** *ist in der 265 Catherine St., ☏ 613-238-6668.*

### Bahn

*Der Hauptbahnhof* **Ottawa Train Station** *liegt im Osten der Stadt, 200 Tremblay Rd. am Queensway, ☏ 613-244-8289 oder 1-888-842-7245, www.viarail.ca.*

*Vom Confederation Square fahren Busse zum Bahnhof.*
*Ottawa–Toronto 4 x tgl., 4 Std. 15. Min. Fahrzeit*
*Ottawa–Montréal 4 x tgl., 2 Std. Fahrzeit*

### Flugverbindungen

*Der* **Ottawa International Airport**, *1000 Airport Parkway, ☏ 613-248-2125, http://ottawa-airport.ca, liegt etwa 20 Fahrminuten entfernt im Süden der Stadt, jedoch fliegen nur wenige internationale Gesellschaften Ottawa direkt an.*

**Air Canada**, *☏ 1-888-247-2262, www.aircanada.com*
**Air Transat**, *☏ 1-877-872-6728, www.airtransat.com*
**Lufthansa**, *☏ 1-800-563-5954, www.lufthansa.com*

*Die* **Buslinie 97** *fährt im 20-Min.-Takt ins Stadtzentrum, Fahrzeit ca. 30 Min. Fahrkarten sind am „Ground Transportation Desk" in der Ankunftshalle, Level 1, erhältlich.*
**Taxi am Flughafen**: *Coventry Connections, ☏ 613-746-8740, Fahrpreis zur Innenstadt: ca. $ 40.*

### Mietwagen

**Avis**: *449 Gladstone Ave., ☏ 613-238-3421, www.avis.ca*
**Budget**: *443 Somerset St., ☏ 613-232-1527, www.budget.ca*
**Hertz**: *30 York St., ☏ 613-241-7681, www.hertz.ca*
**National**: *1003 Airport Parkway, ☏ 613-737-7023, www.nationalcar.ca*

### Taxi

**Coventry Connections**, *☏ 613-746-8740, www.coventryconnections.com*
**Blue Line Ottawa**, *☏ 613-238-1111, www.bluelinetaxi.com*
**Capital Taxi**, *☏ 613-744-3333, http://capitaltaxi.com*

### Parken

*Es gibt nur wenige Parkmöglichkeiten auf den Straßen, die zudem sehr stark reglementiert sind und genauestens kontrolliert werden. Stattdessen gibt es ausreichend viele* **Parkhäuser** *und* **-garagen** *in der Innenstadt, deren Gebühren zwischen $ 2 und $ 4,50 pro Stunde oder $ 7–18 pro Tag betragen.*
*Unter dem National Arts Centre gibt es eine* **öffentliche Parkgarage**, *in der man auch während der Hauptgeschäftszeiten meist noch einen Parkplatz findet.*
*Bei der Touristeninformation bekommt man Verzeichnisse der innerstädtischen Parkmöglichkeiten.*

### Botschaften

**Deutsche Botschaft**, *1 Waverley St., Ottawa, ON, K1N 8V4, ☏ 613-232-1101, www.ottawa.diplo.de, telefonische Sprechstunde Mo–Do 8–13, 13.30–16.40, Fr 8–13.30 Uhr.*
**Österreichische Botschaft**, *445 Wilbrod St., Ottawa, ON, K1N 6M7, ☏ 613-789-1444, www.bmeia.gv.at/oeb-ottawa, Mo–Fr 9–12 Uhr.*
**Schweizer Botschaft**, *5 Marlborough Ave., Ottawa, ON, K1N 8E6, ☏ 613-235-1837, www.eda.admin.ch/ottawa, Mo–Fr 9–12 Uhr.*

# 7. DER NORDEN ONTARIOS

# Von Ottawa über Pembroke zum Algonquin Provincial Park

Dieser Streckenabschnitt führt in das Ottawa Valley, das zwischen der Hauptstadt und dem Algonquin Park liegt und zu den früh besiedelten Gebieten Kanadas zählt. Idyllische Dörfer und schöne Museen, vor allem aber eine Ferienlandschaft, die für alle Arten von Wassersport, von Schlauchboot-Fahrten auf den Wildwassern der Flüsse bis zum Fischen an einem einsamen See, besonders prädestiniert ist, prägen die Region.

## Streckenhinweis

Entfernung bis zum Ost-Eingang des Algonquin Provincial Park: ca. 280 km. Sie verlassen Ottawa auf dem Queensway (Hwy. 417) und folgen dann dem Hwy. 17 über Arnprior, Renfrew und Cobden nach Pembroke. Von dort können Sie über die Hwys. 41 und 60 nach Barry's Bay fahren; oder Sie befahren von Pembroke aus den Hwy. 58 nach Barry's Bay und folgen dann weiter dem Hwy. 60, der den Algonquin Park durchquert.
Alternativ können Sie, nachdem Sie Ottawa verlassen haben, an der Kreuzung mit dem Hwy. 7 abbiegen und dem landschaftlich reizvollen Hwy. 7 bis Carleton Place folgen und von dort am Mississippi River entlang über den Hwy. 29 nach Arnprior fahren, wo Sie wieder auf den Hwy. 17 nach Pembroke stoßen. Der Hwy. 17 führt Sie durch das Ottawa Valley.

## Arnprior

In Arnprior, wo der Madawaska River in den Ottawa River mündet, lädt ein historisches Posthaus aus dem Jahr 1896 dazu ein, das **Arnprior & District Museum** zu besuchen, in dem das Leben im 19. Jh. dokumentiert wird.

Der Norden Ontarios

**Arnprior & District Museum**, *35 Madawaska St., ☏ 613-623-4902, www.arnprior.ca/town/arnprior-district-museum, Mai–Mitte Juni Di 11–16, Sa 11–16, So 9–15, Mitte Juni–Sept. Mo–Sa 11–16, So 9–15, Sept.–April Di 11–16 Uhr, Eintritt: um Spenden wird gebeten.*

### Unterkunft

$$ **Country Squire Motel**, *111 Staye Court Dr., ☏ 613-623-6556 oder 1-800-267-5378, www.countrysquiremotel.ca, kleines Hotel mit schöner Gartenanlage und 15 einfach eingerichteten Zimmern.*

$$–$$$ **Daniel House Bed & Breakfast**, *145 Daniel St. N., ☏ 613-769-8168, www.bbcanada.com/10701.html, angenehmes, im Ortskern gelegenes Bed-&-Breakfast-Haus mit drei stilvoll eingerichteten Zimmern und gutem Frühstück. Mindestaufenthalt 2 Nächte.*

## Renfrew

Der knapp 8.000 Einwohner zählende Ort Renfrew wurde im 19. Jh. von den aus Schottland eingewanderten Siedlern nach einem Herrensitz der Stuarts benannt und liegt eingebettet zwischen Flüssen, Seen und Wäldern. Im O'Brien Park wurde die am Bonnechere River gelegene, 1855 gebaute Getreidemühle zum **McDougall Mill Museum** umgebaut, wo Ausstellungsstücke die Pionierzeit wieder lebendig werden lassen.

**McDougall Mill Museum**, *65 Arthur Ave., ☏ 613-432-2129, https://renfrewmuseum.ca, Juni–Aug. tgl. 10–17 Uhr, Eintritt Spende.*

Sehenswert ist auch die moderne Nachbildung der 1895 gebauten „**Swinging Bridge**", die den Bonnechere River überquert.

## Reisepraktische Informationen Renfrew

### Information

**Renfrew Visitor Information Centre**, *190 Mask Rd. S., ☏ 613-432-4848, www.town.renfrew.on.ca, im Sommer tgl. 10–17 Uhr. Parkplatz, Entsorgungsstation für Wohnmobile. Kostenloses WLAN, öffentliche Toiletten. Außerdem gibt es ein Besucherzentrum im Büro der Chamber of Commerce, 161 Raglan St. S., Mo–Fr 9–15 Uhr.*

### Tipp

Wer Spaß an **Wildwasserfahrten** hat, sollte auf dem Weg nach Pembroke einen Abstecher nach Foresters Falls oder Beachburg machen. Dort sind Wildwasserfahrten auf dem Ontario River mit unterschiedlichen Schwierigkeitsgraden möglich.

### Bootsfahrten

**OWL Rafting**, *40 OWL Ln., Forester Falls, ☏ 613-646-2263 oder 1-800-461-7238, www.owl-mkc.ca, ein- und zweitägige Wildwasserexkursionen auf dem Ottawa River und dem Madawaska River; außerdem wird zur Einstimmung „Family Rafting" angeboten, das auch schon für jüngere Kinder (ab 23 kg Körpergewicht) geeignet ist. Diese Touren werden von 3. Sa im Mai–2. Wochenende im Sept. durchgeführt, Voranmeldung ist erforderlich.*

**Wilderness Tours Whitewater Rafting**, *Beachburg, ☏ 1-888-723-8669, www.wildernesstours.com, ein- oder mehrtägige Schlauchbootfahrten durch die Stromschnellen des Ottawa River; zum Programm gehören eine Einweisung in die Technik des Wildwasserfahrens,*

*fachkundige Führung während der Fahrten und auf Wunsch eine Grillmahlzeit. Voranmeldung ist erforderlich. Die halb- und eintägigen Touren werden zwischen Mai und Sept. mehrmals wöchentlich ab 9 Uhr durchgeführt, die meisten Touren sind für Teilnehmer ab 13 J. konzipiert, es gibt aber auch einige Angebote für Familien/Kinder, Übernachtungsmöglichkeit.*

**Glamping**
**Elements Luxury Tented Camp & Nature Spa**, *793 Storyland Rd., ☏ 613-432-8000, www.outdoorhotel.ca. Etwa 13 km nordwestlich liegt dieses Glamping Resort mit acht Luxuszelten und sechs kleinen Häusern. Angeschlossen ist ein Open-Air-Yoga-Studio. Die Unterkünfte sind ausgestattet mit King-Size-Betten, Feuerstellen, Ökotoiletten und „Wildnis-Butlern".*

## Pembroke

Pembroke rückte am Ende des 19. Jh. ins Licht der Öffentlichkeit, weil die Gemeinde als erste schon 1884 eine elektrische Straßenbeleuchtung einführte. Über diese Zeit informiert das **Murray L. Moore Hydro Museum**, das im Original-Maschinenraum der Pembroke Electric Light Co. eingerichtet wurde.
**Murray L. Moore Hydro Museum**, *283 Pembroke St. W., Eingang seitlich Frank Nighbor St., ☏ 613-732-3687, www.pembroke.ca/tourism/museums/murray-l-moore-hydro-museum.html, Mo–Fr 9–15 Uhr, Eintritt frei.*

Zu den Sehenswürdigkeiten der Stadt gehört das **Champlain Trail Museum and Pioneer Village**, das der Geschichte des Ottawa Valley und der Bedeutung des Pelz- und Holzhandels für diese Region gewidmet ist. Einige restaurierte Häuser, eine Bahnstation, eine Mühle und eine einklassige Dorfschule aus dem Jahr 1838 können besichtigt werden.
**Champlain Trail Museum and Pioneer Village**, *1032 Pembroke St. E., ☏ 613-735-0517, www.champlaintrailmuseum.com, Mai/Juni Mo–Fr 10–16, Juli/Aug. Mo–Sa 10–16, Sept. Mo–Fr 12–16 Uhr, Eintritt Erwachsene $ 8, Senioren und Studenten $ 6, Kinder 6–12 J. $ 4.*

*Der Spaßfaktor ist garantiert: bei einer Wildwasserfahrt auf dem Ottawa River*

Mehr als 30 **Wandmalereien** an öffentlichen Gebäuden erzählen vom Alltagsleben in Pembroke von der Stadtgründung bis zur Gegenwart. Auf dem **Farmers' Market** (*Ecke Lake St./Victoria St., www.pembrokefarmersmarket.com*), der von Mitte Mai bis Mitte Oktober jeden Mittwoch und Samstag von 8.30–13 Uhr stattfindet, gibt es Obst, Backwaren, Blumen und Säfte aus der Region, aber auch Haushaltsgeräte und Kunsthandwerk. Beliebte Treffpunkte sind die „**Waterfront**", die im Sommer mit Musik und Unterhaltung lockt, und der **Kiwanis Waterfront Trail**, der von der Marina am Ufer des Ottawa River entlang bis zum Riverside Park führt und mit Bänken und Picknickplätzen zum Verweilen einlädt.

Treffpunkt Waterfront

Nur 21 km von Pembroke entfernt liegt am Hwy. 17 die kleine Ortschaft **Chalk River**. 1945 wurden hier die Chalk River Laboratories eingerichtet, der erste Atomreaktor, der außerhalb der USA gebaut wurde.

## Reisepraktische Informationen Pembroke

### Information

**Pembroke Welcome Centre**, *1 Pembroke St. E., ☏ 613-735-6821, www.pembrokeontario.com.*

### Unterkunft

**$$ EconoLodge Inn & Suites**, *1218 Pembroke St. E., ☏ 613-732-4222, www.econolodgepembroke.com, die zentral gelegene Unterkunft nahe dem Ottawa River bietet 33 solide ausgestattete, saubere Zimmer unterschiedlicher Kategorien, darunter große Familiensuiten für bis zu sechs Pers. mit vollständig eingerichteter Küche.*
**$$–$$$ Knights Inn**, *1350 Pembroke St. W., ☏ 613-732-3623, www.knightsinn.com/pembroke-on, altes Kolonialhaus mit teilweise antik, teilweise rustikal eingerichteten Zimmern; die Räume im angeschlossenen Motel sind sehr einfach. Mindestaufenthalt 3 Nächte.*
**$$$–$$$$ Best Western Pembroke Inn**, *1 International Dr., ☏ 613-735-0131 oder 1-800-780-7234, www.bestwesternpembroke.com, gutes Mittelklassehotel mit 88 Zimmern und Pool.*
**$$$–$$$$ Grey Gables Inn**, *353 Mackay St., ☏ 613-635-7011 oder 1-844-635-7011, www.greygablesinn.ca, B&B, in dem 1911 gebauten, schlossähnlichen Gebäude wurden elegante Nichtraucher-Suiten mit Wohn- und Schlafzimmer, Küche und Bad eingerichtet.*

### Streckenhinweis

Von Chalk River aus kann man dem Hwy. 17 weiter bis North Bay folgen, dem Ausgangspunkt für Fahrten in den hohen Norden Kanadas.

Eine **Alternativstrecke** führt von Pembroke über den Hwy. 60 nach Barry's Bay. In Eganville lohnt eine Führung durch die Bonnechere Caves mit ihren fossilen Abdrücken; diese Touren werden alle 20 Min. angeboten; Wanderschuhe und ein warmer Pullover sind empfehlenswert.
**Bonnechere Caves**, *1247 Fourth Chute Rd., Eganville, ☏ 613-628-2283, 1-800-469-2283, www.bonnecherecaves.com, Ende Mai–Anfang Sept. tgl. 10–16, Juli/Aug. 10–16.30, sonst bis Ende Sept. an den Wochenenden 10–16 Uhr, Eintritt Erwachsene $ 19, Senioren $ 17, Jugendliche von 13–17 J. $ 14, Kinder von 4–12 J. $ 13.*

## Barry's Bay

Barry's Bay, ein ehemaliger Holzfällerort, liegt inmitten der Kamaniskeg-Seenregion. Auf dem Madawaska River bietet sich die Gelegenheit zu Wildwasserfahrten, und Eisenbahnfreunde können am Hwy. 60 das restaurierte Bahnhofsgebäude aus dem Jahr 1894 besuchen, in dem sich heute die Touristeninformation befindet.

Von Barry's Bay folgt man dem Hwy. 60, der in **Whitney** zum östlichen Eingang des **Algonquin Provincial Park** führt.

### Reisepraktische Informationen Barry's Bay

**Information**
**Visitor Information Centre,** *in der historischen Bahnstation, 19503 Opeongo Line, ☎ 613-756-5885, http://therailwaystation.ca, Juni Sa/So 10–16, Juli/Aug. tgl. 10–18 Uhr.*

**Unterkunft**
**$$–$$$$ Mountain View Motel,** *18508 Hwy. 60, ☎ 613-756-2757 oder 1-800-363-6936, www.mountainview-motel.com oder www.facebook.com/Mountain-View-Motel-Barrys-BayWilno-218996274849842, ganzjährig geöffnetes Hotel mit zwölf modern eingerichteten Zimmern und einem Cottage für 2–6 Pers., ca. 5 km außerhalb von Barry's Bay.*
**$$$–$$$$ Spectacle Lake Lodge,** *202 Spectacle Lake Rd., South Algonquin Township, ☎ 613-756-2324 oder 1-800-567-4044, www.spectaclelakelodge.com, ganzjährig geöffnete Anlage mit Ferienhäusern direkt am Spectacle Lake, im Sommer Gelegenheit zum Angeln, Kanufahren und Schwimmen, im Winter zum Skilaufen, Schlittschuhfahren und Snowmobilfahren.*

**Weitere Unterkünfte**
*In allen Ortschaften vor dem westlichen und östlichen Eingang zum* **Algonquin Provincial Park** *gibt es zahlreiche Übernachtungsmöglichkeiten in Hotels, Motels, Bed-&-Breakfast-Häusern und Resorthotels. Da in dieser Region viele Kanadier ihre Ferien verbringen, ist eine rechtzeitige Reservierung empfehlenswert, anderenfalls erkundigt man sich in den Touristenbüros nach freien Unterkünften. Übernachtungsmöglichkeiten gibt es z. B. in den Ortschaften* **Whitney** *(s. S. 298),* **Barry's Bay** *(s. o.),* **Dwight** *(s. u.) und* **Huntsville** *(s. S. 304).*

**In Dwight**
**$$–$$$ Spring Lake Resort,** *2893 Hwy. 60 RR #1, ☎ 705-635-9995 oder 1-877-635-9995, www.springlakeresort.net, schön gelegenes Hotel am Spring Lake mit 16 modernen Zimmern und Suiten, sehr schönem Sandstrand, Restaurant, Kanu- und Bootsverleih sowie Garten, alle Zimmer haben Seeblick, ca. 15 Autominuten vom Park entfernt.*
**$$$ Blue Spruce Inn,** *1215 Oxtongue Lake Rd., RR #1, ☎ 705-635-2330 oder 1-855-635-2330, www.bluespruce.ca, Ferienhäuser mit Kamin und Grillplatz am Oxtongue Lake, Sandstrand, Kanuverleih, Tennisplätze.*
**$$$ White Birches,** *1016 Oxtongue Lake Rd., RR #1, ☎ 705-635-2322 oder 1-800-263-4794, www.whitebirchescottages.ca, gepflegte Anlage mit voll ausgestatteten Ferienhäusern am Oxtongue Lake, Sandstrand, Bootsvermietung. Übernachtung: Mai–Ende Juni, Ende Juni–Ende Aug. Feiertagswochenenden, Sept.–Okt. Wochenenden und wochentags.*
**$$$–$$$$ Oxtongue Lake Cottages,** *4019, Hwy. 60 RR #1, ☎ 647-309-3061 oder 705-635-2951, www.oxtonguelakecottages.com, ansprechende, gut ausgestattete Ferienhäuser mit ein, zwei oder drei Schlafräumen und offenem Kamin, schöner Strand, Bootsverleih.*

$$$$ **The Lake of Bays Lodge**, *1091 Dwight Beach Rd., ☏ 705-635-3838 oder 1-855-635-3838, www.bristlecone-lodge.ca, gemütliche Ferienhäuser unterschiedlicher Größe mit Kamin, Apartments und B&B am Lake of Bays.*
$$$$–$$$$$ **Port Cunnington Lodge**, *1679 Port Cunnington Rd. Lake of Bays, ☏ 705-635-2505 oder 1-800-894-1105, www.portcunnington.com, historisches Landgasthaus mit guter Küche aus dem Jahr 1890 am Lake of Bays, Zimmer in der viktorianischen Lodge sowie in neuen Ferienhäusern. Mindestaufenthalt 2 Nächte.*

**In Whitney**
$$–$$$ **Algonquin East Gate Motel**, *☏ 613-637-2652, www.algonquineastgatemotel.com, älteres, gut geführtes Familienhotel mit einfachen, sauberen Zimmern, das nur 5 Min. vom Eingang zum Algonquin Park entfernt liegt, der angeschlossene Laden bietet komplette Ausrüstungen an, außerdem Kanuvermietung und Kanukurse.*
$$$$$ **Couples Resort**, *139 Galeairy Lake Rd., ☏ 1-866-202-1179, www.couplesresort.ca, das Resorthotel bietet ansprechend eingerichtete Zimmer, Aufenthaltsräume mit Kamin und ein sehr gutes Restaurant; neben den Attraktionen des Algonquin Park gibt es Gelegenheit zum Tennisspielen, Segeln und Wasserskifahren. Mindestaufenthalt 2 Nächte.*

**Bootsfahrten**
**Madawaska Kanu Centre**, *247 River Rd., www.mkc.ca, ☏ 613-756-3620 oder 1-888-652-5268, bieten von Mitte Juni–Ende Aug. Wochenend- oder Fünf-Tages-Kurse zum Kanu-, Kajak- und Wildwasserfahren an. Voranmeldungen sind erforderlich, ab $ 310.*

**Outfitter/Ausrüster**
*Ausrüstungen zum Zelten, Sportgeräte, Wanderbedarf, Bootszubehör bis hin zu Lebensmitteln finden sich bei den „Outfittern" in der Umgebung des Parks. Außerdem werden geführte Touren in unterschiedlicher Länge mit verschiedenen Schwierigkeitsgraden durch die Wildnis des Algonquin Park angeboten.*
**Algonquin East Gate Motel & Outfitters**, *Whitney, ☏ 613-637-2652, www.algonquineastgatemotel.com*
**Opeongo Outfitters**, *Whitney, ☏ 613-637-5470 oder 1-800-790-1864, www.opeongooutfitters.com, Mitte April–Ende Mai 7–18, Juni So–Do 8–18, Fr/Sa 7–18, Juli/Aug. So–Do 8–19, Fr/Sa 7–19, Sept.–Anfang Okt. So–Do 8–18, Fr/Sa 7–18 Uhr.*

## Algonquin Provincial Park

Ein Besuch im Algonquin Park – das kann ein Tagesausflug ins Grüne, ein Erlebniswochenende mit Wanderungen und Kanufahrten oder ein wochenlanger Aufenthalt in wilder Einsamkeit sein – und es kann die erste Begegnung mit der Wildnis Kanadas sein!

*Großartige Naturerlebnisse*

Etwa ein Drittel aller Besucher durchstreift den Park zunächst im Rahmen eines Tagesausflugs. Die Besucher wandern, schwimmen, angeln und picknicken, machen Kanutouren auf einem der Seen und erste Erfahrungen in der Wildbeobachtung. Der Algonquin Provincial Park zählt zu den beliebtesten Ausflugszielen Ostkanadas, denn er verbindet gleich mehrere Vorteile für den Besucher: Er liegt nur drei bis vier Autostunden von Toronto und Ottawa entfernt, bietet in seinem erschlossenen Teil alle touristischen Annehmlichkeiten, weist Wanderwege und Kanutouren aller Schwierigkeitsgrade auf und lädt ein zu Entdeckungen und zum Abenteuer auf eigene Faust.

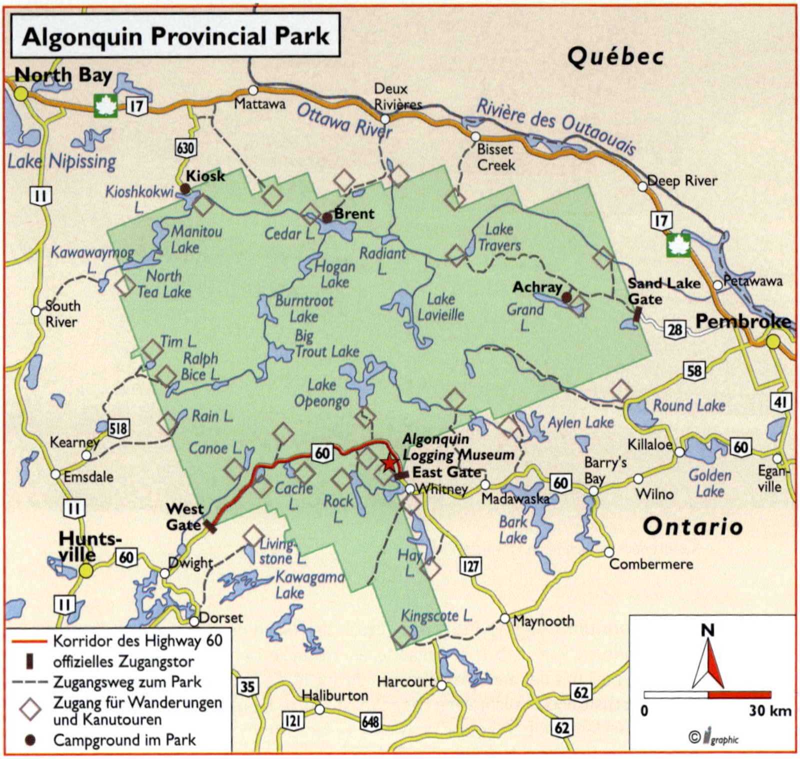

**Algonquin Provincial Park**

Korridor des Highway 60
offizielles Zugangstor
Zugangsweg zum Park
Zugang für Wanderungen und Kanutouren
Campground im Park

1893 gegründet, ist der Algonquin Park der älteste Provinzpark Ontarios. In diesem Gebiet lebten ursprünglich die Algonquin-Indianer, die sich von der Jagd und dem Fischfang ernährten und das Land zum Maisanbau bestellten. Im 17. Jh. kamen europäische Entdecker und Forscher; ihnen folgten Trapper, Waldläufer und Pelzhändler. Zu Beginn des 19. Jh. fanden sich die ersten Holzfäller auf der Suche nach Weißkiefern ein, deren Holz zu jener Zeit besonders begehrt war. Sie lebten in einfachen Lagern und fällten die Bäume, deren Stämme sie im Frühjahr bei Hochwasser zum Ottawa River flößten. 1893 wurde das Waldgebiet mit seinen Flüssen und Seen unter Naturschutz gestellt; in den Wäldern und in den Gewässern konnten so die ursprüngliche Flora und Fauna bewahrt bleiben.

*Kanutouren in die Wildnis*

Der Algonquin Provincial Park umfasst eine Fläche von 7.650 km² – und ist damit halb so groß wie das Bundesland Schleswig-Holstein – mit Wäldern, Hügeln, Flüssen, Mooren und fast 2.000 Seen. Der südliche Teil dieses Gebietes ist durch den Hwy. 60 und viele Wander- und Wasserwege gut erschlossen; der nördliche Teil ist nur zu Fuß oder mit dem Kanu zugänglich. Ein 1.500 km langes Netzwerk von Kanurouten verbindet viele der Seen miteinander und führt die Menschen in die Wildnis, wo Hirsche, Bären, Elche, Wölfe, Biber und viele andere Tiere ihr Refugium haben.

*Kanuverleih im Algonquin Provincial Park*

Das **Algonquin Logging Museum** liegt in der Nähe des Osteingangs. Es vermittelt einen Eindruck vom Leben in kanadischen Holzfällercamps. Am besten beginnt man den Rundgang mit der audiovisuellen Einführung in die Entwicklung und Bedeutung der Holzwirtschaft und besucht dann das rekonstruierte Holzfällercamp, das alte, dampfbetriebene Schleppboot „Alligator" sowie einen Holzdamm und eine -gleitbahn.
**Algonquin Logging Exhibit**, ☏ *705-633-5572, www.algonquinpark.on.ca, Ende Juni–Mitte Okt. tgl. 10–17 Uhr, der Museum Trail und die Außenanlagen sind immer zu besichtigen. Eintritt mit einem Besucherpass frei.*

Das **Algonquin Art Centre** bei der Kilometermarkierung 20 zeigt innen und außen wechselnde Ausstellungen mit dem Ziel, Natur und Kunst zu verbinden; ein weiteres Thema ist der Umweltschutz.

## Reisepraktische Informationen Algonquin Park

### Öffnungszeiten und Information

*Der Park ist über den Hwy. 60 jederzeit zugänglich. An den beiden Haupteingängen zum Algonquin Park befinden sich* **Informationszentren**, ☏ *705-633-5572, www.algonquinpark.on.ca, wo man die Eintrittstickets, umfangreiches Informationsmaterial, praktische Tipps und nützliche Hinweise bekommt. Durch Ausstellungen und Filme wird man in die Besonderheiten des Parks eingeführt. Tgl. 7–22 Uhr, Tagesticket pro Auto $ 21, Sommerpass $ 125, Winterpass $ 85.*

*Außerdem gibt es das* **Algonquin Visitors Centre**, *43 km vom Westeingang entfernt, am Hwy. 60,* ☏ *705-633-5572, ganzjährig geöffnet (genaue Öffnungszeiten: www.algonquinpark.on.ca/involved/calendar/index.php), Eintritt mit einem Besucherpass frei. Es informiert über*

*Geografie, Geschichte sowie die Fauna und Flora des Parks. In der Hochsaison gibt es Film- und Theatervorstellungen, themenbezogene Führungen und Angebote für Kinder. Im Bookstore findet man eine gute Zusammenstellung interessanter Bücher, Filme, Drucke und Karten.*

### Info

*Hinweise auf* **Tagesveranstaltungen und aktuelle Programme** *finden sich in der Zeitschrift „This Week in Algonquin" und in den beiden Informationsschriften „Algonquin Provincial Park Parkway Corridor" und „The Park Interior", die im Informationszentrum erhältlich sind.*

### Zugänge zum Park

**West Gate**, *in der Nähe der Ortschaft Dwight.*
**East Gate**, *in der Nähe der Ortschaft Whitney.*
*Daneben gibt es weitere Zugänge: von den Hwys. 17 und 630 von Norden, vom Hwy. 11 im Westen und vom Hwy. 60 im Osten, die aber keine Verbindung zum erschlossenen Teil des Parks haben.*

### Autofahren im Park

*Der Hwy. 60 ist die Hauptzugangsstraße und führt über 56 km durch den südlichen Teil des Algonquin Park. Entlang dieser Straße, dem Parkway Corridor, sind Parkbuchten und Parkplätze eingerichtet, die als Ausgangspunkt für Wanderungen geeignet sind. Im Abstand von jeweils 1 km gibt es Kilometermarkierungen, die die Entfernung vom Westeingang anzeigen. Will man auf dem Hwy. 60 nur durch den Park fahren ohne anzuhalten, wird keine Gebühr fällig. Sobald man jedoch eine Parkeinrichtung (Toiletten, Picknickplatz, Besucherzentrum, Wanderweg, etc.) benutzt, benötigt man ein Parkticket.*

### Unterkunft

*Es gibt acht organisierte* **Campingplätze** *in der Nähe des Parkway Corridor, für die man von April–Anfang Sept. einen Stellplatz reservieren kann. Für die Übernachtung muss man im Informationsbüro ein „Interior Camping Permit" erwerben, ☏ 519-826-5290 oder 1-888-668-7275. Vier weitere Campingplätze liegen weit entfernt. Die Übernachtungskosten liegen pro Auto und bis zu sechs Personen pro Stellplatz zwischen $ 40 und 51 pro Nacht.*

*Es gibt im Parkgebiet zudem Unterkunftsmöglichkeiten in drei komfortablen* **Lodges**, *die vom Hwy. 60 ausgeschildert sind. Außerdem existieren viele Übernachtungsmöglichkeiten in den Ortschaften, die an der Zufahrt zu den beiden Parkeingängen liegen. Angaben dazu finden sich auf den entsprechenden regionalen Seiten.*

**$$$$$ Arowhon Pines**, *☏ 416-483-4393 (Winter), 705-633-5661 (Sommer) oder 1-866-633-5661, www.arowhonpines.ca, die Anlage liegt 8 km vom Hwy. 60 entfernt in völliger Ruhe am Ufer des Little Joe Lake; die 50 rustikal eingerichteten Zimmern sind auf 13 Blockhäuser verteilt; gute Möglichkeiten zum Schwimmen, Kanufahren und zur Tierbeobachtung, von Ende Mai–Mitte Okt. geöffnet, Restaurantzeiten: Frühstück 8–10, Lunch 12.30–14, Dinner ab 18.30 Uhr. Drei Mahlzeiten pro Tag sind im Übernachtungspreis enthalten.*

**$$$$$ Bartlett Lodge**, *☏ 705-633-5543 oder 1-866-614-5355, www.bartlettlodge.com, die gut ausgestatteten neuen Zelte und Ferienhäuser für bis zu 6 Pers. liegen direkt am See, das gepflegte Restaurant und die Artist Studios im Haupthaus mit schönem Ausblick auf den Cache Lake; Schwimmen, Kanufahren, Segeln, Reiten, Badminton, von Mitte Mai–Mitte Okt. geöffnet. 200 m südlich des Hwy. 60, bei Km 23,5.*

**$$$$$ Killarney Lodge**, *☏ 1-866-473-5551, www.killarneylodge.com, geöffnet von Mitte Mai–Mitte Okt. Die schöne Anlage mit gemütlich eingerichteten Blockhäusern (Mahlzeiten im Preis inbegriffen) liegt 33 km vom westlichen Parkeingang entfernt am Lake of Two Rivers. Dort kann man schwimmen, Kanufahren und segeln. Renommiertes Restaurant mit offenem Kamin.*

### Essen und Trinken

*Kleine Mahlzeiten gibt es im Portage Store zwischen Km 10 und 15, im Lake of Two Rivers Store zwischen Km 30 und 35, im Gazebo des Algonquin Art Centre sowie in den drei Lodges.*

### Geschäfte

*Einkaufsmöglichkeiten gibt es im* **Two Rivers Store, Portage Store** *und* **Opeongo Store**, *wo man Lebensmittel, aber auch Benzin bekommt.*

### Outfitter/Ausrüster

*In der näheren Umgebung des Parks gibt es zahlreiche Ausstatter. Komplett- und Teilausrüstungen zum Zelten, Sportgeräte, Wanderbedarf, Bootszubehör oder Lebensmittel erhält man z. B. in Whitney, Dwight, South River oder Deep River. Außerdem werden geführte Touren in unterschiedlicher Länge und Kanutouren mit verschiedenen Schwierigkeitsgraden durch die Wildnis des Algonquin Park angeboten, z. B. am Canoe Lake oder am Opeongo Lake.*

### Motorboote

*Motorboote sind nur auf 27 der rund 2.000 Seen zugelassen. Das Informationszentrum gibt Auskunft, an welchen Seen Motorbootfahrten möglich sind.*

### Fischen

*Der Algonquin Park ist allgemein bekannt für seine guten Fischgründe; er gilt als einer der besten Forellenfangplätze in Kanada. Im Informationscenter erhält man die Broschüre „Fishing in Algonquin Provincial Park". Online-Infos unter: www.algonquinpark.on.ca.*

### Radfahren

*Es gibt drei Radwege im Algonquin Park. Die Wege reichen von ebenen Pfaden, die auch für Kinder und Familien geeignet sind, bis hin zu holprigen Strecken für Mountain Biker:* **Old Railway Bike Trail, Minnesing Mountain Bike Trail** *und* **Byers Lake Mountain Bike Trail.**

### Wintersport

*Der Algonquin Park ist auch ein gutes* **Wintersportgebiet**. *In der Nähe des Hwy. 60 gibt es vier Trails zwischen 5 und 24 km Länge; insgesamt sind es ca. 80 km Loipen. Am Westeingang findet man einen Skiverleih; der Mew Lake Campground ist ganzjährig geöffnet. Einkaufsmöglichkeiten gibt es in Dwight, 6 km vom Westeingang, oder in Whitney, 5 km vom Osteingang.*

### Wandern

*Im* **Bereich des Parkway Corridor** *wurden zwölf kurze Wanderwege ausgewiesen, die jeweils unter einem besonderen Aspekt angelegt wurden. Am Beginn jeden Weges sind illustrierte Wegbeschreibungen mit interessanten Informationen ausgelegt, die am Ende des Weges wieder in einen Sammelkasten zurückgegeben werden. Jede dieser Broschüren ist auch im Informationsbüro erhältlich. Informationen außerdem online: www.algonquinpark.on.ca/visit/recreational_activites/interpretive-walking-trails-in-algonquin-park.php.*

*Außerhalb des Parkway Corridor gibt es ebenfalls kurze Wanderwege wie den* **Brent Crater Trail** *an der Nordgrenze, den* **Barron Canyon Trail** *und den* **Archray Trail** *mit dem Berm Lake Trail im Osten, die aber nur über 3- bis 4-stündige Fahrten zu erreichen sind. Auch für diese Wanderungen gibt es Wegbeschreibungen und Informationsmaterial. Außerdem kann man zwei mehrtägige Wanderungen unternehmen, die aber nur erfahrenen Wanderern empfohlen werden: Der* **Highland Backpacking Trail** *besteht aus zwei Rundwegen von 19 und 35 km Länge, der* **Western Uplands Backpacking Trail** *kann über 32, 55 oder 71 km erwandert werden. Kartenmaterial dazu erhält man im Informationscenter.*

## Tierwelt/Tierbeobachtungen

Schon bei der Einfahrt in den Algonquin Provincial Park fällt ein ganz besonderes Verkehrszeichen auf: Achtung Elche! Für viele Besucher sind Tierbeobachtungen ein besonderer Anreiz zum Besuch des Algonquin Park, wo mehr als 20 verschiedene Reptilien- und Amphibienarten, 40 Säugetierarten und mehr als 100 Vogelarten vertreten sind. In der Parkzeitschrift „Algonquin Park Parkway Corridor" finden sich einige nützliche Tipps zur Tierbeobachtung:

- Die besten **Tageszeiten zur Beobachtung** sind der frühe Morgen und der späte Abend.
- Auf jeden Fall ein **Fernglas** mitnehmen.
- An den **Waldrändern** zu beiden Seiten des Hwy. 60 sind Elche besonders häufig zu entdecken.
- Einige der ausgeschilderten **Wanderwege**, wie z. B. der Mizzy Lake Trail, bieten besonders gute Beobachtungsplätze.
- Ein ganz besonderes Erlebnis sind die **Wolf Howls** im August und September. *Wolfsgeheul* Nach einer Einführung im Outdoor Theatre fährt oder geht man mit Rangern in den Park. Diese ahmen Wolfsgeheul nach, und häufig antworten die Wölfe darauf. Informationen über aktuelle Termine: www.algonquinpark.on.ca/visit/programs/wolf-howls.php.

**Info**

*Informationen zur Tierwelt Kanadas sowie zu den National- und Provinzparks finden sich ab S. 33 sowie ab S. 46.*

# Vom Algonquin Provincial Park in die Muskoka-Region

**Streckenhinweis**

Vom Westeingang des Algonquin Provincial Park kann man dem Hwy. 60 bis Huntsville folgen. Von dort bieten sich drei Streckenalternativen:
**Alternative 1**: über den Hwy. 11 nach North Bay, der von dort in den weiten Norden und Nordwesten Ontarios führt. Man kann nach Cochrane fahren und von dort mit dem Polar Bear Express weiterfahren nach Moosonee an der James Bay.
**Alternative 2**: zunächst über den Hwy. 11 nach Süden, dann über die Hwys. 141 und 69 nach Parry Sound und zu den schönen Feriengebieten an der Georgian Bay.
**Alternative 3**: über den Hwy. 11 am Lake Simcoe entlang nach Süden, ab Barrie über den Hwy. 400 direkt nach Toronto.

Auf der **Route 3** lernt man die **Muskoka-Region** kennen, ein Feriengebiet in einer Seenlandschaft, das den Beinamen „Land of Pleasure Lakes" trägt. Die Muskoka-Region beginnt in Huntsville und dehnt sich bis zum Severn River im Süden und bis zur Georgian Bay im Westen aus. Die Landschaft ist geprägt durch Nadel- und Laubwälder, in die Seen mit Inseln eingebettet sind – ein Paradies für Wanderer und Wassersportler! Zentren

dieses Feriengebietes sind die Ortschaften Huntsville, Gravenhurst, Bracebridge und Port Carling.

*Beliebte Ferienregion*

Da die Muskoka-Region nur zwei bis drei Autostunden von Toronto entfernt liegt, verbringen viele Familien aus Toronto hier ihre Wochenenden und Ferien. Entsprechend haben sich die Ortschaften mit Hotels und Ferienanlagen auf den Fremdenverkehr eingestellt. Neben den Freizeitaktivitäten im Sommer wie Wandern, Radfahren, Schwimmen, Angeln, Segeln, Surfen, Kanufahren, Reiten, Tennis und Golf gibt es in den Wintermonaten ausgezeichnete Wintersportbedingungen; sehr beliebt sind Fahrten mit Hundeschlitten.

## Huntsville

*Indian Summer nahe Huntsville*

Huntsville ist nicht nur Ausgangsort für den Algonquin Park, sondern auch ein von Seen und Wäldern umgebener Ferienort mit ca. 19.000 Einwohnern, der gute Möglichkeiten zum Wandern, Radfahren, Schwimmen, Bootfahren, Skilaufen und Schlittenfahren bietet. Da der Fremdenverkehr die Haupteinnahmequelle des Ortes ist, gibt es vor allem im Bereich der Main Street eine gute Auswahl an Restaurants und Geschäften. Eine Sehenswürdigkeit ist das Freilichtmuseum **Muskoka Heritage Place**, das aus 18 restaurierten Häusern besteht und das Dorfleben in der Zeit von 1860–1910 anschaulich präsentiert. Kostümierte „Dorfbewohner" erzählen von ihrer Arbeit z. B. in der Schmiede, dem Kaufladen, der Mühle oder in der Schule. Außerdem informiert eine Ausstellung über die Lebensbedingungen der Indianer.

Der „**Portage Flyer Train**", ein alter Dampfzug aus dem Jahr 1902, fährt über eine 2 km lange Strecke am Muskoka River entlang zum Fairy Lake.

**Muskoka Heritage Place**, *88 Brunel Rd., ☏ 705-789-7576 oder 1-888-696-4255, www.muskokaheritageplace.org, Mitte Mai–Mitte Okt. tgl. 10–16 Uhr, sonst Mo–Fr, Eintritt zum Pioneer Village einschließlich Museum und Zugfahrt Erwachsene $ 18,25, Senioren $ 16,40, Kinder von 3–12 J. $ 12,40. Der Dampfzug verkehrt nur Di–Sa bis Okt., Zugfahrt $ 6,15, Senioren $ 5,60, Kinder $ 3,80.*

Im **Algonquin Theatre** werden im Juli im Rahmen des „Huntsville Festival of the Art" Theaterstücke, Konzerte und Shows aufgeführt.

**Algonquin Theatre**, *37 Main St. E., ☏ 705-789-4975 oder 1-877-989-4975, www.algonquintheatre.ca.*

Von Mai bis Ende Oktober findet jeweils donnerstags der **Farmers' Market** statt, auf dem lokale Produkte angeboten werden.

## Reisepraktische Informationen Huntsville

### Information

**Huntsville/Lake of Bays Chamber of Commerce**, *37 Main St. E., ☏ 705-789-4771, www.huntsville.ca und http://huntsvilleadventures.com.*

### Unterkunft

**$$$–$$$$ Roadway Inn King William**, *23 King William St., ☏ 705-789-9661 oder 1-888-995-9169, www.kingwilliaminn.com, ansprechendes, zentral in Huntsville gelegenes Hotel mit geräumigen Zimmern unterschiedlicher Kategorien, vom Algonquin Park ca. 30 Fahrminuten entfernt. Continental Breakfast inkl.*

**$$$–$$$$$ Tally-Ho Inn**, *2222 Hwy. 60 RR # 4, ☏ 705-635-2281 oder 1-800-461-4232, www.tallyhoinn.ca, Ferienhäuser in verschiedenen Größen mit Halbpension oder Selbstversorgung, direkt am Peninsula Lake, Schwimmen, Kanufahren, Angeln und Wandern, Golf- und Reitmöglichkeiten in der Nähe. Mindestaufenthalt 2 Nächte.*

**$$$$ Cedar Grove Lodge**, *167 Grassmere Resort Rd., ☏ 705-789-4036 oder 1-800-461-4269, http://cedargrove.on.ca, die Lodge liegt am Ufer des Peninsula Lake und besteht aus 19 Ferienhäusern verschiedener Größen und Ausstattung, teilweise mit offenem Kamin, ganzjährig geöffnet, gutes Restaurant, drei Tage Mindestbuchzeit im Sommer. Mahlzeiten im Preis inbegriffen.*

**$$$$ Holiday Inn Express Hotel and Suites Huntsville**, *100 Howland Dr., ☏ 705-788-9500, www.ihg.com, modernes, gut geführtes Hotel mit geräumigen Zimmern, Swimmingpool, Fitnessräumen, Restaurant, knapp 2 km vom Muskoka Heritage Place entfernt.*

## Port Carling

Port Carling, an den Ufern der Seen Muskoka, Joseph und Rousseau gelegen, ist im Sommer ein Treffpunkt vieler Freizeitkapitäne, die mit ihren Booten die Schleuse nutzen und die umliegenden Seen und Flüsse befahren. Interessant sind die Drehbrücke in der Ortsmitte und das Muskoka Lakes Museum mit einer Ausstellung zur regionalen Geschichte.

**Muskoka Lakes Museum**, *100 Joseph St., ☏ 705-765-5367, www.mlmuseum.com, Mitte Mai–Mitte Okt. Mi–Sa 10–16, So 12–16, im Juli/Aug. bis 17 Uhr, Eintritt Erwachsene $ 5, Senioren und Schüler von 5–17 J. $ 4, Familienkarte $ 16.*

Höhepunkt ist die alle zwei Jahre stattfindende „**Port Carling Antique Boat Show**". Im Hafen werden Bootsfahrten auf dem Muskoka Lake, Rosseau Lake und Joseph Lake angeboten.

## Reisepraktische Informationen Port Carling

### Unterkunft

**$$$$ Shamrock Lodge**, *1090 Shamrock Rd., ☏ 705-765-3177 oder 1-888-742-6742, www.shamrocklodge.com, ganzjährig geöffnetes, gut geführtes Resorthotel am Rousseau Lake mit verschieden großen Zimmern in unterschiedlicher Ausstattung, hilfsbereiter Service, gutes Restaurant; mit Swimmingpool, Fahrrad- und Bootsverleih, Übernachtung inkl. drei Mahlzeiten. Nur mehrtägige Aufenthalte an festgelegten Check-In-Tagen möglich.*

## Bracebridge

*Wanderung zu Wasserfällen*

Die Lage am Muskoka Lake macht den ca. 16.000 Einwohner zählenden Ort Bracebridge zu einem Ferienziel. In den Sommermonaten werden 3-stündige Bootsfahrten durch das Seengebiet der Muskokas durchgeführt, und 22 Wasserfälle in der näheren Umgebung laden zu schönen Wanderungen ein. Für einen Einkaufsbummel bietet sich die Manitoba Street im historischen Viertel an oder der Farmers' Market, wo man in den Sommermonaten samstags die Vielfalt der regionalen Produkte probieren kann.

Interessant ist ein Besuch in der Galerie **Muskoka Arts and Crafts**, die neben Wechselausstellungen auch Kunsthandwerk, Workshops, Lesungen und andere Veranstaltungen bietet.
**Muskoka Arts and Crafts**, *15 King St., ☎ 705-645-5501, www.muskokaartsandcrafts.com, Di–Sa 10–17 Uhr.*

### Reisepraktische Informationen Bracebridge

#### Information
**Bracebridge Visitor Information Centre**, *1 Manitoba St., ☎ 705-645-8121 oder 1-866-645-8121, www.visitthebridge.ca und www.bracebridge.ca.*

#### Unterkunft
**$$ Brobst Forest Bed & Breakfast**, *16 Brobst Forest Crescent, ☎ 705-646-1542, heimeliges B&B in Seenähe mit sehr aufmerksamen Gastgebern. Das Frühstück wird im idyllischen Garten serviert, in dem auch ein Swimmingpool zur Verfügung steht. Gemeinschaftsbad.*
**$$$–$$$$ Travelodge Bracebridge**, *320 Taylor Rd., ☎ 705-645-2235 oder 1-800-578-7878, www.travelodge.ca/property/travelodge-bracebridge#main, die Unterkunft bietet zweckmäßig ausgestattete, sehr saubere Zimmer. Das Frühstück ist nicht spektakulär, aber im Preis inbegriffen. Schön ist der recht große, beheizte Außenpool samt Liegestühlen.*

#### Bootsfahrten
**Lady Muskoka Cruises**, *ab Riverside Inn und Port Carling, ☎ 705-646-2628 oder 1-800-263-5239, www.ladymuskoka.com, von Mai–Okt. tgl. 3-stündige Fahrten auf dem Lake Muskoka (und Rosseau Lake und Joseph Lake), Fahrpreis Erwachsene $ 39, Jugendliche von 13–18 J. $ 25,25, Kinder von 5–12 J. $ 17, ab Port Carling und Bracebridge.*

## Gravenhurst

Der im Süden gelegene Ferienort Gravenhurst mit Alleen und herrschaftlichen Häusern ist ganzjährig ein Ferienziel. Sehenswert sind:

Das **Bethune Memorial House National Historic Site** – das Geburtshaus des Arztes Dr. Norman Bethune, der sich in den 1930er-Jahren für eine öffentliche Gesundheitsvorsorge einsetzte und vorbildliche Arbeit in China leistete.
**Bethune Memorial House**, *235 John St. N., ☎ 705-687-4261, www.pc.gc.ca/bethune, Mitte Mai–Juni Do–Mo 10–16, Juli/Aug. tgl. 10–16, Sept./Okt. Mi–Mo 10–16 Uhr, Nov.–Mitte Mai geschl., Eintritt Erwachsene $ 3,90, Senioren $ 3,40.*

Das **Gravenhurst Opera House & Arts Centre**, das in einem historischen Gebäude untergebracht ist und wo im Sommer Theateraufführungen zu sehen sind. Vor dem Haus erinnert ein Standbild an Norman Bethune.

**Gravenhurst Opera House & Arts Centre**, *295 Muskoka Rd. S., ☏ 705-687-5550 oder 1-888-495-8888, www.gravenhurst.ca/en/opera/opera.asp.*

In der Muskoka Bay liegt das 1887 gebaute Postschiff „**RMS Segwun**", das als eines der ältesten Dampfschiffe Nordamerikas noch in Betrieb ist. Das Schiff läuft mehrmals täglich zu Fahrten aus, ebenso wie die im traditionellen Stil gebaute „**Menonah II**". *Altes Postschiff*
**Muskoka Steamships**, *185 Cherokee Ln., ☏ 705-687-6667 oder 1-866-687-6667, realmuskoka.com, von Juni–Mitte Okt. tgl. 1- bis 8-stündige Fahrten, Fahrpreis 1-stündige Fahrt Erwachsene $ 33,50, Kinder $ 17,50.*

Auf dem Gelände des **Muskoka Discovery Centre** erhält man einen Einblick in die Geschichte der Region und erfährt vieles über die ausgestellten Dampfschiffe.
**Muskoka Discovery Centre**, *275 Steamship Bay Rd., ☏ 705-687-2115, realmuskoka.com, Juli–Okt. Mo–Fr 9–18, Sa/So 9–16, sonst Di–So 9–16 Uhr, Eintritt Erwachsene $ 16, Senioren $ 13, Kinder 5–12 J. $ 10, Familienkarte $ 45.*

## Reisepraktische Informationen Gravenhurst

### Information
**Gravenhurst Chamber of Commerce**, *275 Muskoka Rd. S., ☏ 705-687-4432, www.gravenhurstchamber.com oder www.experiencegravenhurst.com.*

### Unterkunft
**$$$–$$$$ The Inn on Bay B&B**, *291 Bay St., ☏ 705-801-6601 oder 1-800-493-5136, www.innonbay.com, gepflegtes, altes Haus in der Ortsmitte mit vier stilvoll eingerichteten Zimmern, Aufenthaltsraum mit Kamin und reichhaltigem Frühstück.*
**$$$–$$$$ The Muskoka Rose Guest House and Retreat**, *1401 Muskoka Rd., ☏ 647-800-9306 oder 705-687-9306, www.muskokarose.com, direkt am Pine Lake gelegenes Haus (vormals Days at the Lake) mit schöner Veranda, großem Garten und Panoramablick über den See. Die günstigeren Zimmer mit Gemeinschaftsbad.*

## Orillia

Der Hwy. 11 führt nach Orillia, einer Stadt am Nordufer des Lake Simcoe mit ca. 30.000 Einwohnern. Der Ort lädt mit kopfsteingepflasterten Straßen, Parkanlagen, Galerien und vielen Geschäften zu einem Besuch ein; die Hafenfront mit einem Sandstrand und einer Marina ist ein Ausgangsort für Bootsfahrten mit der „Island Princess" auf dem Lake Couchiching und den anschließenden Wasserwegen sowie für Ausflüge auf dem „Trent-Severn Waterway" (s. Kapitel 4).

Die Gegend um Orilla war die Heimat der Huronen und Ojibwa-Indianer, die sich hier wegen der Fischvorkommen niedergelassen hatten. 1615 bereiste und erforschte Samuel de Champlain das Gebiet; ihm zu Ehren wurde im Couchiching Beach Park das Champlain Monument aufgestellt. 1802 wurde ein erster Handelsposten gegründet. *Einst Heimat der Indianer*

Zu den Sehenswürdigkeiten der Stadt gehören das **Opera House** von 1895, 20 Mississaga St. W., das **Ontario Provincial Police Museum**, 777 Memorial Ave. *(Öffnungszeiten: ganzjährig Mo–Fr 8.30–16.30 Uhr, an Wochenenden und Feiertagen geschl., Eintritt frei)*, das **Orillia Museum of Art and History**, 30 Peter St. S., ☏ 705-326-2159 *(Öffnungszeiten: Mo–Sa 10–16, So 13–16 Uhr, eine Spende von $ 5 wird erwartet)*

und das 5 km außerhalb gelegene **Casino Rama**. Seit den 1840er-Jahren bringen die Bauern der Umgebung ihre Produkte zum **Farmers' Market**, der ganzjährig samstags von 8–12.30 Uhr an der **Orilla Public Library**, 36 Mississaga St. W., abgehalten wird.

## Reisepraktische Informationen Orillia

### Information

**Orillia and District Chamber of Commerce**, *50 Andrew St. S., ☎ 705-325-1311, www.orillia.ca. Kontakt: Michael Ladouceur (Manager of Tourism), ☎ 705-325-1612.*

### Unterkunft

**$$$–$$$$ Best Western Plus Mariposa Inn & Conference Centre**, *400 Memorial Ave., ☎ 705-325-9511 oder 1-800-780-7234, orilliaontariohotels.h.bestwestern.com, modernes Hotel mit 83 ansprechend eingerichteten Zimmern in zentraler Lage.*

**$$$–$$$$ The Champlain Waterfront Hotel**, *2 Front St. N, ☎ 705-259-5001, champlainhotelorillia.com, Boutique Hotel in Orillia nahe dem Couchiching Lake.*

### Bootsfahrten

**Orillia Boat Cruises**, *Mississaga St., ☎ 705-325-2628, www.obcruise.com, ein- oder mehrstündige Bootsfahrten mit der „Island Princess" auf dem Lake Couchiching und den anschließenden Wasserwegen, Abfahrt am Orilla Dock von Mai–Okt. 3 x tgl. Außerdem werden Abendfahrten und eine Schiffstour auf dem Trent-Severn-Kanal angeboten.*

Östlich von Orillia liegt **Mara Reserve**, ein Provinzpark mit Strand am Lake Simcoe.

Der Hwy. 11 führt weiter am Westufer des Lake Simcoe entlang nach **Barrie**, einem beliebten, viel besuchten Ferienort mit guten Wander- und Wassersportmöglichkeiten, der nur knapp 100 km von Toronto entfernt liegt. Der historische Stadtkern mit zahlreichen Geschäfts- und Wohnhäusern aus dem 19. Jh. erinnert an den Wohlstand des früheren Handelszentrums.

*An Bord der „RWS Segwun" über den Muskoka Lake*

# Vom Algonquin Provincial Park über North Bay nach Cochrane und zur James Bay

Diese Tour führt in den Norden Ontarios mit seinen zahlreichen Flüssen und Seen. In den herrlichen Naturlandschaften bietet sich die Möglichkeit zur Tierbeobachtung, z. B. von Elchen, Bären, Füchsen oder Bibern. In Cochrane, wo die Straße endet und man nur noch mit dem Boot oder der Eisenbahn weiterreisen kann, wartet der „Polar Bear Express", der Touristen, Minenarbeiter, Jäger und Cree-Indianer nach Moosonee an der James Bay bringt. Der Ausflug zur James Bay, dem südlichen Ausläufer der Hudson Bay, ist zeitaufwendig und in erster Linie für Reisende mit Interesse an indianischer Kultur und für Eisenbahnfreunde interessant.

**Streckenhinweis**

Vom Westeingang des Algonquin Povincial Park kann man dem Hwy. 60 bis Huntsville folgen. Von dort fährt man über den Hwy. 11 zunächst nach North Bay und von dort weiter auf dem Hwy. 11 in den Norden und Nordwesten Ontarios. Entfernung 130 km.

## Sehenswertes an der Strecke nach North Bay

Von Huntsville (s. S. 304) fährt man auf dem Hwy. 11 am Arrowhead Provincial Park mit Wander- und Wassersportmöglichkeiten vorbei nach **Burk's Falls** am Magnetawan River. Einen Abstecher, vielleicht auch einen längeren Aufenthalt wert ist der 30 km westlich von Burk's Falls gelegene Ort **Magnetawan** am gleichnamigen Fluss.

**Tipp**

Bootsfahrer können vom Sand Lake aus, der östlich von Burk's Falls liegt, mit dem Kanu in den Algonquin Park hineinfahren. Den Sand Lake erreicht man vom Hwy. 11 aus über den Hwy. 518.

**Unterkunft**

$$$ **Pickerel Lake Cottage Resort**, *61 Cottage Court, RR # 2, Burk's Falls, w 877-425-5253, www.pickerel-lake.com, diese Ferienanlage mitsamt Cottages, Bootsanlegestelle, Bootshaus und Sportangebot liegt im Westen des Algonquin Park, Vollpension ist hier möglich.*

### Magnetawan

Magnetawan ist ein ganzjähriger **Fremdenverkehrsort**, der im Sommer neben Wander- vor allem Wasser- und Angelsportmöglichkeiten bietet und im Winter über ein Loipennetz verfügt. Kartenmaterial bekommt man im Woodland Echoes Resort am Hwy. 520, Nipissing Rd. Das **Magnetawan Historical Museum**, bei den Schleusen am Hwy. 520, wurde in einem Gebäude aus dem Jahre 1925 eingerichtet.

**Magnetawan Historical Museum**, *am Hwy. 520/Biddy St., ☏ 705-387-3947, Anfang Juli–Ende Aug. tgl. 11–17 Uhr, Mo–Do von 12.30–13.30 Uhr geschl., Eintritt Erwachsene $ 2,25, Kinder $ 1,25.*

Beliebt ist eine Radtour oder eine Wanderung über den **Ghost Trail**, der Teil des Trans-Canada Trail ist und an den alten Häusern und Scheunen der ersten Siedler vorbeiführt. Die sich in der Umgebung erstreckenden Seen sind teilweise durch Flüsse miteinander verbunden, sodass längere Fahrten, auch mit dem Motorboot, möglich sind.

Bei der Weiterfahrt kommt man auf dem Hwy. 11 am **Sundridge Maple Sugar House** (*21 Maple Sugar Ln., ☏ 705-384-7764*) vorbei, wo in einem Blockhaus alles Wissenswerte über Ahornsirup und seine Verwendungsmöglichkeiten zusammengetragen wurde. Man durchfährt Sundridge mit Forellenbestand am Lake Bernard, South River, von wo man einen Abstecher zum **Mikisew Provincial Park** und seinen **Badestränden** machen kann, Trout Creek und Powassan, bevor nach ca. 130 km North Bay erreicht ist.

## Reisepraktische Informationen Magnetawan

### Unterkunft

**$$–$$$ Quiet Bay Log Motel & Café**, *5333 Hwy. 124, Chikopi Rd., ☏ 705-387-0115 oder 1-877-224-8235, www.quietbaylog.com, Motel mit zehn Zimmern, von denen einige eine Küche haben und zwei für Rollstuhlfahrer geeignet sind, mit Restaurant, Schwimmbad und Blick auf den Ahmic Lake, wo Motorboote vermietet werden. Die Besitzer sprechen Deutsch.*

**$$$$$ Woodland Echoes Cottage Resort**, *3 Woodland Ln., ☏ 705-387-3866, www.echobeachcottageresort.ca, empfehlenswerte, gepflegte Ferienanlage mit neun kleinen Lodges, die direkt am Ahmic Lake liegen. Jedes Häuschen hat zwei oder drei Schlafräume und einen Kamin. Bootsverleih und Bootsanlegestelle, Massagen, Minigolf, Garten und Kinderspielplatz. Die Anlage ist von Burk's Fall über den Hwy. 520 zu erreichen, ca. 27 km entfernt.*

## North Bay

North Bay ist mit etwa 64.000 Einwohnern das **Wirtschafts-** und **Kulturzentrum der Region**, Ausgangsort für Fahrten in den Norden Ontarios und ein ganzjähriger Ferienort. Die Stadt liegt am Ostufer des Lake Nipissing, der mit einer Fläche von 775 km² anderthalbmal so groß ist wie der Bodensee und kilometerlange Sandstrände aufweist. „Ontarios naher Norden" wird dieses Gebiet genannt, das sich um den Lake Nipissing ausdehnt und durch das Flussgebiet des French River mit der Georgian Bay verbunden ist.

*Herrliche Strände*

Das landschaftlich reizvolle Hinterland war das **Stammesgebiet der Nipissing-Indianer**; später verlief die Pelzhandelsroute durch dieses Gebiet, das mit seinen Seen und Wasserstraßen ein Paradies für Naturfreunde, Angler und Wassersportler aller Art ist.

An die Innenstadt mit dem Capitol Centre schließt sich die **Lake Nipissing Waterfront** an mit Marina, der Anlegestelle der Ausflugsboote, mit Badeplätzen und einer Promenade, die am See entlangführt und Spaziergänger, Radfahrer und Skater anzieht; beliebt sind auch das Heritage Carousel mit 33 handgeschnitzten Pferden und auch die 2,5 km lange Fahrt mit einer historischen Miniatur-Dampfeisenbahn. Im August findet alljährlich das **North Bay Heritage Festival** mit Konzerten, Feuerwerk und einer Flugschau statt.

*Ein Netz an Flüssen und Seen charakterisiert den Norden Ontarios*

Das **Museum Discovery North Bay** widmet sich zwei Ausstellungsthemen: Im Nipissing Room werden die Geschichte der Nipissing-Indianer und die Entwicklung des Transportwesens über den Nipissing Lake aufgezeigt; die andere Ausstellung bezieht sich auf die ersten Eisenbahnen und die Geschichte der Holzfäller.

**Discovery North Bay Museum**, *100 Ferguson St., ☏ 705-476-2323, www.discoverynorthbay.com, Mo–Fr 10–17, Sa 8.30–15 Uhr, Eintritt Erwachsene $ 6, Senioren, Studenten, Kinder von 5–12 J. $ 5.*

Bei den alljährlich im Januar, März, April, Juni und Dezember stattfindenden öffentlichen Versteigerungen werden Biber-, Marder-, Fuchs- und Nerzfelle lautstark zur Versteigerung ausgerufen.

Sehr lohnend ist auch die **Lake Nipissing Circle Tour**, eine Auto-Rundfahrt auf einer Strecke, die um den Lake Nipissing herumführt. Bei der Touristeninformation in North Bay erhält man ausführliches Karten- und Informationsmaterial.

Südwestlich von North Bay liegt die **French-River-Ferienregion**, die das Südufer des Lake Nipissing mit dem Ostufer der Georgian Bay verbindet. Vor allem Sport- und Hobbyangler zieht es in dieses Gebiet, das zu den besten Fischrevieren Kanadas zählt und Bestände u. a. an Zander, Hecht, Barsch, Stör und Forellen hat. Aber auch für Naturliebhaber, Wanderer und Kanufahrer ist der French River ein ideales Urlaubsgebiet (s. auch Kapitel 9, Von Sudbury nach Kitchener, s. S. 357).

*Revier für Angler*

## Reisepraktische Informationen North Bay

### Information

**Tourist Information Centre**, *205 Main St. E., ☏ 705-472-8480, www.cityofnorthbay.ca, www.tourismnorthbay.com.*

**Wichtige Anschriften und Telefonnummern**
**Polizei, Feuer, Medizinischer Notruf**: *911*
**Canadian Automobile Association CAA**: *995 McKeown Ave., ☏ 705-474-8230, Mo–Fr 9–18, Sa 10–16 Uhr.*

### Unterkunft

*An den Ortseingängen liegen mehrere Hotels und Motels dicht beieinander.*
**$$–$$$ Ramada Pinewood Park Resort**, *201 Pinewood Park Dr., ☏ 705-472-0810, www.wyndhamhotels.com, gepflegtes Hotel mit 102 ansprechend eingerichteten Zimmern, ca. 10 km vom Zentrum entfernt.*
**$$–$$$ Super 8**, *570 Lakeshore Dr., ☏ 705-495-4551, www.wyndhamhotels.com, gutes Preis-Leistungs-Verhältnis, 24 Std. Rezeption, alle Zimmer mit Bad oder Dusche, kostenloses WLAN, freies Parken, Frühstück inkl., ca. 4,6 km vom Stadtzentrum.*
**$$$–$$$$ Best Western North Bay**, *700 Lakeshore Dr., ☏ 705-474-5800, 1-800-780-7234, http://bestwesternontario.com, Hotel mit 130 bequemen Gästezimmern, Swimmingpool, Whirlpool, Saunen, Restaurant und Terrassencafé, das Stadtzentrum ist nicht weit entfernt.*
**$$$–$$$$ Hampton Inn by Hilton North Bay**, *950 McKeown Ave., ☏ 705-474-8400, www.hilton.com/en/hampton, modernes Hotel in der Nähe des Flughafens mit 102 geräumigen, gut ausgestatteten Zimmern und Pool.*
**$$$–$$$$ Sunset Inn on the Park**, *641 Lakeshore Dr., ☏ 705-472-8370 oder 1-800-463-8370, www.sunsetinn.ca, gemütliches Hotelgebäude aus Holz und moderne Ferienhäuser mit gut ausgestatteten Zimmern, teilweise mit Kamin, gutes Restaurant, Strand, Bootsverleih.*

### Einkaufen

*In der Innenstadt befinden sich an der Main St. viele kleine Geschäfte*
*Am Lakeshore Drive liegen große Einkaufszentren, wie z. B.* **Nipissing Plaza**, *390 Lakeshore Dr., im Northgate Square, 1500 Fisher St., gibt es mehr als 100 Läden. Der* **North Bay Farmer's Market**, *Downtown Civic Sq., northbayfarmersmarket.com, findet von Mai–Mitte Okt. Mi 10–14 und Sa von 8.30–13 Uhr hinter dem Bus Terminal statt. Im Winter nur am Sa 10–14 Uhr.*

### Bahn und Bus

*North Bay ist Kreuzungspunkt der Eisenbahngesellschaften* **Canadian Pacific** *und* **Canadian National Railways**, *deren Züge in Ost-West-Richtung verkehren, und der Ontario Northland Railway Gesellschaft, die die Nord-Süd-Verbindungen unterhält. In North Bay kann man die Bahnfahrt in den hohen Norden nach Cochrane und weiter nach Moosonee an der James Bay beginnen. Im Transportation Terminal, Seymour St./Northgate Sq., werden Züge und Überlandbusse der Gesellschaften Gray Coach, Greyhound, Voyageur und Ontario Northland abgefertigt, die North Bay regelmäßig mit anderen kanadischen Großstädten verbinden.*

### Bootsfahrten

*Lohnend ist auch eine Schiffsreise mit der* **Chief Commanda II**, *☏ 705-494 8167 oder 1-866-660-6686, www.georgianbaycruise.com, wobei man die Wahl hat zwischen einer 2,5-stündigen Kreuzfahrt auf dem Lake Nipissing bis zur Callander Bay oder zu den Manitou Islands und einer 4-stündigen Fahrt, die über den French River bis zum Indianerreservat Dokis führt. Abfahrt ist am Waterfront Park/Memorial Dr.*

### Flüge

*Der* **Jack Garland Airport** *liegt auf dem Airport Hill, gleich neben der Basis der kanadischen Luftwaffe, und wird von Bearskin Airlines und Air Canada angeflogen, ☏ 705-474-3026, https://yyb.ca.*

## Kanufahren im „Nahen Norden“

info

Nirgends sonst in der Provinz Ontario gibt es so vielfältige Möglichkeiten, Kanufahrten in die Wildnis zu unternehmen, wie im „Nahen Norden“. Zahlreiche Flüsse und Seen, die miteinander verbunden sind, bilden ein Netzwerk von Kanurouten, die durch die Wildnis führen. Dazu gehören u. a. die Wasserwege des Wolf- und Pickerel-Flusses, der „Champlain Trail“, der am Mattawa River und am French River entlangführt, und der Temagami.

Die Provinzparks bieten beste Voraussetzungen für den Kanuwanderer, wie z. B. der Mattawa River Provincial Park, der Lady Evelyn-Smoothwater Wilderness Park oder der Marten River Provincial Park. Die schnell fließenden Gewässer in dieser Region sind dabei besonders für Wildwasserkanuten geeignet; in den Ortschaften oder in den Informationszentren der Provinzparks erhält man Angaben über Schwierigkeitsgrade, Fließgeschwindigkeit, Portagen und besondere Erschwernisse.

Die ortsansässigen Ausrüster bieten nicht nur Ausrüstungen und alles zum Kanuwandern Notwendige an, sondern auch geführte Touren, Einweisungs- und Trainingskurse und gelegentlich auch Übernachtungsmöglichkeiten.

# Von North Bay nach Cochrane

**Marten River** und der **Marten River Provincial Park**, ca. 55 km nördlich von North Bay am Hwy. 11 gelegen, sind ein ganzjähriges Ferienziel. Der 4 km² große Park bietet ein Netz an Wander- und Fahrradwegen und Kanurouten, mehr als 200 Campingstellplätze, einen Bootsverleih und drei gute Badestrände.

### Streckenhinweis

Von North Bay führt der Hwy. 11 über Kirkland Lake und Iroquois Falls nach Cochrane, der Bahnstation in den Norden zur James Bay. Entfernung 373 km.

Im **Besucherzentrum** gibt es Informationen über den Park und den 5 km langen Naturlehrpfad, an dem 300-jährige Kiefern beeindrucken. Zum Tierbestand des Parks zählen Elche, die häufig schon vom Hwy. 11 aus gesichtet werden können. Entsprechend auf das Schild „Moose crossing“ achten! Ein Logging Camp ist die authentische Rekonstruktion eines Holzfällerlagers aus der Zeit um 1900.
**Marten River Provincial Park**, *2860 Hwy. 11 N., ☏ 705-892-2200, www.ontarioparks.com/park/martenriver, Mitte Mai–Ende Sept.*

*Wassersportparadies*

Zur **Temagami-Region** gehören der Ort **Temagami Village** und der 48 km lange **Temagami Lake** mit mehr als 1.200 Inseln. Die Flussarme und Seen, die buchtenreiche Küste mit vielen Inselchen sind bestens für Wassersportarten geeignet; Angler schätzen den Temagami Lake wegen seines Fischreichtums. Schöne Ausblicke bieten sich auf High Rock Island und vom Devil's Mountain und Mount Ferguson.

Auf **Bear Island** liegt ein Indianerreservat, in dem gegenwärtig ca. 100 Familien leben.

**Temagami Village**, wo ein „Welcome Centre“ samt Touristeninformation eingerichtet wurde, war einst ein Pelzhandelsposten und eine Holzfällerstation. Heute ist es ein Zusammenschluss mehrerer Gemeinden, deren Einwohner von der Holzverarbeitung und dem Fremdenverkehr leben. Da Temagami Ausgangsort für Wanderungen und Kanufahrten in die weiter nördlich beginnende Wildnis ist, hat der Ort sich mit Übernachtungsmöglichkeiten, Geschäften, Ausrüstern und Bootsverleihstationen auf Touristen eingestellt.

Interessant sind die **Temagami Canoe Company**, in der seit 1929 Kanus gebaut werden, und die Fischzuchtstation **Temagami Fish Hatchery**; die Sherman Mine ist geschlossen. Nur knapp 2 km südlich des Ortes liegt der **Finlayson Point Provincial Park** am Temagami Lake.

## Reisepraktische Informationen Temagami-Region

### Information

**Temagami Chamber of Commerce Information Centre**, *7 Lakeshore Dr., Temagami, ☏ 705-569-3344, www.facebook.com/TemagamiCOC.*

### Unterkunft

*Am Temagami Lake gibt es viele Ferienhotels, Ferienhausanlagen und Campingplätze, die alle auf Angler, Wassersportler, Wanderer und Familien mit Kindern eingerichtet sind. Das Angebot an Ausflugsfahrten mit Booten ist groß, außerdem gibt es Mietstationen für Haus- und Motorboote.*

**$$$ Wanapitei Chateau**, *Sandy Inlet, ☏ 705-237-8830, 1-888-637-5557, www.wanapitei.net/chateau, rustikale Ferienhäuser am See, Gelegenheit zum Kanu- und Kajakfahren sowie zum Segeln, sicherer, auch für Kleinkinder geeigneter Strand.*

**$$$–$$$$ Temagami Shores Inn and Resort**, *6612 Hwy. 11 N., ☏ 705-569-3200, 1-866-866-7733, www.temagamishores.com, Anlage mit drei Cottages, vier Suites und Motel-Zimmern direkt am See.*

### Hausboote

**Leisure Island**, *115 Lakeshore Dr., ☏ 705-569-3261, www.leisureislandhouseboats.com, bei dieser Verleihstation kann man Hausboote für Fahrten auf dem Temagami Lake mieten, Juli/Aug. $ 1020/Woche, Mai/Juni/Sept. $ 195/Tag, $ 890/Woche.*

**Three Buoys Houseboat Vacations**, *25 Lakeshore Dr., ☏ 705-569-3455, www.threebuoyshouseboats.ca, Vermietung von Hausbooten unterschiedlicher Größe (ab Mitte Mai–Ende Juni und im Sept. ab $ 1000, Ende Juni–Aug. ab $ 1300) und von Kanus ($ 24,50/Tag, $ 147/Woche; Boote: 8 PS $ 80/Tag, $ 480/Woche; 15 PS $ 90/Tag, $ 540/Woche).*

## Cobalt

Der Name verrät es schon: In Cobalt wurden Silber- und Kobaltvorkommen entdeckt. Die örtliche Chronik berichtet, dass im Jahr 1903 der Schmied Fred LaRose mit einem Hammer auf die glühenden Augen eines Fuchses geworfen habe. Aber er irrte sich, denn die vermeintlich glühenden Augen stellten sich als eine schimmernde Silberader heraus. Damit begann in Cobalt die Ausbeutung der Silbervorkommen, die in kurzer Zeit mehr als 30.000 Menschen hierher zog. In den 1930er-Jahren waren die Minen erschöpft und wurden geschlossen; in den 1950er-Jahren wurden dann Kobaltvorkommen entdeckt. Die Förderung wurde schnell vorangetrieben, denn Kobalt erwies sich als sehr wichtig für die Herstellung medizinischer und militärischer Produkte.

Im **Cobalt Mining Museum** wird die Geschichte der Stadt und des Bergbaus dokumentiert. Einige Abraumhalden und unterirdische Stollen sind auf einer geführten Tour zugänglich, an offiziellen „Klopfplätzen" kann man selbst nach interessanten Mineralien suchen. Den 6 km langen Heritage Silver Trail kann man übrigens mit dem Auto befahren.

Geschichte des Bergbaus

**Cobalt Mining Museum**, *24 Silver St., ☏ 705-679-8301, tgl. 10–16 Uhr, Eintritt Erwachsene $ 9, Senioren und Studenten $ 6,80, Familienkarte $ 22,60. Museum u. Untergrund-Tour Erwachsene $ 17, Senioren und Studenten $ 11, Familienkarte $ 45.*

## Reisepraktische Informationen Cobalt

### Information

**Town of Cobalt**, *18 Silver St., Box 70, ☏ 705-679-8877, www.cobalt.ca.*

### Unterkunft

*Übernachtungsmöglichkeiten gibt es in den Nachbarorten* **Haileybury** *und* **New Liskeard**.

## Kirkland Lake

Kirkland Lake gehört zu Ontarios Bergbaugebiet. Das Städtchen mit ca. 9.000 Einwohnern wurde 1912 gegründet, nachdem in dieser Region Gold entdeckt worden war. Der Ort verdankt seinen Namen einem nahe gelegenen, inzwischen aber nicht mehr existenten See, der nach einer Sekretärin des Ontario Department of Mines benannt wurde. Die Hauptstraße von Kirkland Lake ist als „Golden Mile" bekannt, da hier an zwölf Stellen Gold gefunden wurde. Gegenwärtig stammt mehr als ein Fünftel der kanadischen Goldproduktion aus Kirkland Lake.

Im **Museum of Northern History** im Sir Harry Oakes Château erfährt man mehr über die Stadtgeschichte und die Entwicklung des Bergbaus bis in die heutige Zeit.

**Museum of Northern History**, *2 Chateau Dr., ☏ 705-568 8800, www.museumkl.com, Mai–Sept. Mo–Fr 10–17, Sa 12–16, sonst Di–Fr 12–17, Sa 12–16 Uhr, Eintritt Erwachsene $ 6,90, Senioren und Kinder von 5–17 J. $ 4,60, Familienkarte $ 17,30.*

Außerdem ist Kirkland Lake stolz auf seine Tradition erfolgreicher Hockeyspieler, die von hier aus ihren Sport aufzumischen begannen.

## Reisepraktische Informationen Kirkland Lake

### Information

**Discover Kirkland Lake**, *3 Kirkland St., ☏ 705-567-9361 oder 1-800-249-8933, www.discoverkl.ca.*

### Unterkunft

**$$$–$$$$ Comfort Inn**, *455 Government Rd. W., Route 66, ☏ 705-567-4909, www.comfortinnkirklandlake.com, ganzjährig geöffnetes Hotel mit 65 Zimmern, am Stadtrand in einer Mall gelegen, kurze Entfernung zu den Sehenswürdigkeiten des Ortes.*

### Feste

*Am Wochenende des „Canada Day" findet die „Homecoming Week" mit Festivitäten und Ausstellungen statt.*

## Iroquois Falls

Iroquois Falls, früher die Heimat der Ojibwa-Indianer, ist ein ruhiger, gepflegter Ort mit alten Häusern und Parkanlagen, die der Stadt den Beinamen „Gartenstadt des Nordens" einbrachten. Iroquois Falls hat ca. 4.500 Einwohner, die etwa zur Hälfte jeweils englisch- oder französischsprachig sind. 1935 wurde hier mit -58 °C die niedrigste Temperatur der kanadischen Provinzen gemessen.

Hauptarbeitgeber des Ortes war lange die Resolute-Forest-Products-Gesellschaft, einer der globalen Marktführer in der Herstellung von Zeitungspapier. Mit der Schließung der Pulp and Paper Mill endete diese lange Tradition – ein schwerer Schlag für die Stadt. Das **Iroquois Falls Pioneer Museum** im alten Bahnhof dokumentiert die Geschichte der Papierfabrik, die einmal die größte Nordamerikas war. Außerdem kann man sich hier über das Leben der ersten Siedler informieren.
**Iroquois Falls Pioneer Museum**, *245 Devonshire Ave., ☏ 705-258-3730, Mo–Fr 10–16 Uhr, Eintritt Erwachsene $ 2,50, Senioren und Studenten $ 2, Kinder $ 1.*

In der Umgebung von Iroquois Falls erstrecken sich Flüsse, Seen und Provinzparks; an der Marina Twin Falls gibt es einen Zugang zum Lake Abitibi.

7 km südlich liegt **Porquis Junction**, wo jedes Jahr im Juli das Porquis Blues Festival stattfindet.

**Information**
**Iroquois Falls Chamber of Commerce**, *723 Synagogue Ave., ☏ 705-232-4656, www.iroquoisfallschamber.com, Mo–Fr 9–12.30 u. 13.30–16.30 Uhr.*

## Cochrane

Cochrane ist eine typische Bergbau- und Industriestadt mit knapp 5.400 Einwohnern. Ihre Gründung im Jahre 1908 – und ihre bis in die heutige Zeit anhaltende Bedeutung – verdankt sie ihrer günstigen Lage, die sie zum Knotenpunkt zweier wichtiger Eisenbahnlinien machte: der Ontario Northland Railway, die den Norden erschließt, und der Canadian National Railway, die den Osten Kanadas mit den Provinzen im Westen verbindet. Dies ist wohl auch der Grund, warum Cochrane, nachdem es, kaum gegründet, zwischen 1910 und 1916 gleich mehreren verheerenden Brandkatastrophen zum Opfer fiel, immer wieder neu aufgebaut wurde.

*Wie Phönix aus der Asche*

Cochrane liegt an der Arktischen Wasserscheide, von der aus die Flüsse nach Norden in die James Bay und die Arktis oder nach Süden in die Großen Seen fließen.

Zu Beginn des vorigen Jahrhunderts war Cochrane ein wichtiges Handelszentrum für Jäger, Fischer, Trapper und Pelzhändler und gewann als Umschlagplatz für die in dieser Region geförderten Bodenschätze weiter an Bedeutung. In den letzten Jahren hat Cochrane sich immer mehr zu einem Touristenort entwickelt, da hier die Ausgangsstation für die Fahrten mit dem „Polar Bear Express" zur James Bay ist, der inzwischen nicht mehr nur Jäger, Trapper, Indianer und Minenarbeiter befördert, sondern auch von Touristen für ihre Fahrt in den Norden genutzt wird.

Am Ortseingang und am Bahnhof begrüßt einen der Eisbär „Chimo", das Maskottchen der Stadt, dessen Name in der Sprache der Inuit „Willkommen" bedeutet.

Eisenbahnfreunde können das **Cochrane Railway and Pioneer Museum** besuchen, das in vier restaurierten Eisenbahnwaggons eingerichtet wurde. Historische Aufnahmen, altes Werkzeug und Mobiliar, Dokumente und indianische Handarbeiten vermitteln ein Bild von der Geschichte der Region, die vor der Stadtgründung vor allem Indianern und Händlern als Lagerplatz diente – und veranschaulichen die Bedeutung der Eisenbahn für die Erschließung der menschenleeren Willdnis.

*Ein Stück Eisenbahngeschichte*

**Cochrane Railway and Pioneer Museum**, *171 4th Ave., ☏ 705-272-4361, www.museumsontario.ca/museum/Cochrane-Railway-and-Pioneer-M, Mitte Juni–Mitte Sept. tgl. 8.30–20.30 Uhr, Eintritt Erwachsene $ 2, Studenten $ 1,50, Senioren $ 1, Familienkarte $ 5.*

Eine besondere Attraktion ist das **Polar Bear Habitat and Heritage Village**, wo man zusammen mit Eisbären im Swimmingpool ein Bad nehmen kann; dabei trennt nur eine Glasscheibe das Schwimmbecken der Menschen von dem der Bären. Näher kann man den Kolossen auf gefahrlose Weise nicht kommen.

Das Polar Bear Habitat, ein ca. 2 ha großes Naturgehege, ist eine weltweit einzigartige Einrichtung zur Aufzucht und Pflege von kranken, verletzten oder verwaisten Eisbären. Nach ihrer Gesundung werden jüngere Tiere in ein neues Zuhause, z. B. einen Zoo, vermittelt; ältere Tiere, denen die Umgewöhnung schwer wird, können im Habitat bleiben. Dauerbewohner des Habitats sind zurzeit die Eisbären Ganuk und Inukshuk sowie seit Oktober 2015 der 2013 geborene Henry. Man kann die Tiere vom Besichtigungsgebäude aus oder draußen in ihrem Alltag beim Schwimmen, Spielen, Herumtollen und Schlafen beobachten. Einmal täglich, um die Mittagszeit, können Besucher auch bei der Fütterung zuschauen.

*Begegnung mit Eisbären*

Neben Forschungseinrichtungen befindet sich auf dem Gelände das **Heritage Village**. Ein Spaziergang führt über die rekonstruierte Dorfstraße „Memory Lane" zu einer Gemischtwarenhandlung, einer Schmiede, einem Farmhaus, einer Arztpraxis und zum Schneemobilmuseum und vermittelt einen Eindruck vom Leben in Cochrane in der Zeit um 1900.

**Polar Bear Habitat and Heritage Village**, *am Hwy. 11 N, Haupteingang 1 Drury Park Rd., ☏ 705-272-2327, http://polarbearhabitat.ca, ganzjährig tgl. 9–17 Uhr, die Zeiten können sich jederzeit ändern, letzter Eintritt eine Stunde vor Schließung, Eintritt Erwachsene $ 16, Senioren $ 14, Schüler von 12–17 J. $ 12, Kinder von 5–11 J. $ 10, Familienkarte $ 45.*

## Hinweis: Reiseplanung mit der Bahn nach Moosonee

Wer mit dem „Polar Bear Express" reisen will, muss in Cochrane oder in der näheren Umgebung übernachten, da der Zug morgens um 9 Uhr Cochrane verlässt. Die Hotels in Cochrane sind auf durchreisende Gäste eingestellt; wegen der großen Nachfrage sollte man im Sommer auf jeden Fall das Hotelzimmer reservieren, sobald man die Bahnfahrkarte gelöst hat.
In Cochrane und dem Zielort des „Polar Bear Express" in Moosonee ist alles auf die **An**- und **Abfahrtszeiten** der Züge abgestimmt. Man kann selbst wählen, ob man die Fahrt in den hohen Norden als Tagesausflug oder als zwei- oder mehrtägige Tour gestalten will. Die Fahrzeit nach Moosonee beträgt ca. 4 Std. 45 Min.
**Polar Bear Express**, Abfahrten an der Ontario Northland Station, Railway St., ☏ 705-272-4228, 1-800-265-2356, www.ontarionorthland.ca, ganzjährig So–Di u. Do/Fr 9 Uhr, Rückfahrt ab Moosonee um 17 Uhr; im Sommer auch So. Preis für Hin- und Rückfahrt Erwachsene $ 104,90, Senioren und Studenten $ 89,20, Kinder von 2–11 J. $ 52,50.

## Ausflüge in Moosonee

In Moosonee werden organisierte Boots- und Busfahrten durchgeführt, die vor Ort gebucht werden können.

**Vorschlag für einen Tagesausflug nach Moosonee**

| | |
|---|---|
| 9 Uhr | Abfahrt von Cochrane |
| 13.50 Uhr | Ankunft in Moosonee; Besuch des James Bay Education Centre, des Railway Car Museum oder Besuch des Ministry of Natural Resources Interpretive Centre |
| 17 Uhr | Rückfahrt nach Cochrane |
| 21.45 Uhr | Ankunft in Cochrane |

## Reisepraktische Informationen Cochrane

### Information

**Town of Cochrane**, *171 Fourth Ave., ☎ 705-272-4361, www.cochraneontario.com, Juli/Aug. 8–16, sonst Mo–Fr 8.30–16.30 Uhr.*

### Unterkunft

**$$ The Station Inn**, *200B Railway St., ☎ 705-272-3500 oder 1-800-265-2356, www.ontarionorthland.ca/en/station-inn-hotel, an der Bahnstation gelegenes Hotel von Ontario Northland mit 23 modern eingerichteten Zimmern, außerdem gibt es eine Sauna, einen Parkplatz sowie ein Restaurant.*

**$$–$$$ Westway Motel**, *Hwy. 11 W., ☎ 705-272-4285 oder 1-877-772-4285, www.westwaymotel.ca, familiär geführtes Motel mit ordentlichen Zimmern, nicht weit vom Bahnhof entfernt.*

**$$$–$$$$ Best Western Swan Castle Inn**, *189 Railway St., ☎ 705-272-5200 oder 1-800-780-7234, www.bestwestern.com, modernes Hotel mit 42 geräumigen Zimmern in der Nähe des Bahnhofs, mit Sauna und Fitnessraum.*

**$$$$$ Kesagami Lake Lodge**, *☎ 1-800-253-3474, www.kesagami.com, die sehr schöne Fly-in-Lodge besteht aus einem gemütlichen Haupthaus mit komfortablen Zimmern, gut ausgestatteten Blockhäusern am See und einem sehr guten Restaurant; ausgezeichnete Möglichkeiten zum Angeln, zur Tierbeobachtung von Bären und Elchen; Jagdgelegenheit. Mindestaufenthalt: drei Tage und Nächte. Zu besonderen Reservierungsregelungen finden sich Informationen auf der Website.*

*Wer die Bären live erleben möchte, muss den Polar Bear Provincial Park nördlich von Moosonee besuchen, der nur per Flugzeug zu erreichen ist*

### Essen und Trinken

**The Ice Hut Bar and Grill**, *105 3rd St., ☎ 705-272-4777, die überaus beliebte Bar serviert sehr gute Pub-Küche, Steaks, Fingerfood, Salate –*

*Aushängeschild sind allerdings die Burger. Sehr nette Bedienung, auf diversen Bildschirmen laufen Sportübertragungen. Mo–Sa ab 11, So ab 17 Uhr geöffnet.*

**Eisenbahn**
**Cochrane Railway Station**, *200 Railway St., ☎ 705-472-4500, Abfahrt des „Polar Bear Express" nach Moosonee.*

# Von Cochrane mit der Bahn zur James Bay

Die Fahrt mit der Bahn nach Moosonee an der James Bay lockt viele Reisende, die einen ersten Eindruck von der rauen, unberührten Wildnis des kanadischen Nordens gewinnen möchten.

## Eine Fahrt mit dem „Polar Bear Express"

info

Der **Polar Bear Express** stellt die einzige Verbindung nach Moosonee an der ca. 300 km entfernten James Bay her; sonst ist die James Bay ausschließlich mit dem Flugzeug, mit dem Kanu oder zu Fuß zu erreichen. Der „Polar Bear Express" startet frühmorgens um 9 Uhr in Cochrane.

Der Zug fährt zunächst durch Farmland und Wälder bis an den Rand der subarktischen Tundra. In den letzten Jahrzehnten haben Brände große Waldflächen vernichtet. Vom Zugfenster aus sieht man Flüsse wie den Abitibi River, der früher eine Pelzhandelsroute war, und vereinzelte kleine Häuser, deren Bewohner sich hauptsächlich von der Jagd, vom Fischfang und dem Fallenstellen ernähren.

Am Meilenstein 69 endet die letzte Straße, und am Meilenstein 94 beginnt das „Hudson Bay Lowland", eines der größten Feuchtgebiete der Erde, das einst vom Wasser der Hudson Bay überflutet war. Diese Region ist geprägt von Mooren, Sümpfen und Nadelwäldern. Am Meilenstein 96,3, bei den Coral Rapids, gibt es eine ganzjährig bewohnte Siedlung, in der Arbeiter der Eisenbahngesellschaft und Prospektoren leben, die hier nach Diamantenvorkommen suchen. Der **Onakawana River** ist bei Kanuten und, wegen seines Fischbestandes, vor allem bei Anglern sehr beliebt.

*Anglerparadies*

Der **Moose River**, der am Meilenstein 142 von der langen Eisenbahnbrücke überspannt wird, ist Ontarios einziger Gezeitenfluss. Obwohl die James Bay noch fast 20 km entfernt ist, wirkt sich im Sommer der Gezeitenunterschied zwischen Ebbe und Flut noch mit einem Höhenunterschied von 1,5 m aus.

Nach dem Zusammenfluss mit dem Mattagami River, dem Missinaibi River und dem Cheepash River ergießt sich der Moose River in die James Bay. An der Mündung liegt der Ort Moosonee mit der Endstation der Eisenbahn, die der „Polar Bear Express" nach 4,5-stündiger Fahrt erreicht.

## Moosonee

*„Tor zur Arktis"*

Moosonee, das „Tor zur Arktis", liegt an der Mündung des Moose River in die James Bay, der südlichen Spitze der Hudson Bay. Der Ort wurde 1903 gegründet, als die französische Handelsgesellschaft „Revillon Frères" hier eine Niederlassung einrichtete. Zu der Zeit konnte Moosonee nur mit dem Kanu oder mit Schneeschuhen erreicht werden; für die Strecke von Cochrane nach Moosonee brauchte man acht bis zehn Tage. Das erste Flugzeug landete 1920 in Moosonee, aber erst die Fertigstellung der Eisenbahnstrecke im Jahr 1932 verband den Ort regelmäßig mit der Außenwelt. Bis heute ist Moosonee nicht an das Straßennetz von Ontario angeschlossen. Die letzte Straße endet bereits in Otter Rapids, ca. 140 km südlich von Moosonee.

Sechsmal wöchentlich gibt es eine Eisenbahnverbindung nach Cochrane, außerdem besteht eine Flugverbindung durch Air Creebec mit der Stadt Timmins. Vom Hafen fahren Transportkanus hinüber nach Moose Factory Island.

**Moosonee und Moose Factory Island**

Heute leben etwa 3.500 Menschen in Moosonee, von denen fast 85 % Nachfahren der Cree-Indianer sind. Neben Englisch ist Cree als zweite Sprache gebräuchlich. Der Ort ist nicht sonderlich anziehend, wie viele Orte im Norden Kanadas; er besteht vorwiegend aus einfachen Zweckbauten entlang der Hauptstraße und schlichten Wohnsiedlungen der Indianer. Schöner ist die Lage der Wohnhäuser und der beiden Hotels am Ufer des Moose River. Moosonee ist Ausgangsort für Fahrten zur James und Hudson Bay, in die Arktis und zum Polar Bear Provincial Park.

### Sehenswürdigkeiten des Ortes

- **Wasserturm**, in der Nähe des Bahnhofs, der mit dem Symbol der Cree-Indianer geschmückt ist
- **Eisenbahnmuseum**, First St., rechts vor der Bahnstation, mit Informationen zur Geschichte dieser Region, im Juli und August geöffnet
- **James Bay Education Centre**, First St., mit Ausstellungen zur Kultur der Cree-Indianer und kunsthandwerklichen Arbeiten
- **Moosonee Visitors' Centre**, mit Ausstellungen und einem Videofilm zur Kultur, Flora und Fauna der Region
- **Ministry of Natural Resources Interpretative Centre**, Revillon St., ebenfalls am Flussufer, anschauliche Darstellung geologischer und geografischer Gegebenheiten sowie der Tier- und Pflanzenwelt dieser Region, im Juli und August geöffnet

Bei längerem Aufenthalt lassen sich Ausblicke auf den Moose River und wunderbare Sonnenauf- und -untergänge genießen; Tierbeobachtungen sind ein weiteres Highlight.

Neben den organisierten Touren sind die Fahrten mit den Transportkanus besonders beliebt. Diese mit Außenbordmotoren ausgerüsteten Kanus, die für die einheimische Bevölkerung sehr wichtig sind, verkehren ständig zwischen Moosonee und Moose Factory Island, das nur per Boot, Hubschrauber oder Wasserflugzeug zu erreichen ist.

## Reisepraktische Informationen Moosonee

**Information**
**Moosonee Visitor Centre**, *5 First St., vom Bahnhof direkt geradeaus, ☏ 705-336-2993, www.moosonee.ca.*

**Unterkunft**
**$$ Suite Riverview**, *4 Veterans Rd., ☏ 705-336-6028, www.suiteriverview.com, voll ausgestattete Suite im Haus des Besitzers mit eigener Terrasse mit Blick auf den Fluss. Ganzjährig geöffnet.*

**Essen und Trinken**
**Sky Ranch Restaurant**, *First St., ☏ 705-336-3729, www.facebook.com/SkyRanchRestaurant, Restaurant, in dem sich irgendwann jeder einfindet. Das schafft eine nette Atmosphäre. Burger, Sandwiches, Fisch, Fleischgerichte.*

**Ausflug**
**Moose River Tours**, *46 Ferguson Rd. S., ☏ 705-336-6162, http://mooserivertours.wix.com/mooserivertours, organisiert Bootsausflüge nach Moose Factory Island, auf dem Moose River und zur James Bay.*

## Moose Factory Island

Die Insel ist eine der zahlreichen Eilande im Moose River und fast ausschließlich von Cree-Indianern bewohnt. Vor mehr als 10.000 Jahren wanderten die Vorfahren der Cree-Indianer über die Landbrücke, die Sibirien mit Alaska verband, in dieses Gebiet ein. Im Laufe der Zeit passten sich die Nomaden den Erfordernissen ihrer Umgebung an und wurden sesshaft; das Kanu wurde während der Sommermonate das wichtigste Transport-

*Wichtigstes Transportmittel ist das Kanu*

und Fortbewegungsmittel, und im Winter waren die Menschen mit Schlitten und Schneeschuhen unterwegs.

1668 kamen die **ersten Europäer** in dieses Gebiet, 1773 errichtete die **Hudson Bay Company** hier den befestigten Handelsposten Moose Fort. Dieser war die **erste permanente Siedlung der Engländer** in der heutigen Provinz Ontario und ein wichtiger Treffpunkt für Pelztierjäger und -händler. Da später auch Franzosen in den Pelzhandel einstiegen, kam es in den Jahren 1688 und 1730 zu heftigen Kämpfen zwischen Engländern und Franzosen.

*Silbenschrift*

Missionare machten die Indianer mit dem christlichen Glauben bekannt. 1840 entwickelte der Methodistenmissionar James Evans ein Schriftsystem für die indianische Sprache, bei dem jeder Wortsilbe ein Zeichen zugeordnet wurde. Durch diese Silbenschrift konnte ein Text lautgetreu niedergeschrieben werden, sodass die Cree, die bis zu diesem Zeitpunkt keine geschriebene Sprache hatten, in wenigen Tagen Texte in ihrer Muttersprache lesen konnten.

Heute wird in den Schulen in Moosonee und Moose Factory neben Englisch auch Cree als Muttersprache in Wort und Schrift unterrichtet.

**Cree Village** ist als Ausgangsort geeignet, um die Sehenswürdigkeiten von Moose Factory Island kennenzulernen:

- Die **St. Thomas' Anglican Church**, die Kirche wurde 1860 gebaut.
- Im **Moose Factory Centennial Museum Park** sind einige der ältesten Überreste aus der Zeit der ersten Europäer zu sehen, z. B. das Haus der Hudson's Bay Post, das aus dem modernen Verwaltungsgebäude, dem alten Staff House, das vor mehr als 150 Jahren von Schiffszimmerleuten gebaut wurde, und einer „Pelzpresse" besteht, wo Pelze für die Verschiffung nach England verpackt wurden
- Die alte Schmiede „**Blacksmith's Shop**" aus dem Jahr 1740 mit gelegentlichen Vorführungen
- Das **Powder Magazine**, das einzige Steinhaus der Insel, in dem Waffen und Pulver aufbewahrt wurden, das jedoch nicht zugänglich ist
- Den **Friedhof** mit Gräbern der ersten Entdecker, Händler, Siedler und Missionare
- Im **Cree Cultural Interpretive Centre** und der **Anglican Church Parish Hall** werden auf der Insel hergestellte Handarbeiten und Andenken verkauft. Vor diesen Häusern sind die traditionellen Zelte, die Tipis, aufgestellt, in denen Indianerfrauen Bannock, indianisches Brot, auf Spießen über offenem Feuer backen.

## Reisepraktische Informationen Moose Factory Island

### Unterkunft

**$$$ Cree Village Eco-Lodge**, *in Moose Factory, ☏ 705-658-6400, www.creevillage.com, am Ufer des Moose River von der ansässigen Indianergemeinschaft erbaute Anlage, die modernen Komfort mit traditionellen Bauelementen verbindet; die 20 freundlich eingerichteten Zimmer wurden nach einheimischen Tieren benannt.*

### Ausflüge

*Es werden* **organisierte Ausflugsfahrten** *angeboten von* **Moose Cree Outdoor Discoveries & Adventures**, *Moose Factory, ☏ 705-658-4619, www.moosecree.com/departments/economicdevelopment, z. B.* **Führungen auf Moose Factory Island** *mit ausführlichen Informationen zur Kultur der Cree;* **Kanufahrten** *auf dem Moose River und zur James Bay oder* **Ausflüge mit Skiern oder Schneeschuhen** *im Winter. Die* **Preise** *richten sich nach der Zahl der Teilnehmer und der Dauer des Ausflugs.*

# Von Cochrane über Timmins nach Sudbury

Auf diesem Streckenabschnitt passiert man die „Atlantische und die Arktische Wasserscheide".

**Streckenhinweis**

Von Cochrane fährt man auf dem Hwy. 11 zurück nach Iroquois Falls, von dort auf den Hwys. 67 und 101 nach Timmins, dann über den Hwy. 144 nach Greater Sudbury. Entfernung 380 km.

## Timmins

Timmins zählt mit ca. 43.000 Einwohnern zu den größten Städten im Norden Ontarios. Der Ort hatte zunächst nur als Zentrum des Pelzhandels Bedeutung; als aber im Jahr 1909 im nahe gelegenen Porcupine-Feld Goldvorkommen entdeckt wurden, brach ein regelrechter Goldrausch aus, der die Einwohnerzahl und die Bedeutung der Stadt sprunghaft vergrößerte. Die Stadt, die für sich den Slogan „die Stadt mit dem Herzen aus Gold" gewählt hat, liegt im Zentrum der Porcupine-Bergbau-Region, in der Gold, Silber, Kupfer, Nickel, Blei, Zinn, Cadmium und Zink gewonnen werden. *Goldrausch*

Bei einem Spaziergang trifft man auf das 2008 aufgestellte **Porcupine Miner's Memorial**, das die Namen von 594 Bergleuten trägt, die bei einem Grubenunglück ihr Leben verloren.

Auffällig sind die **Fassadenmalereien** an einigen Häusern, die von lokalen Künstlern mit Motiven aus der Stadtgeschichte gestaltet wurden, z. B. am McIntyre Community Centre, am Hollinger Park und an der architektonisch interessanten Public Library.

Die Hollinger Gold Mine und die größte Attraktion von Timmins, die Timmins Underground Gold Mine Tour, sind seit 2013 geschlossen, nachdem das Gelände von dem

Bergbauunternehmen Goldcorp, einem der größten Goldproduzenten Nordamerikas, aufgekauft worden war. Über eine Wiedereröffnung wurde noch immer nicht entschieden.

Sehenswert ist das **Timmins Museum National Exhibition Centre**, das sich mit der regionalen Geschichte und Kultur sowie dem Bergbau beschäftigt und im Innen- und Außenbereich Mineraliensammlungen, geologische Ausstellungen und alte Bergbaugerätschaften aus der Zeit vor 1940 zeigt. In der Museums-Boutique kann man regionales Kunsthandwerk und Bücher über den Norden Ontarios erstehen.
**Timmins Museum National Exhibition Centre**, *325 Second Ave., ☏ 705-360-2617, www.timminsmuseum.ca, Mo–Fr 9–17, Do bis 20, Sa/So 12–16 Uhr, im Winter montags geschl., Eintritt frei.*

Im Sommer samstagmorgens von 9–13 Uhr bieten Bauern auf dem **Farmers' Market** an der Park Avenue Obst, Gemüse, Kuchen, Desserts und Kunsthandwerk an.

Die Umgebung von Timmins lädt zu jeder Jahreszeit zu **Ausflügen** ein: im Winter zu Skilanglauf und Hundeschlitten- sowie Snowmobilfahrten, in der wärmeren Zeit zur Naturbeobachtung, zum Wandern, Radfahren, Fischen, Kanufahren und Schwimmen. Etwa 40 km östlich liegt der Kettle Lake Provincial Park, mit 22 in der letzten Eiszeit entstandenen Seen, die von Nadelwäldern umgeben sind.
**Kettle Lake Provincial Park**, *1350 Municipal Rd., Connaught, ☏ 705-363-3511, 705-272-7107 (Winter), www.ontarioparks.com/park/kettlelakes, Eintritt Erwachsene $ 2, Senioren $ 1,75, Kinder von 6–17 J. $ 1, Pkw $ 12,25, geöffnet Mitte Mai–Mitte Okt.*

## Reisepraktische Informationen Timmins

### Information

**Tourism Timmins**, *325 2nd Ave., ☏ 1-800-387-8466, www.tourismtimmins.com, Mo–Fr 8.30–12 u. 13–16.30, Juni–Aug. auch Do/Fr bis 20 u. Sa/So 9–16 Uhr.*

### Unterkunft

**$$ Ramada Timmins**, *1800 Riverside Dr., ☏ 705-267-6241 oder 1-800-461-3795, www.ramadatimmins.ca, angenehmes Mittelklassehotel mit 105 ansprechend eingerichteten Zimmern.*
**$$$ Comfort Inn**, *939 Algonquin Blvd., ☏ 705-264-9474, www.timminscomfortinn.com, Hotel mit 89 geräumigen Zimmern am Hwy. 101, günstig zu allen Sehenswürdigkeiten gelegen.*

### Streckenhinweis

Wer weiter in den Westen Ontarios reisen will, kann von Timmins über den Hwy. 101 nach Wawa und von dort weiter über den Hwy. 17 am Lake Superior entlang nach Thunder Bay und Kenora fahren.

## Greater Sudbury

Greater Sudbury, eine moderne Stadt mit ca. 160.000 Einwohnern, ist das Zentrum des größten kanadischen Bergbaugebietes. Den Wohlstand der Stadt machen die Gold-, Silber-, Nickel-, Kobalt- und Platinvorkommen aus, die im Kanadischen Schild gefunden

wurden. Dabei kommt den Nickelfunden besondere Bedeutung zu, denn in der Umgebung Sudburys findet sich die größte Konzentration, die 80 % der Weltproduktion ausmachen. Die Sudbury-Region ist in Kanada bekannt für nachhaltige Umweltsanierung, nachdem die Umwelt jahrzehntelang durch Holzabbau, Emissionen von Hüttenwerken und Erosionen geschädigt wurde. Heute zeigen sich erste Resultate, denn das Ökosystem ist auf dem Wege der Gesundung. Die Stadt Sudbury ist weltweit als Zentrum für Umweltstudien im Zusammenhang mit dem Bergbau bekannt und hat mehrere Auszeichnungen für ihr Engagement im Umweltschutz erhalten, wie z. B. den „United Nations Local Government Award".

Greater Sudbury bietet dem Besucher dank seiner Museen, Galerien, Theater und einer Universität ein breites kulturelles Angebot, darunter Freiluftkonzerte im Bell Park, die klassischen und modernen Theateraufführungen im Sudbury Theatre Centre und die Kunstausstellungen in der Galérie du Nouvel Ontario oder im Laurentian University Museum and Art Centre. An der **Laurentian University (1)**, einer modernen, zweisprachig geführten und naturwissenschaftlich-technischen Universität, gibt es im Sommer Führungen, die den Besuch des **Doran Planetarium** (☏ *705-675-1151 ext. 2227, https://laurentian.ca/planetarium, Eintritt $ 4*) einschließen.

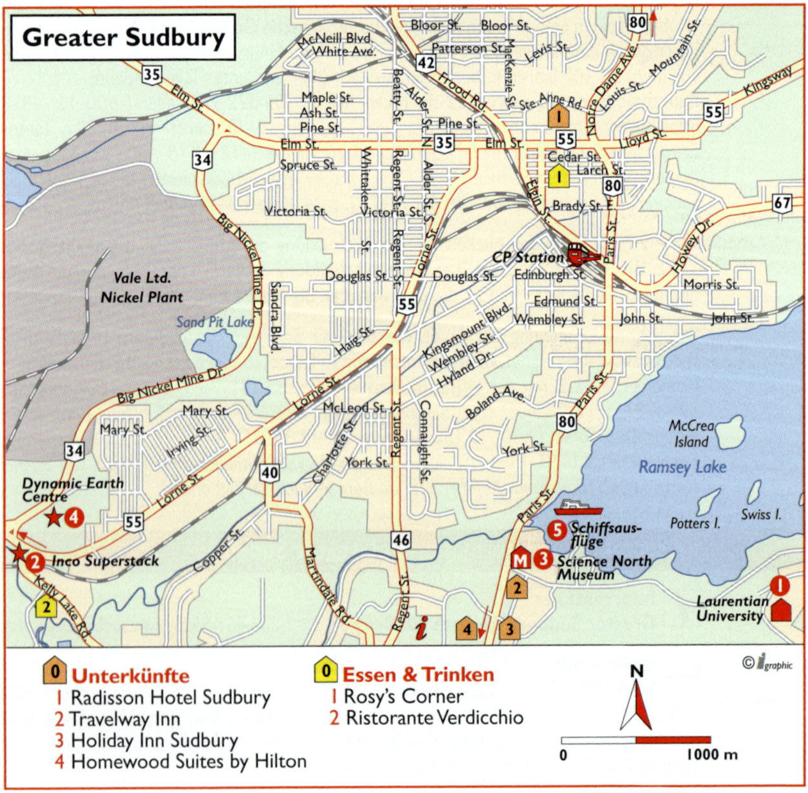

**Greater Sudbury**

**Unterkünfte**
1 Radisson Hotel Sudbury
2 Travelway Inn
3 Holiday Inn Sudbury
4 Homewood Suites by Hilton

**Essen & Trinken**
1 Rosy's Corner
2 Ristorante Verdicchio

N
0 1000 m
© igraphic

Auffällig ist der **Inco Superstack (2)** auf dem Gelände der Copper-Cliff-Hütte der Vale Ltd. Mining (früher Inco Ltd.). Der Schornstein von 1972 ist mit 381 m der zweithöchste der Welt und das zweithöchste Bauwerk Kanadas.

*Unterirdisches „Höhlentheater"*

Interessant ist der Besuch des **Science North Museum (3)** am Ramsey Lake. Man betritt das Museum durch einen Tunnel, der in das Gestein des Kanadischen Schildes getrieben wurde. Im unterirdischen „Höhlentheater" vermittelt ein Film einen Eindruck von der Landschaft und Kultur Nordontarios. Außerdem gibt es gut präsentierte Ausstellungen zum arktischen Lebensraum, ein IMAX-Theater und technische Objekte, die nicht nur Kinder zum Anschauen, Anfassen und Experimentieren auffordern.
**Science North Museum**, *100 Ramsey Lake Rd., ☏ 705-522-3701 oder 1-800-461-4898, www.sciencenorth.ca, Juni–Sept. tgl. 9–18, sonst 10–16 Uhr, Eintritt Erwachsene $ 27, Senioren und Jugendliche von 13–18 J. $ 25, Kinder von 3–12 J. $ 23. Außerdem gibt es ein Kombiticket mit dem Planetarium und dem IMAX-Theater: Erwachsene $ 37, Senioren und Jugendliche von 13–18 J. $ 34, Kinder von 3–12 J. $ 31.*

Das **Dynamic Earth Centre (4)** befasst sich mit der Geschichte des Bergbaus und der Geologie der Region. Nach einem Besuch des Informationszentrums fahren die Besucher mit einem gläsernen Fahrstuhl in drei Minuten hinunter in 22 m Tiefe und erleben dabei in einer Multimediashow die geologische Geschichte unseres Planeten; die Fahrt durch eine stillgelegte Mine vermittelt einen Eindruck davon, wie sich das Leben vor mehr als 100 Jahren in der Bergbau-Stadt über und unter Tage abspielte.
**Dynamic Earth Centre**, *122 Big Nickel Rd., ☏ 705-522-3701 oder 1-800-461-4898, https://sciencenorth.ca/dynamic-earth, Juni–Sept. tgl. 9–18, sonst 10–16 Uhr, Eintritt Erwachsene $ 22, Senioren und Jugendliche $ 20, Kinder 3–12 J. $ 18. Außerdem gibt es ein Kombiticket mit dem Science North Museum oder dem IMAX-Theater: Erwachsene $ 37, Senioren, Kinder und Jugendliche von 13–17 J. $ 34, Kinder 3–12 J. $ 31.*

Auf die Bedeutung des Nickels für die Entwicklung der Stadt weist das Wahrzeichen „**The Big Nickle**" hin, die 9 m hohe Nachbildung der 1951 herausgegebenen kanadischen 5-Cent-Nickelmünze, die oberhalb der Big Nickle Mine steht.

Die schöne Umgebung der Stadt, die sich mit Seen und bewaldetem Hügelland für Freizeitaktivitäten eignet, kann man nicht nur zu Lande, sondern auch auf Schiffsausflügen kennenlernen, z. B. mit der **William Ramsey Cruise (5)**, *☏ 705-523-4629 oder 705-691-5237, www.facebook.com/thewilliamramsey, einstündige Bootsfahrten. Juni, Sept.–Anfang Okt. Sa/So 13.30, 15 Uhr, Juli/Aug. tgl. 13.30, 15, 16.30, 18, 19.30 Uhr, Preise: Erwachsener $ 16,95, Kinder/Senioren $ 12,95. Tickets erhältlich an der Kasse von Science North (mind. 10 Min. vor Abfahrt oder an Bord je nach Verfügbarkeit).*

## Reisepraktische Informationen Greater Sudbury

### Information

**Greater Sudbury Tourism**, *200 Brady St., ☏ 1-866-451-8525, www.sudburytourism.ca.*

### Unterkunft

**$$–$$$ Radisson Hotel Sudbury (1)**, *85 St.Anne Rd., ☏ 705-675-1123 oder 1-800-333-3333, www.radisson.com/sudbury-hotel-on-p3e4s4/onsudbur, gutes Mittelklassehotel mit 146 geräumigen, ansprechend eingerichteten Zimmern, Restaurant, Pool, Sauna, die Sudbury City Centre Mall ist zu Fuß zu erreichen.*

**$$–$$$ Super 8**, *1956 Regent St., ☎ 705-522-7600, 1-800-454-3213, www.wyndhamhotels.com, kontinentales Frühstück inkl., kostenloses WLAN und Kabelfernsehen. Kaffeemaschinen und Sitzgruppe im Zimmer, 5 km von der Innenstadt.*
**$$$–$$$$ Holiday Inn Sudbury (3)**, *1696 Regent St., ☎ 705-522-3000, 1-877-666-3243, www.holidayinn.com, gepflegtes Hotel mit 138 angenehmen Zimmern, Atrium Centre, Pools und Restaurant, knapp 3 km vom Science North Centre entfernt.*
**$$$–$$$$ Travelway Inn (2)**, *1200 Paris St., ☎ 705-522-1122 oder 1-800-461-4883, www.travelwayinnsudbury.com, Hotel mit geräumigen Zimmern, nur einen kurzen Fußweg vom Science North entfernt.*
**$$$$ Homewood Suites by Hilton Sudbury (4)**, *2270 Regent St., ☎ 705-523-8100, https://homewoodsuites3.hilton.com, empfehlenswertes Hotel mit gut ausgestatteten Studios und Apartments, ca. 3 km vom Science North Centre entfernt.*

*In der Umgebung Sudburys gibt es zahlreiche gute Ferienlodges und Campingplätze. Infos unter www.sudburytourism.ca.*

## Tipp

Preiswerte Übernachtungsmöglichkeiten bieten von Mai–Mitte Aug. die **Studentenwohnheime der Laurentian University**, ☎ 705-675-1151, 1-800-461-4030, www.laurentian.ca.

### Essen und Trinken

**Ristorante Verdicchio (2)**, *1351-D Kelly Lake Rd., ☎ 705-523-2794, https://verdicchio.ca, im West End Business Park, italienisches Restaurant mit freundlichem Service, guten italienischen Weinen und eigenem Olivenöl zum Verkauf, Hauptgericht ab $ 20. Do–Sa 17–22 Uhr.*
**Rosy's Corner (1)**, *104 Durham St., ☎ 705-586-2226, www.facebook.com/rosyscorner, beliebtes mexikanisches Restaurant. Mo–Fr 8.30–20, Sa 11–21, So 10–17 Uhr.*

### Verkehrsmittel

**Busse**

**Sudbury Handi Transit**, *1299 Lorne St., ☎ 705-670-2300*
**Sudbury Transit**, *9 Elm St., ☎ 705-675-3333*

**Fluglinien**

**Air Canada**: *☎ 1-888-247-2262*
**Bearskin Airlines**: *☎ 1-800-465-2327*
**Porter Airlines**: *☎ 1-888-619-8622*
**Sunwing**: *☎ 1-877-978-6946*

## Streckenhinweis

Für die Weiterfahrt bieten sich drei Alternativen an:
**Alternative 1**: s. ab S. 329; über Sault Ste. Marie und Thunder Bay in den Westen Ontarios und nach Manitoba.
**Alternative 2**: s. ab S. 358; über Manitoulin Island, an der Westküste der Georgian Bay entlang und über Owen Sound nach Kitchener.
**Alternative 3**: s. ab S. 370; an der Ostküste der Georgian Bay entlang über Parry Sound und Midland nach Kitchener.

# 8. DER WESTEN ONTARIOS

# Von Sudbury in den Westen Ontarios

Der Westen Ontarios reicht von der Georgian Bay im Osten bis zur Grenze von Manitoba im Westen und umfasst riesige Wildnisgebiete nördlich des Lake Superior. Der See ist das zweitgrößte Binnengewässer der Erde, dessen Fläche etwa der Größe Österreichs entspricht. Es ist ein besonderes Erlebnis, am Ufer dieser scheinbar endlosen Wasserfläche zu stehen.

Durch den Lake Superior verläuft die Grenze zwischen Kanada und den USA; auf kanadischer Seite zieht sich an seinem Ufer der Trans-Canada Highway bis Thunder Bay entlang.

Der Westen Ontarios ist mit großen Flüssen und Seen bestens zum Kanufahren geeignet; beliebt sind auch Ferien auf dem Hausboot, z. B. auf dem Lake of the Woods bei Kenora. Auch zum Wandern mit Möglichkeiten zur Tierbeobachtung bietet der Westen hervorragende Möglichkeiten, im Winter zum Skilanglauf und Snowmobilfahren.

## Redaktionstipps

- Für die etwa 700 km lange **Strecke von Sault Ste. Marie nach Thunder Bay** benötigt man ohne Stopps mindestens 8–10 Stunden; für die Weiterfahrt bis nach Kenora nochmals mindestens 6 Stunden. Besser als die direkte Fahrt ist es, **sich Zeit zu nehmen** für die reizvolle Landschaft, die Parks und die Wanderwege und mindestens eine Zwischenübernachtung einzulegen.
- Die **Entfernungen zwischen den Orten** sind nicht zu unterschätzen, der Tank sollte immer frühzeitig aufgefüllt werden und für die Unterkunft rechtzeitig gesorgt sein.

## Zwischen Sudbury und Sault Ste. Marie

Am Hwy. 17, der parallel zum Ufer des Lake Huron verläuft, liegen mehrere Ortschaften, die sich als Ausgangsort für Ausflüge ins Algoma Country eignen.

Der Westen Ontarios

**Streckenhinweis**

Entfernungen:
Sudbury – Sault Ste. Marie: 305 km
Sault Ste. Marie – Wawa: 225 km
Sault Ste. Marie – Thunder Bay: 709 km
Sault Ste. Marie – Kenora: 1.170 km
Von Sudbury führt die Fahrt auf dem Hwy. 17 über Sault Ste. Marie am Lake Superior entlang nach Thunder Bay und weiter nach Dryden und Kenora.

## Blind River

Die rund 3.500 Einwohner der einstigen Holzfällersiedlung sind auch heute noch überwiegend in der Forstwirtschaft beschäftigt. Die Umgebung des Ortes bietet Strände, Wanderwege, Golfplätze, Wassersportmöglichkeiten in den nahen Seen und eine Marina mit allen Versorgungseinrichtungen.

Im **Timber Village Museum** kann man sich über den Pelzhandel, das Leben in den Holzfällercamps und den Holztransport informieren.
**Timber Village Museum**, *180 Leacock St., 1 km östlich am Hwy. 17, ☏ 705-356-7544, Ende Mai–Aug. tgl. 10–18, Sept.–Mai Mo–Fr 10–16.30 Uhr mit Anmeldung, Eintritt Erwachsene $ 4, Senioren und Studenten $ 3, Kinder von 5–12 J. $ 1, Familienkarte $ 12.*

Neben dem Museum befindet sich die **Blind River Travel Information**. Hier gibt es auch einen Picknickplatz mit Kinderspielplatz.
**Blind River Travel Information**, *243 Causley St., ☏ 705-356-5715.*

Jeden Samstag bieten Bauern aus der Umgebung vormittags im **Farmer's Market Pavillon** auf den Travel Centre Grounds ihre Waren an.

*Für Wassersportler und Naturfreunde*

Der Ort **Thessalon** wurde zu Beginn des 19. Jh. nach dem Fluss benannt, der östlich der Ortschaft in den Lake Huron mündet. Zunächst waren Fischfang, Landwirtschaft und Bergbau die Erwerbsgrundlage der Bevölkerung, aber der Fremdenverkehr entwickelte sich in den letzten Jahrzehnten zur Haupteinnahmequelle, denn die Lage am Lake Huron zieht Segler, Surfer, Angler und Naturliebhaber gleichermaßen an.

Das **Thessalon Township Heritage Park and Museum** dokumentiert die Arbeit der Holzfäller und zeigt, wie die ersten Siedler gelebt haben.
**Thessalon Township Heritage Park and Museum**, *3 km nördlich von Thessalon am Hwy. 129, ☏ 705-842-2722, www.facebook.com/ThessalonTownshipHeritageAssociation, Juli/Aug. tgl. 10–17 Uhr.*

## Sault Ste. Marie

An beiden Ufern des St. Mary's River liegt eine Stadt namens Sault Ste. Marie, die eine in der Provinz Ontario, die andere im US-Bundesstaat Michigan. Der St. Mary's River bildet die Grenze zwischen Kanada und den USA und ist die Verbindung zwischen dem Lake Superior und dem Lake Huron.

Schon die Indianer hatten diese Gegend wegen ihrer günstigen Lage als Handelsplatz genutzt; als erste Europäer kamen zu Beginn des 17. Jh. französische Voyageure, Pelztier-

jäger und Händler in das Land der Indianer, mit denen sie regen Handel trieben. 1669 wurde die **erste Missionsstation** von französischen Jesuiten gegründet, 1671 das Gebiet für **Frankreich** in Besitz genommen. Nachdem ab 1797/98 die Stromschnellen durch den Bau eines Kanals umschifft werden konnten, ließen sich französische und englische Siedler am St. Mary's River nieder. Bis 1842 war der Ort ein **Pelzhandelszentrum**. Sault Ste. Marie, das 1887 die **Stadtrechte** erhalten hatte, gewann durch den **Anschluss an die Eisenbahnstrecke** der Canadian Pacific Railway weiter an Bedeutung. Firmen und Industriebetriebe siedelten sich an und schufen neue Arbeitsplätze.

Von wirtschaftlicher Bedeutung ist noch heute der Hafen, der zum St.-Lorenz-Seeweg gehört. Über die **Schleusen**, von denen die ersten 1895 auf kanadischer Seite angelegt wurden, gelangen die Schiffe vom Lake Huron in den Lake Superior; in jedem Jahr werden über 100 Mio. t Waren durchgeschleust.

## Sehenswürdigkeiten der Stadt

Selten wird die Stadt, in der ca. 75.000 Menschen leben, mit ihrem korrekten Namen genannt – viel gebräuchlicher ist die Abkürzung „The Soo".

**Sault Ste. Marie**

**Unterkünfte**
1 Algoma's Water Tower Inn & Suites
2 Glenview Cottages
3 Days Inn & Suites
4 Delta Sault Ste. Marie Waterfront Hotel

*Brücke über die Schleuse von „The Soo"*

Die größte Sehenswürdigkeit der Stadt, die auf der Landenge zwischen dem Lake Huron und dem Lake Superior liegt, sind die beiden Schleusen, von denen je eine auf kanadischer und US-amerikanischer Seite liegt. Es sind die beiden letzten der insgesamt 16 Schleusen des St.-Lorenz-Seeweges, der die Großen Seen mit dem Atlantischen Ozean verbindet. Die kanadische Schleuse, die 1895 gebaut wurde, ist 77 m lang, 15,4 m breit und 3 m tief. Seit 1998 wird sie für Sportboote und Ausflugsverkehr genutzt. Im Besucherzentrum des **Sault Canal National Historic Site (1)** kann man sich über den Bau und die Funktionsweisen der Schleusen informieren. Empfehlenswert ist auch eine 2-stündige **Bootsfahrt** mit Lock Tours Canada, Foster Drive, die auf dem St. Mary's River und durch die „Amerikanischen Schleusen" führt.

*Schleusenfahrt*

**Sault Canal National Historic Site**, *1 Canal Dr., ☏ 705-941-6262, www.pc.gc.ca/en/lhn-nhs/on/ssmarie, Besucherzentrum Mitte Mai–Mitte Juni Mo–Fr 10–17, Juli/Aug. tgl. 10–17, Sept.–Mitte Okt. 10–16 Uhr, Eintritt $ 5,80.*

Die anderen Sehenswürdigkeiten der Stadt lassen sich auf einem Spaziergang erkunden, der vom Informationszentrum am Ufer des St. Mary's River entlangführt, vorbei an der Bahnstation des **Agawa Canyon Tour Train (2)** und dem Einkaufszentrum **Station Mall** mit 120 Geschäften bis zur Bootsanlegestelle von Soo Locks Boat Tours, weiter zum Marine Heritage Centre, zum Roberta Bondar Park, zu den historischen Häusern Ermatinger/Clergue und zu Aussichtspunkten, zur Art Gallery of Algoma, zum Sault Ste. Marie Museum und schließlich noch zum Bushplane Heritage Centre.

Das **Ermatinger/Clergue Heritage Site (3)** ist ein Beispiel für die frühe kanadische Architektur. Das Haus wurde 1814 für den Pelzhändler Charles Ermatinger gebaut und nach der Restaurierung mit Möbeln und Haushaltsgegenständen aus der Erbauerzeit

ausgestattet. Das Clergue Blockhaus steht auf den Überresten eines Pulvermagazins und ist von einem nach altem Vorbild gestalteten Garten umgeben. Im Juli 2014 wurde auf dem Gelände das **Heritage Discovery Centre** mit interaktiven Ausstellungen eingeweiht, die die Vergangenheit lebendig werden lassen.

**Ermatinger/Clergue Heritage Site**, *800 Bay St., ☏ 705-759-5443, www.ecnhs.com, tgl. 9.30–16.30, Mai–Okt. Di–Do 9.30–18 Uhr, Eintritt Erwachsene $ 12,50, Senioren, Studenten, Kinder von 3–12 J. $ 11, Familienkarte $ 30.*

*Die mächtigen Dieselloks des Agawa Canyon Tour Train*

Das **Sault Ste. Marie Museum (4)** im alten Postamt informiert über die regionale Geschichte; außerdem gibt es Wechselausstellungen und einen „Entdeckungsraum" zum Anfassen und Ausprobieren.

**Sault Ste. Marie Museum**, *690 Queen St. E., ☏ 705-759-7278, www.saultmuseum.ca, ganzjährig Di–Sa 9.30–17 Uhr, Eintritt Erwachsene $ 8, Senioren, Jugendliche und Kinder ab 6 J. $ 6, Familienkarte $ 20.*

Die **Art Gallery of Algoma (5)** bietet wechselnde Kunstausstellungen, Filme und Konzertaufführungen.

**Art Gallery of Algoma**, *10 East St., ☏ 705-949-9067, www.artgalleryofalgoma.com, Mitte Juni–Mitte Okt. Di–Sa 9–17, Mi bis 19, So 12–17, sonst Di–Sa 9–17 Uhr (So/Mo geschl.), Eintritt Erwachsene $ 7, Studenten $ 5, Kinder bis 12 J. frei.*

*Flugzeugmuseum*

Das **Canadian Bushplane Heritage Centre (6)** am Ostende der Bay Street erinnert an die Piloten und ihre Flugzeuge, die seit 1910 in den entlegenen Gebieten Nordkanadas und bei Notfällen und Löscheinsätzen ihren Dienst taten. Ohne die Fliegerei hätte Kanada nicht so intensiv erforscht und besiedelt werden können. Flugzeuge aller Art sind ausgestellt, z. B. Wasser-, Schneekufen-, Löschflugzeuge sowie Passagier- und Frachtmaschinen, außerdem Memorabilien und Fotos der Buschfliegerei. Auf einem Motorenteststand wird vorgeführt, wie ein Flugzeugmotor gestartet und auf Leistung durchgecheckt wird.

**Canadian Bushplane Heritage Centre**, *50 Pim St., ☏ 705-945-6242 oder 1-877-287-4752, www.bushplane.com, Mitte Mai–Mitte Okt. tgl. 9–18, sonst 10–16 Uhr, Eintritt Erwachsene $ 13,50, Senioren $ 12,50, Studenten $ 8, Kinder von 5–12 J. $ 3.*

## Sehenswürdigkeiten auf der amerikanischen Seite

**Soo Locks (7)**, die Schleusen, können von den oberen und unteren Parks eingesehen werden. Der obere Park (Upper Park) hat drei Aussichtstürme. Am Ostende der MacArthur-Schleuse gibt es ein Modell der Schleusen und ein Besucherzentrum mit weiteren Informationen.

**Soo Locks**, *329 W. Portage Ave., ☏ 906-253-9290, Mai–Mitte Okt. tgl. 9–21 Uhr, Eintritt frei.*

Der 21-stöckige Aussichtsturm **Tower of History** bietet die Gelegenheit, die Zwillingsstädte von oben zu sehen und sich ein Bild von den Schleusenanlagen zu machen.
**Tower of History**, *501 East Water St., ☏ 906-632-3658 oder 1-888-744-7867, www.saulthistoricsites.com/tower-of-history, Mitte Juni–Aug. Mo–Sa 9.30–17.30, So 10–17, Mai–Mitte Juni und Sept./Okt. Mo–Sa 10–17, So ab 12 Uhr, Eintritt Erwachsene $ 7,50, Kinder und Jugendliche von 5–17 J. $ 3,75.*

Museumsschiff „**Valley Camp**" und **Great Lakes Maritime Museum**: Seefahrtsmuseum mit dem alten Dampfschiff „Valley Camp", mit Schiffsmodellen, der „Marine Hall of Fame" und Ausstellungsstücken zur Geschichte der Seefahrt auf den Großen Seen. Das Schiff liegt weiter östlich, gleich hinter seinem letzten Ankerplatz beginnen auf amerikanischer Seite die „Soo Lock Tours".
**Museum Ship Valley Camp**, *5 Blocks östl. der Schleusen, ☏ 906-632-3658, www.saulthistoricsites.com/museum-ship-valley-camp, Mai–Mitte Juni Mo–Sa 10–17, So 11–17, Mitte Juni–Juli Mo–Mi 9–19, Do–Sa 9–20, So 10–17.30, Aug. Mo–Sa 9–18, So 10–17, Sept.–Okt. Mo–Sa 10–17.30, So 11–17.30 Uhr, Eintritt Erwachsene $ 14,50, Kinder und Jugendliche von 5–17 J. $ 7,25, Kombiticket Museumsschiff und Tower of History Erwachsene $ 20, Kinder und Jugendliche 6–17 J. $ 10, Museumsschiff, Tower of History & River of History Erwachsene $ 26, Kinder und Jugendliche 6–17 J. $ 12,50.*

## Ausflug

*Panoramatour*

In Sault Ste. Marie beginnen Touren der **Agawa Canyon Train Tours**: Mit der Bahn geht es durch die unberührte Gebirgs- und Canyonlandschaft von Algoma. Die 183 km lange Fahrt dauert knapp drei Stunden je Richtung und bietet durch Panoramafenster Ausblicke auf Berge, Wälder, Seen, Flüsse und Wasserfälle. Am Agawa Canyon, einer tiefen Schlucht mit Wildwasser, hat man gut zwei Stunden Aufenthalt und Gelegenheit, kurze Wanderungen zu unternehmen. Der Zug verfügt auch über einen Speisewagen. Besonders reizvoll ist diese Fahrt Ende Sept./Anfang Okt., wenn im Indian Summer die Wälder in allen Farben leuchten.
**Agawa Canyon Train Tours**, *129 Bay St., ☏ 1-800-461-6020, 1-855-768-4171, www.agawatrain.com, Rundfahrten Ende Juni–Mitte Okt. tgl. 8 Uhr, Rückkehr ca. 18 Uhr, Erwachsene $ 114, Senioren $ 103, Kinder und Jugendliche von 3–18 J. $ 62, Preise Mitte Sept.–Mitte Okt.: alle Altersstufen $ 137, unter 2 J. frei. Möglich sind auch mehrtägige Aufenthalte: 2 Nächte inkl. Agawa Canyon Trail Tour Ticket und 2 Übernachtungen in Sault Ste. Marie oder 3 Nächte inkl. Agawa Canyon Trail Tour Ticket, 3 Übernachtungen in Sault Ste. Marie und einem Attraction Passbook mit Eintritt in verschiedene Sehenswürdigkeiten ab $ 184.*

## Reisepraktische Informationen Sault Ste. Marie

Karte s. S. 331

### Information

**Tourism Sault Ste. Marie**, *99 Foster Dr., ☏ 705-759-5442 oder 1-800-461-6020, www.saulttourism.com.*

### Wichtige Anschriften und Telefonnummern

**Polizei**: *☏ 911*
**Krankenhaus**: *☏ 705-759-3434*

## Unterkunft

*Die meistens Hotels liegen an der Wasserfront oder an der Great Northern Road.*

**$$–$$$ Best Western Hotel**, *4335 I-75 Business Spur, ☏ 906-632-2170 oder 1-800-780-7234, www.bestwestern.com, freundliches, gut geführtes Hotel mit Pool, Sauna und modernem Fitnessraum, ca. 3 km südlich der International Bridge.*

**$$–$$$ Glenview Cottages (2)**, *2611 Great Northern Rd., ☏ 705-759-3436 oder 1-800-668-3100, www.glenviewcottages.com, 30 Ferienhäuser mit 1 und 2 Schlafräumen in ruhiger Umgebung, Spielplatz, Fahrradverleih, Volleyballfelder, Reitmöglichkeit, knapp 10 km außerhalb der Stadt.*

**$$$ Algoma's Water Tower Inn & Suites (1)**, *360 Great Northern Rd., ☏ 705-949-8111 oder 1-888-461-7077, www.watertowerinn.com, angenehmes Hotel mit 176 ansprechend eingerichteten Zimmern, Swimmingpool, Sauna, Whirlpool.*

**$$$ Days Inn & Suites (3)**, 332 Bay St., ☏ 705-910-0212, *www.daysinn.com, gegenüber der Station Mall zentral gelegenes Hotel mit gut eingerichteten, geräumigen Zimmern.*

**$$$$ Delta Sault Ste. Marie Waterfront Hotel (4)**, *208 St. Mary's River Dr., ☏ 705-949-0611 oder 1-888-236-2427, www.deltahotels.com/en/hotels, gut gelegenes, empfehlenswertes Hotel mit 195 Zimmern, die meisten mit Blick auf den Fluss, Pool, Sauna, Fitnessraum.*

## Essen und Trinken

**Ernie's Coffee Shop**, *13 Queen St. E., ☏ 705-253-9216, www.saultseller.com/ERNIES, beliebtes Familienrestaurant mit reichhaltigem Frühstücksangebot, guten Suppen, Sandwiches und Muffins. Di–Sa 7–19 Uhr.*

**Giovanni's**, *516 Great Northern Rd., ☏ 705-942-3050, https://giovannisrestaurant.ca, gute, preiswerte italienische Küche, aber auch amerikanische Gerichte. Mo–Sa 11.30–23, So 11.30–22 Uhr.*

## Einkaufen

*In der Altstadt findet man in der Queen St. E. Geschäfte aller Art. Die* **Station Mall**, *293 Bay St., ☏ 705-946-7239, zwischen Bay St. und St. Mary's River Dr. bietet über 120 Geschäfte und einen Food Court. Geschäftszeiten: Mo–Fr 9.30–21, Sa 9.30–17.30, So 12–17 Uhr.*

## Bootsfahrten

### Auf der amerikanischen Seite

**Soo Lock Boat Tours**, *☏ 906-632-6301, 1-800-432-6301, www.soolocks.com, u. a. 2-stündige Schifffahrten auf dem St. Mary's River, durch die historische kanadische und die amerikanischen Schleusen, Mitte Mai–Mitte Okt. tägliche Abfahrten an den Docks #1 (1157 E. Portage Ave.) und #2 (515 E. Portage Ave.), Erwachsene $ 31, Jugendliche von 5–12 J. $ 12.*

## Verkehrsmittel

### Flughafen

*Der* **Sault Ste. Marie Airport**, *475 Airport Rd., ☏ 705-779-3031, http://saultairport.com, liegt ca. 30 km außerhalb der Stadt. Flugverbindungen bestehen mit u. a. mit Toronto, Ottawa, Sudbury, Thunder Bay und Winnipeg.*

### Mietwagen

**Avis**, *475 Airport Rd., ☏ 705-779-2644; 573 Second Line East, ☏ 705-942-1144*
**Budget**, *475 Airport Rd., ☏ 705-779-2644; 573 Second Line East, ☏ 705-942-1144*
**National Car Rental**, *475 Airport Rd., ☏ 705-779-3670*

# Von Sault Ste. Marie nach Thunder Bay

Die Fahrt von Sault Ste. Marie nach Thunder Bay verläuft zum größten Teil am Lake Superior entlang und führt in den nordwestlichen, rauen, landschaftlich sehr reizvollen Teil Ontarios. An der Strecke liegen einige Ortschaften, die wegen der Eisenerz-, Mineralien-, Edelstein-, Silber- und Goldvorkommen gegründet wurden. Einige der Minen können besichtigt werden, im Vordergrund stehen aber die Naturerlebnisse und -erfahrungen auf Wanderungen, Kanutouren und Radfahrten.

Dem Naturfreund bietet sich in dieser Region eine Fülle großartiger Naturerscheinungen: Wasserfälle, Küstenformationen, Canyons, Flüsse und Seen.

*Naturerlebnisse unterwegs*

Am Hwy. 17 liegen meist einfachere Motels für die Durchreisenden; abseits der Hauptstraße, an den Ufern der Seen und Flüsse, gibt es Übernachtungsmöglichkeiten, die vom einfachen Blockhaus bis zum luxuriösen Fly-in-Resorthotel reichen. Es ist empfehlenswert, sich für die Strecke Zeit zu nehmen und die Fahrt auch schon einmal zu unterbrechen, um in den Provinzparks zu wandern, bei einem Picknick die Ausblicke auf den Lake Superior zu genießen, ein Kanu zu mieten oder einen Bootsausflug auf dem See zu machen.

Wenn man nach etwa 70 km hinter Sault Ste. Marie den Chippewa River überquert, sieht man einen Merkstein für den 1962 fertiggestellten **Trans-Canada Highway**. Der Stein wurde etwa bei der Hälfte der Gesamtlänge des 7.775 km langen Highways aufgestellt.

Für die schöne Fahrt am See entlang sollte man Fotostopps und Pausen einplanen, z. B. im Batchawana Bay Provincial Park mit seinen Seen, Wäldern, Wanderwegen sowie Motels und Lodges.

Der Hwy. 17 durchquert auf einer Strecke von ca. 80 km den etwa 130 km nördlich liegenden Lake Superior Provincial Park.

*An einem Strand im Lake Superior Provincial Park*

## Lake Superior Provincial Park

Der Park dehnt sich über eine Fläche von 1.200 km² aus. Naturpfade, Wanderwege und Kanurouten erschließen die Wildnis, in die Waldseen mit Sandstränden eingebettet sind; das Wasser der Seen ist jedoch auch im Sommer recht kalt.

Das **Park Office** bietet geführte Wanderungen und Naturbeobachtungen an; so sind z. B. Elche im Park gut zu beobachten. Sehenswert sind zudem Felsmalereien der Ojibwa-Indianer am Agawa-Felsen, ca. 8 km nördlich der Agawa Bay. Ein kurzer Weg führt zu einer 30 m hoch aufragenden Felswand, auf der 35 jahrhundertealte Felszeichnungen zu sehen sind. Außerdem gibt es im Park drei große Camping- und Picknickplätze, einen Kanuverleih und Angelmöglichkeiten.
**Park Office**, ☏ *705-856-2284, www.ontarioparks.com/park/lakesuperior, der Park ist ganzjährig geöffnet. Die einfache Fahrt durch den Park, ohne Aufenthalt im Park, ist kostenlos. Wenn man die Trails benutzt oder Badeplätze aufsucht, müssen Gebühren pro Person und Pkw je nach Aufenthaltsdauer entrichtet werden.*

Die Ortschaften liegen weit auseinander und ziehen sich meistens mit ihren Häusern, Tankstellen, kleinen Betrieben, einfachen Restaurants und Motels am Highway entlang. Sie selbst sind nicht sehr sehenswert, haben aber meist gut geführte Informationszentren und dienen als Ausgangspunkte für Wanderungen, Rad- und Kanutouren.

Nach 225 km ist der Ort Wawa erreicht.

## Wawa

„Wawa" bedeutet in der Sprache der Ojibwa-Indianer „Wildgans" – entsprechend prangt das Wahrzeichen des Ortes, die 9 m hohe Wildgans-Statue, gleich am Ortseingang. Wawa ist **Ausgangspunkt für die Erkundung des Lake Superior Provincial Park**, für Kanutouren in der Umgebung und für Fly-in-Fishing-Camps in den nördlichen Gebieten: Ein Wasserflugzeug bringt einen in eine einsam gelegene Lodge, wo man in völliger Ruhe fischen oder sich einfach entspannen kann.

**Ausflugsziele** in der Umgebung Wawas sind

- der nur wenige Minuten entfernte **Lion's Waterfront Park** am Wawa Lake und der Sandy Beach Eco-Interpretive Park mit Ausblick, Sandstrand und einem Infocenter, wo man sich über die Geschichte der First Nations informieren kann,
- die **Scenic High Falls** mit einem Picknickplatz am Wasserfall (Schautafeln informieren über die Entstehungsgeschichte),
- **Michipicoten Harbour** und **Silver Falls**, ein Wandergebiet, das neben Ausblicken auf den Lake Superior auch gute Badeplätze bietet,

*Die Wildgans – das Wahrzeichen von Wawa*

- der **Obatanga Provincial Park**, 56 km nordwestlich von Wawa; 32 miteinander verbundene Seen sind für Kanufahrer ein Paradies. Kanus können am Besucherzentrum gemietet werden.
- Hat man mehr Zeit zur Verfügung, kann man einen Ausflug in den **Missinaibi Provincial Park** unternehmen. Dieser liegt 222 km nordöstlich von Wawa und ist über Chapleau zu erreichen. Kanus können am Besucherzentrum gemietet werden.

## Reisepraktische Informationen Wawa

### Information

**Regional Tourist Information Centre**, *26 Mission Rd., am Hwy. 101 gegenüber dem Flughafen der Stadt, ☏ 705-856-2244 oder 1-800-367-9292, www.wawa.cc, Mai–Okt. geöffnet.*

### Unterkunft

**$$ High Falls Motel and Cabins**, *280 King's Hwy., ☏ 705-856-4496 oder 1-888-856-4496, www.highfallsmotel.com, gut geführtes Motel mit drei rustikal eingerichteten Zimmern und sieben Blockhütten, freundliche Besitzer.*
**$$ The Mystic Isle Motel**, *am Hwy. 17, ☏ 705-856-1737, www.mysticisle.com, Motel mit 14 geräumigen Zimmern, teils mit kleiner Küchenecke, in ruhiger Lage.*
**$$$–$$$$ Wawa Northern Lights Motel & Chalets**, *am Hwy. 17 N, 8 km außerhalb von Wawa, www.nlmotel.com, Motel mit vier Zimmern und Cottages, mit Frühstücksbuffet.*

Hinter Wawa führt der Hwy. 17 am **Catfish Lake** vorbei, berührt den **Obatanga Provincial Park** und erreicht nach ca. 90 km **White River**, das etwa auf der halben Strecke zwischen Sault Ste. Marie und Thunder Bay liegt. Im Ort gibt es einfache Motels, die sich für eine Zwischenübernachtung eignen; in der Umgebung mit mehreren Provinzparks und Seen laden Campingplätze und einsam gelegene Lodges zu längerem Aufenthalt ein.

Bei „Winnie-the-Pooh"

Wahrzeichen des Ortes ist die 1922 aufgestellte Statue von „Winnie-the-Pooh", die am **White River Tourist Information Centre** direkt am Hwy. 17, ☏ 807-822-2794, steht. Hier findet man eine umfangreiche Sammlung an Winnie-the-Pooh-Erinnerungsstücken. Winnie-the-Pooh (dt. Pu der Bär) ist die Hauptfigur der erfolgreichen Kinderbücher von Alexander Milne und der vielleicht noch erfolgreicheren Filme von Walt Disney. Den gutmütigen, aber nicht besonders intelligenten Bären kennt (nicht nur) in Kanada jedes Kind.

Man folgt weiter dem Hwy. 17 und kommt nach Marathon.

## Marathon

Der Ort gewann an wirtschaftlicher Bedeutung, als eine Papierfabrik im Ort gebaut und nochmals, als 1983 in Hemlo Gold entdeckt wurde – Hemlo verfügt über die drei größten Goldminen Kanadas! Viele Bewohner sind heute in den Minen beschäftigt. In der Touristeninformation, die direkt am Hwy. 17 liegt, ist eine Ausstellung mit Filmen und Materialsammlungen zum **Pukaskwa National Park** untergebracht.

Nur 2 km von Marathon entfernt erstreckt sich der **Pebble Beach**, ein Badestrand mit großen, gerundeten Kieseln.

## Reisepraktische Informationen Marathon

**Information**

**Marathon Information Centre**, *Hwy. 17 E., ☏ 807-229-0480, www.marathon.ca.*

**Hinweis**

Jedes Jahr im Juli findet im Pic River First Nations Reserve ein traditionelles Pow Wow statt.

**Unterkunft**

**$–$$ Marathon Harbour Inn**, *67 Peninsula Rd., ☏ 807-229-2121, einfaches Motel mit kleinen, aber sehr sauberen Zimmern.*

**$$$–$$$$ Lakeview Manor**, *24 Drake St., ☏ 807-229-2248, www.bbcanada.com/3917.html, schön gelegenes Haus mit fünf Zimmern, schönem Aufenthaltsraum mit Kamin und großartigem Blick auf den Lake Superior, ganzjährig geöffnet.*

Die Umgebung Marathons bietet Wander-, Wassersport- und Campingmöglichkeiten, z. B. auf **Pic Island** und im **Neys Provincial Park**, der 25 km westlich am Hwy. 17 liegt. Sandstrände laden zum Baden ein, Wanderwege führen zu den Klippen am Lake Superior. Es gibt auch einen Kanuverleih. Im Park leitet ein Hinweisschild zu den Überresten eines Lagers, in dem 1941/42 deutsche Kriegsgefangene lebten.

**Neys Provincial Park**, *☏ 807-229-1624, www.ontarioparks.com/park/neys, Mitte Mai–Mitte Sept.*

## Pukaskwa National Park

Vor Marathon zweigt vom Hwy. 17 die Straße Nr. 627 ab und führt an den Nationalpark heran; der Park selbst ist jedoch nur zu Fuß oder mit dem Kanu zu erkunden. Im Frühjahr sind Wildwasserfahrten auf dem Pukaskwa River und dem White River möglich. Für Wanderer und Kanufahrer sind wegen des Klimas nur die Sommermonate zu empfehlen, im Winter bietet sich der Park zum Ski-Langlauf an.

Der Nationalpark, dessen Name „Puck-a-saw" ausgesprochen wird, ist der einzige Wildnispark Ontarios, ein 1.878 km² großes Ökosystem, das die Küste des Lake Superior und die borealen Wälder einschließt. Eine der vielfältigen wissenschaftlichen Forschungen im Nationalpark beschäftigt sich mit den Lebensgewohnheiten und Interaktionen zwischen Elchen, Wölfen und Karibus. Der Nationalpark ist durch Nadelwälder geprägt, die mit Birken- und Espenwäldern abwechseln.

*Lebensgewohnheiten der Elche*

Der Reiz des Parks besteht in dem Gegensatz zwischen der Wasserfläche des Lake Superior, der 128 km langen Uferlinie und den felsigen Landplatten des Kanadischen Schildes. Es führt keine Straße durch den Park; die Erkundung ist nur Wildnis erfahrenen Wanderern und Kanuten zu empfehlen.

## Reisepraktische Informationen Pukaskwa NP

### Information
*Der Park ist ganzjährig geöffnet, der Campingplatz von Mai–Sept. Bevor man aufbricht, um in das 1.878 km² raue Urwaldgebiet mit felsigen Küstenabschnitten und dichten Wäldern vorzudringen, sollte man das Besucherzentrum, dem „Travel Information Centre“, aufsuchen. In der Nähe des Besucherzentrums gibt es Picknickplätze, Badestrände und kurze Wanderwege, die an der Küste entlang zu Aussichtspunkten und zu kleinen Inseln führen.*
**Wanderer und Kanuten**, *die ins Innere des Nationalparks vordringen wollen, müssen ihre Tour im* **Besucherzentrum anmelden** *und eine Gebühr bezahlen.*

*Das* **Besucherzentrum, Hattie Cove**, *liegt 25 km östlich von Marathon am Hwy. 626, ☏ 807-229-0801, www.pc.gc.ca/eng/pn-np/on/pukaskwa/index.aspx, Juni tgl. 9–16, Juli/Aug. So–Di, Do 9–16, Mi, Fr/Sa 9–20 Uhr. Hier ist der Ausgangspunkt für alle Parkaktivitäten. Eintritt Erwachsene $ 5,80, Senioren und Studenten $ 4,90, Familienkarte $ 11,75.*

### Unterkunft
*Im Park gibt es keine Lodges; übernachten kann man in Marathon oder Heron Bay.*

### Camping
*Ein einfacher Campingplatz, der von Anfang Juni–Mitte Okt. geöffnet ist, bietet 67 Plätze, Schutzhütten und Waschräume im Park.* **Hattie Cove Campground**: *Preise im Sommer ab $ 25,50 ohne Strom/29,40 inkl. Strom, Waschraum mit Toiletten und Duschen ist vorhanden. Stellplätze für ein Fahrzeug plus Zelt und oder 2 Zelte mit bis zu 6 Pers. Backcountry Camping: 65 Plätze mitten in der Natur, nur zu Fuß oder mit dem Boot zu erreichen. oTENTik, die es nur bei Parks Canada gibt. Dabei handelt es sich um eine Mischung aus Zelt und Hütte, die mit Betten und Möbeln auf einer Plattform ausgestattet ist.*

### Kanus
*Kanus können am* **Pic River** *in der Nähe des Parkeingangs gemietet werden.*

### Wandern
*Sehr schön ist der 60 km lange* **Coastal Hiking Trail**, *an dem einige sehr einfache Zeltplätze liegen.*

## Algoman Hills

*Uralte Felsformationen*

Von Marathon folgt der Hwy. 17 dem Küstenverlauf des Lake Superior; die zerklüftete Küste wird durch die Algoman Hills gebildet. Auffallend sind die Felsformationen, die zu den ältesten der Welt zählen, und die roten Klippen. Die Rastplätze entlang der Straße bieten Ausblicke auf den Lake Superior mit bewaldeten Inseln und laden zum Picknick ein.

### Unterkunft
*In den Ortschaften Terrace Bay, Schreiber, Rossport, Nipigon und Red Rock gibt es Übernachtungsmöglichkeiten.*

## Terrace Bay

Die Ortschaft Terrace Bay zieht sich am Hwy. 17 entlang; Schilder weisen zum Golfplatz und zum ca. 3 km entfernten Strand. Der Ort mit etwa 1.700 Einwohnern bietet

Möglichkeiten zum Angeln, Wandern, Schwimmen, Jagen, Tauchen und Skifahren im Winter. Terrace Bay ist ein Ausgangspunkt zur 2007 eingerichteten **Lake Superior National Marine Conservation**. Mit einer rund 10.000 km$^2$ großen Wasserfläche und zahlreichen Inseln erstreckt sich das größte Süßwasser-Schutzgebiet der Welt über 140 km am Nordufer des Lake Superior, dem angestammten Lebensraum der Ojibwa-Indianer.

**Information**
**Terrace Bay Tourist Information Centre**, *1008 Hwy. 17, ☏ 807-825-3315, 1-800-968-8616, www.terracebay.ca, Mitte Mai–Ende Sept. tgl. 9–18 Uhr.*

**Unterkunft**
$$ **Coach House Motel**, *Jackfish Lake, Hwy. 17, ☏ 807-825-9113, http://coachhousemotel.ca, das nur im Sommer geöffnete Hotel liegt 18 km östlich von Terrace Bay, mit freundlich eingerichteten Zimmern.*

## Schreiber

In der Nähe des Ortes Schreiber liegt am Hwy. 17 der **Rainbow Falls Provincial Park** mit zwei Campingplätzen. Beliebt sind der zu den Wasserfällen führende Rainbow Trail und der Badestrand am Whitesand Lake. Geöffnet von Juni bis Ende September.

**Information**
**Township of Schreiber**, *Kontakt für Touristen: Nathan Dias, 204 Alberta St., ☏ 807 824 2711, ced@schreiber.ca, www.schreiber.ca.*

**Wanderung**
*Von Terrace Bay über Schreiber führt der* **North Superior Hiking Trail** *über 48 km nach Rossport. Dieser ist Teil des insgesamt 1.100 km langen* **Voyageur Trail**, *der erst abschnittsweise fertiggestellt ist und sich einmal von Manitoulin Island am Lake Superior entlang bis nach Thunder Bay hinziehen soll.*

## Rossport

Rossport ist ein kleiner Fischerort, dessen Hafen in einer natürlichen Bucht durch eine Reihe vorgelagerter Inseln geschützt ist. Lange Zeit war der Fischfang die wichtigste Erwerbsquelle der Bewohner. Der Bau der Eisenbahnstrecke der Canadian Pacific Railway machte den raschen Transport des frisch gefangenen Fischs möglich, sodass der Ort wirtschaftlich an Bedeutung gewann. Nach dem Rückgang der Erträge spielt der Fischfang heute kaum noch eine Rolle. Stattdessen ist der Ort beliebt als Ausgangspunkt für Naturfreunde, Wanderer und Sportler; der Hafen wird wegen seiner guten Infrastruktur von Sportschiffern geschätzt. Seit 2009 gehören die acht vorgelagerten Wilson Islands zur Lake Superior National Marine Conservation Area; unter Schutz stehen die Felszeichnungen und archäologische Funde der Ureinwohner auf der **Sibley Peninsula**.

*Vorgelagerte Inseln*

Ein **Museum** berichtet über die Geschichte des Ortes.

Das ehemalige Bahnhofshotel aus dem Jahr 1884 wurde zu einem gemütlichen Landgasthaus umgebaut. Rossport hat einige einladende Restaurants und Übernachtungsmöglichkeiten; im Hafen werden in den Sommermonaten täglich Bootsausflüge angeboten.

## Reisepraktische Informationen Rossport

### Unterkunft

$$ **Rossport Inn**, *6 Bowman St., ☏ 807-824-3213 oder 204-269-9821 (15. Nov.–15. April), das ehemalige Bahnhofshotel der Canadian Pacific Railway wurde in ein gemütliches Landgasthaus mit persönlicher Atmosphäre umgewandelt und verfügt nun über sechs Zimmer, die sich zwei Bäder teilen müssen, und neun Blockhütten mit Bad und Seeblick; das Restaurant ist bekannt für seine gute Küche, häufig wird frisch gefangener Fisch angeboten.*

$$ **The Willows**, *116 Main St., ☏ 807-824-3389 oder 1-877-825-1275, www.bbcanada.com/willowsinn, ganzjährig geöffnetes, einladendes Bed-&-Breakfast-Haus mit privaten Bädern, freundlich eingerichteten Zimmern, einem guten Frühstück und schönem Ausblick auf den Lake Superior.*

$$–$$$ **Island Shores Bed & Breakfast**, *440 Main St., ☏ 807-824-1182, www.bbcanada.com/10755.html, schön gelegenes und gepflegtes Haus mit drei liebevoll eingerichteten Zimmern, schönem Aufenthaltsraum mit Kamin und Bibliothek, sehr gutes Frühstück.*

$$$ **Serendipity Gardens Guest House**, *222 Main St., ☏ 807-824-2890, www.serendipitygardens.ca, ungewöhnlich gestaltetes, modernes Gästehaus mit vier Studios mit kleiner Küchenzeile und gutem Restaurant.*

### Bootsfahrten

**Discovery Charters**, *Main Dock, ☏ 807-824-3323, http://discoverycharters.ca, 1,5- bis 2-stündige Bootstour durch die Rossport vorgelagerte Inselwelt, pro Person $ 55.*

Zwischen Rossport und Nipigon liegt der **Kama Lookout** (östlich am Hwy. 17), von dem sich ein Panoramablick auf die Kama Bay und den Lake Superior bietet.

## Nipigon

*Größte Forelle der Welt*

Nipigon an der Mündung des gleichnamigen Flusses in den Lake Superior ist vor allem bei Anglern bekannt und beliebt, 1915 wurde hier die größte Forelle der Welt gefangen. Sie wog 6,58 kg. Im Ort selbst fallen die drei „Nipigon Murals" auf, die von dem Künstler Dan Sawatsky an den Hauswänden gestaltet wurden.

## Reisepraktische Informationen Nipigon

### Information

**Information Centre**, *direkt am Hwy. 11/17, ☏ 807-887-3188, nipigon.net/visitors, Mo–Fr 9.30–16.30, Juli/Aug. tgl. 8.30–18 Uhr.*

### Unterkunft

$$–$$$ **Birchville Motel**, *RR # 1, Hwy. 11/17, ☏ 807-887-3141, 1-866-282-4843, http://birchvillemotel.com, sympathisches Motel mit 8 Zimmern (teils mit Kochnische), darunter 1 Familienzimmer. Reservierung empfohlen.*

$$–$$$ **Northland Motel**, *an der Kreuzung Hwy. 17/11, ☏ 807-887-2032, www.northland-motel.com, kleines Hotel mit 18 freundlich eingerichteten Zimmern auf schönem Gelände.*

### Bootsfahrten

*In Nipigon werden* **Bootsfahrten auf dem Lake Superior** *und zu den vorgelagerten Inseln angeboten. Schiffsführer bringen einen ganz nach Wunsch zu den schöns-*

*ten Buchten, erklären Flora und Fauna der Küstenregion, zeigen Felsmalereien und erzählen Geschichten und Märchen der Indianer. Die Dauer der Fahrten reicht von 2-stündigen Ausflügen bis zu mehrtägigen Fahrten.*

### Wandern

*Zwischen Nipigon und Red Rock wurde der* **Nipigon River Recreation Trail** *angelegt, der zu Spaziergängen rund um die Marina, einem ca. einstündigen Rundweg nach Sawmill Point, aber auch zu einer ca. 3-stündigen, mittelschweren Wanderung nach Red Rock einlädt.*

*Unterwegs bietet sich Gelegenheit, seltene Pflanzen zu sehen und Adler, Falken, Pelikane und Kraniche, aber auch Elche, Otter und Biber zu beobachten. Entlang des Weges sind Informationstafeln aufgestellt. Der Weg ist ganzjährig zugänglich; während der erste Abschnitt leicht zu begehen ist, gibt es auf der Strecke von Sawmill Point nach Red Rock einige steile Wegstücke; drei Rastplätze bieten unterwegs Ausblicke auf die Nipigon Bay und die vorgelagerten Inseln, z. B. von Eagle's Ridge aus. In der Touristeninformation von Nipigon erhält man eine Broschüre mit Wanderkarte zum Nipigon River Recreation Trail.*

Mit dem Auto ist Red Rock über die Straße 628 zu erreichen.

## Red Rock

Der Ort, der 8 km südlich des Hwy. 17 liegt, zieht sich am Ufer des Lake Superior entlang, wo eine Marina und ein Fußgängerweg mit Picknickplätzen angelegt wurden.

Im Sommer verkehren Boote zur Isle Royale und zu den Orten an der Südküste des Lake Superior. Für Sportler gibt es Gelegenheit zum Segeln, Windsurfen, Golfen, Wandern und Fahrradfahren. Im Winter zieht es Wintersportfreunde zum Skifahren, Eisklettern und Snowmobilefahren nach Red Rock, das an den Trans-Ontario-Provincial Snowmobile Trails liegt; und im Februar wird der Karneval gefeiert.

Auf dem letzten Streckenabschnitt führt der Hwy. 17 über Dorion nach Thunder Bay.

## Dorion

Von Dorion führt eine Straße zum **Ouimet Canyon**. Vom Parkplatz folgt man dem ca. 1 km langen Trail zum bis zu 150 m tiefen Ouimet Canyon. Von den Aussichtsplattformen schaut man hinunter in die Schlucht, in der arktische Pflanzen

*Ein Blick in den Ouimet Canyon*

wachsen, denn die Sonne dringt nur selten in den Canyon vor. Sogar im Hochsommer sind noch winterliche Eis- und Schneereste zu sehen.

Bei Pass Lake führt der Hwy. 587 zum **Sleeping Giant (Sibley-)Provincial Park** mit dem Wahrzeichen von Thunder Bay, dem „Sleeping Giant". Die Beschreibung des Parks findet sich auf S. 346 bei den Ausflugszielen von Thunder Bay.

Entlang des Hwy. 17 weisen Schilder auf **Mineralien-Minen** hin (Ausflugsziele in der Umgebung von Thunder Bay, s. S. 346).

Noch vor Thunder Bay passiert man am Hwy. 11/17 einen Aussichtspunkt mit einem Standbild zu Ehren von Terry Fox. Hier befindet sich das **Terry Fox Tourist Information Centre**.
**Terry Fox Tourist Information Centre**, ☏ *807-983-2041 oder 1-800-667-8386, ganzjährig geöffnet von 9–17, in den Sommermonaten 9–19 Uhr.*

info

## Terry Fox

Eine 2,70 m hohe Bronzestatue erinnert an Terry Fox, der für viele Kanadier zu einer Symbolfigur geworden ist. Im Jahr 1980 startete der 18-Jährige, der durch Krebs ein Bein verloren hatte, zu seinem „Marathon der Hoffnung", der ihn von der Küste in British Columbia zur Küste nach Newfoundland quer durch ganz Kanada führen sollte. Bei diesem Lauf sammelte er Spenden zur Finanzierung der Krebsforschung. Jeden Tag legte er 42 km zurück, aber nach 5.373 km zwang ihn der erneute Ausbruch der Krankheit zum Abbruch. Er kehrte nach Hause zurück und starb im folgenden Jahr.

Östlich von Thunder Bay wurde zur Erinnerung an den jungen Mann die Statue am Hwy. 11/17 aufgestellt; seitdem trägt der Trans-Canada Highway auf dem Streckenabschnitt zwischen Nipigon und Thunder Bay den Namen „Terry Fox Courage Highway".

# Thunder Bay und Umgebung

1970 schlossen sich die Ortschaften Fort William und Port Arthur zur Stadt Thunder Bay zusammen, die am Nordufer des Lake Superior liegt und als Tor zu den Prärieprovinzen gilt. Thunder Bay hat ca. 110.000 Einwohner und ist der drittgrößte Hafen Kanadas und letzte kanadische Stadt am St.-Lorenz-Seeweg. Der Hafen hat große wirtschaftliche Bedeutung, da hier nicht nur Erze und Kohlen verladen werden, sondern vor allem auch Getreide aus den kanadischen Prärien, wie die Weizensilos mit einer Speicherkapazität von 2 Mio. t zeigen.

*Kultureller Schmelztiegel*

Auffällig ist die ethnische Spannbreite in der Bevölkerung – in der Stadt leben 43 verschiedene Volksgruppen, deren kulturelle Einrichtungen das Stadtbild prägen. Darunter das Scandinavia Home, das Italian Cultural Centre oder der Finnish Labour Temple. Unter den ethnischen Minderheiten sind die Finnen am stärksten vertreten; in und um Thunder Bay lebt sogar die größte finnische Gemeinde außerhalb des Mutterlandes. Thunder Bay ist Ausgangsort für Fahrten in das Umland mit landschaftlichen Höhepunkten und Sehenswürdigkeiten.

*Die Marina von Thunder Bay*

## Sehenswürdigkeiten der Stadt

Einen Überblick über Thunder Bay gewinnt man auf dem 483 m hohen **Mount-McKay-Aussichtspunkt** im Reservat Fort William Ojibwa am Hwy. 61 B. Die dort lebenden Indianer erheben eine kleine Zugangsgebühr. *Aussichtspunkt*

Mithilfe einer Broschüre der Touristeninformation **Thunder Bay Historical Walking Tours** kann man einen Rundgang durch das historische Viertel der Stadt machen. Erhältlich ist die Broschüre in der City Hall, im Thunder Bay Museum oder online: www.thunderbay.ca/en/city-hall/heritage-walking-tours.aspx.

Das **Thunder Bay Museum** informiert über die Geschichte Nordwest-Ontarios.
**Thunder Bay Museum**, *425 Donald St. E., ☏ 807-623-0801, www.thunderbaymuseum.com, Mitte Juni–Anfang Sept. tgl. 11–17, im Winter Di–So 13–17 Uhr, Eintritt Erwachsene $ 3, Kinder von 6–17 J. $ 1,50.*

Im **Founders Museum and Pioneer Village** wird man in die Zeit um 1900 zurückversetzt; Bahnstation, Häuser, Geschäfte, die Kirche, die einklassige Schule sowie Werkzeuge und Gebrauchsgegenstände vermitteln ein Bild vom Alltag jener Zeit.
**Founders Museum and Pioneer Village**, *Hwy. 61 u. Gillespie Rd., ☏ 807-475-7424, www.oliverpaipoonge.ca/living/museums/founders-museum-pioneer-village, Mai–Aug. Fr–So 12–16.30 Uhr.*

Die **Thunder Bay Art Gallery** zeigt wechselnde Ausstellungen zeitgenössischer indianischer Künstler, z. B. Webarbeiten, Töpfereien, Bilder und Skulpturen.
**Thunder Bay Art Gallery**, *Confederation College Campus, 1080 Keewatin St./Red Lake Rd., ☏ 807-577-6427, http://theag.ca, Di–Do 12–20, Fr–So 12–17 Uhr, Eintritt Erwachsene Spenden vorgeschlagen $ 5.*

Die **International Friendship Gardens**, Victoria Ave./Legion Track Dr., wurde von den Angehörigen der in Thunder Bay lebenden Volksgruppen entworfen und angelegt. Tagsüber frei zugänglich.

Der **Centennial Park** erstreckt sich im Norden der Stadt über 57 ha am Current River. Neben einer Tierfarm und einem Museum gibt es die Rekonstruktion eines Holzfällerlagers des frühen 20. Jh. mit Blockhütten, einer Schmiede und einer „Küche". Kanus und Boote werden vermietet. Der Park weist ein Wegenetz für Wanderer, Radfahrer und Skiläufer auf.
**Centennial Park**, *Boulevard Lake Park Rd., ☏ 807-625-2941, tgl. 7.30 Uhr bis zum* Einbruch der Dämmerung; das Holzfällerlager ist von Juni–Okt. tgl. 8–19 Uhr geöffnet, sonst bis 16 Uhr, Eintritt in den Park frei.

Das **Duke Hunt Museum** informiert über das Leben der Pioniere, die das Land gegen Ende des 19. Jh. besiedelte.
**Duke Hunt Museum**, *3218 Rosslyn Rd., 14 km westlich am Hwy. 130, ☏ 807-939-1262, www.oliverpaipoonge.ca/living/museums/duke-hunt-historical-museum, Mai–Ende Aug. Di–So 13–16.30 Uhr, Eintritt Erwachsene $ 3.*

## Ausflugsziele in der Umgebung von Thunder Bay

Das Gebiet um **Fort William** war bereits vor über 200 Jahren ein wichtiger Handelsposten. 1801 bauten die Engländer ein Fort, das schon bald zum Hauptumschlagplatz der „Northwest Company of Montreal" wurde. In jedem Sommer trafen sich hier die Indianer und Trapper, die ihre Felle und Pelze gegen Waren eintauschten, die die Voyageure aus Montréal mitbrachten.

**Old Fort William** ist die Rekonstruktion des britischen Forts und besteht aus mehr als 40 Gebäuden, die von Palisaden umgeben sind. Im Fort wird die Zeit um 1815 wieder lebendig, wenn Indianer, Trapper, Pelzhändler, Soldaten, Angestellte der Northwest Company, Frauen und Kinder in der Kleidung jener Zeit ihren Beschäftigungen nachgehen. Sie fertigen Kanus aus Birkenrinde, beschlagen die Pferde, putzen ihre Waffen, wiegen die Felle und packen sie in Ballen, sie säubern die Häuser, backen Brot oder bereiten das Essen zu.
**Fort William Historical Park**, *1350 King Rd., 8 km außerhalb der Stadt, ☏ 1-807-473-2344, www.fwhp.ca, ganzjährig 10–17 Uhr, Führungen alle 45 Min. (Mitte Sept.–Mitte Mai nur mit Reservierung), Eintritt Erwachsene $ 14, Senioren und Studenten $ 12, Kinder 6–12 J. $ 10, Kinder unter 5 J. frei.*

*Der „schlafende Riese"*

Der **Sleeping Giant (Sibley-)Provincial Park** verfügt über ein Streckennetz von fast 80 km Wanderwegen; in den schluchtenreichen Wäldern leben noch Bären, Luchse, Füchse, Biber und Hirsche sowie über 200 Vogelarten. Das Wahrzeichen von Thunder Bay ist der „Sleeping Giant", eine 11 km lange und 335 m hohe Felsformation, die Teil einer Halbinsel am Oberen See ist. Diese erinnert an einen „schlafenden Riesen", von dem die Geschichten der Ojibwa-Indianer berichten.
**Sleeping Giant (Sibley-)Provincial Park**, *☏ 807-977-2526, www.ontarioparks.com/park/sleepinggiant, nordöstlich von Thunder Bay. Man erreicht ihn über den Hwy. 17, wo nach 35 km bei Pass Lake der Hwy. 587 abzweigt, der zum Provinzpark führt. Ganzjährig geöffnet (Campingplätze Mitte Mai–Mitte Okt.).*

Die Legende erzählt, dass, lange bevor die Weißen dieses Gebiet besiedelten, hier die Ojibwa-Indianer lebten und den Gott Nanibijou, den „Großen Geist", verehrten. Er

lebte auf dem Mt. McKay und beobachtete und beschützte die Indianer, damit sie heil den „Gitchie Gumee", den Lake Superior, befahren konnten. Als Dank für ihre Opfergaben schenkte Nanibijou den Ojibwa eine Silbermine, warnte sie aber davor, den Ort der Mine an die Weißen zu verraten. Ein geldgieriger Indianer erzählte aber den Weißen von der Silbermine. Als diese dann in ihren Kanus heranfuhren, kam ein Sturm auf, und alle ertranken. Am Morgen danach stieg die Halbinsel aus dem See in Form eines großen, schlafenden Giganten auf – Nanibijou hatte sich in einen großen Stein verwandelt.

Von der Höhe des „Sleeping Giant" bietet sich eine schöne Aussicht auf den Lake Superior.

*Donnernde Wasserfälle*

Die Wassermassen des **Kaministiquia River** stürzen bei den Kakabeka Falls fast 40 m donnernd in die Tiefe. Informationen erhält man im Besucherzentrum. Wanderwege von 1–6 km Länge führen zu den interessanten Punkten des Parks, z. B. der Beaver Meadows Trail, der am Kaministiquia River entlangführt, oder der 3 km lange Rundwanderweg Little Falls Trail mit einem Abstieg ins Flusstal.
**Kakabeka Falls Provincial Park**, *25 km westlich von Thunder Bay am Hwy. 11/17, ☏ 807-473-9231, www.ontarioparks.com/park/kakabekafalls, ganzjährig geöffnet, von Mitte Mai–Mitte Okt. sind die Campingplätze geöffnet.*

Für Mineraliensammler interessant:
**Amethyst Mine Panorama**, die 1949 entdeckt wurde und seit 1960 in ständigem Betrieb ist, gilt als die größte Mine ihrer Art in ganz Nordamerika. Hier kann man selbst Steine sammeln (pro gesammeltem Pfund fallen 4 $ Gebühren an). Die notwendige Ausrüstung wird gestellt.
**Amethyst Mine Panorama**, *56 km nordöstlich von Thunder Bay, 500 Bass Lake Rd., ☏ 807-622-6908, www.amethystmine.com, Mitte Mai–Mitte Okt. tgl. 10–17, im Juli/Aug. tgl. 10–18 Uhr, kurze Führung durch die Steinschneider-Werkstatt auf Anfrage, Eintritt zur Mine $ 10, Kinder bis 5 J. frei.*

Eine weitere Möglichkeit, auf Amethyst-Suche zu gehen, bietet die familienbetriebene **Diamond Willow Amethyst Mine**. Einen Souvenirshop gibt es auch.
**Diamond Willow Amethyst Mine**, *55 km östlich von Thunder Bay am Hwy. 11/17, No. 5 Rd. N., Pass Lake, ☏ 807-627-5515, Mitte Mai–Mitte Okt. tgl. 10–17 Uhr, Eintritt frei.*

## Reisepraktische Informationen Umgebung von Thunder Bay

### Information

**Terry Tourist Information Centre**, *am östlichen Stadteingang am Hwy. 11/17, ☏ 807-983-2041, 1-800-667-8386, www.visitthunderbay.com, ganzjährig geöffnet, tgl. 9–17, in den Sommermonaten 8.30–19.30 Uhr.*
**Thunder Bay's Tourist Information**, *Water St./Red River Rd., ☏ 807-476-3670, www.visitthunderbay.com. Die Touristeninformation an der Marina ist in der alten „Pagode" eingerichtet, die schon 1909 gebaut wurde. Mitte Mai–Mitte Sept. Di–Sa 10–18, So/Mo 11–16 Uhr.*

### Unterkunft

**$$ B&B Eldorado Beach on Lake Superior**, *2845 Eldorado Beach Rd., RR 13, ☏ 807-983-2276 oder 1-866-205-0855, www.bbcanada.com/3619.html, das ganzjährig geöffnete Haus liegt ca. 20 Fahrminuten von Thunder Bay entfernt, direkt am Lake Superior. Die drei Zimmer sind gut eingerichtet, der Aufenthaltsraum hat einen offenen Kamin, die Gastgeber sprechen Deutsch.*

**$$–$$$ Prince Arthur Hotel**, *17 North Cumberland St., ☏ 807-345-5411 oder 1-800-267-2675, www.princearthurwaterfront.com, historisches Hotel von 1914 mit allem modernen Komfort und 123 geräumigen Zimmern in der Innenstadt mit schönem Blick auf den Hafen.*
**$$$–$$$$ Best Western Nor'Wester Resort Hotel**, *2080 Hwy. 61, ☏ 807-473-9123 oder 1-800-780-7234, www.bestwestern.com/en_US/book/hotel-rooms.66055.html, ruhig gelegenes Hotel in ländlicher Umgebung mit geräumigen Zimmern, einem großen Amethyst-Kamin in der Eingangshalle, Swimmingpool, Sauna, Fitnessraum und Restaurant und einer schönen Sonnenterrasse mit Ausblick auf die Berge.*
**$$$–$$$$ Days Inn Thunder Bay North**, *1250 Golf Links Rd., ☏ 807-344-3297, www.daysinnthunderbay.com, geschmackvoll eingerichtetes Hotel mit 92 gut ausgestatteten Zimmern verschiedener Kategorien. Fitnessraum und Joggingwege für die sportlichen Gäste, Frühstück im Preis inbegriffen.*
**$$$–$$$$ Valhalla Inn**, *1 Valhalla Inn Rd., ☏ 807-577-1121 oder 1-800-964-1121, www.valhallainn.com, Hotel mit gutem Service und 265 geräumigen, schönen Zimmern, Swimmingpool, Sauna, Fahrradverleih und Restaurant, 2 km nördlich des Flughafens gelegen.*

### Essen und Trinken

**The Hoito Restaurant**, *314 Bay St., ☏ 807-345-6323, http://thehoito.ca, einfach eingerichtetes, aber sehr gutes finnisches Restaurant mit skandinavischer Küche.*
**The Prospector Restaurant**, *27 Cumberland St. S., ☏ 807-345-5833, www.prospectorsteakhouse.com, beliebtes Restaurant, in dem gut zubereitete Steaks und Seafood-Gerichte serviert werden.*

### Einkaufen

*Die besten Einkaufsmöglichkeiten bietet die* **Intercity Mall**, *1000 Fort William Rd., mit ca. 100 Einzelhandelsgeschäften und einem großen Kaufhaus der Kette Sears.*
**Amethyst Gift Centre**, *400 E. Victoria Ave., ☏ 807-622-6908, hier werden Amethyste und andere Edelsteine verkauft; interessant ist die Vorführung des Edelsteinschleifens.*

### Flüge

*Der* **Thunder Bay International Airport** *liegt ca. 12 km südwestlich der Stadt, ☏ 807-473-2600, www.thunderbayairport.com, u. a. tgl. Flüge nach Toronto, Ottawa, Winnipeg und Minneapolis.*

## Von Thunder Bay nach Kenora

*Per Wasserflugzeug zum Camp*

Im äußersten Westen von Ontario liegt das „Sunset Country", ein vor allem von Anglern, Wassersportlern und Naturliebhabern besuchtes Wald- und Seengebiet. In den Ortschaften am Hwy. 17 starten Wasserflugzeuge und bringen die Touristen zu Lodges oder Camps, die in völliger Abgeschiedenheit an einem der Seen liegen. Dabei hat man die Wahl, ob man seine Zeit in einfachen Anglercamps, komfortablen Cottages oder luxuriösen Lodges verbringen will.

Von Thunder Bay führen zwei reizvolle Strecken nach Kenora. Man verlässt Thunder Bay auf den Hwys. 11/17 und fahren bis Shabaqua Corners, wo die Straßen sich trennen.

### Streckenalternative 1

Von Shabaqua Corners folgt man dem Hwy. 17 über Ignace, Dryden und Vermillion Bay nach Kenora. Man durchfährt ein beliebtes Feriengebiet mit Seen und Wäldern,

in denen noch viele Elche leben. In dieser Region gibt es Lodges in der Wildnis, die besonders für Jäger und Angler eingerichtet sind. Die Entfernung beträgt ca. 600 km.

Nördlich und südlich des Hwy. 17 liegen Provinzparks, die über Straßen zugänglich sind, z. B. der Sandbar Lake Provincial Park, der Aaron Provincial Park, der Turtle River Provincial Park oder der Blue Lake Provincial Park.

In Upsala verläuft die Zeitgrenze zwischen der Eastern und Central Standard Time. Nun muss man die Uhr um eine Stunde zurückstellen = MEZ -7 Stunden.

*Die Kakabeka Falls*

## Ignace

Ignace liegt eingebettet zwischen Wäldern und Seen und dient als Ausgangsort für Auto- und Kanufahrten in die Seenlandschaften im Norden. Infos gibt es im **Tourismusbüro**. **Ignace Regional Travel Centre**, *34 Main St., das Regional Travel Information Centre liegt direkt am Hwy. 17, ☏ 807-934 2202, www.ignace.ca/visitors. Picknickplatz, Spielplatz, Naturpfad durch den Wald, lokale und regionale Touristeninformation inkl. Ausstellung über historische und Wildnisthemen der Ignace-Region.*

Sehenswert sind die **Wandmalereien** regionaler Künstler, z. B. am alten **Bahnhof der Pacific Railway Station**, die von der Geschichte des Ortes erzählen. Es ist vor allem die Landschaft mit Klippen, Wasserfällen, Flüssen und Seen, die zu einem längeren Aufenthalt einlädt. Ausflüge bieten sich an zu den Raleigh Waterfalls, zum Wandern und Kanufahren im Turtle River Provincial Park oder **Sandbar Lake Provincial Park** und zu den indianischen Felszeichnungen, die rund um Ignace zu entdecken sind.

### Streckenhinweis

Ein alternativer Streckenabschnitt führt nach **Sioux Lookout** (ca. 200 km), wo Jäger und Angler hervorragende Bedingungen vorfinden. Es gibt mehrere Hotels, Resorts und Lodges, von denen sich einige auf Ökotourismus eingestellt haben.
**Sioux Lookout Travel Information Centre**, 11 First Ave. S., direkt am Hwy. 72, am Pelican Lake, ☏ 807-737-1937, www.siouxlookout.com, ganzjährig geöffnet.

Ab Ignace geht es zunächst über den Hwy. 599, dann nach 53 km über den Hwy. 642 bis nach **Sioux Lookout**; für die Weiterfahrt kann man den Hwy. 72 benutzen, der einen vor Dryden wieder auf den Hwy. 17 zurückbringt.

### Dryden

Die rund 7.600 Einwohnern von Dryden sind überwiegend in der Holzverarbeitung und Papierherstellung tätig. Zunehmend gewinnt jedoch der Fremdenverkehr an Bedeutung, denn die Jagd- und Fischreviere ziehen Besucher an, die Dryden als Ausgangsort für die Camps und Lodges im Norden wählen. Wahrzeichen des Ortes ist die 6 m hohe Elchskulptur „Max The Moose", die vor der Touristeninformation steht.

## Reisepraktische Informationen Dryden

**Information**
**Tourist Information Centre**, *284 Government St., ☏ 1-807-223-2174 oder 1-800-667-0935, www.experiencedryden.ca.*

**Unterkunft**
**$$–$$$ Hide Away Inn**, *700 Government St., ☏ 807-223-5329, www.hideawayinn.ca, kleines Motel mit ordentlich ausgestatteten Zimmern, z. T. mit Kochnische.*
**$$$ Best Western Plus Dryden Hotel**, *349 Government St., ☏ 807-223-3201 oder 1-800-780-7234, www.bestwestern.com, das moderne Hotel mit geräumigen Zimmern, Swimmingpool und Restaurant liegt am Hwy. 17, nicht weit vom Einkaufszentrum entfernt.*

### Vermillion Bay

*Versorgungszentrum*

Vermillion Bay, ein Ort, der im 18. Jh. als **Pelzhandelsposten** der Hudson Bay Company gegründet wurde und dessen Wahrzeichen ein Totempfahl ist, dient mit Geschäften, Postamt, Krankenstation, Bootsverleih und kleinem Flugplatz dem Hinterland als Versorgungszentrum. Nicht weit entfernt liegt der Blue Lake Provincial Park mit Wanderwegen und Badegelegenheiten. Von Vermillion Bay führt der Hwy. 105 nach Norden bis Ear Falls, der als einer der besten Orte in Nordamerika gilt, um Weißkopfseeadler zu beobachten.

## Streckenalternative 2

Von Shabaqua Corners folgt man dem Hwy. 11 nach Atikokan und Fort Frances, bis man auf den Hwy. 71 trifft, der nach Nestor Falls und Sioux Narrows führt und kurz vor Kenora wieder auf den Hwy. 17 stößt. Die Entfernung beträgt 640 km.

### Atikokan

*„Kanuhauptstadt Kanadas"*

Atikokan mit knapp 3.000 Einwohnern lebt vorrangig vom Bergbau, der Forst- und Holzwirtschaft und vom Fremdenverkehr. Hauptanziehungspunkt sind die ausgezeichneten Bedingungen zum Kanufahren im Quetico Provincial Park und in der White Otter Wilderness Area, die dem Ort auch den Beinamen „Kanu-Hauptstadt Kanadas" geben.

Atikokan ist Ausgangsort für den Besuch des **Quetico Provincial Park**, der sich mit einem Netzwerk von Flüssen und Seen bis zur US-amerikanischen Grenze hinzieht. Der

471.940 ha große Park ist einer der ältesten und größten Provinzparks in Ontario und kaum erschlossen. Es gibt keine Straßen, nur ein Netz von etwa 1.500 km Kanurouten, die weitgehend den historischen Routen der Indianer und Pelzhändler folgen. In der Wildnis leben Schwarzbären, Hirsche, Fischotter und Biber, und mit etwas Glück kann man auch Fischadler beobachten. Interessant sind indianische Felszeichnungen, die Tiere und Menschen bei der Jagd zeigen.

Das **Informationszentrum des Parks** (☏ *807-597-2735*) befindet sich am French Lake; hier erhält man Hinweise auf Naturlehrpfade und kann sich bei der Planung von Kanurouten beraten lassen. Es gibt einen Campingplatz, Bootsverleih und Ausrüster, die alles Notwendige zum Leben und Überleben in der Wildnis bereithalten, von der technischen Ausrüstung über Kartenmaterial, Handlungsanweisungen bis hin zur Verpflegung und Begleitung. Bevor man zu Fahrten ins Hinterland aufbricht, muss man sich im Informationszentrum melden.

## Reisepraktische Informationen Atikokan

### Ausrüster

**Canoe Canada Outfitters**, *300 O'Brien St.,* ☏ *807-597-6418 oder 877-597-6418, www.canoecanada.com.*

**QuetiQuest Wilderness Outfitters**, ☏ *807-929-2266, https://queticooutfitters.com. Sie befinden sich 4,5 km westlich des Haupteingangs zum Quetico Park (Quetico Information Pavillon).*

## Fort Frances

Fort Frances liegt auf der kanadischen Seite des Rainy River und ist durch die **International Bridge** mit der amerikanischen Stadt International Falls im Bundesstaat Minnesota verbunden. Der Grenzverkehr bestimmt das Leben des Ortes, der sich aus dem 1731 gebauten Fort St. Pierre entwickelt hat.

*Grenzverkehr*

Beliebte Treffpunkte sind die Marina und der „La Verendrye Parkway", der mit Fuß- und Radweg entlang des Rainy River verläuft und mit Pavillons zum Picknick einlädt.
Das **Fort Frances Museum & Cultural Centre** wurde in einem Schulhaus von 1898 eingerichtet und zeigt die wirtschaftliche und kulturelle Entwicklung der Region.
**Fort Frances Museum & Cultural Centre**, *259 Scott St.,* ☏ *807-274-7891, www.fortfrances.ca/experience/activities-amenities/museum, Mai–Mitte Sept. tgl. 10–17, sonst Di–Sa 11–16 Uhr, Eintritt Erwachsene $ 4, Kinder von 5–12 J. $ 3, Familienkarte $ 12.*

Eine Rekonstruktion des **Fort St. Pierre** ist ca. 3 km östlich am Hwy. 11 im Pither's Point Park zu besichtigen. Vom Aussichtsturm „Lookout Tower Museum" eröffnet sich ein schöner Blick auf Fort Frances und den Rainy Lake.

## Reisepraktische Informationen Fort Frances

### Information

**Fort Frances Chamber of Commerce**, *474 Scott St.,* ☏ *807-274-7303 oder 1-800-820-3678, www.fort-frances.com/experience.*

**Hinweis**

Beim Überqueren der International Bridge muss pro Auto ein Brückenzoll von derzeit $ 6 bezahlt werden.

**Unterkunft**

**$$$ Super 8 by Wyndham Fort Frances**, *810 Kings Hwy., ☏ 807-788-0917, www.wyndhamhotels.com/super-8. Das Hotel liegt am Ufer des Rainy Lake, ca. 10 Min. von der Grenze zu den USA, nahe dem Townshend Theatre und in fußläufiger Entfernung zu Restaurants, Parks und dem See.*

**$$$–$$$$ La Place Rendez-vous**, *1202 Idlywild Dr., ☏ 807-274-9811 oder 1-800-544-9435, www.rendezvoushotel.com, angenehmes Hotel etwas außerhalb der Stadt, am See gelegen.*

Für die Weiterfahrt folgt man dem Hwy. 11 bis zur Kreuzung mit dem Hwy. 71 und fährt dann in nördliche Richtung nach Nestor Falls.

## Nestor Falls

Der Ort liegt am Südostrand des Lake of the Woods und ist ganzjährig ein Ferienziel mit Möglichkeiten zum Fischen, Wandern und um jede erdenkliche Wassersportart zu betreiben. Im Winter bietet Nestor Falls sichere Schneeverhältnisse. Vom Aussichtsplatz am Hwy. 71 sind die Wasserfälle von Nestor Falls zwischen dem Lake Kakabikitchiwan und der Sabaskong-Bucht zu sehen.

## Reisepraktische Informationen Nestor Falls

**Information**

**The Northwest Ontario Sunset Country Travel Association**, *☏ 807-468-5853 oder 1-800-665-7567, www.visitsunsetcountry.com.*

**Unterkunft**

**$$ Arrowhead Resort & Motel**, *☏ 807-484-2132 oder im Winter 515-360-8940, www.arrowheadresortmotel.com, gepflegte Anlage mit modernen Zimmern im Haupthaus und 14 Cottages am Crooked Pine Lake, Paddel- und Motorbootverleih.*

**Rundflüge**

**Nestor Falls Fly-in Outposts**, *☏ 807-484-2345 oder 1-877-653-1524, www.nestorfalls.com, führt Rundflüge und Flüge zu Lodges in der Umgebung durch. Preise auf Anfrage, abhängig von der Jahreszeit, Entfernung und Dauer.*

*Über 14.000 Inseln*

Der Hwy. 71 führt an der Ostküste des 4.348 km² großen **Lake of the Woods** entlang. Der See ist nicht tief, aber fischreich und gilt als der inselreichste der Welt. Die Zahl liegt bei 14.552 offiziell gezählten Inseln, die alle dicht bewaldet sind. Als der See um 1688 entdeckt wurde, bot das Inselgewirr für die Pelzhändler noch viele Gefahren; heute ist der See ein Paradies für Wassersportler und Angler. Durch den Lake of the Woods

verläuft die Grenze zwischen Kanada und den USA; etwa die Hälfte des Sees gehört zu Kanada.

Am Hwy. 71 erstrecken sich einige Provinzparks, die sich gut zum Kanufahren und Angeln eignen, so z. B. der **Lake of the Woods Provincial Park**, der **Caliper Lake Provincial Park**, der **Sioux Narrows Provincial Park** und der **Rushing River Provincial Park**.

## Sioux Narrows

Eine kriegerische Auseinandersetzung zwischen den Ojibwa und einem Trupp Sioux-Indianer gab dem Ort seinen Namen. Heute ist Sioux Narrows Ausgangsort für Fahrten und Aufenthalte im Seengebiet, das sich nach Osten und Westen ausdehnt. Hier findet man Geschäfte mit allem, was man braucht. Ausrüster, Boots- und Hausbootvermieter sowie kleine Fluggesellschaften sind auf alle Bedürfnisse eingestellt. In der Umgebung gibt es eine Fülle von Übernachtungsmöglichkeiten in Lodges und Camps.

Der **Sioux Narrows Provincial Park** liegt 7 km nördlich von Sioux Narrows auf einer Insel im Lake of the Woods. Der Park ist von weiteren Seen umgeben, die zu allen Wassersportarten einladen; mit einem Miet-Kanu kann man die indianischen Felszeichnungen betrachten oder Tiere beobachten. Der Park verfügt über 56 einfache Zeltplätze.

Am Lake of the Woods findet im Juli das große **Pow-Wow-Fest** statt, zu dem Indianer aus ganz Kanada und den USA anreisen.

## Reisepraktische Informationen Sioux Narrows

### Unterkunft

**$$$ Totem Lodge**, ☏ *807-226-5275, https://totemlodge.totemresorts.com, die komfortable Anlage, die unter derselben Leitung wie die Willey Point Lodge steht, liegt am Ende der Long Bay direkt am Wasser und bietet sowohl gute Jagd-, Fisch- als auch Wassersportmöglichkeiten.*

**$$$ Willey Point Wilderness Lodge**, ☏ *807-226-5275, https://wiley.totemresorts.com, große Anlage mit Haupthaus und gut eingerichteten 2- und 3-Zimmer-Cottages direkt am See, gute Angelmöglichkeiten sowie Bootsverleih.*

### Hausboote

*Die Hausboote können beliebig lang gemietet werden. Da die Nachfrage in den Sommermonaten groß ist, ist eine rechtzeitige Reservierung empfehlenswert. Die Hausboote sind, je nach Größe, für 2–12 Personen geeignet.*

**Floating Lodges**, ☏ *1-807-226-5476 oder 1-800-743-5171, www.floatinglodges.com.*

**Lake of the Woods Houseboats**, ☏ *807-226-5462 oder 1-800-341-1048, www.lowhouseboats.com, z. B. kostet ein Hausboot mit 5 Betten in 2 Kabinen für bis zu 5 Personen pro Woche ca. US$ 2.500.*

**Tomahawk Resort**, ☏ *807-226-5622 oder 1-800-465-1091, www.tomahawkhouseboats.com. Hier kann man Hausboote mieten. Ein kleines Lund-Hausboot mit einem 15-PS-Motor kostet für 3 Tage US$ 1.825, für 4 Tage US$ 2.250, für eine Woche US$ 3.200. Benzin wird am Ende der Reise abgerechnet. Propan, Generator und Handtücher/Bettwäsche sind vorhanden. Das Hausboot liegt am Island Beach.*

# Kenora und Umgebung

Kenora ist das Zentrum des „Sunset Country". Der Ferienort liegt am Nordufer des Lake of the Woods, im äußersten Westen von Ontario, inmitten einer Seenlandschaft, die Möglichkeiten zum Jagen, Fischen und Bootsfahren bietet. Hier starten Wasserflugzeuge und kleine Privatmaschinen, die Abenteuerurlauber zum Jagen oder Angeln zu einsamen Lodges in der Wildnis bringen, hier werden Kanus für jede beliebige Zeitdauer vermietet, und ein großes Angebot an Hausbooten steht denjenigen zur Verfügung, die die Inselwelt eher geruhsam kennenlernen möchten.

*Mit dem Hausboot unterwegs*

Mittelpunkt der Stadt ist die **Hafenfront** mit der Anlegestelle des Kreuzfahrtschiffes „M.S. Kenora" und Kunstgewerbegeschäften, Souvenirläden und Restaurants; am McLeod Park, dem Grüngürtel am Hafen, steht „Husky the Muskie", das Standbild eines überlebensgroßen Fisches. Manche Häuser im Zentrum fallen durch ihre **Wandmalereien** auf, die von kanadischen Künstlern gestaltet wurden und z. B. Szenen aus dem Pelzhandel oder der Goldgräberzeit zeigen. Zu den **historischen Gebäuden** der Stadt gehören u. a. der Bahnhof, McClellan Ave., der 1899 erbaut wurde, die Öffentliche Bibliothek in der Main Street aus dem Jahr 1916 und das Feuerwehrhaus in der Second Street S. aus dem Jahr 1912.

## Sehenswürdigkeiten des Ortes und der näheren Umgebung

Das **Lake of the Woods Museum** zeigt eine Sammlung von Ausstellungsstücken, die die Geschichte der Region dokumentieren, mit dem Schwerpunkt auf der Zeit von 1880–1920.
**Lake of the Woods Museum**, *300 Main St., ☏ 807-467-2105, www.lakeofthewoodsmuseum.ca, Juli/Aug. tgl. 10–17, Sept.–Juni Di–Sa 10–17 Uhr, Eintritt Erwachsene $ 4, Senioren und Schüler 6–17 J. $ 3.*

Die vier Felslöcher der **Keewatin Rock Holes** entstanden während der Eiszeit vor über 20.000 Jahren und sind über 2 m tief und 1 m breit.
**Keewatin Rock Holes**, *6. St., in Keewatin, südlich vom Hwy. 17, jederzeit frei zugänglich.*

Der **Keewatin Boat Lift** in Kewatin ermöglicht Booten die 370 km lange Fahrt zwischen Fort Frances am Lake of the Woods bis zu den White Dog Falls am Winnipeg River. Die Boote überwinden den Höhenunterschied von fast 8 m in einem Lift und werden so von einem Gewässer zum anderen gehoben.

*Wasserflugzeuge und Kanus verbinden die Stadt mit der Wildnis*

Kenora hat Parks und Strände, z. B. den **Anicinabe Park** mit Picknickplätzen und einer Badebucht, **Coney Island Beach**, dessen Strand von Boottaxis angefahren wird, **Norman Beach Park**, 3,2 km außerhalb mit Sandstrand, und den **Memorial Park** direkt im Zentrum.

Im Laufe des Jahres werden in Kenora Feste mit Umzügen, Musik und Feuerwerk gefeiert, z. B. das Eisbrecher-Winterfest im Februar, die Multikulturelle Messe im Juni, die internationale Segelregatta im Juli oder das Harbour-Fest im August.

### Wanderung

*Unterwegs auf dem 5 km langen* **Vernon Nature Area Lookout Trail**, *☏ 1-800-535-4549, www.ontariotrails.on.ca, lernt man die ökologischen Zusammenhänge dieser Region kennen. Eine Beschreibung der Wege entnimmt man einem Faltblatt, das im Informationszentrum erhältlich ist.*

## Reisepraktische Informationen Kenora

### Information

**Lake of the Woods Discovery Centre**, *931 Lakeview Dr., ☏ 1-807-467-2000, http://tourism.kenora.ca, Juni–Aug. So–Do 10–18, Fr/Sa 10–19, sonst 9–16 Uhr.*

### Unterkunft

**$$$ Clarion Inn Lakeside**, *470 First Ave. S., ☏ 807-468-5521, www.choicehotels.ca, zentral am See gelegenes Hotel mit Bootsanlegestelle, Bar und einem Restaurant, das einen herrlichen Ausblick auf den Lake of the Woods bietet.*

**$$$$ Kenora Comfort Inn**, *1230 Hwy. 17 E., ☏ 807-468-8845, www.kenoracomfortinn.com, Motel mit 75 solide eingerichteten Zimmern am Hwy. 17, ein kleines Frühstück ist im Preis inbegriffen.*

**$$$$$ Hawk Lake Lodge**, *Hawk Lake Rd., ☏ 807-548-2930 oder 1-617-820-4056 (im Winter), http://hawk-lake.com, kleine Anlage mit zehn Ferienhäusern direkt am See, Gelegenheit zum Schwimmen, Bootfahren, Windsurfen und Fischen. Vollpension und Nutzung der hauseigenen Boote inklusive.*

### Hausboote

*Bei allen Firmen kann man Größe und Mietdauer der gut ausgestatteten Hausboote selbst bestimmen. Für die Hochsaison ist eine rechtzeitige Reservierung zu empfehlen.*

**Houseboat Adventures**, *☏ 1-800-253-6672, www.houseboatadventures.com. Preis für 7 Tage/7 Nächte ab US$ 4.100*

**Ontario Wilderness Houseboat Rental**, *☏ 807-488-5594 oder 1-800-359-6199, www.wildernesshouseboats.com. Ab Hausbooten mit 3 Betten für 4–5 Personen, Preis 3 Nächte $ 1.440, 4 Nächte $ 1.905, 7 Nächte $ 2.495, Anzahlung $ 1.000.*

### Einkaufen

*An der Hafenfront liegen Kunstgewerbegeschäfte, Souvenirläden und Restaurants; die* **Kenora Shoppers Mall** *ist in der Park St. Besonders bekannt ist der* **Blue Heron Gift Shop** *an der Hafenfront, ☏ 807-468-7748, mit einem großen Angebot an Souvenirs, Kunsthandwerk und Geschenken.*

### Bootsfahrten

**MS Kenora Cruise Ship & Tours**, *Kenora Harbour Front, ☏ 807-468-9124, www.mskenora.com, Mai–Sept., Erwachsene $ 35, Senioren $ 34, Kinder 3–10 J. $ 19.*

### Hinweis

Von Kenora bis zur Grenze nach Manitoba sind es nur noch knapp 50 km. Wenn man seinen Urlaub im Bereich des Lake of the Woods verbringen will, kann man die lange Anfahrt vermeiden, wenn man von Europa aus nach Winnipeg fliegt und von dort die ca. 200 km bis Kenora fährt.

# 9. DER SÜDWESTEN ONTARIOS

# Von Sudbury nach Kitchener

Von Sudbury führt der Weg nach Süden an der Georgian Bay entlang; dabei kann man zwischen der westlichen und der östlichen Strecke wählen:

Die **westliche Strecke** (s. S. 358ff.) führt über das vorwiegend von Indianern bewohnte Manitoulin Island nach Tobermory mit dem Bruce Peninsula National Park und dem Unterwasser-Nationalpark Fathom Five, weiter über die Bruce Peninsula nach Owen Sound und dann nach Kitchener. Die Entfernung beträgt etwa 445 km.

Die **östliche Strecke** (s. S. 370ff.) führt über Parry Sound, die Welt der 30.000 Inseln, die Midland-Halbinsel und entlang der Nottawasaga Bay bis Collingwood und dann weiter nach Kitchener. Die Strecke ist mit 455 km etwa gleich lang.

Die **Georgian Bay**, eine Bucht des Lake Huron, ist ein beliebtes Ausflugsziel der Bevölkerung aus dem Süden Ontarios, denn die südlichen Ausläufer der Georgian Bay sind nur etwa 1,5 Fahrstunden von Toronto entfernt. Besonders reizvoll ist das Gebiet der 30.000 Inseln, die verstreut in der Georgian Bay liegen und von denen einige zum Nationalpark erklärt wurden.

*Tauchen zu Schiffswracks*

Die Georgian Bay ist ein Feriengebiet für Wassersportler und Naturfreunde; für Tauchsportler sind die versunkenen, auf dem Meeresgrund deutlich sichtbaren Schiffswracks interessant, Kanufahrer entdecken einsame, unbewohnte Inseln, Segler und Windsurfer schätzen die günstigen Winde, und Schwimmer erfreuen sich am warmen, klaren Wasser. Die Ferienorte eignen sich bestens für einen geruhsamen, längeren Aufenthalt oder für ein paar Tage Entspannung nach einer anstrengenden Rundfahrt. Küsten und Inseln der Georgian Bay gehören zum Stammland der Huronen, die **Etienne Brulé** im Jahr 1610 als erster Europäer besuchte. Ihm folgten Pelztierjäger, Händler und Missionare, die 1639 die erste Missionsstation gründeten. In den Folgejahren kam es immer wieder zu Kämpfen zwischen den Huronen und den von Süden kommenden Irokesen, bei denen auch Missionare und Jesuitenmönche getötet wurden.

Der Südwesten Ontarios

# Von Sudbury über Manitoulin Island an der Westküste der Georgian Bay entlang nach Kitchener

Von Sudbury folgt man dem Hwy. 17 nach Westen und fährt bei der Kreuzung mit dem Hwy. 6 nach **Espanola** und weiter nach Manitoulin Island. Espanola ist ein Ort am Spanish River mit 5.500 Einwohnern, in dessen Umgebung sich Möglichkeiten zum Wandern, Schwimmen und Bootsfahren bieten. Bei einem Zwischenstopp kann man im Juli und August an einer Führung durch eine Papiermühle teilnehmen.

## Manitoulin Island

*Größte Binnensee-insel der Welt*

Man erreicht Manitoulin Island über eine Schwingbrücke in Little Current. Der Hwy. 6 ist der direkte Weg nach South Baymouth, von wo man mit der Fähre nach Tobermory zum Festland übersetzt. Manitoulin Island ist 176 km lang und zwischen 5 und 80 km breit; sie ist die größte in einem Süßwassersee gelegene Insel der Welt! Im Inneren befinden sich mehr als 100 Seen, die alle zum Kanufahren, Tauchen, Angeln und Fischen einladen. Am besten lernt man die Insel mit ihrer 1.600 km buchtenreichen Küste, den Sandstränden und den kleinen Ortschaften bei einem mehrtägigen Aufenthalt kennen.

### Lohnende Ziele

- der mit 1.500 Einwohnern größte Inselort **Little Current**, der aus einem Handelsposten der Hudson's Bay Company entstand und heute ein Treffpunkt vor allem für Segler und Wassersportler ist. Die einspurige Schwingbrücke mit ihrer hölzernen Fahrbahn wird jeweils zur vollen Stunde für die auf die Durchfahrt wartenden Schiffe zur Seite gedreht.
- das **Centennial Museum of Sheguiandah**, 10 km südlich von Little Current in Sheguiandah am Hwy. 6, das ca. 9.500 Jahre alte Artefakte sowie Möbel, Kleidung und Werkzeuge der ersten weißen Siedler zeigt.
  **Centennial Museum of Sheguiandah**, ☏ *705-368-2367, www.manitoulin-island.com/museums/centennial_museum.html, Anfang Mai–Ende Aug. tgl. 9–16.30, Do bis 20, Sept./Okt. Di–Sa 9–16.30 Uhr.*

- die **Bridal Veil Falls** bei Kagawong, am Hwy. 540, das beliebteste Ausflugsziel auf Manitoulin Island, wo in waldreicher Umgebung die Wasser des Kagawong River in Kaskaden aus großer Höhe herabfallen.
- die langen Sandstrände von **Providence Bay** und der **Mindemoya Lake**.
- die **Blue Jay Creek Fish Culture Station** in Tehkummah am Hwy. 6, wo man die Aufzucht von Forellen besichtigen kann, ☏ 705-859-3006, www.ontario.ca/page/visit-fish-culture-station.
- **Manitowaning** mit der St. Paul's Anglican Church von 1845, dem 1886 gebauten Leuchtturm und dem **Assiginack Museum Heritage Complex**, der Alltagsgegenstände der Pionierzeit, eine Schmiede, eine Schule und ein Wohnhaus jener Zeit zeigt. Im **Heritage Park** sind eine alte Mühle und das Cargo- und Fährschiff „S.S. Norisle" zu besichtigen.
  **Assiginack Museum Heritage Complex**, *125 Arthur St., ☏ 705-859 3905, www.assiginack.ca/assiginack-museum-heritage-complex, Juni–Sept. Mo–Fr 10–17 Uhr, Juli/Aug. tgl., Eintritt Erwachsene $ 3, Kinder $ 1, bis 6 J. frei.*
- der Aussichtspunkt **Ten Mile Point**, 16 km südlich von Little Current, mit Panoramablick auf die Georgian Bay und die Bay of Islands bis hinüber nach Killarney.
- der Ferienort **Gore Bay** an der Nordküste mit Wassersportmöglichkeiten und dem **Gore Bay Museum** (*12 Dawson St., ☏ 705-282-2040, www.gorebay.ca/*

*Manitoulin Trading Post*

*discover/museum, Juni/Juli Di–Sa 10–16, Aug.–Okt. Di–Sa 10–16, So 14–16 Uhr, Eintritt Erwachsene $ 4, Senioren $ 3, Kinder bis 15 J. $ 2)*, wo die Zellen des ehemaligen Gefängnisses besichtigt werden können. Das Museum ist bis auf Weiteres geschlossen wegen Winterschäden.

- die 3-stündige Wanderung über den **Cup and Saucer Trail**, der 19 km westlich von Little Current beginnt und zum 351 m hohen Aussichtspunkt mit Blick auf den Inselsüden führt.
- das **Mississagi Lighthouse Museum**, es liegt an der Westspitze der Insel und wurde in einem Leuchtturm aus dem Jahr 1873 eingerichtet. Es zeigt eine Ausstellung über Leben und Arbeit der Leuchtturmwärter in der Vergangenheit. Außerdem gibt es einen einfachen Campingplatz.
  **Mississagi Lighthouse Museum**, *12 km westlich von Meldrum Bay, ☏ 249-805 9625, mississagilighthouse.ca, Mitte Mai–Mitte Sept. tgl. 10–20 Uhr, Eintritt Spende.*

## Indianer auf Manitoulin Island

*„Heimat des großen Geistes“*

Manitoulin Island ist, wie der indianische Namen sagt, die „Heimat des großen Geistes“; von den etwa 13.000 Einwohnern sind ca. 5.000 Indianer, die in Reservaten auf der Insel leben. Ihre Geschichte reicht fast 12.000 Jahre zurück, wie archäologische Ausgrabungen bei Sheguiandah beweisen; diese Siedlungen zählen zu den ältesten indianischen Stätten in Nordamerika.

Die Indianer sind stolz darauf, dass Manitoulin Island „unceded land“ ist, was bedeutet, dass dieses Gebiet nie von den Indianern in Verhandlungen oder durch Verträge an die Weißen abgetreten wurde, dass die Indianer besondere Rechte haben und jederzeit ihre Unabhängigkeit erklären könnten.

Die Mehrzahl der Indianer auf Manitoulin Island gehört zum Stamm der Ojibwa, die genau wie die Ottawa und Pottowotomie zur Sprachfamilie der Algonquin-Indianer gehören und die ebenfalls im Reservat leben.

Die größte Siedlung im Reservat ist **Wikwemikong** mit dem Verwaltungszentrum sowie dem Stammeshaus. In Zusammenarbeit mit der Regierung in Ottawa wird lang-

fristig ein Projekt zur Verbesserung der Lebensumstände der Indianer durchgeführt; zu den Zielen zählt dabei vor allem der Kampf gegen Arbeitslosigkeit, Alkohol- und Drogenabhängigkeit.

Alljährlich findet am ersten Wochenende im August im Wikwemikong-Reservat auf Manitoulin Island ein großes **Pow Wow** statt. Zu diesem traditionellen Volksfest kommen Indianer aus ganz Nordamerika, um für einige Tage das gemeinsame Erbe lebendig werden zu lassen und die kulturellen Bräuche zu bewahren.

*Großes Pow Wow*

Auch Besucher zieht es zu diesen Veranstaltungen. Sie hören auf den Klang der Trommeln, schauen den Tänzern, die Federschmuck und Kriegsbemalung tragen, bei den komplizierten Schrittfolgen der Stammestänze zu und beobachten Kanurennen und Schießwettbewerbe, die mit Pfeil und Bogen ausgetragen werden.

## Reisepraktische Informationen Manitoulin Island

Karte s. S. 358/359

### Information

**Manitoulin Tourism Association**, *70 Meredith St. E. Little Current, ☏ 1-705-368-3021, www.manitoulintourism.com oder www.manitoulin-island.com.*

### Tipp

Da von Jahr zu Jahr immer mehr Touristen zum Pow Wow auf Manitoulin Island kommen, ist eine frühzeitige Fähr- und Zimmerreservierung für diese Zeit unbedingt erforderlich.

### Unterkunft

**$$$ Red Lodge Resort**, *363 Redlodge Rd., RR #1, Sheguiandah, ☏ 705-368-3843, www.redlodgeresort.ca, familienfreundliche Anlage oberhalb des Lake Manitou mit zehn Cottages für 2–8 Personen und fünf Zimmern im Bungalow; Restaurant mit deutscher und kanadischer Küche.*

**$$$ Silver Birches**, *südlich von Little Current, bei Honora am Hwy. 540, 372 Queen St., ☏ 705-368-2669, www.silverbirchesresort.com, im Nordteil von Manitoulin Island liegt diese Ferienhaus-Anlage mit unterschiedlich ausgestatteten „cabins"; angeboten werden ein- und mehrtägige Kanufahrten und Ausflüge zum Killarney Provincial Park.*

**$$$ South Bay Guesthouse B&B**, *14-15 Given Rd., South Baymouth, ☏ 705-859-2363, www.southbayguesthouse.com, die vier Zimmer im restaurierten Fischerhaus sind mit alten Möbeln eingerichtet; gemütliche Veranda und Garten, in der Nähe der Fähranlegestelle. Mitte Juni–Sept. geöffnet.*

**$$$–$$$$ Green Bay Lodge**, *RR # 1, 322 Cosby Subdivision Rd., ☏ 705-368-2848, www.greenbaylodge.com, einsam gelegene Lodge mit Gästehaus am Manitou Lake, die Besitzer sprechen Deutsch. Im Sommer mind. 3 Nächte.*

**$$$–$$$$ Manitoulin Hotel**, *66 Meredith St. E., Little Current, ☏ 705-368-9966, www.manitoulinhotel.com, 2013 eröffnetes Hotel mit modernen, im Inselstil eingerichteten Zimmern, Restaurant und Swimmingpool.*

**Wanderung**

*Die von acht Indianerstämmen gegründete Initiative* **Great Spirit Circle Trail** *bietet ein- und mehrtägige geführte Wanderungen an, bei denen auch Begegnungen mit „Stammesältesten" vorgesehen sind, die Geschichten und Legenden ihres Volkes erzählen. Übernachtet wird während der Touren in Holzhütten oder Zelten.*

**Great Spirit Circle Trail**, *5905 Hwy. 540, ☏ 705-377-4404 oder 1-877-710-3211, circletrail.com.*

# Von Manitoulin Island zur Bruce Peninsula und nach Owen Sound

Der Hafenort **South Baymouth**, der größte Ort auf Manitoulin Island, ist mit der Bruce Peninsula durch regelmäßigen Fährverkehr verbunden. Das Fährschiff mit dem Indianernamen „Chi-Cheemaun" (Großes Kanu) durchquert den Main Channel, der die Georgian Bay vom Lake Huron trennt. Die Fähre befördert viermal täglich über 100 Autos und ca. 600 Passagiere.

**Fähren**

**Owen Sound Transportation Company (OSTC)**, *☏ 519-376-8740 oder 1-800-265-3163, www.ontarioferries.com.*

**Chi-Cheemaun**, *Mitte Juni–Anfang Sept. 4 x tgl., Mai–Mitte Juni und Sept./Okt. 2–3 x tgl. Die Überfahrt dauert knapp 2 Std. Reservierungen sind empfehlenswert.*

**Fahrpreise für die einfache Überfahrt**: *Erwachsene $ 16,85, Senioren $ 14,55, Kinder von 5–11 J. $ 8,40, Familienkarte $ 55,85; Pkw $ 37,70.*

## Bruce Peninsula

Die Bruce Peninsula, die den Lake Huron und die Georgian Bay voneinander trennt, ist der Ausläufer des **Niagara Escarpments**, einer 725 km langen Gesteinsstufe, die aus massiven Kalkablagerungen durch Erosion entstanden ist und sich von Queenston Heights am Niagara River bis nach Tobermory zieht und an der äußersten Spitze der Insel Manitoulin im Lake Huron endet. 1990 wurde das Niagara Escarpment durch die UNESCO zum Biosphärenreservat erklärt; es gilt als Beispiel für eine unzerstörte und schützenswerte Landschaft, in der das ökologische Gleichgewicht gewahrt wird.

*Biosphärenreservat*

Die Halbinsel ist mit ihrer Flora und Fauna ein Feriengebiet für Naturliebhaber, Geologen und Fotografen, die hier u.a. mehr als 170 Vogelarten, über 40 Orchideenarten, Wildblumen, Amphibien und Gesteinsformationen entdecken, beobachten und erforschen können.

**Streckenhinweis**

Für die Weiterfahrt nimmt man den Hwy. 6, der von Tobermory die Bruce Peninsula bis nach Wiarton durchzieht; Stichstraßen führen vom Hwy. 6 zu kleinen Ortschaften und Stränden am Lake Huron im Westen und an der Georgian Bay im Osten. Die Entfernung beträgt 75 km. Hat man mehr Zeit, lohnt eine Fahrt entlang der Ostküste der Halbinsel. Auf der Fahrt eröffnen sich immer wieder Ausblicke auf die Georgian Bay.

Bruce Peninsula
Fathom Five National Marine Park
Bruce Peninsula National Park
Cabot Head Prov. Nature Res.
Johnston Harbor-Pine Tree Point Prov. Nature Reserve
Smokey Head-White Bluff Prov. Nature Reserve
Black Creek Prov. Park
Lion's Head Prov. Nature Reserve
Greig's Caves
Hope Bay Forest Prov. Nature Res.
Cape Croker Park
Sauble Falls Prov. Park
Georgian Bay
Lake Huron
Tobermory
Wiarton
Owen Sound
Southampton
0
10 km
© igraphic

## Tobermory

Tobermory, an der Nordspitze der Bruce Peninsula gelegen, war schon in der Mitte des 19. Jh. ein wichtiger Hafenort. Die Leuchttürme „Cove Island Lighthouse" aus dem Jahr 1855, „Big Tub Lighthouse" von 1885 und „Flowerpot Island Lighthouse" von 1896 gaben den Seeleuten sichere Orientierung, und die beiden Häfen Little Tub und Big Tub boten Schutz vor den Herbststürmen auf der Georgian Bay, die immer wieder Schiffe stranden ließen.

*Hotspot für Taucher*

In den letzten Jahrzehnten hat Tobermory sich von einem Fischerdorf zu einem viel besuchten **Ferienort** entwickelt. Der Ort, der nicht einmal 1.000 Einwohner zählt, muss in den Sommermonaten ein Vielfaches an Besuchern verkraften. Diese kommen wegen der **Wandermöglichkeiten**, der fischreichen **Seen und Flüsse** und des außergewöhnlich klaren Wassers, das Tobermory zu einer **Hochburg der Sporttaucher** macht. Im Ort gibt es Übernachtungsmöglichkeiten, Restaurants und Geschäfte. Außerdem ist Tobermory Ausgangsort für Ausflüge zu den Nationalparks Bruce Peninsula National Park und Fathom Five National Marine Park.

## Reisepraktische Informationen Tobermory

### Information

**Visitor Information Centre**, ☏ *519-596-2452, www.tobermory.com.*

### Unterkunft

**$$$–$$$$ Big Tub Harbour Resort**, *236 Big Tub Rd., ☏ 519-596-2219, www.bigtubresort.ca, am gleichnamigen Hafen gelegenes Hotel mit 22 Zimmern und drei Cottages.*
**$$$–$$$$ Wireless Bay Cottages**, *112 Bay St., ☏ 1-855-596-2999, www.wirelessbaycottages.com, zehn urige, gut ausgestattete Cottages, sieben davon direkt am Wasser. Mindestaufenthalt: zwei Nächte.*
**$$$–$$$$$ Grandview Motel**, *8 Earl St., ☏ 519-596-2220, www.grandview-tobermory.com, Hotel mit 18 netten Zimmern und Blick auf den Hafen von Tobermory, Restaurant, von Mai–Okt. geöffnet.*
**$$$$ Blue Bay Motel**, *32 Bay St., ☏ 519-596-2392, www.bluebay-motel.com, einfaches Mittelklassehotel in zentraler Lage am Fähranleger mit 16 geräumigen Zimmern und Blick auf den Little-Tub-Hafen und die Fähranlegestelle, Parkmöglichkeit.*
**$$$$ Bruce Anchor Motel**, *7468 Hwy. 6, ☏ 519-596-2555 oder 1-800-591-4254, www.bruceanchor.com, Hotel mit 42 ansprechend eingerichteten Zimmern und je nach Wunsch einfachen oder komfortablen Cottages mit zwei oder drei Zimmern, Kinderspielplatz und Sonnenterrasse.*

## Bruce Peninsula National Park

Der Bruce Peninsula National Park erstreckt sich zwischen der Georgian Bay und dem Lake Huron über 154 km² auf beiden Seiten der Bruce Peninsula und ist eines der letzten Wildnisgebiete des südwestlichen Ontario. Kalksteinfelsen, Klippen, Höhlen, Mischwälder und Sandstrände prägen das Landschaftsbild. Der Park wurde zum Schutz der Küstenlandschaft eingerichtet, die aus dem Niagara-Steilhang (Niagara Escarpment) entstanden ist, der in die Tiefen der Georgian Bay hinabreicht.

### Information und Öffnungszeiten

*Der Park ist ganzjährig geöffnet, das Besucherzentrum in den Sommermonaten tgl. 8–20, Mai/Juni und Sept./Okt. 9–17 Uhr. Hier gibt es Informationsmaterial und Auskünfte über*

*Sehenswürdigkeiten, Veranstaltungen, Campingplätze und Wintersportbedingungen, ☏ 519-596-2233 oder 1-888-773-8888, www.pc.gc.ca/en/pn-np/on/bruce. Vom 20 m hohen Turm hat man einen Überblick über den Park, Eintritt Park $ 11,70 pro Pkw.*

An der Ostseite des Parks haben die Wasser der Georgian Bay eine Klippen- und Höhlenlandschaft geschaffen, während sich das Land im Westteil mit Marschen, Buchten und Dünen zum Lake Huron neigt. In den Feuchtgebieten gedeihen Farne und Orchideen – es wurden 42 Orchideenarten entdeckt. Auch die Tierwelt ist vielfältig: Neben Wiesel, Eichhörnchen, Nerz, Zobel, Biber und Fuchs leben Schwarzbären und Schlangen im Park, u. a. auch die vom Aussterben bedrohte, giftige Massassauga-Schlange.

*42 Orchideenarten*

Der Park verfügt über ein gutes Wanderwegenetz. Am Besucherzentrum beginnen mehrere Wanderwege unterschiedlicher Länge und Schwierigkeit, z. B. der leichte, knapp 2 km lange Rundweg zum „Little Dunks Bay Lookout" oder der 4,8 km lange Rundweg „Bruce Trail Burnt Point Loop".

Am „Head of Trails" beginnt ein ca. 1,5-stündiger Rundwanderweg, der zu den weißen Kreidefelsen an der Georgian Bay führt. Durch den Park verläuft auch der abwechslungsreiche Wanderweg **Bruce Trail**, der von Tobermory im Norden über 885 km nach Queenston an den Niagara Falls führt. Das Besucherzentrum liegt nur wenige Gehminuten vom Hafen in Tobermory entfernt.

## Fathom Five National Marine Park

Der 1987 eingerichtete **Fathom Five National Marine Park** ist Kanadas ältester „Marine Park"; er liegt vor der Nordküste der Bruce Peninsula und nimmt eine Wasserfläche von 112 km² am Lake Huron und an der Georgian Bay ein. Zum Nationalpark gehören 19 Inseln; auf einer Insel entdeckten Wissenschaftler u. a. seltene Farne und Orchideen.

In der Vergangenheit waren die „Tobermory Islands" unter Seefahrern wegen der Stürme, die in jedem Herbst über der Georgian Bay tobten, gefürchtet. Im Bereich des Nationalparks liegen mindestens 26 gut erhaltene Schiffswracks im kristallklaren Wasser, die im 19. Jh. in den Stürmen beschädigt und gegen die gefährliche Felsküste geschleudert wurden. Heute können Taucher, Schnorchler und Unterwasserfotografen sie besichtigen. Aber nicht nur gesunkene Schiffe, sondern auch Korallenriffe und der Artenreichtum der Unterwasserwelt machen den Fathom Five National Marine Park zu einem Erlebnis.

*Schiffswracks aus dem 19. Jh.*

## Reisepraktische Informationen Fathom Five NP

### Information

**Fathom Five National Marine Park**, *☏ 519-596-2233, 1-888-773-8888, www.pc.gc.ca/en/amnc-nmca/on/fathomfive, im Sommer tgl. geöffnet, Mai/Juni und Sept./Okt. 9–17; Juli/Aug. 8–20 Uhr, Eintritt Erwachsene $ 5,80, Senioren $ 4,90, Familienkarte $ 11,75.*

### Hinweis

Taucher müssen sich vor ihrem Tauchgang im **Diver Registration Centre** in Tobermory anmelden. Um den Einstieg zu den Wracks für Taucher zu erleichtern, wurden eine Plattform und ein Plankenweg angelegt.

### Bootsfahrten

*Auch „Nicht-Taucher" können einen Blick in die Unterwasserwelt werfen. In den Sommermonaten werden mehrmals täglich 1- bis 2-stündige Ausflugsfahrten mit Glasbodenbooten nach Flowerpot Island und zu einigen der in Stürmen gestrandeten Schiffe im Nationalpark durchgeführt, die im ungewöhnlich klaren Wasser der Georgian Bay auf dem Grund gut zu erkennen sind. Etwa mit* **Blue Heron Cruises**, *www.cruisetobermory.com, ☎ 1-855-596-2999, Fahrpreis für Erwachsene ab $ 45, Senioren $ 43, Kinder von 6–16 J. ab $ 35.*

*Auf Flowerpot Island*

**Flowerpot Island** ist eine Insel mit Kalksteinfelsen, die von Wind und Wasser wie „Blumentöpfe" geformt worden sind.

Auf der Insel gibt es Bootsanlegestellen, einen Picknickplatz mit Feuerstellen, Zeltplätze und Wanderwege, jedoch kein Gasthaus oder Geschäft. Mindestens zwei Stunden Zeit sollte man sich nehmen, um die „Flowerpots" zu besuchen und dem ausgeschilderten Rundwanderweg über die Insel zu folgen.

### Camping

*Die sechs nahe beieinander liegenden Zeltplätze auf Flowerpot Island sind für je ein Zelt vorgesehen; dazu gehören jeweils eine Feuerstelle und eine Bootsanlegestelle. Camping-Permits gibt es beim* **Park Visitor Centre in Tobermory**, **Reservierungen** *unter https://www.pc.gc.ca/en/amnc-nmca/on/fathomfive/activ/camping, ☎ 877-737-3783.*

## Wiarton

*„Tag des Murmeltiers"*

Wiarton liegt an der Colpoys Bay und ist eine wichtige Einkaufstadt für die Bruce Peninsula. Wahrzeichen ist das für das Murmeltier Wiarton Willie aufgestellte Denkmal. Wie im amerikanischen Punxsutawney wird auch in Wiarton jedes Jahr am 2. Februar der „Groundhog Day", der „Tag des Murmeltiers", gefeiert.

## Weitere besuchenswerte Ziele auf der Bruce Peninsula

- das **Hope Bay Forest Provincial Nature Reserve** mit ausgezeichneten Wandermöglichkeiten
- **Greig's Scenic Caves**, *407 Scenic Caves Rd., Lion's Head, ☎ 519-377-8762, www.greigscaves.ca, Mai–Thanksgiving tgl. 9–17, Juli/Aug. bis 18 Uhr, ein Gewirr aus* **Höhlen**, *die durch* **Tunnel** *miteinander verbunden sind, Eintritt Erwachsene $ 10, Kinder von 3–12 J. $ 5*
- der Ferienort **Lion's Head** mit seinem natürlichen Hafen, dem Leuchtturm und Sandstränden

- die **St. Margaret's Chapel** am Cape Chin
- das **Cape Croker Indian Reserve**, 19 km nördlich von Wiarton, ist eine Siedlung der Ojibwa-Indianer, die für Besucher geöffnet ist. Es gibt Kunstgewerbeläden, Picknick- und Campingplätze, Wassersportmöglichkeiten und Wanderwege entlang der Küste an der Georgian Bay.
- der **Sauble Falls Provincial Park** nördlich des Ferienortes Sauble Beach
- **Sauble Beach** ist ein Ort, in dem ganzjährig 3.000 Menschen leben. Im Sommer verwandelt sich Sauble Beach in einen Ferienort mit Hotels und Campingplätzen, der vor allem mit seinem 11 km langen Sandstrand die Besucher anzieht. Aber auch andere Strände in der Umgebung lohnen einen Besuch.

Der Küstenbereich ist Indianerland, das die Regierung zur Wiedergutmachung an die Saugeen-Indianer abgetreten hat.

## Owen Sound

Owen Sound mit seinen rund 21.500 Einwohnern liegt im Sydenham River Valley, wo der Sydenham River und der Pottawatomi in die Georgian Bay münden. Es ist ein Ferienort mit Wassersportmöglichkeiten und, wie Tobermory, ein Ausgangspunkt zum Besuch der Bruce Peninsula und der Blue Mountains. Um die Stadt kennenzulernen, kann man z. B. an der „Historic Downtown Walking Tour" teilnehmen, die an der Touristeninformation beginnt, wo man auch die genauen Startzeiten erfährt. In den Straßen rund um den Sydenham River liegen 23 historische Gebäude, die eng mit der Geschichte der Stadt verbunden sind, wie z. B. die Marien-Kirche von 1871, das Alte Postamt oder der Alte Markt, 114 Eight St. E., wo jeden Samstag 8–12.30 Uhr der Owen Sound **Farmers' Market** abgehalten wird.

In der **Tom Thomson Memorial Art Gallery** sind Werke des hier geborenen Malers Tom Thomson ausgestellt, der zur „Group of Seven" gehört (s. S. 119). Kennzeichnend für die Arbeiten dieser Künstlergruppe ist die Darstellung der Landschaften des kanadischen Nordens.
**Tom Thomson Memorial Art Gallery**, *840 1st Ave. W., ☏ 519-376-1932, http://tomthomson.org, im Juli/Aug. Di–Sa 10–17, sonst Mi–Sa 11–16 Uhr, Eintritt frei, Spende erbeten.*

*Auf den Spuren der Sklaven*

An der Touristeninformation beginnt die „**Black History Driving Tour**", die über das Leben der Sklaven informiert, die aus den Vereinigten Staaten nach Kanada flohen, um hier in Freiheit leben zu können.

Beliebt sind der **Harbour Walkway** und der **Harrison Park** am Sydenham River an der 2nd Avenue. In dem 46 ha großen Park gibt es Bäche und Flüsse, Picknick- und Campingplätze und den 18 m hohen Wasserfall **Inglis Falls**, wo sich die Wasser des Sydenham River über den Niagara-Abhang in eine tiefe Schlucht stürzen. Die beiden anderen Wasserfälle der Umgebung sind die 12 m hohen **Jones Falls** am Bruce Trail und die 15 m hohen **Indian Falls**, 5 km nördlich der Stadt am CR 1.

### Feste

*In der* **dritten Augustwoche** *findet das Summerfolk Musical and Crafts Festival mit Musik-, Tanz- und Gesangsaufführungen statt.*
*Höhepunkt des Karnevals im* **Februar** *ist ein Hundeschlittenrennen.*

 Streckenhinweis

Mit genügend Zeit im Gepäck kann man von Owen Sound zur Midland-Halbinsel fahren, dort das **Museumsdorf Sainte-Marie among the Hurons** besuchen und die Strände an der **Nottawasaga Bay** genießen (s. Kap. 9, S. 378, 380).

## Reisepraktische Informationen Owen Sound

 **Information**

**Owen Sound Tourism Office**, *1155 First Ave., ☏ 519-371-9833, www.owensound.ca.*

 **Unterkunft**

**$ Travellers Motel**, *730 9th Ave. E., ☏ 519-376-2680, www.travellersmotel.ca, einfaches Motel mit neuem Anbau. Gutes Preis-Leistungs-Verhältnis. Geschäfte in der Nähe. Restaurant.*
**$$ B&C Moses' Sunset Country B&B**, *398139 28th Ave., E., ☏ 519-371-4559, www.bbcanada.com/181.htm, ruhig, in einem Park gelegenes Haus mit drei antik eingerichteten Zimmern, auf Wunsch mit eigenem Bad, sehr gutes Frühstück.*
**$$ Owen Sound Inn**, *485 9th Ave. E., ☏ 519-371-3011 oder 1-800-681-1411, owensoundinn.ca, ansprechendes Hotel mit geräumigen Zimmern und freundlichem Service.*
**$$–$$$ Nights Inn Owen Sound**, *672 10th St. W., ☏ 519-372-2929, 1-877-972-2929, www.nightsinnowensound.ca, ca. 5 Gehminuten vom Billy Bishop Home and Museum, dem Luftfahrtmuseum, entfernt.*
**$$$ Comfort Inn**, *955 9th Ave. E., ☏ 519-371-5500, www.choicehotels.ca, zentral gelegenes Hotel mit 60 gut eingerichteten Zimmern.*
**$$$–$$$$ Best Western Inn On the Bay**, *1800 2nd Ave. E., ☏ 519-371-9200 oder 1-800-780-7234, www.bestwestern.com/ca/innonthebay, das Hotel liegt direkt an der Georgian Bay und nicht weit vom Ortszentrum entfernt, es verfügt über 60 komfortable Zimmer, zwei gute Restaurants und schöne Außenanlagen.*

# Von Owen Sound nach Kitchener

Wer sich Zeit zum Baden und Muße für die Ortschaften am Lake Huron nehmen will, kann alternativ von Owen Sound über den Hwy. 21 nach Port Elgin und weiter bis Goderich fahren. Von dort folgt man dem Hwy. 8 nach Waterloo und Kitchener. Insgesamt 293 km. Stichstraßen führen vom Hwy. 21 ans Ostufer des Lake Huron, wo man Ferienorte mit Erholungs- und Wassersportmöglichkeiten an den Stränden der „Saugeen Shores“ findet, z. B. in **Southampton** mit Häusern im Kolonialstil und schönen Alleen, in **Port Elgin**, das schon seit dem Ende des 19. Jh. als Sommerfrische beliebt ist, und in den **Provincial Parks Inverhuron** in der Nähe des gleichnamigen Ortes oder **Point Farms**, 8 km nördlich von Goderich.

*Landschaftsimpressionen*

Die Region **Huron County** war ursprünglich Indianerland. Die erste bekannte Huronen-Siedlung stammt aus der Zeit um 1340; bei Ausgrabungen von 1971 hat man zwölf Langhäuser und eine doppelte Palisadenreihe freigelegt.

Mitten im Huron County, in Wingham, wurde 1931 die Literaturnobelpreisträgerin **Alice Munro** geboren. Sie wuchs auf einer kleinen Farm auf, lebte einige Jahre in Toronto und Vancouver und kehrte dann wieder ins Huron County nach Clinton zurück. „Ich bin

ganz berauscht von dieser besonderen Landschaft", sagte sie in einem Interview, und so ist es nicht verwunderlich, dass die Ortschaften des Huron County oftmals Schauplätze ihrer Erzählungen sind – wie in den Kurzgeschichten „Das Bettlermädchen" oder in dem autobiografisch geprägten Band „Wozu wollen Sie das wissen?".

Ein anderer Weg ist die 151 km lange und direkte Strecke von Owen Sound über den Hwy. 6 bis Guelph und weiter über den Hwy. 7 nach Kitchener.

### Unterkunft

$$–$$$ **Windspire Inn**, *276 Mill St., Port Elgin, ☏ 519-389-3898 oder 1-888-389-7111, www.windspireinn.com, das im viktorianischen Stil erbaute Haus verfügt über 14 stilvoll eingerichtete Zimmer und zwei Cottages, nur zwei Blocks vom Lake Huron entfernt gelegen. Im Juli/Aug. 2 Nächte Mindestaufenthalt an Wochenenden.*

$$$ **Silken Retreat**, *570 Johnston Ave., Port Elgin, ☏ 519-832-3808, www.silkenretreat.com, viktorianisches Haus mit drei stilvoll eingerichteten Gästezimmern und schönem Garten.*

## Goderich

Goderich am Lake Huron (7.500 Einw.) wurde 1827 gegründet und hat sich zum größten Hafen auf der kanadischen Seite des Sees entwickelt. Das Zentrum des Ortes ist der achteckige Platz mit dem Gerichtsgebäude, von dem alle Straßen speichenförmig abgehen. Goderich wird wegen seiner schönen Hafenfront, der historischen Gebäude und der einladenden Strände zu den hübschesten Ortschaften dieser Region gezählt. Einen besonders schönen Blick auf den Hafen, den Lake Huron und den Maidland River genießt man von der Menesetung Bridge, die 1907 als längste Eisenbahnbrücke in Ontario gebaut wurde und nun als Fußgängerbrücke genutzt wird.

*Längste Eisenbahnbrücke Ontarios*

### Sehenswertes

Das **Huron County Museum** informiert über die Geschichte des Huron County seit den Tagen der ersten Siedler.

**Huron County Museum**, *110 North St., ☏ 519-524-2686, www.huroncountymuseum.ca, Jan.–April Di–Sa 10–16.30, Do 10–20, Mai–Okt. Mo–Sa 10–16.30, Do 10–20, So 13–16.30, Nov.–Dez. Di–Sa 10–16.30, Do 10–20, So 13–16.30 Uhr, Eintritt Erwachsene $ 6, Senioren $ 5,50, Studenten $ 5, Kinder von 6–11 J. $ 4,50, Familienkarte $ 20; es gibt ein Kombiticket mit dem Huron Historic Goal and Governor's House: Erwachsene $ 10, Senioren $ 9, Studenten $ 8, Kinder von 6–11 J. $ 6,50, Familienkarte $ 30.*

Das **Huron Historic Goal and Governor's House**, ein achteckiges Steinhaus mit drei Stockwerken aus dem Jahr 1842, diente bis 1972 als Gefängnis. Die Räume des Gouverneurs bilden einen Gegensatz zu den einfachen Gefängniszellen. Von Mai bis Oktober findet hier jeden Sonntag ein Flohmarkt statt.

**Huron Historic Goal and Governor's House**, *181 Victoria St. N, ☏ 519-524-6971, Mai–Aug. Mo–Sa 10–16.30, So 13–16.30, Sept./Okt. Mo–Fr 13–16, Sa 10–16.30, So 13–16.30 Uhr, Eintritt Erwachsene $ 6, Senioren $ 5,50, Studenten $ 5, Kinder von 6–11 J. $ 4,50, Familienkarte $ 20; es gibt ein Kombiticket mit dem Huron County Museum.*

Der **Goderich Farmers' Market** findet von Juni bis Oktober jeden Samstag von 8–13 Uhr an der Südseite des Courthouse Park statt.

Goderich lockt mit schönen Stränden. Von hier aus kann man den Seglern und Surfern auf dem Lake Huron zuschauen oder beobachten, wie ein großes Schiff von einem Schlepper in den Hafen gezogen wird.

## Reisepraktische Informationen Goderich

**Information**
**Goderich Visitor Information Centre**, *91 Hamilton St., ☎ 519-524-6600 oder 1-800-280-7637, www.goderich.ca, Juli/Aug. tgl. 9–18, sonst Mo–Fr 10–16 Uhr.*

**Unterkunft**
**$$ Silver Birch Motel**, *79764 Bluewater Hwy., ☎ 519-524-8516 oder 1-800-467-9511, www.silverbirchmotelgoderich.com, ca. 2,5 km außerhalb von Goderich gelegenes Motel mit neun zweckmäßig eingerichteten Zimmern, jeweils mit kleiner Küchenzeile, ganzjährig geöffnet.*
**$$$ Colborne B&B**, *72 Colborne St., ☎ 519-524-7400, 1-800-390-4612, www.colbornebandb.com, gepflegtes, historisches Haus mit vier ansprechend eingerichteten Zimmern, jeweils mit Bad.*
**$$$–$$$$ Benmiller Inn & Spa**, *81175 Benmiller Line, RR 4, ☎ 519-524-2191 oder 1-800-265-1711, http://benmiller.ca, eine Mühle aus dem 19. Jh. und fünf ehemalige Wirtschaftsgebäude wurden zu einem komfortablen Hotel umgestaltet, dessen Restaurant für gute französische Küche bekannt ist. Zum Hotel gehören Swimmingpool und Sauna.*

# Von Sudbury über Parry Sound an der Ostküste der Georgian Bay entlang nach Kitchener

Von Sudbury geht es über den Hwy. 69 nach Süden, bis nach 163 km Parry Sound erreicht ist. An diesem Streckenabschnitt liegen einige interessante Ausflugsziele; Stichstraßen führen an die Georgian Bay oder zu einem der Seen.

## Killarney und der Killarney Provincial Park

Südlich der Ortschaft Estaire zweigt der Hwy. 637 nach Killarney und zum Killarney Provincial Park ab, zu dem man nach 67 km gelangt. Dies ist die einzige Straßenverbindung nach Killarney, sonst sind Ort und Park nur mit Boot oder Wasserflugzeug zu erreichen. Killarney, das früher ein wichtiger Pelzhandelsposten war, ist heute ein ruhiger Ferienort und Ausgangspunkt für ganztägige Wanderungen im Killarney Provincial Park. In den Geschäften des Ortes kann man sich mit Proviant, Kartenmaterial und Kanus ausrüsten.

Das **Killarney Museum** zeigt Interessantes aus der Lokalgeschichte.
**Killarney Museum**, *29 Commissioner's St., ☎ 705-287-2424 oder 1-888-597-2721, Juli–Anfang Sept. Do–Mo 10–12, 13–17 Uhr, Eintritt frei.*

*Landschaftsimpressionen*

Der **Killarney Provincial Park** liegt 10 km nordöstlich der Straße und ist mit einer Fläche von 363 km$^2$ und Dutzenden von Seen ein Paradies für Kanufahrer und Wanderer. Die Landschaft zeigt ein beeindruckendes Farbenspiel: dichte, dunkle Nadelbäume, ein heller, fast weißer Felsboden, ein blauer, oft wolkenloser Himmel und das tiefblaue oder smaragdgrüne Wasser des Lake Huron; diesen ganz eigenartigen, sehr ursprünglichen Reiz haben viele Maler, darunter auch Mitglieder der Group of Seven, in ihren Bildern einzufangen versucht.

Der längste Wanderweg ist der **La Cloche – Silhouette Trail** mit 80 km Länge. Für diese Mehrtageswanderung sollte man ca. eine Woche einplanen. Übernachtungs-

Leuchtturm im Killarney Provincial Park

möglichkeiten existieren unterwegs nicht. Es gibt aber auch kürzere und einfachere Wanderungen. Der kürzeste ist der Granite Ridge Trail von gut 2 km Länge. Weitere Wanderwege sind der Chikanshing Trail, der Cranberry Bog Trail, der Granite Ridge Trail, der Lake of the Woods Trail und der Crack Trail.

## Reisepraktische Informationen Killarney

### Information

*Das* **Park Office**, *960 Hwy. 637, ☏ 705-287-2900, www.ontarioparks.com/park/killarney, liegt am George Lake und bietet Informations- und Kartenmaterial, geführte Wanderungen und Lehrveranstaltungen an. Der Park ist ganzjährig geöffnet, Tagespass für einen Pkw mit Insassen ab $ 12,25.*

### Unterkunft

*Übernachtungsmöglichkeiten im Park gibt es auf den* **Campingplätzen**; *für die Sommermonate sind Platzreservierungen empfehlenswert. Anmeldungen zur Reservierung eines Zeltplatzes tgl. 7–21 Uhr, telefonisch: ☏ 519-826-5290, 1-888-668-7275, oder online: www.ontarioparks.com/reservations. Die* **Hotels** *bieten gute Wassersportmöglichkeiten in nächster Umgebung.*

**$$$–$$$$ Killarney Mountain Lodge**, *3 Commissioner St., ☏ 705-287-2242 oder 1-800-461-1117, www.killarney.com, familienfreundliche Anlage an der Georgian Bay mit einem Haupthaus und mehreren rustikalen Cabins und Chalets, Tennisplätzen, Kanu-, Kajak-, Motorboot- und Fahrradverleih. Die Lodge liegt ca. 10 km vor dem Eingang zum Killarney Provincial Park, etwa 1,5 Std. von Parry Sound entfernt. Geöffnet Mitte Mai–Mitte Okt.*

**$$$$–$$$$$ The Sportsman's Inn**, *37 Channel St., ☏ 705-287-2242 oder 1-800-461-1117, www.sportsmansinn.ca, 1903 gebautes Haus mit freundlichen Zimmern, teilweise mit Blick auf die Bay, Restaurant und Pub sowie beliebter Marina.*

### Kanus

**Killarney Outfitters**, *5 km östlich von Killarney, 1076 Hwy. 637, ☏ 705-287-2828 oder 1-888-222-3410, www.killarneyoutfitters.com, hier gibt es Informationsmaterial zu den Routen im Killarney Provincial Park, einen Kanuverleih, komplette Ausrüstungen für mehrtägige Fahrten und Zubringerdienste zum Park.*

### Wandern

*Kurze Tageswanderungen sind vom Lake George aus möglich; mehrtägige Treks führen in das unberührte Hinterland mit ganz unterschiedlichen Landschaftsformen.*

## French River

Zwischen dem Lake Nipissing und der Georgian Bay liegt das wasserreiche Gebiet des **French River**, der das Südufer des Lake Nipissing mit dem Ostufer der Georgian Bay verbindet. Besonders Sport- und Hobbyangler zieht es in dieses Gebiet, das zu den besten Fischrevieren Kanadas zählt und Bestände u.a. an Zandern, Hechten, Barschen, Stören und Forellen aufweist. Aber auch für Naturliebhaber, Wanderer und Kanufahrer ist dies ein ideales Urlaubsgebiet. Wie der Name vermuten lässt, entdeckten die Franzosen als erste Europäer diesen Wasserweg, um vom Lake Nipissing weiter nach Westen bis zur Georgian Bay vorzudringen. Ihnen folgten Pelzhändler aus Montréal, die ihre Waren in Fort William am Lake Superior einkauften und nach Montréal zurückbrachten.

*Weitverzweigtes Flusssystem*

Der etwa 125 km lange French River bildet mit seinen Nebenflüssen und Seen ein weitverzweigtes Wassernetz und bahnt sich seinen Weg durch die Fels- und Waldlandschaft des Kanadischen Schildes. Kanufahrer finden hier ein Fluss- und Seensystem, das allen Ansprüchen gerecht wird. Besonders beliebt ist das Kanuwandern, das einen von Lodge zu Lodge führt. Die meisten Lodges vermieten Kanus oder Motorboote. Auch anderen Wassersportarten kann man nachgehen, und im Juli und August ist das Wasser warm genug zum Schwimmen.

Sehenswert ist das **French River Provincial Park Visitor Centre** (*20526 Hwy. 69, ☏ 705-857-1630 (Sommer), 705-287-2900 (Winter), www.ontarioparks.com/park/frenchriver*), in dem man sich über die Zeit des Pelzhandels in dieser Region informieren kann. Folgt man der Straße vom Besucherzentrum ein paar Kilometer weiter nach Westen, kommt man zu den Recollet Falls, die man über eine ca. 1,5 km lange Wanderung erreicht.

## Reisepraktische Informationen French River

### Unterkunft

*In der* **French River Resorts Association** *haben sich 17 Lodges und Camps zusammengeschlossen und bieten Übernachtungsmöglichkeiten in jeder Preisklasse an, www.frenchriverresorts.com.*

**$$ Wolseley Lodge**, *RR #1; 2652 Hwy. 528, Noelville, ☏ 705-898-3356 oder 1-800-488-4964, www.wolseleylodge.com, die traditionsreiche Lodge (seit 1928) am French River bietet 16 gut ausgestattete Cabins mit bis zu vier Schlafräumen, außerdem drei Zimmer mit Gemeinschaftsbad im Haupthaus.*

**$$$$$ The Lodge at Pine Cove**, *Noelville, ☏ 705-898-2500, www.frenchriver.com, gepflegte Anlage am French River mit gut ausgestatteten Cottages in großartiger Umgebung, Kanu- und Bootsverleih. Geöffnet Mai–Okt.*

## Parry Sound

Parry Sound, an der gleichnamigen Bucht gelegen, ist das Tor zu der großen Schärenlandschaft an der Ostküste der Georgian Bay. Der Ort wurde nach dem britischen Polarforscher William E. Parry (1790–1855) benannt, der seit 1811 Fahrten in die arktischen kanadischen Gewässer unternahm. Heute ist der Hafen von Parry Sound sowohl wichtig für die Schifffahrt auf den Großen Seen zwischen Kanada und den USA als auch als Ausgangspunkt für Schiffs- und Bootsausflüge in die Region der 30.000 Inseln. Ein Spaziergang mit Ausblicken auf die Stadt und die Bucht führt über den Algonquin Regiment Fitness Trail an der Küste der Georgian Bay entlang.

Parry Sound zählt 5.800 Einwohner, aber in dem ganzjährig beliebten Ferienort übersteigt die Zahl der Besucher die der Einwohner um ein Vielfaches.

Im Winter lädt die Umgebung von Parry Sound zum Ski- und Schneemobilfahren und zum Eisfischen ein, im Sommer gibt es Möglichkeiten für alle Wassersportler, Angler und Golfer. Parry Sound trägt den Beinamen „Tor zu den 30.000 Inseln"; auf einem Ausflugsschiff kann man durch die Inselwelt fahren, das Inselgewirr mit dem eigenen Boot erforschen oder mit dem Wasserflugzeug die kleinen und großen Inseln überfliegen.

*„Tor zu den 30.000 Inseln"*

Die **30.000-Inseln-Kreuzfahrt** ist ein Erlebnis. Auf Kanadas größtem Binnen-Kreuzfahrtschiff, der „Island Queen", oder auf dem Schlepper „MV Chippewa" fährt man durch die Inselwelt; nirgends sonst liegen so viele Inseln so dicht beisammen. Das Schiff fährt durch enge Kanäle, seichte Wasserstraßen, an Leuchttürmen und Kaps vorbei, umrundet Inseln und ermöglicht immer wieder schöne Ausblicke. Die Inseln unterscheiden sich stark voneinander: Es gibt winzige Eilande, auf deren felsigem Boden nur ein paar Bäume stehen, Inseln mit kleinen Ferienhäuschen, an deren Bootsstegen Kinder im Wasser spielen, Inseln mit baumbestandenen Buchten und feinem Sandstrand, Inseln mit luxuriösen Villen und großen Motorbooten – und menschenleere Inseln mit steilen Felsabbrüchen.

*Im Hafen von Parry Sound*

Die „See-Fahrt" führt an der Südspitze des **Killbear Provincial Park** vorbei, der ausgezeichnete Wassersportmöglichkeiten bietet und vor allem bei Tauchern sehr beliebt ist. Am felsigen Ufer sind vom Gletschereis geglättete Granitbrocken und tiefe Rillen im Felsgestein als deutliche Spuren der Eiszeiten erkennbar. Außerdem bietet der Provinzpark gute Wandermöglichkeiten.

*Dudelsackmusik*

Die „Island Queen" umrundet **Parry Island** mit einem Indianerreservat der Huronen und kehrt dann in den Hafen von Parry Sound zurück. Dabei passiert man eine Insel, deren Besitzer häufig die vorbeifahrenden Touristen mit einem Spiel auf seinem Dudelsack grüßt. Besonders reizvoll ist die Kreuzfahrt Ende September/Anfang Oktober, wenn sich im Indian Summer das Laub der Ahornbäume verfärbt und rot und golden zwischen den dunklen Kiefern leuchtet.

Zurück in Parry Sound, lohnt der Aufstieg über 131 Stufen auf den **Tower Hill**, der 1920 als Ausguck gebaut wurde und von oben einen wunderbaren Ausblick auf die Inselwelt und Wälder bietet. Hier wurde das **West Parry Sound District Museum** mit Ausstellungen zur Geschichte der Indianer, der Fallenstellerei, zum Fischfang und der Seefahrt eingerichtet.
**The Museum on Tower Hill**, *17 George St., ☎ 705-746-5365, www.museumontowerhill.com, Mi–So 11–16, im Sommer Di–So 10–17 Uhr, Eintritt Erwachsene $ 5, Senioren und Kinder bis 12 J. $ 3.*

Außerdem lohnt ein **Rundflug über die 30.000 Inseln** mit dem Wasserflugzeug. Es gibt u. a. Rundflüge mit einem Zwischenstopp auf einer der Inseln, bei dem man in Henry's Fish Restaurant, einem auf einer Insel gelegenen Lokal, Mittagspause machen und später vom Wasserflugzeug wieder abgeholt werden kann.

*Sommerkonzerte*

Seit 1979 findet jeden Sommer im Juli/August das **Festival of the Sound** statt. Dazu gehören Konzerte mit klassischer Musik am Mittag und Abend, Familienkonzerte in den Parkanlagen und Schiffskonzerte zum Sonnenaufgang und -untergang.

Ein schöner Ausflug ins Hinterland führt von Parry Sound über den **Seguin Recreational Trail** 61 km ostwärts nach Seguin. An der Strecke sind Spuren aus der Zeit der ersten Siedler, der Holzfäller und der Eisenbahngeschichte zu sehen; vor allem aber locken schöne Aussichten, Wälder, Granitsteine und Rastplätze an mehreren Seen und Flüssen.

## Reisepraktische Informationen Parry Sound

### Information

**Visitors' Information Centre**, *Town's Waterfront, 2 Bay St., Mitte Mai–Mitte Okt. tgl. 10–18, sonst Mo–Sa 10–16 Uhr.*
**Town of Parry Sound**, *52 Seguin St., ☎ 705-746-2101.*

### Unterkunft

**$$–$$$ Bayside Inn**, *10 Gibson St., ☎ 705-746-7720 oder 1-866-833-8864, www.psbaysideinn.com, gut geführtes Haus mit 12 ansprechend eingerichteten Zimmern an der Hafenfront, Parkmöglichkeit am Haus.*
**$$$–$$$$ Comfort Inn**, *120 Bowes St., ☎ 705-746-6221, www.parrysoundcomfortinn.com, gut geführtes Hotel mit 60 freundlichen Zimmern.*

*$$$–$$$$ **Glenn-Burney Lodge**, 49 Glenn Burney Rd., Seguin River Bridge, ☏ 705-773-3423, www.glennburneylodge.ca, kleines Resorthotel mit vier Cottages, teilweise mit Blick auf die Georgian Bay, Strand, Bootsverleih, Gelegenheit zum Segeln und Surfen. Geöffnet Mai–Okt.*

*$$$$–$$$$$ **Sunny Point Resort Cottages & Inn**, 41 Sunny Point Rd., ☏ 705-938-1970, 1-800-265-0432, www.sunnypointresort.com, ruhige Anlage 20 km südlich von Parry Sound am Otter Lake mit zehn Ferienhäusern verschiedener Größen, vielseitige Sportmöglichkeiten wie Schwimmen, Fischen, Kanufahren, Surfen, Wasserski, Tennis und Wandern. Das Resort ist von Mai–Okt. geöffnet, im Juli/Aug. nur für eine ganze Woche zu mieten. Fr–Fr Rousseau & Seguin Suite (2 Schlafzimmer-Suiten im Inn), Grand Muskokan (2 Schlafzimmer) und Deluxe Cottage 6. Sa–Sa Cottages 2–5. So–So Cottages 7–19. Mai, Juni, Sept., Okt. Mindestaufenthalt 2 Nächte für große Einheiten, an Feiertagswochenenden mind. 3 Nächte.*

### Essen und Trinken

***Log Cabin Inn**, 9 Little Beaver Blvd., Seguin, ☏ 705-746-7122, www.logcabininn.net/dining.shtml, sehr gemütliches Restaurant in einer alten Holzscheune, gute Küche mit frischen Fischgerichten, Sonntagsbrunch. Hauptgerichte ab ca. $ 15.*

***Trapper's Choice Restaurant & Tavern**, 50 Joseph St., ☏ 705-746-9491, kleines, beliebtes Restaurant in der Parry Sound Mall. Hauptgerichte ab ca. $ 20.*

### Bootsfahrten

***Island Queen Cruise**, 9 Bay St., Parry Sound Government Wharf, ☏ 705-746-2311 oder 1-800-506-2628, http://islandqueencruise.com, 2- bis 3-stündige Kreuzfahrten durch die Welt der 30.000 Inseln, 2-Std.-Fahrt: Abfahrt Juli/Aug. tgl. (außer Fr) 10 Uhr, Erwachsene $ 36, Kinder von 6–12 J. $ 18, 3-Std.-Fahrt: Abfahrt Juni–2. Montag im Okt. (Thanksgiving) 13 Uhr, Erwachsene $ 46, Kinder von 6–12 J. $ 23.*

***Spirit of the Sound**, Bay St., ☏ 705-746-6064 oder 1-888-283-5870, www.spiritofthesound.ca, von Juni–Sept. verschiedene Ausflugsfahrten mit kulinarischem Schwerpunkt. Genaue Angebote und Termine s. Website.*

### Rundflüge

***Georgian Bay Airways**, 11 A Bay St., ☏ 705-774-9884 oder 1-800-786-1704, www.georgianbayairways.com, Flüge über die Inselwelt der Georgian Bay ab $ 120, Tagesausflüge.*

# Von Parry Sound nach Midland

Von Parry Sound geht es über den Hwy. 400, bis dieser auf den Hwy. 12 trifft, dem man dann nach Westen bis nach Midland folgt. Die Entfernung beträgt 110 km.

## Georgian Bay Islands National Park

Etwa 10 km hinter Crooked Bay zweigt der Hwy. 48 vom Hwy. 400 ab und führt über Hwy. 5 nach Honey Harbour und zum Georgian Bay Islands National Park. 59 Inseln im Südosten der Georgian Bay wurden zum **Georgian Bay Islands National Park** zusammengefasst. Sie sind nur mit dem eigenen Boot oder mit Wassertaxis erreichbar, die in **Honey Harbour** am Hwy. 5 bereitliegen. Zum Park gehört das Schiff „Day Tripper", Muskoka Rd. 5, mit dem von Mitte Mai bis Mitte Oktober Tagesausflüge nach Beausoleil Island durchgeführt werden.

*Im Georgian Bay Islands National Park*

**Information**
*Am Cedar Spring Campground gibt es einen Informationskiosk: Feuerholz, Eis, Campinggebühren, Fahrradverleih, Recyclingeinrichtung, Informationen.*
**Georgian Bay Islands National Park**, *901 Wye Valley Rd., Midland, ☏ 705-527-7200 oder 1-888-773-8888 www.pc.gc.ca/en/pn-np/on/georg, ganzjährig geöffnet, Eintritt April–Okt. Erwachsene $ 5,80, Senioren $ 4,90, Familienkarte $ 11,75.*

Die größte der Inseln ist **Beausoleil Island**, wo es ein Informationszentrum sowie einen Campingplatz gibt. Im Sommer ist Beausoleil Island ein Ferienziel für Wanderer, im Winter zieht die Insel Skilangläufer an.

*Motive für Maler*

Die Inseln weisen von der Eiszeit geprägte Landschaftsformen auf: Während auf der Nordhälfte nur anspruchslose Kiefern im felsigen Grund wachsen, dehnen sich im Süden Wiesen, Moore und Wälder aus, Überreste der Waldgebiete, die einst ganz Ostkanada bedeckten. Die Maler der „Group of Seven" (s. S. 119) haben die Inseln der Georgian Bay besucht und in ihren Bildern dargestellt. Landschaftsmaler suchen auch heute noch hier ihre Motive.

## Midland

Midland ist ein lebhafter Hafenort in der Huronia-Region und zusammen mit Penetanguishene ein beliebtes Feriengebiet an der südlichen Georgian Bay. Es bietet ausgezeichnete Wassersport- und Erholungsmöglichkeiten und ist nur 1,5 Stunden Fahrzeit von Toronto entfernt. In Midland hat man die Gelegenheit, an Bord der „Miss Midland" an einer Kreuzfahrt durch die Welt der 30.000 Inseln teilzunehmen.

Die Region Huronia zählt zu den ältesten Siedlungsgebieten Ontarios, wo die ersten weißen Missionare und Siedler zu Beginn des 17. Jh. auf den hier seit dem 14. Jh. ansässigen Indianerstamm der Huronen trafen.

Im Ort gibt es interessante Sehenswürdigkeiten:

Das **Huronia Museum** zeigt Gebrauchsgegenstände, Kleidung und Töpferwaren der Huronen sowie eine Ausstellung zur Geschichte der östlichen Georgian Bay.
**Huronia Museum**, *549 Little Lake Park, ☏ 705-526-2844, www.huroniamuseum.com, Mitte Mai–Mitte Okt. tgl. 9–17, sonst Mo–Fr 9–17 Uhr, kombinierte Eintrittskarte für das Museum und das Huron Indian Village: Erwachsene $ 12, Senioren $ 8,50, Kinder von 6–17 J. $ 7,25.*

Das **Huron-Ouendat Village** liegt am Eingang des Little Lake Park und ist die Rekonstruktion eines Indianerdorfs, das das Leben im 16. Jh. widerspiegelt.
**Huron-Ouendat Village**, *549 Little Lake Park, ☏ 705-526-2844, geöffnet wie das Museum. Die Eintrittskarte ist am Museum erhältlich.*

## Reisepraktische Informationen Midland

### Information

**Visitor Information Centre**, *Midland Harbour, 165 King St., ☏ 705-526-4275, www.midland.ca/Pages/Visitor-Information-Center.aspx, Mai–Sept. 9–18 Uhr.*
**North Simcoe Sports and Recreation Centre**, *527 Len Self Blvd., tgl. 8–20 Uhr (ganzjährig).*

### Unterkunft

**$$ Quality Inn & Conference Centre Midland**, *924 King St., ☏ 705-526-9307, www.choicehotels.com, modernes Hotel im Ortszentrum mit ansprechend eingerichteten Zimmern, Restaurant, Swimmingpool, Sauna und Whirlpool.*
**$$–$$$ Comfort Inn**, *980 King St., ☏ 705-526-2090, www.choicehotels.ca, angenehmes Hotel mit freundlich gestalteten Zimmern, günstig zu allen Sehenswürdigkeiten gelegen.*
**$$–$$$ Midland Inn & Suites**, *720 Prospect Blvd., am Hwy. 12, ☏ 705-245-1166 oder 1-855-566-2320, http://midlandinn.com, neueres Motel mit 30 teilweise sehr geräumigen Zimmern, 10 Min. vom Strand entfernt.*
**$$$ Beacon Shore on Georgian Bay**, *128 Midland Point Rd., ☏ 705-526-5005, www.beaconshorebb.com oder www.bbcanada.com/beaconshorebb, gut geführtes Haus in schöner Lage mit vier gemütlich eingerichteten Zimmern, jeweils mit eigenem Bad, mit schönem Garten und eigenem Zugang zum Wasser; köstliches Frühstück. Nur für Gäste ab 18 J.*

### Bootsfahrten

**Miss Midland 30.000 Island Boat Cruises**, *Town Dock, King St., ☏ 705-549-3388 oder 1-877-668-2286, www.midlandtours.com, 3-stündige Fahrten durch die Inselwelt der 30.000 Inseln. Abfahrt Mitte Mai–Mitte Okt. tgl. 14 Uhr, im Juli/Aug. auch 11 und 17 Uhr, Sept. 11 und 14 Uhr, ab und zu gibt es zusätzliche Abfahrten. Fahrpreis Erwachsene $ 36, Senioren $ 34, Jugendliche von 15–19 J. $ 25, Kinder 5–14 J. $ 18, Familienkarte $ 102.*

## Sainte-Marie among the Hurons

Die interessanteste Sehenswürdigkeit dieser Region ist **Sainte-Marie among the Hurons**, 5 km östlich von Midland am Hwy. 12. Es handelt sich um die Rekonstruktion der Missionsstation, die von Jesuitenmönchen im 17. Jh. gegründet worden war. Das moderne Museum zeigt die Arbeit der Archäologen und die Geschichte der Missionsstation.

Im Museumsdorf Sainte-Marie among the Hurons

Sainte-Marie wurde 1639 von den französischen Jesuiten Jean de Brébeuf und Gabriel Lalemant gegründet und war für ein Jahrzehnt ein wichtiger Stützpunkt der Europäer, in dem 1648 ein Fünftel der europäischen Bevölkerung von Neufrankreich lebte. Die ersten Begegnungen zwischen den sesshaften Huronen und den weißen Neuankömmlingen, bei denen Indianer und Franzosen ihre Kenntnisse und Fertigkeiten austauschten, verliefen friedlich, doch kam es aus Glaubensgründen auch zu Unstimmigkeiten und Zerwürfnissen. Zahlreiche Huronen erkrankten und starben an von den Weißen eingeschleppten Krankheiten wie Grippe, Masern und Pocken. Die weiter südlich lebenden, mit den Huronen verfeindeten Irokesen versuchten, die Schwächung ihrer Feinde auszunutzen, und überfielen mehrfach die Missionsstation. Aufgrund der Kämpfe gaben die Jesuiten im Juli 1649 ihre Niederlassung auf. Zusammen mit einigen getauften Huronen steckten sie die Station in Brand und zogen sich auf die Insel Christian Island zurück, wo sie Sainte-Marie II gründeten. 1650 kehrten sie endgültig mit einigen Hundert christlichen Indianern nach Québec zurück.

*Rekonstruierte Missionsstation*

Die Missionsstation wurde 1964–1967 rekonstruiert und vermittelt einen Eindruck von dieser frühen europäischen Siedlung. Bei einem Rundgang trifft man auf kostümierte „Dorfbewohner" und Indianer, die den Alltagsbeschäftigungen jener Zeit nachgehen und das damalige Leben schildern.

Die Missionsstation Sainte-Marie war von Palisaden umgeben, hinter denen sich drei abgeteilte Bereiche befanden. Zum nördlichen Gebiet der Europäer gehörten eine Kapelle, die Residenz der Jesuiten, Wohnhäuser, Getreidespeicher, die Missionsküche und Handwerkerquartiere; im mittleren Bereich lagen Werkstätten und die St. Josephskirche, an deren Südseite der von christianisierten Indianern bewohnte Teil begann. Hier gab es ein Langhaus, einen Wigwam und eine Krankenpflegestation mit Kräutergarten und Apotheke. Vor dem Palisadenzaun, aber noch im Schutze der befestigten Anlage, lebten ebenfalls Indianer, die noch nicht den christlichen Glauben angenommen hatten.
**Sainte-Marie among the Hurons**, *16164 Hwy. 12 E., ☏ 705-526-7838, www.saintemarieamongthehurons.on.ca, Mai–Mitte Okt. tgl. 10–17 Uhr, Eintritt Erwachsene $ 12, Senioren $ 10, Jugendliche $ 10,50, Kinder von 6–12 J. $ 9,25 (außerhalb der Hochsaison etwas preiswerter).*

## Tipp

Nach dem Rundgang kann man im Café Speisen des 17. Jh. probieren oder, im Juli und August, eine Kanufahrt auf dem Isaraqui (Wye) River machen, der an der Missionsstation vorbeiführt.

The **Martyr's Shrine**, am östlichen Ende des Ortes am Hwy. 12, wurde 1926 zu Ehren der acht französischen Jesuitenmönche errichtet, die in den Jahren 1642–1649 von den Indianern getötet und später seliggesprochen worden sind. Im Inneren befindet sich der Schrein der Märtyrer. Die Kirche ist heute ein Wallfahrtsort für die kanadischen Katholiken, an dem 1984 Papst Johannes Paul II. eine Messe zelebrierte. Sehr schön ist der Blick auf den Wye River.

Schrein der Märtyrer

**The Martyr's Shrine**, *http://martyrs-shrine.com, Mai–Mitte Okt. Tore: tgl. 8–21 Uhr. Verwaltung und Information: tgl. 9–16 Uhr, Laden: 9.30–12, 12.30–16.30 Uhr, Eintritt Erwachsene $ 5, Kinder unter 12 J. frei.*

Der Kirche gegenüber, am Hwy. 12, beginnt das **Wye Marsh Wildlife Centre**, eine für Botaniker und Vogelkundler interessante Sumpflandschaft, die sich am Wye River entlangzieht. Naturlehrpfade, Plankenwege und Wanderwege durchziehen das Gelände, das sich am besten von der Höhe des Aussichtsturms überblicken lässt; Kanutouren führen zur Stelle der ehemaligen Missionsstation.

**Wye Marsh Wildlife Centre**, *16160 Hwy. 12 E., ☏ 705-526-7809, www.wyemarsh.com, tgl. 9–17 Uhr (ganzjährig), Eintritt Erwachsene $ 12, Senioren und Jugendliche, Kinder 4–17 J. $ 8.*

**Ausflüge**

*Von Midland aus sollte man nicht versäumen, einen Ausflug nach Penetanguishene zu unternehmen und dort an einer geführten Tour durch den „Discovery Harbour" teilzunehmen. Infos: www.discoveryharbour.on.ca.*

## Penetanguishene

**Penetanguishene** liegt etwa 7 km entfernt von Midland. Der indianische Name des Ortes lautet in der Übersetzung „Stelle des weißen Sandes". Der Ort ist geprägt durch

*Im Discovery Harbour in Penetanguishene*

Harmonie zwischen den Kulturen

das indianische, französische und englische Erbe; Einwanderer aus den beiden Ländern ließen sich in der Nähe der ehemaligen britischen Garnison nieder. Zwei am südlichen Ortseingang aufgestellte Engel sollen die Harmonie zwischen den Kulturen symbolisieren. Urlauber finden hier Möglichkeiten zum Wandern, Schwimmen, Schnorcheln, Tauchen und im Winter zum Skifahren.

Der Weg zum **Discovery Harbour** und zu den **Historic Naval and Military Establishments** ist mit blauen Schiffslogos ausgeschildert. Discovery Harbour besteht aus 15 rekonstruierten Gebäuden mit Schreibstuben, Offiziersquartieren, Lagerhäusern und Soldatenunterkünften, die nach dem Krieg mit den Amerikanern im Jahre 1812 gebaut und bis 1856 genutzt worden sind. Eine Diapräsentation und kostümierte Guides informieren über die Bedeutung der Garnison. Ganzjährig finden hier Theateraufführungen des „King's Wharf Theatre" statt.
**Discovery Harbour**, *93 Jury Dr., ☏ 705-549-8064, www.discoveryharbour.on.ca, und Historic Naval and Military Establishments, Ende Mai–Aug. tgl. 10–17 Uhr, Eintritt Erwachsene $ 7, Senioren und Jugendliche $ 6,25, Kinder von 6–12 J. $ 5,25.*

An der **King's Wharf** liegen aufgedockt die beiden Segelschiffe „HMS Bee" und „HMS Tecumseth", die Schonern des 19. Jh. nachgebaut wurden.

## Reisepraktische Informationen Penetanguishene

**Information**
**Tourist Information Centre,** *2 Main St., ☏ 705-549-2232, www.penetanguishene.ca, Mai–Aug. tgl. 9–18, Sept./Okt. ab 10 Uhr. Das Tourist Information Centre schließt nach der Saison am 5. September. Besucher erhalten danach Informationen im Penetanguishene Centennial Museum, 13 Burke St.*

# Von Midland an der Nottawasaga Bay entlang nach Kitchener

### Streckenhinweis

Die schnellste Verbindung führt von Midland über den Hwy. 93, dann nach Süden über den Hwy. 400 bis zur Kreuzung mit dem Hwy. 9, dem man nach Westen folgt bis zum Hwy. 6, der über Fergus nach Guelph und von dort über den Hwy. 7 nach Kitchener führt.

Wer mehr Zeit hat und unterwegs noch baden will, kann von Midland zur Nottawasaga Bay fahren, dann der Küstenstraße über Wasaga Beach nach Collingwood folgen und von dort über die Hwys. 124, 10, 24, 124 bis Guelph, dann über den Hwy. 7 nach Kitchener fahren.
Entfernung ca. 225 km.

Die **Ortschaften an der Nottawasaga Bay** zählen zu den beliebtesten Ausflugszielen Ontarios. Während im Sommer die Strand- und Dünenlandschaften vor

allem Familien anlocken, sind es im Winter die Skisportmöglichkeiten in den Blue Mountains, die Urlauber und Ausflügler anziehen. Da Toronto mit seinen Vorstädten nur etwas mehr als eine Autostunde entfernt liegt, ist der Besucherandrang in diesem Naherholungsgebiet zu allen Jahreszeiten groß. Alle Ortschaften haben sich mit Übernachtungsmöglichkeiten, Restaurants, Geschäften, Sport- und Freizeitangeboten völlig auf den Fremdenverkehr eingestellt.

*Ziel für Familien*

Da an der Nottawasaga Bay vor allem Familien ihre Ferientage verbringen, sind viele Hotels und Privathäuser schon lange im Voraus ausgebucht. Am besten erkundigt man sich bei der **Touristeninformation**, die Auskünfte über die aktuelle Situation in den Ortschaften Wasaga Beach, Collingwood, Meaford und Stayner gibt.

## Collingwood

Collingwood ist mit ca. 22.000 Einwohnern der größte Ort an der Nottawasaga Bay. Er erstreckt sich am Fuße des Blue Mountain und ist ganzjährig viel besucht. Im Sommer lockt er mit Sandstränden und im Winter mit Ontarios größtem Skigebiet.

### Reisepraktische Informationen Collingwood

#### Information

**South Georgian Bay Visitor Centre**, *45 St. Paul St., ☏ 705-445-7722 oder 1-888-227-8667, www.visitsouthgeorgianbay.ca.*

#### Unterkunft

$$$$ **Blue Mountain Inn**, *108 Jozo Weider Blvd., ☏ 833-583-2583, www.bluemountain.ca, ausgezeichnete Hotelanlage mit Hotelzimmern und Ferienhäusern, großes Sportangebot mit Pool, Squash- und Tennisplätzen, Fitnessraum, Golf, Privatstrand.*

An der Ostseite der Nottawasaga Bay sind **Ferienorte** wie Perlen an einer Kette aufgereiht: Wahnekewaning Beach, Cawaja Beach, Balm Beach, Ossossane Beach, Wendake Beach, Bluewater Beach, Deanlea Beach, Woodland Beach und **Wasaga Beach**, das sich eines 14 km langen Sandstrandes rühmt, der zu den längsten Süßwasserstränden der Welt gehört.

In allen Orten gibt es neben den Wasser- und Wintersportmöglichkeiten ein **Sport- und Unterhaltungsprogramm** für alle Altersstufen:

- **Kanufahren** auf dem Beaver River und dem Nottawasaga River mit geführten Touren zur Tierbeobachtung
- **Tennis**, **Squash** und **Badminton** auf öffentlichen Plätzen
- **Fahrradtouren** auf ausgeschilderten Wegen zwischen Meaford und Collingwood
- **Rasenbowling** in Meaford, Stayner und Collingwood
- **Reiten** und **Reitturniere** in Collingwood im Cedar Run Horse Park
- Einstündige, geführte **Spaziergänge** durch die historischen Viertel von Collingwood
- **Golfkurse** in Collingwood, Wasaga Beach, Meaford und Cranberry Village
- Große **Wasservergnügungsparks**

## Reisepraktische Informationen Wasaga

### Information

**Wasaga Visitor Centre**, *550 River Rd. W., Wasaga Beach, ☏ 705-429-2247 oder 1-866-292-7242, www.wasagainfo.com, Mo–Do 10–16, Fr 10–19, Sa/So 10–15 Uhr.*

### Unterkunft

**$$$ Casa Wasaga**, *1 Tamarack Way, ☏ 416-402-1997, www.casawasaga.com, von einem überaus sympathischen Ehepaar geführtes schönes, kleines Bed & Breakfast. Das Frühstück lässt keine Wünsche offen.*

**$$$ Luau Motel and Cottages**, *231 Mosley St., ☏ 705-429-2252 oder 1-866-429-0283, www.luauresort.com, freundliche Anlage mit 25 Zimmern im Haupthaus und in Cottages mit schönem Blick auf den Nottawasaga River; einige Cottages haben eine Küchenzeile und einen Kamin.*

**$$$$ Angel's Wasaga Inn**, *159 Main St., ☏ 705-429-2535, www.angelswasagainn.com, zentral gelegenes Motel mit Cottages und beheiztem Swimmingpool, Sonnenterrasse, ca. 5 Min. vom Strand entfernt.*

## Kitchener/Waterloo und der Südwesten Ontarios

Nur eine Autostunde von Toronto entfernt liegt in der Region um die Doppelstadt Kitchener/Waterloo das größte Siedlungszentrum deutscher Einwanderer in Kanada, was sich leicht an den Namen der umliegenden Ortschaften ablesen lässt: New Hamburg, Wartburg, Neustadt, Holstein oder Hanover. Kitchener trug noch bis zum Ersten Weltkrieg den Namen Berlin.

*Stadtgeschichte*

Im Jahr 1799 wurde der Ort von deutschstämmigen Mennoniten gegründet, die während des Amerikanischen Unabhängigkeitskriegs von Pennsylvania nach Kanada zogen und sich dann in dieser fruchtbaren Region Südwest-Ontarios niederließen. Als im frühen 19. Jh. viele Deutsche in das Gebiet um Kitchener und Waterloo kamen, erhielt die Stadt 1833 den Namen Berlin. Infolge des wirtschaftlichen Aufschwungs folgten Einwanderungswellen von Schotten und Engländern; während des Ersten Weltkriegs wurde die Stadt zu Ehren des britischen Heerführers Lord Kitchener umbenannt. Die Schwesterstädte Kitchener und Waterloo entwickelten sich zu einem Wirtschafts- und Forschungszentrum mit knapp 220.000 Einwohnern in Kitchener und ca. 125.000 Einwohnern in Waterloo.

Auch der Ort Waterloo, der ursprünglich Ebytown hieß und erst später zur Erinnerung an die Schlacht von Waterloo und den Sieg über Napoleon umbenannt wurde, geht auf mennonitische Bauern und deutsche Einwanderer zurück. Heute hat die Stadt zwei bekannte Universitäten und ist ein Standort für Industrie, Forschung und neue Technologien.

Schöne Parkanlagen wie der **RIM Park** im Nordosten von Waterloo und der **Victoria Park** im Zentrum von Kitchener laden mit Seen, Wanderwegen, Spiel- und Sportplätzen sowie historischen Wahrzeichen zu einer Pause im Grünen oder einem Picknick ein.

Alljährlich feiern Kitchener und Waterloo ihr **Oktoberfest** – das zweitgrößte der Welt! Es findet immer Anfang Oktober statt und dauert neun Tage. 20 Festzelte werden

aufgebaut, in denen mehr als 50 Veranstaltungen unter dem Motto „Gemütlichkeit" mit bayerischer Blasmusik, Jodelwettbewerben und bayerischen Volkstänzen durchgeführt werden. Dazu werden Sauerkraut, Weißwürste und deutsches Bier von Kellnerinnen und Kellnern in bayerischen Volkstrachten serviert. *Bayerische „Gemütlichkeit"*

**Information**
*Informationen zum Oktoberfest und aktuelle Veranstaltungshinweise unter ☏ 519-570-4267, 1-888-294-4267 oder unter www.oktoberfest.ca.*

## Sehenswürdigkeiten in Kitchener

Der **Pioneer Tower** wurde 1926 zur Erinnerung an die ersten Siedler gebaut.

Der **Market Square**, Ecke King St./Frederick St., ist ein Gebäudekomplex aus Glas und Stahl mit Geschäften und Dienstleistungsbetrieben.

**Woodside National Historic Site** ist das Elternhaus des kanadischen Premierministers William Lyon Mackenzie King, der von 1886–1893 hier lebte. Das Haus wurde 1853 auf einem 4 ha großen bewaldeten Grundstück gebaut. Die 14 Räume sind der damaligen Zeit entsprechend eingerichtet. Die Grünanlagen eignen sich gut für ein Picknick.
**Woodside National Historic Site**, *528 Wellington St. N., ☏ 519-571-5684, www.pc.gc.ca/en/lhn-nhs/on/woodside, das Gelände ist geöffnet tgl. 9–16 Uhr, das historische Haus Okt.–Dez. Do–So 9–16 Uhr, letztes Ticket um 15.45 Uhr. Letzter Tag der Saison 2019: 22.12. Eintritt Erwachsene $ 3,90, Senioren $ 3,40.*

### Sehenswürdigkeiten, die an die frühen Siedler erinnern

Das **Joseph-Schneider-Haus** ist das Haus der Mennonitenfamilie Schneider, die um 1850 in diesem Haus lebte. „Hausbewohner" in altdeutscher Tracht zeigen Besuchern das Haus und berichten auch in deutscher Sprache vom Alltag jener Zeit.
**Joseph Schneider Haus Museum**, *466 Queen St. S., ☏ 519-742-7752, https://www.schneiderhaus.ca/en/index.aspx, Juli–Sept. Mo–Sa 10–17, So 13–17, sonst Mi–Sa 10–17, So 13–17 Uhr, Eintritt Erwachsene $ 6, Senioren und Studenten $ 5, Kinder von 5–12 J. $ 4, Familienkarte $ 15.*

Einen Besuch lohnt das **Waterloo Region Museum**, das sich am Eingang zum Museumsdorf Doon Heritage Village befindet und die Geschichte der Region lebendig macht; außerdem gibt es Wechselausstellungen, Konzerte, Theateraufführungen, ein Museumscafé mit Außenterrasse und einen Museumsshop.

Das Museumsdorf **Doon Heritage Village** informiert anschaulich über das Leben in einem Dorf im Jahr 1914. Zu den 30 Gebäuden, die alle aus der Kitchener-/Waterloo-Region stammen, gehören Bahnhof, Krämerladen, Sattlerei, Druckerei, Weberei, Schmiede, Post, Mühle, Kirche und verschiedene Wohnhäuser. Eine Beschreibung in deutscher Sprache gibt es auf Wunsch am Eingang. *Museumsdorf*
**Waterloo Region Museum und Doon Heritage Village**, *10 Huron Rd., ☏ 519-748-1914, www.waterlooregionmuseum.com, im 2. Stock des Waterloo Region Museums befindet sich die Waterloo Hall of Fame, die Menschen und Organisationen ehrt, die etwas Besonderes für Waterloo geleistet haben. Mai–Aug. tgl. 9.30–17, sonst Mo–Fr 9.30–17, Sa/So 11–17 Uhr, Village Mai–Aug. s. Museum, Sept.–Dez. Mo–Fr 9.30–16 Uhr, Jan.–April geschl., Kombiticket für Museum, Doon Heritage Village und Waterloo Region Hall of Fame: Erwachsene $ 11, Senioren und Studenten $ 8, Kinder von 5–12 J. $ 5, Familienkarte $ 25.*

Der **Farmers' Market in Kitchener** (*300 King St. E., zwischen Cedar St. und Eby St.*) findet ganzjährig jeden Samstag statt. Dazu kommen seit 1839 die Bauern der Umgebung, darunter viele Mennoniten, nach Kitchener und bringen Obst, Gemüse, Blumen, Kräuter, Honig, selbst gemachte Marmeladen, Geflügel, Produkte aus Ahornsirup, junge Pflanzen und Handarbeiten mit. Seitdem der Markt in Kitchener im Market Square abgehalten wird, ziehen viele der konservativen Mennoniten den Markttag in St. Jacobs vor.

## Sehenswürdigkeiten in Waterloo

Die **Canadian Clay and Glass Gallery** stellt Glas-, Töpfer- und Emailarbeiten kanadischer Künstler aus

**Canadian Clay and Glass Gallery**, *25 Caroline St. N., ☏ 519-746-1882, www.theclayandglass.ca, Mo–Fr 11–18, Sa 10–17, So 13–17 Uhr, Eintritt frei.*

*Leben der frühen Siedler*

Das **Brubacher House** auf dem Campus des Universitätsgeländes wurde um 1850 von einer Mennonitenfamilie gebaut. Eine 12-minütige Diashow zeigt, wie die frühen Siedler gelebt und gearbeitet haben.

**Brubacher House Museum**, *☏ 519-886-3855, uwaterloo.ca/grebel/about-grebel/our-partners/brubacher-house, Mai–Okt. Mi–Sa 14–17 Uhr, Eintritt frei, Spende erwünscht.*

Das **Earth Sciences Museum** auf dem Campus der Universität zeigt naturkundliche und naturwissenschaftliche Ausstellungen, u.a. Funde von Sauriern und einen Felsengarten mit Gesteinsproben aus ganz Kanada.

**Earth Sciences Museum**, *auf dem Campus der Universität, ☏ 519-888-4567, https://uwaterloo.ca/earth-sciences-museum, Mo–Fr 8.30–16.30 Uhr, Eintritt frei.*

## Reisepraktische Informationen Kitchener/Waterloo

### Information

**Kitchener Welcome Centre**, *200 King St. W., ☏ 519-741-2345, 1-866-969-9994, www.kitchener.ca oder www.explorewaterlooregion.com.*

**Waterloo Visitors Centre**, *10 Father David Bauer Dr., ☏ 519-885-2297, www.waterloo.ca, Mai–Mitte Okt.*

### Wichtige Anschriften und Telefonnummern

**Medizinischer Notdienst**: *☏ 911*

**Canadian Automobile Association CAA, Kitchener**: *655 Fairway Rd. S., ☏ 519-893-9604 oder 1-877-223-2286;* **Waterloo**: *572 King St. N., ☏ 519-746-8875 oder 1-866-413-3078*

**Grand River Transit**: *☏ 519-585-7555*

### Unterkunft

**$$ Quality Inn**, *2899 King St. E., ☏ 519-894-3500, www.choicehotels.com, Hotel mit gut ausgestatteten Zimmern.*

**$$ Radisson Hotel Kitchener-Waterloo**, *2960 King St. E., ☏ 519-894-9500 oder 1-800-333-3333, www.radisson.com/kitchenerca, zu allen Sehenswürdigkeiten günstig gelegenes Hotel mit geräumigen, hellen Zimmern, drei Restaurants, Café, Pool und Fitnessraum.*

**$$–$$$ Forest Hill B&B**, *78 Forest Hill Dr., ☏ 519-748-9403, www.foresthillbandb.com, gemütliches B&B-Haus mit netten Gastgebern. Gutes Frühstück, Garten.*

**$$$ Crowne Plaza Kitchener-Waterloo**, *105 King St. E., ☏ 519-744-4141, www.ihg.com, zentral gelegenes Hotel, gleich gegenüber dem Market Square, mit ansprechend eingerichteten Zimmern, Restaurants, Swimmingpool und Fitnessräumen.*
**$$$ Queensway Landing Bed & Breakfast**, *46 Queensway Dr., St. Jacobs, ☏ 519-664-2824, www.bbcanada.com/9444.html. Heimeliges B&B mit drei gemütlichen, gut ausgestatteten Zimmern mit Bad. Sehr herzliche Gastgeber, exzellentes Frühstück.*
**$$$ Walper Hotel**, *20 Queen St. S., ☏ 519-745-4321 oder 1-800-265-8749, www.walper.com, im Stadtzentrum gelegenes, gepflegtes Hotel mit 92 schönen Zimmern in einem viktorianischen Haus, Restaurant mit klassischer italienischer Küche.*
**$$$$$ Langdon Hall Country House Hotel**, *1 Langdon Dr., Cambridge, ☏ 519-740-2100 oder 1-800-268-1898, www.langdonhall.ca, sehr schön restauriertes Landhaus mit ausgedehntem Garten und stilvoll und wohnlich eingerichteten Räumen, empfehlenswertes Restaurant.*

### Unterkunft in Waterloo

**$$$ Comfort Inn**, *190 Weber St. N., ☏ 519-747-9400 oder 519-747-2134, www.waterloocomfortinn.com, ordentliches Mittelklassehotel mit 85 freundlich eingerichteten Zimmern.*
**$$$ Courtyard Marriott Waterloo St. Jacobs**, *50 Benjamin Rd. E., ☏ 519-884-9295 oder 1-800-972-5371, www.marriott.com, gut geführtes Hotel mit 119 angenehmen Zimmern, nahe dem Farmers Market, ein gutes kontinentales Frühstück ist im Preis eingeschlossen.*

*Während der Sommermonate werden in den* **Studentenwohnheimen der Universität** *von Waterloo, ☏ 519-884-5400, https://uwaterloo.ca/summer-accommodations, preiswerte Zimmer vermietet.*

## Essen und Trinken

**Charcoal Steak House**, *2980 King St. E., Kitchener, ☏ 519-893-6570, www.charcoalsteakhouse.ca, seit vielen Jahren beliebtes Steakrestaurant. Mo–Do 11.30–24, Fr 11.30–1, Sa 11.30–14 u. 15–1, So 10–14 u. 15–22 Uhr.*
**Marbles**, *8 William St. E., Waterloo, ☏ 519-885-4390, www.marblesuptown.com, preiswertes Familienrestaurant mit frischen Salaten und guten Burgern. So–Do 11.30–21, Fr/Sa 11.30–22 Uhr.*
**Stone Crock Restaurant**, *1396 King St. N., St. Jacobs, ☏ 519-664-2286, www.stonecrock.ca, herzhafte, gut zubereitete Gerichte und gute Desserts.*

### Kleine Köstlichkeiten für zwischendurch und fürs Picknick

**Sproll's Fine German Bakery**, *300 Trillium Dr., ☏ 519-748-5451, hier werden Brote, Brötchen und Kuchen nach deutschem Rezept gebacken.*
**Taste of Europe Meat**, *612 King St. E., ☏ 519-342-6378, www.facebook.com/tasteofeuropemeatanddali, europäische Delikatessen.*

## Einkaufen

*Das größte Einkaufszentrum der Stadt ist* **Fairview Park Mall**, *2960 Kingsway Dr., am Hwy. 8, mit den Kaufhäusern Hudson's Bay und Sears.* **The Kitchener Market**, *300 King St. E., hat mehrere kleinere Geschäfte.*

*Im Ort* **Baden** *an der Regionalstraße 51, westlich von Kitchener, liegt das* **Baden Emporium Gift Store & Café**, *43 Snyder's Rd. E., ☏ 519-634-5344, u. a. mit Kunstgewerbearbeiten von 120 einheimischen Künstlern.*

## Sehenswertes in der Umgebung von Kitchener und Waterloo

Der Mennonitenort **St. Jacobs**, der ursprünglich Jakobsstettel hieß, liegt am Ufer des Conestogo River, ca. 10 km nördlich von Kitchener. Die ländliche Region lädt zum Wandern und Radfahren oder zu Kanufahrten auf dem Conestogo River und Grand River ein.

Bekannt ist vor allem der **St. Jacobs Farmers' Market and Fleamarket**, 878 Weber St. N., 2 km südlich von St. Jacobs, der ganzjährig donnerstags und samstags von 7–15.30 Uhr stattfindet, von Juni bis August außerdem noch dienstags von 8–15 Uhr. Die Bauern bieten hausgemachten Schinken, Wurstwaren, Fleisch, Käse und Brot an, ebenso Obst, Gemüse, Eingemachtes, Produkte aus Ahornsirup und regionale Spezialitäten wie „Summer Sausage" oder „Apple Fritters". Aber auch junge Hunde, Kätzchen und Hühner, Werkzeuge und kunsthandwerkliche Arbeiten tauschen hier den Besitzer; außerdem werden für Kinder Fahrten auf dem Karussell und mit dem Pferdewagen angeboten. Auf dem Flohmarkt gibt es alte Gebrauchsgegenstände, Bücher, Möbel, Antiquitäten und Kuriositäten. Auf dem Markt sieht man Mennonitenfamilien in ihrer altmodisch anmutenden Kleidung; die Männer tragen schwarze Anzüge und Hüte, die Frauen lange, schmucklose Kleider mit Hauben, und auch die Kinder sind ähnlich gekleidet. Im Sommer bauen die Mennonitenfrauen häufig an den Rändern der Landstraßen Stände auf und bieten frisches Obst und Gemüse an.

*Begegnung mit Mennoniten*

Zwischen dem Farmers' Market in St. Jacobs und der **St. Jacobs Factory Outlet Mall** mit Geschäften und Restaurants verkehren an Markttagen jeweils von zwei Pferden

*Ein alltägliches Bild im „Land der Mennoniten"*

gezogene Trolleywagen, die den alten Straßenwagen von 1885 nachempfunden sind. 24 Personen finden in einem Wagen Platz.

Auf der Fahrt durch das fruchtbare Farmland mit Weizen- und Roggenfeldern fallen die schmucken Bauernhäuser auf, die von gepflegten Gärten umgeben sind, und Bauern, die ihre Pferde vor den Pflug spannen und das Feld bestellen. An den Straßen stehen Hinweisschilder „Achtung Pferdewagen", und vielleicht begegnet man solchen Pferdefuhrwerken mit Mennoniten auf dem Kutschbock.

„Wer sind die Mennoniten?" – diese Frage wird in St. Jacobs beantwortet. Das **Mennonite Story Museum** ist ein Zentrum der Mennoniten, in dem sie über ihre Geschichte, den Glauben und die Lebensweise informieren.
**Mennonite Story Museum**, *1406 King St., ☏ 519-664-3518, www.stjacobs.com/Culture-Heritage-The-Mennonite-Story.htm, April–Dez. Mo–Sa 11–17, So 13.30–17, sonst Sa 11–16.30, So 14–16.30 Uhr, Eintritt frei, Spende erbeten.*

## Die Mennoniten

info

Die Mennoniten gehören einer Religionsgemeinschaft an, die nach strengen Vorschriften lebt, alte Traditionen bewahrt und sich modernen Einflüssen weitgehend verschließt.

*Hinweis auf die Pferdefuhrwerke der Mennoniten*

Die Geschichte dieser Glaubensgemeinschaft reicht bis in das Zeitalter der Reformation zurück, als in den Niederlanden der katholische Priester Menno Simons sich gegen die Lehrmeinung der katholischen Kirche wandte und sich wiedertaufen ließ. Er sammelte andere Gläubige um sich, die wie er der Ansicht waren, dass der Mensch nicht einer weltlichen Obrigkeit, sondern nur Gott verantwortlich sei. Sie nannten sich Mennoniten und zogen auf der Suche nach Glaubensfreiheit von Holland über Deutschland und die Schweiz bis nach Ostpreußen. Mitte des 17. Jh. wanderten viele von ihnen nach Nordamerika und nach Russland aus.

Die Glaubensgemeinschaft der Mennoniten, die im Laufe der Jahrhunderte Verfolgungen ausgesetzt war, zählt zu den Friedenskirchen; sie vertritt die Grundsätze der Wehrlosigkeit und der Feindesliebe. Sie richtet sich streng nach der „Bergpredigt" und lehnt staatlichen Zwang, Krieg und Eidesleistung ab. Sie versteht die Erwachsenentaufe als Zeichen der Wiedergeburt

info

und als einen verpflichtenden Glaubensbund. Die Mennoniten haben keine verbindliche Kirchenverfassung. Jede Gemeinde ist autonom; doch werden grundsätzliche Fragen auf landesweiten Konferenzen diskutiert.

Innerhalb der Mennonitischen Glaubensgemeinschaft gibt es viele Gruppierungen. Etwa 170.000 Mennoniten leben in Kanada, davon ca. 40.000 in Ontario; diese gehören 17 Gruppen an, die je nach Einstellung eher konservativ, gemäßigt oder progressiv sind.

Während die traditionsverhafteten Alt-Mennoniten auch heute noch überwiegend in der Landwirtschaft tätig sind, eine einfache Schulbildung für ausreichend halten und Errungenschaften der modernen Zivilisation wie Elektrizität, Telefon, Fernsehen und Autos ablehnen, arbeiten die progressiven Mennoniten in allen Berufszweigen der freien Wirtschaft und des öffentlichen Dienstes, treten für eine bessere Schulbildung ein und leben mit den technischen Neuerungen unserer Zeit.

---

Westlich von St. Jacobs liegt **West Montrose**, in dem eine der ältesten „covered bridges" von Ontario steht. Die Brücke wurde 1881 gebaut und dient dem Straßenverkehr über den Grand River. Im Dorfladen kann man sich mit einem Eis erfrischen.

## Elora und Elmira

Elmira und Elora sind Mennoniten-Ortschaften mit schön gerichteten alten Häusern und Farmen inmitten fruchtbaren Farmlandes. Am ersten Sonntag im April feiert man in Elmira das „Maple Syrup Festival". Dazu gehören Heuwagenfahrten, Vorführungen alter Handwerkskunst und die Zubereitung traditioneller Gerichte wie Pfannkuchen mit Ahornsirup.

Reizvoll ist ein Ausflug zur **Elora Gorge Conservation Area** mit romantischen Wasserläufen, dem Grand River, einem Badesee, Wasserfällen, ungewöhnlichen Felsformationen und einer tiefen Schlucht mit zahlreichen Höhlen.
**Elora Gorge Conservation Area**, *7400 Wellington County Rd. 21, ☎ 519-846-9742, https://www.grandriver.ca/en/outdoor-recreation/Elora-Gorge.aspx, Mai–Mitte Okt. tgl. 8 Uhr bis zum Einbruch der Dämmerung, Eintritt: Erwachsene $ 7, Senioren $ 5,50, Kinder 6–14 J. $ 3.*

## Reisepraktische Informationen Elora und Elmira

### Information

**Elora Information Services**, *10 Mill St. E., ☎ 1-877-242-6353, www.elorafergus.ca.*

### Unterkunft

**$$$–$$$$ The Flying Leap Bed & Breakfast**, *249 Geddes St., Elora, ☎ 226-369-0376, www.theflyingleap.com, das charmante B&B bietet vier individuell und klassisch eingerichtete Zimmer. Kein TV, dafür über 600 Bücher. Hervorragendes Frühstück!*
**$$$$ Best Western Plus Fergus**, *830 Saint David St. N., Fergus, ☎ 519-843-2100 oder 1-800-780-7234, www.bestwestern.com, das Hotel liegt im 6 km entfernten Ort Fergus und verfügt über 33 komfortable Zimmer.*

# Von Kitchener durch den Südwesten Ontarios nach Niagara Falls

Streckenhinweis

Von Kitchener fährt man über den Hwy. 7/8 nach Stratford, von dort über den Hwy. 7 bis Elginfield und weiter über den Hwy. 4 nach London. Von London führen der Hwy. 2 und der schnellere Hwy. 401 nach Windsor. Von Windsor kann man über den Hwy. 3 fahren, bei Leamington einen Abstecher zum Point Pelee National Park machen und entweder über den Hwy. 3 zurück nach London fahren oder die Fahrt auf dem Hwy. 3 über Simcoe und Port Colborne fortsetzen. An der kanadisch-amerikanischen Grenze stößt man auf den QEW (Queen Elizabeth Way), der nach Niagara Falls führt. Entfernung ca. 760 km.

## Stratford

Stratford wurde im 19. Jh. von Einwanderern aus dem englischen Städtchen Stratford gegründet, die der Siedlung den Namen aus der alten Heimat gaben: Stratford-upon-Avon. Das umliegende Land ist gutes Ackerland, auf dem überwiegend Mais, Gerste, Sojabohnen, Obst und Gemüse angebaut werden.

Seit 1953 findet alljährlich das **Stratford Festival** statt, das zu den bekanntesten Theaterfestspielen Nordamerikas gehört und von Jahr zu Jahr mehr Besucher anlockt. Von April bis November werden in vier Theatern, von denen das Festival Theatre mit 1.826 Plätzen das größte ist, klassische und moderne Stücke sowie Musicals aufgeführt. Zu den Höhepunkten zählen die sehr guten Shakespeare-Inszenierungen mit international bekannten Künstlern.

*Theaterfestival*

**Stratford Festival**, ☏ *519-273-1600 oder 1-800-567-1600, www.stratfordfestival.ca. Spielpläne, Broschüren und Reservierungsformulare sind ab 1. Februar erhältlich. Führungen finden in den Sommermonaten statt.*

Stratford ist wegen der Festspiele auf ein internationales Publikum eingerichtet und bietet gute Übernachtungsmöglichkeiten, Restaurants, Galerien, Antiquitätengeschäfte und Boutiquen. In den Sommermonaten kann man die Stadt und ihre Parkanlagen bei einer Fahrt mit einem „typisch englischen" Doppeldeckerbus kennenlernen; außerdem werden geführte Stadtrundgänge angeboten.

Auf den Stratford Fairgrounds wird seit 1855 am Samstag der wöchentliche **Farmers' Market**, ☏ 519-271-5130, abgehalten, auf dem Bauern aus der Region Gemüse, Obst, Marmelade und selbst gebackenes Brot verkaufen (*7–12 Uhr*). Einmal im Jahr findet der Ontario Pork Congress statt, auf dem Schweine aus ganz Ontario versteigert werden.

Entspannung bieten Spaziergänge durch die Parkanlagen oder an den Ufern des Avon River entlang; dabei hat man die Wahl zwischen dem jeweils ausgeschilderten „Small Loop" (ca. 1 km) und dem „Big Loop" (knapp 3 km). Ein beliebtes Ausflugsziel ist der **Lake Victoria**.

## Reisepraktische Informationen Stratford

### Information

**Stratford Tourism Alliance**, *47 Downie St., ☏ 519-271-5140 oder 1-800-561-7926, www.visitstratford.ca, ganzjährig Mo–Fr 9–17, Jan.–März Mo–Sa 9–17, So 11–15, April–Dez. Mo–Sa 10–18, So 11–15 Uhr.*

### Unterkunft

**$$$–$$$$ The Queen's Inn**, *161 Ontario St., ☏ 519-271-1400 oder 1-800-461-6450, www.queensinnstratford.ca, sehr schön restauriertes und geschmackvoll eingerichtetes Stadthotel aus dem Jahr 1853 mit 30 stilvoll eingerichteten Zimmern und gutem Restaurant.*
**$$$$ Edison's Inn**, *46 Ontario St., ☏ 519-305-5005, edisonsinn.com, in einem renovierten Gebäude aus den 1840er-Jahren befindet sich das ansprechende Hotel.*
**$$$$ Mercer Hall Inn**, *108 Ontario St., ☏ 519-271-9202 oder 1-888-816-4011, www.mercerhall.ca/hotel, zentral gelegenes Hotel. Die gut ausgestatteten Zimmer liegen im 2. und 3. Stock, kein Aufzug, Parkplatz hinter dem Haus.*

### Essen und Trinken

*Stratfords Theaterdistrikt zieht jedes Jahr sehr viele Besucher an. Deshalb hat Stratford für eine Stadt dieser Größenordnung eine sehr große Zahl an Restaurants und Pubs, sodass der Gast die Wahl zwischen allen Preiskategorien hat. Die Pubs eignen sich besonders für kleine, leichte, schnelle Mahlzeiten wie Salate, Sandwiches oder Fish'n'Chips.*
**Pazzo Taverna und Pizzeria**, *70 Ontario St., ☏ 519-273-6666, www.pazzo.ca, gut belegte Holzofenpizzas und frische Salate.*
**Revival House**, *70 Brunswick St., ☏ 519-273-3424, www.revival.house, eine alte Kirche aus dem Jahr 1874 wurde in das elegante Restaurant* **The Church** *umgewandelt. Inzwischen unter neuer Leitung und neuem Namen, werden hier kreative, französisch inspirierte Gerichte serviert. Di–Sa 11–21 Uhr, So zum Brunch (11–14 Uhr) geöffnet. Am Samstag ist eine Reservierung empfohlen, da dann hier oft Hochzeitsfeiern stattfinden.*
**The Keystone Alley Café**, *34 Brunswick St., ☏ 519-271-5645, www.keystonealley.com, beliebtes Café, in dem leichte Gerichte, gute Sandwiches, Suppen, Salate und Quiches serviert werden. Di–Do u. So 11.30–14 u. 17–20, Fr/Sa 11.30–14 u. 17–21 Uhr.*
**The Old Prune**, *151 Albert St., ☏ 519-271-5052, www.theprune.com, das Restaurant ist in einem schönen, viktorianischen Haus untergebracht, Spezialitäten sind Lamm- und Fischgerichte sowie jahreszeitlich abgestimmte Tagesgerichte, gehobenes Preisniveau, im Winter geschl. Di–Sa 16.30–21 Uhr.*

### Pubs

*In Stratford gibt es viele nette Orte für einen Drink, sei es vor oder nach einem Theaterbesuch.*
**Bentley's**, *99 Ontario St., ☏ 519-271-1121, www.bentleysbarinn.com, beliebter Pub im britischen Stil mit einer schönen Sommerterrasse. Tgl. 11.30–2 Uhr.*
**The Boar's Head Pub**, *161 Ontario St., ☏ 519-271-1400 oder 1-800-461-6450, angenehmer, im alt-englischen Stil eingerichteter Pub, in dem mehrere Biersorten vom Fass gezapft werden. Tgl. 11–1 Uhr.*
**The Olde English Parlour**, *101 Wellington St., ☏ 519-271-2772 oder 1-877-728-4036, www.theparlour.ca/dining.htm, gemütlicher englischer Pub.*

### Einkaufen

*Stratford hat viele kleine, originelle Geschäfte und Boutiquen, von denen die meisten an der York St., Downie St. und an der Ontario St. liegen.*

**Bradshaws**, *129 Ontario St., ☏ 519-271-6283 oder 1-844-271-6281, www.bradshaws canada.com, sehr gute Kristallwaren, feines China-Porzellan und Geschenkartikel. Mo–Do 10–18, Fr 10–20, Sa 10–18, So 11–17 Uhr.*
**Samsonite Travel Store**, *753 Ontario St., ☏ 519-271-7962, Koffer, Trolleys und Taschen zu günstigen Preisen.*
**The Green Room**, *40 Ontario St., ☏ 519-271-3240, www.greenroomstratford.ca, Geschenkeladen mit ungewöhnlichen Dingen. Di–Sa 10–19, Mai–Okt. 11–17, Nov./Dez. 12–17 Uhr.*

## London

Vor der Besiedelung durch europäische Einwanderer lebten Algonquin und Irokesen in dieser Region. Wie die englische Hauptstadt liegt auch die kanadische Stadt London an einem Fluss namens Thames. Die Industriestadt, die 1792 durch John Graves Simcoe gegründet wurde, hat ca. 366.000 Einwohner und ist das wirtschaftliche Zentrum Südwestontarios. Im Stadtbild fallen die vielen alten Bäume auf, die Parkanlagen, z. B. der Victoria Park und der Springbank Park mit einem Kinderzoo, sowie die roten Doppeldeckerbusse, die ebenso an die englische Hauptstadt erinnern wie zahlreiche Straßenschilder, z. B. Hyde Park oder Trafalgar Square. Die Stadt, deren wichtigste Wirtschaftszweige Fahrzeugbau, Biotechnologie und Informationstechnologie sind, hat ein reges kulturelles Leben, wozu die University of Western Ontario mit ihren 35.000 Studenten beiträgt.

*Reminiszenzen an England*

### Sehenswürdigkeiten der Stadt

Das elegante **Eldon House** wurde 1834 von einem englischen Marinekapitän gebaut. Es ist das älteste Wohnhaus der Stadt, das mit Möbeln des 19. Jh. eingerichtet ist. Der Garten ist ebenfalls für Besucher geöffnet. Im Juli und August wird „Afternoon Tea" serviert.
**Eldon House**, *481 Ridout St. N., ☏ 519-661-5169, www.eldonhouse.ca, Jan.–April Do–So 12–17, Mai/Okt.–Dez. Mi–So 12–17, Juni–Sept. Di–So 12–17 Uhr, Eintritt: Spende erwünscht.*

Das **Museum of Ontario Archaeology liegt** neben einer prähistorischen, indianischen Ausgrabungsstätte. Es informiert in einer Ausstellung und mit einem Film über die indianische Siedlungsgeschichte in Ontario.
**Museum of Ontario Archaeology**, *1600 Attawandaron Rd., ☏ 519-473-1360, http://archaeologymuseum.ca, Mai–Aug. tgl., Sept.–April Di–So 10–16.30 Uhr, Eintritt Erwachsene $ 5, Senioren und Studenten $ 4, Kinder von 5–12 J. $ 3, Familienkarte $ 12.*

Das 1980 gebaute **Museum London** am Ufer des Thames River ist wegen seiner modernen Architektur und der Ausstellung mit Werken kanadischer und internationaler Künstler bekannt.
**Museum London**, *421 Ridout St. N., ☏ 519-661-0333, www.museumlondon.ca, Di–So 12–17, Do bis 21 Uhr, Eintritt: Spende erwünscht.*

Die **St. Paul's Cathedral von 1846**, 472 Richmond St., ist Londons älteste Kirche mit sehenswerten Glasmalereien.

Das **Banting House National Historic Site** erinnert an Sir Frederick Banting, den ersten kanadischen Nobelpreisträger, der in den Jahren 1920/21 als Arzt praktizierte und Versuche startete, die zur Entdeckung des Insulins führten.

**Banting House National Historic Site**, *442 Adelaide St. N., ☏ 519-673-1752, bantinghousenhsc.wordpress.com, Di–Sa 12–16 Uhr, Eintritt Erwachsene $ 6, Senioren und Jugendliche $ 5, Kinder 5–12 J. $ 3, Familienkarte $ 15.*

Die **Labatt Brewery** ist eine der ältesten Brauereien Kanadas. Bei einer Führung kann man den Brauvorgang kennenlernen. Den Abschluss bildet eine Kostprobe.
**Labatt Brewery**, *150 Simcoe St., ☏ 519-850-8687, 1-800-268-2337, www.labatt.com/quality/brewerytour.php, Führungen finden ganzjährig Mo–Sa 9–17 Uhr statt, Eintritt Erwachsene $ 12.*

## Sehenswertes in der Umgebung Londons

Das 8 km außerhalb gelegene **Fanshawe Pioneer Village** vermittelt einen Eindruck vom Leben in einer Siedlung des 19. Jh. In den 30 Häusern, von denen einige nachgebildet, andere restauriert wurden, führen kostümierte Angestellte die alten Handwerkskünste jener Zeit vor.
**Fanshawe Pioneer Village**, *1424 Clarke Rd., in der Fanshawe Conservation Area, ☏ 519-457-1296, www.fanshawepioneervillage.ca, Mitte Mai–Mitte Okt. Di–So 10–16.30, sonst 10–15.30 Uhr, Eintritt $ 9, Jugendliche 4–16 J. $ 7, Kinder unter 3 J. frei.*

*Nachbau eines Irokesendorfs*

Das **Ska-Nah-Doht Village & Museum** ist die Rekonstruktion eines Irokesendorfs aus dem 10./11. Jh. mit drei Langhäusern, Vorrichtungen zum Trocknen von Fisch und Fleisch und Gegenständen des täglichen Lebens. Im Besucherzentrum wird eine Diavorführung angeboten.
**Ska-Nah-Doht Village & Museum**, *8348 Longwoods Rd., Mount Brydges, ca. 30 km südwestlich in der Longwoods Road Conservation Area, ☏ 519-264-2420, www.lowerthames-conservation.on.ca, Mai–Okt. tgl. 9–16.30, sonst Mo–Fr 9–16.30 Uhr, Eintritt frei, Parkgebühren bis 1,5 Std. $ 4, bis 3 Std. $ 8.*

## Reisepraktische Informationen London

### Information

**Tourism London Information Centres**, *696 Wellington Rd. S., Mitte Mai–Aug. tgl. 8.30–18, sonst Mo–Fr 8.30–12.30 und 13.30–16.30, Sa/So 10–17 Uhr; 391 Wellington St. (SW Ecke von Dundas und Wellington), im Zentrum, Mitte Mai–Aug. Mo–Fr 8.30–16.30 Uhr. Für beide Informationsbüros gilt die Rufnummer ☏ 519-661-5000 oder 1-800-265-2602, www.londontourism.ca.*

### Unterkunft

*Bei* **Bed & Breakfast Network of London**, *www.londonbbnetwork.com, erhält man Informationen und Broschüren über die privaten Übernachtungsmöglichkeiten in dieser Region.*
**$$$ Best Western Plus Lamplighter Inn**, *591 Wellington Rd. S., ☏ 519-681-7151 oder 1-800-780-7234, www.bestwestern.com, angenehmes Hotel mit gut ausgestatteten Zimmern, Restaurant und Schwimmbad mit Wasserrutsche.*
**$$$ Idlewyld Inn**, *36 Grand Ave., ☏ 519-432-5554, www.idlewyldinn.com, sehr schön mit alten Möbeln und Antiquitäten eingerichtetes viktorianisches Haus aus dem Jahr 1878 mit 21 Zimmern und schönem Garten.*
**$$$–$$$$ Delta London Armouries**, *325 Dundas St., ☏ 519-679-6111, 1-800-668-9999, www.deltahotels.com, elegantes Hotel mit schönen Zimmern, Restaurant und umfangreichem Sportangebot.*

**$$$–$$$$ DoubleTree by Hilton Hotel London**, *300 King St.,* ☏ *519-439-1661, http://doubletree3.hilton.com, empfehlenswertes Hotel in zentraler Lage mit geräumigen Zimmern, Pool, Fitnessraum und Restaurant.*

**Einkaufen**

*London hat drei* **Einkaufszentren** *mit Läden und den Kaufhäusern Hudson's Bay und Sears. Viele Geschäfte mit Kunsthandwerk, Geschenkartikeln und Boutiquen befinden sich an der* **Richmond Row** *und* **Richmond St**. *Der* **Covent Garden Market**, *130 King St., coventmarket.com, ist ein offener Marktplatz, auf dem Obst, Gemüse, Fleisch und regionale Spezialitäten feilgeboten werden.*

## Windsor

Windsor liegt auf der Südseite des Flusses Detroit, vis-à-vis der amerikanischen Stadt Detroit. Die beiden Städte sind durch den „Detroit-Windsor-Tunnel" und durch die „Ambassador Bridge" miteinander verbunden. Windsor wurde um 1830 von Franzosen gegründet, nachdem Antoine de Lamothe de Cadillac bereits 1704 einen Handelsposten am Nordufer des Detroit River, das heutige Detroit, eingerichtet hatte. Diese Handelsstation war in der Folgezeit für den französischen Pelzhandel von großer Bedeutung. Im Jahr 1760 eroberten die Briten beide Siedlungen, mussten aber Detroit nach dem amerikanischen Unabhängigkeitskrieg den Amerikanern überlassen. Seit dieser Zeit bildet der Fluss die Grenze zwischen Kanada und den USA. Die Städte Windsor und Detroit pflegen gute nachbarliche Beziehungen; Zeichen dafür sind der „Friedensbrunnen" im Coventry Garden und das „International Freedom Festival", das anlässlich der beiden Nationalfeiertage vom 1. Juli (dem Canada Day) bis zum 4. Juli (dem amerikanischen Unabhängigkeitstag) gemeinsam mit Konzerten, Tänzen, Paraden und Feuerwerken gefeiert wird.

*Freiheitsfestival*

Windsor, die südlichste Großstadt Kanadas, ist mit ca. 210.000 Einwohnern das Herzstück der kanadischen Automobilindustrie und ein Wirtschafts- und Handelszentrum.

Einen schönen Blick auf die Stadt vermittelt eine einstündige, kommentierte Bootsfahrt auf dem **Detroit River**. Der **Farmers' Market** findet von Di–So am Marktplatz, 2109 Ottawa St., statt.

### Sehenswürdigkeiten der Stadt

Die **Art Gallery of Windsor** zeigt eine Gemäldesammlung kanadischer Künstler vom 18. Jh. bis zur Gegenwart und eine Ausstellung der Inuitkunst.
**Art Gallery of Windsor**, *401 Riverside Dr. W.,* ☏ *519-977-0013, www.agw.ca, Mi–So 11–17 Uhr, Eintritt Erwachsene $ 10, Kinder 6–17 J. $ 5. Kombiticket Chimczuk Museum und Art Gallery of Windsor: Erwachsene und Senioren $ 13, Kinder 6–17 J. $ 7,50.*

*Das* **Chimczuk Museum** *zeigt eine Ausstellung über die Geschichte der Region Windsor, die Kultur und das Erbe der First Nations und die Entwicklung der Stadt. Es gibt eine Ausstellung und Lernecke für Kinder, Wechselausstellungen und einen Souvenirladen.*
**Chimczuk Museum**, *401 Riverside Dr. W,* ☏ *519-253-1812, citywindsor.ca, Di–Sa 10–17, So 11–17 Uhr, Eintritt Erwachsene $ 5,50, Kinder und Studenten (3–24 J., mit Ausweis) $ 4,50, Senioren (60+) $ 4,50, Familienkarte (max. 5 Pers.) $ 16.*

Am Detroit River, an der Quellette Avenue, ziehen sich die Parkanlagen des **Jackson Park – Queen Elizabeth II Garden** entlang mit über 12.000 Rosen in 450 Arten

sowie der **Ojibway Prairie Complex and Nature Centre**, 5200 Matchette Rd., mit Wanderwegen, Tierbeobachtungsstationen, Feucht- und Waldgebieten mit seltenen Pflanzenarten. Ganzjährig tgl. 10-17 Uhr geöffnet und frei zugänglich.

Das **Caesar's Windsor** ist ein Casino mit 80 Spieltischen, einschließlich Roulette und Blackjack, und mehr als 1.700 Spielautomaten.
**Caesar's Windsor**, *377 Riverside Dr. E., ☏ 1-800-991-7777, www.caesars.com/caesars-windsor/casino, geöffnet tgl. 24 Std.*

## Reisepraktische Informationen Windsor

### Information
**Windsor Convention and Visitors Bureau**, *333 Riverside Dr. W., Suite 103, ☏ 519-255-6530 oder 1-800-265-3633, www.visitwindsoressex.com, Mo–Fr 8.30–16.30 Uhr.*

### Unterkunft
**$$ Ivy Rose Motor Inn**, *2885 Howard Ave., ☏ 519-966-1700 oder 1-800-265-7366, www.ivyrose.ca, Motel mit 91 gut eingerichteten Zimmern unterschiedlicher Größe, Swimmingpool, Restaurant, knapp 5 km vom Stadtzentrum entfernt.*
**$$$ Best Western Plus Waterfront Hotel**, *277 Riverside Dr. W., ☏ 519-973-5555 oder 1-800-780-7234, www.bestwestern.com, in der Innenstadt gelegenes Hotel mit 305 gut ausgestatteten Zimmern, die alle einen schönen Blick auf den Detroit River bieten, mit Restaurant, Swimmingpool, Sauna und Fitnessraum.*
**$$$ Hampton Inn & Suites by Hilton Windsor**, *1840 Huron Church Rd., ☏ 519-972-0770, http://hamptoninn3.hilton.com, gut geführtes Hotel mit 147 geräumigen und gut ausgestatteten Zimmern, Swimmingpool und Fitnessraum.*

### Bootsfahrten
**Windsor River Cruises**, *☏ 519-258-0911, www.windsorrivercruises.com, Abfahrt Riverfront Plaza, Mai–Anfang Okt. u. a. 2-stündige Fahrt auf dem Detroit River (genaue Termine s. Website), Fahrpreis Erwachsene $ 26,55, Kinder $ 21,69.*

### Ausflug
*Lohnend ist ein Abstecher in die US-amerikanische Millionenstadt* **Detroit**, *z. B. zum* **Civic Centre**, *einem architektonisch interessanten Gebäudekomplex am Flussufer, oder zum The* **Henry Ford Museum**, *das im Museum, dem Greenfield Village, bei der Ford Rouge Factory Tour und im Benson Ford Research Center einen Überblick über die Geschichte der Autoindustrie, die Kultur, die Erfindungen, die Menschen und deren Unternehmergeist gibt, mit dem dazugehörigen Freilichtmuseum* **Greenfield Village**, *wohin Henry Ford z. B. die Werkstatt der Gebrüder Wright transportieren ließ.*
**The Henry Ford Museum**, *20900 Oakwood Blvd., Dearborn, MI, ☏ 313-982-6001, www.thehenryford.org, Mitte April–Okt. tgl. 9.30–17, Nov.–Dez. Fr–So 9.30–17 Uhr, Eintritt Henry Ford Museum Erwachsene $ 24, Senioren (62+) $ 22, Kinder 5–11 J. $ 18. Greenfield Village: Erwachsene $ 28, Senioren (62+) $ 25,25, Kinder 5–11 J. $ 21.*

Von Windsor kann man dem Hwy. 20, ab Leamington dem Hwy. 3 folgen, der bis nach Buffalo führt. An dieser Strecke liegen einige reizvolle Städtchen und Provinzparks mit Badestränden.

## Amherstburg

1796 von den Loyalisten gegründet, ist Amherstburg eine der ältesten Siedlungen im Südwesten Ontarios.

### Information

**Amherstburg Visitor Information Centre**, *116 Sandwich St. N., ☎ 519-736-8320, www.amherstburg.ca, Juni–Aug. Do–Mo 10–17, Sept.–Mitte Okt. Sa/So 10–17 Uhr; ein weiteres Büro liegt im Zentrum, 268 Dalhousie St., im historischen Gordon House, ☎ 519-730-1309, Mo–Fr 8.30–16.30, Juni–Sept. auch Sa/So geöffnet.*

Sehenswert sind:

- das **Fort Malden National Historic Site**, das 1796–1799 von den Briten zur Sicherung ihrer Grenze gebaut wurde und im Krieg von 1812 von großer militärischer Bedeutung war. Im Informationszentrum wird die Geschichte des Forts durch Diavorführungen erläutert; an den Wochenenden finden Paraden und Exerzierübungen statt.
  **Fort Malden National Historic Site**, *100 Laird Ave., ☎ 519-736-5416; https://www.pc.gc.ca/en/lhn-nhs/on/malden, Juli/Aug. tgl. 10–17, Mitte Mai–Juni und Sept.–Mitte Okt. Mi–So 10–17 Uhr, Eintritt Erwachsene $ 3,90, Senioren $ 3,40.*

- Das **Amherstburg Freedom Museum** erzählt die Geschichte der schwarzen Sklaven, die von Afrika auf amerikanische Plantagen verschleppt wurden und später aus den USA auf der „Underground Railroad" nach Kanada geflohen sind.
  **Amherstburg Freedom Museum**, *277 King St., ☎ 519-736-5433, 1-800-713-6336, amherstburgfreedom.org, Di–Fr 12–17, Sa/So 13–17 Uhr, Eintritt Erwachsene $ 7,50, Senioren und Schüler $ 6,50, Gruppenkarte (für 5 Personen) $ 30.*

*Geschichte der Sklaven*

## Kingsville

Die Hafenstadt Kingsville am Lake Erie bietet regelmäßige Fährverbindungen nach Pelee Island. Der Ort mit seinen viktorianischen Häusern ist im Frühjahr und im Herbst ein Ausflugsziel für Vogelbeobachter, da er direkt in der Vogelfluglinie der Zugvögel liegt.

Im Museum **Jack Miner Bird Sanctuary** kann man sich über die Lebensgewohnheiten der Vögel, besonders der Kanadagänse, informieren. Dieses Naturschutzgebiet wurde schon zu Beginn des 20. Jh. von Jack Miner eingerichtet und diente vielen späteren als Modell.
**Jack Miner Bird Sanctuary**, *360 Rd. 3 W., ☎ 519-733-4034, ganzjährig tgl. bis Einbruch der Dunkelheit geöffnet, Museum u. House Mitte Mai–Aug. So–Fr 10–17 Uhr, sonst auf Anfrage, Eintritt frei.*

Im **Canadian Transportation Museum and Heritage Village** sind historische Gebäude aus der Zeit von 1826–1925 zu sehen, die aus verschiedenen Regionen aus dem Südwesten Ontarios stammen.
**Canadian Transportation Museum and Heritage Village**, *6155 Arner Townline, ☎ 519-776-6909 oder 1-866-776-6909, www.facebook.com/ctmhv, Mai–Okt. Di–So 9–16, Nov.–April Museum Mi–Fr 9–16, Sa/So 9–15 Uhr (Village im Winter geschl.), Eintritt Museum: Erwachsene $ 6, Kinder von 6–12 J. $ 2, Eintritt Village: Erwachsene $ 7, Kinder $ 3, Kombitickets sind erhältlich.*

Das **Windsor Wood Carving Museum** zeigt über 150 traditionelle und moderne Holzschnitzereien und handwerkliche Einführungen in die Technik der Holzschnitzkunst.
**Windsor Wood Carving Museum**, *6155 Arner Townline, ☏ 519-776-7056, www.museumsontario.ca/museum/Windsor-Wood-Carving-Museum/Windsor-Wood-Carving-Museum, Di–Fr 10–17, Sa 10–16 Uhr, Eintritt frei, Spende erwünscht.*

## Leamington

Der Ort mit ca. 28.000 Menschen entstand erst in der Mitte des 19. Jh., obwohl französische Voyageure und Missionare die Region schon im 17. Jh. besucht hatten. 1907 gründete Henry John Heinz, der Sohn deutscher Einwanderer aus der Pfalz, eine Fabrik, in der aus frischen Tomaten und Gewürzen das bekannte Ketchup hergestellt wurde. Dessen Rezeptur wird noch heute verwendet.

Leamington ist nicht nur Ausgangspunkt für den Besuch des südlich gelegenen **Point Pelee National Park**, sondern auch Ziel von Sporttauchern, die in der Pelee Passage nach versunkenen Schiffswracks suchen.

*Exzellente Weingüter*

**Weingüter** laden in der Region rund um Amherstburg und Leamington zu einer Führung samt Weinprobe ein. Die Geschichte des Weinanbaus geht bis auf die 1860er-Jahre zurück, als Weinbauern aus Kentucky nach Anbaugebieten suchten und diese auf Pelee Island und am Nordufer des Lake Erie fanden. Die Region im Südwesten Ontarios, die geografisch auf der Höhe des Mittelmeeres liegt, ist mit vielen Sonnenstunden klimatisch sehr begünstigt. Sie profitiert von der Nähe zum Lake Erie. Zurzeit laden 13 Weingüter, deren Produkte mehrfach bei internationalen Wettbewerben ausgezeichnet wurden, zu einer Besichtigung ein. Dazu gehören u. a. die Weingüter D'Angelo Estate Winery, Oxley Estate Winery, Erie Shore Vineyard & Winery, Colio Estate Wines, Pelee Island Winery, Muscedere Vineyards und Wagner Estate Winery.

### Information

**Leamington District Chamber of Commerce**, *☏ 519-326-2721, leamingtonchamber.com. Das Tourist Information Centre ist zurzeit wg. Renovierung geschl. Es befindet sich normalerweise an der Kreuzung Talbot St. und Mill St. im Zentrum von Leamington. Informationen über Attraktionen, Restaurants, Veranstaltungen etc. findet man in der Zwischenzeit auf www.onthe42.com. Oder man fragt James Cox, Manager of Economic Development, Tourism & Special Events, 111 Erie St. N.*

### Weingüter

**Windsor's Wine Country – Canada South Wine Tours**, *125 Tecumseh Rd. W., Windsor, ☏ 519-252-7966 oder 1-800-901-1563, www.canadasouthwinetours.com, geführte, mehrstündige Besichtigungen auf mehreren Weingütern*

## Point Pelee National Park

Der Point Pelee National Park, 10 km südlich von Leamington, ist mit einer Fläche von 15 km² einer der kleinsten kanadischen Nationalparks und zugleich einer der beliebtesten. Er erstreckt sich auf der südlichsten Landspitze Kanadas, einer sandigen Landzunge, die 20 km in den Lake Erie hineinragt. Charakteristisch für den Park ist das Marschland, das mehr als die Hälfte der Parkfläche einnimmt. Daneben gibt es Dünenlandschaften,

an die sich Mischwälder mit Bergahorn, Walnuss- und Maulbeerbäumen, Eichen, Zuckerahorn und Zedern anschließen.

Der Park gehört zu den besten Vogelbeobachtungsstellen in Kanada, denn die Marschgebiete dienen Wasservögeln als Brutstätte, und im Frühjahr und Herbst ist die Landzunge Rastplatz für Tausende von Zugvögeln. Mehr als 100 Zugvogelarten können in dieser Zeit beobachtet werden; im Laufe eines Jahres wurden mehr als 340 Vogelarten gesichtet. Im September kann man Tausende von orangefarbenen Schmetterlingen sehen, die gen Süden nach Mexiko ziehen.

*Rastplatz für Zugvögel*

Der Nationalpark wird von Wanderwegen durchzogen. Außerdem wurde ein 1,5 km langer Plankenweg angelegt, der Marsh Boardwalk, der am Rande der Marschgebiete entlangführt; am Anfang dieses Weges steht ein Aussichtsturm, der gute Beobachtungsmöglichkeiten bietet. Im Besucherzentrum, das 8 km vom Parkeingang entfernt ist und auf jeden Fall einen Besuch lohnt, gibt es halbstündige Dia- und Filmvorführungen sowie Informations- und Kartenmaterial. Dort kann man von Mai bis Oktober auch Fahrräder und Kanus mieten. Eine kleine Bahn fährt von Mai bis Oktober durch den Südteil des Parks.

**Information**

**Point Pelee National Park**, ☏ *519-322-2365, www.pc.gc.ca/en/pn-np/on/pelee, Mitte April–Aug. tgl. 6–22, Mai 5–22 Uhr, sonst 7 Uhr–Sonnenuntergang. Das Besucherzentrum, ☏ 519-322-2371, Nov.–Mitte April Sa/So 10–17, Mitte–Ende April und Sept./Okt. tgl. 10–17, Mai tgl. 6–17, Ende Mai–Juni Mo–Fr 10–17, Sa/So 10–18, Juli/Aug. Mo–Fr 10–18, Sa/So/Feiertage 10–19 Uhr, Eintritt von April–Okt. Erwachsene $ 7,80, Senioren $ 6,80, Familienkarte $ 15,70, Nov.–März Erwachsene $ 6,05, Senioren $ 5,40, Familienkarte $ 11,75.*

Der Hwy. 3 führt unmittelbar am Nordufer des Lake Erie entlang; Stichstraßen bringen einen zu **Provinzparks**, die direkt am See liegen und Wassersport- und Wandermöglichkeiten bieten, z. B. der Wheatley Provincial Park, der Rondeau Provincial Park, der John E. Pearce Provincial Park, der Port Bruce Provincial Park, der Port Burwell Provincial Park, der Long Point Provincial Park, der Turkey Point Provincial Park, der Selkirk Provincial Park und der Rock Point Provincial Park.

## Port Colborne

Der Hwy. 3 führt weiter nach **Port Colborne**, einem Binnenhafen am Lake Erie mit Zugang zum Welland Canal. Einen Blick auf den Schiffsverkehr im Kanal und die Schleuse hat man vom „Fountain View Park" aus.

Das **Port Colborne Historical and Marine Museum** informiert über den Bau des Welland Canal und über die regionale Geschichte. Im Museum gibt es Ausstellungen zur Schifffahrt, ein altes Schulgebäude und eine Schmiede.
**Port Colborne Historical and Marine Museum**, *280 King St.,* ☏ *905-834-7604, portcolborne.ca/page/museum, Mai–Dez. tgl. 12–17 Uhr, Eintritt frei.*

**Information**

**Port Colborne Chamber of Commerce**, ☏ *905-834-9765, www.pcwchamber.com.*
**Port Colborne Visitor Information Centre**, *76 Main St. W.,* ☏ *905-834-5722 oder 1-888-7678-386, www.portcolborne.ca/page/visitors, tgl. 9–18 Uhr.*

info

## Der Welland Canal

Der Welland Canal verbindet den Lake Ontario mit dem knapp 100 m höher liegenden Lake Erie. Er durchquert die Niagara-Halbinsel und verläuft 13 km westlich der Niagara Falls. Der erste Wellandkanal mit 40 kleinen Schleusen wurde bereits 1829 eröffnet und in den folgenden Jahrzehnten weiter ausgebaut. Da der Kanal für das wachsende Verkehrsaufkommen nicht mehr ausreichte, baute man 1932 einen neuen Kanal; 1973 legte man für ein 13 km langes Teilstück bei Welland eine neue Trasse an. Der neue Kanal ist 43,5 km lang und 8,2 m tief. Um den Höhenunterschied zwischen den beiden Seen zu überwinden, wurden acht Schleusenanlagen gebaut, in denen die Frachtschiffe auf ihrer ca. 12-stündigen Fahrt vom Lake Ontario zum Lake Erie um 99,5 m gehoben werden; dabei dauert jeder Hebe- bzw. Absenkungsvorgang etwa zehn Minuten.

Schiffe, die die Schleusen passieren wollen, dürfen nicht länger als 222 m und nicht breiter als 23 m sein. Besonders interessant sind die Doppelschleusen 4, 5 und 6, die südlich von St. Catherines unmittelbar hintereinander liegen; hier können die Schiffe in beiden Fahrtrichtungen durchgeschleust werden. Am Ausgang des Kanals zum Lake Erie liegt bei Port Colborne die Schleuse 8, die eine der größten Schleusen der Welt ist. Vom nahegelegenen Aussichtsturm lässt sich die Durchfahrt der Schiffe beobachten. Durch den Welland Canal werden jährlich mehr als 5.000 Hochsee- und Binnenschiffe geschleust, die vor allem Getreide, Eisenerz und Kohle transportieren. Da die alte Kanalstrecke bei Welland seit 1973 für die Binnenschifffahrt nicht mehr benötigt wird, ist dieses Teilstück, der Welland Recreational Waterway, nun ein Gebiet für Wassersportler aller Art.

# Niagara Falls

## Redaktionstipps

- Machen Sie eine **Bootsfahrt** mit den **Hornblower Niagara Cruises** auf kanadischer Seite (S. 405) oder mit der berühmten **Maid of the Mist** auf amerikanischer Seite (S. 412).
- Nehmen Sie teil an der Reise **Journey behind the Falls** (S. 402).
- Schauen Sie sich die **Niagara Falls bei Nacht** an (S. 402).
- Genießen Sie die Auffahrt auf den **Skylon Tower** und die herrliche Aussicht (S. 403).
- Fahren Sie mit dem **Whirlpool Aero Car** (S. 407).
- Besuchen Sie die **Windhöhle** und das **Hurricane Deck** (S. 414) auf der amerikanischen Seite der Wasserfälle.
- Machen Sie eine Rundfahrt durch das **Niagara County** und über die **Niagara-Wein-Route** (S. 418).

Die Niagara Falls zählen zu den bekanntesten Natursehenswürdigkeiten Kanadas. Da sie aber nicht wie viele andere Naturwunder in großer Abgeschiedenheit, sondern mitten in einer Stadt liegen und leicht erreichbar sind, gehören sie auch zu den meistbesuchten Attraktionen des Landes.

Mehr als 12 Mio. Besucher kommen jährlich nach Niagara Falls, um die eindrucksvollen Wasserfälle zu erleben: die kanadischen „Horseshoe-Falls", die Hufeisen-Fälle, die den Namen ihrer Form verdanken, sind 640 m breit und stürzen 54 m tief; der amerikanische Wasserfall ist 328 m breit und stürzt in 2 Stufen 55 m tief; sein südlicher Teil wird „Bridal Veil Falls", Brautschleier-Fälle, genannt.

Aber Niagara Falls ist nicht nur der Name der Wasserfälle, sondern auch der Name der

*Sie ähneln in der Tat einem Hufeisen: die Horseshoe Falls auf kanadischer Seite*

beiden Städte, die an den Ufern des Niagara River, jeweils auf kanadischer und amerikanischer Seite, liegen. Die Städte sind durch die „Rainbow Bridge" und die „Whirlpool Rapids Bridge" miteinander verbunden. Die **kanadische Stadt** (ca. 83.000 Einw.) am Westufer des Niagara River ist wegen ihrer Ausblicke auf die Wasserfälle ein Touristenzentrum mit Parkanlagen, sehr guten touristischen Einrichtungen und Sehenswürdigkeiten. Die **amerikanische Stadt** (ca. 50.000 Einw.) am Ostufer gehört zur Metropolitan Area von Buffalo; sie hat Wasserkraftwerke und eine ausgeprägte elektrizitätsabhängige Industrie. Der Fremdenverkehr konzentriert sich dort auf die nähere Umgebung der Wasserfälle.

In beiden Städten spielt der Tourismus die Hauptrolle; sowohl auf der kanadischen als auch auf der amerikanischen Seite des Niagara River gibt es viele Hotels in allen Kategorien, Restaurants, Geschäfte, Freizeitparks und Attraktionen wie Wachsmuseum, Casino, Kinos, Shows und die abendliche Illumination der Wasserfälle.

Vor allem in den Sommermonaten scheint ganz Niagara Falls ein großer Jahrmarkt voller Trubel zu sein. Vor den Sehenswürdigkeiten bilden sich lange Warteschlangen, die Straßen sind mit Autos verstopft und voller Lärm, die Restaurants überfüllt – aber das alles zählt nicht mehr, wenn man sich den Wasserfällen zu Fuß, mit Booten, Jetbooten, Heißluftballon oder Hubschrauber nähert und das Schauspiel der herabstürzenden Wasserfälle hautnah erlebt.

### i Reise- und Zeitplanung

*Die Niagara Falls sind zu jeder Jahreszeit einen Besuch wert. Die Sommermonate haben den Vorteil, dass alle Attraktionen rund um die Fälle geöffnet sind, aber auch den Nachteil, dass aufgrund der hohen Besucherzahlen mit langen Wartezeiten gerechnet werden muss, vor allem an den Wochenenden.*

*Im Winter geht es ruhiger zu in Niagara Falls. In besonders kalten Wintern friert der Fluss auch schon einmal unterhalb der Fälle zu und die Gischt vereist zu bizarren Gebilden. Dann sucht sich der Fluss seinen Weg durch die hoch aufgetürmten Eisschollen.*

## Geschichtlicher Überblick

Indianer, französische Entdecker, Forscher und Missionare waren die Ersten, die das Land bei den Wasserfällen erkundeten. Nach den amerikanischen Freiheitskriegen wurde bei Niagara-on-the-Lake das Fort George angelegt, um die Niagara-Region vor den Angriffen der amerikanischen Truppen zu schützen, die sich von der englischen Vorherrschaft befreit hatten. 1812 kam es zur entscheidenden Schlacht, 1814 wurde durch den Vertrag von Gent die Grenzlinie festgelegt, womit die Geschichte der beiden Schwesterstädte begann.

Der Bau der Eisenbahn brachte um 1840 die ersten Touristen zu den Wasserfällen, deren Zahl rasch anstieg. 1846 gab es die ersten Bootsausflüge mit der „Maid of the Mist". 1885 wurde die Niagara Parks Commission zum Schutz der Natur und der Wasserfälle gegründet, 1888 wurden die Niagara Parklands für die Öffentlichkeit freigegeben.

Zu Beginn des 20. Jh. wagten es „Daredevils", wagemutige, tollkühne und sensationslüsterne Männer und Frauen, sich die Niagara Falls hinunterzustürzen oder den „Whirlpool" zu durchschwimmen. Nicht alle überlebten! Heute sind solche Versuche verboten. Seit 1941 verbindet die Rainbow Bridge die beiden Städte; der Vertrag „Niagara Diversion Treaty" von 1951 zwischen Kanada und den USA beinhaltet die gemeinsame Nutzung der Wasserfälle zur Stromerzeugung.

*Stromerzeugung durch Wasserfälle*

## Zur Entstehungsgeschichte der Niagara Falls

Die Niagara Falls liegen im Süden der Provinz Ontario und zählen zu den größten, berühmtesten und eindrucksvollsten Wasserfällen der Welt. Als der französische Franziskanermönch **Louis Hennepin** (1640–um 1700) im Jahr 1678 das Gebiet um den Lake Ontario bereiste und erforschte, staunte er über „lautes Donnern"; er folgte dem Getöse und entdeckte die Wasserfälle, von denen er eine gute Beschreibung ablieferte, die von seinen Zeitgenossen aber bezweifelt wurde.

Die Wasserfälle sind Überreste der Eiszeit, als vor etwa 50.000 Jahren Gletscher den Norden des amerikanischen Kontinents bedeckten. Als durch die fortschreitende Erwärmung die Eismassen schmolzen, blieb ein großes Binnenmeer zurück. Seine Überreste sind die fünf „Großen Seen" zwischen den USA und Kanada, von denen der Lake Erie und der Lake Ontario durch den Niagara River miteinander verbunden sind. In seinem Verlauf zwischen Erie- und Ontario-See muss der Niagara River einen Höhenunterschied von 109 m überwinden. Auf halbem Weg liegt eine Felsbarriere, über die der Fluss in die Tiefe stürzt – das sind die Niagara Falls, die „donnernden Wasser".

*„Donnernde Wasser"*

Die Niagara-Fälle entstanden dadurch, dass eine härtere und eine weichere Gesteinsschicht aneinanderstoßen. Das Wasser gräbt sich in das weichere Gestein ein tiefes Tal, sodass sich eine Stufe zwischen den beiden Gesteinsschichten bildet. Über diese Stufe stürzt das Wasser in die Tiefe. Der Niagara River strömt bei seinem Ablauf aus dem Lake Erie zunächst über hartes Kalkgestein, bis er bei der Mündung in den Lake Ontario auf weichen Sandstein und Mergel trifft. An dieser Stelle entstand einst auch der Wasserfall; im Laufe der Zeit aber schritten die Wasserfälle durch

die Auswaschung der weichen Mergelschicht von ihrer ursprünglichen Lage zurück. Gegenwärtig beträgt dieser „Rückzug" jährlich ca. 107 cm.

Unterhalb der Wasserfälle hat sich der Niagara River bei diesem Zurückschreiten eine mehr als 11 km lange Schlucht zwischen über 100 m hohen Felswänden gegraben; dabei weist er bei den „Whirlpool Rapids" ein sehr starkes Gefälle auf. In der Mitte des Flusses und der Horseshoe Falls verläuft die Staatsgrenze zwischen Kanada und den USA.

Grenze zu den USA

Von der Gesamtwasserkraft der Niagara Falls werden etwa 30 % für industrielle Zwecke genutzt. Das „Niagara Power Project" ist das größte Wasserkraftwerk der westlichen Welt, Erweiterungspläne werden zurzeit kontrovers diskutiert.

Die Insel **Goat Island** teilt den Niagara River nach dem Austritt aus dem Lake Erie in zwei Flussarme:

- Zwischen Goat Island und der kanadischen Stadt liegen die **Horseshoe Falls**, die Hufeisen-Fälle, über die etwa 90 % der Wassermassen in die Tiefe stürzen.
- Zwischen Goat Island und der amerikanischen Stadt liegen die **American Falls** und nahe dabei die kleineren **Bridal Veils Falls**, die Brautschleier-Fälle.

# Sehenswertes in Niagara Falls

## Orientierung in Niagara Falls

Der **Niagara Parkway** und der **Niagara River Recreation Trail** verlaufen parallel zum Niagara River, während die anderen Hauptstraßen wie Clifton Hill, Victoria Avenue und Lundy's Lane senkrecht auf den Fluss zulaufen. Die meisten Sehenswürdigkeiten liegen am Niagara Parkway im Streckenabschnitt zwischen dem Table Rock und der Rainbow Bridge sowie im Clifton-Hill-Viertel. Von der „Rainbow Bridge" und der „Whirlpool Rapids Bridge" bieten sich schöne Ausblicke auf die Wasserfälle.

**P** **Parken**

*Innerhalb des Zentrums ist das Parken ein Problem. Während der Sommermonate ist der Verkehr so dicht, dass sich oft lange Autoschlangen auf dem Niagara Parkway und der Victoria Avenue bilden. Entsprechend schwer ist es, einen Parkplatz zu finden. Am besten parkt man auf den großen, gebührenpflichtigen Sammelparkplätzen am Südende des Niagara Parkway. Parkgebühr pro Tageskarte ca. $ 30. Das ist teuer, aber dennoch sinnvoll, da man von hier aus das Zentrum und die südlich von der Rainbow Bridge liegenden Sehenswürdigkeiten bequem zu Fuß bzw. mit den WEGO-Bussen erreichen kann. Aktuelle* **Informationen***: www.niagarafallstourism.com/plan/parking.*

**Falls Parking Lot**, *gegenüber dem Table Rock Complex, 500 m südlich der Fälle, ganzjährig geöffnet.*

**Floral Showhouse Parking**, *500 m südlich der Fälle, stundenweises Parken an den Gewächshäusern.*

**Rapidsview Parking Lot**, *1,5 km südlich der Rainbow Bridge (auch für Wohnwagen geeignet), Mai/Juni nur an Wochenenden geöffnet, Juli–Anfang Sept. tgl., Parkgebühr gilt auch für den Shuttlebus zum Table Rock Complex.*

*Zu den nördlich gelegenen Attraktionen Whirlpool Rapids und Whirlpool Aero Car kann man mit dem Wagen fahren und parken bei:*

**Niagara Parks Botanical Gardens and Butterfly Conservatory Parking**, *9 km nördlich der Horseshoe Falls, Parkgebühr ca. $ 30, zu zahlen an allen größeren Parkplätzen*

*für einen Kalendertag. Von hier aus fahren WEGO-Busse auch ins Zentrum und zu allen Sehenswürdigkeiten, Tageskarte Erwachsene $ 9, Kinder $ 6.*
**Gebührenfreie** *Parkplätze liegen weiter außerhalb, haben aber auch Anschluss an das Bussystem, z. B. die Parkplätze Whirlpool Aero Car, Queenston Heights Park oder Old Fort Erie (alle saisonal).*

## Sehenswertes auf der kanadischen Seite der Niagara-Fälle

*In Regenbogenfarben*

Das touristische Zentrum der Stadt mit den Sehenswürdigkeiten liegt zwischen der „Regenbogenbrücke" und den „Hufeisen-Fällen". Der Ferienort Niagara Falls bietet eine Palette von eindrucksvollen Ausblicken auf die Wasserfälle, die an den Abenden in allen Farben des Regenbogens angestrahlt werden.
Die genauen Zeiten der **Beleuchtung der Wasserfälle** und dem **Feuerwerk an den Wasserfällen** finden sich auf der Website: *http://www.infoniagara.com/attractions/nightly_illumination/index.aspx.*

### Tipp

Mit dem **Niagara Falls Adventure Pass Classic**, www.niagaraparks.com, kann man zwei Tage lang die WEGO-Transportlinien nutzen und erhält ermäßigten Zutritt zu den vier Sehenswürdigkeiten **Journey behind the Falls**, **Hornblower Niagara Cruises**, **Niagara's Fury** und **White Water Walk**. Der Pass ist von Mitte April–Ende Okt. gültig, in den Informationszentren erhältlich und zeitlich nicht begrenzt. Es gibt drei WEGO-Linien, die sich am Rand der Horseshow Falls beim Table Rock Centre treffen. Sie fahren ganzjährig und halten häufig an allen wichtigen Attraktionen und Hotels.
Preis Erwachsene $ 65, Kinder von 6–12 J. $ 43, Kinder unter 6 J. frei

Außerdem gibt es zum selben Preis den **Niagara Falls Adventure Pass Plus**, der für Fahrten mit **Hornblower Niagara Cruises** und **Whirlpool Aero Car** sowie für das **Floral Showhouse** und **Butterfly Conservatory** gilt. Zusätzlich gibt's zwei Tage lang unbegrenzte Fahrten mit der Incline Railway, dem Shuttle nach Niagara on the Lake (Erw. $ 90, Kinder 6–12 J. $ 59). Mit beiden Pässen kann an zwei Tagen kostenlos das **WEGO**-Bussystem benutzt werden, das auf vier Buslinien regelmäßig die wichtigsten Sehenswürdigkeiten und großen Hotels anfährt und dabei beliebig viele Ein- und Ausstiege erlaubt.

### Sehenswürdigkeiten südlich der Rainbowbridge

Am besten startet man im Besucherzentrum im **Table Rock Complex (1)**, ca. 1,5 km südlich der Rainbow Bridge am Niagara Parkway, ☏ 905-358-3268, der an einem Felsvorsprung an den „Horseshoe Falls" gebaut wurde. Hier erhält man Infos über die Stadt und ihre Sehenswürdigkeiten ebenso wie Karten, Veranstaltungshinweise und die Informationsbroschüre „Visitor's Guide". Von der Terrasse hat man einen großartigen Blick auf die Wasserfälle.

Dichter an die Fälle heran kommt man bei der **Journey behind the Falls**. In Regenmäntel gehüllt, fährt man im Besucherzentrum mit einem Aufzug 38 m in die Tiefe der Horseshoe Falls hinunter. Dort gelangt man über drei Tunnel zu drei Aussichtspunkten:

Er bietet einen Blick aus der Vogelperspektive auf die berühmten Wasserfälle: der Skylon Tower

Das Observation Deck liegt nur knapp 8 m über dem Niagara River, fast „greifbar" nahe. Die beiden anderen Tunnel führen hinter die Wasserfälle. An den Wochenenden im Juli und August ist ein uniformierter Mountie, ein Offizier der „Royal Canadian Mounted Police", am Fuß der Fälle postiert. In den Sommermonaten muss mit langen Wartezeiten gerechnet werden.
**Journey behind the Falls**, *River Rd., www.niagaraparks.com, der Tunnel ist tgl. geöffnet, genaue Zeiten online abrufen, jede Woche verschiedene Öffnungszeiten. Erwachsene $ 21,95, Kinder 6–12 J. $ 14.*

Wer sich die Fälle auch aus der Vogelperspektive anschauen möchten, kann zur Spitze der beiden Aussichtstürme **Niagara Tower** (Konica Minolta Tower Centre) und **Skylon Tower** hinauffahren.

Zwischen dem Table Rock Point und der Fallsview Tourist Area, in deren Bereich u.a. Hotels, Restaurants, das Fallsview Casino, der Skylon Tower und das Imax Theater liegen, verkehrt täglich die historische Seilbahn **Falls Incline Railway**.
**Falls Incline Railway**, ☏ *877-642-7275, www.niagaraparks.com, Abfahrten ganzjährig tgl. je nach Wetterlage, Fahrpreis $ 2,43, Hin- und Rückfahrt $ 4,87, Tageskarte mit beliebig vielen Fahrten $ 6,19.*

Das **Niagara Tower Hotel** (Konica Minolta Tower Centre) **(2)** liegt ganz in der Nähe der Horseshoe Falls. Der 99 m hohe Turm, der sich 203 m über dem Fuß der Wasserfälle erhebt, verfügt über ein gut geführtes Hotel und ein gepflegtes Restaurant, die drei Aussichtsterrassen mit herrlichem Rundblick stehen nur noch Gästen zur Verfügung.
**Niagara Tower Hotel**, *6732 Fallsview Blvd.,* ☏ *905-356-1501, 1-866-325-5784, www.niagaratower.com.*

Der **Skylon Tower (3)** steht am Rande der Queen-Victoria-Parkanlagen, den Wasserfällen direkt gegenüber. Auf den unteren Ebenen des Turms locken Geschäfte, Ausstellungen, Restaurants und ein großes, lautes Vergnügungszentrum mit Spielautomaten aller Art. Es ist ein Erlebnis, zu den Aussichtsterrassen mit einem der drei gelben Aufzüge „Yellow Bugs" hochzufahren, die in 52 Sekunden außen am 236 m hohen Turm in die Höhe steigen. Auf den drei oberen Etagen gibt es zwei Restaurants und eine Innen- und Außenplattform. Von der Höhe hat man einen großartigen Blick auf die Wasserfälle, den Niagara River und die Stadt; bei gutem Wetter kann man fast 130 km weit schauen.
**Skylon Tower**, *5200 Robinson St.,* ☏ *905-356-2651 oder 1-888-975-9566, www.skylon.com, Mai–Okt. 8–24, sonst 9–22 Uhr, Erwachsene (13+) $ 14,50, Kinder von 4–12 J. $ 8,50.*

Niagara Falls
Whirlpool Aero Car
Niagara Helicopters
Power Vista
Whirlpool State Park
De Veaux Woods State Park
Whirlpool Rapids
Fairview Cemetery
Oakes Park
NIAGARA FALLS (Ontario)
NIAGARA FALLS (New York)
Ripley's Believe it or Not!
Guiness World Records Mus.
Clifton Hill Street
Fallsview Casino
Aquarium of Niagara
Niagara Gorge Discovery Center
Prospect Park Visitor Center
Niagara Falls Imax Theatre & Daredevil Adventure
Hornblower Cruises
Maid of the Mist
Prospect Point Observation Tower
American Falls
Bridal Veil Falls
Goat Island
Terrapin Point
N.Y. State Reserv.
Skylon Tower
Casino Niagara
Table Rock Complex
Niagara Tower Hotel
Zahnradbahn
Horseshoe Falls
Niagara River
USA
CANADA
Niagara Parks Floral Showhouse
Dufferin Islands
Marineland and Game Farm
Marineland
Oakwood Cemetery
D. Amelio Park
Whirlpool
0 500 m
© igraphic

**Unterkunft**
1 Great Wolf Lodge
2 HI-Niagara Falls Youth Hostel
3 Bedham Hall Bed & Breakfast
4 Always Inn Bed & Breakfast
5 Ambiance by the Falls B&B
6 Trillium Bed & Breakfast
7 Grewals Inn
8 Best Western Plus Cairn Croft Hotel
9 The Old Stone Inn
10 Holiday Inn by the Falls
11 The Oakes Hotel Overlooking The Falls
12 Marriott on the Falls
13 Days Inn by Wyndham Falls Centre St.
14 Comfort Inn The Pointe
15 Sheraton at the Falls
16 Holiday Inn Niagara Falls

**Essen & Trinken**
1 Queen Victoria Place Restaurant
2 Casa Mia
3 Copacabana Steakhouse
4 AG Inspired Cuisine
5 Skylon Tower's Revolving Dining Room
6 Sandstone Grillstone

Angrenzend an die Parkplätze des Skylon Tower wurde das **Niagara Falls Imax Theatre & Daredevil Adventure (4)** gebaut. Auf einer sechs Stockwerke hohen Leinwand kann man den Film „Miracles, Myths & Magic" erleben. Die Ausstellung der Daredevils zeigt die größte Sammlung von Fässern und anderen Gerätschaften, mit denen Todesmutige versucht haben, die Fälle zu überwinden.

**Niagara Falls Imax Theatre & Daredevil Adventure**, *6170 Fallsview Blvd., ☏ 905-358-3611, 1-866-405-4629, www.imaxniagara.com, Mai–Okt. tgl. 9–20, sonst 10–20 Uhr, Eintritt Erwachsene $ 24,30, Kinder 4–12 J. $ 18,56, Kombiticket mit dem Skylon Tower Erwachsene 39,32, Kinder $ 27,78. Online sind die Tickets günstiger: Erwachsene $ 15,50, Kinder 4–12 J. $ 13, Kombiticket mit dem Skylon Tower: Erwachsene $ 25, Kinder $ 18,50.*

Vom Skylon Tower bietet sich ein etwa 1,5 km langer Spaziergang durch den **Queen Victoria Park** am Fluss entlang zur Anlegestelle der „Hornblower Niagara Cruises" an. Den Park gibt es seit 1887. Er bietet reizvolle Ausblicke auf die Wasserfälle; am Abend wird er illuminiert.

**Hinweis**

Eine **30-minütige Fahrt mit zwei modernen Katamaranen** der **Hornblower Niagara Cruises (5)** führt von kanadischer Seite aus zu den Wasserfällen: ein besonderes Erlebnis, um die Niagara Falls hautnah zu erleben, wobei große Aussichtsplattformen, Glaswände und bereitgelegte Regenponchos vor allzu großer Nässe schützen.

**Abfahrt der Boote**: 5920 Niagara Parkway, am nördlichen Ende des Queen Victoria Park, www.niagaracruises.com. Fahrzeit 30 Min., Abfahrten im 15- bis 30-Min.-Takt, Fahrpreis Erwachsene $ 28,95, Kinder 5–12 J. $ 18,95. Außerdem gibt es eine Sunset Cruise oder Feuerwerkstour. In der Hauptreisezeit ist mit langen Wartezeiten an allen Abfahrtsstellen zu rechnen; eine vorherige Online-Buchung ist deshalb zu empfehlen.

*Die Niagara Falls aus sicherer Entfernung*

Auf dem Weg zur Rainbow Bridge kommt man durch das Getümmel in der **Clifton Hill Street (6)** und den angrenzenden Straßen. Nicht umsonst trägt die Straße den Beinamen „Clifton Hill – where the action is"! Auf engem Raum drängen sich Geschäfte, Restaurants, Bars und Hotels, aber auch Vergnügungsstätten und originelle, eher dem Entertainment verschriebene Museen. Dazu gehören u. a.:

- das **Guinness World Records Museum (7)** mit nachgebildeten oder originalen Ausstellungsstücken aus dem „Guinness-Buch der Rekorde"; *4943 Clifton Hill, ☏ 905-356-2299, Eintritt Erwachsene $ 19,20, Senioren und Studenten $ 16,90, Kinder von 4–12 J. $ 13,60.*
- **Ripley's Believe it or Not! Museum (8)**, ein Museum mit mehr als 550 „unglaublichen" Ausstellungsstücken und Aktionen, z. B. lebensechte Wachsfiguren oder optische Täuschungen; *4960 Clifton Hill, ☏ 905-356-2238, www.ripleys.com/niagarafalls, Eintritt Erwachsene $ 18,99, Senioren $ 15,99, Kinder von 5–12 J. $ 12,99.*

Zu einer besonderen Touristenattraktion haben sich die beiden Casinos entwickelt, das **Casino Niagara** und das **Fallsview Casino (9)**, die täglich 24 Stunden geöffnet sind.
**Casino Niagara**, *5705 Falls Ave., ☏ 1-888-325-5788.*
**Fallsview Casino**, *6380 Fallsview Blvd., ☏ 1-888 325-5788.*

Wer für eine Weile der Hektik an den Wasserfällen entfliehen will, kann einen Spaziergang zum **Niagara Parks Floral Showhouse (10)** machen, das nur 500 m südlich der kanadischen Horseshoe Falls liegt. Hier findet man Ruhe und Schatten zwischen Blumenbeeten und unter Palmen; mehr als 70 tropische Vogelarten sind hier zu sehen.
**Niagara Parks Floral Showhouse**, *☏ 905-354-1721, www.niagaraparks.com/visit/nature-garden/floral-showhouse, tgl. 9.30–17 Uhr, Erwachsene $ 7, Kinder 6–12 J. $ 4.*

Der **Marineland Theme Park (17)** lädt dazu ein, Delfine, Wale, Seelöwen und Seeelefanten zu beobachten, zu füttern oder zu berühren.
**Marineland Theme Park**, *7657 Portage Rd., ☏ 905-356-9565, Ende Mai–Anfang Sept. tgl. 9–18, sonst bis Anfang Okt. 10–17 Uhr, Eintritt Erwachsene $ 49,95, Senioren und Kinder von 5–12 J. $ 42,95, außerhalb der Hochsaison oft niedrigere Preise.*

## Sehenswürdigkeiten nördlich der Rainbow Bridge

Die Fahrt über den Niagara Parkway nach Norden führt am Niagara River entlang, der unterhalb der Fälle recht gemächlich durch eine tiefe Schlucht fließt. Wo diese sich verengt, nach etwa 3 km, stürzen die Wassermassen in heftigen Stromschnellen, den **Whirlpool Rapids (11)**, weiter dem Lake Ontario entgegen. An der schmalsten Stelle des Niagara River kann man mit dem Aufzug vom oberen Rand der Schlucht 70 m zu den Whirlpool Rapids hinunterfahren. Ein 300 m langer Pfad, der **White Water Walk**, führt über Holzstege und Stufen ein Stück an den Stromschnellen entlang zu zwei Aussichtsplätzen am Fluss. Eine Ausstellung informiert darüber, wie immer wieder versucht wurde, die Whirlpool Rapids zu durchqueren.

*Aussichts-punkte*

**Whirlpool Rapids und White Water Walk**, *Niagara River Parkway, ☏ 905-374-1221, Mitte April–Okt. tgl., tagesaktuelle Öffnungszeiten gibt's online auf www.niagaraparks.com/visit/attractions/white-water-walk, Eintritt Erwachsene $ 14, Kinder 6–12 J. $ 9.*

Nach weiteren 2 km über den Niagara Parkway ist der **Whirlpool** erreicht. Hier geraten die Whirlpool Rapids in einen kreisrunden Strudel. Etwa 400 m Durchmesser hat der Whirlpool, der von 90 m hohen Felswänden umschlossen ist.

Der **Whirlpool Aero Car (12)**, eine Art Schwebebahn, überquert mit ihrer offenen Gondel den Whirlpool in luftiger Höhe. Auf der etwa zehnminütigen Fahrt über das Wasser kann man noch einmal die Whirlpool Rapids sehen und fotografieren.
**Whirlpool Aero Car**, *Niagara River Parkway, ☏ 1-877-642-7275, Mitte März–Okt. tgl. 10–17, Juli/Aug. 9–20 Uhr, Hin- und Rückfahrt Erwachsene $ 16, Kinder von 6–12 J. $ 10,25.*

In der Nähe der südlichen Station des Whirlpool Aero Car bietet **Niagara Helicopters (13)** Rundflüge über die Stadt und die Wasserfälle an.
**Niagara Helicopters**, *3731 Victoria Ave., ☏ 905-357-5672, www.niagarahelicopters.com: Die Hubschrauber starten bei gutem Wetter ganzjährig tgl. zwischen 9 Uhr und Sonnenuntergang. Flugdauer: 12 Min.*

Weitere 2 km nördlich liegen die schon 1936 angelegten **Niagara Parks Botanical Gardens (15)**. Die Gärten werden von Studenten der Gartenbauschule „Niagara Park School of Horticulture" gepflegt. Auf dem Gelände befindet sich auch das **Niagara Parks Butterfly Conservatory (14)**. Die Anlage ist dem tropischen Regenwald nachempfunden und beheimatet eine der weltweit größten Ausstellungen mit über 2.000 farbenprächtigen Schmetterlingen.

*Über 2.000 Schmetterlinge*

**Niagara Parks Botanical Gardens**, *2565 Niagara Parkway, ☏ 905-356-8119, geöffnet tgl. von Sonnenauf- bis Sonnenuntergang, Eintritt frei.*
**Niagara Parks Butterfly Conservatory**, *Niagara River Parkway, ☏ 905-354-5711, www.niagaraparks.com. Tgl. geöffnet, tagesaktuelle Öffnungszeiten: www.niagaraparks.com/visit/attractions/butterfly-conservatory, Eintritt Erwachsene $ 16, Kinder von 6–12 J. $ 10,25, Parken ca. $ 30. Weitere Informationen zu den Parkregelungen: www.niagaraparks.com/visit-niagara-parks/plan-your-visit/getting-around.*

Dem Parkway folgend, kommt man nach weiteren 2 km bei der „Sir Adam Beck Niagara Gernerating Station" zur **Floral Clock (16)**, einer im Durchmesser 12 m großen Blumenuhr, die mit fast 20.000 Pflanzen gestaltet wurde. Ganz in der Nähe liegt „Queenston Heights", eine Parkanlage mit Wanderwegen und Picknickplätzen sowie schönem Blick auf den Fluss. Von Ende Juni bis Ende August finden am Sonntag Konzerte im Freien statt.

Weiter nach Norden fließt der Niagara River dann über die „Lower Rapids" in den Lake Ontario.

## Reisepraktische Informationen für die kanadische Seite

Karte s. S. 404

### Information

**Niagara Falls Tourism**, *5355 Stanley Ave., ☏ 905-356-6061 oder 1-800-563-2557, www.niagarafallstourism.com, tgl. 8.30–16.30, Juni–Aug. So–Do 8.30–17.30, Fr/Sa 8.30–18 Uhr. Ein weiteres Besucherzentrum befindet sich am Table Rock Complex, am Niagara Parkway gleich neben den Horseshoe Falls.*

### Wichtige Anschriften und Telefonnummern

**Polizei, Feuer, Medizinischer Notdienst**: *911*
**Canadian Automobile Association CAA**: *6788 Thorold Stone Rd., ☏ Member Services 1-800-263-7272, Roadside Assistance 1-800-263-3616, Mo–Mi 9–17, Do/Fr 9–19, Sa 9–13 Uhr.*
**Wetterbericht**: *☏ 905-227-3393*

## Unterkunft

*Als eines der weltweit beliebtesten Reiseziele bietet Niagara Falls Hunderte von Übernachtungsmöglichkeiten, die von einfachen Hotels über Landgasthäuser und Bed-&-Breakfast-Häuser bis hin zu Luxushotels reichen. Je nach Jahreszeit, Lage und Aussicht des Hotels gibt es große Preisunterschiede. In vielen Hotels werden Sonderkonditionen eingeräumt, sodass sich das Nachfragen lohnt.*

### Hotels

**$–$$ Days Inn by Wyndham Niagara Falls Centre St. By the Falls (13)**, *5068 Centre St., ☏ 905-357-2550, 500 m vom Casino Niagara entfernt. Der Skylon Tower ist gut zu Fuß zu erreichen.*

**$$ Grewals Inn and Suites by Elevate Rooms (7)**, *5528 Buchanan Ave., ☏ 905-371-2160, grewalsinnandsuites.mywebsite.elevaterooms.com. Der Gasthof liegt etwas außerhalb des Trubels von Niagara Falls. Die Sehenswürdigkeiten sind trotzdem gut zu Fuß zu erreichen.*

**$$$–$$$$ Holiday Inn by the Falls (10)**, *5339 Murray St., ☏ 905-356-1333, www.holidayinn.com, modernes, komfortables Hotel in der Nähe der Wasserfälle, des Skylon Towers und des IMAX-Theaters, Swimmingpool.*

**$$$$ Best Western Plus Cairn Croft Hotel (8)**, *6400 Lundy's Ln., ☏ 905-356-1161 oder 1-800-780-7234, www.bestwestern.com, familienfreundliches Hotel mit 165 geräumigen Zimmern, Restaurant, Swimmingpool im „tropischen Courtyard", ca. 3 km von den Fällen entfernt, Shuttleservice und Bushaltestelle in der Nähe.*

**$$$$ Marriott on the Falls (12)**, *6755 Fallsview Blvd., ☏ 905-374-1077 oder 1-800-618-9059, www.marriottonthefalls.com, 95 sehr geschmackvoll eingerichtete Zimmer, viele von ihnen mit großartigem Blick auf die Fälle, Swimmingpool, Fitnessraum, alle Attraktionen sind gut zu Fuß erreichbar.*

**$$$$–$$$$$ Great Wolf Lodge (1)**, *3950 Victoria Ave., ☏ 1-800-605-9653, www.greatwolf.com/niagara, rustikales, kinderfreundliches Hotel mit 406 Einheiten, Restaurant und großem Indoor-Wasserpark.*

**$$$$–$$$$$ The Oakes Hotel Overlooking The Falls (11)**, *6546 Fallsview Blvd., ☏ 1-877-843-6253, www.oakeshotel.com, komfortables Hotel mit 200 geräumigen Zimmern und bestem Blick auf die Wasserfälle, gleich neben dem Niagara Tower und dem Fallsview Casino gelegen, ausgezeichnetes Restaurant.*

**$$$$–$$$$$ The Old Stone Inn (9)**, *6080 Fallsview Blvd., ☏ 905-357-1234 oder 1-800-263-6208, www.oldstoneinnhotel.com, die ehemalige Getreidemühle wurde restauriert und zu einem Landgasthaus mit unterschiedlich großen, rustikal eingerichteten Räumen, offenen Kaminen, Swimming- und Whirlpool umgestaltet, zehn Gehminuten zu den Wasserfällen.*

### Bed&Breakfast

**$$ Trillium Bed & Breakfast (6)**, *5151 River Rd., ☏ 905-354-3863, www.trilliumbb.ca, das Haus, das über drei freundlich eingerichtete Nichtraucherzimmer mit Bad verfügt, liegt wenige Gehminuten von den Wasserfällen entfernt und bietet einen Blick auf die Schlucht des Niagara River.*

**$$$ Always Inn Bed & Breakfast (4)**, *4327 Simcoe St., ☏ 905-371-0840, www.alwaysinn.ca, das 1878 gebaute Haus liegt etwa 15 Gehminuten von den Sehenswürdigkeiten entfernt und bietet vier geräumige, sehr ansprechend eingerichtete Zimmer mit Bad und ein ausgezeichnetes Frühstück, sehr freundliche hilfsbereite Gastgeber. Mindestaufenthalt 2 Nächte.*

**$$$ Ambiance by the Falls Bed & Breakfast (5)**, *4467 John St., ☏ 289-932-1296, www.ambiancebythefalls.com, das beliebte B&B liegt in einer Wohnstraße nur etwa 1 km von der Hornblower Niagara Cruise und Aussichtspunkten auf die Niagara Falls entfernt.*

**$$$$ Bedham Hall Bed & Breakfast (3)**, *4835 River Rd., ☏ 905-374-8515, www.bedhamhall.com, in dem schönen viktorianischen Haus wurden vier große, sehr komfortable Gästezimmer mit Kamin eingerichtet. Das Haus liegt ca. 1,5 km nördlich der Wasserfälle.*

### Jugendherberge

**$ HI-Niagara Falls Youth Hostel (2)**, *4549 Cataract Ave., ☏ 905-357-0770 oder 1-888-749-0058, www.hostellingniagara.com, die Jugendherberge verfügt über 70 Betten, eine Gemeinschaftsküche und eine Wäscherei; Fahrräder können gemietet werden, in der Nähe der Whirlpool Bridge.*

## Essen und Trinken

*Es gibt ein breites Restaurantangebot in Niagara Falls; hier eine Auswahl:*

**AG Inspired Cuisine (4)**, *5195 Magdalen St., ☏ 289-292-0005, www.agcuisine.com, Farm-to-Table Speisekarte mit Zutaten und Weinen aus der Niagara-Region.*

**Betty's Restaurant**, *8921 Sodom Rd., ☏ 905-295-4436, www.bettysrestaurant.com, gutes, preiswertes Familienrestaurant mit großen Portionen und guten Desserts.*

**Casa Mia (2)**, *3518 Portage Rd., ☏ 905-356-5410, www.casamiaristorante.com, leckere italienische Küche abseits des Touristenrummels, gute Antipasti- und Weinauswahl. Mo–Fr 11.30–14.30 und 17–23, Sa 17–23, So 17–21 Uhr.*

**Copacabana Steakhouse (3)**, *6671 Fallsview Blvd., ☏ 905-354-8775, 1-888-432-6721, www.thecopa.ca/niagara-falls, hier wird hervorragendes Fleisch in vielerlei Sorten serviert und direkt am Tisch geschnitten. Auch Buffet und Salatbar. Am Samstag brasilianisches Unterhaltungsprogramm und Livemusik. So–Fr ab 17, Sa ab 16 Uhr bis spät geöffnet.*

**Queen Victoria Place Restaurant (1)**, *6345 Niagara Parkway, ☏ 905-356-2217, großartige Aussicht vom obersten Stockwerk des Queen Victoria Place auf die kanadischen und amerikanischen Wasserfälle, was sich z. T. auch auf die Preise niederschlägt. Das Lokal bietet gute Pub-Kost und -Atmosphäre. Tagesaktuelle Öffnungszeiten: www.niagaraparks.com/visit/culinary/queen-victoria-place-restaurant.*

**Sandstone Grillhouse (6)**, *5467 Victoria Ave., ☏ 905-354-7225, www.sandstonegrillhouse.com, beliebtes Grillrestaurant etwas außerhalb des Trubels an den Wasserfällen. Tgl. ab 16 Uhr, letzter Einlass So–Do 21, Fr 21.30, Sa 22 Uhr.*

**Skylon Tower's Revolving Dining Room (5)**, *5200 Robinson St., ☏ 905-356-2651, 1-888-975-9566, toller Blick aus der Höhe des Drehrestaurants, das sich in einer Stunde vollständig dreht, auf die tosenden Wasserfälle, Tischreservierung empfehlenswert, gehobene Preiskategorie. Tgl. Mittagessen: 11.30–15, frühes Abendessen: 16.30–17, Abendessen: 18–22 Uhr. Am Sonntag gibt es Mittagessen nur in der Hochsaison.*

## Einkaufen

*Als viel besuchter Touristenort hat sich die Stadt mit zahllosen Souvenirgeschäften auf die Käuferwünsche eingestellt; das Angebot ist groß, jedoch sind originelle Dinge eher selten.*

**Canada One Brand Name Outlets**, *7500 Lundy's Ln., ca. 3 km westlich der Fälle, ☏ 905-356-8989, 40 Geschäfte z. T. bekannter Markenhersteller.*

## Rundfahrten/Touren/Besichtigungen

*Da Niagara Falls vollständig auf Tourismus eingestellt ist, gibt es ein sehr großes Angebot an Besichtigungstouren, die die Wasserfälle aus allen erdenklichen Blickwinkeln zeigen.*

### mit dem Boot

**Hornblower Cruises**, *5920 Niagara Parkway, am nördlichen Ende des Queen Victoria Park, www.niagaracruises.com, Fahrzeit 30 Min., Abfahrten im 15- bis 30-Min.-Takt, Fahrpreis Erwachsene $ 28,95, Kinder 5–12 J. $ 18,95, Sunset Cruise oder Feuerwerkstour: Preise auf der*

*Website. In der Hauptreisezeit ist mit langen Wartezeiten an allen Abfahrtsstellen zu rechnen; eine vorherige Online-Buchung ist deshalb zu empfehlen.*

**Whirlpool Jet Boat Tours**, *61 Melville St., ☏ 905-468-4800 oder 1-888-438-4444, www.whirlpooljet.com, rasante Fahrt mit offenen und geschlossenen Schnellbooten durch die Stromschnellen, Abfahrten von Mai–Okt. stdl. in Niagara-on-the-Lake.*

### mit dem Bus

**Double Deck Tours**, *Tickets: Ecke Clifton Hill/Niagara Parkway, ☏ 905-374-7423, www.doubledecktours.com, die Doppeldeckerbusse starten im Juli/Aug. um 9.30 Uhr und fahren im 20-Min.-Takt, sonst alle 30 Min., Ein- und Ausstieg nach Belieben bei allen Sehenswürdigkeiten. Die Fahrt dauert ohne Halt etwa 90 Min. Die Niagara Falls Bucket List Tour ist eine kombinierte Tagestour mit dem Bus, der „Journey Behind the Falls“, der „Hornblower Boat Tour“ und dem Whirlpool Aero Car.*

**Gray Line Sightseeing Tours**, *☏ 716-285-2113 oder 1-877-285-2113, www.graylineniagarafalls.com, bietet die beiden ca. 4-stündigen Fahrten, u. a. „Niagara Falls Rainbow Tour“ und „Niagara Falls Maid in America Tour“ an. Abfahrten Mai–Okt. morgens, nachmittags und am Abend, Erwachsene $ 114,95, Kinder $ 79,95.*

### mit dem Hubschrauber

**Niagara Helicopter Rides**, *3731 Victoria Ave., ☏ 905-357-5672, www.niagarahelicopters.com, 12-minütige Flüge über die Wasserfälle und den Niagara River, Erläuterungen über Kopfhörer. Starts ganzjährig tgl. 9 Uhr bis zum Einbruch der Dämmerung.*

## Verkehrsmittel

### Flüge

*Niagara Falls ist per Flugzeug über die internationalen Flughäfen von Toronto und Buffalo schnell zu erreichen. Regionale Flughäfen gibt es darüber hinaus in St. Catharines und Hamilton.*

**Buffalo Niagara International Airport**, *☏ 716-630-6000, www.buffaloairport.com, der Flughafen ist durch Shuttle-Bus-Verkehr mit den Städten Niagara Falls/NY und Niagara Falls/ON verbunden, Shuttle-Busse, Preis pro Strecke ab $ 50.*

**Toronto Lester B. Pearson International Airport**, *☏ 416-247-7678, 1-866-207-1690, www.torontopearson.com, der Flughafen ist ca. 2 Std. von Niagara Falls entfernt; es besteht ein direkter Taxi- und Limousinenverkehr ab ca. $ 189 bzw. $ 208, www.torontopearson.com/en/transportation.*

**Niagara District Airport**, *Niagara-on-the-Lake, 468 Niagara Stone Rd., ☏ 905-684-7447, www.niagaradistrictairport.ca. Hier finden nur wenige Flüge statt. Flugzeiten: Niagara District nach Billy Bishop: Abflug Mo–Fr 7.30, 11, 17, 18.30, Sa/So 12 und 16.30 Uhr. Billy Bishop nach Niagara District: Abflug Mo–Fr 7, 10, 14 und 18, Sa/So 11 und 16 Uhr. Die Flugzeiten können sich ohne Vorwarnung ändern. Den aktuellsten Stand erhält man auf www.niagaradistrictairport.ca/flights.php oder 1-888-470-4595.*

**John C. Munro Hamilton International Airport**, *Hamilton, ☏ 905-679-1999, flyhamilton.ca.*

### Busse

*Niagara Falls ist durch regelmäßigen Busverkehr mit allen Teilen Kanadas und mit vielen Großstädten der USA verbunden. Am* **Busbahnhof**, *4555 Erie Ave., ☏ 905-357-2133, werden die Überlandbusse abgefertigt.*

*Der* **Niagara Transit Bus Service** *verkehrt in allen Stadtteilen; der Busbahnhof liegt in der 4320 Bridge St., ☏ 905-356-1179, niagarafalls.ca/living/transit/default.aspx. Preis auf allen Strecken Erwachsene $ 3, Senioren und Studenten $ 2,75, Kinder 6–12 J. $ 1,75. Abgezähltes Fahrgeld ist erwünscht.*

**WEGO Visitor Transportation System**, *das gemeinsame Bussystem von Niagara Falls Transit und Niagara Parks Commission, ☏ 905-356-1179, www.wegoniagarafalls.com, bedient im 10- bis 30-Min.-Takt auf drei farblich unterschiedlich gekennzeichneten Routen den Nahverkehr mit Haltestellen bei allen wichtigen Sehenswürdigkeiten und großen Hotels. Alle Linien starten ab Table Rock. Fahrpreis in der Hauptsaison: 24-Std.-Pass Erwachsene $ 9, Kinder von 6–12 J. $ 6, 48-Std.-Pass Erwachsene $ 13,50, Kinder $ 10. Die vierte Route ist der Shuttlebus nach Niagara-on-the-Lake, Fahrpreis One Way Erwachsene $ 7, Kinder 6–12 J. $ 5, Hin- und Rückfahrt Erwachsene $ 14, Kinder $ 10.*

### Bahnverbindungen

*Es bestehen Bahnverbindungen der kanadischen Eisenbahngesellschaft VIARail über Toronto mit allen kanadischen Provinzen und der amerikanischen Gesellschaft Amtrak mit den Städten Buffalo, Boston und New York.*
*Der* **Bahnhof**, *4267 Bridge St., ☏ 1-888-842-7245, www.viarail.ca, liegt in der Nähe der Whirlpool Bridge, ca. 4 km von den Fällen entfernt.*

### Mietwagen

**Hertz**, *414 Ontario St., St. Catharines, ☏ 905-934-0163*
**Budget**, *5127 Victoria Ave., ☏ 905-356-1431*

## Sehenswertes auf der amerikanischen Seite der Niagara-Fälle

Die **Rainbow Bridge** verbindet Kanada mit den USA; wenn man die Brücke bei sonnigem Wetter überquert, kann man über den Wasserfällen schillernde Regenbogen erkennen, die durch die aufschäumende Gischt entstehen und der Brücke ihren Namen gaben.

*Die Rainbow Bridge zwischen Kanada und den USA*

## Hinweis

Man sollte auf jeden Fall die Wasserfälle auf der kanadischen und der amerikanischen Seite besuchen! Dazu kann man über die **Rainbow Bridge** in die USA fahren, mit starkem Verkehr und langen Wartezeiten an der Grenze muss aber gerechnet werden. Zusätzlich wird die Einreise in die USA durch die langwierigen Grenzformalitäten erschwert, denn auch Besucher, die nur für einen Tagesausflug in die USA einreisen wollen, müssen sich der Pass- und Einreisekontrolle unterziehen; bitte beachten, dass auch Kinder einen Reisepass benötigen, ein Kinderausweis reicht nicht!

*Achtung: Dollars wechseln*

Betritt man als Tourist die USA über den Landweg, ist derzeit die elektronische Einreisegenehmigung ESTA nicht nötig, allerdings wird bei der Einreise in die USA über Kanada eine Gebühr fällig. Da zurzeit kanadische Dollar und auch Kreditkarten nicht akzeptiert werden, **muss man unbedingt vorher amerikanisches Geld eintauschen**; dazu gibt es am Fuß der Brücke Wechselautomaten, die kanadische und amerikanische Banknoten wechseln. Wenn man die Brücke zu Fuß überquert, kann man den Warteschlangen meistens entgehen; aber man muss ebenfalls seinen Reisepass und amerikanische Dollar bereithalten!

Generell sollte man sich vor einem solchen USA-Kurzbesuch noch einmal kurzfristig über die **Einreisebestimmungen** informieren, da sich diese durchaus ändern können.

*Ältester Park Amerikas*

Der **Niagara Falls State Park**, schon 1885 gegründet, ist der älteste Park Amerikas. Er umfasst das ganze Gelände der amerikanischen Wasserfälle mit allen Sehenswürdigkeiten, den besten Aussichtspunkten, mit Parkanlagen, Spazier- und Wanderwegen, Restaurant und Informationscenter.

**Niagara Falls State Park**, *Eingang: 24 Buffalo Ave., ☏ 716-278-1794, www.niagarafallsstatepark.com.*

info

## „Maid of the Mist"

Im Jahr 1846 wagte der Kapitän des hölzernen Dampfschiffes „Maid of the Mist" zum ersten Mal die Fahrt in das Becken der Horseshoe Falls. Inzwischen haben Millionen Besucher, zu denen auch Könige, Präsidenten, Filmstars und Sportler zählen, die Wasserfälle besucht. Der Kapitän steuert das Schiff, auf dem 150–200 Passagiere Platz finden, zuerst zu den „American Falls", wo das Wasser auf die Felsen donnert, und weiter zu den „Bridal Veil Falls". Dann nähert sich das Schiff dem Becken der „Horseshoe Falls" und folgt dem Halbrund mit seinen Fluten und der Gischt, die bis zu den Passagieren hinaufspritzt.

P **Parken**

*Zentrale Parkmöglichkeiten gibt es am Visitor Center und in der Prospect St. Wenn man hier den Wagen abstellt, kann man die Hauptsehenswürdigkeiten im Niagara Falls State Park gut zu Fuß oder mit dem Trolley erreichen.*

**Trolleys**

*Auf der amerikanischen Seite bringen einen* **Niagara Scenic Trolleys** *zu den Sehenswürdigkeiten. Die kleinen Züge verkehren von Juni–Nov. tgl., Erwachsene $ 3, Kinder 6–12 J. $ 2. Fahrzeiten: 1.–12. Juni So–Fr 9–20, Sa 9–22 Uhr, 13.–21. Juni So–Do 9–21.30, Fr/Sa 9–22.30 Uhr, 22. Juni–2. Sept. So–Do 9–22, Fr/Sa 9–23 Uhr, 3. Sept.–14. Okt. So–Fr 9–20, Sa 9–22 Uhr, 15.–21. Okt. tgl. 9–17.30 Uhr, 21. Okt.–27. Nov. tgl. 9–17 Uhr.*
*Sie befahren die Strecke vom Prospect Point nach Goat Island mit Haltestellen an: Cave of the Winds, Terrapin Point, Schoellkopf-Museum, Aquarium und Three Sister Islands.*

**Tipp**

Auch in der amerikanischen Stadt Niagara Falls gibt es ein Kombiticket mit ermäßigten Eintrittspreisen. Der **Niagara Falls USA Discovery Pass** ist von Ende Mai–Ende Okt. gültig für die sechs Attraktionen „Maid of the Mist"-Bootsfahrt, Cave of the Winds Trip, Niagara Gorge Discovery Center, Niagara Aquarium, Niagara Falls Scenic Trolley und Niagara Adventure Theater. Preis Erwachsene $ 46, Kinder von 6–12 J. $ 35, Kinder unter 6 J. kostenlos. Im Preis enthalten ist ein Tag mit beliebig vielen Fahrten im Trolleybus

### Sehenswürdigkeiten südlich der Rainbow Bridge

Im Niagara Falls State Park liegen die folgenden Sehenswürdigkeiten:
Im **Prospect Park Visitor Center (17)** erhält man Infomaterial, Tickets und Souvenirs, beliebt sind das Café-Restaurant und die Wasserspiele.

*86 m hoher Aussichtsturm*

Gleich hinter dem Visitor Center erhebt sich der 86 m hohe **Prospect Point Observation Tower (18)**, ein Aussichtsturm aus Stahl, Aluminium und Glas am nördlichen Fuß der American Falls, und überragt diese um 30 m. Man kann mit dem Aufzug hinauffahren und einen ersten Eindruck von den amerikanischen und kanadischen Wasserfällen gewinnen. Am Fuße des Turmes führen ein Weg und eine Treppe zum Crows Nest, einem Aussichtspunkt dicht an den American Falls.
**Prospect Point Observation Tower**, *☏ 716-278-1796, Anfang April–Ende Okt. So–Do. 8.30–19, Fr–Sa 8.30–20 Uhr, im Sommer auch länger, im Winter ist der Eintritt frei. Sobald die „Maid of the Mist" im Frühjahr ihren Betrieb aufnimmt, kostet der Eintritt $ 1,25.*

**Bootsfahrt**

*Am Fuß des Observation Tower ist eine der Bootsanlegestellen der* **„Maid of the Mist"***; ein Aufzug bringt einen dorthin. Die Fahrt mit der „Maid of the Mist" ist ein Erlebnis, das man auf keinen Fall versäumen sollte! In der Hauptreisezeit bilden sich lange Warteschlangen an allen Abfahrtsstellen der Schiffe. Im Allgemeinen ist die Wartezeit am Observation Tower am kürzesten.*

**Goat Island (19)**, die Insel im Niagara River, trennt die amerikanischen und kanadischen Fälle. Die Insel ist über eine Fußgängerbrücke oder mit dem „Niagara Scenic Trolley" zu erreichen. Der Inselpark wurde von Frederick Law Olmsted (1822–1903) angelegt, der sich u. a. durch den Entwurf des Central Park in New York und des Mount Royal in Montréal einen Namen gemacht hat und als Begründer der amerikanischen Landschaftsarchitektur gilt. Durch gepflegte Anlagen geht man zunächst bis zur Nordostspitze der Insel, wo man ganz nah an die Wasserfälle und die Stromschnellen herankommt.

Nicht versäumen sollte man den Besuch der **Cave of the Winds** und der **Bridal Veil Falls (20)**. Bevor man mit einem Aufzug zur „Windhöhle" fährt, erhält man am Eingang wasserfeste Plastikumhänge und -schuhe, denn in der Tiefe ist es recht nass und rutschig. Unten angekommen, geht es durch einen Tunnel und weiter über Holztreppen und -planken bis zum **Hurricane Deck** unterhalb der donnernd herabstürzenden Bridal Veil Falls. Hier ist man ganz dicht an diesem grandiosen Naturereignis: Es herrscht ein ohrenbetäubender Lärm, das Wasser spritzt hoch – man spürt die Allgewalt der Natur!

*Naturgewalten hautnah*

**Bridal Veil Falls – Cave of the Winds**, *Goat Island, ☏ 716-278-1762, Mitte Juni–Aug. So–Do 9–20.15, Fr/Sa 9–21.15, Sept.–Mitte Okt. So–Fr 9–18.15, Sa 9–20.15, Mitte–Ende Okt. tgl. 9–16.15 Uhr, Erwachsene $ 19, Jugendliche $ 16, Parkgebühren auf Goat Island $ 10.*

Der **Terrapin Point (21)** liegt an der Südwestspitze von Goat Island. Von hier aus hat man einen großartigen Blick auf die kanadische Seite und die Horseshoe Falls, über die 90 % des Wassers stürzt. Oberhalb von Terrapin Point liegt das Top of the Falls Restaurant, mit eindrucksvollem Ausblick auf die Niagarafälle (*Ende Mai–Mitte Juni tgl. 11–16, Mitte Juni–Aug. Mo–Do 11–21, Fr–So 11–22, Sept. Fr–Mo 11–16 Uhr*). Über eine Fußgängerbrücke erreicht man Luna Island, das zwischen den Bridal Veil Falls und den American Falls liegt und einen Blick auf die Wasserfälle bietet.

Ausblicke bieten auch die im Süden liegenden Three Sisters Islands, die durch Fußgängerbrücken mit Goat Island und miteinander verbunden sind.

### Sehenswürdigkeiten nördlich der Rainbow-Bridge

Im **Niagara Gorge Discovery Center (22)** informiert eine audiovisuelle Show über Entstehung und Geschichte der Niagara-Fälle; im Außenbereich gibt es einen geologischen Garten, eine Kletterwand, Wanderwege und eindrucksvolle Ausblicke.

*Die amerikanischen Fälle aus kanadischer Sicht*

**Niagara Gorge Discovery Center**, *200 Robert Moses Parkway, ☏ 716-278-1070, www.niagarafallsstatepark.com/attractions-and-tours/discovery-center-and-hiking-trails, Anfang–Mitte Juni So–Fr 9–17, Sa 9–20, Mitte Juni–Aug. So–Do 9–19, Fr/Sa 9–21 Uhr, Erwachsene $ 3, Kinder 6–12 J. $ 2.*

Am Niagara Gorge Discovery Center beginnen einige der schönsten Wanderwege der Region von unterschiedlicher Länge und Schwierigkeit, z. B. der etwa einstündige Great Gorge Scenic Overlook Hike und der etwa 4 km lange Naturlehrpfad zu den Whirlpool Rapids.

*Energie durch Wasserkraft*

Im **Niagara Power Project Visitor Center (23)** erfährt man durch Filme, Diavorführungen und Demonstrationen, wie aus den Wassermassen elektrische Energie gewonnen wird. Vom Aussichtsplatz „**Power Vista**" schaut man auf den Niagara River und die Lower Rapids.
**Niagara Power Project Visitor Center**, *5777 Lewiston Rd., ☏ 716-286-6661, www.nypa.gov/communities/visitors-centers/niagara-power-vista, tgl. 9–17 Uhr, Eintritt frei.*

Im **Aquarium of Niagara (24)** leben mehr als 2.000 Meerestiere, u.a. Seelöwen, Delfine, Haie und Piranhas.
**Aquarium of Niagara**, *701 Whirlpool St./Pine Ave., ☏ 716-285-3575, www.aquariumofniagara.org, tgl. 9–18 Uhr, je nach Saison wechselnde Zeiten, Eintritt Erwachsene $ 14,95, Senioren $ 12,95, Kinder 3–12 J. $ 10,95.*

## Reisepraktische Informationen für die amerikanische Seite

Karte s. S. 404

### Information

**Niagara USA Official Visitor Center**, *10 Rainbow Blvd., ☏ 1-877-325-5787, www.niagarafallsusa.com, Mitte Mai–Mitte Sept. 8.30–19, sonst bis 17 Uhr.*

### Unterkunft

*Die Mehrzahl der Motels und einfacheren Hotels von Niagara Falls liegt dicht beieinander an der Kreuzung von I-190 und US-62. Hier ist man ca. 5 mi/8 km von den Wasserfällen entfernt, in der Regel sind die Unterkünfte preiswerter als die Hotels in der Nähe der Wasserfälle.*

**Hotels in der Nähe der Wasserfälle**

**$$$$–$$$$$ Comfort Inn The Pointe (14)**, *1 Prospect Pointe, ☏ 716-284-6835 oder 1-877-424-6423, www.comfortinnthepointe.com, am Eingang zum Niagara Falls State Park gelegen.*

**$$$$–$$$$$ Holiday Inn Niagara Falls (16)**, *114 Buffalo Ave., ☏ 716-285-2521, 1-877-666-3243, www.ihg.com, 189 ansprechend eingerichtete Zimmer, Indoor-Pool, Fitness center.*

**$$$$–$$$$$ Sheraton at the Falls (15)**, *300 Third St., ☏ 716-285-3361, www.sheratonatthefalls.com, 392 Zimmer und Suite, Indoor-Pool, Fitnesscenter.*

### Einkaufen

*Souvenirgeschäfte und Boutiquen gibt es auch in der Nähe der Wasserfälle; außerdem finden sich Einkaufszentren mit vielen Spezialgeschäften und kleinen Restaurants:*
**Fashion Outlets of Niagara Falls**, *1900 Military Rd., ☏ 716-297-1233, Mo–Sa 10–21, So 10–18 Uhr, hier werden Artikel von etwa 200 bekannten Markenherstellern und Designern zu besonders günstigen Preisen angeboten.*

**Rundfahrten/Touren/Besichtigungen/Rundflüge**

**Bedore Tours**, *2968 Niagara Falls Blvd., North Tonawanda,* ☏ *716-696-3200 oder 1-800-538-8433, www.bedoretours.com.*

**Gray Line of Niagara Falls**, ☏ *716-285-2113, in vielen Hotel-Lobbys vertreten.*

**Maid of the Mist**, ☏ *716-284-8897, www.maidofthemist.com, Abfahrt unterhalb des Observation Tower. Abfahrtszeiten Ende Juni–Anfang Aug. 9–20, Aug. 9–19.30 Uhr alle 15 Min., Mai/Sept. Mo–Fr 9–17, Sa/So bis 18, Okt. tgl. 10–17 Uhr, Preis einschließlich Regenmäntel Erwachsene $ 19,25, Kinder von 6–12 J. $ 11,20.*

**Rainbow Air Helicopter Tours**, *454 Main St.,* ☏ *716-284-2800, www.rainbowairinc.com.*

**Flughafen**

*Der* **internationale Flughafen** *liegt im Osten der Stadt; es gibt Flugverbindungen u. a. mit New York City, Washington, Boston, Toronto und Montreal.*

# Umgebung von Niagara Falls

Der 56 km lange **Niagara Parkway** führt durch eine reizvolle Landschaft vom Lake Ontario am Niagara River entlang bis zum Lake Erie. Unterwegs kann man auf einem der Rastplätze, die direkt am Fluss liegen, eine Pause einlegen oder sich inmitten von Wein- und Obstgärten vom Trubel in Niagara Falls ausruhen.

Für nicht motorisierte Reisende ist der **Niagara River Recreation Trail** ein schöner, gut markierter, 56 km langer Wander- oder Radweg, der vom Fort George in Niagara-on-the-Lake am Niagara River entlang zum Fort Erie führt.

## Niagara-on-the-Lake

Niagara-on-the-Lake im Norden der Niagara Falls, an der Mündung des Niagara River in den Lake Ontario, ist ein beschaulicher Ort mit schönen Parkanlagen und Häusern aus dem 19. Jh., dessen Ruhe man nach der Großstadthektik von Niagara Falls besonders genießt. Von 1791–1796 war Niagara-on-the-Lake die erste Hauptstadt von Upper Canada, der heutigen Provinz Ontario, und entwickelte sich aufgrund seiner verkehrsgünstigen Lage bald zu einer Hafenstadt und zu einem Zentrum des Schiffbaus.

*Beschaulicher Ort: Niagara-on-the-Lake*

Der Ort ist mit Boutiquen, Galerien, Restaurants, Hotels und Bed-&-Breakfast-Häusern auf den Fremdenverkehr eingerichtet; ein Spaziergang über

die Queen Street führt an Gebäuden aus der Zeit von 1820–1870 vorbei und zeigt in Haus Nr. 5 die authentisch restaurierte **Niagara Apothecary** (*www.niagaraapothecary.ca*) aus dem Jahr 1869.

Anziehungskraft hat der Ort heute durch das **Shaw Festival**, das alljährlich von Ende April bis Mitte November stattfindet und zu den großen Theaterereignissen Kanadas zählt. Mehr als 300.000 Besucher kommen jährlich zu den Aufführungen im Festival Theatre, im Court House Theatre, im Studio Theatre und im Royal George Theatre; dabei stehen Stücke von George Bernard Shaw, Oscar Wilde und Agatha Christie sowie anderen Autoren auf dem Programm.

*Großes Theater*

**Shaw Festival**, ☏ *905-468-2172 oder 1-800-511-7429, www.shawfest.com.*

Zu den Sehenswürdigkeiten des Ortes zählen:

- das 1797–1799 von den Engländern zum Schutz gegen die aufständischen Amerikaner errichtete **Fort George National Historic Site**, das heftig umkämpft und bis 1820 mehrfach zerstört wurde. Nach den Restaurierungsarbeiten sind die Offiziersquartiere sowie einige Soldatenunterkünfte, die Küche und ein Handwerksladen für Besucher geöffnet. In den Sommermonaten führen Soldaten in historischen Kostümen Übungen vor und informieren über die Geschichte des Forts.
  **Fort George National Historic Site**, ☏ *905-468-6614, www.pc.gc.ca/fortgeorge, Mai–Okt. tgl. 10–17, April/Nov. Sa/So 10–17, Dez.–März Sa/So 12–16 Uhr, Eintritt Erwachsene $ 11,70, Senioren $ 10,05.*
- **Niagara Historical Society Museum** mit Ausstellungen zur Geschichte der Stadt von der Zeit der Indianer bis zum Ende des 19. Jh.
  **Niagara Historical Society Museum**, *43 Castlereagh St.,* ☏ *905-468-3912, www.niagarahistorical.museum, Mai–Okt. tgl. 10–17, Nov.–April 13–17 Uhr, Eintritt Erwachsene $ 5, Senioren $ 3, Studenten $ 2, Kinder 5–12 J. $ 1.*

## Reisepraktische Informationen Niagara-on-the-Lake

### Information

**Chamber of Commerce and Visitor Bureau**, *26 Queen St.,* ☏ *905-468-1950, www.niagaraonthelake.com, Mai–Okt. tgl. 10–18, Nov.–April 10–17 Uhr.*

### Unterkunft

*Aktuelle Informationen zu vielen B&B-Häusern erhält man unter der Rufnummer* ☏ *905-468-4263 oder unter www.niagaraonthelake.com/bed-and-breakfasts.*

**$$$ Hilton Garden Inn Niagara-on-the-Lake**, *500 York Rd. SS4,* ☏ *905-984-4200, www.ongardeninn3.hilton.com, gut gelegenes Hotel mit 118 geräumigen, gut ausgestatteten Zimmern, Restaurant, Swimmingpool.*

**$$$ King George III Inn**, *61 Melville St.,* ☏ *1-888-438-4444, www.kinggeorgeinn3.com, kleines Hotel mit acht ruhigen Zimmern in der Innenstadt, einige mit Balkon und schönem Blick auf den Fluss und die Marina, von Mitte April–Ende Okt. geöffnet.*

**$$$ Wild Rose Bed & Breakfast**, *322 Dorchester St.,* ☏ *905-468-9118, www.bedandbreakfastwildrose.com, ruhig gelegenes Haus mit schönem Garten und drei Nichtraucherzimmern, jeweils mit eigenem Bad, nur wenige Minuten von den Sehenswürdigkeiten entfernt.*

**$$$$ Canterbury Inn**, *170 Mary St.,* ☏ *905-468-7945, www.canterburyinn.on.ca, etwa 1 km außerhalb des Ortes gelegenes Landgasthaus mit schönen, komfortabel ausgestatteten Zimmern, Fahrradverleih, ein reichhaltiges Frühstück ist im Preis enthalten.*

## Niagara-Wein-Route

Nicht weit von den Wasserfällen entfernt erstreckt sich eine ruhige Landschaft, in die zahlreiche Weingüter eingebettet sind. Im milden Klima dieser Region, das vom Niagara Escarpment und vom Lake Ontario bestimmt wird und ganzjährig gemäßigte Temperaturen aufweist, wurden Weingärten angelegt, in denen unterschiedliche Rebsorten gedeihen. Die hiesigen Winzer, die über die Erfahrungen vieler Generationen verfügen, verstehen es, die Trauben in ausgezeichnete Weine zu verwandeln. Dies zeigt sich nicht zuletzt bei Weinproben, in deren Verlauf die Weine der Niagara-Region viele Auszeichnungen erhielten, z. B. für einen Eiswein, und bei „Blindproben" mit den besten Weinen der Welt mithielten.

*Weinproben*

Auf einer „Wein-Rundfahrt" kann man einige der Weingüter besuchen:

- **Cave Spring Cellars**, *3836 Main St., Jordan, ☏ 905-562-3581 oder 1-888-806-9910, cavespring.ca/home, auf diesem Weingut, das sich auf Riesling-, Chardonnay- und Cabernet/Merlotweine spezialisiert hat, werden kostenlose Führungen veranstaltet, die mit einer kleinen Weinprobe abschließen, Juni–Sept. Mo–So 10–18, Juli/Aug. auch Sa 10–19, Okt.–Mai So–Do 10–17, Fr/Sa 10–18 Uhr.*
- **Château des Charmes**, *1025 York Rd., ☏ 905-262-4219, www.fromtheboscfamily.com/chateau-des-charmes, Führungen finden tgl. (außer Neujahr, Ostern und Weihnachten) um 13 und 15 Uhr in englischer, um 12 Uhr in französischer Sprache statt, $ 15, Winzer der fünften Generation bauen hier den Wein an.*
- **Inniskillin Wines**, *Niagara Parkway at Line 3, ☏ 905-468-2187, 1-888-466-4754, www.inniskillin.com. In einer restaurierten Scheune aus dem 19. Jh. zeigt eine Ausstellung die verschiedenen Stadien der Weinerzeugung. Weinproben Mai–Okt. 10–18, Nov.–April 10–17 Uhr.*
- **Trius Winery at Hillebrand**, *1249 Niagara Stone Rd. (Hwy. 55), ☏ 905-468-7123, 1-800-582-8412, www.triuswines.com, Führungen und Weinproben mit unterschiedlichen Schwerpunkten finden mehrmals täglich statt, genaues Programm s. Website.*

**Information**
*Auskünfte zur ausgeschilderten „Niagara Wine Route" erteilen die örtlichen Informationsbüros oder:* **VQA Wines of Ontario and Wine Country Ontario**, *4890 Victoria Ave. N., Vineland, ☏ 905-562-8070, http://winecountryontario.ca.*

**Streckenhinweis**

Von Niagara-on-the-Lake kann man über St. Catharines und Hamilton nach Toronto fahren, wo die Rundreise durch den Osten Kanadas endet.

## Sehenswertes auf dem Weg nach Toronto

### St. Catharines

St. Catharines ist mit ca. 132.000 Einwohnern das Zentrum des Obst- und Weinanbaus und Ausgangsort für Rundfahrten durch die Umgebung.

Alljährlich im September findet das „Niagara Grape & Wine Festival" mit Paraden, Konzerten und Weinproben statt. Im **Welland Canals Centre at Lock 3** gewinnt man einen Überblick über die Geschichte und Kultur dieser Region; ein 15-minüti-

ger Videofilm informiert über den Bau des Welland Canal, ein 5 m hohes Modell der Schleuse verdeutlicht die Arbeitsweise. Von der Plattform an Schleuse 3 kann man den Schiffsverkehr auf dem Kanal beobachten.
**Welland Canals Centre at Lock 3**, *1932 Welland Canals Parkway, ☏ 905-984-8880 oder 1-800-305-5134, www.niagarafallstourism.com/play/historic-sites/welland-canals-centre-lock-3, tgl. 9–17 Uhr, Eintritt frei, Spende erwünscht.*

## Reisepraktische Informationen St. Catharines

### Information
**St. Catharines Tourism Chamber of Commerce**, *80 King St., Unit 3, ☏ 905-684-2361, gncc.ca, Mo–Fr 8.30–16.30 Uhr.*
**City of St. Catharines**, *☏ 905-688-5601 oder 905-688-4889, www.tourismstcatharines.ca.*

### Unterkunft
**$$ Comfort Inn**, *2 Dunlop Dr., ☏ 905-687-8890, www.choicehotels.com, Hotel mit 100 freundlich eingerichteten Zimmern, gute Verkehrsanbindung nach Niagara Falls.*
**$$$ Best Western St. Catharines Hotel**, *2 North Service Rd., ☏ 905-934-8000 oder 1-800-780-7234, www.bestwestern.com, angenehmes Hotel mit 142 ansprechend eingerichteten Zimmern, Swimmingpool, Sauna, nur ca. 15 Fahrminuten von Niagara Falls entfernt.*
**$$$ Four Points by Sheraton St. Catharines Niagara Suites**, *3530 Schmon Parkway, Thorold, ☏ 905-984-8484, 1-888-627-8537, www.fourpointsstcatharines.com, komfortables Hotel mit 2- und 3-Zimmer-Suiten, die mit einer kleinen Küchenzeile ausgestattet sind, mit Restaurant, Swimmingpool und Fitnessraum.*

## Hamilton

Hamilton ist ein wichtiger Standort der kanadischen Stahlindustrie und eine bedeutende Hafenstadt. Der Ort wurde um 1812 gegründet und gewann nach der Fertigstellung des Welland Canal im Jahr 1829 rasch an Bedeutung. Zu den Hafenanlagen und den Stahlwerken bilden die **Royal Botanical Gardens** an der nördlichen Stadtgrenze mit Gärten, einem Felsengarten, Lilienbeeten und Wasserfällen einen reizvollen Kontrast, ebenso wie der **Confederation Park** mit seiner 4 km langen Uferpromenade und Picknickplätzen.
**Royal Botanical Gardens**, *680 Plains Rd. W., ☏ 905-527-1158, www.rbg.ca, tgl. 10 Uhr bis zum Einbruch der Dunkelheit, Eintritt Erwachsene $ 18, Senioren und Studenten $ 15, Kinder 4–12 J. $ 10, Familienkarte $ 40. Ermäßigter Eintritt am Abend (nur im Juli/Aug., 17–20 Uhr): Erwachsene $ 13,50, Senioren und Studenten $ 11,25, Kinder 4–12 J. $ 7,50. Die Öffnungszeiten ändern sich je nach Saison und variieren je nach Gartenabschnitt.*
**RBG Centre, Hendrie Park, Rock Garden**: *Jan.–April 10–17, Mai–Aug. 10–20 Uhr, Arboretum: Jan.–April, Mitte Juni–Dez. tgl. Sonnenaufgang bis -untergang, Mai–Mitte Juni 10–20 Uhr (Eintritt wird verlangt). Laking Garden: Jan.–April geschl., Mai–Aug. 10–20 Uhr. Shop @ the Gardens: tgl. 10–17 Uhr. Restaurants: aktuelle Infos auf rbg.ca/dine, Spazierwege sind ganzjährig zugänglich.*

### Sehenswürdigkeiten der Stadt
- Das Altstadtviertel **Hess Village**, Hess St./George St., mit Häusern des 19. Jh., in denen Restaurants, Boutiquen, Galerien und Antiquitätengeschäfte eingerichtet wurden.

- **Dundurn Castle**, ein viktorianisches Herrenhaus mit 40 im Stil der damaligen Zeit eingerichteten Zimmern, das dem kanadischen Premierminister Sir Allan Napier McNab gehörte.
  **Dundurn Castle**, *610 York Blvd., am Dundurn Park, ☏ 905-546-2872, www.hamilton.ca, Di–So 12–16 Uhr, Eintritt Erwachsene $ 12, Senioren und Studenten $ 10, Kinder 6–12 J. $ 6,50, Familienkarte $ 32.*
- **Whitehern Historic House and Garden**, ein Beispiel für georgianische Architektur im 19. Jh.
  **Whitehern Historic House and Garden**, *41 Jackson St. W., ☏ 905-546-2018, www.hamilton.ca, Di–So 12–16 Uhr, Eintritt Erwachsene $ 7,50, Senioren und Studenten $ 6,50, Kinder 6–12 J. $ 5,50, Familienkarte $ 22.*
- Der Hamil**ton Farmer's Market** gilt als Kanadas größter überdachter Markt und wird schon seit 1837 abgehalten.
  **Hamilton Farmer's Market**, *55 York Blvd., geöffnet mit 180 Ständen, Di/Do/Fr 8–18, Sa 7–17 Uhr.*

### Sehenswert in der Umgebung von Hamilton

- die Stadt **Burlington** in reizvoller Lage am Westufer des Lake Ontario
- die **Webster Falls**, die in einem Naturschutzgebiet bei Dundas liegen

## Reisepraktische Informationen Hamilton

### Information

**Tourism Hamilton**, *28 James St. N., ☏ 905-546-2424 oder 1-800-263-8590, www.tourismhamilton.com, Mo–Fr 9–16, Sa 10–16 Uhr.*

### Unterkunft

**$$ Comfort Inn**, *183 Centennial Pkwy N., ☏ 905-560-4500, www.hamiltoncomfortinn.com, Mittelklassehotel nahe beim QEW-Highway, mit freundlich eingerichteten Zimmern, nicht weit von Geschäften und Restaurants entfernt.*

**$$–$$$ Creekside B&B**, *3158 Pinemeadow Dr., Burlington, ☏ 905-336-5382 oder 289-795-9799, www.stayburlington.com, das Haus bietet drei angenehme Zimmer und eine Suite mit Wohnzimmer und Küchenzeile, Swimmingpool.*

**$$–$$$ Visitors Inn**, *649 Main St. W., ☏ 905-529-6979, www.visitorsinn.com, 1-800-387-4620, ansprechendes Hotel mit 60 modern eingerichteten Zimmern, Pool und Fitnessraum, etwas außerhalb des Zentrums.*

**$$$ Admiral Inn**, *149 Dundurn St. N., ☏ 905-529-2311 oder 1-866-236-4662, www.admiralinn.com, zentral in der Innenstadt von Hamilton liegt dieses Boutique-Hotel.*

**$$$ Sheraton Hamilton**, *116 King St. W., ☏ 905-529-5515 oder 1-888-627-8161, www.sheraton.com, schönes Hotel mit 301 geräumigen, gut eingerichteten Zimmern in der Stadtmitte, mit Pools, Fitnesscenter und Sauna.*

### Essen und Trinken

**Shakespeare's Restaurant**, *181 Main St. E., ☏ 905-528-0689, alteingesessenes, gepflegtes Restaurant mit sehr gut zubereiteten Steaks. Mo–Fr 11.30–14 und 17–22, Sa 17–22 Uhr.*

# 10. RUNDREISE DURCH DIE ATLANTIKPROVINZEN

# Allgemeiner Überblick

Als „Atlantikprovinzen" oder „Maritimes" werden die vier östlichsten Provinzen Kanadas bezeichnet: Nova Scotia, New Brunswick, Newfoundland & Labrador und Prince Edward Island. In den Atlantikprovinzen begann die Erschließung des Kontinents durch die europäischen Entdecker, durch John Cabot etwa, der erstmals 1498 nordamerikanischen Boden betrat. Die Landschaft und die Menschen der Atlantikprovinzen sind in ganz besonderer Weise vom Meer geprägt.

Ein ideales Gebiet für Reisende, die unberührte Natur und einzigartige Landschaften kennenlernen möchten. Es locken Fischerdörfer, Seen und Bäche, eindrucksvolle Panoramastrecken, Sandstrände mit großen Vogelkolonien, Fjorde und Berglandschaften, dazu Steilküsten, Wasserfälle und Stromschnellen. Und nicht zuletzt lassen sich hier Seehunde, Wale, Elche, Karibus und Adler beobachten.

Als beste Reisezeit gelten die Sommermonate von Mitte Mai bis Anfang September und der Oktober mit seiner Farbenpracht der Wälder im Indian Summer. Eine klimatische Besonderheit wird man schnell selbst feststellen: Gerade nach einem sommerlich warmen Tag muss man am nächsten Morgen mit Nebel rechnen, der sich nur zögernd auflöst und viel Feuchtigkeit verbreitet. Für Fotofreunde bieten sich dann besonders reizvolle Motive!

Da es darüber hinaus auch im Hochsommer kühle Tage und Regen geben kann, sollte man wetterfeste Kleidung, Windjacken und warme Pullover mitnehmen.

## Rundreisevorschläge

Trotz mancher Gemeinsamkeiten hat jede der vier Provinzen ihren ganz eigenen Charme; im Folgenden finden sich als Erstes kleine Rundreisevorschläge für die jeweiligen Provinzen, die wie Bausteine verbunden werden können. Anschließend wird

Die Atlantikprovinzen

eine große Rundreise vorgestellt, die zu den Hauptstädten, Sehenswürdigkeiten und Naturschönheiten aller vier Atlantikprovinzen führt. Ausgangspunkt ist Halifax mit seinem internationalen Flughafen.

## Baustein Nova Scotia

**Zeit**: ca. 8–10 Tage, **Streckenlänge**: ca. 1.600 km

Halifax/Dartmouth – Fahrt entlang der Südküste bis Liverpool – Besuch des Kejimkujik National Park – Fahrt entlang der Bay of Fundy bis zur alten Universitätsstadt Wolfville – Truro – New Glasgow – Baddeck – über die Panoramastrecke des Cabot Trail auf Cape Breton Island zum Cape Breton Highlands National Park – Sydney – das Fort von Louisbourg – am Ufer des Bras d'Or Lake entlang – Sherbrooke – Halifax

### Höhepunkte in Nova Scotia

- Fahrt entlang der **Leuchtturmroute** an der Südküste Nova Scotias
- Fahrt über den **Cabot Trail** auf Cape Breton Island
- Wanderungen und Tierbeobachtungen im **Cape Breton Highlands National Park**
- Besuch der Festung **Louisbourg**
- Kanufahrt durch den **Kejimkujik National Park**
- Tagesfahrt mit dem **Segelschoner „Bluenose II**" in Lunenburg
- Teilnahme an einem „**Lobster Dinner**"

## Baustein New Brunswick

**Zeit**: ca. 8–10 Tage, **Streckenlänge**: ca. 1.250 km

Halifax – Digby – Saint John und die Reversing Falls – Fredericton – Grand Falls – Campbellton – Bathurst – Caraquet – Chatham/Miramichi – Fahrt zum Kouchibouguac National Park – Moncton – Bay of Fundy mit den Hopewell Rocks und dem Fundy National Park – Truro – Halifax

### Höhepunkte in der Provinz New Brunswick

- Besuch des **Fundy National Park**
- Besichtigung der **„Reversing Falls"** in Saint John
- Besuch des Freilichtmuseums **„Kings Landing Historical Settlement"** bei Fredericton
- Fahrt über den **„Magnetic Hill**" bei Moncton
- Besuch des **Botanischen Gartens** bei Edmundston

## Baustein Prince Edward Island

**Zeit**: ca. 1 Woche, **Streckenlänge**: ca. 750 km

Von Nova Scotia über die Confederation Bridge – Summerside – Carleton – Besuch des Cedar Dunes Provincial Park bei West Point – North Cape – Malpeque Bay – Fahrt an die Nordküste zum Prince Edward Island National Park mit endlosen Sandstränden – Charlottetown – East Point – Georgetown – Montague – Fährüberfahrt von Wood Islands nach Caribou/NS

### Höhepunkte auf Prince Edward Island

- **Strandwanderungen** im Prince Edward Island National Park
- **Golfspielen** auf ausgezeichneten Golfplätzen
- Besuch der Ausflugsziele von „**Anne of Green Gables**"
- Bootsausflüge

## Baustein Newfoundland

**Zeit**: ca. 10 Tage, **Streckenlänge**: ca. 1.400 km

Fährfahrt nach Port aux Basques – Deer Lake – Fahrt zum Gros Morne National Park – Springdale – Gander – Terra Nova National Park – St. John's – Argentia – Fährüberfahrt nach Sydney/NS

### Höhepunkte auf Newfoundland

- die Inselhauptstadt **St. John's**
- Besuch der Nationalparks **L'Anse aux Meadows** und **Gros Morne**
- Beobachtung von **Eisbergen** vom Boot oder von der Steilküste aus
- **Walbeobachtungsfahrten**
- **Wild- und Vogelbeobachtungen**

### Rundreise durch die Atlantikprovinzen

**Dauer**: **4–6 Wochen**
Ausgangspunkt der Rundreise ist Halifax, da die Stadt durch Direktflüge mit Europa verbunden und auch von anderen kanadischen und nordamerikanischen Städten durch gute Flugverbindungen bequem zu erreichen ist. Wer die Atlantikprovinzen von Montréal, der Provinz Québec oder von Maine/USA aus bereisen will, kann in New Brunswick mit der Rundreise beginnen und der vorgeschlagenen Route folgen.

## Hinweis

Die im Folgenden beschriebene große Rundreise führt zu den Sehenswürdigkeiten und Naturschönheiten der vier Atlantikprovinzen. Wenn diese auch von den Ausdehnungen her kleiner als Québec und Ontario sind, sind die Entfernungen und die Fahrzeiten dennoch nicht zu unterschätzen. Für den Besuch der National- und Provincial Parks sollte man definitiv ausreichend Zeit einplanen, denn erst beim Wandern, Kanu- oder Fahrradfahren lernt man die Landschaften und das „wildlife" kennen. Und es sollte noch genug Zeit übrig sein für Vogel-, Seehund- oder Walbeobachtungsfahrten und für die Museumsdörfer, in denen die Geschichte zum Leben erweckt wird.

## Tipps für Foodies

Auf der Rundreise durch Atlantikkanada sollte man sich die kulinarischen Spezialitäten von Nova Scotia, New Brunswick und Prince Edward Island keinesfalls entgehen lassen. Die Nähe zum Meer bestimmt das Geschehen in den Küchen dieser Provinzen. Aber nicht nur. Es gibt außerdem einige kulinarische Besonderheiten, die den fruchtbaren Böden dieser Regionen zu verdanken sind.

Was man unbedingt probieren sollte:
**Hummer** in allen Variationen! Man isst ihn am besten frisch zubereitet in der Schale mit Butter, Mais und Brot. Da es nicht jedem bekannt ist, wie man Hummer isst, gibt es in fast jedem Restaurant eine entsprechende Beschreibung. Übrigens: Nicht nur für Besucher ist das oft Neuland, auch viele Einwohner der Atlantikprovinzen haben noch nie Hummer in der Schale probiert. In Shediac wird eine Hummer-Bootsfahrt angeboten, bei der man lernt, Hummer richtig zu essen.
Man kann aber auch Hummer zubereitet essen. Ein „naked lobster" ist Hummerfleisch, das bereits aus der Schale gepuhlt ist. Oder man probiert ein „lobster sandwich" oder ein „lobster stew" (Hummereintopf).

**Scallops** sind Jakobsmuscheln, die vor allem an der Nordküste von Nova Scotia gedeihen. Der Ort Digby ist berühmt dafür.

**Dulse** ist eine Spezialität aus New Brunswick. Auf Grand Manan Island trocknet man Seegemüse in der Sonne. Dieses wird in Tüten verkauft, man streut es über Salate oder isst es mit Dips.

**Kaviar** stammt von Störfarmen ebenfalls aus New Brunswick. Südöstlich von St. Andrews-by-the-Sea züchtet man Störe und verkauft den von ihnen gewonnenen Kaviar.

**Blaubeeren** werden in den Sommermonaten an Straßenständen in Nova Scotia und auf Prince Edward Island angeboten. Um diese Jahreszeit sieht man häufig in den Restaurants Gerichte, die mit Blaubeeren verfeinert werden, z. B. in der Sauce oder in Gebäck.

Prince Edward Island ist berühmt für seine **Kartoffeln**. Auf der Insel hört man immer wieder, wie gut die Kartoffeln der Insel sind.

**Muscheln** und **Austern** finden sich ebenfalls häufig auf den Speisekarten der Atlantikprovinzen. Vor allem die Malpeque-Austern von Prince Edward Island sind sehr beliebt.

# Nova Scotia

Die Provinz Nova Scotia hat eine Gesamtfläche von ca. 55.000 km² – das entspricht etwa der Fläche der beiden Bundesländer Nordrhein-Westfalen und Rheinland-Pfalz. Aber während in den beiden Bundesländern ca. 21 Mio. Menschen leben, sind es in Nova Scotia nicht einmal 1 Mio.

Das Leben in Nova Scotia ist ganz wesentlich vom Meer geprägt. An der buchtenreichen, 7.400 km langen Küste liegen zahlreiche Fischerdörfer, deren Bewohner inzwischen nicht mehr nur vom Fischfang, sondern auch vom Fremdenverkehr leben. Nova Scotia lädt Naturliebhaber ein zur Wal- und Vogelbeobachtung, Sportler zum Wandern, Radfahren, Segeln, Bergsteigen, Kanufahren und Golfen, Kulturinteressierte zum Besuch von Museen, Museumsdörfern und historischen Stätten.

## Halifax/Dartmouth

### Redaktionstipps

- Besuch der **Citadel** (S. 429) und Spaziergang durch die **Public Gardens** (S. 432)
- Kurze Überfahrt mit der Fähre nach **Dartmouth** – schöner Blick auf die Schwesterstädte Halifax und Dartmouth (S. 438)
- Bummel entlang der **Hafenfront** und Besuch des **Maritime Museum of the Atlantic** (S. 431)
- Besuch von **Pier 21**, der historischen Einwanderungsbehörde (S. 432)

Halifax ist zusammen mit der Stadt Dartmouth auf der gegenüberliegenden Seite der Bucht die größte und wirtschaftlich bedeutendste Stadt der Atlantikprovinzen. In diesem Großraum leben ca. 390.000 Menschen, die sich selbst „Haligonians" nennen. Das Stadtbild von Halifax wird durch das Nebeneinander von historischen Gebäuden und modernen Bauwerken geprägt, der Hafen ist der zweitgrößte Naturhafen der Welt. An der schmalsten und damit sehr geschützten Stelle der 20 km tief eingeschnittenen Bucht des Atlantischen Ozeans entstanden die beiden Städte Halifax und Dartmouth. Halifax entwickelte sich zu einem militärischen Stützpunkt, einer wichtigen Handelsstadt und einem Zentrum der Wissenschaft und Forschung.

Halifax ist die Hauptstadt von Nova Scotia und das wirtschaftliche und kulturelle Zentrum der Region. Der Fremdenverkehr wird immer wichtiger, denn Halifax bietet mit guten Hotels und Restaurants, Kunstgalerien und Museen sowie einem breit gefächerten Unterhaltungsangebot nicht nur alle Annehmlichkeiten einer modernen Großstadt, sondern auch Freizeit- und Erholungsmöglichkeiten in Parkanlagen, an den nahe gelegenen Seen und Stränden sowie Ausflugsziele in der näheren Umgebung.

### Geschichtlicher Überblick

Die Geschichte von Halifax beginnt **1749** mit dem Bau einer **befestigten Siedlung**, die den Einfluss und die Macht Englands auf dem amerikanischen Kontinent sichern und zugleich ein Gegengewicht zur französischen Festung Louisbourg auf Cape Breton Island bilden sollte. Die Stadt wurde nach dem britischen Handelsminister Halifax benannt und schon 1750 zur **Hauptstadt von Nova Scotia** erklärt. In diesem Jahr begann man mit dem Bau der St. Paul's Church, der ältesten anglikanischen Kirche Kanadas. 1752 startete der Fährverkehr im Hafen von Halifax nach Dartmouth. Den

ersten 2.500 Siedlern aus England folgten strenggläubige Protestanten aus der Pfalz und vom Niederrhein. Zwischen 1794 und 1800 lebte Edward, Herzog von Kent, als Oberbefehlshaber der englischen Truppen von Nordamerika in Halifax. Während dieser Zeit entstanden einige öffentliche Gebäude, wie z. B. das Government House, die heute zu den schönsten der Stadt zählen.

*Erinnerungen an die „Titanic"*

Am 17. April 1912 verließ das Bergungsschiff „Mackay-Bennett" Halifax mit trauriger Ladung. Dutzende Särge, Eis und ein Priester waren an Bord. Ziel ihrer Fahrt war die Stelle, an der drei Tage zuvor die **Titanic** im Nordatlantik gesunken war. Halifax war der Hafen, der der Katastrophe am nächsten lag. Trauriges Ergebnis der Bergungsfahrt: 150 Tote, die auf drei Friedhöfen in Halifax beerdigt wurden. Der jüdische Baron-de-Hirsch-Friedhof, der katholische Mount-Olivet-Friedhof und der evangelische Fairview-Lawn-Friedhof sind seit dem Erfolg des Hollywood-Films „Titanic" von James Cameron zu beliebten Sehenswürdigkeiten in Halifax geworden.

Die Entwicklung der Stadt ist bis in die Gegenwart von ihrer **militärischen Bedeutung** geprägt. Der Wohlstand von Halifax wuchs in Zeiten kriegerischer Auseinandersetzungen, denn der Hafen war von höchster Wichtigkeit sowohl für den Transport aller Waffen und Hilfsmittel als auch als Sammelort für Schiffe, die im Ersten und Zweiten Weltkrieg zum Schutz vor deutschen U-Booten in Konvois den Atlantischen Ozean überquerten. Dabei kam es 1917 zu einem tragischen Unglück. Der Zusammenstoß eines Munitionsschiffes mit einem anderen Schiff im Hafen von Halifax führte zu einer so starken Explosion, dass 1.400 Menschen ums Leben kamen. Viele Tausend erlitten schwere Verletzungen, und ein großer Teil der Stadt wurde zerstört.

Der Hafen ist das Herzstück von Halifax. Er ist im Winter eisfrei und somit ganzjährig für die größten Schiffe zugänglich. Es ist Kanadas größter Passagierhafen, zugleich aber auch wichtiger Handelshafen mit hoher Umschlagskapazität und supermodernen Containereinrichtungen sowie ein militärischer Stützpunkt der kanadischen Atlantikflotte.

*Die restaurierte Altstadt von Halifax*

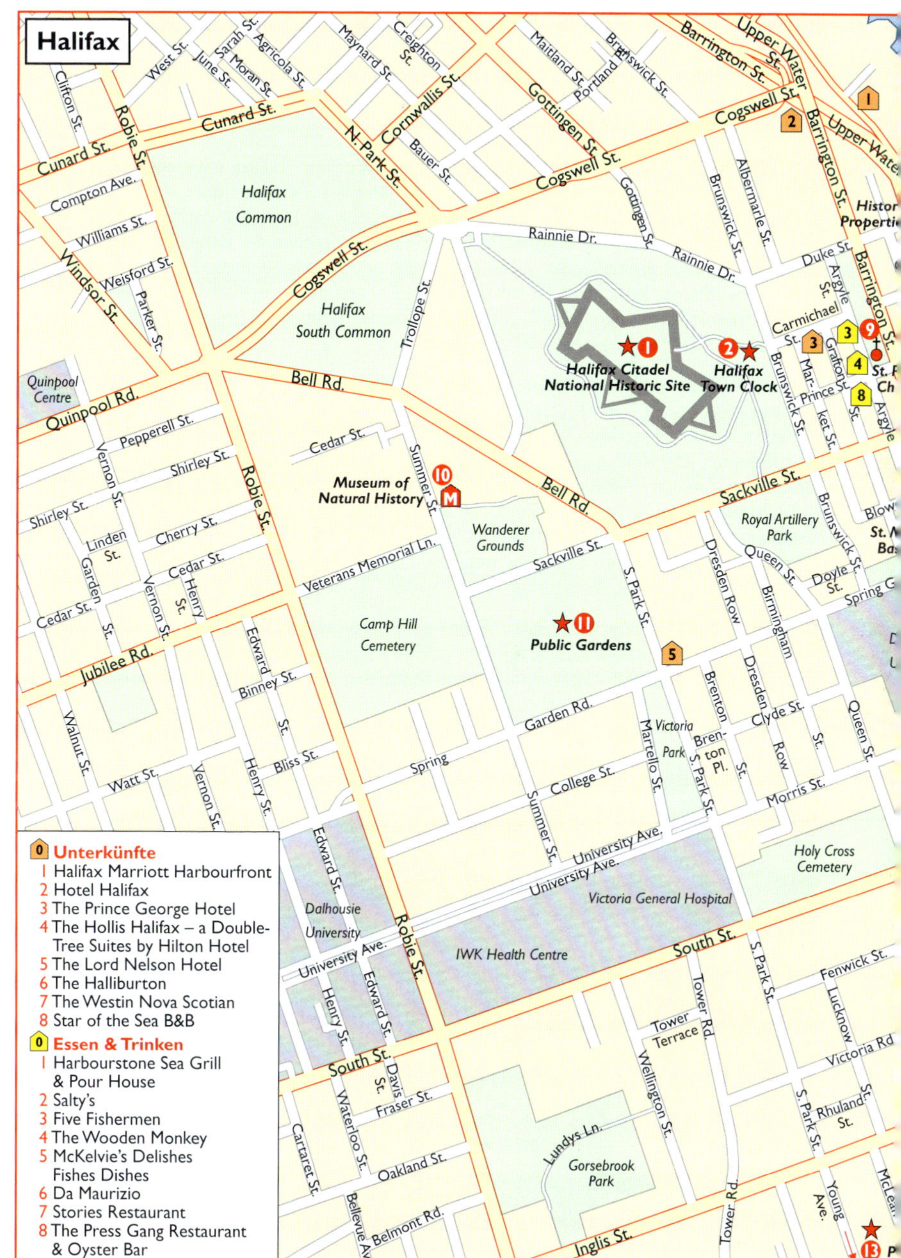
Halifax
Halifax Common
Halifax South Common
Halifax Citadel National Historic Site
Halifax Town Clock
Museum of Natural History
Wanderer Grounds
Camp Hill Cemetery
Public Gardens
Royal Artillery Park
Victoria Park
Holy Cross Cemetery
Victoria General Hospital
IWK Health Centre
Dalhousie University
Gorsebrook Park
Quinpool Centre
Clifton St.
Robie St.
West St.
June St.
Sarah St.
Moran St.
Agricola St.
Maynard St.
Creighton St.
Maitland St.
Portland St.
Brunswick St.
Barrington St.
Upper Water St.
Cunard St.
Compton Ave.
Williams St.
Windsor St.
Weisford St.
Parker St.
N. Park St.
Cornwallis St.
Bauer St.
Gottingen St.
Cogswell St.
Albermarle St.
Rainnie Dr.
Trollope St.
Duke St.
Argyle St.
Carmichael St.
Grafton St.
Market St.
Prince St.
Quinpool Rd.
Bell Rd.
Pepperell St.
Shirley St.
Vernon St.
Cedar St.
Summer St.
Linden St.
Cherry St.
Garden St.
Henry St.
Veterans Memorial Ln.
Sackville St.
S. Park St.
Dresden Row
Queen St.
Doyle St.
Spring Garden
Birmingham
Jubilee Rd.
Edward St.
Binney St.
Walnut St.
Watt St.
Bliss St.
Spring
Garden Rd.
Martello St.
Brenton St.
Brenton Pl.
Clyde St.
College St.
Morris St.
University Ave.
South St.
Tower Rd.
Tower Terrace
Fenwick St.
Lucknow St.
Victoria Rd
Wellington St.
Rhuland St.
Davis St.
Fraser St.
Waterloo St.
Cartaret St.
Oakland St.
Lundys Ln.
Bellevue Ave.
Belmont Rd.
Inglis St.
Young Ave.
McLean
0 Unterkünfte
1 Halifax Marriott Harbourfront
2 Hotel Halifax
3 The Prince George Hotel
4 The Hollis Halifax – a Double-Tree Suites by Hilton Hotel
5 The Lord Nelson Hotel
6 The Halliburton
7 The Westin Nova Scotian
8 Star of the Sea B&B
0 Essen & Trinken
1 Harbourstone Sea Grill & Pour House
2 Salty's
3 Five Fishermen
4 The Wooden Monkey
5 McKelvie's Delishes Fishes Dishes
6 Da Maurizio
7 Stories Restaurant
8 The Press Gang Restaurant & Oyster Bar

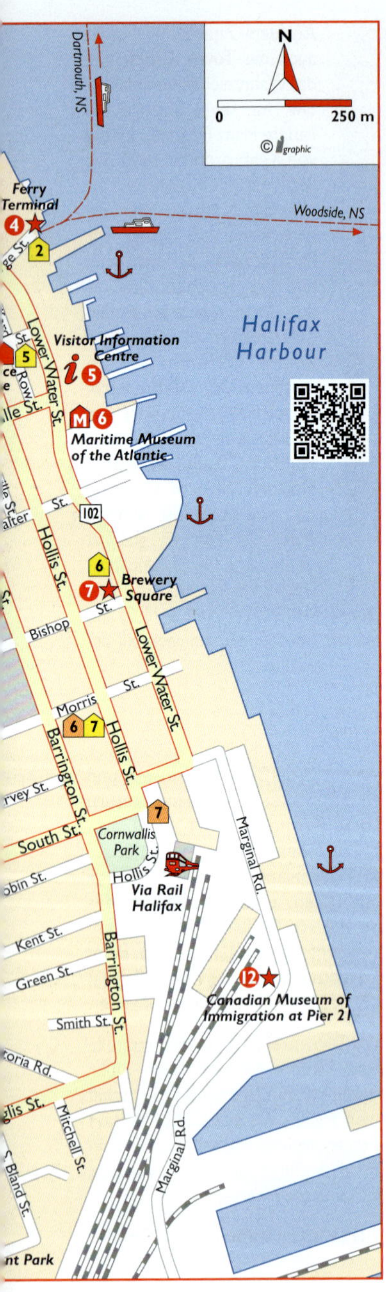


## Orientierung in Halifax

Die Orientierung in Halifax ist leicht; die Sehenswürdigkeiten liegen recht nah beieinander. Gleich hinter dem Hafen beginnt das Geschäftszentrum der Stadt; die Straßen steigen an und führen auf das große Gelände der Zitadelle zu, deren Uhrturm das Wahrzeichen von Halifax ist. Erst hinter dem Festungshügel breiten sich die Wohnbezirke der Stadt, die vier Universitäten und die Parkanlagen aus.

## Sehenswertes in Halifax

Alle Sehenswürdigkeiten der Stadt sind gut zu Fuß, die Zitadelle auch mit dem Auto über die Sackville Street oder den Rainnie Drive zu erreichen.

**Halifax Citadel National Historic Site of Canada (1)**, die auf einem Hügel oberhalb der Stadt liegende Zitadelle, zieht die meisten Besucher an. An der Stelle kleinerer Befestigungen, die ursprünglich Angriffe von Indianern abwehren sollten, wurde 1828 auf Befehl des Herzogs von Wellington mit dem Bau der sternförmig angelegten Festungsanlage begonnen, die mit ihren starken Verteidigungsanlagen dem Schutz der Stadt dienen sollte. Ein Angriff auf die Zitadelle erfolgte nie; sie wurde aber bis 1906 von der britischen Armee und danach bis nach dem Zweiten Weltkrieg von den kanadischen Streitkräften genutzt.

Das **Besucherzentrum** hält Informationen über die Anlage und Anregungen für den Besuch der Festung bereit; es gibt einstündige Führungen in englischer und französischer Sprache und kostenlose militärische Vorführungen bei einem Besuch ohne Führung. Der Film „A Harbour Worth Defending" erläutert die Geschichte der Zitadelle und macht deutlich, welche Rolle sie zum Schutz von Halifax spielte. Er geht auf die strategische Bedeutung der Stadt als britische und kanadische Marinebasis ein. Das **Armeemuseum** in den Kasematten beherbergt u. a. Waffen und Uniformen. In der kleinen Kaffeestube gibt es Speisen nach Rezepten des 19. Jh. Von der Höhe der Zitadelle blickt man auf Halifax, den Hafen und die Stadt Dartmouth.

Der Uhrturm ist das Wahrzeichen von Halifax

Auf dem Zitadellhügel steht auch die **Town Clock (2)**, das Wahrzeichen von Halifax. Der für seine Strenge bekannte Prinz Edward, Herzog von Kent, ordnete 1803 den Bau des Uhrturmes an. Um die Soldaten und die Einwohner von Halifax zur Pünktlichkeit zu ermahnen und zu erziehen, ließ er den Turm mit vier großen Zifferblättern und vier weithin hörbaren Glocken versehen. Der Glockenturm wurde 1962 restauriert und erfüllt wieder seine Aufgabe.

**Halifax Citadel National Historic Site of Canada**, ☏ *902-426-5080, www.pc.gc.ca, das Fort ist geöffnet Juli/Aug. tgl. 9–18, Mai/Juni/Sept.–Ende Okt. tgl. 9–17 Uhr, die Außenanlagen ganzjährig 9–17 Uhr. Eintritt Erwachsene $ 11,70, Senioren $ 10,05. Bis 2020 werden verschiedene Bereiche der Zitadelle restauriert. Genaue Informationen auf der Website.*

## Hafen und Stadtzentrum

*Restaurierte Altstadt*

Zwischen Hafen und Festungshügel liegt das Zentrum von Halifax. Besonderer Anziehungspunkt ist die Hafenfront. Die Kaianlagen mit ihren Backsteinhäusern und Lagerhallen und die kopfsteingepflasterten Straßen mit mehrstöckigen Holzhäusern hat man in den 1960er-Jahren restauriert. **Historic Properties (3)** nennt man die alten Häuser, die nun mit Restaurants, Pubs, Teestuben, Boutiquen, Galerien, Kunstgewerbeläden und Buchhandlungen sowohl Haligonians als auch Besucher anziehen. Manchmal liegt die „**Bluenose II**" im Hafen, eine Nachbildung des berühmten Segelschiffes „Bluenose". Die Bluenose war ein Gaffelschoner mit dem damals größten Großsegel. Als solches besaß sie exzellente Segeleigenschaften. Beim Fisherman's Cup, einer Regatta, die zwischen den Städten Lunenburg (Nova Scotia) und Gloucester (Massachusetts) ausgetragen wurde, siegte sie 17-mal hintereinander.

*Fähren nach Darthmouth*

Nur ein paar Schritte entfernt befindet sich der **Ferry Terminal (4)**, die Abfahrtsstelle der Fähren nach Dartmouth und Woodside (die erste Fähre – ein Ruderboot – fuhr bereits 1752). Nicht versäumen sollte man die Überfahrt nach Dartmouth: Vom Schiff aus hat man einen tollen Ausblick auf die Skyline von Halifax. An der **Cable Wharf** starten die Boote von Halifax Water Tours zu 2-stündigen Hafenrundfahrten, außerdem gibt es Segeltouren mit dem Dreimaster „Tall Ship Silva", Ausflüge zum Hochseefischen, zur Wal- und Vogelbeobachtung, zum Tauchen sowie Mondscheinfahrten.

An der Hafenfront befindet sich auch das **Nova Scotia Visitor Information Centre (5)**, das über Halifax und Nova Scotia informiert.

Ebenfalls an der Hafenfront liegt das **Maritime Museum of the Atlantic (6)**. Interessante Ausstellungen informieren über die Meeresgeschichte, die Entwicklung der Seefahrt und des Fischfangs sowie die Geschichte der Menschen in den Atlantikprovinzen. So kann man sich z. B. im Laden für Schiffsausrüstungen umsehen, Wissenswertes über die Entwicklung der kanadischen Marine seit ihrer Gründung im Jahre 1910 und über Schiffswracks und Lebensrettung erfahren oder sich mit den Ausstellungen zu den Themenbereichen „Zeitalter der Segelschiffe" und „Dampfschifffahrt", „Titanic" oder „Halifax Explosion" beschäftigen.

*Marinemuseum mit „Titanic"-Ausstellung*

**Maritime Museum of the Atlantic**, *1675 Lower Water St., ☏ 902-424-7490, https://maritimemuseum.novascotia.ca, Mai–Ende Okt. tgl. 9.30–17.30, Di bis 20, sonst Di–Sa 9.30–17, Di bis 18, So 13–17 Uhr, Eintritt Mai–Okt. Erwachsene $ 9,55, Senioren $ 8,50, Jugendliche und Kinder von 6–17 J. $ 5,15, Familienkarte $ 24,75; sonst jeweils etwa die Hälfte.*

Im Hafen vor dem Museum liegen die historischen Schiffe „CSS Acadia" und „Sackville", die besichtigt werden können. Das Forschungsschiff „Acadia" wurde 1913 gebaut und war 57 Jahre lang im Einsatz zur Erforschung und Vermessung der kanadischen Gewässer.

Im Häuserblock zwischen Lower Water Street und Hollis Street liegt der **Brewery Square (7)**, 1496 Lower Water St. In den Gebäuden der ehemaligen Brauerei, die von Alexander Keith gegründet worden war und von 1820–1970 bestand, befinden sich jetzt Geschäfte und Restaurants. Kostümierte Guides berichten von der Geschichte der Braukunst und zeigen gelegentlich Proben ihres Könnens. Im Innenhof werden samstags von 8–13 Uhr Stände für den Bauern-, Handwerks- und Kunstgewerbemarkt aufgebaut (☏ *902-329-3276, www.halifaxbrewerymarket.com*).

Zwischen Hafen und Festungshügel stößt man auf die innerstädtischen Sehenswürdigkeiten. Das **Province House (8)** ist der Sitz des Parlamentes von Nova Scotia.

*Halifax beim Tall Ships Festival*

Das Haus wurde 1818 aus Sandstein gebaut und gilt als besonders gelungenes Beispiel der georgianischen Architektur. Bei den Führungen sieht man u. a. die Bibliothek und den Sitzungssaal. Vor dem Gebäude steht die Statue des einflussreichen kanadischen Journalisten und Politikers **Joseph Howe**, der sich erfolgreich für die Pressefreiheit einsetzte und später, trotz seiner kritischen Einstellung gegenüber der kanadischen Konföderation, im Kabinett des ersten kanadischen Premierministers John MacDonalds mitarbeitete.

**Province House**, *1726 Hollis St., ☏ 902-424-4661 bzw. 902-424-5982 (Tourbuchung), https://nslegislature.ca, Juli/Aug. Mo–Fr 9–17, Sa/So 10–16, sonst Mo–Fr 8.30–16.30 Uhr, Führungen Juli/Aug. Mo–Fr 9-17, Sa/So 10–16, Sept.–Juni Mo–Fr 9–16 Uhr, Eintritt frei.*

Die **St. Pauls's Church (9)**, Ecke Prince St./Barrington St., wurde schon 1750 gebaut und ist damit die älteste protestantische Kirche in Kanada. Sie besitzt interessante Wandmalereien und ein kleines Museum. Zwischen der St. Paul's-Kirche und dem Rathaus liegt der Platz „Grand Parade", auf dem früher Paraden abgehalten wurden.

Die neugotische **St. Mary's Basilica (14)** ist die größte katholische Kirche von Halifax. Sie ist St-Martin-in-the-Fields in London nachempfunden. Fassade und Kirchturmspitze sind aus weißem Granit. Das Kircheninnere ist sehenswert.

Westlich vom Festungshügel liegt das **Museum of Natural History (10)**, ein heimatkundliches Museum mit Bildern und Ausstellungen zur Geschichte, Geologie, Flora und Fauna von Nova Scotia. Interessant sind die Informationen zum Leben der Micmac-Indianer und der ersten europäischen Siedler.

**Museum of Natural History**, *1747 Summer St., ☏ 902-424-7353, https://naturalhistory.novascotia.ca, Mitte Mai–Okt. tgl. 9–17, Mi bis 20 Uhr, Eintritt Erwachsene $ 6,30, Senioren $ 5,70, Studenten $ 5,25, Kinder und Jugendliche 6–17 J. $ 4,05, Familienkarte $ 12,50–17,95 (1/2 Erwachsene/r und Kinder unter 17 J.).*

*Viktorianischer Garten*

Vom Museum of Natural History lohnt sich ein Spaziergang durch die **Public Gardens (11)**. Der Park ist seit 1984 ein National Historic Site. Dieser beliebte, stadtnahe Park, der schon 1836 angelegt wurde, zählt mit seinen Blumenbeeten, den Ententeichen, alten, Schatten spendenden Bäumen und Sträuchern zu den schönsten viktorianischen Gärten in Nova Scotia. Sehenswert ist das schmiedeeiserne Eingangstor an der Ecke South Park St. und Spring Garden Rd. In der Horticultural Hall gibt es im Sommer Snacks und Erfrischungen.

Folgt man der Hafenstraße weiter nach Süden, kommt man zum Containerhafen. Im Bereich von Halifax Seaport liegt das **Canadian Museum of Immigration at Pier 21 (12)**. Pier 21 war die historische Erfassungsstelle für rund 1 Mio. kanadischer Einwanderer und Flüchtlinge in den Jahren 1928–1971. Das Lagerhaus wurde zum Museum umgestaltet und für Besucher geöffnet, die in den Ausstellungsräumen in interaktiven Ausstellungen, durch Führungen, Bilder und Filme von persönlichen Erfahrungen und Schicksalen der Einwanderer erfahren.

**Canadian Museum of Immigration at Pier 21**, *1055 Marginal Rd., am Südhafen, ☏ 902-425-7770, www.pier21.ca, Mai–Okt. tgl. 9.30–17.30, Nov. tgl. 9.30–17, sonst Mi–So (April auch Di) 10–17 Uhr, Eintritt Erwachsene $ 14,50, Senioren $ 11,25, Kinder 6–16 J. $ 9,25, Familienkarte $ 34,50.*

An der Südspitze der Halifax-Halbinsel liegt der **Point Pleasant Park (13)**. Die 74 ha große Anlage war früher militärisches Gelände mit Befestigungsanlagen, wie z. B. dem Prince of Wales Tower (früher Mortello Tower), einem runden Steinbau aus dem Jahr

1796. Point Pleasant ist heute ein Park mit Spazierwegen, Naturpfaden, Picknickplätzen und einem beaufsichtigten Badestrand. Der Park gehört noch immer zum Besitz der britischen Regierung und ist für die Laufzeit von 999 Jahren für 1 Schilling pro Jahr an die Stadt Halifax verpachtet. Vom Park aus bieten sich großartige Ausblicke auf Halifax, den Hafen, auf McNabb Island und die „Eastern Passage".

### Fototipp

Der Park ist auch der geeignete Ort, um die „Bluenose II" mit gehissten Segeln zu fotografieren.

*Friedhof für die Passagiere der „Titanic"*

Etwa 4 km außerhalb der Stadt, am nördlichen Ende der Windsor Street, liegt der **Fairview Cemetery**, wo 121 Tote nach dem Untergang der „Titanic" begraben wurden. Ihre Grabsteine sind in Form eines Schiffrumpfes aufgestellt. Viele Besucher kommen zu den Gräbern, aber seit dem Erscheinen des Films „Titanic" mit Leonardo DiCaprio und Kate Winslet zieht es die Besucher vor allem zum Grab von Joseph „J." Dawson, einem zufälligen Namensvetter der Figur **Jack Dawson** aus dem preisgekrönten Filmdrama von James Cameron.

### Baden

*Im Stadtgebiet und in der Umgebung von Halifax gibt es gute Bademöglichkeiten. Zu den schönsten und beliebtesten Stränden gehören:*

- **Rainbow Haven Beach**, *Bissett Rd., Strandpark mit allen Einrichtungen, erreichbar über den Hwy. 207*
- **Martinique Beach**, *der längste Strand in Nova Scotia, erreichbar über Hwy. 7/107*
- **Clam Harbour Beach**, *Strand mit allen Einrichtungen, an Wochenenden auch Badeaufsicht; hier findet jedes Jahr im Juli der beliebte Sandburgen-Bauwettbewerb statt, erreichbar über den Hwy. 7.*
- **Lawrencetown Beach**, *beaufsichtigter Strand, gute Surfbedingungen, erreichbar über Hwy. 7*
- **Dollar Lake**, *großer See mit beaufsichtigtem Strandbad, alle Einrichtungen*

## Reisepraktische Informationen Halifax

Karte s. S. 428/429

### Information

**Nova Scotia Visitor Information Centre – Halifax Waterfront**, *1655 Lower Water St., ☎ 902-424-4248, www.destinationhalifax.com, tgl. 9–17, Juli/Aug. bis 19 Uhr.*
**Halifax Airport Visitor Information Centre**, *Halifax International Airport, ☎ 902-873-1223, Juni–Okt. tgl. 10–21, in Winter Mo–Fr 9–16.30 Uhr.*

### Wichtige Anschriften und Telefonnummern

**Victoria General Hospital**: *☎ 902-473-2700*
**Canadian Automobile Association CAA**: *in Halifax: 3514 Joseph Howe Dr., ☎ 902-443-5530 oder 1-800-561-8807, oder 202 Chain Lake Dr., ☎ 902-450-4222; in Dartmouth: 330 John Savage Ave., ☎ 902-468-6306*
**Wetterbericht**: *902-426-9090*

### Unterkunft

*Von Mai–Aug. bieten viele* **Studentenwohnheime** *preiswerte Zimmer oder Apartments an, z. B.*

**$$ Dalhousie University**, *☏ 902-494-8840 oder 1-888-271-9222, www.dal.ca, nur wenige Minuten vom Stadtzentrum entfernt.*

**$$–$$$ Saint Mary's University**, *5865 Gorsebrook Ave., ☏ 902-420-5400, www.smu.ca, freies Parken, nur wenige Minuten vom Stadtzentrum entfernt.*

**$$$ SeaWatch B&B**, *139 Ferguson's Cove Rd., ☏ 902-477-1506, https://seawatch.ca, der Name dieses kleinen, etwas außerhalb gelegenen B&B verspricht nicht zu viel: tolle Blicke aus den beiden großen, charmant „seemännisch" eingerichteten Zimmern. Dazu zaubern die sehr freundlichen Gastgeber ein leckeres Frühstück.*

**$$$$ Hotel Halifax (2)**, *1990 Barrington St., ☏ 902-425-6700 oder 1-833-357-8155, www.hotelhalifax.ca, zentral gelegenes Hotel mit komfortablen, gut eingerichteten Räumen, Innen- und Außen-Swimmingpool, Sauna, der Hafen ist fußläufig zu erreichen.*

**$$$$ Star of the Sea B&B (8)**, *4 York Redoubt Cres., Fergusons Cove, ☏ 902-223-0140, http://staroftheseabandb.ca, ruhig, ca. 6 km vom Stadtzentrum entfernt gelegenes B&B direkt am Atlantik. Mindestaufenthalt 2 Nächte.*

**$$$$ The Halliburton (6)**, *5184 Morris St., ☏ 902-420-0658 oder 1-888-512-3344, www.thehalliburton.com, historisches Haus mit 29 eleganten, antik möblierten Gästezimmern, Aufenthaltsräume mit Bibliothek und Kamin, das Restaurant des Hauses zählt zu den besten der Stadt.*

**$$$$ The Westin Nova Scotian (7)**, *1181 Hollis St., ☏ 902-421-1000, www.thewestinnovascotian.com, historisches Hotel mit 310 unterschiedlich ausgestatteten Zimmern aus dem Jahr 1931 in guter Lage mit schönem Blick auf die Hafenfront oder den Cornwallis Park.*

**$$$$–$$$$$ Halifax Marriott Harbourfront (1)**, *1919 Upper Water St., ☏ 902-421-1700 oder 1-800-943-6760, www.marriott.com, sehr gutes Hotel direkt am Hafen bei den „Historic Properties" mit eleganter Lobby und sehr komfortablen Zimmern mit Blick auf den Hafen oder die Stadt, Swimmingpool, Sauna, Restaurant und Casino.*

**$$$$–$$$$$ The Hollis Halifax – a DoubleTree Suites by Hilton Hotel (4)**, *1649 Hollis St., ☏ 902-429-7233, www.doubletree3.hilton.com, in der Innenstadt gelegenes, komfortables Hotel mit 120 geräumigen 2-Zimmer-Suiten, Hafen, Sehenswürdigkeiten, Restaurants und Geschäfte sind fußläufig zu erreichen.*

**$$$$–$$$$$ The Lord Nelson Hotel (5)**, *1515 Park St., ☏ 902-423-6331 oder 1-800-565-2020, www.lordnelsonhotel.com, Hotel mit 261 ansprechend eingerichteten Zimmern in guter Lage im Stadtzentrum mit Blick auf Public Gardens, nahe zu allen Sehenswürdigkeiten gelegen.*

**$$$$–$$$$$ The Prince George Hotel (3)**, *1725 Market St., ☏ 902-425-1986 oder 1-800-565-1567, www.princegeorgehotel.com, zentral gelegenes Hotel mit elegant eingerichteten Zimmern, freundlichem Service, Swimmingpool, Sauna, Restaurant.*

### Campgrounds

**$$$ Shubie Park Campground**, *30 John Brenton Dr., ☏ 902-435-8328 oder 1-800-440-8450, http://shubiecampground.com, der einzige Campingplatz innerhalb der Stadtgrenzen von Dartmouth. Voll ausgestatteter Campingplatz, umgeben von 2 Seen und dem historischen Shubenacadie-Kanal. 72 Stellplätze, 27 Stellplätze ohne Service, Yurte, Wäscherei, Laden, Abwasser, 24-Std.-Rezeption, Feuerstellen, Picknickhütte, Tennisplatz, Spielplatz, Wanderwege, nahe Einkaufszentren, an öffentlicher Transitroute. 2 Min. nach Downtown Dartmouth und Fähre, 7 Min. an die Halifax Waterfront. Mitte Mai–Mitte Okt. geöffnet.*

### Essen und Trinken

**Da Maurizio (6)**, *1496 Lower Water St., ☏ 902-423-0859, https://damaurizio.ca, sehr ansprechendes italienisches Restaurant an der Waterfront, mittlere Preiskategorie. Mo–Sa ab 17 Uhr.*

**Five Fishermen (3)**, *1740 Argyle St., ☏ 902-422-4421, www.fivefishermen.com, gepflegtes Fischrestaurant in historischem Gebäude, gute Weinkarte, Hauptgerichte ab $ 30. So–Do 17–21, Fr/Sa 17–22 Uhr.*

**Harbourstone Sea Grill & Pour House (1)**, *1919 Upper Water St., im Halifax Marriott Harbourfront, ☏ 902-428-7852, an den Historic Properties gelegenes Restaurant mit guter Küche und bester Aussicht auf den Hafen, Gerichte zwischen $ 10 und $ 30. Mo–Fr 6.30–22, Sa/So 7–22 Uhr, Bar bis Mitternacht.*

**McKelvie's Delishes Fishes Dishes (5)**, *1680 Lower Water St., ☏ 902-421-6161, http://mckelvies.com, nahe der Waterfront gelegenes beliebtes Fischrestaurant, mittleres Preisniveau. Mo–Do 11.30–21, Fr 11.30–9.30, Sa 16–21.30, So 16–21 Uhr.*

**Salty's (2)**, *1877 Upper Water St., ☏ 902-423-6818, www.saltys.ca, originelles, ansprechendes Restaurant in den restaurierten Historic Properties, ausgezeichnete Hummer- und Meeresfrüchtegerichte, mittleres Preisniveau. Bar & Grill tgl. ab 11.30, Upstairs Mo–Fr 11.30–14 und tgl. ab 17 Uhr.*

**Stories (7)**, *5184 Morris St., im Halliburton Hotel, ☏ 902-444-4400, https://storiesdining.com, gepflegtes Restaurant mit ausgezeichneten Wild- und Seafoodgerichten; im Sommer wird der Lunch auf der Gartenterrasse serviert, gehobene Preiskategorie. Di–Sa 17–21 Uhr.*

**The Press Gang Restaurant & Oyster Bar (8)**, *5218 Prince St., ☏ 902-423-8816, uriges Restaurant in einem der ältesten Gebäude der Stadt aus dem Jahr 1759, das bekannt ist wegen seiner Austern. Tgl. ab 17 Uhr.*

**The Wooden Monkey (4)**, *1707 Grafton St., ☏ 902-444-3844, www.thewoodenmonkey.ca, frisch zubereitete, auch vegetarische Gerichte mit lokalen Produkten, in schöner Umgebung, mittleres Preisniveau; es gibt ein weiteres Restaurant in Dartmouth, 40 Alderney Dr., ☏ 902-466-3100, mit schönem Blick auf den Hafen von Halifax. Beide So–Do 11.30–21, Fr/Sa 11.30–22 Uhr.*

### Einkaufen

*Halifax ist eine beliebte Einkaufsstadt mit großen, modernen Einkaufszentren und vielen kleinen Geschäften, Boutiquen und Galerien. Die wichtigsten Geschäftsviertel liegen in den Straßen nahe bei den Historic Properties, um den Platz Grand Parade und in der Spring Garden Rd.*

#### Einkaufszentren

**Maritime Centre**, *Barrington St./Spring Garden Rd., Geschäftszentrum mit Supermarkt.*

**Scotia Square**, *Duke St./Barrington St., großes Einkaufszentrum mit über 100 Geschäften und kleinen Restaurants im Zentrum von Halifax.*

**Spring Garden Place**, *5640 Spring Garden Rd., modernes Einkaufszentrum mit vielen Designergeschäften in der Nähe des Parks Public Gardens.*

#### Interessante, originelle Geschäfte

**Amos Pewter**, *1521 Lower Water St., ☏ 1-800-565-3369, www.amospewter.com, Souvenirladen mit vielen Artikeln aus Zinn.*

**Brewery Square**, *1496 Lower Water St., ☏ 902-423-2279. In den sorgfältig restaurierten Gebäuden der ehemaligen Brauerei, die von 1820–1970 bestand, befinden sich jetzt kleine Geschäfte und Restaurants. Im Innenhof werden im Sommer samstags von 8–13 Uhr Stände für den „Farmers' Market" mit Handwerks- und Kunstgewerbemarkt aufgebaut.*

**Clearwater Seafoods**, *Halifax International Airport,* ☏ *902-873-4509, www.clearwater.ca, rechtzeitig zum eigenen Abflugtermin kann man telefonisch einen Hummer bestellen, der einem fertig verpackt am Flughafen ausgehändigt wird.*
**Zwicker's Gallery**, *5415 Doyle St.,* ☏ *902-423-7662, www.zwickersgallery.ca, eine der ältesten Kunstgalerien Ostkanadas mit Gemälden, Zeichnungen, Plastiken und Drucken kanadischer Künstler.*

**Pedway**

*In Halifax ist man bei seinen Besorgungen vom Wetter unabhängig. Viele Geschäfte, Hotels, Banken, Parkhäuser und öffentliche Einrichtungen kann man über die überdachten „pedways" erreichen, ohne dass man dazu einen Fuß ins Freie setzen muss.*

### Stadtrundgänge/Ausflugsfahrten mit Bus und Boot

*In der Broschüre* **Halifax Highlights Visitor Guide**, *die bei den Touristeninformationen erhältlich und online unter https://discoverhalifaxns.com/plan/maps zu finden ist, finden sich Vorschläge für einen Stadtrundgang von ca. 2–3 Std. und einen Spaziergang am Hafen entlang mit einer Beschreibung der Sehenswürdigkeiten.*
**Blue Diamond Tours**, ☏ *902-444-6883 oder 1-866-414-6883, www.bluediamondtours.com, verschiedene Touren durch Halifax und Umgebung, die auch individuell variiert werden können.*
**Gray Line**, ☏ *902-423-6242 oder 1-800-565-9662, www.grayline.com/tour_search?q=halifax, es werden Stadtrundfahrten, Ausflugsfahrten nach Peggy's Cove und kombinierte Bus-/Schiffsausflüge angeboten.*
**Halifax Ghost Walk**, ☏ *902-494-0525, www.thehalifaxghostwalk.com/home.html, in einer alten Hafenstadt wie Halifax gibt es viele Geschichten von Piraten und verborgenen Schätzen; auf nächtlichen Spaziergängen lernt man geheimnisvolle Orte kennen. Treffpunkt: um 20.30 Uhr am Uhrturm auf dem Festungshügel, Juni–Okt. Termine online checken: www.thehalifaxghostwalk.com/info.html.*
**„Halifax-Hop-on-Hop-off"**, *in pinkfarbenen Doppeldeckerbussen kann man die Stadt ganz individuell erforschen, es gibt an allen bekannten Sehenswürdigkeiten insgesamt 13 Haltestellen.*
**Harbour Hopper**, *Stadtrundfahrten mit Amphibienfahrzeugen an Land und im Hafen.*
**Murphy's – The Cable Wharf – Harbour Queen I**, *2-stündige Dinner-Ausflugsfahrten mit sachkundigen Erklärungen auf dem Raddampfer „Harbour Queen", Abfahrten an der Cable Wharf Juni–Mitte Okt. 8x tgl., Ausflüge zum Hochseefischen, 3-stündige Ausflüge zum Hochseefischen*
**Tall Ship Silva**, *ebenfalls von Gray Line organisierte Ausflüge mit dem Dreimaster durch den Hafen von Halifax sowie nach George's Island, von Juni–Mitte Okt. tgl. 14 und 16.30 Uhr.*

### Verkehrsmittel

**Flughafen**

*Der* **Halifax International Airport**, ☏ *902-873-4422, https://halifaxstanfield.ca, liegt am Hwy. 102 in Enfield, 1 Bell Blvd., ca. 35 km nördlich von Halifax und ca. 30 km von Dartmouth entfernt.*
**Air Canada**: *Reservierungen unter* ☏ *1-888-247-2262, Fluginformationen* ☏ *1-888-422-7533*
**Air Transat**: ☏ *1-877-872-6728*
**Condor**: ☏ *1-866-960-7915*

*Der* **AirportShuttle**, *ein* **saisonaler** *Bus-Zubringerdienst zu allen größeren Hotels der Innenstadt bzw. von der Innenstadt zum Flughafen, verkehrt von Mai–Okt. tgl. von*

*6.30–23.15 Uhr. Preis für eine Strecke $ 22 p. P., hin und zurück $ 40, Kinder unter 12 J. in Begleitung von Erwachsenen kostenlos. Von Nov.–April verkehrt ein beschränkter Shuttle zwischen dem Flughafen und dem Westin Nova Scotia Hotel an der Terminal Road. Informationen unter* **Maritimes Bus**, *☏ 902-429-2029 oder 1-844-378-6880. Das Unternehmen bedient sowohl den Flughafen als auch die Ortschaften in der ganzen Provinz Nova Scotia. Die* **Limousinen**- *oder* **Taxifahrt** *in die Innenstadt kostet $ 64.*
*Mehr Informationen: ☏ 902-873-1410.*

### Fähren

**Halifax – Dartmouth**, *die Fähren verkehren an Werktagen alle 15 Min. zwischen den beiden Städten, Sa alle 30 Min., Juni–Sept. auch So alle 30 Min., sonst So stdl. Abfahrt in beiden Städten im Terminal an der Hafenfront; Preis pro Strecke Erwachsene und Studenten $ 2,50, Senioren und Kinder $ 1,25. Das Geld muss passend eingeworfen werden; im Terminal gibt es jeweils einen Geldwechselautomaten.*
**Halifax – Woodside** *(im Süden von Dartmouth), die Fähren fahren von Halifax ab 6.52–10.52 Uhr alle 15 Min., danach alle 30 Min. bis 20.52 Uhr, Preis pro Strecke Erwachsene und Studenten $ 2,50, Senioren und Kinder $ 1,25.*

### Öffentliche Verkehrsmittel

**Halifax Transit**, *☏ 311, Fahrten innerhalb des Stadtgebietes kosten für Erwachsene $ 3 und für Kinder und Senioren $ 2,25.*

*Der* **Busbahnhof** *für den* **überregionalen Verkehr** *liegt an der 1161 Hollis St. Es bestehen folgende Busverbindungen:*
*von Halifax nach Annapolis Royal – ca. 4 Std.*
*von Halifax nach Yarmouth – ca. 6 Std.*
*von Halifax nach Charlottetown/PE – ca. 6 Std.*
*von Halifax nach Saint John/NB – ca. 6 Std.*

### Bahn

*Die* **VIA-RAIL-Eisenbahnstation**, *1161 Hollis St., ☏ 888-842-7245, liegt am Cornwallis Sq. am südlichen Ende der Innenstadt. Die Bahnfahrt von Halifax nach Montreál dauert etwa 22 Std.*

*Von Halifax aus kann man auch zur großen „***Transkanada-Bahnreise***" starten; für die ca. 6.400 km lange Strecke zur Westküste des Kontinents braucht man fünf Tage! Vorausbuchungen sind erforderlich.*

### Mietwagen

**Avis**, *1717 Grafton St., ☏ 902-492-2847; Flughafen, ☏ 902-429-0963*
**Budget**, *1554 Hollis St., ☏ 902-492-7542; Flughafen, ☏ 902-492-7553*
**Hertz**, *1919 Upper Water St., ☏ 902-421-1763; Flughafen, ☏ 902-873-3700*
**Thrifty**, *1181 Hollis St., ☏ 902-422-4455*

*Außer den beiden Fährverbindungen für den Personenverkehr gibt es zwei gebührenpflichtige* **Straßenbrücken** *hinüber nach Dartmouth:*

- *die Angus L. MacDonald Bridge mit ca. 1,6 km Länge (auch für Fußgänger und Radfahrer zugelassen) und im Norden*
- *die A. Murray MacKay Bridge mit ca. 2,1 km Länge.*

**Brückengebühr**: *Eine einfache Überfahrt kostet $ 1.*

## Sehenswertes in der Umgebung von Halifax

Auch die Umgebung von Halifax lädt zu Besichtigungen und Ausflügen ein. Das nächstgelegene Ziel ist die Schwesterstadt Dartmouth, die nur wenige Fährminuten entfernt ist und den besten Blick auf Halifax bietet. Am Shubenacadie Canal, einer Wasserstraße aus Seen und Schleusen, führen ausgedehnte Wanderwege entlang. Eine Fahrt nach Truro und Wolfville führt zur Bay of Fundy, wo man den größten Gezeitenunterschied der Welt erleben kann.

### Dartmouth

Dartmouth, an der Ostseite der Halifax-Bucht, ist mit ca. 88.000 Einwohnern die zweitgrößte Stadt in Nova Scotia. Sie ist mit Halifax durch zwei große Brücken und eine Fähre verbunden. Dartmouth ist zwar eine Hafen- und Industriestadt, wegen ihrer Grünanlagen und der 23 Seen innerhalb der Stadtgrenzen trägt sie jedoch den Beinamen „Stadt der Seen". Die Stadt wurde um 1750 von Einwanderern aus Plymouth/England gegründet. Im 19. Jh. wurde von hier aus mit dem Bau des **Shubenacadie Canal** begonnen, der Halifax durch eine 88 km lange Seenkette und mehrere Schleusen mit der Bay of Fundy verband.

*Auf dem „Heritage Walk"*

Im **Ferry Terminal Park**, gleich an der Fähranlegestelle, wird an das Schiff „Alderney" erinnert, das 353 Siedler aus England 1750 nach Nova Scotia brachte. Gleich gegenüber liegt der **World Peace Pavilion**, der 1995 während des Weltwirtschaftsgipfels eröffnet wurde. In dieser Ausstellung sind 65 Länder durch landestypische Mineralien und Steine repräsentiert, z. B. die Bundesrepublik Deutschland durch Stücke von der Berliner Mauer. An der **Dartmouth Waterfront**, die sich mit Parkanlagen zu beiden Seiten der Fähranlegestelle hinzieht, wurde anlässlich der Hundertjahrfeier Kanadas je ein Baum für jede der kanadischen Provinzen gepflanzt.

Das **Dartmouth Heritage Museum** zeigt die Häuser **Evergreen House**, das 1867 gebaut wurde und mit zeitgenössischen Möbeln ausgestattet ist, und das **Quaker House**, das als das älteste Haus in Dartmouth gilt und über die von 1785–1792 in Dartmouth tätige, von Quäkern aus Nantucket geführte Walgesellschaft informiert.

**Dartmouth Heritage Museum, Evergreen House**, *26 Newcastle St., ☏ 902-464-2300, www.dartmouthheritagemuseum.ns.ca, ganzjährig Di–Fr 10–17, Sa/So 10–13 und 14–17 Uhr, von Sept.–Mai So geschl., Eintritt frei. Eine Spende wird erwartet.*
**Quaker House**, *57 Ochterloney St., ☏ 902-464-2253, Juni–Aug. Di–So 10–17 Uhr, Eintritt: Spende.*

Das **Black Cultural Centre for Nova Scotia** informiert über die Geschichte „afrikanischer Kanadier". Der erste Afrikaner kam bereits 1606 nach Nova Scotia. Im amerikanischen Unabhängigkeitskrieg flohen viele schwarze Loyalisten nach Nova Scotia, und ca. 600 Menschen wanderten 1796 aus Jamaica ein. Nach dem Krieg von 1812 gab es eine weitere Einwanderungswelle amerikanischer Sklaven, die sich vor allem in der Gegend von Preston niederließen.
**Black Cultural Centre for Nova Scotia**, *10 Cherry Brook Rd., ☏ 902-434-6223 oder 1-800-465-0767, www.bccnsweb.com, ganzjährig Mo–Fr 10–16, Juni–Sept. auch Sa 12–16 Uhr, Eintritt Erwachsene $ 6, Senioren und Studenten $ 4, Kinder bis 4 J. frei, Familienkarte $ 20.*

*Funktionsweise der Schleusen*

Der **Shubenacadie Canal** und das **Shubenacadie Canal Interpretative Centre** sind einen Ausflug wert. Das Museum veranschaulicht mit Modellen, Zeichnungen und Abbildungen den Bau und die Funktionsweise des 115 km langen Kanal- und Schleusensystems. Anschließend laden Wege entlang des Shubenacadie Canal zum Wandern und Radfahren ein. Man kann aber auch mit einem Kanu- oder Paddelboot fahren und den Ausflug mit einem Picknick abschließen.
**Shubenacadie Canal** *und* **Fairbanks Centre**, *54 Locks Rd., ☏ 902-462-1826, www.shubenacadiecanal.ca, ganzjährig geöffnet, der Kanal und die Schleusen sind immer zugänglich, Eintritt frei.*

Die 23 Seen der Stadt, von denen der Lake Banook, der Lake Micmac und der Lake Charles die größten sind, bieten Gelegenheit zum Schwimmen, Kajak- und Kanufahren, Windsurfen, Angeln und Segeln.

Etwas außerhalb der Stadt liegt Kanadas führendes Meeresforschungsinstitut, das **Bedford Institute of Oceanography**, mit Ausstellungen, Aquarien und Führungen.
**Bedford Institute of Oceanography**, *1 Challenger Dr., ☏ 902-426-4306 oder 902-426-2373, www.bio.gc.ca, Mai–Aug. Mo–Fr 9–16, Di/Do bis 18 Uhr, Eintritt frei, kostenlose Führungen nach Online-Voranmeldung.*

Ein Ausflug führt von Dartmouth aus über die Hwys. 111 und 322 nach **Eastern Passage**, einem der ältesten Siedlungsgebiete von Halifax, und nach **Fisherman's Cove**, einem ursprünglichen Fischerdorf. Das Heritage Centre bietet zwei Aquarien, Ausstellungen von lokalen Künstlern, Informationen zum Fischfang und Tickets für Bootsfahrten nach McNabs Island. An der Government Wharf Road liegen Geschäfte und Restaurants, die für ihre frischen Fischgerichte bekannt sind.
**Fisherman's Cove Visitor Information**, *4 Government Wharf Rd., Eastern Passage, ☏ 902-465-6093, www.fishermanscove.ns.ca.*

## Reisepraktische Informationen Dartmouth

### Unterkunft

*Unterkünfte in Dartmouth sind eine gute Alternative zum Aufenthalt in Halifax, denn Halifax-Zentrum ist sowohl über die Autobrücken als auch mit der Fähre schnell zu erreichen.*

**$$$ Travellodge Suites Dartmouth**, *101 Yorkshire Ave. Extension, ☏ 902-708-4346 oder 1-800-578-7878, www.travelodge.ca, modernes Hotel mit 75 geräumigen und freundlich eingerichteten Zimmern, einige mit Blick auf den Hafen.*
**$$$–$$$$ Best Western Plus Dartmouth Hotel & Suites**, *15 Spectacle Lake Dr., ☏ 902-463-2000 oder 1-800-780-7234, www.bestwesternatlantic.com, gut ausgestattetes Hotel mit 121 modernen Zimmern, Restaurant, Pool und Fitnessraum, Parkplatz.*

## Rundfahrt von Halifax

Diese Rundfahrt führt an Seen, Flüssen und Provinzparks vorbei, die zu einem Zwischenstopp mit einem Bad, einer Wanderung oder einem Picknick einladen, z. B. am **Shubenacadie Grand Lake** mit Klippen und glasklarem Wasser oder im **Shubenacadie Provincial Wildlife Park** bei der Ortschaft Shubenacadie. Auf dem Weg besucht man die Ortschaften **Truro** und **Wolfville**, die nationale **Gedenkstätte Grand Pré** und die **Bay of Fundy** mit ihrem eindrucksvollen Gezeitenwechsel.

**Streckenhinweis**

Von Halifax aus geht es über den Hwy. 102 nach Truro; von dort folgt man dem ausgeschilderten Glooscap Trail über die Hwys. 236, 215 und 14 nach Windsor und von dort dem Hwy. 101 nach Wolfville. Die schnelle Rückfahrt nach Halifax führt von Wolfville über den Hwy. 101. Entfernung ca. 250 km.

### Truro

Truro liegt an der Mündung des Salmon River in die Bay of Fundy. Die Stadt mit ca. 12.000 Einwohnern ist der Verkehrsknotenpunkt dieser Region. Der Ort geht auf eine Siedlung der Akadier zurück, die sich hier seit dem 17. Jh. niedergelassen hatten. Später kamen Siedler aus Schottland und England sowie amerikanische Loyalisten hinzu.

*Gezeitenwechsel*

Die Attraktion des Ortes ist die „**Tidal Bore**", das Naturschauspiel von Ebbe und Flut. Bei Truro kann man die stärksten Gezeiten der Erde beobachten, wenn die Wasser des Salmon River sich in den letzten Ausläufer der Bay of Fundy ergießen. Ebbe und Flut wechseln sich alle sechs Stunden ab. Das Ende der Bay of Fundy nahe der Mündung des Salmon River ist seicht. So kommt es, dass die Gezeiten am schmalen und engen Ende des Zuflusses zur Bucht bei Truro innerhalb von einer Stunde von Niedrig- auf Hochwasser wechseln. Gleichzeitig drängt die starke Flut das heranfließende Flusswasser zurück. Auf diese Weise entsteht die Gezeitenwelle, die „Tidal Bore". Im Nordwesten der Stadt, wo der Blick auf den Gezeitenwechsel am besten ist, wurde an der Tidal Bore Road ein Aussichtspunkt eingerichtet; Pläne mit den tagesaktuellen Uhrzeiten von Ebbe und Flut gibt es im Informationsbüro.

Das **Millbrook Cultural & Heritage Centre** lohnt einen Besuch, wenn man sich für die Geschichte und Lebensweise der Mi'kmaw-Indianer interessiert. Indianische Guides informieren über die Lebensweise der First Nations. Das Kulturzentrum liegt direkt am Hwy. 102 und ist nicht zu übersehen. Die große Holzfigur des Kluskap steht vor dem Gebäude.
**Millbrook Cultural & Heritage Centre**, *65 Treaty Trail, Millbrook, ☏ 902-843-3493, www.millbrookheritagecentre.ca. Geöffnet während der Sommermonate Mo–Fr 8–16.30, Sa/So 9–17 Uhr, Erwachsene $ 6, Kinder 6–17 J. $ 3,50, Senioren (65 +) $ 5, Familienkarte $ 15.*

## Reisepraktische Informationen Truro

### Information

**Truro Welcome Centre**, *9 Commercial St., am Victoria Sq., ☎ 902-893-2922, www.truro.ca, Mitte–Ende Mai Mo–Fr 9–17, Juni tgl. 9–17, Juli/Aug. 8.30–19.30, Sept.–Mitte Okt. 9–17 Uhr, Kontakt in der Nebensaison: Town of Truro Parks, Recreation and Culture, 40 Douglas St., ☎ 902-893-6078.*

### Unterkunft

**$$$ Baker's Chest Tearoom and B&B**, *53 Farnham Rd., ☎ 902-893-4824 oder 1-877-822-5655, www.bakerschest.ca, gepflegtes Haus mit vier Zimmern, jeweils mit Bad, schönem Garten und Pool, freundliche, Deutsch sprechende Besitzer.*

**$$$ Best Western Glengarry**, *150 Willow St., ☎ 902-893-4311 oder 1-800-780-7234, www.bestwestern.com, modernes Hotel mit gut ausgestatteten Zimmern.*

**$$$ Holiday Inn Truro**, *437 Prince St., ☎ 902-895-1651 oder 1-877-666-3243, www.holidayinn.com, gut geführtes Hotel im Zentrum mit unterschiedlich großen Zimmern, Swimmingpool, Sauna und Restaurant, Parkplatz.*

**$$$ Tulips and Thistle B&B**, *913 Pictou Rd., ☎ 902-895-6141 oder 1-866-724-7796, www.tulipsandthistlebedandbreakfast.com, ruhig gelegenes Haus auf großem Grundstück mit vier ansprechend eingerichteten Zimmern, großem Aufenthaltsraum, gutem Frühstück und freundlichen Gastgebern.*

### Bootstouren

*Eine ganz besondere Wildwasserfahrt in Schlauchbooten führt über den Shubenacadie River: Der zunächst ruhige Fluss verwandelt sich innerhalb von Minuten in einen reißenden Strom.*

**Tidal Bore Rafting**, *12215 Hwy. 215, Urbania, ☎ 902-758-8433 oder 902-237-7380, www.raftingcanada.ca, die Boote werden von Mai–Okt. in Maitland zu Wasser gelassen, Halbtagesfahrten mit eingeschlossenem Lunch auf einer 9 oder 18 km langen Strecke (2 oder 4 Std.), Reservierung erforderlich.*

Von Truro folgt man zunächst dem Hwy. 236 nach Westen bis zum Hwy. 215, den man an der Bay of Fundy entlang bis Grand-Pré befährt. Immer wieder eröffnen sich Ausblicke auf die Bucht. Besonders interessant ist eine Fahrt entlang des **Glooscap Trail** während der Ebbe. Am besten lässt man sich Zeit und beobachtet in aller Ruhe, wie sich die Bucht langsam mit Wasser füllt.

### Tipp

**Tangled Garden**, 11827 Hwy. 1, ☎ 902-542-9811, http://tangledgarden.ca, Exit 10 vom Hwy. 101 in Richtung Annapolis Valley. Der Tangled Garden liegt etwas versteckt auf der rechten Straßenseite, gleich nach dem Schild „Just Us Coffee Roasters". Sechs Gartenräume hat Beverly McClare in 30 Jahren geschaffen, die ihrem Gespür für Kunst, Geschmack und harter Arbeit entsprechen. Ihre Gärten, die Pflanzen und die Produkte, die sie daraus herstellt, lohnen einen Besuch. Man kann durch den Kräuter- und Blumengarten bummeln und die hausgemachten Gelees oder einen der Kräuterliköre kosten.

## Grand-Pré

Seit 1655 ließen sich Siedler aus Port Royal in Grand-Pré nieder, das sich bis zum frühen 18. Jh. zu einer der wichtigsten Siedlungen der Akadier entwickelte. Der Name bedeutet „große Wiese" und weist darauf hin, wie die Akadier mit einem Damm- und Kanalsystem dem Meer fruchtbares Land abgerungen und ertragreiche Weiden geschaffen haben. Ständige Auseinandersetzungen zwischen Engländern und Franzosen führten zu wechselnden Besitzverhältnissen. 1755 begann die Leidenszeit der Akadier: Nachdem ein Angriff der Franzosen bei Grand-Pré fast 100 britische Tote gefordert hatte, zerstörten englische und schottische Truppen akadische Siedlungen, rissen Familien auseinander und vertrieben und verschleppten Männer, Frauen und Kinder. Das Ackerland wurde in Parzellen aufgeteilt und an Kolonisten, später auch an Loyalisten aus den Neuenglandstaaten, vergeben. Bis 1763 waren drei Viertel aller Akadier getötet oder aus ihrem Siedlungsgebiet vertrieben worden.

*Schicksal der Akadier*

Die **Grand-Pré National Historic Site of Canada** erinnert an die akadischen Siedler, die von 1755–1763 vertrieben worden waren. Das Museum informiert über die akadische Kultur und Geschichte. Im Park wurde außerdem ein Denkmal für den Dichter **Henry Wadsworth Longfellow** errichtet, der 1847 in seinem Werk „Evangeline – a Tale of Acadie" das Schicksal der Akadier beschrieb: Evangeline wird durch die Vertreibung von ihrem Geliebten getrennt. Sie bleibt ihm zehn Jahre lang treu und muss dann feststellen, dass er längst eine andere geheiratet hat. Evangeline stirbt an gebrochenem Herzen. Das Los von Evangeline ist ein Symbol für das Schicksal der Akadier. Vor der Kapelle des Parks steht eine Bronzefigur der „Evangeline", die von dem Künstler Louis-Philippe Hébert geschaffen wurde.
**Grand-Pré National Historic Site of Canada**, ☏ *902-542-3631 oder 1-866-542-3631, www.pc.gc.ca/en/lhn-nhs/ns/grandpre, Mitte Mai–Mitte Okt. tgl. 9–17 Uhr, Eintritt Erwachsene $ 7,80, Senioren $ 6,55.*

**Domaine de Grand Pré**, 11611 Hwy. 1, ☏ 902-542-1753. Auf einer Führung (*Mitte Mai–Mitte Okt. 11 und 16 Uhr, $ 12*) erfährt man viel über die Weine Nova Scotias, man kann im hauseigenen Gourmet **Le Caveau Restaurant** (☏ *902-542-7177, Reservierung wird empfohlen*) und im Laden Weine im Laden des Weinguts kosten. Der gebürtige Schweizer Hans-Peter Stutz machte aus der Domaine De Gran Pré eines der besten Weingüter Nova Scotias. Es ist berühmt für die Weinsorte L'Acadie Blanc.

## Wolfville

Der Ort wurde um 1760 von Farmern aus Neuengland gegründet, trägt aber erst seit 1893 seinen heutigen Namen. Charakteristisch sind die herrschaftlichen Häuser vom Beginn des 19. Jh., wie z. B. das **Randall House**, 259 Main St., Rasenflächen und alte Ulmen. Originelle Geschäfte und Boutiquen, Restaurants mit regionaler und französischer Küche und Bed&Breakfast-Häuser laden zu einem längeren Aufenthalt ein.

Auf einem Hügel im Zentrum des Ortes liegt die 1838 gegründete Acadia-Universität mit 3.800 Studenten. Gartenfreunde können den **Botanischen Garten** auf dem Universitätsgelände besuchen.

Ausblicke auf das Minas Basin mit seinem Gezeitenwechsel und auf die roten Klippen von Cape Blomidon bieten sich am **Waterfront Park**, Front St./Gaspereau Ave., Schautafeln entlang der Wege informieren über Deichbau, Flora und Fauna der Region.

Das **Robie Tufts Nature Centre**, Front St., mit seinem hohen Schornstein wurde 1990 eingerichtet, um den „Schornsteinseglern" Ruheplätze zu bieten. Die graubraunen Vögel lassen sich jedes Jahr zu Hunderten im Frühling und Sommer zum Brüten in Wolfville nieder, um dann im Herbst zum Überwintern nach Peru zu ziehen.

In den Sommermonaten wird gegenüber vom Robie Tufts Nature Centre an Samstagen der **Farmers' Market** abgehalten.

## Reisepraktische Informationen Wolfville

### Information

**Touristeninformation**, *11 Willow Ave., ☏ 902-542-7000 oder 1-877-999-7117, www.wolfville.ca, Mai–Okt. tgl. 10–18 Uhr.*

### Unterkunft

**$$$–$$$$ Blomidon Inn**, *195 Main St., ☏ 1-800-565-2291, www.blomidon.ns.ca, in einem Kapitänshaus aus dem 19. Jh. wurden 31 Zimmer sehr schön mit Antiquitäten eingerichtet; das Restaurant hat eine bekannt gute Küche.*

**$$$–$$$$ Victoria's Historic Inn**, *600 Main St., ☏ 902-542-5744 oder 1-800-556-5744, www.victoriashistoricinn.com, historisches, elegantes Gästehaus aus dem Jahr 1893 mit 16 komfortablen Zimmern im Haupthaus und im ehemaligen Kutscherhaus und gutem Restaurant.*

## Windsor

Der Ort am Zusammenfluss der Flüsse Avon und Ste. Croix wurde von französischen Siedlern gegründet, die durch den Bau von Deichen fruchtbares Ackerland gewannen. Im 18. Jh. wurde die Gegend von Loyalisten neu besiedelt.

Sehenswert ist **Fort Edward National Historic Site of Canada**, das als das älteste Blockhaus dieser Art in Kanada gilt. Es gehörte zu der Festung, die 1750 von den Engländern gebaut wurde und den Weg von Halifax zur Bay of Fundy schützen sollte. 1755 wurden im Fort die letzten Vorbereitungen für die Deportation der hier ansässigen französischsprachigen Akadier getroffen.

**Fort Edward National Historic Site of Canada**, *Fort Edward St., ☏ 902-798-2639 (Juli/Aug.) oder 902-532-2321, www.pc.gc.ca/en/lhn-nhs/ns/edward, Ende Juni–Anfang Sept. Di–Sa 9–17 Uhr, die Anlagen sind tgl. bis zum Einbruch der Dämmerung zugänglich, Eintritt frei.*

Hauptsehenswürdigkeit sind auch in Windsor die großen Gezeitenunterschiede im Minas Basin, Höhepunkte des Jahres sind das **Annapolis Valley Apple Blossom Festival** im Mai und die Anfang August stattfindenden **Avon River Days** mit Straßenfest, Märkten, einer Parade und einem Feuerwerk an der Bay of Fundy.

## Reisepraktische Informationen Windsor

### Information

**Town of Windsor's Tourist Bureau**, *321 Gerrish St., ☏ 902-798-2690, www.town.windsor.ns.ca/visitor-information-centre-vic.html, Mitte Mai–Anfang Okt. tgl. 9–17, Juli/Aug. bis 19 Uhr.*

**Unterkunft**

**$$ Meander In Bed & Breakfast**, *153 Albert St., ☏ 902-798-2514 oder 1-877-387-6070, www.meanderin.ca, ganzjährig geöffnetes viktorianisches Haus aus dem Jahre 1898 mit vier stilvoll eingerichteten Zimmern; am Nachmittag wird noch ein Tee serviert.*

**i Streckenhinweis**

Die die Rückfahrt nach Halifax über den schnellen Hwy. 101 dauert nicht viel länger als eine Stunde.

## Von Halifax die Südküste entlang nach Liverpool

**Streckenhinweis**

Entfernung ca. 430 km
**Alternative 1**: Man kann über die reizvolle Küstenstraße fahren, was jedoch zeitaufwendig ist. Dazu folgt man von Halifax aus dem ausgeschilderten **Lighthouse Trail** zunächst nach Peggy's Cove. Diese Route führt weiter an der zerklüfteten Südküste Nova Scotias entlang zu Fischerdörfern, zu Stränden und Waldgebieten. An der „Leuchtturmroute" gibt es Häfen, Buchten, Werften, Fähr- und Segelschiffe, Fischerboote, Hummerkörbe und immer wieder Leuchttürme zu entdecken.
**Alternative 2**: Ebenfalls von Halifax fährt man über den Hwy. 333 nach Peggy's Cove, nimmt dann aber die schnellere Strecke über den Hwy. 103 und macht von dort aus Abstecher zu ausgewählten Fischerdörfern und Ortschaften, z. B. nach Chester, Mahone Bay oder Lunenburg.

**Redaktionstipps**

- **Peggy's Cove** mit seinem malerischen Leuchtturm (S. 445)
- **Lunenburg** mit dem Segelschiff „Bluenose II" und dem Fisheries Museum of the Atlantic (S. 449)
- Der **Kejimkujik National Park** mit Wäldern und Seen (S. 460)
- Vogelbeobachtungen auf **Cape Sable Island** (S. 456) und Walbeobachtungsfahrten auf **Digby Neck Brier Island** (S. 467)
- Das **Mahone Bay Classic Boat Festival** findet Ende Juli/Anfang August statt (S. 448).
- Die Leuchttürme am **Lighthouse Trail** (S. 444)

Fast 30 Leuchttürme geben dem rund 340 km langen **Lighthouse Trail**, der von Halifax an der Südküste von Nova Scotia entlang nach Yarmouth führt, seinen Namen und machen deutlich, dass die Schifffahrt auf dem stürmischen Atlantik kein Kinderspiel war. Zugleich laden die Leuchttürme zu Zeitreisen in die Vergangenheit und zum Verweilen ein, denn in den letzten Jahren wurden in den Leuchttürmen auch Museen, Souvenirläden oder Teestuben eingerichtet.

Der Leuchtturm von Peggy's Cove ist der bekannteste an dieser Route und zieht täglich Besucher aus aller Welt an. Aber auch die weniger bekannten Leuchttürme haben ihren Reiz: So lotst z. B. der Leuchtturm auf George's

Island in einen der größten Naturhafen der Welt, im Fort Point Lighthouse bei Liverpool können Besucher die Wohnung des ehemaligen Leuchtturmwärters besichtigen und selbst das Nebelhorn bedienen, am Cape Forchu informiert ein Museum über die regionale Seefahrt, und in Cape d'Or kann man im ehemaligen Leuchtturmwärter-Häuschen sogar übernachten.

## Peggy's Cove

Seit Mitte des 20. Jh. ist der Fremdenverkehr Haupteinnahmequelle des Ortes, denn dieses Fischerdorf, in dem ganzjährig nicht einmal hundert Menschen leben, ist mit seinen bunten Holzhäusern, die sich im Wasser spiegeln, dem Fischerhafen und den Hummerkörben eines der beliebtesten Fotomotive Ostkanadas.

*Bekanntes Fotomotiv*

**Fototipp**

Das Wetter an der zerklüfteten, sturmumtosten Atlantikküste ist häufig dunstig oder neblig, wodurch sich reizvolle Fotomotive ergeben.

Das Dorf liegt oberhalb einer Meeresbucht auf geglätteten Granitfelsblöcken, die als Überreste der letzten Eiszeit zurückblieben. Hier brechen die Wellen des Atlantiks, und die Gischt spritzt über die gerundeten Steine, die so fantasievolle Namen wie Walrücken, Pferdehuf oder Teufelsarm tragen. An der höchsten Stelle steht einer der wohl bekanntesten Leuchttürme Kanadas.

*Im Fischerhafen von Peggy's Cove*

Um die Ursprünglichkeit des Ortes zu erhalten, wurden strenge Regeln für eine neue Bebauung aufgestellt; da außerdem der Zuzug von neuen Bewohnern eingeschränkt ist, prägen weiterhin die Hummerkörbe und die Fischer das Ortsbild, die mit ihren Booten zum Fang ausfahren oder die Netze reparieren.

**Hinweis**

Am Ortseingang befindet sich die **Willliam deGarthe Art Gallery**, 109 Peggy's Point Rd., ☏ 902-823-2256, Mitte Mai–Mitte Okt. tgl. 10–16 Uhr. Großer Parkplatz. Sehenswert ist das **Fishermen's Monument**.

Etwa 1 km nordwestlich der Ortschaft wurde die Gedenkstätte **The Whalesback** zur Erinnerung an den Absturz der Swissair-Maschine am 2. September 1998 eingerichtet, bei dem alle 215 Passagiere und 14 Besatzungsmitglieder ums Leben kamen. Das Flugzeug, das sich auf dem Flug von New York nach Genf befand, wurde bei dem Aufprall ins Meer völlig zerstört. Das „Swissair Flight 111 Memorial" ist in Richtung Mahone Bay ausgeschildert.

Die Straße führt weiter an der Margarets Bay entlang durch Fischerorte, von denen die meisten nicht weniger reizvoll als Peggy's Cove sind. Auf der folgenden Strecke gibt es Restaurants, Bed&Breakfast-Häuser und kleine Hotels sowie Hotels der bekannten Ketten.

**Strand**
*In Queensland und im Bayswater Beach Provincial Park finden sich Sandstrände und Picknick-Einrichtungen.*

## Chester

*Große Segelregatta*

In dem heute knapp 1.600 Einwohner zählenden Ort ließen sich 1759 einige neuenglische Familien nieder. Schon 1827 wurde hier ein Hotel gebaut, und bis heute ist Chester vor allem bei Golfern, Seglern und Freizeitkapitänen beliebt. Alljährlich findet von Mitte Juli bis Ende August das bekannte „Chester Playhouse Summer Festival" statt, und Mitte August zieht die größte Segelregatta der Atlantikprovinzen, die „Chester Race Week", Besucher an. Der Ort bietet mit drei Marinas, einem Golfplatz, Geschäften, Restaurants und Cafés viele Freizeitmöglichkeiten. Ein Picknickplatz wurde direkt am Hafen angelegt.

### Reisepraktische Informationen Chester

**Information**
**Chester Visitor Information Centre**, *☏ 902-277-1345, https://tourismchester.ca, Mai–Okt. 10–17, Juli/Aug. 9.30–17.30 Uhr, von Juni–Aug. gibt es auch einen mobilen Infokiosk an verschiedenen Orten: https://tourismchester.ca/experience/were-on-the-move.*

**Unterkunft**
**$$ Windjammer Motel,** *4070 Hwy. 3, ☏ 902-275-3567, www.windjammermotel.ca, Motel mit 18 einfachen Zimmern und schönem Blick auf den Stanford Lake.*
**$$$ Gray Gables B&B,** *19 Graves Island Rd., ☏ 902-275-2000, www.graygables.ca, großes Haus mit drei liebevoll eingerichteten Zimmern, jeweils mit eigenem Bad, schöne Lage mit weitem Ausblick, 3 km außerhalb von Chester.*

*$$$–$$$$* **Mecklenburgh Inn**, *78 Queen St., ☏ 902-275-4638, www.mecklenburghinn.ca, kleines Gästehaus aus dem Jahr 1902 mit vier geräumigen Zimmern, teilweise mit eigenem Bad und Balkon, in der Ortsmitte. Geöffnet Mai–Mitte Jan.*

**Bootstouren**

*Von Chester gibt es werktags 4 x tgl., an Wochenenden 2 x tgl. eine Personenfähre zu den beiden kleinen Inseln* **Big Tancook** *und* **Little Tancook**, *die zu Wanderungen und auf Big Tancook auch zu einem Cafébesuch einladen. Die 45-minütige Fährfahrt kostet $ 7 (hin und zurück). Informationen bei der* **Touristeninformation** *in der alten Bahnhofsstation und unter ☏ 902-275-7885.*

## Oak Island

Nicht nur die Wogen des Atlantiks, sondern auch Schmuggler und Piraten waren in der Vergangenheit eine ständige Gefahr für die Menschen an der Küste. Geschichten von Freibeutern, Piratenschiffen und vergrabenen Schätzen sind bis heute lebendig geblieben. Vor allem um einen angeblich verschwundenen Goldschatz, der entweder dem legendären Captain Kidd oder Francis Drake zugeschrieben wird, ranken sich Geschichten, sodass schon viele kostspielige Versuche unternommen wurden, diesen Schatz zu bergen. Obwohl Schächte und Tunnel gegraben wurden, waren bisher alle Mühen und Kosten vergebens. Man kann an einer kurzen Busfahrt über die Insel teilnehmen.

Schatzsucher

*An der Südküste von Nova Scotia*

**Unterkunft**

$$$$ **Atlantica**, *36 Treasure Dr., Western Shore, ☏ 902-627-2600 oder 1-800-565-5075, www.atlanticaoakisland.com, Resorthotel mit schönem Blick auf Oak Island, Tennisplätzen, Marina, Swimmingpool und Sauna; Golfplätze sind nicht weit entfernt.*

## Mahone Bay

*Ein Postkarten-Idyll: Mahone Bay*

Mahone Bay gehört wegen seiner Lage an der gleichnamigen Bucht mit vorgelagerten Inselchen zu den reizvollsten Orten an diesem Küstenabschnitt.

Kennzeichen der 1754 gegründeten Stadt mit ca. 900 Einwohnern sind die drei fast nebeneinanderstehenden Kirchen an der Hafenfront; nur wenige Schritte entfernt erhebt sich dann noch eine vierte Kirche! In den Sommermonaten gibt es hier in schöner Atmosphäre Konzerte mit klassischer Musik von bekannten Solisten. Auf den alten Grabsteinen des Bayview-Friedhofs ist an den Namen der Verstorbenen abzulesen, dass viele der ersten Siedler aus Deutschland und der Schweiz stammten. Wichtigste Erwerbsgrundlage der Dorfbewohner war lange Zeit der Schiffsbau; daran erinnert das „**Mahone Bay Classic Boat Festival**“, das jedes Jahr in der ersten Augustwoche gefeiert wird.

Das **Mahone Bay Settlers Museum & Cultural Centre** zeigt in einem historischen Haus aus dem Jahr 1850 durch Möbel, Keramiken und Haushaltsgegenstände die Lebensweise der ersten Siedler im 18./19. Jh.

**Mahone Bay Settlers Museum & Cultural Centre**, *578 Main St., ☏ 902-624-6263, www.mahonebaymuseum.com, Mitte Mai–Sept. tgl. 10–16 Uhr, Eintritt frei.*

Inzwischen ist der Fremdenverkehr zu einer wichtigen Einnahmequelle des Ortes geworden, der Übernachtungsmöglichkeiten, Restaurants, Geschäfte und Möglichkeiten zum Segeln, Bootfahren und Wandern bietet.

## Reisepraktische Informationen Mahone Bay

**Information**

**Visitor Information**, *165 Edgewater St., ☏ 902-624-6151, www.mahonebay.com, Mo–Sa 9.30–17.30, So 10–16 Uhr.*

**Unterkunft**

$$$ **Bayview Pines Country Inn**, *678 Oakland Rd., ☏ 902-624-9970 oder 1-866-624-9970, www.bayviewpines.com, dieses ruhig gelegene B&B wird seit 20 Jahren von einem freundlichen englischen Ehepaar betrieben. Liebevoll und individuell eingerichtete*

*Zimmer mit Bad, dazu zwei Apartments ($$$–$$$$) für längere Aufenthalte. Tolle Aussicht auf die Bucht.*

**$$$ Fisherman's Daughter B&B**, *97 Edgewater St., ☏ 902-624-0660 oder 902-476-3479, www.fishermans-daughter.com, das um 1840 gebaute, restaurierte Haus liegt in der Ortsmitte und verfügt über vier komfortable Zimmer mit eigenem Bad, sehr gutes Frühstück. Geöffnet Mai–Okt.*

**$$$–$$$$ kitch'inn**, *319 West Main St., ☏ 902-624-0797, https://kitchinn.com, in dem 1875 gebauten Haus wurden drei geräumige, geschmackvoll gestaltete Gästezimmer eingerichtet, mit angeschlossener Galerie regionaler Künstler.*

### Einkaufen

**Amos Pewter**, *589 Main St., ☏ 1-800-565-3369, in Kanada sehr bekannte Zinngießerei mit großer Auswahl.*

## Lunenburg

Lunenburg ist Nova Scotias **ältester Fischerhafen**, der auf eine lange und bewegte Vergangenheit zurückblickt. In der Mitte des 16. Jh. ankerten erstmals französische Seefahrer in der geschützten Bucht, aber erst 200 Jahre später, in den Jahren 1751–1753, ließen sich auf Anweisung des englischen Königs George II. Protestanten aus Deutschland und der Schweiz an dieser Stelle nieder. Da die meisten Siedler aus Lüneburg stammten, gaben sie ihrer neuen Heimat den vertrauten Namen. Ackerland, Fischgründe, Handelsmöglichkeiten und Steuererlasse waren den Siedlern versprochen worden, aber schon bald erkannten sie, dass die Ernteerträge kaum zum Leben reichten. So wandten die Lunenburger sich mehr und mehr dem Schiffsbau und dem Fischfang zu und machten Lunenburg zu einem der wichtigsten Fischereihäfen der amerikanischen Ostküste mit einer der größten Fischverarbeitungsanlagen der Welt. Inzwischen sind die Fischvorkommen weitgehend erschöpft, vor allem die Kabeljaubestände sind aufgrund der jahrelangen Überfischung drastisch zurückgegangen. Der Bootsbau ist aber weiterhin eine Haupteinnahmequelle der Stadt, und der Fremdenverkehr gewinnt zunehmend an Bedeutung.

Von der reichen Vergangenheit zeugen die Häuser, die mit Türmchen, Balkonen, Erkern und Balustraden verschönert wurden.

Der Ortskern mit seinen schmucken Häusern wurde als bestes Beispiel einer Stadt der britischen Kolonialzeit in Nordamerika unter Denkmalschutz gestellt und in die UNESCO-Liste des Weltkulturerbes aufgenommen. Die im Jahr 1753 gebaute und mehrfach erweiterte Kirche **St. John's** (*Townsend St.*) brannte im November 2001 ab, konnte aber schon 2005 mit Spenden aus aller Welt wiederaufgebaut werden.

*Lunenburg – die Stadt der Schiffsbauer und Fischer*

Den Hafen der Stadt kann man am besten auf dem **Front Harbour Trail** erkunden. Alles Wissenswerte über Fische, Fischfang und Schiffsbau erfährt man am Hafen im **Fisheries Museum of the Atlantic**, das auf zwei historischen Schiffen und in fünf Hafengebäuden eingerichtet wurde. Zu sehen sind der alte Schoner „Theresa E. Connor" und der Trawler „Cape Sable", eine Ausstellung zur Geschichte der „Bluenose" und ein halbstündiger Film über Hochseefischerei, außerdem kann man einem Bootsbauer bei der Arbeit zuschauen. In der Aquariumsanlage tummeln sich neben heimischen Fischarten wie Kabeljau und Flunder auch seltene Arten, darunter der Blauen Hummer. Manche der Meeresbewohner lassen sich sogar anfassen.

**Fisheries Museum of the Atlantic**, *68 Bluenose Dr., ☏ 902-634-4794 oder 1-866-579-4909, https://fisheriesmuseum.novascotia.ca, Mitte Mai–Mitte Okt. tgl. 9.30–17, Juli/Aug. 9.30–17.30 Uhr, Eintritt Erwachsene $ 13, Senioren $ 9,50, Studenten $ 8, Kinder 6–17 J. $ 3,50, Familienkarte $ 27.*

*Schnellstes Segelschiff*

Größter Beweis für die Tüchtigkeit der Lunenburger Schiffsbauer ist das **Segelschiff „Bluenose"**, das 1921 als Hochseefangschiff gebaut und in allen Regatten zum ungeschlagenen schnellsten Segler Nordamerikas wurde. Zur Erinnerung an dieses Schiff wurde die „Bluenose II" 1963 detailgetreu in Lunenburg nachgebaut und kreuzt jetzt vor der Küste Nova Scotias oder liegt im Hafen von Halifax vor Anker. Auch für den Film „Meuterei auf der Bounty" (1962) wurde ein in Lunenburg gebautes Schiff eingesetzt.

info

## Das Segelschiff „Bluenose"

*Die „Bluenose II" im Hafen von Lunenburg*

Kanadische und amerikanische Fischereischiffe standen schon seit Jahrzehnten in Wettstreit miteinander, als die Halifaxer Zeitung „Herald" 1920 die „Internationale Fischerei-Trophäe" für das beste Segelschiff aussetzte. Sieger wurde das amerikanische Schiff „Esperanto" aus Massachusetts. Die enttäuschten Neuschottländer beauftragten daraufhin den Schiffsbauer William Roue, ein neues Hochseefangschiff zu bauen. 1921 wurde die „Bluenose" vom Stapel gelassen. Im Herbst 1921, nach einer langen Saison auf den Grand Banks, errang die „Bluenose" den Sieg. Die begehrte Trophäe konnte der „Bluenose" auch in den folgenden 18 Jahren nicht entrissen werden; sie war schlicht der schnellste Segler Nordamerikas.

Mit dem Zweiten Weltkrieg endete die Zeit der großen Segelschiffe. Trotz großer Bemühungen, das

Schiff in Nova Scotia zu belassen, wurde die „Bluenose" 1942 als Frachtschiff zu den Westindischen Inseln verkauft, wo sie 1946 an einem Riff zerschellte. 1963 wurde die „Bluenose II" in Lunenburg anhand der Originalpläne nachgebaut und unterscheidet sich nur im Innenausbau vom Original. 1971 wurde sie für 1 $ an die Regierung von Nova Scotia verkauft und fährt seitdem als „Botschafter des guten Willens" für Nova Scotia zu vielen kanadischen und amerikanischen Häfen.

Die Abbildung der „Bluenose" ziert seit 1937 die Rückseite des kanadischen 10-Cent-Stückes und ist auch auf den Kfz-Schildern von Nova Scotia zu sehen.

info

---

Am Hafen starten die **Ausflugsboote** zu Fahrten entlang der Küste und zur Wal- und Vogelbeobachtung; außerdem werden Touren mit einem Glasbodenboot, Fahrten auf großen Segelschiffen und auf der „Bluenose II" angeboten. Wer will, kann für einen Tag als Crewmitglied auf dem Schiff „anheuern" (Infos: *https://bluenose.novascotia.ca*).

*Seemann für einen Tag*

Es gibt **Wander- und Radwege**, wie z. B. den 12 km langen „Bay to Bay Walk" nach Mahone Bay oder den Lunenburg Black Harbor Trail, der der stillgelegten Eisenbahntrasse folgt und sich mit dem „Bay to Bay Trail" verbinden lässt.

## Reisepraktische Informationen Lunenburg

### Information

**Lunenburg Visitor Information Centre**, *11 Blockhouse Hill Rd., ☎ 902-634-8100, 902-634-3656 oder 1-888-615-8305, www.lunenburgns.com, die Touristeninformation ist an der höchsten Stelle des Ortes in einem nachgebildeten Leuchtturm mit Aussichtsplattform eingerichtet. Außerdem wurde gleich am Eingang zur Altstadt ein neues Besucherzentrum eröffnet, Mai–Sept. tgl. 9–17 Uhr.*

### Unterkunft

$$$ **Ashlea House Bed & Breakfast**, *42 Falkland St., ☎ 902-634-7150 oder 1-866-634-7150, www.ashleahouse.com, historisches Herrenhaus aus dem Jahr 1886 mit fünf stilvoll eingerichteten Gästezimmern, jeweils mit eigenem Bad, großem Aufenthaltsraum, Terrasse und ausgezeichnetem Frühstück.*

$$$ **Bluenose Lodge**, *10 Falkland St., ☎ 902-634-8851 oder 1-800-565-8851, www.bluenoselodge.ca, 130 Jahre altes Gästehaus mit neun geräumigen Zimmern und schöner Atmosphäre.*

$$$ **Boscawen Inn**, *150 Cumberland St., ☎ 902-634-3325 oder 1-800-354-5009, www.boscawen.ca, stattliches Herrenhaus aus dem Jahr 1888 mit 16 elegant möblierten Zimmern und schönem Blick vom Stadthügel auf den Hafen.*

$$$–$$$$ **Kaulbach House Historic Inn**, *75 Pelham St., ☎ 902-634-8818 oder 1-800-568-8818, www.kaulbachhouse.com, viktorianisches Gebäude in zentraler Lage mit antiker Möblierung im alten Ortskern mit acht Nichtraucher-Gästezimmern, Gourmet-Frühstück.*

$$$–$$$$ **Mariner King**, *15 King St., ☎ 902-634-8509 oder 1-800-565-8509, https://marinerking.com, antik eingerichtete Gästezimmer in einem 170 Jahre alten Haus mit Garten, mitten im Ort.*

$$$–$$$$ **The Lunenburg Inn**, *26 Dufferin St., ☎ 1-800-565-3963, www.lunenburginn.com, das traditionsreiche Gästehaus an der Hauptstraße bietet sieben geschmackvoll eingerichtete Nichtraucherzimmer, Veranda, Kamin und es gibt ein ausgiebiges Frühstück.*

**Bootstouren**

**„Bluenose II"**, ☎ *902-640-3177 oder 1-855-640-3177, https://bluenose.novascotia.ca, zwischen Juni und Sept. Fahrten auf dem Nachbau des bekannten Segelschiffes „Bluenose", jedoch liegt das Schiff nicht ständig in Lunenburg. Genaue Termine s. Homepage.*

**Heritage Fishing Tours**, ☎ *902-640-3535 oder 1-877-386-3535, www.boattour.ca, Ausfahrten mit einem kleinen Boot für zwölf Passagiere, einstündige Fahrten auch für Kleingruppen, die ihr Ziel selbst bestimmen wollen, Fahrpreis ab $ 25 Erwachsener, $ 15, Kinder unter 15 J., Abfahrt Juni–Okt.*

**Lunenburg Ocean Adventures**, ☎ *902-634-4833 oder 902-521-0251, www.lunenburgoceanadventures.com, Abfahrt der ein- und mehrstündigen Bootsfahrten (Deep Sea Fishing, Diving) am Fisheries Museum.*

**Lunenburg Whale Watching**, ☎ *902-527-7175, www.novascotiawhalewatching.com, mehrstündige Fahrten zur Wal- und Vogelbeobachtung.*

**Star Charters**, *an der Fisheries Museum Wharf,* ☎ *902-634-3535 oder 1-877-386-3535, www.novascotiasailing.com, 2-stündige Fahrt an der Küste vor Lunenburg mit der* **„Eastern Star"**.

Südlich von Lunenburg wurde der **Ovens Natural Park** mit Klippen und Naturpfaden, einem Höhlen-Wanderweg und eindrucksvollen Seehöhlen eingerichtet. Ein Museum informiert über den Goldrausch von 1861, zudem gibt es die Gelegenheit, sich selbst als Goldwäscher zu versuchen.

*Goldwäscher*

**Ovens Natural Park**, *326 Ovens Rd., Riverport,* ☎ *902-766-4621, www.ovenspark.com, Mitte Mai–Mitte Okt. tgl. 8.30 Uhr–Sonnenuntergang, Eintritt Erwachsene $ 10, Senioren/Kinder 5–15 J. $ 5. Auch Bootsfahrten sind möglich.*

Ein Ausflug führt zum ca. 8 km entfernten Fischerdorf **Blue Rocks**, das seinen ursprünglichen Charakter noch weitgehend bewahrt hat und viele Fotomotive bietet. Hier kann man den Fischern bei ihrer Arbeit zuschauen, mit ihnen zum Fischfang oder zum „Lobster Picnic" ausfahren oder ein Fahrrad mieten und die Umgebung erkunden.

Etwa 8.200 Menschen leben in **Bridgewater**, einer Stadt im LaHave River Valley mit Übernachtungsmöglichkeiten, Restaurants, einer Landbäckerei und Geschäften, wie z. B. einem Ausstellungsraum mit Arbeiten von 30 einheimischen Künstlern.

**Information**

**Bridgewater Visitor Information Centre**, *125 Cornwall Rd.,* ☎ *902-530-4677, www.bridgewater.ca.*

Zwischen **Bridgewater** und **Liverpool** reihen sich Fischerdörfer und Hafenorte aneinander, wie etwa **Crecent Beach**, **Petite Rivière**, **Broad Cove**, **Cherry Hill**, **Port Medway**, **West Berlin** und **Beach Meadows**, die sich alle auf den Fremdenverkehr eingestellt haben.

## Liverpool

Liverpool liegt an der Mündung des Mersey River; der Ort wurde 1759 gegründet und entwickelte sich im 19. Jh., genau wie Lunenburg, zu einem Schiffsbauzentrum. Außerdem war es ein wichtiger Umschlagplatz für Holz, das aus dem Landesinneren über den Mersey River geflößt wurde. Die Holzhäuser erinnern bis heute an den Wohlstand früherer Zeiten. Im Tourismusbüro gibt es Infos zur **Historic Liverpool Walking Tour**, einem knapp einstündigen Rundgang zu den historischen Stätten.

Das **Rossignol Cultural Centre** beherbergt gleich fünf Museen und Galerien. Im **Perkins House Museum** aus dem Jahr 1766 sind Möbel und Gebrauchsgegenstände aus dieser Zeit ausgestellt.

**Rossignol Cultural Centre**, *205 Church St., ☏ 902-354-3067, www.rossignolculturalcentre.com, Di–So 10–17 Uhr, Eintritt Erwachsene $ 5, Senioren $ 4, Kinder $ 3.*

**Perkins House Museum**, *105 Main St., ☏ 902-354-4058, https://perkinshouse.novascotia.ca, Juni–Mitte Okt. Mo–Sa 9.30–17.30, So 13–17.30 Uhr, Eintritt Erwachsene $ 4, Familienkarte $ 9.*

*Das Perkins House in Liverpool*

Gleich daneben liegt das **Queen's County Museum** mit Ausstellungen zur Stadtgeschichte und zum Leben der hier ansässigen Indianer.

**Queen's County Museum**, *109 Main St., ☏ 902-354-4058, www.queenscountymuseum.com, 1. Juni–15. Okt. Mo–Sa 9–17, So 13–17, sonst Mo–Sa 9–16.30 Uhr, Eintritt frei, eine Spende wird erwartet.*

*Fort Point Lighthouse – ein hübscher Ort für ein Picknick*

Ein Spaziergang führt zum **Fort Point Lighthouse Park**, der am Ende der Main Street an der Stelle liegt, wo Samuel de Champlain und Sieur de Monts im Jahre 1604 an Land gingen. Das Fort verteidigte die Siedlung und die Handelsrouten im 18. Jh., 1855 nahm der Leuchtturm seine Arbeit auf. Heute ist er von Mai bis Oktober für Besucher geöffnet; eine Videoshow informiert über das Leben an der Küste und über die Arbeit der Leuchtturmwärter und Fischer. Nicht nur Kinder können gerne das alte Nebelhorn ausprobieren!

Ende Juni werden die **Privateer Days** mit Musik und einer Hochzeitszeremonie im Stil des ausgehenden 18. Jh. gefeiert; in der zweiten Oktoberhälfte findet das **Liverpool International Theatre Festival** statt mit internationalen Aufführungen im **Astor Theatre**, 59 Gorham St., das 1902 gebaut wurde.

## Reisepraktische Informationen Liverpool

### Information

**Touristeninformation**, *32 Henry Hensey Dr., an der Brücke über den Merse River, ☏ 902-354-5421, www.regionofqueens.com, Juni–Mitte Okt. 10–18 Uhr. Von Okt.–Mai hilft das Economic Development Team der Region of Queens Municipality weiter, 249 White Rd., ☏ 902-354-5741 oder 1-866-655-5741.*

**Unterkunft**

**$$–$$$ Lane's Privateer Inn**, *27 Bristol Ave, ☏ 902-354-3456 oder 1-800-794-3332, www.lanesprivateerinn.com, ganzjährig geöffnetes Hotel aus dem Jahre 1798 mit 24 Zimmern, Restaurant und Pub, kleinem Buchladen, Kanuverleih und schönem Garten.*

**$$$–$$$$ Best Western Plus Liverpool Hotel**, *63 Queens Place Dr., ☏ 902-354-2377 oder 1-800-780-7234, bestwesternatlantic.com, gut geführtes und ansprechend eingerichtetes Hotel mit 65 Zimmern am Hwy. 103.*

**Essen und Trinken**

**Memories Café and Eatery**, *28 Water St., ☏ 902-356-3110 oder 902-354-8197, http://memoriescafe.ca, kleines Café, das gesunde, leichte Gerichte serviert.*

**Tipp**

Falls man der Lighthouse Route über Liverpool hinaus bis Yarmouth folgen will, sollte man dafür einen ganzen Tag einplanen. Von Yarmouth aus kann man dann über den Hwy. 101 weiter nach Digby fahren.

## Die Lighthouse-Route – von Liverpool nach Yarmouth

Die **Lighthouse-Route** führt zu Fischerdörfern, zu einsamen Sandstränden und Badebuchten, zu Ferienorten, in denen die Ateliers einheimischer Künstler locken, zu Provinzparks mit Bade- und Picknickplätzen und Möglichkeiten zur Tierbeobachtung.

Besonders schön ist der Strand in **Port Mouton**, 18 km südlich von Liverpool. Das klare Wasser im **Spectacle Island Dive Park** eignet sich zum Schnorcheln und Tauchen, wobei sich Schiffswracks, Riffe und viele Fische entdecken lassen.

*Bedrohte Küstenvögel*

Zwischen Port Mouton und Port Joli liegt an der Küste der 22 km² große Park **Kejimkujik Seaside Adjunct**, der dem Kejimkujik-Nationalparksystem angeschlossen ist. Zwei Wanderwege mit Ausblicken auf den Atlantik führen in dieses Gebiet mit weißen Sandstränden, zu denen auch der 4 km lange **St. Catherines River Beach** gehört. Hier kann man Seehunde und Seevogelarten beobachten. In den Feuchtraumgebieten des Parks leben einige bedrohte Küstenvögel wie z. B. der Gelbfuß-Regenpfeifer.
**Kejimkujik Seaside Adjunct**, *1188 St. Catherines River Rd., Port Joli, ☏ 902-682-2772, www.pc.gc.ca/en/pn-np/ns/kejimkujik.*

**Lockeport** ist wegen seiner Sandstrände bekannt, zu denen auch der 1,5 km lange Strand von Crescent Beach mit einem **Besucherzentrum**, 157 Locke St., und allen Strandeinrichtungen gehört. Sehenswert sind einige Häuser aus den Jahren 1836–1876 und das **Little School Museum**, das in der 1845 gebauten Schule eingerichtet wurde.
**Little School Museum**, *29 Locke St., ☏ 902-875-7768, www.lockeport.ns.ca.*

Die Umgebung mit ihren Wäldern, Seen, Salzwassermarschen und Meeresstränden ist für Tierbeobachtungen geeignet; nur wenige Kilometer entfernt liegt der **Islands Provincial Park**, der zum Baden einlädt.

## Shelburne

Der 1783 gegründete Ort **Shelburne** war eine der größten Loyalistensiedlungen in Nordamerika und ist bis heute ein wichtiges Schiffsbauzentrum. Die Hafenfront mit ihren Handelshäusern und die Wohnhäuser des 18. Jh. machen den besonderen Reiz des Ortes aus; einige dieser Häuser wurden zu Museen umfunktioniert.

### Hinweis

Für alle Museen gibt es ein **Kombiticket**: Eintritt Erwachsene $ 10, Familienkarte $ 20, ☏ 902-875-3219, www.shelburnemuseums.com.

Das **Ross-Thomson House** hat einen authentischen Laden des 18. Jh. und einen schön angelegten „Loyalist Garden".

**Ross-Thomson House**, *9 Charlotte Ln., ☏ 902-875-3219, Juni–Mitte Okt. tgl. 9.30–17.30 Uhr, Eintritt Erwachsene $ 4, Kinder und Jugendliche bis 16 J. frei.*

Im **J.C. Williams Dory Shop** wurden bis 1971 Tausende Fischerboote ausschließlich in Handarbeit hergestellt. Eine Ausstellung zeigt den ganzen Arbeitsprozess.

**The Dory Shop Museum**, *11 Dock St., ☏ 902-875-3219, https://doryshop.novascotia.ca, Juni–Mitte Okt. tgl. 9.30–17.30 Uhr, Eintritt Erwachsene $ 4, Kinder und Jugendliche bis 16 J. frei.*

Gleich daneben liegt das **Shelburne County Museum** mit einer Feuerwehrpumpe aus dem Jahr 1740 und Wechselausstellungen zur Regionalgeschichte.

**Shelburne County Museum**, *20 Dock St./Maiden Ln., ☏ 902-875-3219, www.shelburnemuseums.com, Juni–Mitte Okt. tgl. 9.30–17.30, sonst Mi–Sa 9–13 und 14–17 Uhr, Eintritt Erwachsene $ 4, Kinder und Jugendliche bis 16 J. frei.*

*Windspiele bezaubern beim Whirligig Festival in Shelburne*

Im September findet jedes Jahr das **Whirligig Festival** statt, bei dem originelle, selbst gebastelte Windspiele aus Holz von Ausstellern aus ganz Kanada präsentiert werden.

**Information**
**Shelburne Nova Scotia**, *43 Dock St., an der Hafenfront, ☏ 902-875-4547 und 902-875-2202, www.shelburnenovascotia.com, Mitte Mai–Mitte Okt.*

## Birchtown

**Birchtown**, 1783 gegründet, war die größte Siedlung befreiter afrikanischer Sklaven, die sich nach dem Unabhängigkeitskrieg in Kanada niederließen.

Im **Black Loyalist Heritage Centre** kann man sich über das Schicksal der rund 3.500 „Black Loyalists" informieren und von dort einen Spaziergang zum Friedhof, dem „Black Burial Ground", machen.
**Black Loyalist Heritage Centre**, *119 Birchtown Rd., ☏ 902-875-1310, https://blackloyalist.novascotia.ca, Juni–Mitte Okt. tgl. 10–17, sonst Mo–Fr 9–16 Uhr, Eintritt Erwachsene $ 9,20, Senioren/Jugendliche 6–17 J. $ 5,75, Familienkarte $ 23.*

## Weiter entlang der Lighthouse-Route

Die Lighthouse-Route führt weiter nach **Barrington**, das um 1755 gegründet wurde. Hier blickt man vom nachgebildeten Leuchtturmmuseum **Seal Island Lighthouse Museum** über die Bucht von Barrington.
**Seal Island Lighthouse Museum**, *2410 Hwy. 3, ☏ 902-637-2185, https://capesablehistoricalsociety.com, Juni–Sept. tgl. Mo–Sa 9.30–17.30, So 13–17.30, sonst Mi 10–16 Uhr, Erwachsene $ 5, Familie $ 12, Kombiticket Eintritt Erwachsene $ 12, Familienkarte $ 25.*

Ebenfalls am Hwy. 3 liegen zwei kleine Heimatmuseen und die 1882 gebaute **Barrington Woolen Mill**, wo Schautafeln über die Arbeit der Mühle von 1882 informieren und in Sommermonaten die Techniken des Spinnens, Färbens und Webens vorgeführt werden.
**Barrington Woolen Mill**, *2368 Hwy. 3, ☏ 902-637-2185, https://woolenmill.novascotia.ca, Juni–Sept. tgl. 9–17 Uhr, Eintritt Erwachsene $ 5, Familienkarte $ 15, Kombiticket Eintritt Erwachsene $ 12, Familienkarte $ 25.*

**Cape Sable Island** ist der südlichste Punkt der Atlantikprovinzen, eine Insel mit dem Fischerhafen **Clark's Harbour** und Möglichkeiten zur Vogelbeobachtung.

*Das Erbe der Akadier*

Die Ortschaften **West Pubnico, Middle West Pubnico** und **Lower West Pubnico** gehören zu den ältesten akadischen Siedlungen von Nova Scotia, deren Gründung auf das Jahr 1653 zurückgeht. Für den Besucher zeigt sich der akadische Ursprung daran, dass die Bewohner überwiegend französischsprachig sind. In West Pubnico wird im **Musée des Acadien des Pubnicos** das akadische Erbe anhand von Haushaltsgegenständen, einem Webstuhl, Spinnrädern, einer Druckerpresse, alten Karten und eine Sammlung von 325 alten Fotoapparaten dokumentiert. Kostümierte Guides zeigen, wie das Leben in einem akadischen Fischerdorf aussah.
**Musée des Acadien des Pubnicos**, *898 Hwy. 335, ☏ 902-762-3380, www.museeacadien.ca, Mitte Mai–Aug. Mo–Sa 9–17 Uhr, So geschl., Sept./Okt. Mo–Fr 12.30–16.30 Uhr, Eintritt Erwachsene $ 4, Kinder unter 12 J. frei.*

In **Tusket**, einer alten holländischen Siedlung, steht das 1805 gebaute **Argyle Township Court House & Goal**, eines der ältesten Gerichtsgebäude in Kanada aus dem

Jahre 1805. Im Sommer werden Führungen durch das Haus angeboten, wobei u. a. die Gefängniszellen und der Gerichtssaal besichtigt werden.
**Argyle Township Court House & Goal**, *8168 Hwy. 3, ☏ 902-648-0211, Mai/Juni/ Sept./Okt. Mo–Fr 8.30–16.30, Juli/Aug. tgl. 9–17 Uhr, Eintritt Erwachsene $ 2, Kinder unter 10 J. frei, Familienkarte $ 4.*

*Informatives zum Thunfischfang*

**Wedgeport** liegt etwa 10 km südlich des Hwy. 3 an der Route 334 und war früher ein Zentrum für den Thunfischfang. Das **Sport Tuna Fishing Museum and Interpretative Centre** informiert über den Thunfischfang und über die akadische Geschichte.
**Sport Tuna Fishing Museum and Interpretative Centre**, *57 Tuna Wharf Rd., Hwy. 334, Lower Wedgeport, ☏ 902-663-4345, www.wedgeporttunamuseum.com, tgl. 9–18 Uhr.*

## Yarmouth

Yarmouth wurde schon 1651 von französischen Siedlern gegründet und besitzt auch heute noch eine teilweise frankophone Bevölkerung. Im 19. Jh. entwickelte sich der Ort zu einem Schiffbauzentrum und verlor erst durch die aufkommende Dampfschifffahrt an Bedeutung. Heute sind Fisch- und Hummerfang, Fremdenverkehr und der Fährhafen die wichtigsten Erwerbsquellen.

### Die Sehenswürdigkeiten des Ortes

Die **Yarmouth County Museum & Archives** befinden sich in einer alten Kirche und informieren über die Geschichte der Seefahrt. Es werden historische Dokumente und Fundstücke aus Nova Scotia gezeigt.
**Yarmouth County Museum & Archives**, *22 Collins St., ☏ 902-742-5539, https://yarmouthcountymuseum.ca, Juni–Sept. Mo–Sa 9–17, sonst Di–Sa 14–17 Uhr, Eintritt Erwachsene $ 5, Senioren, Jugendliche 13–14 J. $ 3, Kinder unter 12 J. frei, Familienkarte $ 10.*

Die **Art Gallery of Nova Scotia** zeigt Werke moderner Künstler aus den Atlantikprovinzen und Wechselausstellungen.
**Art Gallery of Nova Scotia**, *341 Main St., ☏ 902-749-2248, www.artgalleryofnovascotia.ca, Di–So 10–17, Do 10–20 Uhr, Eintritt Erwachsene $ 6, Senioren $ 5, Studenten $ 3,50, Kinder und Jugendliche von 6–17 J. $ 2,50, Familienkarte $ 12,50.*

Das **Firefighters Museum of Nova Scotia** stellt alte Feuerwehrgeräte, Löschfahrzeuge und einen „Löschapparat" für Kinder aus.
**Firefighters Museum of Nova Scotia**, *451 Main St., ☏ 902-742-5525, https://firefightersmuseum.novascotia.ca, Mo–Sa 9–17, So 10–17 Uhr, Eintritt Erwachsene $ 5, Senioren $ 4, Kinder und Jugendliche 6–17 J. $ 3, Familienkarte $ 10.*

Eine etwa 11 km lange Fahrt führt über den Cape Forchu Scenic Drive an der Route 304 entlang zum **Cape Forchu**,

*Der Leuchtturm am Cape Forchu*

wo an der Stelle des 1840 gebauten Leuchtturms heute ein neuerer Turm steht, dessen Licht eine Reichweite von über 50 km hat. Das Besucherzentrum informiert über die regionale Seefahrt und die geologische Entwicklung dieser Region; Picknickplätze laden zur Rast ein. Auf den Wanderwegen rund um das Kap bieten sich immer wieder Ausblicke, Fotomotive und Möglichkeiten zur Vogelbeobachtung.
**Cape Forchu, Lightstation Museum und Mug Up Tea Room**, *1856 Cape Forchu, Hwy. 304, ☏ 902-740-1680, www.capeforchu.com, Mai–Sept. tgl. 9–17 Uhr.*

## Reisepraktische Informationen Yarmouth

### Information

**Visitor Information Centre**, *228 Main St., ☏ 902-742-5033 oder 1-800-565-0000, www.yarmouthandacadianshores.com, oberhalb der Fähranlegestelle, Informationen über Nova Scotia allgemein und u. a. eine gute Beschreibung eines Stadtrundganges durch Yarmouth. Juni–Mitte Okt. 9–17 Uhr.*

### Unterkunft

**$$$ Lakelawn B&B and Motel**, *641 Main St., ☏ 902-742-3588 oder 1-877-664-0664, www.lakelawnmotel.com, gut gelegenes, sympathisches B&B der alten Schule mit bequemen, sauberen Zimmern inkl. Bad.*
**$$$–$$$$ Comfort Inn**, *96 Starrs Rd., ☏ 902-742-1119, www.comfortinn.com, modernes Hotel mit freundlich eingerichteten Zimmern.*
**$$$–$$$$ Rodd Grand Yarmouth**, *417 Main St., ☏ 902-742-2446 oder 1-800-565-7633, www.roddvacations.com, zentral in der Innenstadt gelegenes Hotel mit 135 ansprechend eingerichteten Zimmern, teilweise mit Meer- und Hafenblick, Swimmingpool, Sauna und Fitnessraum.*
**$$$$ Best Western Mermaid Hotel**, *545 Main St., ☏ 902-742-7821 oder 1-800-780-7234, www.bestwestern.com, zentral und günstig zum Fähranleger gelegenes Hotel mit 45 geräumigen Zimmern, Swimmingpool.*

### Fähre

*Von Mitte Juni–Mitte Okt. gibt es tgl. eine Fährverbindung zwischen* **Yarmouth** *und* **Bar Harbor** *im Bundesstaat Maine/USA.*
**The CAT**, *58 Water St., ☏ 902-742-6800, 1-877-762-7245, www.ferries.ca/thecat. Rechtzeitige Reservierungen sind in der Hochsaison zu empfehlen. Stand bei Redaktionsschluss: Der Bar-Harbor-Fährterminal wird derzeit erneuert, bis zum Abschluss der Arbeiten ist die Fährverbindung eingestellt. Ab Ende Mai 2020 ist die Wiederaufnahme des Betriebs geplant (aktueller Stand auf der Website).*

# Von Yarmouth nach Digby

In Yarmouth endet die Lighthouse Route; an dem Küstenabschnitt zwischen Yarmouth und Digby, dem **Evangeline Trail**, liegen Fischerdörfer, wie z. B. Sandford mit einem Hafen, der von einer hölzernen Hebebrücke überspannt wird, und alte akadische Siedlungen, deren Bewohner von den ersten französischen Einwanderern abstammen, die sich bereits im frühen 17. Jh. hier niederließen. Die meisten Menschen in diesen Dörfern sind zweisprachig.

In **Pointe de l'Église** (oder **Church Point**) ist die auf dem Campus der Universität stehende St. Mary's Church, errichtet zu Beginn des vergangenen Jahrhunderts, ein Zentrum der akadischen Kultur und darüber hinaus eine der größten Holzkirchen Nordamerikas.

Der 1783 gegründete Ort **Weymouth** ist heute vor allem bei Wassersportlern beliebt, die Mary's Bay mit dem Kanu oder Kajak erforschen, und bei Mineralogen oder Mineraliensammlern, die in dieser Region Amethysten, Almandine und andere Quarzkristalle finden können.

## Reisepraktische Informationen Evangeline Trail

**Unterkunft**

**Meteghan**

**$$$ L'Auberge au Havre du Capitaine**, *9118 Hwy. 1, Meteghan River, ☏ 902-769-2001, www.havreducapitaine.ca, ganzjährig geöffnetes Landgasthaus, Zimmer teilweise mit eigenem Bad, gemütlicher Aufenthaltsraum mit Kamin und schönem Blick auf die St. Mary's Bay.*

**Weymouth**

**$$ Goodwin Hotel**, *4616 Route 1, ☏ 902-837-5120, ganzjährig geöffnetes, seit 1890 bestehendes Gasthaus, Zimmer teilweise mit eigenem Bad, angeschlossenes Restaurant.*

**Little Brook**

**$$$ Chateau Sainte-Marie B&B**, *959 Hwy. 1, ☏ 902-769-8346, www.chateausaintemarie.ca, das kleine B&B bietet sieben behaglich eingerichtete Zimmer mit Bad und teils schönem Meerblick.*

An diesem Küstenabschnitt liegen außerdem mehrere **Provincial Parks**, wie z. B. der Smugglers Cove Provincial Park bei **St. Alphonse**, am Leuchtturm von **Gilbert's Cove** und der Savary Provincial Park bei **Plympton**.

Nach etwa 75 km ist die Stadt Digby erreicht, wo es Fährverbindungen nach New Brunswick gibt (s. S. 468).

# Von Liverpool über Annapolis Royal und Digby nach Saint John/NB

**Streckenhinweis**

Von Liverpool folgt man dem Hwy. 8, der auch Kejimkujik Drive genannt wird, über Caledonia zum Kejimkujik National Park und weiter bis nach Annapolis Royal. Von dort führt der Hwy. 1 nach Digby; mit der Fähre überquert man dann die Bay of Fundy nach Saint John/New Brunswick. Entfernung Liverpool–Digby 142 km.

Der Kejimkujik Drive folgt einem der ältesten Verkehrswege Nordamerikas, denn die Kette der Seen und Flüsse wurde bereits von den Indianern als Wasserstraße genutzt. 1686 kam DeMeulles als erster Europäer in dieses Gebiet; 1799 beschloss die Kolonialregierung den Bau eines „Pfades durch die Wildnis"; dies war der Beginn des

Kejimkujik Drive. Heute führt die Straße vorbei an Siedlungen, Sägemühlen und Wäldern bis zum Kejimkujik National Park. Besonders reizvoll ist diese Fahrt im Herbst, wenn die ersten Nachtfröste das Laub der Bäume färben und der „Indian Summer" Einzug hält.

Über 60 % des Waldbestandes sind in Privatbesitz; so gehören z. B. der amerikanischen Tageszeitung Washington Post große Waldgebiete am Mersey River, die zur Papierherstellung für die Zeitung genutzt werden.

## Kejimkujik National Park

*Heimat der Micmac-Indianer*

Der Kejimkujik National Park mit seinen Wäldern, Flüssen und Seen nimmt ein 403 km² großes Gebiet ein. Dies war einst die Heimat der Micmac-Indianer. Sie nutzten die Wasserwege, um das Land zwischen der Bay of Fundy und dem Atlantik zu durchqueren. Etwa ein Fünftel der Parkfläche ist mit dem Auto zu erreichen, der größere Teil ist ein Paradies für Kanufahrer, Wanderer, Botaniker und Tierfreunde, die zu jeder Jahreszeit Neues entdecken und beobachten können: Rotwild, Stachelschweine oder Biberbauten, Wasserlilien, Hemlocktannen, Orchideen oder Farne, den Ruf des Loons oder den Schrei der Eulen, Wasserfälle, Seeufer und Badestrände – und im Herbst die überwältigende Farbenpracht der Laubfärbung.

Der Kejimkujik Park ist der einzige Naturraum in den Atlantikprovinzen, wo die seltene Blandingsschildkröte lebt; sie ist leicht erkennbar an ihrem gelben Hals und den Streifen auf ihrem Panzer.

## Reisepraktische Informationen Kejimkujik National Park

### Information

**Informationszentrum**, ☏ *902-682-2772, am Parkeingang, www.pc.gc.ca/en/pn-np/ns/kejimkujik, Informationen über Zeltplätze, Kanurouten, Wanderwege, Tierbeobachtungen und Veranstaltungen mit ausführlichem Material. Der Park ist ganzjährig geöffnet; das Besucherzentrum Mitte Mai–Juni tgl. 8.30–16.30, Fr bis 19, Mitte Juni–Aug. tgl. 8.30–19, Fr bis 20, Sept./Okt. tgl. 8.30–16.30, Fr bis 19 Uhr, Eintritt zum Park Mai–Okt. Erwachsene $ 5,80, Senioren $ 4,90, Familienkarte $ 11,75.*

### Camping

*In der Jeremy's Bay gibt es einen Campingplatz mit 329 Plätzen für Zelte und Wohnwagen, Toiletten und Duschen, Übernachtung von Mai–Okt. $ 29,40; außerdem liegen 52 einfache Zeltplätze entlang der Trails und Kanurouten, allerdings ohne sanitäre Einrichtungen. Während der Saison 2020 ist der Jeremy's Bay Campground wegen Renovierungsarbeiten geschlossen. Alle Einrichtungen für Tagesaktivitäten und Aktivitäten im Backcountry sind während dieser Zeit zugänglich.*

### Unterkunft

am Hwy. 8, außerhalb des Kejimkujik National Park

**$$ The Whitman Inn**, *12389 Hwy. 8, Kempt,* ☏ *902-682-2226 oder 1-800-830-3855, www.whitmaninn.com, historisches, familiär geführtes Landgasthaus mit altem Mobiliar, schönem Aufenthaltsraum, Pool und guter Küche, nur 5 Fahrminuten vom Nationalpark entfernt*

**$$$$ Mersey River Chalets**, *am Hwy. 8, in Caledonia,* ☏ *902-682-2443 oder 1-877-667-2583, www.merseyriverchalets.ns.ca, die rollstuhlgerecht ausgestattete Ferienanlage mit sieben kanadischen Holzhäusern und vier Indianerzelten liegt ca. 7 km vom Kejimkujik National Park entfernt.*

### Essen und Trinken

*Eine kleine Kantine gibt es am beaufsichtigten Badestrand von Merrymakedge.*

### Autofahren

*Autofahren ist nur auf den befestigten Straßen zum Campingplatz an der Jeremys Bay, zur Bootsanlegestelle in Jake's Landing und zum Badestrand in Merrymakedge erlaubt.*

### Kanutouren

*Mit dem Kanu lernt man den Park am besten kennen; man kann ein- oder mehrtägige Fahrten über das ausgedehnte Fluss- und Seennetz unternehmen oder an einem der von Rangern geführten ca. 1,5- bis 2-stündigen Kanutrips teilnehmen. Genauere Informationen zu den einzelnen Routen geben der Backcountry Guide, den man im Informationszentrum kaufen kann, oder das kostenlose Informationsblatt Day Canoe Trips.*

**Whynot Adventure and Keji Outfitters**, *1507 Main Parkway, Maitland Bridge, ☏ 902-682-2282, www.whynotadventure.ca, bei Jake's Landing gelegener Verleih von Kanus, Mountainbikes und Campingausrüstung. Auch Shuttle-Service.*

### Wandern

*Die verschiedenen Wanderwege, die in Länge und Schwierigkeitsgrad variieren, sind alle zuverlässig gekennzeichnet; gutes Schuhwerk ist jedoch immer erforderlich. Für Rollstuhlfahrer sind der kurze Mersey-Meadow-Rundweg und der Weg von Jakes Landing zur Merrymakedge geeignet.*

### Radfahren

*Das Radfahren ist nur auf den befestigten Straßen, die auch für Autofahrer zugelassen sind, erlaubt, auf den Wanderwegen jedoch verboten. Ausgeschildert als Routen sind:*
**McGinty Lake**: *Hin- und Rückfahrt 10 km,* **Fire Tower Road**: *Hin- und Rückfahrt 36 km.*

## Annapolis Valley und Annapolis Royal

Das Annapolis Valley an der Bay of Fundy ist ein fruchtbare Land, das von 200 m hohen Bergen vor kalten Winden geschützt und seit der französischen Besiedlung für Obst- und Gemüseanbau genutzt wird. Die schönste Reisezeit ist der Monat Mai, wenn sich das Tal in einen blühenden Obstgarten verwandelt. Die fast 400-jährige Geschichte dieser Region ist gekennzeichnet durch kriegerische Auseinandersetzungen und wechselnde Herrschaften. Briten, Schotten und Franzosen kämpften um die Vorherrschaft, bis die Briten 1710 Port Royal eroberten und es zu Ehren ihrer Königin Anne in „Annapolis Royal" umbenannten. 1713 wurde Nova Scotia durch den Frieden von Utrecht den Briten zugesprochen, die Franzosen behielten die Inseln in der Mündung des St.-Lorenz-Stroms. Annapolis Royal wurde die erste Hauptstadt von Nova Scotia.

Heute ist **Annapolis Royal** ein **Ferienort** mit Hotels und B&B-Häusern, Geschäften, Cafés und Restaurants. Vom Hafen führt die Promenade Sieur de Mont am Wasser entlang bis zum Rathaus am Fort Anne und bietet Ausblicke auf die Bay of Fundy. Die Umgebung von Annapolis Royal rühmt sich, Kanadas Geburtsstätte zu sein; überall gibt es Hinweise auf „der, die oder das Erste"! In Port Royal wurde das erste Getreide geerntet, die erste Getreidemühle Nordamerikas gebaut, das erste Theaterstück aufgeführt, der erste Club gegründet – und die ersten Indianer zum Christentum bekehrt.

*Geburtsstätte Kanadas*

## Sehenswertes in Annapolis Royal und Umgebung

Annapolis Royal, die Stadt am Annapolis River, war bis 1749 die Hauptstadt Akadiens. An ihre einstige Bedeutung erinnern das **Adams-Ritchie-Haus** (1712), das **De-Gannes-Cosby-Haus** (1708), das älteste Holzhaus Kanadas, und das **Runciman-Haus** (1817). Die **Lower St. George Street** ist sogar die älteste Dorfstraße Kanadas.

Das **O'Dell House Museum** ist in einem alten Kutschenhaus eingerichtet und zeigt eine Ausstellung zur Stadtgeschichte, zur regionalen Schifffahrt und zum Schiffsbau.
**O'Dell House Museum**, *136 Lower St. George St., ☎ 902-532-7754, www.annapolisheritagesociety.com, Juni–Aug. tgl. 9–17, sonst Di–Do 13–16, Fr 13–20, Sa 9–17 Uhr, für den Eintritt ist eine Spende von mind. $ 3 erwünscht.*

Das älteste akadische Gebäude Kanadas

Das **Sinclair Inn Museum** infomiert im ältesten akadischen Gebäude Kanadas über Geschichte, Architektur und Lebensart der Akadier zu Beginn des 18. Jh.
**Sinclair Inn Museum**, *230 Lower St. George St., ☎ 902-532-0996 (Juni–Mitte Okt.), 902-532-7754 (außerhalb der Saison), Mo–Sa 9–17, So 13–17 Uhr, Eintritt frei, eine Spende von $ 3 wird erwartet.*

An der Lower St. George Street liegen auch das **Robertson-McNamara-Haus** mit einer alten Schulausstellung und das **King's Theatre** mit wechselnden Aufführungen und einem Sommer-Festival. Gegenüber dem Theater findet von Mai bis Oktober jeweils samstags (*Juli/Aug. auch mittwochs*) der **Farmers' and Traders' Market** statt, wo frische Produkte der Region und bäuerliches Handwerkszeug angeboten werden.

Das **Fort Anne National Historic Site und Museum** ist die von Engländern und Franzosen heftig umkämpfte Befestigungsanlage, die man samt Bastionen, Pulvermagazin vom Anfang des 18. Jh. und Quartierhaus der britischen Offiziere besichtigen kann. Ein Besucherzentrum informiert über die Geschichte Akadiens und Nova Scotias. Von den Wallanlagen bietet sich ein schöner Ausblick auf das Annapolis Valley und die Bay of Fundy.

*So friedlich wie heute ging es rund um das Fort Anne nicht immer zu*

**Fort Anne National Historic Site und Museum**, *St. George St., ☏ 902-532-2397, www.pc.gc.ca/en/lhn-nhs/ns/fortanne, der Park ist ganzjährig geöffnet, das Museum Mai/Juni Di–Sa 9–17.30, Mitte Juni–Anfang Sept. tgl. 9–17.30, Sept.–Anfang Okt. Di–Sa 9–17.30 Uhr, Eintritt Erwachsene $ 3,90, Senioren $ 3,40.*

**Führungen**

*Nachtführungen zum historischen Friedhof beginnen um 21.30 Uhr am Fort Anne, 1. Juni–Mitte Okt. tgl., ☏ 902-532-303, www.tourannapolisroyal.com/graveyard.html, Erwachsene $ 10, Kinder bis 12 J. $ 3. Informationen über weitere Führungen finden sich auf der Website.*

**Annapolis Royal Historic Gardens** ist eine der schönsten Gartenanlagen Kanadas. Das ca. 4 ha große Parkgelände mit seinen Blumenrabatten, den Bauerngärtchen, Kräuter- und Gemüsebeeten, seinen Gärten mit Wasserspielen und den Themengärten bietet immer wieder Ausblicke auf die Wiesen und Feuchtgebiete des Annapolis Valley. Gärtner geben Auskunft über die Pflanzen und ihre Pflege sowie Anregungen zum Gärtnern nach altem Vorbild oder nach neuesten Kenntnissen.

*Prächtige Gartenanlage*

**Annapolis Royal Historic Gardens**, *441 St. George St., ☏ 902-532-7018, www.historicgardens.com, Mitte Mai–Mitte Okt. tgl. 9–17, Juli/Aug. bis 20 Uhr, Eintritt Erwachsene $ 14,50, Senioren und Studenten $ 12,50, Jugendliche von 12–18 J. $ 6, Kinder von 6–11 J. $ 3, Familienkarte $ 32.*

**Annapolis Royal Tidal Power Generating Station**: In diesem Kraftwerk, das als Demonstrations- und Versuchsanlage auf einer Insel in der Mündung des Annapolis River gebaut wurde, wird die Kraft der Gezeiten, die in der Bay of Fundy besonders groß ist, für die Stromerzeugung genutzt. Es ist die einzige Anlage dieser Art in Nordamerika mit der größten Durchström-Turbine der Welt, die jährlich mehr als 50 Mio. Kilowattstunden erzeugt. Eine Ausstellung informiert über die Arbeitsweise des Kraftwerks.

**Annapolis Royal Tidal Power Generating Station**, *236 Prince Albert Rd., am Annapolis River zwischen Annapolis Royal und Granville Ferry, ☏ 902-532-0502, Mitte Mai–Mitte Okt. tgl. 9–17 Uhr, Eintritt frei.*

**Habitation Port Royal**, am Nordufer des Annapolis River in Port Royal, erreichbar über den Hwy. 1, war ein französischer Pelzhandelsposten und die erste europäische Siedlung in Kanada. Überreste des historischen Dorfs wurden 1911 entdeckt; 1938 begann man mit der detailgetreuen Rekonstruktion nach den Plänen Champlains. Heute erfährt man hier alles über die Lebensweise der Menschen in Kanadas ältester französischer Dauersiedlung. Im Jahr 1604 brachen die französischen Forscher

Eingang ins Palisadenfort von Port Royal

Samuel de Champlain und Sieur de Monts zu ihrer Expedition auf, um auf Geheiß ihres Königs das Gebiet mit den reichen Fischgründen für die französische Krone in Besitz zu nehmen. Die Franzosen landeten zunächst auf einer Flussinsel; bald wurden sie dort durch winterliches Treibeis völlig vom Land abgeschnitten. Sie fanden nicht ausreichend frische Nahrung, erkrankten und hatten viele Tote zu beklagen.

Die Überlebenden zogen im folgenden Frühjahr in die geschützte Bucht in der Bay of Fundy, bauten Unterkünfte und gründeten so 1605 Port Royal, die erste europäische Siedlung in Kanada.

info

## Samuel de Champlains „Ordre du Bon-Temps“

Um seine Mitbewohner in der harten Anfangszeit in Port Royal bei Laune zu halten, gründete Samuel de Champlain den Ordre du Bon-Temps (den „Orden der Guten Zeiten“, 1606–1607). Dieser erste soziale Club Kanadas diente dazu, das Wild der Region abwechslungsreich zuzubereiten und stilvoll zu servieren. Jeder Mann musste in regelmäßigen Abständen die erlegte Beute zubereiten und bei einem Festmahl servieren. So kamen die ersten Bewohner von Port Royal in den kulinarischen Genuss von Stockenten, Gänsen, Rebhühnern, Elchfleisch, Karibu, Biber, Otter, Bär, Kaninchen, Wildkatze oder Waschbär. Dazu gab es Wurzelgemüse, das sie in den umliegenden Wäldern sammelten. Häufig luden sie die Indianer aus ihrer Nachbarschaft zu ihren Festmählern ein. Die regelmäßigen Feste sorgten nicht nur für gute Laune, sondern auch für einen abwechslungsreichen und gesunden Speiseplan und für friedliche Beziehungen mit ihren indianischen Nachbarn.

Port Royal hatte jedoch nur kurze Zeit Bestand, denn 1613 zerstörten Mitglieder einer englischen Expedition alle Gebäude. 1629 entstand in der Nähe der französischen Siedlung ein schottisches Fort, das bis 1632 bestand; 1635 gründeten die Franzosen nur 8 km entfernt eine neue Siedlung an der Stelle des heutigen Annapolis Royal. Zur frühen Siedlung von Port Royal, die von einem Palisadenzaun umgeben war, gehörten die Häuser des Gouverneurs und des Priesters, eine Kapelle, eine Küche, eine Bäckerei, eine Schmiede, ein Gemeinschaftswohnhaus, Schlafquartiere und Handwerkskammern. Kostümierte „Bewohner“ geben den Besuchern Auskunft über das Alltagsleben im 17. Jh.
**Habitation Port Royal**, *am Nordufer des Annapolis River in Port Royal, erreichbar über den Hwy. 1, ☏ 902-532-2898, www.pc.gc.ca/en/lhn-nhs/ns/portroyal, Mitte Mai–Mitte Okt. Di–Sa 9–17.30, Juli/Aug. tgl. 9–17.30 Uhr, Eintritt Erwachsene $ 3,90, Senioren $ 3,40.*

## Ausflugsziele in der Umgebung

**Delaps Cove Wilderness Trail**, ein Naturschutzgebiet mit Lehrpfaden, Ausblicken auf die Bay of Fundy und Rundwanderwegen, wie z. B. dem einstündigen „Bohaker Trail“ und dem 2 km langen „Charles Trail“, die zu einer ca. 3- bis 4-stündigen Wanderung verbunden werden können.

## Reisepraktische Informationen Annapolis Royal

### Information

**Annapolis Royal and Area Visitor Information Centre**, *236 Prince Albert Rd., ☏ 902-532-5454, www.annapolisroyal.com, in der Tidal Power Station, Juni–Mitte Okt.*

**Annapolis Royal Town Hall**, *285 St. George St., ☏ 902-532-2043, https://annapolisroyal.com, geöffnet in der Nebensaison.*

### Unterkunft

*Annapolis Royal besitzt einige historische Bed-&-Breakfast-Häuser, von denen die meisten an der St. George St. liegen; rechtzeitige Reservierung ist zu empfehlen.*

**$$–$$$ King George Inn**, *548 St. George St., ☏ 1-888-799-5464, www.kinggeorgeinn.20m.com, von Juni–Sept. geöffnetes Haus aus dem Jahr 1868 mit acht liebevoll eingerichteten Zimmern, jeweils mit eigenem Bad, mit Garten, gutem Frühstück, das von der reiseerfahrenen Besitzerin serviert wird.*

**$$$ The Garrison House**, *350 St. George St., ☏ 902-532-5750 oder 1-866-532-5750, http://garrisonhouse.ca, historisches Haus von 1854 mit sieben antik eingerichteten Zimmern, jedes mit eigenem Bad, sehr gutes Restaurant.*

**$$$–$$$$ Annapolis Royal Inn**, *3924 Hwy. 1, ☏ 902-532-2323, 1-888-857-8889, https://annapolisroyalinn.com, 30 freundlich eingerichtete Zimmer in schöner Gartenanlage mit guter Weitsicht, Restaurant.*

**$$$–$$$$ Hillsdale House Inn**, *519 George St., ☏ 902-532-2345 oder 1-877-839-2821, www.hillsdalehouseinn.ca, historisches Gebäude aus dem Jahr 1849 mit 13 antik ausgestatteten Zimmern mit eigenem Bad, Speisezimmer, einem großem Garten und Rasenflächen, Ententeich und einer Sammlung alter Fotos und Hotelregister, inkl. Frühstück. Geöffnet Mai–Okt.*

**$$$–$$$$ Queen Anne Inn**, *494 Upper St. George St., ☏ 902-532-7850, www.queenanneinn.ns.ca, großes, aus dem Jahr 1865 stammendes viktorianisches Haus mit zwölf antik möblierten, großen Räumen mit Badezimmern, inklusive umfangreichem Frühstück.*

### Essen und Trinken

**The Garrison Grill Restaurant**, *350 St. George St., ☏ 902-532-5750, http://garrisonhouse.ca/restaurant, in den beiden historischen Speiseräumen kann man am Morgen ausgiebig frühstücken, am Nachmittag stilvoll einen English Cream Tea zu sich nehmen und am Abend elegant speisen.*

Wer von Annapolis Royal nach Halifax zurückkehren möchten, kann über den Hwy. 101 über Bridgetown, Middleton und Kentville nach Wolfville fahren und von dort weiter bis Halifax. An dieser Strecke liegt der hübsche Ort **Bridgetown** mit schönen Häusern und alten Alleen in der Granville Street. In **Middleton** ist die „Town Water Clock", Commercial St., sehenswert. Es ist die erste städtische Wasseruhr in Nordamerika – das Besondere daran ist, dass eines der Uhrwerke durch Wasser, die anderen drei durch Strom angetrieben werden. So macht die Uhr einen Vergleich alter und neuer Technologien möglich.

*Städtische Wasseruhr*

## Digby und Umgebung

Digby, ein Hafenort im Annapolis Valley mit ca. 2.100 Einwohnern, wurde nach dem britischen Admiral Robert Digby benannt, der 1.500 Loyalisten aus den Neuenglandstaaten 1793 an die Bay of Fundy brachte. Grundlage für den Wohlstand des Ortes sind Fischfang und Fischverarbeitung; dabei zählen geräucherte Heringe, Digby Chicken genannt, zu den lokalen Spezialitäten. Außerdem ist Digby der Heimathafen einer der größten Scallop-Fangflotten der Welt. Alljährlich im August werden die „Digby Scallop Days" mit viel Musik und originellen Speisen gefeiert.

info

## Scallops

„Weißes Gold" nennen die Einheimischen die „Scallops" aus der Bay of Fundy, die zu den besten der Welt zählen und deren Verkauf zum Wohlstand der Akadier beiträgt. Scallops sind bei uns als Jakobsmuscheln bekannt und werden von Feinschmeckern als Coquilles Saint Jacques sehr geschätzt. Diese Muscheln gehören zur Familie der Kamm-Muscheln mit strahlig gerippten, fächerförmigen Klappen. Es sind Meeresbewohner, die nur im Nordatlantik und im Indopazifik leben; durch Auf- und Zuklappen ihrer Schalen können sie nach dem Rückstoßprinzip schwimmen. Der Muschelkörper ist in der Regel weiß; falls der weiße Muschelkörper von einer orangefarbenen Masse umgeben ist, handelt es sich um eine weibliche Jakobsmuschel. Die farbige Masse ist der Rogen, der als besondere Delikatesse gilt und „corail" genannt wird.

Das feste Fleisch der Scallops steckt in großen, flachen Muschelschalen, die man als Förmchen zum Überbacken von kleinen Vorspeisen, z. B. von Ragout fin, kennt.

Da Digby Ausgangshafen für die Fährverbindung nach Saint John/New Brunswick ist, hat der Ort sich mit Hotels, Bed&Breakfast-Häusern und Restaurants auf Besucher eingestellt.

Ein Spaziergang entlang der Hafenfront führt zu dem restaurierten Fangschiff „Lady Vanessa" und zum **Admiral Digby Museum**, das über die lokale Geschichte informiert.

**Admiral Digby Museum**, *95 Montague Row, ☏ 902-245-6322, http://admiraldigbymuseum.ca, März/April/Okt./Nov. Di–Fr 13–16.30, Mai Mo–Fr 13–16.30, Juni Mo–Mi 13–16.30, Do/Fr 9–16.30, Mitte Juni–Aug. Mo–Sa 9–17, Sept. Mo 13–16.30, Di–Fr 9–16.30 Uhr, Mittagspause 12–13 Uhr; da auch sonst wegen Personalmangels stundenweise geschlossen sein kann (außer im Sommer), sollte man seinen Besuch auf jeden Fall telefonisch anmelden. Eintritt frei.*

## Reisepraktische Informationen Digby

### Information

**Nova Scotia Visitor Information Centre**, *110 Montague Row, an der Shore Rd. am Hafen, ☏ 902-245-5714, 1-888-463-4429, www.digby.ca, Mai/Juni tgl. 9–17.30, Ende Juni–Mitte Okt. 8–18 Uhr.*

### Unterkunft

**$$ Summers Country Inn**, *16 Warwick St., ☏ 902-245-2250, www.summerscountryinn.ca, zentral gelegenes Hotel in einem viktorianischen Haus von 1830 mit neun freundlich eingerichteten Zimmern.*

**$$–$$$ Bayside Inn B&B**, *115 Montague Row, ☏ 1-888-754-0555, www.baysideinn.ca, das historische Haus mit zehn freundlich eingerichteten Zimmern liegt direkt an der Hafenpromenade mit schöner Aussicht auf das Annapolis Basin, ganzjährig geöffnet. Frühzeitige Reservierung für die Zeit von Juli–Sept. wird empfohlen.*

**$$–$$$ Coastal Inn Digby**, *111 Warwick St., ☏ 1-800-401-1155, https://coastalinns.com, in der Nähe der Fährstation, gut geführtes Haus mit 36 Zimmern, Restaurant und Deutsch sprechender Bedienung, ganzjährig geöffnet.*

Das Digby Pines Golf Resort

$$$ **Admiral Digby Inn**, *441 Shore Rd., ☎ 902-245-2531 oder 1-800-465-6262, www.digbyhotels.com, knapp 1 km von der Fähre entfernt, geräumige Motelzimmer und Cottages mit schönem Blick auf das Annapolis Basin, beheizter Swimmingpool, Restaurant.*
$$$–$$$$ **Cliffside B&B**, *1820 Culloden Rd., ☎ 902-245-4285 oder 1-855-280-8445, https://cliffside.ca, ca. 10 km von Digby entfernt gelegenes Haus in ruhiger Lage mit vier gut ausgestatteten Gästezimmern, schöner Blick auf die Bay of Fundy.*
$$$–$$$$ **Digby Pines Golf Resort**, *103 Shore Rd., ☎ 1-800-667-4637, www.digbypines.ca, 2,5 km von der Fähranlegestelle entfernt, in landschaftlich reizvoller Lage mit schönem Blick auf das Annapolis-Tal gelegene großzügige Hotelanlage mit 85 Zimmern und 31 Cottages mit 1–3 Zimmern, Swimmingpool, Tennisplätze, Golfplatz, Spielplatz. Geöffnet Mai–Okt.*
$$$–$$$$ **Seawinds Motel**, *90 Montague Row, ☎ 902-245-2573, www.seawindsmotel.ca, kleines, freundlich geführtes Haus mit zehn Zimmern mit Küchenzeile und einer Suite, Blick auf die Annapolis Basin.*

### Essen und Trinken

**Admiral Digby Restaurant**, *441 Shore Rd., ☎ 902-245-2531, 1-800-465-6262, https://digbyhotels.com/dining, im Hotel Admiral Digby Inn, freundliches Restaurant mit Meeresspezialitäten und schöner Aussicht, preiswert. 7–11 und 17–21 Uhr geöffnet, So abends geschl. Die Öffnungszeiten außerhalb der Saison variieren.*
**Fundy Restaurant & Suites**, *34 Water St., ☎ 902-245-4950, www.fundyrestaurant.com/dining-groups, großes Restaurant mit schönen Aussichtsterrassen, Fischgerichte, Steaks und Pasta, mittlere Preiskategorie. Tgl. 8–22 Uhr. Übernachtungsmöglichkeiten vorhanden.*

### Ausflüge in der Umgebung von Digby

*Digby ist gut als Ausgangsort für Ausflüge zur Bay of Fundy geeignet, die als eines der besten Walbeobachtungsgebiete an der amerikanischen Ostküste gilt.*

### Fähre

**MV Fundy Rose, Bay Ferries**, *☎ 902-245-2116 oder 1-888-249-7245, www.ferries.ca. Die Anlegestelle* **Bay Ferries Terminal** *liegt außerhalb der Ortschaft. Die Autofähre verkehrt 1–2 x tgl. nach Saint John, New Brunswick, Dauer der Überfahrt ca. 3 Std., Reservierungen sind empfehlenswert. Preise in der Hochsaison für eine Strecke: Auto $ 118, Erwachsene $ 48, Senioren $ 39, Studenten $ 39, Kinder von 6–13 J. $ 34, Kinder bis 5 J. frei.*

## Digby Neck Brier Island

Von Digby führt der Hwy. 217 West auf die Halbinsel **Digby Neck**, durchquert sie in ganzer Länge und bietet immer wieder Ausblicke auf die Bay of Fundy. Am Highway liegen Siedlungen, wie z. B. **Sandy Cove**, ein Künstlerdorf, **Mink Cove** und **Little**

**River**, aber auch Aussichtspunkte wie Gulliver's Cove und Flour Cove. Am Lake Midway gibt es einen Picknickplatz mit Badegelegenheit im Süßwassersee.

Auf dieser Strecke muss man zweimal mit einer **Fähre** übersetzen:

Von **East Ferry nach Tiverton**, 24-Std.-Service, Dauer der Überfahrt zehn Minuten, Preis für Hin- und Rückfahrt Auto $ 7, Fußgänger kostenlos, Abfahrt jeweils zur halben Stunde in East Ferry.

Von **Freeport nach Westport**, 24-Std.-Service, Dauer der Überfahrt zehn Minuten, Preis für Hin- und Rückfahrt Auto $ 7, Fußgänger kostenlos, Abfahrt jeweils zur vollen Stunde in Freeport, die Fähre kann zwölf Autos transportieren.

Die Ortschaften, deren Bewohner einst nur vom Fischfang lebten, haben sich mit Übernachtungsmöglichkeiten und Restaurants auf den Tourismus eingestellt und bieten Ausflugsfahrten zur Wal- und Vogelbeobachtung an.

Die **Walbeobachtungsfahrten** finden von Juni bis September statt und dauern etwa drei bis dreieinhalb Stunden. Die Durchführung der Fahrten ist wetterabhängig, sodass bei Vorausbuchungen telefonisch die aktuellen Wetterbedingungen nachgefragt werden sollten. Auf der Fahrt wird man wahrscheinlich Finn-, Mink- und Buckelwale beobachten können, aber auch Delfine, Tümmler und Seehunde sowie viele Seevögel.

Für die Fahrt sollte man wind- und regenfeste Kleidung, rutschfeste Schuhe, Sonnenbrille, ggf. Fernglas und Kamera mitbringen.

## Reisepraktische Informationen Digby Neck Brier Island

### Unterkunft

**$$ The Olde 1890 Village Inn**, *387 Church Hill Rd., Sandy Cove, ☏ 902-834-2202 oder 905-434-5544, www.theoldevillageinn.com, die Zimmer verteilen sich auf das alte Landgasthaus, einen Anbau und drei Cottages. Diese sind gut eingerichtet und haben teilweise Kamin und Balkon, das Restaurant ist für seine gute Küche bekannt.*

### Walbeobachtung

**Brier Island Whale and Seabird Cruises**, *Westport, ☏ 902-839-2995 oder 1-800-656-3660, www.brierislandwhalewatch.com, Mitte Juni–Mitte Okt. tgl. 9.30, 13.30 und 17.30 Uhr, wissenschaftliche Begleitung. Reservierung erforderlich, Preise Erwachsene $ 50, Senioren $ 42, Kinder von 4–12 J. $ 28, Kinder unter 3 J. kostenlos.*
**Ocean Explorations**, *Tiverton, ☏ 902-839-2417 oder 1-877-654-2341, www.oceanexplorations.ca, 3- bis 4-stündige Fahrten nach Vereinbarung.*

# New Brunswick

## Von Saint John nach Fredericton

Wenn man das Fährschiff in Saint John verlassen, betritt man die Provinz New Brunswick (Neu-Braunschweig). Um Verwechslungen der Stadt mit St. John's in Newfoundland

zu vermeiden, wird Saint John in New Brunswick immer vollständig ausgeschrieben, während die Stadt in Newfoundland als St. John's abgekürzt wird.

## Saint John/ New Brunswick

Saint John, mit knapp 70.000 Einwohnern die größte Stadt von New Bruns-

### Redaktionstipps

- Die **Reversing Falls**, die Stromschnellen in Saint John, wo der Fluss scheinbar seinen Lauf ändert (S. 470)
- Das Museumsdorf **Kings Landing** zeigt das Alltagsleben im 18. und 19. Jh. (S. 481).
- Der **Farmers Market** in **Fredericton** findet ganzjährig am Samstagmorgen statt (S. 476).
- Der **Grand Falls and Gorge Park** mit Wasserfällen, Höhlen und schönen Aussichten (S. 483)

wick, liegt an der Mündung des Saint John River in die Bay of Fundy; der Reiz der Stadt liegt im Gegensatz von Vergangenheit und Gegenwart, von Kleinstadtcharme und Großstadtatmosphäre, von Naturerlebnis und moderner Technik. Die **Geschichte der Stadt** geht bis ins Jahr 1604 zurück, als Samuel de Champlain die Gegend erforschte und dem Fluss den Namen des Heiligen gab. Die erste feste Siedlung entstand 1762, nachdem das Land durch den Vertrag von Paris den Engländern zugesprochen worden war; im Jahr 1783 ließen sich 3.000 Loyalisten aus den Neuenglandstaaten in Saint John nieder, das sich zu einer Handelsstadt mit Schiffswerften entwickelte. 1877 wurde die Stadt durch einen Großbrand stark zerstört; der damit einsetzende wirtschaftliche Niedergang konnte erst in den 1960er-Jahren aufgefangen werden. Heute ist Saint John nicht nur eine **Industrie- und Handelsstadt mit Werften, Zucker- und Ölraffinerien** und einem wichtigen Umschlaghafen, sondern auch ein angenehmer Ort mit einem interessanten kulturellen Angebot, Geschäftsvierteln und Parkanlagen. Die Hafenfront ist durch einen „**Skywalk**" mit dem Geschäftszentrum verbunden. Sie ist eine der Attraktionen der Stadt.

Die größte Sehenswürdigkeit der Stadt aber sind die **Reversing Falls Rapids (1)**, die Stromschnellen.

info

## Die Reversing Falls Rapids

In Saint John ändert das Wasser des Saint John River zweimal täglich seine Fließrichtung von flussabwärts in flussaufwärts. Der Fluss mündet in die Bay of Fundy, wo sich der Gezeitenwechsel von Ebbe und Flut durch einen Tidenhub von 8,5 m auswirkt. Wenn der Fluss die Bay of Fundy bei Ebbe erreicht, liegt die Bucht 4 m tiefer als der Wasserstand des Flusses; der Saint John River stürzt hinab in die Bucht.

Bei aufkommender Flut ändern sich die Verhältnisse: Das Wasser in der Bay of Fundy steigt an und erreicht bei der Gezeitengleichheit die Höhe des Flusswasserstandes; die Strömung ist ausgeglichen, die Wasserfläche spiegelglatt. Boote können den Fluss in dieser Zeit ungehindert in beiden Richtungen befahren. Tritt die Flut ein, ändert sich das Bild ein drittes Mal. Das Wasser in der Bay of Fundy steigt über den Wasserstand des Flusses, das Meerwasser ergießt sich in den Saint John River, ist stärker als der Fluss, sodass es scheint, als ändere der Fluss seine Fließrichtung. Bei abnehmender Flut gleichen sich die Wasserstände von Meer und Fluss einander wieder an, und mit einsetzender Ebbe sinkt der Meerwasserstand unter das Flussniveau.

Am besten kann man die „Reversing Falls Rapids" beobachten, wenn man den Fluss zu drei verschiedenen Tageszeiten von derselben Stelle aus betrachtet. Als **Aussichtspunkt** bietet sich die Brücke am Besucherzentrum an den Reversing Falls an oder die Aussicht am **Falls View Park Lookout (2)**. Man erreicht ihn über Bridge Road und Douglas Avenue und folgt der Ausschilderung Fallsview. Von hier aus kann man die Stromschnellen sehen. Die Zeit zwischen den Gezeitenunterschieden nutzt man am besten für einen Besuch der **Innenstadt** von Saint John.

Der **Market Square (3)** liegt an der Hafenfront, direkt im Zentrum der Stadt. Zu diesem Gebäudekomplex gehören ein Einkaufszentrum mit mehr als 60 Geschäften, das auf mehreren Ebenen um einen Innenhof mit Wasserspielen und Restaurants liegt, ein

*Im Old City Market von Saint John*

Hotel, Konferenzräume und Wohnungen; außerdem wurde eine Zeile alter Lagerhäuser aus dem 19. Jh. in den Komplex einbezogen, vor deren Front der Hochseeschlepper „Ocean Hawk II" vor Anker liegt. Der Market Square ist durch Übergänge mit dem Büro- und Geschäftsviertel Brunswick Square und mit dem Rathaus verbunden, in dessen oberstem Stockwerk wochentags eine Galerie mit Blick auf die Stadt und den Hafen geöffnet ist.

*Kunst der Indianer*

Im gleichen Gebäude befindet sich das **New Brunswick Museum (4)**, das zu den ältesten Museen Kanadas zählt. Es zeigt Wissenswertes über die Geschichte der Stadt und der Provinz sowie deren wirtschaftliche und kulturelle Entwicklung. Das Museum besitzt Sammlungen mit indianischer Kunst, Fabergé-Silber, Porzellan und Bildern der Region. Im Juli und August gibt es spezielle Angebote für Kinder.
**New Brunswick Museum**, *1 Market Sq., ☏ 506-643-2300, 1-888-268-9595, www.nbm-mnb.ca, Mo–Fr 9–17, Do bis 21, Sa 10–17, So 12–17 Uhr, Eintritt Erwachsene $ 10, Senioren $ 8, Kinder und Jugendliche von 4–18 J. $ 6, Familienkarte $ 22.*

Der **Old City Market (5)** im City Centre besteht schon seit 1876 und gilt als die älteste noch genutzte Markthalle Kanadas. Als der Markt eröffnet wurde, zählte Saint John zu den wichtigsten Schiffsbauzentren Nordamerikas; entsprechend großartig wurde das Gebäude gestaltet. Heute gibt es hier frisches Obst und Gemüse, Blumen, Gewürze, Fleisch, Fisch und Käse, aber auch Hummer und andere Meeresfrüchte. Probieren sollte man ein Lobster-Brötchen oder eine Muschelsuppe im neuen verglasten Anbau. Außerdem werden kunsthandwerkliche Produkte aus der Region verkauft.
**Old City Market**, *47 Charlotte St., ☏ 506-658-2820, www.sjcitymarket.ca, Mo–Fr 7.30–18, Sa 7.30–17 Uhr.*

Das **Loyalist House (6)**, 1810–1817 von einem Loyalisten gebaut, gehört zu den Häusern, die nicht dem großen Brand von 1877 zum Opfer fielen. Es war mehr als 150 Jahre im Besitz derselben Familie und ist ein gutes Beispiel für die georgianische Innenarchitektur.
**Loyalist House**, *120 Union St./Ecke Germain St., ☏ 506-652-3590, www.loyalisthouse.com, Mitte Mai–Mitte Sept. Mo–Sa von 10–17 Uhr, im Sept. und Okt. bittet man um telefonische*

*Rückfrage. Das Museum arbeitet während dieser Zeit mit ehrenamtlichen Mitarbeitern. Von Dez.–Mai ist es gewöhnlich geschlossen. Nach Reservierung sind ggf. Führungen möglich (je nach Wetter und Verfügbarkeit von Freiwilligen), Eintritt $ 5.*

Der Grundstein für die **Trinity Church (7)**, 115 Charlotte St., wurde 1788 gelegt, der erste Gottesdienst am Weihnachtstag 1791 gehalten. Der Brand von 1877 zerstörte die Kirche, die 1880 wiederaufgebaut wurde. Während der Sommermonate finden Führungen durch die Kirche statt.

Das Blockhaus **Fort Howe Lookout (8)**, 55 Magazine St., wurde 1777 in Halifax gebaut und in Fort Howe zur Überwachung des Hafens aufgestellt. Vom Aussichtsturm kann man den Blick auf die Stadt und den Hafen genießen.

Der **Carleton Martello Tower (9)** wurde 1812 zur Verteidigung der Stadt bei einem möglichen Angriff amerikanischer Truppen errichtet und war im Falle eines Angriffes während des Zweiten Weltkriegs als Flugabwehr- und Feuermeldehauptquartier vorgesehen. Guides in historischen Kostümen informieren die Besucher über die militärische Geschichte des Turmes, von dessen Höhe sich ein Blick auf die Bay of Fundy bietet.
**Carleton Martello Tower**, *454 Whipple St., ☎ 506-636-4011, www.pc.gc.ca/en/lhn-nhs/nb/carleton, Mitte Juni–Aug. tgl. 10–17.30, Sept.–Mitte Okt. Mo–Fr 9–16.30 Uhr, Eintritt Erwachsene $ 3,90, Senioren $ 3,40.*

## Reisepraktische Informationen Saint John/New Brunswick

Karte s. S. 469

### Information

**Shoppes of City Hall Visitor Information Centre**, *15 Market Sq., ☎ 506-658-2855 oder 1-866-463-8639, www.tourismnewbrunswick.ca/Products/S/Saint-John-Visitor-Information-Centre-City-Hall.aspx, ganzjährig geöffnet.*
**Saint John Throughway Visitor Information Centre**, *1509 Saint John Throughway West (Eastbound), ☎ 506-658-2940, 1-866-463-8639, www.discoversaintjohn.com, geöffnet Mitte Mai–Mitte Okt. Weitere Visitor Information Centres: www.discoversaintjohn.com/plan-your-visit#884.*

### Wichtige Anschriften und Telefonnummern

**Polizei/Notruf**: *☎ 911*
**Medizinischer Notdienst: St. Joseph's Hospital**, *130 Bayard Dr., ☎ 506-632-5555*
**Canadian Automobile Association Maritimes CAA**: *378 Westmorland Rd., ☎ 506-634-1400*
**Gezeitenvorhersage „Fundy Tide Watch"**: *www.discoversaintjohn.com/fundy-tide-watch*

### Unterkunft

**$$$ Delta Hotels Saint John (3)**, *39 King St., ☎ 506-648-1981 oder 1-888-236-2427, https://deltahotels.marriott.com, im Zentrum gelegenes Hotel mit Sauna, Swimmingpool, vom Hotel aus gibt es einen direkten Zugang zum Market Square und zum Geschäftsviertel.*
**$$$ Fundy Heights B&B (5)**, *360 Young St., ☎ 506-635-1213 oder 1-800-240-7866, http://fundyheightsbedandbreakfast.com, ruhig gelegenes Haus in der Nähe des Fähranlegers mit vier unterschiedlich eingerichteten Zimmern, jeweils mit Bad.*
**$$$–$$$$ Best Western Plus Saint John Hotel & Suites (1)**, *55 Major Brook Dr., ☎ 506-657-9966 oder 1-800-780-7234, www.bestwesternatlantic.com/saint-john-hotels,*

*neues, außerhalb der Stadt an einer Mall gelegenes Hotel mit modernen Zimmern und Swimmingpool, freundlicher Service, gutes Frühstück.*

**$$$–$$$$ Homeport Historic B&B (2)**, *80 Douglas Ave., ☏ 506-672-7255 oder 1-888-678-7678, www.homeportinn.ca, das eindrucksvolle Haus aus dem Jahr 1858 mit zehn antik eingerichteten Räumen liegt oberhalb der Stadt mit großartigem Blick auf die Bay of Fundy, reichhaltiges Frühstück.*

**$$$–$$$$ Travelodge Suites Saint John (4)**, *1011 Fairville Blvd., ☏ 506-799-0135 oder 1-800-525-4055, www.travelodge.ca, Motel mit 60 geräumigen, freundlich eingerichteten Zimmern, in der Nähe der Reversing Falls, kontinentales Frühstück inbegriffen.*

### Essen und Trinken

**Billy's Seafood Company (4)**, *51 Charlotte St., ☏ 506-672-3474, https://billysseafood.com, beliebtes Seafood Restaurant im Old City Market. Mo–Do 11–22, Fr 11–23, Sa 9–23, So 16–22 Uhr, Happy Hour tgl. 16–19, Frühstück Sa 9–11.30 Uhr.*

**East Coast Bistro (2)**, *60 Prince William St., ☏ 506-696-3278, https://eastcoastbistro.com, gemütliches Bistro, Seafood, Steak und Burger. Di–Do 11–21, Fr 11–22, Sa 10–14 Uhr Brunch und bis 22 Uhr Dinner. Hauptgerichte ab $ 18.*

**Grannan's Seafood Restaurant (1)**, *Market Sq., ☏ 506-634-1555, http://grannangroup.com/grannans-seafood, beliebtes, zwangloses Restaurant für Meeresspezialitäten, wo man Hummer und Austern aus dem Wasserbecken wählen kann, Hauptgerichte ab $ 20.*

**York Bistro and Pub (3)**, *im Hotel Hilton, 1 Market Sq., ☏ 506-632-8564, Restaurant mit schönem Blick auf den Hafen. Tgl. 6.30–24 Uhr.*

### Busse

**Saint John Transit**, *☏ 506-658-4700, Auskunft über Fahrzeiten und Routen des innerstädtischen Busverkehrs.*

**MaritimeBus**, *125 Station St., ☏ 506-627-2055 und 1-800-575-1807, https://maritimebus.com, Informationen zum überregionalen Busverkehr.*

### Fähren

**Bay Ferries**, *☏ 506-649-7777 oder 1-877-762-7245, www.ferries.ca, die Autofähre verkehrt 1–2 x tgl. nach Digby/Nova Scotia. Dauer der Überfahrt ca. 3 Std., Reservierungen sind empfehlenswert. Preise in der Hochsaison für eine Strecke: Auto $ 118, Erwachsene $ 48, Senioren $ 39, Studenten $ 39, Kinder von 6–13 J. $ 34, Kinder bis 5 J. frei.*

**East Coast Ferries**, *☏ 506-747-2159, 1-877-747-2159, www.eastcoastferriesltd.com, Informationen über die Fahrten nach Deer Island und Grand Manan Island, Preis Auto mit Fahrer $ 22, Erwachsene $ 5, Kinder unter 12 J. frei, Erwachsener mit Fahrrad $ 6.*

**Coastal Transport**, *☏ 506-667-3724, http://grandmanan.coastaltransport.ca/landing.php.*

## Orte und Sehenswürdigkeiten an der Bay of Fundy

An der Küste westlich von Saint John liegen einige Fischer- und Ferienorte, die einen Besuch ebenso lohnen wie die Inseln in der Bay of Fundy, die mehrmals täglich durch Fährverkehr mit dem Festland verbunden sind.

### St. Andrews

Der heutige Ferienort St. Andrews an der Spitze einer Halbinsel, die in die Passamaquoddy Bay hineinragt, wurde 1783 von Loyalisten gegründet. Wegen seiner Lage und des guten Klimas wurde er schon früh zu einem Sommerziel wohlhabender Kanadier

Viktorianische Häuser

und Neuengländer. Die Alleen und die zu Beginn des 19. Jh. errichteten viktorianischen Villen verleihen dem Ort bis heute ein attraktives Aussehen. Am Hafen weisen die unter Wasser liegenden „Lobster Pounds" auf den Hummerreichtum der Region hin; entlang der Hauptstraße liegen Hotels, Restaurants, Boutiquen und mehrere Kunstgewerbeläden.

**Sehenswürdigkeiten**

- Das **Huntsman Marine Science Centre** mit Aquarium und Ausstellungen zum Fischfang, zur Forschung und zur Geologie der Bay of Fundy.
  **Huntsman Marine Science Centre**, *1 Lower Campus Rd., ☏ 506-529-1200, www.huntsmanmarine.ca, Mitte Mai–Mitte Okt. 10–17, Juli/Aug. bis 19 Uhr, Eintritt Erwachsene $ 14,25, Senioren $ 11,75, Kinder und Jugendliche 4–17 J. $ 10, Familien: Nach drei Standard-Eintritten für einen Erwachsenen und Kinder kostet der Eintritt für weitere Personen $ 7,75.*
- **Kingsbrae Garden**, Parkgelände mit 26 Themen- und Wildblumengärten; in einigen Anlagen ist bei den Beeten klassische Musik zu hören.
  **Kingsbrae Garden**, *220 King St., ☏ 506-529-3335 oder 1-866-566-8687, www.kingsbraegarden.com, Mitte Mai–Mitte Okt. 9–18, Juli/Aug. 9–19 Uhr, Eintritt Erwachsene $ 16, Senioren und Schüler 7–17 J. $ 12, Familienkarte $ 38.*
- **St. Andrews Blockhouse National Historic Site**, *23 Joe's Point Rd., ☏ 506-529-4270, www.pc.gc.ca/en/lhn-nhs/nb/standrews, Juni–Aug. tgl. 10–18 Uhr, Eintritt frei.* Das Blockhaus und Teil einer Befestigungsanlage aus dem Krieg von 1812 wurde 1993 durch ein Feuer stark beschädigt; das Gebäude zeigt Nachbildungen der Originale des frühen 19. Jh. Am Strand gibt es einen Picknickplatz.
  **Ministers Island**, *☏ 506-529-5081, www.ministersisland.net, Mitte Mai–Mitte Okt., Öffnungszeiten sind abhängig von den Gezeiten, Informationen dazu finden sich auf der Website, Eintritt Erwachsene $ 15, Senioren/Studenten $ 13, Kinder unter 7 J. frei. Diese Insel liegt etwas außerhalb von St. Andrews. Sie ist nur bei Ebbe über die Bar Road zu erreichen.*

Im Ort werden mehrstündige Bootsfahrten zur **Vogel- und Walbeobachtung** in der Bay of Fundy und der Passamaquoddy Bay angeboten.

## Reisepraktische Informationen St. Andrews

### Information

**Saint Andrews Chamber of Commerce**, *252 Water St., Unit C, ☏ 506-529-3555, www.standrewsbythesea.ca.*

### Unterkunft

**$$$ Rossmount Inn**, *4599 Route 127, ☏ 506-529-3351, 1-877-529-3351, www.rossmountinn.com, etwas außerhalb gelegenes viktorianisches Haus mit 18 antik eingerichteten Zimmern und Blick auf die Passamaquoddy Bay, außerdem wird ein gut eingerichtetes Cottage vermietet.*

**$$$ Tara Manor Inn**, *559 Mowat Dr., ☏ 506-529-3304 oder 1-800-691-8272, www.taramanor.ca, sehr schönes historisches Landgasthaus auf großem Gelände mit weiten Rasenflächen, Gärten und über hundert Jahre alten, geformten Hecken; die 26 eleganten Zimmer und Suiten haben Balkon oder Terrasse und bieten großartige Ausblicke auf die Bucht oder die Gärten.*

**$$$$–$$$$$ The Algonquin Resort**, *184 Adolphus St., ☏ 506-529-8823 oder 1-855-529-8693, www.algonquinresort.com, elegantes Resorthotel auf schön gestaltetem Gelände*

*mit sehr gut eingerichteten Räumen, Swimmingpool, Sauna, Strand, Fahrradverleih, Golfplatz und Kinderprogramm.*

**Bootstouren**

**Fundy Tide Runners Whale Watching an Nature Tours**, *16 King St., ☏ 506-529-4481, www.fundytiderunners.com, die Boote laufen zu 2-stündigen Walbeobachtungsfahrten in die Bay of Fundy und die Passamaquoddy Bay aus. Abfahrt Mitte Juni–Anfang Okt. tgl. 10, 11, 13, 14, 16, 17 und 18.30 Uhr, im Mai und Okt. findet gewöhnlich nur eine Ausfahrt pro Tag statt. Erwachsene $ 80, Kinder 5–12 J. $ 65, Kinder unter 5 J. sind nicht erlaubt.*

Die vorgelagerten, reizvollen Inseln **Deer Island**, **Campobello Island** und **Grand Manan Island** laden mit Stränden, Golfplätzen, Provinzparks, Leuchttürmen und Museen zu längeren Aufenthalten ein. Nach dem Amerikanischen Unabhängigkeitskrieg wurde diese Region von Loyalisten besiedelt. Diese ließen sich an den Küsten nieder und profitierten von den reichen Fischvorkommen und den großen Hummerbänken vor Deer Island.

**Campobello Island** (zu erreichen über die Memorial Bridge nach Lubec/Maine und durch die Fährverbindung mit Deer Island) war ein bevorzugter Aufenthaltsort des amerikanischen Präsidenten Franklin D. Roosevelt während der Sommermonate.

Der **Roosevelt Campobello International Park** ist ein 1.200 ha großer Park, der das 34-Zimmer-Sommerhaus der Familie des US-Präsidenten Franklin D. Roosevelt umgibt. Einige Räume zeigen Erinnerungsstücke, Fotos und persönlichen Besitz. Sieben Wanderwege führen zu Klippen, Leuchttürmen, Stränden und Buchten.

*Roosevelts Sommersitz*

**Roosevelt Campobello International Park**, *459 Route 774, Welshpool, ☏ 506-752-2922 oder 1-877-851-6663, www.fdr.net, Mitte Mai–Mitte Okt. tgl. von Sonnenauf- bis Sonnenuntergang, Eintritt frei.*

**Ministers Island** ist vor allem deshalb interessant, weil sie nur bei Ebbe mit dem Auto erreichbar ist. Bei Flut ist die Landverbindung überschwemmt. Auf der Insel verbrachte Sir William Van Horne seine Sommer. Der Eisenbahnmagnat, der die Bahnlinie durch Kanada baute, errichtete hier ein Herrenhaus und experimentierte mit landwirtschaftlichen Methoden.

**The Van Horne Estate**, *199 Carriage Rd., Ministers Island, ☏ 506-529-5081, www.ministersisland.net, Mitte Mai–Mitte Okt., Öffnungszeiten sind abhängig von den Gezeiten, Informationen dazu stehen auf der Website, Eintritt Erwachsene $ 15, Senioren/Studenten $ 13, Kinder unter 7 J. frei.*

## Grand Manan Island

Grand Manan Island ist die größte der Fundy-Inseln. Sie liegt 15 km vor der Küste von Maine und ist bekannt für ihre Hering- und Hummerbestände. Auf der Insel leben etwa 2.600 Menschen. Grand Manan ist ein Paradies für Naturliebhaber und bietet Malern und Fotografen viele Motive, z. B. im Fischerdorf Seal Cove mit seinen Lagerhallen oder am Swallowtail Overlook, am Swallow Tail Lighthouse und am Southwest Head Lighthouse. 19 Wanderwege führen über die Insel, von denen einige von Mitte Juli bis Mitte September Gelegenheit zur Wal- und Seehundbeobachtung bieten. Für Ornithologen ist Grand Maman interessant, da hier Zugvögel im Frühjahr und im Herbst rasten. Dabei wurden mehr als 300 Vogelarten beobachtet.

*Schöne Fotomotive*

info

## Dulse – Seegemüse als Spezialität in New Brunswick

Zwischen Mai und September kann man nach Dulse-Sammlern Ausschau halten. Bei Ebbe gehen diese ins Watt hinaus und sammeln das Seegemüse. Anschließend wird es in der Sonne ausgelegt und getrocknet. Dulse isst man in New Brunswick als Snack mit Dips oder sprinkelt es über Salate.

Dulse bekommt man bei den Dulse-Farmern in Dark Harbour auf Grand Manan Island (Schilder am Straßenrand weisen auf ihre Verkaufsstände hin) oder bei Slocum & Ferris im Old City Market in Saint John.

Der Ornithologe **James Audubon** hat viele seiner Vogelzeichnungen auf Grand Manan angefertigt. Im **Grand Manan Museum** gibt es Ausstellungen zur Vogelwelt.
**Grand Manan Museum**, *Grand Harbour, 1141 Route 776*, ☏ *506-662-3524, www.grandmananmuseum.ca, Juni–Sept. Mo–Fr 9–17, Juli/Aug. Mo–Sa 9–17, So 13–17 Uhr.*

Auf der Insel können Fahrräder und Kanus gemietet werden; außerdem werden Bootsfahrten zur Wal-, Seehund- und Vogelbeobachtung durchgeführt.

### Information

**Grand Manan Tourism Association**, *130 Route 776*, ☏ *506-662-3442 oder 1-888-525-1655, www.grandmanannb.com, Mo–Fr 9–18 Uhr. Bitte vorher anrufen, um die Öffnungszeiten zu bestätigen.*

### Bootstouren zur Walbeobachtung

**Sea Watch Tours**, *Seal Cove Pier*, ☏ *506-662-8552 oder 1-877-662-8552, www.seawatchtours.com, Anfang Juli–Ende Sept., Abfahrten Juli tgl. 8 bzw. 13, sonst 11.30 Uhr, Erwachsene $ 75, Kinder $ 55.*
**Top of the Island Boat Tours**, *North Head Fisherman's Wharf*, ☏ *506-660-1122, www.gmboattours.ca, Juli–Mitte Sept. „Sightseeing Charter", Erwachsene $ 65, Kinder unter 12 J. $ 50.*

# Fredericton und Umgebung

## Fredericton

Die Hauptstadt New Brunswicks am Ufer des Saint John River zählt 56.200 Einwohner. Neben der Universität prägen der Bischofssitz, Theater und Museen das kulturelle Leben der Stadt. Daneben entwickelte sich Fredericton zu einem Handels- und Geschäftszentrum. Die erste Niederlassung an dieser Stelle aus dem Jahr 1732 trug den Namen Pointe Ste. Anne und war eine akadische Siedlung, die immer wieder in kriegerische Auseinandersetzungen zwischen Franzosen, Briten und Micmac-Indianern verwickelt war. Ab 1768 ließen sich amerikanische Loyalisten im Ort nieder und nannten ihn Frederick's Town zu Ehren des zweiten Sohnes von König George III. 1785 wurde Fredericton zur Provinzhauptstadt. Viele der Garnisons- und Regierungsgebäude werden noch heute genutzt, so z. B. durch die Kunstgewerbeschule von New Brunswick.

## Streckenhinweis

Von Saint John geht es über den Hwy. 7 nach Fredericton, das nach 103 km erreicht ist.

## Hinweis

In der **Touristeninformation (1)**, 11 Carleton St., gibt es Material für einen Rundgang durch das Stadtzentrum. Im Sommer werden täglich Führungen angeboten. Außerdem kann man von Mai–Okt. an einstündigen Spaziergängen teilnehmen, bei denen man von Mitgliedern des Fredericton-Sommertheaters in historischen Kostümen begleitet wird.

Beim Gang durch die Stadt fallen in den Geschäften die zahlreichen kunsthandwerklichen Arbeiten sofort ins Auge: Töpferwaren, Quilts, Stoffe und Gebrauchsgegenstände aus Zinn.

**Fredericton**

**Unterkünfte**
1 Delta Fredericton
2 Crowne Plaza Fredericton-Lord Beaverbrook
3 Brennan's B&B
4 Best Western Plus Fredericton Hotel & Suites
5 Comfort Inn
6 Holiday Inn Express & Suites

**Essen & Trinken**
1 The Dip Pool Bar & Grill
2 Isaac's Way
3 Lunar Rogue Pub
4 Hilltop Grill & Beverage Company

© igraphic

Am Officer's Square, zwischen Carleton und Regent Street, findet im Juli und August der Wachwechsel der Garde, **Changing of the Guard (2)**, statt (*tgl. um 11 und 16, Di und Do auch um 19 Uhr*). Von Ende Mai bis Anfang September werden auf dem Platz kostenlose **Freiluftkonzerte** lokaler Künstler gegeben (Infos: ☏ *506-460-2129, www.tourismfredericton.ca/en/events/outdoor-summer-concert-series*).

Die **Beaverbrook Art Gallery (3)** wurde 1959 eröffnet und nach dem Gönner der Stadt, Lord Beaverbrook, benannt, dessen private Kunstsammlung den Grundstock des Museumsbestandes bildete. Zu den Anziehungspunkten der Galerie gehören Werke von Botticelli, Lucas Cranach und Delacroix, Gemälde von Gainsborough, Hogarth und Turner sowie Arbeiten kanadischer Künstler, z. B. der Group of Seven; gleich in der Eingangshalle ist das Bild „Santiago el Grande" von Salvador Dalí zu sehen.

*Mannigfache Meisterwerke*

**Beaverbrook Art Gallery**, *703 Queen St.,* ☏ *506-458-2028, beaverbrookartgallery.org, Di–Sa 10–17, Do bis 21, So 12–17 Uhr, Juni–Sept. tgl. geöffnet, Eintritt Erwachsene $ 10, Senioren $ 8, Studenten $ 5, Kinder unter 6 J. frei, Familienkarte $ 20.*

Ebenfalls an der Queen Street liegt das **Fredericton Region Museum (4)** mit Ausstellungen über frühe Indianersiedlungen, über das Leben der Akadier und Loyalisten in Fredericton und mit Informationen zur Geschichte der Region.

**Fredericton Region Museum**, *571 Queen St,* ☏ *506-455-6041, www.frederictonregionmuseum.com, Ende Mai–Mitte Okt. tgl. 10–17, Do 10–21, April–Juni und Sept.–Nov. Di–Sa 10–17 Uhr, sonst nur nach Voranmeldung, Eintritt Erwachsene $ 10, Senioren $ 8, Studenten $ 5, Kinder unter 6 J. frei, Familienkarte $ 20.*

*In der Provinzhauptstadt Fredericton*

Das **Parlamentsgebäude (Legislative Assembly) (5)** aus dem Jahr 1882 wurde an der Stelle des 1880 abgebrannten Provinzamtes gebaut. Sehenswert sind der Sitzungssaal mit Porträts von Joshua Reynolds und die Bibliothek, die u. a. die komplette, handkolorierte Kupferstichsammlung „Birds of America" von John James Audubon enthält. Audubon war 1830 in Fredericton und fertigte während dieser Zeit einige seiner Vogelbilder an. Besucher können die Parlamentssitzungen von der Zuschauergalerie aus verfolgen.

**Parlamentsgebäude**, *706 Queen St.,* ☏ *506-453-2527, Ende Juni–Mitte Aug. tgl. 9–17, sonst Mo–Do 8.30–17, Fr 8.30–16.30 Uhr, Führungen Ende Juni–Ende Aug. tgl. 10–17 (letzte Tour: 16.30 Uhr), Sept.–Ende Juni Mo–Fr 9–16 Uhr auf Anfrage, Eintritt frei.*

Das **Old Government House (6)** stammt aus dem Jahr 1826 und dient seitdem als Residenz des „Lieutenant Governor". Das mit antikem Mobiliar, einer Bibliothek und dem Musikzimmer ausgestattete Haus kann besichtigt werden.
**Old Government House**, *51 Woodstock Rd., ☏ 506-453-2505, www.gnb.ca/lg/ogh/, 45-minütige Führungen von Mitte Mai–Ende Aug. Mo–Sa 10–16, So 12–16 Uhr, Eintritt frei.*

Die **University of New Brunswick (7)** wurde 1785 gegründet und ist die drittälteste Universität Kanadas; hier wurde 1851 das erste Planetarium des Landes eingeweiht. In der Universitätsbibliothek, der Harriet Irving Library, finden sich Erstausgaben von Charles Dickens, James Joyce und H.G. Wells, außerdem der Nachlass von Lord Beaverbrook.

*Ältestes Planetarium des Landes*

**University of New Brunswick**, *MacKay Dr., ☏ 1-888-895-3344, www.unb.ca, Führungen Mo–Sa (Reservierung nötig), Eintritt frei.*

Die anglikanische Bischofskirche **Christ Church Cathedral (8)** wurde 1853 fertiggestellt. Sie ist die Nachbildung der gotischen Kirche St. Mary's in Norfolk, England, zu sehen sind Glasmalereien.
**Christ Church Cathedral**, *168 Church St., ☏ 506-450-8500, Mo–Fr 9–16 Uhr; Führungen im Juli/Aug. Mo–Fr 9–18, Sa 10–18 Uhr, Eintritt frei.*

**The Green (9)** wird die Promenade genannt, die sich am Ufer des Saint John River entlangzieht und zu Spaziergängen einlädt. Hier finden sich die Statue des schottischen Dichters Robert Burns und ein Marmorbrunnen, der von Lord Beaverbrook gestiftet wurde.

Sehenswert sind der 157 ha große **Odell Park and Arboretum (10)** mit Wanderwegen, Picknickplätzen und Kinderspielplatz sowie der **Fredericton Botanic Garden (11)** mit interessanten Pflanzen und Wanderwegen, die durch hügeliges Gelände und an einem Bachlauf entlangführen. Reizvoll sind Spaziergänge zur Zeit der Azaleen- und Rhododendronblüte.

Von der Spitze des **Leuchtturmmuseums (Lighthouse on the Green) (12)** blickt man auf das Umland von Fredericton. Im Sommer finden hier abends Freiluftkonzerte statt. An der Marina beginnen die **Bootsfahrten** auf dem St. John River; außerdem gibt es einen Kanu- und Hausbootverleih.

## Reisepraktische Informationen Fredericton

Karte s. S. 477

### Information

**Visitor Information Centre – Downtown**, *City Hall, 397 Queen St., ☏ 506-460-2129, www.tourismfredericton.ca, Ende April–Mitte Mai/Mitte–Ende Okt. Mo–Fr 10–16.30, Mitte Mai–Mitte Juni, Sept.–Mitte Okt. tgl. 10–17, Mitte Juni–Ende Aug. 10–20 Uhr. Von Nov.–Mai ist an das Tourismusbüro in 11 Carleton St. für Besucherinformationen zuständig.*

### Wichtige Anschriften und Telefonnummern

**Notruf, Feuer, Polizei**: *911*
**Fredericton Medical Clinic**: *1015 Regent St., ☏ 506-458-0200*
**Canadian Automobile Association CAA**: *5 Trinity Ave., ☏ 506-452-1987, Mo–Mi und Fr 8.30–17.30, Do 8.30–19, Sa 10–14 Uhr*

## Unterkunft

**$$$ Comfort Inn (5)**, *797 Prospect St., ☏ 506-453-0800, www.choicehotels.ca, Motel mit 100 Zimmern am Trans-Canada Hwy. 2.*

**$$$–$$$$ Brennan's B&B (3)**, *146 Waterloo Row, ☏ 506-455-7346 oder 1-800-655-7346, www.bbcanada.com/3892.html, das 1885 gebaute, viktorianische Haus liegt stadtnah am Fluss; die sechs mit Antiquitäten eingerichteten Gästezimmer verfügen über allen Komfort, ausgezeichnetes Frühstück, ganzjährig geöffnet, schöner Blick auf den Saint John River, ein 15-minütiger Spaziergang führt am Fluss entlang zum Stadtzentrum.*

**$$$–$$$$ The Colonel's Inn B&B**, *843 Union St., ☏ 506-452-2802 oder 1-877-455-3003, www.thecolonelsin.com, historisches Haus mit drei freundlichen Zimmern am jenseitigen Ufer des Saint John River, das Zentrum ist mit dem Auto gut zu erreichen. Geöffnet Mai–Okt.*

**$$$$ Best Western Plus Fredericton Hotel & Suites (4)**, *333 Bishop Dr., ☏ 506-455-8448 oder 1-800-780-7234, www.bestwesternatlantic.com, modernes Hotel mit gut ausgestatteten Zimmern in der Nähe der Regent Mall.*

**$$$$ Holiday Inn Express & Suites (6)**, *665 Prospect St. W., ☏ 506-459-0035, 1-800-000-8354, www.ihg.com, gut geführtes Mittelklassehotel mit 91 geräumigen, freundlich eingerichteten Zimmern.*

**$$$$–$$$$$ Crowne Plaza Fredericton-Lord Beaverbrook (2)**, *659 Queen St., ☏ 506-455-3371, 1-800-000-8354, www.cpfredericton.com, modernes Hotel mit 168 komfortablen Zimmern, teilweise mit Blick auf den Saint John River, Swimmingpool, Sauna, Whirlpool, Restaurant und Parkplatz.*

**$$$$$ Delta Fredericton (1)**, *225 Woodstock Rd., ☏ 506-457-7000, https://delta hotels.marriott.com, ☏ 1-800-000-8354, große Hotelanlage mit 222 komfortablen, ansprechend eingerichteten Zimmern am Ufer des Saint John River, mit Swimmingpool, Sauna, Whirlpool, Bootsanlegestelle.*

## Essen und Trinken

**Hilltop Grill & Beverage Company (4)**, *1034 Prospect St., ☏ 506-458-9057, www.thehilltop.ca, ausgezeichnete Steaks und tägliches Lunch-Buffet, Hauptgerichte zwischen $ 8 und 10.*

**Isaac's Way (2)**, *649 Queen St., ☏ 506-474-7222, http://isaacsway.ca, ein Restaurant, das Steak, Seafood, Pasta und vegetarische/vegane Gerichte offeriert. Mo–Fr 11.30–22, Sa/So 10–22 Uhr.*

**Lunar Rogue Pub (3)**, *625 King St., ☏ 506-450-2065, www.lunarrogue.com, Pub mit Sommerterrasse in der Innenstadt, tgl. wechselnde Speisekarte, empfehlenswert und preisgünstig.* Mo–Fr 22–1, Sa 10–1, So 11–22 Uhr.

**The Dip Pool Bar & Grill (1)**, *225 Woodstock Rd., im Delta Hotel, ☏ 506-451-7935, www.facebook.com/thedippoolbar, gute Küche und schöner Ausblick vom Delta Fredericton auf den Saint John River, gehobene Preiskategorie.*

## Einkaufen

*Fredericton besitzt einige moderne Einkaufszentren. Interessant sind außerdem die kleinen Boutiquen und Geschäfte, in denen besonders kunsthandwerkliche Arbeiten, u. a. auch Quilts und Zinnartikel, zu finden sind. Da es in Fredericton eine sehr gute Kunstgewerbeschule, das New Brunswick College of Craft and Design, gibt, ist das Angebot der Zinngießer, Töpfer, Weber und Holzschnitzer groß und vielseitig.*

**Barracks Fine Craft Shops**, *Queen/Carleton St., gegenüber vom College, ☏ 506-460-2129, in den früheren Soldatenunterkünften gibt es in mehreren kleinen Läden eine große Auswahl an originellen handwerklichen Arbeiten der Kunststudenten; gelegentliche Vorführungen, Juni–Sept. tgl. 10–17 Uhr.*

**Fredericton Boyce Farmers Market**, *665 George St., ☎ 506-451-1815, www.facebook.com/FrederictonFarmersMarket, der Markt findet ganzjährig am Samstagvormittag von 6–13 Uhr statt, angeboten werden landwirtschaftliche Produkten aus der Region und kunstgewerbliche Arbeiten.*

### Mietwagen

**Avis**, *1285 Hanwell Rd., ☎ 506-452-8017, und am Flughafen 506-446-6006*
**Budget**, *1285 Hanwell Rd., ☎ 506-452-8016, und am Flughafen 506-446-6123*
**Hertz**, *659 Queen St., ☎ 506-459-3444*

## Sehenswertes in der Umgebung von Fredericton

Das meistbesuchte Ausflugsziel in der Umgebung von Fredericton ist **Kings Landing Historical Settlement**, ein Freilichtmuseum am Saint John River. Da durch den Bau des Mactaquac Dam gegen Ende der 1960er-Jahre etliche der alten Häuser durch Überflutung gefährdet waren, entschied man, einige Häuser an einen höher gelegenen Ort zu versetzen und zu restaurieren. So entstand Kings Landing.

*Beliebtes Freilichtmuseum*

In dem Dorf, zu dem Bauernhäuser, Geschäfte, eine Schule, eine Schmiede, Mühlen, eine Druckerei, ein Landgasthof und ein Theater gehören, lernt man das Leben der Siedler aus der Zeit von 1784–1890 kennen. Während kostümierte Dorfbewohner die täglichen Verrichtungen zeigen, gibt es Veranstaltungen, wie z. B. eine Herbstauktion, ein Erntedankfest oder ein Weihnachtsessen.
**Kings Landing Historical Settlement**, *5804 Route 102 Prince William, 37 km westlich von Fredericton, ☎ 506-363-4999, www.kingslanding.nb.ca, Anfang Juni–Mitte Okt. tgl. 10–17 Uhr, Eintritt Erwachsene $ 21,50, Senioren und Studenten $ 19, Kinder und Jugendliche von 6–16 J. $ 15, Familienkarte $ 49.*

**Mactaquac Provincial Park**, am Hwy. 105, 24 km westlich von Fredericton. Der ganzjährig geöffnete Park bietet Wanderwege, Anlegestellen für Kanu- und Bootsfahrten

*Tanzvergnügen in Kings Landing*

sowie eine Marina, beaufsichtigte Badestrände, einen großen Zeltplatz, ein Restaurant, Windsurf-Möglichkeiten und einen 18-Loch-Golfplatz.

**Oromocto**, am Hwy. 102, ca. 15 km südlich von Fredericton, liegt am Zusammenfluss des Saint John River mit dem Oromocto River. An den Flüssen siedelten früher Micmac- und Malecit-Indianer, heute ist der Ort mit knapp 9.000 Einwohnern ein Feriengebiet für Angler und Freizeitkapitäne. In Oromocto befindet sich eines der größten militärischen Ausbildungslager des britischen Commonwealth.

Das **New Brunswick Military History Museum** zeigt Uniformen und Waffen aus Kriegen vom frühen 18. Jh. bis hin zu UN-Missionen der Gegenwart.
**New Brunswick Military History Museum**, *Bldg A5, Stn Forces, ☎ 506-422-1304, http://nbmilitaryhistorymuseum.ca, Mo–Fr 8–16 Uhr, Sa/So nach Anmeldung, Juli/Aug. tgl. geöffnet, Eintritt $ 2, Familien-/Gruppenkarte $ 5.*

*Künstler bei der Arbeit*

In **Gagetown**, am Hwy. 102, ca. 55 km südöstlich von Fredericton, kann man Künstlern und Kunsthandwerkern bei ihrer Arbeit zuschauen, darunter den Webern, die in einem früheren Pelzhandelsposten tätig sind. Im **Queens County Museum** sind Möbel, Bilder und Haushaltsgegenstände aus der Zeit der Loyalisten und aus viktorianischer Zeit ausgestellt. Ebenfalls sehenswert: das **Court House** aus dem Jahre 1836. Im Hafen von Gagetown liegen während der Sommermonate Boote aus aller Welt.
**Queens County Museum, Tilley House**, *69 Front St., ☎ 506-488-2483, www.queenscountyheritage.com, Mitte Juni–Mitte Sept. tgl. 10–17 Uhr, Eintritt $ 3.*
**Court House**, *16 Court House Rd., Mo, 18. Juni–So, 16. Sept., Erwachsene $ 3, Kombiticket mit 2 Orten: $ 5, 3 Orte: $ 7, 4 Orte: $ 9.*

## Von Fredericton nach Edmundston und Rivière-du Loup/QC

**Streckenhinweis**

Von Fredericton kann man über die Hwys. 2 oder 105 über Woodstock, Grand Falls und Edmundston in die Provinz Québec fahren. Der Hwy. 2 führt auf Québecer Seite dann als Hwy. 185 weiter.

**Redaktionstipps**

- Eine **Radtour am Madawaska River** entlang (S. 484)
- Der **New Brunswick Botanical Garden** bei Edmundston (S. 484)
- Die **Hopewell Rocks** mit einem Spaziergang zu den Sandsteinfelsen bei Ebbe (S. 494)
- Der **Fundy National Park** mit dem größten Gezeitenwechsel der Welt (S. 497)

Beide Highways folgen weitgehend dem Verlauf des Saint John River und durchqueren das landschaftlich reizvolle **Saint John River Valley**. Der Saint John River, der im US-Bundesstaat Maine entspringt, ist 673 km lang und bildet auf ca. 100 km die Grenze zwischen Kanada und den USA. Er durchfließt die nordöstlichen Ausläufer der Appalachen, bildet mehrere Wasserfälle und mündet bei Saint John in die Bay of Fundy. Er ist der längste und wichtigste Fluss der Atlantikprovinzen; an seinen Ufern liegen Kraftwerke, die einen großen Teil des in New Brunswick benötigten Stroms liefern. Wenn man dem Flusslauf folgt, breiten sich Wälder, Schluchten, fast menschenleeres Bergland, Farmlandschaften und

Täler vor einem aus. An der Straße weisen Schilder auf Elche hin; kein Wunder, denn nur wenige Kilometer westlich liegt der US-Bundesstaat Maine mit der größten Elchpopulation Nordamerikas.

In **Hartland** führt eine überdachte Holzbrücke von 1921 über den Saint John River – die mit 391 m längste „covered bridge" in Kanada. Wirtschaftliche Bedeutung hat das Gebiet um Hartland durch den Kartoffelanbau und die Niederlassung kartoffelverarbeitender Betriebe, die ihre tiefgefrorenen Pommes frites bis nach Europa liefern.

*Sehenswerte Brücke*

Bei **Grand Falls/Grand-Sault**, der einzigen offiziell zweisprachigen Stadt in den Atlantikprovinzen, windet sich der Saint John River durch eine tiefe Schlucht, die dem Ort den Namen gab. Seit die französische Siedlung 1790 in britischen Besitz überging, sind beide Sprachen gebräuchlich. 80 % der Einwohner sind zweisprachig.

**Information**
**Centre Touristique d'information Malobiannah**, *25 Madawaska Rd., ☏ 1-877-475-7769, www.grandfallsnb.com, geöffnet Mai–Okt.*

Der **Grand Falls and Gorge Park** erstreckt sich zu beiden Seiten des Flusses, den eine Brücke überspannt; auf dem gegenüberliegenden Ufer befinden sich das Malabeam Reception Centre und das La-Rochelle-Besucherzentrum, wo man Informationsmaterial zur Region erhält. Dort zeigt ein Modell der Schlucht, wie in jedem Frühjahr die Wassermassen, die bis zu 9/10 der Wassermassen der Niagara Falls ausmachen, über die Felsen durch die Schlucht tosen. Im Sommer bleiben nach der Ableitung des vor dem Felsen aufgestauten Wassers zur Elektrizitätsgewinnung nur Rinnsale übrig. Wanderwege führen zu Wasserfällen und Höhlen. Der beste Blick auf den 23 m hohen Fall bietet sich am Malabeam Reception Centre.
**Grand Falls and Gorge Park**, *☏ 506-475-7769,* **Malabeam Centre** *Mai/Juni 10–18, Juli/Aug. 9.30–19.30, Ende Aug.–Mitte Okt. 10–18 Uhr, Eintritt frei, kleine Führungen Erwachsene ab $ 5, Kinder $ 2, 1 Std. entlang der Schlucht mit Aussichtspunkten, große Führungen Erwachsene $ 10 (plus Steuer), Kinder $ 4 (plus Steuer), entlang der Schlucht mit Aussichtspunkten, inkl. Abstieg über 401 Stufen zum St. John River.*

Im **Grand Falls Museum** kann man sich über die Wasserfälle und die Geografie der Region informieren.
**Grand Falls Museum**, *68 Madawaska Rd., ☏ 506-473-5265 oder 506-475-7769, Juli/Aug., Eintritt frei.*

## Edmundston

Edmundston liegt an der Mündung des **Madawaska River** in den Saint John River. In der Industriestadt haben sich Zellulose und Papier herstellende Betriebe angesiedelt. Im Ort leben etwa 16.000 Einwohner, von denen viele Nachkommen der frühen französischen Siedler sind. Diese nennen sich „Brayons" und „Bürger der Republik Madawaska", die Anfang des 19. Jh. ausgerufen wurde. Damit wollten die Bürger beider Länder die jahrzehntelangen Grenzstreitigkeiten zwischen Kanada und den USA beenden. Hauptstadt dieser „Republik", die von der Kanadischen Föderation und den USA niemals anerkannt wurde, sollte Edmundston sein.

Der zweisprachige Ort besitzt eine Marina mit einem Bootsverleih; auch Fahrräder können dort gemietet werden. In Edmundston beginnt der **Radwanderweg nach Rivière-du-Loup** in der Provinz Québec.

Im **Madawaska Historical Museum** gibt eine Ausstellung Einblick in das historische und kulturelle Leben der Madawaska-Region.
**Madawaska Historical Museum**, *Hwy. 2/165 Hébert Blvd., ☏ 506-737-5282, Juli/Aug. Mo–Do 10–17, Sa/So 13–17 Uhr, sonst Fr–So geschl., geringfügiger Eintritt wird verlangt.*

## Reisepraktische Informationen Edmundston

### Information

**Edmundston Madawaska Tourism Office**, *121 Victoria St., ☏ 506-737-1850 oder 1-866-737-6766, http://tourismedmundston.com, Juli/Aug. tgl. 9–20, sonst Mo–Fr 9–12 und 13–17 Uhr.*

### Unterkunft

**$$$–$$$$ Comfort Inn**, *5 Bateman Ave., ☏ 506-739-8361, www.choicehotels.ca, Mittelklasse-Hotel mit schönem Blick über die Stadt und die Umgebung.*
**$$$$ Auberge Aucoin**, *87 Church St., ☏ 506-353-0088, www.aubergeaucoin.ca, gut geführtes, historisches Haus mit fünf hellen, modern eingerichteten Zimmern und sehr gutem Frühstück, sehr freundliche Gastgeber.*
**$$$$–$$$$$ Best Western Plus Edmundston Hotel**, *280 Hébert Blvd., ☏ 506-739-0000 oder 1-800-780-7234, www.bestwesternatlantic.com, angenehmes Hotel mit geräumigen, gut ausgestatteten Zimmern, Swimmingpool und Frühstück.*

Botanischer Garten

Ein lohnendes Ausflugsziel ist **St.-Jacques**, nur 6 km von Edmundston entfernt, das von irischen Einwanderern um 1830 am Ufer des Madawaska River gegründet wurde. Einen Besuch wert ist der Botanische Garten. Der **New Brunswick Botanical Garden** besteht aus acht Gärten, die nach Themen gestaltet sind.
**New Brunswick Botanical Garden**, *15 Principale St., am Hwy. 2, Exit 8, ☏ 506-737-4444, www.jardinnbgarden.com, Mai–Sept. tgl. 9–17, Juli–25. Aug. bis 20 Uhr, Eintritt Erwachsene $ 18, Senioren und Studenten $ 15, Kinder 7–12 J. $ 8, Familienkarte $ 40.*

Wenige Kilometer nordwestlich von St.-Jaques beginnt die französischsprachige Provinz Québec. Die nächsten Ortschaften sind **Dégelis** und **Notre-Dame-du-Lac** am Lac Témiscouata mit Unterkünften und Wassersportmöglichkeiten. Am See und am Ufer des Madawaska River entlang führt der die beiden Provinzen New Brunswick und Québec verbindende **Radwanderweg**.

### Unterkunft

**$$–$$$ Auberge Marie Blanc**, *2629, rue Commerciale Sud, ☏ 418-899-6747, www.aubergemarieblanc.com, stilvolles Landgasthaus aus dem Jahr 1905 mit angenehmer Atmosphäre, einige der Zimmer sind recht klein, gutes Restaurant, direkt am Lac Témiscouata. Mitte Mai–Mitte Okt. geöffnet.*

In **Cabano** steht das **Fort Ingall**, 81, rue Caldwell, die Rekonstruktion eines Forts von 1839 zur Sicherung der Grenze in den kanadisch-amerikanischen Auseinandersetzungen. Angeschlossen ist der Rosengarten „La roseraie du Témiscouata“ mit mehr als 250 Rosensorten.

Ein lohnender Abstecher führt nach **Saint-Louis-du-Ha! Ha!** zur „Station scientifique Aster du Bas-St.-Laurent“, die am Highway ausgeschildert ist. Es handelt sich um ein Planetarium mit seismologischen und geologischen Ausstellungen und großem Teleskop.

Stellt man an der Einfahrt am Autoradio die Frequenz 97,3 ein, erhält man eine Nachricht aus dem Sonnensystem!
**Museum and ASTER Observatory**, *170, chemin Jacques-Pelletier, ☏ 418-854-2172 oder 1-877-775-2172, www.asterbsl.ca, Juli–Mitte Sept. Mi–So 12 Uhr bis Mitternacht, Eintritt Erwachsene $ 18, Senioren $ 15, Studenten $ 13, Familienkarte $ 50.*

Über Whitworth erreicht man auf dem Hwy. 185 die Stadt Rivière-du-Loup am Sankt-Lorenz-Strom.

## Von Fredericton nach Caraquet

### Streckenhinweis

Von Fredericton folgt man dem Hwy. 8 über Doaktown, Newcastle, Chatham und Bathurst nach Caraquet. Entfernung 290 km.

Die Fahrt führt streckenweise am Miramichi River entlang durch das bewaldete Herz New Brunswicks und durch das Miramichi-Basin bis zur Baie des Chaleurs. Damit folgt man der Route der Holzfäller-Pioniere und lernt den Miramichi River kennen, der für seine Lachsvorkommen weltbekannt ist.

*Route der Holzfäller*

In **Doaktown** informiert das **Atlantic Salmon Museum** in Ausstellungen und einem zwölfminütigen Film über die wirtschaftliche Bedeutung der Lachsfischerei; außerdem wird die Entwicklung des Atlantiksalms in seinem natürlichen Lebensraum veranschaulicht.
**Atlantic Salmon Museum**, *263 Main St., ☏ 506-365-7787, www.atlanticsalmonmuseum.com, Juni–Mitte Okt. Mo–Sa von 9–17, So 12–17 Uhr, Aquarium Juli/Aug., Eintritt Erwachsene $ 8, Senioren $ 6, Schüler 6–18 J. $ 5, Familienkarte $ 20.*

### Miramichi

Miramichi wurde nach den hier ansässigen Micmac-Indianern benannt. Nachdem sich im 18. Jh. akadische Siedler niedergelassen hatten, folgten später Einwanderer aus Irland und Schottland.

Im Ort und in Ortsnähe stehen einige als Museum eingerichtete Häuser, z. B. das **W.S. Loggie Cultural Centre**, *222 Wellington St., ☏ 506-773-4996, Juli/Aug. tgl. 10–18 Uhr, Eintritt frei.*

Per Boot erreicht man **Beaubears Island National Historic Site**, eine Insel im Miramichi River. Im Informationscenter kann man sich über die Geschichte der Insel und das Leben der Indianer informieren.
**Beaubears Island Interpretive Centre**, *35 St. Patrick's Dr., ☏ 506-622-8526, geöffnet tgl. Mitte Juni–Mitte Sept., Park ganzjährig geöffnet, Interpretive Centre: Ende Mai/Juni Mo–Fr 10–16, Sa 12–16 Uhr, So geschl., Juli/Aug. Mo–Sa 10–18, So 12–20, Ende Aug.–Ende Sept. Mo–Sa 10–16, So 12–16 Uhr. Touren Juli/Aug. Erwachsene $ 5, Senioren und Studenten $ 3,50. Verschiedene Tourangebote, s. www.beaubearsisland.com/tours.*

Der **MacDonald Farm Historic Park** besitzt ein georgianisches Steinhaus aus dem Jahre 1815. In den Ausstellungsräumen, in denen kostümierte Guides für Fragen bereitstehen, erfährt man alles über die Lebensweise der schottischen Einwanderer im 19. Jh.

**MacDonald Farm Historic Park**, *600 Hwy. 11, 13 km nordöstlich bei Bartibog Bridge, ☎ 506-778-6085, www.macdonaldfarm.ca, Ende Juni–Anfang Sept. Di–So 10–16 Uhr, Eintritt Erwachsene $ 4, Kinder und Senioren $ 3, Kinder unter 6 J. frei, Familienkarte $ 10.*

## Chatham

*„Irish Festival“*

Am gegenüberliegenden Ufer des Miramichi River liegt Chatham – der Geburtsort des ehemaligen kanadischen Premierministers **Richard Bedford Bennet**, der 1870 hier geboren wurde und in Chatham aufwuchs. Im 19. Jh. war Chatham geprägt durch das Holzfäller-, Fischer- und Schiffsbauimperium, das die Brüder Cunard aufbauten. Die in Chathams Werften gefertigten Segelschiffe zählten zu den besten der Welt. Heute ist Chatham bekannt für das alljährlich Mitte Juli stattfindende „Irish Festival“.

### Streckenhinweis

Von Chatham aus kann man über den Hwy. 11 direkt zum Kouchibouguac Park und weiter nach Prince Edward Island fahren.

## Bathurst

Das Gebiet um Bathurst wurde schon 1534 von Jacques Cartier erkundet, der den Handel mit den Micmac-Indianern aufnahm. Später siedelten sich Akadier, dann Briten in dieser Region an. 1826 wurde die Stadt gegründet und nach dem britischen Kolonialsekretär Bathurst benannt. Bathurst ist heute ein Hafen- und Handelsort, zugleich auch ein Industriegebiet, da hier eine der größten Zinkminen der Erde ausgebeutet wird.

Bathurst ist aber auch ein Ferienort an der Mündung des Nepisiguit River in die Baie des Chaleurs. Strände, eine abwechslungsreiche Küste, Wasserfälle und Vogelkolonien laden zu einem längeren Aufenthalt ein, außerdem gibt es Möglichkeiten zum Golfspielen, Schwimmen, Tauchen, Segeln und Surfen. An der Hafenpromenade „La Promenade“ findet man Geschäfte, Galerien und Restaurants mit Blick auf den Hafen und auf die Bay of Chaleur, an der Fußwege entlangführen. Samstagmorgens lohnt sich ein Besuch des **Farmers' Market**, 150 Main St., wo die Bauern der Umgebung ihre Waren anbieten, Händler Haushaltwaren ausbreiten und Kunstgewerbliches aus den Atlantikprovinzen zu finden ist.

In der **Umgebung von Bathurst** kann man sich die **Tetagouche Falls** (9,6 km südwestlich) am Hwy. 180 und die **Pabineau Falls** (11,2 km südlich) am Hwy. 8, East King Ave., ansehen, wo sich der Nepisiguit River seinen Weg durch schwarzen Granit sucht und Kanuten an den Wasserschnellen ihre Geschicklichkeit erproben.

## Reisepraktische Informationen Bathurst

### Information

**Visitor Information Centre**, *86 Douglas Ave., an der Hafenpromenade, ☎ 506-548-0418 oder 1-877-548-1966, www.bathurst.ca, Mo–Fr 9–17 Uhr.*

### Unterkunft

$$$ **Atlantic Host Hotel**, *1450 Vanier Blvd., ☎ 506-548-3335 oder 1-800-898-9292, www.atlantichost.com, Hotel auf weiträumigem Gelände mit freundlich eingerichteten Zimmern, Swimmingpool, Sauna, Restaurant.*

**$$$ Quality Inn & Suites**, *777 St. Peter Ave., ☎ 506-548-4949 oder 1-800-424-6432, www.choicehotels.ca, angenehmes Motel mit gut ausgestatteten Zimmern und großen Suiten, ein kleines Frühstück ist im Preis inbegriffen.*
**$$$–$$$$ Auberge de la Vallée**, *1810 Vallée Lourdes Dr., ☎ 506-549-4100, www.aubergedelavallee.ca, außerhalb der Stadt gelegenes Haus im Blockhausstil mit geräumigen, rustikal eingerichteten Zimmern, Pool, Spa mit großen Fenstern und schönem Ausblick, französisches Bistro, angeschlossen sind mehrere „Chalets" mit kleiner Küche.*

### Essen und Trinken

**La Fine Grobe By The Sea**, *289, rue Principale, Nigadoo, 11 km nördlich von Bathurst, ☎ 506-783-3138, https://finegrobe.com, weithin bekanntes Restaurant mit gepflegter französischer Küche, ansprechendes Haus mit schönem Blick auf die Nepisiguit Bay, Terrassencafé, Kunstgalerie, Gästezimmer.*

### i Streckenhinweis

Von Bathurst kann man über die Hwys. 11 oder 134 nach Dalhousie und Campbellton und zur Halbinsel Gaspésie/QC fahren. An dieser Strecke liegen die folgenden Ortschaften.

**Dalhousie** ist Hafenort mit Bademöglichkeiten in der Baie des Chaleurs und Gelegenheiten zum Hochseefischen.

Von Bathurst fährt man über den Hwy. 11 nach Caraquet. Bei Janeville zweigt der Carron Drive ab, der zum ca. 1 km entfernten **Daly Point Reserve** führt. Wanderwege verlaufen durch Marschen, Felder und Mischwälder und bieten Möglichkeit zur Tierbeobachtung, vor allem im Herbst, wenn sich hier Tausende von Kanadagänsen für den Vogelzug sammeln.

*Tausende Kanadagänse*

Eine Besonderheit ist der **Maritime Ringlet Butterfly**, eine seltene Schmetterlingsart, die weltweit nur in vier Kolonien vorkommt und ausschließlich in Salzwassermarschen lebt.

## Caraquet

Der etwa 4.200 Einwohner zählende Ort **Caraquet** liegt der Halbinsel Gaspésie gegenüber an der Akadischen Küste. Der Ort wurde 1758 gegründet und ist damit die älteste französische Siedlung im Norden New Brunswicks. Zu Ehren der ersten Siedler wurde das Denkmal der Sainte Anne du Bocage aufgestellt. Der Ort ist der Heimathafen einer großen Fischfangflotte und lockt viele Besucher an. Alljährlich Anfang bis Mitte August wird das „Acadian Festival" gefeiert, in dessen Verlauf auch die „Segnung der Schiffe" stattfindet.

*Schiffssegnung*

Einen Besuch wert ist der **Fischmarkt**, fangfrischen Fisch bekommt man in den Hafenkneipen oder in einem der Restaurants. Interessant ist auch das **Acadian Museum**, das in seiner Ausstellung über die Halbinsel und die akadische Kultur informiert.
**Acadian Museum**, *15, blvd. St. Pierre, ☎ 506-726-2682, www.museecaraquet.ca, Juni/Sept. 10–18, Juli/Aug. 10–20, So 13–18 Uhr.*

*Im Acadian Historical Village wird ganz traditionell Wolle gesponnen*

Lebensweise der Akadier

Das **Acadian Historical Village** ist ein Freilichtmuseum mit Wissenswertem über das Leben der Akadier im 18./19. Jh. Mehr als 40 Gebäude, zu denen Wohnhäuser, Bauernhöfe, eine Kirche, eine Schule, Druckerei, Schmiede, Mühle sowie ein Gasthaus und Krämerladen gehören, wurden hierhin versetzt und restauriert. Die „Dorfbewohner", die die Kleidung jener Zeit tragen, verdeutlichen den Alltag der Akadier. Zur Einführung gibt es eine 18-minütige Dia-Show.

**Acadian Historical Village** (**Experience Acadia**), *5, rue Du Pont, Bertrand, am Hwy. 11, 10 km westlich von Caraquet, ☏ 506-726-2600 oder 1-877-721-2200, www.villagehistoriqueacadien.com, Mitte Juni–Ende Sept. tgl. 10–18 Uhr, Eintritt Erwachsene $ 20, Senioren und Studenten $ 16, Kinder und Jugendliche 6–18 J. $ 16, Familienkarte $ 45, Mitte–Ende Sept. nur halber Preis.*

## Reisepraktische Informationen Caraquet

### Information

**Caraquet Visitor Information Centre**, *39, blvd. St. Pierre ouest, ☏ 506-726-2676.*

### Unterkunft

**$$–$$$ Maison Touristiques Dugas B&B**, *683, blvd. St. Pierre ouest, ☏ 506-727-3195 oder 1-866-727-3195, www.maisontouristiquedugas.ca, das große, 1926 gebaute Haus hat neun im akadischen Stil eingerichtete Zimmer. Ganzjährig geöffnet und etwa 10 Min. vom eigenen Strand entfernt.*

**$$$$–$$$$$ Hotel Paulin**, *143, blvd. St. Pierre ouest, ☏ 506-727-9981 oder 1-866-727-9981, www.hotelpaulin.com, schön gelegenes viktorianisches Haus aus dem Jahr 1891 mit antik eingerichteten Zimmern, stilvollem Speisesaal und persönlichem Service.*

### Ausflugsziele in der Umgebung von Caraquet

- **Grande-Anse**, Ferienort mit Blick auf die Baie des Chaleurs, Provinzpark mit Badestrand, Papst-Museum mit einer Porträtgalerie aller Päpste und einer Nachbildung des Petersdomes.
- **Shippagan**, im Nordosten der Akadischen Halbinsel, sehenswertes **Aquarium & Marine Centre**, am Hwy. 113, mit Diashow, mehreren Aquarien und einer Ausstellung zur Fischereigeschichte.
  **Aquarium & Marine Centre**, *100, rue de l'Aquarium, ☏ 506-336-3013, www.aquariumnb.ca, Anfang Juni–Ende Sept. tgl. 9–18 Uhr, Eintritt Erwachsene $ 9,15, Senioren $ 6,88, Studenten $ 7,12, Kinder und Jugendliche 6–16 J. $ 6,11, Familienkarte $ 24,81.*
- **Île Miscou**, eine der Insel Lamèque vorgelagerte Insel, auf der seit 1856 einer der ältesten Leuchttürme von New Brunswick steht. Es gibt nur drei Siedlungen auf der Insel, aber viele Badebuchten, Sandstrände und Lagunen. Die Insel, die seit 1995 über eine Brücke mit der Île Lamèque verbunden ist, eignet sich gut zur Beobachtung von Walen und Vögeln. Im Herbst färben sich die Torfböden dunkelrot. Interessante Lehrpfade informieren die Besucher. Im einfachen Strandrestaurant La Terrasse à Steve direkt an der Brücke zur Insel Lamèque gibt's frisches Seafood.

*Interessante Lehrpfade*

## Von Caraquet nach Moncton

An der Strecke von Caraquet nach Chatham liegen mehrere Provinzparks, darunter der **Val Comeau Provincial Park** und der **Neguac Provincial Park**, die Bademöglichkeiten bieten. Von Chatham erreicht man den Kouchibouguac Park über den Hwy. 11 oder über den landschaftlich reizvollen Hwy. 134.

**Streckenhinweis**

Der Hwy. 11 führt von Caraquet an der Küste entlang über Tracadie-Sheila nach Chatham und weiter nach Süden bis Shediac. Von dort kommt man über den Hwy. 15 oder den Hwy. 134 nach Moncton.

## Kouchibouguac National Park

Kouchibouguac (der indianische Name des Parks wird „kuschäbakwak" ausgesprochen!) an der Akadischen Küste ist seit 1969 Nationalpark. Er vereint auf einer Fläche von 238 km² unterschiedliche Landschaftsformen und eines der leistungsfähigsten Ökosysteme der Welt. Hier kann man lange Sandstrände und hohe Dünen, Lagunen und Salzwassermarschen, Wälder und Felder erkunden und zugleich die artenreiche Pflanzen- und Tierwelt entdecken. Der Kouchibouguac National Park ist ein Paradies für Wasservögel, die sich vor allem in den Lagunen und Marschen aufhalten; allein 225 Vogelarten wurden hier schon gesichtet. Auf den vorgelagerten Sandbänken ruhen Kolonien von 300 bis 400 Robben, und in den Wäldern leben Schwarzbären, Elche, Füchse und Koyoten.

*Reiche Tierwelt*

Die Micmac-Indianer nannten den Kouchibouguac River den „Fluss der langen Gezeiten"; er wird, ebenso wie der Black River und der Saint Louis River, von Kanuten als Wasserweg ins Parkinnere genutzt. Auch Bootsfahrten werden im Park angeboten.

## Reisepraktische Informationen Kouchibouguac NP

### Information/Öffnungszeiten

*Der Park ist ganzjährig geöffnet. Das* **Informationszentrum**, *☏ 506-876-2443, www.pc.gc.ca/en/pn-np/nb/kouchibouguac, liegt 1 km östlich vom Haupteingang, Mitte Mai–Mitte Okt., Eintritt pro Tag Erwachsene $ 7,80, Senioren $ 6,80. Der Park bietet Aktivitäten das ganze Jahr über an. Von Frühjahr bis Herbst sind Camping, Radfahren, Wandern, Kanutouren, Kayaking und Strandbesuche beliebt. Von Dezember bis Ende März gibt es Winterwanderwege und einige der besten Langlaufloipen in New Brunswick.*

### Camping

*Im Park gibt es zwei gut ausgestattete Campingplätze und über 200 Einzelzeltplätze, jeweils mit Toilette und Feuerstelle. Die Einzelplätze sind nur zu Fuß, mit dem Fahrrad oder per Boot zu erreichen.*
*Wenn man auf den abgelegenen Plätzen übernachten will, muss man sich bei der Ankunft und bei der Abreise im Besucherzentrum an- bzw. abmelden. Die Plätze können im Voraus reserviert werden.*

### Fischen

*Angler brauchen eine* **Genehmigung** *für den Park, um Forellen, Stint oder Flundern zu fangen; für Lachse ist eine besondere Angelerlaubnis erforderlich.*

### Baden

*Der Strand von* **Kellys Beach** *wird von Mitte Juni–Anfang Sept. beaufsichtigt; außerdem gibt es hier Duschen, Umkleidekabinen und eine Snackbar. Das Baden im Meerwasser ist ein Genuss, denn hier gibt es die höchsten Wassertemperaturen nördlich von Florida.*

### Boots- und Radtouren, Skifahren

*Innerhalb des Parks, im* **Ryans Recreation Equipment Rental Centre** *beim South Kouchibouguac Campground, werden Fahrräder, Ruderboote, Kajaks und Kanus stunden-, tage- oder wochenweise vermietet. Ein Netz gut markierter Wander- und Fahrradwege durchzieht den Park; außerdem gibt es informative Naturlehrpfade und Plankenwege. Der 60 km lange Fahrradweg zählt zu den besten in den Atlantikprovinzen; er wird im Winter zu einer zweispurigen Loipe geräumt.*

Im weiteren Verlauf der Küste von New Brunswick sieht man Felsenriffe und Klippen, Marschen und Sandstrände, holzgedeckte Brücken und Leuchttürme und kommt durch Fischerdörfer, Seebäder und Handelsstädtchen.

## Bouctouche

Bouctouche, eine ehemalige akadische Siedlung, erinnert in jedem Jahr mit dem Anfang Juli stattfindenden „Shellfish Festival" daran, dass der Fischfang hier lange Zeit die wichtigste Erwerbsquelle darstellte. Das **Musée de Kent** ist der regionalen Kultur, Geschichte, Kunst und Handwerk gewidmet.
**Musée de Kent**, *150, rue du Couvent, 2 km nordöstlich am Hwy. 457, ☏ 506-743-5005, https://museedekent.wixsite.com/musee, Juli/Aug. Mo–Sa 9–17.30, So 12–18 Uhr, Eintritt Erwachsene $ 4, Senioren $ 3, Studenten $ 2, Kinder unter 6 J. frei.*

Das Leben der Akadier kann man im **Le Pays de la Sagouine** hautnah erleben. Das Museum ist inspiriert von den Büchern von Antonine Maillet, in denen sie die Lebensweise

Die Düne von Bouctouche

der Akadier beschreibt. In Kostüme der Akadier gehüllte Darsteller interagieren mit den Besuchern und porträtieren akadisches Leben in Theaterstücken und im Living History Museum. Im Museumsrestaurant werden akadische Spezialitäten angeboten.
**Le Pays de la Sagouine**, *57, rue Acadie, ☏ 506-743-1400, 1-800-561-9188, www.sagouine.com, Ende Juni–Aug. tgl. 10–17.30 Uhr, Eintritt Erwachsene $ 22, Senioren und Studenten $ 17, Kinder unter 13 J. frei.*

*Riesige Düne*

Im Naturschutzgebiet **Irving Eco-Centre**: **La Dune de Bouctouche** beeindruckt eine riesige Düne, die sich über 12 km an der Bucht hinzieht und als Landzunge ins Meer reicht. Man kann auf einem 2 km langen Boardwalk und einem Lehrpfad die Pflanzen- und Tierwelt der seit der Eiszeit unverändert gebliebenen Dünenlandschaft kennenlernen und sich im Irving Eco Centre über die Bedeutung dieses Ökosystems informieren.
**Irving Eco-Centre: La Dune de Bouctouche**, *10 km nördlich am Hwy. 475, ☏ 506-743-2600 oder 1-888-640-3300, www.jdirving.com/jd-irving-sustainability-nature-parks-irving-eco-centre.aspx, Mai–Mitte Sept. tgl. 8–20, Sept./Okt. 8–19 Uhr, Eintritt frei. In den Sommermonaten werden Führungen, Aktivitäten und Events angeboten.*

## Shediac

*„Hummerhauptstadt"*

Das Wahrzeichen von **Shediac** ist ein überlebensgroßer Hummer, Shediac nennt sich auch „Hummerhauptstadt der Welt". Jedes Jahr im Juli wird für eine Woche das „Lobster Festival" gefeiert, als Höhepunkt werden Sandskulpturen im Parlee Beach Provincial Park geformt. Shediac ist ein Ferienort, der mit seinen Sandstränden und angenehmen Wassertemperaturen jedes Jahr zahlreiche Besucher anzieht. Am Strand gibt es Kanu- und Kajakverleih, und während der Sommermonate werden auch einstündige Flusskreuzfahrten durchgeführt.

Der **Parlee Beach Provincial Park**, der nur 1,5 km entfernt liegt, ist wegen seines langen, feinsandigen Badestrandes beliebt; das Meerwasser erwärmt sich hier im Sommer bis auf 20 °C! Am Abend trifft man sich an der Marina oder bei sommerlichen Konzerten im Stadtpark.

In Shediac kann man mit einem ehemaligen Hummerfischer aufs Meer hinausfahren. Dort zeigt er, wie man Hummer fängt. Außerdem demonstriert er bei einem Lobster Dinner an Bord, wie man den Hummer richtig isst.
**Lobster Tales**, *60 Pointe-du-Chêne Wharf Rd., ☏ 506-532-2175 oder 1-888-784-2002, http://shediacbaycruises.ca, die Tour dauert 2,5 Std., Ende Juni–Anfang Okt. tgl. 10.30, 16.15 und 19 Uhr, man sollte 30 Min. vor Abfahrt vor Ort sein. Mindestteilnehmerzahl 12 Pers., Erwachsene $ 79, Kinder 4–12 J. $ 56, Familie $ 245, Parkplatz $ 3.*

## Reisepraktische Informationen Shediac

### Information
**Shediac Visitor Information Bureau**, *229 Main St., gleich neben dem Hummer-Wahrzeichen, ☏ 506-532-7788, www.shediac.com, geöffnet Mai–Sept.*

### Unterkunft
**$$–$$$ The Tait House**, *293 Main St., ☏ 506-532-4233, www.maisontaithouse.com, gepflegtes, viktorianisches Landgasthaus mit neun komfortablen, stilvoll eingerichteten Zimmern und gutem Restaurant, ganzjährig geöffnet.*
**$$$ Seely's Motel**, *21 Bellevue Heights, an der Route 33, ☏ 506-532-6193, www.seelysmotelnb.com, freundliches Motel mit 32 geräumigen und sieben Zimmern mit Küchenzeile.*
**$$$$ Hotel Shediac**, *222, rue Belliveau, ☏ 506-532-6100, 1-855-836-6100, www.hotelshediac.ca, Hotel mit geräumigen, ansprechend eingerichteten Zimmern, meist mit Balkon und Blick auf die Shediac Bay und Studios mit Kücheneinrichtung, gutes Restaurant.*

## Moncton

Die Stadt am nördlichen Ausläufer der Bucht von Fundy hat etwa 69.000 Einwohner und ist ein Handels- und Verkehrszentrum von New Brunswick. Die Geschichte der Stadt reicht bis ins 17. Jh. zurück, als sich 1638 die ersten akadischen Siedler in der Nähe des Fort Beausejour niederließen. Sie wurden 1755 von den Engländern vertrieben; um 1850 kamen deutschstämmige Siedler aus Pennsylvania, amerikanische Loyalisten, Schotten und Iren in den Ort und benannten ihn nach dem britischen Offizier Robert Moncton, der Fort Beausejour eingenommen hatte.

Die **Touristeninformation** befindet sich im **Resurgo Place**, ebenso wie das **Moncton Museum**, das neue **Transportation Discovery Centre**, Galerien und die „Public Plaza", die dem Schutz der Sandsteinfassade des 1916 gebauten Rathauses dient. Das Museum zeigt in seinen Räumen die Stadtgeschichte und Wechselausstellungen kanadischer und internationaler Künstler.
**Resurgo Place**, *20 Mountain Rd., ☏ 506-856-4383, www.resurgo.ca, ganzjährig Mo–Sa 10–17, So 12–17 Uhr, Eintritt Erwachsene $ 10, Senioren $ 8, Jugendliche 12–17 J. $ 7, Kinder 4–11 J. $ 5, Familienkarte $ 24.*

Direkt am Resurgo Place steht das älteste Gebäude der Stadt, das **Free Meeting House**, das 1821 als Versammlungsort für Angehörige aller Glaubensrichtungen errichtet wurde. Im **Thomas Williams House** von 1883 kann man in der viktorianischen Teestube eine Pause einlegen und den Blick in den Garten genießen.
**Thomas Williams House**, *103 Park St., ☏ 506-857-0590, Juli/Aug. Mi–So 10–18 Uhr.*

Das **Acadian Museum** und die **Galerie d'Art** befinden sich in der Universität von Moncton und informieren über die Geschichte und Kunst der Akadier. Gezeigt werden auch Ausstellungen mit Werken zeitgenössischer Künstler.

**Acadian Museum** *und Louise-et-Reuben-Cohen* **Galerie d'Art**, *Clément Cormier Building, 165 Massey Ave., ☏ 506-858-4088, www.umoncton.ca/umcm-maum, Juni–Sept. Mo–Fr 10–17, Sa/So 13–17, sonst Di–Fr 13–16.30, Sa/So 13–16 Uhr, Eintritt Erwachsene $ 5,65, Senioren $ 3,40, Studenten $ 2,30, Familien $ 11,30.*

Monctons Anziehungskraft auf Touristen beruht auf zwei **Naturphänomenen**: der Gezeiten-Springflut und dem Magnetic Hill. Einen guten Blick auf den **Gezeitenwechsel** hat man vom **Bore View Park** (Parc du Mascaret) aus. Da Moncton an der Mündung des Petitcodiac River in die Bay of Fundy liegt, sind die Gezeitenunterschiede der Bay of Fundy auch noch in ihrem letzten Ausläufer sichtbar. Während Ebbe ist der Petitcodiac nur ein kleiner, ruhiger Fluss, der mit einsetzender Flut jedoch gewaltig anschwillt. Innerhalb einer Stunde steigt der Wasserspiegel um mehr als 6 m an, und der Fluss weitet sich auf 1,5 km Breite aus, sodass das Marschland ganz unter Wasser steht.

Im Nordwesten der Stadt liegt der **Magnetic Hill Park**, den man über den Trans-Canada Highway und den Hwy. 126 erreicht. Zu diesem Vergnügungspark gehören das „Naturwunder" Magnetic Hill, der Magic Mountain Water Park, der Magnetic Hill Zoo, das Magnetic Hill Concert Centre und der Magnetic-Hill-Golfclub.

Was ist das Besondere am Magnetic Hill? Man folgt der Ausschilderung Magnetic Hill und wird von Einweisern mit seinem Wagen zu einer gekennzeichneten Stelle gewiesen. Dort schaltet man in den Leerlauf, löst die Bremsen – und erlebt, wie das Auto ohne eigenes Zutun scheinbar rückwärts den Hügel hinauffährt!

*Rückwärts den Hügel rauf*

**Magnetic Hill**, *Mountain Rd., ☏ 506-877-7720, 1-800-363-4558, von Mitte Juni–Mitte Okt. sind Einweiser beim Fahren behilflich, die Fahrt auf den Hügel kostet pro Pkw $ 8.*

Zum Wandern, Radfahren, Baden und Bootfahren lädt der **Centennial Park**, 811 St. George Blvd., ein.

## Reisepraktische Informationen Moncton

### Information

**Visitor Information Centre**, *20 Mountain Rd., ☏ 506-856-4383, 1-800-363-4558, www.experiencemoncton.ca, im neuen Resurgo-Place-Komplex, Di–Sa 10–17, Sa 12–17 Uhr, letzter Do des Monats bis 20 Uhr geöffnet.*

**Treitz House Visitor Information**, *10 Bendview Ct., während der Sommermonate geöffnet. Öffentliche Toiletten, Information, offizielle Karten und Broschüren, Information über lokale, regionale und Provinz-Veranstaltungen, Attraktionen und Festivals, kostenloses WLAN und die beste Aussicht auf die Gezeitenwelle in Moncton. Geöffnet von Mitte Mai–Anfang Sept. tgl. 9–18 Uhr.*

### Unterkunft

**$$$–$$$$ Rodd Moncton Hotel**, *434 Main St., ☏ 506-382-1664 oder 1-800-565-7633, www.roddvacations.com, Hotel mit Blick auf den Boreview Park, Swimmingpool, Restaurant.*

**$$$$ Best Western Plus Moncton**, *300 Lewisville Rd., ☏ 506-388-0888 oder 1-800-780-7234, www.bestwesternatlantic.com, modernes Hotel mit gut ausgestatteten Zimmern, teilweise mit Küchenzeile, am Hwy. 2, günstig zu allen Sehenswürdigkeiten gelegen.*

**$$$$–$$$$$ Delta Beauséjour**, *750 Main St., ☏ 506-854-4344, www.marriott.de, stilvolles Hotel in zentraler Lage mit über 300 komfortablen Zimmern und Suiten, Schwimmbad mit eindrucksvoller Wasserrutsche, Spa und sehr gutem Restaurant.*
**$$$$–$$$$$ Hampton Inn & Suites by Hilton Moncton**, *700 Mapleton Rd., ☏ 506-855-4819, 1-877-461-1402, www.hilton.com/en/hampton, modernes Hotel mit geräumigen, gut ausgestatteten Zimmern und Suiten, Pool mit großer Wasserrutsche, hilfsbereiter Service.*

### Essen und Trinken

**Calactus Cafe Restaurant**, *125 Church St., ☏ 506-388-4833, www.calactus.ca, in der Innenstadt gelegenes gutes vegetarisches Restaurant, tgl. von 11–22 Uhr.*
**Moncton Market**, *120 Westmorland St., ☏ 506-389-5969, www.marchemonctonmarket.ca, findet samstags von 7–14 Uhr statt und bietet neben frischen Produkten auch fertige Köstlichkeiten.*
**Windjammer Dining Room**, *750 Main St., im Hotel Beausejour, ☏ 506-877-7137, www.facebook.com/WindjammerMoncton, ausgezeichnetes Restaurant mit kreativer Küche, stilvolle Umgebung mit Aquarien und großen Schiffsmodellen, Tischreservierung empfehlenswert, gehobene Preiskategorie.*

Wenn man **nicht** nach Prince Edward Island weiterreisen möchte, kann man von Moncton über den Hwy. 2 nach Amherst und weiter über die Hwys. 104 und 102 direkt nach Halifax zurückkehren.

Von Moncton führt der **Tidal Trail** genannte Hwy. 114 über Hillsborough und Hopewell Cape zum Fundy National Park.

## Hillsborough

Hillsborough liegt ca. 32 km südlich von Moncton am Petitcodiac River. Die ersten Siedler, die sich 1765 am Fluss niederließen, waren Deutsche, die aus Pennsylvania einwanderten und den Ort Dutch Village nannten. Erst gegen Ende des 18. Jh. erhielt er seinen jetzigen Namen. Interessant sind die alljährlich Ende Juni–1. Juli stattfindenden „Hillsborough Homecoming Days" mit Musik und Unterhaltung sowie die Fahrten mit einer Museumsdampfeisenbahn.

*Dampfeisenbahn*

Eisenbahnfreunde können im **New Brunswick Railway Museum** Ausstellungen und restaurierte Eisenbahnwagen besichtigen oder in den Sommermonaten und im September/Oktober an kurzen Fahrten durch die Umgebung teilnehmen.
**New Brunswick Railway Museum**, *2847 Main St., ☏ 506-734-3195, www.nbrm.ca, Ende Juli/Aug. tgl. 9.30–17 Uhr, und Sa im Juni/Sept., Eintritt Erwachsene $ 6, Kinder 6–16 J. $ 3, Familienkarte $ 12.*

## Hopewell Cape

Deutliche Beweise für die Macht der Gezeiten finden sich in **Hopewell Cape** und bei **The Hopewell Rocks Ocean Tidal Exploration Site** an der Mündung des Petitcodiac River. Hier sind die „Flowerpot Rocks" zu sehen, die von den Fluten aus dem Felsen herausgewaschen wurden. Bei Ebbe kann man einen Spaziergang zu den Sandsteinfelsen machen, die wie riesige Blumentöpfe aussehen. Wenn die Flut kommt und das Wasser steigt, ragen nur noch die Felsspitzen aus dem Wasser und die

Bei Ebbe an den Hopewell Rocks

Felsen sehen wie mit Kiefern bewachsene Inseln aus. Ein besonderes Erlebnis ist es, als Kanufahrer beim größten Tidenhub der Welt zwischen den „Inseln" zu paddeln. Gezeitentermine: *http://bayoffundytourism.com/worlds-highest-tides/times.*

*Paddeln zwischen den Inseln*

**Hopewell Cape** *und* **The Hopewell Rocks Ocean Tidal Exploration Site**, *am Hwy. 114, ☎ 1-877-734-3429, www.thehopewellrocks.ca, Mitte Mai–Mitte Juni tgl. 9–17, Mitte Juni–Mitte Aug. tgl. 8–20, Mitte Aug.–Anfang Sept. 9–19 und Anfang Sept.–Mitte Okt. tgl. 9–17 Uhr, Eintritt Erwachsene $ 10, Senioren und Studenten $ 8, Kinder und Jugendliche 5–18 J. $ 7,25, Familienkarte $ 25,50, Shuttle einfache Fahrt $ 2.*

Als beste und sicherste Besuchszeit gilt die Zeit drei Stunden vor Beginn der Ebbe bis drei Stunden nach der Ebbe. Um das Naturschauspiel bei Ebbe und Flut erleben zu können, ist die Eintrittskarte für zwei Tage gültig. Der Weg zur Abfahrt der Shuttlebusse ist ausgeschildert.

## Reisepraktische Informationen Hopewell Cape

### Tipp

Im **Besucherzentrum** kann man sich über die täglichen Gezeitenwechsel, Wandermöglichkeiten in der Umgebung und über die Bay of Fundy informieren. Da der Anstieg des Wassers während der Flut überraschend schnell ist, werden die Besucher mehrfach auf die Gefahren hingewiesen.

**Unterkunft**

**rund um die Hopewell Rocks**

**$$ Peck Colonial B&B**, *5566 Route 114, ☏ 506-882-2114, www.peckcolonial.com, schönes Haus aus dem Jahr 1795 mit großem Garten, drei antik eingerichteten Zimmern, gutem Frühstück und einer netten Teestube, in der auch leichte Mahlzeiten serviert werden.*
**$$–$$$ Hopewell Rocks Motel & Country Inn**, *4135 Route 114, ☏ 506-734-2975 oder 1-888-759-7070, www.hopewellrocksmotel.com, an der Zufahrt zu den Hopewell Rocks gelegenes Hotel mit 39 Zimmern und einem großen Restaurant, von Mai–Okt. geöffnet.*
**$$$ Innisfree B&B**, *4270 Route 114, ☏ 506-734-3510, www.innisfreebandb.com, restauriertes Farmhaus mit Garten und freundlichen Zimmern, alle mit eigenem Bad und schönem Ausblick, das Haus ist nur ca. 1 km von den Hopewell Rocks entfernt.*

## Riverside-Albert, Cape Enrage und Alma

Riverside-Albert liegt am Shepody River am Ausläufer der Bay of Fundy. Einige alte Häuser und ein Schiffsnachbau im Hafen erinnern daran, dass der Ort im 19. Jh. ein Schiffsbauzentrum war.

**Unterkunft**

**$$$ Florentine Manor B&B**, *356 Route 915, Harvey on the Bay, ☏ 1-800-665-2271, www.florentinemanor.com, in dem alten Herrenhaus aus den 1870er-Jahren wurden neun Nichtraucher-Gästezimmer stilvoll eingerichtet, alle mit eigenem Bad; den Gästen stehen ein schöner Aufenthaltsraum und der Garten zur Verfügung; auf halber Strecke zwischen Hopewell Rocks und Fundy National Park. Mind. 2 Nächte.*

In Riverside-Albert zweigt der Hwy. 915 ab, der über eine reizvolle Nebenstrecke zum Shepody Bay Shorebird Reserve, zum Cape Enrage und weiter nach Alma zum Fundy National Park führt.

*Der Leuchtturm am Cape Enrage besitzt einen „Lunchroom“*

Das **Shepody Bay Shorebird Reserve**, Mary's Point Rd., ist ein küstennahes Naturschutzgebiet, das von Lehrpfaden und Plankenwegen durchzogen wird und sich zur Vogelbeobachtung eignet. Vor allem im Juli und August halten sich hier Strandläufer, Kanadagänse, Regenpfeifer und Schwarzenten auf, denen das Schwemmland vor der Küste Nahrung bietet. Das Informationszentrum ist von Ende Juni bis Anfang September geöffnet, die Wege sind ganzjährig zugänglich.

Die Abzweigung zum **Cape Enrage** ist ausgeschildert; nach 6,5 km kurvenreicher Strecke mit Steigungen erreicht man das häufig von starken Winden umtoste Kap mit dem Leuchtturm aus dem Jahr 1870 und wird mit einem Blick über die Bay of Fundy belohnt. Das Cape Enrage zählt zu den besten Orten in New Brunswick, um die Gezeitenunterschiede an der Bay of Fundy zu beobachten. Der Leuchtturm arbeitet ganzjährig vollautomatisch und wird von Studenten betreut, die auch Kajak- und Klettertouren organisieren und im Leuchtturm einen „Lunchroom" eingerichtet haben.

*Windumtostes Kap*

**Cape Enrage**, *650 Cape Enrage Rd., Waterside, ☏ 506-887-2273 oder 1-888-796-2273, www.capeenrage.ca, Mitte Mai–Mitte Okt. tgl. 9–18, Mitte Juni–Ende Aug. bis 20 Uhr, Eintritt Erwachsene $ 6, Senioren und Studenten $ 5,50, Kinder von 5–17 J. $ 5, Familienkarte $ 20.*

**Alma** ist ein Fischerhafen am Eingang zum Fundy National Park. Im Ort gibt es während der Sommermonate Geschäfte, Restaurants, Übernachtungsmöglichkeiten, eine Tankstelle und das Besucherzentrum für den Fundy National Park, das an der Mündung des Upper Salmon River liegt. Im Harbour View Market, das Geschäft und Restaurant zugleich ist, wird als Spezialität ein guter „Seafood Chowder" serviert.

## Reisepraktische Informationen Alma

### Unterkunft

**$$–$$$ Parkland Village Inn**, *8601 Main St., ☏ 506-887-2313 oder 1-866-668-4337, www.parklandvillageinn.com, modernes, gut geführtes Hotel am Hafen von Alma mit Restaurant und geräumigen, freundlichen Zimmern, von denen einige Balkon mit Meerblick bieten.*

**$$$ Cliffside Suites**, *22 Bayview Dr., ☏ 506-887-1022 oder 1-866-881-1022, www.cliffsidesuites.com, oberhalb von Alma gelegenes Haus mit schönem Ausblick auf die Bucht und den Gezeitenwechsel. Angeboten werden drei gut ausgestattete Suiten im Haupthaus und die Fundymist Suite, ein freistehendes Gebäude in privater und ruhiger Waldlage, das sich gut für längere Aufenthalte eignet.*

**$$$$ Cleveland Place**, *8580 Main St., ☏ 506-887-2213, www.bbcanada.com/137.html, schönes Haus aus dem Jahr 1926 mit vier hellen, antik eingerichteten Zimmern, angeschlossen sind ein kleiner Buchladen und eine Galerie im Kutschenhaus.*

## Fundy National Park

Der 1948 gegründete Fundy National Park ist 206 km² groß und zieht sich 13 km an der Küste der Bay of Fundy entlang. Auf ca. 20 km durchquert der Hwy. 114 den Park und führt durch eine hügelige und dicht bewaldete Landschaft; Wanderwege von 0,5–20 km Länge und die Schwierigkeitsgrade sind ausgeschildert. Erholsam ist ein Ausflug zum Bennett Lake mit Badestrand und Bootsverleih im Sommer.

info

## Die Bay of Fundy

Ebbe in der Bay of Fundy

Die Bay of Fundy ist die fast 300 km lange Senke zwischen New Brunswick und Nova Scotia, in die der Atlantische Ozean eindringt. Die Bucht ist stellenweise bis zu 80 km breit und ca. 300 m tief. In der Bay of Fundy lässt sich das Naturschauspiel des größten Gezeitenunterschiedes der Welt beobachten. Vor ca. 6.000 Jahren stieg der Meeresspiegel so stark an, dass eine Verbindung zwischen dem Atlantischen Ozean und der Bay of Fundy entstand. Während sich der Gezeitenwechsel auf dem offenen Meer nur durch einen geringfügigen Höhenunterschied von unter einem Meter bemerkbar macht, steigt oder sinkt das Wasser in der Bay of Fundy, wenn alle 12,5 Stunden der volle Gezeitenwechsel von Ebbe und Flut einsetzt, um durchschnittlich 9 m. Bei Springflut wurde bei Moncton und Truro schon der weltweit höchste Tidenhub von 21 m gemessen.

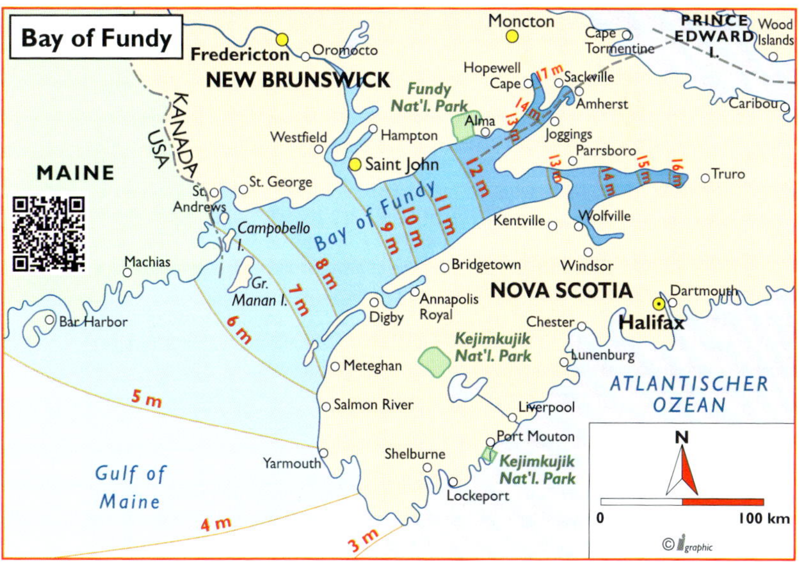

An der stark zerklüfteten und an manchen Stellen von tiefen Schluchten zerschnittenen Küste fallen bis zu 60 m hohe Klippen steil ins Meer ab. Der Fundy National Park ist besonders geeignet, um den Gezeitenwechsel zu beobachten.

Der Park bietet Übernachtungs- und Sportmöglichkeiten, sodass er sich auch für einen mehrtägigen Aufenthalt eignet. Im Park gibt es ein beheiztes Salzwasserschwimmbad, einen 9-Loch-Golfplatz, Tennisplätze und einen Spielplatz; Badestrände warten in Alma, Cannontown, Herring Cove und Point Wolfe.

## Reisepraktische Informationen Fundy National Park

### Information

*Im* **Besucherzentrum in Alma**, *8642 Rte. 114, ☏ 506-887-6000, www.pc.gc.ca/en/pn-np/nb/fundy, gibt es Informationen über Gezeitenwechsel, Wanderwege, Führungen und Veranstaltungen. Park ganzjährig geöffnet, Besucherzentrum Jan.–Mitte Mai Di/Mi 8.15–12 und 12.45–16.15, Do–Mo 10–18, Mitte Mai–Ende Juni und Sept.–Ende Okt. tgl. 8–19.45, Juli/Aug. 8–21.45 Uhr, Eintritt Tagespass für Erwachsene $ 7,80, Senioren $ 6,80, Kinder bis 17 J. frei, Familienkarte $ 15,70 (bis zu 7 Personen in einem Fahrzeug).*

### Unterkunft

*Im Park gibt es vier Campingplätze mit ca. 650 Plätzen sowie ein Motel und das* **$$–$$$ Fundy Highlands Inns & Chalets**, *☏ 506-887-2930 oder 1-888-883-8639, www.fundyhighlandchalets.com, mit 20 einfach eingerichteten Motelzimmern und 24 rustikalen, kleinen Holzhäusern auf großem Gelände.*

### Wandern

*25 Wanderwege erschließen das Innere des Parks oder führen an der Küste entlang, wo der Strand sich bei Ebbe kilometerweit ausdehnt. Im Winter eignet sich dieses mehr als 100 km umfassende Wegenetz prima zum Ski-Langlauf und für Snowmobile.*

### Fundy Trail Parkway

*Panoramablicke auf die Bay of Fundy*

Westlich vom Fundy National Park liegt am Hwy. 111 der kleine Ort **St. Martins**. Hier, in der 229 Main St., beginnt der 16 km lange **Fundy Trail**, *☏ 506-833-2019 oder 1-866-386-3987, www.fundytrailparkway.com*, eine Panoramastraße entlang der Bay of Fundy mit Aussichtspunkten, Picknick- und Parkplätzen. Die Fortführung des Parkways bis zum Fundy National Park ist geplant. Außerdem wurde ein schöner, 16 km langer Wander- und Radweg angelegt, der z. T. durch Wildnisgebiete führt. *Mitte Mai–Ende Juni und Sept.–Mitte Okt. 9–17, Ende Juni–Mitte Aug. 8–20, Ende Aug. 9–19 Uhr, Eintritt Erwachsene $ 9,50, Senioren $ 8,50, Kinder $ 5,50, Familienkarte $ 30, Shuttle $ 2, Online-Reservierung einen Tag vorher bis 17 Uhr ist nötig für den Shuttle um 9 und 9.30 Uhr. Alle anderen müssen 3 Std. vorher reserviert werden.*

# Von Moncton nach Prince Edward Island

Die meisten Reisenden entscheiden sich für die schnellste Straßenverbindung nach Prince Edward Island, aber es lohnt sich, einen Abstecher an die Bay of Fundy oder an den Küstenabschnitt zwischen Shediac und Cape Tormentine zu machen.

**Streckenhinweis**

Die Entfernung beträgt insgesamt 172 km; von Moncton bis Cape Tormentine 102 km, dann Brückenüberfahrt nach Borden/P.E.I., von Borden nach Charlottetown 56 km. Von Moncton folgt man dem Hwy. 2 und dann ab Aulac dem Hwy. 16 nach Cape Tormentine. Vom Hwy. 2 kann man einen Abstecher nach Memramcook und **Sackville** machen, einer alten akadischen Siedlung.

## Memramcook

In Memramcook befindet sich das **Monument Lefebvre National Historic Site**, ein Denkmal für Vater Camille Lefebvre. Dieser gründete 1864 das Collège Saint-Joseph. Von diesem ging ein Wiedererstarken akadischen Selbstbewusstseins aus, das dazu beitrug, dass die akadische Kultur heute in der Region weiterbesteht. Auf dem Gelände informiert zudem ein Informationszentrum über die Renaissance akadischer Identität.
**Monument Lefebvre National Historic Site**, *480 rue Central, ☏ 506-758-9808, www.monumentlefebvre.ca, Juli/Aug. tgl. 9–17, Okt.–Mai Mi–Fr 10–16, Sa 10–14, Juni–Sept. Di–Fr 9–17, Sa 10–14 Uhr, Eintritt Erwachsene $ 3,90, Senioren $ 3,40, Kinder $ 1,90, bis 6 J. frei, Familienkarte $ 9,80.*

## Sackville

*Bedeutende Vogelzugroute*

Einen Besuch wert ist der **Sackville Waterfowl Park**, der an einer der wichtigsten Zugvogelrouten Nordamerikas liegt und Möglichkeiten zur Vogelbeobachtung bietet. Im Besucherzentrum erhält man Informationsmaterial; an dem 3,2 km langen Lehrpfad, der einige Aussichtspunkte und einen Beobachtungsturm hat, sind Informationstafeln aufgestellt.
**Sackville Waterfowl Park**, *34 Mallard Dr., ☏ 506-364-4967 oder 1-800-249-2020, www.sackville.com, Mai/Okt. tgl. 9–17, Juni/Sept. 9–18, Juli/Aug. 9–20, Nov./Dez. Mo–Sa 10–17 Uhr, Eintritt frei. Das Besucherzentrum überblickt den 22 ha großen Waterfowl Park mit Spazierwegen und Boardwalks. Führung durch den Waterfowl Park, 1,5 Std., mit Fernglas, Aktivitäten und einem Snack. Man erfährt mehr über die Geschichte von Tantramar, über die Mi'kmap und die akadischen Siedlungen der Region, das Deichsystem der Akadier, die Bedeutung der Landwirtschaft und Methoden, wie man die Marschregionen renaturiert. Außerdem lernt man die Vogel- und Pflanzenarten im Park kennen und berechnen und kann mittels Umarmung das Alter eines Baums ermitteln. Führungen tgl. von Mitte Mai–Ende Aug., größere Gruppen sollten reservieren. Preis: Erwachsene $ 6, Senioren und Kinder bis 12 J. $ 4, Familienkarte (2 Erwachsene, 2 Kinder) $ 12. Treffpunkt ist das Sackville Visitor Information Centre.*

8 km östlich von Sackville, wieder am Hwy. 2, liegt das **Fort Beauséjour National Historic Site**, die Ruine einer Befestigungsanlage aus dem 18. Jh. Seit der zweiten Hälfte des 17. Jh. ließen sich in diesem Landstrich französische und britische Siedler nieder. Durch den Vertrag von Utrecht wurde das Land den Briten zugesprochen. Franzosen und Briten bauten jeweils auf ihrer Seite der Grenze eine Festung: Fort Lawrence die Engländer, Fort Beauséjour 1751 die Franzosen. 1755 eroberten die Briten das Fort und vertrieben die französischsprachigen Akadier. 1776 widerstand das Fort einem amerikanischen Angriff, es verlor jedoch zu Beginn des 19. Jh. seine militärische Bedeutung.

**Fort Beauséjour National Historic Site**, *111 Fort Beauséjour Rd., ☏ 506-364-5080, www.pc.gc.ca/en/lhn-nhs/nb/beausejour, Ende Juni–Anfang Sept. 9–17 Uhr, Eintritt Erwachsene $ 3,90, Senioren $ 3,40.*

## Reisepraktische Informationen Sackville

### Information

**Sackville´s Welcome Centre**, *34 Mallard Dr., ☏ 506-364-4967 oder 1-800-249-2020, www.sackville.com. Im Informationszentrum gibt es Ausstellungen zum Sackville Waterfowl Park; Mai–Ende Nov. tgl., Mai/Okt. 9–17, Juni/Sept. 9–18, Juli/Aug. 9–20, Nov./Dez. Mo–Sa 10–17 Uhr.*

### Ausflug

*Nur wenige Kilometer hinter Sackville verläuft die Grenze zwischen New Brunswick und Nova Scotia, wo die Industriestadt* **Amherst** *liegt. Von dort kann eine Rundfahrt nach Joggins, zum Cape Chignecto Provincial Park und nach Parrsboro unternehmen und den Gezeitenwechsel in der Bay of Fundy beobachten.*

### Streckenhinweis

Über den Hwy. 16 geht es über Port Elgin nach Cape Tormentine.

In der Gegend von **Joggins** wurden 1985 Fossilien gefunden. Sehenswert ist das **Joggins Fossil Centre** mit einer der weltweit größten Ausstellung von 300 Mio. Jahre alten Fossilien und täglichen Führungen.
**Joggins Fossil Centre**, *100 Main St., ☏ 1-888-932-9766, www.jogginsfossilcliffs.net, Ende April–Okt. tgl. 10–16, Juni–Aug. 9.30–17.30 Uhr, Eintritt mit geführter Tour (30 Min., 2 und 4 Std.) ab $ 10 (Studenten/Senioren), $ 10,50 (Erwachsene), Familienkarte ab $ 28,50 (3 Pers.), $ 38 (4 Pers.), $ 47,50 (5 Pers.). 2 Std. $ 25/Pers., 4 Std. $ 75/Pers.*

Auf der Weiterfahrt nach Parrsboro lohnt ein Abstecher zum **Cape Chignecto Provincial Park**. Dieser Wildnispark bietet Ausblicke auf die Bay of Fundy von den steilen Klippen, Wanderwege und eine ursprüngliche Küstenlandschaft. (Weitere Informationen: *☏ 902-392-2085, https://parks.novascotia.ca/content/cape-chignecto.*)

## Parrsboro

In Parrsboro am Nordufer des Minas Basin, das sich zu einem Ferienort entwickelt hat, wirkt sich der Gezeitenwechsel mit Höhenunterschieden zwischen 12 und 15 m aus. Am besten lässt sich das Naturschauspiel vom Glooscap Park und vom Government Pier aus beobachten. 1985 wurde im Minas Basin der bisher größte Fund an Fossilien in Nordamerika gemacht. Unter den mehr als 100.000 Fossilien fand man auch Fußabdrücke von Dinosauriern.

*Fossilienfunde*

Im **Fundy Geological Museum** kann man die Fossilien- und Mineralienfunde, die teilweise älter als 200 Mio. Jahre sind, bestaunen, u. a. Achate und Amethysten. Modelle veranschaulichen den Lebensraum der Dinosaurier. Führungen an der Bay of Fundy werden im Sommer täglich angeboten.

**Fundy Geological Museum**, *162 Two Islands Rd., ☎ 902-254-3814, https://fundygeological.novascotia.ca, Mai–Okt. tgl. 10–17, Nebensaison Mo–Sa 10–16 Uhr, Eintritt Erwachsene $ 6, Senioren $ 4, Kinder und Jugendliche von 6–17 J. $ 4, Familienkarte $ 12,65–17,25 (1/2 Erwachsene/r mit Kindern).*

**Information**
**Town of Parrsboro**, *4030 Eastern Ave., ☎ 902-254-2036, www.town.parrsboro.ns.ca.*

**Streckenhinweis**

Von Parrsboro gelangt man über den Hwy. 2 wieder zurück nach Amherst.

# Prince Edward Island

Seit 1997 Jahren ist Kanadas kleinste Provinz keine Insel mehr. Die mit 12,9 km längste Brücke Kanadas, die **Confederation Bridge**, verbindet die Insel mit New Brunswick auf dem Festland. Nach vierjähriger Bauzeit war die Brücke zwischen Borden und Cape Tormentine am 1. Juni 1997 dem Verkehr übergeben worden.

**Hinweis**

Die Brücken- bzw. Fährgebühr ist erst beim Verlassen der Insel zu bezahlen. Auf der Brücke gilt eine Geschwindigkeitsbegrenzung von 80 km/h; die Überfahrt dauert ca. 10 Min. Es besteht generelles Überholverbot. Die Brücke ist nur für Kraftfahrzeuge zugelassen; Fußgänger und Radfahrer können den regelmäßig mindestens alle 2 Std. verkehrenden kostenlosen Bus benutzen. Die Brücke ist ganzjährig Tag und Nacht befahrbar.

*Die Confederation Bridge verbindet Prince Edward Island mit dem Festland*

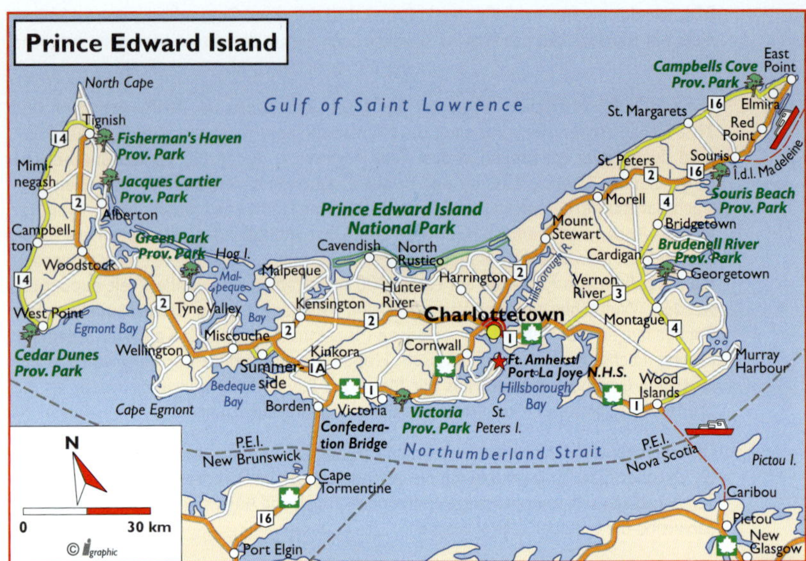

## Information

**Confederation Bridge**, ☏ *1-888-437-6565, www.confederationbridge.com, Pkw $ 47,75, Motorräder $ 19, Shuttle-Service: Radfahrer $ 9, Fußgänger $ 4,50. Die Maut für die Confederation Bridge wird nach der Anzahl der Achsen des Fahrzeugs und für die Hin- und Rückfahrt berechnet, egal wo der Nutzer Prince Edward Island zuerst betritt. Die Brückenmaut wird bezahlt beim Verlassen von Prince Edward Island an der Mautstelle in Borden-Carleton. Bargeld, Interac und alle größeren Kreditkarten werden akzeptiert.*

## Fähre

**Wood Islands Ferry Terminal**, *Northumberland Ferries Limited, 94 Water St., ☏ 902-962-2016 (Woods Island, PEI Terminal), ☏ 902-485-6580 (Caribou, Nova Scotia Terminal) oder 1-888-762-7245, www.ferries.ca/ns-pei-ferry. Überfahrt nach Caribou/NS von Mai–Anfang Nov. mind. 5 x tgl., Nov./Dez. 3–4 x tgl., Dauer ca. 1 Std., Erwachsene (13–59 J.) $ 20, Senioren ab 60 J. $ 17, Kinder unter 12 J. kostenlos, Pkw $ 79.*

Prince Edward Island ist 224 km lang und zwischen 6 und 64 km breit. In den Mythen der Micmac-Indianer heißt es, dass der Gott Glooscap die Insel „Abegweit" zu seiner Lieblingsinsel wählte und das „Land, auf den Wellen gewiegt" wegen seiner großen Schönheit Jahr für Jahr besucht. P.E.I. mit seinen Sandstränden, Buchten, den verträumten Dörfern, Leuchttürmen und Kartoffelfeldern bietet in der Tat zahlreiche Postkartenmotive. Ein US-amerikanisches Urlaubsmagazin kürte Prince Edward Island sogar zu einem der fünf besten nordamerikanischen Insel-Ferienziele; Kriterien waren die Schönheit der Natur, die Freundlichkeit der Menschen, das gute Essen und das Angebot an Freizeitaktivitäten.

*Unzählige Postkartenmotive*

P.E.I., wie der Inselname häufig abgekürzt wird, ist mit einer Gesamtfläche von 5.656 km² nicht nur Kanadas kleinste Provinz, sondern auch die am dichtesten besiedelte ländliche Region.

Rund 140.000 Menschen leben auf der Insel, von denen ca. 70 % britischer und 21 % französischer Herkunft sind; die Micmac-Indianer machen knapp 4 % aus. P.E.I. wird durch zwei Landengen in drei Teile gegliedert, denen die Verwaltungsbezirke Kings County, Queens County und Prince County entsprechen. Da der Boden sehr fruchtbar ist, werden mehr als 90 % der Inselfläche landwirtschaftlich intensiv genutzt für den Anbau von Gemüse, Getreide und Obst. Auffallend ist die ziegelrote Farbe des Bodens, die von einem hohen Eisengehalt herrührt. Besonders geschätzt werden die Kartoffeln von P.E.I., die auf ca. 70.000 ha angebaut und in alle Welt exportiert werden. Weiterhin gehören Viehzucht und Fischfang zu den Erwerbsquellen. Die Fischer fangen mehr als 30 verschiedene Meeresfische wie z. B. Kabeljau, Seezunge, Hering, Lachs, Forelle und Thunfisch. Hohen Gewinn bringt der Fang von Kamm-Muscheln (scallops), Austern aus der Malpeque Bay und Hummern, der mehr als die Hälfte des gesamten Einkommens aus dem Fischfang ausmacht.

*Rote Erde*

Der Fremdenverkehr gewinnt zunehmend an Bedeutung; dabei geht die Saison von Mai bis Oktober. Das Klima wird durch die geschützte Lage im St.-Lorenz-Golf bestimmt; die Temperaturen sind eher gemäßigt und können im Juli und August bis auf 30 °C ansteigen; dabei sind die Sommer relativ trocken.

## Geschichtlicher Überblick

Als **1534 Jacques Cartier** mit seinen Begleitern auf die Insel kam, nannte er sie Île St. Jean; erst 1719 folgten französische Akadier und später Engländer, die sich auf der Insel niederließen. Nach dem Sieg der Briten über die Franzosen wurde die Insel 1763 an England abgetreten und 1769 eigenständige Kolonie. 1799 nannte man sie zu Ehren von **Prinz Edward**, dem Herzog von Kent, um. Im 19. Jh. siedelten sich 800 Schotten aus den Highlands, amerikanische Loyalisten, Akadier und Iren auf der Insel an, die sich von der Fruchtbarkeit des Bodens reiche Ernteerträge versprachen.

Der **Schiffsbau** trug ebenfalls zum Wohlstand der Bewohner bei, von denen die Reichsten eigene Handelsflotten besaßen. Gegen Ende des 19. Jh. verlor der Schiffsbau jedoch seine Bedeutung, als die hölzernen Schiffe weltweit durch stählerne ersetzt wurden.

Am 1. September 1864 trat in Charlottetown, der Hauptstadt von P.E.I., erstmals eine Versammlung von acht Delegationen mit dem Ziel zusammen, einen Zusammenschluss aller Provinzen zu beraten. Als Beobachter war eine Delegation aus allen Teilen Kanadas eingeladen, die zuvor schon eine Diskussion um eine „von Meer zu Meer reichende Konföderation" aller britischen Kolonien Nordamerikas angeregt hatte. Die Delegierten in Charlottetown griffen diesen Gedanken auf und einigten sich nach heftigen Debatten auf ein „Grundsatzpapier" für eine zukünftige gesamtkanadische Konstitution.

Es folgten Konferenzen in Québec City und in London, die 1867 zur Bildung der „Dominions von Kanada" führten. Da die Delegierten sich bei der Konferenz in Charlottetown auf die grundlegenden Prinzipien geeinigt hatten, erhielt Kanadas kleinste Provinz den Ehrentitel „**Wiege der Konföderation**". P.E.I. trat dieser Gemeinschaft 1873 bei.

## Reisepraktische Informationen Prince Edward Island

### Information Provinzparks

*Auf Prince Edward Island gibt es 25 Provincial Parks, die jeweils ihren eigenen Reiz oder eine besondere Attraktion haben. Neun dieser Parks verfügen über gut eingerichtete Campingplätze, Rastplätze, beaufsichtigte Badestrände und einen Bootsverleih; in vielen Parks finden Naturlehrgänge, Treffen am Lagerfeuer, Kinderprogramme und Gemeinschaftsveranstaltungen statt. Einige Parks stehen unter besonderem Naturschutz, wie z. B. die Strände am Cabot Beach, die Cedar Dunes oder das Waldland von Stratgartney. Die meisten Provincial Parks bieten im Winter optimale Langlaufbedingungen, im Mill River Park gibt es sogar eine 11 km lange beleuchtete Loipe.* **Infos**: *www.tourismpei.com/pei-provincial-parks.*

### Strände

*P.E.I. hat schöne und vor allem verschiedenartige Strände: Man hat die Wahl zwischen kilometerlangen weißen Sandstränden an der Nordküste oder roten Sandsteinklippen im Süden. Aufgrund der geschützten Lage der Insel im St.-Lorenz-Golf ist das Wasser während der Sommermonate angenehm warm mit Temperaturen bis zu 21 °C.*

### Radfahren und Wandern

*Prince Edward Island bietet in seinen Parks und auf den Straßen und Wegen, die das flache, teilweise auch leicht hügelige Land durchziehen, ideale Möglichkeiten zum Wandern und Fahrradfahren. Neben kurzen Wanderwegen ist vor allem der* **Confederation Trail** *interessant, der auf 279 km Länge die ganze Insel durchzieht.*

*Der Mehrzweckpfad verläuft entlang stillgelegter Bahngleise und führt durch Wälder und Felder, durch Dünenlandschaften und stille Ortschaften, in denen Bed-&-Breakfast-Häuser Unterkünfte bieten.*

*In den größeren Ortschaften gibt es* **Fahrradverleihstationen** *und die Möglichkeit, an geführten Touren teilzunehmen. Fahrradfahrern wird das Tragen von Schutzhelmen empfohlen.*

### Golf

*Prince Edward Island ist wegen seiner ausgezeichneten Golfplätze international bekannt; es gibt 14 18-Loch- und drei 9-Loch-Plätze und einen 27-Loch-Platz, die alle von Ende Mai–Ende Okt. bespielbar sind. Infos:* **Golf PEI Reservation Centre**, ☏ *1-866-465-3734, www.golfpei.ca.*

## Charlottetown

*Inselhauptstadt*

Charlottetown ist seit 1764 die Hauptstadt von P.E.I., in der heute rund 36.000 Menschen leben. Es ist eine freundliche, liebenswerte Stadt mit Grünanlagen, eleganten, alten Häusern, Museen und Galerien und einer Universität. Die Stadt liegt im Zentrum der Insel, wo die drei Flüsse North River, West River und Hillsborough River einen natürlichen Hafen bilden, der Charlottetown zu einem Handelszentrum der Atlantikprovinzen macht. Die meisten Sehenswürdigkeiten befinden sich in der Altstadt und sind gut zu Fuß zu erreichen.

Rund um den Hafen, in dem Segelboote neben Kreuzfahrtschiffen liegen, erstreckt sich Peake's Wharf, die Hafenpromenade mit Restaurants und Geschäften, die im Sommer ein beliebter Treffpunkt ist.

Mittelpunkt des kulturellen Lebens ist das **Confederation Centre of the Arts**, das 1964 anlässlich des 100. Jahrestages der historischen Konferenz eingeweiht wurde. Die Kosten für dieses Bauwerk wurden von allen Bewohnern Kanadas dadurch getragen, dass jede Provinz für jeden ihrer Bürger 15 c für das Confederation Centre bezahlte. Außerdem erinnert eine Ausstellung mit Originalmanuskripten, Notizsammlungen und persönlichen Dingen an Lucy Maud Montgomery, die Verfasserin der Geschichten von „Anne of Green Gables".

*„Anne of Green Gables" als Musical*

Das Kulturzentrum bietet zwei Kunstgalerien mit Wechselausstellungen und eine Sammlung kanadischer Kunstwerke, eine Bibliothek sowie zwei Theater. Im größeren Theater werden von Juni bis Oktober musikalische Aufführungen veranstaltet, u. a. auch das Musical „Anne of Green Gables", das im Rahmen des jährlich stattfindenden Charlottetown Festival auf die Bühne kommt.

**Confederation Centre of the Arts**, *130 Queen St., ☏ 902-628-1864, www.confederationcentre.com, in den Sommermonaten tgl. 9–17, Do bis 20, sonst Mi–Sa 11–17, So 13–17 Uhr. Ticketverkauf im Box Office, Mo–Sa 9–20, So 10–15.30 Uhr. So und Abendvorstellungen: das Ticketoffice öffnet 2,5 Std. vor jeder Aufführung.*

Von Anfang Juli bis Mitte August wird mehrmals täglich die **Confederation Players Walking Tour** angeboten (Dauer: 45 Min.–1 Std.), bei der man von kostümierten Guides durch die Straßen der Innenstadt begleitet und mit den Anfängen des Staates Kanada bekannt gemacht wird. Die „Great George Street Tour" startet am Visitor Centre an der Founders' Hall (6 Prince St.), die „Historic Queen Square Tour" am gleichnamigen Platz. Englische Führung: 10.30, 13.30 und 15.30 Uhr, französische Führung um 13.30 Uhr (Di–So). Erwachsene $ 17, Kinder unter 12 J. $ 10, Kinder unter 5 J. frei.

**Zu den historischen Häusern gehören:**

- **Province House National Historic Site**: Das Haus wurde 1847 im georgianischen Stil mit neo-klassizistischen Details gebaut. In diesem Haus fand 1864 die entscheidende Konferenz statt, in deren Verlauf die Idee einer Föderation aller britischen Kolonien in Nordamerika mit einer eigenen Verfassung Gestalt annahm. Der berühmte Sitzungssaal wird restauriert und mit dem Originalmobiliar eingerichtet.
  **Province House National Historic Site**, *165 Richmond St., www.pc.gc.ca/en/lhn-nhs/pe/provincehouse, ☏ 902-566-7050. (Anmerkung:* Bis voraussichtlich 2020 ist das Haus wegen umfangreicher Renovierungsarbeiten nicht für Besucher zugänglich.*)*
- Die katholische **St. Dunstan's Basilica**, die in Form eines Kreuzes gebaut wurde; im Innern sind die Marmorarbeiten und die aus Deutschland stammende Fensterrose sehenswert.
  **St. Dunstan's Basilica**, *45 Great George St., ☏ 902-894-3486, www.stdunstanspei.com, tgl. 8–17 Uhr, Eintritt frei.*
- **Ardgowan National Historic Site**, das viktorianische Haus eines der Gründerväter lohnt einen Besuch wegen der Gärten, die im viktorianischen Stil angelegt sind.
  **Ardgowan National Historic Site**, *2 Palmers Ln., ☏ 902-566-7050, www.pc.gc.ca/en/lhn-nhs/pe/ardgowan, tgl. bis zum Einbruch der Dämmerung geöffnet, Eintritt frei.*

Ein Spaziergang führt von der Founders' Hall zum **Beaconsfield Historic House**. Es stammt aus dem Jahr 1877 und wurde für den Kaufmann und Reeder James Peake entworfen. Das Haus zählt heute zu den schönsten Residenzen der Stadt und bietet eine herrliche Aussicht.

*Charlottetowns ganzer Stolz: die historischen Herrenhäuser*

**Beaconsfield Historic House**, *2 Kent St., ☏ 902-368-6603, www.peimuseum.com, Mai–Okt. Mo–Fr 10–16, Juli/Aug. tgl., Nov.–April Mo–Fr 12–16 Uhr, Eintritt Erwachsene $ 5, Senioren $ 4,50, Studenten $ 4, Familienkarte $ 14.*

Der Weg führt weiter zum **Victoria Park** und zum **Government House** aus dem Jahr 1834, das noch heute bei Staatsbesuchen für Repräsentationszwecke genutzt wird und mit einem mächtigen Treppenhaus, dorischen Säulen und einer Galerie beeindruckt.
**Victoria Park** *und* **Government House**, *1 Terry Fox Dr., ☏ 902- 368-5480, www.gov.pe.ca/olg/index.php?number=1022336, Juli/Aug. Mo–Fr 10–15 Uhr, Eintritt frei. Das Außengelände ist tgl. geöffnet. Im Juli/Aug. werden von 10–15 Uhr jede halbe Stunde geführte Touren angeboten. Anmeldung ist nicht möglich. First come, first serve.*

## Reisepraktische Informationen Charlottetown

### Information

**Charlottetown Visitor Information Centre**, *6 Prince St., ☏ 902-368-4444, www.discovercharlottetown.com und www.tourismpei.com. Hier gibt es Informations- und Kartenmaterial über alle Regionen und Freizeitmöglichkeiten auf der Insel.*

### Unterkunft

**$$–$$$ Duchess of Kent Inn**, *218 Kent St., ☏ 902-566-5826 oder 1-800-665-5826, www.bbcanada.com/5155.html, altes Haus aus dem Jahr 1875 in zentraler Lage mit vier stilvoll eingerichteten Nichtraucherzimmern.*

**$$$–$$$$$ Charlotte's Rose Inn**, *11 Grafton St., ☏ 902-892-3699 oder 1-888-237-3699, www.charlottesrose.com, das schöne, viktorianische, 1884 erbaute Haus liegt in einer grünen Wohnstraße am Rande der Innenstadt und verfügt über vier gut ausgestattete Gästezimmer und eine Suite.*

**$$$–$$$$ Dundee Arms**, *200 Pownal St., ☏ 902-892-2496 oder 1-877-638-6333, eden.travel/dundee, am Rande der Innenstadt gelegenes, renoviertes Herrenhaus zwischen alten Ahornbäumen mit antik eingerichteten Zimmern und modernem Anbau mit heller und freundlicher Ausstattung, ganzjährig geöffnet.*

**$$$$–$$$$$ Fitzroy Hall**, *45 Fitzroy St., ☏ 902-368-2077 oder 1-866-627-9766, www.fitzroyhall.com, in dem traditionsreichen Bed-&-Breakfast-Haus aus dem Jahr 1872 gibt es sechs sehr geschmackvoll eingerichtete Zimmer und ein ausgezeichnetes Frühstück, günstig zu allen Sehenswürdigkeiten gelegen.*

**$$$$–$$$$$ Holiday Inn Express**, *200 Capital Dr., ☏ 902-892-1201, 1-800-181-3885, www.ihg.com, außerhalb der Innenstadt gelegenes Mittelklassehotel mit gut eingerichteten Zimmern, Swimmingpool und Sauna, ein kleines Frühstück ist im Preis inbegriffen.*

**$$$$–$$$$$ Rodd Charlottetown**, *75 Kent St., ☏ 902-894-7371 oder 1-800-565-7633, www.rodd-hotels.ca, im Zentrum der Stadt gelegenes elegantes Hotel der großen Hotelkette auf P.E.I.*

**$$$$$ Delta Prince Edward**, *18 Queen St., ☏ 902-566-2222 oder 1-888-236-2427, www.deltahotels.com, erstklassiges Hotel mit allem Komfort in schöner Lage am Hafen, zentral zu Sehenswürdigkeiten, Theater, Geschäften und Restaurants gelegen.*

**$$$$$ The Great George**, *58 Great George St., ☏ 902-892-0606 oder 1-800-361-1118, www.thegreatgeorge.com, das traditionsreiche Hotel mit komfortablen Zimmern liegt zentral im historischen Bezirk, sehr freundlicher Service.*

## Essen und Trinken

**Lobster on the Wharf**, *2 Prince St., ☏ 902-368-2888, www.lobsteronthewharf.com, auf der Terrasse des großen Hafenrestaurants kann man Lobster, Muscheln, Scallops und Krebse genießen, aber auch Steaks und Pasta. Gerichte zwischen ca. 16 und $ 40. Mai–Okt. tgl. 11.30–22 Uhr.*

**The Dining Room**, *4 Sydney St., im „Culinary Institute of Canada", ☏ 902-894-6868, Auszubildende des angesehenen „Kulinarischen Instituts" servieren kreativ zubereitete Seafood- und Fleischgerichte an elegant eingedeckten Tischen. Speisen, Ambiente und Aussicht überzeugen, Hauptgerichte mit Vor- oder Nachspeise $ 20. Im Sommer ist The Dining Room geschlossen. Er öffnet Anfang Oktober wieder.*

*Kreuzfahrtschiffe bringen viele Besucher nach Charlottetown*

**The Merchantman Fresh Seafood & Oyster Bar**, *23 Queen St., ☏ 902-892-9150, https://merchantman.ca, So–Mi 11–21, Do–Sa 11-22.30 Uhr. Bar So–Mi 11–23, Do 11–24, Fr–Sa 11–1 Uhr. In dem originell eingerichteten Pub werden leichte Gerichte und Meeresfrüchte in einem historischen Gebäude serviert, Hauptgerichte ca. $ 15.*

**Ausflugsfahrten und Führungen**

**Confederation Players Walking Tour**, ☏ *1-800-565-0278, zwei 45- bis 60-minütige Stadtrundgänge (s. o.) in Begleitung kostümierter Guide durch die Innenstadt. Juli/Aug. mehrmals tgl., Erwachsene $ 17, Kinder unter 12 J. $ 10, Kinder unter 5 J. frei.*

**Harbour Hippo**, *Lower Prince St.,* ☏ *902-628-8687, www.harbourhippo.com, einstündige Fahrten durch Charlottetown mit dem Amphibienfahrzeug oder mit einem „Londoner"-Doppeldeckerbus. Erwachsene $ 28, Senioren $ 26, Kinder 5–14 J. $ 24, Kinder unter 5 J. $ 5. Familienkarte (2 Erwachsene, 2 Kinder 5–12 J.) $ 85*

**MacQueen's Island Tours**, *430 Queen St.,* ☏ *902-368-2453 oder 1-855-969-2822, www.macqueens.com, individuell gestaltete Radtouren, Gepäcktransport auf Wunsch. Radmiete ab $ 20 für 8 Std.*

**Peakes Wharf Boat Cruise**, *Peakes Wharf,* ☏ *902-394-2222, www.peakeswharfboattours.com, Juni–Sept., 2-stündige Bootsfahrten zur Seehundbeobachtung und einstündige Hafenrundfahrten 2- bis 4 x tgl.*

**Flughafen**

*Der* **Flughafen** *von P.E.I., 250 Maple Hills Ave.,* ☏ *902-566-7997, www.flypei.com, liegt nördlich von Charlottetown; mehrmals tgl. gibt es Flugverbindungen von und nach Halifax; Flugdauer ca. 25 Min.*

*Außerdem* **tägliche Flugverbindungen** *zu kanadischen und US-amerikanischen Großstädten, wie z. B. Toronto, Montréal oder Boston mit regionalen Fluggesellschaften.*

**Air Canada**: ☏ *1-888-422-7533, www.aircanada.com.*

**Westjet**: ☏ *1-888-937-8538, www.westjet.com.*

**Sunwing Airlines**: ☏ *1-877-786-9464, www.flysunwing.com. Flüge von Kanada in die Karibik.*

# Rundfahrten auf Prince Edward Island

Um die Sehenswürdigkeiten der Insel kennenzulernen, bieten sich vier landschaftlich reizvolle Routen an. Der **North Cape Coastal Drive** ist ca. 290 km lang und führt von Summerside durch den Westteil der Insel bis zur Nordspitze. **Green Gables Shore** ist der nördliche Küstenstreifen im Mittelteil der Insel zwischen Malpeque und Tracadie, während **Red Sands Shore** den südlichen Bereich zwischen Summerside und Charlottetown umfasst; die Rundfahrt um den gesamten Mittelteil der Insel ist ca. 220 km lang. Der **Points East Coastal Drive** ist ca. 410 km lang und erschließt den Ostteil von P.E.I.

*Reizvolle Routen*

**Information**

*Informationen und Kartenmaterial über die Routen bekommt man bei den Touristeninformationen in Borden-Carleton, Brackley, Cavendish, Charlottetown, Pooles Corner, Portage, Souris, Stanhope, Wilmot, Summerside und Wood Islands.*

## Der Westteil der Insel

### Unterwegs auf dem North Cape Coastal Drive

Diese Route führt von Summerside in den Nordwesten der Insel und folgt dabei weitgehend der Küstenlinie. Auf der Fahrt sieht man die rote, fruchtbare Erde, Vieh-

weiden, Dörfer, in denen die akadische Fahne weht, rote Sandsteinklippen, helle Sandstrände und Leuchttürme.

## Summerside

Summerside ist mit knapp 15.000 Einwohnern nach Charlottetown der zweitgrößte Ort der Insel. Um 1700 kamen die ersten französischen Siedler aus der Bretagne und Normandie und ließen sich in dem von Micmac-Indianern bewohnten Gebiet nieder, gründeten 1840 die erste ständige Siedlung und legten in den folgenden Jahren einen Hafen an. Bei einem Spaziergang durch die Stadt sieht man stattliche Häuser, Zeugen des Wohlstandes, den die Bewohner durch Fischfang, Schiffsbau und die Zucht von Silberfüchsen erwarben.

*Touristisches Zentrum*

Die Hafenpromenade und das Hafenviertel **Spinnakers' Landing** sind die beliebtesten Sehenswürdigkeiten. Hier finden sich die Touristeninformation, Geschäfte mit Kunsthandwerk, Läden, Boutiquen, Restaurants und Musikveranstaltungen im Freien; und hier starten auch die Boote zu einer Hafenrundfahrt.

Gleich daneben liegt das **Eptek Art & Culture Centre** mit Kunstsammlungen, Ausstellungen und der **Hall of Fame** mit manch Interessantem über kanadische Sportler.

**Eptek Art & Culture Centre**, *130 Heather Moyse Dr., ☎ 902-888-8373, www.peimuseum.com, Juli/Aug. Mo–Sa 9–17, So 12–17, Juni Di–Fr 9–16, So 12–16, Sept. Mo–Fr 9–16, So 12–16, sonst Di–Fr 10–16, So 12–16 Uhr, Eintritt frei. Die Öffnungszeiten können variieren wegen Renovierungsarbeiten.*

*Spinnakers' Landing*

Mitte Juli wird das **Summerside Lobster Festival** gefeiert, ein großes Fest mit kunsthandwerklichen Ausstellungen, Schaubuden, Sportveranstaltungen, Talentshows, Musik- und Tanzdarbietungen sowie Hummer-Festessen.

## Reisepraktische Informationen Summerside

### Information

**Summerside Visitors Information**, *124 Heather Moyse Dr., ☏ 902-888-8364 oder 1-877-734-2382, www.exploresummerside.com, ganzjährig geöffnet.*

### Unterkunft

**$$ Cairns Motel**, *721 Water St. E., ☏ 902-436-5841 oder 1-877-224-7676, www.cairnsmotel.net, kleines, persönlich geführtes Motel auf großem Gelände mit 21 geräumigen Zimmern, teilweise neu oder kürzlich renoviert, 3 km östlich von Summerside, mit Zugang zum Confederation Trail. Nov.–April geschl.*

**$$ Clark's Sunny Isle Motel**, *720 Water St. E., ☏ 902-436-5665 oder 1-877-682-6824, www.sunnyislemotel.com, freundliches Motel auf großem Gelände in ruhiger Lage, 2 km östlich von Summerside. Geöffnet April–Nov.*

**$$$–$$$$ Loyalist Country Inn & Conference Centre**, *195 Heather Moyse Dr., ☏ 902-436-3333 oder 1-877-361-2668, loyalistcountryinn.com, elegantes Landgasthaus in traditionellem Stil in schöner Lage, 82 komfortable Zimmer, teilweise mit Blick auf den Hafen, Restaurant, Innenpool, Sauna, Tennisplatz.*

**$$$–$$$$ Quality Inn & Suites Garden of the Gulf**, *618 Water St. E., ☏ 902-436-2295 oder 1-800-265-5551, www.qualityinnpei.com, Motel mit geräumigen, ansprechend eingerichteten Zimmern auf weitem Gelände, Swimmingpools, 9-Loch-Golfplatz.*

Summerside ist als Ausgangsort für den North Cape Coastal Drive gut geeignet.

In dem Gebiet zwischen Miscouche und Mont-Carmel leben vorwiegend Familien akadischer Herkunft. Ihre Muttersprache ist Französisch, und vor ihren Häusern weht die akadische Flagge.

In **Miscouche**, einem alten akadischen Dorf, informiert das **Acadian Museum** über die Geschichte der Akadier von 1720 bis zur Gegenwart. Eine 15-minütige Einführung gibt einen Überblick über das Leben der Akadier auf P.E.I.

**Acadian Museum**, *23 Main Dr. E., am Hwy. 2, ☏ 902-432-2880, www.peimuseum.com, Juli/Aug. tgl. 9.30–17, sonst Mo–Fr 9.30–17, So 13–16 Uhr, Eintritt Erwachsene $ 5,20, Senioren $ 4,70, Studenten $ 4, Familienkarte $ 4,40.*

In **Mont-Carmel** mit der Kirche Notre Dame aus dem Jahr 1898 und einem alten Kirchhof leben, genau wie in den umliegenden Ortschaften, ebenfalls Nachkommen der Akadier. Ein Abstecher führt von hier nach **Richmond**, wo man im Island Traditions Store von Mitte Mai bis Oktober Korbflechterinnen bei ihrer Arbeit zuschauen und im angeschlossenen Laden Korbwaren und anderes Kunsthandwerk kaufen kann.

*Korbflechterinnen vor Publikum*

**Island Traditions Store**, *17 Sunnyside Rd., http://islandstraditionsstore.com, Saisonöffnungszeiten und Kontakt ☏ 902-854-3063. Mai Mo–Fr 10–16, Juni Mo–Sa 9–17, Juli/Aug. Mo–Fr 9–19, Sa/So 9–17, Sept./Okt. Mo–So 9–17 Uhr. Während der Nebensaison anrufen: ☏ 902-831-2484, 902-854-3299 oder 902-854-2688.*

Ein Abstecher führt von **Carleton** aus zum Kartoffelmuseum in **O'Leary**, das von Kartoffelfeldern umgeben ist. Das **Canadian Potato Museum** zeigt alles Wissenswerte

über die Kulturgeschichte sowie die wirtschaftliche und ernährungsphysiologische Bedeutung der Kartoffel. Auf dem Gelände locken noch ein Museum, eine Kapelle, ein Heuschuppen mit alten landwirtschaftlichen Geräten und das „Little Red Schoolhouse" von Alaska/P.E.I. Nach der Besichtigung kann man in einer Stube Kartoffel-Snacks probieren.
**Potato Museum**, *1 Dewar Ln., ☏ 902-859-2039 oder 1-844-849-1470, www.peipotatomuseum.com, 15. Mai–15. Okt. tgl. 9.30–17.30 Uhr, Eintritt Erwachsene $ 10, Senioren $ 8,85, Familienkarte $ 25.*

2009 wurde auf der West Cape & Norway Wind Farm in O'Leary mit 55 Turbinen **der größte Windpark in den Atlantikprovinzen** eröffnet, der rund 25.000 Haushalte mit Energie versorgt.

## West Point

In West Point lohnt sich ein Besuch des **Cedar Dunes Provincial Park** mit seinem Sandstrand, einer Dünenlandschaft und einem hölzernen Leuchtturm, in dem ein Museum und Fremdenzimmer eingerichtet wurden. Zum Provincial Park gehört auch ein Campingplatz. Dieser Küstenabschnitt ist zum Surfen geeignet. Das **West Point Lighthouse Museum** wurde in dem 1875 gebauten Leuchtturm untergebracht; nachdem man die 72 Stufen hochgestiegen ist, kann man den Meerblick genießen und die Ausstellung, die die Geschichte der Leuchttürme auf P.E.I. dokumentiert. Außerdem laden 13 Gästezimmer von Mitte Juni bis Mitte September zur Übernachtung in einem Leuchtturm ein.

*Leuchtturm-museum*

**West Point Lighthouse Museum**, *Hwy. 14, ☏ 902-859-3605 oder 1-800-764-6854, www.westpointharmony.ca, Mai–Okt. tgl. 9–20.30 Uhr.*

### Unterkunft

$$$$ **West Point Lighthouse**, *364 Cedar Dunes Park Rd. Lot 8, ☏ 902-859-3605 oder 1-800-764-6854, www.westpointharmony.ca, im Leuchtturm wurde ein Gästezimmer mit Bad eingerichtet und mit alten, ansprechenden Möbeln möbliert, weitere Zimmer mit Meerblick befinden sich im Anbau. Geöffnet Mai–Okt.*

Der North Cape Coastal Drive folgt nun der Küstenlinie nach Norden zum **Cape Wolfe** und weiter über **Campbellton**, **Miminegash** und den **Miminegash Pond** zum **North Cape**. Immer wieder laden Sandstrände zum Ausruhen oder zu Spaziergängen ein; vielleicht bekommt man Reiter oder Traktoren zu sehen, die an der Westküste Irisches Moos sammeln und es zu einem der Verarbeitungsbetriebe bringen. In einem früheren Fischerboot am Hafen von Miminegash kann man sich über das Irische Moos informieren.

Von **Norway** aus immer noch einen Besuch wert ist der „Elefantenfelsen", eine Sandsteinformation, die sich wuchtig aus dem Meer erhebt. Auch wenn am **Elephant Rock** der Rüssel des Elefanten vor einigen Jahren abgebrochen ist und der Felsen nun nicht mehr an einen Elefanten erinnert, ist die Formation eindrucksvoll.

## North Cape

In North Cape, an der Nordspitze von P.E.I., befindet sich **North Cape, Nature & Technology in Perfect Harmony, wozu u. a.** der erste Leuchtturm der Insel aus dem Jahr 1866 gehört. Da das Gebiet stark von Winden umtost ist, wurden hier eine Windfarm und die Versuchsstation **Atlantic Wind Test Site** zur Gewinnung und

*So sah der „Elephant Rock" aus, bevor sein „Rüssel" zerstört wurde*

Erprobung von Windenergie eingerichtet. Das Museum hat dazu Wissenswertes in Ausstellungen und einer zehnminütigen Videoschau aufbereitet. Bei Ebbe können Besucher zum Felsenriff laufen und beobachten, wie sich die Gewässer des St. Lawrence Golf und der Northumberland Strait über dem längsten Felsriff Nordamerikas treffen. Hier lassen sich mit etwas Glück auch Wale sehen. Außerdem kann man auf dem Black Marsh Nature Trail spazieren gehen.

*Längstes Felsriff Nordamerikas*

**North Cape, Nature & Technology in Perfect Harmony**, *21817 Hwy. 12, am Nordende der Rte. 12, ☏ 902-882-2991, Juli/Aug. tgl. 9–20, Mai/Juni/Sept./Okt. tgl. 10–18 Uhr. Restaurant mit Meerblick. Souvenirladen*

### Essen und Trinken

**Wind & Reef Restaurant**, *direkt an der Küste, ☏ 902-882-3535, rundum verglastes Restaurant mit Blick auf den St.-Lorenz-Golf und köstlichen Fischgerichten und Meeresfrüchten.*

Vom Fischerort **Tignish** aus werden vor allem Kabeljau, Thunfisch und Hummer verschifft. Das **Tignish Museum** erinnert an das akadische Erbe des Ortes. Bekannt ist die 1882 gebaute Orgel der **Kirche St. Simon and St. Jude Parish House**, die noch immer bespielt wird.

Südlich von **Kildare** breitet sich der 11 ha große **Jacques Cartier Provincial Park** aus. Ein Denkmal erinnert an Jacques Cartier, der 1534 auf Prince Edward Island anlegte. Der Park, der auch über einen Campingplatz verfügt, ist bei Windsurfern beliebt. **Alberton** war am Anfang dieses Jahrhunderts ein wichtiger Ort für den Handel mit Silberfuchspelzen. An den damaligen Wohlstand erinnern schöne, alte Häuser, baumbestandene Straßen und das **Alberton Museum**, das in dem 1878 gebauten Gerichtsgebäude eingerichtet ist.

Nach getaner Arbeit

**Alberton Museum**, *457 Church St., ☎ 902-853-4048, https://artsandheritagepei.com/operator/7326, Juni–Ende Sept. Mo–Sa 9–17 Uhr, Eintritt: eine Spende wird erwartet.*

**Alberton Harbour** ist einer der Heimathäfen der kanadischen Hochseefischereiflotte; mit Fischern kann man zum Fisch- und Hummerfang oder zum Angeln ausfahren. Das Gebiet zwischen Alberton und **Woodstock** ist für einen längeren Ferienaufenthalt sehr geeignet, da es hier viel sportliche Anregung und Unterhaltung gibt.

Der **Mill River Fun Park** bietet auf 183 ha Tennis, Windsurfen, Kanufahren, Spielplätze, Kinderprogramm, Golfplatz, Wanderwege, Schwimm- und Angelgelegenheiten sowie Langlaufloipen im Winter. In Woodstock, am Rande des Parks, liegt ein gutes Hotel, außerdem ist ein Campingplatz vorhanden.

## Unterkunft

**$$$–$$$$ Mill River Resort**, *180 Mill River Resort Rd. am Route 136, ☎ 902-859-3555, 1-844-375-3555, https://millriver.ca, gern besuchtes Sporthotel am Rande des Mill River Fun Park mit Schwimmbädern, Fitnessraum, Kanu- und Surfbrettverleih, Squash- und Tennisplätzen sowie einem ausgezeichneten 18-Loch-Golfplatz.*

Der North Cape Coastal Drive führt weiter durch Bauernland auf die **Malpeque Bay** zu. Der **Green Park Provincial Park** bei **Port Hill** bietet Strände und Campingplätze sowie ein Schiffsbaumuseum. Das **Green Park Shipbuilding Museum and Historic Yeo House** besteht aus einer Schiffswerft des 19. Jh., einem instandgesetzten Schiff und der renovierten Villa des wohlhabenden Schiffsbauers James Yeo Jr., die mit Originalmobiliar eingerichtet wurde. Die Geschichte des Schiffsbaus wird in einem Informationszentrum gezeigt.
**Green Park Shipbuilding Museum and Historic Yeo House**, *☎ 902-831-7947, www.peimuseum.com, Juni Mo–Fr 9–16.30, Juli/Aug. tgl. 9–16.30 Uhr, Eintritt Erwachsene $ 5,75, Senioren $ 4,90, Studenten $ 4, Familienkarte $ 15,50.*

*Größtes Indianerreservat auf P.E.I.*

**Lennox Island** ist das größte Indianerreservat von P.E.I. Heute leben hier ca. 50 Familien der Micmac-Indianer. Diese gelten als die ersten zum Christentum bekehrten Indianer Kanadas. Die St.-Anne-Kirche aus dem Jahr 1895 an der Südspitze von Lennox Island trägt den Namen der Schutzheiligen der Indianer. Im Museumsraum informiert eine Ausstellung über das Leben der Micmac-Indianer.

## Einkaufen

**Indian Art and Craft of North America**, *4 Eagle Feather Trail, ☎ 902-831-2653, www.indianartpei.com, im Verkaufsraum, gleich bei der Kirche, werden Kunst und*

*Kunsthandwerkliches der hiesigen Familien, z. B. Silberschmuck, Töpfer- und Lederarbeiten, Holz- und Steinplastiken, Puppen und Souvenirs angeboten. Öffnungszeiten: Mai–Mitte Okt. Mo–Sa 10–17 Uhr.*

Die **Malpeque Bay** ist eines der wichtigsten Zentren der kanadischen Austernzucht – dank der hohen Qualität der hier lebenden Malpeque-Austern. Alljährlich werden mehr als 5 Mio. Austern gesammelt und in den umliegenden Betrieben verarbeitet. Aber die Auster ist nicht nur für Feinschmecker von Bedeutung, sondern dient auch der wissenschaftlichen Forschung. Da diese Austernart 1917 aufgrund von Krebserkrankungen fast völlig ausgestorben war, sich jedoch ohne menschliches Einwirken wieder erholte, wird seit mehreren Jahren nach den Ursachen für den Heilungsprozess geforscht.

*Forschungsobjekt Austern*

### Bootstouren

*An der Malpeque Wharf werden Kajaktouren und -verleih angeboten.* **Malpeque Bay Kayak Tours**, ☏ *902-836-3784 oder 902-266-5706, peikayak.ca/contact.*

### Feste

*Ende Juli–Anfang Aug. wird das* **Tyne Valley Oyster Festival** *(www.tvoysterfest.ca) veranstaltet, zu dem Musik und Tanz, aber auch Austern- und Hummer-Essen gehören.*

Der North Cape Coastal Drive führt an der Bucht entlang zurück nach Summerside.

## Der Mittelteil der Insel

### Green Gables Shore und Red Sands Shore

Mit der Green Gables Shore lernt man den nördlichen Mittelteil von P.E.I. kennen, dessen Attraktionen die Sandstrände an der Nordküste mit den roten Sandsteinklippen sind. An diesem Küstenabschnitt liegen die Sehenswürdigkeiten von „Anne of Green Gables“, einer in Kanada und besonders in Japan durch Bücher, Filme und Fernsehserien beliebten Romanfigur.

*Einladung zu langen Strandspaziergängen – im Prince Edward Island National Park*

## Prince Edward Island National Park

*Großer Nationalpark an der Küste*

Der 1937 eingerichtete Prince Edward Island National Park erstreckt sich über 40 km an der Nordküste zwischen der Tracadie Bay im Osten und der Cavendish Bay im Westen am Golf des St.-Lorenz-Stroms. Hier erwarten den Besucher lange, weiße Sandstrände, Sanddünen, rote Sandsteinklippen und Salzwassermarschen, an denen mehr als 200 Vogelarten leben. Es gibt Golf- und Tennisplätze sowie Wander- und Radfahrmöglichkeiten. Wanderwege durchziehen den ganzen Park; für Radfahrer wurden ein 8 km langer Weg in der Nähe des Cavendish-Zeltplatzes und ein 5 km langer Weg beim Dalvay-Eingang angelegt.

An dem Küstenabschnitt zwischen Cavendish und Stanhope haben sich die meisten Ferienorte der Insel etabliert. Wie an den Stränden herrscht auch in den Ortschaften viel Betrieb, vor allem in jenen Orten, die mit „Anne of Green Gables" in Verbindung gebracht werden. Außerdem gibt es vor allem für Familien mit Kindern Unterhaltung in Freizeit- und Abenteuerparks.

## Reisepraktische Informationen Prince Edward NP

### Information

*Der **Prince Edward National Park** erstreckt sich über 40 km an der Nordküste. Es gibt sechs Zugänge zum Strand, an denen sich Informationskioske befinden, ☏ 902-672-6350, www.pc.gc.ca/en/pn-np/pe/pei-ipe, der Park ist ganzjährig zugänglich, Besucherservices Mai–Okt. tgl. von 9–17 Uhr, Eintritt Erwachsene $ 7,80, Senioren $ 6,80, Familienkarte $ 15,70, in den Wintermonaten Eintritt frei.*

### Unterkunft

*Es existieren in allen Orten Unterkunftsmöglichkeiten in jeder Preiskategorie. Wegen der starken Nachfrage empfiehlt sich eine rechtzeitige Reservierung.*

**Rustico**

**$$–$$$ North Rustico Harbour Inn, 7366 Cavendish Rd. North Rustico,** *☏ 902-963-2898, https://northrusticoharbourinn.com, einfache Motelanlage, geöffnet Mitte Mai–Mitte Okt.*

**$$–$$$ The Pines Motel and Cottages**, *Rte 6 Rusticoville Bridge., ☏ 902-963-2029 oder 1-800-878-5949, www.pinesmotelpei.ca, Motel mit Aussicht auf den New Glasgow River.*

**$$$ Barachois Inn**, *2193 Church Rd., am Hwy. 243, ☏ 902-963-2194 oder 1-800-963-2194, www.barachoisinn.com, viktorianisches Haus aus dem Jahr 1880 mit vier stilvoll eingerichteten Nichtraucherzimmern, dazu ein neues Haus mit vier Zimmern, schöner Blick auf die Rustico Bay. Mindestaufenthalt 2 Nächte.*

**Stanhope**

**$$–$$$ Chelsy by the Sea**, *98 Blanchard Ln., ☏ 902-672-3646, http://chelsybythesealive-inresort.com, fünf gut ausgestattete Cottages, etwa 300 m vom Strand entfernt. Geöffnet Juni–Okt.*

**Brackley Beach**

**$$$–$$$$ Shaw's Hotel**, *99 Apple Tree Rd., ☏ 902-672-2022, www.shawshotel.ca, seit 1860 bestehendes Landgasthaus mit Zimmern und Cottages, Frühstück inkl.; ca. 500 m vom Strand entfernt.*

**$$$$ Brackley Beach North Winds Inn & Suites**, *3828 Portage Rd., Route #6, ☏ 902-672-2245 oder 1-800-901-2245, www.brackleybeachnorthwinds.com, Motel mit*

*66 unterschiedlich eingerichteten Zimmern in mehreren Gebäuden, teilweise mit Meerblick, Swimmingpool. Mai–Mitte Okt. geöffnet.*

**Camping**
*Der Campingplatz in Cavendish ist von Anfang Juni–Ende Sept. geöffnet (Selbst-Registrierung im Sept.); der Stanhope Campground ist von Anfang Juni–Anfang Sept. geöffnet (Selbst-Registrierung vom 3.–8. Sept.).*

**Strände**
*Die viel besuchten Strände von Brackley Beach, Cavendish, Dalvay by the Sea, North Rustico, Ross Ln. und Stanhope Ln. stehen unter Aufsicht.*

## Cavendish

Schöne Strände, gute Übernachtungsmöglichkeiten, viele Restaurants, ein breites Unterhaltungsangebot und vor allem die Sehenswürdigkeiten von „Anne" machen Cavendish zu einem beliebten, im Sommer häufig auch überfüllten Ferienort. Im **Cavendish Visitor Information Centre** erhält man aktuelle Veranstaltungshinweise und sonstige Infos.

*Beliebter Ferienort*

Überall in dieser Region stößt man auf den Namen **Anne of Green Gables**. Geschäfte, Restaurants, Hotels, Boote, Ausflugsfahrten und Souvenirs aller Art tragen diesen Namen; vollbesetzte Busse bringen laufend Besucher aus aller Welt zu den Sehenswürdigkeiten, die mit diesem Namen verbunden sind.

### Exportschlager „Anne of Green Gables"

info

Lucy Maud Montgomery ist eine der beliebtesten Schriftstellerinnen Kanadas und die Verfasserin des bekannten Kinderbuches „Anne of Green Gables", das seit Generationen von kanadischen Kindern gelesen wird, in 17 Sprachen übersetzt wurde und durch erfolgreiche Fernsehserien einem großen Publikum in Kanada, den USA und Japan bekannt geworden ist. Lucy Maud Montgomery wurde 1874 in New London/P.E.I. geboren, wuchs aber nach dem frühen Tod ihrer Mutter bei ihren Großeltern in der Nähe von Cavendish auf. Anders als die meisten Mädchen jener Zeit erhielt sie eine gute Schulbildung und besuchte das Prince of Wales College in Charlottetown und später die Dalhousie University in Halifax.

Mit 17 Jahren zog sie nach Halifax und begann mit ihrer Arbeit beim „Halifax Chronicle". Sie kehrte als Lehrerin nach Prince Edward Island zurück und lebte bis zu ihrer Heirat bei ihrer Großmutter in Cavendish. 1908 veröffentlichte sie die Erlebnisse von „Anne of Green Gables" als Fortsetzungsgeschichte in einer Sonntagsschulausgabe, der weitere Bücher folgten. Lucy Maud Montgomery starb 1942 in Toronto und wurde an der Stelle begraben, die sie zuvor auf dem **Cavendish Cemetery/P.E.I.** selbst ausgewählt hatte.

Lucys eigene Kindheitserinnerungen werden in ihren Büchern lebendig, wenn sie die Geschichten und Erlebnisse der kleinen Anne erzählt, die in der Umgebung von Cavendish spielen. Anne ist ein rothaariges Waisenkind, das Adoptiveltern auf Prince Edward Island findet. Ihren Spuren folgen die Besucher, die entweder an geführten Touren teilnehmen oder sich jeweils an Ort und Stelle von kostümierten Guides informieren lassen.

Das Geburtshaus der Schriftstellerin **Lucy Maud Montgomery** steht in **New London**. Das Haus blieb weitgehend unverändert und zeigt persönliche Dinge der Autorin, z. B. Tagebücher, Skizzen, Hochzeitskleid und -schuhe sowie den Brautstrauß.
**L.M. Montgomery Birthplace**, *New London, New London Corner, 6461 Route 20, an der Kreuzung des Hwy. 6 mit dem Hwy. 20, ☏ 902-886-2099, www.lmmontgomerybirthplace.ca, Mitte Mai–Mitte Okt. tgl. 9–17 Uhr, Eintritt $ 4,25.*

Im **Lucy Maud Montgomery's Cavendish Home**, das sie zum „Haus mit den grünen Giebeln" inspirierte, lebte Lucy Montgomery von 1876–1911. In der stillen Dachkammer des alten Bauernhauses schrieb sie ihre erfolgreichen Geschichten von „Anne of Green Gables".
**Lucy Maud Montgomery's Cavendish Home**, *am Hwy. 6, ☏ 902-963-2231, www.lmmontgomerycavendishhome.com, Juli/Aug. tgl. 9.30–17.30, Mitte Mai–Juni/Sept.–Mitte Okt. tgl. 9–17 Uhr. Eintritt Homestead: Erwachsene $ 6, Senioren $ 5. Green Gables: Erwachsene $ 7,80, Senioren $ 6,55.*

*Bei „Anne" zu Hause*

Im **Green Gables House** spielt die Geschichte der kleinen Anne. Seit 1937 gehört das Haus mit seinem Bauernland zum Prince Edward Island National Park. Es wurde nach den Beschreibungen des Buches möbliert, wobei jede der Hauptpersonen ein eigenes Zimmer mit typischen Gegenständen und Kleidern hat.
**Green Gables House**, *8619 Cavendish Rd., am Hwy. 6 westlich der Kreuzung mit dem Hwy. 13, ☏ 902-693-7874, www.pc.gc.ca/en/lhn-nhs/pe/cavendish, Mai–Ende Okt. tgl. 9–17 Uhr, sonst nach Voranmeldung, Eintritt Erwachsene $ 7,80, Senioren $ 6,55*

Das **Lucy Maud Montgomery Festival** findet Mitte August in Cavendish statt.

Auf dem Gelände des **Avonlea Village of Anne of Green Gables** entdeckt man die Kirche und das Schulhaus, in dem Lucy Maud Montgomery 1896 unterrichtete. Kostümierte Guides begleiten die Besucher durch die Gebäude, spielen und tanzen

*Green Gables – das Haus der grünen Giebel*

mit den Kindern und zeigen ihnen, wie Kühe gemolken werden; außerdem gibt es Planwagenfahrten, Ausritte und Konzerte.
**Avonlea Village of Anne of Green Gables**, *8779 Route 6, ☏ 902-963-3111, http://avonlea.ca, Mitte Juni–Anfang Sept. tgl. 10–17, Juli/Aug. 10–20 Uhr.*

Im **Stanley Bridge Marine Aquarium** tummeln sich Fische, Seehunde, Robben, Delfine und etwa 750 Vogelarten. Interessant sind auch die Schmetterlingssammlung sowie die Ausstellungen über den Lebenszyklus von Austern und die Gewinnung des Irischen Mooses.
**Stanley Bridge Marine Aquarium**, *32 Campbellton Rd., Stanley Bridge, New London, ☏ 902-886-3355, www.carrspei.ca/sb-marine-aquarium, Mitte Mai–Okt., Eintritt $ 8,50.*

## Reisepraktische Informationen Cavendish

### Information

**Cavendish Visitor Information Centre**, *7591 Cawnpore Ln., an der Kreuzung von Route 6 und Route 13, ☏ 902-963-7830 oder 1-800-463-4734, ganzjährig geöffnet.*

### Unterkunft

**$$ The Resort at Cavendish Corner**, *Intersection of Route 6 and Route 13, ☏ 902-963-2251 oder 1-877-963-2251, www.resortatcavendishcorner.com, ein historisches Country Inn mit Luxus-Suiten und modernen Motelzimmern und Cottages mit einem bis drei Schlafzimmern, nur wenige Minuten vom Strand und dem Green-Gables-Haus entfernt. Geöffnet Mai–Okt.*
**$$–$$$ Silverwood Motel**, *8933 Route 6 Cavendish Rd., ☏ 902-963-2439 oder 1-800-565-4753, www.silverwoodmotel.com, Motel mit 45 Einheiten, je nach Wunsch mit einem oder zwei Schlafräumen, Swimmingpool, Spielplatz, Golf- und Tennisplatz, Restaurant, Strand in Laufnähe. Geöffnet Juni–Sept.*
**$$$–$$$$ Kindred Spirits Country Inn and Cottages**, *46 Memory Ln., Route 6, ☏ 902-963-2434 oder 800-461-1755, www.kindredspirits.ca, schönes Landhaus mit 37 geräumigen, gut eingerichteten Zimmern oder voll ausgestatteten Cottages, 800 m vom Strand entfernt.*
**$$$$–$$$$$ Cavendish Maples Cottages**, *73 Avonlea Blvd., Route 6, ☏ 1-888-662-7537, www.cavendishmaples.com, schöne ruhige Anlage mit 25 gut ausgestatteten, rustikalen Cottages für 2–6 Pers., Spiel- und Sportplätze, nicht weit vom Nationalpark entfernt. Im Juli/Aug. Mindestaufenthalt 5 Nächte. Kürzere Aufenthalte nach Rückfrage möglich. Mitte Mai–Ende Juni und Sept.–Anfang Okt. gibt es 10–50 % reduzierte Raten auf die Sommerpreise, abhängig von der Anreise und Dauer des Aufenthalts. Nähere Auskünfte auf Anfrage.*

### Tipp

In dieser Gegend darf man nicht versäumen, eines der **traditionellen Lobster Dinner Restaurants** zu besuchen und den frischen Hummer sowie die hausgemachten Pies oder Chowders zu probieren, z. B. das Blue Mussel Café am Hafen von North Rustico Harbour, 312 Harbourview Dr., ☏ 902-963-2152, https://bluemusselcafe.com, Ende Mai, Juni, Sept. und Anfang Okt. Mo–So 11.30–20, Juli/Aug. Mo–So 11.30–21 Uhr.

## Park Corner

Auch in Park Corner gibt es eine Verbindung zu Lucy Maud Montgomery, denn im **Anne of Green Gables Museum at Silver Bush** verbrachte Lucy Maud Montgomery ihre Schulferien. Hier heiratete sie im Jahr 1911. Zu den Erinnerungsstücken gehören auch die Erstausgaben ihrer Bücher. Auf einer Kutschfahrt kann man das ganze Gelände auf nostalgische Weise kennenlernen.

**Anne of Green Gables Museum at Silver Bush**, *4542 Hwy. 20, ☏ 902-886-2884 oder 1-800-665-2663, www.annemuseum.com, Juli/Aug. tgl. 9–17, Juni/Sept. 10–16, Mai/Okt. 11–16 Uhr, Eintritt Erwachsene $ 6, Kinder und Jugendliche 6–16 J. $ 2.*

### Unterkunft

$$$ **Montgomery Inn at Ingleside**, *4615 Route 20, Park Corner, Kensington, ☏ 902-439-0889, www.montgomeryheritageinn.com, geöffnet von Mitte Mai–Ende Okt. In diesem Haus verbrachte Lucy Maud Montgomery einen Teil ihrer Kindheit, der Name Ingleside stammt von der Autorin selbst. Heute wird hier ein Bed & Breakfast betrieben.*

## Malpeque

*Zentrum der Austernfischerei*

Malpeque entstand aus einer Siedlung, in der zunächst Micmac-Indianer und später französische Siedler lebten, die sich zu Beginn des 18. Jh. hier niederließen. Ab 1765 kamen Engländer und Schotten in dieses Gebiet, deren Nachkommen noch heute hier leben. Malpeque ist ein Zentrum der Austernfischerei; dabei werden die Austern mit Schürfnetzen vom Meeresboden abgefischt. Das **Keir Memorial Museum** hält Wissenswertes über die Austernfischerei und das Alltagsleben der Bevölkerung bereit.

**Keir Memorial Museum**, *2214 Hwy. 20, ☏ 902-836-3054, www.malpequebay.ca/keirmuseum.htm, Juli–Mitte Sept. Mo–Fr 9–17, Sa/So 13–17 Uhr, Eintritt Erwachsene $ 2, Kinder 5–12 J. $ 1, Familienkarte $ 5.*

Am Hafen von Malpeque findet man Fischer, die einen zum Thunfischfang und zu Hochseeausflugsfahrten mitnehmen.

## Kensington

Der Süden von P.E.I., **Red Sands Shore** genannt, das sind sanfte Hügel, Bauernland, Viehweiden mit Holsteiner Kühen, Heuballen, Kartoffelfelder und Flüsse, die sich durch das Land winden. Im Sommer werden die „neuen Kartoffeln" an Ständen entlang der Straßen angeboten, die als Pellkartoffeln mit Butter, Salz und Pfeffer gegessen werden. Rote Sandsteinklippen kennzeichnen die Küste; hier kann man die warmen Wassertemperaturen genießen, nach Muscheln suchen, Strandspaziergänge unternehmen oder einen der Provincial Parks besuchen.

*Im Spukhaus*

In Kensington bietet das **Spooktacular Haunted Mansion** Gruselerlebnisse für alle, die das mögen. Das Herrenhaus im Tudor-Stil ist umgeben von gepflegten Gartenanlagen mit Spazierwegen und Wasseranlagen. Man erzählt sich, dass es im Herrenhaus spukt. Ein wohlhabender Engländer namens Dr. Jack errichtete das Haus Ende des 19. Jh. und betrieb es als Inn. Einige der Gäste verschwanden, ohne dass man jemals wieder von ihnen hörte. Andere berichten davon, dass die berüchtigte Lizzie Borden zu Gast war, die ihren Vater und ihre Stiefmutter ermordet haben soll und dafür freigesprochen wurde.

**Spooktacular Haunted Mansion**, *81 Victoria St., ☏ 902-836-3336, https://hauntedmansionpei.ca, Juni/Anfang Sept. 10–17, Juli/Aug. 10–19 Uhr. Von Mitte–Ende Okt. ist das Haus an einigen Tagen für die „Nights of Fear" geöffnet (18–21, Sa/So auch von*

*14–16 Uhr). Eintritt: Erwachsene $ 17, Senioren $ 15, Kinder 6–16 J. $ 10. Die Eintrittspreise beinhalten den Zugang zur Haunted Mansion, zu den Gärten und zum Playland.*

Die Straße führt weiter am St.-Lorenz-Golf und an der Ostküste der Malpeque Bay entlang in den Südteil der Insel. Diese Strecke ist reizvoll und bietet immer wieder Fotomotive.

### Victoria

Victoria erinnert an Ferienorte an der englischen Küste. Das **Victoria Seaport Museum** ist in einem noch in Betrieb befindlichen Leuchtturm eingerichtet. Man kann auf die Spitze des Turms hinaufsteigen oder vom 2. Stock aus einen Blick auf den Hafen mit seinen Fischerbooten und Segeljachten werfen.
**Victoria Seaport Museum**, *Route 116, ☏ 902-368-4000, Anfang Juli–Mitte Sept. tgl. außer Mo 12–17 Uhr, Eintritt Spende.*

Im **Victoria Playhouse** werden von Ende Juni bis Anfang Oktober Theaterstücke und Konzerte aufgeführt. Vom Hafen aus kann man zu Bootsausflügen und Kanutouren starten.
**Victoria Playhouse**, *20 Howard St., ☏ 902-658-2025, https://victoriaplayhouse.com.*

#### Unterkunft

**$$–$$$ Victoria Inn**, *32 Victoria St. E., ☏ 902-836-3010, www.victoriainnpei.com, heimeliges, ruhiges Bed & Breakfast in einem gut 100 Jahre alten Gebäude mit hübschem Garten. Drei Zimmer im Haupthaus inkl. Frühstück; mietet man eine der vier gut ausgestatteten Cottage Suites, kann man Frühstück anfragen.*

### Bonshaw

Bonshaw liegt, umgeben von einer sanften Hügellandschaft, im Tal des West River und lädt mit dem Bonshaw Provincial Park zu Wanderungen und Radtouren ein. Beliebt ist auch ein Besuch im **Car Life Museum**. Das älteste Auto der Sammlung wurde im Jahr 1898 gebaut; die landwirtschaftlichen Geräte und Maschinen stammen aus dem frühen 18. und 19. Jh. Besucher schauen sich einen Cadillac aus dem Jahr 1959 an, der einmal Elvis Presley gehört hat. *Elvis' Auto*
**Car Life Museum**, *18191 Hwy. 1, ☏ 902-629-9777, www.facebook.com/CarLifeMuseum.*

Das **Fort Amherst Port La Joye National Historic Site** erinnert an die erste europäische Siedlung auf P.E.I., die auf französische Fischer und Bauern zurückgeht, die hier 1720 an Land gingen. Ausstellungen, ein Videofilm und archäologische Funde berichten von den Kämpfen zwischen Franzosen und Engländern. Vom Fort aus bietet sich ein Blick auf die Einfahrt zum Hafen von Charlottetown.
**Fort Amherst Port La Joye National Historic Site**, *191 Hache Gallant Dr., Rocky Point, südlich von Charlottetown, am Hwy. 19, ☏ 902-675-2220, www.pc.gc.ca/en/lhn-nhs/pe/skmaqn, das Besucherzentrum ist geöffnet Juli/Aug. Mo–Fr 9–17 Uhr, das Gelände ist ganzjährig von Sonnenaufgang bis -untergang zugänglich, Eintritt frei.*

## Der Ostteil der Insel

### Unterwegs auf dem Points East Coastal Drive

An dieser Strecke liegen Fischerdörfer, Leuchttürme, Sandstrände und Klippen, Erdbeer-, Kartoffel-, Getreide- und Tabakfelder; Provincial Parks laden zum Baden und Erholen

*Eine der vielen Buchten an der Ostküste*

ein. Der Osten ist touristisch weniger erschlossen als die Nordküste, noch recht ursprünglich und bietet Ruhe und Natur. Die Fahrt durch das „Land der Buchten und Dünen, der Hügel und Häfen" kann in Charlottetown beginnen; für die Rundfahrt sollte man ein oder zwei Übernachtungen einplanen. Diese Route führt durch Kings County, den Ostteil von P.E.I., der auch heute noch von Nachkommen der schottischen Einwanderer bewohnt wird, die das Erbe ihrer Vorfahren in Musik, Tanz und Brauchtum pflegen.

Von Charlottetown fährt man auf dem Hwy. 2 zunächst nach Norden; die Straße folgt dem Lauf des Hillsborough River und führt dann über **Morell** nach **St. Peters Bay**.

## Reisepraktische Informationen St. Peters Bay

### Unterkunft/Essen und Trinken

$$$ **Shady Lane B&B**, *25 Creek Rd., Morell, ☏ 902-961-3087, www.shadylanecottage.ca. Das von einem freundlichen älteren Ehepaar geführte Bed & Breakfast liegt etwa zehn Autominuten westlich von St. Peters bei Morell. Zwei große Zimmer mit Bad, außerdem ein Cottage für bis zu sechs Personen, Mitte Mai–Okt. geöffnet.*

$$$$ **The Inn at St. Peters**, *1668 Greenwich Rd., St. Peters, ☏ 902-961-2135 oder 1-800-818-0925, www.innatstpeters.com, 16 gemütliche Zimmer mit eigener Terrasse, Spezialitäten des Hauses sind Fisch- und Seafoodgerichte, serviert mit frischem Gemüse aus dem eigenen Garten.*

### Feste

*Anfang Aug., wenn die Blaubeerfelder abgeerntet sind, wird in St. Peters Bay das* **Blueberry Festival** *mit Musik und Tanz sowie einem „Blaubeerpfannkuchen-Brunch" gefeiert.*

Der Points East Coastal Drive führt an die Nordküste und zu den Ortschaften **Naufrage**, wo Irisch Moos geerntet wird, und **North Lake**, dem Zentrum des Thunfischfangs auf P.E.I. In **East Point**, dem östlichsten Punkt von Prince Edward Island, steht **East Point Lighthouse**, ein Leuchtturm aus dem Jahr 1867 mit einer **Touristeninformation** und Shop. Wenn man in die Spitze des Turmes steigt, wartet als Lohn ein Ausblick auf die Gewässer der Northumberland Strait und des St.-Lorenz-Golfes.

**East Point Lighthouse**, *404 Lighthouse Rd., ☏ 902-357-2718, www.eastpointlighthouse.ca, Juni–Sept. tgl. 10–18 Uhr, Eintritt Erwachsene $ 6,90, Schüler 6–18 J. $ 4, Kinder 3–5 J. $ 2,30, Familienkarte $ 17,25.*

3 km landeinwärts vom East Point Coastal Drive, am Hwy. 16 A, liegt **Elmira**. Hier befindet sich die Endstation der Inselbahn; das **Elmira Railway Museum** informiert über die Geschichte der Eisenbahn auf P.E.I.

**Elmira Railway Museum**, ☎ *902-357-7234, www.peimuseum.com, Juni/Sept. Mo–Fr 9.30–16.30, Juli/Aug. tgl. 9.30–16.30 Uhr, Eintritt Erwachsene $ 5,25, Senioren $ 4,70, Studenten $ 4,20, Familienkarte $ 14,70. Fahrt im Miniaturzug (nur Juli/Aug.) Erwachsene $ 6, Kinder $ 4, Familienkarte $ 15.*

*East Point Lighthouse*

Der Points East Coastal Drive führt nun an der buchtenreichen Ostküste entlang; hier finden gibt es Ferienorte, Provinzparks mit Camping- und Freizeiteinrichtungen sowie Badestränden, z. B. im Red Point Provincial Park und im Souris Beach Provincial Park. Zwischen **Bothwell** und **Souris** erstrecken sich einige der schönsten Strände mit feinem, weißem Sand.

In **Basin Head** stellt das **Basin Head Fisheries Museum** die Lebensweise der Fischer und Fischfangmethoden vor. Originale Ausrüstungen, Boote, eine Räucherkammer und eine alte Konservenfabrik können besichtigt werden. Ein Plankenweg führt hinunter zum „Singing Sand Beach"; wenn man mit den Füßen über den Sand schleift, kann man den sirrenden Klang hören.

*Der „singende" Strand*

**Basin Head Fisheries Museum**, *Basin Head Rd., Souris, an der Klippe an der Northumberland Strait,* ☎ *902-357-7233, www.peimuseum.ca, Juni/Sept. Mo–Fr, Juli/Aug. tgl. 9.30–17 Uhr, Eintritt Erwachsene $ 4,60, Senioren $ 4,10, Studenten $ 4, Familienkarte $ 13,20, das Gelände und der Weg zum Strand sind jederzeit zugänglich.*

## Souris

Souris, Hauptort dieser nordöstlichen Region, bietet Geschäfte, Restaurants und Übernachtungsmöglichkeiten. Vom Hafen fahren die Fischer zum Hummer- und Thunfischfang aus. Im **Matthew and McLean Building** befindet sich das Kultur- und Visitor Information Centre. Von Souris aus besteht eine regelmäßige Fährverbindung zu den 134 km entfernten Îles de la Madeleine; außerdem gibt es Ausflugsfahrten entlang der Ostküste mit Möglichkeiten zur Vogelbeobachtung. Vor allem aber locken die Sandstrände.

## Reisepraktische Informationen Souris

### Unterkunft

**$$ Rollo Bay Inn**, *am Hwy. 2,* ☎ *902-687-3550 oder 1-877-687-3550, www.peisland.com/rollobayinn, neues, im georgianischen Stil gebautes Haus in schöner Lage mit 20 geräumigen, ansprechend eingerichteten Zimmern, 4 km westlich von Souris, Strandnähe.*

*$$$–$$$$$ **McLean House Inn**, 16 Washington St., ☏ 902-687-1875, www.mcleanhouseinn.com, charmant-antiquierte Unterkunft mit acht liebevoll eingerichteten Zimmern mit Bad und schöner Aussicht aufs Wasser, dazu zwei Cottages für bis zu fünf Personen (wöchentlich zu mieten).*

### Bootsfahrten

***CTMA Ferry**, 38 Breakwater St., ☏ 418-986-2378 oder 1-888-986-3278, www.traversierctma.ca, ganzjährig Abfahrt der **Fähre** zu den Îles de la Madeleine vom ausgeschilderten Fährhafen, Dauer 5 Std., Abfahrt April Di/Do–So, Mai–Juni/Sept. Di–So, Juli/Aug. tgl., Okt./Nov. Di/Do/Sa/So, Dez.–März Di/Do/Sa 14 Uhr, Fahrpreis Erwachsene $ 54,30, Senioren $ 43,90, Kinder von 5–12 J. $ 27,35, Fahrzeug (21 feet und kürzer) $ 101,25, Nebensaison: Erwachsene $ 35,10, Senioren $ 28,60, Kinder von 5–12 J. $ 14,15. Ein Aufschlag für Treibstoffkosten wird verlangt (ca. 5 %).*

Alljährlich finden im Juli das **Rollo Bay Fiddle Festival** mit Künstlern aus ganz Nordamerika und das **Sea Glass Festival** statt.

Der Points East Coastal Drive führt an der Boughton und Cardigan Bay entlang nach Georgetown. Auch an dieser Strecke warten Strände und Fischer- sowie Hafenorte mit Bed&Breakfast-Häusern. Reizvoll ist ein Spaziergang bei Ebbe von **Launching** hinüber zur **Boughton Island**.

*Kanadas kleinste Bibliothek*

In **Cardigan** informiert das Cardigan River Heritage Centre über die Geschichte dieser Region. Einen Blick wert ist auch „Kanadas kleinste Bibliothek" auf der anderen Straßenseite.

Der **Brudenell River Provincial Park** mit Campingplätzen, Kanu- und Bootsverleih sowie einem Jachthafen liegt im Mündungsgebiet des Brudenell River.

### Unterkunft

*$$$–$$$$ **Rodd Brudenell River Resort**, 86 Dewars Ln., ☏ 902-652-2332 oder 1-800-565-7633, www.roddvacations.com, ist eine Ferienanlage auf einem ca. 460 ha großen Gelände mit Hotel, Chalets am Flussufer, Swimmingpools, Fitnessräumen, Sauna, Tennisplätzen und gutem Wassersportangebot; der 18-Loch-Golfplatz gehört zu den 20 besten Golfplätzen Kanadas.*

*Charmante Führung in Roma at Three Rivers*

Seit dem 28. September 2018 gibt es die Stadt **Three Rivers** (*https://threeriverspei.com*). Sie besteht aus den früheren Städten Georgetown und Montague, dem Dorf Cardigan, den Gemeinden Brudenell, Lorne Valley, Lower Montague, Valleyfield und den Gebieten, die von Panmure Island über Launching bis Greenfield reichen. Sie ist jetzt mit etwa 7.200 Einwohnern die viertgrößte Stadt auf Prince Edward Island.

Der Ortsteil **Georgetown** in Three Rivers ist mit seinem natürlichen Hafen, mehr als 60 historischen Häusern, Ge-

schäften und Restaurants ein Ausflugsort. In den Sommermonaten zieht das **King's Playhouse**, 65 Grafton St., durch erstklassige Theateraufführungen Besucher an; der daneben liegende Stadtpark lädt zu einer Rast ein.

Zwischen **Georgetown** und **Murray River** liegen einige der beliebtesten Ferienorte von P.E.I. Hier bietet sich die Möglichkeit, mit Fischern hinauszufahren, um Seevögel und Seehunde zu beobachten, oder Handwerksbetriebe zu besuchen, in denen Glas-, Holz- und andere Handarbeiten verkauft werden. Man kann sich über die Anzucht von Muscheln informieren, die sich hier aufgrund der guten Qualität zu einem wichtigen Erwerbszweig entwickelt hat, und anschließend in einem der Restaurants „Island Blues" probieren. Alternativ geht man schwimmen, reiten, Golf oder Tennis spielen, Kanu fahren oder windsurfen oder fährt zum Picknicken, Wandern und Baden in die Provincial Parks.

*Ehemaliger französischer Handelsposten*

**Roma at Three Rivers National Historic Site** ist ein französischer Handelsposten aus dem Jahr 1732. Er hieß ursprünglich Trois Rivières. Interaktive Programme wie das Heritage Chocolate Festival und Heritage Lunches sowie die kostümierten Guides machen jene längst vergangenen Zeiten wieder lebendig. Letztere führen die Besucher durch den französischen Gemüsegarten, stellen die Artefakte, Kinderspielzeuge und Spiele vor und erklären die Bedeutung des Gründers von Roma at Three Rivers in der Geschichte von P.E.I.
**Roma at Three Rivers National Historic Site**, *505 Roma Point Rd., Brudenell Point, an einer Nebenstraße von der Rte. 319 (8 km von Montague entfernt), ☏ 902-838-3413, www.roma3rivers.com, Juli–Sept. tgl. 11–17 Uhr, Eintritt Erwachsene $ 5, Kinder 6–17 J. $ 3, Familienkarte $ 15.*

## „Island Blue"-Muscheln

info

„Island Blue" werden die in den Gewässern von Prince Edward Island gezüchteten Muscheln genannt, die sich innerhalb weniger Jahre einen internationalen Ruf als Feinschmeckerprodukt erworben haben. Diese dicke Muschelsorte hat einen feinen Meeresfruchtgeschmack; sie ist fettarm, aber reich an Proteinen, Vitaminen und Mineralien. Weibliche Muscheln sind an ihrem orangefarbenen Fleisch zu erkennen, während das Fleisch männlicher Muscheln eher blass ist. Die Zuchtmuscheln haben gegenüber den wilden Muscheln einen deutlich höheren Fleischanteil und erfordern weniger Reinigungsarbeit.

## Montague

Montague, gegründet um 1760, liegt am Ufer des Montague River und ist die größte Gemeinde von King's County. Mit dem Bau der ersten Brücke über den Fluss begann 1826 das Wachstum des Ortes, dessen Hafen an die große Zeit des Schiffsbaus erinnert.

Die **Touristeninformation** ist am Hafen in einem historischen Gebäude untergebracht, ebenso wie das **Garden of the Gulf Museum**, das als das älteste Museum von P.E.I. gilt und die Entwicklung der Region und das Leben der Pioniere dokumentiert.
**Garden of the Gulf Museum**, *564 Main St., ☏ 902-838-2467, www.montaguemuseumpei.com, Juli/Aug. Di–Sa 9–17, Sept. Mo–Fr 9–17 Uhr, Eintritt Erwachsene $ 5, Kinder unter 12 J. frei.*

*Am Ufer des Montague River*

Die **Marina**, ☏ *902-838-4778 (von Mitte Mai–Mitte Sept.), sonst 902-838-2528, www.facebook.com/MontagueMarinaist*, ist Ausgangspunkt für die ein- oder mehrstündigen Bootsfahrten in der Cardigan Bay und auf den Flüssen der näheren Umgebung, bei denen man Seehunde und Seevögel beobachten kann.

## Reisepraktische Informationen Montague

### Information

**Tourist Information**, *im Rathaus, 24 Queens Rd.,* ☏ *902-838-2528, https://threeriverspei.com.*
**Georgetown Office**, *36 Kent St., Georgetown,* ☏ *902-652-2924.*

### Unterkunft

**$$$–$$$$ Lanes Riverhouse Inn & Cottages**, *33 Brook St.,* ☏ *1-800-268-7532, www.lanesriverhouseinn.com, gepflegtes Hotel mit 30 geräumigen Zimmern und gut ausgestattete Cottages mit schönem Ausblick auf den Montague River und die Marina.*

### Bootsfahrten

**Cardigan Sailing Charters**, ☏ *902-583-2020, www.peisland.com/sailpei/cardigan.html, Tagestouren in die Cardigan Bay, Abfahrten Ende Juni–Ende Sept. tgl. 10 Uhr, Rückkehr gegen 15 Uhr, Erwachsene ab $ 60.*

Wenn man dem Points East Coastal Drive weiter folgt, kann man von der Abzweigung des Hwy. 317 einen Ausflug zum ganzjährig geöffneten **Buffaloland Provincial Park** machen, in dem Büffel und Hirsche leben, oder von **Gaspereaux** aus über den Hwy. 347 einen Abstecher zum **Panmure Island Provincial Park** unternehmen.

Auf der Insel locken Sandstrände mit Dünen, die Landschaft lässt sich gut mit dem Fahrrad erkunden. Zum Provincial Park gehören Campingplätze, ein Restaurant und ein Bootsverleih.

Im Murray-Fjord liegen die Ortschaften **Murray River**, **Murray Harbour** und **Murray Harbour North**, von deren Häfen die Fischer täglich zu ihren Hochsee- und Thunfischfahrten aufbrechen.

In **Murray River** bietet der **Old General Store**, 9387 Main St., der bereits um 1900 eingerichtet wurde, in drei Verkaufsräumen allerlei Handarbeiten, Souvenirs und Kunsthandwerk an.

Auf Cape Bear wurde das **Cape Bear Lighthouse & Marconi Station Museum** eingerichtet, das seit 1881 auf einer roten Sandsteinklippe steht und einen Blick über die Northumberland Strait bietet. Cape Bear war eine der sieben „Marconi-Stationen", deren Nachbildung heute zu sehen ist. Die Station wurde 1905 in Betrieb genommen (s. auch S. 554) und empfing im Frühjahr 1912 die ersten Notrufe der „Titanic", bevor das Schiff 153 km südlich von Newfoundland sank.

*Notruf der „Titanic"*

**Cape Bear Lighthouse & Marconi Station Museum**, *42 Black Brook Rd., 6 km östlich von Murray Harbour, ☏ 902-962-2917, www.capebearlighthouse.com.*

Der Points East Coastal Drive führt weiter zur Landspitze **Murrays Head** mit ihren drei Leuchttürmen. Vorbei an kleinen Ortschaften, der **Rossignol Winery** (*☏ 902-962-4193, www.rossignolwinery.com, Mai–Ende Okt. Mo–Sa 10–17, So 13–17 Uhr, sonst nur gelegentlich oder auf Anfrage, mit Aussicht auf die Northumberland Strait*) und dem **Northumberland Provincial Park** mit Campingplatz und Badestrand bis zum **Fährhafen Wood Islands**.

*Kunst in der Rossignol Winery*

*Panmure Beach und das Meer*

Die Straße folgt dem Küstenverlauf, führt über **Gascoigne Cove** und **Pinette** nach **Eldon** und **Belfast**; ein Abstecher bringt einen über den Hwy. 209 zum ältesten Leuchtturm der Insel: **Point Prim**. Dieser wurde 1845 aus Backstein gebaut; von der Spitze des Leuchtturmes hat man einen schönen Blick auf die Northumberland Strait, und im Chowder House kann man Meeresfrüchte oder Rhabarberkuchen probieren. Im Gebiet um **Eldon** und **Belfast** ließen sich im Jahr 1803 ca. 800 schottische „Highlanders" unter der Führung von Lord Selkirk nieder. Das schottische Erbe wird bis in die Gegenwart bewahrt, wie die im August stattfindenden „Highland Games" und die Zusammenkünfte der Clans zeigen.

Erbe der Schotten

Schotten, Iren und britische Loyalisten gründeten Ende des 17. Jh. **Orwell**. Einen Besuch lohnt das **Orwell Corner Historic Village**. In den restaurierten Bauernhäusern, die an den Originalplätzen stehen, wird das Leben der schottischen und irischen Siedler im frühen 19. Jh. dokumentiert. Zum Dorf gehören eine Schule, eine Kirche, eine Mühle, eine Schmiede, Scheunen, ein Postamt, eine Gemischtwarenhandlung und eine Schneiderstube.

**Orwell Corner Historic Village**, *98 Macphail Park Rd. Vernon Route 2, ☏ 902-651-8515, www.peimuseum.ca, Juli/Aug. tgl. 8.30–16.30, Juni, Sept.–Ende Okt. Mo–Fr 8.30–16.30 Uhr, Eintritt Erwachsene $ 10,30, Senioren $ 9,25, Kinder und Jugendliche 6–18 J. $ 5,18, Familienkarte $ 28,75.*

Der Points East Coastal Drive führt weiter an der **Hillsborough Bay** entlang; von der Höhe des **Tea Hill** bietet sich ein Blick über die Bucht. Durch gepflegte Wohngebiete geht es zurück nach Charlottetown.

# Von Prince Edward Island nach Cape Breton Island

Der Ostteil von Prince Edward Island ist durch regelmäßige Fährfahrten mit Nova Scotia verbunden.

### Wegbeschreibung

Nach der Überfahrt von Wood Islands/P.E.I. nach Caribou/NS bieten sich zwei Alternativen für die Fahrt nach Cape Breton Island:
**1. Alternative**: die schnelle Verbindung nach Cape Breton. Vom Fährhafen in Caribou folgt man dem Hwy. 106 bis zur Kreuzung mit dem Hwy. 104, der über New Glasgow und Antigonish zum Canso Causeway nach Cape Breton führt.
**2. Alternative**: die geruhsame Fahrt durch das Pictou County und an der Northumberland Strait entlang nach Cape Breton. Von New Glasgow aus fährt man über den ausgeschilderten „Sunrise Trail" immer an der Küste entlang und kann dabei zum Baden und Picknicken kleine Pausen einlegen, die hier häufig anzutreffenden Kormorane beobachten, am Strand nach Muscheln und Krebsen suchen oder in einem der Häfen den heimkehrenden Fischerbooten zuschauen.

## Wood Islands

Der „Sunrise Trail" durchquert das Küstenland an der Northumberland Strait mit Farmland, feinsandigen Buchten, Hafenorten und Salzwassermarschen. Dieses Gebiet wurde vor 200 Jahren von schottischen Highlandern besiedelt, deren Erbe in Musik, Tänzen und Spielen bis in die Gegenwart bewahrt wird. In den Sommermonaten finden hier zahlreiche Festivals statt, Dudelsackbläser und Tänzer in ihren schottischen Trachten erinnern dann an die historischen Wurzeln der Siedler.

### Reisepraktische Informationen Wood Islands

**Unterkunft**
**$$$ Country Charm B&B**, *446 Fox River Rd., ☏ 902-902-3537 oder 1-800-227-9943, www.countrycharmpei.com, das Haus liegt ca. 23 km (ca. 21 Min.) östlich der Wood-Island-Fähre an einem versteckten See und ist umgeben von Mischwald. Entspannen kann man auf der Terrasse, der Veranda oder im Gazebo.*

**Fähre**
*Die Fähre legt am* **Wood Islands Ferry Terminal** *ab, Northumberland Ferries Limited, 23 Service Rd., ☏ 800-565-0201 oder 1-877-762-7245, www.peiferry.com. Überfahrt nach Caribou/NS vom 1. Mai–Anfang Nov. mind. 5 x tgl., Nov./Dez. 3–4 x tgl., Dauer ca. 1 Std., Hin- und Rückfahrt für* **Fahrzeuge** *oder* **Fußgänger**. *Die Preise für 2020 standen bei Redaktionsschluss noch nicht fest, bitte auf die Website schauen. Es empfiehlt sich, 30–45 Min. vor Abfahrt der Fähre am Hafen zu sein.*

**Feste**
**Juli**: *Antigonish Highland Games, Antigonish, und Festival of the Tartans, New Glasgow,* **Mitte September**: *Hector Homecoming, Pictou.*

# Pictou

Ankunft schottischer Siedler

Pictou gilt als „Geburtsort Neuschottlands", denn hier landeten 1773 mit dem Schiff „Hector" die ersten Schotten – 33 Familien und 25 unverheiratete Männer. Am Hafen, am **Hector Heritage Quay**, liegt die originalgetreue Nachbildung des Dreimast-Segelschiffes „Hector"; an Bord des Schiffes erfährt man Wissenswertes von der aufregenden Überfahrt. In der alten Schmiede und im „Hector Company Store" berichten kostümierte Guides vom anstrengenden Leben der ersten schottischen Siedler.
**Hector Heritage Quay**, *Caladh Ave., ☏ 902-485-4371, www.shiphector.ca, Mai–Mitte Okt. tgl. 10–16 Uhr, Sept/Okt. Sa geschl., Eintritt Erwachsene $ 8, Senioren $ 6, Studenten $ 3, Kinder unter 6 J. frei, Familienkarte $ 20.*

Heute ist der Hafen von Pictou ein Umschlagplatz für den Hummerfang und ein Zentrum des Schiffsbaus in den Atlantikprovinzen.

Das **Northumberland Fisheries Museum** informiert mit einer Sammlung von alten Fotos, Schiffsmodellen, Fanggeräten und Ausrüstungen den Fischfang und den Alltag der Fischer an der Northumberland Strait; zum Museumskomplex gehören außerdem die Fischaufzucht und der Leuchtturm an der Waterfront.
**Northumberland Fisheries Museum**, *21 Caladh Ave., ☏ 902-485-8925, www.northumberlandfisheriesmuseum.ca, tgl. 10–17 Uhr, Eintritt Erwachsene $ 8, Senioren $ 6, Studenten $ 3, Familienkarte $ 20.*

Seit 1934 wird im Juli für vier Tage der **Pictou Lobster Carnival** gefeiert mit Musikaufführungen, Paraden, Bootsrennen und Kostümwettbewerb.

*Am Hector Heritage Quay – mit diesem Schiff (Nachbau) haben die schottischen Siedler 1773 kanadischen Boden erreicht*

## Reisepraktische Informationen Pictou

### Information

**DEANS Administration Office**, *☎ 902-752-6383 oder 1-877-816-2326, www.townofpictou.ca, ganzjährig geöffnet.*
**Irving Station – Cowan Street Rest Area**, *Exit 21, Trans-Canada Highway 104, 2500 Old Truro Rd., ☎ 902-396-2800, saisonal geöffnet.*
**River John Visitor Information Centre**, *Highway #6, ☎ 902-351-2403, Ende Juni–Ende Aug.*
**Pictou Recreation, Recreation & Parks**, *40 Water St., ☎ 902-485-6057 oder 1-877-574-2868, ganzjährig geöffnet.*

### Unterkunft

**$$–$$$ Braeside Country Inn**, *126 Front St., ☎ 902-485-5046 oder 1-800-613-7701, www.braesideinn.com, großes Haus aus dem Jahr 1938 mit 18 Zimmern, Blick auf den historischen Hafen.*
**$$–$$$ The Scotsman Inn**, *78 Coleraine St., ☎ 902-485-1433 oder 855-770-1433, www.scotsmaninn.com, sorgfältig restauriertes Haus (vormals Auberge Walker Inn) aus dem Jahr 1865, im Ortskern gelegen, mit traditionell eingerichteten Zimmern, ganzjährig geöffnet.*
**$$–$$$ Willow House Inn**, *11 Willow St., ☎ 902-485-5740 oder 1-800-459-4133, www.willowhouseinn.com, ansprechend restauriertes Bed&Breakfast-Haus aus dem Jahr 1840; das Haus liegt im Zentrum und verfügt über Zimmer mit unterschiedlicher Möblierung.*
**$$$$ Pictou Lodge Resort**, *172 Lodge Rd., ☎ 902-485-4322 oder 1-800-495-6343, www.pictoulodge.com, großzügige Anlage an der Northumberland Strait mit einem Haupthaus und Cottages mit Kamin, Strandlage, Bootsverleih, nur wenige Fahrminuten vom Fährhafen entfernt, 7 km nordwestlich von Pictou. Im Restaurant kann man gut essen mit Blick auf die Northumberland Strait. Alle Einrichtungen stehen von Mitte Mai–Mitte Okt. zur Verfügung. Im Winter können nur einige der Unterkünfte gemietet werden.*

## New Glasgow

New Glasgow ist mit ca. 9.500 Einwohnern die größte Stadt dieser Region. An der Stelle einer alten indianischen Siedlung wurde sie 1809 gegründet, nachdem in der Umgebung Kohlevorkommen entdeckt worden waren.

Das 1880 gebaute **Carmichael Stewart House Heritage Museum** mit seinem historischen Garten informiert über die regionale Geschichte und zeigt u.a. Glas-, Porzellan- und Fotosammlungen.
**Carmichael Stewart House Heritage Museum**, *86 Temperance St., ☎ 902-752-5583, https://carmichael-stewart-house-museum.business.site, Mo–Fr 9–16.30 Uhr, Eintritt frei, Spenden sind willkommen.*

*Auf dem „Samson Trail"*

Der „Samson Trail", ein 2,5 km langer Fußweg, führt am Ufer des East River entlang; er erhielt seinen Namen zur Erinnerung an Kanadas älteste Dampflokomotive, die den Namen „Samson" trug, aus dem Jahr 1839 stammte und als das erste Gefährt gilt, das in Kanada über Stahlschienen fuhr.

Die Umgebung von New Glasgow ist sehr fruchtbar; vor allem Kartoffeln, Erdbeeren und Blaubeeren werden hier angebaut. Im Sommer sieht man an den Straßen entsprechende Verkaufsstände. Neben Fischfang und Fisch verarbeitender Industrie ist

der Fremdenverkehr von Bedeutung, denn die Strände entlang der Northumberland Strait und das Wasser, das im Sommer angenehm warm ist, ziehen viele Besucher an. Ein Ausflugsziel ist **Pictou Island**, das mit dem Boot in 40 Minuten zu erreichen ist.

## Reisepraktische Informationen New Glasgow

### Information

**Town of New Glasgow**, *111 Provost St., www.newglasgow.ca.*

### Unterkunft

**$$$ Travelodge Suites New Glasgow**, *700 Westville Rd., ☏ 902-600-1833, www.travelodge.com, empfehlenswertes Hotel am Hwy. 104 mit geräumigen, hell eingerichteten Zimmern, kleines Frühstück im Preis enthalten.*

**$$$–$$$$ Comfort Inn**, *740 Westville Rd., ☏ 902-755-6450, www.newglasgowcomfortinn.com, Hotel mit 60 modernen Zimmern, in der Nähe einer großen Einkaufsmall.*

## Antigonish

*Universitätsstadt*

Die ca. 4.400 Einwohner zählende Universitätsstadt steht während der Sommermonate ganz im Zeichen schottischer Tradition. Seit 1861 finden Mitte Juli die „Antigonish Highland Games" mit Musik-, Tanz- und Sportveranstaltungen statt, von denen die altschottischen Bräuche die beliebtesten sind; im Rahmen des „Festival Antigonish" werden von Ende Juni bis August im Theater der St. Francis Xavier University Theaterstücke, Musicals und Shows aufgeführt.

Mittelpunkt der Stadt ist die Main Street mit Geschäften und Restaurants. Im Norden erstrecken sich Strände, außerdem bietet die Umgebung Wandermöglichkeiten, z. B. den 4 km langen Weg „Antigonish Landing", der gegenüber vom Heritage Museum, 20 E Main St., beginnt und sich gut zur Vogelbeobachtung eignet.

## Reisepraktische Informationen Antigonish

### Information

**Visitor Information Centre**, *34 Nova Landing, ☏ 902-863-4921, www.visitantigonish.ca, geöffnet Juni–Okt.*

### Unterkunft

**$$$ Maritime Inn Antigonish**, *158 Main St., ☏ 902-863-4001 oder 1-888-662-7484, www.maritimeinns.com, Motel mit ansprechend eingerichteten Zimmern auf großem Gelände, Restaurant.*

**$$$–$$$$ Antigonish Victorian Inn**, *149 Main St., ☏ 902-863-1103 oder 1-800-706-5558, www.antigonishvictorianinn.ca, das große Haus aus dem Jahre 1904 mit zehn schönen Gästezimmern und zwei Apartments liegt ruhig auf einem großen Grundstück.*

### Essen und Trinken

**The Townhouse**, *76 College St., ☏ 902-863-2248, https://antigonishtownhouse.com, Di–Sa 16–24 (Küche schließt um 22 Uhr), Late night mögl. bis 23 Uhr, So Brunch 10–14, Last Call 13.30, So 16–23 Uhr (Küche schließt um 22 Uhr). Bei Einheimischen beliebtes Brauhaus mit verschiedenen Biersorten vom Fass, frisch zubereiteten Gerichten, netter Atmosphäre, freundlichem Service und gelegentlichen Musikabenden.*

Von Antigonish führt der Hwy. 104 zum **Canso Causeway**. Die Meerenge wird von dem 1955 gebauten, 1.385 m langen Damm zwischen Nova Scotia und der Insel Cape Breton überbrückt. Über diesen Damm wird der gesamte Eisenbahn- und Autoverkehr geleitet. Die Überfahrt ist **nicht** gebührenpflichtig.

# Cape Breton Island

Die Insel Cape Breton wird wegen ihrer landschaftlichen Schönheit geschätzt. Zerklüftete Felsküsten, Buchten und enge Täler, windumtoste Hochplateaus, einsame Hochmoore, Klippen, dunkle Nadelwälder und abgeschiedene Dörfer prägen das Land und die Menschen, deren Vorfahren einst aus Frankreich, England und Schottland in die Neue Welt kamen und ihre Bräuche, Sprache, Musik und Tanz mitbrachten. Diese halten sie bis in die heutige Zeit lebendig, wie man bei einem der Sommerfeste erleben kann, wenn Dudelsack und Trommel zum Tanz rufen.

## Redaktionstipps

- Fahrt über den **Cabot Trail** (S. 537), eine der schönsten Panoramastrecken der Welt
- Naturerlebnisse im **Cape Breton Highlands National Park** (S. 544)
- Besuch des **Alexander Graham Bell Museum** in Baddeck (S. 539)
- Adlerbeobachtung an den Küsten des **Bras d'Or Lake** (S. 560)
- **Walbeobachtungsfahrt** in **Chéticamp** (S. 542) oder **Dingwall** (S. 548)
- Besichtigung der Festung **Louisbourg** (S. 555)
- Besuch des **Nova Scotia Highland Village Museum** in Iona (S. 560)

Im Zentrum der Insel liegt der Bras d'Or Lake, der das Hochland des Nordens von den Ebenen im Süden trennt. Beiderseits des Sees führen Hauptstraßen nach Sydney, der wichtigsten Hafenstadt von Cape Breton. Während der Südteil der Insel von kleinen Straßen durchzogen wird, ist der Nordteil nur über den berühmten Cabot Trail zugänglich.

Die Sehenswürdigkeiten und die Landschaften von Cape Breton Island lassen sich gut auf fünf ausgeschilderten „Trails" erfahren:

Der **Ceilidh Trail** (ausgesprochen Kay-lee, 107 km) führt an der Westküste Cape Bretons entlang bis Margaree Harbour, wo er auf den Cabot Trail trifft. An dieser Strecke entdeckt man menschenleere Strände und baumbestandene Schluchten, genießt von den Klippen Ausblicke auf die St. Georges Bay, man kann über das Mabou-Hochland wandern und Schafherden begegnen, am Lake Ainslie fischen oder Boot fahren.

*Der Inverness Beach am Ceilidh Trail*

Der **Cabot Trail** (ca. 300 km) zählt zu den schönsten Panoramastrecken Nordamerikas

Cape Breton Island
Gulf of St. Lawrence
Cabot Strait
Northumberland Strait
Cape St. Lawrence
St. Lawrence Bay
Cape North
Meat Cove
Aspy Bay
Dingwall
Cape Egmont
Pleasant Bay
Neil Harbour
North Barren Mtn. 532 m
Cape Breton Highlands National Park
Cap Rouge
Ingonish
Chéticamp
Ingonish Beach
Cabot Trail
Northeast Margaree River
Gaelic Coast
Indian Brook
Cape Breton Island
Margaree Harbour
Indian Brook
St. Ann's Bay
Bird Islands
Margaree Forks
N.E. Margaree
Ceilidh Trail
Southwest River
Point Aconi
Spanish Bay
Sydney Mines
Channel-Port-aux-Basques, Newfoundland
Argentia, Newfoundland
St. Ann's
New Waterford
Inverness
Dominion
Glace Bay
Mabou Highlands
Great Bras d'Or
Boularderie Island
North Sydney
Lake Ainslie
Gairloch Mountain
Baddeck
Sydney River
Sydney
Port Morien
Mabou
Salt Mountain
St. Patricks Channel
St. Andrews Channel
Boisdale Hills
Sydney River
Mira
Marconi Trail
Mira Bay
Port Hood
Mabou River
Whycocomagh Hills
Iona
Highland Village Museum
Mira River
Estmere
East Bay
Louisbourg
Judique
Fortress of Louisbourg N.H.S.
Craignish
Bras d'Or Lake
East Bay
Big Pond
Gabarus Bay
St. Georges Bay
Glendale
The Big Barren
Gabarus
North Mtn.
West Bay
Johnstown
East Bay Hills
Mira Hills
Fourchu Bay
Port Hastings
Sporting Mtn.
Fleur-de-Lis Trail
Fourchu
Port Hawkesbury
St. Peter's
Battery Prov. Park
Mulgrave
Louisdale
Grand River
Isle Madame
Arichat
ATLANTISCHER OZEAN
Chedabucto Bay
Canso
N
0
30 km
© igraphic

und vielleicht sogar der Welt. Er umrundet den Nordteil der Insel und bietet Ausblicke auf das Meer und die Berglandschaft des Cape Breton Highlands National Park. Man kann mit Fischern zur Walbeobachtung hinausfahren, in Baddeck das Alexander Graham Bell Museum und in St. Anns ein gälisches College besuchen, in der Einsamkeit des Nationalparks oder in weit abseits der Straßen gelegenen Lodges oder gepflegten Hotels übernachten.

Der **Marconi Trail** (60 km) führt von Glace Bay durch Fischerorte nach Louisbourg, vorbei an Badebuchten und großen Wellenbrechern.

Der **Fleur-de-Lis Trail** (262 km) beginnt am Canso Causeway und leitet an der Ostküste entlang nach Louisbourg und Sydney durch ein Gebiet mit alten akadischen Siedlungen.

Der **Bras d'Or Lakes Scenic Drive** führt an den Ufern des Sees entlang, vorbei an Golfplätzen, zu Dörfern und stillen Plätzen, an denen man Adler beobachten kann.

### Tipp für die Zeitplanung

Für einen Aufenthalt auf Cape Breton Island sollte man mindestens drei Tage Zeit einplanen; für Naturliebhaber und Erholungssuchende ist jeder weitere Tag ein Gewinn.

## Sehenswertes am Ceilidh Trail

Der Ceilidh Trail beginnt in **Port Hastings**, einer Industriestadt mit Ölraffinerien.

Im **Port Hastings Historical Museum and Archives** kann man in einem typischen Cape-Breton-Haus die Pläne und Konstruktionszeichnungen für den Bau des Canso Causeway einsehen.
**Port Hastings Historical Museum and Archives**, *24 Route 19, direkt am Kreisverkehr, ☏ 902-625-1295, Mitte Juni–Mitte Okt. Mo–Fr 10–16, Sa/So 12–16 Uhr.*

**Information**
**Visitor Information Centre**, *96 Hwy. 4, gleich hinter dem Canso Causway, ☏ 902-625-4201, ausführliche Informationen über alle Regionen von Cape Breton Island, Mitte Mai–Mitte Okt. tgl. 9–17 Uhr.*

### Judique

Direkt am Ceilidh Trail liegt das **Cape Breton's Celtic Music Interpretive Centre** mit einer Ausstellung zur keltischen Musik. *Keltische Musik*
**Cape Breton's Celtic Music Interpretive Centre**, *☏ 902-787-2708, www.celticmusiccentre.com, Interactive Exhibit Room, Mitte Juni–Mitte Okt. Mo–Fr 9–17, Sa/So 11–17 Uhr. Musikdarbietungen mit einer Einführung gibt es mehrmals täglich. Im angeschlossenen Restaurant kann man auch während des Essens die kleinen Konzerte genießen.*

### Port Hood

Port Hood ist ein Fischerhafen, in dessen Umgebung sich einige Sandstrände erstrecken. Vom Hafen fahren Boote hinüber zur Insel **Port Hood**, die zum Wandern und Picknicken einlädt.

In **Harbourview**, 2 km südlich des Ortes, informiert im alten Schulhaus das **Chestico Museum & Historical Society** über das Leben der frühen Siedler.
**Chestico Museum & Historical Society**, *8095 Route 19, ☏ 902-787-2244, http://chesticoplace.com, Juni–Anfang Sept. Mo–Fr 9–17, Juli/Aug. auch Sa 12–16 Uhr, Eintritt Erwachsene $ 2, Familienkarte $ 5.*

### Unterkunft

**$$$ Haus Treuburg Guest House**, *175 Main St., ☏ 902-787-2116 oder 1-877-787-2116, www.haustreuburg.com, das restaurierte und geschmackvoll eingerichtete Landgasthaus hat zwei schöne Zimmer und eine komfortable Suite sowie drei mit allem Komfort ausgestattete Ferienhäuser, einen eigenen Sandstrand und ein ausgezeichnetes, sehr empfehlenswertes Restaurant. Besichtigungsfahrten um die Inseln und Angelfahrten können im Hotel gebucht werden, außerdem steht ein kleines Boot für Fahrten nach Port Hood Island zur Verfügung.*

*Schottische Volkstänze*

Durch sanftes Hügelland geht die Fahrt weiter nach **Mabou**, wo das gälische Erbe spürbar ist. In der Dorfschule unterrichtet man Gälisch als Unterrichtsfach, jeden Samstagabend findet in West Mabou ein Tanzabend mit schottischen Volkstänzen statt. Sehenswert ist die Kirche „Our Lady of Sorrows Pioneer Shrine", die im Inneren wie eine kleine Kathedrale ausgestaltet ist.

Im **Red Shoe Pub** in Mabou kann man traditionelle Ceilidhs erleben. Musiker aus der Region spielen dabei keltische Musik. Der Pub wird von den Rankin Sisters betrieben, einer der erfolgreichsten Bands aus Cape Breton. Im Pub serviert man traditionelle Speisen aus Cape Breton.
**Red Shoe Pub**, *11573 Route 19, ☏ 902-945-2996, www.redshoepub.com, Ende Mai–Mitte Okt. Mo–Mi 11.30–23, Do–Sa 11.30–1, So 12–23 Uhr.*

### Unterkunft und Whisky-Destillerie

**$$$$–$$$$$ Glenora Inn & Distillery**, *175 Main St., ☏ 902-258-2662 oder 1-800-839-0491, www.glenoradistillery.com. In Glenora kann man gut einen ganzen Nachmittag verbringen, essen und übernachten. Führungen durch die Destillerie informieren über die Whiskyproduktion. Im Pub gibt es abends Musik. Hotel, Pub und Destillerie sind von Mitte Mai–Ende Okt. geöffnet. Führungen tgl. 9–17 Uhr zur vollen Stunde. Erwachsene $ 7.*

Zwischen Mabou und Inverness erstreckt sich der **Cape Mabou Provincial Park** mit Buchten, Sandstränden und ausgeschilderten Wanderwegen zwischen 4 und 20 km Länge. Von den Höhen bieten sich immer wieder Ausblicke auf Täler und das Meer.

## Inverness

Die Hoffnung, in einer 1890 eröffneten Kohlemine Arbeit zu finden, zog europäische Einwanderer an, sodass um 1900 der Ort Inverness gegründet und eine Eisenbahnstrecke zum Abtransport der Kohle gebaut wurden. Der Ort florierte, bis alle Minen 1958 stillgelegt wurden. Heute ist Inverness ein Hafenort mit 1.400 Einwohnern, deren Erwerbsgrundlage vor allem Fischfang und Fremdenverkehr ist. In Inverness lohnt ein Abstecher zum Strand. Der Inverness Beach zählt zu den schönsten Sandstränden am Ceilidh Trail.

Das **Miners Museum**, im 1901 erbauten Bahnhofsgebäude, informiert über die Geschichte des Kohlebergbaus in dieser Gegend.
**Miners Museum**, *62 Lower Railway St., ☏ 902-258-3822.*

**Unterkunft**

$$$–$$$$ **Inverness Beach Village**, *16058 Central Ave., am Hwy. 19, ☎ 902-258-2653, www.macleods.com, schöne Anlage direkt am Strand mit 41 Cottages, einem Campingplatz mit Stellplätzen und Zeltplätzen, gutem Restaurant, Sandstrand, Tennisplatz, Verleih von Surfbrettern, Bootsfahrten, Mitte Mai–Mitte Okt.*

$$$$–$$$$$ **Cabot Links Resort**, *18 Cabot Ln., ☎ 1-902-258-4653 oder 1-855-728-6886, www.cabotlinks.com, schön gelegene, gepflegte Lodge mit 72 sehr ansprechend gestalteten, hellen Zimmern mit großartigem Ausblick, Panorama-Restaurant und Golfplatz.*

In **Margaree Harbour** trifft der Ceilidh Trail auf den Cabot Trail.

## Sehenswertes am Cabot Trail

Nach der Überfahrt nach Cape Breton Island fährt man von Port Hastings über den Hwy. 105 in nördlicher Richtung bis nach Baddeck, wo der Cabot Trail beginnt. An dieser Strecke liegt am Skye River der hübsche Ort **Whycocomagh**, der aus einem Reservat der Micmac-Indianer und einer Siedlung mit Nachfahren schottischer Einwanderer besteht. Im Reservat werden Arbeiten der Micmac-Indianer verkauft.

*Traumhafte Panoramastraße*

Mehr als eineinhalb Jahrhunderte waren nötig, um den Cabot Trail zu einer eindrucksvollen Panoramastraße auszubauen, die sich in Serpentinen hoch über dem Meer durch das Hochland windet.

Der Cabot Trail wurde nach dem Entdecker **Giovanni Caboto (John Cabot)** benannt. Nur wenige Jahre nach Cabots Landung kamen die ersten französischen Siedler aus der Bretagne nach Cape Breton, die von dem Fischreichtum und dem fruchtbaren Boden ebenso angelockt wurden wie die etwas später einwandernden Schotten. Die heftigen

*Fantastische Ausblicke bieten sich am Cabot Trail*

Kämpfe zwischen Franzosen und Engländern endeten erst 1713, als die Region den Briten zugesprochen wurde. Die Schotten begannen im Zusammenhalt ganzer Clans das Leben in der neuen Heimat und bemühten sich sehr, ihre Kultur in reiner Form zu bewahren.

info

## John Cabot

Giovanni Caboto wurde 1450 in Genua geboren. 1461 verließ er seine Heimatstadt und ging nach Venedig. Als Angestellter einer venezianischen Handelsfirma führte er mehrere Reisen im östlichen Mittelmeer durch und besuchte Mekka, das zu jener Zeit ein wichtiges Handelszentrum war. Er verbesserte im Laufe der Zeit seine Navigationskenntnisse und erkannte, unabhängig von Columbus, dass Asien auf Fahrten nach Westen erreichbar sein müsse.

1484 zog er mit seiner Familie nach London. 1894 erhielten er und seine Söhne von dem englischen König Heinrich VII. die Vollmacht für eine Reise mit dem Ziel, unbekanntes Land für England zu entdecken, dieses zu kolonisieren und Handel mit diesen Kolonien zu treiben. 1496 brach Cabot von Bristol aus mit einem Schiff auf, musste aber bald wegen Nahrungsmangels, schlechten Wetters und Streitigkeiten mit der Mannschaft umkehren. Im Mai 1497 setzte Cabot mit dem kleinen Schiff „Mathew" und einer nur 18-köpfigen Besatzung ein zweites Mal Segel; sechs Wochen später ging er an Land, jedoch ist ungeklärt, ob er im südlichen Labrador, auf Newfoundland oder auf Cape Breton Island landete, wobei er vermutete, die Nordostküste von Asien erreicht zu haben.

Obwohl er an Land Hinweise auf Bewohner fand, sah er keine Menschen; er hisste die englische und die venezianische Fahne und nahm das Gebiet für England in Anspruch. Er erforschte das Küstengebiet und kehrte im August desselben Jahres nach Bristol zurück. Dem König berichtete er von dem fruchtbaren Boden des Landes, dem angenehmen Klima und dem großen Fischreichtum.

1498 erhielt er die Erlaubnis für eine zweite Expedition, zu der er mit fünf Schiffen und zweihundert Mann aufbrach. Auf dieser Reise erforschte Cabot die Ost- und Westküste von Grönland sowie Baffin Bay, Labrador und Newfoundland. Versorgungsprobleme zwangen ihn jedoch zur Rückkehr nach England. Die Berichte über sein Lebensende sind widersprüchlich; es ist ungeklärt, ob Cabot mit seinen Schiffen auf See verloren ging oder ob er England erreichte und dort kurz nach seiner Ankunft starb.

Durch seine Reisen legte Cabot den Grundstein für den Anspruch Englands auf Kanada. Seinen Namen trägt auch der 97 km lange Kanal, Cabot Strait, zwischen Cape Breton und dem Südwesten Newfoundlands. Dieser Schifffahrtsweg verbindet den St.-Lorenz-Golf mit dem Atlantischen Ozean.

### Baddeck

Baddeck liegt eingebettet in eine schöne Landschaft am Ufer des Bras d'Or Lake und zählt zu den beliebtesten Ferienorten im Osten Kanadas, wie die hübschen, im 19. Jh. gebauten Sommerhäuser zeigen. Der Ort, der sich gut als Ausgangspunkt für die Rundfahrt über den Cabot Trail eignet, verfügt über gute Hotels und Restaurants, zwei interessante Museen, eine Bibliothek und bietet viel Abwechslung. Mittelpunkt des Ortes

ist die „Government Wharf", wo Fischer- und Segelboote, große und kleine Jachten anlegen und im Sommer regelmäßig Regatten beginnen. Der Badestrand von Kidston Island ist besonders beliebt; im Sommer gibt es einen kostenlosen Bootsshuttle hinüber.

Außerhalb des Ortes, am **Bras d'Or Lake**, hat man Gelegenheit zum Wandern, Angeln, Kanufahren und Segeln; ausgezeichnete Golfplätze ziehen die Liebhaber dieses Sports an.

*Museum über den Telefon-Pionier*

Die große Attraktion von Baddeck aber ist die **Alexander Graham Bell National Historic Site** mit der größten Sammlung von Fotos, Erinnerungsstücken, Versuchsobjekten und Modellen aus dem Leben des vielseitigen Forschers und Erfinders. Das Museum liegt am Ostende des Ortes auf einem 10 ha großen Gelände, das an den Bras d'Or Lake angrenzt.

Das Museum ist in drei Bereiche mit eigenem Themenkomplex gegliedert; Alexander Bell wird als Mensch, Lehrer und Erfinder vorgestellt; ein Videofilm informiert über die Entstehungsgeschichte des Telefons. In der Experimentierhalle machen u. a. Ausstellungen, Rekonstruktionen und Modelle mit der vielseitigen Forschungsarbeit von Bell bekannt. In der Hydrofoil-Halle wird die Entwicklung des Tragflügelbootes gezeigt, u. a. durch einen zehnminütigen Videofilm. Das Museum bietet im Juli und August tagsüber interessante Veranstaltungen für Kinder an; abends werden Filme über das Leben Bells und über die Geschichte und die Natur Cape Bretons vorgeführt. Von der Dachterrasse des Museums eröffnet sich ein schöner Blick auf die Bucht von Baddeck und auf das Sommerhaus von Alexander Graham Bell.

**Alexander Graham Bell National Historic Site**, *559 Chebucto St., ☏ 902-295-2069, www.pc.gc.ca/en/lhn-nhs/ns/grahambell, Mitte Mai–Okt. tgl. 9–17 Uhr, Eintritt Erwachsene $ 7,80, Senioren $ 6,55.*

## Alexander Graham Bell

info

Alexander Graham Bell wurde 1847 in Edinburgh geboren. Da sowohl sein Großvater als auch sein Vater Sprachlehrer und erfolgreiche Autoren eines weitverbreiteten Lehrbuches waren, wurden auch Alexander Bell und seine beiden Brüder als Taubstummenlehrer ausgebildet. Nachdem die Brüder an Tuberkulose gestorben waren und Alexander sich ebenfalls infiziert hatte, wanderte er mit seinen Eltern 1870 nach Kanada aus. Bald besserte sich sein Gesundheitszustand; er lehrte und demonstrierte das von seinem Vater entwickelte Verfahren, Taube sprechen zu lehren; 1872 eröffnete er eine eigene Schule in Boston für Taubstummenlehrer und wurde 1873 Professor für Stimmphysiologie an der Universität Boston.

Bell beschäftigte sich außerdem sehr intensiv mit der Umwandlung von Schallschwingungen in elektrische Strom- oder Spannungsschwingungen, die dann durch elektrische Leitungen übertragen und wieder in Schallschwingungen rückverwandelt werden können. Nächtelang arbeitete er mit dem jungen Techniker Thomas Watson zusammen. Finanzielle Unterstützung erhielt er von den Vätern zweier ehemaliger Studenten, bis er 1875 das erste brauchbare Telefon entwickelte, das 1876 patentiert wurde. 1877 wurde die Bell Telephone Company gegründet, deren Einnahmen Bell zu beachtlichem Wohlstand verhalfen.

1877 heiratete Bell seine ehemalige Schülerin Mabel Hubbard. Einige Jahre später zog er nach Washington um und nahm 1882 die amerikanische Staatsbürgerschaft

info

an. Bell finanzierte die Forschungsprojekte anderer und setzte selbst seine vielseitigen Forschungen und Studien fort; er arbeitete an der Entwicklung der Photozelle und der „eisernen Lunge", an Verfahren zur Meerwasserentsalzung und zur Aufzucht einer besonderen Schafsrasse sowie an der Konstruktion von Doppeldeckern und Tragflügelbooten. 1885 erwarb Bell Landbesitz in Baddeck auf Cape Breton; in einer Landschaft, die ihn an seine Kindheit in Schottland erinnerte, baute er ein Sommerhaus, das er „Beinn Bhreagh" („Schöner Berg") nannte. Er richtete sich in diesem Haus Forschungslabors ein und verbrachte 37 Jahre lang die Sommermonate in Baddeck. 1898 wurde er Nachfolger seines Schwiegervaters als Präsident der National Geographic Society. Mithilfe seines zukünftigen Schwiegersohnes entwickelte er das Konzept eines Journals, das dem Leser Länderkundliches aus aller Welt vermittelte.

Alexander Graham Bell meldete auf seinen Namen 18 Patente an, zwölf weitere teilte er sich mit seinen Mitarbeitern. Er war bis zu seinem Lebensende sehr aktiv, wie die regelmäßigen Eintragungen in seine Tagebücher zeigen, die er bis wenige Tage vor seinem Tod im Jahre 1922 in Baddeck führte.

## Reisepraktische Informationen Baddeck

### Information

**Visitor Information Centre**, *454 Chebucto Rd., ☏ 902-295-1911, www.visitbaddeck.com, Juli/Aug. 10–19, Juni/Sept./Okt. 10–17 Uhr.*

### Unterkunft

**$$ Ceilidh Country Lodge**, *369 Shore Rd., ☏ 902-295-3500 oder 1-800-565-5660, ceilidhcountrylodge.com, das Motel mit 54 Zimmern liegt etwas entfernt vom Highway*

*Alexander Graham Bell National Historic Site in Baddeck*

*in einer schönen Gartenanlage; einige Zimmer haben einen schönen Blick auf den See. Mai–Okt. geöffnet.*

**$$$ Auberge Gisele's Country Inn**, *387 Shore Rd., ☏ 902-295-2849 oder 1-800-304-0466, www.giseles.com, gepflegtes Landhaus in Familienbesitz mit 78 Zimmern, von denen 43 im neuen Gebäude untergebracht sind. Die Zimmer sind ansprechend eingerichtet, haben teilweise schönen Seeblick, großer Garten, Aufzug, Sauna, Whirlpool und ein ausgezeichnetes Restaurant.*

**$$$–$$$$ Inverary Inn Resort**, *368 Shore Rd., ☏ 902-295-3500 oder 1-800-565-5660, http://inveraryresort.com, am Hwy. 205, Resorthotel auf großem Gelände am Bras d' Or Lake, Haupthaus und Cottages, Swimmingpools, Sauna, Whirlpool, Kanus und Paddelboote, 3 Tennisplätze, Spielplatz, Fahrradverleih.*

**$$$–$$$$ Silver Dart Lodge**, *257 Shore Rd., ☏ 902-295-2340 oder 1-800-565-8439, https://silverdartlodge.com, am Hwy. 205, Motel mit 90 Zimmern und zwölf Cottages in Hanglage, Blick auf den Bras d'Or Lake, Swimmingpool, Spielplatz, Boot- und Fahrradverleih, gutes hauseigenes Restaurant* **McCurdy's** *(s. u.).*

### Essen und Trinken

**Baddeck Lobster Suppers**, *17 Ross St., ☏ 902-295-3307, www.baddecklobstersuppers.ca, frische Muscheln und Hummer. Seafood Chowder und Fischsuppe, dazu selbst gebackenes Brot, alles in schlichter Umgebung, aber mit freundlicher Bedienung, preiswert. Juni–Okt. tgl. ab 16 Uhr.*

**Bell Buoy Restaurant**, *536 Chebucto St., ☏ 902-295-2581, www.facebook.com/Bell-Buoy-Restaurant-121237407907341, in schöner Umgebung, mit Blick auf den Hafen von Baddeck, auf der Karte stehen v. a. Fisch und Meeresfrüchte.*

**Highwheeler Cafe**, *484 Chebucto St., ☏ 902-295-3006, www.facebook.com/Highwheeler-Cafe-Bakery-268590753326950, Bäckerei, Deli und nettes Café in einem, hier kann man gut frühstücken, einen vegetarischen Lunch zu sich nehmen (Suppen, Sandwiches, Salate) oder ganz klassisch Kaffee trinken. Di–So 7–18 Uhr.*

**Yellow Cello Café**, *525 Chebucto St., ☏ 902-295-2303, www.facebook.com/Yellow-Cello-Cafe-108103218O4, beliebter Treffpunkt mit einer großen Auswahl an Pizza, Pasta und Seafood.*

### Bootstouren

*Von Baddeck aus kann man in den Sommermonaten an Bord eines Segelschiffes an 2- bis 3-stündigen Rundfahrten über den See teilnehmen oder mit einem Fischerboot zum Fischen oder zur Vogelbeobachtung hinausfahren.*

**Bannockburn Cabot Trail Tours**, *☏ 902-322-7584, www.bannockburntours.com, 6- bis 8-stündige Ausflugsfahrten über den Cabot Trail zum Cape Breton Highlands National Park, Abfahrten tgl. von Mitte Mai–Ende Okt., Abholung bei der jeweiligen Unterkunft, Preis Erwachsene ab $ 115, Kinder bis 16 J. $ 85.*

**Bird Island Tours**, *1672 Old Route 5, ☏ 1-902-563-6140 oder 1-800-661-6680, www.birdisland.net, Ausflugsfahrten zur Vogelbeobachtung Mitte Mai–Anfang Juni tgl. 10, 15 (bitte vorher die Termine bestätigen), Juni–Aug. 10, 13.30, 17.30 (manche 17.30-Uhr-Touren sind Fototouren), Ende Aug.–Anf. Sept. 10.30, 15 Uhr (bitte vorher die Termine bestätigen; die Puffins sind zu dieser Jahreszeit vielleicht schon weg), Erwachsene $ 45, Kinder von 7–12 J. $ 19.*

## Von Baddeck nach Chéticamp

Der Cabot Trail führt über Mountain Hunters zum **Margaree Valley**, das vom **Margaree River** durchflossen wird. Der Margaree River ist vor allem bei Anglern beliebt; die besten Monate zum Lachs- und Forellenfischen sind August und September.

In **North East Margaree** informiert das sympathisch-altmodische **Margaree Salmon Museum**, das in einem alten Schulhaus eingerichtet wurde, über den Lachsfang.
**Margaree Salmon Museum**, *60 East Big Intervale Rd., ☏ 902-248-2848, http://margareens.com/margaree_salmon.html, Mitte Juni–Mitte Okt. tgl. 9–17 Uhr, Eintritt Erwachsene $ 2, Kinder unter 12 J. $ 1.*

## Reisepraktische Informationen Margaree Valley

### Unterkunft

**$$ Margaree Riverview Inn**, *21045 Route 19, Margaree Forks, ☏ 902-248-2948, www.margareeriverviewinn.com, schön und ruhig gelegenes Motel mit Zimmern in vier ebenerdigen Gebäuden, Restaurant, mit Blick auf den Margaree River, Fahrrad- und Bootsverleih. Mitte Mai–Mitte Okt. geöffnet.*
**$$–$$$ Duck Cove Inn Motel**, *10289 Cabot Trail, Margaree Harbour, ☏ 902-235-2658 oder 1-800-565-9993, www.duckcoveinn.com, Motel in schöner Lage auf einem Hügel mit 24 Zimmern, teilweise mit Balkon, schöner Blick auf den Margaree River, Bootsverleih. Juni–Okt. geöffnet.*
**$$$ Salmon Pool Inn**, *9378 Cabot Trail, Margarie Harbour, ☏ 902-235-2737, www.salmonpoolinn.com, die ruhig gelegene Lodge in Flussnähe ist besonders bei Anglern beliebt. Die Lodge ist ein Ferienhaus mit drei Schlafzimmern für bis zu sechs Gäste. Es können bis zu zehn Gäste auf besondere Anfrage untergebracht werden. Rustikale, saubere Zimmer, drei davon mit eigenem Bad, sowie ein Cottage (Mindestaufenthalt: fünf Tage) für Selbstversorger. Mitte Juni–Nov. geöffnet.*
**$$$–$$$$ Normaway Inn**, *Egypt Rd., Margaree Valley, ☏ 902-248-2987 oder 1-800-565-9463, www.normaway.com, historisches Inn aus dem Jahr 1920 mit neun komfortablen Zimmern, drei Suiten und 16 Cottages, meist mit Kamin, Restaurant, Abendunterhaltung, Tennisplatz, Wanderwege, Rasenspiele, Fahrradverleih, organisierte Touren; ausgezeichnetes Restaurant.*

## Chéticamp

Die Einwohner von Chéticamp leben von Landwirtschaft, Fischfang, Fremdenverkehr und „Rug Hooking“. Die meisten sind Nachfahren jener Akadier, die von den Briten aus Zentral-Nova Scotia vertrieben wurden. Straßenschilder, Auslagen in den Geschäften und Speisekarten in den Restaurants sind häufig in französischer Sprache abgefasst; im Informationscenter begrüßt man Besucher freundlich mit „Bonjour“. Da der Ort am westlichen Eingang des Cape Breton Highlands National Park liegt, bietet sich Chéticamp als Übernachtungsort an; von hier aus kann man am nächsten Morgen früh zur Fahrt in den Park aufbrechen oder bei längerem Aufenthalt zu Tagesausflügen starten. Der Ort, der an einem schönen Abschnitt des Cabot Trail liegt, hat sich mit Hotels, Restaurants und Geschäften auf die Besucher eingestellt.

Die **St. Peter's Church** wurde 1893 aus Stein gebaut. Das Baumaterial wurde von der vorgelagerten Insel nach Chéticamp mit Schlitten herübergeschafft, die von Pferden über den zugefrorenen Hafen gezogen wurden.

Einen Besuch lohnt die **Dr. Elizabeth LeFort Gallery** in dem unter dem Namen „Les Trois Pignons“ bekannten Gebäude. Ausgestellt sind Arbeiten der aus Chéticamp stammenden Künstlerin Elizabeth LeFort, die mehr als 300 Wandteppiche hergestellt

hat, von denen einige sogar im Vatikan, im Weißen Haus in Washington und im Buckingham Palast hängen.
**Dr. Elizabeth LeFort Gallery**, *15584 Main St., ☎ 902-224-2642, www.lestroispignons.com, Mitte Mai–Mitte Okt. 8.30–17, Juli/Aug. bis 18.30 Uhr.*

*Teppichherstellung in Chéticamp*

In der **Sunset Folk Art Gallery** ist typische Volkskunst ausgestellt. Der Folk Art Künstler William D. Roach sammelt Treibholz und stellt daraus einzigartige und humorvolle Kunstwerke her. Das zur Galerie gehörende Frog Pond Café eignet sich für eine Kaffeepause.
**Sunset Art Gallery**, *15856 Cabot Trail, ☎ 902-224-1831, www.sunsetartgallery.ca, Mitte Mai–Mitte Okt. tgl. 9–17.30 Uhr.*

In Chéticamp lohnt es sich, mit den Fischern zu einer Walbeobachtungsfahrt aufzubrechen; die Chance, Pilot-, Finn- oder sogar Blauwale beobachten zu können, ist hier recht hoch. Vogelfreunde können auf diesen Fahrten Adler beobachten. Da auf den kleinen Booten nur 15–20 Passagiere mitfahren können, ist eine rechtzeitige Voranmeldung empfehlenswert.

## Reisepraktische Informationen Chéticamp

### Information
**Visitor Information Centre**, *15584 Cabot Trail, ☎ 902-224-2642, www.cheticamp.ca, Mitte Mai–Mitte Okt. 8.30–17, Juli/Aug. 8.30–18.30 Uhr.*

### Unterkunft
**$$–$$$ Cornerstone Motel**, *am Cabot Trail, ☎ 902-224-3232 oder 1-844-224-3232, https://cornerstonemotel.com, einfaches Motel auf großem Gelände mit 17 Zimmern, umgeben von Bäumen, mit schönem Blick auf den vorbeifließenden Chéticamp River, Restaurant. Geöffnet Mai–Mitte Okt.*
**$$$ L'Auberge Doucet Inn**, *14758 Cabot Trail, 1 km südlich von Chéticamp, ☎ 902-224-3438 oder 1-800-646-8668, www.aubergedoucetinn.com, Mai–Ende Okt., das gemütliche Gasthaus verfügt über 13 moderne Zimmer, beim ausgiebigen Frühstück können die Gäste den schönen Blick auf Chéticamp Island genießen.*
**$$$–$$$$ Laurie's Motor Inn**, *15456 Cabot Trail, ☎ 902-224-2400 oder 1-800-959-4253, www.lauries.com, zentral und doch ruhig gelegenes Motel mit 64 geräumigen Zimmern, gutes Seafood-Restaurant, Fahrradverleih.*

### Essen und Trinken
**Harbour Restaurant**, *15299 Cabot Trail, ☎ 902-224-1144, http://baywindsuites.com/index.php/menu, traditionelle akadisch-französische Küche, schöner Blick auf den Hafen.*

**Le Gabriel Restaurant**, *15424 Main St., ☎ 902-224-3685, www.legabriel.com, akadische Spezialitäten, gute Fisch- und Seafoodgerichte, traditionelle Unterhaltungsmusik, Di Square Dancing, Hauptgerichte ab $ 16.*

**Bootsfahrten/Ausflüge**

*Im kleinen Hafen starten von Mai–Sept. 2–3 x tgl. die Boote der verschiedenen Anbieter zur 2- bis 3-stündigen Fahrt. Während der Fahrt informiert der Kapitän über Arten, Vorkommen und Verhaltensweisen der Wale.*

**Captain Zodiac Whale Cruise**, *☎ 1-877-232-2522, www.novascotiawhales.com, Mitte Juni–Mitte Okt. 2-stündige Walbeobachtungsfahrten mit Gelegenheit zum Schnorcheln, Fahrpreis Erwachsene $ 59, Kinder $ 39.*

**Love Boat Whale Cruises**, *☎ 902-224-2899 oder 1-877-880-2899, www.loveboatwhalecruises.ca, von Aug.–Ende Sept. mehrfach tgl. Walbeobachtungsfahrten (2–2,5 Std.), Fahrpreis Erwachsene $ 55, Senioren $ 48,30, Kinder 3–18 J. $ 27,75, Familienticket $ 143,75.*

## Cape Breton Highlands National Park of Canada

Der Park, der sich an der rauen Nordspitze von Cape Breton zwischen dem St.-Lorenz-Golf und dem Atlantischen Ozean erstreckt, wurde 1936 der erste Nationalpark in den Atlantikprovinzen. Der Cabot Trail umrundet an drei Seiten das ca. 950 km² große Gebiet; im nördlichen und östlichen Streckenabschnitt des Cabot Trail liegen kleine Ortschaften, in denen man Unterkunft, Restaurants, Geschäfte sowie Golf- und Tennisplätze finden.

*Vielfältige Landschaften*

Der Cape Breton Highlands National Park zeigt eine einzigartige Vielfalt der Landschaftsformen: Hochlandplateaus mit windumtosten Felsen, Täler, Schluchten, Wasserfälle, feinsandige Buchten und weit überhängende Klippen. Hier kann man Wale und Seehunde, Adler und Seevögel, Elche und Biber beobachten, Wanderungen ins menschenleere Hochland unternehmen und in den kleinen Siedlungen unverfälschte und unverwechselbare akadische, schottische oder irische Musik und Tänze kennenlernen.

*Unterwegs im Cape Breton Highlands National Park*

## Reisepraktische Information Cape Breton NP

### Information

**Eingänge** *zum Nationalpark befinden sich an der Westseite der Insel nördlich von Chéticamp und an der Ostseite in Ingonish Beach. Der Park ist während des ganzen Jahres für Besucher zugänglich. Die* **Informationszentren,** *☏ 902-224-2306 oder 1-888-773-8888, www.pc.gc.ca/en/pn-np/ns/cbreton, Mitte Mai–Mitte Okt. tgl. 9–17, Juli/Aug. 9–19 Uhr. Für die* **Durchfahrt** *muss man ein Tagesticket kaufen, das zugleich zur Nutzung der sanitären Einrichtungen und zur Teilnahme an allen Veranstaltungen berechtigt; zusätzliche Tickets benötigt man für Camping, Fischen und mehrtägige Wanderungen.*

*Der* **Eintritt** *gilt für den ganzen Park mit allen Aussichtsplätzen, Wanderwegen, Badestränden und Picknickplätzen. Tagespass Erwachsene $ 7,80, Senioren $ 6,80, Kinder bis 17 J. frei, Familienkarte (bis zu 7 Personen in einem Fahrzeug) $ 15,70.*

### Bücher

*In den beiden Informationszentren findet man in den* **Nature Bookstores** *eine gute Auswahl an Informationsschriften, Sachbüchern und Bildbänden.*

### Tipp

Für die 106 km lange Strecke zwischen Chéticamp und Ingonish braucht man an reiner Fahrzeit ca. 2 Std. Wenn man unterwegs nicht übernachten möchte, sollte man für die Fahrt mit kurzen Unterbrechungen an den Aussichtspunkten, Spaziergängen und Abstechern zu besonders reizvollen Stellen 6–8 Std. Zeit einplanen. Dabei empfiehlt es sich, von Chéticamp möglichst frühzeitig loszufahren, da während der Sommermonate viel Ausflugsverkehr auf dem Cabot Trail herrscht.

### Telefone

*Öffentliche Telefone gibt es in den beiden Informationszentren, an den Campingplätzen, bei den beiden Parkstationen Grande Anse und Big Intervale; Notrufsäulen stehen entlang des Cabot Trail. Handys funktionieren hier nicht.*

### Toiletten

*Überall im Park gibt es Toiletten und Waschräume; am Lone Shieling Trail ist von Mitte Mai–Mitte Okt. ein Duschraum geöffnet.*

### Camping

*Es gibt sechs Campingplätze, die von Mitte Mai–Mitte Okt. geöffnet sind und mit Waschräumen, Duschen, Feuerstellen und Wasser ausgestattet sind. Jedoch kann man dort keine Lebensmittel und kein Holz kaufen. Reservierungen sind nur für Gruppen und Rollstuhlfahrer möglich.*

### Wandern

*Im Park gibt es 26 Wanderwege unterschiedlicher Länge. Detaillierte Angaben über Länge und Dauer enthält die Broschüre „Walking in the Highlands", die man in den Informationszentren bekommt. Um die Vegetation zu schützen, sollte man auf den eingerichteten Wegen bleiben. Für mehrtägige Wanderungen muss man sich im Informationszentrum anmelden und eine Berechtigungskarte kaufen. Aktuelle Informationen, Ratschläge für die Ausrüstung und Auskünfte über Bären gibt es ebenfalls im Informationszentrum. Besonders geeignete Ausgangspunkte für längere Wanderungen sind Fishing Cove und Lake of Islands.*

### Radfahren

*Im Chéticamp-Informationszentrum werden Mountainbikes für Touren innerhalb des Parks vermietet. Mehrtägige Radtouren müssen sorgfältig vorbereitet werden. Da das Gebiet des Nationalparks vom Meeresspiegel bis auf 450 m Höhe steil ansteigt und durch Berg- und Talführung der Straße immer wieder große Höhenunterschiede bewältigt werden müssen, ist die Fahrt sehr anstrengend und nur für trainierte und sehr gut ausgerüstete Fahrer geeignet. Für diese allerdings ist der Cape Breton National Park als Teilstück des Cabot Trail ein Traumziel.*

### Schwimmen

*Gute Bademöglichkeiten finden sich in La Bloc an der Westküste, in Ingonish, North Bay, Black Brook und Warren Lake an der Ostseite.*

### Fischen

*In den Informationszentren und an den Campingplätzen erhält man zusammen mit den Lizenzen für den Forellen- und Lachsfang die allgemeinen Vorschriften für den Park.*

### Golf

*Innerhalb des Nationalparks liegt der 18-Loch-Golfplatz Highland Links.*

### Wintersport

*Von Jan.–Anfang April darf man mit guten Schneeverhältnissen rechnen. Möglich sind Langlauf, auch auf gebahnten Loipen, Abfahrtsski am Cape Smokey und Schlittenfahrten.*

## Von Chéticamp nach Sydney

Von Chéticamp bis Pleasant Bay führt der Cabot Trail in vielen Kurven bergauf und bergab. Umrundet man den Norden der Insel, findet man in den Ortschaften Pleasant Bay, Cape North, Dingwall, Ingonish, Breton Cove, Indian Brook, Tarbotvale und St. Ann's ausreichend Hotels, Motels, Bed&Breakfast-Häuser und Restaurants, die vor allem wegen ihrer Fischgerichte bekannt sind. Entlang der Straße weisen Schilder auf Zinngießer, Glasbläser oder Korbmacher hin, deren Arbeiten in den Dörfern verkauft werden. An der Strecke gibt es Strände und Buchten, wo das Meer zum Schwimmen einlädt.

*Am Lone Shieling Trail*

**Pleasant Bay** liegt am Fuße des MacKenzie Mountain und ist wie Chéticamp ein guter Ausgangsort für Walbeobachtungsfahrten.

Im **Whale Interpretive Centre** erfährt man an lebensgroßen Modellen, in Ausstellungen und an interaktiven Stationen alles Wissenswerte über 16 Walarten, die im Laufe der Jahre in den Gewässern rund um Cape Breton gesichtet wurden.

**Whale Interpretive Centre**, *104 Harbour Rd., ☏ 902-224-1411, https://whale-interpretive-centre.business.site, Juni–Mitte Okt. tgl. 9–17 Uhr, Eintritt Erwachsene $ 5, Senioren, Studenten und Kinder bis 17 J. $ 4, Familienkarte $ 16. In den Sommermonaten werden naturkundliche Führungen sowie Wal- und Vogelbeobachtungsfahrten angeboten.*

Hinter Pleasant Bay steigt der Cabot Trail zur Spitze des North Mountain auf und führt weiter zur winzigen Ortschaft **Cape North**; im North Highlands Community Museum gibt es eine Touristeninformation.

In Cape North zweigt die Bay St. Lawrence Nord nach Norden ab und erreicht nach 10 km den **Cabot's Landing Provincial Park** an der Aspy Bay, wo eine Büste an John Cabot erinnert, der hier 1497 mit seinem Schiff „The Matthew" gelandet ist. Unterhalb des Denkmals liegt eine Bucht mit einem 1,6 km langen roten Sandstrand und Ausblicken auf Bergketten und dichte Wälder.

*Roter Sandstrand*

Eine Straße führt von dort nordwärts entlang der Aspy Bay bis zum Fischerhafen **Bay St. Lawrence**, wo Bootsausflüge zur Walbeobachtung angeboten werden und im Bay St. Lawrence Community Centre ein Café mit selbst gebackenem Kuchen und Sandwiches zu einer Fahrtunterbrechung einlädt. Wer will, kann von dort noch weiterfahren bis Meat Cove. Dort endet die Straße.

## Reisepraktische Informationen Pleasant Bay, Cape North und Bay St. Lawrence

### Bootstouren

**Capt Mark's Whale and Seal Cruise**, *Pleasant Bay, ☏ 902-224-1316 oder 1-888-754-5112, www.whaleandsealcruise.com, 2,5-stündige Wal- und Seehundbeobachtungsfahrten mit einem Motorboot oder Schlauchboot von Juli–Mitte Sept., Abfahrten 3–4 x tgl., Erwachsene $ 60, Senioren und Studenten $ 55, Kinder von 3–18 J. $ 40.*

**Pleasant Bay Zodiac Tours**, *☏ 902-224-2174 oder 1-844-224-2101, www.cabottrail.com/PleasantBayZodiacTours, 1,5- bis 2-stündige Schlauchbootfahrten zur Beobachtung von Walen und Delfinen, aber auch von Seevögeln und Meeresschildkröten. Abfahrten mehrfach tgl. zwischen Mitte Mai und Mitte Okt., Erwachsene $ 55, Senioren und Studenten $ 50, Kinder von 3–12 J. $ 35.*

### Wanderung

*Kurz hinter Pleasant Bay ist der „Lone Shieling Trail" ausgeschildert, ein nur 1 km langer Weg, der zu einem Wald mit 350-jährigen Ahornbäumen führt, die vor allem im Herbst zur Zeit der Laubfärbung einen herrlichen Anblick bieten.*

### Cape North

### Unterkunft

**$$ Country Haven B&B**, *49 Courtney Rd., Cape North, ☏ 902-383-2369 oder 1-888-540-7575, www.countryhavenbedandbreakfast.com, gepflegtes Haus mit zwei stilvoll eingerichteten Räumen, gutem Frühstück und Kamin im Wohnraum.*

**$$–$$$ Four Mile Beach Inn**, *Cape North, ☏ 902-383-2282 oder 1-877-779-8275 (Juni–Okt.), 902-718-7366 (Nov.–Mai), www.fourmilebeachinn.com, historisches Gasthaus mit acht geräumigen Zimmern, teilweise mit Küchenzeile, und mit schönem Blick auf die Aspy Bay und die Berge, ganz in der Nähe von Cabot's Landing.*

### Bay St. Lawrence

**Ausflug**

*An die Nordspitze von Cape Breton Island mit Gelegenheit zur Walbeobachtung und zum Baden im Cabot's Landing Provincial Park an der Aspy Bay.*

**Gesamtstrecke**: *Hin- und Rückfahrt bis* **Bay St. Lawrence** *ca. 85 km, Hin- und Rückfahrt bis* **Meat Cove** *ca. 125 km.*

**Unterkunft**

*Einfache Übernachtungsmöglichkeiten gibt es im*

**$$$ Burton's Sunset Oasis Motel**, *105 Money Point Rd., ☎ 902-383-2666, www.burtonsoasismotel.ca. Das Motel bietet von Anfang Mai-Mitte Nov. moderne Suiten.*

**Bootstouren**

**Captain Cox's Whale Watch**, *Bay St. Lawrence, ☎ 902-383-2981 oder 1-888-346-5556, www.whalewatching-novascotia.com, Fahrten mit einem Zodiacboot zur Beobachtung von Walen, Adlern und Kormoranen, Abfahrten Mitte Juni–Ende Sept. 2–3 x tgl., Erwachsene $ 45, Jugendliche und Kinder von 6–17 J. $ 25.*

**Oshan Whale Watch**, *3384 Bay St. Lawrence Rd., ☎ 902-383-2883 oder 1-877-383-2883, www.oshan.ca, Walbeobachtungsfahrten mit einem erfahrenen Kapitän auf einem kleinen Fischerboot von Juli–Sept., Erwachsene $ 45, Senioren und Studenten $ 40, Kinder und Jugendliche 6–18 J. $ 35.*

Noch weiter nach Nordwesten, 13 km von Bay St. Lawrence entfernt und auf den letzten 7 km nur über eine geschotterte Straße erreichbar, liegt in völliger Abgeschiedenheit die Siedlung **Meat Cove** auf einem Steilufer an der St. Lawrence Bay mit guten Möglichkeiten zur Walbeobachtung und zum Wandern. Mit Meat Cove ist die nördlichste Ortschaft von Cape Breton Island erreicht; im **Meat Cove Welcome Centre**, 2296 Meat Cove Rd., gibt es Informationen zum Wandern und zur Walbeobachtung.

Für den Rückweg muss man dieselbe Straße bis nach Cape North zurückfahren.

Zurück in Cape North und auf dem Cabot Trail, zweigt man nach knapp 3 km links auf die Dingwall Road ab und erreicht den Ort **Dingwall**. Hier werden Wal- und Robbenbeobachtungsfahrten angeboten.

## Reisepraktische Informationen Dingwall

**Unterkunft**

**$$$$ The Markland Coastal Beach Cottages**, *802 Dingwall Rd., ☎ 902-383-2246 oder 1-855-872-6048, http://themarkland.com, 5 km vom Cabot Trail entfernte, empfehlenswerte Anlage mit acht rustikalen Cottages mit einem oder zwei Schlafräumen, von Mitte Mai–Ende Okt. geöffnet, gutes Restaurant, Strand.*

**Boots- und Wandertouren**

**Cabot Trail Adventures**, *299 Shore Rd., ☎ 902-383-2552, www.cabottrailoutdooradventures.com, breites Angebot an geführten Wander- und Fahrradtouren, an Kanutouren und Walbeobachtungsfahrten mit Schlauchboot oder Motorboot. Geführte Kajaktouren zur Wal- und Vogelbeobachtung, Fahrpreis p. P.: Halbtagstour $ 65. Von Juni–Sept Mo–Fr 10–16 Uhr, gelegentlich am Wochenende, Juli/Aug. See-Kayaking-Touren um 10 und 14 Uhr, Wander- und Radtouren um 9 Uhr, Vermietung tgl. 8–18 Uhr.*

Der Cabot Trail führt weiter über die „Highlands", durchquert von **South Harbour** bis **Neils Harbour** dicht bewaldetes Gebiet und folgt dann der buchtenreichen Küste am Atlantik mit kleinen Sandstränden, Wanderwegen und vielen Aussichtspunkten. Von hier aus lohnt ein Abstecher zu den gleißenden Wasserfällen **Mary Ann Falls** oder eine kurze Wanderung zur Spitze des **Broad Cove Mountain**.

**Tipp für einen Abstecher**: Vom Cabot Trail abzweigend, folgt man der White Point Rd. entlang der Küste mit Ausblicken auf die Küste zum Fischerdorf White Point. Von dort geht die New Haven Rd. weiter bis Neils Harbour, wo man direkt beim Leuchtturm ankommt.

### Essen und Trinken

**Chowder House**, *90 Lighthouse Rd., Neil's Harbour, ☏ 902-336-2463, Restaurant neben dem Leuchtturm mit Blick auf den Atlantischen Ozean, das vor allem für seine Fischsuppen, Seafood Chowder und für die „Lobster Suppers" bekannt ist. Saisonal geöffnet.*

Die Umgebung von **Ingonish** ist als Feriengebiet beliebt. Die Orte **Ingonish Centre**, **Ingonish Beach**, **South Ingonish Harbour** und **Ingonish Ferry** liegen an der North Bay und South Bay, zwischen denen die malerische Halbinsel **Middle Head** in den Atlantischen Ozean ragt. Auch hier werden Fahrten zur Wal-, Delfin- und Seehundbeobachtung angeboten. Am Hotel Keltic Lodge beginnt eine ca. 1- bis 1,5-stündige Wanderung zur Spitze von Middle Head mit Ausblicken auf den Ozean und Möglichkeiten zur Beobachtung von Seevögeln.

*Malerische Halbinsel Middle Head*

## Reisepraktische Informationen Ingonish

### Unterkunft

**$$$ Ingonish Chalets**, *36784 Cabot Trail, Ingonish Beach, ☏ 902-285-2008 oder 1-888-505-0552, www.ingonishchalets.com, Motel mit fünf Zimmern und drei rustikalen Cottages, Kinderspielplatz, Wanderwege direkt vom Haus aus.*

**$$$$–$$$$$ Lantern Hill & Hollow**, *36845 Cabot Trail, Ingonish Beach, ☏ 902-285-2010 oder 1-888-663-0225, https://lanternhillandhollow.ca, schöne Ferienanlage mit gepflegtem Wohnraum, stilvoll eingerichteten Zimmern im Haupthaus und sechs freundlichen Cottages für vier Personen, leichter Zugang zum Strand, Selbstversorgung. Mitte Mai–Mitte Okt. geöffnet.*

**$$$$$ Keltic Lodge**, *Ingonish Beach, ☏ 902-285-3400, ext. 3237, oder 1-800-565-0444, www.kelticlodge.ca, das Resort Hotel im Landhausstil, eines der besten Hotels von Cape Breton, liegt zauberhaft auf der Halbinsel Middle Head; im Haupthaus sind 33 Zimmer, im Corson House Inn 40 Räume vorhanden, außerdem gibt es gut ausgestattete Cottages, ein gutes Sport- und Unterhaltungsprogramm, in der Nähe liegt der „Cape Breton Highland Links", einer der besten Golfplätze Kanadas.*

### Bootstouren

**Ingonish Whale Watching Tours**, *103 Harbour Dr., ☏ 902-285-1053, http://ingonishwhalewatching.com, 2-stündige Fahrten mit einem Fischerboot zur Wal- und Vogelbeobachtung und zum Hummerfang von Juni–Ende Okt., 2–3 x tgl., Fahrpreis: Erwachsene $ 45–51,75, Kinder unter 12 J. die Hälfte, unter 2 J. frei.*

**Keltic Express Zodiac Adventures (KEZA)**, *101 Wharf Rd., ☏ 1-866-688-2424, www.capebretonwhalewatching.com, von Mai–Okt. 4 x tgl. 2-stündige Fahrten, Fahrpreis: Erwachsene $ 56, Kinder unter 10 J. die Hälfte.*

*Am Ingonish Beach*

Hinter Ingonish Beach verlässt man den Cape Breton Highlands National Park. Von Ingonish Ferry klettert der Cabot Trail das Vorgebirge von **Cape Smokey** hinauf. Dichte Nebelschleier, die die Spitze oft überziehen, gaben dem Berg seinen Namen. Auf der Spitze liegt der **Cape Smokey Provincial Park**, von Mitte Mai–Mitte Oktober geöffnet, der schöne Ausblicke auf die Berge und das Meer bietet; mit dem Fernglas kann man häufig Wale beobachten. Der Park ist Ausgangspunkt für den 11 km langen **Cape Smokey Rundwanderweg**, der zu einem Aussichtspunkt an der Spitze des Kaps führt.

Schöne Meerblicke

Der Cabot Trail führt vorbei an Weilern und Bauernhäusern, erstreckt sich an der nun rauen Küste bis **Indian Brook**. Von hier gibt es Bootsausflüge zu den **Bird Islands**. Diese bieten Möglichkeiten zur Vogelbeobachtung, z. B. von Adlern, Kormoranen und anderen Seevögeln.

### Bootstouren

**Bird Island Boat Tours**, *1672 Old Route 5, ☎ 902-563-6140 oder 1-800-661-6680, birdisland.net, knapp 3-stündige Bootsfahrten von Mitte Mai–Anfang Sept. 2–3 x tgl., Fahrpreis: Erwachsene $ 45, Kinder 7–12 J. $ 19, 0–6 J. frei. Zum Übernachten gibt es außerdem Cottages und einen Campingplatz.*

Hinter Indian Brook verlässt der Cabot Trail die Küste, wendet sich ins Hügelland um **North River Bridge** und führt über **St. Ann's** nach **South Gut St. Ann's**, das von schottischen Siedlern gegründet wurde. Hier erinnern die Straßenschilder daran, dass das schottische Erbe noch lebendig ist.

Besondere Anziehungskraft in South Gut St. Ann's hat das **Gaelic College of Celtic Arts and Culture**, das einzige gälische College in Nordamerika. Hier werden während der Sommermonate sechs- bis achtwöchige Gälisch-Sprachkurse angeboten; außerdem gibt es Veranstaltungen zu gälischer Musik, Tanzformen des schottischen Hochlandes, Stepptänzen von Cape Breton und über die Geschichte der einzelnen Clans; Anleitungen zum Spiel auf dem Dudelsack, zum Fiedeln und Trommeln und zum Weben

der Clan- und Familientartans stehen ebenfalls auf dem Programm. Die „**Große Halle der Clans**“ ist Schottland gewidmet. An den Außenwänden ist die schottische Geschichte von den Anfängen bis zur Gegenwart dargestellt; zwölf Szenen mit Figuren in traditioneller schottischer Kleidung stellen die Clans dar, die zuerst in dieser Gegend siedelten.

**Gaelic College of Celtic Arts and Culture**, *51779 Cabot Trail, ☏ 902-295-3441, www.gaeliccollege.edu,* **Great Hall of the Clans Museum**, *Mitte Mai–Mitte Okt. Mo–Fr 9–17 Uhr, Eintritt Erwachsene $ 8, Kinder unter 12 J. $ 6, Familienkarte $ 20.*

## Reisepraktische Informationen St. Ann's und Umgebung

### Essen und Trinken

**The Lobster Galley**, *St. Ann's, ☏ 902-295-3100, www.facebook.com/LobsterGalley Restaurant, beliebtes Fischrestaurant mit schönem Blick auf die Bay, Spezialitäten sind Fischgerichte, Jakobsmuscheln und vegetarische Speisen, mittlere Preiskategorie.*

Wer die Rundfahrt auf Cape Breton Island fortsetzen möchte, kann von St. Gut St. Ann's auf dem Hwy. 105 weiterfahren bis North Sydney, wo die Fährschiffe nach Newfoundland abfahren, und von North Sydney auf dem Hwy. 125 weiter bis Sydney oder eine Rundfahrt um den Bras d'Or Lake machen – s. S. 560.

### i Streckenhinweis

Von South Gut St. Ann's kann man nach Baddeck zurückfahren; damit endet nach ca. 300 km die Rundfahrt über den Cabot Trail.

Vom Hwy. 105 zweigt eine Straße nach **Boularderie Island** ab; die schmale, lang gezogene Insel ist von Cape Breton Island durch den St. Andrew's Channel und den St. Patrick's Channel getrennt. Durch diese beiden Kanäle ist der Bras d'Or Lake mit dem Atlantischen Ozean verbunden. Im Nordteil von Boularderie Island liegt **Big Bras d'Or**, der Ausgangsort für 2,5-stündige Ausflüge zu den **Bird Islands**. Die beiden Inseln Hertford und Ciboux sind im Juni und Juli gut zur Tierbeobachtung geeignet, denn hier leben nicht nur viele Seevögel und die größte Kolonie von Kormoranen in Nordamerika, sondern auch mehrere Robbenarten.

*Größte Kolonie von Kormoranen*

# Sydney, Louisbourg und der Marconi Trail

## Sydney und Umgebung

Das 1785 gegründete **Sydney** (Großraum ca. 35.000 Einw.) ist die größte Stadt auf Cape Breton und die drittgrößte in Nova Scotia. Nach der Schließung der großen Stahl- und Kohlenbergwerke wurden neue Arbeitsplätze vor allem in den Bereichen Energie und Umwelt sowie im Fremdenverkehr geschaffen. Dazu trägt auch die neue Hafenanlage bei, an deren Pier jährlich 60 große Passagierschiffe anlegen.

Sydney ist eine Verwaltungs- und Universitätsstadt mit Parkanlagen, Sportzentren, Picknickplätzen, Jachthäfen, Badestränden, historischen Gebäuden und Sehenswürdigkeiten.

## Redaktionstipps

› Eindrucksvoll: die **Fortress of Louisbourg**, die Rekonstruktion einer befestigten französischen Stadt des 18. Jh. (S. 555)
› **Marconi National Historic Site** zeigt, wie es gelang, die erste drahtlose Botschaft von Amerika nach Europa zu senden (S. 554).
› Das moderne **Cape Breton Miner's Museum** gehört zu den größten Bergwerksmuseen Nordamerikas (S. 554).

In zwei historischen Häusern wurden Museen eingerichtet:
Das **Cossit House Museum** aus dem Jahr 1787 ist das älteste Gebäude in Sydney und mit Möbeln des 18. Jh. eingerichtet. Kostümierte Guides berichten vom beschwerlichen Leben im 18. Jh. und zeigen z. B., wie Butter hergestellt wurde oder wie ein Waschtag in der damaligen Zeit aussah.
**Cossit House Museum**, *75 Charlotte St., ☏ 902-539-7973, https://cossithouse.novascotia.ca, Juni–Mitte Okt. Di–Sa 9–16 Uhr, Eintritt Erwachsene $ 2, Kinder unter 12 J. frei.*

Das **Jost House** wurde vor 200 Jahren aus Holz errichtet. Ausgestellt sind Gegenstände der Seefahrt, eine Küche des 18. Jh. sowie Werkzeuge und Geräte aus der Anfangszeit einer Apotheke.
**Jost House**, *54 Charlotte St., ☏ 902-539-0366, www.oldsydneysociety.org/jost-house, Juni–Ende Aug. Mo–Sa 9–17, Sept./Okt. Mo–Sa 10–16 Uhr, Eintritt $ 3, Familienkarte $ 7.*

Im **Sydney Museum** (früher: Cape Breton Centre for Heritage and Science) gibt es Ausstellungen zur Geschichte und Natur von Cape Breton und für Kinder aufbereitete „Entdeckerecken".
**Sydney Museum**, *173 Charlotte St., ☏ 902-539-1572, www.oldsydneysociety.org, Juni–Okt. Mo–Fr 9–17, Nov.–Mai Mo 13–16, Di–Fr 10–16 Uhr, Eintritt: Spende.*

Die **St. Patrick's Church** wurde 1828 gebaut und gilt als die älteste katholische Kirche auf Cape Breton; sie dient heute als Museum und informiert über die Geschichte der Region.
**St. Patrick's Church Museum**, *87 Esplanade, ☏ 902-539-1572, www.oldsydneysociety.org/st-patricks-church-museum, Juni–Aug. Mo–Sa 9–17 Uhr.*

Ein Casino gibt es auch: das **Casino Nova Scotia**.
**Casino Nova Scotia**, *525 George St., ☏ 902-563-7777, ganzjährig geöffnet, Juli/Aug. 24 Std., sonst Mo–Do 11–3 Uhr; durchgehend von Fr 11 bis Mo 3 Uhr, das Mindestalter beträgt 19 Jahre.*

*Ende der Kohleförderung*

Zum Großraum Sydney gehören die Nachbargemeinden **Reserve Mines**, **Glace Bay**, **New Waterford**, **North Sydney**, **Sydney Mines** und **Louisbourg**. Der Abbau der reichen Kohlevorkommen und der Transport von Kohle bestimmten für drei Jahrhunderte die Entwicklung dieser Region, aber im neuen Jahrtausend musste das letzte Kohlebergwerk schließen. Zwei Jahre lang hatte sich die kanadische Regierung, die in den letzten 30 Jahren die Kohleförderung in Cape Breton mit rund $ 2 Mrd. subventionierte, vergeblich um einen Käufer für das Bergwerk bemüht.

## Reisepraktische Informationen Sydney

### Information
**Joan Harriss Cruise Pavilion Visitor Information Centre**, *60 Esplanade, ☏ 902-562-0620, www.sydneyport.ca/cruise, Ende April–Anfang Nov. geöffnet, aktuelle Uhrzeiten s. Website.*

## Unterkunft

### in North Sydney und Sydney

$ **Cape Breton University**, *1250 Grand Lake Rd., ☏ 902-563-1792, www.cbu.ca, preiswerte Unterkunft im Studentenwohnheim von Mitte Mai–Mitte Aug.*

$$–$$$ **Clansman Motel**, *9 Baird St., ☏ 902-794-7226 oder 1-800-565-2668, www.clansmanmotel.com, etwa 2 km von der Fähranlegestelle entferntes Motel mit Zimmern und Cottages in ruhiger Lage.*

$$–$$$ **Hotel North – North Sydney**, *39 Forest St., ☏ 902-794-8581 oder 1-800-561-8585, www.hotelnorth.ca, in der Nähe des Fähranlegers nach Newfoundland, mit 101 geräumigen, teilweise renovierten Zimmern, einige mit Blick auf den Hafen, Swimmingpool, Restaurant.*

$$$–$$$$ **Cambridge Suites Hotel**, *380 Esplanade, ☏ 902-562-6500 oder 1-800-565-9466, www.cambridgesuitessydney.com, die Mehrzahl der 1- und 2-Zimmer-Suiten ist mit einer kleinen Küche ausgestattet, kleiner Swimmingpool, Sauna, Fitnessraum auf der Dachterrasse, schöne Aussicht, Restaurant.*

$$$–$$$$ **Hampton Inn by Hilton Sydney**, *60 Maillard St., Membertou, ☏ 902-564-6555 oder 1-877-461-1402, https://hamptoninn3.hilton.com, neues Hotel mit geräumigen, modernen Zimmern, Pool und Fitnessraum, günstig gelegen zum Hwy. 125, ca. 20 Min. Fahrzeit zum Fähranleger.*

$$$–$$$$ **Holiday Inn Sydney Waterfront**, *300 Esplanade, ☏ 902-562-7500, www.ihg.com, empfehlenswertes Stadthotel mit komfortablen Zimmern, teilweise mit schönem Blick auf den Hafen, Restaurant ebenfalls mit schöner Aussicht, Swimmingpool, Wasserrutsche, Sauna, Fitnessraum, nur wenige Gehminuten vom Zentrum entfernt.*

## Flughafen

**JA Douglas McCurdy Sydney Airport**, *280 Silver Dart Way, ☏ 902-564-7720, www.sydneyairport.ca, liegt ca. 10 km außerhalb, beim Ort Reserve Mines. Es gibt tgl. Flüge nach Toronto, Montréal, Ottawa und Halifax.*

**Air Canada**, *☏ 1-888-247-2262*

**Westjet**, *☏ 1-888-937-8538*

## Fähren nach Newfoundland

*Allgemeine Informationen zu den Fährverbindungen:* **Marine Atlantic Ferries**, *in North Sydney, Abfahrtsstelle der Fähren nach Newfoundland, ☏ 1-800-341-7981, www.marine-atlantic.ca.*

**North Sydney – Port aux Basques**, *160 km; ganzjährig, Fahrzeit. ca. 6 Std., für die Tag- und Nachtfahrten können Kabinen gebucht werden; Abfahrtszeiten Ende Juni–Mitte Sept. 2–3 x tgl., sonst 1–2 x tgl., Erwachsene $ 45,57, Senioren $ 41,85, Kinder 5–12 J. $ 21,24, Pkw $ 119,24.*

**North Sydney – Argentia**, *426 km, Fahrzeit ca. 14 Std., Kabinen sind im Voraus buchbar; Abfahrtszeiten Mitte Juni–Mitte Sept. Mi, Fr und So um 17.30 Uhr, Erwachsene $ 121,26, Senioren $ 109,58, Kinder 5–12 J. $ 58,88. Pkw $ 244,56.*

### Tipp

Das beliebteste Ausflugsziel in dieser Gegend ist die große **Fortress of Louisbourg National Historic Site** (s. S. 555), von Sydney nur etwa 45 Min. entfernt. Wenn man schon früh am Morgen aufbricht, kann man den Besuch dieses Museumsdorfs in Louisbourg mit der Fahrt über den **Marconi Trail** und der Besichtigung der Marconi Station verbinden.

## Sehenswertes am Marconi Trail

Der 52 km lange **Marconi Trail** wurde nach dem italienischen Erfinder und Techniker **Guglielmo Marconi** benannt, der drei Telegrafenstationen auf Cape Breton errichtete. Von Sydney geht es über den Hwy. 4 nach Glace Bay. Dort beginnt der Hwy. 255, der die Ortschaften Glace Bay und Louisbourg verbindet und an der rauen und schroffen Ostküste von Cape Breton Island entlangführt.

*Großes Bergbaumuseum*

**Glace Bay**, ein Hafenort mit ca. 19.000 Einwohnern, hat zwei Sehenswürdigkeiten: das Miner's Museum am Quarry Point und die Marconi Station am Table Head. Das **Cape Breton Miner's Museum** ist eines der größten Bergbaumuseen auf dem nordamerikanischen Kontinent. Die Ausstellungen und Filme in diesem modernen Museumskomplex vermitteln einen Eindruck von der Entstehung der Kohlefelder um Sydney, von den Abbaumethoden seit 1720, vom Leben in den Minensiedlungen und von der Bedeutung der Kohle als Energiequelle. Eindrucksvoll ist auch die 20-minütige Führung durch eine unterirdische Mine, die von ehemaligen Bergleuten geleitet wird.
**Cape Breton Miner's Museum**, *Quarry Point, 42 Birkley St., ☎ 902-849-4522, www.minersmuseum.com, Ende Mai–Mitte Okt. tgl. 10–18 Uhr, sonst nur nach Voranmeldung, Eintritt Erwachsene $ 16, Kinder unter 12 J. $ 8.*

Die **Marconi National Historic Site** liegt hoch oben auf den steil zum Atlantischen Ozean abfallenden Klippen von Table Head. Von hier aus blickt man auf das Meer und auf den Ort Glace Bay.
**Marconi National Historic Site**, *1 Timmerman St., ☎ 902-842-2530 (Sommer) oder 902-295-2069, www.pc.gc.ca/en/lhn-nhs/ns/marconi, Juli–Anfang Sept. tgl. 10–18 Uhr, Eintritt frei.*

info

### Wer war Guglielmo Marconi?

Guglielmo Marconi war ein italienischer Funktechniker, der 1874 in Bologna geboren wurde. 1895 erfand er die geerdete Senderantenne, Anfang 1896 gelang ihm die Übertragung drahtloser Signale auf 3 km. Er zog 1896 nach England, um seine Erfindung weiterzuentwickeln. Er erhielt das britische Patent für die drahtlose Übertragung von elektrischen Impulsen und Signalen. Im Mai 1897 konnte er Signale schon auf eine Entfernung von 14,5 km übertragen und noch im Dezember desselben Jahres gelang es mit der Distanz von 29 km.

Die Übertragungstechnik wurde weiter verbessert: 1899 auf 52 km zwischen England und Frankreich, 1901 auf 3.600 km zwischen England und Newfoundland. Dabei wurde der Buchstabe „S“ als Morsezeichen übertragen. 1902 konnte er beweisen, dass es mithilfe elektromagnetischer Wellen möglich war, Botschaften über den Atlantik zu senden. 1909 erhielt Marconi zusammen mit Karl Ferdinand Braun den Nobelpreis für Physik. Er starb 1937 in Rom.

Starten sollte man im **Besucherzentrum der Marconi Station**, wo die Radiostation Marconis originalgetreu in verkleinertem Maßstab nachgebaut wurde; außerdem sieht man dort Versuchsaufbauten, alte technische Geräte und Fotografien aus dem Leben Marconis sowie Erfindungen und Entdeckungen zehn anderer Wegbereiter der modernen Telekommunikation. Anschließend kann man **Table Head** mit den Überresten der vier 64 m hohen Türme und des Übertragungsgebäudes aufsuchen. Von

dieser Stelle aus gelang es Marconi am 15. Dezember 1902, von der Ostküste Amerikas die erste drahtlose Botschaft zur Westküste Europas nach Poldhu in England zu senden.

Tipp

Am Table Head ist es auch im Sommer sehr windig und kühl. Vorsicht ist bei den schroffen Felsvorsprüngen geboten.

Wenn man von Glace Bay dem Marconi Trail an der Küste entlang folgt, kommt man zunächst nach **Donkin**, wo man noch heute die dunklen Kohleflöze in den Felsen sehen kann, und nach Port Morien. **Port Morien** hatte schon im 18. Jh. wegen seiner Kohlevorkommen, die von hier aus leicht verschifft werden konnten, als Hafenort Bedeutung; heute laufen die Boote der Fischereiflotte in den durch Wellenbrecher geschützten Hafen ein. Der breite Sandstrand **Port Morien Beach** und die flachen Strände, die am Küstenabschnitt zwischen Glace Bay und Mira liegen, sind gut geeignet zum Muschel- und Krebsesammeln und zur Beobachtung der Wasservögel.

Bei **Mira Gut** liegt im Mündungsbereich des Mira River der **Mira River Provincial Park**, der sich gut für kleinere Bootsfahrten eignet. Der breite, weiße Sandstrand von Mira Gut ist besonders beliebt.

Der Marconi Trail führt weiter zu den Fischerorten **Catalone**, **Main-à-Dieu** mit dem Main-à-Dieu Fishermen's Museum (*geöffnet Juni–Sept.*), **Baleine**, wo ein 14 km langer Küstenwanderweg beginnt, und **Little Lorraine** und endet dann in **Louisbourg** mit seinem geschützten Hafen, dem Ausgangpunkt für Hafenrundfahrten und Hochsee-Ausflugsfahrten. Von hier aus kann man zum **Fortress of Louisbourg** fahren.

## Fortress of Louisbourg National Historic Site

Streckenhinweis

Von Sydney führt der Hwy. 22 über Albert Bridge zum heutigen Ort Louisbourg. Etwa 1,5 km außerhalb liegt das Museumsdorf; der Weg dorthin ist ausgeschildert. Die Entfernung Sydney – Louisbourg beträgt ca. 40 km.

*Lebendige Vergangenheit*

Das **Fort von Louisburg** ist die Rekonstruktion einer befestigten französischen Stadt aus dem 18. Jh. Die Museumsanlage ist die größte historische Rekonstruktion in Nordamerika und gehört zu den meistbesuchten Sehenswürdigkeiten Ostkanadas. Hier werden lebendige Eindrücke vom Leben im 18. Jh. vermittelt.

Die **Geschichte von Louisbourg** ist die Geschichte der heftigen Kämpfe zwischen englischen und französischen Truppen auf dem amerikanischen Kontinent. Zwischen den beiden Kolonialmächten kam es immer wieder zu kriegerischen Auseinandersetzungen. Durch den Friedensvertrag von Utrecht musste Frankeich 1713 Newfoundland und den größten Teil Akadiens an England abtreten; Isle Royale (das heutige Cape Breton Island) und Isle Saint-Jean (das heutige Prince Edward Island) blieben die einzigen französischen Besitzungen in den jetzigen Atlantikprovinzen.

Die Franzosen begannen 1719 in Louisbourg mit dem Bau einer befestigten Stadt, um den Zugang zum St.-Lorenz-Strom und nach Québec zu sichern. Die Bauarbeiten an

*„Wachsoldat" am Eingang nach Louisbourg*

den Befestigungen dauerten mehrere Jahrzehnte; in der Zwischenzeit wuchs die Stadt und entwickelte sich zu einem Handelszentrum mit großen Hafenanlagen. 1745 belagerten die Engländer die Stadt und konnten sie trotz der neuen, fast fertiggestellten Befestigungsanlagen in nur sechs Wochen einnehmen, denn diese schützten zwar den Hafen, waren aber nicht zur Abwehr von Landangriffen geplant worden. Drei Jahre später wurde Louisbourg nach dem Frieden von Aachen den Franzosen wieder zurückgegeben.

1758 belagerten die Engländer die Stadt ein zweites Mal mit 150 Schiffen und 16.000 Soldaten. Sie eroberten die Festung binnen sieben Wochen. Um einen Wiederaufbau zu verhindern, wurden die Befestigungsanlagen und die Stadt von den Engländern völlig zerstört.

Mit der Rekonstruktion von Louisbourg wurde 1961 begonnen; die Regierung finanzierte ein 25-Mio.-$-Projekt, um etwa ein Fünftel der ursprünglichen Stadt und ihrer Befestigungsanlagen wiederaufzubauen. Inzwischen wurden Gebäude der Festung, Straßen und Häuserblöcke mit Innenhöfen, Gärten und Brunnen, der Gouverneurspalast, Unterkünfte der Soldaten, Vorratshäuser, eine Bäckerei, eine Schmiede und ein Hafentor so rekonstruiert, wie sie in der Zeit um 1740 ausgesehen haben. Wissenschaftliche Berater halfen beim Wiederaufbau. Archäologische Ausgrabungen und historische Schriften vermitteln ebenso wie die im Stil jener Zeit gekleideten freiwilligen Helfer Eindrücke und Vorstellungen vom Leben in einer französischen Siedlung zu jener Zeit.

*Wie im 18. Jh.*

Den Eingang bildet das **Besucherzentrum**, wo man die Eintrittskarten und einen Orientierungsplan sowie Informationsmaterial in deutscher Sprache bekommt. Ausstellungen und Diavorführungen informieren bereits hier über die Themenbereiche Hafen, Festung und Stadt.

**Fortress of Louisbourg National Historic Site**, ☏ *902-733-3548, www.fortressoflouisbourg.ca, oder ☏ 902-733-3552, www.pc.gc.ca/en/lhn-nhs/ns/louisbourg, Mitte Mai–Mitte Okt. tgl. 9.30–17, Okt.–Mai Mo–Fr 9.30–16 Uhr; in der Vor- und Nachsaison gibt es weniger Führungen, nicht alle Häuser sind geöffnet. Eintritt: Hauptsaison Erwachsene $ 17,60, Senioren $ 14,95; Eintritt Nachsaison Erwachsene $ 7,30, Senioren $ 6,05, Kinder bis 17 J. frei. Außerdem gibt es ermäßigte Zweitageskarten. Im Eintrittspreis sind die Busfahrt vom Besucherzentrum zum eigentlichen Museumsdorf, der Eintritt zu allen Gebäuden und die Teilnahme an Führungen enthalten.*

## Reisepraktische Informationen Fortress of Louisbourg

### Parken

*Den Wagen muss man am Informationszentrum parken. Kostenlose Busse bringen die Besucher in 10 Min. zum Museumsdorf. Um keine Zeit durch Hin- und Rückfahrten zu verlieren, sollte man alles für den Tag Notwendige mitnehmen: Windjacke, einen warmen Pullover, Regenschutz, bequeme Schuhe, eventuell auch Badezeug und Picknicksachen, Kamera.*

### Tipp

Innerhalb des Museumsdorfs muss man alle Strecken zu Fuß zurücklegen. Da die Anlage sehr weitläufig ist und auf der Festung, in den Straßen und in vielen Häusern Vorführungen stattfinden, sollte man mindestens 4 Std., eher aber mehr Zeit für den Besuch einplanen. Wer nur wenig Zeit zur Verfügung hat, sollte sich auf den Stadtkern und die King's Bastion beschränken.

### Orientierung

*Das weitläufige, 6.700 ha große Areal lässt sich in vier Bereiche gliedern:*

- *in den* **Stadtkern** *mit Straßen, Wohn- und Handelshäusern, Restaurants, Handwerksbetrieben und Hafen,*
- *in die* **King's Bastion** *mit der Residenz des Gouverneurs, Kasematten, Soldatenunterkünften, Wachtoren und Ställen,*
- *in die* **Dauphin Demi Bastion** *mit dem Pulvermagazin, Wachtürmen, Soldatenbaracken und dem Dauphin-Tor,*
- *in das übrige nicht wiederaufgebaute Stadtgebiet, wo man noch Grundmauern, alte Grabsteine und Steinplatten entdecken kann.*

### Führungen und Vorführungen

*Empfehlenswert sind die ca. 1,5-stündigen* **Führungen**, *die von Juli–Mitte Sept. 2 x tgl. stattfinden: um 10.30 und um 14.30 Uhr, Preis: $ 3,90 pro Person. Alle Führungen beginnen am gelben De La Plagne House.*
*Auf der Festung kann man von Juli–Anfang Sept. auch aktiv in die* **Vergangenheit eintauchen**. *Kostümierte Fachleute führen mehrmals tgl. in die Kunst des Kanonen- und Musketen-Abfeuerns ein.*

### Essen und Trinken

*Es gibt im Museumsdorf* **drei Restaurants**. *Die Einrichtung der Gaststuben und die Zubereitung der Speisen entsprechen den Gepflogenheiten des 18. Jh. Man kann wählen, ob man in einer Hafenkneipe eine Kleinigkeit mit Seeleuten und Handwerkern essen will, ob man mit wohlhabenden Bürgern in eleganter Umgebung dinieren möchte oder ob man beim Bäcker einen ganzen Laib oder nur eine Scheibe ofenfrischen Brotes kaufen soll.*
*Die Restaurants sind von Juni–Sept. tgl. geöffnet. Reservierungen unter ☏ 902-733-3552.*

In den Straßen und in den Häusern des historischen Ortes Louisbourg fühlt man sich in die Zeit des 18. Jh. zurückversetzt. Man erlebt, wie Fischer, Handwerker, Offiziere, Händler, Dienstboten, Soldaten, Straßenverkäufer, Wirte, Schulkinder und hohe Beamte im Jahr 1744 arbeiteten, wohnten, aßen, sich kleideten, spielten, sangen und tanzten.

Dabei kann man sich mit den Bewohnern der Stadt unterhalten, die der damaligen Zeit entsprechend gekleidet sind und gerne ihre Tätigkeiten unterbrechen, um über ihre Arbeit und ihren Tagesablauf zu berichten.

In einigen Häusern informieren außerdem Ausstellungen und Videofilme über besondere Aspekte der Stadt, z. B.

- im **De La Plagne House**: Film über Louisbourg als Hauptstadt der Isle Royale,
- im **Ordonnateur's Residence**: In der Residenz lernt man die Lebensweise der Wohlhabenden kennen,
- im **DuHaget House**: 15-minütiger Videofilm über das Soldatenleben in Louisbourg,
- im **De la Perelle Property**: Ausstellung zu den Themen „Religion, Tod und Heirat" im 18. und 20. Jh.,
- im **Museum**: Modell der Festung und Ausgrabungsfunde.

*Bei Soldaten und Fischern*

Über die Zugbrücke betritt man die King's Bastion, wo Soldaten Wache halten, exerzieren, Waffen reinigen, Pferde striegeln, die Zugänge kontrollieren oder sogar betrunkene Kumpane in Gewahrsam nehmen. Am Hafen kann man den Fischern beim Ausladen ihres Fanges zuschauen und auf den Holzgestellen, den „Klippen", den zum Trocknen ausgelegten Fisch betrachten. Alternativ folgt man den Wegweisern in das ehemalige Stadtgebiet, wo sich alte Gräber entdecken lassen, oder wandert ans Meer oder an einen der kleinen Seen oder Bäche, wo man rasten und schwimmen kann.

**Hinweis**

Bei ausreichend Zeit kann man in Louisbourg noch das Sydney and **Louisbourg Railway Museum**, 16 Brook St., ☏ 902-733-2720, www.novascotiarailwayheritage.com/louisbourg.htm, mit Lokomotiven, Passagierwagen von 1881 und 1914 und Caboose besichtigen, Mitte Mai–Mitte Okt. tgl. 9–17, Juli/Aug. 8–20 Uhr, Eintritt frei, oder am Abend eine Vorstellung im **Louisbourg Playhouse**, 11 Aberdeen St., ☏ 902-733-3838, www.louisbourgplayhouse.ca, einem Konzerthaus im Stil des 17. Jh. besuchen. Geöffnet Ende Juni–Mitte Okt. tgl. abends.

## Sehenswertes am Fleur-de-Lis Trail

Der Fleur-de-Lis Trail mit insgesamt 265 km führt von Louisbourg an der Ostküste Cape Bretons entlang zurück zum Canso Causeway in Port Hastings. An dieser Strecke liegen akadische Siedlungen, weitgehend unberührte Küstenabschnitte am Atlantischen Ozean und die malerische Isle Madame.

**Tipp**

Da der Fleur-de-Lis Trail weitgehend in vielen Kurven der Küstenlinie folgt, benötigt man für die Strecke ohne Zwischenhalt 3–4 Std. Eine schnellere Alternative ist die ab S. 560 dargestellte Fahrt am Bras d'Or Lake entlang.

## Streckenhinweis

Von Louisbourg geht es zunächst über den Hwy. 22 bis Albert Bridge, dann am Mira River entlang, über Gabarus Lake, Fourchu, Framboise und **Grand River** nach St. Peter's. Der Fleur-de-Lis Trail führt weiter über River Tillard nach Louisdale, überquert die Lennox Passage, umrundet die Isle Madame und führt über Grand Anse und Cleveland nach Port Hastings.

Der Trail verläuft durch ein Gebiet, das überwiegend von Nachkommen der frühen akadischen Siedler und schottischer Einwanderer bewohnt wird. Kleine Siedlungen, Hafenorte, Leuchttürme, einsame Buchten, fischreiche Flüsse und Seen sowie Museen liegen an der Strecke; Picknick- und Campingplätze, Bootstouren, Kanu- und Tauchfahrten, einfache Bed&Breakfast-Häuser, urige Ferienblockhäuser oder komfortable Gästehäuser laden zu längerem, erholsamem Aufenthalt ein. Wassersportmöglichkeiten, Gelegenheit zum Wandern, Schwimmen, Angeln und Fischen hat man am **Mira River**, im **Mira River Provincial Park** bei Albert Bridge und im **Two Rivers Provincial Wildlife Park** bei Marion Bridge.

Der Ort **St. Peter's** liegt auf einem schmalen Landstreifen, der den Bras d'Or Lake vom Atlantischen Ozean trennt. Besuchenswert sind der historische **St. Peters Canal** und das **Nicolas Denys Museum** mit einer Fotoausstellung zur Konstruktion des Kanals. Mit dem Bau des St. Peters Canal, der dem Bras d'Or Lake einen schiffbaren Zugang zum Atlantik eröffnet, wurde bereits 1854 begonnen, aber die Fertigstellung dauerte bis 1917. An dieser Stelle kann man sehen, wie ein gezeitenabhängiges Schleusensystem funktioniert, und bei einer Rast die Durchfahrt von Fischerbooten und Segeljachten beobachten.

*Infos zum Kanalbau*

**St. Peters Canal National Historic Site**, ☏ *902-535-2118 oder 902-295-2069, www.pc.gc.ca/en/lhn-nhs/ns/stpeters, Mitte Mai–Ende Juni Do–Mo 8–16, Ende Juni–Mitte Aug. tgl. 8–18, Mitte Aug.–Mitte Sept. 8–16 Uhr.*
**Nicolas Denys Museum**, *46 Denys St., St. Peters,* ☏ *902-535-2379, www.novascotia.com/see-do/attractions/nicolas-denys-museum/1595, Mitte Juni–Ende Sept. tgl. 9–17 Uhr.*

### Unterkunft

**$$$ Bras d'Or Lakes Inn**, *10095 Greenville St.,* ☏ *902-535-2200 oder 1-833-243-2200, www.brasdorlakesinn.com, kleines Hotel mit 20 freundlich und rustikal eingerichteten Zimmern direkt am St. Peters Canal, beliebtes Restaurant mit freundlicher Bedienung.*

Die 42,5 km² große **Isle Madame** ist in etwa einer Stunde zu umfahren. Hier ist das strenge akadische Erbe in den Ortschaften noch sehr lebendig. Die Insel ist dicht bewaldet, die Küste bietet schöne Buchten zum Schwimmen und Surfen, und der Grand Lake ist ideal zum Kanufahren. **Arichat** auf Isle Madame ist eine der ältesten Siedlungen von Nova Scotia und war einst eine wohlhabende Hafenstadt mit weitreichenden Handelsbeziehungen. Interessant ist das **LeNoir Forge Museum** am Hwy. 320, das in einer alten französischen Schmiede des 18. Jh. eingerichtet wurde.
**LeNoir Forge Museum**, *708 Veterans Memorial Dr.,* ☏ *902-226-9364 oder 902-226-2880, http://imhs.ca/le-noir-forge-museum, Juni Mo–Sa 10–17, Juli/Aug. Di–Sa 10–17, So 13–17, Sept.–Mitte Okt. Di–Fr 13–17 Uhr.*

### Unterkunft in Arichat

**$$$ The Clairestone Inn**, *2375 Hwy. 206, ☏ 902-226-2200 oder 1-877-787-2200, www.theclairestoneinn.com, neues, im akadischen Stil des 19. Jh. gebautes Hotel mit acht Zimmern im Haupthaus und neun Motelzimmern, Restaurant mit traditioneller akadischer Küche und Seafood-Gerichten.*

## Sehenswertes am Bras d'Or Lakes Scenic Drive

Alternativ zum Fleur-de-lis Trail kann man von Sydney aus die direkte, schöne Strecke über den Hwy. 4 nach Port Hastings fahren, wo man Cape Breton Island wieder verlässt. Auf dem Hwy. 4 durchfährt man die Ortschaften **Sydney River**, **Howie Centre**, **Sydney Forks** und **Portage**, bevor man in **East Bay** einen Ausläufer des Bras d'Or Lake erreicht, wo die Fahrt am Ostufer des Sees entlang beginnt und dem schönen **Bras d'Or Lakes Scenic Drive** folgt.

info

### Die Schotten in Nova Scotia

Nach der Vertreibung der Akadier wanderten immer mehr Schotten in die verlassenen Regionen ein. Eine große Anzahl von Hochlandschotten ließ sich auf Cape Breton Island nieder, das 1763 an Nova Scotia angegliedert wurde. Im Hafen von Pictou an der Northumberland Strait liegt eine Rekonstruktion der „Hector", einem Segelschiff, mit dem 1773 die erste größere Einwanderergruppe aus Schottland kam. Ihnen schlossen sich einige Hundert Nordiren an. Die beiden Volksgruppen brachten die gälische Sprache mit nach Kanada.

Bei einer Fahrt entlang des Cabot Trail ist das Erbe der Schotten besonders sichtbar. Immer wieder trifft man auf gälische Ausdrücke, die hier im Alltag verwendet werden. Der irische Gruß „Céad Míle Fáilte" begegnet jedem, der die Augen offenhält. Irisch-schottische Musik ist alltäglicher Ausdruck der Lebensweise, die die beiden Volksgruppen mitbrachten. Tartan-Stoffe sieht man häufig in den Souvenirläden, ebenso wie keltische Symbole. Diese werden häufig für Schmuckmotive und als Deko verwendet. Noch heute ist die Verbindung zu Schottland eng. Das sieht man sowohl an neuen Unternehmen wie der Glenora Whisky Destillerie als auch an der Tatsache, dass sich bis heute Schotten in der Region ansiedeln.

Von East Bay aus kann man einen Ausflug nach **Iona** machen und das **Nova Scotia Highland Village Museum** besuchen. In diesem Museumsdorf an der Barra Strait demonstrieren kostümierte „Bewohner" in den historischen Häusern das einfache Leben der ersten schottischen Siedler. Am ersten Samstag im August wird der „Highland Village Day" mit traditioneller Musik, Tänzen und Umzügen gefeiert.
**Nova Scotia Highland Village Museum**, *4119 Hwy. 223, ☏ 902-725-2272 oder 1-866-442-3542, https://highlandvillage.novascotia.ca, Juni–Mitte Okt. tgl. 10–17 Uhr, Eintritt Erwachsene $ 11, Senioren $ 9, Kinder und Jugendliche von 6–17 J. $ 5, Familienkarte $ 25.*

Der **Bras d'Or Lake** und die kleinen Ortschaften an seinem Seeufer sind ein ideales Feriengebiet. Hier findet man lebhafte Orte mit sehr guten Hotels und Restaurants

*Im Highland Village Museum in Iona*

ebenso wie einfache, behagliche Blockhäuser in völliger Abgeschiedenheit. Es gibt Möglichkeiten zum Schwimmen, Surfen oder Kanufahren und Segeln. Alternativ kann man eine Rundfahrt auf einem großen Schoner machen. Auf Wanderungen lässt sich die reiche Flora und Fauna entdecken.

Zwischen dem Hochland im Nordwesten und den Tälern im Südosten von Cape Breton Island liegt der **Bras d'Or Lake**, umgeben und geschützt von bewaldeten Hügelketten. Durch den Great Bras d'Or Channel und den St. Andrews Channel dringt das Wasser des Atlantischen Ozeans in den See ein, den größten Salzwassersee der Welt. Das Land um den Bras d'Or Lake war über Jahrhunderte Siedlungsgebiet der Micmac-Indianer, die heute noch in den vier Reservaten bei Whycocomagh, Eskasoni, Wagmatcook und Chapel Island am See leben. Der See diente ihnen als Transport- und Handelsroute und bietet ihnen heute wie damals reiche Fischgründe. Da die Indianer die Natur zwar nutzten, aber nicht zerstörten, blieb der Bras d'Or Lake bis heute Heimatregion für viele Wasservögel und ein bevorzugtes Brutgebiet der Adler. Mehr als 200 Adlerpaare nisten in der Umgebung des Sees und können in den Sommermonaten bei ihren Flügen beobachtet werden.

*Größter Salzwassersee der Welt*

Während die 960 km lange, buchtenreiche Küste ein ideales Gebiet für Wanderer, Angler, Naturfreunde und Vogelkundler ist, ist der See selbst ein Paradies für Segler, Surfer, Kanu- und Kajakfahrer. Boots- und Jachthäfen gibt es in Baddeck, St. Peter's und Dundee, Bootsanlegestellen in Big Pond, Ross Ferry, Big Bras d'Or, Wkycocomagh und Little Narrows. Bootsstege findet man überall am See und auf den kleinen Inselchen im See. Die beliebteste Surfregion ist Big Pond an der East Bay; besonders geeignet zum Kanu- und Kajakfahren sind das River Denys Basin und das Gebiet um **West Bay**, wo man auch Boote mieten und an Bootsfahrten teilnehmen kann, sowie **Johnstown**, wo am Hafen mehrstündige Segeltouren mit Katamaranen zur Vogel- und Tierbeobachtung angeboten werden.

## Reisepraktische Informationen Bras d'Or Lake

### Unterkunft

**$$ Kayak Cape Breton & Cottages**, *5385 West Bay Hwy., ☎ 902-535-3060, www.kayakcapebreton.com, drei rustikal eingerichtete, gemütliche Ferienwohnungen und Cottages für 4–5 Personen, direkt am Bras d'Or Lake mit schönem Kieselstrand und Bootsanlegesteg, die Besitzer sprechen Deutsch, drei Tage Mindestaufenthalt im Juli/Aug., sonst 2 Tage. Geöffnet Mai–Okt.*

**$$–$$$ The Iona Heights Inn**, *4115 Hwy. 223, Iona, ☎ 1-844-733-4662, www.ionaheightsinn.com. Das ehemalige Highland Heights Inn bietet 21 ansprechende Zimmer, alle mit Blick auf den Bras d'Or Lake, und ist nur wenige Schritte vom Nova Scotia Highland Village Museum, von Radwegen und Stränden entfernt.*

**$$$ Dundee Resort**, *2750 West Bay Rd., ☎ 902-345-2649 oder 1-844-638-6333, www.dundeeresort.com, etwas in die Jahre gekommene, aber schön gelegene Hotelanlage mit 60 komfortablen Hotelzimmern, teilweise renoviert, 18 1- und 2-Zimmer-Cottages. Zur Anlage gehören ein sehr guter 18-Loch-Golfplatz, Swimmingpools, Tennis- und Volleyballplätze, Bootshafen, Bootsverleih, Kinderspielplatz; außerdem werden 2-stündige Fahrten auf dem Bras d'Or Lake mit dem Segelschiff „Lady of Dundee" angeboten. Geöffnet Mai–Okt.*

### Kajakfahren

**Kayak Cape Breton**, *5385 West Bay Hwy., ☎ 902-535-3060, www.kayakcapebreton.com, Unterricht für Anfänger und Fortgeschrittene in deutscher Sprache, Verleih von Kajaks, Kanus, Rädern und Campingausrüstung.*

# Von Cape Breton Island zurück nach Halifax

## Redaktionstipps

- Das **Sherbrooke Village Museum**, wo das Alltagsleben im 19. Jh. lebendig wird (S. 563)
- Das **Nova Scotia Lighthouse Interpretive Centre** in **Port Bickerton** mit herrlichem Meerblick und schönem Badestrand (S. 563)
- Im August werden beim Wettbewerb **Sandcastle Competition** im **Clam Harbour Beach Provincial Park** die schönsten Sandburgen gebaut (S. 564).

Obwohl weniger besucht als die Südküste Nova Scotias, gibt es auch am langen Küstenabschnitt zwischen Canso und Halifax viel zu entdecken und zu genießen: Sandstrände, Museen und Museumsdörfer, die das indianische Erbe lebendig werden lassen, Hafenorte und Wanderwege.

Nachdem man Cape Breton Island verlassen und den Canso Causeway passiert hat, kann man zwischen drei Routenalternativen nach Halifax wählen:

**1. Alternative**: Die schnellste Verbindung führt über den Hwy. 104 über Antigonish, New Glasgow bis Truro; von dort über den Hwy. 102 nach Halifax. Entfernung ca. 405 km, Fahrzeit ca. 5 Std.

**2. Alternative**: Abwechslungsreicher ist die Fahrt über den Hwy. 104 bis Antigonish, dann über den Hwy. 7 durch das reizvolle Binnenland mit Flüssen und Seen bis Sherbrooke und von dort über den kurvenreichen, an der Südküste Nova Scotias entlangführenden „Marine Drive" durch Fischerdörfer bis nach Halifax. Entfernung ca. 460 km, reine Fahrzeit ca. 6–7 Std.

An dieser Strecke liegt in der Nähe von **Sherbrooke** das sehenswerte Freilichtmuseum **Sherbrooke Village**, die Rekonstruktion einer Holzfäller- und Schiffsbauersiedlung aus der Zeit um 1860. Das Museumsdorf besteht aus 25 Häusern, in denen man den Menschen bei den Arbeiten jener Zeit z. B. in einer Schmiede, einer Mühle, einer Werft oder einem Krämerladen zuschauen kann; in manchen Häusern sitzen die Frauen beisammen und spinnen und weben oder fertigen Quilts.

**Sherbrooke Village**, *42 Main St., ☏ 1-888-743-7845, https://sherbrookevillage.novascotia.ca, Juni–Mitte Okt. tgl. 9.30–17 Uhr, Eintritt Erwachsene $ 18,30, Senioren $ 12,60, Kinder 6–16 J. $ 5,70, Familienkarte $ 40,20.*

### Information

**Tourist Information Bureau**, *785, King St. W., ☏ 819-821-1919 oder 1-800-561-8331, www.destinationsherbrooke.com, Mo–Sa 9–17, So 9–15, Mitte Juni–Anfang Sept. tgl. 9–19 Uhr.*

3. **Alternative**: Hat man genügend Zeit zur Verfügung hat, kann man von Port Hastings aus auf dem **Marine Drive** bis Halifax fahren. Diese Straße, die in unzähligen Kurven der Küstenlinie folgt und durch Fischerdörfer, zu historischen Stätten, Museen und Parks führt, ist sehr reizvoll, aber auch sehr zeitaufwendig. Es empfiehlt sich deshalb, eine Zwischenübernachtung einzuplanen. Übernachtungsmöglichkeiten gibt es in z. B. in Liscomb Mills, Port Dufferin, Salmon River Bridge und Guysborough. Entfernung: ca. 540 km.

*Reizvolle Strecke*

### Unterkunft

$$$ **Liscomb Lodge**, *2884 Hwy. 7, Liscomb Mills, ☏ 902-779-2307 oder 1-800-665-6343, www.liscombelodge.ca, Ferienanlage mit 68 Zimmern und Cottages, Swimmingpool, Fitnessraum, Tennisplatz, Boot- und Kanuverleih, Spielplatz, gute Möglichkeiten zum Angeln, Wandern. Geöffnet Mai–Okt.*

$$$ **Salmon River Country Inn**, *9931 Hwy. 7, Salmon River Bridge, ☏ 902-889-2233 oder 902-221-7080, http://salmonrivercountryinn.ca, kleines Landgasthaus aus dem Jahr 1850 mit sieben Zimmern, Sonnenterrasse mit Blick auf die Bucht, Bootsverleih und Restaurant. Geöffnet während der Sommermonate.*

$$$$ **DesBarres Manor Innes**, *90 Church St., Guysborough, ☏ 902-533-2099 oder 1-888-933-2099, www.desbarresmanor.com, stattliches Herrenhaus mit komfortablen Zimmern und gepflegtem Restaurant.*

## Sehenswertes an dieser Strecke

Das **Besucherzentrum des Canso Islands National Historic Site of Canada** befindet sich im Ort Canso an der Union Street. Hier informieren Ausstellungen und ein zehnminütiger Videofilm über die Geschichte von Grassy Island als Fischer- und Handelssiedlung in Nova Scotia und ihre Bedeutung während der englisch-französischen Auseinandersetzungen auf dem amerikanischen Kontinent. Vom Besucherzentrum fahren auf Anfrage Boote hinüber zur Insel; die Fahrt dauert jeweils ca. 15 Minuten. Auf der Insel führt ein markierter Weg zu den interessanten Stellen.

*Fahrt auf die Insel*

**Canso Islands National Historic Site of Canada**, *1 km vor der Küste von Canso, ☏ 902-366-3136 oder 902-295-2069, www.pc.gc.ca/en/lhn-nhs/ns/canso, Juli–Ende Aug. tgl. 10–18 Uhr. Vom Besucherzentrum aus fahren auf Anfrage Boote zur Insel; Fahrtdauer jeweils ca. 15 Min., kostenlos. Letzte Abfahrt vom Besucherzentrum: 15 Uhr.*

In **Port Bickerton**: Im Leuchtturm **Nova Scotia Lighthouse Interpretive Centre** gibt es Informationen zu den Leuchttürmen Nova Scotias; von der Spitze blickt man auf

die Felsenküste und den Ort Bickerton. Am Leuchtturm beginnt ein Wanderweg zum Port **Bickerton Lighthouse Beach Park** mit einem Badestrand.
**Nova Scotia Lighthouse Interpretive Centre**, *Route 211, ☏ 902-364-2007 www.portbickertonlighthouse.ca, Juli–Ende Sept. tgl. 9–17 Uhr, Eintritt Erwachsene $ 3, Familienkarte $ 7.*

Am feinsandigen Strand in **Clam Harbour Beach** findet in jedem Jahr Mitte August ein Wettbewerb im Strandburgen- und Sandfigurenbau statt, der viele Besucher anzieht.

Rings um **Ship Harbour** sieht man Hunderte weißer Bojen, die den Bereich von Nordamerikas größter Muschelfarm kennzeichnen.

# Newfoundland & Labrador

## Redaktionstipps

- Besuch des **Gros Morne National Park** (S. 572) und des **Terra Nova National Park** (S. 583)
- Besuch der Wikingersiedlung in **L'Anse aux Meadows** (S. 576)
- Besuch von **Twillingate** (S. 580), **Trinity** (S. 584) und **Cupids** (S. 585)
- Bootsfahrt zur **Sichtung von Eisbergen** (S. 581)
- **Vogel-**, **Seehund-** und **Walbeobachtungsfahrten** (S. 583)
- Besuch der Hauptstadt **St. John's** (S. 586)

Schon wenn man in North Sydney an Bord des Fährschiffes nach Newfoundland geht, spürt man das Gefühl von Abenteuer, das einen auf der Reise durch Newfoundland und Labrador begleiten wird. Auf Newfoundland gibt es kein Großstadtleben und keine Freizeit- und Vergnügungsparks, wohl aber Begegnungen mit freundlichen, aufgeschlossenen Menschen, gemütliche Pubs und urige Fischerkneipen. Vorherrschend ist das Naturerlebnis, wenn man Eisberge sichtet, Vögel, Seehunde oder Wale beobachtet oder die Karibuherden vorbeiziehen sieht. Newfoundland ist vor allem ein Reiseziel für Naturliebhaber. Kennzeichen der Insel sind Wälder, schroffe Felsküsten, Fischerdörfer, Fjorde, Moore und Täler mit kristallklaren Seen.

*Teil des Appalachengebirges*

**Newfoundland & Labrador** ist die östlichste Provinz Kanadas. Sie besteht aus der 112.299 km² großen Insel Newfoundland, vielen kleineren Inseln und dem 292.218 km² großen Landesteil Labrador, der von der Insel durch die 16 km breite Strait of Belle Isle getrennt ist. Die Insel Newfoundland ist Teil des Appalachengebirges; wie dieses verläuft auch die wichtigste Bergkette der Insel, die Long Range Mountains, in Nord-Ost-Richtung. Die höchste Erhebung ist mit 814 m der **Lewis Hill** an der Westküste. Von den Long Range Mountains senkt sich das Land nach Osten und Nordosten ab. Das fast menschenleere Inselinnere ist eine hügelige, von Bergzügen durchzogene und von Gletschern geschaffene Hochfläche. Die Steilküste ist durch Fjorde gegliedert. Die nördlichen Teile von Newfoundland sind mit Tannen und Fichten dicht bewachsen; in den südlichen Teilen herrschen Sümpfe und Heidelandschaften vor. Auf Labrador gibt es im Süden ebenfalls Nadelwälder, die nach Norden in subarktischen Nadelbaum-Birken-Wald und weiter in karge Tundra übergehen.

Das **Klima** der Provinz Newfoundland & Labrador ist in den einzelnen Landesteilen sehr unterschiedlich. Die Insel Newfoundland hat kühle, feuchte Sommer und kalte, schneereiche Winter. Charakteristisch sind während des ganzen Jahres auftretende Nebel, die im Sommer durch das Aufeinandertreffen der Kaltluft über dem Labradorstrom mit den wärmeren Luftmassen des Golfstroms verursacht werden. Im

Frühsommer sind an der Nordostküste große Eisberge zu beobachten, die mit dem Labradorstrom nach Süden treiben. Das Klima Labradors ist strenger und weist im Sommer und Winter größere Temperaturunterschiede auf. Der Winter hält mehr als sechs Monate an und bringt Temperaturen unter -40 °C mit sich; der Sommer, der nur drei Monate dauert, hat Durchschnittstemperaturen von 10 °C.

Die Bevölkerung der Provinz ist sehr homogen: 92 % der ca. 530.000 Einwohner sind britischer Abstammung, 99 % sprechen Englisch. Die indianische Urbevölkerung war schon zu Beginn des 19. Jh. fast ausgerottet; es gibt nur noch eine geringe Anzahl von Micmac-Indianern. 95 % der Bevölkerung leben auf der Insel Newfoundland; dennoch ist die Bevölkerungsdichte, die mit 5,1 Einwohner pro km² angegeben wird, extrem niedrig. Etwa ein Viertel der Bevölkerung wohnt im Einzugsbereich der Hauptstadt St. John's, ein weiteres Viertel in den anderen größeren Ortschaften. Der Rest der Neufundländer lebt in den sogenannten Outports, den kleinen, oft völlig abgeschiedenen Fischerdörfern an den Küsten.

Labrador ist fast unbewohnt. Statistisch gibt es 0,1 Einwohner pro km²! Nur im Nordosten und Südwesten Labradors leben einige Indianer vom Stamme der Naskapi und Montagnais sowie etwa 2.600 Inuit in kleinen Gemeinschaften.

*Menschenleere Gegend*

Aufgrund der Abgeschiedenheit vieler Ortschaften blieben die Traditionen, die Sprache und die Musik der ersten Siedler über Jahrhunderte bewahrt. So kann man in manchen Outports altenglische Dialekte hören, die sich seit der Zeit Shakespeares kaum verändert haben, oder auch altertümliche französische Sprachformen. Musik, Tanz und traditionelle Speisen sind wesentliche Elemente der vielen Festivals auf Newfoundland.

Grundlage der neufundländischen **Wirtschaft** war lange Zeit die Fischerei, vor allem von Kabeljau, Hering, Lachs und Heilbutt. Die besten Fanggründe liegen auf

*Im Gros Morne National Park in Newfoundland*

*Prime-Berth-Fischereimuseum in Twillingate*

den Neufundlandbänken, dem Festlandschelf vor der Südostküste. Die meisten der etwa 32.000 neufundländischen Fischer haben sich in Kooperativen zusammengeschlossen. Da aber strikte Fangquoten festgelegt wurden und die Fischerei zudem starken Marktschwankungen und großer Konkurrenz unterworfen ist, erfährt die Fischerei seit Jahren erhebliche Umsatzrückgänge, die die Arbeitslosigkeit der Bevölkerung vergrößern. In Labrador ist auch der Fang von Walen und Seehunden von Bedeutung.

*Erdölförderung auf dem Atlantik*

Weitere Wirtschaftszweige sind die Holzwirtschaft mit Zellulose- und Papierfabriken im Westen Newfoundlands und der Bergbau. In Labrador wurden große Eisenerzvorkommen bei Labrador City und Wabush erschlossen, die fast die Hälfte des kanadischen Eisenerzes ausmachen. Außerdem baut man Kupfer, Blei, Zink und Asbest ab. Auf der Bohrinsel Hibernia, 315 km vor der Küste Newfoundlands, wurde im November 1997 mit der Erdölförderung aus dem Atlantik begonnen. Zusammen mit White Rose und Terra Nova sind dies die wichtigsten Öl-Fördergebiete auf den Grand Banks vor Newfoundland. Sinkende Ölpreise in den letzten Jahren dämpfen jedoch die wirtschaftliche Entwicklung massiv. Die Landwirtschaft ist nur wenig ausgeprägt und nur für die regionale Versorgung ausreichend; dagegen gewinnt der Tourismus an Bedeutung. Es sind vor allem Jäger und Angler, Wanderer und Naturliebhaber, die die einsame Provinz aufsuchen.

Mit der Nutzung erneuerbarer Energien wird heute ein neues Energiepotenzial erschlossen, das für die gesamte kanadische Wirtschaft und die Weltpolitik von großer Bedeutung ist, da sich der $CO_2$-Ausstoß und somit der Treibhauseffekt verringert.

Die **Arbeitslosigkeit** ist mit 13,3 % (Juni 2019, Quelle: Statistics Canada) nach den Jahren des Öl-Booms zwar wieder gestiegen und liegt höher als im Landesdurchschnitt, aber auch für Newfoundland & Labrador registriert Statistics Canada eine Zunahme der Beschäftigung.

## Geschichtlicher Überblick

*Wikingerzeit*

Ausgrabungen in Port aux Choix beweisen, dass Newfoundland schon vor ca. 6.000 Jahren von Indianern besiedelt war; die Ausgrabungen von L'Anse aux Meadows, die von 1961–1967 durchgeführt wurden, brachten Überreste einer Wikingersiedlung aus der Zeit um 1000 n. Chr. ans Licht. Es wird vermutet, dass zu diesen Wikingern auch **Leif Erikson** gehörte, der von Island über Grönland nach Newfoundland segelte und es „Vinland" nannte. 1497 entdeckte der in englischen Diensten stehende Italiener **Giovanni Caboto** (John Cabot) die Insel und gab ihr den Namen „New Founde Land".

*Rekonstruierte Wikingersiedlung in L'Anse aux Meadows*

Er wies nach seiner Rückkehr nach England auf die ertragreichen Fischgründe vor Newfoundland hin, und schon bald verbrachten englische, französische, portugiesische und baskische Fischer die Sommermonate vor Newfoundland. 1583 erklärte der englische Entdecker Sir Humphrey Gilbert im Hafen von St. John's den Anspruch der englischen Königin Elisabeth I. auf das Land. Newfoundland wurde zur ersten britischen Kolonie in Nordamerika.

Seit dem 17. Jh. ließen sich Franzosen an der Bucht von Placentia nieder. Die englisch-französischen Auseinandersetzungen wurden durch den Friedensvertrag von Utrecht im Jahr 1713 beendet; Newfoundland wurde England zugesprochen, Frankreich behielt nur die beiden kleinen Inseln St.-Pierre und Miquelon vor der Südküste und das Fischereimonopol an den Küsten im Nordosten und Nordwesten Newfoundlands. Im 18. Jh. kamen viele neue Siedler nach Newfoundland, von denen die meisten von den britischen Inseln stammten. 1832 wurde der Insel die interne Selbstverwaltung zugestanden, 1855 erhielt Newfoundland volle Selbstverwaltung und 1918 den Status eines britischen Dominions. 1949 trat Newfoundland als zehnte Provinz der kanadischen Konföderation bei, nachdem bei einer Volksabstimmung eine knappe Mehrheit für den Anschluss votiert hatte. Seit 1965 wird Newfoundland in Ost-West-Richtung vom Trans-Canada Highway durchzogen, von dem immer wieder Seitenstraßen zu landschaftlich reizvollen Regionen und Sehenswürdigkeiten abzweigen. Seit 2001 ist der offizielle Name der Provinz „Newfoundland & Labrador".

## Reiseplanung

Man sollte einen mindestens acht- bis zehntägigen Aufenthalt auf Newfoundland planen. Dabei gelten die Monate Juni bis August als die beste Reisezeit. Ausgangsorte für die Inselfahrt können die Hauptstadt St. John's an der Ostküste sein, die man mit dem

Flugzeug von Toronto, Montréal und Halifax erreicht, oder der Hafenort Port-aux-Basques, der mit North Sydney auf Cape Breton Island/NS durch Fährverkehr verbunden ist. In diesem Reisehandbuch wird die Inselüberquerung von Port-aux-Basques über Corner Brook und Gander nach St. John's beschrieben. Die Gesamtstrecke ist ca. 1.900 km lang.

Am besten lernt man die Insel kennen, wenn man mit dem Auto oder Camper den Trans-Canada Highway als Hauptstrecke benutzt und immer wieder Ausflüge an die Küste macht.

Alternativ lässt sich Newfoundland auch vom Schiff aus erkunden. **Adventure Canada** bietet u. a. eine Expeditionskreuzfahrt um Newfoundland an.
**Adventure Canada**, ☏ *1-800-363-7566*, *www.adventurecanada.com*.

## Tipp

Wenn man nicht die gesamte Strecke mit dem Auto fahren möchte, besteht die Möglichkeit, den Ostteil der Insel von St. John's aus zu erkunden, dann nach Corner Brook zu fliegen und von dort aus Ausflüge in den Westteil zu unternehmen.

## Tipps für Foodies

In Newfoundland stehen dieselben Seafood-Gerichte auf den Speisekarten der Restaurants wie in den restlichen Atlantikprovinzen. Zusätzlich dazu gibt es auf der Insel jedoch noch weitere, exotische Gerichte, die man einmal probieren sollte.

Dazu gehören:

- **Cod Cheeks**: Das sind panierte und frittierte Kabeljaubäckchen, die meist mit Pommes Frites serviert werden.
- Auf Newfoundland wachsen **Beeren**, die man im Rest Kanadas kaum auf den Speisekarten findet. Diese werden häufig bei den Desserts auf der Insel verwendet. Oder sie werden zu Sirup verarbeitet. Lingonberries, auch Partridgeberries genannt, sind Preiselbeeren, Cloudberries oder Bakeapples sind Moltebeeren.
- Häufig finden sich **Fish Cakes** auf der Speisekarte – gebratene oder frittierte Fischbällchen.
- Anders als in den meisten kanadischen Provinzen gibt es in Newfoundland **Elchfleisch** zu kaufen. Moose Pies sind ein regelmäßiger Bestandteil der Küche Newfoundlands.
- Was die Getränke der Insel anbelangt, sollte man unbedingt **Iceberg Beer** der Brauerei Quidi Vidi probieren. Dieses Bier wird mit Wasser zubereitet, das man alljährlich aus dem Eis der aus der Arktis herantreibenden Eisberge produziert. Dies ist das sauberste Wasser, das unsere Erde zu bieten hat, und das schmeckt man auch.
- Auch wenn es unerwartet ist, aber auf Newfoundland werden auch Weine hergestellt. **Obstweine**, um genau zu sein. In Twillingate findet man die Auk Bay Winery (29 Durrell St.), in der die Beeren der Insel zu köstlichen Obstweinen verarbeitet werden. Diese tragen so außergewöhnliche Namen wie „Moose Joose", „Funky Puffin" oder „Krooked Cod".

# Von Port-aux-Basques über Corner Brook zum Gros Morne National Park mit einem Abstecher nach L'Anse aux Meadows

Von Port-aux-Basques folgt man bis Deer Lake dem Trans-Canada Highway (Hwy. 1) und von dort dem Hwy. 430 bis zum Gros Morne National Park. Die Entfernung beträgt ca. 295 km.

## Port-aux-Basques

Port-aux-Basques, auch Channel-Port-aux-Basques genannt, hat den wichtigsten Fährhafen Newfoundlands mit Schiffsverbindungen nach North Sydney/NS. Hier lernt man gleich die typische Architektur der Insel mit ihren in Pastellfarben gestrichenen, auf Stelzen dicht am Meer stehenden Häusern kennen.

*Häuser auf Stelzen*

Port-aux-Basques erhielt seinen Namen zur Erinnerung an die baskischen Fischer, die im frühen 16. Jh. nach Newfoundland kamen. Zu jener Zeit war Port-aux-Basques eine Anlegestelle für baskische, französische und portugiesische Fischer. Noch heute ist der Ort an der Südwestspitze Newfoundlands, in dem ca. 4.000 Menschen leben, ein Fischereizentrum.

## Reisepraktische Informationen Port-aux-Basques

### Information

**Visitor Information Centre**, *Trans-Canada Highway, ☏ 709-695-2262, www.portauxbasques.ca, modernes Informationsbüro, nur wenige Minuten vom Fährhafen entfernt.*

### Unterkunft

*Die nachstehenden, einfachen Hotels liegen nahe am Trans-Canada Highway, haben einen Speise- und einen kleinen Aufenthaltsraum:*

**$$ Radio Station Inn B&B**, *100 Caribou Rd., ☏ 709-695-2906, www.radiostationinn.com, kleines Haus in der Nähe des Fähranlegers, geöffnet Mai–Okt.*

**$$ Right Off Da Boat B&B**, *3 Dennis Rd., ☏ 709-695-2906, das kleine Bed & Breakfast bietet drei solide und recht günstige Zimmer mit Gemeinschaftsbad.*

**$$–$$$ Hotel Port-aux Basques**, *2 Grand Bay Rd., ☏ 709-695-2171 oder 1-877-695-2171, www.hotel-port-aux-basques.com, ganzjährig geöffnetes Motel mit 47 Zimmern und drei Suiten, Restaurant und Fitnessraum.*

**$$$–$$$$ St. Christopher's Hotel**, *146 Caribou Rd., ☏ 709-695-3500 oder 1-800-563-4779, www.stchrishotel.com, 2-stöckiges Hotel mit 83 geräumigen Zimmern, mit schönem Blick auf den Hafen, nicht weit vom Fähranleger entfernt.*

### Fähre

*Reservierungen für die Überfahrt von und nach Newfoundland – Nova Scotia übernimmt* **Marine Atlantic**, *☏ 1-800-341-7981, www.marineatlantic.ca.*

**Port-aux-Basques – North Sydney/NS**, *160 km; ganzjährig, Fahrzeit. ca. 7 Std., für die Tag- und Nachtfahrten sind Kabinen buchbar; Abfahrtszeiten Mitte Juni–Mitte Sept. 2–3 x tgl., sonst überwiegend 2 x tgl., Fahrpreis einfache Fahrt Erwachsene $ 45,57, Senioren $ 41,85, Kinder von 5–12 J. $ 21,24, Pkw $ 119,24.*

### Ausflüge

*Bevor man nach Norden aufbricht, kann man über den Hwy. 470 einen Ausflug nach* **Rose Blanche** *machen, der durch einsame Fischerdörfer und zur Cabot Strait führt. Vom 1873 erbauten Leuchtturm in Rose Blanche hat man einen Ausblick auf die Cabot Strait, auf deren Grund ca. 40 Schiffswracks liegen.*

## Von Port-aux Basques nach Corner Brook

*Wildreichtum*

Die Strecke zwischen **Cape Ray** und **Corner Brook** mit kargen Berglandschaften und bewaldeten Hügeln und Tälern ist bekannt für ihren Wildreichtum; hier kann man Elche, Karibus und Weißkopfadler sehen. Der **Codroy River** ist wegen seiner Lachsvorkommen sehr beliebt; im **Grand Codroy Provincial Park** bieten sich Möglichkeiten zum Schwimmen und Kanufahren, ebenso kann man wandern oder angeln. Im 3.465 ha großen **Barachois Pond Provincial Park** gibt es ein Hotel und einen Campingplatz; für Interessierte werden geführte Wanderungen und Naturprogramme angeboten.

Die **Port-au-Port-Halbinsel**, die zu den schönsten Landstrichen im Südwesten Newfoundlands zählt, wird auch die „französische Küste" genannt, da sich hier die Nachkommen französischer Fischer von den Kanalinseln niedergelassen hatten. Während die Südküste der Halbinsel von steilen Klippen geprägt ist, besitzt die Nordküste lange, weite Sandstrände. Immer wieder bieten sich von der Küste Ausblicke auf das Meer.

Der **Blue Pond Provincial Park** liegt nur wenige Kilometer vor Corner Brook. Hier gibt es zwei Süßwasserseen, Möglichkeiten zum Wandern und Schwimmen sowie einen Campingplatz.

## Corner Brook

*Versorgungszentrum*

Corner Brook ist mit ca. 20.000 Einwohnern die zweitgrößte Stadt Newfoundlands und mit Behörden, Einkaufsmöglichkeiten, Krankenhaus und Universität das Versorgungszentrum für den Westen Newfoundlands. Das Städtchen liegt an der Mündung des Humber River, der für seine Lachsbestände bekannt ist. Die Wirtschaft des Ortes wird von der „Corner Brook Pulp & Paper Mill" bestimmt, deren Papierproduktion mit 500.000 t pro Jahr zu den größten der Welt zählt. Sehenswert ist das **Arts and Culture Centre**, University Dr., mit Ausstellungen zur Geschichte der Westküste Newfoundlands; architektonisch interessant ist das zehnstöckige **Government Centre** an der Mount Bernard Avenue.

Nördlich von Corner Brook liegt **Marble Mountain**, das einzige Skigebiet Newfoundlands.

In der Umgebung Corner Brooks finden sich schöne Ausflugsziele an der **Bay of Islands**, erreichbar über die Hwys. 440 und 450. Beide Strecken bieten immer wieder Ausblicke auf die Bucht mit ihren Stränden.

## Reisepraktische Informationen Corner Brook

### Information

**Corner Brook Visitor Information Centre**, *15 Confederation Dr., ☏ 709-639-9792, www.cornerbrook.com.*

**Unterkunft**

$$$ **Comfort Inn**, *41 Maple Valley Rd., ☎ 709-639-1980, www.cornerbrookcomfortinn.com, angenehmes Hotel mit gut ausgestatteten Zimmern und schönem Blick auf die Bay of Islands, nahe der Corner Brook Mall, nicht weit vom Zentrum entfernt, leichte Zufahrt vom Trans-Canada Highway.*

$$$ **The Glynmill Inn**, *1B Cobb Ln., ☎ 709-634-5181 oder 1-800-563-4400, www.steelehotels.com, 81 ansprechend eingerichtete Zimmer in einem Tudor-Landgasthaus von 1924 mit Restaurant im Carriage House, Weinkeller und Pub, in der Lobby gibt es eine Galerie mit örtlichem Kunsthandwerk.*

**Essen und Trinken**

**Harbour Grounds**, *9 Humber Rd., ☎ 709-639-1677, www.facebook.com/HarbourGrounds-134763229899939, das freundliche Café eignet sich gut für einen Snack zwischendurch oder einen Kaffee oder Tee auf der Terrasse mit Blick aufs Wasser.*

**Shez West**, *13 West St., ☎ 709-632-2255, www.facebook.com/Shez-West-Catering-and-Eatery-320926324604010, das Restaurant hat sich durch seine innovative Küche mit frischen Zutaten schnell einen sehr guten Ruf erworben, Pasta ab $ 15.*

**The Carriage Room**, *1B Cobb Ln., im The Glynmill Inn, ☎ 709-634-5181, bekanntes Restaurant mit Steakspezialitäten und gutem Weinkeller.*

**The Lookout**, *64 Maple Valley Rd. (im Quality Inn Corner Brook), ☎ 709-639-2767, www.qualityinncornerbrook.com/dining, vom Speisesaal bietet sich ein großartiger Blick auf den Hafen und die Bay of Islands. Spezialitäten sind Neufundländer Speisen wie z. B. „Cod Tongues" und andere Fischgerichte. The Lookout serviert Frühstück, Mittagessen und Abendessen und ist von 7–21 Uhr geöffnet.*

## Deer Lake

Der Ort Deer Lake, der um 1890 als Holzfällerlager gegründet wurde, liegt am gleichnamigen See in einer waldreichen Umgebung. Er ist Ausgangspunkt für die Fahrt zum Gros Morne National Park und zur Wikingersiedlung L'Anse aux Meadows. In Deer Lake gibt es ein **Besucherzentrum**, in dem man Informationsmaterial über den Gros Morne National Park und den „Viking Trail" erhalten.

**Unterkunft**

$$–$$$ **Lush's Cottages and B&B**, *116 Veterans Dr., Cormack, ☎ 709-635-7253 oder 1-877-635-7253, https://lushscottages.ca, die ganzjährig geöffnete Anlage verfügt über sechs 2-Zimmer-Cottages und zwei Suiten; geeigneter Ausgangsort für die Fahrt zum Gros Morne National Park.*

$$$–$$$$ **Deer Lake Motel**, *Trans-Canada Highway, ☎ 709-635-2108 oder 1-800-563-2144, www.deerlakemotel.com, ansprechend eingerichtetes Motel, günstig zum Flughafen gelegen und nur 37 km vom Gros Morne National Park entfernt, mit Frühstücksbuffet, freundlicher Service.*

## Von Deer Lake zum Gros Morne National Park

Von Deer Lake führt der Hwy. 430, der auch „Viking Trail" genannt wird, zum Gros Morne National Park und weiter nach Norden bis L'Anse aux Meadows. Für die Rückfahrt muss man dieselbe Straße benutzen. Die Entfernung beträgt ca. 430 km pro Strecke.

### Wiltondale

Wiltondale liegt am Eingang zum Gros Morne National Park. Der **Entrance Kiosk** ist von Mitte Mai–Mitte Oktober von 9–17 Uhr geöffnet.

## Gros Morne National Park

Ein Besuch des Gros Morne National Park gehört zu den Höhepunkten einer Newfoundland-Reise. Der Park zählt zu den landschaftlich reizvollsten Gegenden Nordamerikas und ist seit 1988 UNESCO-Weltnaturerbe.

*Atemberaubende Landschaften*

Der Nationalpark breitet sich auf 1.805 km² im Gebiet der **Long Range Mountains** aus, die zu den ältesten Gebirgen der Erde gehören und im Laufe der Zeit von Eisvorstößen und durch Erosion geprägt wurden. Die Abhänge des 806 m hohen **Gros Morne Mountain** laufen auf einem von spärlicher „Tundra" bewachsenen Tafelland aus, dessen Klippen 600–750 m tief ins Meer abfallen. Der Nationalpark beeindruckt durch seine Fjordlandschaften, dicht bewaldete Bergzüge, Felsen, die zum Meer abfallen, und Seen. Die Pflanzenwelt ist durch die Anpassung an die rauen klimatischen Verhältnisse gekennzeichnet, vom Tang an der Küste bis zur Tundra-Vegetation auf dem Bergplateau. Schön sind die wilden Orchideen im Frühling. Im Park gibt es eine reiche Tierwelt, zu der Schwarzbären, Elche, Karibus, Füchse, Schneehasen, Otter und Biber gehören; in den Lüften schweben Weißkopfadler und Seeadler. Mehr als 230 Vogelarten gibt es, von denen einige hier auch ihre Brutplätze haben.

In früherer Zeit, von ca. 2500 v. Chr. bis 700 n. Chr., war das Land von Indianern und Inuit besiedelt.

## Reisepraktische Informationen Gros Morne National Park

### Information

*Das **Informationszentrum**, ☏ 709-458-2417, www.pc.gc.ca/en/pn-np/nl/grosmorne, liegt 3 km südlich von Rocky Harbour, der Park ist ganzjährig geöffnet, das Informationszentrum Ende Juni–Ende Aug. tgl. 8–20, Mai–Ende Juni und Sept./Okt. 9–17 Uhr, Eintritt Mitte Mai–Mitte Okt. Erwachsene $ 9,80, Senioren $ 8,30, Familienkarte $ 19,60, Okt.–Mai ermäßigte Preise.*

### Camping

*Im Park gibt es Übernachtungsmöglichkeiten auf fünf Zeltplätzen: Green Point ist ganzjährig geöffnet, die übrigen Plätze von Anfang Juni–Mitte Sept. Für mehrtägige Wanderungen mit Übernachtungen außerhalb der Zeltplätze ist eine Genehmigung notwendig, die man im Besucherzentrum erhält. Reservierungen: ☏ 1-519-826-5391 oder 1-877-737-3783, www.pc.gc.ca. Bei dem Campingplatz Lomond ist allerdings keine Reservierung möglich (first-come, first-served).*

### Wandern

*Zwölf Wanderwege durchziehen den Park, von denen der James Callaghan Trail und der Green Gardens Trail die beliebtesten sind.*
*Der **James Callaghan Trail** beginnt 4 km südlich von Rocky Harbour und führt bergan auf den Gros Morne Mountain. Die Wanderung ist teilweise beschwerlich, doch vom Gipfel genießt man einen schönen Blick auf den Park und die Küstenorte. Die Wanderung dauert hin und zurück ca. 7 Std.*

*Bootstour durch den Western Brook Pond im Gros Morne National Park*

*Der* **Green Gardens Trail** *beginnt 10 km südwestlich von Woody Point am Hwy. 431 und führt an der Küste entlang.*

### Bootstouren

*In Western Brook Pond und Bonne Bay werden von Mitte Juni–Mitte Sept. Bootsfahrten angeboten.*

**Western Brook Pond Boat Tour**, *☏ 709-458-2016 oder 1-888-458-2016, www.bontours.ca, 2-stündige Bootsfahrten mit ca. 45-Min.-Weg vom Parkplatz zum Dock, Abfahrten: Juli/Aug. 7 x tgl., Juni/Sept. 12.30 Uhr. Ticketverkauf 105 Pond Rd., Rocky Harbour (im Gebäude von Marine Services and Consultants), am Dock in Western Brook Pond oder online.*

### Schwimmen

*Nur ganz abgehärtete Schwimmer wagen sich ins Wasser, denn auch im Hochsommer steigen die Wassertemperaturen kaum über 15 °C.*

## Ortschaften im Gros Morne National Park

Von Wiltondale führt der Hwy. 431 am Little Bonne Bay Pond entlang durch ein hügeliges Seengebiet zur Bonne Bay, einem Fjord mit steilen Felshängen, die teilweise dicht bewaldet sind. Das Grün und Blau der Landschaft wird nur von den pastellfarbenen Häusern der Fischerdörfer unterbrochen, wie z. B. in den Ortschaften Trout River und Woody Point, zwei Dörfchen, in denen man den Fischern zuschauen kann, die die gerade gefangenen Fische verarbeiten oder ihre Netze, Hummerkörbe oder Angelgeräte reparieren. *Fischerdörfer*

### Unterkunft

**$$ Aunt Jane's Place B&B**, *1 Water St., Woody Point, ☏ 709-453-2485 oder 1-866-453-2485, www.grosmorneescapes.com/accomodations, historisches Bed-&-Breakfast-Haus aus dem Jahre 1920 mit fünf Gästezimmern.*

**Norris Point**, 1833 gegründet, ist ein Fischerdorf an der Bonne Bay mit dem Forschungszentrum **Bonne Bay Marine Station**, wo Führungen u. a. durch das Aquarium angeboten werden.
**Bonne Bay Marine Station**, *Norris Point Waterfront, ☏ 709-458-2550 oder 709-458-2874, www.bonnebay.ca, Mitte Mai–Ende Aug. tgl. 9–17, Sept. Mi–So 9–17 Uhr, Eintritt zum Aquarium Erwachsene $ 10,90, Senioren $ 8,60, Familienkarte $ 23.*

### Streckenhinweis

Von Wiltondale aus führt der Hwy. 430 an der Bonne Bay entlang nach Rocky Harbour und weiter nach L´Anse aux Meadows. Entfernung ca. 450 km.
Eine Nebenstrecke führt von Wiltondale nach Woody Point und weiter über Norris Point nach Rocky Harbour; diese Strecke empfiehlt sich nur, wenn die Fähre von Woody Point nach Norris Point verkehrt. Die Fährverbindung wurde aber zwischenzeitlich mehrmals eingestellt. Deshalb sollte man sich vor Antritt der Fahrt unbedingt im Informationszentrum am Eingang zum Gros Morne National Park erkundigen. Falls die Fähre verkehrt, kann man von Woody Point über die Bonne Bay übersetzen nach Norris Point und von dort aus nach Rocky Harbour und zum Hwy. 430 fahren.

### Boots- und Wandertouren

*Auf Bootsausflügen oder Kajaktouren erhält man die besten Gelegenheiten, die Bonne Bay richtig kennenzulernen.*
**Bon Tours**, *Norris Point, ☏ 709-458-2016 oder 1-888-458-2016, www.bontours.ca, Bonne Bay Tour: Abfahrten Juli/Aug. tgl. 10 und 14 Uhr, Juni/Sept. 14 Uhr, Fahrpreis: Erwachsene $ 46, Jugendliche von 12–16 J. $ 19, Kinder 1–11 J. $ 16; Discovery Tour: Abfahrten Juli/Aug. tgl. 14 Uhr, Fahrpreis: Erwachsene $ 30, Jugendliche $ 17, Kinder $ 8.*
**Gros Morne Adventures**, *9 Clarke's Ln., Norris Point, ☏ 709-458-2722 oder 1-800-685-4624, www.grosmorneadventures.com, 2- und mehrstündige geführte Kajaktouren, Fahrpreis: Erwachsene ab $ 59, Jugendliche ab $ 49. Das Unternehmen bietet auch ganztägige geführte Wanderungen zum Big Lookout und zu den Tablelands an, $ 150.*

## Rocky Harbour

Auf dem Hwy. 430 gelangt man zum Ort Rocky Harbour an der Bonne Bay, der Übernachtungsmöglichkeiten und Ausflugsfahrten mit dem Boot bietet.

## Reisepraktische Informationen Rocky Harbour

### Information

**Town of Rocky Harbour**, *73 Main St., ☏ 709-458-2376, www.rockyharbour.ca, Mo–Fr 9–17 Uhr.*

### Unterkunft

**$$$ Bottom Brook Cottages**, *36 Main St., ☏ 709-458-2236 oder 1-866-922-2236, www.bottombrookcottages.ca, ganzjährig geöffnetes Haus mit Cottages, Restaurant.*
**$$$$–$$$$$ The Ocean View Hotel**, *42 Main St., ☏ 709-458-2730 oder 1-800-563-9887, www.theoceanview.ca, beliebtes Motel mit geräumigen Zimmern, teilweise mit Meerblick,*

*Restaurant, hier gibt es Tickets für organisierte Bootsfahrten zum Western Brook Pond und zur Bonne Bay. Von Ende Mai–Mitte Okt. finden Sa/So, Di und Do ab 20.30 Uhr Kitchen-Partys statt. Die Show beginnt um 20.30 Uhr, Eintritt $ 10 (nur Barzahlung). Screech-In kostet $ 10 extra (inkl. 1 Unze Screech Rum und Zertifikat), Mo, Mi und Fr gibt's Konzerte mit typischer Musik aus Newfoundland. Reservierung wird empfohlen. Die Show startet um 20 Uhr. Tickets: $ 50 (nur Barzahlung). Ab 19 Jahren. Am besten kommt man 1–2 Std. früher, um gute Plätze zu ergattern und im Anchor Pub zu essen.*

**Bootstouren**
**Bon Tours**, *42 Main St., im Ocean View Motel, ☏ 709-458-2016 oder 1-888-458-2016, www.bontours.ca, 2- und mehrstündige Ausflugsfahrten durch die* **Bonne Bay** *und zum* **Western Brook Pond**, *Abfahrt jeweils ab Norris Point. Reservierung wird empfohlen.*

Auf dem Hwy. 430 fährt man weiter nach **Sally's Cove**; der große Parkplatz ist Ausgangspunkt für einen 8 km langen Rundwanderweg, der durch Wälder und Wiesen zum Rand des **Western Brook Pond** führt. Dies ist eine der schönsten Landschaften Ostkanadas, eine 200 m tiefe Schlucht, die sich durch die Long Range Mountains zieht und von 600 m hohen Klippen begrenzt ist. Auf einer Bootsfahrt sieht man Fjorde und Wasserfälle, die 600 m tief herabstürzen. Im Fischerdorf **St. Paul's**, das an einem Fjord liegt, werden Seehund-Beobachtungsfahrten angeboten, in **Shallow Bay** gibt es ausgezeichnete Wandermöglichkeiten, und in **Cow Head** soll der französische Entdecker Jacques Cartier 1534 geankert haben.

*Wo Jacques Cartier vor Anker lag*

## Vom Gros Morne NP nach L'Anse aux Meadows

**Hinweis**

Entfernung: ca. 365 km pro Strecke, Fahrzeit: ca. 5 Std. Die Rückfahrt erfolgt auf derselben Route über Rocky Harbour nach Deer Lake.

Nachdem man den Gros Morne National Park durchfahren hat, führt der „Viking Trail" an der Küste entlang durch Fischerdörfer wie **Portland Creek** und **River of Ponds**, das wegen reicher Lachsvorkommen bekannt ist und ein Walmuseum besitzt, zu Provinzparks mit Campingplätzen und Wandermöglichkeiten, wie z. B. dem **River of Ponds Provincial Park** und dem **Arches Provincial Park**.

**Unterkunft**
**$$ Shallow Bay Motel & Cabins**, *193 Main St., Cow Head, ☏ 709-243-2471 oder 1-800-563-1946, www.shallowbaymotel.com, direkt am Meer gelegenes Motel und Cottages mit Restaurant. Während der Saison findet hier das Gros Morne Theatre Festival statt.*

Sehenswert ist die archäologische Stätte **Port au Choix National Historic Site** 15 km westlich von **Port Saunders**. 1967 stieß man bei Ausschachtungsarbeiten auf menschliche Knochen, Waffen und Werkzeuge. Archäologische Grabungen legten vier alte Friedhöfe mit 54 Gräbern frei, die aus dem 2. und 3. Jahrtausend v. Chr. stammen.

*Ausgrabungen*

Die Funde belegen, dass dieses Gebiet um 2300 v. Chr. von maritimen archaischen Indianern bewohnt war, später lebten Dorset- und Groswater-Inuit hier, die um 1100 n. Chr. von den Beothuk-Indianern verdrängt wurden. Im Besucherzentrum sind die Funde ausgestellt.
**Port au Choix National Historic Site**, *Point Riche Rd., ☏ 709-861-3522 oder 709-458-2417, www.pc.gc.ca/en/lhn-nhs/nl/portauchoix, Juni–Ende Sept. tgl. 9–17 Uhr, Eintritt Erwachsene $ 7,80, Senioren $ 6,55.*

Der „Viking Trail" führt durch Ortschaften wie **Plum Point** und **St. Barbe**, wo es eine Fähre nach **Blanc Sablon/QC** gibt.

**Fähre**
**Marine Transportation Services**, *☏ 709-535-0811 oder 1-866-535-2567, www.tw.gov.nl.ca/ferryservices, Ende Juni–Mitte Sept. 3 x tgl., sonst 1–2 x tgl., keine Fahrten im Feb./März, Fahrpreis: Erwachsene $ 11,75, Senioren, Studenten und Kinder $ 9,50, Pkw $ 35,25.*
**Lokale Information**: *St. Barbe ☏ 709-877-2222; Blanc Sablon ☏ 418-461-2889.*

Die Straße umrundet die nördliche Spitze von Newfoundland; von Mai bis Ende Juni sind schon die weißen Spitzen der Eisberge zu erkennen, die von der Westküste Grönlands nach Labrador driften. In **Eddies Cove** zweigt die Straße nach L'Anse aux Meadows ab.

## L'Anse aux Meadows National Historic Site

Wikinger-siedlung

**L'Anse aux Meadows National Historic Site** liegt an der Nordspitze der „Great Northern Peninsula". Hier wurde bei Ausgrabungen eine Siedlung aus der Zeit der Wikinger entdeckt, die seit 1978 UNESCO-Weltkulturerbe ist. 1960 machten sich die Norweger Helge und Anne Stine Ingstad auf die Suche nach der legendären Vinland-Siedlung, von der in den alten Sagas der Norweger berichtet wird. Sie fanden die überwachsenen Erdhügel von L'Anse aux Meadows und stießen bei den Ausgrabungen

*Einer der Orte am „Viking Trail"*

Ein „Wikinger" im Norstead Viking Village

(1961–1968) auf die Grundmauern von Wikinger-Häusern aus der Zeit um 1000 n. Chr. Drei Wohngebäude für etwa 20 Menschen, eine Schmiede und vier Werkstätten wurden freigelegt, die die bisher einzigen authentischen Siedlungsspuren der Wikinger in Nordamerika sind. Zu den Funden gehören Werkzeuge, bearbeitete Knochen, Torf und Holzkohle. Archäologen gehen davon aus, dass Leif Erikson mit seinen Wikingern um das Jahr 1000 n. Chr. auf seiner Fahrt von Norwegen nach Grönland durch starke Strömungen und Stürme an die Küste Nordamerikas verschlagen wurde. Er nannte das entdeckte Land „Vinland". Archäologen haben einige dieser Erdhäuser rekonstruiert, die besichtigt werden können. Im Besucherzentrum sind die Funde ausgestellt; ein Film dokumentiert die Arbeit der norwegischen Archäologen.

**L'Anse aux Meadows National Historic Site**, ☏ *709-623-2608 (Mai–Okt.), 709-458-2417 (Nov.–Mai), www.pc.gc.ca/en/lhn-nhs/nl/meadows, Ende Mai–Anfang Juni, Mitte Sept.–Anfang Okt. 9–17, Anfang Juni–Mitte Sept. 9–18 Uhr, Eintritt Erwachsene $ 11,70, Senioren $ 10,05, Kinder bis 17 J. frei.*

Rund 2 km vom National Historic Site entfernt liegt das **Norstead Viking Village**. Dabei handelt es sich um die Rekonstruktion eines Wikingerdorfs, in dem kostümierte Guides zeigen, wie das Leben in einem solchen Dorf aussah. An Bord des nachgebauten Wikingerschiffs „Snorri" erfährt man, wie die Wikinger über den Atlantik segelten. Wissbegierige lassen sich ihre Zukunft anhand von Runen vorhersagen. Dies und mehr lässt das Leben der Wikinger wiederaufleben.

**The Norstead Viking Village**, ☏ *709-623-2727 oder 1-877-620-2828, www.norstead.com, Anfang Juni–Mitte Sept. 9.30–17.30 Uhr, Eintritt Erwachsene $ 10, Senioren $ 8, Kinder und Jugendliche $ 6,50, Familienkarte $ 30.*

*Festival*

Alljährlich findet das **Wikinger-Festival** mit zahlreichen Veranstaltungen statt. Ein Rundgang über nachgebaute Schiffe und durch alte Lagerhäuser, Bootsfahrten, Sagen und traditionelle Musik vermitteln einen lebendigen Eindruck von der Lebenswelt und der Kultur der Wikinger.

Südlich von L'Anse aux Meadows liegt der Ort **St. Anthony** mit dem Sitz der „Grenfell-Stiftung", einer sozialen Einrichtung, die die abgeschieden lebenden Bewohner des nördlichen Newfoundland & Labradors medizinisch versorgt.

### Unterkunft

**$$$–$$$$ Grenfell Heritage Hotel and Suites**, *1 McChada Dr., St. Anthony,* ☏ *709-454-8395 oder 1-888-450-8398, www.grenfellheritagehotel.ca, in der Ortsmitte gelegenes Hotel mit 20 wohnlich eingerichteten Zimmern, freundlicher Service.*

**$$$–$$$$ Valhalla Lodge B&B**, *265 Gunner's Cove,* ☏ *709-754-3105 oder 1-877-623-2018, www.valhalla-lodge.com, von Wanderwegen umgeben, ca. 8 km vom Nationalpark*

*entfernt. Die fünf Zimmer, jeweils mit eigenem Bad, sind mit hellen Möbeln freundlich im skandinavischen Stil eingerichtet. Die Bibliothek umfasst eine gute Auswahl an Newfoundland-Literatur. Von Ende Mai–Mitte Sept. geöffnet, 2 Nächte Mindestaufenthalt im Sommer.*

### Essen und Trinken

**Lightkeepers Seafood**, *Great Viking Feast, West St., St. Anthony, ☏ 709-454-4900, www.lightkeepersvikingfeast.com. In diesem rustikalen Restaurant am Leuchtturm am Fishing Point von St. Anthony werden Seafood und typische Gerichte mit Zutaten aus Newfoundland serviert. Das Great Viking Feast findet in Nordamerikas einzigem Grassoden-Restaurant statt mit Essen, Spaß und Unterhaltung – wie bei einem Wikinger Gerichtstag.*

**The Norseman at L'Anse aux Meadows Restaurant & Art Gallery**, *Harbour Front, L'Anse-aux-Meadows, ☏ 709-623-2370, 709-754-3105 oder 709-689-2126, www.valhalla-lodge.com/restaurant, Fine-Dining-Restaurant am Hafen von L'Anse aux Meadows mit schöner Aussicht aufs Meer. Tipp: die Fish Chowder. Mittagessen ab $ 10. Ende Mai–Mitte Sept.*

## Vom Gros Morne National Park nach Gander

Auf dieser Fahrt durchquert man Zentral-Newfoundland, dessen Landschaft durch Moore, Sümpfe, dichte Wälder, Flüsse und Seen gekennzeichnet ist. Besonders reizvoll sind die Küstenorte, die sich in Buchten und auf den vorgelagerten Inseln an die Felsen schmiegen. Hier kann man das ursprüngliche Leben der Neufundländer kennenlernen.

### Streckenhinweis

Die Entfernung beträgt ca. 300 km. Man fährt vom Gros Morne National Park zurück nach Deer Lake und folgt dann immer dem Hwy. 1 bis Gander.

Am **Sandy Lake** zweigt der Hwy. 410 zur Halbinsel **Baie Verte** ab, die wegen ihrer landschaftlichen Schönheit einen Besuch wert ist und schöne Provinzparks mit guten Übernachtungsmöglichkeiten besitzt, wie z. B. den **Flatwater Pond Provincial Park** oder den **Indian River Provincial Park**, wo man mit etwas Glück Karibus beobachten kann.

Im Norden von **Springdale**, wo es Übernachtungsmöglichkeiten und Restaurants gibt, breitet sich die **Notre Dame Bay** mit Buchten und Inseln aus.

*Heimat der Beothuk-Indianer*

Ein Abstecher über den Hwy. 380, den Beothuk Trail, führt nach **Robert's Arm**. Dies ist die Heimat der **Beothuk-Indianer**, die hier lange vor der Ankunft der Franzosen und Engländer lebten, von diesen jedoch später ausgerottet wurden. 1823 wurden die beiden letzten lebenden Beothuk-Indianer, Shanawdithit und Demasduit (Mary March), in der Nähe von South Brook gefangen genommen. Shanawdithit, die von den Weißen Nancy genannt wurde, fertigte Zeichnungen an, die die Mythen, Geschichten und Lebensgewohnheiten ihres Stammes zeigen und den Forschern Hinweise auf die Beziehungen der Beothuk zu anderen Indianerstämmen im Nordosten Amerikas gaben.

**Badger** ist ein Treffpunkt für Jäger und Angler, die am Exploit River und am Red Indian Lake gute Bedingungen vorfinden. Im **Mary March Provincial Park** kann man an der Stelle übernachten, wo die Beothuk-Indianer ihr Winterlager aufschlugen. Der Highway folgt dem Lauf des Exploits River und führt nach Grand Falls.

## Grand Falls-Windsor

1991 schlossen sich die Städte Grand Falls und Windsor zusammen. Grand Falls-Windsor ist mit 13.700 Einwohnern die fünfgrößte Stadt der Provinz Newfoundland & Labrador. Im 1909 gegründeten Grand Falls gibt es viele Holz verarbeitende Betriebe, u.a. auch Papierfabriken, die zu den weltweit größten Lieferanten von Zeitungspapier gehören.

Das **Mary March Provincial Museum** zeigt die Geschichte der Besiedlung Newfoundlands von den Anfängen bis zur Gegenwart. Eine Ausstellung widmet sich der Kultur der Beothuk-Indianer, die hier beheimatet waren.
**Mary March Provincial Museum**, *24 St. Catherine St., ☏ 709-292-4522, www.therooms.ca/museums#Mary, Anfang Mai–Anfang Okt. Mo–Sa 9–16.30, So 12–16.30 Uhr, Eintritt Erwachsene $ 2,50, Kinder und Jugendliche frei.*

Das am Exploits River liegende **Salmonid Interpretation Centre**, eines der größten seiner Art in Nordamerika, informiert in Ausstellungen über den Lebenszyklus des atlantischen Lachses.
**Salmonid Interpretation Centre**, *100 Taylor Dr., ☏ 709-489-7350, www.erma.ca, Anfang Juni–Ende Sept. tgl. 8–20 Uhr, Eintritt Erwachsene $ 7, unter 12 Jahre $ 5.*

Im Juli lockt jedes Jahr das mehrtägige **Salmon Festival** mit vielen Konzerten (Infos: *www.evsalmonfestival.com*).

### Reisepraktische Informationen Grand Falls-Windsor

**Information**
**Town of Grand Falls-Windsor**, *5 High St., Town Hall, ☏ 709-489-0407.*

**Unterkunft**
**$$–$$$ Carriage House Inn and B&B**, *181 Grenfell Heights, ☏ 709-489-7185 oder 1-800-563-7133, http://carriagehouseinn.ca, das ruhig gelegene Haus kann mit zwölf ansprechend eingerichteten Zimmern aufwarten und serviert seinen Gästen jeden Morgen ein reichhaltiges Frühstück.*
**$$$ Hill Road Manor**, *1 Hill Rd., ☏ 709-489-5451 oder 1-866-489-5451, www.hillroadmanor.com, das 1939 gebaute Haus bietet geräumige, stilvoll eingerichtete Zimmer, einen schönen Garten und ein gutes Frühstück.*
**$$$–$$$$ Hotel Robin Hood**, *78 Lincoln Rd., ☏ 709-489-5324, www.hotelrobinhood.com, das familiengeführte Hotel bietet recht große Zimmer sowie Suiten, darunter die Maid Marion Suite für bis zu 4 Personen.*

**Ausflug**
*Wer viel Zeit zur Verfügung hat, kann über den Hwy. 360 nach Süden bis nach* **Harbour Breton** *fahren. Diese Route führt durch Wildnis und zu kleinen Ortschaften, deren Bewohner an den überlieferten Bräuchen festhalten. Da es nur diese Straße nach Harbour Breton gibt, muss man die 156 km lange Strecke wieder zurückfahren.*

**Streckenhinweis**

Vom Hwy. 1 zweigt der Hwy. 340 nach Lewisporte und Twillingate ab. Von Twillingate kann man zurück über die Hwys. 331 und 330 nach Gander fahren.

## Lewisporte

Lewisporte, um 1880 gegründet, ist heute mit seinen ca. 3.300 Einwohnern ein lebhafter Hafenort an der Notre Dame Bay mit einer Marina, einigen Übernachtungsmöglichkeiten und dem **Lewisporte Train Park**. 1887 war eine Eisenbahnverbindung nach Notre Dame Junction gebaut worden, die seit den 1980er-Jahren stillgelegt ist. Der ehemalige Bahnhof wurde zu einem Museum mit restaurierten Lokomotiven und Eisenbahnwagen umgestaltet und ist mit Picknickplätzen Ausgangspunkt für einen Wanderweg.
**Lewisporte Train Park**, *152 Main St., ☏ 709-535-2737, Mitte Mai–Ende Okt.*

### Reisepraktische Informationen Lewisporte

**Information**
**Town of Lewisporte**, *152 Main St., ☏ 709-535-2737, www.lewisportecanada.com, Mo–Fr 9–16 Uhr.*

**Unterkunft**
**$$–$$$ Ocean View B&B**, *210 Main St., ☏ 709-535-8181 oder 1-709-541-3067, www.bbcanada.com/9104.html, das ganzjährig geöffnete Haus bietet vier gemütlich eingerichtete Zimmer mit Bad. Schöner Blick auf den Hafen von Lewisporte, nicht weit vom Fähranleger entfernt.*

## Twillingate

**Twillingate** wurde um 1720 von bretonischen Seeleuten unter dem Namen „Toulinguet" gegründet. Der Ort mit etwa 2.200 Einwohnern liegt im einstigen Lebensraum der Beothuk-Indianer an der Mündung des Exploits River in die Notre Dame Bay und war ein Handelshafen. Sehenswert ist das **Twillingate Museum** in der Nähe der St. Peters Anglican Church, das einen Eindruck vom Leben einer neufundländischen Familie um die Jahrhundertwende gibt. Ausstellungen zeigen Funde der 3.000-jährigen Inuit-Kultur und Tagebücher sowie Aufzeichnungen von John Peyton, der Kontakte zu den letzten Beothuk-Indianern hatte.

*Kultur der Inuit*

**Twillingate Museum**, *☏ 709-884-2825, www.tmacs.ca, Mai–Okt. tgl. 9–17 Uhr, Eintritt frei (Spende).*
**Prime Berth Twillingate Fishery & Heritage Centre**, *☏ 709-884-2485, www.primeberth.com. Das Museum liegt an der Einfahrt nach Twillingate Island. Hier erfährt man alles über den Fischfang auf Neufundland. Es werden auch Angeltouren und Bootstouren zu den Eisbergen angeboten.*
**Auk Island Winery**, *29 Durrell St., Durrell, ☏ 709-884-2707 oder 1-877-639-4637, https://aukislandwinery.com. Das Weingut produziert Weine aus Obstsorten, die auf Newfoundland wachsen. Führungen durch das Weingut und Verkostungen werden von Mai–Sept. angeboten, Voranmeldung ist in der Regel nicht notwendig, dennoch empfehlenswert.*

Der Tourismus gewinnt hier an Bedeutung. Dabei profitiert Lewisporte von den ausgezeichneten Möglichkeiten zur Walbeobachtung und von der Sichtung von Eisbergen. Besonders lohnend ist ein Besuch des Ortes im Mai und Juli. In dieser Zeit kann man Wale und Delfine, aber auch Eisberge sichten, die vor der Küste nach Süden driften. Vom Leuchtturm in **Long Point** sind die Ausblicke höchst eindrucksvoll. Dort gibt es auch Wanderwege.

*Die raue Küste vor Twillingate*

## Reisepraktische Informationen Twillingate

### Information

**Twillingate Islands Tourism Association**, *www.twillingatetourism.ca. Ein Visitor Information Centre soll 2020 in den Sommerferien eröffnet werden.*

### Unterkunft

**$$$ Captain's Legacy B&B**, *14 Ocher Pit Rd., ☎ 709-884-5648, www.captainslegacy.com, viktorianisches Haus mit angenehm gestalteten Zimmern mit eigenem Bad und schönem Ausblick aufs Meer, sehr gutes Frühstück.*

**$$$ Harbour Lights Inn**, *189 Main St., ☎ 709-884-2763, www.harbourlightsinn.ca, nettes Haus mit neun ansprechend eingerichteten Zimmern mit Bad, freundliche, ortskundige Besitzer. Mai–Ende Sept. geöffnet.*

### Bootstouren

*Es werden von Mai–Juli 2–4 x tgl. 2- und mehrstündige Bootsfahrten angeboten, Fahrpreis: Erwachsene $ 65, Senioren $ 60, Kinder 2–12 J. $ 30 plus 15 % Steuer.*

**Iceberg Quest Ocean Tours**, *☎ 709-884-1888 oder 1-866-720-1888, https://icebergquest.com.*

**Twillingate Adventure Tours**, *☎ 709-884-1306 oder 1-888-447-8687, http://twillingateadventuretours.com. Erwachsene $ 60, Senioren $ 55, Kinder 3–12 J. $ 40, Familienkarte (4 oder mehr Familienmitglieder) $ 55/Erwachsener. Passagiere müssen älter als 3 Jahre sein.*

**Iceberg Man Tours**, *☎ 1-800-611-2374, www.icebergtours.ca. Tickets: $ 50 plus Steuer*

info

## Eisberge

Ein Eisberg ist eine im Meer schwimmende Eismasse von unterschiedlicher Form und Größe, die sich von einem Gletscher oder einer bis an das Meer reichenden Inlandeismasse losgelöst hat und mit der Strömung im Meerwasser treibt. Von der Gesamtmasse des Eisberges ragt durchschnittlich nur etwa ein Siebtel aus dem Wasser, da das spezifische Gewicht von Eis mit 0,916 g/cm³ nur wenig unter dem des Wassers liegt. Durch Einwirkung der Brandung und durch Abtauen des Eises kann sich die Lage des Schwerpunktes des Eisbergs verändern, sodass der Eisberg umkippt. Dadurch entstehen gefährliche Strudel. Bei ihrer Wanderung in wärmere Zonen schmelzen die Eisberge allmählich ab, und der aus den Herkunftsgebieten mitgeführte Moränenschutt sinkt auf den Meeresboden.

Eisberge stellen einen wesentlichen Bestandteil des Treibeises dar. Besondere Bedeutung kommt den Eisbergen im Nordatlantik zu, wo Eisberge bei der Neufundlandbank eine große Gefahr für die Schifffahrt darstellen. Die Eisberge entstammen hier den grönländischen Gletschern und werden mit dem Labradorstrom südwärts getrieben. Da die Eisberge vor der Küste von Newfoundland die Sicherheit der Erdöl-Bohrplattform „Hibernia" und ihrer Versorgungsstationen gefährden, werden sie von Versorgungsschiffen, die dort unterwegs sind, unter Beschuss genommen, damit sie den Förderanlagen nicht zu nahekommen.

## Gander

*Handelszentrum*

Etwa 11.000 Menschen leben in Gander, einer Stadt am nordöstlichen Ufer des 56 km langen Gander Lake. Gander ist das Handelszentrum im Nordosten Newfoundlands. Die Stadt entstand in den 1930er-Jahren, als dort ein Flugplatz gebaut wurde. Seitdem ist die Geschichte des Ortes eng mit der Entwicklung der Luftfahrt verbunden. Von Gander starteten die ersten transatlantischen Flüge, während des Zweiten Weltkriegs war Gander eine wichtige Militärbasis der alliierten Streitkräfte, und nach den Terroranschlägen am 11. September 2001 in New York wurden Transatlantikflüge kurzfristig nach Gander umgeleitet, wo die 6.500 Passagiere mit beispielhafter Gastfreundschaft und Hilfsbereitschaft aufgenommen wurden.

Das neu gestaltete **North Atlantic Aviation Museum** informiert über die Geschichte der Luftfahrt im Raum Gander.
**North Atlantic Aviation Museum**, *135 Trans-Canada Highway, ☏ 709-256-2923, https://northatlanticaviationmuseum.com, Mai–Okt. Mo–Fr 9–17, Juni–Sept. tgl. 9–19 Uhr, Eintritt Erwachsene $ 8, Senioren und Jugendliche 6–18 J. $ 7.*

## Reisepraktische Informationen Gander

### Information

**Gander Tourism Chalet**, *109 Trans-Canada Highway, ☏ 709-256-6558 oder 709-256-7110, www.ganderchamber.nf.ca/tourism.*

### Unterkunft

**$$ Albatross Hotel**, *114 Trans-Canada Highway, ☏ 709-256-3956 oder 1-800-563-4900, www.steelehotels.com, älteres Hotel mit 89 einfachen Zimmern und beliebtem Restaurant, dessen Spezialität „cod au gratin" ist.*

**$$ Country Inn Motel**, *315 Magee Rd., ☏ 709-256-4005 oder 1-877-956-4005, www.countryinngander.ca, das Motel bietet ordentliche Zimmer, ein Cottage mit zwei Schlafräumen sowie einen Wohnmobilstellplatz für Camper.*
**$$$ Comfort Inn**, *112 Trans-Canada Highway, ☏ 709-256-3535, www.choicehotels.com, das Hotel liegt zentral und verfügt über 64 funktionale Zimmer.*

# Von Gander nach St. John's

Eine reizvolle Alternative zum Hwy. 1 ist der **Gander Loop**, eine Rundfahrt auf den Hwys. 330 und 320, die durch hübsche Dörfer und landschaftlich schöne Gegenden führt. Bei Gambo kommt man dann wieder auf den Hwy. 1 zurück. *Schöne Rundfahrt*

Südlich von Gambo liegt an der Bonavista Bay der Terra Nova National Park, den der Highway durchquert.

## Terra Nova National Park

Der ca. 400 km² große Nationalpark beeindruckt durch herrliche Landschaften mit bewaldeten Hügeln, zerklüfteten Küstenabschnitten, Fjorden, Klippen, Sumpfgebieten sowie Seen und Flüssen. Zur Tierwelt gehören Elche, Schwarzbären, Rotfüchse, Biber und Luchse. Im Frühjahr und Herbst legen Zugvögel im Park einen Zwischenstopp ein, und vor der Küste tauchen immer wieder Wal- und Seehundherden auf. Und hier sind von Ende Mai bis Anfang Juli Eisberge zu sehen. *Eisberge*

Wanderwege von insgesamt mehr als 100 km Länge durchziehen den Park. Es werden auch geführte Wanderungen angeboten. Ausblicke bieten sich vom **Blue Hill Lookout** und vom **Ochre Hill Tower**. Am **Newman Sound**, wo ein kurzer Wanderweg um die Bucht mit steilen Klippen führt, wurden Teleskope zur Beobachtung der Zugvögel aufgestellt. Außerdem bietet der Park gute Freizeitmöglichkeiten, wie z. B. Golfspielen, Kanufahren, Radfahren und Angeln, außerdem interessante Veranstaltungen, darunter Wanderungen zur Biberbeobachtung oder Bootsfahrten ab Salton's Brook im Newman Sound.

## Reisepraktische Informationen Terra Nova National Park

### Information und Öffnungszeiten

*Das* **Informationszentrum**, *☏ 709-533-2801, www.pc.gc.ca/en/pn-np/nl/terranova, liegt etwa in der Mitte des Parks, außerdem gibt es Informationskiosks auf den Campingplätzen am Malady Head und am Newman Sound. Der Park ist ganzjährig geöffnet, Day-Use-Angebote, Wanderwege und Aussichtspunkte von Mitte Mai–Mitte Okt., das Informationszentrum von Mitte Mai–Mitte Okt. (aktuell jedoch wegen Bauarbeiten geschl.), Eintritt Erwachsene $ 5,80, Senioren $ 4,90, Familienkarte $ 11. Die Salton's Brook Region einschließlich Pfaden, Toiletten und Wäscherei ist geöffnet. Parks-Canada-Personal und der Heritage-Foundation-Laden befinden sich in der Main Lobby (tgl. 10–18 Uhr). Ach das Salton's Seaside Café und der Happy Adventure Tours Kiosk sind geöffnet. Wenn man eine Bootstour, ein Kajak, Backcountry-Ausrüstung oder ein Wasser-Shuttle zu Küsten Campsites bucht oder in einer Yome (einer Mischung aus einer Jurte und einem Kuppelzelt) übernachten will, besucht man den* **Happy Adventure Tours Kiosk** *in Salton's Brook oder ruft an unter ☏ 1-888-805-8881. Der Touch Tank und die Ausstellungsräume bleiben geschlossen.*

### Unterkunft

*Die beiden Campingplätze* **Newman Sound** *und* **Malady Head** *sind von Anfang Mai–Anfang Okt. geöffnet, ab $ 25 pro Nacht. Reservierungen sind möglich unter Terra Nova National Park, Glovertown, Newfoundland, Canada A0G 2L0, ☏ 1-877-737-3783, www.pccamping.ca.*
*Weitere Übernachtungsmöglichkeiten gibt es in den kleinen umliegenden Ortschaften.*

## Bonavista-Halbinsel

„Schöne Aussicht"

Lohnend ist eine Rundfahrt um die landschaftlich schöne **Bonavista-Halbinsel**, eine der ältesten besiedelten Regionen von Newfoundland. Am **Cape Bonavista** soll John Cabot im Jahre 1497 erstmals die „Neue Welt" gesichtet und dem Ort den Namen „Bona vista" – „schöne Aussicht" – gegeben haben. Heute erinnert eine Statue an ihn. 1843 wurde hier ein Leuchtturm gebaut, der seit seiner Renovierung als **Cape Bonavista Lighthouse Historic Site** zugänglich ist. Kostümierte Guides erzählen die Geschichte der Halbinsel.
**Cape Bonavista Lighthouse Provincial Historic Site**, *505 Cape Shore Rd., Bonavista, ☏ 709-468-7444, www.seethesites.ca/the-sites/cape-bonavista-lighthouse.aspx, Mitte Mai–Mitte Okt. tgl. 9.30–17 Uhr, Eintritt Erwachsene $ 6, Senioren $ 4, Kinder und Jugendliche unter 16 J. frei.*

Ab 1600 wurde die Halbinsel von französischen Fischern besiedelt, die hier eine Fangstation einrichteten. 1696 wurde das Kap von den Engländern befestigt.

Auf der Rundfahrt lernt man eine zerklüftete Küstenlandschaft und kleine Fischerdörfer kennen, z. B. **King's Cove**, das zu den ältesten Siedlungen Newfoundlands zählt, und **Trinity**, dessen Ortszentrum aus Häusern, Museen, Kunstgalerien und anderen historischen Gebäuden aus dem 19. Jh. besteht. Man kann hier einem Schmied bei der Arbeit zuschauen oder den Küfer besuchen, um mehr über die Herstellung von Fässern zu erfahren. Einen Besuch wert ist das **Rising Tide Theatre** (*41 West St., ☏ 709-*

*Im Juli blühen in Trinity wilde Lupinen*

*464-3232 oder 1-888-464-337*), das alljährlich das **Summer in the Bight Theatre Festival** veranstaltet. Von Mai bis Ende Juni sind vor Trinitys Küste Eisberge zu sehen. Im Juli wird Trinity zu einem Blütenmeer, wenn die Lupinen blühen.

### Streckenhinweis

Vom Hwy. 1 zweigt der Hwy. 70 nach Cupids ab. Weiterfahren kann man über den Hwy. 60 nach Brigus. Der Hwy. 63 bringt einen zurück auf den Hwy. 1.

### John Guy – Siedler, Pelzhändler und Gouverneur

info

John Guy (1568–1629) war Händler und besuchte 1608 Newfoundland auf der Suche nach Siedlungsplätzen für englische Kolonisten. 1610 wurde er von der „Company of Adventurers and Planters of the Cities of London and Bristol" zum ersten Gouverneur Newfoundlands ernannt. Mit 39 Kolonisten und Vieh an Bord seines Schiffes erreichte er nach einer Atlantiküberquerung von nur 21 Tagen im August des gleichen Jahres Cupers Cove, das heutige Cupids. Wenige Jahre später brachte er weibliche Siedler nach Newfoundland. In der Trinity Bay startete er 1612 den Pelzhandel mit den einheimischen Beothuk-Indianern.

## Abstecher nach Brigus und Cupids

Einen Abstecher wert sind Brigus und Cupids. In Brigus lohnt das Hawthorne Cottage National Historic Site einen Besuch, das Wohnhaus von Captain Bob Bartlett, der als einer der besten Seefahrer des 20. Jh. in der Arkis gilt. Im Sommer können Sie in Brigus das Blueberry Festival besuchen. Verwitterte Grabsteine auf dem Friedhof der St. George's Church of England (*www.stgeorgesbrigus.ca*) in Brigus erzählen Geschichten vom Leben der Menschen an der rauen Küste Newfoundlands.

*Die Bucht von Cupids*

Cupids ist der Ort, an dem sich die ersten englischen Siedler im 17. Jh. ansiedelten, die mit John Guy aus England ankamen. An ihre Geschichte erinnert das **Cupids Legacy Centre** (*368 Seaforest Dr., ☏ 709-528-1610, www.cupidslegacycentre.ca*).

### Unterkunft

**$$ Cupid's Haven**, *169 Burnt Head Loop, Cupids, ☏ 709-528-1555 oder 1-877-528-1555, www.cupidshaven.ca, das B&B befindet sich in der ehemaligen St. Augustine's Church. Es bietet vier gemütlich eingerichtete Zimmer, z. T. mit Jacuzzi. Frühstück wird im ehemaligen Altarraum serviert.*

### Essen und Trinken

**Skipper Ben's**, *408 Seaforest Dr., Cupids, ☏ 709-528-4436 oder 1-877-528-4436, www.skipperbens.ca, das Restaurant in diesem B&B freut sich auch über Gäste, die nicht hier übernachten. Spezialitäten sind hausgemachte Seafood-Gerichte. Am besten einen Tisch am Fenster reservieren und den Ausblick auf die Cupids Cove genießen.*

Über **Clarenville**, das als Holzfällerlager gegründet wurde, fährt man auf dem Trans-Canada Highway nach St. John's.

# St. John's

*Eisfreier Naturhafen*

St. John's ist mit ca. 106.000 Einwohnern die größte Stadt und zugleich Hauptstadt der Provinz. Es ist die östlichste Stadt Nordamerikas und eine der ältesten Hafenstädte des Kontinents. Sie liegt an einer geschützten Bucht der Halbinsel Avalon und besitzt einen großen, ganzjährig eisfreien Naturhafen. Die Stadt ist terrassenartig angelegt; die bunt gestrichenen Häuser ziehen sich an den Hängen empor, die den ovalen Hafen umschließen. In St. John's und dem Umland wohnt fast die Hälfte der neufundländischen Bevölkerung; die Stadt ist Sitz eines anglikanischen Bischofs, eines katholischen Erzbischofs und der 1925 gegründeten Memorial University mit ca. 18.500 Studenten. St. John's ist zugleich ein wichtiger Stützpunkt und Schutzhafen für die neufundländischen Fischer. Neben dem Fischfang sind der Schiffs- und Maschinenbau von wirtschaftlicher Bedeutung. St. John's hat sich in den letzten Jahren zum Zentrum der kanadischen Offshore-Ölindustrie entwickelt.

## Geschichtlicher Überblick

Der Überlieferung nach soll John Cabot im Juni 1497 in die Bucht von St. John's gesegelt sein. Ab etwa 1500 benutzten französische und portugiesische Fischer die günstig gelegene Bucht, um an Land die Fänge zu trocknen, die anschließend nach Europa verschifft wurden. 1583 wurde St. John's durch Sir Humphrey Gilbert zum Eigentum der englischen Königin Elisabeth I. erklärt. Die beiden folgenden Jahrhunderte waren durch die Auseinandersetzungen zwischen Holländern, Portugiesen, Spaniern und vor allem Engländern und Franzosen um den Besitz der Stadt geprägt, die außerdem mehrfach von Piraten angegriffen wurde. 1762 errangen die Briten den Sieg; beim Frieden von Paris 1763 wurde ihnen St. John's endgültig zugesprochen.

Im 19. Jh. entwickelte sich St. John's zu einem wichtigen Handelszentrum. Mehrere Brände zerstörten die Stadt, die nach dem großen Brand von 1892 fast vollständig wiederaufgebaut werden musste.

**St. John's NL**

**Unterkünfte**
1 Murray Premises Hotel
2 Elizabeth Manor
3 Sheraton Hotel Newfoundland
4 Duckworth B&B
5 Delta St. John's

**Essen & Trinken**
1 Classic Café East
2 India Gate
3 Ches's
4 The Sprout
5 Erin's Pub
6 The Keg Steakhouse & Bar

N
0 500 m

© graphic

Zu Beginn des 20. Jh. und während des Zweiten Weltkriegs erlebte die Stadt einen wirtschaftlichen Aufschwung. 1979 entdeckte man ausgedehnte Erdölvorkommen vor der Küste Newfoundlands. Fallende Ölpreise in den vergangenen Jahren haben jedoch den Traum von der Rückkehr zum einstigen Wohlstand bisher nicht erfüllt.

## Sehenswertes in St. John's

*Älteste Stadt Nordamerikas*

Der neufundländischen Hauptstadt sieht man nicht an, dass sie die älteste Stadt Nordamerikas ist, denn sie wurde durch Feuerbrünste mehrfach zerstört und anschließend wieder neu aufgebaut. Typisch für das Stadtbild sind die pastellfarben gestrichenen, mehrstöckigen Holzhäuser mit Flachdächern und die schmalen Altstadtstraßen, die von den Zwillingstürmen der Basilika St. John's Baptist überragt werden. Der Stadtkern hat seinen viktorianischen Charakter behalten; denn die großen, modernen Verwaltungs- und Geschäftshäuser wurden außerhalb des Zentrums errichtet, wie

z. B. das Confederation Building mit dem Sitz der Provinzregierung, das hoch über der Stadt liegt.

Am Rathaus, der **City Hall**, beginnt der Trans-Canada Highway, mit einer Strecke von 8.000 km eine der längsten Autostraßen der Welt.

*Erinnerung an die entscheidende Schlacht*

Die meistbesuchte Sehenswürdigkeit der Stadt ist **Signal Hill National Historic Site (1)**. Man erreicht den hohen Felsen an der Hafeneinfahrt am besten über die Duckworth Street. Wenn im Sommer Kanonendonner über den Hafen von St. John's hallt, der „Union Jack" aufgezogen wird und Soldaten in der rot-schwarzen Uniform der britischen Armee exerzieren, wird an die entscheidende Schlacht zwischen Engländern und Franzosen erinnert, die 1762 an dieser Stelle stattfand. Von den Ruinen der Festung, die 1812 zerstört wurde, bieten sich Ausblicke auf den Hafen und die Stadt.

Auf dem höchsten Punkt des Hügels wurde 1897 der **Cabot Tower (2)** zur Erinnerung an den 400. Jahrestag der Entdeckung der Insel errichtet. 1901 gelang Guglielmo Marconi von hier aus die erste drahtlose Nachrichtenübermittlung von Nordamerika nach Europa.

Im **Besucherzentrum** und im Cabot Tower werden Ausstellungen zur Stadtgeschichte und zur Arbeit von Marconi präsentiert.
**Signal Hill National Historic Site** *und* **Cabot Tower**, *230 Signal Hill Rd., ☎ 709-772-5367, www.pc.gc.ca/en/lhn-nhs/nl/signalhill, Besucherzentrum und Cabot Tower Mitte Mai–Mitte Okt. 10–18 Uhr, Einritt auf das Gelände ist frei, Eintritt zu den Ausstellungen Erwachsene $ 3,90, Senioren $ 3,40.*

Durch das Zentrum der Stadt verläuft die **Water Street (3)**, eine der ältesten Straßen Nordamerikas und Handelszentrum der Stadt. Hier findet man Geschäfte, Restaurants, Bars und Pubs, aber auch historische Gebäude und Denkmäler, z. B. das National War Memorial, das an der Stelle errichtet wurde, wo Sir Gilbert 1583 das Land für Königin Elizabeth I. in Besitz nahm.

*Blick auf St. John's vom Signal Hill*

**The Rooms (4)** umfassen ein Museum, eine Kunstgalerie und mehrere Archive und Ausstellungen, die u. a. über die fast 9.000-jährige Geschichte Newfoundlands und Labradors, über die Beothuk-Indianer und die Geologie und Tierwelt Newfoundlands informieren. In der Kunstgalerie sind überwiegend Werke zeitgenössischer kanadischer Künstler ausgestellt.

**The Rooms**, *9 Bonaventure Ave., ☏ 709-757-8090, www.therooms.ca, Anfang Mai–Anfang Okt. Mo–Sa 10–17, Mi 10–21, Fr 10–22, So 12–17 Uhr, sonst Mo geschl., Eintritt Erwachsene $ 10, Senioren und Studenten $ 6,50, Kinder von 6–16 J. $ 5, Familienkarte $ 26, 1. Mi des Monats 18–21 Uhr, Eintritt frei.*

**The Commissariat (5)** und das **Colonial Building (6)** gehören zu den wenigen Gebäuden, die von den Bränden im 19. Jh. verschont worden sind. Das Colonial Building, das von 1850–1960 der Regierungssitz Newfoundlands war, enthält die Archive der Provinz, ist derzeit aber wegen Renovierungsarbeiten geschlossen.

**The Commissariat**, *11 King's Bridge Rd., ☏ 709-729-6730;* **Colonial Building**, *Military Rd., www.seethesites.ca. Das Commissariat ist aktuell wegen Renovierung geschlossen.*

Die **Anglican Cathedral of St. John The Baptist (7)** gilt als eines der besten Beispiele für neugotische Kirchenarchitektur in Nordamerika. Die Kathedrale wurde 1816 gebaut, durch die großen Brände von 1846 und 1892 stark beschädigt und im Jahr 1902 wiederaufgebaut.

*Neugotische Kirche*

**Anglican Cathedral of St. John The Baptist**, *16 Church Hill/Gower St., ☏ 709-726-5677, www.stjohnsanglicancathedral.org, Führungen Juni–Aug. Mo–Sa 10–16, So ab 12 Uhr. Die Kathedrale ist zu begrenzten Zeiten im Sept. geöffnet, also bitte vor dem Besuch erkundigen. Eintritt frei.*

**Crypt Tea Room**, *an Wochentagen betreibt die Kathedrale einen Tea Room in der Krypta, den man über das Westtor (behindertengerecht) vom der südlichen Parkplatzseite erreicht. Er wird von Freiwilligen betrieben, und das Essen ist selbst gemacht. Öffnungszeiten: Anfang Juli–Ende Aug. Mi–Sa 14–16 Uhr. Reservierung wird empfohlen für Gruppen mit mehr als fünf Personen. $ 10 (nur Bargeld) pro Person, $ 6 für Kinder unter 10 J. Die Einnahmen unterstützen die Kathedrale. Jede Spende, die über die $ 10 hinausgeht, kommt ebenfalls der Kathedrale zugute.*

Die **Basilica of St. John The Baptist (8)** wurde um 1850 in Form eines lateinischen Kreuzes gebaut und mit Statuen und einer sehr reich mit Blattgold geschmückten Decke ausgestaltet.

**Basilica of St. John The Baptist**, 200 *Military Rd., ☏ 709-754-2170, https://thebasilica.ca, Mo–Fr 8–16, Sa 9–17, So 8–16 Uhr, Eintritt frei.*

In der Nähe des **Government House (10)**, 50 Military Rd., wurde 1836 die **Old Garrison Church (St. Thomas) (9)** gebaut, eine der ältesten Holzkirchen in St. John's.

**St. Thomas – Old Garrison Church**, *8 Military Rd., ☏ 709-576-6632, www.st-thomaschurch.com.*

Das **Arts and Culture Centre (11)** wurde 1967 zur Jahrhundertfeier Kanadas eingeweiht. Zum architektonisch interessanten Gebäudekomplex gehören ein Theater, eine Bibliothek, Musik- und Filmbüchereien sowie eine Kunstgalerie.

**Arts and Culture Centre**, *95 Allandale Rd., ☏ 709-729-3900 oder 1-888-246-1411, https://artsandculturecentre.com/stjohns, Mo–Sa 12–18 Uhr, Eintritt frei. An Tagen mit Aufführungen: 12–30 Min. nach Beginn der Show (Sa/So eingeschlossen). A.C. Hunter Library, Mo 13–20.30, Di–Do 9.30–20.30, Fr 9.30–17, Sa 9.30–13.30 Uhr, So geschl.*

Das **James J. O'Mara Pharmacy Museum (12)** ist ein restaurierter „Drugstore" aus dem 19. Jh. mit der Einrichtung jener Zeit, mit Medizinflaschen, Arzneimittelbehältern, Wiegevorrichtungen und einer alten Kasse.
**James J. O'Mara Pharmacy Museum**, *488 Water St., ☏ 709-753-5877 oder 1-877-453-5877, www.nlpb.ca/for-the-public/james-j-omara-pharmacy-museum, Juli/Aug. tgl. 10–17, Sept.–Ende Nov. Di–Fr 11–16 Uhr, Eintritt frei.*

*Historische Regatta*

Besonders interessant ist der Vorort **Quidi Vidi**, der am östlichen Stadtrand von St. John's liegt. Es ist eine der Siedlungen Newfoundlands, die schon um 1700 gegründet wurden. Quidi Vidi hat sich bis heute den Reiz eines Fischerortes bewahrt. Es ist durch einen engen Kanal mit dem **Quidi Vidi Lake** verbunden, auf dem seit 1826 im August die St. John's Regatta, die als ältestes Sportereignis in Nordamerika gilt, ausgetragen und wie ein Volksfest gefeiert wird.

Oberhalb des Dorfs liegt die **Quidi Vidi Battery**, eine Festung, die von den Franzosen im Jahr 1762 gebaut worden war. Sie wurde später von den Briten erobert und 1780 wiederaufgebaut. Bis 1870 wurde sie von britischen Truppen benutzt und 1967 anlässlich der Hundertjahrfeier Kanadas restauriert. Kostümierte Guides lassen die Geschichte wieder lebendig werden.
**Quidi Vidi Battery**, *Cuckhold's Cove Rd., ☏ 709-729-0592, www.historicplaces.ca, Mai–Sept. tgl. 10.30–17.30 Uhr, Eintritt Erwachsene $ 3, Kinder unter 13 J. frei. Bei Drucklegung wegen Renovierung geschlossen. Bitte telefonisch nachfragen, ob sie wieder geöffnet ist.*

*Das sauberste Wasser der Welt*

In der **Quidi Vidi Brewing Company** wird das Iceberg Bier gebraut, das überall in Newfoundland ausgeschenkt wird. Dafür holt sich die Brauerei alljährlich frisches Eis von den Eisbergen, die im Frühjahr aus Grönland an der Küste Newfoundlands vorbeitreiben. Da dieses Eis sehr alt ist, ist es absolut rein. Das Wasser, das daraus gewonnen wird, gilt als das sauberste der Erde. Und daraus braut man das hiesige Bier. In

*Quidi Vidi – Vorort von St. John's*

der Bar im ersten Stock der Brauerei kann man die die verschiedenen Biersorten probieren, die daraus hergestellt werden.Von der Bar hat man einen Ausblick auf den Hafen. **Quidi Vidi Brewing Company**, *35 Barrows Rd., ☎ 709-738-4040, www.quidividibrewery.ca, Laden So–Mi 10–20, Do–Sa 10–22 Uhr; Bar So–Mi 12–22, Do–Sa 12–24 Uhr. Jeden Freitagabend (ab 16.30 Uhr) findet eine Kitchen Party statt mit traditioneller irischer Musik (ab 18 Uhr), Geschichten und Quidi-Vidi-Bier. Bierverkostung: Man probiert vier verschiedene Biere und erfährt mehr über den Brauprozess. Tgl. 11 Uhr, Dauer 45 Min. Um telefonische Anmeldung wird gebeten. Quidi Whitty Thursdays: Während der Sommermonate spielt Dave Whitty typische Lieder von 17.30–20.30 Uhr. Saturday Day Boil: Jeden Samstag im Taproom findet der QV Day Boil statt mit Livemusik mit Dave Whitty, Beginn 12 Uhr, die Musik beginnt um 14.30 Uhr.*

*Geister und Gespenster*

Für Spannung sorgt eine „**Geistertour**": Ein Guide, gekleidet in ein historisches Gewand, erzählt beim Rundgang durch die Stadt von Geistern und Gespenstern, die die Stadt angeblich heimgesucht haben.

Etwa 1 km nördlich vom Hwy. 1 liegt der 1.343 ha große **Pippy Park**, der geschaffen wurde, um die modernen Gebäude der Stadt in die ländliche Umgebung zu integrieren. Auf dem Parkgelände befinden sich das **Confederation Buildung** mit den Regierungsbehörden, das **Newfoundland Freshwater Resource Centre** mit dem „Fluvarium", einem 25 m langen Tank, der einen Blick auf die Unterwasserwelt ermöglicht, und die **Memorial University** mit den **Botanical Gardens**. Außerdem bietet der Pippy Park gute Freizeitmöglichkeiten mit einem Golfplatz, Picknick- und Spielplätzen, einem Streichelzoo, Wanderwegen, Naturlehrpfaden und Informationszentrum.

## Reisepraktische Informationen St. John's

Karte s. S. 587

### Information

**City of St. John´s Visitor Information Centre**, *348 Water St., ☎ 709-576-8106, www.stjohns.ca, Mo–Fr 9–16.30, Mai–Sept. tgl. 9–16.30 Uhr. Außerdem gibt es je ein Information Centre am Flughafen, ☎ 709-758-8515, sowie in der Quidi Vidi Village Plantation, 10 Maple View Pl., ☎ 709-570-2038 oder 1-844-570-2009, Di–Sa 11–17, Sa 11.30–16 Uhr. Der beste Ort für Touristeninformationen ist jedoch das Visitor Information Centre an der Water St.*

### Unterkunft

**$$–$$$ Duckworth B&B (4)**, *331 Duckworth St., ☎ 709-738-1802 oder 1-888-394-4222, www.duckworthhotel.com, im Stadtzentrum gelegenes historisches Haus mit ansprechend eingerichteten Zimmern und Café.*

**$$–$$$ Elizabeth Manor (2)**, *21 Military Rd., ☎ 709-753-7733 oder 1-888-263-3786, www.elizabethmanor.nl.ca, das viktorianische Bed&Breakfast-Haus lädt mit sechs geräumigen, wohnlich eingerichteten Zimmern und einem ausgiebigen Frühstück ein.*

**$$$ Hampton Inn & Suites by Hilton**, *411 Stavanger Dr., ☎ 709-738-4888, https://hamptoninn3.hilton.com, neues Hotel mit gut ausgestatteten, geräumigen Zimmern, in der Nähe des Flughafens.*

**$$$ Holiday Inn St. John's**, *180 Portugal Cove Rd., ☎ 709-722-0506, www.ihg.com, in der Nähe des Flughafens gelegenes Hotel mit modernen Zimmern und beheiztem Pool, im Sommer werden spezielle Familientarife angeboten.*

**$$$$ Delta St. John's (5)**, *120 New Gower St., ☏ 709-739-6404 oder 1-888-793-3582, https://deltahotels.marriott.com, elegantes, modernes Hotel mit beheiztem Swimmingpool, Fitnessraum, Squashplätzen und gemütlichem Pub.*
**$$$$ Murray Premises Hotel (1)**, *5 Beck's Cove, ☏ 709-738-7773 oder 1-866-738-7773, https://murraypremiseshotel.com, das an der Waterfront gelegene Hotel verfügt über modern und geschmackvoll eingerichtete Zimmer und Suiten.*
**$$$$ Sheraton Hotel Newfoundland (3)**, *115 Cavendish Sq., ☏ 709-726-4980 oder 1-800-325-3535, www.sheratonhotelnewfoundland.com, zentral gelegenes, luxuriöses Hotel mit sehr schönem Blick auf den Hafen, Swimmingpool, Sauna, Squashplätze.*

### Essen und Trinken

**Ches's (3)**, *9 Freshwater Rd., ☏ 709-726-2373, www.chessfishandchips.ca, einfaches, aber schon seit 1950 bestehendes Lokal, das wegen seiner guten Fish 'n' Chips bekannt ist.*
**Classic Café East (1)**, *73 Duckworth St., ☏ 709-726-4444, www.facebook.com/ClassicCafeEast, regionale Spezialitäten, z. B. „seafood chowder" oder „fishcakes", preiswert.*
**India Gate (2)**, *286 Duckworth St., ☏ 709-753-6006, www.indiagatenl.ca, schmackhafte indische Küche mit Lamm- und Geflügelspezialitäten, gutes Lunch-Buffet, preiswert.*
**Quidi Vidi Brewery**, *35 Barrows Rd., ☏ 709-738-4040, https://quidividibrewery.ca, in einer ehemaligen Fischfabrik am Hafen wird das beliebteste Bier von Newfoundland gebraut. Geöffnet Tap Room: Mo–Mi 12–22, Do–Sa 12–24 Uhr, Hops Shop: So–Mi 10–20, Do–Sa 10–22 Uhr, im Sommer tgl., 45-minütige Führungen mit Bierproben tgl. 11 Uhr. Unbedingt probieren: das Iceberg Beer, das mit dem Wasser der Eisberge gebraut wird!*
**The Keg Steakhouse & Bar (6)**, *127 Harbour Dr., ☏ 709-726-4534, https://kegsteakhouse.com/locations/st-johns-keg, Steakrestaurant und Bar, Hauptgerichte ab $ 25. Mo–Do 16–24, Fr 16–1, Sa 15–1, So 15–24 Uhr.*
**The Sprout (4)**, *346 Duckworth St., ☏ 709-579-5485, http://thesproutrestaurant.com, vegetarisches Restaurant, Hauptgerichte ab $ 12.*

### Bars und Pubs

*St. John's hat den Ruf, mehr Bars und Pubs pro Einwohner zu haben als jede andere Stadt Nordamerikas, was sich bei einem Spaziergang über die George St. oder Water St. zu bestätigen scheint. Man hat die Wahl zwischen den glitzernden Lobby-Bars der großen Hotels bis hin zu den einfachen, unverfälschten Fischerkneipen in Quidi Vidi, nur wenige Minuten von der Innenstadt entfernt.*
*Traditionelle neufundländische, aber auch irische Volksmusik erlebt man live in* **Erin's Pub (5)**, *186 Water St., ☏ 709-722-1916, www.facebook.com/ErinsPubNL.*

### Einkaufen

*Newfoundland ist bei Touristen vor allem für die kunsthandwerklichen Arbeiten sowie die Wollsachen und Handarbeiten bekannt. Die wichtigste Einkaufsstraße ist die Water St. mit Geschäften und* **Murray Premises**, *einem restaurierten Gebäudekomplex aus dem Jahr 1846, in dem sich jetzt Spezialgeschäfte, Boutiquen, Restaurants und ein Hotel befinden.*
**Craft Council of Newfoundland and Labrador**, *275 Duckworth St., ☏ 709-753-2749, https://craftcouncil.nl.ca, erstklassiges Geschäft mit ausgewähltem Kunsthandwerk, das von der Provincial Crafts Association geführt wird.*
**Fred's Records**, *198 Duckworth St., ☏ 709-753-9191, www.fredsrecords.com, Musikgeschäft mit einer großen Auswahl traditioneller neufundländischer Musik.*
**Newfoundland Weavery**, *177 Water St., ☏ 709-753-0496, https://newfoundlandweavery.com, sehr schöne Webarbeiten.*
**NONIA**, *286 Water St., ☏ 709-753-8062, www.nonia.com, bekannter Kunstgewerbeladen.*

### Stadtrundgänge/Ausflüge/Besichtigungsfahrten

**Boyle Tours**, ☏ *709-364-6845, www.boyletours.com, verschiedene Stadtführungen von Mai–Sept., z. B. Di und Fr einstündiger historischer Stadtrundgang, $ 30, Treffpunkt: 115 Cavendish Sq., im Sheraton Hotel.*

**Iceberg Quest Boat Tours**, *Pier 6, 135 Harbour Dr.,* ☏ *709-722-1888, https://icebergquest.com, 2-stündige Fahrten, Fahrpreis Erwachsene $ 70, Senioren $ 65, Kinder von 2–12 J. $ 30.*

**O'Brien's Whale and Bird Tours**, *Lower Rd., Bay Bulls,* ☏ *709-753-4850 oder 1-877-639-4253, www.obriensboattours.com, 2-stündige Bootsfahrten, Abfahrt tgl. Mai–Sept. Fahrpreis Erwachsene $ 65, Senioren $ 60, Kinder von 9–17 J. $ 35, Kinder unter 9 J. $ 30, Familienkarte $ 165, Shuttlebus von Downtown St. John's.*

**The St. John's Haunted Hike**, ☏ *709-685-3444, www.hauntedhike.com, seit 1997 wird die* **Geistertour** *durchgeführt, eine 1,5-stündige Führung durch die geheimnisvolle und spannende Geschichte der Stadt, Anfang Juni–Mitte Sept. Mo–Do 21.30 Uhr, $ 10 Erwachsene, $ 5 Kinder unter 12 J. Sinners & Spirits Tour: So und Mo, 21.30 Uhr, mit Geschichten über Mord, Intrigen, Duelle, falsche Liebe, Prostitution, Folter und mehr. Dies ist die originale Version der Haunted Hike Tour in St. John's. Ghosties & Ghoulies Tour: Di, Mi, Do 21.30 Uhr. Eine theatralische Tour durch die historischen Straßen von St. John's' Innenstadt mit einer Mischung aus Drama, Leidenschaft, Horror, Humor und Spannung.*

### Verkehrsmittel

#### Flughafen

**St. John's International Airport**, *100 World Parkway,* ☏ *709-758-8500 oder 1-866-758-8581, www.stjohnsairport.com, ist mit den Flughäfen von Halifax, Toronto und Montréal, Gander und Deer Lake durch wöchentlich mehrere Flüge verbunden. Der Flughafen liegt knapp 10 km nordwestlich der Stadt. Es gibt keine öffentlichen Verkehrsmittel zum Flughafen. Taxis kosten ca. $ 20–30.*

#### Busse

**Metrobus Transit** *bedient den Großraum St. John's auf 18 Busrouten. Für die Busfahrten gilt ein Einheitspreis von $ 2,50 für Erwachsene und Senioren, $ 2 für Kinder von 5–17 J.; Fahrkarten sind beim Schaffner erhältlich, jedoch nur gegen genau abgezähltes Fahrgeld.*

**Metrobus Transit**, *25 Messenger Dr., Routen und Fahrplaninformationen* ☏ *709-722-9400, www.metrobus.com.*

## Sehenswertes in der Umgebung von St. John's

Zahlreiche Ausflugsziele bieten sich auf der Halbinsel Avalon an, die man von St. John's aus auf einer nördlichen und einer südlichen Rundfahrt gut erreichen kann.

### Nördliche Rundfahrt

> Entfernung: ca. 330 km, Fahrzeit ca. 5 Std.

Die nördliche Rundfahrt führt über den Hwy. 30 nach Torbay und folgt der heftig umbrandeten Nordküste zu vielen Fischerorten, wie z. B. nach **Pouch Cove**, das schon 1611 besiedelt und auf schroffen Felsen gebaut wurde, oder **Conception Harbour** und **Colliers** an der Conception Bay. Viele Orte sind so dicht an der felsigen Küste gebaut, dass die Häuser und Schuppen auf Stelzen stehen. Die Fischer fahren mit ihren Booten an die Felsen heran und klettern über eine Sprossenleiter zu ihren Häusern hinauf.

*Häuser auf Stelzen*

**Harbour Grace**, eine Handelsstadt mit etwa 3.000 Einwohnern, verfügt mit der St. Paul's Anglican Church über die älteste Steinkirche Newfoundlands, gebaut im Jahr 1835. 1932 startete hier Amelia Earhart als erste Frau einen Alleinflug über den Atlantik.

*Erstes transatlantisches Kabel*

**Heart's Content** war bis 1965 eine wichtige Relais-Station in Nordamerika, nachdem es 1866 gelungen war, das erste transatlantische Kabel über 4.440 km von Irland nach Nordamerika zu verlegen. Man kann das **Cable Station Provincial Historic Site** besuchen, wo die originalen Telegrafengebäude, die Ausrüstung und die Werkzeuge zu sehen sind, die für die frühe transatlantische Kabelverlegung benutzt wurden.
**Heart´s Content Cable Station Provincial Historic Site**, *am Hwy. 80, 1 km nordöstlich vom Hwy. 74, ☏ 709-583-2160, www.seethesites.ca, Mitte Mai–Mitte Okt. tgl. 9.30–17 Uhr, Eintritt Erwachsene $ 6, Senioren und Studenten $ 4.*

An der Strecke liegen auch zwei Provinzparks: der **Salmon Cove Sands Provincial Park** mit Führungen zur Vogelbeobachtung und der **Northern Bay Sands Provincial Park** mit Sandstränden und einem Campingplatz.

## Südliche Rundfahrt

> Entfernung: ca. 390 km, Fahrzeit: ca. 6 Std.
Die südliche Rundfahrt beginnt auf dem Hwy. 10 südlich von St. John's, folgt der Ost- und Südküste der Avalon-Halbinsel und führt zu den beiden Vogelschutzgebieten in **Bay Bulls** und **Cape St. Mary's**, die zu den bedeutendsten der Welt zählen.

11 km südlich von St. John's liegt am östlichsten Punkt des nordamerikanischen Kontinents das **Cape Spear National Historic Site** mit einem Leuchtturm aus dem Jahr

*Das östliche Ende Kanadas am Cape Spear*

1835, der 75 m über dem Meeresspiegel steht. Der Leuchtturm wurde restauriert und wird jetzt als Museum genutzt. Von der Höhe des Turms kann man je nach Jahreszeit Wale beobachten oder Eisberge sichten. An dieser Stelle ist man England näher als der kanadischen Provinz British Columbia!

**Cape Spear National Historic Site**, *Blackhead Rd., ☏ 709-772-2191 oder 709-772-5367, www.pc.gc.ca/en/lhn-nhs/nl/spear, der Park ist durchgängig geöffnet, Eintritt frei. Der Visitor Information Kiosk Mitte Mai–Mitte Okt. 10–18, der Leuchtturm und Second World War Battery Mitte Mai–Mitte Okt. 10.30–17.30 Uhr, Eintritt Erwachsene $ 3,90, Senioren $ 3,40, Kinder unter 17 J. frei.*

**Petty Harbour** ist ein malerischer Fischerort. Die Häuser, die gleich an der Hafenbucht liegen oder sich an den felsigen Hängen hinaufziehen, sind in leuchtenden Farben gestrichen und wirken wie bunte Farbtupfen in der herben Landschaft. Im Hafen kann man den Fischern zuschauen, die ihren Fang ausladen, auf einer großen Waage wiegen und in die Kühlhalle der kleinen Fischfabrik bringen.

*Malerischer Ort*

Von **Bay Bulls** und **Witless Bay** aus starten Bootsfahrten zu den bei Ornithologen und Fotografen weltbekannten Seevögel-Schutzgebieten auf Gull Island, Green Island und Great Island, wo es große Kolonien von Sturmvögeln, Seeschwalben, Tordalken und anderen Seevögeln gibt. Die Boote werden von den Fischern ganz dicht an die Inseln herangefahren, sodass man die Vögel in Ruhe beobachten und fotografieren kann. Das Betreten der Inseln ist nur mit einer speziellen Genehmigung erlaubt. Mit etwas Glück kann man während der Bootsfahrt auch Wale sichten.

Der Südteil der **Avalon-Halbinsel** ist im Inneren unerschlossene Wildnis; die buchtenreiche Küste bot in den vergangenen Jahrhunderten vor allem Piraten und Rumschmugglern Zuflucht, die zollfreien Alkohol von den französischen Inseln St. Pierre und Miquelon nach Newfoundland brachten.

Eine besonders schöne Art, die Küste der Avalon-Halbinsel zu erleben, ist ein **Ferryland Lighthouse Picknick**. Der Leuchtturm am Ferryland Head allein ist schon einen Abstecher wert. Seit 1870 warnt er vorbeifahrende Schiffe vor den zerklüfteten Küsten. Er ist noch heute in Betrieb, seit 1970 allerdings ohne Leuchtturmwärter. Man bestellt sich sein Picknick im Ferryland Lighthouse, holt sich eine Decke und den Picknickkorb im Leuchtturm und sucht sich einen schönen Platz unterhalb des Leuchtturms. Dann genießt man das frische Picknick bei einer grandiosen Aussicht und hält Ausschau nach Walen und Seevögeln.

*Picknick am Leuchtturm*

**Ferryland Lighthouse Picknick**, *Ferryland Lighthouse, ☏ 709-363-7456, https://lighthousepicnics.ca, Mai–Okt. Mi–So 11.30–16.30 Uhr. Letzte Picknick-Reservierung ist für 15.30 Uhr möglich. Reservierung wird empfohlen.*

Im Fischerort **Renews** ist der Überlieferung nach im Jahr 1620 nach 66-tägiger Fahrt von England die „Mayflower" vor Anker gegangen, um sich vor ihrer Weiterfahrt nach Süden mit Wasser und Proviant zu versorgen; an der Südspitze liegt **Portugal Cove South**, eines der ältesten Fischerdörfer Newfoundlands, in dessen karger, unwirtlicher Umgebung bei den **Trepassey Barrens** Karibu-Herden leben.

Nachdem man die St. Mary's Bay umfahren hat, folgt man hinter **Branch** der Ausschilderung auf einer unbefestigten Straße zum **Cape St. Mary's Ecological Reserve**, einem Seevogel-Schutzgebiet mit Tausenden von Sturmvögeln, Möwen und einer riesigen Kolonie von Tölpeln. Die natürlichen Gegebenheiten bieten den Vögeln Schutz, denn eine tiefe Schlucht trennt sie von den Besuchern. Felstürme ragen aus dem

Wasser auf, die weiß von Vögeln sind, während die Luft erfüllt ist vom Kreischen und Schreien der Vögel.
**Cape St. Mary's Ecological Reserve**, ☏ *709-227-1666 oder 709-637-2081, www.newfoundlandlabrador.com/top-destinations/cape-st-marys. Das Reservat ist Tag und Nacht zugänglich, das Besucherzentrum ist geöffnet Ende Mai–Okt. tgl. 9–19 Uhr, Eintritt zum Reservat frei.*

**Placentia** liegt von Hügeln umgeben oberhalb der Placentia Bay. Die Gegend wurde seit 1500 von baskischen Fischern aufgesucht, später befestigten die Franzosen den Hafen, um den Ort vor den Engländern zu schützen. Im Frieden von Utrecht wurde Placentia den Engländern zugesprochen. Zum **Castle Hill National Historic Site** gehören französische und englische Befestigungsanlagen. Von der Höhe des Festungshügels bietet sich ein Blick auf die Placentia Bay.
**Castle Hill National Historic Site**, ☏ *709-227-2401, www.pc.gc.ca/en/lhn-nhs/nl/castlehill, Besucherzentrum Juni–Sept. tgl. 10–18 Uhr, Eintritt Erwachsene $ 3,90, Senioren $ 3,40.*

In **Argentia**, einem ehemaligen Marinestützpunkt der USA, gibt es eine **Fährverbindung** nach North Sydney/NS und Bootsverbindungen zur Südküste Newfoundlands. Der Hafen ist im Allgemeinen eisfrei.

### Wandern

**East Coast Trail**, ☏ *709-739-4453, www.eastcoasttrail.com, 26 Wildnis Trails entlang Nordamerikas östlicher Küstenlinie von Portugal Cove über Cape St. Francis nach Cappahayden.*

### Fähren

**Marine Atlantic**, *P.O. Box 250, North Sydney, NS B2A 3V2,* ☏ *1-800-341-7981, www.marine-atlantic.ca.*
**Argentia – North Sydney**, *Fahrzeit ca. 14–16 Std., Abfahrt Mitte Juni–Mitte Sept. Mo, Do und Sa, Ende Sept. nur Sa. Fahrpreis: Erwachsene $ 121,26, Senioren $ 109,58, Kinder von 5–12 J. $ 58,88, Pkw $ 244,56, Kabinen sind buchbar: Zweibett-Kabine $ 176,75, Vierbett-Kabine $ 176,75, Deluxe-Kabine $ 246,50*

## Weitere Sehenswürdigkeiten in der Provinz Newfoundland & Labrador

**Streckenhinweis**

Von Argentia kann man über die Hwys. 100 und 1 zurück nach St. John's fahren oder die Fähre nach Nova Scotia nehmen.

*Fast menschenleer*

Zur Provinz Newfoundland gehört die Region **Labrador**. Das felsige Land mit Bergen und Fjorden ist fast menschenleer, schwer zugänglich und noch weitgehend unerschlossen. Labrador ist die Heimat von Inuit und Indianern, die seit Jahrhunderten als Fischer und Jäger hier leben. Die Nutzung der großen Holz-, Metall-, Uran-, Gas- und Wasservorkommen führte zum Bau von Städten wie Labrador City, Wabush, Churchill Falls und Happy Valley. Bei Churchill Falls entstand eines der größten Kraftwerke der Erde.

### Schiffsverbindungen

*Schiffsverbindungen bestehen zwischen St. Barbe/NL und Blanc Sablon/QC, direkt an der Grenze zu Labrador.*

### Expeditionskreuzfahrten

*Die Orte und Nationalparks abseits der Straßenverbindungen an der Küste Labradors kann man auf Expeditionskreuzfahrten kennenlernen. Anbieter sind z. B.*
**One Ocean Expeditions**, *☏ 604-390-4900, 1-855-416-2326, Kontakt in Europa: ☏ 0035-1-962-721-836, www.oneoceanexpeditions.com.*
**Adventure Canada**, *55 Woodlawn Ave., Missisauga, ON, L5G 3K7, ☏ 905-271-4000, 1-800-363-7566, www.adventurecanada.com.*

### Flugverbindungen

*Flugverbindungen gibt es zwischen St. John's und Goose Bay/Labrador sowie Toronto und Goose Bay/Labrador.*

### Übernachtung in Battle Harbour

*Zwischen Juni und September kann man in einem historischen Gebäude in Battle Harbour übernachten und die abgelegene Region in Begleitung von Einheimischen kennenlernen. Zwei Nächte in Battle Harbour ohne Strom oder Handy-Empfang, ohne Autos und geteerte Straßen sind ein ganz eigenes Erlebnis.*
**$$$$ Battle Harbour**, *für Reservierungen kontaktiert man Annette unter ☏ 709-921-6325, https://battleharbour.com.*
**Nur Zimmer**: *http://battleharbour.com/rooms/battle-harbour-inn, man kann für eine Nacht bleiben, aber frühere Gäste empfehlen mindestens zwei Nächte. All inclusive für 2 Personen und 2 Nächte $ 960.*
**Angebot Forgotten in Time**, *http://battleharbour.com/tours-packages/forgotten-in-time, Mindestaufenthalt 2 Nächte, $ 1.050.*

Die Inseln **St. Pierre** und **Miquelon**, die 25 km vor der Südküste Newfoundlands liegen, sind die letzten französischen Besitzungen in Nordamerika. Diese kleinen, zusammen nur 242 km² großen Granitinseln wurden von Engländern und Franzosen in den Jahren 1660–1763 heftig umkämpft; im Frieden von Paris wurden sie Frankreich zugesprochen. Die Inseln sind mit dem Boot von Fortune auf der Halbinsel Burin aus zu erreichen, ebenso per Flugzeug von St. John's, Halifax und Sydney/NS aus.

**St. Pierre** ist eine felsige, unwirtliche Insel. In der gleichnamigen Hauptstadt leben fast alle der etwa 6.000 Bewohner, die ihren Lebensunterhalt als Fischer oder Arbeiter in einer Konservenfabrik verdienen. Auch der Fremdenverkehr ist eine wichtige Erwerbsquelle, denn die Inseln, auf denen französische Waren zollfrei eingekauft werden können, ziehen viele Besucher an. Häuser mit schmiedeeisernen Balkonen, Bistros und Cafés vermitteln ein wenig französische Atmosphäre; von Mitte Juli bis Ende August finden Folkloreveranstaltungen statt. Vom St. Pierre Tourist Bureau am Place du Général de Gaulle werden Inselrundfahrten und Fahrten zur Nachbarinsel Miquelon angeboten.

Im Norden der Insel **Miquelon** liegt der Fischerort **Grand Miquelon**, der noch heute von Nachkommen der ersten baskischen Fischer bewohnt ist. Von den Gefahren des stürmischen Meeres zeugen die Wrackteile an der Küste.

# 11. ANHANG

## Literaturverzeichnis

### Sachbücher (Auswahl)

**Funck, M.**, Kanada. Ein Länderportrait, Berlin 2012, informative, faktenreiche und aufschlussreiche Darstellung des Landes und seiner multikulturellen Bewohner.

**Nieschlag, L./Wentrup, L.**, Taste the Wild. Rezepte und Geschichten aus Kanada, Münster 2019, das schön gestaltete Buch präsentiert Kanadas Kulinarik, eingebettet in ansprechende Landschaftsfotografien.

**Raach, K.-H./Teuschl**, Kanada, 2019, schöner Bildband mit über 300 oft großformatigen Fotos und kurzweiligem Begleittext.

**Ohlhoff/De Wiel** u. a., Kanada und seine Provinzen, Köln 2008, Übersicht über alle Provinzen und Territorien Kanadas.

**Pfaff, H.-G.**, Kanada. Die Atlantischen Provinzen, Badenia 2002, schöner Bildband mit Reise- und Wandertipps sowie Übersichtskarten für die Atlantikprovinzen.

**Sautter, U.**, Geschichte Kanadas, München 2007, Darstellung der kanadischen Geschichte von der Entdeckung durch die Europäer bis zur Gegenwart.

**Treasures of Canada**, Toronto 2006, Bildband mit vielseitigen Informationen und Fotos aus allen Provinzen Kanadas.

### Belletristik (Auswahl)

**Atwood, Margaret**, Moralische Unordnung, 2009, eine gut konstruierte, verschlüsselte Familiengeschichte, in der die Autorin ihr eigenes Leben beschreibt.

**Atwood, Margaret**, Das Zelt, 2006, fantasievolle Erzählungen mit Illustrationen der Autorin.

**Johnston, Wayne**, Die Kolonie der unerfüllten Träume, 2001, ein Roman, der die Lebensgeschichte von Joe Smallwood, Neufundlands erstem Premierminister, halbbiografisch und halbfiktiv erzählt.

**Johann, A. E.**, Kanadas ferner Osten, München 1989, Schilderung persönlicher Erlebnisse während einer Reise durch die Atlantikprovinzen.

**Lawson, Mary**, Auf der anderen Seite des Flusses, 2006, Geschichte einer Familie, die im rauen Norden Kanadas lebt.

**MacLeod, Alistair**, Die Insel, 2005, Erzählungen vom Leben der Menschen auf der rauen Insel Cape Breton.

**Montgomery, Lucy Maud**, Anne of Green Gables, Erzählungen vom turbulenten Leben eines Waisenmädchens, das auf Prince Edward Island aufwächst.

**Munro, Alice**, Das Bettlermädchen, 1987/2014, geeigneter Einstieg in die Kurzgeschichten der Literaturnobelpreisträgerin von 2013, die von scheinbar alltäglichen Ereignissen im Alltag einer kleinstädtischen Familie erzählt.

**Munro, Alice**, Liebes Leben, 2013, die bislang neueste Erzählungssammlung der gefeierten Autorin mit 14 Geschichten, die vier letzten Texte bilden als „Finale" eine Einheit.

**Urquhart, Jane**, Die gläserne Karte, 2006, Geschichte einer Familie, verknüpft mit eindrucksvollen Naturbeschreibungen.

# Stichwortverzeichnis


## A

Aaron Provincial Park 349
Abbaye de Saint-Benoît-du-Lac 199
Abkürzungen 61
Ahornsirup 57
Aiguebelle 259
Akadier 17, 20, 44, 53, 237, 248, 254, 440, 442, 443, 456, 462, 466, 488, 490, 491, 493, 500, 504, 511, 542
Alberton Harbour 514
Algoman Hills 340
Algonquin Provincial Park 34, 298
Alma 235, 497
Ameliasburgh 136
Ameliasburgh Heritage Village 136
Amerikanischer Unabhängigkeitskrieg 20
Amherstburg 395
Amherst Island 137
Angeln 51, 54
Annapolis Royal 461
Annapolis Valley 461
Anne of Green Gables 517
Anreise 61
Antigonish 532
Appalachen 26, 27, 482
Archipel de L'Îsle-aux-Grues 215, 242
Archipel Îles-de-la-Madeleine 256
Argentia 596
Arnprior 293
Arrowhead Provincial Park 309
Atikokan 350
Atwood, Margaret 46
Aufenthaltskosten 93
Auskunft 63
Autofahren 63
Avalon-Halbinsel 595

## B

Badger 578
Baie-Comeau 238, 239
Baie-Sainte-Cathérine 229
Baie-Saint-Paul 224, 259
Baie-Trinité 240
Baie Verte 578
Bären 34
Barrie 308
Barrington 456
Barry's Bay 297
Basin Head 523
Bathurst 486
Batiscan 263
Bay Bulls 594, 595
Bay of Fundy 498
Bear Island 313
Beaumont 241
Beauport 213
Bécancour 201
Beförderungskosten 90
Bell, Alexander Graham 539
Bergbau 38
Berthier-sur-Mer 242
Berthierville 264
Bevölkerung 40
Biber 34
Bic 259
Birchtown 456
Bleu Lavande Estate, Lavendelfarm 199
Blind River 330
Bloomfield 134
Blue Lake Provincial Park 349
Bluenose 450
Bluenose II 430, 433, 450
Boldt Castle 151
Boldt, George C. 151
Bonaventure 253, 254
Bonavista-Halbinsel 584
Bonne Bay Marine Station 574
Boot- und Kajakfahren 77
Boot- und Kanufahren 51, 54
Bostwick Island 158
Botschaften/Konsulate 67
Boucle des Cantons de L'Est 222
Bouctouche 490
Bourgeau, Victor 175
Bracebridge 306
Branch 595
Bras d'Or Lake 560, 561
Bras d'Or Lakes Scenic Drive 535
Bridal Veil Falls 359
Brighton 131
Brigus 585
British Commonwealth of Nations 22, 25
Brock, Isaac 161
Brockville 161
Bruce Peninsula 362
Bruce Peninsula National Park 47, 364
Brudenell River Provincial Park 524
Brulé, Etienne 102, 357
Buffaloland Provincial Park 526
Burks Falls 309
Burlington 420
Busreisen 88

## C

Cabano 484
Cabot, John 18, 537, 538, 566
Caboto, Giovanni s. Cabot, John
Cacouna 245
Calder, Alexander 186
Campingplätze 85
Canadian Museum of History (Gatineau) 269
Canadian Pacific Railway Company 22
Canal de Lachine 197
Cap-Bon-Ami 252
Cap-Chat 250
Cap de Bon-Désir 237
Cap-des-Rosiers 252
Cape Breton 33
**Cape Breton Island** 533
- Alexander Graham Bell National Historic Site 539
- Baddeck 538
- Bay St. Lawrence 547
- Bras d'Or Lake 539
- Bras d'Or Lakes Scenic Drive 560
- Cabot's Landing Provincial Park 547
- Cabot Trail 533, 537
- Cape Breton Highlands National Park of Canada 49, 544
- Cape Breton Miner's Museum 554
- Ceilidh Trail 533, 535
- Chéticamp 541, 542
- Dingwall 548
- Fleur-de-Lis Trail 558
- Ingonish 549
- Inverness 536
- Judique 535
- Marconi Trail 554
- Pleasant Bay 546
- Port Hood 535
- St. Ann's 551
- Sydney 551
- Whycocomagh 537

Cape Enrage 496
Cape Forchu 457
Cape Sable Island 456
Cape Spear National Historic Site 594
Cape St. Mary's 33, 594
Cape St. Mary's Ecological Reserve 595
Cap Eternité 233
Cap-Santé 263
Cap Tourmente 33, 214
Cap Tourmente National Wildlife Area 215
Cap Trinité 233
Caraquet 487
Cardigan 524
Carleton 511
Carleton/QC 255
Carmichael, Franklin 119
Carry in – carry out 52
Cartier, George Etienne 179
Cartier, Jacques 19, 171, 203, 214, 226, 248, 252
Catfish Lake 338
Chalk River 296
Champlain, Samuel de 19, 132, 171, 202, 203, 211, 214, 464
Charleston Lake Provincial Park 162
Charlevoix 223
Charlevoix, Region 223
**Charlottetown** 505
- Ardgowan National Historic Site 506
- Beaconsfield Historic House 506
- Confederation Centre of the Arts 506
- Government House 507
- Province House National Historic Site 506
- Reisepraktische Informationen 507
- St. Dunstan's Basilica 506
- Victoria Park 507

Chatham 486
Chaudière-Wasserfälle 156
Chauvin, Pierre 230
Chester 446
Chicoutimi 233
Child, Arthur 157
Chomedey, Paul de 171, 175, 183
Coaticook River 199
Cobalt 314
Cobourg 130
Cochrane 316
Colliers 593
Collingwood 381
Conception Harbour 593
Corner Brook 570
Cornwall 165
Côte-de-Beaupré 214
Côte-Nord 237
Cree Village 322
Cup and Saucer Trail 360
Cupids 585

**D**

Dalhousie 487
Daly Point Reserve 487
**Dartmouth** 426, 438
- Bedford Institute of Oceanography, 439
- Black Cultural Centre for Nova Scotia 439
- Dartmouth Heritage Museum 438
- Dartmouth Waterfront 438
- Ferry Terminal Park 438
- Fisherman's Cove Visitor Information 439
- Reisepraktische Informationen 439
- Shubenacadie Canal Interpretative Centre 439
- World Peace Pavilion 438

Deer Lake 571
Dégelis 484
Delaps Cove Wilderness Trail 464
Deschambault-Grondines 263
Digby 465
Digby Neck Brier Island 467
Doaktown 485
Dolbeau-Mitassini 234
Don Valley Trail 115
Dorion 343
Dorset-Kultur 18
Drummondville 200
Dryden 350
Dulse 476

**E**

Eastern Townships 198
Edmundston 483
Eganville 296
Einkaufen 68
Einreise 62
Einwanderung 21, 40
Eisfischen 55
Elche 34
Elephant Rock 512
Elizabeth II., Königin 14, 25, 166, 206
Elmira/ON 388
Elora 388
Elora Gorge Conservation Area 388
Energiewirtschaft 38
Erikson, Leif 566
Espanola 358
Essen und Trinken 55, 68, 114, 425, 568
Estrie s. Eastern Townships
Evangeline Trail 458

**F**

Fahrradfahren 78
Fairview Cemetery 433
Fathom Five National Marine Park 47, 365
Fauna 33
Feiertage 69
Festivals 69
Festung Louisbourg 53
Finkle, Henry 136
Finkle's Shore Park 136
Finlayson Point Provincial Park 314
First Nations (Indianer) 23, 42, 360, 578
Fische 35
Fischerei 38
Flatwater Pond Provincial Park 578
Fleur-de-Lis Trail 535
Flora 31
Flüge 71
Forstwirtschaft 37
Fort Frances 351
Fort Wellington National Historic Site 163
Fox, Terry 344
Fraser, Simon 21
**Fredericton** 476
- Beaverbrook Art Gallery 478
- Changing of the Guard 478
- Christ Church Cathedral 479
- Fredericton Botanic Garden 479
- Fredericton Region Museum 478
- Legislative Assembly (Parlamentsgebäude) 478

- Lighthouse on the Green (Leuchtturmmuseum) 479
- Odell Park and Arboretum 479
- Old Government House 479
- Reisepraktische Informationen 479
- The Green 479
- University of New Brunswick 479
- Visitor Information Centre – Downtown 479

French River 372
French-River-Ferienregion 311
Frobisher, Martin 19
Frontenac 259
Frontenac, Comte de 206
Frontenac Provincial Park 152
Fundy National Park 48, 497
Fundy Trail Parkway 499

G

Gagnon, Marcel 248
Gananoque 157
Gander 582
Gaspé 252
Gaspereaux 526
Gaspésie 239, 241, 248, 259
Gaspésie-Halbinsel 33
Gatineau 268
- Canadian Museum of History 281

Gatineau Park 270
Geldangelegenheiten 71
Gentilly 201
Georgian Bay 357
Georgian Bay Islands National Park 47, 375
Gesundheit 72
Glenora 136
Godbout 239
Goderich 369
Goldrausch 22
Golf 54
Gore Bay 359
Granby 260
Grand Canyon des Chutes Ste.-Anne 215
Grand-Cave 252
Grande-Anse 489
Grandes-Bergeronnes 237
Grand Falls and Gorge Park 483
Grand Falls-Windsor 579
Grand Manan Island 475
Grand-Métis 249
Grand Miquelon 597
Grands-Jardins 259
Gravenhurst 306
**Greater Sudbury** 324
- Doran Planetarium 325
- Dynamic Earth Centre 326
- Inco Superstack 326
- Laurentian University 325
- Reisepraktische Informationen 326
- Science North Museum 326

Grenville 267
Gros Morne National Park 49, 572
Grosse Île 215, 243
Group of Seven 119
Guy, John 585

H

Habitation Port Royal 52
Half Moon Bay 158
**Halifax** 17, 20, 426
- Brewery Square 431
- Canadian Museum of Immigration at Pier 21 432
- Ferry Terminal 430
- Halifax Citadel National Historic Site of Canada 429
- Historic Properties 430
- Maritime Museum of the Atlantic 431
- Museum of Natural History 432
- Nova Scotia Visitor Information Centre 430
- Point Pleasant Park 432
- Province House 431
- Public Gardens 432
- St. Mary's Basilica 432
- St. Pauls's Church 432
- Town Clock 430

Hamilton 419
Harbour Grace 594
Harrington-Harbour 241
Harris, Lawren 119
Hartland 483
Haubentaucher (Loon) 33
Haustiere 62
Havre-St.-Pièrre 240
Heart Island 151
Heart's Content 594
Hennepin, Louis 400
Highland Village 53
Hillsborough 494
Hochelaga 171
Hopewell Cape 494
Hudson Bay 11, 19, 20, 26, 43, 87, 122, 171, 239, 309, 319, 320, 322, 350
Hudson, Henry 19
Hudson's Bay Company 20, 21
Hull 268
Humber River Trail 115
Huntsville 304

I

Ignace 349
Île aux Basques 246
Île-aux-Coudres 226
Île Bonaventure 253
Île Brión 257
Île dAnticosti 240
Ile-de-la-Grande-Entrée 257
Île-du-Cap-aux-Meules 257
Île-du-Havre-Aubert 257
Île Miscou 489
Îles-de-Boucherville 259
Indian River Provincial Park 578
Indian Summer 11, 16, 28, 30, 32, 33, 49, 76, 196, 198, 258, 273, 304, 334, 374, 422, 460
Industrie 39
Inuit 18, 23, 42, 43, 44, 46, 76, 109, 119, 125, 145, 186, 193, 208, 212, 219, 237, 239, 270, 282, 290, 316, 565, 572, 576, 580, 596
Iona 560
Iroquois Falls 316
Irving, John 230
„Island Blue"-Muscheln 525
Ivy Lea 159

J

Jackson, A.Y. 119
Jacques-Cartier 259
Johnston, Frank 119

K

Kaministiquia River 347
Kanadischer Schild 26
Kanufahren 313
Kartenmaterial 72
Kejimkujik National Park 49, 460
Kemptville 156
Kenora 354
Killarney 370
Killarney Provincial Park 370
Killbear Provincial Park 374
Kinder 73

Kings Landing 53
**Kingston** 141
- Agnes Etherington Art Centre 145
- Bellevue House National Historic Site 144
- City Hall 143
- Fort Henry 145
- Frontenac County Schools Museum 145
- Marine Museum of the Great Lakes 144
- Miller Museum of Geology and Mineralogy 145
- Murney Tower 144
- Penitentiary Museum 144
- Portsmouth Olympic Harbour 145
- Pump House Steam Museum 144
- Reisepraktische Informationen 145

Kingston Mills Blockhouse 154
Kingsville 395
Kirkland Lake 315
Kitchener 382
Kleidung 73
Kleinburg 119
Klima 28
Kouchibouguac National Park 49, 489
Kriminalität 73
Kultur Kanadas 45
Kunst 45

## L

La Baie 236
Labrador 18, 49, 98, 596
Lachine 196
Lachse 35
Lac Saint-Jean 233
Lake Ontario 150
Lake on the Mountain 133
Lake Superior National Marine Conservation 341
Lake Superior Provincial Park 337
La Malbaie 228
Lanaudière 260
Landon Bay Centre 158
Landwirtschaft 37
Lang Pioneer Village Museum 141
L'Anse aux Meadows 52
L'Anse aux Meadows National Historic Site 576
L'Anse Saint-Jean 236
Laurentides 198, 223, 260
Laval, Bischof 210
Leamington 396
Lennox Island 514
Les Escoumins 246
Lévis Forts National Historic Site 213
Lewisporte 580
Lieu historique national des Forges du St-Maurice (Freilichtmuseum) 265
Lighthouse-Route 454, 456
Lighthouse Trail 444
Lion's Waterfront Park 337
L'Îsle-aux-Grues 242
L'Islet-Sur-Mer 243
Lismer, Arthur 119
Little Current 358
Liverpool 452
London 391
Longfellow, Henry Wadsworth 442
Long Range Mountains 572
Louiseville 264
L'Outaouais 266
Loyalist Parkway 133
Lunenburg 449

## M

MacDonald, J.E.H. 119
Macdonald, John A. 144
Mac Lachlan Woodworking Museum 150
Mactaquac Provincial Park 481
Madawaska River 483, 484
Magnetawan 309
Magnetic Hill Park 493
Magog 199
Magog-Orford 199
Mahone Bay 448
Mallorytown Landing 160
Malpeque Bay 515
Mance, Jeanne 171
Manitoba 22
Manitoulin Island 358
Mara Reserve 308
Marathon 338
Marconi 22
Marconi, Guglielmo 554, 588
Marconi Trail 535
Marie de lIncarnation 209
Maritime Ringlet Butterfly 487
Marten River 313
Marten River Provincial Park 313
Martin Goodman Trail 115
Mary March Provincial Park 578
Mashteuiatsh 234
Maßeinheiten 73
Matane 239, 249
Matapédia 256
Mealy Mountains National Park Reserve 50
Medien 74
Mehrwertsteuer 75
Memramcook 500
Mennoniten 387
Merrickville 155
Michipicoten Harbour 337
Midland 376
Mietwagen 65
Miguasha-Halbinsel 255
Mikisew Provincial Park 310
Millbrook 141
Millhaven 137
Mindemoya Lake 359
Ministers Island 475
Miquelon 597
Miramichi 485
Miscouche 511
Missinaibi Provincial Park 338
Moncton 492
Montcalm, General 203
Mont-Carmel 511
Montebello 267
Montgomery, Lucy Maud 517, 518
Montmagny 241
Montmorency-Laval, François de 205
Montmorency, Wasserfälle 213
Mont-Orford 259
**Montréal** 16, 169
- Arboretum 182
- Atwater Market 184
- Bank of Montréal Museum 182
- Basilique Notre-Dame 175
- Biodôme 185
- Boulevard Saint-Laurent 181
- Canadian Railway Museum 182
- Casino de Montréal 187
- Cathédrale Christ Church 180
- Cathédrale Marie-Reine-du-Monde 180
- Caverne de Saint-Léonard (Cave Exploration) 182
- Centaur Theatre 188
- Centre Canadien d'Architecture 182
- Centre d'Histoire de Montréal 182, 188

• Chalet du Mont Royal 174
• Château Ramezay 178
• Chinesenviertel 173
• Ecomuseum 182
• Exporail Musée ferroviaire canadien 182
• Hôtel de Ville 178
• Île Notre-Dame 186
• Île Sainte-Hélène 186
• Insel Notre-Dame 187
• Jardin Botanique de Montréal 185
• Le Vieux Fort 187
• Le Vieux-Port 179
• Le Village 181
• Maison des Coopérants 180
• Maison George Etienne Cartier 179
• Marché Bonsecours 179
• Marché Jean Talon 184
• McGill University 182
• Montréal Science Centre 179
• Musée d´Art Contemporaire de Montréal 181
• Musée des Beaux-Arts 181
• Musée du Cinéma 182
• Musée McCord 182
• Musée Stewart 187
• Notre-Dame-de-Bon-Secours 178
• Oratoire Saint-Joseph 183
• Outremont 172
• Palais du Justice 178
• Parc du Mont Royal 183
• Parc Jean-Drapeau 186
• Parc Maisonneuve 172, 184
• Parc Mont Royal 172
• Parc Olympique 184
• Place d'Armes 175
• Place des Arts 180, 187
• Place Dorchester 180
• Place du Canada 180
• Place Jacques-Cartier 178
• Place Ville-Marie 180
• Planétarium Rio Tinto Alcan 186
• Pointe-à-Callière 175
• Port de Montréal 186
• Quartier des Spectacles 181
• Redpath Museum 182
• Reisepraktische Informationen 188
• Rue Sainte-Catherine 180
• Rue Sherbrooke 180
• Saint George 180
• Salle Wilfrid-Pelletier 181
• Segal Centre 188
• Stade Olympique 184
• St. Lawrence Seaway Lookout 186
• Théâtre du Nouveau Monde 188
• Théâtre Jean-Duceppe 181
• Théâtre Maisonneuve 181
• Tour Montréal 184
• Université de Montréal 184
• Versuchsbauernhof 182
• Vieux-Montréal 175
• Vieux Séminaire Saint-Sulpice 175
• Westmount 172
Montreal School 46
Mont-Saint-Bruno 260
Mont-Tremblant 260
Mont-Tremblant Provincial Park 260
Moose Factory Island 321
Moosonee 318, 320
Morrisburg 163
Moskitos 34
Munro, Alice 24, 46, 368
Murdochville 259
Murray River 527
Muskoka-Region 303

## N

National Historic Sites Parks 52
National- und Provinzparks 46, 74
Naturschutz 36
Neguac Provincial Park 489
Nestor Falls 352
Neue Technologien 39
New Brunswick 17, 44, 48, 98, 423, 468
Newfoundland 18, 23, 44, 49, 98, 424
Newfoundland & Labrador 564
New Glasgow 531
New Richmond 254
Neys Provincial Park 339
**Niagara Falls** 95, 398
• American Falls 401
• Bridal Veils Falls 401
• Horseshoe Falls 401
• Niagara Parks Floral Showhouse 406
• Niagara Parkway 401
• Niagara River Recreation Trail 401
• Niagara Tower 403
• Queen Victoria Park 405
• Skylon Tower 403
• White Water Walk 406
**Niagara Falls** (Kanada) 402
• Clifton Hill Street 406
• Fallsview Casino 406
• Floral Clock 407
• Guinness World Records Museum 406
• Hornblower Niagara Cruises 405
• Journey behind the Falls 402
• Marineland Theme Park 406
• Niagara Falls Imax Theatre & Daredevil Adventure 405
• Niagara Helicopters 407
• Niagara Parks Botanical Gardens 407
• Niagara Parks Butterfly Conservatory 407
• Niagara Tower Hotel 403
• Reisepraktische Informationen 407
• Ripley's Believe it or Not! Museum 406
• Skylon Tower 403
• Table Rock Complex 402
• Whirlpool Aero Car 407
• Whirlpool Rapids 406
**Niagara Falls** (USA) 411
• Aquarium of Niagara 415
• Bridal Veil Falls 414
• Goat Island 413
• Maid of the Mist 412
• Niagara Falls State Park 412
• Niagara Gorge Discovery Center 414
• Niagara Power Project Visitor Center 415
• Prospect Park Visitor Center 413
• Prospect Point Observation Tower 413
• Rainbow Bridge 411
• Reisepraktische Informationen 415
• Terrapin Point 414
Niagara-on-the-Lake ff 416
Niagara-Weinroute 418
Nicolet 201
Nipigon 342
Nipigon River Recreation Trail 343
Norris Point, 574
Norstead Viking Village 577
North Bay 310

North Beach 134
Northern Bay Sands Provincial Park 594
Northwest Territories 24
Norway 512
Notre Dame Bay 578
Notre-Dame-de-Lourdes 261
Notre-Dame-du-Lac 484
Notruf 74
Nottawasaga Bay 380
Nova Scotia 17, 21, 44, 49, 98, 423, 426

## O

Oak Island 447
Obatanga Provincial Park 338
Odanak 201
Öffnungszeiten 74
Oka 260, 267
Oka Provincial Park 260
Old Fort William 53
O'Leary 511
Olmsted, Frederic Law 183
Ontario 16, 95
Ontario, Provinz 16, 44, 47
Orillia 307
Oromocto 482
Oshawa 129
**Ottawa** 273
- Archives and National Library (Nationalbibliothek) 279
- Bank of Canada 280
- Bank of Canada Museum 280
- Basilika Notre-Dame 282
- Bytown Museum 280
- Byward Market 282
- Canada Aviation & Space Museum 284
- Canada's Capital Information Centre 280
- Canada Science and Technology Museum 284
- Canadian Museum of Nature 284
- Canadian War Museum 279
- Château Laurier Hotel 281
- Confederation Square 280
- Great Canadian Theatre 285
- Library and Archives of Canada 284
- Major's Hill Park 281
- Meridian Theatres @ Centrepointe 285
- National Arts Centre 280
- National Arts Centre NAC 285
- National Gallery of Canada 281
- Odyssey Theatre 285
- Ottawa Little Theatre 285
- Ottawa Old City Hall 283
- Parliament Hill 277
- Rideau Hall 283
- Rideau-Wasserfall 283
- Rockcliffe Park 283
- Royal Canadian Mint 283
- Royal Canadian Mounted Police Stables 284
- Stadtrundgänge 275
- Supreme Court of Canada (Oberster Gerichtshof) 279
- Sussex Drive 282

Ottawa, Umgebung
- Central Experimental Farm 285
- Cumberland Heritage Village Museum 286
- Valleyview Little Animal Farm 286

Ottawa Valley 293
Outdoor-Aktivitäten 54, 76
Owen Sound 367

## P

P'tit Train du Nord Linear Park, Le 222
Panmure Island Provincial Park 526
Papeterie Saint-Gilles 226
Parc de la Gorge de Coaticook 199
Parc des Grands-Jardins 237
Parc des Hautes-Gorges-de-la-Rivière-Malbaie 228
Parc des Voltigeurs 201
Parc Jacques-Cartier 237
Parc linéaire interprovincial Petit Témis 245
Parc Marin du Saguenay-Saint-Laurant 260
Parc marin du Saguenay-Saint-Laurent 232
Parc National de la Gaspésie 250
Parc National de La Mauricie 48, 258
Parc National de LArchipel-de-Mingan 240
Parc national de lÎle-Bonaventure-et-du-Rocher-Percé 253
Parc National de Miguasha 255
Parc National des Grands-Jardins 225
Parc National du Bic 247
Parc National du Fjord-du-Saguenay 232
Parc National Forillon 48, 251, 258
Parc Oméga 268
Parlee Beach Provincial Park 491
Parrsboro 501
Parry Sound 373
Peggy's Cove 445
Pembroke 295
Penetanguishene 379
Percé 253
Péribonka 260
Perth 156
**Peterborough** 137
- Canadian Canoe Museum 138
- Farmers Market 139
- Hutchison House Museum 138
- Lift Lock Visitor Centre 138
- Peterborough Centennial Museum and Archives 138
- Reisepraktische Informationen 139
- Riverview Park 138

Petit-Saguenay 236
Petty Harbour 595
Pflanzenwelt 31
Pic Island 339
Pickering 129
Picton 134
Pictou 530
Pionierzeit 52
Placentia 596
Plaisance 268
Pointe-au-Père 247
Pointe-au-Pic 227
Pointe-Bleue 234
Pointe de l'Église (Church Point) 459
Pointe-du-Lac 263
Pointe-Noire 229
Pointe-Taillon 260
Point Pelee National Park 33, 47, 396
Polar Bear Express 317, 319
Port-aux-Basques 569
Port Bickerton 563
Port Carling 305
Port Colborne 397
Port Elgin 368

Port Hastings 535
Port Hope 130
Portugal Cove South 595
Post 75
Pouch Cove 593
Prehistoric World 165
Preise und Preisermäßigungen 75
Prescott 163
Presquile Provincial Park 131
Prince-Edward-Halbinsel 136
**Prince Edward Island** 17, 22, 24, 44, 49, 424, 502, 509
- Bonshaw 521
- Cavendish 517
- Green Gables Shore 515
- Kensington 520
- Malpeque 520
- Montague 525
- North Cape 512
- North Cape Coastal Drive 509
- Park Corner 520
- Points East Coastal Drive 521
- Prince Edward Island National Park 49, 516
- Red Sands Shore 515
- Reisepraktische Informationen 505
- Souris 523
- Summerside 510
- Victoria 521
- West Point 512

Providence Bay 359
Provinzparks 50
Pukaskwa National Park 48, 338, 339

## Q

Québec Act 20, 171, 203
**Québec City** 202
- Aquarium du Québec 213
- Basilique-Cathédrale Notre-Dame de Québec 209
- Cap Diamant 207
- Cathedral of the Holy Trinity 209
- Centre des Congrès 209
- Centre dinterprétation de la Côte-de-Beaupré 214
- Château Frontenac 206
- Citadelle 207
- Côte de la Fabrique 210
- Èdifice Marie-Guyart 209
- Funiculaire du Vieux-Québec 207
- Grande Allée Est 208
- Grey-Terrasse 207
- Haus Soumande 212
- Hôtel du Parlement 208
- Imax Theater 213
- Maison Louis-Jolliet 212
- Manoir Montmorency 213
- Marché du Vieux-Port 213
- Martello Towers 207
- Militärmuseum 207
- Musée de la Civilisation 212
- Musée de lAmérique francophone 210
- Musée des Ursulines 209
- Musée du Fort 206
- Musée National des Beaux-Arts du Québec 207
- Notre-Dame-des-Victoires 212
- Observatoire de la Capitale 209
- Parc de la Chute-Montmorency 214
- Parc des Champs-de-Bataille 207
- Parc des Gouverneurs 207
- Parc Historique de l'Artillerie 208
- Place d'Armes 205
- Place Royale 211
- Plaines d'Abraham 203, 207
- Porte St.-Louis 207
- Promenade des Gouverneurs 207
- Pulvermagazin 208
- Quartier du Petit-Champlain 212
- Regierungsviertel 208
- Reisepraktische Informationen 215
- Rue du Trésor 210
- Rue Sainte-Anne 210
- Rue Saint-Jean 210
- Sainte-Foy 210
- Samuel-de-Champlain-Denkmal 207
- Séminaire de Québec 210
- Terrasse Dufferin 206
- Théâtre Petit-Champlain 212
- Vieux-Port de Québec 213
- Vieux-Québec (Oberstadt) 205
- Vieux-Québec (Unterstadt) 211
- Wolfe Monument 207

Québec, Provinz 16, 48, 96, 97, 222
Quebéc, Umgebung 214
- Île d'Orléans 214
- Manoir Mauvide-Genest 214

Quidi Vidi Battery 590
Quidi Vidi Brewing Company 590
Quidi Vidi Lake 590

## R

Rafting 77
Red Rock 343
Reiseutensilien 73
Reisezeit 28, 75
Religionsgemeinschaften 45
Renews 595
Renfrew 294
Repentigny 264
Réserve de Parc National de l'Archipel-de-Mingan 48, 259
Réserve Faunique des Laurentides 237
Réserve nationale de faune du cap Tourmente 223
Reversing Falls Rapids 470
Richmond 511
Rideau Canal 153, 273, 277, 280
Rideau-Canal-System 153
Rideau Lake 153
Rideau Trail 156
Rimouski 247
Riverside-Albert 496
Rivière-au-Renard 251
Rivière-du-Loup 228, 244
Rivière-Éternité 232, 260
Robert's Arm 578
Roberval 235
Rockport 160
Rocky Harbour 574
Rossport 341
Rouge National Urban Park 48
Route de Fleuve 225, 226
Route des Saveurs 225
Routenvorschläge 95
Route Verte 222
Rouyn-Noranda 259

## S

Sable Island National Park 49
Sackville 500
Saguenay 233
Saguenay Fjord 229, 232
Saguenay River 229, 232
Saint-Bernard-sur-Mer 226

Sainte-Anne-des-Monts 250
Sainte-Flavie 248
Sainte-Irénée 227
Sainte-Marie among the Hurons 377
Saint-Fabien 246
Saint-Félicien 234
Saint-Jean-Port-Joli 244
**Saint John/New Brunswick** 469
- Carleton Martello Tower 472
- Falls View Park Lookout 470
- Fort Howe Lookout 472
- Loyalist House 471
- Market Square 470
- New Brunswick Museum 471
- Old City Market 471
- Reisepraktische Informationen 472
- Reversing Falls Rapids 470
- Trinity Church 472

Saint John River 470, 476, 479, 480, 481, 482, 483
Saint John River Valley 482
Saint-Joseph-de-la-Rive 226
Saint-Louis-de-Blanford 200
Saint-Louis-du-Ha! Ha! 484
Saint-Placide 267
Saint-Siméon 228
Saint-Urbain 225
Salmon Cove Sands Provincial Park 594
Sandbanks Provincial Park 134
Sandbar Lake Provincial Park 349
Sandy Lake 578
**Sault Ste. Marie** 330
- Agawa Canyon Tour Train 332
- Art Gallery of Algoma 333
- Canadian Bushplane Heritage Centre 333
- Ermatinger/Clergue Heritage Site 332
- Great Lakes Maritime Museum 334
- Reisepraktische Informationen 334
- Sault Canal National Historic Site 332
- Sault Ste. Marie Museum 333
- Soo Locks 333
- Tower of History 334

Savary Provincial Park 459
Scallops 466
Scarborough 118
Scenic High Falls 337
Schotten 560
Schreiber 341
Sept-Chutes 215
Sept-Île 240
Shediac 491
Shelburne 455
Shepody Bay Shorebird Reserve 497
Sherbrooke 198
Shippagan 489
Shubenacadie Grand Lake 440
Shubenacadie Provincial Wildlife Park 440
Sibley Peninsula 341
Sicherheitsmaßnahmen 62
Silver Falls 337
Sioux Narrows 353
Sioux Narrows Provincial Park 353
Sleeping Giant (Sibley-)Provincial Park 346
Smiths Falls 154
Smugglers Cove Provincial Park 459
Sorel 201
South Baymouth 362
Souvenirs 76
Sport 54, 76
Sprache 80
Sprachen 44
Springdale 578
Stadacona 203
St. Anthony 577
St. Catharines 418
Ste.-Anne-de-Beaupré 215
Ste.-Croix 201
St. Jacobs 386
St.-Jacques 484
**St. John's (Newfoundland)** 586
- Anglican Cathedral of St. John The Baptist 589
- Arts and Culture Centre 589
- Basilica of St. John The Baptist 589
- Cabot Tower 588
- Colonial Building 589
- Government House 589
- James J. O'Mara Pharmacy Museum 590
- Old Garrison Church (St. Thomas) 589
- Reisepraktische Informationen 591
- Signal Hill National Historic Site 588
- The Commissariat 589
- The Rooms 589
- Water Street 588

St. Lawrence Recreational Path 165
St. Lawrence Seaway 165, 186
St.-Lorenz-Strom 16, 19, 20, 27, 35, 87, 88, 97, 143, 144, 149, 153, 157, 158, 159, 160, 163, 165, 169, 170, 171, 172, 174, 175, 179, 183, 187, 200, 201, 202, 203, 206, 207, 212, 213, 214, 215, 217, 222, 223, 227, 228, 229, 230, 232, 237, 240, 241, 243, 244, 245, 247, 248, 249, 250, 251, 256, 259, 260, 264, 266, 555
St. Mary among the Hurons 52
St. Pierre 597
St.-Pierre-Les Becquets 201
Stratford 389
Strom 81

## T

Tadoussac 230
Telefonieren 81
Temagami Lake 313
Temagami-Region 313
Temagami Village 313
Terrace Bay 340
Terra Nova National Park 49, 583
Thomson, Tom 119
Thousand Islands 150, 157
Thousand Islands National Park 48, 160
Thousand Islands Parkway 159
Three Rivers 524
Thunder Bay 344
Tierwelt 33, 303
Timmins 323
Tintamarre National Wildlife Area 33
Titanic 427, 431, 433, 527
Tobermory 364
Torngat Mountains National Park 49
**Toronto** 16, 100
- Art Gallery of Ontario 109
- Bata Shoe Museum 111
- Black Creek Pioneer Village 118
- Campbell House 108
- Casa Loma 111
- Chinatown 113

- CN Tower 103
- Distillery Historic District 115
- EdgeWalk 104
- Ed Mirvish Theatre 117
- Edwards Gardens 118
- Elgin & Winter Garden Theatres 117
- E.T. Seton Park 115
- Exhibition Place 106
- Financial District 107
- First Canadian Place 107
- Four Seasons Centre For the Performing Arts 117
- Gardiner Museum 110
- Harbourfront 105
- Harbourfront Centre 106
- Harbour Square Park 105
- High Park 115
- Historic Fort York 106
- Hockey Hall of Fame & Museum 105
- Kensington Market 112
- Kew Gardens 115
- Konzerthallen 117
- Little Italy 113
- Massey Hall 117
- Metro Toronto Convention Centre 105
- New City Hall 108
- Old City Hall 107
- Old Town 114
- Ontario Place 106
- Ontario Science Centre 118
- Osgoode Hall 108
- Parks 115
- Parliament Building 110
- PATH 107
- Princess of Wales Theatre 117
- Queens Park 110
- Queens Quay 105
- Queens Quay Terminal 116
- Queen Street 107
- Redpath Sugar Museum 117
- Reisepraktische Informationen 120
- Ripley Aquarium of Canada 104
- Rogers Centre 104
- Royal Alexandra Theatre 117
- Royal Ontario Museum 110
- Roy Thomson Hall 105, 117
- Sony Centre for the Performing Arts 117
- Spadina Historic House and Gardens 112
- St. Lawrence 114
- Taylor Creek Park 115
- Textile Museum of Canada 108
- The Annex 111
- Theater 117
- The Grange 109
- Toronto Dominion Centre 107
- Toronto Eaton Centre 109
- Toronto Islands Park 115
- Toronto Music Garden 115
- Toronto Police Museum and Discovery Centre 117
- Toronto's First Post Office 117
- Toronto Zoo 118
- Union Station 105
- University of Toronto 110
- Yonge Street 107, 111
- Yorkville 111

Tourismus 39
Trans-Canada Highway 22, 336
Trenton 131
Trent-Severn Waterway 132
Trinkgeld 83
Trois-Pistoles 246
Trois-Rivières 263, 264
Trudeau, Justin 24, 25
Trudeau, Pierre 23, 24
Truro 440
Turtle River Provincial Park 349
Tusket 456
Twillingate 580


## U


Umweltschutz 3, 36, 300, 325
Unterkunft 83
Upper Canada Migratory Bird Sanctuary 164
Upper Canada Village 53, 163


## V


Val Comeau Provincial Park 489
Varley, Frederick 119
Véloroute des Bleuets 222
Veranstaltungen 50
Verkehrsmittel 87
Vermillion Bay 350
Versailler Friedensvertrag 22
Versicherungen 88
Village Historique Acadien 53
Vorsichtsmaßnahmen 73


## W


Wakefield 272
Walbeobachtung 35, 229, 245, 251, 451, 468, 475, 544ff
Wale 35
Wandern 51, 79
Warsaw Caves 141
Wasaga Beach 381
Waterloo 382
Wawa 337
Webster Falls 420
Wedgeport 457
Welland Canal 398
Wellesley Island 151
Wellington, Duke of 187
Weltkrieg, Erster 22
Weltkrieg, Zweiter 22
Wendake 214
West Montrose 388
Weymouth 459
White River 338
Wiarton 366
Wildwasser-Rafting 54
Wiltondale 572
Windsor 393, 443
Wintersport 51, 54, 79
Witless Bay 595
Wolfe, General 203
Wolfe Island 149
Wolfville 442
Wood Islands 527, 529


## Y


Yamaska 260
Yarmouth 457


## Z


Zeit 89
Zeitgrenze 349
Zeitzonen 15
Zelten 51
Zoll 89
Zugfahren 87

## Bildnachweis

Alle Bilder © Monika Fuchs, außer:
**Anton Fercher**: S. 197
**iStockphoto**: S. 292 (Elenethewise), 319 (Luxul), 332 (RiverNorthPhotography)
**Mandatory Canadian Tourism Commission**: S. 12
**New Brunswick Department of Tourism and Parks**: S. 14, 481
**Nova Scotia Tourism, Culture and Heritage**: S. 34, 40
**Ontario Tourism**: 78, 103, 106, 108, 116, 125, 132, 137, 151, 159, 318, 328, 349, 356
**Ottawa Tourism**: S. 79, 262, 279, 295
**Québec City Tourism**: Yves Marcoux: 213
**Tourisme Montréal**, Stéphan Poulin: S. 170
**Angelika Trippe**: S. 31, 403, 414, 416
**Leonie Senne**: 37, 38, 45, 50, 53, 110, 134, 140, 143, 162, 164, 168, 181, 229, 252, 255, 256, 258, 271, 274, 322, 333, 336, 337, 343, 345, 354, 386, 387, 430, 438, 447, 449, 478, 495, 502, 507, 508, 510, 513, 514, 537, 546
**Caroline West/Caroline West Images/CTC**: S. 99
**www.old.montreal.qc.ca**, le photographe masqué: S. 178